राधाकृष्ण

नोबेल पुरस्कार कोश

1901-2016

राधाकृष्ण

नोबेल पुरस्कार कोश

1901-2016

अशोक महेश्वरी
रमेश कपूर

राधाकृष्ण प्रकाशन

ISBN : 978-81-8361-862-5

राधाकृष्ण
नोबेल पुरस्कार कोश
1901–2016

पहला संस्करण : 2017

मूल्य : ₹ 1995

प्रकाशक
राधाकृष्ण प्रकाशन प्राइवेट लिमिटेड
7/31, अंसारी मार्ग, दरियागंज, नई दिल्ली–110 002

शाखाएँ : अशोक राजपथ, साइंस कॉलेज के सामने, पटना–800 006
पहली मंजिल, दरबारी बिल्डिंग, महात्मा गांधी मार्ग, इलाहाबाद–211 001
36 ए, शेक्सपियर सरणी, कोलकाता–700 017

वेबसाइट : www.radhakrishnaprakashan.com
ई-मेल : info@radhakrishnaprakashan.com

मुद्रक : बी.के. ऑफसेट
नवीन शाहदरा, दिल्ली–110 032

RADHAKRISHNA NOBEL PURASKAR KOSH : 1901-2016
by Ashok Maheshwari & Ramesh Kapur

दुनिया ऐसे प्रतिभाशाली और योग्य वैज्ञानिकों से भरी पड़ी है,
जिन्होंने कभी भी नोबेल पुरस्कार प्राप्त नहीं किया और न ही प्राप्त करेंगे।

—अर्ने टिसेलियस

नोबेल पुरस्कार प्राप्त वैज्ञानिक (1948–रसायन विज्ञान)
तथा नोबेल फाउंडेशन के पूर्व उपाध्यक्ष

प्रस्तावना

इस पुस्तक को पाठकों के सामने प्रस्तुत करने की प्रक्रिया में एक बात तो पूरी तरह स्पष्ट थी कि हमारा इरादा उन लोगों के लिए ज्ञान का यह भंडार पेश करने का था जो नोबेल पुरस्कारों के सम्बन्ध में थोड़ा-बहुत जानते थे लेकिन उन्हें विस्तृत जानकारी नहीं थी। दूसरे, इस परियोजना को हिन्दी भाषा में प्रस्तुत करना हमारा प्रथम उद्देश्य था, क्योंकि इससे पूर्व, इस स्तर पर, हिन्दी में शायद कोई बड़ा प्रयास नहीं किया गया था। अगर कुछ प्रयास इस दिशा में हुए भी हैं, तो उनमें पर्याप्त जानकारी उपलब्ध नहीं थी। इसके अतिरिक्त, एक उद्देश्य यह भी था कि जिन क्षेत्रों में नोबेल पुरस्कार दिए जाते हैं, उनके सम्बन्ध में पर्याप्त और नवीनतम जानकारी पाठकों को दी जाए। नोबेल पुरस्कारों की योजना को अन्तिम रूप देते हुए, सम्भवतः यह बात अल्फ्रेड नोबेल के मन में भी रही होगी और इसके लिए उन्होंने आधार बनाया 1895 में लिखी अपनी अन्तिम वसीयत को, जिसके चलते ज्ञान के छह क्षेत्रों में नोबेल पुरस्कार दिए जाने का रास्ता खुला। ये क्षेत्र हैं—भौतिक विज्ञान, रसायन विज्ञान, शरीर विज्ञान या चिकित्सा विज्ञान, साहित्य, शान्ति तथा वर्ष 1969 में आरम्भ अर्थशास्त्र।

इन पुरस्कारों की स्थापना करते हुए अल्फ्रेड नोबेल ने अपनी वसीयत में स्पष्ट कर दिया था कि नोबेल पुरस्कारों की राशि ''आनेवाले वर्षों में उन लोगों में पुरस्कार के रूप में बाँटी जाएगी, जो मानव जाति के कल्याण के लिए अपनी सेवाएँ प्रदान करेंगे।'' उनके मन में उस समय एक बात और भी थी कि यह पुरस्कार युवा और प्रतिभाशाली वैज्ञानिकों व अन्य विद्वानों को एक सुरक्षित वित्तीय आधार प्रदान करेगा। लेकिन नोबेल पुरस्कारों में रहस्यात्मकता के साथ-साथ यह विडंबना भी छिपी हुई है कि ये पुरस्कार इस दृष्टि से अल्फ्रेड नोबेल की इच्छा को पूरा कर पाने में विफल रहे हैं। युवा प्रतिभाओं पर अपना ध्यान केंद्रित करने की अपेक्षा, इनका ध्यान विभिन्न खोजों, आविष्कारों, साहित्यिक कार्यों व शान्तिवादी कार्यों को प्रोत्साहन देने की ओर अधिक रहा है।

दूसरे, इन पुरस्कारों से जो विवाद जुड़े, वे मूलतः राजनीतिक थे। हालाँकि आज के युग में, जब दुनिया की जनसंख्या, पुरस्कार के स्थापना वर्ष 1901 के मुकाबले कई गुना बढ़ चुकी है, उनमें से लाखों लोगों के बीच नोबेल पुरस्कार प्राप्त करनेवालों का चयन करना अपने आपमें एक जटिल प्रक्रिया है और इसमें कई प्रकार के दबाव निहित हैं, फिर भी जो विवाद इन पुरस्कारों से जुड़े हैं उनके स्पष्टीकरण की जवाबदेही शायद किसी के पास नहीं है।

अल्फ्रेड नोबेल का पुरस्कारों की स्थापना करने का प्रयोजन था—''विश्व के सभी राष्ट्रों में भाईचारे की स्थापना करना...सेनाओं में कमी लाना और शान्ति सभाओं को प्रोत्साहन देना।'' लेकिन, इसके बावजूद विवाद लगातार सामने आते रहे। सोवियत रूस की सरकार ने सखारोव को शान्ति पुरस्कार दिए जाने पर अपना विरोध जताया, तो चीन ने दलाई लामा को पुरस्कार देने पर। कई बार ऐसा भी हुआ कि जिस व्यक्ति को पुरस्कार दिया गया, उसे अपने देश की सरकार से प्रताड़ना झेलनी पड़ी या उस पर पुरस्कार स्वीकार न करने

का दबाव भी डाला गया। हैरानी की बात है कि मदर टेरेसा पर भी अमीर लोगों को खुश करने और अपने धार्मिक हितों के लिए गरीबों व बीमारों का उपयोग करने के आरोप लगे।

आरोप तो इन पुरस्कारों पर प्राप्तकर्ताओं की पात्रता व समय को लेकर भी लगाए गए, जैसे—अमरीकी जैव-रसायनज्ञ को वर्ष 1966 में शरीर विज्ञान/चिकित्सा विज्ञान के क्षेत्र में पुरस्कृत किया गया, जबकि उन्होंने पुरस्कार की पात्रता अर्थात 'ट्यूमर पैदा करनेवाले वायरस' की खोज वर्ष 1911 में की थी।

लेकिन इन सबके बावजूद, नोबेल पुरस्कारों की स्वीकार्यता अथवा इनके महत्त्व को नकारा नहीं जा सकता। सौ वर्षों से भी अधिक इन पुरस्कारों की निरंतरता अपने आपमें एक अद्‌भुत करिश्मा है। इन पुरस्कारों को आज विश्व में सम्मानजनक पुरस्कार माना जाता है। किसी भी अन्य पुरस्कार में विषयों की इतनी विविधता, इतना धन और सम्मान नहीं मिलता। अधिकांश पुरस्कार विज्ञान या कला पर आधारित हैं, जैसे—ब्रिटेन का रॉयल सोसायटी पुरस्कार विज्ञान तक सीमित है, पुलित्जर पुरस्कार पत्रकारिता तक और बुकर पुरस्कार साहित्य तक। किसी भी पुरस्कार में नोबेल पुरस्कारों जैसी आभा नहीं दिखाई देती और यह आश्चर्य है कि यह आभा इतने वर्षों बाद भी बरकरार है।

अल्फ्रेड नोबेल ने एक बार कहा था, "मेरा डायनामाइट दुनिया में शान्ति के लिए होनेवाले हजारों सम्मेलनों से भी जल्दी शान्ति ला देगा।" उनकी इस अनंत आशा और गहरे जुनून के साथ हम यह पुस्तक आपके सामने प्रस्तुत कर रहे हैं। इस पुस्तक के प्रकाशन में सहयोग देनेवाले और किसी प्रकार भी इस पुस्तक से जुड़े व्यक्तियों के साथ-साथ, हम नोबेल पुरस्कार समिति तथा पुरस्कार प्राप्तकर्ताओं के भी आभारी हैं, जिनके कारण मानव कल्याण की उपलब्धियों को सामने लाने का हमारा यह छोटा-सा प्रयास एक महत्त्वपूर्ण आकार ले सका।

अगस्त, 2017
नई दिल्ली

अशोक महेश्वरी
रमेश कपूर

अनुक्रम

अल्फ्रेड नोबेल : एक परिचय

अल्फ्रेड बर्नहार्ड नोबेल
जन्म : 21 अक्टूबर, 1833, स्टॉकहोम, स्वीडन
निधन : 10 दिसंबर, 1896 (63 वर्ष), सैनरिमो, इटली

21 अक्टूबर, 1833 को स्टॉकहोम, स्वीडन में जन्मे अल्फ्रेड नोबेल एक रसायनशास्त्री और व्यवसायी थे। इनके पिता इमेनुअल नोबेल एक आविष्कारक, शिल्पकार और भवन-निर्माता थे। उन्होंने ही अल्फ्रेड नोबेल को इंजीनियरिंग के मूल-सिद्धान्तों की शिक्षा दी। 16 वर्ष की आयु तक अल्फ्रेड की शिक्षा घर पर ही हुई। उनके पिता को दिवालिया हो जाने के कारण स्वीडन से रूस जाना पड़ा, जहाँ वह रूसी सरकार से रक्षा-हथियारों का अनुबंध प्राप्त करने में सफल हो गए। धीरे-धीरे उन्होंने अपना व्यवसाय कई देशों में फैला लिया। विस्फोटक तैयार करने में उन्हें महारत हासिल थी।

1842 में जब नोबेल की आयु मात्र नौ वर्ष की थी, वह अपनी माता, आंद्रिएता एहल्सेल, जो स्वीडन के मशहूर प्रकृतिवादी ओलोग रुडबैक की सम्बन्धी थी, के साथ अपने पिता के पास रहने के लिए सेंट पीटर्सबर्ग चले गए। वहाँ रहकर उन्होंने रसायन विज्ञान और विभिन्न भाषाओं की शिक्षा प्राप्त की। हृदय से एक युद्ध विरोधी और स्वभाव से आविष्कारक अल्फ्रेड नोबेल ने स्वीडिश, रूसी, अंग्रेजी, फ्रेंच और जर्मन भाषाएँ सीखीं।

1850 में उन्होंने पेरिस में रसायन विज्ञान पढ़ने और अमरीका जाने के लिए रूस छोड़ दिया। 1859 में उनके पिता दिवालिया हो गए और अल्फ्रेड नोबेल को वापस स्वीडन लौटना पड़ा। वापस आकर उन्होंने तरल विस्फोटक नाइट्रोग्लिसरीन का निर्माण शुरू कर दिया। 1864 में उनकी फैक्टरी में एक जबरदस्त विस्फोट होने के कारण उनके सबसे छोटे भाई एमिल और चार कर्मचारियों की मौत हो गई जिससे अल्फ्रेड नोबेल को बहुत गहरा आघात लगा।

स्वीडन सरकार ने उनको दुबारा फैक्टरी शुरू करने से मना कर दिया और उन्हें 'पागल वैज्ञानिक' कहकर पुकारा गया। सबसे घातक विस्फोटक—डायनामाइट—का आविष्कार करनेवाले अल्फ्रेड नोबेल को विश्वास था कि उनका आविष्कार सभी युद्धों को समाप्त कर देगा लेकिन ऐसा सम्भव नहीं हो पाया और डायनामाइट को कई अन्य लोगों द्वारा एक अत्यन्त संहारक वस्तु के रूप में देखा गया। 1867 में इंग्लैंड में और 1868 में अमरीका में डायनामाइट के पेटेंट की अनुमति मिल गई। डायनामाइट पर उन्होंने अनुसंधान जारी रखे और डायनामाइट की एक और शक्तिशाली किस्म—जिलेटिन—का विकास किया जिसे उन्होंने 1876 में पेटेंट करवा लिया। इसके एक दशक बाद ही उन्होंने बेलिस्टाइट का निर्माण किया, जो नाइट्रोग्लिसरीन से निकला धुआँरहित पाउडर था।

हालाँकि डायनामाइट के आविष्कार ने उन्हें बहुत प्रसिद्धि दी थी, लेकिन तब भी कम ही लोग उन्हें अच्छी तरह से जानते थे। स्वभाव से अत्यन्त शान्त होने के साथ-साथ वह साहित्य के एक जिज्ञासु पाठक थे। अपने युवाकाल में उन्होंने अंग्रेजी में कई कविताएँ लिखीं।

सामाजिक रूप से वह इतने सफल नहीं रहे। वह पूर्णतः नास्तिक थे। वह ईश्वर को अत्यन्त क्रूर और अन्यायी मानते थे जो विश्व में सभी धार्मिक युद्धों के लिए उत्तरदायी था।

नोबेल के जीवनीकारों ने भी उनके बचपन के बारे में ज्यादा कुछ नहीं लिखा। उनकी जीवनी में केवल एक ही स्त्री पात्र का जिक्र मिलता है—बर्था वॉन सुत्नर, जो उनकी सेक्रेटरी थी। इससे ज्यादा या इससे कम, उनका सम्बन्ध बर्था के साथ नहीं था जबकि वह बहुत खूबसूरत थी।

अपने जीवनकाल में, विश्व शान्ति का सपना देखनेवाले अल्फ्रेड नोबेल, दुर्भाग्यवश शान्ति नहीं देख पाए। 10 दिसंबर, 1896 को जब अतिसार (दिमागी रक्तस्राव) से उनकी मृत्यु हुई तो उनके आस-पास उनके फ्रेंच नौकरों के सिवा कोई भी मौजूद नहीं था—न उनके निकटतम मित्र और न ही उनके सगे-सम्बन्धी।

अपने पीछे वह अपनी अकूत धन-संपदा छोड़ गए थे। 1895 में उनके द्वारा की गई वसीयत के अनुसार ही, उनके नाम से नोबेल पुरस्कारों की स्थापना हुई, जो निस्संदेह आज, प्रतिष्ठा और पुरस्कार राशि, दोनों ही दृष्टियों से सबसे महत्त्वपूर्ण पुरस्कार माना जाता है।

नोबेल पुरस्कार

1895 में, अपनी मृत्यु से एक वर्ष पूर्व, अल्फ्रेड नोबेल ने बिना किसी कानूनी सलाह के अपनी वसीयत लिखी। उनकी मृत्यु के उपरांत, एक पृष्ठ की इस हस्तलिखित वसीयत को पढ़ने के बाद हर ओर सनसनी-सी फैल गई, क्योंकि लगभग 3.1 करोड़ क्रोनर (दो शिलिंग की कीमत का एक पुराना ब्रितानवी सिक्का) की धनराशि समाज की उन्नति के लिए समर्पित कर देना एक असामान्य बात थी। यही वसीयत विश्व प्रसिद्ध नोबेल पुरस्कारों का आधार बनी। वसीयत में उन्होंने स्पष्ट लिखा कि—

''मेरी संचित सम्पत्तियों से एक निधि की स्थापना की जाएगी तथा उससे प्राप्त ब्याज राशि आनेवाले वर्षों में उन लोगों में पुरस्कार के रूप में बाँटी जाएगी जो मानव जाति के कल्याण के लिए अपनी सेवाएँ प्रदान करेंगे। कथित ब्याज राशि पाँच सम-भागों में विभाजित की जाएगी।''

पुरस्कार के लिए उपयुक्त व्यक्तियों के चयन के लिए उन्होंने स्वीडन की तीन संस्थाओं को यह दायित्व सौंपा था, जो प्रतिवर्ष पाँच क्षेत्रों में दिए जाने थे। इस वसीयत में ये क्षेत्र हैं—भौतिक विज्ञान, रसायन विज्ञान, चिकित्साशास्त्र या औषधि विज्ञान, साहित्य एवं शान्ति।

उपरोक्त पुरस्कार प्रत्येक क्षेत्र में अधिकतम तीन व्यक्तियों को संयुक्त रूप से दिए जा सकते हैं और पाँच वर्षों में एक बार अवश्य दिए जाएँगे। इन पुरस्कारों में विजेता को पुरस्कार राशि, एक स्वर्ण पदक और एक प्रशस्ति-पत्र प्रदान किया जाता है। आधिकारिक रूप से, ये पुरस्कार प्रतिवर्ष 10 दिसंबर को दिए जाते हैं, जो अल्फ्रेड नोबेल की पुण्यतिथि भी है। नोबेल शान्ति पुरस्कार को छोड़कर शेष सभी पुरस्कार स्वीडन में ही एक विशाल समारोह में दिए जाते हैं। नोबेल शान्ति पुरस्कार तथा प्राप्तकर्ताओं के व्याख्यान ओसलो, नॉर्वे में पुरस्कार वितरण समारोह में, 10 दिसंबर को ही दिए जाते हैं। शान्ति पुरस्कार को नॉर्वे में दिए जाने का मुख्य कारण यह है कि अल्फ्रेड नोबेल की मृत्यु के समय स्वीडन और नॉर्वे एक संघ के रूप जुड़े हुए थे जिसे स्वीडन-नॉर्वे संघ कहा जाता है।

मूलरूप से नोबेल पुरस्कार पाँच क्षेत्रों में दिए जाते हैं लेकिन वर्ष 1968 में स्वीडन के केंद्रीय बैंक ने अल्फ्रेड नोबेल की स्मृति में अर्थशास्त्र में एक पुरस्कार (एक संयुक्त पुरस्कार) 'स्वेरिजीस रिक्स बैंक पुरस्कार' आरम्भ किया और अर्थशास्त्र में पहला पुरस्कार 1969 में दिया गया।

हालाँकि नोबेल पुरस्कार विश्व में सबसे सम्मानित पुरस्कार माने जाते हैं लेकिन विवाद की छाया से ये भी अछूते नहीं बच सके। माना जाता है कि रूस को पुरस्कार देने में अक्सर कोताही बरती गई। टॉल्सटॉय और मैक्सिम गोर्की जैसे महान लेखकों को यह पुरस्कार नहीं दिया गया जबकि कई विवादास्पद लेखकों, वैज्ञानिकों और राजनीतिक लोगों को, जिनके कार्यों से समूची मानव जाति को प्रताड़ना और शर्मिंदगी झेलनी पड़ी, इस सम्मानित पुरस्कार से नवाजा गया।

यदि भारत की बात करें तो राष्ट्रपिता महात्मा गांधी को नोबेल शान्ति पुरस्कार के लिए 1937 और 1948 के बीच पाँच बार नामांकित किया गया परन्तु वह इसे प्राप्त नहीं कर सके क्योंकि जब 1948 के नोबेल शान्ति पुरस्कारों के नामांकन पूरे किए जाने थे, उससे दो दिन पूर्व ही, 30 जनवरी, 1948 के दिन महात्मा गांधी की हत्या हो गई किन्तु नॉर्वे नोबेल समिति (जिस पर नोबेल शान्ति पुरस्कार दिए जाने का दायित्व है) ने महात्मा गांधी को मरणोपरान्त शान्ति पुरस्कार न देने का निर्णय किया, जो कि इस सभा समिति की नीति भी थी। फलस्वरूप, 1948 में शान्ति पुरस्कार नहीं दिया गया।

इन पुरस्कारों से जुड़ी सबसे महत्त्वपूर्ण परंपरा है, पुरस्कार वितरण समारोह में विजेताओं द्वारा दिया जानेवाला व्याख्यान, जो पुरस्कार प्राप्त करने के छः महीने के भीतर देना अनिवार्य होता है।

अल्फ्रेड नोबेल की हस्तलिखित वसीयत, जो नोबेल पुरस्कारों का आधार बनी

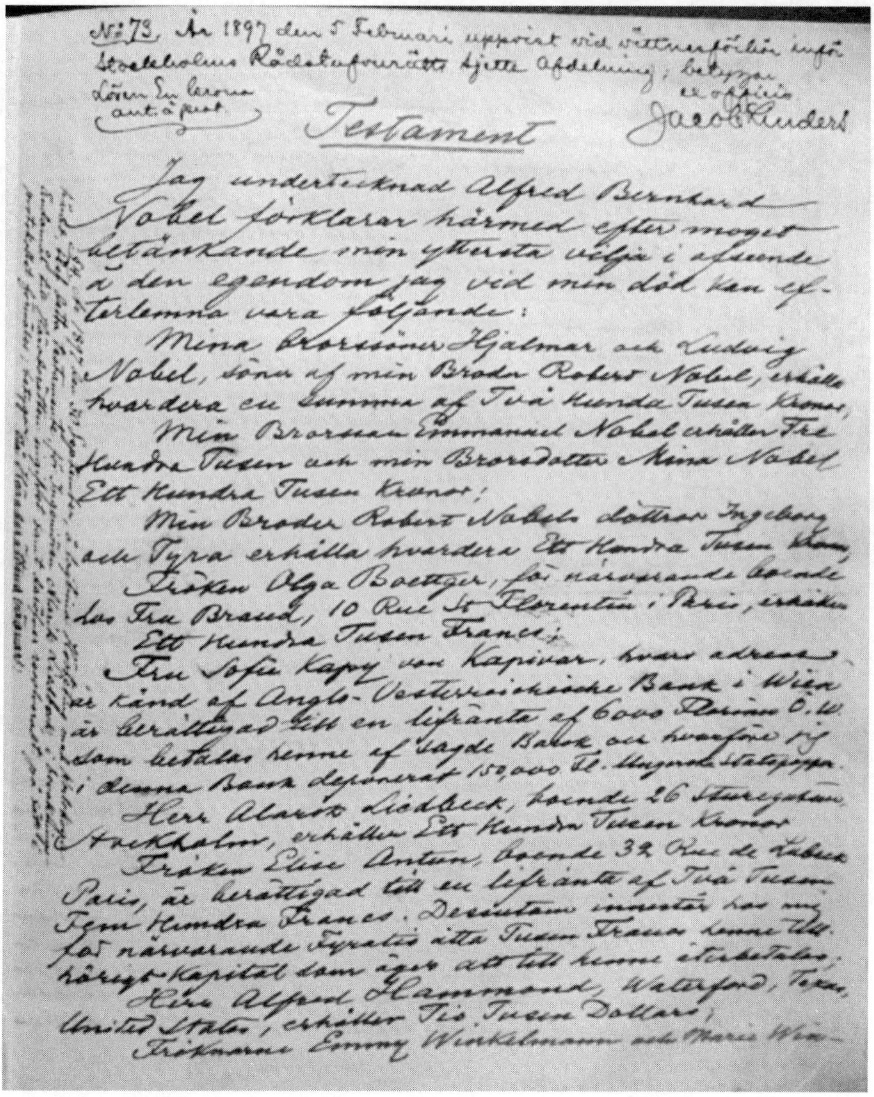

N:o 73. År 1897 den 5 Februari uppvisat vid vittnesförhör inför Stockholms Rådstufvurätts Sjette Afdelning; betygar ex officio Jacob Kinberg

Lösen En krona anti å part

Testament

Jag undertecknad Alfred Bernhard Nobel förklarar härmed efter moget betänkande min yttersta vilja i afseende å den egendom jag vid min död kan efterlemna vara följande:

Mina brorssöner Hjalmar och Ludvig Nobel, söner af min Broder Robert Nobel, erhålla hvardera en summa af Två Hundra Tusen Kronor;

Min Brorson Emmanuel Nobel erhåller Tre Hundra Tusen och min Brorsdotter Mina Nobel Ett Hundra Tusen Kronor;

Min Broder Robert Nobels döttrar Ingeborg och Tyra erhålla hvardera Ett Hundra Tusen Kronor;

Fröken Olga Boettger, för närvarande boende hos Fru Brand, 10 Rue St Florentin i Paris, erhåller Ett Hundra Tusen Francs;

Fru Sofie Kapy von Kapivar, hvars adress är känd af Anglo-Oesterreichische Bank i Wien är berättigad till en lifränta af 6000 Florin Ö.W. som betalas henne af sagde Bank och hvarföre jag i denna Bank deponerat 150,000 Fl. i Ungerska Statspapper.

Herr Alarik Liedbeck, boende 26 Sturegatan Stockholm, erhåller Ett Hundra Tusen Kronor;

Fröken Elise Antun, boende 32 Rue de Lubeck Paris, är berättigad till en lifränta af Två Tusen Fem Hundra Francs. Dessutom innestår hos mig för närvarande Fyratio åtta Tusen Francs henne tillhörigt Kapital som äfven att till henne återbetalas;

Herr Alfred Hammond, Waterford, Texas, United States, erhåller Tio Tusen Dollars;

Fröknarne Emmy Winkelmann och Marie Win-

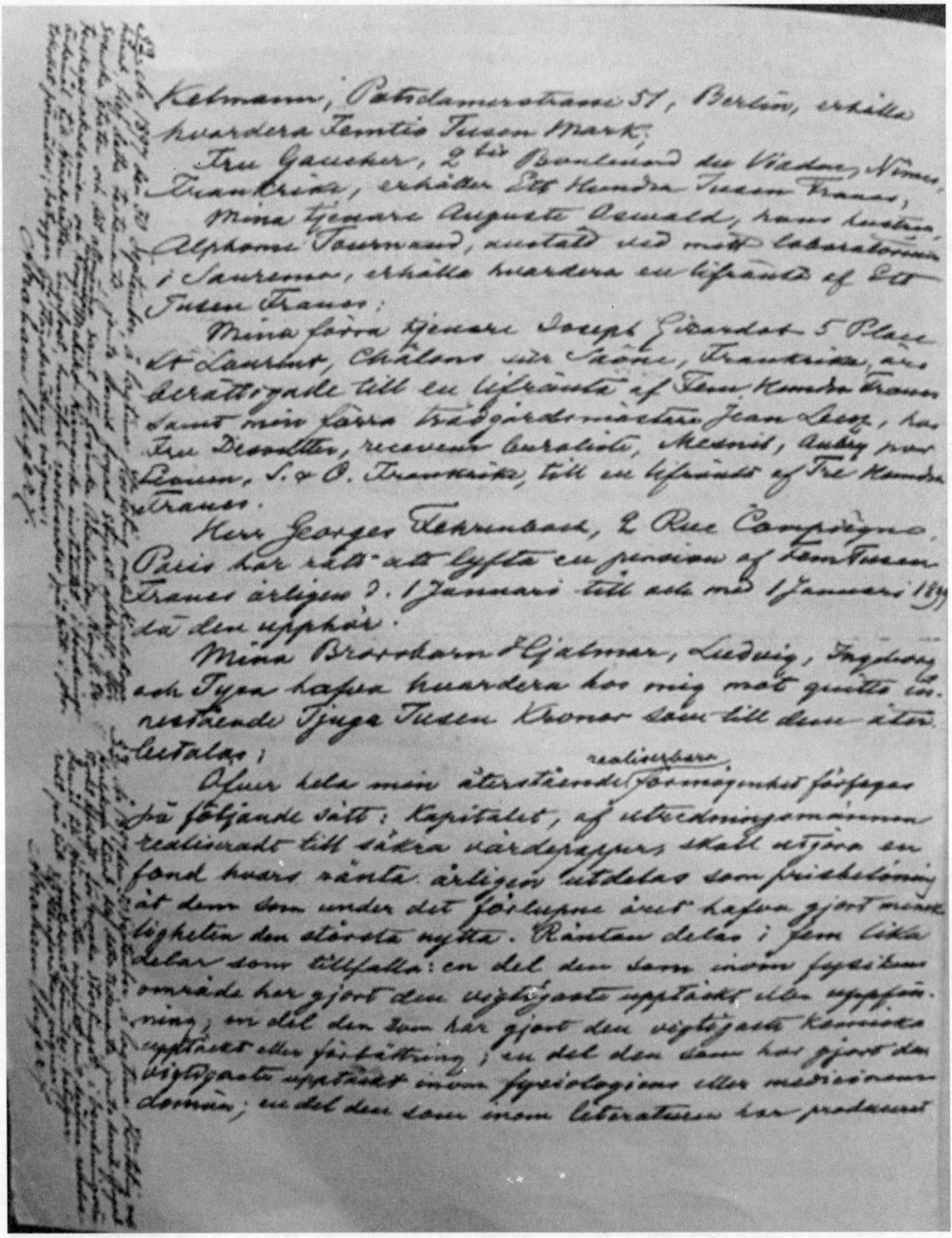

Kehrmann, Potsdamerstrasse 57, Berlin, erhålla hvardera Femtio Tusen Mark;

Fru Gaucher, 2 bis Boulevard du Viaduc, Nîmes, Frankrike, erhåller Etthundra Tusen Francs;

Mina tjenare Auguste Oswald, hans hustru Alphonse Tournand, anstäld vid mitt laboratorium i Sanremo, erhålla hvardera en lifränta af Ett Tusen Francs;

Min förra tjenare Joseph Girardot 5 Place St Laurent, Châlons sur Saône, Frankrike, är berättigad till en lifränta af Fem Hundra Francs samt min förra trädgårdsmästare Jean Lecof, hos Fru Desoutter, receveur Curaliste, Mesnil, Aubry pour Ecouen, S. & O. Frankrike, till en lifränta af Tre Hundra Francs.

Herr Georges Fehrenbach, 2 Rue Compiègne, Paris har rätt att lyfta en pension af Fem Tusen Francs årligen fr. 1 Januari 1896 till och med 1 Januari 1899 då den upphör.

Mina Brorsbarn Hjalmar, Ludvig, Ingeborg och Tyra hafva hvardera hos mig mot quitto innestående Tjugo Tusen Kronor som till dem återbetalas;

Öfver hela min återstående realiserbara förmögenhet förfogas på följande sätt: Kapitalet, af utredningsmännen realiseradt till säkra värdepapper, skall utgöra en fond hvars ränta årligen utdelas som prisbelöning åt dem som under det förlupne året hafva gjort menskligheten den största nytta. Räntan delas i fem lika delar som tillfalla: en del den som inom fysikens område har gjort den vigtigaste upptäckt eller uppfinning; en del den som har gjort den vigtigaste kemiska upptäckt eller förbättring; en del den som har gjort den vigtigaste upptäckt inom fysiologiens eller medicinens domän; en del den som inom literaturen har produceradt det utmärktaste i idealisk riktning; och en del åt den som har verkat mest eller bäst för folkens förbrödrande och afskaffande eller minskning af stående armeer samt bildande och spridande af fredskongresser. Prisen för fysik och kemi utdelas af Svenska Vetenskapsakademien; för fysiologiska eller medicinska arbeten af Carolinska Institutet i Stockholm; för literatur af Akademien i Stockholm samt för fredsförfäktare af ett utskott af fem personer som väljes af Norska Stortinget. Det är min uttryckliga vilja att vid prisutdelningarne intet afseende fästes vid någon slags nationalitetstillhörighet sålunda att den värdigaste erhåller priset antingen han är Skandinav eller ej.

Till Exekutorer af dessa mina testamentariska dispositioner förordnar jag Herr Ragnar Sohlman, bosatt vid Bofors, Vermland, och Herr Rudolf Liljequist, 31 Malmskillnadsgatan, Stockholm och Bengtsfors i närheten af Uddevalla. Som ersättning för deras omsorg och besvär tillerkänner jag Herr Ragnar Sohlman, som antagligen kommer att egna mesta tid deråt, Ett Hundra Tusen Kronor, och Herr Rudolf Liljequist Femtio Tusen Kronor.

Min förmögenhet består för närvarande dels i fastigheter i Paris och San Remo; dels i värdepapper förvarade i Union Bank of Scotland Ld i Glasgow och London; i Crédit Lyonnais, Comptoir National d'Escompte och hos Alphen, Messin & Co i Paris; hos fondmäklaren M. V. Peter af Banque Transatlantique, afvenledes i Paris; hos Direction der Disconto-Gesellschaft samt Joseph Goldschmidt & Cie, i Berlin; i Ryska Riksbanken samt hos Herr Emmanuel Nobel i Petersburg; i Skandinaviska Kredit Aktiebolaget i Göteborg och Stockholm

År 1897 den 15 Juni blef detta testamente för bevakning efter aflidne ingeniören doktor Alfred Bernhard Nobel ingifvet till Stockholms Rådstufvurätts första Afdelning, hvarvid resolverades på sätt i protokollet under §§ 136–141 finnes, betygar
Lösen En krona.
På Rådstufvurättens vägnar
[illegible]

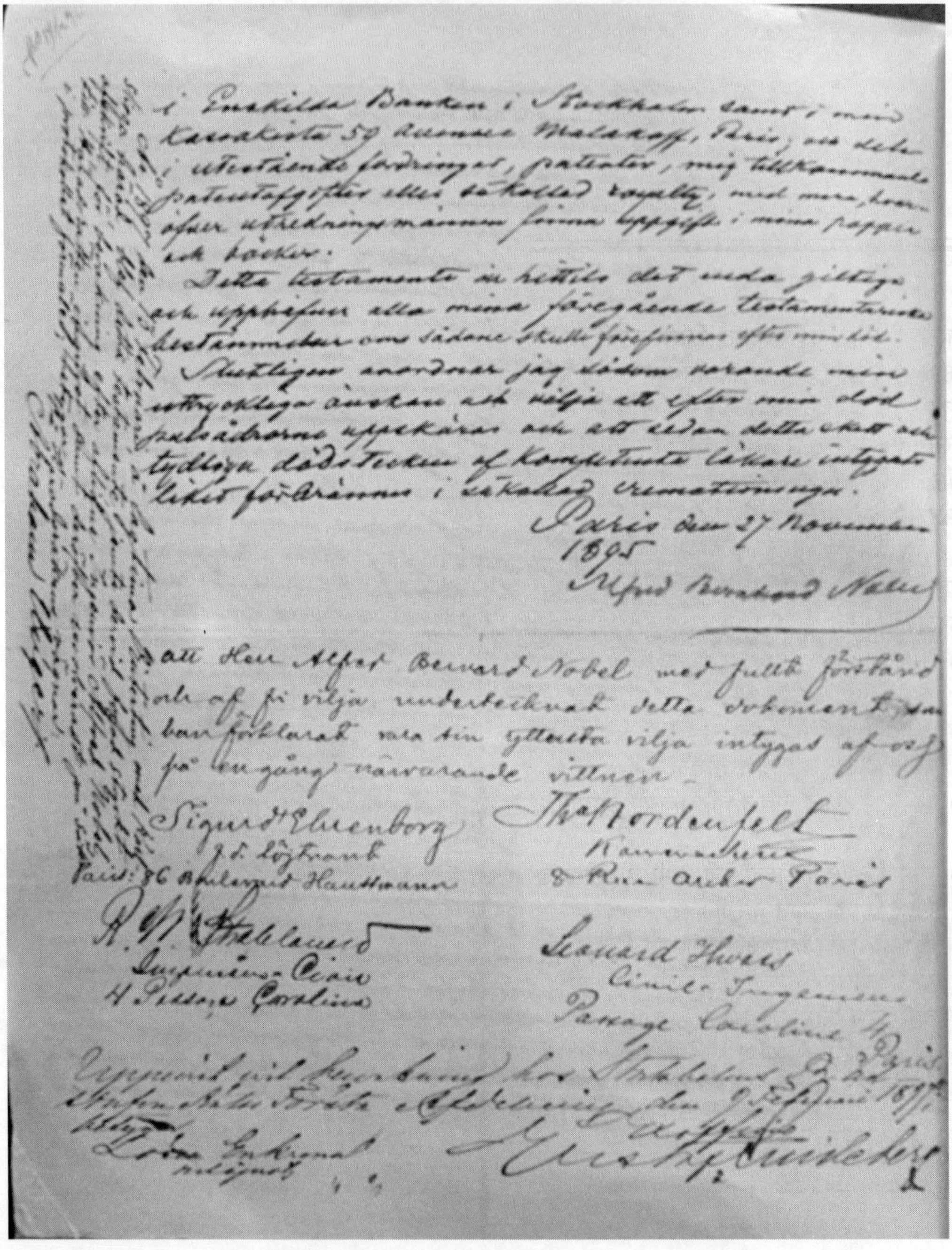

i Enskilda Banken i Stockholm samt i min kassakista 59 Avenue Malakoff, Paris; äfvensom i utestående fordringar, patenter, mig tillkommande patentafgifter eller så kallad royalty, med mera, hvarom efter utredningsmännen finna uppgifter i mina papper och böcker.

Detta testamente är hittills det enda giltiga och upphäfver alla mina föregående testamentariska bestämmelser om sådane skulle förefinnas efter min död.

Slutligen anordnar jag såsom varande min uttryckliga önskan och vilja att efter min död pulsådrorna uppskäras och att sedan detta skett och tydliga dödstecken af kompetente läkare intygats liket förbrännes i så kalladt crematorium.

Paris den 27 November 1895

Alfred Bernhard Nobel

Att Herr Alfred Bernhard Nobel med fullt förstånd och af fri vilja undertecknat detta dokument, som han förklarat vara sin yttersta vilja intygas af oss på en gång närvarande vittnen.

Sigurd Ehrenborg
f.d. Löjtnant
Paris: 86 Boulevard Haussmann

Thos Nordenfelt
Konstruktör
8 Rue Auber Paris

R. W. Strehlenert
Ingenieur-Civil
4 Passage Caroline

Leonard Hwass
Civil-Ingeniör
Passage Caroline 4 Paris

Uppvisad till förvaring hos Stockholms Rådhusrätts Första Afdelning den 9 Februari 1897.

[illegible]

अल्फ्रेड नोबेल की वसीयत

अल्फ्रेड नोबेल की वसीयत, जिसे उन्होंने 27 नवंबर, 1895 को बिना किसी कानूनी सलाह के स्वयं लिखा, 1896 में उनकी मृत्यु के पश्चात जब खोली गई तो इसने एक सनसनी फैला दी क्योंकि दूसरों के कल्याण के लिए इतनी बड़ी धनराशि छोड़ना उस समय एक असामान्य बात थी। हालाँकि एक पृष्ठ की हस्तलिखित इस वसीयत को उनके रिश्तेदारों तथा अन्य लोगों ने कई कारणों से चुनौती भी दी लेकिन इसे पूर्णत: वैध पाया गया और नोबेल द्वारा छोड़ी गई राशि को वार्षिक नोबेल पुरस्कार में संचित कर दिया गया। वसीयत का पूरा लिखित ब्योरा इस प्रकार है :

मैं, अधोहस्ताक्षरी, अल्फ्रेड बर्नहर्ड नोबेल, यहाँ पूरी तरह विचारशीलता के पश्चात अपनी मृत्यु के समय, मेरे द्वारा छोड़ी गई सम्पत्ति के सम्बन्ध में अपनी अन्तिम वसीयत व इच्छा-पत्र के द्वारा निम्न घोषणा करता हूँ कि :

- अपने भतीजों, याल्मर और लुडविग नोबेल, जो मेरे भाई रॉबर्ट नोबेल के पुत्र हैं, के लिए मैं दो लाख क्राउन प्रति व्यक्ति की सम्पत्ति छोड़ता हूँ।
- अपने भतीजे इमेनुअल नोबेल के लिए तीन लाख क्राउन तथा अपनी भतीजी मीना नोबेल के लिए एक लाख क्राउन की राशि छोड़ता हूँ।
- मेरे भाई रॉबर्ट नोबेल की पुत्रियों, इंगबोर्ग और तायरा, को एक लाख क्राउन प्रति व्यक्ति की धनराशि दी जाए।
- कुमारी ओल्मा बोत्जर, जो अभी श्रीमती ब्रांड के साथ 10, रूइ स्ट्रीट फ्लोरेटीन, पेरिस में रह रही हैं, एक लाख क्राउन प्राप्त करेंगी।
- श्रीमती सोफी कैपी वॉन कैपिवार, जिनका पता विएना में एंग्लो-ओस्टेरियिश बैंक हो जाता है, यहाँ 6000 फ्लोरिन* का वार्षिक भत्ता प्राप्त करने की हकदार होंगी, जो कि कथित बैंक द्वारा इन्हें दिया जाएगा तथा कभी मेरी ओर से इस बैंक में हंगेरियन स्टेट ब्रांड्स में 1,50,000 फ्लोरिन की राशि जमा कर दी गई है।
- श्री अलारिक लीडबैक, जो वर्तमान में 26 स्टुरेग्टन, स्टॉकहोम में रह रहे हैं, एक लाख क्राउन प्राप्त करेंगे।
- कुमारी एलिसएंटेन, जो वर्तमान में 32 रूइ डेल्यू बैक, पेरिस में रह रही हैं, दो हजार पाँच सौ फ्रैंक का वार्षिक भत्ता प्राप्त करने की हकदार होंगी। इसके अतिरिक्त, अड़तालीस हजार फ्रैंक की उनकी राशि, जो मेरे संरक्षण में पड़ी है, उन्हें वापस कर दी जाए।
- श्रीमान अल्फ्रेड हेमंड, वाटरफोर्ड, टैक्सास, अमरीका दस हजार डॉलर की राशि प्राप्त करेंगे।
- श्रीमती एमी तथा मेरी विंकलमॉन, पोत्सदमिरस्त्रास, 51, बर्लिन पचास हजार मार्क प्रति व्यक्ति प्राप्त करेंगी।

* दो शिलिंग की कीमत का एक पुराना ब्रितानवी सिक्का।

- श्रीमती गोचर, 2 बुलवार्ड जु वायाडक, नाइम्स, फ्रांस एक लाख फ्रैंक, मेरे नौकर, ओगस्त ओसवाल्ड और उसकी पत्नी अल्फांसे टर्नांड, जो सॉनरीको में मेरी प्रयोगशाला में कार्यरत हैं, प्रत्येक को एक हजार फ्रैंक का वार्षिक भत्ता प्रदान किया जाएगा।
- मेरा पूर्व नौकर, जोसेफ जिरारदो, 5, प्लेस सेंट लॉरेन्ट, चलोंस स्यूर सओन, पाँच सौ फ्रैंक वार्षिक भत्ते का अधिकारी होगा और मेरा पूर्व माली, जियान लिकॉफ, जो वर्तमान में श्रीमती डेजोटर, सिसीवर क्यूरालिस्ट, मेजनिल, ऑवरी पोर इकोएन, एस. एंड को. फ्रांस के यहाँ कार्य कर रहा है, तीन सौ फ्रैंक का वार्षिक भत्ता प्राप्त करेगा।
- श्रीमान जॉर्जस, फॉरेनबाख़, 2 रूइ काम्मेन, पेरिस पाँच हजार फ्रैंक वार्षिक पेंशन का हकदार होंगे जो 1 जनवरी, 1896 से आरम्भ होकर 1 जनवरी, 1899 को खत्म हो जाएगी।
- बीस हजार क्राउन प्रति व्यक्ति धनराशि, जो मेरे संरक्षण में रखी गई है, मेरे भाई के बच्चों—याल्मर, लुडविग, इंजबोर्ग तथा तायरा की सम्पत्ति है जो उन्हें वापस कर दी जाए।

मेरी सारी भुनाने योग्य शेष सम्पत्ति का बँटवारा निम्न ढंग से किया जाना चाहिए—

मेरी संचित सम्पत्तियाँ जो कि मेरे एक्जीक्यूटिव द्वारा सुरक्षित निवेश-पत्रों में निवेश की गई हैं, से एक निधि की स्थापना की जाएगी तथा उससे प्राप्त ब्याज राशि आनेवाले वर्षों में उन लोगों में पुरस्कार के रूप में बाँटी जाएगी जो मानव-जाति के कल्याण के लिए अपनी सेवाएँ प्रदान करेंगे। कथित ब्याज-राशि पाँच सम-भागों में विभाजित की जाएगी, जिसका अनुपात इस प्रकार होगा—

इसका एक भाग उस व्यक्ति को दिया जाए जिसने भौतिकी के क्षेत्र में कोई महत्त्वपूर्ण आविष्कार या खोज की हो, एक भाग उस व्यक्ति को प्रदान किया जाए जिसने रसायनशास्त्र के क्षेत्र में कोई महत्त्वपूर्ण आविष्कार या उसमें कोई सुधार कार्य किया हो। एक भाग उस व्यक्ति को प्रदान किया जाए जिसने शरीर विज्ञान या चिकित्सा के क्षेत्र में कोई महत्त्वपूर्ण खोज की हो, एक भाग उस व्यक्ति को प्रदान किया जाए जिसने साहित्य के क्षेत्र में किसी आदर्श दिशा में सर्वोत्तम कार्य किया हो तथा एक भाग उस व्यक्ति को दिया जाए जिसने अपना सर्वश्रेष्ठ अथवा अधिकांश कार्य विश्व के राष्ट्रों में मैत्री भाव की दिशा में किया हो, उनमें तैनात सैनिकों को हटाने अथवा उनमें कमी लाने की दिशा में कार्य किया हो अथवा शान्ति मंचों की स्थापना अथवा उनके बढ़ोतरी का कार्य किया हो। भौतिकी तथा रसायनशास्त्र के क्षेत्र में दिए जानेवाले पुरस्कार स्वीडिश विज्ञान अकादमी द्वारा प्रदान किए जाएँगे, शरीर-विज्ञान अथवा चिकित्सा के क्षेत्रों में पुरस्कार स्टॉकहोम में कैरोसिन संस्थान द्वारा दिए जाएँगे। साहित्य के लिए अकादमी द्वारा स्टॉकहोम में तथा शान्ति पुरस्कार विजेताओं को नॉर्वे की संसद द्वारा चयनित पाँच व्यक्तियों की एक विशेष समिति द्वारा प्रदान किए जाएँगे। मेरी यह विशेष इच्छा है कि पुरस्कार प्रदान करते हुए उम्मीदवारों की राष्ट्रीयता किसी भी तरह से ध्यान में न रखी जाए। केवल सबसे योग्य पात्र ही पुरस्कार प्राप्त करे, बेशक वह स्कैंडिनेविया का मूल निवासी हो या न हो।

अपनी वसीयत को तैयार करने के लिए एक निष्पादक (एक्जीक्यूटर) के तौर पर मैं श्रीमान रैगनार सोलमॉन, बोफोर्स, वार्मलैंड के निवासी तथा श्रीमान रूडोल्फ लिलजेक्विस्ट निवासी 31, माम्सक्लिनैडसगैटन, स्टॉकहोम तथा वैंगट्सफोर्स, नजदीक यूडेवेलिया की नियुक्ति करता हूँ। मैं श्रीमान रैगनार सोलमॉन को, जिन्होंने अनुमानत: इस सम्बन्ध में अपना अधिकांश समय समर्पित करना है, उनकी मेहनत तथा देखभाल के लिए एक लाख क्राउन तथा श्रीमान रूडोल्फ लिलजेक्विस्ट को पचास हजार क्राउन की राशि प्रतिफल के रूप में स्वीकृत करता हूँ।

वर्तमान में, मेरी सम्पत्ति का एक भाग जमीन-जायदाद के रूप में पेरिस तथा सॉनरीमो में तथा एक भाग प्रतिभूतियों के रूप में निम्न प्रकार से जमा है—

ग्लास्गो तथा लंदन में 'द यूनियन बैंक ऑफ स्कॉटलैंड लिमिटेड' में, लो क्रेडिट ल्योनेस में, कांपटॉयर नेशनल डी एस्कॉम्प तथा पेरिस में एल्फेर मैसिन एंड कम्पनी में, बैंक ट्रांसअटलांटिक के शेयर ब्रोकर एम.वी. पीटर

के पास जो पेरिस में ही है, बर्लिन में डायरेक्शन डेट डिस्कोंटो गैसेलशाफ्ट तथा जोजेस गोल्डश्मिद एंड कॉई, रश्किन सेंट्रल बैंक के पास और पीटर्सबर्ग में श्रीमान इमेनुएल नोबेल के पास, गोथेनबर्ग तथा स्टॉकहोम में स्कैंडिनेविस्का क्रेडिट एक्टिबोलागेट में एवं पेरिस में 59, एवेन्यू मालाकॉफ पर मेरे लॉकर में, इसके अतिरिक्त मेरे प्राप्य खातों, पेटेंट में, पेटेंस शुल्क अथवा तथाकथित अधिशुल्कों (रॉयल्टीज) के रूप में हैं जिनके सम्बन्ध में मेरे कार्य निष्पादन (एक्जीक्यूटर्स) मेरे कागज-पत्रों तथा मेरी किताबों में पूरी जानकारी प्राप्त कर लेंगे।

मेरी यह वसीयत तथा इच्छा-पत्र मेरी अब तक की एकमात्र वैध वसीयत है तथा मेरे पूर्व में लिखित वसीयत सम्बन्धी प्रपत्रों को, जो मेरी मृत्योपरांत यदि मौजूद हैं, खारिज करती है।

और अन्त में, मेरी यह स्पष्ट इच्छा है कि मेरी मृत्यु के पश्चात मेरे शरीर को सामान्यजन के दर्शनार्थ रखा जाए और जब यह सब हो चुके और सक्षम चिकित्सक मेरी मृत्यु के स्पष्ट चिह्नों की पुष्टि कर दें तो मेरे पार्थिव शरीर को कथित श्मशान भूमि में दफन कर दिया जाए।

पेरिस, 27 नवंबर, 1895
अल्फ्रेड बर्नहर्ड नोबेल

नोबेल पुरस्कार से जुड़े विभिन्न तथ्य :

- स्वीडन के औषधिशास्त्री तथा डायनामाइट के आविष्कारक अल्फ्रेड नोबेल के नाम पर इसका नामकरण किया गया।
- अल्फ्रेड नोबेल की मृत्यु के पाँच वर्ष पश्चात 1901 में पहली बार पुरस्कार दिए गए।
- पहली बार पाँच विषयों में ही पुरस्कार प्रदान किए गए : रसायनशास्त्र, भौतिक विज्ञान, शरीर विज्ञान अथवा औषधिशास्त्र, साहित्य एवं शान्ति।
- छठा विषय—अर्थशास्त्र—1969 में सम्मिलित किया गया।
- शान्ति पुरस्कार को छोड़कर शेष सभी पुरस्कार केवल व्यक्तियों को ही दिए जा सकते हैं।
- प्रतिवर्ष प्रत्येक पुरस्कार अधिकतम तीन व्यक्तियों को ही दिया जा सकता है।
- नोबेल की जमीन-जायदाद से प्राप्त धनराशि एक निधि में जाती है, जिसका प्रबन्ध नोबेल फाउंडेशन करता है। इस निधि से प्राप्त ब्याज राशि से प्रतिवर्ष नकद पुरस्कार दिए जाते हैं।
- प्रत्येक पुरस्कार में एक स्वर्ण पदक, एक प्रमाण-पत्र और धनराशि का विधान है।
- यदि एक विषय में एक से अधिक विजेता होते हैं तो पुरस्कार की राशि विजेताओं में समान रूप से बाँटी जाती है।
- साहित्य और शान्ति पुरस्कार अत्यन्त विवादास्पद पुरस्कार हैं क्योंकि पुरस्कारों के मानदंड व्यक्तिगत विचारों से प्रेरित माने जाते हैं।
- प्रतिवर्ष प्रत्येक पुरस्कार के लिए 100 से 250 नामांकन होते हैं।
- यदि कोई व्यक्ति स्वयं को नामांकित करता है तो वह स्वत: ही अयोग्य हो जाता है।
- किसी को भी मरणोपरांत नामांकित नहीं किया जा सकता। तो भी, यदि कोई नामांकन के समय जीवित था किन्तु पुरस्कार दिए जाने से पूर्व उसकी मृत्यु हो गई हो तो उसे मरणोपरांत पुरस्कार दिया जा सकता है।
- ये पुरस्कार पाँच वर्ष की अवधि में कम से कम एक बार अवश्य दिए जाने चाहिए।
- कुछ पुरस्कार विजेता इन्हें ग्रहण करने से इनकार भी कर चुके हैं।

नोबेल पुरस्कारों के इतिहास में दूसरी बार नोबेल पुरस्कार की नीलामी

बीते वर्ष (मार्च, 2013) में यह समाचार सुर्खियों में प्रकाशित हुआ कि नोबेल पुरस्कारों के 111 वर्षों के इतिहास में पहली बार कोई नोबेल पुरस्कार नीलाम होने जा रहा है। 1962 में जीवों के गुणसूत्रों की संरचना अर्थात डी.एन.ए. की खोज करके पुरस्कार प्राप्त करनेवाले डॉ. फ्रांसिस क्रिक के परिवार ने यह पदक किसी संग्रहालय या किसी संस्थान को सौंपने का निर्णय किया है ताकि उसे सामान्य लोगों के लिए रखा जा सके। क्रिक परिवार का मानना है कि इससे नई पीढ़ी के लोगों अथवा वैज्ञानिकों को प्रेरणा मिलेगी।

इस नीलामी के माध्यम से प्राप्त होनेवाली राशि का 20 प्रतिशत लंदन स्थित फ्रांसिस क्रिक इंस्टीट्यूट में अनुसंधान के कार्यों में लगाया जाएगा। इस अनुसंधान से दुनिया की सबसे खतरनाक बीमारियों के उपचारों की खोज की जाएगी।

न्यू यॉर्क में 11 अप्रैल, 2013 को यह नोबेल पदक नीलाम करनेवाली अधिकृत कम्पनी 'हैरिटेज ऑक्शंस' के अनुसार, इसे दो मिलियन (1.3 मिलियन पौंड) में नीलाम किया गया। नीलामी 5,00,000 डॉलर (3,25,000 पौंड) की राशि के पूर्वानुमान को पार कर गई। हैरिटेज ऑक्शंस के अनुसार, इसे खरीदनेवाले का नाम जैक वैग है, जो सिलिकॉन वैली और शंघाई में स्थित एक पुनरुत्पादक चिकित्सा प्रौद्योगिकी कम्पनी, बॉयोमोबी के मुख्य कार्यकारी अधिकारी हैं।

हैरिटेज ऑक्शंस के अनुसार, यह दूसरी बार है, जब एक नोबेल पुरस्कार की सार्वजनिक नीलामी की गई। इससे पूर्व वर्ष 1975 में भौतिक विज्ञान में नोबेल पुरस्कार प्राप्त करनेवाले, ऐगे नील्स बोहर के नोबेल पदक की नवंबर 2012 में नीलामी हुई थी, जिससे लगभग 50,000 डॉलर की राशि प्राप्त हुई थी।

डॉ. फ्रांसिस क्रिक के पदक की महत्त्वपूर्ण बात है कि सोने के इस पदक पर डॉ. फ्रांसिस क्रिक का नाम अंकित है। एक ओर जहाँ नोबेल पुरस्कार के नीलाम होने से लोगों में निराशा उत्पन्न हो सकती है तो दूसरी ओर इसके सकारात्मक रूप में, इससे प्राप्त होनेवाली धनराशि का अनुसंधान कार्यों में उपयोग किया जाएगा।

चित्रावली

अल्फ्रेड नोबेल
1833–1896

''मेरा डायनामाइट दुनिया में शान्ति के लिए होनेवाले हजारों सम्मेलनों से भी जल्दी शान्ति ला देगा। जैसे ही इनसान महसूस करेगा कि एक ही क्षण में सारी सेनाएँ नष्ट की जा सकती हैं, तो वह निश्चित रूप से स्वर्णिम शान्ति का पालन करने लगेगा।''

—अल्फ्रेड नोबेल

''यदि मेरे दिमाग में एक वर्ष में 300 विचार आते हैं
और उनमें से एक विचार भी उपयोगी सिद्ध होता है,
तो भी मैं सन्तुष्ट हूँ।''

—अल्फ्रेड नोबेल

अल्फ्रेड नोबेल अपनी प्रयोगशाला
में कार्य करते हुए

युवा अल्फ्रेड नोबेल

बर्था वॉन सुत्नर, अल्फ्रेड नोबेल की सचिव

इमेनुअल नोबेल
(अल्फ्रेड नोबेल के पिता)
1801–1872

आंद्रिएते एहल्सेल
(अल्फ्रेड नोबेल की माँ) 1833–96

नोबेल बंधु : (घड़ी की सुइयों की दिशा में)
रॉबर्ट, अल्फ्रेड, लुडविग तथा
बेबी एमिल। यह तस्वीर सेंट पीटर्सबर्ग में
1843 के आस-पास ली गई।

नॉर्वे नोबेल संस्थान पुस्तकालय

नॉर्वे नोबेल समिति का समिति–कक्ष

ब्योर्कबोर्न क्षेत्र में बना घर, अल्फ्रेड नोबेल अपनी मृत्यु के समय इसी घर में रहते थे।

नोबेल पुरस्कारों की 90वीं सालगिरह के उपलक्ष्य में, सेंट पीटर्सबर्ग में, स्थानीय शिल्पकार सर्गेई एलिपोव तथा पॉवेल शेवचेंको द्वारा अल्फ्रेड नोबेल के सम्मान में बनाया गया एक स्मारक, जिसे 'ब्लोन अप ट्री' नाम दिया गया। बोल्शया नेवका नदी के किनारे बने इस स्मारक में विस्फोट से ध्वस्त चिथड़ों के रूप में इस पेड़ की टहनियों को दिखाया गया है।

अर्थशास्त्र के क्षेत्र में पुरस्कार विजेताओं को दिया जानेवाला एक नोबेल स्वर्ण पदक

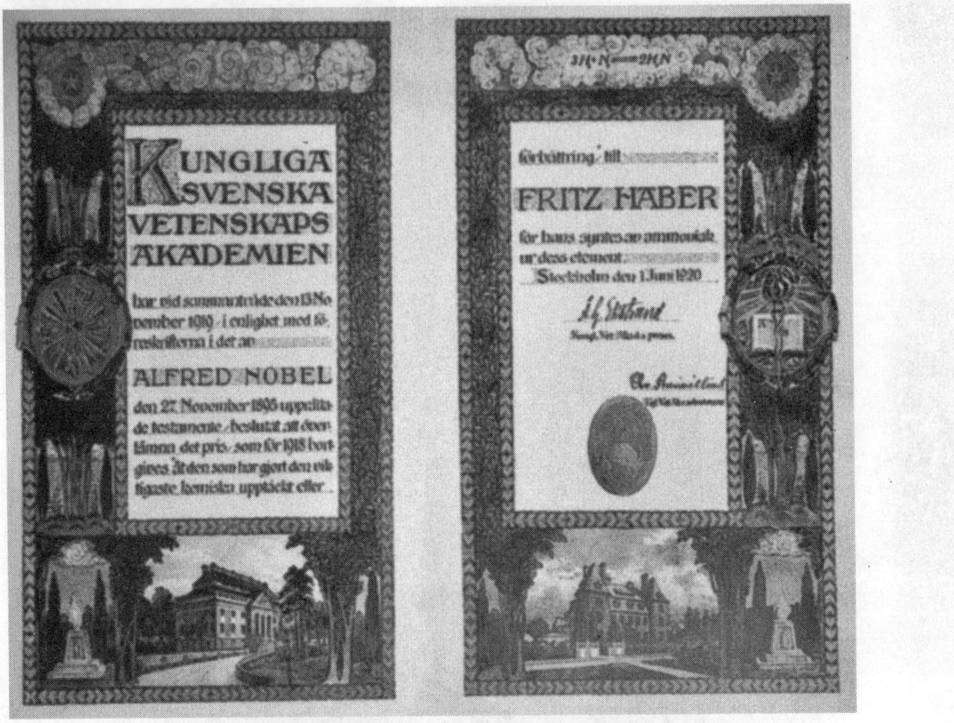

पुरस्कार विजेताओं को एक स्वर्ण पदक और पुरस्कार राशि के साथ एक सुसज्जित प्रशंसा-पत्र भी दिया जाता है। यहाँ फ्रिट्ज हैबर का प्रशंसा-पत्र दिखाया गया है, जो उन्हें अमोनिया संश्लेषण की एक पद्धति का विकास करने के लिए प्रदान किया गया था।

प्रथम नोबेल पुरस्कार समारोह का एक दृश्य, जो 10 दिसंबर, 1901 को रॉयल एकेडमी ऑफ म्यूजिक स्टॉकहोम, स्वीडन में आयोजित किया गया।

नोबेल फाउंडेशन पुरस्कार वितरण समारोह के वर्तमान स्वरूप की एक झलक

भारतीय वैज्ञानिक हरगोविंद खुराना नोबेल पुरस्कार प्राप्त करते हुए

मदर टेरेसा नोबेल पुरस्कार प्राप्त करती हुईं

नॉर्वे नोबेल समिति के अध्यक्ष, थोरबोर्न जगलैंड के हाथों से ओस्लो सिटी हॉल में 2001 का नोबेल शान्ति पुरस्कार प्राप्त करने के बाद, बराक ओबामा

भौतिक विज्ञान

रसायन विज्ञान

शरीर विज्ञान/चिकित्सा विज्ञान

साहित्य

शान्ति

1901

भौतिक विज्ञान

रोंटजेन, विल्हेम कोनराड
नागरिकता : जर्मनी
जन्म : 27 मार्च, 1845; लेनेप (तत्कालीन प्रशिया)
निधन : 10 फरवरी, 1923; म्यूनिख, जर्मनी

विल्हेम कोनराड रोंटजेन की आरम्भ से ही विज्ञान की पढ़ाई में विशेष रुचि थी, लेकिन स्कूली पढ़ाई बीच में ही रुक जाने के कारण नियमित उच्च शिक्षा से वह वंचित रहे और डिग्री हासिल नहीं कर पाए। ज्यूरिख के पॉलिटेक्निक संस्थान में इंजीनियरिंग की प्राथमिक शिक्षा प्राप्त करने के बाद वह प्रसिद्ध भौतिकविज्ञानी ऑगस्ट कुंट के सहायक बने। उन्हीं के साथ काम करते हुए रोंटजेन को अहसास हुआ कि उनका भविष्य शुद्ध विज्ञान में है, न कि प्रायोगिक विज्ञान में है।

बाद के वर्षों के घटनाक्रम ने अन्ततः उन्हें 1895 में वूर्जबर्ग विश्वविद्यालय में भौतिकी विभाग का अध्यक्ष बना दिया। वहीं उन्होंने ऐतिहासिक महत्त्व की वह खोज की जिसने उन्हें विश्वव्यापी ख्याति दी। एक दिन वे कैथोड-रे ट्यूब में विद्युत-धारा के प्रवाह का निरीक्षण कर रहे थे, तभी उनका ध्यान निकट ही रखे बेरियम प्लैटिनोसाइनाइड पर गया, जिससे प्रकाश तब विकीर्णित होने लगता जब ट्यूब प्रचालित स्थिति में होती। इस पर उन्होंने यह सिद्धान्त निरूपित किया कि कैथोड की किरणें जब शीशे की नली की दीवारों से टकराती हैं, तब अज्ञात विकिरण उत्पन्न होता है जो कमरे में फैलता है, रासायनिक पदार्थों से टकराता है और प्रतिदीप्ति का कारण बनता है।

आगे की खोज से उन्हें पता चला कि यह नए प्रकार का विकिरण फोटोग्राफिक प्लेटों को उद्भासित करता है तथा कागज, लकड़ी और अल्युमीनियम आदि वस्तुएँ इसके समक्ष पारदर्शी होती हैं। रोंटजेन ने इसे एक्स-रेडिएशन कहा था, लेकिन आगे चलकर इसे उन्हीं के नाम से रोंटजेन रेडिएशन (विकिरण) कहा जाने लगा।

चिकित्सा विज्ञान के क्षेत्र में आज एक्स-रे महत्त्वपूर्ण भूमिका निभा रहा है। रोगों के उपचार और निदान में रोंटजेन के आविष्कार ने युगांतर उपस्थित कर दिया। उनकी खोजों से अणु और नाभिक के रहस्यों का पता लगाने में अन्वेषी वैज्ञानिकों को बड़ी मदद मिली। रेडियो विकिरण की खोज उन्हीं के आविष्कार के चलते सम्भव हुई। विज्ञान और उद्योग के अनेक क्षेत्रों में एक्स-रे का उपयोग आज विश्लेषणात्मक औजार के रूप में होता है।

रोंटजेन ने महत्त्वपूर्ण किरणों के आविष्कार द्वारा मानव जाति की असाधारण सेवाएँ कीं। इसी उपलक्ष्य में उन्हें नोबेल पुरस्कार से सम्मानित किया गया।

रोंटजेन आजीवन घोर दरिद्रता की स्थिति में रहे, शायद इसलिए कि स्वेच्छा से उन्होंने एक्स-रे उत्पादनों के किसी भी पहलू को पेटेंट नहीं कराया था।

रसायन विज्ञान

वॉन्ट हॉफ, जेकोबस हेनरिकस

नागरिकता : नीदरलैंड्स

जन्म : 30 अगस्त, 1852; रॉटरडम, नीदरलैंड्स

निधन : 1 मार्च, 1911; बर्लिन, जर्मनी

जेकोबस हेनरिकस वॉन्ट हॉफ ने आरम्भिक शिक्षा रॉटरडम में प्राप्त की जिसके बाद बोन में भौतिक-रसायनविज्ञानी ऑगस्ट केकुले के सहायक बने। कुछ समय बीतने पर उन्होंने चार्ल्स एडोल्फ वुर्ज की प्रयोगशाला में कार्य करना आरम्भ किया। वहीं उनकी मुलाकात ले बेल से हुई। ले बेल के साथ उनकी अच्छी निभी। दोनों ने मिलकर जैव मिश्रणों के स्वरूप और प्रभाव की जाँच की और पाया कि जैव-रासायनिक मिश्रणों की एक-दूसरे से स्वतंत्र त्रिआयामी विशिष्टता होती है।

जेकोबस ने रासायनिक प्रक्रिया-दर, रासायनिक संतुलन परासरणी दाब (आजोमोटिक प्रेशर) को दृष्टि में रखते हुए कई अध्ययन प्रस्तुत किए थे। शायद इन्हीं कारणों से उन्हें 1878 में एम्सटर्डम विश्वविद्यालय में रसायन विज्ञान, खनिज विज्ञान और भूतत्त्व विज्ञान का प्रोफेसर नियुक्त किया गया। इसी पद पर वे 18 वर्षों तक कार्यरत रहे। प्रशियन एकेडमी ऑफ साइंसेज, बर्लिन में प्रोफेसर के पद पर उनकी नियुक्ति 1896 में हुई।

रसायन विज्ञान के क्षेत्र में 'रासायनिक सादृश्य' की आधुनिक अवधारणा को लाने का श्रेय प्रोफेसर जेकोबस हेनरिकस को ही दिया जाता है। उन्होंने स्टासफुर्ट (जर्मनी) में नमक के अक्षय स्रोतों पर विस्तृत अध्ययन प्रस्तुत किए थे। जर्मनी में रासायनिक उद्योगों का विस्मयकारी विकास इसी के फलस्वरूप सम्भव हुआ।

जेकोबस ने विल्हेम ओस्टवाल्ड के सहयोग से प्रसिद्ध विज्ञान पत्रिका 'जेइट्सक्रिफ्ट फुर फिजीकलिश केमि' (जर्नल ऑफ फिजिकल केमिस्ट्री) के प्रकाशन की शुरुआत 1887 में की थी।

रासायनिक गतिकी और रासायनिक मिश्रणों में परासरणी दाब के नियमों की खोज पर उन्हें नोबेल पुरस्कार से सम्मानित किया गया था।

शरीर विज्ञान/चिकित्सा विज्ञान

वॉन बेरिंग, एमिल एडोल्फ

नागरिकता : जर्मनी

जन्म : 15 मार्च, 1854; मेन्सडॉफ (प्रशिया) (अब पोलैंड)

निधन : 31 मार्च, 1917; मारबर्ग, जर्मनी

एमिल एडोल्फ वॉन बेरिंग के पिता एक स्कूल अध्यापक थे। वे अपने पुत्र को धर्मशास्त्री बनाना चाहते थे, लेकिन सेना में कार्यरत एक डॉक्टर मित्र की प्रेरणा से बेरिंग ने डॉक्टरी की पढ़ाई शुरू की। बर्लिन की मिलिटरी डॉक्टर्स एकेडमी में दाखिला भी उन्हें उसी मित्र की मदद से मिल पाया था।

इंस्टीट्यूट ऑफ हाइजीन, बर्लिन में कोच के सहायक पद पर कार्यरत होने से पहले वॉन ने सेना के चिकित्सा दल में कार्य किया। बर्लिन में ही जापान के जीवाणु विशेषज्ञ किटासाटो के साथ मिलकर प्रयोगों के आधार पर उन्होंने सिद्ध किया कि किसी जानवर को धनुष्टंकार (टिटनस) रोग से प्रतिरक्षित किया जा सकता है। इसके लिए जरूरी होगा कि उसी रोग से पीड़ित दूसरे जानवर के रक्त-सीरम की सुई उसे दे दी जाए। इसी प्रतिविषरोधी प्रतिरक्षण (एंटीटॉक्सिक इम्युनिटी) तकनीक का प्रयोग उन्होंने डिफ्थीरिया को रोकने के लिए किया था।

बेरिंग 1894 में हेल विश्वविद्यालय में प्रोफेसर नियुक्त हुए थे, लेकिन अगले ही वर्ष वे मारबर्ग विश्वविद्यालय चले

गए। मृत्यु से कुछ वर्ष पूर्व मारबर्ग में ही उन्हें डिफ्थीरिया से मुक्ति दिलानेवाली वैक्सीन टी.ए. तैयार करने का तरीका ढूँढ़ने में कामयाबी मिली थी। टिटनस और डिफ्थीरिया जैसे जानलेवा रोगों से प्रतिरक्षण के लिए टीके (वैक्सीन) आविष्कृत कर उन्होंने विश्वव्यापी ख्याति अर्जित की। एक कृतज्ञ रूसी महिला ने उन्हें लिखा था : ''मेरा बच्चा ठीक हो गया, क्योंकि आपने बहुत अच्छे ढंग से सोचा और विज्ञान के लिए संघर्ष किया। मुझ जैसी माताएँ आपके नाम का गुणगान करती हैं।''

सीरम थेरैपी के द्वारा विशेष रूप से डिफ्थीरिया के लिए, डॉ. बेरिंग ने चिकित्सा विज्ञान के क्षेत्र में एक नया मार्ग प्रशस्त किया था और मृत्यु पर विजय पाने का एक कारगर औजार दुनिया को दिया था। इसके लिए उन्हें नोबेल पुरस्कार से सम्मानित किया गया।

साहित्य

प्रूधों, सूले
नागरिकता : फ्रांस
जन्म : 16 मार्च, 1839; पेरिस, फ्रांस
निधन : 7 सितंबर, 1907; चेटने, फ्रांस

रेने फ्रांकोइस आर्मंड प्रूधों का उपनाम सूले प्रूधों था, इसी नाम से वह काव्य रचनाएँ किया करते थे।

प्रूधों ने स्कूल में विज्ञान की पढ़ाई की थी, जिसके बाद वे एक कारखाने में क्लर्की करने लगे थे। लेकिन आगे पढ़ने की इच्छा थी, इसलिए जल्दी ही वह नौकरी छोड़ दी और कानूनशास्त्र पढ़ने लगे।

कविता लिखने का शौक प्रूधों को शुरू से ही था। उनकी कविताएँ 1865 से प्रकाशित होने लगी थीं। निजी जीवन में विफल प्रेम की पीड़ा के कारण वे भीतर ही भीतर अवसाद में डूबे रहते थे। फिर 1870 का वह कठिन वर्ष आया जब कुछ ही समय के अन्तर पर एक के बाद एक उनकी माँ, चाची और चाचा चल बसे। यह सदमा वे झेल नहीं पाए, शरीर का निचला हिस्सा लकवाग्रस्त हो गया। शायद इन्हीं कारणों से उनकी रचनाओं में विषाद के स्वर की प्रधानता है।

फ्रांस और प्रशिया के बीच उन्हीं दिनों युद्ध छिड़ना भी प्रूधों के लिए एक आघात था। युद्ध के भयावह वातावरण ने उन्हें बुरी तरह झकझोर दिया था। भावनात्मक रूप से वे शान्तिवादी थे। फ्रेंच कविता में उन दिनों 'पेरेनेसियन आन्दोलन' चल रहा था। आन्दोलन का उद्‌देश्य कविता में स्वच्छंदतावाद की जगह लालित्य गुण को फिर से प्रतिष्ठापित करना था। प्रूधों की उस आन्दोलन में सक्रिय भागीदारी थी। उनकी मान्यता थी कि नैतिक प्रगति और भौतिक प्रगति दोनों साथ-साथ चल सकती हैं, इसलिए अपनी कविता के माध्यम से उन्होंने रचनात्मक दर्शन और वैज्ञानिक उपलब्धियों को सार्थक अभिव्यक्ति दी।

प्रूधों की प्रमुख रचनाएँ हैं : 'स्टेंजास एंड पोयम्स' (1865), 'लेस यूरीज डि आगियस' (1866), 'इटालियन नोटबुक' (1868), 'सॉलिच्यूड्स' (1869), 'इम्प्रेशन ऑफ वॉर' (1870), 'दी डेस्टिनीज' (1872), 'जस्टिस' (1878), 'हैप्पीनेस' (1888), 'ट्राइल, सॉनेट' (1908—मरणोपरांत प्रकाशित)।

कविता में आदर्शवाद, कलात्मक परिपूर्णता तथा भावना और बुद्धि के दुर्लभ सामंजस्य के लिए प्रूधों को नोबेल पुरस्कार से सम्मानित किया गया।

शान्ति

दुनांत, ज्याँ हेनरी
नागरिकता : स्विट्जरलैंड
जन्म : 8 मई, 1828; जिनेवा, स्विट्जरलैंड
निधन : 30 अक्टूबर, 1910; हीडेन, स्विट्जरलैंड

ज्याँ हेनरी दुनांत अपने दौर के एक सच्चे मानवतावादी और शान्तिवादी थे। पेशे से व्यवसायी होने पर भी मनुष्य मात्र की सेवा को वे अपना धर्म और कर्तव्य मानते थे।

दुनांत 1857 में सेलफेरिनो युद्ध के प्रत्यक्षदर्शी थे। उस युद्ध में 40 हजार लोग मारे गए थे और घायलों की संख्या उससे कहीं अधिक थी। युद्ध और युद्ध के बाद के दृश्यों ने उन्हें विचलित कर दिया था। वे निष्क्रिय नहीं रह पाए। आहतों की देखभाल और चिकित्सा के लिए उन्होंने फौरन आपातकालीन सहायता समितियाँ गठित कीं।

स्थिति कुछ सुधर जाने पर दुनांत ने तमाम देशों में ऐसी स्वयंसेवी राहत समितियाँ गठित करने का प्रस्ताव रखा, जो युद्ध ही नहीं शान्ति के दिनों में भी जाति-धर्म का भेदभाव किए बिना पीड़ित मानवों की सेवा-सहायता का कार्य जारी रख सकें। युद्ध में आहत लोगों की समस्याओं को दृष्टि में रखते हुए एक अन्तरराष्ट्रीय सम्मेलन बुलाने का प्रस्ताव भी उन्हीं का था। 1864 का वर्ष इस दृष्टि से उनके लिए महत्त्वपूर्ण रहा। उसी वर्ष रेडक्रॉस संगठन और यंग मैन्स क्रिश्चियन एसोसिएशन (वाई. एम. सी. ए.) की बुनियाद डाली गई, रेडक्रॉस संगठन की पहली राष्ट्रीय समितियाँ अस्तित्व में आईं और पहला जिनेवा सम्मेलन आयोजित हुआ।

मानवहित के कार्यों में ज्यादा लगे रहने और अपने व्यवसाय पर कम ध्यान देने के कारण दुनांत धीरे-धीरे दिवालिया हो गए। मजबूरन उन्हें जिनेवा छोड़ना पड़ा। उनका शेष जीवन घोर दरिद्रता और तंगहाली में बीता।

दुनांत ने युद्ध-पीड़ितों की सेवा, दासता का उन्मूलन, अन्तरराष्ट्रीय मध्यस्थता, निरस्त्रीकरण और यहूदियों के लिए एक देश की माँग से सम्बद्ध गतिविधियों में गहरी दिलचस्पी दिखाई थी। फ्रेड्रिक पैसी के साथ फ्रेंच शान्तिवादी आन्दोलन में भी उन्होंने सक्रिय रूप से भाग लिया था। फ्रेड्रिक पैसी के साथ ही दुनांत को संयुक्त रूप से नोबेल पुरस्कार प्रदान किया गया था।

मानवता के प्रति दुनांत की अविचल आस्था इस तथ्य से स्पष्ट होती है कि पुरस्कार पाने के लिए वे न तो ओस्लो गए और न उस रकम से एक पाई तक उन्होंने अपने ऊपर खर्च की। अपनी मृत्यु से पहले वे वसीयत कर गए कि सारी रकम नॉर्वे और स्वीडन के लोकहितकारी कार्यों में खर्च की जाए।

पैसी, फ्रेड्रिक

नागरिकता : फ्रांस

जन्म : 20 मई, 1822; पेरिस, फ्रांस

निधन : 12 जून, 1912; पेरिस, फ्रांस

फ्रेड्रिक पैसी एक अर्थशास्त्री और अन्तरराष्ट्रीय मध्यस्थता के पैरोकार थे। अपना कार्यकारी जीवन उन्होंने फ्रेंच काउंसिल ऑफ स्टेट में लेखा-परीक्षक की नौकरी से शुरू किया था। आगे चलकर अर्थशास्त्र का विशेष अध्ययन करने की इच्छा प्रबल हुई तो नौकरी छोड़कर अध्ययन में जुट गए।

पैसी मुक्त व्यापार के प्रबल पक्षधर और ब्रिटिश अर्थशास्त्री रिचर्ड काब्डेन व जॉन ब्राइट के अनुगामी थे। आर्थिक सुधारों पर वे विद्वत्तापूर्ण लेख लिखा करते थे और गोष्ठियों में भाषण भी दिया करते थे। 'मिलांगेस इकॉनॉमिक्स' उनके लेखों का संग्रह है। 'पोर ला पेइक्स' का लेखन उन्होंने 87 वर्ष की उम्र में किया था जिसमें उनके शान्ति कार्यों का विस्तृत विवरण है।

पैसी का शान्ति कार्य क्रीमिया युद्ध के दौरान शुरू हुआ था। फिर लक्जेमबर्ग को लेकर फ्रांस और तत्कालीन प्रशिया के बीच युद्ध की स्थिति पैदा हो गई। इस पर पैसी ने 'ले टेंप्स' पत्रिका के माध्यम से एक 'शान्ति अपील' प्रकाशित कराई। वही अपील फ्रांस-प्रशिया के बीच आसन्न युद्ध को टालने में सहायक सिद्ध हुई। इसी तरह फ्रांस और जर्मनी के विरुद्ध युद्ध छिड़ा तो उन्होंने मध्यस्थता की। फ्रेंच चैम्बर ऑफ डेपुटीज के सदस्य की हैसियत से उन्होंने फ्रेंच, गुआना और सूरीनाम के बीच की सीमा को लेकर फ्रांस और नीदरलैंड्स में छिड़े विवाद को निपटाने में सफल मध्यस्थ की भूमिका निभाई।

शान्ति का उद्देश्य सामने रखते हुए उन्होंने 'सोसाइटे फैंकाइज पोर आइ' की स्थापना की थी। अन्तरसंसदीय संघ की स्थापना में भी उनका सक्रिय योगदान था। वे आजीवन शान्ति आन्दोलन की गतिविधियों में व्यस्त रहे।

पैसी को इन्हीं कार्यों के उपलक्ष्य में ज्याँ हेनरी दुनांत के साथ संयुक्त रूप से नोबेल पुरस्कार दिया गया था।

भौतिक विज्ञान

रसायन विज्ञान

शरीर विज्ञान/चिकित्सा विज्ञान

साहित्य

शान्ति

1902

भौतिक विज्ञान

लोरेंज, हेंड्रिक आंतून

नागरिकता : नीदरलैंड्स

जन्म : 18 जुलाई, 1853; अर्नहम, नीदरलैंड्स

निधन : 4 फरवरी, 1928; नीदरलैंड्स

हेंड्रिक आंतून लोरेंज जब महज चार वर्ष के थे, तभी उनकी माता का देहांत हो गया। उनके पिता एक नर्सरी के मालिक थे, जिन्होंने पहली पत्नी की मृत्यु के बाद दूसरा विवाह कर लिया था। लोरेंज ने आरंभिक शिक्षा पूरी कर लेने के बाद 1866 में हाईस्कूल में प्रवेश किया। उच्चतर शिक्षा के लिए 1870 में वह लीडन विश्वविद्यालय में दाखिल हुए। वहीं से गणित और भौतिकी में उन्होंने स्नातक की उपाधि प्राप्त की। 1872 में वे अर्नहम लौटे और एक रात्रि पाठशाला में अध्यापन का कार्य करने लगे। बाईस साल की उम्र में (1875) उन्होंने डॉक्टर की उपाधि हासिल की। उनकी थीसिस का विषय था : प्रकाश का परावर्तन और अपवर्तन।

डॉक्टर की उपाधि हासिल करने के तीन वर्ष बाद ही लीडन विश्वविद्यालय से बुलावा आ गया। यूनिवर्सिटी में उनकी नियुक्ति सैद्धांतिक भौतिकी के आचार्य के पद पर हुई। उसी पद पर आसीन रहते हुए उन्होंने अपना ध्यान वैज्ञानिक शोधों पर केंद्रित किया। जे.सी. मैक्सवेल के जिस विद्युत और प्रकाश के सिद्धान्त को उन्होंने अपनी थीसिस का आधार बनाया था, उसी को विस्तार देने का कार्य उन्होंने जारी रखा। उनका एक निबन्ध 1878 में प्रकाशित हुआ जिसमें किसी माध्यम में प्रकाश की गति और माध्यम की सघनता और संघटन के बीच के सम्बन्ध की विवेचना की गई थी।

गतिमान पिंड तथा प्रकाश की विपथगामिता से उत्पन्न समस्याओं पर लोरेंज का विस्तृत अध्ययन विज्ञान को उनकी महत्त्वपूर्ण देन है। इस विषय पर उन्होंने एक शोध-प्रबन्ध भी प्रस्तुत किया।

इलेक्ट्रॉन की अवधारणा के लिए भी लोरेंज हमेशा याद किए जाएँगे। उन्हीं की बदौलत विद्युत सिद्धान्त को आणविक सिद्धान्त से सम्बद्ध करना सम्भव हुआ और गतिमान एवं पारदर्शी पिंडों से गुजरनेवाली प्रकाश-तरंगों के व्यवहार की व्याख्या की जा सकी। उन्होंने यह सिद्धान्त निरूपित किया कि पदार्थ के अणुओं में आवेशित कण हो सकते हैं और

सुझाया कि अणु के भीतर इन आवेशित कणों का दोलायमान होना ही प्रकाश का स्रोत है।

लोरेंज की इस परिकल्पना और अवधारणा को उन्हीं के एक मेधावी शिष्य पी. जीमैन ने 1869 में अपने सफल प्रयोगों के आधार पर सच सिद्ध किया। जिसे जीमैन-प्रभाव कहा गया। यही कारण है कि 1902 में गुरु और शिष्य दोनों ही संयुक्त रूप से नोबेल पुरस्कार से सम्मानित किए गए।

लोरेंज ने विद्युत-चुम्बकीय प्रभाव के क्षेत्र में जो महत्त्वपूर्ण शोध किए वे तत्कालीन ही नहीं, आगे के भौतिक विज्ञानियों के लिए भी वरदान साबित हुए। उनके द्वारा प्रशस्त किए गए पथ पर चलते हुए ही वैज्ञानिक आइंस्टाइन ने बाद में सापेक्षता के सिद्धान्त को जन्म दिया था।

1905 में लोरेंज को रॉयल सोसाइटी का विदेशी सदस्य मनोनीत किया गया था, 1912 में उन्हें टेलर्स फिजिकल केबिनेट का क्यूरेटर और डच सोसाइटी ऑफ साइंसेज का सचिव नियुक्त किया गया। लीग ऑफ नेशंस के बौद्धिक सहकार की अन्तरराष्ट्रीय समिति का सदस्य उन्हें 1923 में बनाया गया, दो साल बाद ही वह इसके अध्यक्ष मनोनीत हुए।

जीमैन, पीटर

नागरिकता : नीदरलैंड्स

जन्म : 25 मई, 1865; जोन-मेअर, नीदरलैंड्स

निधन : 9 अक्टूबर, 1943; एम्सटर्डम, नीदरलैंड्स

पीटर जीमैन के पिता का नाम कैथरीनम फोरांडिनस जीमैन था, जो एक पादरी थे। पीटर की माता का नाम विल्हेल्मिना वोर्स्ट था। माध्यमिक स्कूल की शिक्षा पूरी करने के बाद पीटर ने सीधे विश्वविद्यालय में प्रवेश नहीं किया। उससे पहले दो साल तक उन्होंने पुरातन भाषाओं का विशेष अध्ययन किया। प्राकृतिक विज्ञान में उनकी गहरी रुचि आरम्भ से ही थी। इस दिशा में उनकी प्रतिभा तभी उजागर हो गई थी, जब वे माध्यमिक स्कूल में पढ़ रहे थे। उनके देश में उन दिनों ध्रुवीय ज्योति आकाश में साफ-साफ दिखाई दी। पीटर ने बारीकी से उस उत्तर ध्रुवीय ज्योति का निरीक्षण किया और उसकी उपयुक्त व्याख्या करते हुए एक खाका ही कागज पर उतार दिया, जो 'नेचर' नामक पत्रिका में प्रकाशित भी हुआ।

1885 में जीमैन ने लीडन विश्वविद्यालय में दाखिला लिया जहाँ वह कैमरलिंघ ओनेस (जो 1913 में नोबेल पुरस्कार से सम्मानित हुए) और आंतून लोरेंज (जिनके साथ जीमैन भी 1902 में संयुक्त रूप से नोबेल पुरस्कार से सम्मानित हुए) के शिष्य बने। 1890 में एक विस्तृत शोधकार्यक्रम में सहयोग देने के लिए उन्हें लोरेंज का सहायक नियुक्त किया गया। उनके कार्यों में से एक था—चुम्बकीय दर्पण द्वारा परावर्तित प्रकाश को वर्णक्रमानुसार विभाजित करने की प्रक्रिया का अध्ययन। अपने अध्ययन के आधार पर उन्होंने 1892 में अपना शोध प्रबन्ध प्रस्तुत किया, जिस पर हारलेम की डच सोसाइटी ऑफ साइंसेज ने उन्हें स्वर्ण पदक प्रदान किया। उन्होंने 1893 में इसी विषय पर डॉक्टर की डिग्री प्राप्त की। उसके बाद एक सत्र के लिए एफ. कोलराश इंस्टीट्यूट (स्ट्रासबर्ग) में वैज्ञानिक ई. कोन के साथ कार्य किया और फिर लीडन लौट आए। लीडन में वे 1897 तक कार्यरत रहे और उसके बाद एम्सटर्डम विश्वविद्यालय में व्याख्याता का कार्यभार सँभाला। विश्व-विद्यालय ने प्रोन्नति देकर उन्हें 1900 में 'विशिष्ट आचार्य' के पद पर नियुक्त किया।

जीमैन का विशेष झुकाव प्रकाश विकिरण की प्रकृति पर चुम्बकत्व के प्रभाव के अध्ययन की ओर था। अपना यह कार्य उन्होंने 1869 की गर्मियों में शुरू किया। अपने प्रयोगों के आधार पर उन्होंने लोरेंज के इस सिद्धान्त की परिपुष्टि की कि प्रकाश-तरंगों की लम्बाई तीव्र चुम्बकीय बल से प्रभावित होती है। इस प्रभाव को 'जीमैन प्रभाव' भी कहते हैं। भौतिक विज्ञान के क्षेत्र में यह एक महती उपलब्धि थी, जिसके लिए लोरेंज और जीमैन दोनों संयुक्त रूप से 1902 में नोबेल पुरस्कार से सम्मानित हुए।

जीमैन ने अपनी एक भौतिक अवधारणा यह व्यक्त की थी कि सूर्य के ऊपरी तल पर प्रबल चुम्बकीय क्षेत्र है जिसकी जाँच की जा सकती है। खगोल विज्ञानी जी.ई. हेल ने अपनी जाँच द्वारा 1908 में जीमैन की उस अवधारणा को सच साबित किया और फोटोग्राफों के जरिए दिखाया कि सूर्यवलय चुम्बकीय क्षेत्रों से प्रभावित होते हैं।

जीमैन को अनेक विश्वविद्यालयों ने डॉक्टर की मानद उपाधि प्रदान की थी। अनेक संस्थाओं की ओर से उन्हें सम्मान पदक मिले थे। उन्हें 'नाइट ऑफ द आरेंज-नासाउ' और 'कमांडर ऑफ द नीदरलैंड्स लायन' बनाकर भी सम्मानित

किया गया था। जोहन्ना एलिजाबेथ लेबर्ट से उनका विवाह हुआ था तथा एक पुत्र और तीन पुत्रियों के वह पिता थे। साहित्य और रंगमंच से भी उनका विशेष लगाव था।

रसायन विज्ञान

फिशर, हरमान एमिल

नागरिकता : जर्मनी

जन्म : 9 अक्टूबर, 1852; बोन (यूस्किर्चेन), जर्मनी

निधन : 15 जुलाई, 1919; बर्लिन, जर्मनी

हरमान एमिल फिशर के पिता एक व्यवसायी थे। लेकिन उन्होंने अपने पिता की मर्जी के विरुद्ध व्यवसायी बनने की अपेक्षा रसायनविद् बनना पसंद किया। बोन में एफ.ए. केकुले के अधीन रसायन विज्ञान का अध्ययन करने के बाद उन्होंने स्ट्रासबर्ग और म्यूनिख में नोबेल पुरस्कार प्राप्त रसायनविज्ञानी जे.एफ.ए. वोन बेयर के साथ काम किया। वे 1882 में एरलांगेन में और 1885 में वूर्जबर्ग में रसायन विज्ञान के प्रोफेसर बने। फिर 1892 में उन्होंने बर्लिन में प्रोफेसर ए. डब्ल्यू. वोन हॉफमैन का स्थान ग्रहण किया।

एक प्रयोगशील रसायनविद् के रूप में हरमान एमिल ने 1875 में फेनिलहाइड्रैजिन की खोज की और इस तरह कार्बोहाइड्रेट रसायन की जटिल समस्याओं का एक समाधान प्रस्तुत किया। अपने चचेरे भाई ओटो फिशर के साथ म्यूनिख में उन्होंने ट्राइफिनायल-मेथेन रंजकों की संरचना पर कार्य किया। प्राकृतिक उत्पादों की संरचना और संश्लेषण पर अध्ययन उन्होंने एरलांगन में रहते समय ही शुरू कर दिया था। 'यूरिक अम्ल' से सम्बद्ध विषमचक्रीय नाइट्रोजन यौगिकों के रस द्रव्य (प्यूरिन) पर उनके कई निबन्ध प्रकाशित हुए और फिर 1897 में उन्होंने प्यूरिन को संश्लेषित भी किया।

फिशर ने प्यूरिन के साथ-साथ शर्करा के रासायनिक संश्लेषण के क्षेत्र में भी कीर्तिमान स्थापित किए। उन्होंने 1890 में डी-ग्लूकोज तथा कुछ अन्य शर्कराओं को एक्रोलिन डिब्रोमाइट से संश्लेषित किया और फिर 1891 में 'एपिमेराइजेशन' की खोज करते हुए सोलह सम्भाव्य तत्त्वों का विवरण दिया। आगे चलकर उन्होंने 1914 में पहली बार न्युक्लियोटाइड का संश्लेषण किया और कृत्रिम शर्करा का प्रयोग करते हुए एंजाइमों की पहचान कर आधारमूलक कार्य किए। फिशर ने 1907 में अठारह एमिनो अम्लों वाले एक ऐसे 'पॉलि-पेप्टाइड' की खोज की थी जो सामान्यत: प्राकृतिक प्रोटीनों के समरूप था। वे एक महान जैव रसायनविज्ञानी थे। प्यूरिन और शर्करा के रासायनिक तत्त्वों के विश्लेषण की दिशा में उन्होंने जो असाधारण कार्य किए, उनके लिए उन्हें 1902 में नोबेल पुरस्कार से सम्मानित किया गया।

फिशर हरमान एमिल युद्ध के दिनों में अपने देश की सरकार के सक्रिय सलाहकार थे। वे 'कृत्रिम' आहार के मामले में विशेष रूप से सलाहें दिया करते थे। वे बहुत ही सीधे-सादे और परिश्रमी व्यक्ति थे। लोग उन्हें सम्मान की नजरों से देखते थे। कैसर विल्हेम इंस्टीट्यूट की स्थापना में उनकी प्रमुख भूमिका थी जिसने बाद में विज्ञान की विभिन्न शाखाओं के शोध-संस्थानों की शृंखला का रूप धारण किया।

शरीर विज्ञान/चिकित्सा विज्ञान

रॉस, सर रोनाल्ड

नागरिकता : ब्रिटेन

जन्म : 13 मई, 1857; अल्मोड़ा, भारत

निधन : 16 सितंबर, 1932; लंदन, ब्रिटेन

सर रोनाल्ड रॉस तत्कालीन भारतीय सेना के जनरल सर कैंपवेल क्ले ग्रांट रॉस के सबसे बड़े पुत्र थे। उनकी माता मारटिल्डा क्लैरोट लंदन के एक वकील की पुत्री थीं। सर रोनाल्ड की शिक्षा-दीक्षा पहले साउथटेंप्टन के निकट स्प्रिंगहिल में और फिर सेंट बर्थोलोम्यू हॉस्पिटल में सम्पन्न हुई, जहाँ से 1879 में उन्होंने चिकित्सा विज्ञान में क्रमशः

'एम.आर.सी.एस.' (1879) और 'एल.एस.ए.' (1881) की डिग्रियाँ हासिल कीं। उसके बाद उसी वर्ष वे भारतीय चिकित्सा सेवा में दाखिल हुए और 1894 तक भारतीय सेना मद्रास (चेन्नई) और बर्मा (म्याँमार) में कार्यरत रहे। उनका विवाह 1889 में रोजा बेस्सी के साथ हुआ था।

सर रोनाल्ड 1894 में जब छुट्टी पर लंदन में थे तभी उनकी मुलाकात सर पैट्रिक मैन्सन से हुई। सर रोनाल्ड उन्हीं की प्रेरणा और परामर्श से लंदन में ही मलेरिया के निदान की खोज में जुट गए। दो वर्ष बाद वे भारत लौट आए और 1897 में उन्हें पता चला कि अनोफिल्स मच्छरों के पाचन-प्रणाली तंत्र में मलेरिया के कीटाणु होते हैं। कुछ समय बाद ही उन्होंने यह खोज की कि पक्षियों के रक्त में पाए जानेवाले कीटाणु और मानव शरीर में पाए जानेवाले मलेरिया के कीटाणु परस्पर मिलते-जुलते हैं। इससे वे इस निष्कर्ष पर पहुँचे कि मलेरिया का संक्रमण मनुष्य में इसी प्रकार होता है। सर रोनाल्ड ने अपना सारा शोधकार्य एक छोटी-सी प्रयोगशाला में किया था जो कलकत्ता के तत्कालीन प्रेसीडेंसी जनरल हॉस्पिटल (अब 'एस.एस.के.एम. हॉस्पिटल) में थी।

सर रोनाल्ड 1899 में फिर लंदन गए और वहाँ लीवरपूल स्कूल ऑफ ट्रॉपिकल मेडिसिन में पहले लेक्चरर और बाद में प्रोफेसर के पद पर 1912 तक कार्यरत रहे। उनका शोधकार्य मुख्यत: मलेरिया के रोगवाहक अनोफिल्स मच्छरों के विनाश पर केंद्रित रहा। वे लंदन के किंग्स कॉलेज में उष्णकटिबंधीय रोगों के चिकित्सक और लीवरपूल के ट्रॉपिकल सैनिटेशन में आचार्य के पद पर भी कार्यरत रहे। उन्हें 1917 में युद्ध कार्यालय (वार ऑफिस) में सलाहकार नियुक्त किया गया था। बाद में वे रॉस इंस्टीट्यूट के प्रथम डायरेक्टर-इन-चीफ नियुक्त हुए, जिसकी स्थापना उन्हीं को सम्मानित करने के उद्देश्य से की गई थी।

सर रोनाल्ड आजीवन मलेरिया के कारण और निदान पर शोध करते रहे। उन्होंने दिखाया कि अक्सर महामारी का रूप धारण करनेवाला यह रोग मनुष्यों में कैसे फैलता है और किस तरह इसे रोका जा सकता है। इस दिशा में उनके असाधारण कार्यों को देखते हुए उन्हें 1902 में नोबेल पुरस्कार से सम्मानित किया गया। उन्हें और भी अनेक सम्मान और उपाधियाँ मिली थीं। उन्होंने 'साइंस प्रोग्रेस' नामक पत्रिका का संपादन (1913-32) भी किया था। 'प्रिवेंशन ऑफ मलेरिया' (1910) और 'मेमायर' (1923) उनकी प्रसिद्ध पुस्तकें हैं। चिकित्साविज्ञानी होने के साथ-साथ वे कवि भी थे।

साहित्य

मामसेन, क्रिश्चियन मैथायस थियोडोर

नागरिकता : जर्मनी

जन्म : 30 नवंबर, 1817; गार्डिंग, जर्मनी

निधन : 1 नवंबर, 1903, चार्लटनबर्ग, जर्मनी

क्रिश्चियन मैथायस थियोडोर मामसेन के पिता प्रोटेस्टैंट समुदायों के सहकारी अनुष्ठाता थे। उन्होंने स्वयं अपने पुत्र को ग्रीक, लैटिन, फ्रेंच और अंग्रेजी भाषा की शिक्षा दी।

जर्मन और डेनिश तो वहाँ बोली जानेवाली भाषाएँ थीं ही। आगे चलकर कील में थियोडोर ने स्वीडिश और इतालवी भाषाएँ भी सीख लीं। उन्होंने पश्चिमी यूरोप की प्राचीन और अर्वाचीन संस्कृतियों का गहरा अध्ययन किया था।

जीविका के क्षेत्र में उन्होंने वकालत को चुना और साथ ही प्राचीन इतिहास और राजनीति में रुचि लेते रहे। फिर 1852 में वे ज्यूरिख में रोमन कानून के प्रोफेसर नियुक्त हुए।

दो वर्ष बाद वे ब्रेसलौ चले गए और उसी पद पर कार्य करने लगे। बर्लिन विश्वविद्यालय में प्राचीन इतिहास के प्रोफेसर 1858 में बने।

रोमन इतिहास पर उनकी पुस्तक 'रोमिशे गेस्चिख्ते' (1854-56) के तीन खंडों के प्रकाशन के साथ ही उनका यश फैलने लगा। 'रोमन सिक्कों का इतिहास' (1860), 'रोमन पब्लिक लॉ' (1870) आदि पुस्तकों ने भी उन्हें व्यापक लोकप्रियता दी।

थियोडोर एक महान भाषाविज्ञानी थे। अपनी पुस्तक 'दक्षिणी इटली की बोलियाँ' (1850) के लिए वे आज भी याद किए जाते हैं।

इतिहास-लेखन की कला में जो असाधारण दक्षता उन्हें हासिल थी, उसके लिए 1902 में उन्हें नोबेल पुरस्कार से सम्मानित किया गया।

शान्ति

डुकोमन, एली
नागरिकता : स्विट्ज़रलैंड
जन्म : 19 फरवरी, 1833; जिनेवा, स्विट्ज़रलैंड
निधन : 7 दिसंबर, 1906; बर्न, स्विट्ज़रलैंड

एली डुकोमन एक लेखक और पत्रकार थे। उनका कार्यस्थल मुख्य रूप से जिनेवा और बर्न रहा। वे जूरो-सिंपलोन रेलवे के जनरल सेक्रेटरी के रूप में काफी समय तक कार्यरत रहे। अपना खाली समय वह शान्ति की गतिविधियों में व्यतीत करते थे।

यूरोपीय संघ बनाने के आन्दोलन में उन्होंने सक्रिय रूप से भाग लिया। शान्ति और स्वतंत्रता की अन्तरराष्ट्रीय लीग की मुखपत्रिका 'लेस एटैट्स-यूनिस डि यूरोप' के वे संपादक थे। उन्होंने 1899 में आयोजित इंटरनेशनल पीस कांग्रेस के प्रथम नियमित अधिवेशन में भाग लिया था। दो वर्ष बाद वे नवस्थापित इंटरनेशनल पीस ब्यूरो के ऑनरेरी जनरल सेक्रेटरी बने।

उन्होंने ब्यूरो के पत्राचार का विवरण 1895 के बाद प्रकाशित किया। शान्ति आन्दोलन पर उनके अनेक निबन्ध प्रकाशित हुए।

शान्ति आन्दोलन में सक्रिय भागीदारी के लिए 1902 में उन्हें चार्ल्स अल्बर्ट गोबाट के साथ संयुक्त रूप से नोबेल पुरस्कार से सम्मानित किया गया।

गोबाट, चार्ल्स अल्बर्ट
नागरिकता : स्विट्ज़रलैंड
जन्म : 21 मई, 1834; ट्रेमेलान, स्विट्ज़रलैंड
निधन : 16 मार्च, 1914; बर्न, स्विट्ज़रलैंड

चार्ल्स अल्बर्ट गोबाट एक राजनेता, प्रशासक, मानवता के उपासक और लेखक थे। डुकोमन के बाद इंटरनेशन पीस ब्यूरो के निदेशक वही बने।

वे पहले बर्न में वकालत करते थे, फिर डेलेमोंट में वकालत करने लगे।

सोरबोन में वे फ्रांसीसी नागरिक कानून पर व्याख्यान भी दिया करते थे।

प्रादेशिक और राष्ट्रीय राजनीति और लोक प्रशासन के क्षेत्र में वे काफी सक्रिय रहे। 1890 में वे स्विस फेडरल काउंसिल के सदस्य बने।

गोबाट इंटर-पार्लियामेंटरी यूनियन से सक्रिय रूप से जुड़े रहे, जिसकी स्थापना क्रेमर (1903 में नोबेल पुरस्कार से सम्मानित) ने 1888 में की थी। इस संघ के चौथे अधिवेशन (1892) की अध्यक्षता गोबाट ने की। वह अधिवेशन बर्न में हुआ था। वे काफी समय तक ब्यूरो के जनरल सेक्रेटरी रहे।

एक सूचनाधिकारी के रूप में उन्होंने शान्ति आन्दोलनों, अन्तरराष्ट्रीय समझौतों और राष्ट्रीय संसदीय निकायों के बीच संचार की गतिविधियों में सक्रिय रूप से भाग लिया। अन्तरराष्ट्रीय मामलों पर उनकी पुस्तक 'दि नाइटमेयर ऑफ यूरोप' काफी चर्चित रही।

चार्ल्स अल्बर्ट गोबाट को 1902 का नोबेल सम्मान एली डुकोमन के साथ संयुक्त रूप से मिला।

भौतिक विज्ञान

रसायन विज्ञान

शरीर विज्ञान/चिकित्सा विज्ञान

साहित्य

शान्ति

1903

भौतिक विज्ञान

बेक्यूरेल, आंतोइन हेनरी
नागरिकता : फ्रांस
जन्म : 15 दिसंबर, 1852; पेरिस, फ्रांस
निधन : 25 अगस्त, 1908; ले क्रोइसिक, फ्रांस

आंतोइन हेनरी बेक्यूरेल एक ऐसे परिवार में पैदा हुए थे जो पीढ़ियों से वैज्ञानिक शोधों के प्रति समर्पित रहा। उनके दादा भौतिकविज्ञानी के रूप में नेपोलियन बोनापार्ट के जमाने में प्रसिद्धि के शिखर पर थे। उनके पिता भी भौतिकविज्ञानी थे, जिनके विशेष अध्ययन का विषय था—प्रतिदीप्ति (फ्लुअरेसेंस)। प्रतिदीप्ति पर पिता के शोधों को जारी रखते हुए बेक्यूरेल ने अपना शोधकार्य शुरू किया। वैज्ञानिक शिक्षा उन्होंने 'इकोले पॉलिटेक्निके' में पाई थी और इंजीनियरिंग का प्रशिक्षण 'इकोले देस पाउत्सएत केओरसीस' में प्राप्त किया था। 1888 में उन्हें प्रकाश के अवशोषण पर लिखित थीसिस पर डॉक्टर की उपाधि मिली। अगले ही वर्ष वे 'अकादमी देस् साइंसेज' के सदस्य हो गए। वे लंदन की रॉयल सोसाइटी तथा अन्य अनेक देशों की वैज्ञानिक सोसाइटियों के भी सम्मानित सदस्य थे। 1892 में वे फ्रांस की 'म्यूजियम ऑफ नेचुरल हिस्टरी' में प्रोफेसर नियुक्त किए गए थे। तीन साल बाद 1895 में उन्हें 'इकोले पॉलिटेक्निके' में प्रोफेसर नियुक्त किया गया।

रोंटजेन द्वारा एक्स-किरणों के आविष्कार से प्रेरित होकर बेक्यूरेल ने प्रतिदीप्ति के लिए उन किरणों की क्षमता की जाँच शुरू की। उनके मन में यह जिज्ञासा जगी कि कहीं प्रतिदीप्त पिंड स्वयं भी एक्स-किरणें या कैथोड-किरणें तो उत्पन्न नहीं करते। इसकी पुष्टि के लिए उन्होंने यूरेनियम (पोटेशियम यूरेनिल सल्फेट) के उन लवणों का परीक्षण किया जिनमें प्रतिदीप्ति की विलक्षण क्षमता होती है। धातु की पन्नी में लिपटे यूरेनियम लवण के नीचे फोटोग्राफिक प्लेट रखकर उन्होंने प्रयोग किया तो पाया कि प्लेट का जो हिस्सा लवण के ठीक नीचे था, वह स्याह पड़ गया था। कई प्रयोगों के बाद बेक्यूरेल इस निष्कर्ष पर पहुँचे कि प्रतिदीप्ति से अलग पदार्थ भी अपना विकिरण उत्सर्जित करता है।

बेक्यूरेल ने 1899 में यह सिद्ध कर दिया कि विकिरण एक चुम्बकीय क्षेत्र से विक्षेपित होता है, अतः इसमें अंशतः

ही सही, अत्यन्त छोटे-छोटे आवेशित कण होते हैं। इसका अर्थ यह निकला कि विकिरण एक्स-किरणों से भिन्न था। बाद में इन किरणों के उत्सर्जन के अन्य तत्त्व सामने आए, जिनमें सबसे महत्त्वपूर्ण था—रेडियम। रेडियम की खोज 1898 में मेरी क्यूरी और पिअरे क्यूरी द्वारा की गई। मेरी क्यूरी ने बेक्यूरेल के विकिरण को 'रेडियोधर्मिता' का नाम दिया, एक्स-किरणों से मिलती-जुलती मगर अधिक शक्तिशाली। आजकल इसे गामा विकिरण कहा जाता है। बेक्यूरेल के प्रयोगों को विलियम टामसन सहित अनेक वैज्ञानिकों ने दुहराया और उनके निष्कर्षों की पुष्टि की।

बेक्यूरेल को स्वत:स्फूर्त रेडियोधर्मिता की खोज में असाधारण योगदान के लिए 1903 में भौतिक विज्ञान में नोबेल पुरस्कार से सम्मानित किया गया था। उस पुरस्कार में क्यूरी दंपती की भी सहभागिता थी। पुरस्कार की आधी राशि तो बेक्यूरेल को दी गई और शेष आधी के संयुक्त रूप से हकदार हुए—मेरी क्यूरी और पिअरे क्यूरी।

बेक्यूरेल ने 1894 में पृथ्वी के चुम्बकीय क्षेत्र के प्रभाव को सिद्ध कर दिखाया। उससे पहले 1886-88 के दौरान स्फटिकों के द्वारा प्रकाश के अवशोषण की खोज भी उन्होंने की थी।

क्यूरी, मेरी (स्क्लोदोव्स्का)

नागरिकता : फ्रांस

जन्म : 7 नवंबर, 1867; वारसा, पोलैंड

निधन : 4 जुलाई, 1934; पेरिस, फ्रांस

मेरी (स्क्लोदोव्स्का) क्यूरी अपने माता-पिता की सबसे छोटी सन्तान थीं। उनके पिता गणित और भौतिक विज्ञान के अध्यापक थे। मेरी महज नौ साल की थीं जब उनकी माँ चल बसीं।

1891 में मेरी विज्ञान की पढ़ाई के लिए पेरिस चली गईं।

वे दिन का समय यूनिवर्सिटी की प्रयोगशाला में बिताती थीं और परीक्षाओं की तैयारी के लिए देर रात तक किताबों में डूबी रहती थीं। स्नातक होने के बाद 1894 में उनकी मुलाकात प्रतिभाशाली फ्रांसीसी रसायनविद् पिअरे क्यूरी से हुई। एक वर्ष बाद ही दोनों विवाह बंधन में बँध गए।

उन्हीं दिनों फ्रांस के ही प्रसिद्ध भौतिकविज्ञानी बेक्यूरेल ने यह पता लगा लिया था कि यूरेनियम के लवणों से एक तरह की किरणें उत्सर्जित होती हैं। क्यूरी दंपती इस समाचार से बहुत उत्साहित हुए और उन्होंने इसी दिशा में अपना शोधकार्य आरम्भ किया। शोध के दौरान उन्होंने पाया कि कुछ पदार्थ यूरेनियम की मात्रा की तुलना में कहीं अधिक रेडियोधर्मी उत्सर्जित करते हैं। अत्यधिक विकिरण उत्सर्जित करनेवाले खनिज अयस्क को परिशोधित करने पर उन्होंने एक सर्वथा नवीन तत्त्व की खोज की, जिसे नाम दिया—'पोलोनियम', जो यूरेनियम से सौ गुना अधिक रेडियोधर्मी तत्त्व है। अगले चार वर्षों तक वे दिन-रात कठोर श्रम करते रहे और अपनी लगभग सारी कमाई अयस्क प्राप्त करने में लगा दी। आखिरकार 1902 में टनों अयस्क परिशुद्ध करने के बाद वे लगभग 1/10 ग्राम रेडियम निकाल पाने में सफल हुए।

बेक्यूरेल ने जिस स्वत: रेडियोधर्मिता की खोज की थी उस पर क्यूरी दंपती ने संयुक्त रूप से अपना शोध लगातार जारी रखा और इस क्षेत्र में महत्त्वपूर्ण उपलब्धियाँ हासिल कीं। यही कारण है कि 1903 में मेरी क्यूरी और पिअरे क्यूरी को संयुक्त रूप से नोबेल सम्मान का भागीदार बनाया गया।

दुर्योगवश 1906 में पिअरे क्यूरी एक सड़क दुर्घटना में मृत्यु के शिकार हो गए। पति को खोने के बाद भी साहस ने मेरी क्यूरी का साथ नहीं छोड़ा। प्रोफेसर की हैसियत से उन्होंने सोर्बोन में उसी स्थान पर काम करना शुरू किया, जहाँ कभी उनके पति पिअरे कार्यरत थे। उस पद पर काम करनेवाली वे पहली महिला आचार्या थीं। उन्होंने पढ़ाने के साथ-साथ अपना शोधकार्य जारी रखा। कुछ ही वर्ष बीते थे कि 1911 में मेरी को दुबारा नोबेल पुरस्कार से सम्मानित किया गया। इस बार उन्हें भौतिक विज्ञान नहीं, रसायन विज्ञान के क्षेत्र में विशिष्ट उपलब्धि के लिए यह सम्मान मिला था। नोबेल सम्मान के इतिहास में यह पहली घटना थी जब एक ही व्यक्ति को दूसरी बार सम्मानित किया गया था।

मेरी क्यूरी को रेडियम की खोज और परमाणु की आधुनिक समझ के विकास में महत्त्वपूर्ण योगदान के लिए हमेशा याद किया जाएगा। उन्होंने एक्स-किरणों और रेडियम के चिकित्सकीय प्रयोग का द्वार खोला। कैंसर के इलाज में आज रेडियम थैरेपी की महत्त्वपूर्ण भूमिका रहती है। जीवन के अन्तिम वर्षों में वे पेरिस के इंस्टीट्यूट ऑफ रेडियम से सम्बद्ध

रहीं। यह शायद भाग्य की विडंबना थी कि लंबे समय तक रेडियम के सम्पर्क में रहने के कारण अन्तत: रेडियोधर्मिता ही उनके लिए जानलेवा साबित हुई। उन्हें रक्त कैंसर (ल्यूकीमिया) हो गया था।

क्यूरी, पिअरे
नागरिकता : फ्रांस
जन्म : 15 मई, 1859; पेरिस, फ्रांस
निधन : 19 अप्रैल, 1906; पेरिस, फ्रांस

पिअरे क्यूरी के पिता एक चिकित्सक थे। पिता की ही देखरेख में उन्हें आरंभिक शिक्षा निजी तौर पर मिली। उच्चतर शिक्षा उन्होंने सोर्बोन में प्राप्त की और बाद में (1878) वहीं प्रयोगशाला सहायक हो गए। चार साल बाद उनकी नियुक्ति स्कूल ऑफ इंडस्ट्रियल फिजिक्स एंड केमिस्ट्री में प्रयोगशाला अध्यक्ष के पद पर हुई। लगभग बारह साल तक वे वहीं कार्यरत रहे, फिर 1904 में सोर्बोन विश्वविद्यालय में भौतिकी के प्रोफेसर नियुक्त हुए।

मेरी स्वलोदोव्स्का से पिअरे की मुलाकात 1894 में ही हो चुकी थी और एक साल बाद ही दोनों विवाह के बंधन में बँध गए। वे अपनी पत्नी मेरी क्यूरी के साथ मिलकर बेक्यूरेल की नई खोज यानी रेडियोधर्मिता और विकिरण पर शोध करने लगे।

पिअरे ने अपने भाई जेक्यू के साथ मिलकर 1880 में 'पीजोइलेक्ट्रिसिटी' का आविष्कार किया था। ग्रीक शब्द 'पीजो' का अर्थ है—दबाना, दबाव डालना। विद्युत-धारा प्रवाहित करने पर क्रिस्टल का विरूपण होने लगता है। क्यूरी बंधुओं ने इस प्रभाव का उपयोग छोटी-छोटी विद्युतधाराएँ मापने के इलेक्ट्रोमीटर के निर्माण में किया।

पिअरे क्यूरी की दूसरी बड़ी खोज का सम्बन्ध पदार्थों की चुम्बकीय गुणधर्मिताओं पर तापमान के प्रभाव से था। डॉक्टरेट के लिए शोधपत्र तैयार करने के क्रम में उन्होंने इसी को अपने अध्ययन का विषय बनाया था। जिस बिंदु पर तापमान किसी पदार्थ की गुणधर्मिता को प्रभावित करता है, उसे आज 'क्यूरी प्वाइंट' कहा जाता है। इन खोजों के कुछ ही समय बाद पिअरे अपनी पत्नी मेरी के साथ रेडियोधर्मिता के अध्ययन में जुट गए। उसी अध्ययन के फलस्वरूप 1898 में दो नए तत्त्वों की खोज सम्भव हुई—रेडियम और पोलोनियम। इन तत्त्वों से निकलनेवाली किरणों को क्यूरी दंपती ने अच्छी तरह जाँचा-परखा था और अकथनीय प्रयासों के बाद वे टनों अयस्क के शोधन द्वारा नमूने के तौर पर थोड़ा-सा रेडियम प्राप्त कर पाए थे। यह एक महान वैज्ञानिक उपलब्धि थी, जिसके लिए 1903 के नोबेल सम्मान में उन्हें अपनी पत्नी के साथ भागीदारी मिली।

पिअरे क्यूरी को अपने देश फ्रांस में अपेक्षाकृत कम मान्यता मिली थी। फ्रांस जैसे समुन्नत देश में पिअरे क्यूरी जैसे महान वैज्ञानिक को यथोचित सम्मान नहीं मिला, तो इसका एक कारण सम्भवत: यह था कि वैचारिक दृष्टि से वे वामपंथी थे।

1906 में एक वाहन-दुर्घटना में अचानक उनके जीवन का अन्त हो गया।

मृत्यु के बाद उनकी पत्नी मेरी क्यूरी ने उनकी रचनाओं का संकलन प्रकाशित किया। कई प्रकार से मरणोपरांत सम्मान उन्हें दिया गया। रेडियोधर्मिता पर 1910 में ब्रुसेल्स में हुए सम्मेलन ने अपनी रेडियोधर्मिता इकाई का नामकरण उन्हीं के नाम पर किया।

रसायन विज्ञान

एरेनियस, स्वांते ऑगस्ट
नागरिकता : स्वीडन
जन्म : 19 फरवरी, 1859; विक, स्वीडन
निधन : 2 अक्टूबर, 1927; स्टाकहोम, स्वीडन

स्वांते ऑगस्ट एरेनियस का जन्म एक किसान परिवार में हुआ था। आरम्भ से ही एरेनियस की रुचि रसायन विज्ञान में

थी। रसायन विज्ञान का अध्ययन करने की इच्छा से प्रेरित होकर वे उप्सला विश्वविद्यालय में दाखिल हुए, मगर रसायन विज्ञान की पढ़ाई का स्तर वहाँ इतना घटिया था कि अन्ततः उन्हें भौतिक विज्ञान का चयन करना पड़ा।

भौतिक विज्ञान के क्षेत्र में भी केवल 'प्रकाश' पर शोध करने की व्यवस्था वहाँ थी, जिसमें उनकी खास दिलचस्पी नहीं थी।

आयनिक सिद्धान्त के प्रतिपादन की दिशा में एरेनियस तभी से काम कर रहे थे, जबकि उप्सला विश्वविद्यालय में वे स्नातक भी नहीं हो पाए थे। वे जानना चाहते थे कि ऐसी कौन-सी गुणधर्मिता है, जो जल में घुलने पर विद्युत-चालकता निर्धारित करती है। उनका यह दृढ़ विश्वास था कि यौगिक की संरचना ही इसका उत्तर दे सकती है।

एरेनियस की धारणा अन्ततः सच निकली। वे 1883 में इसका एक सरल किन्तु युगांतरकारी उत्तर लेकर सबके सामने आए। उन्होंने बताया कि मिश्रण में विद्युत चालित करनेवाले यौगिकों की संरचना अन्य यौगिकों की संरचना से भिन्न होती है। विद्युत अपघटन वस्तुतः उन नन्हे आवेशित कणों के चलते होता है, जिन्हें 'आयन' कहते हैं। ठोस यौगिकों में धनात्मक (पॉजिटिव) और ऋणात्मक (निगेटिव) आयनों को उनके बीच का आकर्षण-बल बाँधे रहता है, लेकिन मिश्रण की तरलावस्था में वे एक-दूसरे से अलग हो गतिशील रहते हैं।

एरेनियस को अपने आयनिक सिद्धान्त की प्रामाणिकता पर विश्वास था, इसलिए 1884 में उन्होंने अपनी थीसिस प्रस्तुत कर दी।

विशेष शोध के लिए स्वीडिश एकेडमी ऑफ साइंस की ओर से उन्हें छात्रवृत्ति मिली थी, इसलिए उस अवधि में उन्हें ऑस्टवाल्ड, एफ़. डब्लू. जी. कोलरॉश, एल. बोल्जमान और जे.एच. वेंट हौफ जैसी वैज्ञानिक हस्तियों के साथ काम करने का सुयोग मिला। तमाम सुविधाओं का उपयोग उन्होंने आयनिक सिद्धान्त को और विकसित और परिष्कृत रूप देने के लिए किया।

भौतिकविज्ञानी जे. जे. थॉमसन (नोबेल सम्मान 1906) ने 1897 में इलेक्ट्रॉन की खोज की थी और लगभग उन्हीं दिनों पेरिस में हेनरी बेक्यूरेल (नोबेल सम्मान 1903) ने रेडियोधर्मिता का पता लगाया था। उन दोनों महत्त्वपूर्ण खोजों से एरेनियस की आवेशित परमाणुवाली अवधारणा सही साबित हुई।

उनके आयनिक सिद्धान्त को विश्वव्यापी मान्यता मिलने के बाद 1902 में रॉयल सोसाइटी का डेवी पदक उन्हें प्रदान किया गया और अगले ही साल 1903 में वे नोबेल पुरस्कार से सम्मानित हुए। 1905 में एरेनियस को नोबेल इंस्टीट्यूट फॉर फिजिकल केमिस्ट्री का निदेशक बनाया गया।

शरीर विज्ञान/चिकित्सा विज्ञान

फिन्सन, नील्स रिबर्ग

नागरिकता : डेनमार्क

जन्म : 15 दिसंबर, 1860; फीरो आइलैंड्स, डेनमार्क

निधन : 24 सितंबर, 1904; कोपेनहेगन, डेनमार्क

नील्स रिबर्ग फिन्सन जिन दिनों कोपेनहेगन विश्वविद्यालय में छात्र थे, तभी से जैव संरचनाओं पर प्रकाश के प्रभावों की जाँच में उनकी गहरी दिलचस्पी रही। आखिरकार 1893 में उन्हें पता चला कि स्पेक्ट्रम के बैंगनी छोर का दीर्घ प्रक्षेपण फुंसियों में मवाद नहीं पड़ने देता और इस तरह चेचक के निशान छोड़ने की प्रक्रिया पर भी रोक लगाता है। सूर्य-किरणों के जीवाणुनाशक प्रभावों को देखते हुए उन्होंने चर्म-यक्ष्मा के इलाज के लिए पराबैंगनी चिकित्सा पद्धति विकसित की। हालाँकि फोटो थेरैपी अब काफी पीछे छूट गई है और उसकी जगह विकिरण और औषधीय चिकित्सा पद्धति को वरीयता दी जाने लगी है, लेकिन यह सच है कि फिन्सन ने इस क्षेत्र में जो कार्य किए, उनसे विकिरण चिकित्सा पद्धति के विकास में बड़ी मदद मिली। जीवाणु विज्ञान से सम्बन्धित शोधों में पराबैंगनी (अल्ट्रा वायलेट) निर्जीवाणुकरण तकनीक का जो इस्तेमाल आज किया जाता है, वह फिन्सन की खोज के कारण ही सम्भव हुआ।

यहाँ एक तथ्य विशेष रूप से उल्लेखनीय है कि ईसा से लगभग 600 वर्ष पहले प्राचीन भारत के महान चिकित्सा-विज्ञानी आचार्य सुश्रुत ने अपने ग्रंथ में सूर्य किरणों के प्रभाव

का उल्लेख किया है। शल्य-क्रिया के बाद मरहम-पट्टी के क्रम में निर्जीवाणुकरण के लिए वे सूर्य-किरण यानी धूप का उपयोग करते थे।

फिन्सन अपने समय के महान चिकित्सक थे। वे आधुनिक फोटो थैरैपी के प्रवर्तक थे। चर्म-यक्ष्मा जैसे घातक चर्म-रोगों के उपचार में संकेद्रित प्रकाश-किरणों का प्रयोग चिकित्सा विज्ञान के क्षेत्र में एक युगांतरकारी उपलब्धि थी जिसके लिए 1903 में उन्हें नोबेल सम्मान मिला। कोपेनहेगन में 'फिन्सन्स मेडिकल लाइट इंस्टीट्यूट' की स्थापना 1869 में की गई थी, जिसे अब केवल फिन्सन इंस्टीट्यूट कहना पर्याप्त माना जाता है। फिन्सन ने नोबेल पुरस्कार की आधी रकम इसी इंस्टीट्यूट को दान कर दी थी।

साहित्य

ब्योर्न्सन, मार्टिनस
नागरिकता : नॉर्वे
जन्म : 8 दिसंबर, 1832; क्विकने, नॉर्वे
निधन : 26 अप्रैल, 1910; पेरिस, फ्रांस

ब्योर्न्सन मार्टिनस एक धर्माचार्य के पुत्र थे। वे रोम्सडेलन के एक छोटे-से खेतिहर समुदाय में पलकर बड़े हुए। अपने समय में वे नॉर्वे के अत्यधिक जनप्रिय लोगों में गिने जाते थे। वे एक साथ कवि, नाटककार, कथाकार, पत्रकार, नाट्य निर्देशक और ओजस्वी वक्ता के गुणों से युक्त थे। इब्सन, एलेक्जांडर कीलैंड और जोनास लिस के साथ उनकी गणना नॉर्वे के उन चार महान साहित्यकारों में होती है, जिन्होंने असाधारण रूप से वहाँ के साहित्य को समृद्धि प्रदान की।

ब्योर्न्सन का आरंभिक उपन्यास था 'सिनोव सोल्बाकेन' (1857)। अंग्रेजी में अनूदित उनके उपन्यास हैं : 'ट्रस्ट एंड ट्रायल' (1858), 'लव लाइफ इन नॉर्वे' (1870) और 'सनी हिल' (1932)। आगे चलकर उनके दो और उपन्यास भी अनूदित होकर प्रकाश में आए, जिनके नाम हैं : 'हेरिटेज ऑफ कर्ट्स' (1884) और 'इन गॉड्स वे' (1889)। एक और उपन्यास 'पॉल लैंग ऑग टोरा पर्सबर्ग' 1898 में प्रकाशित हुआ। जो उनके एक मित्र के वास्तविक जीवन की मर्मस्पर्शी कथा है, जिसने 15 जून, 1888 को आत्महत्या कर ली थी।

उपन्यासों के अलावा उन्होंने ढेर सारी कविताएँ और नाटक लिखे। उनकी कुछ प्रमुख कृतियों के नाम हैं : 'मेलेम स्लाजिन' (1858, एकांकी), 'लेम हुल्डा' (1858, नाटक), 'नार डेन नाइ विन ब्लोमस्ट्रर' (1909, अन्तिम नाट्य कृति), 'डिग्टे ऑग सैंग' (1870, गीत और कविताएँ), 'अर्निलजॉट गिलाइन' (1870, प्रबन्ध काव्य), 'एन फैलिट' (1874, नाटक), 'रिडेक्टोरेन' (1874, नाटक), 'कोंगेन' (1875, नाटक), 'डेट नाइ सिस्टेम' (1879, नाटक) आदि। अभिव्यक्ति की स्वतंत्रता के लिए जॉन्सर्न ने स्वेच्छा से प्रवास का जीवन अपना लिया था और पेरिस में रहने लगे थे।

नॉर्वे के राष्ट्रगान ('हाँ, हमें इस देश से प्यार है...') की रचना का श्रेय कवि ब्योर्न्सन को ही जाता है। उनकी प्रतिभा बहुमुखी थी। उत्कृष्ट काव्य रचना के लिए 1903 में उन्हें नोबेल पुरस्कार से सम्मानित किया गया था।

शान्ति

क्रेमर, सर विलियम रैंडल
नागरिकता : ब्रिटेन
जन्म : 18 मार्च, 1838; विल्टशायर, ब्रिटेन
निधन : 22 जुलाई, 1908; लंदन, ब्रिटेन

सर विलियम रैंडल क्रेमर एक ट्रेड यूनियन कर्ता और शान्तिवादी थे। जिस 'एमलगॅमेटेड सोसाइटी ऑफ कारपेंटर्स एंड जॉइनर्स' की स्थापना 1860 में हुई थी, उसके संस्थापकों में से एक सर विलियम भी थे। वे 'इंटरनेशनल वर्किंग मेंस एसोसिएशन' की ब्रिटिश शाखा के सचिव थे, लेकिन एक अन्य नेता से मतभेद होने पर उन्होंने इस्तीफा दे दिया।

फ्रांस-जर्मनी युद्ध के दौरान सर विलियम ने ब्रिटेन की तटस्थता पर बल देने के लिए श्रमिकों की एक समिति (वर्किंग मेंस कमिटी) का गठन किया था, जिसने विकसित होकर बाद में 'वर्कमेंस पीस एसोसिएशन' का रूप ले लिया। एक सच्चे शान्तिवादी और अन्तरराष्ट्रीय मध्यस्थता के पक्षधर होने के नाते वे सदा इसी प्रयास में रहे कि दो या दो से अधिक राष्ट्रों के बीच संघर्ष की स्थिति नहीं आए या आए भी तो उसे शान्तिपूर्ण प्रयासों से दूर कर दिया जाए। शान्ति के लिए उनके द्वारा किए गए असाधारण कार्यों को देखते हुए नोबेल समिति ने 1903 में उन्हें नोबेल पुरस्कार से सम्मानित किया।

क्रेमर 1885-95 और 1900-1908 के दौरान ब्रिटिश संसद (हाउस ऑफ कॉमंस) के सदस्य रहे और 1907 में उन्हें सम्मानस्वरूप 'नाइट' की उपाधि प्रदान की गई।

भौतिक विज्ञान

रसायन विज्ञान

शरीर विज्ञान/चिकित्सा विज्ञान

साहित्य

शान्ति

1904

भौतिक विज्ञान

रेले, लॉर्ड (जॉन विलियम स्ट्रट)

नागरिकता : ब्रिटेन

जन्म : 12 नवंबर, 1842; एसेक्स, ब्रिटेन

निधन : 30 जून, 1919; एसेक्स, ब्रिटेन

लॉर्ड रेले के दादा कर्नल जे.एच. स्ट्रट ब्रिटिश पार्लियामेंट के सदस्य थे। उनका विवाह लिंस्टर के ड्यूक की पुत्री लेडी चार्लोट मेरी गर्टरुड से हुआ था, अत: उस विवाह के बाद स्ट्रट परिवार को भी अभिजात वर्ग में गिना जाने लगा। इस प्रकार रेले यानी जॉन विलियम स्ट्रट तीसरे लॉर्ड थे।

लॉर्ड रेले को आरंभिक शिक्षा घर पर ही निजी अध्यापक की देखरेख में मिली थी। बाद में उन्होंने कैंब्रिज के ट्रिनिटी कॉलेज में दाखिला लिया। वहीं से 1865 में उन्होंने स्नातक की उपाधि प्राप्त की। उन्हीं दिनों उन्हें पहला स्मिथ पुरस्कार मिला था। फेलोशिप के लिए चुने जाने पर वे 1871 तक ट्रिनिटी के फेलो रहे। उसी साल उनका विवाह हुआ था, फेलोशिप भी उसी साल छोड़ी।

लॉर्ड रेले ने अपने पहले प्रबन्ध में जेम्स क्लार्क मैक्सवेल के विद्युत चुम्बकीय सिद्धान्त का विवेचन किया था, वह भी ऐसी सहज भाषा-शैली में कि जनसामान्य को भी आसानी से समझ में आ जाए। आरोग्य लाभ की दृष्टि से 1877 में वे मिस्र की यात्रा पर गए थे। उसी दौरान उन्होंने 'द थ्योरी ऑफ साउंड' (ध्वनि का सिद्धान्त) शीर्षक से एक प्रबन्ध लिखा।

जेम्स क्लार्क मैक्सवेल कैंब्रिज विश्वविद्यालय में प्रायोगिक भौतिकी के कैवेंडिश प्रोफेसर थे। उनके बाद 1879 में उस पद पर लॉर्ड रेले की नियुक्ति हुई। कैवेंडिश प्रयोगशाला में लॉर्ड रेले ने प्रायोगिक भौतिकी के कई पाठ्यक्रम सफलतापूर्वक चलाए।

1884 में कैंब्रिज से अवकाश लेने के बाद लॉर्ड रेले ने 'नेशनल फिलॉसफी के प्रोफेसर' का कार्यभार सँभाला। उस पद पर वे 1905 तक कार्यरत रहे। उसी वर्ष उन्हें रॉयल सोसाइटी का अध्यक्ष चुना गया। 1908 में उन्हें कैंब्रिज विश्वविद्यालय का कुलाधिपति बनाया गया।

लॉर्ड रेले ने वातावरण में मौजूद एक अक्रिय गैस (आर्गन) को अलगाने में सफलता पाई थी, जिसके लिए

उन्हें 1904 में नोबेल पुरस्कार से सम्मानित किया गया। उसी साल उनके सहयोगी सर विलियम रेम्से को रसायन विज्ञान का नोबेल पुरस्कार मिला था, जिन्होंने वातावरण में अक्रिय गैसीय तत्त्वों की उपस्थिति का पता लगाया था।

लॉर्ड रेले को नोबेल सम्मान इस कारण भी मिला कि उन्होंने वातावरण और उसकी संघटक गैसों के घनत्व का सही-सही मापन किया था। इसी मापन के फलस्वरूप आर्गन और अन्य अक्रिय गैसों से बने रासायनिक तत्त्वों के एक नए परिवार की खोज सम्भव हुई। कैंब्रिज में उन्होंने विद्युत इकाइयों के प्रतिरोध, प्रवाह और विद्युत वाहक बल, प्रकाश विज्ञान, ध्वनि विज्ञान तथा पृष्ठ-तनाव आदि पर भी अनेकानेक प्रयोग किए थे। प्रकाश (दृष्टि) और ध्वनि (श्रवण) के क्षेत्रों में उनके द्वारा की गई मूलभूत खोजें तरल पदार्थों में तरंग संचार के सिद्धान्त की मूलाधार हैं। जे.जे. वाटर्सन ने गैसों की गति के सिद्धान्त पर जो कार्य किए थे, उन्हें लॉर्ड रेले महत्त्वपूर्ण मानते थे, लेकिन मैक्स प्लैंक द्वारा निरूपित 'क्वांटम सिद्धान्त' उनकी दृष्टि में विवादास्पद था।

रसायन विज्ञान

रैम्से, सर विलियम
नागरिकता : ब्रिटेन
जन्म : 2 अक्टूबर, 1852; ग्लास्गो, स्कॉटलैंड
निधन : 23 जुलाई, 1916; सरे, ब्रिटेन

इंजीनियर पिता के होनहार पुत्र विलियम रैम्से ने शिक्षा परंपरागत ढंग से पाई थी, क्योंकि धर्मशास्त्र की ओर भी उनका स्वाभाविक झुकाव था। लेकिन आजीविका की दृष्टि से रसायन विज्ञान के क्षेत्र में विशेषज्ञता प्राप्त करने की उत्कट इच्छा उन्हें हीडलबर्ग विश्वविद्यालय ले गई। वहाँ विश्लेषणात्मक रसायन विज्ञान के जर्मन प्रोफेसर बुन्सन उनके आचार्य थे। अध्ययन के बाद वे पहले ब्रिस्टल विश्वविद्यालय में और फिर लंदन विश्वविद्यालय में रसायन विज्ञान के प्रोफेसर के रूप में कार्यरत रहे।

सर रैम्से ने आरम्भ में एल्केलॉइडों की दैहिक क्रिया को अपने अध्ययन का विषय बनाया था। इसी क्रम में उन्होंने पाइरिडीन नामक नाइट्रोजन युक्त मिश्रण के साथ एल्केलॉइड के सम्बन्ध की पुष्टि की। ब्रिटिश भौतिकविज्ञानी लॉर्ड रैले ने 1892 में रसायनविज्ञानियों से एक सवाल किया था। वह सवाल था—रासायनिक मिश्रणों में पाए जानेवाले नाइट्रोजन और वातावरण में पाए जानेवाले अपेक्षाकृत भारी और मुक्त नाइट्रोजन के परमाणु भार में अन्तर क्यों होता है? सवाल का उत्तर रैम्से ने यह कहते हुए दिया कि वातावरण से पृथक किए जाने पर नाइट्रोजन कुछ ऐसी भारी गैसों से प्रदूषित हो जाती है, जो अभी अज्ञात हैं। प्रयोग के दौरान वायु से नाइट्रोजन और ऑक्सीजन को निकाल देने पर रैम्से और रैले को एक निष्क्रिय गैसीय तत्त्व का पता चला, जिसे 'आर्गन' कहा गया। वातावरण में आर्गन एक प्रतिशत है। अगले ही साल रैम्से ने खनिज पदार्थ से हीलियम को विलगाने में सफलता प्राप्त की। उन्होंने प्रयोग द्वारा यह दिखाया कि रेडियम के विकिरण के दौरान लगातार हल्की से हल्की निष्क्रिय गैसें उत्पन्न होती रहती हैं। नाभिकीय प्रतिक्रियाओं को समझने की दिशा में यह एक अत्यन्त महत्त्वपूर्ण खोज थी।

हीलियम और आर्गन की स्थितियों की आवर्ती तालिका से यह संकेत मिला था कि वातावरण में तीन और गैसें मौजूद हो सकती हैं। रसायनविज्ञानी रैम्से और ट्रैवास ने अन्ततः उन तीनों तत्त्वों की खोज कर ही डाली, जिन्हें आज 'निऑन', 'क्रिप्टॉन' और 'जेनॉन' कहा जाता है। वायु से इन तत्त्वों को कम तापमान और उच्च दबाव पर तरल अवस्था में लाया गया। गैसों की इस श्रृंखला की अन्तिम कड़ी के रूप में रैम्से ने निटॉन (रेडॉन) की उपस्थिति का भी पता लगाया।

सर विलियम रैम्से की खोजों ने उन्हें अन्तरराष्ट्रीय ख्याति दी। रसायन विज्ञान के क्षेत्र में उनकी विशिष्ट उपलब्धियों को देखते हुए 1904 में उन्हें नोबेल पुरस्कार से सम्मानित किया गया।

सर रैम्से 1888 में रॉयल सोसाइटी के सदस्य चुने गए थे और 1902 में उन्हें 'नाइट' की उपाधि प्रदान की गई थी। लेखक के रूप में उनकी रचनाएँ हैं : 'ए सिस्टम ऑफ इनॉर्गेनिक केमिस्ट्री' (1891), 'द गैसेज ऑफ द एटमॉस्फीअर' (1896), 'माडर्न केमिस्ट्री' (2 खंड, 1900),

'इंट्रोडक्शन टु द स्टडी ऑफ फिजिकल केमिस्ट्री' (1904), और 'एलिमेंट्स एंड इलेक्ट्रॉन' (1913)।

शरीर विज्ञान/चिकित्सा विज्ञान

पावलोव, इवान पेत्रोविच
नागरिकता : रूस
जन्म : 26 सितंबर, 1849; राइजान, रूस
निधन : 27 फरवरी, 1936; लेनिनग्राद, रूस

इवान पेत्रोविच पावलोव एक निर्धन किसान परिवार में पैदा हुए थे। सेंट पीटर्सबर्ग (लेनिनग्राद) विश्वविद्यालय में उन्होंने रसायन विज्ञान और शरीर विज्ञान का अध्ययन किया था। एम.डी. की उपाधि उन्होंने रशियन इंपीरियल मेडिकल एकेडमी से 1883 में प्राप्त की थी। आगे चलकर दो वर्ष उन्होंने जर्मनी में बिताए। वहाँ उन्होंने शरीर विज्ञान के अन्तर्गत रक्तप्रणाली और पाचन-शक्ति का अध्ययन किया। वह शारीरिक क्रिया के इन दो पहलुओं पर मस्तिष्क के नियंत्रण के बारे में जानने के लिए विशेष रूप से उत्सुक थे।

जर्मनी से लौटने पर पावलोव हृदयवाहिका प्रणाली पर शोध करने लगे। उन्हें 1890 में इंपीरियल मेडिकल एकेडमी में शरीर विज्ञान का प्रोफेसर बनाया गया। एक वर्ष बाद ही, 1891 में, उन्हें प्रायोगिक चिकित्सा विज्ञान के अध्ययन के लिए प्रसिद्ध सेंट पीटर्सबर्ग इंस्टीट्यूट का निदेशक नियुक्त किया गया। अगले 45 वर्षों तक वे उसी पद पर कार्यरत रहे। इसके अलावा उन्होंने 30 वर्षों तक सेंट पीटर्सबर्ग एकेडमी की शरीर विज्ञान प्रयोगशाला की अध्यक्षता भी की।

1888 में पावलोव ने अग्न्याशय की स्रावी तंत्रिका की खोज की। उन्होंने जठर-ग्रंथियों के स्राव में 'वेगस तंत्रिका' की भूमिका को स्पष्ट करते हुए जठर रस अम्लता के नैरंतर्य पर भी रोशनी डाली। पाचन की तीन स्थितियों (तंत्रिकीय, जठर-निर्गम और आंत्र) का उन्होंने विस्तार से विश्लेषण किया। पाचन पर उनके अध्ययन वहाँ की शोध पत्रिका में प्रकाशित हुए।

पावलोव की एक अन्य खोज यह थी कि इस प्रकार के प्रतिवर्त के लिए मस्तिष्क का जो भाग सक्रिय होता है, वह केवल उच्च वर्ग के प्राणियों में पाया जाता है। उन्होंने मानवीय व्यवहार में भी प्रतिबंधित प्रतिवर्त की छानबीन की और यह सिद्धान्त निरूपित किया कि मनुष्य की अनेक प्रतिक्रियाएँ प्रतिबंधित प्रतिवर्त होती हैं।

शरीर विज्ञान, मनोविज्ञान, मनोरोग विज्ञान और शिक्षा के क्षेत्र में पावलोव के 'प्रतिबंधित प्रतिवर्त' के सिद्धान्त का व्यापक महत्त्व है। मस्तिष्कीय क्रिया के विश्लेषण के लिए इसके द्वारा बहुत उपयोगी तकनीक सुलभ हुई है।

प्रथम नोबेल सम्मान के लिए उन्हें 1901 में ही नामित किया गया था, लेकिन स्वीडिश एकेडमी को उनके प्रयोगों की प्रामाणिकता पर सन्देह इसलिए था कि जिन दो स्वीडिश प्रोफेसरों को पावलोव की प्रयोगशाला देखने के लिए सेंट पीटर्सबर्ग भेजा गया था, उनकी रिपोर्ट नकारात्मक थी। आगे चलकर यथोचित रीति से उनके प्रयोगों की पुष्टि हो जाने पर अन्ततः वह सम्मान उन्हें मिला ही—1904 में उन्हें नोबेल पुरस्कार से सम्मानित किया गया।

साहित्य

मिस्त्राल, फ्रेड्रिक
नागरिकता : फ्रांस
जन्म : 8 सितंबर, 1830; मेलेन, फ्रांस
निधन : 25 मार्च, 1914; मेलेन, फ्रांस

फ्रेड्रिक मिस्त्राल एक सम्पन्न किसान परिवार में पैदा हुए थे। उनके पिता फ्रैंकोइस मिस्त्राल रीति-रिवाज के मामले में पूरे कट्टरवादी थे। उन्होंने अपने पुत्र फ्रेड्रिक को कॉलेज रॉयल एविग्नों में ऊँची शिक्षा दिलाई। फ्रेड्रिक ने वहाँ होमर और वर्जिल के महाकाव्यों का अध्ययन किया और उनसे बहुत प्रभावित हुए थे। साहित्य से गहरा लगाव उनका उन्हीं दिनों उत्पन्न हुआ।

फ्रेड्रिक की रचनात्मक प्रतिभा को उभारने और निखारने में उनके शिक्षक जोसफ राउमैनिल का योगदान महत्त्वपूर्ण था। वे स्वयं कवि थे और उन्होंने ही फ्रेड्रिक को अपनी मातृभाषा 'प्रोवेंकाल' में लिखने के लिए प्रेरित किया।

फ्रेड्रिक ने कानून की डिग्री यूनिवर्सिटी ऑफ ऐक्सएन-प्रोवेंस से 1851 में प्राप्त की। लगभग 20 वर्षों तक उन्होंने एक शब्दकोश पर काम किया जो दो खंडों में प्रकाशित (1878) हुआ। उनकी साहित्यिक रचनाओं में कविताएँ, गीत, कहानियाँ और संस्मरण शामिल हैं। उनकी पहली रचना 'ली प्रोवेंकालो' 1852 में प्रकाशित हुई थी। कविताओं और गीतों के अनेक संकलन तथा संस्मरण उनके जीवनकाल में ही प्रकाशित हो चुके थे, लेकिन उनकी कहानियों का संग्रह तीन खंडों में उनकी मृत्यु के बारह-चौदह वर्ष बाद 1926-29 में प्रकाशित हुआ।

एक सृजनशील रचनाकार के रूप में फ्रेड्रिक मिस्त्राल ने अपनी उत्कृष्ट रचनाओं के द्वारा अपनी भाषा और साहित्य को समृद्धि प्रदान की। उनके काव्य में स्थानीय प्रकृति और लोकजीवन के विविध रंगों की झलकियाँ मोहक हैं। कवि होने के साथ ही वे उच्च कोटि के भाषाविज्ञानी भी थे। फ्रेंच एकेडमी द्वारा उन्हें एक नहीं चार-चार बार पुरस्कृत किया गया। उनके महत्त्वपूर्ण शब्दकोश के लिए इंस्टीट्यूट ऑफ फ्रांस ने उन्हें 10000 फ्रांक का रेनॉद पुरस्कार प्रदान किया था। डॉक्टरेट की मानद उपाधि उन्हें दो विश्वविद्यालयों ने प्रदान की—हेल विश्वविद्यालय और बोन विश्वविद्यालय। साहित्य के नोबेल पुरस्कार से वे 1904 में स्पेनिश नाटककार जोस इचेगारे वाई. ईजाग्विरे के साथ संयुक्त रूप से सम्मानित किए गए थे।

जोस, इचेगारे वाई. ईजाग्विरे

नागरिकता : स्पेन

जन्म : 19 अप्रैल, 1833; मेड्रिड, स्पेन

निधन : 14 सितंबर, 1916; मैड्रिड, स्पेन

जोस इचेगारे वाई. ईजाग्विरे ने आरम्भ में मर्सिया के 'इंस्टीट्यूटों' में शिक्षा ग्रहण की थी। आगे चलकर वे मैड्रिड में इंजीनियरिंग की पढ़ाई करने लगे। पढ़ाई पूरी करने के बाद वे लोक निर्माण विभाग में इंजीनियर हो गए। वह नौकरी उन्हें अधिक दिनों तक बाँधे नहीं रख सकी। जल्दी ही उनकी नियुक्ति 'स्कूल ऑफ रोड्स एंड ब्रिजेज' में हो गई, जहाँ उन्हें प्रोफेसर के पद पर काम करना था। स्पेन के राजा आमेडियो के राज्यकाल में उन्हें लोक निर्माण का निदेशक बनाया गया, लेकिन राजनीतिक घटनाचक्र के चलते आमेडियो के राजसिंहासन से च्युत होते ही जोस को कुछ समय के लिए पेरिस में निर्वासन झेलना पड़ा।

पेरिस में निर्वासित जीवन बिताने के दौरान जोस पूरी तल्लीनता से रंगमंच की गतिविधियों में भाग लेते रहे। वे 1874 में स्पेन लौटे। इस बार उन्हें स्वदेश में बेहतर स्थिति और अनुकूलता सुलभ हुई, क्योंकि वे अब वित्त मंत्री थे।

जोस मुख्यत: नाटककार थे। पेरिस में रहते समय रंगमंच की गतिविधियों से पूरी तरह जुड़े रहने के कारण उनकी लेखन प्रतिभा को जैसे पर लग गए। प्रकाशन की दृष्टि से उनका पहला स्पेनिश नाटक 'नाजायज बेटी' (1865)है, हालाँकि 'जॉर्ज हयसेका' छद्मनाम से लिखित नाटक 'खाता बही' को रचनाक्रम की दृष्टि से उनका पहला नाटक माना जाता है। 'खाता बही' 1974 में प्रकाशित हुआ था। जोस के अन्य नाटक हैं : 'आखिरी रात' (1874), 'प्रतिरोधी की पत्नी' (1874), 'तलवार की मूठ' (1875), 'सनकी या संत' (1877), 'खूँटा और क्रॉस' (1878) तथा 'कर्तव्यों का द्वंद्व' (1882)। इन नाटकों में एक तरफ इतिहास और ऐतिहासिक शौर्य-अभियानों की पृष्ठभूमि में मध्ययुगीन सांस्कृतिक गरिमा को उजागर करने की कोशिश की गई और दूसरी तरफ अन्तर्विरोधों पर चुटीले व्यंग्य। सुप्रसिद्ध नाटककार हेनरिक इब्सन से वे बहुत प्रभावित हुए थे। उस प्रभाव के फलस्वरूप उन्होंने अनेक नाटक लिखे, जैसे—'उसकी महान विजय' (1881), 'दो हठधर्मिताएँ' (1887), 'डॉन जुआँ का बेटा' (1892), 'सनकी ईश्वर' (1900), 'परेशान औरत' (1904), 'होंठों पर मौत' आदि। उन्होंने सामान्य विषयों पर अनेक निबन्ध भी लिखे थे, जिनका एक संग्रह 1905 में और दूसरा 1910 में प्रकाशित हुआ। उनके संस्मरण 1917 में प्रकाशित हुए—इसके एक वर्ष बाद उनकी मृत्यु हो गई।

अपनी कृतियों के द्वारा उन्होंने स्पेन की शानदार नाट्य परंपरा में नवजीवन का संचार किया। साहित्य का नोबेल पुरस्कार उन्हें संयुक्त रूप से 1904 में प्रदान किया

गया था। फ्रांस के कवि फ्रेड्रिक मिस्त्राल इस सम्मान में उनके सहभागी थे।

शान्ति

इंस्टीट्यूट डि ड्रोइट इंटरनेशनल
(दि इंस्टीट्यूट ऑफ इंटरनेशनल लॉ)
घेंट, बेल्जियम।

स्थापना वर्ष : 1873; घेंट, बेल्जियम

शान्ति का नोबेल पुरस्कार 1904 में व्यक्ति या व्यक्तियों को नहीं, बल्कि बेल्जियम की एक संस्था को मिला जिसे हम हिन्दी में 'अन्तरराष्ट्रीय विधि (या कानून) संस्थान' कह सकते हैं। इसकी स्थापना 1873 में राजनीतिज्ञों और विधिवेत्ताओं की एक गैरसरकारी संस्था के रूप में हुई थी। इसकी स्थापना के मूल प्रेरक और सूत्रधार डॉ. रॉलिन जैक्युमिंस थे, जो घेंट से निकलनेवाली पत्रिका 'रेव्यू डि ड्रोइट इंटरनेशनल' के संपादक थे। इस विधि संस्थान का उद्देश्य था—अन्तरराष्ट्रीय कानून के निर्देशक सिद्धान्तों की खोज करना, उनको वर्गीकृत करने का प्रयास करना, अत्यन्त महत्त्वपूर्ण अन्तरराष्ट्रीय समस्याओं पर चर्चा करना और यदि सम्भव हो तो उनके समाधान के उपाय सुझाना।

विश्व के अनेक देशों में कानून की व्याख्या और उस पर अमल को लेकर जो व्यावहारिक कठिनाइयाँ होती हैं, उन्हें दूर करने के प्रयास पर इस संस्थान ने विशेष बल दिया और कई विवादग्रस्त मामलों में अपनी राय भी दी।

इस संस्थान ने अन्तरराष्ट्रीय न्यायिक कार्यवाहियों के सामान्य सिद्धान्त निर्धारित किए तथा 1888 में युद्ध के नियमों और रिवाजों पर एक पुस्तिका (हैंड बुक ऑफ रूल्स एंड ऑब्जर्वेंस ऑफ वारफेयर) प्रकाशित की। नोबेल पुरस्कार प्राप्त करनेवाली पहली संस्था के रूप में 'अन्तरराष्ट्रीय विधि संस्थान' का महत्त्व आज भी यथावत् है।

भौतिक विज्ञान

रसायन विज्ञान

शरीर विज्ञान/चिकित्सा विज्ञान

साहित्य

शान्ति

1905

भौतिक विज्ञान

वॉन लेनार्ड, फिलिप एडुअर्ड ऐंटोन

नागरिकता : जर्मनी

जन्म : 7 जून, 1862; पॉजसोनी (प्रेसबर्ग), हंगरी (अब ब्रातिस्लावा, चेको-स्लोवाकिया)

निधन : 20 मई, 1947; मेसेहोजेन, जर्मनी

फिलिप एडुअर्ड ऐंटोन वॉन लेनार्ड ने भौतिक विज्ञान का अध्ययन बुनसन, हेमहॉल्ज, कोनिग्सबर्गर और क्विंक जैसे वैज्ञानिकों के निर्देशन में क्रमश: बुडापेस्ट, विएना, बर्लिन और हाइडलबर्ग में किया था। पीएच.डी. की उपाधि उन्होंने हाइडलबर्ग से हासिल की। बोन विश्वविद्यालय में प्रोफेसर हट्र्ज के सहायक के रूप में अपना कार्यकारी जीवन उन्होंने 1892 से शुरू किया। दो साल बाद 1894 में उन्हें ब्रेस्लाड विश्वविद्यालय में प्रोफेसर एक्स्ट्रा-आर्डिनरी नियुक्त किया गया। फिर वे क्रमश: 1895 में ऐक्स-ला-चैपेल में भौतिकी के प्रोफेसर, 1896 में हाइडलबर्ग विश्वविद्यालय में सैद्धांतिक भौतिकी के प्रोफेसर और 1898 में कील विश्वविद्यालय में प्रोफेसर आर्डिनेरिअस नियुक्त हुए। उनका विवाह कैथेरीना स्क्लेनर से हुआ था।

लेनार्ड ने प्रेसबर्ग में भौतिक विज्ञान की शिक्षा वी. क्लैट से ग्रहण की थी। वी. क्लैट ही उनके प्रथम शिक्षक थे, जिनके साथ उन्होंने बिस्मथ और कैल्सियम सल्फाइड जैसे स्वत: दीप्त हो उठनेवाले पदार्थों के चुम्बकत्व पर काम किया था।

हाइडलबर्ग में क्विंक की निगरानी में (1888) लेनार्ड ने कैथोड किरणों पर शुरुआती काम किया था। बाद में वे बोन विश्वविद्यालय चले गए और वहाँ प्रोफेसर हट्र्ज की देखरेख में काम करने लगे। उन्होंने हट्र्ज के सुझाव पर एक के बाद एक अनेक प्रयोग किए, जो कैथोड किरणों पर केंद्रित थे। उन प्रयोगों से यह स्पष्ट हुआ कि कैथोड किरणें स्राव-नली को ही पार नहीं कर जातीं, बल्कि वायु के सामान्य घनत्व से भी गुजर सकती हैं। स्फुरदीप्त स्क्रीन का प्रयोग करते हुए उन्होंने दिखाया कि नली से स्क्रीन को जैसे-जैसे दूर हटाया जाता है वैसे-वैसे किरणों की तीव्रता में कमी आती जाती है। पदार्थों की किरणों को अवशोषित करने की शक्ति के बारे में प्रयोगों के आधार पर उन्होंने बताया कि वह पदार्थ की रासायनिक प्रकृति पर नहीं, बल्कि उसके घनत्व पर निर्भर करती है।

लेनार्ड ने प्रोफेसर हर्ट्ज द्वारा फोटोइलेक्ट्रिक (प्रकाश-वैद्युत) पर किए गए काम को भी आगे बढ़ाया। सही-सही मापन द्वारा उन्होंने यह सिद्ध किया कि प्रक्षेपित इलेक्ट्रॉनों की संख्या आपतित प्रकाश की ऊर्जा की समानुपाती थी, लेकिन उनकी गति या गतिज ऊर्जा संख्या के अनुसार नहीं थी।

प्रचलित सिद्धान्तों से लेनार्ड के निष्कर्ष मेल नहीं खाते थे, इसलिए उनकी व्याख्या तब सम्भव हुई जब 1905 में आइंस्टीन अपने मात्रात्मक नियम लेकर सामने आए और उन्होंने प्रकाश या फोटो की 'क्वांटा थ्योरी' विकसित की। इस खोज को अपने नाम से जोड़कर आइंस्टीन ने लेनार्ड को बेहद क्षुब्ध कर दिया, उन्होंने आजीवन आइंस्टीन को क्षमा नहीं किया।

लेनार्ड सतत प्रयोगशील प्रतिभावाले भौतिकविज्ञानी थे। उन्होंने कैथोड किरणों पर जो असाधारण कार्य किए थे उनके लिए 1905 में उन्हें नोबेल पुरस्कार से सम्मानित किया गया।

डॉक्टरेट की मानद उपाधियाँ उन्हें तीन-तीन विश्वविद्यालयों से मिली थीं—क्रिस्टियानिया (ओस्लो) विश्वविद्यालय (1911), ड्रेस्डन विश्वविद्यालय और प्रेसबर्ग विश्वविद्यालय (1942)। इनके अतिरिक्त 1905 में उन्हें फ्रेंकलिन पदक और 1933 में जर्मन राइख का ईगल शील्ड भी प्रदान किए गए थे। हाइडलबर्ग के फ्रीमैन भी वे 1933 में ही निर्वाचित हुए थे। हिटलर की नेशनल सोशलिस्ट पार्टी के वह प्रतिबद्ध सदस्य थे और उन्हें आर्यन या जर्मन भौतिकी का प्रमुख बनाया गया था।

रसायन विज्ञान

वॉन बेयर, जोहान फ्रीड्रिख विल्हेम एडोल्फ

नागरिकता : जर्मनी

जन्म : 31 अक्टूबर, 1835; बर्लिन, जर्मनी

निधन : 20 अगस्त, 1917; स्टार्नबर्ग, जर्मनी

जोहान फ्रीड्रिख विल्हेम एडोल्फ वॉन बेयर ने हाइडलबर्ग में रॉबर्ट बुनसन के साथ अध्ययन किया था। बोन के ऑगस्ट केकुले उनके भविष्य निर्माण में एक अच्छे मार्गदर्शक और प्रेरणास्रोत रहे। 1858 में उन्होंने बर्लिन से पीएच.डी. की। दो वर्ष बाद वे लेक्चरर हुए तथा बर्लिन की रासायनिक प्रयोगशाला 'गेवरबाइंस्टिटुट' के प्रमुख की हैसियत से 1872 तक वहाँ कार्यरत रहे। उसके बाद वे कुछ समय तक स्ट्रासबर्ग में प्रोफेसर रहे और फिर 1875 में म्यूनिख चले गए। वहाँ पर उन्होंने रासायनिकी के प्रोफेसर जुस्टस वॉन लाइबिग का स्थान ग्रहण किया। म्यूनिख में अपना शोधकार्य उन्होंने जारी रखा।

वॉन बेयर एक जैव-रसायनविज्ञानी थे। उन्होंने नील को संश्लेषित किया तथा उसकी संरचना को सूत्रबद्ध किया। उनकी अनेक उपलब्धियों में मुख्य है—थेलाइन रंजकों की खोज। यूरिक अम्ल से व्युत्पन्न पॉलिएसेटीनों और ऑक्सो-नियम लवणों पर उन्होंने व्यापक शोध किए थे। जैव रंजकों और हाइड्रोएरोमेटिक यौगिकों पर अपने महत्त्वपूर्ण कार्यों के द्वारा उन्होंने जैव-रासायनिकी और रसायन उद्योग के विकास में असाधारण योगदान किया था, जिसके लिए 1905 में उन्हें नोबेल पुरस्कार से सम्मानित किया गया।

नील पर जो असाधारण कार्य उन्होंने किए थे, उन्हें मान्यता 1881 में तब मिली थी जब लंदन की रॉयल सोसाइटी ने उन्हें डेवी पदक प्रदान किया था।

शरीर विज्ञान/चिकित्सा विज्ञान

कॉच, रॉबर्ट

नागरिकता : जर्मनी

जन्म : 11 दिसंबर, 1843; क्लाउस्थाल, प्रशिया

निधन : 27 मई, 1910; बेडन, जर्मनी

रॉबर्ट कॉच के पिता खदान अधिकारी थे जिन्होंने उनके भीतर पर्यटन के प्रति कभी न कम होनेवाली ललक पैदा की। तेरह भाई-बहनों में वह तीसरे थे। अपनी माँ से उन्होंने प्रकृति को प्यार करना सीखा। प्रकृति के प्रति उनका प्रेमभाव ही आगे चलकर उन्हें चिकित्सा विज्ञान की ओर ले गया।

चिकित्सा विज्ञान में स्नातक की डिग्री उन्होंने 1866 में

गोटिंगन विश्वविद्यालय से प्राप्त की थी। फ्रांस-प्रशिया युद्ध के दौरान (1870-71) वे जर्मन सेना में फील्ड सर्जन के रूप में काम कर रहे थे। युद्ध के बाद एक डॉक्टर के रूप में उन्होंने अपनी प्रैक्टिस शुरू की, फिर अन्ततः वुल्सटीन में अपना सर्जरी केंद्र खोलने में सफल हुए। वहीं उन्होंने एक छोटी-सी प्रयोगशाला में अपना वह शोध आरम्भ किया, जिसके फलस्वरूप आगे चलकर चिकित्सा विज्ञान के क्षेत्र में युगांतकारी बदलाव आनेवाला था।

रॉबर्ट कॉच ने अपना शोध गिल्टीवाले 'ऐंथ्रैक्स' रोग पर केंद्रित किया। इस रोग से हर साल अनेक भेड़ों और मवेशियों की मौत हो जाती थी। कॉच ने खुर्दबीन से उन सूक्ष्मजीवों के संवर्धनों का अध्ययन किया और पाया कि ऐंथ्रैक्स के दंडाणु बाद में बीजाणु बनकर चरागाहों में वर्षों तक प्रसुप्त रह सकते हैं और चरते समय किसी भी पशु में संक्रमित हो सकते हैं। उन प्रयोगों के दौरान ही अन्य सूक्ष्म जीवाणुओं की उन्होंने खोज की जो ऐंथ्रैक्स से भिन्न रोग उत्पन्न करनेवाले थे। 'कॉच की अभिधारणाओं' के अनुसार रोग के हर मामले में सूक्ष्म जीवाणु की उपस्थिति दर्ज होनी ही थी। सूक्ष्म जीव पीढ़ियों तक संवर्धित हो सकते हैं तथा किसी स्वस्थ प्राणी में प्रविष्ट कराए जाने पर वही रोग पैदा कर सकते हैं। उन्होंने संक्रमण के परजीवी सिद्धान्त को सुव्यवस्थित रूप दिया। कॉच की अभिधारणाओं ने अनेक जीवाणविक निदानों के आधार पर काम किया।

कॉच की खोजों ने उन्हें व्यापक प्रसिद्धि दी। जर्मनी के स्वास्थ्य विभाग में उन्हें एक ऊँचे पद पर प्रतिष्ठापित किया गया। बर्लिन में उन्होंने एक आधुनिक प्रयोगशाला की स्थापना की तथा पत्नी और पुत्री के सहयोग से अनेक प्रविधियों का विकास किया, जिनमें संवर्धन पद्धति और औजारों के निर्जीवाणुकरण में वाष्प का उपयोग प्रमुख हैं। उसी प्रयोगशाला में कॉच क्षय रोग के जीवाणु (माइकोबैक्टेरियम ट्यूबर-क्यूलोसिस) को विलगाने में सफल हुए। आमंत्रण पर उन्होंने अनेक देशों की यात्राएँ कीं। उन देशों में अपंग बनानेवाले अनेक स्थानिक रोगों के कारण और निदान ढूँढ़ने के लिए उन्होंने घोर परिश्रम किया। मिस्र में उन्होंने अमीबा-पेचिश के मूल कारण की खोज की और भारत में हैजा फैलानेवाले जीवाणु (वाइब्रो कोमा) का न केवल पता लगाया, बल्कि उसके संचरण और स्रोत की भी तलाश की। निद्रारोग और अफ्रीका में पुनः-पुनः होनेवाले ज्वर तथा पशु-प्लेग के लिए जिम्मेवार जीवाणुओं को भी विलगाने में वह सफल हुए। इन सर्वनाशी रोगों के उन्मूलन की दिशा में रॉबर्ट कॉच समर्पित भाव से जुटे रहे, जिसके लिए 1905 में उन्हें नोबेल पुरस्कार से सम्मानित किया गया।

साहित्य

सीएंकीविज, हेनरीक

नागरिकता : पोलैंड

जन्म : 5 मई, 1846; वोला ओक्रजेस्का, पोलैंड

निधन : 15 नवंबर, 1916; वेवे, स्विट्जरलैंड

हेनरीक सीएंकीविज का छद्मनाम 'लित्वोस' था। उन्होंने उपन्यास लेखन के क्षेत्र में व्यापक प्रसिद्धि प्राप्त की। उनके जीवंत उपन्यासों में जीवन के उतार-चढ़ावों का वर्णन तेजी से बदलते घटनाक्रम की पृष्ठभूमि में हुआ है। स्कूली शिक्षा के बाद उन्होंने वारसा यूनिवर्सिटी में इतिहास, साहित्य और भाषा विज्ञान की पढ़ाई तो की, लेकिन डिग्री लिये बिना ही वहाँ जाना छोड़ दिया।

हेनरीक ने अपने लेखकीय जीवन का आरम्भ 1869 में विवेचनात्मक लेखों के प्रकाशन से किया था। उन लेखों का विषय एक दार्शनिक पद्धति 'प्रत्यक्षवाद' था, जो उन दिनों पोलैंड ही नहीं अन्य यूरोपीय देशों में भी चर्चा का विषय था। उनका पहला उपन्यास था 'व्यर्थ' जो 1872 में लोगों के सामने आया। उनकी पहली कहानी 'पुराना परिचय' 1875 में प्रकाशित हुई। 1876-78 के दौरान 'गेजेटा पोलस्का' के विशेष संवाददाता के रूप में वे अमरीका का भ्रमण करते रहे और वहाँ से लौटने पर 'संगीतकार यांको', 'लाइट-हाउस का रखवाला' और 'विजेता बार्तेक' जैसी सशक्त कहानियाँ लेकर सामने आए। ये कहानियाँ क्रमशः 1879 और 1882 में प्रकाशित हुई थीं। पत्रकार के रूप में वे 1882 से 1887 तक दैनिक 'स्तोवो' के सहकारी संपादक रहे। पोलैंड की जनता द्वारा 1900 में उन्हें एक छोटी-सी जागीर भेंट की गई थी, जहाँ वे 1914 तक रहे।

पहला विश्वयुद्ध छिड़ने पर वे पोलैंड की स्वाधीनता के लिए आवाज बुलंद करते रहे। युद्ध के शिकार अपने देश-वासियों की सेवा-सहायता के लिए उन्होंने राहत कार्य का संचालन किया था। उनकी महान ऐतिहासिक रचनात्रयी में उनके तीन उपन्यासों का नाम लिया जाता है—'अग्नि और खड्ग के साथ' (1884), 'जलप्रलय' (1886) और 'पैन मिशेल' (1887-88)। ये उपन्यास पहले दैनिक 'स्तोवो' में धारावाहिक रूप से छपे थे, बाद में पुस्तक के रूप में प्रकाशित हुए। इन कृतियों में सत्रहवीं सदी के कज्जाकी, तातारी, स्वीडी और तुर्की हमलावरों के खिलाफ पोलैंड के संघर्ष का प्रभावशाली चित्रण हुआ है। साहित्य समालोचकों ने उनकी वर्णन शैली की विलक्षणता को सराहा और स्वीकार किया कि उनकी कृतियों से पोलिश भाषा को पुनर्जीवन मिला।

हेनरीक के अन्य उपन्यासों में शामिल हैं—1890 में प्रकाशित 'सिद्धान्तहीन', 1896 में प्रकाशित 'क्वो वादिस ?', 1901 में प्रकाशित 'क्रॉस के सूरमा' और 1906 में प्रकाशित 'गौरवक्षेत्र पर'। उनकी असाधारण लेखन क्षमता के लिए 1905 में उन्हें नोबेल पुरस्कार से सम्मानित किया गया।

शान्ति

वॉन सट्टनर, बैरोनेस, बर्था

नागरिकता : ऑस्ट्रिया

जन्म : 9 जून, 1843; प्राग, चेक रिपब्लिक

निधन : 21 जून, 1914; विएना, ऑस्ट्रिया

बर्था वॉन सट्टनर एक अशक्त फील्डमार्शल ग्राफ फ्रांज जोसेफ वॉन किंस्की की पुत्री और एक धनवान वॉन सट्टनर परिवार की गवर्नेस थी। उसी परिवार के बैरोन आर्थ गुंडेकार वॉन सट्टनर के साथ उनका प्रेम सम्बन्ध हो गया, जो एक इंजीनियर और उपन्यासकार होने के साथ-साथ उम्र में उनसे सात वर्ष छोटे थे। परिवार को यह जोड़ी नहीं भाई और उसने उन दोनों के विवाह का विरोध किया। यह देख बर्था पेरिस चली गईं और वहाँ स्थित 'नोबेल आवास' में सेक्रेटरी और हाउस कीपर की नौकरी करने लगीं। लेकिन सिर्फ एक सप्ताह बाद ही वे विएना लौट आईं और गुप्त रूप से बैरोन सट्टनर के साथ विवाह कर लिया। विवाह के बाद वे दोनों तिफलिस (आज के रूस में 'तिबलिस') में रहने लगे। आगे चलकर परिवार ने जब उनके विवाह को स्वीकृति दे दी, तब वे विएना लौट आए।

बर्था शान्तिवादी के रूप में प्रसिद्ध होनेवाली शायद पहली महिला थीं। कहा जाता है कि शान्ति पर नोबेल पुरस्कार की व्यवस्था करने की प्रेरणा अल्फ्रेड नोबेल को उन्हीं से मिली थी। अल्फ्रेड नोबेल से वह सिर्फ दो बार मिली थीं, लेकिन उनके बीच पत्र-व्यवहार बराबर चलता रहा। उनकी आखिरी मुलाकात बर्न के शान्ति सम्मेलन (पीस कांग्रेस) में हुई थी, जिसमें उन्होंने सक्रिय रूप से भाग लिया था। शान्ति की गतिविधियों में उनकी भागीदारी ने अन्ततः ऑस्ट्रियाई शान्तिवादी संगठन को जन्म दिया।

बर्था शान्तिवादी होने के साथ-साथ एक अच्छी उपन्यास लेखिका भी थीं। उनके एक प्रसिद्ध उपन्यास का शीर्षक 'डाइ वाफेन नाइडर' था, इसी नाम से प्रकाशित अन्तरराष्ट्रीय शान्ति पत्रिका के संपादन का दायित्व उन्हीं पर था। उनका शान्तिवाद मुक्त वैज्ञानिक चिंतन पर आधारित था। शान्ति के लिए किए गए अपने प्रयासों के चलते 1905 में वे नोबेल शान्ति पुरस्कार से सम्मानित हुईं।

भौतिक विज्ञान

रसायन विज्ञान

शरीर विज्ञान/चिकित्सा विज्ञान

साहित्य

शान्ति

1906

भौतिक विज्ञान

थॉमसन, सर जोसेफ जॉन

नागरिकता : ब्रिटेन

जन्म : 18 दिसंबर, 1856; मैनचेस्टर, ब्रिटेन

निधन : 30, अगस्त, 1940; कैंब्रिज, ब्रिटेन

सर जोसेफ जॉन थॉमसन के पिता जोसफ जेम्स जॉन्सन एक पुस्तक व्यवसायी थे। जॉन की माता का नाम एम्मा स्वींडल्स था। चौदह वर्ष की अवस्था में जॉन ने ओवेंस कॉलेज में दाखिला लिया ।इरादा यह था कि वहाँ इंजीनियरिंग की पढ़ाई करेंगे, लेकिन अचानक उनके पिता की मृत्यु हो गई, अत: अर्थाभाव के कारण वे फीस की बकाया किस्तें चुका नहीं पाए और इंजीनियरिंग की पढ़ाई छोड़नी पड़ी।

कुछ ही समय बाद जॉन थॉमसन को कैंब्रिज के ट्रिनिटी कॉलेज में गणित के अध्ययन के लिए छात्रवृत्ति मिल गई। वहाँ उनके अध्ययन का विषय था गणित, जिसमें विशेष दक्षता दिखाने के फलस्वरूप उन्हें द्वितीय रैंगलर और द्वितीय स्मिथ पुरस्कार मिले। 1882 में उनकी नियुक्ति गणित के लेक्चरर के रूप में हुई और दो वर्ष बाद ही 1884 में उन्होंने कैवेंडिश प्रोफेसर की हैसियत से लॉर्ड रैले का स्थान ग्रहण किया। उस पद पर वे 1919 तक कार्यरत रहे। 1893 में उनका विवाह सर जॉर्ज पेगेट की पुत्री रोज एलिजाबेथ के साथ हुआ था।

सर जोसेफ जॉन थॉमसन को संक्षेप में जे.जे. कहा जाता था। वे एक विलक्षण शिक्षक थे। जे.जे. के कार्यकाल में कैवेंडिश प्रयोगशाला ने प्रायोगिक भौतिकी के अग्रणी संस्थान का रूप ले लिया था।

रोंटजेन ने जब एक्स-किरणों की खोज की, तभी से थॉमसन कैथोड किरणों में विशेष दिलचस्पी दिखाने लगे थे। एक्स-किरणें उत्पन्न करनेवाली कैथोड किरणों में वही दिलचस्पी उनकी उस खोज-यात्रा का आरम्भ बिंदु थी, जिसकी परिणति इलेक्ट्रॉन या विद्युत अणुओं की खोज में हुई। उनका तर्क था कि एक्स-किरणों और प्रकाश की भाँति कैथोड किरणें मूलत: विद्युत चुम्बकीय नहीं हैं, इसलिए कैथोड किरणों की मूल प्रकृति का पता लगाने के लिए उन्होंने लगातार प्रयोग किए। उन्होंने अनगिनत प्रयोगों के बाद ही अन्ततः 1879 में यह घोषित किया कि कैथोड किरणें वस्तुत: ऋणात्मक रूप से आवेशित 'कणिकाओं' की धाराएँ हैं। वे कणिकाएँ ही बाद में इलेक्ट्रॉन कहलाईं। उन

कणिकाओं के विद्युत आवेश और परिमाण का अनुपात बताते हुए उन्होंने दिखाया कि इलेक्ट्रॉन आकार के लिहाज से उप-परमाणु हैं, इसलिए वे परमाणु के संघटक हो सकते हैं।

जे.जे. ने इसी क्रम में आगे बताया कि परमाणु एक ऐसा धनात्मक विद्युत क्षेत्र है जिसके भीतर पर्याप्त संख्या में इलेक्ट्रॉन मौजूद होते हैं। धनात्मक आवेश को निराविष्ट या निष्क्रिय करने का एक मॉडल भी उन्होंने तैयार किया था। आगे चलकर उसी मॉडल की जगह अर्नेस्ट रदरफोर्ड द्वारा तैयार किए गए मॉडल ने ले ली।

गैसों द्वारा विद्युत के चालन पर थॉमसन ने अनेक सैद्धांतिक और प्रायोगिक शोध किए थे। धनात्मक और ऋणात्मक विद्युत के अर्थ में परमाणु को समझने की दिशा में ही नहीं, बल्कि आज के कितने ही जटिल गणितीय सिद्धान्तों के निरूपण में वे अग्रदूत की भूमिका निभा गए। नोबेल पुरस्कार से उन्हें 1906 में सम्मानित किया गया।

थॉमसन को 'नाइट' की उपाधि 1908 में मिली, उसी वर्ष वे रॉयल सोसाइटी के 'सदस्य' चुने गए। रॉयल सोसाइटी के अध्यक्ष वे 1915 से 1920 तक रहे। उन्हें 'ऑर्डर ऑफ मेरिट' 1912 में प्रदान किया गया और 1918 में वे शाही फरमान द्वारा 'मास्टर ऑफ ट्रिनिटी कॉलेज' नियुक्त किए गए। प्रथम विश्वयुद्ध की समाप्ति के बाद 1919 में उन्होंने कैवेंडिश प्रोफेसर के पद से त्यागपत्र दे दिया, लेकिन विश्वविद्यालय ने तब उनकी नियुक्ति एक मानद 'चेअर' पर कर दी।

रसायन विज्ञान

मोइसाँ, फर्डिनांड फ्रेड्रिक हेनरी
नागरिकता : फ्रांस
जन्म : 28 सितंबर, 1852; पेरिस, फ्रांस
निधन : 20 फरवरी, 1907; पेरिस, फ्रांस

फर्डिनांड फ्रेड्रिक हेनरी मोइसाँ ने पेरिस के 'म्यूजियम द हिस्तोइर नातुरेल' और 'इकोले द फार्मेसी' में शिक्षण और प्रशिक्षण प्राप्त किया था। अपने कार्यकारी जीवन में पहले वे 'इकोले द फार्मेसी' में विष विज्ञान और अजैव रसायन के प्रोफेसर रहे और बाद में सोर्बोन में अजैव रसायन विज्ञान के प्रोफेसर बने।

मोइसाँ ने फ्लोओरीन यौगिकों का अध्ययन 1884 में आरम्भ किया। दो वर्ष बाद ही उन्होंने पोटेशियम फ्लोओरीन गैस के घोल का विद्युत अपघटन करने में सफलता प्राप्त कर ली। उस तत्त्व की गुणधर्मिताओं का तथा अन्य तत्त्वों केसाथ उसकी प्रतिक्रियाओं का पूरा अध्ययन करने के बाद 1892 में मोइसाँ ने विद्युत आर्क भट्ठी (इलेक्ट्रिक आर्क फर्नेस) विकसित की और उसका उपयोग अनेक नए यौगिकों के निर्माण में तथा ऐसे पदार्थों के वाष्पन के लिए किया, जो तब तक अगलनीय समझे जाते थे। अपनी उस भट्ठी में हीरा को भी संश्लेषित करने का दावा उन्होंने किया, लेकिन कुछ लोगों को इनकी उस सफलता में सन्देह था।

मोइसाँ द्वारा विकसित भट्ठी को उन्हीं के नाम पर 'मोइसाँ विद्युत भट्ठी' कहा जाता है। उन्होंने फ्लोओरीन को विलगाने में कामयाबी हासिल की थी। सिलिकन कार्बाइड की खोज उन्हीं के द्वारा सम्भव हुई। उन्होंने एसिटिलीन के उत्पादन के लिए एक ऐसा तरीका ईजाद किया जो व्यावसायिक दृष्टि से लाभप्रद था।

वैज्ञानिक लेखन के क्षेत्र में मोइसाँ की कृतियाँ हैं : 'द इलेक्ट्रिक फर्नेस' (1897), 'फ्लोओरीन एंड इट्स कम्पाउंड्स' (1900) और 'ट्रीटिज ऑन इनॉर्गैनिक केमिस्ट्री' (1904-06)। फर्डिनांड फ्रेड्रिक हेनरी मोइसाँ ने फ्लोओरीन तत्त्व को विलगाने में सफलता पाई थी और विद्युत भट्ठी विकसित की थी। इसके लिए 1906 में उन्हें नोबेल पुरस्कार से सम्मानित किया गया।

शरीर विज्ञान/चिकित्सा विज्ञान

गॉल्गी, कैमिलो

नागरिकता : इटली

जन्म : 7 जुलाई, 1843; कोर्टेनो, इटली

निधन : 21 जनवरी, 1926; पाविया, इटली

कैमिलो गॉल्गी ने पाविया से चिकित्सा विज्ञान में स्नातक की डिग्री हासिल की थी। सात वर्षों तक उन्होंने पाविया अस्पताल में चिकित्सक के रूप में काम किया। बाद में वे एक छोटे-से नगर आबियाटेग्रैसो के अस्पताल में मुख्य चिकित्सक (1872-75) रहे। 1875 में वे पाविया में ऊतक विज्ञान के प्रोफेसर नियुक्त हुए, किन्तु उसी वर्ष सीएना चले गए। वहाँ उनकी नियुक्ति शरीर विज्ञान के प्रोफेसर के रूप में हुई थी। 1886 में वे पुनः पाविया लौट आए। वहाँ उन्हें सामान्य रोग विज्ञान विभाग का अध्यक्ष बनाया गया।

आबियाटेग्रैसो में गॉल्गी असाध्य रोगों के निदान की दिशा में काम कर रहे थे। सीमित और अल्प-विकसित साधनों के सहारे 1873 में उन्होंने तंत्रिका तंतु के खिंचाव के लिए सिल्वर नाइट्रेट पद्धति की खोज की। तंत्रिका पर अध्ययन के क्रम में आज भी इस पद्धति को विशेष महत्त्व दिया जाता है। इस पद्धति के प्रदर्शन द्वारा उन्होंने एक विशेष प्रकार की स्नायु-कोशिका के अस्तित्व को सिद्ध किया, जिसे उन्हीं के नाम पर अब 'गॉल्गी कोशिका' (गॉल्गी सेल) कहा जाता है। 'गॉल्गी कोशिका' की अनेक शाखाएँ होती हैं और इस प्रकार वह अन्य बहुत-सी स्नायु-कोशिकाओं से जुड़ी रहती है। गॉल्गी कोशिका की खोज होने पर जर्मन शरीरविज्ञानी विल्हेम वॉन वाल्डेयर ने यह अभिधारणा व्यक्त की कि यही स्नायु-कोशिका तंत्रिका-तंत्र की मूल संरचनात्मक इकाई है। रेमन वाई केजाल (जिन्हें कैमिलो गॉल्गी के साथ संयुक्त रूप से नोबेल पुरस्कार प्रदान किया गया) ने वाल्डेयर की इस अभिधारणा को प्रामाणिक सिद्ध किया।

गॉल्गी कोशिका की खोज के अलावा उन्होंने और भी महत्त्वपूर्ण खोजें कीं और उन खोजों के साथ गॉल्गी का नाम भी जुड़ता गया—गॉल्गी टेंडन स्पिंडल या गॉल्गी टेंडन ऑर्गन, गॉल्गी कॉम्प्लेक्स या गॉल्गी ऐपरेटस आदि। उन्होंने 1880 में उस बिंदु की खोज की जहाँ संवेदी तंत्रिका-तंतुएँ समाप्त होती हैं और उनकी शाखाएँ कंडरा में संपुटित हो जाती हैं। इसे ही गॉल्गी टेंडन ऑर्गन यानी गॉल्गी कंडरा अवयव कहते हैं। इसी प्रकार 1883 में उन्होंने स्नायु-कोशिकाओं के भीतर तंतुओं, पुटिकाओं और कणिकाओं के एक बेतरतीब जाल की मौजदूगी का पता लगाया, जिसे गॉल्गी कॉम्प्लेक्स कहा जाता है। यह कॉम्प्लेक्स या ग्रंथि बैक्टीरिया (जीवाणु) को छोड़ सभी प्रकार की कोशिकाओं में पाई जाती है। झिल्ली की संरचना, प्रोटीन और लाइपिड के संचयन तथा कणिकाओं को इधर से उधर पहुँचाने में इस ग्रंथि की भूमिका महत्त्वपूर्ण होती है।

गॉल्गी का ध्यान मलेरिया पर भी गया। लगातार आठ साल (1885-93) तक वे इसी पर शोध करते रहे। शोधों के उपरांत उन्हें पता चला कि विरामी मलेरिया (तिजारी और चौथिया) का ज्वर भिन्न प्रकार के प्रोटोजोन परजीवियों के कारण होता है और ज्वरावेग तभी होता है जब परजीवी के बीजाणु लाल रक्त कोशिकाओं से मुक्त होकर रक्तधारा में प्रवेश कर जाते हैं। विरामी मलेरिया बुखार के परजीवी अपना जीवन-चक्र रक्त में पूरा करते हैं, इस तथ्य पर प्रकाश डालते हुए 1892 में उन्होंने बताया कि घातक या जानलेवा किस्म के मलेरिया ज्वर के परजीवियों की स्थिति इससे भिन्न होती है। वे मुख्यतः शरीर के अवयवों, विशेषतः मस्तिष्क में, पलते-बढ़ते हैं।

गॉल्गी ने स्नायु-तंत्र से सम्बद्ध शोधों का विवरण अपनी पुस्तक (1885, स्नायु-तंत्र का ऊतक विज्ञान) में विस्तार से दिया है। उन्होंने स्नायु-तंत्र पर जो कार्य किए उनसे रेमन वाई. केजाल को बड़ी प्रेरणा मिली थी। उनके शोधों की भी दिशा वही थी, जो गॉल्गी की थी। संयोगवश, 1906 के नोबेल पुरस्कार से दोनों ही संयुक्त रूप से सम्मानित हुए।

रेमन वाई. केजाल, सेंतियागो

नागरिकता : स्पेन

जन्म : 1 मई, 1852; पेतिला डि अरागन, स्पेन

निधन : 17 अक्टूबर, 1934; मैड्रिड, स्पेन

सेंतियागो रेमन वाई. केजाल एक देहाती चिकित्सक के पुत्र थे। चिकित्सक का कार्य करने का लाइसेंस उन्हें 1873 में मिला, जिसके बाद वे सेना के साथ क्यूबा में कार्यरत रहे। चिकित्सा विज्ञान में स्नातक की डिग्री उन्होंने मैड्रिड से 1877 में हासिल की। वे 1892 और 1922 के बीच की अवधि में क्रमशः वेलेंसिया में शरीर विज्ञान के प्रोफेसर, बार्सिलोना में सामान्य एवं रोगात्मक ऊतक विज्ञान के प्रोफेसर और मैड्रिड में दोनों ही विषयों के प्रोफेसर रहे। मेड्रिड के नवस्थापित 'इंस्टीट्यूटो नेशनल डि हाइजीन' के निदेशक भी वे 1900 में रहे। रॉयल सोसाइटी का क्रूनियन लेक्चर 1894 में उन्होंने दिया था, जिसके वह विदेशी सदस्य थे।

बार्सिलोना में नियुक्ति हो जाने पर केजाल ने मस्तिष्कीय ऊतक विज्ञान के अध्ययन पर अपना ध्यान केंद्रित किया। गॉल्गी ने स्नायविक तंतु के खिंचाव के लिए जो पद्धति विकसित की थी वह चाँदी पर आधारित थी, केजाल ने जो पद्धति विकसित की उसमें चाँदी की जगह स्वर्ण ने ली। पशुओं के मस्तिष्क के स्नायु-तंत्र संवेदी अवयवों और मेरुरज्जु या सुषुम्ना नाड़ी की सूक्ष्मातिसूक्ष्म संरचना को समझने में यह पद्धति बड़ी उपयोगी सिद्ध हुई। मस्तिष्क के ट्यूमर के कोशिकीय निदान में भी यही पद्धति ज्यादा कारगर साबित हुई।

केजाल ने इस प्रचलित धारणा का खंडन किया कि मस्तिष्क का धूसर द्रव्य आपस में जुड़े स्नायु-तंतुओं की जाली है। इसके बदले उन्होंने यह सिद्धान्त निरूपित किया कि जो तंतु स्नायु-कोशिकाओं से जुड़े प्रतीत होते हैं, वे वस्तुतः बिलकुल निकट पहुँच जाने के बावजूद उन्हें छू नहीं पाते। उन्होंने अक्ष-तंतु की समानांतर शाखाओं की भी खोज की। उनकी एक अभिधारणा यह थी कि तंत्रिका-आवेग का चालन एक ही दिशा में होता है। तंत्रिका या स्नायु-तंत्र की संरचना पर खोज करते हुए दृष्टि-तंत्रिका का उन्होंने बारीकी से अध्ययन किया और कई महत्त्वपूर्ण निष्कर्ष निकाले। केंद्रीय तंत्रिका तंत्र में तीन प्रकार की कोशिकाओं की पहचान करने में भी वे सफल हुए।

स्पेन के राजा ने 1920 में राजाज्ञा जारी कर मैड्रिड में केजाल के नाम पर एक इंस्टीट्यूट का निर्माण करवाया, जहाँ स्नायु-तंत्र की परा-संरचना (अल्ट्रास्ट्रक्चर) पर विशेष शोध जारी रखने के तमाम साधन और सुविधाएँ उपलब्ध की गईं। केजाल वहाँ आजीवन अपने शोधों और प्रयोगों में लगे रहे। ऑक्सफोर्ड और कैंब्रिज सहित कई विश्वविद्यालयों ने उन्हें मानद उपाधि प्रदान की थी। कैमिलो गॉल्गी के साथ संयुक्त रूप से उन्हें 1906 में नोबेल पुरस्कार से सम्मानित किया गया।

साहित्य

कार्डूसी, गिओस्यू

नागरिकता : इटली

जन्म : 27 जुलाई, 1835; वाल डि कास्टेलो, इटली

निधन : 16 फरवरी, 1907; बोलोग्ना, इटली

गिओस्यू कार्डूसी के पिता एक देसी चिकित्सक थे। अपना बचपन कार्डूसी ने टोस्का के बीहड़ क्षेत्र मेरेम्मा में व्यतीत किया था। उन्होंने पीसा विश्वविद्यालय में शिक्षा ग्रहण की और वहीं से 1855 में डॉक्टर की उपाधि प्राप्त की। 1860 में वे बोलगाना में इतालवी भाषा के प्रोफेसर नियुक्त हुए। अगले 40 वर्षों तक वे उसी पद पर कार्यरत रहे। वे इटली के सिनेटर थे और इटली के लोगों की दृष्टि में सम्मानित राष्ट्रकवि। प्रतिभावान कवि होने के साथ-साथ वे इटली की तत्कालीन अति प्रभावशाली हस्तियों में एक थे।

इटली के साहित्य-जगत् में वह ऐतिहासिक उथल-पुथल का दौर था। कार्डूसी उस क्रुद्ध युवावर्ग का नेतृत्व कर रहे थे, जो स्वच्छंदतावाद को हटाकर पुरातन आदर्शों की पुनर्प्रतिष्ठा के लिए संघर्षरत था। चौदह साल की उम्र से ही उन्होंने अपनी काव्यात्मक प्रतिभा का चमत्कार दिखाना शुरू कर दिया था। उसी वयस में उन्होंने नेपल्स के राजा लैडिस्लास की बोल्घेरी विजय को केंद्र में रखकर एक काव्य रचना की। इसके अलावा जूलियस सीजर की मृत्य पर त्रिपदियों की एक श्रृंखला लिखी, महाकाव्य 'इलियड' के नवें खंड का अनुवाद किया, कुछ पद्यबद्ध सूक्तियों और 'ए मइआ मादरे' (मेरी माँ के लिए) और 'ला विटा' (जीवन) की रचना की।

कार्डूसी की कविताओं का पहला संग्रह 'राइम' (1857) है, जिस पर उनके प्रेरक और मार्गदर्शक गिसेपे पारिनी और विंसेंजो मोंटी के प्रभाव की छाया स्पष्ट नजर आती है। 'ईनो ए सेटाना' (1863) शैतान को संबोधित करते हुए लिखी गई रचना है, जिसमें वे एक गणतंत्रवादी और पुरोहितवाद के विरोधी नजर आते हैं। इसी तरह की भावना से ओतप्रोत उनकी एक रचना है 'गिआंबी एट इपोडी' (1876-79)। इन कृतियों के अलावा इनकी और भी रचनाएँ हैं : 'जुवेनिला' (1857), 'लेविया ग्राविया' (1880), 'रीमा नोव' (1877), 'ओडी बार्बेअर' (1880) और 'राइम ए रित्मी' (1899)।

'राइम ए रित्मी' (छंद और लय) कार्डूसी की अन्तिम रचना है। यह इटली की परंपरागत काव्यशैली में लिखी गई उत्कृष्ट रचना है। शास्त्रीय कला का प्रेमी होने के नाते तत्कालीन पद्य रचना में लातीनी छंदों को अपनाना उनके लिए सहज और स्वाभाविक था। उन्होंने रोमन इतिहास की गरिमा को काव्यात्मक ऊँचाई दी। उनकी रचनाओं में एक तरफ बचपन की स्मृतियाँ हैं, पुत्र शोक की पीड़ा है और कोमल भावनाओं का स्पंदन है तो दूसरी तरफ विद्रोह और ललकार के ओजस्वी स्वर भी हैं। इतालवी साहित्य पर उनके शोध आज भी दिशासूचक का काम कर रहे हैं। गद्य-लेखन भी उनका उसी प्रकार उत्कृष्ट माना जाता है जैसा काव्य-लेखन।

साहित्य जगत् में एक सृजनशील ऊर्जा और काव्य शैली की नवीनता व ताजगी के लिए गिओस्यू कार्डूसी को 1906 में साहित्य का नोबेल पुरस्कार प्रदान किया गया।

शान्ति

रूजवेल्ट, थियोडोर

नागरिकता : अमरीका

जन्म : 27 अक्टूबर, 1858; न्यू यॉर्क, अमरीका

निधन : 6 जनवरी, 1919; न्यू यॉर्क, अमरीका

थियोडोर रूजवेल्ट को 1906 का शान्ति का नोबेल पुरस्कार इसलिए नहीं प्रदान किया गया कि वे एक शान्तिवादी के रूप में समर्पित भाव से लगातार शान्ति के लिए प्रयासरत रहे, बल्कि एक खास घटनाक्रम में उनकी उस सफल भूमिका के लिए दिया गया, जिसके फलस्वरूप 1905 में रूस और जापान के बीच शान्ति समझौता सम्पन्न हुआ। इस दृष्टि से रूजवेल्ट को यह पुरस्कार स्थापित परंपरा से थोड़ा हटाकर सिर्फ एक भूमिका के लिए महज 'तकनीकी' आधार पर दिया गया।

रूजवेल्ट की पुस्तक 'स्ट्रेंयूअस लाइफ' (1902) से यह तथ्य उभरकर सामने आता है कि शान्ति की समस्या के बारे में उनकी अवधारणा निश्चित रूप से साम्राज्यवादी वैचारिकता पर आधारित थी। अपने साम्राज्यवादी दृष्टिकोण के साथ ही 1897-98 की अवधि में जब उन्होंने अमरीकी नौसेना के सहायक सचिव का कार्य सँभाला, तो उनकी प्राथमिकता यही रही कि उनके देश की नौसेना ज्यादा से ज्यादा ताकतवर बने। इसके लिए जो भी सम्भव हो सका, उन्होंने अपने कार्यकाल में किया। अमरीकी राज्यों के बीच छिड़े युद्ध के समय से ही उनकी चिंता के केंद्र में अमरीकी रहे, उन्होंने अमरीकियों को अपना संघर्ष केवल आर्थिक क्षेत्र में दिखाने को कहा।

रूजवेल्ट स्पेन के विरुद्ध जारी युद्ध के दौरान स्वयंसेवी अश्वारोही सेना की एक इकाई के कर्नल रह चुके थे। उस इकाई का नाम था : 'द रफ राइडर्स'। 1900 में रूजवेल्ट संयुक्त राज्य अमरीका के उपराष्ट्रपति बने। तत्कालीन राष्ट्रपति मैकिन्ले की अचानक हत्या हो जाने के बाद वे अमरीका के राष्ट्रपति बने।

भौतिक विज्ञान

रसायन विज्ञान

शरीर विज्ञान/चिकित्सा विज्ञान

साहित्य

शान्ति

1907

भौतिक विज्ञान

माइकेल्सन, अलबर्ट अब्राहम
नागरिकता : अमरीका
जन्म : 19 दिसंबर, 1852; स्ट्रेल्नो, प्रशिया (अब जेल्नो, पोलैंड)
निधन : 9 मई, 1931; कैलीफोर्निया, अमरीका

अलबर्ट अब्राहम माइकेल्सन जब महज दो वर्ष के थे, तभी उनके पिता सपरिवार अमरीका चले गए और वहीं बस गए। सत्रह साल की उम्र में वह अमरीकी नौसेना एकेडमी में दाखिल हुए, जहाँ गणित और विज्ञान विषयों में उनकी प्रतिभा चमत्कारी सिद्ध हुई। 1873 में स्नातक की उपाधि प्राप्त करने के बाद 1875 से 1879 तक वे एकेडमी में ही लेक्चरर रहे। उसी अवधि में उनका विशेष झुकाव प्रकाश का वेग मापने की ओर हुआ। प्रकाशमिति के नवीतम सिद्धान्तों से परिचित होने के लिए उन्होंने एकेडमी छोड़ दी और लगभग दो वर्षों तक पूरे यूरोप का भ्रमण करते रहे।

1883 में अमरीका लौटने पर वे 'केस स्कूल ऑफ एप्लायड साइंस' (क्लीवलैंड, ओहियो) में भौतिकी के प्रोफेसर नियुक्त हुए। नौ साल बाद 1892 में उन्हें शिकागो विश्वविद्यालय में भौतिक विज्ञान का अध्यक्ष नियुक्त किया गया। उससे पहले 1882 में ही उन्होंने प्रकाश की गति को माप लिया था। उन्होंने बताया कि प्रकाश प्रति सेकंड 1,86,320 मील की गति से यात्रा करता है। प्रकाश की गति का यही आकलन अगले पचास वर्षों तक मान्य रहा। फिर उसमें क्रमशः संशोधन का श्रेय भी उन्हें ही दिया जाता है।

प्रकाश की गति के सही-सही मापन के लिए माइकेल्सन ने एक नए उपकरण का निर्माण किया, जिसे हम इंटरफेरोमीटर यानी व्यतिकरणमापी कहते हैं। माइकेल्सन ने इस उपकरण द्वारा पृथ्वी की गति को मापने का निश्चय किया। उनका पहला प्रयोग संतोषप्रद नहीं रहा। बार-बार किए गए प्रयोगों की विफलता के बाद 1887 में उन्होंने अपने मित्र और सहयोगी एडवर्ड मोर्ले के साथ फिर प्रयोग किया। फिर भी व्यतिकरण ढर्रे का पता नहीं चल पाया। और इसलिए उन्होंने आगे प्रयोग करना छोड़ दिया।

माइकेल्सन ने अपने प्रयोगों पर भले ही विराम लगा दिया था, लेकिन वैज्ञानिकों के बीच इस बात को लेकर चर्चा होती रही।

प्रकाश की गति के सही-सही मापन की दिशा में माइकेल्सन की दिलचस्पी अन्त तक बनी रही। व्यति-करणमापी के जरिए एक नक्षत्र के व्यास का मापन वे कर चुके थे तथा प्रकाश की गति के और भी सही मापन के लिए उनका प्रयोग चल ही रहा था कि उनके स्वास्थ्य ने जवाब दे दिया। प्रयोग को अधूरा ही छोड़कर वे चल बसे। उनके अधूरे काम को उनके सहयोगियों ने पूरा किया, जिन्होंने उनकी मृत्यु के दो वर्ष बाद, 1933 में, घोषित किया कि प्रकाश की गति 1,86,271 मील प्रति सेकंड है। यह संशोधित गति 1882 में घोषित गति से 49 मील कम थी। आजकल जो आधुनिकतम आँकड़ा प्रचलित और मान्य है, वह 1,86,282 मील प्रति सेकंड है, अर्थात 1933 में घोषित गति से मात्र 11 मील अधिक।

माइकेल्सन को उनकी मूल्यवान खोजों और उपयुक्त उपकरणों की परिकल्पना के लिए 1907 में नोबेल पुरस्कार से सम्मानित किया गया।

रसायन विज्ञान

बुखनेर, एडुअर्ड

नागरिकता : जर्मनी

जन्म : 20 मई, 1860; म्यूनिख, जर्मनी

निधन : 13 अगस्त, 1917; रोमानिया

एडुअर्ड बुखनेर ने म्यूनिख विश्वविद्यालय में दाखिला लेने से पहले कुछ समय तक मिठाई का उत्पादन करनेवाले एक कारखाने में केमिस्ट का काम किया था। विश्वविद्यालय में उन्हें नोबेल पुरस्कार प्राप्त जे.एफ.डब्ल्यू.ए. वॉ बेयर और टी.सी. कर्टियस जैसे सुप्रसिद्ध वैज्ञानिकों का शिष्यत्व प्राप्त करने का सुयोग मिला। उन्होंने 1888 में डॉक्टरेट करने के बाद पाँच वर्षों तक वॉन बेयर के सहायक के रूप में काम किया। वे 1893 में कील विश्वविद्यालय में 'प्राइवेट-डोजेंट' बने और 1896 में टूबिंगेन में सहायक प्रोफेसर नियुक्त हुए। बर्लिन के 'लैंडविर्टशैफ्लिच हॉचशूल' में प्रोफेसर के पद पर उनकी नियुक्ति 1898 में हुई। थोड़े समय तक वे ब्रेसलाउ में भी रहे और फिर 1911 में वूर्जबर्ग चले गए, जो उनका अन्तिम पड़ाव सिद्ध हुआ।

बुखनेर बिना किसी प्रोत्साहन के अपने शोध कार्यों में जुटे रहते थे। उनके शोध मुख्यत: किण्वन (एंजाइम) पर केंद्रित थे। अपने शोधों में उन्हें उल्लेखनीय कामयाबी 1896-97 की अवधि में मिली। 1914 के अगस्त महीने में सेना से उनका बुलावा आया, जहाँ वे रिजर्व अफसर के रूप में कार्यरत रहे। दो वर्ष बाद 1916 में वह वूर्जबर्ग लौट आए।

किण्वन पर किए गए बुखनेर के कार्यों का विशेष महत्त्व है। उनकी महती उपलब्धियों में आंशिक सहयोग उनके बड़े भाई हांस का भी था। उन्हें एक ऐसा अर्क तैयार करने में सफलता मिली, जो कोशिका मुक्त होने के बावजूद इक्षु-शर्करा को किण्वित कर इथेनॉल में बदल देता। नियंत्रित तापमान पर खमीर को बालू के साथ पीसने पर वह अर्क निकाला गया था। इक्षु शर्करा को किण्वन द्वारा इथेनॉल में बदल देने के लिए उन्होंने एक परिकल्पित एंजाइम 'जाइमेज' को जिम्मेवार ठहराया। एक प्रदर्शन द्वारा उन्होंने दिखाया कि मद्यसारिक किण्वन का वास्तविक कारण खमीर में उपस्थित विभिन्न एंजाइमों की सक्रियता है। उन्होंने यह भी दिखाया कि खमीर की कोशिकाओं से जाइमेज निकाला जा सकता है, जो शर्करा को कार्बन-डाइऑक्साइड और अल्कोहल के रूप में विघटित कर देता है।

उस समय तक पाश्चर और अन्य वैज्ञानिकों की तरह यही माना जाता था कि खमीर की कोशिकाएँ किण्वन के लिए आवश्यक हैं, किन्तु बुखनेर ने सिद्ध कर दिया कि ऐसा कतई नहीं है, क्योंकि किण्वन के लिए एंजाइमों की सक्रियता जिम्मेवार है। बुखनेर की इस महत्त्वपूर्ण खोज ने आधुनिक एंजाइम रासायनिकी को जन्म दिया।

बुखनेर को जैव-रासायनिक शोधों और कोशिका मुक्त किण्वन की खोज के लिए 1907 में नोबेल पुरस्कार से सम्मानित किया गया।

शरीर विज्ञान/चिकित्सा विज्ञान

लेवेराँ, चार्ल्स लुइस अल्फोंसे

नागरिकता : फ्रांस
जन्म : 18 जून, 1845; पेरिस, फ्रांस
निधन : 18 मई, 1922; पेरिस, फ्रांस

चार्ल्स लुइस अल्फोंसे लेवेराँ ने स्ट्रासबर्ग के स्कूल ऑफ मेडिसिन में चिकित्सा विज्ञान की शिक्षा प्राप्त की। फ्रांस-जर्मनी युद्ध के दौरान एक शल्य चिकित्सक की हैसियत से सेना में काम किया और बाद में चिकित्सा विज्ञान के अध्यापक के रूप में कार्यरत रहे। 1897 में वे पाश्चर इंस्टीट्यूट की सेवा में आए, जहाँ जीवन के आखिरी क्षण तक कार्यरत रहे।

लेवेराँ सफल चिकित्सक होने के साथ-साथ एक विलक्षण रोगविज्ञानी और परजीवी विज्ञानी थे। उष्णकटिबंधीय रोगों पर शोधों के विकास का मार्ग प्रशस्त करने में उनका योगदान युगांतरकारी सिद्ध हुआ। ट्रिपेनोसोमया, लीशमैनिया तथा प्रोटोजुआ से सम्बन्धित अन्य रोगों पर किए गए उनके शोध तो अति महत्त्वपूर्ण हैं ही, मलेरिया पर भी उनकी खोज ने एक नई रोशनी डाली। अल्जीरिया में उन्होंने उस पर-जीवी की खोज की थी, जिसके कारण मनुष्य को मलेरिया होता है।

लेवेराँ ने 1907 में पाश्चर इंस्टीट्यूट में उष्णकटिबंधीय रोगों की प्रयोगशाला खोली और उसी वर्ष उन्हें परजीवियों से होनेवाले रोगों पर असाधारण कार्यों के लिए नोबेल पुरस्कार से सम्मानित किया गया।

लेवेराँ ने 'सोसाइटे डि पैथोलॉजी एग्जोटिक' की स्थापना की थी। एकेडमी ऑफ मेडिसिन और एकेडमी ऑफ साइंसेज के वे सदस्य चुने गए थे। 'लीजन ऑफ ऑनर' के कमांडर के रूप में भी वे सम्मानित हुए।

उन्होंने अपने शोधकार्यों से सम्बन्धित अनेक लेखों और पुस्तकों का लेखन किया। उनमें 'ट्रिपेनोसोमिस एट ट्रिपेनो-मिआसिर' (1904), 'ट्रेट डेस फीवर्स पेलुस्त्रोस एवेक ला डिस्क्रेप्शन डेस मेलेडीज एट एपिडेमीज डेस आर्मीज' (1857), 'ट्रेट डि हाइजीन मिलिटेअर' (1876), 'ट्रेट डु पेलुडिज्म' (1897) आदि उल्लेखनीय हैं।

साहित्य

किपलिंग, रूडयार्ड

नागरिकता : ब्रिटेन
जन्म : 30 दिसंबर, 1865; बम्बई (अब मुम्बई), भारत
निधन : 18 जनवरी, 1936; लंदन, ब्रिटेन

रूडयार्ड किपलिंग के पिता बम्बई (अब 'मुम्बई') के स्कूल ऑफ आर्ट के निदेशक थे। छह साल की उम्र तक किपलिंग भारत में रहे। घरेलू परिचारकों से उन्होंने अनेक भारतीय लोककथाएँ सुनी थीं, जिनका उनके बालमन पर गहरा प्रभाव पड़ा था। आगे चलकर उन्होंने जब बच्चों के लिए कहानियों की कई किताबें लिखीं, तब उनमें भारत की लोककथाएँ एक नए रूप में अभिव्यक्त हुईं।

किपलिंग ने नियमित शिक्षा ब्रिटेन में प्राप्त की। 1876 में 'वेस्टवार्ड हो कॉलेज' से स्नातक और 1882 में पुनः आए। पहले लाहौर के 'सिविल एंड मिलिटरी गजट' के संपादकीय में उनकी नियुक्ति हुई, फिर कुछ समय बाद वे अंग्रेजी दैनिक 'पॉयनियर' के संपादक होकर इलाहाबाद चले गए।

वह सन 1917 था जब किपलिंग 'वार ग्रेव्स कमीशन' के सदस्य मनोनीत हुए और इंग्लैंड के सम्राट और सम्राज्ञी से मिले। उन्हें 1897 में 'राजकवि' (Poet Laureate) की सम्मानोपाधि देने की बात चली थी, लेकिन उन्होंने उसे लेने से इनकार कर दिया। अनेक विश्वविद्यालयों ने उन्हें मानद उपाधियाँ प्रदान की थीं। 1926 में उन्हें 'रॉयल सोसाइटी ऑफ लिटरेचर' की ओर से स्वर्णपदक मिला। किपलिंग सोसाइटी की स्थापना 1927 में हुई। वे 'फ्रेंच एकेडमी ऑफ मॉरल एंड पॉलिटिकल साइंसेज' के भी सदस्य थे।

किपलिंग एक प्रतिभाशाली कथाकार और कवि थे।

विलक्षण प्रेक्षण-शक्ति, मौलिक कल्पनाशीलता और रोचक वर्णन शैली उनकी रचनाधर्मिता के विशेष गुण हैं। जिसके लिए 1907 में उन्हें साहित्य के नोबेल पुरस्कार से सम्मानित किया गया।

उनकी उल्लेखनीय रचनाएँ हैं : 'डिपार्टमेंटल डिट्टीज' (1886), 'दि लाइट दैट फेल्ड' (1891), 'दि जंगल बुक्स' (1894-95), 'स्टाकी एंड कं.' (1899), 'किम' (1901), 'पक ऑफ पूक्स हिल' (1906) आदि।

किपलिंग की एक व्यंग्यात्मक उक्ति प्रसिद्ध है—"पूरब है पूरब और पश्चिम है पश्चिम और ये दोनों कभी नहीं मिल सकेंगे।"

शान्ति

मोनेता, अर्नेस्तो तिओदोरो
नागरिकता : इटली
जन्म : 20 सितंबर, 1833; मिलान, इटली
निधन : 10 फरवरी, 1918; मिलान, इटली

अर्नेस्तो तिओदोरो मोनेता एक तरफ तो राष्ट्रीय स्वाधीनता के लिए संघर्षरत योद्धा थे और दूसरी तरफ एक शान्तिवादी पत्रकार। 'मिलान विद्रोह' (1848) के दौरान छिड़े युद्ध की गहरी छाप उनके मन पर पड़ी थी। उस युद्ध में वे अपने पिता के साथ मोर्चे पर डटे हुए थे। 1859-61 में हुए स्वाधीनता संग्राम से पहले मोनेता एक गुप्त सोसाइटी के नेता थे। वह सोसाइटी इटली के महान देशभक्त योद्धा पालेवेसिनो से सम्पर्क बनाए रहती थी। उत्तरी इटली में गेरीबॉल्डी के नेतृत्व में मोनेता युद्धरत रहे (1859)। आगे चलकर वे इटली की सेना में एक अधिकारी बने, लेकिन कस्तोजा की पराजय (1866) के बाद उन्होंने त्यागपत्र दे दिया और अपना पूरा समय प्रकाशन कार्य को देने लगे। वे 1867 में 'इल सेकोला' नामक समाचार-पत्र के संपादक बने। उनके नेतृत्व में वह समाचार-पत्र शीघ्र ही इटली का सर्वाधिक लोकप्रिय अखबार बन गया।

मोनेता शान्तिवादी तो थे, मगर आक्रामकता के सामने अहिंसा को अपनाने में उनका विश्वास नहीं था। राष्ट्रीय स्वायत्तता के अधिकार की रक्षा करने और अन्तरराष्ट्रीय समझ को बढ़ावा देने में कोई अन्तर्विरोध है, ऐसा वे नहीं मानते थे। इस लिहाज से मेजिनी और गेरीबॉल्डी जैसे राष्ट्रीय आन्दोलन के नेताओं के साथ उनकी पूरी सहमति थी। शान्तिवादी होने के कारण वे कभी सैन्यवादी नहीं हो सकते थे। सन 1870 से शान्ति की गतिविधियों में उनकी सक्रिय भागीदारी बढ़ती गई। ऐसे अनेक अवसर आए, जब उन्होंने यह सिद्ध किया कि वे अन्तरराष्ट्रीय भाईचारे की भावना के पोषक हैं।

1881 में जब फ्रांस ने ट्यूनिस पर अधिकार कर लिया था, तब यूरोप में इस आशंका की लहर उठी कि अब शान्ति भंग होनेवाली है। मोनेता ने टकराव दूर करने के लिए 'इल सेकोलो' के कॉलमों, पुस्तिकाओं और 'विता इंतरने-जनेल' नामक पत्रिका के जरिए अपना शान्ति अभियान आरम्भ किया। 'पीस लीग', जिसकी स्थापना उन्होंने 1887 में की थी, के नेता की हैसियत से भी वे इस प्रयास में लगे रहे कि पड़ोसी राष्ट्रों के बीच सद्भाव और सहयोग की भावना पनपे, जिसके लिए लुइस रेनोल्ट के साथ शान्ति का नोबेल पुरस्कार उन्हें संयुक्त रूप से 1907 में प्रदान किया गया था।

रेनो, लुइस
नागरिकता : फ्रांस
जन्म : 21 मई, 1843; ऑतूँ, फ्रांस
निधन : 8 फरवरी, 1918; बार्बीजियो, फ्रांस

लुइस रेनो लगभग आठ वर्षों तक पेरिस में अन्तरराष्ट्रीय कानून के प्रोफेसर रहे और 1890 से फ्रांस सरकार के विदेश विभाग में कानूनी सलाहकार के पद पर कार्यरत रहे। फ्रांस की सरकार के प्रतिनिधि की हैसियत से अनेक विधि सम्मेलनों में उन्होंने भाग लिया। निजी अन्तरराष्ट्रीय कानून पर हेग में आयोजित सम्मेलन में उन्होंने सकारात्मक भूमिका निभाई थी। संशोधित रेड क्रॉस सम्मेलन (1906) का श्रेय भी उन्हीं को दिया जाता है। वे मध्यस्थता की भावना के प्रबल पक्षधर

थे। उनका स्पष्ट मत था कि मध्यस्थता या पंचाट द्वारा हर प्रकार के विवाद का समाधान सम्भव है।

रेनो अपनी निष्पक्षता के लिए प्रसिद्ध थे। सुप्रसिद्ध भारतीय राष्ट्रवादी क्रान्तिकारी विनायक दामोदर सावरकर के मामले में उनकी निष्पक्षता एक बार पुनः उजागर हुई थी। सावरकर इंग्लैंड में कानून का अध्ययन कर रहे थे। उनकी गतिविधियों से आशंकित होकर अंग्रेजों ने उन्हें गिरफ्तार कर लिया। जहाज द्वारा उन्हें भारत वापस लाया जा रहा था कि वह समुद्र में कूद गए और तैरकर फ्रांस के तट पर जा पहुँचे। उन्हें फिर गिरफ्तार कर लिया गया, लेकिन उन्होंने फ्रांस की सरकार से शरण देने का अनुरोध किया जिसके फलस्वरूप एक कानूनी विवाद खड़ा हो गया। ब्रिटेन और फ्रांस दोनों ने रेनो को निर्णायक माना; क्योंकि दोनों को उनकी निष्पक्षता पर विश्वास था।

रेनो को इस बात का खेद रहा कि हेग की स्थायी पंचाट अदालत में सभी मामले नहीं लाए जाते। नोबेल शान्ति पुरस्कार उन्हें संयुक्त रूप से 1907 में दिया गया था—सहभागी थे अर्नेस्तो तिओदोरो मोनेता।

भौतिक विज्ञान

रसायन विज्ञान

शरीर विज्ञान/चिकित्सा विज्ञान

साहित्य

शान्ति

1908

भौतिक विज्ञान

लिप्पमैन, गैब्रिएल
नागरिकता : फ्रांस
जन्म : 16 अगस्त, 1845; लक्जेमबर्ग, फ्रांस
निधन : 13 जुलाई, 1921; समुद्रयात्रा के दौरान

गैब्रिएल लिप्पमैन जब 23 वर्ष के थे तब 'इकोले नॉर्मेल' में दाखिल हुए। यद्यपि अपने प्रयोगों में वह प्रवीण और होनहार निकले थे, लेकिन वार्षिक परीक्षा में उत्तीर्ण नहीं हो पाए। बाद में उन्हें शोधकार्य के लिए जर्मनी भेजा गया, जहाँ से जर्मन प्रयोगशालाओं के बारे में रिपोर्ट भेजने के लिए उनसे कहा गया था। हाइडलबर्ग में उन्होंने जी.आर. किर्चहौफ के साथ काम किया और विद्युत केशिका (इलेक्ट्रो कैपिलरिटी) पर अपना शोध शुरू किया। जब वह 1875 में पेरिस लौटे तब भी उनका वह शोधकार्य जारी रहा। पहले तो कुछ समय तक 'इकोल नॉर्मले' में उनका शोध चला, फिर 1883 से सोर्बोन में। वहीं सम्भाविता और गणितीय भौतिकी का उन्हें प्रोफेसर नियुक्त किया गया था।

शोधों के क्रम में ही 1873 में लिप्पमैन ने कैपिलरी इलेक्ट्रोमीटर का आविष्कार किया था। अत्यन्त छोटे-छोटे वोल्टेजों के मापन के लिए यह एक बहुत ही संवेदनशील यंत्र था। कुछ शुरुआती इलेक्ट्रोकार्डियोग्राफ मशीनों में इनका उपयोग किया जाता था।

1886 में वे 'अकादमी दे सियोंस (विज्ञान अकादमी)' के सदस्य चुने गए और उसी वर्ष उन्हें 'भौतिकी शोध प्रयोगशाला' का निदेशक बनाया गया। इसी के साथ सोर्बोन में भौतिकी के प्रोफेसर जे.सी. जैमिन का स्थान भी उन्होंने ग्रहण किया। वे आजीवन उसी पद पर कार्यरत रहे। रंगीन फोटोग्राफी के प्रबन्धन पर अपने विचार लिप्पमैन ने पहले-पहल 1886 में व्यक्त किए थे। लॉर्ड रेली ने 1887 में उसी से मिलती-जुलती अवधारणा को विकसित किया था और कहा था कि सम्भवत: इसी वर्णक्रम या स्पेक्ट्रम को एडमंड बेक्यूरेल ने 1848 में देखा था।

लिप्पमैन के विचार को व्यावहारिक दृष्टि से समझाना बड़ा कठिन था। फिल्म का निर्माण ऐसे पदार्थ से होना था जिसमें प्रकाश के तरंग-दैर्घ्य से भी छोटी-छोटी कणिकाएँ हों तथा फिल्म और परावर्तन-तल के बीच प्रकाशीय सम्पर्क

की व्यवस्था हो। 1893 में उन्हेंएक बढ़िया ऑर्थोक्रोमोटिक रंगीन फोटोग्राफ तैयार करने में आखिर सफलता मिल ही गई। इसके लिए उन्होंने फोटोग्राफिक प्लेट पर मिश्रण (इमल्सन) के नीचे पारे की एक परावर्तक परत बिठाई और परिणाम संतोषप्रद रहा। उस समय रंगीन फोटोग्राफी के लिए यद्यपि यही एक सीधा तरीका सम्भव था, फिर भी यह व्यावहारिक इसलिए नहीं था कि एक्सपोजर के लिए ज्यादा समय जरूरी था तथा मूल प्लेट से फोटो की और प्रतियाँ नहीं तैयार की जा सकती थीं।

लिप्पमैन विभिन्न इकाइयों के सही मापन के मामले में बहुत गंभीर थे। उन्होंने अस्थैतिक गैल्वेनोमीटर (धारामापी), सिस्मोग्राफ (कंपनलेखी), कोएलोस्टैट आदि अनेक उपयोगी और महत्त्वपूर्ण यंत्रों का निर्माण किया। उनके आविष्कारों के फलस्वरूप पहली बार यह सम्भव हुआ कि वैज्ञानिक विस्तारित अवधि तक आकाश का प्रेक्षण कर सकें।

गैब्रिएल लिप्पमैन को रॉयल सोसाइटी का विदेशी सदस्य 1908 में चुना गया था। व्यतिकरण पर आधारित रंगीन फोटोग्राफी की पद्धति के विकास में असाधारण भूमिका निभाने के फलस्वरूप उसी वर्ष उन्हें भौतिकी के नोबेल पुरस्कार से सम्मानित किया गया था।

रसायन विज्ञान

रदरफोर्ड, लॉर्ड अर्नेस्ट

नागरिकता : ब्रिटेन

जन्म : 30 अगस्त, 1871; स्प्रिंग ग्रोव, न्यूजीलैंड

निधन : 19 अक्टूबर, 1937; कैंब्रिज, ब्रिटेन

लॉर्ड अर्नेस्ट रदरफोर्ड के पिता जेम्स रदरफोर्ड पेशे से एक बढ़ई थे। रदरफोर्ड पढ़ाई-लिखाई में बड़े होनहार व मेधावी थे, इसलिए 1889 में उन्हें क्राइस्टचर्च के कैंटरबरी कॉलेज में अध्ययन के लिए छात्रवृत्ति मिल गई। उसी कॉलेज से उन्होंने ऑनर्स के साथ स्नातक की डिग्री प्राप्त की। तीन साल बाद ही उन्हें कैंब्रिज विश्वविद्यालय में पढ़ने के लिए छात्रवृत्ति मिली।

कैंब्रिज विश्वविद्यालय में अर्नेस्ट को सर जे.जे. थॉमसन (नोबेल सम्मान, 1906) के अधीन कार्य करने का सुअवसर मिला। रेडियोधर्मिता और आणविक संरचना के बारे में उनकी जिज्ञासा अन्तहीन थी। यूरेनियम जैसे तत्त्वों से उत्सर्जित विकिरण के विश्लेषण के लिए उन्होंने लगातार कई प्रयोग किए और अन्त में यह खोज की कि ऐसे विकिरण के तीन घटक होते हैं। अल्फा, बीटा और गामा—इन तीनों किरणों को ये नाम लॉर्ड अर्नेस्ट रदरफोर्ड ने ही दिए थे।

लॉर्ड अर्नेस्ट को 1898 में मांटरील के मैक्गिल विश्वविद्यालय में 'मैक्डोनाल्ड रिसर्च प्रोफेसर' के पद पर नियुक्त किया गया। वहाँ उन्होंने थोरियम की रेडियोधर्मिता का अध्ययन शुरू किया। 1903 में वे क्रमिक रूपांतरण का सिद्धान्त लेकर सामने आए। पहले इसे सन्देह की दृष्टि से देखा गया, किन्तु अन्ततः 1907 तक इस सिद्धान्त को आम स्वीकृति मिल गई।

लॉर्ड अर्नेस्ट को 1903 में रॉयल सोसाइटी का सदस्य चुन लिया गया था। मैनचेस्टर में भौतिकी का 'लैंगवर्दी प्रोफेसर' उन्हें 1907 में नियुक्त किया गया, जहाँ वे लगभग एक साल तक अल्फा कणिकाओं की प्रकृति का अध्ययन करते रहे और 1908 में उन्होंने यह सिद्ध कर दिखाया कि अल्फा कणिकाएँ वस्तुतः हीलियम हैं। परमाणु के नाभिकीय सिद्धान्त के विकास में भी उनके योगदान का ऐतिहासिक महत्त्व है। उनके शोधों के फलस्वरूप ही यह सिद्ध हो पाया कि ग्रह जिस प्रकार सूर्य की परिक्रमा करते रहते हैं, उसी प्रकार परमाणु के इलेक्ट्रॉन नाभिक के इर्द-गिर्द घूमते रहते हैं। परमाणु के नाभिकीय सिद्धान्त पर उनका प्रबन्ध 1911 में 'फिलॉसॉफिकल मैगजीन' में प्रकाशित हुआ था। इससे पहले उनकी बहुचर्चित पुस्तक 'रेडियोएक्टिविटी' 1904 में ही प्रकाशित हो चुकी थी। सात वर्षों की अवधि में उनके 80 वैज्ञानिक प्रबन्ध प्रकाशित हुए। इनमें सबसे महत्त्वपूर्ण प्रबन्ध वे थे, जिनमें अल्फा और बीटा की खोजों से सम्बन्धित विवरण थे। उन्हीं खोजों की परिणति अन्ततः परमाणु के नाभिकीय प्रतिरूप की संरचना में हुई, जिसे हम विज्ञान को उनकी सबसे बड़ी देन कह सकते हैं।

1919 में उन्होंने पदार्थ के कृत्रिम रूपांतरण के प्रमाण उपलब्ध किए और उससे सम्बन्धित शोधों के बारे में एक प्रबन्ध लिखा जो 'फिलॉसॉफिकल मैगजीन' में प्रकाशित

हुआ। उसी वर्ष (1919) उनकी निंयुक्ति कैंब्रिज में प्रायोगिक भौतिक के 'कैवेंडिश चेअर' पर हुई। लॉर्ड अर्नेस्ट वहाँ 1937 तक कार्यरत रहे। उनकी पुस्तक 'न्यूअर ऐल्केमी' उसी वर्ष प्रकाशित हुई थी।

लॉर्ड अर्नेस्ट 1925 में रॉयल सोसाइटी के अध्यक्ष चुने गए थे। 'बैरोन रदरफोर्ड ऑफ नेल्सन' वह 1931 में हुए।

तत्त्वों के विखंडन और रेडियोधर्मी पदार्थों की रासायनिकी पर खोजपूर्ण उपलब्धियों के लिए उन्हें 1908 में नोबेल पुरस्कार से सम्मानित किया गया था।

शरीर विज्ञान/चिकित्सा विज्ञान

एर्लिच, पॉल

नागरिकता : जर्मनी

जन्म : 14 मार्च, 1854; स्ट्रेहेन (अब पोलैंड में स्ट्राइलिन)

निधन : 20 अगस्त, 1915; बैड हॉम्बर्ग वॉर डेर वोह, जर्मनी

पॉल एर्लिच के पिता एक लॉटरी व्यवसायी थे। उनकी आरंभिक शिक्षा पहले स्ट्रेहेन में और फिर ब्रेस्लाउ के जिम्नैजियम में सम्पन्न हुई। वैज्ञानिक विषयों की पढ़ाई करते हुए पहला विश्वविद्यालय सत्र भी उन्होंने ब्रेस्लाउ में ही पूरा किया। इसके बाद वे स्ट्रासबर्ग चले गए और वहाँ चिकित्सा विज्ञान की पढ़ाई शुरू की। छात्र जीवन में ही उन्होंने अपनी प्रतिभा का परिचय ऊतक विज्ञान में ऐनिलीज रंजक का प्रयोग करके दिया। इसी कारण चिकित्सा वैज्ञानिक उनकी ओर विशेष रूप से आकृष्ट हुए थे। स्नातक होने के बाद एर्लिच ने एक साल तक पैथोलॉजिकल इंस्टीट्यूट में काम किया, जहाँ उनके निर्देशक थे—कोनहाइम और हाइडनहैन। 1877 में बर्लिन के एक क्लीनिक में प्रमुख सहायक के पद पर उनकी नियुक्ति हुई। कुछ समय बाद संक्रामक रोगों के संस्थान में काम करने का अवसर भी उन्हें मिला। वे कई साल तक वहीं कार्यरत रहे। स्टेग्लिज में जब 'न्यू सीरम इंस्टीट्यूट' की स्थापना (1896) हुई, तब एर्लिच को ही उसका निदेशक नियुक्त किया गया। तीन साल बाद ही वे 1899 में फ्रैंकफुर्ट चले गए, जहाँ उन्हें 'रॉयल इंस्टीट्यूट फॉर एक्सपेरीमेंटल थैरेपी' का निदेशक नियुक्त किया गया था। तब से वे आजीवन वहीं कार्यरत रहे। 'एक्सेलेंज' उपाधि के साथ प्रिवी कौंसलर होने का सम्मान उन्हें 1911 में प्राप्त हुआ था।

जर्मन चिकित्सक एमिल वॉन बेरिंग ने यह खोज की थी कि धनुष्टंकार (टिटनस) और डिफ्थीरिया जैसे रोगों के जीवाणुओं के द्वारा उत्पन्न जीवविष (टॉक्सिन) शरीर की कोशिकाओं को प्रति-जीवविष (एंटी टॉक्सिन) उत्पन्न करने के लिए उद्दीप्त करता है और तब जो प्रति-जीवविष उत्पन्न होता है वह जीवविष को निष्प्रभावी कर देता है। बेरिंग की उस खोज के आधार पर एर्लिच बड़े पैमाने पर घोड़ों में डिफ्थीरिया के प्रतिजीवविष तैयार कर पाए। जर्मन सरकार ने इस पर उन्हें फ्रैंकफुर्ट के 'रॉयल इंस्टीट्यूट ऑफ एक्सपेरिमेंटल थैरेपी' का निदेशक नियुक्त कर दिया। आगे खोज जारी रखने पर एर्लिच को पता चला कि उत्पादित प्रति-जीवविषों की सीमित उपयोगिता है। उपदंश (सिफलिश) और प्रोटोजोआ से होनेवाले रोगों के मामले में तो वे कतई प्रभावशाली नहीं होते। उन्होंने इस पर काफी सोच-विचार किया और किसी ऐसे रासायनिक यौगिक की खोज में जुट गए जो रोग को तो नष्ट करे, लेकिन मनुष्य के लिए नुकसानदेह नहीं हो। अन्ततः 1910 में उन्हें कामयाबी मिल गई। सिफलिस स्पाइरोकेट को नष्ट करनेवाले रसायन 'आर्सफेनामिन' की खोज करके उन्होंने चिकित्सा विज्ञान के क्षेत्र में एक युगांतर उपस्थित कर दिया। आर्सफेनामिन को बाद में उन्होंने 'नीओसल्वार्सन' नाम दिया और अब इसी नाम से वह बाजार में बिकता है। एर्लिच को इससे आर्थिक आय का एक ऐसा स्रोत मिल गया जो जल्दी खत्म नहीं होनेवाला था। लेकिन इससे भी बढ़कर उन्हें अपार यश मिला, लोग उन्हें रसायन चिकित्सा का जनक कहने लगे। जर्मनी में कृत्रिम रसायन उद्योग के विकास को एर्लिच की खोज ने विस्मयकारी गति प्रदान की।

पॉल एर्लिच ने रोग प्रतिरक्षा विज्ञान के क्षेत्र में असाधारण कार्य किए थे, इसलिए इल्या इल्यीच मेकनिकोव के साथ संयुक्त रूप से 1908 में उन्हें नोबेल पुरस्कार से सम्मानित किया गया।

मेकनिकोव, इल्या इल्यीच
नागरिकता : रूस
जन्म : 15 मई, 1845; खारकोव, रूस (अब उक्रेन)
निधन : 16 जुलाई, 1916; पेरिस, फ्रांस

इल्या इल्यीच मेकनिकोव एक सेनाधिकारी के पुत्र थे। खारकोव गोर्की स्टेट यूनिवर्सिटी के स्नातक मेकनिकोव अपने समय के एक उच्चस्तरीय जीवविज्ञानी और सूक्ष्मजैविकीविद् थे। उनकी नियुक्ति ऑडेसा विश्वविद्यालय में जीव विज्ञान और तुलनात्मक शरीर-रचना विज्ञान के प्रोफेसर के पद पर हुई थी। स्टारफिश के लार्वा का अध्ययन करते समय उन्हें ऐसी कोशिकाओं का पता चला जो जीवाणु जैसे विजातीय तत्त्वों को घेर लेतीं और क्रमशः आत्मसात् कर लेतीं। उन कोशिकाओं को उन्होंने 'फैगोसाइट्स' कहा। उनकी परिकल्पना यह थी कि मनुष्य सहित अधिकांश प्राणियों के शरीर में ये फैगोसाइट्स गंभीर संक्रमण के विरुद्ध प्रथम रक्षा पंक्ति की तरह काम करते हैं। मनुष्य के शरीर में जो फैगोसाइट्स होते हैं उन्हें ल्यूकोसाइट या श्वेत रक्त कणिका कहते हैं। फ्रांसीसी जीवाणुविज्ञानी रॉक्स के साथ मिलकर उन्होंने बंदरों पर सिफलिस के संक्रमण से सम्बन्धित प्रयोग किए थे। अपने जीवन के अन्तिम दशक में मानव की दीर्घजीविता को बढ़ाने के लिए लैक्टिक अम्ल पैदा करनेवाले जीवाणुओं पर उन्होंने अनेक प्रयोग किए थे।

मेकनिकोव द्वारा लिखित पुस्तकें हैं : 'द कंपेरेटिव पैथोलॉजी ऑफ इनफ्लेमेशन' (1892), 'द नेचर ऑफ मैन' (1904) और 'इम्यूनिटी इन इनफेक्सियस डिजीजेज' (1905)।

बैक्टीरिया या जीवाणु जैसे विजातीय पिंडों को आत्मसात् कर लेनेवाली कोशिकाओं की महत्त्वपूर्ण खोज के लिए मेकनिकोव को पॉल एर्लिच के साथ संयुक्त रूप से 1908 में नोबेल पुरस्कार से सम्मानित किया गया था।

साहित्य

यूकेन, रुडोल्फ क्रिस्टॉफ
नागरिकता : जर्मनी
जन्म : 5 जनवरी, 1846; आउरिख, जर्मनी
निधन : 5 सितंबर, 1926; जेना, जर्मनी

रुडोल्फ क्रिस्टॉफ यूकेन एक आदर्शवादी दार्शनिक थे। अरस्तू के भाष्यकार के रूप में उनकी बड़ी प्रतिष्ठा थी। उन्होंने धर्मशास्त्र और नीतिशास्त्र पर अनेक पुस्तकें लिखीं।

यूकेन ने उच्च शिक्षा गोटिंगन विश्वविद्यालय में प्राप्त की थी। वहाँ सुप्रसिद्ध जर्मन विचारक लुत्से के वे शिष्य थे। गुरु की भाँति वे भी आदर्शवादी बने। बाद में वे बर्लिन चले गए और वहाँ ट्रेंडेलनबर्ग के निर्देशन में विशेष अध्ययन की ओर प्रवृत्त हुए। ट्रेंडेलनबर्ग एक सम्मानित दार्शनिक थे, जिनकी दार्शनिकता और नीतिगत वैचारिकता से वे बहुत प्रभावित थे।

यूकेन का कार्यकारी जीवन 1871 में शुरू हुआ, जब उन्हें स्विट्जरलैंड के बासिल विश्वविद्यालय में दर्शन का प्रोफेसर नियुक्त किया गया। लेकिन जल्दी ही वह नौकरी उन्होंने छोड़ दी और यूनिवर्सिटी ऑफ जेना में उसी पद पर काम करने लगे। वहाँ वे 1920 तक कार्यरत रहे। अमूर्त बुद्धिवाद में उनका विश्वास नहीं था। उनके विचार और आदर्श वास्तविक मानवीय अनुभवों पर केंद्रित थे। वे मानते थे कि प्रकृति और आत्मा के संगम का अर्थ है मानवीय अस्तित्व। अतः मानव का ही कर्तव्य और दायित्व है कि वह गैर-आध्यात्मिक प्रकृति पर काबू पाए। अपने विचारों को जिन कृतियों में उन्होंने अभिव्यक्ति दी है, उनके नाम हैं : 'द ट्रुथ ऑफ रिलिजन' (1901), 'मेन करेंट्स ऑफ मॉडर्न थॉट्स' (1904), 'द मीनिंग एंड वैल्यू ऑफ लाइफ' (1909), 'नोइंग एंड लिविंग' (1912), 'कैन वी स्टिल बी क्रिश्चियन' (1914), 'सोशलिज्म : ऐन एनालिसिस' (1921) और

'इंडिविजुअॅल एंड सोसाइटी' (1923)। यूकेन के विचारों के प्रचार-प्रसार के लिए 1920 में 'यूकेन सोसाइटी' की स्थापना की गई थी।

सत्य की खोज की दिशा में यूकेन की दृष्टि बहुत व्यापक थी। आदर्शवादी जीवन-दर्शन के विकास में अपनी लेखन-प्रतिभा द्वारा उन्होंने जो विशिष्ट योगदान किया, उसके लिए 1908 में उन्हें नोबेल पुरस्कार से सम्मानित किया गया।

शान्ति

आर्नोल्डसन, क्लैस पोंटस

नागरिकता : स्वीडन

जन्म : 27 अक्टूबर, 1844; गोथेबर्ग, स्वीडन

निधन : 20 फरवरी, 1916; स्टाकहोम, स्वीडन

क्लैस पोंटस आर्नोल्डसन ने अपना कार्यकारी जीवन एक रेलवे क्लर्क के रूप में शुरू किया था। क्रमानुसार प्रोन्नत होकर वे स्टेशन मास्टर के पद पर पहुँचे, लेकिन स्टेशन मास्टरी उन्होंने अधिक समय तक नहीं की। जल्दी ही रेलवे की नौकरी छोड़कर वे अपना पूरा समय राजनीति और शान्ति के कार्यों में देने लगे।

आर्नोल्डसन 1881 में स्वीडन की संसद 'रिक्सडाग' के सदस्य निर्वाचित हुए। वे एक समर्पित शान्तिवादी थे। नॉर्डिक देशों की तटस्थता का वे समर्थन करते थे। शान्ति और मेल-मिलाप के लिए स्वीडिश एसोसिएशन की स्थापना (1890) में उनका महत्त्वपूर्ण योगदान था। नॉर्वे और स्वीडन के बीच गंभीर विवाद छिड़ने पर उन्होंने दोनों देशों की जनभावना को शान्तिपूर्ण समाधान के पक्ष में करने का भरपूर प्रयास किया। 1905 में जब दोनों ही देश एक संघ में आबद्ध होने के लिए सहमत हुए, यह उनके ही अथक प्रयासों का सुखद परिणाम था। वे एक ऐसे राजनीतिज्ञ थे, जो सदा शान्ति और मैत्री की भावना को बढ़ावा देने में लगे रहे। शान्ति का नोबेल सम्मान उन्हें 1908 में संयुक्त रूप से मिला था, जिसमें फ्रेड्रिक बेजर उनके सहभागी थे।

बेजर, फ्रेड्रिक

नागरिकता : डेनमार्क

जन्म : 21 अप्रैल, 1837; डेनमार्क

निधन : 22 जनवरी, 1922; कोपेनहेगन, डेनमार्क

फ्रेड्रिक बेजर पहले सेना में भर्ती हो गए थे, लेकिन प्रशिया के साथ छिड़ी लड़ाई खत्म होने पर सेना से उनकी छुट्टी हो गई। उन्होंने कोई और काम ढूँढ़ने के बजाय शान्ति आन्दोलन में सक्रिय भाग लेना पसंद किया। इसके साथ ही नारी मुक्ति आन्दोलन से भी वे जुड़े रहे। वे हमेशा इस प्रयास में रहे कि स्कैंडिनेवियाई देशों में आपसी सहयोगिता का भाव खत्म न हो।

बेजर ने डेनिश वुमेंस एसोसिएशन और 'एसोसिएशन फॉर द न्यूट्रलाइजेशन ऑफ डेनमार्क' की स्थापना की थी। इस तरह वे दो-दो संस्थाओं के संस्थापक थे। डेनिश संसद में वे वामपंथी उदारवादी सदस्य थे और इसी हैसियत से उन्होंने न केवल 'इंटरनेशनल आर्बिट्रेशन ट्रिटीज' की वकालत की, बल्कि तटस्थता की डेनिश नीति के विकास में भी प्रभावकारी भूमिका निभाई। प्रथम स्कैंडिनेवियाई शान्ति सम्मेलन में उन्होंने एक प्रमुख प्रतिनिधि के रूप में भाग लिया था। बर्न में 'इंटरनेशनल पीस ब्यूरो' की स्थापना के लिए इस सम्मेलन में उनकी प्रेरक भूमिका रही। 1891 में स्थापित इस संस्था के अध्यक्ष के रूप में वे 1907 तक कार्यरत रहे। 1877 से 1879 तक 'फोकवेनेन' नामक एक पत्रिका का संपादन भी उन्होंने किया था। कुल मिलाकर 14 विश्व शान्ति कांग्रेसों तथा उतनी ही संख्या में अन्तरसंसदीय सम्मेलनों में वे भाग ले चुके थे।

फ्रेड्रिक बेजर को क्लैस पोंटस आर्नोल्डसन के साथ संयुक्त रूप से 1908 में नोबेल सम्मान प्रदान किया गया।

भौतिक विज्ञान

रसायन विज्ञान

शरीर विज्ञान/चिकित्सा विज्ञान

साहित्य

शान्ति

1909

भौतिक विज्ञान

ब्राउन, कार्ल फर्डिनांड

नागरिकता : जर्मनी

जन्म : 6 जून, 1850; फुल्डा, जर्मनी

निधन : 20 अप्रैल, 1918; न्यू यॉर्क सिटी, अमरीका

कार्ल फर्डिनांड ब्राउन की आरंभिक शिक्षा एक स्थानीय ग्रामर स्कूल में सम्पन्न हुई थी। उच्चतर शिक्षा उन्होंने मारबर्ग और बर्लिन के विश्वविद्यालयों में प्राप्त की। बर्लिन विश्वविद्यालय से स्नातक वे 1872 में हुए। भौतिक विज्ञान में उनकी आरम्भ से ही रुचि थी। उन्होंने सबसे पहले तार और लचीली छड़ों के दोलन पर काम किया। ऊष्मागतिकी के सिद्धान्तों और दाब की स्थिति में पिंड की विलेयता पर भी उन्होंने विशेष अध्ययन किए। विद्युत पर जो कार्य उन्होंने किए, वे उनके द्वारा किए गए सर्वाधिक महत्त्वपूर्ण कार्य हैं। ओम के नियम (Ohm's Law) से विचलन और तापीय स्रोतों से उत्क्रमणीय गेल्वनी तत्त्वों के विद्युतवाहक बल पर उन्होंने अपने आलेख प्रकाशित किए। 1897 में उन्होंने एक विद्युतमापी का आविष्कार किया, जिसे उन्हीं के नाम पर 'ब्राउंस इलेक्ट्रोमीटर' कहा गया।

उस आविष्कार के बाद ही उनकी दिलचस्पी बेतार द्वारा संदेशों के प्रेषण और ग्रहण की ओर हुई। इस दिशा में उन्होंने सबसे पहले उच्च आवृत्ति वाली विद्युत धाराओं के जरिए पानी के भीतर से मोर्स-संकेतों के प्रसारण का प्रयास किया। आगे चलकर उन्होंने दोलन के 'बंद परिपथ' (Closed Circuit) का प्रयोग किया और पहली बार निश्चित दिशाओं में विद्युत तरंगें भेजने में कामयाब हुए। उन्होंने 1901 में बेतार के टेलीग्राफी पर अपना आलेख प्रकाशित किया। पुस्तिका के रूप में प्रकाशित उस आलेख का शीर्षक था—'वायरलेस टेलीग्राफी थ्रू वाटर एंड एअर'। अगले ही साल आखिर उन्हें प्रवृत्त बीम ऐंटेना के सहारे निर्देशित संदेश ग्रहण करने में सफलता मिल ही गई। बेतार के क्षेत्र में उनकी यह सफलता युगांतकारी सिद्ध हुई।

वूर्जबर्ग और मारबर्ग विश्वविद्यालयों से सम्बद्ध रहने के बाद ब्राउन ने ट्यूबिंगन विश्वविद्यालय में भौतिकी के प्रोफेसर के पद पर कार्य किया। इस पद पर उनकी नियुक्ति 1885 में हुई थी। दस साल बाद (1895) स्ट्रासबर्ग विश्व-

विद्यालय में भौतिक विज्ञान विभाग का निदेशक बनना उन्होंने स्वीकार किया।

ब्राउन ने कैथोड किरणों का बारीकी से अध्ययन किया था और 1897 में दोलनदर्शी यंत्र का आविष्कार करने में सफलता पाई थी। इस आविष्कार से आगे चलकर टेलीविजन ट्यूब और रेडियोस्कोप के निर्माण का मार्ग प्रशस्त हुआ।

बेतार टेलीग्राफी के विकास में महत्त्वपूर्ण योगदान के लिए 1909 में ब्राउन को नोबेल पुरस्कार से सम्मानित किया गया। यह सम्मान उन्हें गुग्लिएल्मो मारकोनी के साथ संयुक्त रूप से मिला था। मारकोनी के ट्रांसमीटर को उन्होंने परिष्कृत रूप दिया था, साथ ही प्रसारण क्षेत्र के दायरे का विस्तार भी किया था। 'क्रिस्टल रेक्टिफायर' द्वारा विद्युत धारा को एक ही दिशा में प्रवाहित करने की युक्ति निकालकर रेडियो रिसीवरों के विकास का रास्ता उन्होंने खोल दिया।

प्रथम विश्वयुद्ध छिड़ने पर पेटेंट के दावे से सम्बन्धित एक मामले में गवाही देने के लिए ब्राउन को न्यू यॉर्क जाना पड़ा था। अपनी प्रयोगशाला से दूर और रुग्ण रहने के चलते उनका वैज्ञानिक कार्य जारी नहीं रह पाया। अपने जीवन के शेष दिन उन्होंने न्यू यॉर्क में ही बिताए।

मारकोनी, गुग्लिएल्मो

नागरिकता : इटली

जन्म : 25 अप्रैल, 1874; बोलोग्ना, इटली

निधन : 20 जुलाई, 1937; रोम, इटली

गुग्लिएल्मो मारकोनी इटली के एक धनाढ्य भूस्वामी के पुत्र थे। उनकी माता आयरलैंड की थीं। आरम्भ में उन्हें निजी शिक्षकों की देखरेख में शिक्षा मिली, फिर नियमित शिक्षा के लिए उन्होंने लेघोर्न टेक्निकल स्कूल में प्रवेश लिया गया। भौतिक विज्ञान में उनकी विशेष अभिरुचि उसी स्कूल में विकसित हुई। अपने आरंभिक प्रयोग उन्होंने अपने पिता के फार्म में किए, जो बोलोग्ना के पास ही था। यह उनकी प्रतिभा का एक तरह से चमत्कार था कि एक वर्ष के भीतर ही उन्होंने एक मील से अधिक की दूरी तक बेतार से सम्पर्क स्थापित कर लिया।

मारकोनी ने प्रयोगों का सिलसिला जारी रखा और 1895 में वे दृष्टि रेखा के उस पार तक बेतार से संकेत भेजने में सफल हुए, जिसके बीच में एक पहाड़ी भी थी। इटली की तत्कालीन सरकार से अपेक्षित सराहना नहीं मिलने के कारण मारकोनी 1896 में लंदन चले गए। वहीं 2 जून को उन्होंने बेतार टेलीग्राफी के लिए पहला पेटेंट प्राप्त किया। ब्रिटिश पोस्ट ऑफिस की विशेष दिलचस्पी से उत्साहित होकर मारकोनी ने अपनी बेतार पद्धति को इस हद तक विकसित किया कि ब्रिस्टल चैनल के उस पार नौ मील की दूरी तक बेतार संकेत भेजना सम्भव हो गया।

अगले ही वर्ष यानी 1897 में, मारकोनी ने अपने आयरिश ममेरे भाई के साथ मिलकर लंदन में ही 'वायरलेस टेलीग्राफ कम्पनी' की स्थापना की। इटली को छोड़कर शेष तमाम देशों में अपने पेटेंटों से लाभ अर्जित करने की सोच ही इस कम्पनी की स्थापना के पीछे काम कर रही थी।

मारकोनी ने 31 मील दूर फ्रांस से बेतार सम्पर्क कायम करने के उद्देश्य से दक्षिणी इंग्लैंड में एक वायरलेस स्टेशन की स्थापना की। उसी वर्ष उन्होंने 'अमरीका कप' के लिए होनेवाली नौका दौड़ प्रतियोगिता की खबरें न्यू यॉर्क शहर के अखबारों को देने के लिए दो अमरीकी पोतों को बेतार प्रणाली के साज-सामान से लैस किया, इसी से आगे चलकर 'अमरीकन मारकोनी कम्पनी' अपने अस्तित्व में आई।

बेतार के तार के उपकरणों में सुधार के लिए मारकोनी को 1900 में ब्रिटिश पेटेंट मिला था। उस सुधार के फलस्वरूप कई केंद्रों के लिए निर्बाध ढंग से विभिन्न तरंग-दैर्घ्यों पर संचार कार्य करना सम्भव हुआ। मारकोनी ने दो वर्ष बाद 1902 में चुम्बकीय डिटेक्टर को पेटेंट कराया, मगर पेटेंट कराने का सिलसिला यहीं खत्म नहीं हुआ। अपने क्षैतिज दिशात्मक एरियल को भी उन्होंने 1905 में पेटेंट कराया और आगे चलकर 1911 में ट्यूनिंग यंत्र के लिए ओलिवर लॉज का मास्टर पेटेंट अपने अधीन किया।

साल-भर बाद उन्होंने बेतार संचार प्रणाली में नियत-कालिक 'स्पार्क सिस्टम' का प्रयोग किया। युद्धकालिक

उपयोगिता को ध्यान में रखते हुए 1916 से उन्होंने लघु तरंगों पर अपने प्रयोग आरम्भ किए थे। उन प्रयोगों और शोधों के परिणाम शान्तिकाल के लिए अत्यन्त उपयोगी सिद्ध हुए और इस तरह लम्बी दूरी की बेतार संचार प्रणाली अस्तित्व में आई। उनके द्वारा संस्थापित 'मारकोनी वायरलेस टेलीग्राफ कम्पनी' आज भी विश्व की एक प्रमुख इलेक्ट्रॉनिक्स निर्माता कम्पनी है।

मारकोनी को रॉयल विक्टोरियन ऑर्डर का 'नाइट ग्रैंड क्रॉस' तो मिला ही था, इटली की सरकार ने भी विशेष रूप से उन्हें सम्मानित किया था। उन्हें 1909 में संयुक्त रूप से नोबेल पुरस्कार से सम्मानित किया गया था। पुरस्कार में उनके सहयोगी थे कार्ल फर्डिनांड ब्राउन।

रसायन विज्ञान

ओसवाल्ड, विल्हेम

नागरिकता : जर्मनी

जन्म : 2 सितंबर, 1853; रीगा, रूस

निधन : 4 अप्रैल, 1932; लिपजिग, जर्मनी

विल्हेम ओसवाल्ड ने 1878 में यूनिवर्सिटी ऑफ डोर्पाट से रसायन विज्ञान में डॉक्टरेट की डिग्री हासिल की थी। लिपजिग विश्वविद्यालय में नियुक्ति होने से पहले वे रीगा में अध्यापक थे। उन्होंने एरेनियस और वांट हौफ के सिद्धान्तों को मिलाकर भौतिक रसायन विज्ञान को सुदृढ़ आधार प्रदान किया। भौतिक रसायन विज्ञान को उन्होंने कुछ इस तरह सुव्यवस्थित किया कि उसने रसायन विज्ञान की लगभग एक स्वतंत्र शाखा का रूप ले लिया।

ओसवाल्ड ने प्रयोगों के दौरान पहले यौगिक में अभिक्रियाओं की गतिकी का अध्ययन किया और उसके बाद इलेक्ट्रो केमिस्ट्री पर अपना ध्यान केंद्रित किया। 1894 में उन्होंने उत्प्रेरक की प्रथम आधुनिक परिभाषा प्रस्तुत की और फिर उत्प्रेरक की अभिक्रियाओं के अध्ययन में जुट गए। 1902 में उन्होंने अमोनिया को नाइट्रिक अम्ल में परिणत करने की अपनी प्रक्रिया का पेटेंट प्राप्त किया। यह पेटेंट समय के साथ औद्योगिक क्षेत्र के लिए बहुत ही महत्त्वपूर्ण सिद्ध हुआ।

विज्ञान के प्रति ओसवाल्ड का नजरिया काफी हद तक दार्शनिकतापूर्ण था। समस्त प्राकृतिक घटनाओं की व्याख्या के लिए वे ऊर्जा को प्रमुखता देते थे। परमाणुओं में उनका विश्वास नहीं था। विज्ञान को आगे बढ़ाने में उनकी लेखकीय प्रतिभा और क्षमता का भी महत्त्वपूर्ण योगदान था। सामान्य विज्ञान पर लिखी उनकी एक पुस्तक 'टेटस्ट बुक ऑफ जनरल केमिस्ट्री एंड अदर टेक्स्ट' (1885–87) दो खंडों में प्रकाशित हुई। भौतिक रसायन विज्ञान की एक प्रमुख पत्रिका का संपादन और प्रकाशन वे 1887 से ही करने लगे थे। लिपजिग विश्वविद्यालय से इस्तीफा देने के बाद उन्होंने विज्ञान के दर्शन पर लिखना शुरू किया और वैज्ञानिक उत्पादकता के मनोवैज्ञानिक कारणों की छानबीन की। उन्होंने तीन खंडों में अपनी आत्मकथा प्रकाशित की। जीवन के आखिरी दिनों में चित्रकला की गतिविधियों ने उन्हें शारीरिक और मनोवैज्ञानिक दृष्टि से रंगों के अध्ययन की ओर प्रेरित किया।

उत्प्रेरण (Catalysis), रासायनिक संतुलन और अभिक्रिया वेग पर विल्हेम ओसवाल्ड ने जो युगांतरकारी कार्य किए थे उनके लिए उन्हें 1909 में नोबेल पुरस्कार से सम्मानित किया गया।

शरीर विज्ञान/चिकित्सा विज्ञान

कोचेर, एमिल थियोडोर

नागरिकता : स्विट्जरलैंड

जन्म : 25 अगस्त, 1841; बर्न, स्विट्जरलैंड

निधन : 27 जुलाई, 1917; स्विट्जरलैंड

एमिल थियोडोर कोचेर एक इंजीनियर के पुत्र थे। बर्न से स्नातक होने के बाद बर्लिन, लंदन, पेरिस और विएना में उन्होंने अध्ययन किया। विएना में सुप्रसिद्ध सर्जन थियोडोर बिलरॉथ के अधीन रहकर अध्ययन करने का सुयोग उन्हें

प्राप्त हुआ था। बर्न विश्वविद्यालय में क्लीनिकल सर्जरी के प्रोफेसर के रूप में उनकी नियुक्ति 1872 में हुई। लगभग 45 वर्षों तक वे विश्वविद्यालय के शल्य चिकित्सा केंद्र के अध्यक्ष पद पर कार्यरत रहे।

कोचेर अपने समय के महान शल्य चिकित्सक थे। सर्वप्रथम उन्होंने ही घेघा रोग से मुक्ति दिलाने के लिए थायरॉइड ग्रंथि को काटकर निकाल देने का सफल प्रयोग किया। शल्योपचार की क्रियाविधि में उन्होंने व्यापक सुधार किए। शल्यक्रिया के उपकरणों और औजारों को नया रूप दिया, जिससे अधिक सुविधाजनक और सफल शल्योपचार का मार्ग प्रशस्त हुआ। जोसेफ लिस्टर की एंटीसेप्टिक यानी रोगाणुरोधी प्रणाली अपनाकर उन्होंने थायरॉइड ग्रंथि के हजारों सफल ऑपरेशन किए। रोगाणुरोधी प्रणाली का महत्त्व इसी एक तथ्य से स्पष्ट होता है कि शल्यक्रिया के दौरान होनेवाली मौतों का प्रतिशत जहाँ पहले 18 था, वहीं इस प्रणाली को अपनाए जाने के बाद वह घटकर 0.5 रह गया। शल्योपचार में कोचेर की दक्षता उनके सहकर्मियों के लिए विस्मयकारी थी। डिंबग्रंथि के उच्छेदन (ओवेरियोटोमी) में भी वे अपनी असाधारण कुशलता सिद्ध कर चुके थे।

कोचेर ने शरीर विज्ञान, रोग विज्ञान और थायरॉइड ग्रंथि के शल्योपचार के क्षेत्र में जो महत्त्वपूर्ण कार्य किए, वे प्रभाव की दृष्टि से युगांतरकारी थे। थायरॉइड की गड़बड़ी को समझने और दूर करने की दिशा में कोचेर आगामी पीढ़ियों के लिए प्रेरणास्रोत सिद्ध हुए।

थायरॉइड के अलावा कोचेर ने कई अन्य प्रकार के शल्योपचार भी सफलतापूर्वक किए थे। उदर, फेफड़े, जीभ, कपाल-तंत्रिका और हार्निया की शल्यक्रिया की तकनीक में उन्होंने आवश्यक सुधार किए थे। धमनी संदंशिका और पित्ताशय के छेदन की सर्जरी में उनकी तकनीक का इस्तेमाल आज भी धड़ल्ले से होता है। व्यावहारिक शल्योपचार पर उनके द्वारा लिखित एक पाठ्य पुस्तक 1892 में प्रकाशित हुई थी जिसके कई भाषाओं में अनुवाद प्रकाशित हुए।

एमिल थियोडोर कोचेर को 1909 में नोबेल पुरस्कार से सम्मानित किया गया था।

साहित्य

लैगरलोफ, सेल्मा ऑटि-लिआ लोविसा

नागरिकता : स्वीडन
जन्म : 20 नवंबर, 1858; मेर्बाका, स्वीडन
निधन : 16 मार्च, 1940; मेर्बाका, स्वीडन

सेल्मा ऑटिलिआ लोविसा लैगरलोफ का जन्म स्वीडन के एक कुलीन परिवार में हुआ था। उनके पिता का नाम एरिक लैगरलोफ और माता का नाम लोविसा वालरोथ था। साढ़े तीन वर्ष की अवस्था में ही सेल्मा को शिशु-पक्षाघात हो गया था, जिसके फलस्वरूप वे जीवन-भर के लिए लँगड़ी हो गईं। उन्हें आरंभिक शिक्षा घर पर ही दिलाई गई। उसके बाद स्टाकहोम में उन्होंने शिक्षिका के रूप में प्रशिक्षण प्राप्त किया। 1885 में लैंड्स्क्रोना के एक स्कूल में वे शिक्षिका नियुक्ति हुईं। वे एक शान्तिवादी महिला थीं और नारीवादी आन्दोलन में सक्रिय भागीदारी निभाती थीं। उन्होंने 1940 में जर्मन यातना शिविर में यातना झेल रही जर्मन कवयित्री नेली सैश की प्राणरक्षा के लिए स्वीडन के राजपरिवार से याचना की थी। अन्तरराष्ट्रीय महिला मताधिकार सम्मेलन (1911) में भी उन्होंने भाग लिया था।

जिन दिनों वे शिक्षिका थीं, उन्हीं दिनों उन्होंने स्वीडिश भाषा में एक उपन्यास लिखा था—'गोस्टा बर्लिंग सागा' (1891)। यह उपन्यास दो खंडों में प्रकाशित हुआ। बचपन में जो कहानियाँ उन्होंने सुनी थीं, उनकी गहरी छाप उनके मन पर पड़ी थी। उन्होंने जो कहानियाँ लिखी थीं, उनका एक संग्रह 'इनविजिबल लिंक्स' (1899) है। उन्हें 1895 में जब यात्रा के लिए छात्रवृत्ति प्राप्त हुई, तब शिक्षण कार्य से उन्होंने अवकाश ले लिया। उन्होंने इटली की यात्रा की और 'मिरेकिल्स ऑफ एंटी-क्राइस्ट' (अंग्रेजी अनुवाद, 1899) लिखा। यह उपन्यास सिसली के बारे में है। कहानियों का एक और संग्रह 'टेल्स ऑफ मैनर' (1922) है। इस संग्रह की कहानियाँ उनकी बेहतरीन रचनाएँ हैं। मिस्र और

फिलिस्तीन में शीतकाल गुजारने के दौरान उन्होंने दो खंडों में अपना प्रसिद्ध उपन्यास 'येरूशलम' (1901-2) लिखा। इस उपन्यास के प्रकाशन के साथ ही उनकी गणना स्वीडन के प्रमुख उपन्यासकारों में होने लगी।

सेल्मा की अन्य प्रमुख रचनाएँ हैं : 'हर अर्नेस पेनिंगर' (1904), 'द वंडरफुल एडवेंचर्स ऑफ निल्स' (1907), 'द फर्दर एडवेंचर्स ऑफ निल्स' (1911), 'मेर्बाका' (1922), 'मेमोरीज ऑफ माइ चाइल्डहुड' (1930), आदि। आरम्भ में उन्होंने नाटक लिखे थे और कविताएँ भी। स्वीडिश एकेडमी ने 1904 में उन्हें स्वर्णपदक प्रदान किया था और 1914 में वे एकेडमी की सदस्या भी चुनी गईं। उप्सला विश्वविद्यालय ने 1907 में उन्हें डॉक्टरेट की मानद उपाधि प्रदान की थी।

सेल्मा के जीवन में रोमांस सिर्फ एक बार थोड़े समय के लिए आया था और वह भी सम्भवत: सफल नहीं रहा। वे आजीवन अविवाहिता रहीं।

उच्च आदर्शवादिता, जीवंत कल्पना-शक्ति और आत्मिक बोध के कारण सेल्मा की रचनाएँ कालजयी प्रतीत होती हैं। उनके इन्हीं गुणों को देखते हुए 1909 में उन्हें नोबेल पुरस्कार से सम्मानित किया गया। इस पुरस्कार से सम्मानित होनेवाली वे पहली महिला रचनाकार थीं।

शान्ति

देस्तोर्नेलेस द कांस्तेंत, पॉल हेनरी बेंजामिन बैलुएत

बैरोन द कांस्तेंद रेबेक्यू

नागरिकता : फ्रांस

जन्म : 22 नवंबर, 1852; ला फ्लेच, फ्रांस

निधन : 15 मई, 1924; पेरिस, फ्रांस

फ्रांस के उच्च-कुलीन परिवार में उनका जन्म हुआ था। 1914 से पहले कई वर्षों तक वे नोबेल शान्ति पुरस्कार विजेताओं के अन्तरराष्ट्रीय निर्णायक दल से सम्बद्ध रहे। वास्तविक अर्थ में वे कानून विशेषज्ञ नहीं थे, क्योंकि उनका प्रशिक्षण राजनयिक के रूप में हुआ था। उन्होंने खुद को 1895 में राजनयिक सेवा से मुक्त कर लिया। वे फ्रांस के लंदन स्थित दूतावास में पाँच वर्षों तक काउंसलर रहे और उसी दौरान उन्होंने अनुभव किया कि यूरोपीय देशों के बीच शान्तिपूर्ण सहयोग की स्थिति लाने में पेशेवर राजनयिक तरीके काफी कमजोर सिद्ध होते हैं। राजनयिक सेवा से अवकाश ग्रहण करने का प्रमुख कारण यही था।

अपने आदर्शों के अनुरूप कार्य करने के उद्देश्य से वे फ्रांस की राजनीति में सक्रिय रूप से भाग लेने लगे। इस सक्रिय भागीदारी के फलस्वरूप आगे चलकर वे सिनेटर हो गए। हेग में हुए दोनों शान्ति सम्मेलनों में उन्होंने फ्रांस के प्रतिनिधि की हैसियत से भाग लिया था। पहले सम्मेलन में अन्तरराष्ट्रीय विवादों के हल के लिए अनिवार्य मध्यस्थता से सम्बन्धित समझौते को स्वीकृत किए जाने की दिशा में उन्होंने कारगर प्रयास किए। मध्यस्थता का उनकी दृष्टि में बड़ा महत्त्व था। इससे अन्तरराष्ट्रीय ही नहीं घरेलू विवाद भी शान्तिपूर्ण ढंग से निपटाए जा सकते हैं। फ्रांस की राजनीति में समाजवादियों के बढ़ते प्रभाव को देखकर वे प्रसन्नता का अनुभव करते थे। राष्ट्रवादियों की गतिविधियों के वे विरोधी थे। उनकी राय में 'राष्ट्रवादिता' भी अन्य व्याधियों की तरह एक 'व्याधि' थी।

शान्ति के लिए नोबेल पुरस्कार उन्हें संयुक्त रूप से 1909 में प्रदान किया गया था। इस पुरस्कार में ऑगस्ट मेरी फ्रांस्वा बीर्नेर्ट उनके सहभागी थे।

बीर्नेर्ट, ऑगस्ट मेरी फ्रांस्वा

नागरिकता : बेल्जियम

जन्म : 26 जुलाई, 1824; ओस्टेंड, बेल्जियम

निधन : 6 अक्टूबर, 1912; ल्यूसर्न, स्विट्ज़रलैंड

ऑगस्ट मेरी फ्रांस्वा बीर्नेर्ट बेल्जियम के एक प्रतिष्ठित विधिवेत्ता थे। मूलत: वे उदारतावादी थे। 1873 में पुरोहित दलीय सरकार के एक सदस्य बने। अगले ही वर्ष उन्होंने स्वयं अपनी सरकार गठित की, जिसमें 1894 तक वे प्रधानमंत्री

रहे। उस सरकार का राजनीतिक आधार वही था जो पूर्ववर्ती दल का था।

आगे आनेवाले वर्षों के दौरान पूरे उत्साह के साथ वे अन्तरराष्ट्रीय सम्मेलनों में भाग लेते रहे। एक कारगर पद्धति के रूप में मध्यस्थता की वे जोरदार वकालत करते थे और कहते थे कि इसी के जरिए शस्त्रीकरण में कमी सम्भव है।

हेग में 1899 और 1907 में जो ऐतिहासिक सम्मेलन हुए थे, उनमें बेल्जियम के प्रतिनिधि के रूप में उन्होंने भाग लिया था और देखा था कि निस्शस्त्रीकरण के सवाल पर कैसी नकारात्मक बहसें चलती रहती हैं। लेकिन जब-जब सार्थक बहसें हुईं, तब-तब वे सोत्साह उनमें भाग लेते रहे। वे युद्ध के विरुद्ध थे, शस्त्रीकरण के विरुद्ध थे और एक पक्ष द्वारा दूसरे पक्ष को दबाए जाने के विरुद्ध थे।

ऑगस्ट मेरी फ्रांस्वा बीर्नेर्ट को शान्ति का नोबेल पुरस्कार 1909 में पॉल हेनरी बेंजामिन बेलुएत के साथ संयुक्त रूप से प्रदान किया गया था।

भौतिक विज्ञान

रसायन विज्ञान

शरीर विज्ञान/चिकित्सा विज्ञान

साहित्य

शान्ति

1910

भौतिक विज्ञान

वान डेर वाल्स, जोहानिस डाइड्रिक

नागरिकता : नीदरलैंड्स

जन्म : 23 नवंबर, 1837; लीडन, नीदरलैंड्स

निधन : 9 मार्च, 1923; एम्सटर्डम, नीदरलैंड्स

जोहानिस डाइड्रिक वान डेर वाल्स का जन्म एक निर्धन परिवार में हुआ था, इसलिए शिक्षा प्राप्ति के मार्ग में उन्हें अनेक बाधाओं और कठिनाइयों का सामना करना पड़ा। अपने स्वयं के साधन-स्रोतों और स्वाध्याय के बल पर उन्होंने भौतिक विज्ञान, रसायन विज्ञान और गणित जैसे विषयों का इतना ज्ञान प्राप्त कर लिया कि 1862 में उन्हें लीडन विश्वविद्यालय में प्रवेश मिल गया। उन्होंने गैसों और द्रवों के आचरण का विशेष रूप से अध्ययन किया था और इस पर उनकी एक वार्ता को वैज्ञानिक समुदाय ने मुक्त कंठ से सराहा। उस वार्ता का विषय था—'ऑन द कंटीन्यूटी ऑफ द लिक्विड्स एंड गैसिअस स्टेट' (1873)। डॉक्टरेट की डिग्री उन्हें उसी पर मिली थी। उनकी यह सफलता उनके लिए बहुत लाभकारी सिद्ध हुई। भौतिक विज्ञान के क्षेत्र में आगे चलकर उन्होंने जो महत्त्वपूर्ण कार्य किए, उनके लिए यह जैसे सुदृढ़ आधारशिला थी।

वान डेर वाल्स 1877 में एम्सटर्डम विश्वविद्यालय चले गए, जहाँ उन्हें भौतिक विज्ञान का प्रोफेसर नियुक्त किया गया था। एम्सटर्डम की 'एकेडमी ऑफ साइंस' के भी वे सदस्य थे। बाद में लगभग सोलह वर्षों (1896-1912) तक उसी एकेडमी के वे सचिव रहे।

रॉबर्ट बॉयल और जे.ए.आर. चार्ल्स के प्रयोगाश्रित परिणामों से आदर्श गैस नियम की अवधारणा विकसित हुई थी। हाइड्रोजन और नाइट्रोजन जैसी सामान्य गैसों के मामलों में बॉयल नियम को भले ही सही माना जाता हो, किन्तु सभी गैसों के बारे में ऐसा नहीं कहा जा सकता। जो गैसें सरलता से द्रवणशील स्थिति में लाई जा सकती हैं, बॉयल नियम उन पर खरा नहीं उतरता। वान डेर वाल्स ने अनुभव किया कि ये दोनों ही पूर्वधारणाएँ सही नहीं थीं; क्योंकि अणुओं के बीच आकर्षक बलों का अस्तित्व था और अणु यद्यपि बहुत ही छोटे-छोटे थे, फिर भी उनका कोई आकार तो था ही। इसी तथ्य के आधार पर उन्होंने अपना शोध-कार्य जारी रखा और

अन्ततः 1873 में एक अपेक्षाकृत अधिक सटीक सूत्र विकसित किया। वह सूत्र अब उन्हीं के नाम से जाना जाता है—'वान डेर वाल्स समीकरण'।

'वान डेर वाल्स समीकरण' को वास्तविक गैसों की अवस्था का एक सर्वोत्तम समीकरण कह सकते हैं। 'आदर्श गैस नियम' की अपेक्षा यह नया नियम कहीं अधिक जटिल है, फिर भी इसे सूत्रबद्ध कर वान डेर वाल्स ने भौतिक विज्ञान के क्षेत्र में एक बहुत बड़ा काम किया था। इसकी व्यावहारिक उपयोगिता हम खाद्य पदार्थों के प्रशीतन (refrigeration) और हिमीकरण (freezing) में देखते हैं।

वान डेर वाल्स के कार्यों से ही हाइड्रोजन और हीलियम जैसी गैसों को द्रवणशील बनाना सम्भव हुआ। द्रवणशीलता की स्थिति में वे तापमान को हिमांक पर ले आती हैं। यह 'क्रायोजेनिक्स' यानी निम्नतापीय भौतिक विज्ञान की शुरुआत थी। अणुओं या परमाणुओं के बीच जो क्षीण आकर्षण बल होते हैं, उन्हें आज उन्हीं के नाम पर 'वान डेर वाल्स फोर्सेज' कहा जाता है।

गैसों और द्रवों की अवस्था को सूत्रबद्ध करने का जो ऐतिहासिक कार्य उन्होंने किया, उसके लिए 1910 में उन्हें नोबेल पुरस्कार से सम्मानित किया गया।

रसायन विज्ञान

वालेख, ओट्टो

नागरिकता : जर्मनी

जन्म : 27 मार्च, 1847; कीनिग्सबर्ग (अब रूस में कालिनिनग्राद)

निधन : 26 फरवरी, 1931; गोटिंगन, जर्मनी

ओट्टो वालेख ने उच्च शिक्षा गोटिंगन विश्वविद्यालय में प्राप्त की थी। डॉक्टरेट की डिग्री उन्हें 1869 में प्राप्त हुई। उसके बाद वे बोन चले गए और बोन विश्वविद्यालय में ऑगस्ट केकुले के सहयोगी बने। वे वहाँ भेषजी (फार्मेसी) पढ़ाते थे। आगे चलकर उन्हें प्रोफेसर के पद पर प्रोन्नत किया गया।

वालेख एक प्रतिभाशाली रसायनविज्ञानी थे। बोन में रहते समय ही वे ईथरीय तेलों के संघटक तत्त्वों के अध्ययन में विशेष रुचि लेने लगे थे, जिनका औषधि-निर्माण में खूब उपयोग होता था। केकुले का मत था कि इनका विश्लेषण हो ही नहीं सकता। वालेख उनसे सहमत नहीं थे। अपनी प्रयोगशीलता पर उन्हें भरोसा था। अर्से तक वे प्रयोग पर प्रयोग करते गए और निष्कर्षों का अध्ययन करते रहे। आखिर वह दिन भी आया जब सफलता ने उनका वरण किया। जटिल मिश्रणों को बार-बार आसवन की प्रक्रिया से गुजरना पड़ा और अन्ततः उसके संघटक तत्त्वों को अलगाने में वालेख कामयाब हुए।

संघटक तत्त्वों की भौतिक गुणवत्ताओं का अध्ययन करने पर वालेख को पता चला कि मिश्रणों के अनेक तत्त्व गुणधर्मिता में एक जैसे थे।

ओट्टो वालेख 1889 में गोटिंगन चले गए थे। वहाँ वे 1915 तक केमिकल इंस्टीट्यूट के निदेशक रहे। प्राकृतिक सुगन्ध वाले तेलों के संघटक तत्त्वों का विश्लेषण उनकी एक महान वैज्ञानिक उपलब्धि थी, जिसके लिए 1910 में उन्हें नोबेल पुरस्कार से सम्मानित किया गया।

शरीर विज्ञान/चिकित्सा विज्ञान

कोसेल, अल्ब्रेख्त

नागरिकता : जर्मनी

जन्म : 16 सितंबर, 1853; रोस्टोक, जर्मनी

निधन : 5 जुलाई, 1927; हीडलबर्ग, जर्मनी

अल्ब्रेख्त कोसेल के पिता एक व्यापारी और प्रशिया के वाणिज्यदूत थे। आरम्भ में वे व्यायामशाला में नियमित रूप से जाते थे। स्ट्रासबर्ग विश्वविद्यालय में उन्होंने चिकित्सा विज्ञान का अध्ययन किया, जहाँ वे ई.एफ. होप-सिलर (1825-95) के सम्पर्क में आए। होप-सिलर अपने समय के एक प्रख्यात आधुनिक शरीर वैज्ञानिक रसायनविद् थे।

अल्ब्रेख्त ने बाद में रोस्टोक विश्वविद्यालय में भी अध्ययन किया। 1877 में मेडिकल प्रैक्टिस के लिए उन्होंने राज्य की परीक्षा उत्तीर्ण की और एक वर्ष बाद विधिवत् 'डॉक्टर ऑफ मेडिसिन' हो गए।

उन्होंने कुछ समय तक होप-सिलर के सहायक के रूप में कार्य किया। आगे चलकर ई. डु बोइस रेमंड ने उन्हें बर्लिन के फिजियोलॉजिकल इंस्टीट्यूट में कार्य करने के लिए आमंत्रित किया। कुछ वर्ष बाद 1895 में वे बर्लिन से मारबर्ग चले गए। मारबर्ग के फिजियोलॉजिकल इंस्टीट्यूट के निदेशक और शरीर विज्ञान के प्रोफेसर की हैसियत से वे 1901 तक वहाँ कार्यरत रहे। उसके बाद उन्हें अति सम्मानित 'हीडलबर्ग चेअर' का गुरुतर दायित्व सौंपा गया।

अल्ब्रेख्त एक शरीरविज्ञानी के रूप में अच्छी तरह प्रशिक्षित थे। उन्होंने अपना पूरा ध्यान रासायनिक विषयों पर केंद्रित किया। पहले तो उन्होंने केंद्रकीय अम्लों पर शोध किया, फिर मत्स्यांडों पर प्रयोगों की शुरुआत की। इस दिशा में उनसे पहले शरीरविज्ञानी मिशर भी कुछ प्रयोग कर चुके थे। अल्ब्रेख्त ने मत्स्यांडों के अपेक्षाकृत सरल-से प्रोटीनों पर अनेक प्रकार के प्रयोग किए और अन्ततः जैव-रासायनिकी के क्षेत्र में एक ऐसी सही पद्धति विकसित की जिसने उन्हें असाधारण ख्याति दी।

अल्ब्रेख़्त कोसेल स्वयं तो एक महान शरीरविज्ञानी थे ही, उनके कई मेधावी शिष्य भी आगे चलकर यशस्वी हुए। उन शिष्यों में एच.डी. डेकिन और वाल्थर के नाम विशेष रूप से उल्लेखनीय हैं। डेकिन अंग्रेज थे और वाल्थर तो अल्ब्रेख्त के ही पुत्र थे।

मृत्यु से पूर्व अल्ब्रेख्त हीडलबर्ग विश्वविद्यालय के अवकाशप्राप्त प्रोफेसर (शरीर विज्ञान) और 'हीडलबर्ग इंस्टीट्यूट फॉर प्रोटीन इन्वेस्टीगेशन' के निदेशक थे। तीन दशक से ज्यादा समय तक वे 'जीट्सक्रिफ्ट फुर फिजियो-लॉजिश केमी' नामक जर्मन पत्रिका का संपादन कर चुके थे। उनके ज्यादातर लेख उसी पत्रिका में छपे।

केंद्रकीय अम्लों के मूल संघटकों और मत्स्यांडों के प्रोटीनों पर अल्ब्रेख्त कोसेल ने जो महत्त्वपूर्ण कार्य किए, वे जैव-रासायनिकी के क्षेत्र में मील के पत्थर साबित हुए। उनकी असाधारण उपलब्धियों को देखते हुए 1910 में उन्हें नोबेल पुरस्कार से सम्मानित किया गया।

साहित्य

हेस, पॉल जोहानन लुडविग

नागरिकता : जर्मनी

जन्म : 15 मार्च, 1830; बर्लिन, जर्मनी

निधन : 2 अप्रैल, 1914; म्यूनिख, जर्मनी

पॉल जोहानन लुडविग हेस के पिता बर्लिन विश्वविद्यालय में भाषा विज्ञान के प्रोफेसर थे और उनकी माता मूलतः एक प्रतिष्ठित यहूदी परिवार से थीं। पॉल हेस को अपनी माँ से प्रखर कल्पनाशीलता और भाव-प्रवणता मिली थी तथा पिता से मिली थी यथार्थवादिता। उनकी लेखकीय प्रतिभा के विकास में ये बातें बड़ी सहायक सिद्ध हुईं।

पॉल हेस ने उच्चस्तरीय शिक्षा बोन विश्वविद्यालय से प्राप्त की थी। उन्हें प्राचीन भाषा लैटिन और लैटिन से निकली भाषाओं (फ्रेंच, इतालवी, स्पेनिश, प्रावेंसल आदि) के अध्ययन में विशेष अभिरुचि थी। शोधकार्य के लिए अनुदान मिलने पर वे इटली की यात्रा पर गए और पूरे साल-भर वहाँ शोधकार्य में व्यस्त रहे। दाँते, बोक्केसियो और लियोपार्डी जैसे इटली के महान रचनाकारों की रचनाओं का अध्ययन उन्होंने इसी क्रम में किया।

विश्वविद्यालय की शिक्षा पूरी करने के बाद पॉल हेस स्वतंत्र रूप से अध्ययन-मनन और लेखन के कार्य में लग गए। उनकी विद्वत्ता और रचनात्मक प्रतिभा के बारे में पता चलने पर बवेरिया के राजा कैसर मैक्सीमिलियन ने 1854 में उन्हें म्यूनिख के अपने दरबार में आमंत्रित किया और उनके लिए 1500 फ्लोरिन (तत्कालीन मुद्रा) की मासिक वृत्ति निर्धारित कर दी। उसके बाद आजीवन वे म्यूनिख में ही रहे। वहाँ उनकी मुलाकात गाइबेल, बॉडेंसटेड, विलब्रांट, लूग और शैक जैसे प्रसिद्ध रचनाकारों से हुई। वे म्यूनिख की 'गिल्ड ऑफ राइटर्स' के अध्यक्ष थे।

पॉल हेस उन रचनाकारों में अग्रणी थे, जो पारंपरिक कलात्मक मूल्यों के पक्षधर थे और उन मूल्यों पर राजनीति,

भौतिकवाद और यथार्थवाद को हावी होते नहीं देखना चाहते थे। अपने लंबे जीवनकाल में उन्होंने अनेक कहानियों, उपन्यासों, नाटकों और कविताओं की रचना की और इस प्रकार साहित्य की समृद्धि में महत्त्वपूर्ण योगदान किया। उनकी रचनाओं के ज्यादातर पात्र ग्रामीण परिवेश से सम्बन्धित हैं। वे जो कुछ लिखते थे, अपनी अन्त:प्रेरणा से लिखते और अपने आलोचकों की परवाह नहीं करते थे। उनकी कुछ उल्लेखनीय रचनाएँ हैं : 'ला अर्राबियाटा' (1853), 'एंड्रिया डेलफिन' (1859), 'बिल्ड डेर मटर' (1859), 'किंडर डेर वेल्ट' (1873), 'फाल्कन थिअरी' (1871) आदि।

एक गीतकार, नाटककार, उपन्यासकार और कहानीकार के रूप में पॉल जोहानन लुडविग हेस ने अपनी उत्कृष्ट रचनात्मक क्षमता का परिचय देते हुए जो समृद्धि साहित्य को प्रदान की, उसे विश्वव्यापी मान्यता मिली। उन्हें 1910 में साहित्य के नोबेल पुरस्कार से सम्मानित किया गया।

शान्ति

ब्यूरो इंटरनेशनल पर्मानेंट डि ला पेक्स (पर्मानेंट इंटरनेशनल पीस ब्यूरो)

मुख्यालय : बर्न, स्विट्जरलैंड

स्थापना : 1891

शान्ति के लिए 1910 का नोबेल पुरस्कार किसी व्यक्ति को नहीं, बल्कि 'ब्यूरो इंटरनेशनल पर्मानेंट डि ला पेक्स' (पर्मानेंट इंटरनेशनल पीस ब्यूरो) नामक एक संस्था को दिया गया। शान्ति की गतिविधियों के लिए ब्यूरो की स्थापना का विचार पहले-पहल फ्रेड्रिक बेजर के मन में आया था। बेजर अपने समय के एक महान शान्तिवादी थे। वे 1908 में शान्ति के नोबेल पुरस्कार से सम्मानित हो चुके थे। लंदन में आयोजित एक शान्ति सम्मेलन (1890) में ब्यूरो की स्थापना के लिए एक समिति गठित की गई, जिसके प्रयास से अगले वर्ष बर्न (स्विट्जरलैंड) में ब्यूरो का सूचना कार्यालय खोला गया। कार्यालय की स्थापना के साथ ही उसकी गतिविधियाँ भी शुरू हो गईं। शान्ति के लिए कार्यरत संस्थानों, संगठनों और व्यक्तियों के बारे में सूचनाएँ एकत्र करना ब्यूरो का एक प्रमुख कार्य था। व्यापक सम्पर्क-सूत्रों का विकास इसके लिए जरूरी था। यह ब्यूरो अन्तरराष्ट्रीय शान्ति सम्मेलनों में चर्चा के लिए विषय-सामग्री जुटाने का महत्त्वपूर्ण दायित्व बखूबी निभाता है और यह भी देखता रहता है कि पारित प्रस्तावों पर वास्तव में अमल किया जाता है या नहीं। शान्ति से सम्बन्धित प्रकाशनों और महत्त्वपूर्ण अन्तरराष्ट्रीय राजनीतिक घटनाओं तथा अन्तरराष्ट्रीय मध्यस्थताओं के ब्योरे सुव्यवस्थित ढंग से रखना भी ब्यूरो का ही काम है।

आरम्भ में ब्यूरो का संचालन केवल एक व्यक्ति द्वारा होता था, जिनका नाम था—एली डुकोमन। वे स्विट्जरलैंड के निवासी थे और 1902 में शान्ति के नोबेल पुरस्कार से सम्मानित हुए थे। 1906 में डुकोमन की जब मृत्यु हो गई तब ब्यूरो के संचालन की जिम्मेवारी चार्ल्स अल्बर्ट गोबाट के कंधों पर आई। डुकोमन के साथ वे भी 1902 में शान्ति के नोबेल पुरस्कार से सम्मानित हो चुके थे।

भौतिक विज्ञान

रसायन विज्ञान

शरीर विज्ञान/चिकित्सा विज्ञान

साहित्य

शान्ति

1911

भौतिक विज्ञान

वीन, विल्हेम

नागरिकता : जर्मनी

जन्म : 13 जनवरी, 1864; गाफकेन, पोलैंड

निधन : 30 अगस्त, 1928; म्यूनिख, जर्मनी

विल्हेम वीन के पिता कार्ल वीन एक अच्छी-खासी भू-सम्पत्ति के स्वामी थे। अपने पुत्र विल्हेम को पहले तो उन्होंने 1879 में रास्टेन बर्ग के स्कूल में भेजा, फिर एक-डेढ़ साल बाद ही हाइडलबर्ग के सिटी स्कूल में दाखिल करा दिया। उच्चतर शिक्षा विल्हेम ने गोटिंगन विश्वविद्यालय में प्राप्त की। बाद में गणित और प्रकृति विज्ञान का अध्ययन उन्होंने बर्लिन विश्वविद्यालय में किया। 1883-86 के दौरान उन्हें हरमान वॉन हेमहोज की प्रयोगशाला में कार्य करने का अवसर मिला। डॉक्टरेट की डिग्री जिस विषय पर उन्होंने प्राप्त की उसका शीर्षक था : 'धातु-खंडों पर प्रकाश का विवर्तन और अपवर्तित प्रकाश के रंग पर धातुओं का प्रभाव'।

पिता की मृत्यु हो जाने पर अपनी भू-सम्पत्ति को सँभालने की जिम्मेवारी उन पर आ पड़ी थी, लेकिन उनका मन तो फिर से उसी विज्ञान की दुनिया में लौट जाने के लिए बेचैन था। इसलिए अन्ततः सारी भू-सम्पत्ति बेचकर 1890 में वे पुनः बर्लिन लौट गए और हेमहोज प्रयोगशाला में कार्य करने लगे।

विल्हेम को 1899 में गीसेन विश्वविद्यालय में भौतिक विज्ञान का प्रोफेसर नियुक्त किया गया। दो दशक से ज्यादा समय तक वे वहाँ उसी पद पर कार्यरत रहे। लेकिन एक और बदलाव उनके कार्यकारी जीवन में आना था, 1920 में वे म्यूनिख चले गए। म्यूनिख विश्वविद्यालय में भौतिक विज्ञान के प्रोफेसर की कुर्सी उनका इंतजार कर रही थी। अपना शेष जीवन उन्होंने वहीं कार्यरत रहते हुए व्यतीत किया।

बिलकुल काले पिंड से उत्सर्जित विकिरण से सम्बन्धित स्थानांतरण नियम की खोज के लिए विल्हेम न केवल प्रशंसित हुए थे, बल्कि एक पुरस्कार भी उन्हें मिला था।

काले पिंड से उत्सर्जित विकिरण का फैलाव यद्यपि विस्तृत दूरी तक के तरंग-दैर्घ्यों पर होता है, फिर भी एक मध्यवर्ती तरंग-दैर्घ्य होता है, जहाँ विकिरण की तीव्रता चरम बिंदु पर होती है। विल्हेम ने कैथोड किरणों, एक्स-किरणों

और केनाल किरणों पर भी काफी काम किया। मैक्स वॉन एल. नामक एक वैज्ञानिक का उनके बारे में सटीक कथन है : ''वह हमें क्वांटम भौतिकी के बिलकुल द्वार तक ले आए, यही उनके अक्षय यश का रहस्य है।''

विल्हेम का विवाह 1898 में लुइज मेलर के साथ हुआ था। उनकी चार सन्तानें थीं। जर्मन भाषा में लिखित उनकी आत्मकथा का अंग्रेजी अनुवाद 'फ्रॉम द लाइफ एंड वर्क ऑफ ए फिजिसिस्ट' 1930 में अर्थात उनके निधन के दो वर्ष बाद प्रकाशित हुआ।

ताप के विकिरण से सम्बन्धित महत्त्वपूर्ण खोजों के लिए विल्हेम वीन को 1911 में नोबेल पुरस्कार से सम्मानित किया गया था।

रसायन विज्ञान

क्यूरी, मेरी
(स्क्लोदोव्स्का)
नागरिकता : फ्रांस
जन्म : 7 नवंबर, 1867; वारसा (पोलैंड)
निधन : 4 जुलाई, 1934; पेरिस, फ्रांस

मेरी (स्क्लोदोव्स्का) क्यूरी अपने पिता की सबसे छोटी सन्तान थीं। उनके पिता गणित और भौतिकी के अध्यापक थे, जिन्हें अपनी सीमित आय में परिवार के भरण-पोषण के लिए काफी संघर्ष करना पड़ा था। मेरी महज नौ साल की थीं, जब उनकी माँ चल बसीं। बचपन में ही माँ को खोने के दुख ने उनके भीतर कठिनाइयों से लगातार जूझते रहने और उन पर काबू पाने की विलक्षण क्षमता पैदा की। उनके व्यक्तित्व का आगे चलकर जो असाधारण विकास हुआ उसमें उनकी इसी जुझारू क्षमता का महत्त्वपूर्ण योगदान था।

मेरी जब सत्रह साल की हुईं, तब वे एक ऐसे व्यक्ति के यहाँ गवर्नेस का काम करने लगीं जो एक अच्छी-खासी जायदाद का मालिक था। वे उसके बच्चों की देखभाल करती थीं, साथ ही विज्ञान के अध्ययन की तीव्र इच्छा भी पाले हुए थीं। पाँच साल बाद वह नौकरी उन्होंने छोड़ दी और विज्ञान की पढ़ाई के लिए 1891 में पेरिस चली गईं।

अर्थाभाव के कारण मेरी को अपने छात्र-जीवन में अथक कठिनाइयों का सामना करना पड़ा था। ऊपरी मंजिल की सीढ़ियों पर बनी बरसाती में रहना, रूखी-सूखी खाकर गुजारा और फिर भी अध्ययन मनोयोग से जारी रखना कोई साधारण बात नहीं थी। मेरी दिन का समय विश्वविद्यालय की प्रयोगशाला में बिताती थीं और परीक्षाओं की तैयारी के लिए देर रात तक किताबों में डूबी रहती थीं। स्नातक होने के बाद 1894 में उनकी मुलाकात प्रतिभाशाली फ्रांसीसी रसायनविद् पिअरे क्यूरी से हुई। एक वर्ष बाद ही दोनों विवाह बंधन में बँध गए।

विवाह के बाद मेरी अपने पति की प्रयोगशाला में काम करने लगीं। पति-पत्नी की यह एक ऐसी उल्लेखनीय भागीदारी थी, जिससे विज्ञान की दुनिया समृद्ध हुई। लगभग उन्हीं दिनों फ्रांस के ही प्रसिद्ध भौतिकविज्ञानी बेक्यूरेल ने यह पता लगा लिया था कि यूरेनियम के लवणों से एक तरह की किरणें उत्सर्जित होती हैं। क्यूरी-दंपती इस समाचार से बहुत उत्साहित हुए और उन्होंने उसी दिशा में अपना शोधकार्य आरम्भ किया। शोध के दौरान उन्होंने पाया कि कुछ पदार्थ यूरेनियम की मात्रा की तुलना में कहीं अधिक रेडियोधर्मिता उत्सर्जित करते हैं। अत्यधिक विकिरण उत्सर्जित करनेवाले खनिज अयस्क को परिशोधित करने पर उन्होंने एक सर्वथा नवीन तत्त्व की खोज की, जिसे नाम दिया— 'पोलोनियम'। यह नाम मेरी की पितृभूमि (पोलैंड) को सम्मान देने के लिए था। पोलोनियम यद्यपि यूरेनियम से सौ गुना अधिक रेडियोधर्मी निकला, तब भी क्यूरी दंपती का विश्वास था कि इससे भी कहीं अधिक तीव्र रेडियोधर्मी तत्त्व मौजूद हो सकते हैं। इस दिशा में आगे की खोज जारी रखने के लिए भारी मात्रा में अर्थात टनों खनिज अयस्क की आवश्यकता थी। चेकोस्लोवाकिया में उस तरह का अयस्क अकूत मात्रा में उपलब्ध तो था, पर उसे प्राप्त करने के लिए पर्याप्त धन का न होना क्यूरी दंपती के अन्वेषण-मार्ग में एक बड़ी बाधा थी। अगले चार वर्षों तक वे दिन-रात कठोर श्रम करते रहे और अपनी लगभग सारी कमाई अयस्क प्राप्त करने में लगा दी। आखिरकार 1902 में वे टनों अयस्क परिष्कृत करने के बाद लगभग 1/10 ग्राम रेडियम निकाल पाने में सफल हुए।

इस प्रकार बेक्यूरेल ने जिस स्वत: रेडियोधर्मिता की खोज की थी उस पर क्यूरी दंपती ने संयुक्त रूप से अपना शोध लगातार जारी रखा और इस क्षेत्र में महत्त्वपूर्ण उपलब्धियाँ हासिल कीं। जिसके लिए 1903 में मेरी क्यूरी और पिअरे क्यूरी को बेक्यूरेल के साथ संयुक्त रूप से नोबेल सम्मान का भागीदार बनाया गया। तब तक वे दोनों इतना थक चुके थे और बीमार भी हो चले थे कि पुरस्कार-ग्रहण के लिए खुद नॉर्वे नहीं जा पाए। लेकिन नोबेल सम्मान ने दोनों के मन में नवीन उत्साह का संचार अवश्य किया। खासतौर से मेरी तो परमाणुओं से स्वत:प्रसूत अपरिमित ऊर्जा की संभावना के प्रति सम्मोहित-सी हो चली थीं।

दुर्योगवश 1906 में पिअरे क्यूरी एक सड़क दुर्घटना में मृत्यु के शिकार हो गए। पति को खोने के बाद भी साहस ने मेरी क्यूरी का साथ नहीं छोड़ा। प्रोफेसर की हैसियत से उन्होंने सोर्बोन में उसी स्थान पर काम करना शुरू किया जहाँ कभी उनके पति पिअरे कार्यरत थे। उस पद पर काम करनेवाली वे पहली महिला आचार्या थीं। पढ़ाने के साथ-साथ उन्होंने अपना शोधकार्य जारी रखा। कुछ ही वर्ष बीते थे कि 1911 में मेरी को दोबारा नोबेल पुरस्कार से सम्मानित किया गया। इस बार उन्हें भौतिक विज्ञान नहीं, बल्कि रसायन विज्ञान के क्षेत्र में विशिष्ट उपलब्धि के लिए यह सम्मान मिला था। नोबेल सम्मान के इतिहास में यह पहली घटना थी जब एक ही व्यक्ति को दूसरी बार सम्मानित किया गया था।

मेरी क्यूरी को रेडियम की खोज और परमाणु की आधुनिक समझ के विकास में महत्त्वपूर्ण योगदान के लिए हमेशा याद किया जाएगा। वे प्रतिबद्धता और समर्पण भावना का जीवंत प्रतीक थीं। उन्होंने एक्स-किरणों और रेडियम के चिकित्सकीय प्रयोग का द्वार खोला। कैंसर के इलाज में आज रेडियम थैरेपी की महत्त्वपूर्ण भूमिका रहती है। जीवन के अन्तिम वर्षों में वे पेरिस के इंस्टीट्यूट ऑफ रेडियम से सम्बद्ध रहीं, जिसे आज नाभिकीय भौतिकी और रासायनिक का एक प्रमुख शोध केंद्र माना जाता है। यह शायद भाग्य की विडंबना थी कि निरंतर रेडियोधर्मी तत्त्वों के सम्पर्क में रहने के कारण अन्तत: रेडियोधर्मिता ही उनके लिए जानलेवा साबित हुई। उन्हें रक्त का कैंसर (ल्यूकीमिया) हो गया था।

शरीर विज्ञान/चिकित्सा विज्ञान

गुलस्ट्रैंड, आल्वर
नागरिकता : स्वीडन
जन्म : 5 जून, 1862; लैंडस्क्रोना, स्वीडन
निधन : 28 जुलाई, 1930; स्टॉकहोम, स्वीडन

मुख्य नगरपालिका चिकित्सा अधिकारी डॉ. पेहर अल्फ्रेड गुलस्ट्रैंड तथा सोफिया मैथिल्डा के सबसे बड़े बेटे आल्वर गुलस्ट्रैंड ने स्कूली शिक्षा लैंडस्क्रोना तथा जोनकोपिंग में पाई, जहाँ उन्होंने 1880 में मैट्रिक की पढ़ाई पूरी की। उसके बाद वे उप्सला विश्वविद्यालय चले गए। उन्होंने मेडिकल शिक्षा स्टॉकहोम में पाई और 1888 में मेडिकल में स्नातक की डिग्री प्राप्त की। 1890 में उन्होंने अपनी डॉक्टरेट की थीसिस प्रस्तुत की। 1891 में वे ओफ्थेल्मोलॉजी के लेक्चरर नियुक्त हुए। स्वीडिश मेडिकल बोर्ड में डॉक्टर तथा लेक्चरर की विभिन्न नियुक्तियों के बाद, वे 1894 में उप्सला विश्वविद्यालय में नेत्र चिकित्सा विज्ञान के प्रथम प्रोफेसर नियुक्त किए गए। वे स्वीडिश एकेडमी ऑफ साइंसेज की नोबेल भौतिकी के सदस्य (1911-1929) तक। इसके अध्यक्ष (1922-1929) थे। यहाँ रह कर उन्होंने अपनी प्रशासनिक क्षमताओं का भी समर्थन किया।

वे अपने समय के एक बहुचर्चित नेत्रविज्ञानी थे। एक नेत्र रोग विशेषज्ञ के रूप में, उनके समक्ष आँखों में बनने वाली दृष्टि सम्बन्धित छवियाँ और रोशनी को प्रर्वतन से जुड़े कई प्रशन थे, जिनका वह हल खोजना चाहते थे। उन्होंने महसूस किया कि आँख के अंदर बनने वाली छवियाँ सम्बन्धित सामान्य नियमों को स्पष्ट करने की आवश्यकता है। इस प्रश्न का संपूर्ण हल खोजना गुलस्ट्रैंड का मुख्य लक्ष्य बन गया था, जिनसके लिए प्रकाश अपवर्तक यंत्र की तरह काम करनेवाले नेत्र की प्रकृति और भूमिका पर उन्होंने व्यापक शोध किए थे, जिसके फलस्वरूप वे विशेष रूप से पुरस्कृत भी हुए। अपने कार्यकारी जीवन में उप्सला विश्वविद्यालय में कार्य करते हुए उन्होंने

कॉर्निया की संरचना और कार्यप्रणाली का विशेष अध्ययन किया तथा अनेक नई जानकारियाँ हासिल कीं। उन्होंने यह पता लगाया कि दृष्टि-वैषम्य का कारण क्या है।

गुलस्ट्रैंड ने मोतियाबिंद की शल्यक्रिया के बाद उपयोग के लिए दोष निवारक लेंसों का विकास किया था। उन्होंने 'गुलस्ट्रैंड स्लिप लैंप' जैसे एक ऐसे उपकरण का आविष्कार किया था, जिसे आज भी नेत्र के विस्तृत अध्ययन में एक उपयोगी औजार माना जाता है। उनकी खोजें अन्तत: दृष्टि बिम्बों के सिद्धान्त की एक नई अवधारणा के विकास में सहायक सिद्ध हुईं। जर्मन भौतिकविज्ञानी हरमान वॉन हेमहोज के स्थापित सिद्धान्त को विस्तार देते हुए उन्होंने उस रचनातंत्र को समझने की कोशिश की जिसके द्वारा नेत्र एक निश्चित सीमा तक दूर या पास की वस्तुओं पर फोकस डाल पाता है। अपने निष्कर्षों की प्रामाणिकता को उन्होंने प्रदर्शनों के द्वारा सिद्ध भी किया।

नेत्र से सम्बन्धित महत्त्वपूर्ण शोधों और निष्कर्षों के लिए आल्वर गुलस्ट्रैंड को 1911 में नोबेल पुरस्कार से सम्मानित किया गया।

साहित्य

मेटरलिंक, मॉरिस
(काउंट मूरिस)

नागरिकता : बेल्जियम

जन्म : 29 अगस्त, 1862; घेंट, बेल्जियम

निधन : 6 मई, 1949; नाइस (फ्रांस)

मॉरिस मेटरलिंक ने जेसुइट कॉलेज ऑफ सांते बार्बे में शिक्षा ग्रहण की थी। उसी दौरान उनके भीतर धार्मिक प्रवृत्तियाँ विकसित हुईं। कानून की पढ़ाई उन्होंने घेंट विश्वविद्यालय में की थी। वे 1886 में पेरिस गए थे। वहाँ उनकी भेंट सुप्रसिद्ध प्रतीकवादी कवि विलियर्ड डिल आइल एडम से हुई, जिनसे वे बहुत प्रभावित हुए। अमरीकी लेखक एमर्सन का भी उन पर गहरा असर पड़ा था।

मेटरलिंक सफल वकील तो नहीं हो पाए, लेकिन उनकी लेखन प्रतिभा ने विशिष्ट कीर्तिमान स्थापित किए। वे एक प्रतीकवादी कवि और नाटककार थे। लयात्मक गद्य में लिखित उनकी नाट्य कृतियों ने प्रतीकवादी रंगमंच को समृद्धि प्रदान की। हालाँकि वे बेल्जियन भाषा के सुप्रसिद्ध लेखक थे, लेकिन फ्रेंच में भी खूब लिखते थे। खासतौर से नाटक तो उन्होंने फ्रेंच भाषा में ही लिखे। कविताओं और नाटकों के अलावा उन्होंने उपन्यास भी लिखे और कहानियाँ भी।

मॉरिस मेटरलिंक की पहली महत्त्वपूर्ण रचना 'सेरेस चाउड्स' 1889 में प्रकाशित हुई थी। इसमें उनकी प्रतीकवादी कविताएँ संगृहीत हैं। उनकी चर्चित नाट्य कृतियाँ हैं : 'ला प्रिंसेज मेलाइन' (1889), 'ल इंट्रुज', 'लेस एवेंजल्स', 'पेलीज मेलिसांडे' (1892) और 'एग्लावेन एट सेलिस्टे' (1896)। 'मोन्ना वान्ना' (1902) और 'ल आइसो ब्लू' (1908) उनकी ऐतिहासिक नाट्य कृतियाँ हैं। 'ल आइसो ब्लू' खासतौर से बच्चों के लिए लिखी गई। इसका पहला रंगमंचीय प्रदर्शन मास्को में हुआ था। उनकी अन्य उल्लेखनीय रचनाएँ हैं : 'ले बोर्गोमेस्ट्रे डि स्टिलमोंड' (1918), 'ले ट्रेजर हम्बल्स' (1897), 'ला सेगेस एट ला डेस्टिनी' (1893), 'ल इंटेलीजेंस डेस फ्लुअर्स' (1907), 'ला वी डेस टरमाइट्स' (1927), 'ला वी डेस एबाइल्स' (1900), 'ला वी डि फोर्मीस' (1930) और 'ला वी डि ल एस्पेस' (1934)। 'बुल्स ब्लूज' उनके संस्मरणों का संग्रह है। एकेडमी फ्रांस्वा की सदस्यता तो उन्हें नहीं मिल पाई, क्योंकि वे बेल्जियम के नागरिक थे, फिर भी फ्रांस की इस प्रतिष्ठित संस्था ने फ्रेंच भाषा में उत्कृष्ट लेखन के लिए 1948 में उन्हें पदक प्रदान किया।

मेटरलिंक ने दो शादियाँ की थीं। पहली पत्नी जी. लेब्लांक एक सिने-तारिका थीं। बावन वर्ष की अवस्था में मेटरलिंक ने लेब्लांक को तलाक देकर दूसरी शादी की। दूसरी पत्नी का नाम रेनी डेहों था।

मॉरिस मेटरलिंक को उनकी बहुमुखी लेखन प्रतिभा, गहरी कल्पनाशक्ति और कवित्वपूर्ण विचारशक्ति जाग्रत् करने की विलक्षण क्षमता की प्रशस्ति में साहित्य के नोबेल पुरस्कार से 1911 में सम्मानित किया गया था।

शान्ति

फ्रायड, अल्फ्रेड हरमन
नागरिकता : ऑस्ट्रिया
जन्म : 11 नवंबर, 1864; विएना, ऑस्ट्रिया
निधन : 5 मई, 1921; विएना, ऑस्ट्रिया

अल्फ्रेड हरमन फ्रायड एक ऑस्ट्रियाई शान्तिवादी थे। जर्मन शान्ति आन्दोलन के सहसंस्थापक के रूप में उन्होंने प्रभावकारी भूमिका अदा की थी। 1911 में उन्होंने 'डाइ वैफेन नाइडर' (अपने हथियार रख दो) नामक एक शान्तिवादी पत्रिका का प्रकाशन शुरू किया। बर्था वॉन सट्टनर (नोबेल सम्मान, 1905) के साथ संयुक्त रूप से वे उस पत्रिका का संपादन करते थे। इससे पहले 1899 में वे एक अन्य पत्रिका 'फ्रायडेन स्वार्टे' (शान्ति प्रहरी) का प्रकाशन कर चुके थे।

सट्टनर से मतभेद होने पर अल्फ्रेड हरमन ने 1892 में 'ड्यूश फ्रायडेंसजेसेलशाफ्ट' (जर्मन पीस सोसाइटी) की स्थापना की। प्रथम विश्वयुद्ध से पहले वह संस्था जर्मनी शान्ति आन्दोलन में केंद्रीय भूमिका निभाने लगी थी।

अल्फ्रेड सदा बुनियादी शान्ति की बात किया करते थे। उन्हें यह विश्वास था कि विधायी उपायों और आध्यात्मिक पुनर्जीवन द्वारा 'अन्तरराष्ट्रीय अराजकता' को समाप्त किया जा सकता है। हालाँकि वे राजनीतिक प्रभाव नहीं रखते थे, लेकिन अन्तरराष्ट्रीय कानून के मामले में कतिपय जर्मन सिद्धान्तकारों पर अपना प्रभाव डाल चुके थे।

प्रथम विश्वयुद्ध छिड़ जाने पर वे जर्मनी नीतियों के प्रति अपना विरोध जाहिर करते हुए स्विट्जरलैंड चले गए और वहीं बस गए। उन्होंने 'पेपर्स फॉर इंटरनेशनल अंडरस्टैंडिंग एंड इंटर-स्टेट ऑर्गनाइजेशन' का संपादन किया था। 'हैंडबुक ऑफ पीस मूवमेंट' (1911-13) और 'माइ वार डायरी' (1918-20) उनकी उल्लेखनीय रचनाएँ हैं।

अल्फ्रेड हरमन फ्रायड को टोबिअस एसर के साथ संयुक्त रूप से शान्ति का नोबेल पुरस्कार 1911 में प्रदान किया गया था।

एसर, टोबिअस माइकेल कैरेल
नागरिकता : नीदरलैंड्स
जन्म : 28 अप्रैल, 1838; एम्सटर्डम, नीदरलैंड्स
निधन : 29 जुलाई, 1913; एम्सटर्डम, नीदरलैंड्स

टोबिअस माइकेल कैरेल एसर एक सम्मानित डच विधिवेत्ता थे। एम्सटर्डम विश्वविद्यालय में वे व्यावसायिक और निजी अन्तरराष्ट्रीय कानून के प्रोफेसर थे। अपने दो सहयोगियों के साथ मिलकर 1869 में उन्होंने 'रिव्यू ऑफ इंटरनेशनल लॉ एंड ऑफ कम्पैरेटिव लेजिस्लेशन' का प्रकाशन शुरू किया। वे 'इंस्टीट्यूट ऑफ इंटरनेशनल लॉ' के भी एक संस्थापक सदस्य थे।

टोबिअस एसर ने 1891 में डच सरकार को इस बात के लिए राजी किया कि अन्तरराष्ट्रीय निजी कानून के एकीकरण के लिए हेग सम्मेलन का आयोजन किया जाए, जिसके फलस्वरूप दो वर्ष बाद 1893 में हेग सम्मेलन आयोजित हुआ और आगे चलकर पारिवारिक कानून से सम्बद्ध हेग संधियों के लिए उसने एक स्थायी संस्थान का रूप ले लिया। अन्तरराष्ट्रीय बिलों के विनियम से सम्बन्धित कानून के एकीकरण के लिए 1911-12 में आयोजित सम्मेलन की अध्यक्षता एसर ने ही की थी। डच काउंसिल ऑफ स्टेट के सदस्य वे 1893 में ही हो गए थे। उन्होंने 1899 और 1907 के हेग शान्ति सम्मेलनों में एक डच प्रतिनिधि के रूप में भाग लिया था।

टोबिअस माइकेल कैरेल एसर को 1911 में नोबेल शान्ति पुरस्कार संयुक्त रूप से प्रदान किया गया था, इसमें उनके सहभागी थे—अल्फ्रेड हरमन फ्रायड।

भौतिक विज्ञान

रसायन विज्ञान

शरीर विज्ञान/चिकित्सा विज्ञान

साहित्य

शान्ति

1912

भौतिक विज्ञान

डेलन, निल्स गुस्ताफ
नागरिकता : स्वीडन
जन्म : 30 नवंबर, 1869; स्टेन्स्टॉर्प, स्वीडन
निधन : 9 दिसंबर, 1937; स्टाकहोम, स्वीडन

निल्स गुस्ताफ डेलन के पिता एक किसान थे। वे आरम्भ में डेयरी-उद्योग का अध्ययन करना चाहते थे, इसलिए कृषि विद्यालय में दाखिला लिया। लेकिन आगे चलकर गुस्ताफ डि लावेल ने उन्हें इंजीनियरिंग पढ़ने की सलाह दी। डेलन को यह सलाह जँची और 1892 से उन्होंने गोटबोर्ग के चामर्स इंस्टीट्यूट में पढ़ना शुरू किया। वहीं से वे 1896 में इंजीनियरिंग के स्नातक होकर निकले। उसके बाद वे स्विट्जरलैंड चले गए और 'आइजेनोसिचेज पॉलिटेक्निकुम' में प्रोफेसर स्टोडोला के निर्देशन में साल-भर तक अध्ययन किया।

स्वीडन लौटने पर डेलन ने परामर्शदाता इंजीनियर के रूप में अपना कार्यकारी जीवन आरम्भ किया। आगे चलकर 1901 में स्वीडिश कार्बाइड एंड एसिटिलीन लिमिटेड नामक कम्पनी ने उन्हें अपना प्रमुख तकनीकी अधिकारी नियुक्त किया। पाँच वर्ष बाद 1906 में उन्हें एक गैस एक्यूमुलेटर कम्पनी ने अपने यहाँ कार्य करने के लिए आमंत्रित किया। यह दूसरी कम्पनी भी एसिटिलीन गैस का ही व्यवसाय करती थी। डेलन को वह आमंत्रण आकर्षक और अनुकूल लगा, इसलिए चीफ इंजीनियर होकर वहीं चले गए। बाद में उस कम्पनी का पुनर्गठन हुआ और वह स्वीडिश गैस एक्यूमुलेटर लिमिटेड के रूप में कार्य करने लगी। निल्स गुस्ताफ डेलन को उस नवगठित कम्पनी का प्रबन्ध निदेशक बनाया गया।

डेलन ने एक स्वचालित सन वाल्व 'साल्वेंटिल' का आविष्कार किया था। 'साल्वेंटिल' में धूप की सक्रियता गैस के प्रकाश स्रोत का नियमन करती है। उष:काल में यह वाल्व अपने आप बंद हो जाता है और शाम के धुँधलके या घने कोहरे में फिर चालू हो जाता है। रात के अँधेरे में समुद्री जहाजों को राह दिखाने और खतरों से आगाह करनेवाले निर्जन प्रकाशगृहों और जल की सतह पर जगह-जगह तैरते बोयों में आज इसका व्यापक उपयोग दर्शाता है कि डेलन का आविष्कार कितना उपयोगी और महत्त्वपूर्ण था।

गैसों और टरबाइनों पर डेलन ने काफी शोध किए थे। उन्हीं शोधों के फलस्वरूप सुधरे हुए हॉट-एयर टरबाइन इंजन और लावेल स्टीम टरबाइन सामने आए। उन्होंने 'एगेमासान' जैसे एक ऐसे पदार्थ की खोज भी की जो एसिटिलीन को सोखता है और उसकी विस्फोटता को निष्प्रभावी कर देता है। 1913 में एक प्रयोग के दौरान हुए विस्फोट ने हालाँकि उन्हें अन्धा बना दिया था, लेकिन अपने प्रयोगों का सिलसिला उन्होंने तब भी जीवन-भर जारी रखा।

डेलन को पनामा नहर में प्रकाश-व्यवस्था का अनुबंध-पत्र मिला था। उन्होंने व्यापक उपयोग में आनेवाले एक ऐसे स्टोव का आविष्कार किया, जो महज 8 पौंड कोयले की खपत से चौबीसों घंटे रसोईघर की पाकक्रिया को जारी रखने के लिए अपेक्षित ताप या आँच दे सकता था।

डेलन का विवाह 1901 में एल्मा पेर्सन के साथ हुआ था। उनके दो पुत्र और दो पुत्रियाँ थीं।

प्रकाशगृहों और बोयों को आलोकित रखनेवाले स्वचालित रेगुलेटरों का आविष्कार करके निल्स गुस्ताफ डेलन ने विश्वव्यापी यश अर्जित किया था। जिनके लिए उन्हें 1912 में नोबेल पुरस्कार से सम्मानित किया गया।

रसायन विज्ञान

ग्रिनार्ड, विक्टर
नागरिकता : फ्रांस
जन्म : 6 मई, 1871; चेर्बोर्ग, फ्रांस
निधन : 13 दिसंबर, 1935; लियोन, फ्रांस

विक्टर ग्रिनार्ड एक पाल नौका-निर्माता के पुत्र थे। वे लियो विश्वविद्यालय गए तो गणित का अध्ययन करने थे क्योंकि इच्छा गणित का अध्यापक बनने की थी, लेकिन अन्ततः जैव-रासायनिकी को उन्होंने अध्ययन का विषय बनाया। वहाँ उनके शिक्षक प्रसिद्ध रसायनविद् फिलिप बार्बियर थे, जिनकी देखरेख में उन्होंने आर्गेनोमैग्नीशियम यौगिकों पर शोध शुरू किया। विश्वविद्यालय की पढ़ाई पूरी करने के बाद भी उन्होंने अपने प्रयोगों और शोध को जारी रखा। 1910 में उन्हें नान्सी विश्वविद्यालय में रसायन विज्ञान का प्रोफेसर नियुक्त किया गया था। लगभग नौ साल तक वे वहाँ कार्यरत रहे। उसके बाद 1919 में लियो चले गए; क्योंकि वहाँ फिलिप बार्बियर अवकाश ग्रहण कर चुके थे और उनके स्थान पर विक्तोर ग्रिग्नार्ड को ही रसायन विज्ञान का प्रोफेसर नियुक्त किया गया था। अपना शेष जीवन उन्होंने वहीं कार्य करते हुए व्यतीत किया।

प्रथम विश्वयुद्ध के दौरान फ्रांस की सरकार के लिए ग्रिनार्ड ने कई रासायनिक परियोजनाओं पर काम किया। परवर्ती वर्षों के दौरान वे अपनी पुस्तक 'ट्रेट डि किमी ऑर्गेनिक' लिखने में व्यस्त रहे, जिसके कुछ ही खंड 1935 में प्रकाशित हो पाए थे कि वे खुद ही चल बसे। उनकी अधूरी पुस्तक को दूसरे रसायनविदों ने पूरा किया।

अपने प्रयोगों और शोध के क्रम में ग्रिनार्ड ने देखा था कि ईथर के घोल में मैग्नीशियम की अनेक जैव 'हैलिडों' के साथ अभिक्रिया होने पर ऐसे यौगिक बनते हैं, जो घोल में सुस्थिर होते हैं। डॉक्टरेट की डिग्री के लिए लिखित अपनी थीसिस (1910) में आर्गेनोमैग्नीशियम यौगिकों की अभि-क्रियाओं के जरिए एल्कोहलों, अम्लों और हाइड्रोकार्बनों के निर्माण का पूरा विवरण उन्होंने दिया है। इन अभिक्रियाओं को अब उन्हीं के नाम पर ग्रिनार्ड अभिक्रियाएँ कहा जाता है। ऑर्गेनिक और ऑर्गेनामेटलिक संश्लेषण के संदर्भ में इन अभिक्रियाओं की प्रभावकारिता पर अब किसी को सन्देह नहीं। उनकी मृत्यु से पूर्व ग्रिनार्ड अभिक्रिया के वास्तविक उपयोगों के बारे में उनके लगभग 6,000 आलेख प्रकाशित हो चुके थे।

ग्रिनार्ड अपनी खोजों के निहितार्थ की व्याख्या को बहुत महत्त्व देते थे और ज्यादातर उन्हीं खोजों के बारे में विचार करते रहते थे। उन्होंने अल्युमीनियम, पारा और टर्पीनों के जैव यौगिकों पर भी काफी काम किया था।

विक्टर ग्रिनार्ड को 'ग्रिनार्ड अभिकर्मकों' की महत्त्वपूर्ण खोज के लिए 1912 में नोबेल पुरस्कार से सम्मानित किया गया। ग्रिनार्ड ने फ्रांसीसी रसायनविद् पॉल सेबातिए को पुरस्कार में अपना सहभागी बनाया था।

सेबातिए, पॉल
नागरिकता : फ्रांस
जन्म : 5 नवंबर, 1854; कार्कासोने, फ्रांस
निधन : 14 अगस्त, 1941; लुलुसे, फ्रांस

पॉल सेबातिए एक फ्रांसीसी पादरी और इतिहासकार थे, जिन्होंने असीसी के सेंट फ्रांसीसी की पहली आधुनिक जीवनी लिखी थी।

उन्होंने वर्ष 1874 में इकोल नॉमेल सुपीरियो से स्नातक की शिक्षा प्राप्त की तथा एक वर्ष नाइक्स के लाइसी में शिक्षण कार्य करने के पश्चात 1878 में कॉलेज दे फ्रांस में प्रयोगशाला सहायक के पद पर नियुक्त हो गए। दो वर्ष बाद उन्होंने सल्फर और मैटालिक सल्फाइड की थर्मो केमिस्ट्री पर शोध-प्रबन्ध के साथ डॉक्टरेट की उपाधि प्राप्त की।

बोर्डो के विज्ञान संकाय में एक वर्ष तक भौतिक विज्ञान में मैग दे कॉन्फ्रेंस में सेवा करने के बाद, उन्होंने तोलुस में विज्ञान के संकाय मंडल में भौतिक विज्ञान विभाग का पदभार सँभाला, जहाँ वे आजीवन कार्यरत रहे। उन्हें 1884 में रसायन विज्ञान का प्रोफेसर बनाया गया। वे फ्रेंच केमिकल स्कूल के सबसे प्रतिभाशाली प्रतिनिधियों में से एक थे।

सेबातिए ने अपने अध्ययन कार्यों से सम्बन्धित लेख सबसे महत्त्वपूर्ण संस्थाओं के प्रकाशनों में प्रकाशित किए। उनकी सबसे महत्त्वपूर्ण पुस्तक 'ला कैटालिस एन किमी ऑर्गेनिक (कैटालिसिस इन ऑर्गेनिक केमिस्ट्री) 1913 में प्रकाशित हुई।

कार्बनिक रसायन विज्ञान के क्षेत्र में उनके प्रयास 1897 के आसपास शुरू हुए तथा उन्होंने निकिल, ताँबा, कोबाल्ट, लोहा और इलेटिनम जैसे पहले विभाजित धातुओं पर उत्प्रेरक हाइड्रोजनीकरण (कैटालिरिक हाइड्रोजनेशन) के एक सिद्धान्त की खोज करने में मार्गदर्शन दिया। अपने सहयोगियों की सहायता से उन्होंने न केवल उत्प्रेरक हाइड्रोजनीकरण पर बड़ी संख्या में प्रयोगात्मक अध्ययन किए अपितु उन्होंने कैटालिसिस पर एक सिद्धान्त की खोज भी की, जो आज भी उपयोगी है। इस परिकल्पना और अपने अनगिनत प्रयोगात्मक उत्प्रेरक अध्ययनों एवं खोजों के लिए विज्ञान एवं उद्योग-जगत् हमेशा उनका आभारी रहेगा। कार्बनिक रसायन विज्ञान के क्षेत्र में किए गए महत्त्वपूर्ण योगदान के लिए उन्हें विक्टर ग्रिनार्ड के साथ संयुक्त रूप से 1912 का नोबेल पुरस्कार प्रदान किया गया।

शरीर विज्ञान/चिकित्सा विज्ञान

कैरेल, एलेक्सिस
नागरिकता : फ्रांस
जन्म : 28 जून, 1873; साइंते-जायल्स-लियोन, फ्रांस
निधन : 5 नवंबर, 1944; पेरिस, फ्रांस

एलेक्सिस कैरेल ने 1900 में लियो विश्वविद्यालय से डॉक्टर की डिग्री हासिल की थी। अपना शोधकार्य उन्होंने विश्व-विद्यालय में ही शुरू किया और अगले दो वर्षों तक वे विच्छेदक (prosector) की हैसियत से वहाँ कार्यरत रहे। उन्होंने 1904 में फ्रांस से अमरीका की यात्रा की थी। वहाँ पहले शिकागो के विश्वविद्यालय में दो वर्षों तक कार्य किया, फिर 1906 से न्यू यॉर्क के रॉकफेलर इंस्टीट्यूट में कार्य करने लगे। उस इंस्टीट्यूट में उन्होंने रक्तवाहिकाओं के सीवन और अंगों के प्रत्यारोपण पर अपना विशद अध्ययन प्रस्तुत किया।

रक्तवाहिकाओं या शिराओं के जुड़ाव का अध्ययन उन्होंने 1902 में ही शुरू कर दिया था। सम्भावित जटिलताओं का सुव्यवस्थित रूप से विश्लेषण करते हुए उन्होंने थ्रोंबोसिस या स्टेनोसिस का उभार रोकने के लिए नई प्रविधियाँ विकसित कीं। अंगों के प्रत्यारोपण में विफलताएँ जिन कारणों से सामने आती हैं, उन्हें दूर करने की दिशा में वे सदा सचेष्ट रहे। सख्त अपौतिकता के दबाव पर काबू पाने के लिए भी प्रविधियाँ उन्होंने विकसित कीं। औजारों, सुइयों और सीवन (टाँके) से सम्बन्धित छोटी-से-छोटी बातों का वे पूरा ध्यान रखते थे। उन्होंने रक्तवाहिकाओं पर टाँके लगाने की विधि विकसित की तथा शिराओं और अंगों के प्रत्यारोपण पर अध्ययन के

लिए आधारभूमि तैयार की। नई प्रविधियों की मदद से किडनी या गुर्दा जैसे किसी समूचे अंग को शरीर से अलग करने और पुन: प्रत्यारोपित करने में उन्हें सफलता मिली थी और यह कोई साधारण उपलब्धि नहीं थी।

डॉ. कैरेल ने वैस्क्युलर सर्जरी को आगे बढ़ाने की दिशा में बहुत काम किया। एक रक्तदाता का रक्त किसी अन्य रक्त प्राप्त करनेवाले व्यक्ति के शरीर में पहुँचाने की कारगर विधि उन्होंने तभी विकसित कर ली थी, जबकि रक्त के जमाव को रोकने का कोई तरीका सामने नहीं आया था।

जब प्रथम विश्वयुद्ध छिड़ गया, तब कैरेल फ्रांस लौट आए और सेना में शामिल हो गए। उसी दौरान उन्होंने जख्मों के संक्रमण का उपचार करने के लिए एक ऐसी पद्धति विकसित की, जिसमें घावों पर लगातार ऐंटीसेप्टिक घोल का छिड़काव किया जाता है। यह पद्धति 'कैरेल-डैकिन' पद्धति कहलाती है।

प्रथम विश्वयुद्ध समाप्त होने पर 1919 में कैरेल पुन: रॉकफेलर इंस्टीट्यूट पहुँच गए। फिर 1939 में जब दूसरा विश्वयुद्ध छिड़ा, तब फ्रांस लौटना उनके लिए जरूरी हो गया। फ्रांस की पब्लिक हेल्थ मिनिस्ट्री द्वारा संचालित कार्य मिशन के अन्तर्गत उन्होंने कार्य किया।

डॉ. कैरेल ने कर्नल चार्ल्स ए. लिंडबर्ग के साथ मिलकर एक यांत्रिक हृदय का विकास किया था, जिसके जरिए किसी जानवर के हृदय या गुर्दे को कृत्रिम रक्तसंचार द्वारा 'जीवित' रखा जा सकता था। उन्होंने शरीर से अलग हुए ऊतक के परिरक्षण पर अनुसंधान किया। सर्जरी की प्रक्रिया में उसकी उपयोगिता को परखना उनका लक्ष्य था। मानवीय समस्याओं से निपटने के लिए पेरिस में स्थापित 'कैरेल फाउंडेशन' के निदेशक वे 1914 से 1944 तक रहे। 'मैन, द अननोन' (1935), 'द कल्चर ऑफ ऑर्गन्स' (1938), 'रिफ्लेक्शंस ऑन लाइफ' (1952) और 'ट्रीटमेंट ऑफ इन्फेक्टेड वूंड' उनके द्वारा लिखित पुस्तकें हैं।

रक्तवाहिकाओं और अंगों के प्रत्यारोपण पर एलेक्सिस कैरेल ने जो उल्लेखनीय कार्य किए, उनके लिए उन्हें विश्वव्यापी ख्याति मिली। 1912 में वे नोबेल पुरस्कार से सम्मानित हुए।

साहित्य

हॉप्टमान, गेर्हार्ट जोहानन रॉबर्ट

नागरिकता : जर्मनी

जन्म : 15 नवंबर, 1862; सिलेसिया (अब पोलैंड में)

निधन : 6 जून, 1946; ऐग्ने-टेंडॉर्फ, जर्मनी (अब पोलैंड में)

गेर्हार्ट जोहानन रॉबर्ट हाप्टमान की स्कूली शिक्षा ब्रेस्लाड में हुई थी। पंद्रह साल की उम्र में वे स्कूल से निकलकर ब्रेस्लाउ के रॉयल कॉलेज ऑफ आर्ट में दाखिल हुए। मूर्तिकला में उनकी विशेष रुचि थी, वे उसी का अध्ययन करने लगे। मूर्तिकला से वे फिर इतिहास की ओर मुड़े और अन्त में दर्शन की ओर।

रोम में रहते हुए उन्होंने कुछ समय तक (1883-84) मूर्ति बनाने का काम किया। उसी दौरान वे एक बार सख्त बीमार पड़े। उन्हें टायफॉइड हो गया था। बीमारी की हालत में मेरी थाइनेमान नामक एक जर्मन लड़की ने उनकी बड़ी सेवा और देखभाल की। उसी के साथ बाद में उन्होंने शादी की। उस विवाह से उनका दांपत्य जीवन सुखी नहीं हुआ। दोनों ने अन्त में एक-दूसरे से तलाक ले लिया। दूसरा विवाह उन्होंने मार्गरेट मार्शक से किया। रुचियों में विविधता होने के बावजूद मूलत: वे लेखक थे। जर्मन साहित्य के इतिहास में एक विवादास्पद व्यक्तित्व होने के कारण वे विशेष रूप से चर्चा के केंद्र में रहे।

गेर्हार्ट ने यद्यपि कविताओं और उपन्यासों की भी रचना की थी, लेकिन नाटककार के रूप में उन्हें विशेष प्रसिद्धि मिली। उनका पहला नाटक 'बिफोर डॉन' (1891) था, जो पहली बार बर्लिन में प्रदर्शित हुआ। उसके बाद अनेक उल्लेखनीय नाटक उन्होंने लिखे। 'संकेन बेल', 'पिप्पा डांस' (1906) आदि उनकी चर्चित कृतियाँ हैं। 'संकेन बेल' की गणना विश्व के श्रेष्ठतम नाटकों में होती है।

गेर्हार्ट के लिए जीवन और लेखन दोनों एक-दूसरे के पर्याय थे। उनकी तमाम रचनाओं में उनके निजी अनुभवों

को कलात्मक अभिव्यक्ति मिली है। अपने सफल, जीवंत और उत्कृष्ट नाटकों के द्वारा उन्होंने नाट्य-कला को एक नई ऊँचाई दी, जिसके लिए उन्हें 1912 में नोबेल पुरस्कार से सम्मानित किया गया।

शान्ति

रूट, एलिहू
नागरिकता : अमरीका
जन्म : 15 फरवरी, 1845; न्यू यॉर्क, अमरीका
निधन : 7 फरवरी, 1937; न्यू यॉर्क सिटी, अमरीका

एलिहू रूट ने कानून की डिग्री 1867 में न्यू यॉर्क विश्वविद्यालय से हासिल की थी। वे एक सफल वकील और राजनेता थे। उनकी वकालत का सम्बन्ध सरकारी गतिविधियों से भी रहता था, इसलिए वे रिपब्लिकन नेता थियोडोर रूजवेल्ट के सम्पर्क में आए। उनकी पारस्परिक निकटता धीरे-धीरे घनिष्ठ से घनिष्ठतर होती गई।

तत्कालीन अमरीकी राष्ट्रपति विलियम मैकिन्ले के मंत्रिमंडल में युद्ध सचिव की हैसियत से एलिहू ने अमरीकी नियंत्रणवाले स्पेनिश उपनिवेशों की सरकारी व्यवस्था के बारे में एक कार्ययोजना तैयार की थी। उनके सुझावों के फलस्वरूप फोरेकर ऐक्ट (1900) अस्तित्व में आया और प्यूत्रो रिको की नागरिक सरकार बनी। उन्होंने फिलीपीन द्वीप समूह पर अमरीकी प्रभुत्व स्थापित किया और एक अमरीकी शासकीय आयोग वहाँ भेजने के लिए निर्देश जारी किए।

सैन्य क्षेत्र में भी उन्होंने कई सुधार किए। 1901 में उन्होंने आर्मी वॉर कॉलेज की स्थापना करवाई। 1903 में वे मंत्रिमंडल से अलग हो गए थे, लेकिन रूजवेल्ट के राष्ट्रपति चुने जाने के बाद पुनः राज्य सचिव की हैसियत से काम करने लगे। 1905 से 1909 तक वे उस पद पर कार्यरत रहे।

दक्षिण अमरीका की यात्रा के दौरान एलिहू ने लातीन-अमरीकी राज्यों को इस बात के लिए राजी किया कि वे हेग के द्वितीय शान्ति सम्मेलन में भाग लें। ज्यादातर यूरोपीय देशों के साथ मध्यस्थता की संधियों को उन्होंने अन्तिम रूप दिया। आगे चलकर हेग न्यायाधिकरण में प्रमुख अमरीकी सलाहकार के रूप में उन्होंने उत्तरी अटलांटिक के तटीय क्षेत्रों में मात्स्यिकी के अधिकार को लेकर छिड़े विवाद को निपटाने का ऐतिहासिक कार्य किया।

एलिहू रूट मूलतः शान्तिवादी थे। वे हमेशा समस्याओं के शान्तिपूर्ण हल के पक्षधर रहे। उन्हें 1912 का नोबेल शान्ति पुरस्कार उसी वर्ष दिया नहीं जा सका, मगर उन्हीं के लिए आरक्षित रहा। पुरस्कार से व्यवहारतः वे 1913 में सम्मानित हुए।

भौतिक विज्ञान

रसायन विज्ञान

शरीर विज्ञान/चिकित्सा विज्ञान

साहित्य

शान्ति

1913

भौतिक विज्ञान

कैमरलिंग-ओनेस, हाइक

नागरिकता : नीदरलैंड्स

जन्म : 21 सितंबर, 1853; ग्रोनिंगन, नीदरलैंड्स

निधन : 21 फरवरी, 1926; लीडन, नीदरलैंड्स

हाइक कैमरलिंग-ओनेस के पिता का नाम हार्म कैमरलिंग-ओनेस था, जिनका ग्रोनिंगन के निकट ही ईंट बनाने का एक कारखाना था। हाइक की माता का नाम अन्ना गर्डीना कोअर्स था। प्रारंभिक शिक्षा के बाद हाइक ने ग्रोनिंगन विश्वविद्यालय में विज्ञान की उच्चतर शिक्षा ग्रहण की। बी.एससी. के समकक्ष समझी जानेवाली डिग्री 'कैंडीडाट्स' उन्होंने 1871 में प्राप्त की। हाइडलबर्ग में लगभग दो साल तक उन्होंने रॉबर्ट बुनसन और गुस्ताव किर्चौव की देखरेख में अध्ययन किया। 'डॉक्टोरल' (एम.एससी. के समकक्ष) परीक्षा भी उन्होंने ग्रोनिंगन से ही 1878 में उत्तीर्ण की और उसके एक साल बाद डॉक्टरेट की डिग्री हासिल की। डॉक्टरेट के लिए लिखित उनकी थीसिस का विषय था : 'पृथ्वी के परिभ्रमण के नए प्रमाण'।

डेफ्ट के 'पॉलिटेक्निकुम' में बोस्का के सहायक के रूप में वे 1878 से ही काम करने लगे थे। बोस्का की जगह पर 1881-82 में व्याख्याता का कार्य भी उन्होंने किया। उसके बाद 1882 से 1923 तक वे लीडन विश्वविद्यालय में प्रायोगिक भौतिकी के प्रोफेसर की हैसियत से कार्यरत रहे।

कैमरलिंग-ओनेस ने पदार्थ की अवस्थाएँ व्याख्यायित करनेवाले समीकरण की जाँच की और अलग-अलग दाबों और तापों पर तरल पदार्थों और गैसों की सामान्य ऊष्मागतिक गुणधर्मिताओं का अध्ययन किया। 1894 में उन्होंने लीडन में उस क्रायोजेनिक प्रयोगशाला की स्थापना की जो आज उन्हीं के नाम से विश्व-भर में निम्नताप पर शोध का एक प्रमुख केंद्र होने के कारण प्रसिद्ध है। लगभग बारह साल (1895-1906) तक वे क्रायोजेनिक प्रायोगिक भौतिकी पर अपना ध्यान केंद्रित किए रहे। हाइड्रोजेनिक लिक्वीफैशन मशीन उन्होंने ही विकसित की, जिसके जरिए हीलियम का तरल रूप प्राप्त करने में अन्ततः उन्हें कामयाबी मिल ही गई। तरल हीलियम को ठोस में परिणत करने का भी उन्होंने काफी प्रयास किया, किन्तु सफलता नहीं मिली। आगे चलकर

उन्हीं के एक शिष्य और उत्तराधिकारी विलेम हेंड्रिक कीसम ने 1926 में तरल हीलियम को ठोस रूप देने में कामयाबी हासिल की।

सुपरकंडक्टिविटी (अति चालकता) की खोज सर्वप्रथम कैमरलिंग-ओनेस ने ही की थी। ताप और चालकता से सम्बन्धित यह ऐसा महत्त्वपूर्ण क्षेत्र है जिस पर काम करते हुए उन्होंने आगामी पीढ़ी के लिए भी खोज का मार्ग प्रशस्त किया।

कैमरलिंग-ओनेस ने 1887 में मारिया एड्रियाना विल्हेमिना एलिजाबेथ बिज्लेवेल्ड नामक महिला से विवाह किया था। वे एक पुत्र के पिता थे।

निम्न ताप पर पदार्थ की गुणधर्मिताओं की खोज और हीलियम को तरल रूप में प्रस्तुत कर हाइक कैमरलिंग-ओनेस ने भौतिक विज्ञान के क्षेत्र में एक युगांतरकारी भूमिका निभाई थी। इसके लिए 1913 में उन्हें नोबेल पुरस्कार से सम्मानित किया गया।

रसायन विज्ञान

वेर्नर, अल्फ्रेड
नागरिकता : स्विट्जरलैंड
जन्म : 12 दिसंबर, 1866; मुल्हाउस (फ्रांस)
निधन : 15 नवंबर, 1919; ज्यूरिख, स्विट्जरलैंड

अल्फ्रेड वेर्नर ने ज्यूरिख विश्वविद्यालय से पीएच.डी. की डिग्री हासिल की थी। यह डिग्री उन्हें उस शोधकार्य पर मिली थी जो उन्होंने ऑर्गेनोनाइट्रोजन ऑक्सिम यौगिकों के सम्बन्ध में आर्थर हांज के साथ किया था। उन्होंने ऑक्सिम अणु के उन हिस्सों की त्रिविम या त्रिआयामी व्यवस्था की खोज की जो नाइट्रोजन परमाणु से सीधे जुड़े होते हैं। आगे चलकर उनकी यह खोज विन्यास-रसायन के क्षेत्र में अत्यन्त महत्त्वपूर्ण साबित हुई।

बाद में वे पेरिस चले गए और मार्सिलिन बर्थेलोत के साथ कार्य करने लगे। पेरिस से वे 1891 में ज्यूरिख लौटे। 1893 से वे ज्यूरिख विश्वविद्यालय में शिक्षण कार्य करने लगे और मृत्युपर्यंत करते रहे। शिक्षण के मामले में उनका बड़ा दबदबा था। वे एक प्रतिभावान शिक्षक थे।

वेर्नर ने 1891 में समन्वयन सिद्धान्त का निरूपण किया था। रसायन विज्ञान को यह उनकी महती देन थी। इससे अकार्बनिक यौगिकों का सरल वर्गीकरण सम्भव हुआ और समावयवता (isomerism) की अवधारणा विस्तृत हो पाई। वे और उनके शिष्यगण यौगिकों की ऐसी नई शृंखलाएँ तैयार करने में जुट गए, जो नई पद्धति के अनुरूप हों। काफी हद तक वे इसमें सफल हुए भी। आगे चलकर वेर्नर के सिद्धान्तों में मामूली-सा सुधार किया गया, लेकिन अकार्बनिक रसायन विज्ञान के वे आज मूलाधार माने जाते हैं। रासायनिक बंध की आधुनिक अवधारणाओं का मार्ग भी उनसे प्रशस्त हुआ।

रसायन विज्ञान के विकास में अल्फ्रेड वेर्नर के महत्त्वपूर्ण योगदान को देखते हुए नोबेल समिति ने 1913 में उन्हें नोबेल पुरस्कार से सम्मानित किया।

शरीर विज्ञान/चिकित्सा विज्ञान

रिशे, चार्ल्स रॉबर्ट
नागरिकता : फ्रांस
जन्म : 26 अगस्त, 1850; पेरिस, फ्रांस
निधन : 4 दिसंबर, 1935; पेरिस, फ्रांस

चार्ल्स रॉबर्ट रिशे के पिता लाक्षणिक शल्य विज्ञान (Clinical Surgery) के प्रोफेसर थे। पिता की भाँति चार्ल्स ने भी चिकित्सा विज्ञान को ही अपने अध्ययन का विषय बनाया। पेरिस विश्वविद्यालय से 1876 में वे चिकित्सा विज्ञान में स्नातक होकर निकले। 'ऐनाफिलेक्सिस' (तीव्रग्राहिता) पर उन्होंने अपना जो अध्ययन प्रस्तुत किया था, उसके लिए वे पुरस्कृत भी हुए। 'ऐनाफिलेक्सिस' शब्द का प्रयोग उन्होंने किसी सुग्राहीकृत व्यक्ति को दूसरी बार ऐंटिजन का इंजेक्शन

देने पर होनेवाली उसकी घातक प्रतिक्रिया के लिए किया था। उनके शोधों से परागज ज्वर (hay fever), दमा और विजातीय तत्त्वों के प्रति एलर्जी से सम्बन्धित अन्य प्रतिक्रियाओं को समझने में मदद मिली। यही नहीं, तीव्र उत्तेजना और अचानक मृत्यु के कारणों पर प्रकाश डालना भी उनसे सम्भव हुआ। ये सब बातें पहले अबूझ पहेली जैसी लगती थीं।

रिशे पेरिस विश्वविद्यालय में अध्यापन करते थे और 'रिव्यू साइंटिफिक' के सह-निदेशक थे। उन्होंने श्वसन और पाचन की दैहिक क्रियाओं की जाँच-पड़ताल की थी। मिर्गी, दैहिक ताप के नियमन और कई अन्य विषयों के बारे में भी उन्होंने बारीकी से छानबीन की थी। निरंतर खोज कार्य में लगे रहना जैसे उनकी दिनचर्या का अपरिहार्य अंग बन गया था।

चार्ल्स रॉबर्ट रिशे विविध रुचियों से सम्पन्न प्रतिभाशाली व्यक्ति थे। वे जीवाणुविज्ञानी थे, चिकित्साविज्ञानी थे और मेडिकल सांख्यिकीविद् थे, साथ ही साहित्य में भी वे गहरी रुचि रखते थे।

'ऐनाफिलेक्सिस' पर जो महत्त्वपूर्ण कार्य उन्होंने किए थे, उनकी प्रशस्ति में उन्हें 1913 में नोबेल पुरस्कार से सम्मानित किया गया।

साहित्य

ठाकुर, रवींद्रनाथ
नागरिकता : भारत
जन्म : 7 मई, 1861; कलकत्ता, भारत
निधन : 7 अगस्त, 1941; कलकत्ता, भारत

रवींद्रनाथ ठाकुर के पिता महर्षि देवेंद्रनाथ ठाकुर और दादा राजा द्वारिकानाथ ठाकुर थे। देवेंद्रनाथ ठाकुर सांसारिक ऐश्वर्य को उतना महत्त्व नहीं देते थे जितना ज्ञान, ध्यान और धर्म-साधना को। उनके सात पुत्र थे, रवींद्रनाथ उनमें सबसे छोटे थे। वे महज तेरह वर्ष के थे, जब उनकी माँ क्षय रोग से ग्रस्त हो चल बसीं।

रवींद्रनाथ ठाकुर ने कोई औपचारिक शिक्षा नहीं पाई थी। कलकत्ता के अच्छे-से-अच्छे शिक्षकों द्वारा उन्हें घर पर ही शिक्षा दिलाने की व्यवस्था की गई थी। साहित्य और संगीत में आरम्भ से ही उनकी विशेष रुचि थी। सत्रह वर्ष की अवस्था में वे अपने बड़े भाई के पास लंदन चले गए। वहाँ कानून की पढ़ाई के लिए यूनिवर्सिटी कॉलेज में दाखिल हुए भी, लेकिन मन रमा नहीं। कुछ समय बाद वापस भारत चले आए।

रवींद्रनाथ किशोरावस्था से ही कविताएँ लिखने लगे थे। उनकी कविताओं का एक संग्रह 'मानसी' 1890 में प्रकाशित हुआ, जो उनकी तीव्र गति से परिपक्वता की ओर बढ़ रही प्रतिभा का परिचायक था। 'गल्प गुच्छ' (1912) की कहानियों में उन्होंने दीन-हीन ग्रामीणों के दुखमय जीवन का चित्रण किया है।

उनके कई कविता संग्रह प्रकाशित हुए, जिनमें 'सोनारतरी' (1893), 'चित्रा' (1896), 'चैताली' (1896), 'कल्पना' (1900), 'क्षणिका' (1900) और 'नैवेद्य' (1901) उल्लेखनीय हैं। दो गीतिनाट्य भी उन्हीं दिनों प्रकाशित हुए— 'मालिनी' (1895) और 'चित्रांगदा' (1913)। अपनी काव्यकृति 'गीतांजलि' (1910) के कारण उन्हें नोबेल पुरस्कार से सम्मानित किया गया।

'गीतांजलि' का अंग्रेजी में रूपांतरण स्वयं रवींद्रनाथ ने किया था। चुने हुए 103 गीतों के उस अंग्रेजी संस्करण ने यूरोपीय देशों के विद्वानों का ध्यान आकर्षित किया। यूरोपीय पत्र-पत्रिकाओं में उसकी बड़ी चर्चा हुई और अन्तत: टॉमस स्टर्ज मूर नामक एक अंग्रेज ने रॉयल सोसाइटी (लंदन) का सदस्य होने के नाते नोबेल पुरस्कार के लिए रवींद्रनाथ का नाम प्रस्तावित किया। नोबेल समिति के अन्य सदस्यों ने प्रस्ताव का समर्थन किया और इस प्रकार साहित्य के लिए 1913 का नोबेल पुरस्कार ऐसे कवि को प्रदान किया गया जो पश्चिम का नहीं, पूर्व का था।

रवींद्रनाथ ठाकुर नोबेल पुरस्कार से सम्मानित होनेवाले प्रथम भारतीय तो थे ही, प्रथम एशियाई भी थे। उनसे पहले नोबेल पुरस्कार केवल यूरोपीय देशों के लोगों को मिले थे।

नोबेल पुरस्कार पाने के बाद भी उनका लेखन दशकों तक जारी रहा। अपनी उत्कृष्ट रचनाओं से वे न केवल बँगला साहित्य को बल्कि अनूदित होकर पूरे भारतीय साहित्य को समृद्धि प्रदान करते रहे। कविताओं के अलावा उन्होंने दर्जनों कहानियाँ, कई नाटक और उपन्यास, यात्रा-वृत्तांत और निबन्ध भी लिखे। 'गोरा' (1910) और 'चार अध्याय'

जैसे उपन्यासों तथा 'रक्त करबी' और 'चारुलता' जैसे नाटकों में एक नए रवींद्रनाथ के दर्शन होते हैं। जीवन के अन्तिम ढाई दशकों के दौरान जो कविताएँ उन्होंने लिखीं, वे 21 संग्रहों में प्रकाशित हुईं।

कलकत्ता से बोलपुर ज्यादा दूर नहीं है। बोलपुर के निकट ही वह 'शान्ति निकेतन है, जहाँ 1901 में रवींद्रनाथ ने एक आदर्श विद्यालय की स्थापना की थी। 1924 में वहाँ विश्वभारती विश्वविद्यालय की स्थापना उन्होंने की।

रवींद्रनाथ विश्व में अकेले ऐसे कवि नजर आते हैं, जिन्हें दो-दो देशों के राष्ट्रगीत की रचना का श्रेय दिया जाता है। 'जन-गण-मन' भारत का राष्ट्र गान है और 'आमार सोनार बांग्ला' बँगलादेश का। श्रीलंका का राष्ट्रगीत भी रवींद्रनाथ ठाकुर की कविता 'चित्त जेथा वय शून्य' पर आधारित है।

शान्ति

ला फौंतेन, हेनरी

नागरिकता : बेल्जियम

जन्म : 22 अप्रैल, 1854; ब्रूसेल्स, बेल्जियम

निधन : 14 मई, 1943; ब्रूसेल्स, बेल्जियम

हेनरी ला फौंतेन ने ब्रूसेल्स विश्वविद्यालय से कानून की पढ़ाई की थी। उन्हें 1877 में 'बार' में प्रवेश दिया गया। अन्तरराष्ट्रीय कानून के क्षेत्र में उन्होंने अपनी धाक जमाई और जल्दी ही उन्हें अन्तरराष्ट्रीय कानून का अधिकारी विशेषज्ञ माना जाने लगा। वे 1893 में ब्रूसेल्स के 'यूनिवर्सिटी नूवेले' में अन्तरराष्ट्रीय कानून के प्रोफेसर बने। दो साल बाद, 1895 में, सोशलिस्ट पार्टी के सदस्य के रूप में वे बेल्जियम की सीनेट के लिए चुने गए। उन्होंने 1919 से 1932 तक सिनेट के उप-सभापति की हैसियत से भी कार्य किया।

फौंतेन एक अन्तरराष्ट्रीय ख्यातिप्राप्त विधिवेत्ता थे। 'इंटरनेशनल पीस ब्यूरो' के वे अध्यक्ष (1907-43) थे। आरम्भ से ही वे इस संस्था की गतिविधियों में दिलचस्पी लेने लगे थे। 1882 में स्थापित इस संस्था के प्रयास से ही हेग का शान्ति सम्मेलन बुलाया गया था। पेरिस के शान्ति सम्मेलन (1919) में तथा 'लीग ऑफ नेशंस एसेंबली' (1920-21) में उन्होंने बेल्जियम के प्रतिनिधिमंडल के सदस्य की हैसियत से भाग लिया था।

विश्व-शान्ति को बढ़ावा देने के उद्‌देश्य से उन्होंने विश्व के बुद्धिजीवियों के केंद्र की स्थापना की थी। उनका प्रस्ताव था कि एक विश्वविद्यालय, एक विश्व संसद और एक अन्तरराष्ट्रीय न्यायालय की स्थापना की जाए। ला फौंतेन ने कानून पर कई पुस्तिकाएँ लिखी थीं। 'डाक्यूमेंटरी हिस्टरी ऑफ इंटरनेशनल आर्बिट्रेशन' (1904) और 'दि ग्रेट सोल्यूशन' (1919) के लेखक ला फौंतेन ही थे।

हेनरी ला फौंतेन को शान्ति के नोबेल पुरस्कार से 1913 में सम्मानित किया गया।

भौतिक विज्ञान

रसायन विज्ञान

शरीर विज्ञान/चिकित्सा विज्ञान

1914

भौतिक विज्ञान

मैक्स, थियोडोर फेलिक्स वॉन लॉ
नागरिकता : जर्मनी
जन्म : 9 अक्टूबर, 1879; फफेन्डॉर्फ, जर्मनी
निधन : 24 अप्रैल, 1960; बर्लिन, जर्मनी

थियोडोर फेलिक्स वॉन लॉ मैक्स के पिता एक उच्च प्रशासनिक पदाधिकारी थे। बर्लिन में स्कूली पढ़ाई के दौरान ही उनका झुकाव विज्ञान की ओर हुआ। विज्ञान की ओर यह विशेष झुकाव उन्हें गणित, भौतिकी और रासायनिकी के अध्ययन की ओर ले गया। इन विषयों का अध्ययन उन्होंने पहले स्ट्रासबर्ग में और फिर गोटिंगन में किया। उसी क्रम में सैद्धांतिक भौतिकी को उन्होंने अपना विशेष क्षेत्र बना लिया।

डॉक्टरेट की डिग्री उन्होंने बर्लिन विश्वविद्यालय से 1903 में हासिल की थी। उसके बाद यूनिवर्सिटी लेक्चरशिप के लिए अपेक्षित योग्यता प्राप्त करने की तैयारी में लग गए। तीन वर्ष बाद वह योग्यता भी उन्होंने हासिल कर ली।

1990 में मैक्स म्यूनिख गए और वहाँ लेक्चरर हो गए। विल्हेम कोनराड रोंटजेन भी वहीं काम करते थे। मैक्स को वहाँ एक महत्त्वपूर्ण कार्य सौंपा गया। वह कार्य था 'एनसाइक्लोपीडिया ऑफ मैथमेटिकल साइंस' के तरंग-सिद्धान्त (वेव थ्योरी) वाले खंड का प्रारूप तैयार करना। वह कार्य उनकी रुचि का था। बड़े उत्साह के साथ वे उसके निष्पादन में व्यस्त हो गए। उसी क्रम में 1912 में उन्होंने तय किया कॉपर-सल्फेट के क्रिस्टलों के बीच से एक्स-किरणें उत्सर्जित करके देखा जाए। उन्होंने विकिरण के दौरान उसके कई फोटो लिये और अन्त में एक्स-किरणों के व्यतिकरण की खोज की। उन्होंने यह पता लगाया कि एक्स-किरणों के क्रिस्टलों से गुजरने के दौरान हुए विवर्तन के फलस्वरूप उनका व्यतिकरण होता है। उन्होंने एक्स-किरणों के प्रकाश के अत्यन्त लघु तरंग-दैर्घ्य और परमाणुओं या परमाणु-अवशेषवाले क्रिस्टलों के जालीदार ढाँचे का प्रदर्शन सफलतापूर्वक किया।

मैक्स की यह खोज एक्स-रे क्रिस्टलकी के क्षेत्र में एक नए युग की शुरुआत साबित हुई। पूरक विज्ञान के रूप में इसने न केवल खनिज विज्ञान बल्कि भौतिकी, भौतिक रसायन, धातु विज्ञान और धातु परीक्षण के क्षेत्रों

में भी निर्णायक भूमिका अदा की। पदार्थ की पारमाणविक संरचना की अवधारणा तब तक महज अनुमान पर आधारित थी या वह एक वैज्ञानिक परिकल्पना थी। लेकिन मैक्स ने अपनी खोज द्वारा निश्चित रूप से यह साबित कर दिया कि पदार्थ की पारमाणविक संरचना एक हकीकत है, कोरी कल्पना नहीं।

1912-14 के दौरान वे ज्यूरिख में रहे। 1914 में ही फ्रैंकफुर्ट विश्वविद्यालय में नवस्थापित चेअर के लिए उन्हें आमंत्रित किया गया। पाँच वर्ष बाद वे बर्लिन चले गए, जहाँ वे 1943 तक यानी लगभग चौबीस साल तक कार्यरत रहे।

मैक्स प्लैंक के साथ वॉन लॉ मैक्स सैद्धांतिक भौतिकी के प्रोफेसर रहे। 'कैसर विल्हेम इंस्टीट्यूट ऑफ फिजिकल रिसर्च' (अब 'मैक्स प्लैंक इंस्टीट्यूट ऑफ फिजिकल रिसर्च') में उन्होंने अपने आपको अलबर्ट आइंस्टीन का ऐसा सहयोगी बताया, जो निरंतर वैज्ञानिक शोधों के विकास में संलग्न रहा। उनकी पुस्तक 'हिस्टरी ऑफ फिजिक्स' द्वितीय विश्वयुद्ध की समाप्ति के दो वर्ष बाद 1947 में प्रकाशित हुई थी।

द्वितीय विश्वयुद्ध के अन्तिम चरण में वे मैक्स प्लैंक के साथ गोटिंगन चले गए और 1945 के बाद भी कुछ समय तक अपने पुराने संस्थान का संचालन करते रहे। उसके बाद वे बर्लिन लौट आए। बर्लिन-डालेम में वे मैक्स प्लैंक सोसाइटी के फ्रित्ज हेबर इंस्टीट्यूट के लगभग नौ वर्षों तक (1951-59) निदेशक रहे। वे जर्मनी के उन 18 प्रमुख भौतिक विज्ञानियों में से एक थे, जिन्होंने 1957 में नाभिकीय अस्त्रों के खतरों से आगाह करते हुए नवगठित फेडरल जर्मन सैन्य बलों को नाभिकीय अस्त्रों से लैस करने के प्रस्ताव का तीव्र विरोध किया था।

थियोडोर फेलिक्स वॉन लॉ मैक्स को क्रिस्टलों के जरिए एक्स-किरणों के विवर्तन की युगांतरकारी खोज के लिए 1914 में नोबेल पुरस्कार से सम्मानित किया गया।

रसायन विज्ञान

रिचर्ड्स, थियोडोर विलियम

नागरिकता : अमरीका
जन्म : 31 जनवरी, 1868; पेंसिलवेनिया, अमरीका
निधन : 2 अप्रैल, 1928; मेसाचुसेट्स, अमरीका

थियोडोर विलियम रिचर्ड्स ने 1885 में हैवफोर्ड से स्नातक की उपाधि प्राप्त की थी। पीएच.डी. की डिग्री उन्होंने 1888 में हार्वर्ड विश्वविद्यालय से प्राप्त की। डॉक्टरेट के लिए जो थीसिस उन्होंने तैयार की थी, उसका विषय था—'ऑक्सीजन के पारमाणविक भार का निर्धारण'।

विलियम ने ऊष्मागतिकी पर बहुत काम किया था। उसी क्रम में उन्होंने ऊष्मा रासायनिक मापों को पूर्णतः परिशुद्ध किया और 'एडियाबेटिक ऊष्मामापी' का आविष्कार किया। विभिन्न तत्त्वों की भौतिक गुणधर्मिताओं और उनके यौगिकों के बीच कोई सम्बन्ध है या नहीं, और अगर है तो किस प्रकार का सम्बन्ध है? इस तरह के सवाल उनके मन में उठते थे, इसलिए उन्होंने इस दिशा में भी काफी काम किया। उन्होंने इसका पता लगाया था तथा आइसोटोपों यानी सम-स्थानिकों के अस्तित्व का संकेत किया था।

थियोडोर विलियम रिचर्ड्स ने काफी बड़ी संख्या में रासायनिक तत्त्वों के पारमाणविक भार का सही-सही निर्धारण किया था। इस महत्त्वपूर्ण उपलब्धि के लिए 1914 में उन्हें नोबेल पुरस्कार से सम्मानित किया गया।

शरीर विज्ञान/चिकित्सा विज्ञान

बैरैनी, रॉबर्ट

नागरिकता : ऑस्ट्रिया

जन्म : 22 अप्रैल, 1876; विएना, ऑस्ट्रिया

निधन : 8 अप्रैल, 1936; उप्सला, स्वीडन

रॉबर्ट बैरैनी ने विएना विश्वविद्यालय से 1900 में चिकित्सक की डिग्री प्राप्त की, उसके बाद क्रमश: कई चिकित्सालयों और निदानगृहों में उन्होंने अपना अध्ययन जारी रखा। आखिरकार विएना विश्वविद्यालय के ओटो-राइनोलैरिंगोलॉजी क्लीनिक में वे सहायक के रूप में काम करने लगे। कर्ण विज्ञान का लेक्चरर उन्हें 1909 में बनाया गया।

रॉबर्ट बैरैनी एक विलक्षण कर्णविज्ञानी थे। कान के भीतरी रोगों का पता लगाने के लिए उन्होंने महत्त्वपूर्ण परीक्षण किए। उन्होंने इस बात की भी जाँच की कि अनुमस्तिष्क किस प्रकार काम करता है तथा उसकी गतिविधियों का संतुलन की गड़बड़ियों से क्या सम्बन्ध है।

प्रथम विश्वयुद्ध के दौरान युद्धबंदी के रूप में उन्हें कुछ समय तक साइबेरिया के बंदीगृह की यातना झेलनी पड़ी थी। बाद में स्वीडिश रेडक्रॉस सोसाइटी के अनुरोध पर रूसियों ने उन्हें मुक्त कर दिया था।

भीतरी कान के संतुलन-तंत्र की आंगिक क्रियात्मकता और रोगात्मकता पर जो अध्ययन और अनुसंधान उन्होंने किए, उनके दूरगामी महत्त्व को दृष्टि में रखते हुए उन्हें 1914 में नोबेल पुरस्कार से सम्मानित किया गया।

नोट : इस वर्ष **साहित्य** व **शान्ति** के क्षेत्र में नोबेल पुरस्कार नहीं दिए गए और पुरस्कार राशि एक विशेष निधि में संरक्षित रखी गई।

भौतिक विज्ञान

रसायन विज्ञान

साहित्य

1915

भौतिक विज्ञान

ब्रैग, सर विलियम हेनरी
नागरिकता : ब्रिटेन
जन्म : 2 जुलाई, 1862; कंबर-लैंड, ब्रिटेन
निधन : 10 मार्च, 1942; लंदन, ब्रिटेन

सर विलियम हेनरी ब्रैग एक किसान परिवार में पैदा हुए थे। उनके पिता का नाम रॉबर्ट जॉन ब्रैग था और माता का नाम मैरी रॉबर्ट वुड। किंग विलियम्स कॉलेज में शिक्षा प्राप्त करने के बाद वृत्तिभोगी छात्र के रूप में उन्होंने 1881 में ट्रिनिटी कॉलेज में प्रवेश लिया और 1884 में स्नातक होकर वहाँ से निकले।

थोड़ा-सा समय कैंब्रिज में गुजारने के बाद 1886 में ब्रैग एडिलेड (ऑस्ट्रेलिया) चले गए, जहाँ उन्हें गणित और भौतिक विज्ञान का प्रोफेसर नियुक्त किया गया था। लगभग बारह साल बाद 1908 में वे इंग्लैंड लौटे और लीड्स में कैवेंडिस प्रोफेसर के रूप में कार्य करने लगे। युद्ध समाप्त होने पर 1915 में उन्होंने लंदन के यूनिवर्सिटी कॉलेज में प्रोफेसर की हैसियत से काम करना शुरू किया और 1923 तक वहीं कार्यरत रहे।

प्रथम विश्वयुद्ध छिड़ने पर विलियम हेनरी का शिक्षण कार्य जारी नहीं रह पाया। कुछ समय तक उन्होंने नौसेना में कार्य किया। उसी दौरान उन्होंने एक ऐसा हाइड्रोफोन विकसित किया, जिसके जरिए सागर की गहराइयों में पनडुब्बी पोतों की मौजूदगी का पता लगाना बहुत आसान हो गया।

सर विलियम हेनरी ब्रैग को 1923 में रॉयल इंस्टीट्यूट में रसायन विज्ञान का फुलेरियन प्रोफेसर बनाया गया। साथ ही डेवी-फैराडे प्रयोगशाला का निदेशक भी उन्हें नियुक्त किया गया। प्रयोगशाला में तो वह मृत्युपर्यंत कार्यरत रहे। अपने पुत्र लारेंस के साथ वे एक्स-किरणों की समस्याओं से जूझते रहे। उन्होंने आयनीकरण और क्रिस्टलों में परमाणुओं की संरचना का विस्तृत अध्ययन किया। मैक्स वॉन लॉ, डब्ल्यू. फ्रीड्रिक और पी. निपिंग ने क्रिस्टलों से एक्स-किरणों के विवर्तन का पता लगाया था। विलियम हेनरी ने एक्स-किरणों के तरंग सिद्धान्तों के मामले में उस खोज के महत्त्व को समझा। त्रिआयामी जाली की तरह क्रियाशील क्रिस्टल के द्वारा उन्होंने मैक्स वॉन लॉ के विवर्तन सिद्धान्त

की पुनर्व्याख्या भी की। अपने पुत्र लारेंस के सहयोग से कार्य करते हुए तीन वर्षों के भीतर उन्होंने पहली बार क्रिस्टलों की पारमाणविक संरचना का पता लगा ही लिया। उनकी यही उपलब्धि क्रिस्टल संरचना के आधुनिक विज्ञान का मूलाधार बनी।

सर विलियम हेनरी ने 1912 में एक्स-रे क्रिस्टलोग्राफी के अध्ययन के लिए डिफ्रैक्टोमीटर का एक आरंभिक नमूना विकसित किया था। उनके द्वारा विकसित स्पेक्ट्रोमीटर ने एक्स-किरणों के विवर्तन से सम्बन्धित सूचनाएँ प्राप्त करने के साधन के रूप में मैक्स वॉन लॉ की फोटोग्राफी का स्थान ग्रहण किया।

सर विलियम हेनरी एक अच्छे लेखक और वक्ता के रूप में भी प्रसिद्ध थे। उनकी पुस्तक 'साइंस एंड फेथ' 1914 में प्रकाशित हुई। इसमें उनके महत्त्वपूर्ण भाषण संगृहीत हैं। 'द वर्ल्ड ऑफ साउंड' (1920) और 'कंसर्निंग द नेचर ऑफ थिंग्स' उनकी अन्य पुस्तकें हैं। वे 1907 में रॉयल सोसाइटी के सदस्य चुने गए थे। 1935-40 के दौरान वे इसके अध्यक्ष भी रहे।

एक्स-किरणों के जरिए क्रिस्टल की संरचना का विश्लेषण सर विलियम हेनरी ब्रैग की युगांतरकारी उपलब्धि थी, जिसके लिए 1915 में उन्हें अपने पुत्र सर विलियम लारेंस ब्रैग के साथ संयुक्त रूप से नोबेल पुरस्कार से सम्मानित किया गया।

ब्रैग, सर विलियम लारेंस
नागरिकता : ब्रिटेन
जन्म : 31 मार्च, 1890; एडिलेड, ऑस्ट्रेलिया
निधन : 1 जुलाई, 1971; लंदन, ब्रिटेन

सर विलियम लारेंस ब्रैग प्रसिद्ध भौतिकविज्ञानी सर विलियम हेनरी ब्रैग के पुत्र थे। उन्होंने 1909 तक एडिलेड के सेंट पीटर्स कॉलेज में शिक्षा प्राप्त की। उसके बाद इंग्लैंड आने पर कैंब्रिज के ट्रिनिटी कॉलेज में उन्होंने अपने पिता की भाँति ही वृत्तिभोगी छात्र के रूप में पढ़ाई की। जब पढ़ाई जारी ही थी तभी से वे शोध कार्यों में अपने पिता की सहायता करने लगे थे। एक्स-किरणों के विवर्तन का अध्ययन करते हुए उन्होंने क्रिस्टलों में परमाणुओं की ज्यामितीय क्रमिकता पर शोध किए। 1914 में वे ट्रिनिटी कॉलेज के फेलो और प्रकृति विज्ञानों के प्राध्यापक नियुक्त हुए। मैनचेस्टर में भौतिकी के प्रोफेसर वे 1919 में बने और नेशनल फिजिकल लेबोरेटरी का निदेशक उन्हें 1937 में नियुक्त किया गया। उसके एक वर्ष बाद ही 1938 में उन्हें सर अर्नेस्ट रदरफोर्ड के स्थान पर क्रैंबिज का कैवेंडिस प्रोफेसर बनाया गया। लगभग 15 साल तक यानी 1953 तक वे उसी पद पर कार्यरत रहे। उसी वर्ष अपने पिता की तरह ही वे रसायन विज्ञान के फुलेरियन प्रोफेसर और रेजिडेंट प्रोफेसर तथा रॉयल इंस्टीट्यूट ऑफ ग्रेट ब्रिटेन के निदेशक हो गए। वे 1966 तक वहीं कार्य करते रहे। प्रोटीन की संरचना पर उन्होंने वहाँ विशेष रूप से कार्य किया। अपने पूरे कार्यकाल में उन्हें अनेक शैक्षिक पुरस्कार और सम्मान प्राप्त हुए। 1941 में उन्हें 'नाइट' की उपाधि प्रदान की गई।

सर लारेंस ने अपने शोधकार्य की शुरुआत यद्यपि हीरा और ताँबा जैसे सामान्य तत्त्वों की क्रिस्टलीय संरचना के अध्ययन से की थी, लेकिन आगे चलकर सिलीकेट जैसे जटिल तत्त्वों की क्रिस्टलीय संरचना में विशेष रुचि दिखाने लगे। जिस किसी प्रयोगशाला के वे निदेशक रहे, वहाँ दुनिया के कोने-कोने से शोधार्थियों का दल जुटा लेते और धात्विक मिश्रणों तथा डी.एन.ए. और मायोग्लोबिन व हीमोग्लोबिन प्रोटीनों जैसे जैव अणुओं की जटिल संरचना के अध्ययन में लग जाते। अपने विचारों को पूरी दृश्यात्मकता और स्पष्टता के साथ समझा सकने की उनमें विलक्षण योग्यता थी। विवर्तन के ढर्रे या क्रिस्टलों में पारमाणविक वितरण के बारे में जब वे बताने लगते थे, तो उपस्थित श्रोताओं के सामने मानो उसकी तस्वीर ही उभर आती थी। उनके इन्हीं गुणों की चर्चा से आकृष्ट होकर नोबेल फाउंडेशन ने 1965 में उन्हें उन्हीं की रुचि के क्षेत्र में विगत पाँच दशकों के दौरान हुए विकास पर भाषण देने के लिए आमंत्रित किया था। किसी नोबेल पुरस्कार प्राप्त व्यक्ति को अतिथि वक्ता के रूप में भाषण के लिए आमंत्रित किए जाने की यह पहली घटना थी।

एक्स-किरणों के जरिए किस्टल-सरंचना के विश्लेषण की दिशा में जो महत्त्वपूर्ण कार्य सर विलियम लारेंस ब्रैग ने किए थे, उनके लिए 1915 में उन्हें अपने पिता सर विलियम हेनरी

के साथ ही संयुक्त रूप से नोबेल पुरस्कार से सम्मानित किया गया था।

रसायन विज्ञान

विल्स्टैटर, रिचर्ड मार्टिन
नागरिकता : जर्मनी
जन्म : 13 अगस्त, 1872; कार्ल्सरूहे, जर्मनी
निधन : 3 अगस्त, 1942; लोकार्नो, स्विट्जरलैंड

रिचर्ड मार्टिन विल्स्टैटर ने कोकेन की संरचना पर महत्त्वपूर्ण शोध किए। उन्हीं शोधों पर आधारित शोध-प्रबन्ध के लिए म्यूनिख विश्वविद्यालय द्वारा 1894 में उन्हें डॉक्टरेट की डिग्री प्रदान की गई थी। म्यूनिख में ही एडोल्फ वॉन बेयर के सहायक के रूप में कार्य करते हुए उन्होंने ऐल्केलॉइडों की संरचना पर अपना शोध जारी रखा और उनमें से कई को संश्लेषित भी किया।

विल्स्टैटर अपने समय के असाधारण रसायनविज्ञानी थे। ज्यूरिख में प्रोफेसर पद पर नियुक्त होने के बाद उन्होंने क्लोरोफिल एवं अन्य वानस्पतिक रंजकों की संरचना का अध्ययन शुरू किया। क्लोरोफ़िल की संरचना पर रोशनी डालते हुए उन्होंने यह दिखाया कि रक्त वर्णक और क्लोरोफिल में पाए जानेवाले पार्फिरिन में संरचनागत समानता है। 1912-16 के दौरान वे बर्लिन विश्वविद्यालय में रासायनिकी के प्रोफेसर और कैसर विल्हेम इंस्टीट्यूट (बर्लिन) के निदेशक के रूप में कार्यरत रहे। कैसर विल्हेम इंस्टीट्यूट में ही उन्होंने कई फूलों और फलों के रंजकों की संरचना का पता लगाया। युद्ध छिड़ने पर उन्हें अपना ध्यान दूसरी तरफ ले जाना पड़ा। रंजकों के स्थान पर गैस-मास्क के विकास में लग जाना निस्सन्देह एक अलग ही तरह का काम था, जिसे उन्होंने बड़ी दक्षता से पूरा किया।

विल्स्टैटर ने 1916 में म्यूनिख में बेयर का स्थान ग्रहण किया। चार साल बाद उन्होंने 1920 में एंजाइम प्रतिक्रियाओं की प्रक्रियाओं का अध्ययन किया और अन्त में यह सिद्ध किया कि एंजाइम रासायनिक तत्त्व हैं, उन्हें जैव अवयव समझना गलत है। उनकी इस स्थापना को अगले दस वर्षों तक व्यापक मान्यता मिलती रही, लेकिन 1930 में इसे अमान्य घोषित कर दिया गया।

वे एक यहूदी थे और उन दिनों जर्मन सरकार की नीतियाँ यहूदियों के खिलाफ थीं। उन नीतियों के विरोध में उन्होंने म्यूनिखवाले पद से इस्तीफा दे दिया। उसके बाद निजी तौर पर कुछ समय तक उन्होंने म्यूनिख में ही काम किया और 1939 में स्विट्जरलैंड चले गए।

पौधों के रंजकों पर, खासतौर से क्लोरोफिल पर, जो उल्लेखनीय शोध उन्होंने किए थे और उन्हें विश्वव्यापी मान्यता मिली इसी कारण नोबेल समिति ने 1915 में रिचर्ड मार्टिन विल्स्टैटर को नोबेल पुरस्कार से सम्मानित किया।

साहित्य

रोलाँ, रोम्याँ
नागरिकता : फ्रांस
जन्म : 29 जनवरी, 1866; क्लेमेसी, फ्रांस
निधन : 30 दिसंबर, 1944; वेजिले, फ्रांस

रोम्याँ रोलाँ का पूरा नाम रोमाँ एद्मे पॉल-एमिल रोलाँ था। उनके पिता नोटरी थे। रोम्याँ रोलाँ को संगीत प्रेम विरासत में मिला। उनकी माँ को संगीत से प्रेम था। आरंभिक शिक्षा उन्हें क्लेमेसी में ही मिली, जो एक छोटा-सा कस्बानुमा शहर था। चौदह साल की अवस्था में उच्च स्तरीय शिक्षा प्राप्त करने के लिए वे पेरिस चले गए। वहाँ उन्होंने आध्यात्मिक उत्थान के लिए एक संस्था का गठन किया था। बाईस वर्ष की अवस्था में वे 'इकोल नार्मेल सुपिरियोर' में दाखिल हुए। वहाँ उनके शिक्षकों में गेब्रिएल मॉनॉड, अर्नेस्ट लेविस, वाइडल डि लैब्लाशे, बांट्रो, बोचर्ड, ब्रुनेटियर और गैस्टन जैसे विशेषज्ञ थे। वहीं धर्म के प्रति उनकी आस्था जाती रही। स्पिनोजा और

टॉल्स्टॉय जैसे महान लेखकों की रचनाओं ने उनके मन पर गहरी छाप छोड़ी थी।

रोम्याँ रोलाँ स्नातक होने के बाद 1889 में रोम के फ्रेंच स्कूल में पढ़ने के लिए चले गए। रोम का उनके मन पर गहरा प्रभाव पड़ा। दो वर्ष बाद 1891 में वे पेरिस लौट आए, जहाँ माइकेल ब्रिएल की पुत्री से उनका विवाह हुआ। डॉक्टरेट की उपाधि उन्होंने वहीं प्राप्त की। उनकी थीसिस का विषय था—'द ऑरिजिन्स ऑफ ओपेरा इन यूरोप : लल्ली एंड स्कर्लाट्टी—1895'। कुछ समय तक उन्होंने अपने पुराने विद्यालय 'इकोल नार्मेल सुपिरियोर' में कला और संगीत शास्त्र के शिक्षक के रूप में कार्य किया, लेकिन जल्दी ही अपना पूरा समय वे लेखन-कार्य को देने लगे।

1914 में जब पहला विश्वयुद्ध छिड़ा, तब रोम्याँ रोलाँ स्विट्ज़रलैंड में थे। उनकी उम्र उस समय 48 वर्ष की हो चुकी थी, इसलिए उन्हें युद्ध में नहीं जाना पड़ा। हाँ, अन्तरराष्ट्रीय रेडक्रॉस सोसाइटी के कार्यों में अपनी भागीदारी उन्होंने अवश्य निभाई। युद्ध के वह बिलकुल खिलाफ थे और शान्ति के पक्षधर थे। इसी कारण 'जर्नल डि जिनेव' में उन्होंने युद्ध के विरुद्ध कई लेख लिखे। इस कारण उन्हें अपने ही देश फ्रांस में बदनामी झेलनी पड़ी; क्योंकि फ्रांस आत्मरक्षा के लिए युद्ध लड़ रहा था। युद्ध के बाद 1919 में वे पेरिस लौट आए, परन्तु दो वर्ष बाद ही फिर स्विट्ज़रलैंड चले गए। फिर जब द्वितीय विश्वयुद्ध की आग भड़क उठी, तब वे अपने लेखों के माध्यम से युद्ध के खिलाफ अपनी आवाज बुलंद करने लगे। तानाशाही और नात्सीवाद का उन्होंने जमकर विरोध किया।

रोम्याँ रोलाँ 1938 में पुनः फ्रांस लौट आए थे। अपने जन्म स्थान क्लेमेसी के पास वेजेली नामक गाँव में रहने लगे। युद्ध के दौरान उन्हें अपने ही घर में नजरबंद भी रहना पड़ा था।

उनकी उल्लेखनीय रचनाएँ हैं : 'सेंट लुइस' (नाटक, 1897), 'लिलूगी' (नाटक), 'पिअरे एट लुस' (उपन्यास), 'जां क्रिस्तोफ' (उपन्यास) 'क्लेरांबाल्ट' (उपन्यास) आदि। 'जां क्रिस्तोफ' उपन्यास और महात्मा गांधी की जीवनी ने उन्हें विशेष ख्याति दी। रामकृष्ण परमहंस और विवेकानन्द की जीवनियाँ भी उन्होंने लिखी थीं। इससे पता चलता है कि उन्हें भारत से विशेष लगाव था और यहाँ की विश्वात्मवादी आध्यात्मिक चिंतनधारा के महत्त्व को वे समझते थे। रवींद्रनाथ ठाकुर से उनकी गहरी मित्रता थी।

साहित्यिक रचनाओं में ऊँचे आदर्श की स्थापना करने तथा मानवीय सहानुभूति और सत्य के प्रति अटूट निष्ठा दिखाने के फलस्वरूप रोम्याँ रोलाँ को साहित्य का नोबेल पुरस्कार देने का निर्णय तो 1915 में ही लिया गया, लेकिन वह दिया गया उन्हें अगले वर्ष यानी 1916 में। साल-भर तक वह उनके लिए आरक्षित रहा।

नोट : इस वर्ष **शरीर विज्ञान/चिकित्सा विज्ञान** तथा **शान्ति** के क्षेत्र में नोबेल पुरस्कार नहीं दिए गए और पुरस्कार राशि एक विशेष निधि में संरक्षित रखी गई।

1916

साहित्य

साहित्य

वॉन हेइदेंस्ताम, कार्ल गुस्ताफ वेर्नर

नागरिकता : स्वीडन

जन्म : 4 जुलाई, 1859; ओल्शैम्मर, स्वीडन

निधन : 20 मई, 1940; ईव्रालिड, स्वीडन

कार्ल गुस्ताफ वेर्नर वॉन हेइदेंस्ताम स्वीडन के एक अमीर और प्रभावशाली खानदान में पैदा हुए थे। उनके दादा-परदादा देश की राजनीति और लड़ाइयों में भाग ले चुके थे।

उन्होंने जर्मनी, फ्रांस, इटली, स्विट्ज़रलैंड आदि देशों में काफी समय बिताया। घूम-घामकर चार वर्ष बाद वे रोम में टिक गए। लेकिन वह भी एक पड़ाव साबित हुआ, क्योंकि कुछ समय बाद ही वे पेरिस चले गए और वहाँ 'इकोल डेस बोएक्स आर्ट्स' में अध्ययन करने लगे।

कार्ल को स्टॉकहोम विश्वविद्यालय ने 1909 में पीएच.डी. की उपाधि प्रदान की थी। तीन साल बाद 1912 में वे स्वीडिश अकादमी के सदस्य चुने गए। शुरू-शुरू में उनकी इच्छा चित्रकार बनने की थी। पेरिस में रहते समय चित्रकला उन्होंने सीखी भी थी। लेकिन आगे चलकर उनकी लेखन प्रतिभा ज्यादा सुगबुगाई और वे कवि और लेखक बन गए। उनकी कविताएँ उच्च कोटि की हैं। उनके उपन्यास भी उतने ही महत्त्वपूर्ण और स्तरीय हैं।

कार्ल गुस्ताफ वेर्नर की कविताओं का पहला संग्रह 'पिल्ग्रिमेज : द वांडर ईयर्स' 1888 में प्रकाशित हुआ। उस संग्रह की कविताओं में दक्षिणी यूरोप के किस्से-कहानियों और पूरब की दार्शनिकता की झलक प्राय: सर्वत्र दिखाई देती है। उनमें घर लौटने की तीव्र उत्कंठा और अन्याय के प्रति विरोध की भावना को भी सार्थक अभिव्यक्ति मिली है। उनका दूसरा कविता-संग्रह 'पोइम्स' (1895) है। इस संग्रह की कई कविताएँ बहुत लोकप्रिय हुईं। अपने देश स्वीडन को उन्होंने उन कविताओं के द्वारा जनतंत्र का बोध कराया। उन्हें इसी कारण स्वीडन के राष्ट्रकवि की उपाधि प्रदान की गई। 1915 में उनकी 'न्या डिक्टर' पुस्तक प्रकाशित हुई। इस पुस्तक ने उन्हें विशेष ख्याति दी, और लोगों को उनकी महानता में कोई सन्देह नहीं रहा। उनकी अन्य उल्लेखनीय रचनाएँ हैं : 'वन पीपुल' (1902), 'हैन्स ऐलिएनस', 'गद्य-कविता' (1892), 'पेपियाज वेडिंग' (1890),

'द चार्ल्स मेन', 'सेंट जार्ज एंड द ड्रैगन', 'द पिल्ग्रिमेन ऑफ सेंट बिर्गिटाज', 'फॉरेस्ट मर्मर्स', 'द स्वीड्स एंड देअर चीफ्टेन' आदि। जीवन के अन्तिम 25 वर्षों के दौरान जो कुछ उन्होंने लिखा था, उनका संग्रह 'व्हेन द चेस्टनट्स ब्लूम्ड' 1941 में उनकी मृत्यु के बाद प्रकाशित हुआ।

साहित्य में नए युग का प्रतिनिधित्व करने के कारण कार्ल गुस्ताफ वेर्नर वॉन हेइदेंस्ताम को 1916 में नोबेल पुरस्कार से सम्मानित किया गया।

नोट : इस वर्ष **भौतिक विज्ञान, रसायन विज्ञान, शरीर विज्ञान/चिकित्सा विज्ञान** तथा **शान्ति** के क्षेत्र में नोबेल पुरस्कार नहीं दिए गए और पुरस्कार राशि एक विशेष निधि में संरक्षित रखी गई।

भौतिक विज्ञान

साहित्य

शान्ति

1917

भौतिक विज्ञान

बार्कला, चार्ल्स ग्लोवर

नागरिकता : ब्रिटेन

जन्म : 7 जून, 1877; विडनेस, लंकाशायर, ब्रिटेन

निधन : 23 अक्टूबर, 1944; एडिनबर्ग, स्कॉटलैंड

चार्ल्स ग्लोवर बार्कला जे.एम. बार्कला के पुत्र थे, जो एटलस केमिकल कम्पनी के सचिव थे। लिवरपूल में उन्हें आरंभिक शिक्षा मिली थी और वहीं के विश्वविद्यालय कॉलेज में उन्होंने 1894 में दाखिला लिया। आगे की पढ़ाई उन्होंने वहीं पूरी की। गणित और भौतिक विज्ञान उनके अध्ययन के मुख्य विषय थे। भौतिक विज्ञान में ऑनर्स की परीक्षा प्रथम श्रेणी से उत्तीर्ण करके 1898 में वह स्नातक हुए।

चार्ल्स ग्लोवर ने शुरू में ट्रिनिटी कॉलेज की कैवेंडिश प्रयोगशाला में जे.जे. थॉमसन के साथ काम किया, फिर कुछ समय बाद वहाँ से कैंब्रिज के किंग्स कॉलेज में काम करने ऑल्डवर लॉज फेलो की हैसियत से 1902 में वे लिवरपूल विश्वविद्यलाय के निकाय में दाखिल हुए। वहाँ 1905 से 1909 की अवधि में वे फेलो से प्रोन्नत होते हुए क्रमशः सहायक प्राध्यापक और विद्युत के विशेष व्याख्याता के पद पर पहुँचे। 1909 में ही वे लंदन विश्वविद्यालय के भौतिक विज्ञान विभाग में ह्वीटस्टोन प्रोफेसर बने। उसके चार साल बाद उन्हें एडिनबर्ग विश्वविद्यालय में भौतिक दर्शन का प्रोफेसर नियुक्त किया गया। उनका विवाह 1907 में मैरी ईस्थर के साथ हुआ, जो जॉन टी. कॉवेल की पुत्री थीं। उनके एक पुत्री और दो पुत्र थे।

चार्ल्स ग्लोवर ने कार्बन परमाणु में इलेक्ट्रॉनों की संख्या ज्ञात करने के लिए सी.ए. सैडलर के साथ मिलकर एक्स-किरण का प्रकीर्णन किया था। चार्ल्स को एक्स-किरणों का ध्रुवण करने में सफलता मिली और उन्होंने दिखाया कि एक्स-किरणें ऐसी तिरछी तरंगें हैं, जो सम्भवतः प्रकाश की तरह विद्युत चुम्बकीय हैं। एक्स-किरणों के प्रकीर्णन की यह तकनीक पारमाणविक संरचनाओं के अध्ययन में बड़ी सहायक सिद्ध हुई।

चार्ल्स ग्लोवर बार्कला ने तत्त्वों के रोंटजेन विकिरण की प्रकृति का पता लगाया था, जिसके लिए 1917 में उन्हें नोबेल पुरस्कार से सम्मानित किया गया।

वे वैज्ञानिक होने के साथ-साथ बहुत अच्छे गायक भी थे। 1901-02 के दौरान किंग्स कॉलेज चैपल की गायक मंडली की सदस्यता उन्हें प्राप्त थी। इसके अलावा एक और शौक था उन्हें और वह था गोल्फ खेलना। गोल्फ के वे अच्छे खिलाड़ी थे।

साहित्य

जेलेरूप, कार्ल एडोल्फ
नागरिकता : डेनमार्क
जन्म : 2 जून, 1857; रोहोल्ट, डेनमार्क
निधन : 11 अक्टूबर, 1919; क्लाट्जे, जर्मनी

कार्ल एडोल्फ जेलेरूप एक पादरी के पुत्र थे। पिता के आदेशानुसार उन्होंने धर्मशास्त्र का विशेष अध्ययन किया था, लेकिन वे पादरी नहीं बनना चाहते थे। उनका झुकाव साहित्य की तरफ था। आधुनिकतावादी सिद्धान्तों और विचारधाराओं को जानने-समझने में वे विशेष रुचि लेते थे। उन्होंने चार्ल्स डारविन, जॉर्ज ब्रैंड्स, हर्बर्ट स्पेंसर आदि की रचनाओं का अध्ययन किया था। इसका स्वाभाविक परिणाम यह हुआ कि ईसाई धर्म में उनकी पहले जैसी आस्था नहीं रही।

जेलेरूप एक प्रतिभाशाली कवि और उपन्यासकार थे। उन्होंने ईसाई धर्म भावना की आधुनिक प्रगति को यूनानी सौंदर्य और प्रेम की भावना से मिलाने का प्रयास किया। उनकी सारी रचनाएँ डेनिश भाषा में हैं और बहुत कम रचनाओं का अनुवाद दूसरी भाषाओं में हुआ है। अंग्रेजी में उनकी दो पुस्तकें अनूदित हुई हैं—'द पिल्ग्रिम कामानिटा' (1906) और 'मिन्ना' (1889)। इनमें से 'मिन्ना' की कथा हम भारतवासियों के लिए एक खास वजह से भी दिलचस्प है क्योंकि इसकी पृष्ठभूमि में भारत ही है। संक्षेप में कथा इस प्रकार है : भारतवर्ष में पहाड़ों से घिरा एक राज्य है, जिसे अवंति कहते हैं। वहाँ एक धनी व्यापारी का पुत्र रहता है, जो सुशिक्षित और संगीत आदि कलाओं में निपुण है। वह जब बीस वर्ष का होता है, तब कौसांबी के राजा उदयन की राजसभा में जाता है। वहीं एक लड़की को देखकर उससे प्रेम करने लगता है। उसकी यात्रा को जैसे मंजिल मिल जाती है।

कार्ल एडोल्फ जेलेरूप महात्मा बुद्ध की विचारधारा से भी बहुत प्रभावित थे। उनकी रचनाएँ ऊँचे आदर्शों से प्रेरित हैं। उनमें डेनमार्क के समकालीन जनजीवन को कलात्मक ढंग से चित्रित किया गया है। उनकी कुछ प्रमुख रचनाएँ इस प्रकार हैं—एन आडिलिस्ट (1878), द अपरेंटिस ऑफ द ट्यूटॉन्स (1882), हरमेन वैंडल (1891), वूथौर्न (1893), गिफ्ट ऑव मॉडगिफ्ट (1898), द मिल (1896), द वर्ल्ड ट्रेवलर (1910) आदि। उनकी उत्कृष्टता को देखते हुए 1917 में हेनरिक पोंटोपिदान के साथ उन्हें संयुक्त रूप से नोबेल पुरस्कार से सम्मानित किया गया था।

उस वर्ष साहित्य का नोबेल पुरस्कार पानेवाले दोनों ही रचनाकार डेनमार्क के निवासी थे। दोनों के पक्ष में निर्णय करते समय नोबेल समिति के सदस्यों ने अनुभव किया कि दो लेखकों को चुनते समय एक-दूसरे की तुलना करना अनिवार्य हो जाता है, जो ठीक नहीं है। इसी कारण साहित्य का नोबेल पुरस्कार संयुक्त रूप से देने की प्रथा उस वर्ष के बाद समाप्त कर दी गई। अब यह पुरस्कार हर साल किसी एक ही लेखक को दिया जाता है।

पोंटोपिदान, हेनरिक
नागरिकता : डेनमार्क
जन्म : 24 जुलाई, 1857; फ्रेडेरिका, डेनमार्क
निधन : 21 अगस्त, 1943; आर्डरूप, डेनमार्क

हेनरिक पोंटोपिदान के पिता एक पादरी थे, जो चाहते थे कि पुत्र भी पढ़-लिखकर पादरी ही बने, लेकिन पुत्र की इच्छा कुछ और थी। हेनरिक सोलह वर्ष के हुए, तो कोपेनहेगन चले गए और इंजीनियरिंग की पढ़ाई करने लगे। लेकिन नियति को उनका इंजीनियर बनना भी शायद मंजूर नहीं था, और फिर वे साहित्य की ओर मुड़ गए। इसके बाद उन्होंने बाकी सारी

बातों से मन को हटा लिया। 1879 में औपचारिक पढ़ाई छोड़ने के बाद कुछ समय तक उन्होंने अध्यापकी की।

हेनरिक अब लेखन के लिए स्वतंत्र थे, साहित्य सेवा के लिए पूर्णतः समर्पित। उनकी कहानियों का पहला संग्रह 'क्लिप्ड विंग्स' (कटे पंख) 1881 में प्रकाशित हुआ था। उस संग्रह की 'द चर्च शिप' शीर्षक कहानी बहुत ही उत्कृष्ट मानी जाती है। उनकी आरंभिक पुस्तकों में मुख्यतः कस्बाई जीवन के रोचक विवरण हैं। उन्हें साहित्य-जगत् में विशेष ख्याति मिली अपनी 'ट्रिलॉजी' के कारण। उसका लेखन उन्होंने 1892 से 1916 तक की अवधि में बड़े मनोयोग से किया था, यानी पूरे चौबीस साल की साधना का वह सुफल है। उसमें पहली पुस्तक 'द प्रॉमिस्ड लैंड' है, जिस पर इब्सन का प्रभाव स्पष्ट दिखाई देता है। आदर्शवादियों को इस पुस्तक में निराशा की झलक मिलती है। दूसरी पुस्तक 'लकी पीटर' स्वयं रचनाकार के व्यक्तित्व पर आधारित है। 'द किंगडम ऑफ द डेड' उनकी 'ट्रिलॉजी' की तीसरी कड़ी है, जो प्रथम विश्वयुद्ध के दौरान लिखी गई थी। इसमें देशप्रेम की भावना को जीवंत अभिव्यक्ति मिली है। उनकी कुछ प्रमुख रचनाएँ इस प्रकार हैं—लैंड्सबार्डबिलेडर (1883), फ्रा हैट्टरने (1887), स्कायर (1890), नाइट विजिल (1894), डेन गैम्ले एडम (1895) आदि। हेनरिक एक जाने-माने पत्रकार भी थे। वे डेनमार्क के कई अखबारों से जुड़े रहे।

जहाँ तक हेनरिक के पारिवारिक जीवन की बात है, तो यही कहना पर्याप्त होगा कि उनकी दो शादियाँ हुई थीं। पहली पत्नी मेरी ऑक्सेनबाल से तलाक हो गया था और दूसरी पत्नी आंत्वोइनेत काफेड का असमय ही देहांत हो गया। हेनरिक अन्ततः निस्सन्तान ही रहे।

हेनरिक पोंटोपिदान ने अपनी रचनाओं में डेनमार्क के समकालीन जीवन का विश्वसनीय और उत्कृष्ट चित्रण किया था, जिसके लिए 1917 में उन्हें कार्ल एडोल्फ जेलेरूप के साथ संयुक्त रूप से नोबेल पुरस्कार से सम्मानित किया गया।

शान्ति

ICRC

कोमिटे इंटरनेशनल डि ला क्रोइक्स-राउ (इंटरनेशनल कमेटी ऑफ दि रेड क्रास)
जिनेवा

विश्वयुद्ध (प्रथम) के दौरान सिर्फ एक बार शान्ति का नोबेल पुरस्कार दिया गया और वह भी किसी व्यक्ति को नहीं, बल्कि एक संस्था को। जिनेवा की 'कोमिटे इंटरनेशनल डि ला क्रोइक्स-राउज' (इंटरनेशनल कमेटी ऑफ दि रेडक्रॉस) को 'सोसाइटिक जेनेवोइस डि यूटिलिटे पब्लिक' का ही परिवर्तित रूप कह सकते हैं।

यह मानवसेवी संस्था नोबेलजयी (1910) हेनरी डूनाँ की इस परिकल्पना का सांगठनिक मूलाधार थी कि युद्ध के दिनों में चिकित्सकीय सेवाओं को अन्तरराष्ट्रीय सुरक्षा प्रदान की जाए। शान्ति और युद्ध के दिनों में जिनेवा समझौते को अमली रूप देने का दायित्व इसी संस्था पर है। इसके अलावा दुनिया-भर के देशों में रेडक्रॉस सोसाइटियों का गठन भी यही संस्था करती है। इस संस्था ने अपने कार्यों और गतिविधियों के द्वारा विश्व में असीम ख्याति अर्जित की है। शान्ति का नोबेल पुरस्कार इस संस्था को 1917 में मिलना वस्तुतः पूरी मानवता का सम्मान था।

नोट : इस वर्ष **रसायन विज्ञान** तथा **शरीर विज्ञान/चिकित्सा विज्ञान** के क्षेत्रों में नोबेल पुरस्कार नहीं दिए गए और पुरस्कार राशि एक विशेष निधि में संरक्षित रखी गई।

1918

भौतिक विज्ञान

रसायन विज्ञान

भौतिक विज्ञान

प्लैंक, मैक्स कार्ल अर्न्स्ट लुडविग
नागरिकता : जर्मनी
जन्म : 23 अप्रैल, 1858, कील, जर्मनी
निधन : 3 अक्टूबर, 1947, गोटिंगन, जर्मनी

मैक्स कार्ल अर्न्स्ट लुडविग प्लैंक के पिता का नाम जूलियस विल्हैम प्लैंक और माँ का नाम एम्मा पैतजिग था। जब वे नौ वर्ष के थे, उन्होंने म्यूनिख के प्रसिद्ध विद्यालय मैक्सीमिलियन जिम्नेजियम में दाखिला लिया, जहाँ भौतिक विज्ञान और गणित में उनकी रुचि जागृत हुई। 17 वर्ष की आयु में स्नातक की डिग्री प्राप्त करने के पश्चात अन्तत: उन्होंने भौतिक विज्ञान को चुना, बावजूद इसके कि वे संगीत या भाषा-विज्ञान में भी बहुत रुचि रखते थे। वे मजबूत व्यक्तित्व के स्वामी थे, लेकिन हास्य और मानवता की भावना से भरपूर। उन्होंने सैद्धांतिक भौतिकी में अपना कैरियर चुना। जब हिटलर सत्ता में आया तो उन्होंने नाजी शासन का विरोध किया और अपने यहूदी सहयोगियों को उत्पीड़न से बचाया।

प्लैंक ने अपने जीवन की शुरुआत म्यूनिख विश्वविद्यालय से की जहाँ उन्होंने डॉक्टरेट की उपाधि हासिल की। बर्लिन में उन्होंने हर्मन वॉन एल्महोत्ज और जी.आर. किरशोव जैसे भौतिक विज्ञानियों से शिक्षा प्राप्त की।

1880 में उन्होंने अपना शोध प्रबन्ध पूरा किया और लेक्चरर बन गए। 1885 में वे कील विश्वविद्यालय में एसोसिएट प्रोफेसर नियुक्त किए गए। 1889 में उन्हें बर्लिन विश्वविद्यालय में नियुक्ति मिल गई, जहाँ वे 1892 में पदोन्नति के बाद प्रोफेसर हो गए। बर्लिन में, सैद्धांतिक भौतिक विज्ञान की सभी शाखाओं पर उनके दिए हुए व्याख्यानों को कई वर्षों तक वैज्ञानिक समुदाय में उच्च सम्मान प्राप्त हुआ और अपना बाकी जीवन उन्होंने बर्लिन में ही बिताया।

प्लैंक ने कई वर्ष गरम कणों से विकिरण के रूप में, ऊर्जा के उत्सर्जन के अध्ययन में बिता दिए। उनका मानना था कि विकिरण (रेडिएशन) में ऊर्जा के 'कण' शामिल होते हैं, जिसे उन्होंने 'क्वांटा' नाम दिया। 'क्वांटा' सिद्धान्त को एकाएक ही स्वीकार नहीं किया गया, लेकिन यह पाया गया कि इसमें विचारयोग्य तथ्य शामिल हैं। 1913 में डेनमार्क के भौतिक-विज्ञानी नील्स बोहर ने परमाणु संरचना की कल्पना में 'क्वांटम' सिद्धान्त को लागू किया और शानदार परिणाम पाए। 'क्वांटम' भौतिकी के जन्म ने वैज्ञानिकों को, उप-परमाणु दुनिया के विस्तृत और सटीक ज्ञान से, रोजमर्रा की दुनिया के बारे में कई सिद्धान्त निरूपित करने में मदद की। आज वैज्ञानिक क्वांटम

भौतिकी का प्रयोग प्रकृति में नन्हे कणों के बारे में अपनी समझ को परिष्कृत करने में करते हैं, जो परमाणु के नाभिक के भीतर की संरचना में शामिल होते हैं।

प्लैंक को 1930 में बर्लिन में कैसर विल्हैम सोसायटी का अध्यक्ष नियुक्त किया गया।

प्लैंक ने दो विवाह किए। 1885 में उन्होंने अपने बचपन की दोस्त मेरी मर्ल से शादी की, जिसकी 1909 में मृत्यु हो गई। बाद में उन्होंने अपनी भतीजी मार्गा वॉन होसलीन से विवाह किया। उनके तीन बच्चों का जवानी में ही निधन हो गया था। शेष बचे दो पुत्रों में से एक को 1944 में हिटलर पर असफल कातिलाना हमला करने के अपराध में फांसी की सजा हुई।

भौतिक विज्ञान के क्षेत्र में 'क्वांटा सिद्धान्त' के निरूपण के लिए उन्हें 1918 में नोबेल पुरस्कार से सम्मानित किया गया।

रसायन विज्ञान

हैबर, फ्रित्ज

नागरिकता : जर्मनी

जन्म : 9 दिसंबर, 1868; ब्रेस्लौऊ, पोलैंड

निधन : 29 जनवरी, 1934; स्विट्जरलैंड

फ्रित्ज हैबर के पिता सिग्फ्रेड हैबर रसायन पदार्थों के समृद्ध व्यापारी थे। उनका परिवार शहर के सबसे पुराने परिवारों में से एक माना जाता था। कुछ अरसे के लिए फ्रित्ज ने अपने पिता की कम्पनी में काम भी किया।

1886 से 1891 तक उन्होंने रसायन शास्त्र में शिक्षा ग्रहण की। 1891 में उन्हें रसायन शास्त्र में डॉक्टरेट की उपाधि प्राप्त हुई। उन्होंने भौतिक रसायन विज्ञान में भी पढ़ाई की, जो उस समय एक नया विषय था। 1894 में वह टेक्नीशे हॉक्शयूल कार्ल्सरूह में भौतिक रसायन विज्ञान के अध्यापक नियुक्त हो गए। इसके साथ-साथ उन्होंने ऊष्मा और विद्युत रसायन पर भी काम शुरू कर दिया, जिसके लिए उन्हें प्रोफेसर के पद से सम्मानित किया गया। अपने शोध से प्रेरित होकर उन्होंने 1905 में विद्युत रसायन पर एक पाठ्य पुस्तक प्रकाशित की, जो तकनीकी गैस प्रतिक्रियाओं की ऊष्मा पर लिखी गई थी, जिसमें उन्होंने एक उत्प्रेरक (कैटालिस्ट) के रूप में, लोहे की मदद से 1000 डिग्री सेल्सियस के तापमान पर N_2 (नाइट्रोजन) और H_2 (हाइड्रोजन) से अमोनिया की एक थोड़ी-सी मात्रा प्राप्त की।

हैबर फ्रित्ज ने कई खोजों में सक्रिय भाग लिया, जिनमें एक थी समुद्र के पानी से सोना निकालना।

हैबर विज्ञान और उद्योग के बीच सहयोग के एक आधिकारिक समर्थक बन गए थे। 1920 के दशक में उन्होंने अपनी प्रयोगशाला का निर्माण किया, जो शायद भौतिक रसायन विज्ञान में उनके अध्ययन और उद्योगों में इसके कार्यान्वन की सबसे बड़ी इकाई थी।

इससे पूर्व 1911 में हैबर को जर्मनी के नव-निर्मित 'कैसर विल्हैम इंस्टीट्यूट फॉर फिजिकल केमिस्ट्री एंड इलेक्ट्रो-केमिस्ट्री' का निदेशक नियुक्त किया गया था।

1914 में प्रथम विश्वयुद्ध के कारण, हैबर के जीवन में भी कई नाटकीय बदलाव आए। कैसर विल्हैम संस्थान, जिसके प्रमुख हैबर थे, में होनेवाला अनुसंधान जर्मनी की सैन्य आवश्यकताओं को सहायता देता था। 1917 में हैबर की देख-रेख में जहरीली गैस क्लोरीन का पहला प्रयोग किया गया। युद्ध के दौरान हैबर की अगुवाई में मित्र देशों के गैस के हमलों से जर्मनी के सैनिकों को बचाने के लिए गैस-मॉस्क का विकास किया गया। युद्ध में जर्मनी की पराजय हैबर के लिए एक बड़ा आघात थी, क्योंकि वे एक कट्टर राष्ट्रवादी थे।

हैबर को 1918 में अमोनिया संश्लेषण प्रक्रिया (अमोनिया सिंथेसिस प्रोसेस) के विकास के लिए रसायन विज्ञान में नोबेल पुरस्कार से सम्मानित किया गया। लेकिन चूँकि हैबर ने जहरीली गैस का निर्माण कर एक खलनायक की भूमिका अदा की थी, अतः कई वैज्ञानिकों ने उन्हें नोबेल पुरस्कार दिए जाने का विरोध करते हुए इसे 'अविवेकपूर्ण' और 'अव्यवहारकुशल' फैसला करार दिया।

हिटलर की नाजी सेना की यहूदी-विरोधी नीतियों के कारण हैबर को, उनकी तमाम देशभक्ति और जर्मनी को समर्थन देने के बावजूद, 1933 में निदेशक के पद से इस्तीफा देना पड़ा। हालाँकि, कुछ समय के लिए उन्होंने कैंब्रिज विश्वविद्यालय में भी कार्य किया। उनकी इच्छा थी कि वे इजरायल में जाकर बस जाएँ, लेकिन रास्ते में ही दिल का दौरा पड़ने से उनकी मृत्यु हो गई।

नोट : इस वर्ष **शरीर विज्ञान/चिकित्सा विज्ञान, साहित्य** तथा **शान्ति** के क्षेत्र में नोबेल पुरस्कार नहीं दिए गए और पुरस्कार राशि एक विशेष निधि में संरक्षित रखी गई।

भौतिक विज्ञान

शरीर विज्ञान/चिकित्सा विज्ञान

साहित्य

शान्ति

1919

भौतिक विज्ञान

स्टार्क, जोहानिस
नागरिकता : जर्मन
जन्म : 15 अप्रैल, 1874; शिकेन्हॉफ, जर्मनी
निधन : 21 जून, 1957; ट्राएन्स्टाइन, जर्मनी

हिटलर के समर्थक और यहूदी विरोधी विचारोंवाले जोहानिस शिकेन्हॉफ बावेरिया (जर्मनी) में पैदा हुए। उनके पिता एक भू-स्वामी थे। जोहानिस ने बैरियूथ में जिम्नेजियम (व्याकरण स्कूल) और बाद में रिजेंसबर्ग में शिक्षा ग्रहण की और 1874 में म्यूनिख विश्वविद्यालय में भौतिकी, गणित, रसायन-शास्त्र और क्रिस्टल-विज्ञान की पढ़ाई के लिए रवाना हो गए। 1897 में उन्होंने स्नातक की उपाधि प्राप्त की।

1897 से 1900 तक उन्होंने म्यूनिख विश्वविद्यालय में भौतिकी संस्थान में वॉन लोम्मेल के सहायक के रूप में काम किया और फिर गोटिंगेन विश्वविद्यालय में भौतिकी के अवैतनिक व्याख्याता (लेक्चरर) बने। उन्हें 1900 में हनौवर में, टैक्नीशे हॉक्शयूल में असाधारण प्रोफेसर नियुक्त किया गया। 1917 से 1922 में अपनी सेवानिवृत्ति तक उन्होंने ग्रीव्सवाल्ड विश्वविद्यालय में भौतिक विज्ञान के प्रोफेसर के रूप में काम किया। 1933 से 1939 तक वे रीक फिजिकल-टेक्निकल इंस्टीट्यूट के प्रमुख रहे।

स्टार्क ने मुख्यत: तीन बड़े क्षेत्रों में काम किया : गैसों में बिजली का प्रवाह, स्पेक्ट्रोस्कोर्पा विश्लेषण और रासायनिक संयोजन। उन्होंने रसायन परमाणुओं की संरचना और स्पेक्ट्रम में परिवर्तन के बीच आपसी सम्बन्ध पर कार्य किया। स्टार्क ने कैनाल किरणों में 'डॉपलर प्रभाव' और विद्युत क्षेत्रों में उसके वर्णक्रमीय रेखाओं में बिखर जाने की खोज की थी। इस खोज को उनके नाम 'स्टार्क प्रभाव' से जाना जाता है। 1919 में स्टार्क को 'डॉपलर' प्रभाव की खोज के लिए भौतिकी के नोबेल पुरस्कार से सम्मानित किया गया। इस पुरस्कार से उन्हें अपनी एक निजी प्रयोगशाला स्थापित करने में सहायता मिली, जहाँ उन्होंने विविध विद्युत क्षेत्रों में प्रकाश विक्षेपण (लाइट डिफ्लेक्शन) के प्रभाव की जाँच की।

जोहानिस स्टार्क गोटिंगेन, रोम, लिदेन, विएना और कलकत्ता में अकादमियों के सदस्य थे। 1910 में उन्हें विएना विज्ञान अकादमी के बॉमगार्टनर पुरस्कार और 1914 में

गोटिंगेन एकेडमी ऑफ साइंसेज के वैहलब्रूच पुरस्कार से सम्मानित किया गया।

उनका विवाह लुइस हीपलर से हुआ। उनके पाँच बच्चे थे। उन्हें वानिकी (फॉरेस्ट्री) और फलों की खेती का बहुत शौक था।

शरीर विज्ञान/चिकित्सा विज्ञान

बोर्डेट, ज्यूल्स ज्याँ बैप्तिस्त विन्सेंट

नागरिकता : बेल्जियम
जन्म : 13 जून, 1870; सोइग्नीज, बेल्जियम
निधन : 6 अप्रैल, 1961; ब्रूसेल्स, बेल्जियम

ज्यूल्स ज्याँ बैप्तिस्त विन्सेंट बोर्डेट की शिक्षा ब्रुसेल्स में हुई, जहाँ उन्होंने 1892 में डॉक्टर ऑफ मेडिसन में स्नातक की उपाधि प्राप्त की। 1894 में वे पाश्चर इंस्टीट्यूट में काम करने पेरिस चले गए। बेल्जियम इंस्टीट्यूट की स्थापना के समय से ही वे संस्थान के निदेशक रहे (1940 के बाद से मानद निदेशक) और ब्रुसेल्स विश्वविद्यालय में 1907 के बाद से जीवाणु विज्ञान के प्रोफेसर रहे (1935 के बाद से मानद)।

बोर्डेट ब्रुसेल्स विश्वविद्यालय के प्रशासनिक परिषद के स्थायी सदस्य थे। वे सूक्ष्म जीव विज्ञान के प्रथम अन्तरराष्ट्रीय कांग्रेस के (पेरिस, 1930) प्रमुख थे, प्रीमियम काउंसिल ऑफ हाइजिन ऑफ बेल्जियम के पूर्व अध्यक्ष और पेरिस के साइंटिफिक काउंसिल ऑफ पाश्चर इंस्टीट्यूट तथा बेल्जियम एकेडमी ऑफ मेडिसन के भी अध्यक्ष रहे।

ब्रुसेल्स में रहते हुए उन्होंने रक्त सीरम में प्रतिरक्षा पर अपना अनुसंधान जारी रखा। उनका यह अनुसंधान कार्य कई बीमारियों के प्रतिरक्षात्मक शोधों का आधार बना, जैसे—टायफॉइड बुखार, टी.बी. और विशेषकर सिफलिस रोग।

1890 में बोर्डेट ने गार्थो लीवोज से विवाह किया, जिनसे उन्हें दो बेटियाँ और एक पुत्र की प्राप्ति हुई, जो बाद में चलकर अपने पिता की तरह ही ब्रुसेल्स में पाश्चर इंस्टीट्यूट के प्रमुख और जीवाणु विज्ञान में प्रोफेसर बने।

उन्हें रक्त सीरम में प्रतिरक्षा कारकों की खोज के लिए नोबेल पुरस्कार से सम्मानित किया गया। उनकी इस खोज से सीरम विज्ञान (सीरोलॉजी) के द्वार खुले। यह आधुनिक रोग निदान तथा कई खतरनाक संक्रामक रोगों के उपचार के लिए महत्त्वपूर्ण खोज थी। 1895 में उन्हें ज्ञात हुआ कि सीरम के दो घटक बैक्टीरिया कोशिका दीवारों के टूटने के लिए जिम्मेदार हैं।

साहित्य

स्पिटलर, कार्ल फ्रेड्रिख जॉर्ज

नागरिकता : स्विट्जरलैंड
जन्म : 24 अप्रैल, 1845; लीस्टल, स्विट्जरलैंड
निधन : 29 दिसंबर, 1924; लूसर्न, स्विट्जरलैंड

स्विट्जरलैंड के एक मध्यवर्गीय परिवार में जन्मे स्पिटलर को बचपन में संगीत और चित्रकला का बहुत शौक था। अपने बेसेल निवास के दिनों में वे भाषाविद् वाकरनैजेल तथा कला, इतिहासकार ब्रुर्कहार्डट से बहुत प्रभावित थे।

1863–65 के दो वर्षों के दौरान उन्होंने कानून की शिक्षा प्राप्त की और 1865–70 में उन्होंने ज्यूरिख में धर्मशास्त्र की शिक्षा ली। धर्मशास्त्र की परीक्षा देने के बाद वे एक जनरल के न्योते पर उनके बच्चों को पढ़ाने पीटर्सबर्ग चले गए, जहाँ वे 1879 तक रहे। इस समयावधि में वे कुछ समय रूस में रहे और कुछ समय फिनलैंड में। इसी दौरान उन्होंने अपनी काव्य-रचना 'प्रोमेथियस एंड एवीमेथियस' पर काम शुरू किया। स्विट्जरलैंड वापस लौटने के बाद उन्होंने 1881 में अपने पैसों से छद्म नाम (कॉर्ल फैलिक्स टेंडम) से इन्हें प्रकाशित करवाया, जिनकी ओर किसी ने भी ध्यान नहीं दिया। यहाँ तक कि उनकी कहीं कोई समीक्षा भी नहीं हुई। कुछ दिनों तक

उन्होंने बर्न केन्टन के एक छोटे-से कस्बे में लड़कियों के स्कूल में अध्यापन का कार्य किया। लेकिन वे इससे संतुष्ट नहीं थे। फलस्वरूप उन्होंने 'ग्रेंजेपोस्ट' और ज्यूरेखर ज्यूटुंग में स्वतंत्र पत्रकारिता आरम्भ कर दी। 1891 में उन्होंने पत्रकारिता भी छोड़ दी। इसी समय उन्होंने अपनी काव्य-रचना अपने असली नाम से पुनर्प्रकाशित करवाई। 1883 में उन्होंने हिस्टरी ऑफ क्रिएशन और 1889 में बटरफ्लाई प्रकाशित की। 1900 से 1906 के बीच उनकी सर्वश्रेष्ठ रचना 'ओलंपियन स्प्रिंग' प्रकाशित हुई। यह चार खंडों में थी। पहले दो खंडों की कोई चर्चा नहीं हुई। लेकिन अचानक ही फैलिक्स वीनगार्टनर नामक मशहूर संगीतकार द्वारा 'कार्ल स्पिटलर : ईन कुएन्सेअरलिखेस एर्लेबेनिस' नामक छोटी-सी किताब प्रकाशित किए जाने के बाद की घोषणा होते ही स्पिटलर मशहूर हो गए।

'प्रोमेथियस डस् डुल्डर' (प्रोमेथियस, द सफदर) के पूरा होने के दो सप्ताह बाद ही कार्ल स्पिटलर का 28 दिसंबर, 1924 को देहांत हो गया। उनके महाकाव्य ओलम्पिअन स्प्रिंग के विशिष्ट प्रोत्साहन के लिए उन्हें 1919 में साहित्य का नोबेल पुरस्कार प्रदान किया गया।

शान्ति

विल्सन, थॉमस वूड्रो
नागरिकता : अमरीका
जन्म : 28 दिसंबर, 1856; स्टोंटेन, अमरीका
निधन : 3 फरवरी, 1924; वाशिंगटन डी.सी., अमरीका

वूड्रो विल्सन, वर्जीनिया के स्टोंटेन नामक स्थान पर, एक प्रभुत्वशाली स्टॉकिश विरासतवाले माता-पिता के घर पैदा हुए थे। उन्होंने एक वर्ष नॉर्थ कैरोलिन के डेविडसन महाविद्यालय में तथा तीन वर्ष प्रिंसटन विश्वविद्यालय में व्यतीत किए, जहाँ उन्होंने 1879 में उच्च शिक्षा प्राप्त की।

1885 में उनकी पुस्तक 'कॉंग्रेशनल गवर्नमेंट' प्रकाशित हुई जो अमरीकी संविधान में वैधानिक और कार्यकारी शक्तियों के अलग-अलग होने से उत्पन्न कठिनाइयों का वर्णन करती है। 1902 से 1910 तक प्रिंसटन विश्वविद्यालय के प्रमुख की हैसियत से विल्सन शैक्षणिक पुनर्गठन पर अपने विचारों के लिए बहुत प्रसिद्ध थे। अपने बौद्धिक जीवन के आदर्शों को मूर्त रूप देने के लिए वे शिक्षा व्यवस्था तथा सामाजिक ढाँचे में आमूल-चूल परिवर्तन लाना चाहते थे। इसलिए उन्होंने राजनीति में प्रवेश किया और न्यू जर्सी के गवर्नर के रूप में एक बार फिर अपने आपको समाजसुधारक के रूप में प्रस्तुत किया।

इसमें कोई संदेह नहीं कि उनके विचार रूजवेल्ट से बिलकुल अलग थे और वे लोकतंत्र की सुरक्षा के लिए युद्ध में अमरीका की भागीदारी को बहुत आवश्यक मानते थे। विलियम हॉवर्ड टाफ्ट और थिओडोर रूजवेल्ट के रिपब्लिकन के विभाजन के बाद, 1912 में विल्सन ने राष्ट्रपति पद का चुनाव जीता। अमरीकी राष्ट्रपति का पदभार सँभालते ही उन्होंने अपने सुधार कार्यक्रमों को लागू करना शुरू किया, जिसका वर्णन उन्होंने अपनी पुस्तक 'दॅ न्यू फ्रीडम' में किया है।

वूड्रो विल्सन विश्व शान्ति की दिशा में संयुक्त राष्ट्र संघ की स्थापना को बहुत महत्त्वपूर्ण परियोजना मानते थे। उनका लक्ष्य था कि वे संयुक्त राज्य अमरीका की तटस्थता को बनाए रखें। इसी आधार पर वे 1916 में दुबारा राष्ट्रपति चुने गए।

बेशक वे लीग ऑफ नेशंस की स्थापना के अपने विचार को बनाए रखने में सफल रहे, लेकिन अमरीकी संसद ने इसे सहमति देने से इनकार कर दिया। घरेलू मोर्चे पर यह उनकी बहुत बड़ी क्षति थी। 1918 में कांग्रेस पर उनका नियंत्रण भी समाप्त हो गया। किसी भी स्थिति में समझौता न करने की उनकी इच्छा व उनकी शारीरिक अस्वस्थता को इन असफलताओं का मूल कारण माना जाता है। 1919 में उन्हें 'मस्तिष्काघात' लगा जिससे वे पूरी तरह कभी उबर नहीं पाए। उन्होंने अपने कार्यकाल के शेष सत्रह महीने व्यतीत करने के बाद अन्तिम वर्ष सेवानिवृत्ति में गुजारे।

विल्सन को चैलवुड के लॉर्ड सेसिल (1864-1958) का बहुमूल्य सहयोग व समर्थन प्राप्त हुआ, जिन्हें 1937 का नोबेल शान्ति पुरस्कार देकर सम्मानित किया गया। विल्सन को शान्ति के लिए 1919 का नोबेल पुरस्कार प्रदान किया गया।

नोट : इस वर्ष **रसायन विज्ञान** के क्षेत्र में नोबेल पुरस्कार नहीं दिया गया और पुरस्कार राशि एक विशेष निधि में संरक्षित रखी गई।

भौतिक विज्ञान

रसायन विज्ञान

शरीर विज्ञान/चिकित्सा विज्ञान

साहित्य

शान्ति

1920

भौतिक विज्ञान

गुइलॉमे, चार्ल्स एडुअर्ड
नागरिकता : स्विट्जरलैंड
जन्म : 15 फरवरी, 1861; फ्लूरिअर, स्विट्जरलैंड
निधन : 13 जून, 1938; सेव्रेस, फ्रांस

चार्ल्स एडुअर्ड गुइलॉमे एक घड़ीसाज के पुत्र थे। उनकी आरंभिक शिक्षा न्यूचेटेल में हुई, जिसके बाद उन्होंने ज्यूरिख के पॉलिटेक्नीक में दाखिला लिया। वहीं से उन्होंने 1878 में डॉक्टरेट की डिग्री प्राप्त की। अपना कार्यकारी जीवन उन्होंने सेना में आर्टिलरी अफसर के रूप में शुरू किया। उसी दौरान उन्होंने यांत्रिकी और प्राक्षेपिकी का विशेष रूप से अध्ययन किया था। उसके बाद 1883 में वे फ्रांस में सेव्रेस के 'इंटरनेशनल ब्यूरो ऑफ वेट एंड मेजर्स' से सम्बद्ध हो गए। लगातार प्रोन्नत होते हुए वे 1915 में उस ब्यूरो के निदेशक पद पर जा पहुँचे। 1936 में उस पद से उन्होंने अवकाश ग्रहण किया।

शुरू-शुरू में गुइलॉमे ने जो शोधपरक अध्ययन किए थे, उनमें पारद थर्मामीटर और लीटर के आयतन से सम्बन्धित खोजें भी शामिल थीं। खोज के दौरान उन्होंने पाया कि लीटर का आयतन 1,000,028 घन सेंटीमीटर होता है। उससे पहले आमतौर पर यही माना जाता था कि लीटर का आयतन 1,000,000 घन सेंटीमीटर होता है। आगे चलकर अपना ध्यान उन्होंने मिश्र धातुओं पर केंद्रित किया। उनके द्वारा प्रबलित निकिलयुक्त मिश्र धातुओं के जो परीक्षण किए गए, उनकी परिणति अन्ततः 'इन्वार' की खोज में हुई। निकिल और इस्पात की मिश्र धातु को ही 'इन्वार' कहा गया है। गुइलॉमे की एक महत्त्वपूर्ण खोज के रूप में इसे विश्वव्यापी मान्यता मिली। 'इन्वार' के फैलाव का निम्न गुणांक और 'एलिन्वार' के लचीलेपन का निम्न गुणांक होने के कारण यह सम्भव हुआ कि वैज्ञानिक औजारों के निर्माण में इनका इस्तेमाल व्यापक रूप से किया जा सके।

गुइलॉमे का विवाह 1888 में हुआ था, जब वे सत्ताईस वर्ष के थे। उनकी तीन सतानें थीं।

चार्ल्स एडुअर्ड गुइलॉमे को भौतिकी के क्षेत्र में माप-तौल की परिशुद्धता और निकिल तथा इस्पात के मिश्रण में असंगतियों की खोज के लिए 1920 में नोबेल पुरस्कार से सम्मानित किया गया।

रसायन विज्ञान

नर्न्स्ट, वाल्थर हर्मान

नागरिकता : जर्मनी

जन्म : 25 जून, 1864; प्रशिया

निधन : 18 नवंबर, 1941; मस्काउ, जर्मनी

वाल्थर हर्मान नर्न्स्ट एक सरकारी कर्मचारी के पुत्र थे। विज्ञान का अध्ययन उन्होंने क्रमशः ज़ूरिख, वूर्जवर्ग और ग्राज के विश्वविद्यालयों में किया था। नोबेल सम्मान प्राप्त ओसवाल्ड के वे सहायक रह चुके थे, जिन्होंने वान्ट हौफ और एरेनियस (दोनों नोबेल सम्मानित) के साथ मिलकर रसायन विज्ञान के क्षेत्र में अपनी अलग पहचान बनाई थी। वे 1894 में गोटिंगन में भौतिक रासायनिकी के प्रथम प्रोफेसर बने। दस साल बाद 1904 में उन्हें बर्लिन में एच.एच. लैंडोल्ट के स्थान पर भौतिक रासायनिकी का प्रोफेसर नियुक्त किया गया। उसी पद पर कार्य करते हुए वे प्रथम विश्वयुद्ध के दौरान युद्ध की गतिविधियों में भी सक्रिय रहे। उसके बाद 1922 में उन्हें बर्लिन विश्वविद्यालय का रेक्टर बनाया गया। उस पद से उन्होंने 1933 में अवकाश ग्रहण किया। उस समय तक वे नाजियों के समर्थक हो गए थे। अपने जीवन के शेष वर्ष उन्होंने देहात में बिताए। वहाँ उनका पैतृक घर था। उस दौरान उनकी दिनचर्या रही—अपने फार्म की देखभाल, कृषि और मछली का शिकार।

नर्न्स्ट ने संकेतकों के जरिए डाइलेक्ट्रिक स्थिरांकों, आयनिक जलयोजन के अंश और PH के मापन की विधियाँ विकसित की थीं। उत्पाद की विलेयता की धारणा को आगे बढ़ाते हुए उन्होंने सुझाया कि मध्यवर्ती मिश्रणों का उपयोग किया जाना चाहिए। विद्युत अपघटनी मिश्रण के दबाव और सम्बद्ध समीकरणों की अवधारणा पर आधारित गैल्वेनी धारा के जो सिद्धान्त उन्होंने निरूपित किए, वे आज भी विद्युत रासायनिकी का आधार माने जाते हैं। अपघटन और सम्पर्क की सम्भाविताओं, पैलेडियम इलेक्ट्रोडों और तंत्रिका उद्दीपन के सिद्धान्तों के विकास का भी श्रेय उन्हीं को दिया जाता है।

नर्न्स्ट की अन्य महत्त्वपूर्ण वैज्ञानिक उपलब्धियों में से एक है—जल का आयनिक उत्पादन सुनिश्चित करने की पद्धति का विकास। उन्होंने 1905–06 के दौरान ऊष्मागतिकी के तीसरे नियम को सूत्रबद्ध किया था। इस समीकरण का उपयोग पहले मुख्यत: रासायनिक संतुलन के अध्ययन में किया जाता था, लेकिन आगे चलकर यह क्वांटम सिद्धान्त और सांख्यिकी यांत्रिकी से सम्बद्ध हुआ। निम्न तापमानों पर सुनिश्चित ऊष्मा की जानकारी के लिए 1911 में उन्होंने एक खास तरह के कैलोरीमीटर का आविष्कार किया था, जिसके फलस्वरूप सुनिश्चित तापों के क्वांटम सिद्धान्त के क्षेत्र में महत्त्वपूर्ण प्रगति हुई। गैल्वेनी कोशिकाओं, रासायनिक संतुलन की ऊष्मागतिकी, उच्च तापमान पर वाष्पन और निम्न तापमानों पर तथा फोटोरासायनिकी के बारे में उन्होंने जो शोध किए थे, उनसे औद्योगिक और वैज्ञानिक क्षेत्र असाधारण रूप से लाभान्वित हुए।

नर्न्स्ट आगे चलकर खगोल भौतिकी का भी अध्ययन करने लगे थे। 'थियोरेटिकल केमिस्ट्री' उनकी काफी प्रसिद्ध किताब है, जो पाठ्य पुस्तक के रूप में आज भी बहुत उपयोगी मानी जाती है। उन्हें 1932 में रॉयल सोसाइटी का विदेशी सदस्य चुना गया था।

ऊष्मागतिकी से सम्बन्धित महत्त्वपूर्ण शोध के लिए वाल्थर हर्मान नर्न्स्ट को 1920 में नोबेल पुरस्कार से सम्मानित किया गया।

शरीर विज्ञान/चिकित्सा विज्ञान

क्रोग, शैक ऑगस्ट स्टीनबर्ग

नागरिकता : डेनमार्क

जन्म : 15 नवंबर, 1874; ग्रेना, डेनमार्क

निधन : 13 सितंबर, 1949; कोपेनहेगन, डेनमार्क

शैक ऑगस्ट स्टीनबर्ग के पिता एक पोत निर्माता और मदिरा व्यवसायी थे। स्टीनबर्ग को समुद्र से बड़ा लगाव था। स्कूली

पढ़ाई पूरी करने के बाद उन्होंने कोपेनहेगन विश्वविद्यालय में आगे की पढ़ाई शुरू की। वहाँ उनके अध्ययन का मुख्य विषय पहले भौतिक विज्ञान था, लेकिन आगे चलकर उन्होंने अपना विषय बदल लिया। वे 1899 में स्नातक हुए और उसके चार वर्ष बाद उन्होंने मेढक की श्वसन क्रिया पर शोध-प्रबन्ध लिखकर डॉक्टरेट की डिग्री हासिल की।

क्रोग ने शोध-प्रबन्ध लिखने के दौरान ही 1902 में फेफड़ों में गैस विनिमय की प्रक्रिया पर विस्तार से खोजें की थीं। उनका विश्लेषण करते हुए एक शोधपरक निबन्ध उन्होंने लिखा था, जिस पर विएना एकेडमी ऑफ साइंस ने 1906 में उन्हें पुरस्कृत किया।

वैज्ञानिक खोज के अपने दूसरे अभियान पर क्रोग 1908 में निकले। जब वे ग्रीनलैंड से वापस आए तब कोपेनहेगन विश्वविद्यालय में प्राणि विज्ञान और शरीर विज्ञान के प्राध्यापक हो गए। 1910 में वे प्राध्यापक से प्रोन्नत होकर प्रोफेसर के पद पर पहुँचे। उस पद से उन्होंने 1945 में अवकाश लिया।

क्रोग स्टीनबर्ग ने श्वसन क्रिया और ऊतकों में रक्त के वितरण को लेकर जो महत्त्वपूर्ण शोधकार्य किए, वे विज्ञान के इतिहास में रेखांकित करने योग्य हैं। वायु के एक बुलबुले और उसके चारों तरफ प्रवाहित रक्त के मध्य गैसीय वितरण की जानकारी प्राप्त करने के लिए उन्होंने 1908 में माइक्रो-एक्रोनोमीटर तैयार किया। उस यंत्र के सहारे क्रोग और उनकी पत्नी यह दिखा पाने में कामयाब हुए कि धमनीय ऑक्सीजन का दबाव हमेशा कोष्ठकीय ऑक्सीजन के दबाव से कम होता है। उन्होंने बताया कि फेफड़ों में गैसीय वितरण हमेशा फैलाव के कारण ही होता है।

जोहानिस लिंडहार्ड नामक एक अन्य वैज्ञानिक के साथ मिलकर क्रोग ने 1912 में एक ऐसी विधि खोज निकाली, जिससे मानव शरीर में रक्त परिसंचरण की मात्रा मालूम की जा सके। इस महत्त्वपूर्ण कार्य को पूरा कर लेने के बाद क्रोग ने अपना ध्यान धमनियों की कार्यप्रणाली पर केंद्रित किया। शोध के दौरान उन्हें पता चला कि रक्त के लिए ऊतकों की आवश्यकता का जो अनुपात होता है, उसी के अनुसार धमनियाँ सिकुड़ती या फैलती हैं। उन्होंने यह भी देखा कि सक्रिय पेशियों में प्रसुप्त पेशियों की अपेक्षा खुली या फैली हुई धमनियों की संख्या ज्यादा होती है। अपने प्रयोगों द्वारा उन्होंने यह सिद्ध कर दिखाया कि उत्तेजित पेशियों के कारण रक्त की माँग बढ़ जाती है और खुली कोशिकाओं में रक्त का परिसंचार होने लगता है।

क्रोग की सेवाओं को देखते हुए 1937 में रॉयल सोसाइटी ने उन्हें अपना विदेशी सदस्य घोषित किया और आठ वर्ष बाद 1945 में लंदन के रॉयल कॉलेज ऑफ फिजीशियन ने उन्हें 'बैली' पदक प्रदान किया। देश-विदेश के अनेक विश्वविद्यालयों की ओर से डॉक्टरेट की मानद उपाधि वे प्राप्त कर चुके थे।

शैक ऑगस्ट स्टीनबर्ग क्रोग को कोशिका मोटर नियमन क्रियाविधि की महत्त्वपूर्ण खोज के लिए 1920 में नोबेल पुरस्कार से सम्मानित किया गया।

साहित्य

हैम्सन, नुत पेडर्सन

नागरिकता : नॉर्वे

जन्म : 4 अगस्त, 1859; लोम, नॉर्वे

निधन : 19 फरवरी, 1952; क्रिम्सताद, नॉर्वे

नुत पेडर्सन हैम्सन एक मामूली किसान के पुत्र थे। उनका लगभग पूरा बचपन एक दूरस्थ द्वीप में बीता था। उस द्वीप का नाम लोफोतेन था। हैम्सन को स्कूली शिक्षा नहीं के बराबर मिली थी। एक मोची के साथ काम करते हुए उन्होंने जूते बनाना सीखा था।

कविता करने का शौक हैम्सन को शुरू से ही था। जब वे 19 साल के थे, तभी उनकी पहली कविता प्रकाशित हो चुकी थी। उन्हीं दिनों उनका एक उपन्यास भी प्रकाशित हुआ था। इससे उन्हें जो धन मिला उसका उपयोग उन्होंने देश-विदेश की यात्रा करने में किया। वे ओस्लो के क्रिस्तिना विश्वविद्यालय में पढ़ना चाहते थे। गरीबी के कारण दैनिक मजदूरी से लेकर ट्यूटर, क्लर्क, संदेशवाहक आदि के कार्य उन्हें करने पड़े। पढ़ाई भी बीच में ही छोड़नी पड़ी। वे दो बार अमरीका गए। शिकागो में ट्राम की कंडक्टरी की। उन्हें पढ़ने का बेहद शौक था। हमेशा जेब में कोई न कोई किताब होती और जब भी मौका मिलता उसके पन्नों में खो जाते। इसका नतीजा यह होता कि अक्सर उन्हें ट्राम की सवारियों को चढ़ाने-उतारने का ध्यान ही नहीं

रहता और अन्ततः इसी कारण नौकरी से निकाले गए। उन्होंने खेतों में मजदूरी की और मछुआरे के काम भी किए।

1889 से जब हैम्सन की रचनाओं का नियमित प्रकाशन होने लगा, तब उनके जीवन में स्थिरता आई। अपनी पत्नी, दो पुत्रों और तीन पुत्रियों के साथ वे नोयरहान में रहने लगे। द्वितीय विश्वयुद्ध के दौरान नॉर्वे अपनी स्वाधीनता खो चुका था, लेकिन हैम्सन ने तानाशाह हिटलर का साथ दिया था। वे हिटलर से मिले भी थे। इसी कारण जब विश्वयुद्ध समाप्त हुआ तो उन्हें कैद कर लिया गया। उनकी पत्नी को भी कैद की यातना भुगतनी पड़ी। हैम्सन उस वक्त 85 वर्ष के हो चुके थे। स्वास्थ्य भी बहुत खराब था, इसलिए उन्हें छोड़ दिया गया। इस तरह उनका आरंभिक जीवन ही दुखदायी नहीं रहा, बल्कि जीवन के अन्तिम दिनों में भी उन्हें बेहद यातनाएँ झेलनी पड़ीं।

हिटलर का साथ देकर हैम्सन अपने देशवासियों की नजर में गिर गए थे। सब उन्हें देश का दुश्मन और गद्दार समझने लगे, इसलिए 92 वर्ष की अवस्था में जब उनका देहावसान हुआ, तो किसी ने शोक प्रकट नहीं किया।

हैम्सन की आरंभिक दो रचनाओं पर उनका नाम नुड पेडर्सन हैम्सन छपा था, जिनमें एक गंभीर कविता थी और दूसरी थी कहानी ('मीटिंग अगेन' और 'जॉजर')। 'हंगर' (1890) उपन्यास के प्रकाशन के बाद 31 वर्ष की उम्र में साहित्यिक जगत में उनका प्रवेश हुआ। यह नॉर्वे में रह चुके एक युवा लेखक के दरिद्रता के दिनों के बारे में है। ऐसा लगता है कि इनमें रचनाकार ने खुद को ही प्रकाश में लाया है।

उनकी अन्य कृतियाँ इस प्रकार हैं : 'ऑफ अमरीकन कल्चर', 'पैन', 'ऐट द गेट्स ऑफ द किंगडम', 'लाइव्ज प्ले', 'सन सेट', चिल्ड्रन ऑफ द एज', 'सेगेल्फास टाउन', 'ग्रोथ ऑफ द सॉइल' और 'द लास्ट चैप्टर', 'द वुमेन एट द पम्प', 'द रिंग इज क्लोज्ड', 'बैक टु द नेचर', 'न्यू अर्थ', तथा 'मिस्ट्रीज' आदि।

'ग्रोथ ऑफ द सॉइल' को विशिष्ट कृति ठहराते हुए नोबेल समिति ने 1920 में उन्हें नोबेल पुरस्कार प्रदान किया था।

शान्ति

बोर्गिस, लियोन विक्टर ऑगस्त

नागरिकता : फ्रांस

जन्म : 21 मई, 1851; पेरिस, फ्रांस

निधन : 29 सितंबर, 1925; चैत्यू डि'ओगेन, फ्रांस

लियोन विक्टर ऑगस्त बोर्गिस अपने दौर में अन्तरराष्ट्रीय भाईचारे के सक्रिय समर्थक के रूप में खासतौर से चर्चित हुए। वे विधि विशेषज्ञ थे। सिविल सर्विस में वे 1876 में दाखिल हुए। प्रोन्नत होते हुए क्रमशः वे 1887 में पुलिस के 'प्रिफेक्ट' के पद तक जा पहुँचे। 1888 में फ्रांस की राष्ट्रीय असेंबली के चुनावों में वे मार्ने जिला के निर्वाचन क्षेत्र से विजयी घोषित हुए और इस तरह असेंबली के 'डेपुटी' हो गए। क्रमशः कई मंत्री पदों पर कार्य करते हुए अन्ततः एक दिन ऐसा भी आया, जब वे फ्रांस के राष्ट्रपति बन गए।

विक्टर ऑगस्त ने सीनेट में मार्ने जिला के प्रतिनिधि की हैसियत से प्रवेश किया था और 1920-23 की अवधि में वे सीनेट के अध्यक्ष भी रहे। हेग के अन्तरराष्ट्रीय सम्मेलन (1899) में उन्होंने फ्रांस का प्रतिनिधित्व किया था जिसमें उन्होंने राष्ट्रों के बीच सहयोगिता की अवधारणा की पुरजोर वकालत की। उन्हें 1903 में 'इंटरनेशनलन कोर्ट ऑफ जस्टिस' की सदस्यता प्रदान की गई। मोरक्को की स्वाधीनता से सम्बन्धित समझौते (1903) को सम्पन्न कराने में उनका सर्वाधिक योगदान रहा। 1919 में उन्होंने 'लीग ऑफ नेशंस' में फ्रांस का प्रतिनिधित्व किया। सामाजिक एकता और परस्पर निर्भरता के सिद्धान्त के वे समर्थक ही नहीं, भाष्यकार भी थे।

लियोन विक्टर ऑगस्त बोर्गिस 1920 में नोबेल शान्ति पुरस्कार से सम्मानित हुए।

भौतिक विज्ञान

रसायन विज्ञान

साहित्य

शान्ति

1921

भौतिक विज्ञान

आइंस्टीन, अल्बर्ट

नागरिकता : जर्मनी /अमरीका
जन्म : 14 मार्च, 1879; ऊर्टेम्बर्ग, जर्मनी
निधन : 18 अप्रैल, 1955; प्रिंसटन, अमरीका

अल्बर्ट आइंस्टीन एक रासायनिक इंजीनियर के पुत्र थे। जब वे सत्रह वर्ष के हुए, तो उन्होंने जूरिख के टेक्नोलॉजिकल संस्थान में प्रवेश लिया। उन्होंने 1901 में वहाँ की पढ़ाई पूरी की। वे स्कूल में अध्यापक बनना चाहते थे, लेकिन यहूदी होने के कारण उन्हें वैसी नौकरी नहीं मिली। काफी कोशिशों के बाद बर्न के पेटेंट कार्यालय में उन्हें जूनियर क्लर्क की नौकरी मिली। वहाँ काम ज्यादा नहीं रहता था, इसलिए खाली समय का सदुपयोग वे शोधकार्य में करने लगे। इन्हीं शोधकार्यों के फलस्वरूप सैद्धांतिक भौतिकी के क्षेत्र में उनका पहला योगदान 1901 में सामने आया। 1905 में ज्यूरिख की पॉलिटेक्निक एकेडमी से डॉक्टर की उपाधि उन्होंने हासिल की और उसी वर्ष उनके तीन शोध प्रबन्ध भी प्रकाशित हुए।

अल्बर्ट आइंस्टीन के वे तीनों शोध-प्रबन्ध उनकी उन तीन महान खोजों से सम्बन्धित हैं, जो उन्होंने भौतिक विज्ञान के क्षेत्र में की थीं। उनकी पहली खोज ब्राउनी संचलन से सम्बन्ध रखती थी। उन्होंने बताया कि अणुओं की बौछार के फलस्वरूप सूक्ष्म कणों का जो अनियमित संचलन होता है, उससे यही स्पष्ट होता है कि दृश्यकणों के संचलन का मापन करते हुए प्रति एकक द्रव आयतन के अणु कम किए जा सकते हैं।

उनका दूसरा शोध-प्रबन्ध क्वांटम यांत्रिकी से सम्बद्ध है। इसमें यह सिद्ध किया गया है कि विकिरण में ऐसे कण (फोटोन) होते हैं, जिनमें से प्रत्येक अलग-अलग मात्रा में ऊर्जा वहन करता है। उनका तीसरा शोध-प्रबन्ध असामान्य रूप से महत्त्वपूर्ण सिद्ध हुआ, जिसका शीर्षक था : 'सापेक्षता का विशिष्ट सिद्धान्त' (The Special Theory of Realativity)।

भौतिक विज्ञान के क्षेत्र में एक युगांतरकारी घटना की तरह 'सापेक्षता का विशिष्ट सिद्धान्त' सामने आया। महान वैज्ञानिक न्यूटन के समय से दिक्-काल से सम्बन्धित जो

धारणाएँ मान्य चली आ रही थीं, उन्हें इस सिद्धान्त ने जबर्दस्त चुनौती दे दी।

प्रकाशगति के मापन की दिशा में आइंस्टीन ने वर्षों तक अनवरत छानबीन करने के बाद अपना विशिष्ट और सुविख्यात समीकरण प्रस्तुत किया। यही समीकरण आगे चलकर परमाणु ऊर्जा का आधार बना। कहने की आवश्यकता नहीं कि आइंस्टीन की यह देन भी भौतिक विज्ञान के क्षेत्र में किस तरह युगांतरकारी सिद्ध हुई।

सापेक्षता के सामान्य सिद्धान्त से ही अन्तरिक्षीय या ब्रह्मांडीय संरचना की गणितीय व्याख्या सम्भव हुई। आइंस्टीन के अनुसार ब्रह्मांड में जटिल चतुर्आयामी घुमाव के साथ दिक्काल का सातत्य है। अतः अन्तरिक्ष की संरचना में ग्रह-नक्षत्रों जैसे विशाल पिंडों की उपस्थिति से होनेवाले स्थानीय झुकाव ही वस्तुतः गुरुत्वाकर्षण उत्पन्न करते हैं।

आइंस्टीन के इस सिद्धान्त से विज्ञान जगत् में खलबली मच गई। न्यूटनवादियों के लिए यह खुली चुनौती थी, जो यह मान बैठे थे कि किसी पिंड का गतिवर्द्धन या त्वरण उसके द्रव्यमान के अधीन नहीं होता। लेकिन 1919 में आइंस्टीन के पूर्वकथन की सचाई सामने आ ही गई। उनका एक पूर्वकथन था कि सूर्य के निकट से गुजरनेवाली प्रकाश किरणों के पथ में न्यूटनवादियों के हिसाब से जितनी वक्रता आनी चाहिए, उससे दुगुनी वक्रता आएगी। इस पूर्वकथन की सत्यता 1919 में सूर्यग्रहण के दौरान ली गई तस्वीरों के ब्योरेवार अध्ययन से प्रमाणित हो गई। इस तरह भौतिक विज्ञान के क्षेत्र में न्यूटन के समय से चली आ रही एक भ्रामक वैचारिकता का अन्त हुआ और एक नए युग का आरम्भ हुआ।

बर्न विश्वविद्यालय में कुछ समय तक अध्यापन करने के बाद आइंस्टीन क्रमशः ज्यूरिख (1909) और प्राग (1910) के विश्वविद्यालय में प्रोफेसर रहे, फिर 1912 में ई.टी.एच. (ज्यूरिख) में प्रोफेसर हो गए। लेकिन अगले ही साल वे बर्लिन चले गए और 'रॉयल एकेडमी ऑफ साइंसेज' के सदस्य की हैसियत से वहीं रहने लगे। बर्लिन विश्वविद्यालय में वे लगभग बीस वर्षों तक कार्यरत रहे। जर्मनी में जब नाजियों के प्रभुत्व का दौर (1933) आया, तो वे अपने देश को अलविदा कहने को बाध्य हुए।

बर्लिन विश्वविद्यालय में कार्यरत रहने के दौरान उन्हें विशेष भाषणों के लिए यूरोप और अमरीका से बराबर आमंत्रण मिलते रहते थे। भाषणों के क्रम में उन्होंने काफी यात्राएँ की। आइंस्टीन 1933 में भाषणों के क्रम में ही विदेश-यात्रा पर थे, जब जर्मनी में नाजियों ने राज्यसत्ता पर अपना प्रभुत्व स्थापित कर लिया। उनकी वक्रदृष्टि आइंस्टीन पर पहले से ही थी, इसलिए उन्होंने आइंस्टीन की सारी सम्पत्ति जब्त कर ली और नागरिकता से भी उन्हें वंचित कर दिया। ऐसी स्थिति में जर्मनी लौट जाने का उनके लिए कोई अर्थ नहीं रहा। अमरीका के प्रस्ताव पर उन्होंने वहीं बसने का निश्चय किया। अमरीका ने न केवल उन्हें नागरिकता दी, बल्कि प्रिंसटन (न्यू जर्सी) के 'इंस्टीट्यूट ऑफ एडवांस स्टडीज' में सम्मानपूर्वक कार्य का अवसर भी दिया। वहीं वे आजीवन कार्यरत रहे।

यह सच है कि आइंस्टीन का विशिष्ट और सुविख्यात समीकरण ही आगे चलकर परमाणु-ऊर्जा का आधार बना, लेकिन विनाशकारी पारमाणविक अस्त्रों का निर्माण भी उसी से सम्भव हुआ। नागासाकी और हिरोशिमा में परमाणु बमों ने जो विनाशलीला मचाई थी, उससे वे विचलित और मर्माहत हुए थे। स्वभावतः भावना के स्तर पर वे अत्यन्त संवेदनशील थे और चिंतन के स्तर पर दार्शनिक। एक प्रतिबद्ध शान्तिवादी और मानवतावादी होने के कारण वे परमाणु हथियारों के अंधाधुंध निर्माण और भण्डारण के घोर विरोधी थे।

अल्बर्ट आइंस्टीन को सैद्धांतिक भौतिकी के क्षेत्र में विशिष्ट योगदान और विशेष रूप से फोटोविद्युत के प्रभाव के नियम की खोज के लिए 1921 में नोबेल पुरस्कार से सम्मानित किया गया।

रसायन विज्ञान

सोडी, फ्रेड्रिक

नागरिकता : ब्रिटेन

जन्म : 2 सितंबर, 1877; ईस्टबॉर्न, ब्रिटेन

निधन : 22 सितंबर, 1956; ब्राइटन, ब्रिटेन

फ्रेड्रिक सोडी की शिक्षा वेल्स और ऑक्सफोर्ड में हुई थी। विश्वविद्यालय कॉलेज, लंदन में उन्हें नोबेल पुरस्कार विजेता

सर विलियम रॅम्से के साथ काम करने का सौभाग्य प्राप्त हुआ था। जिनके साथ मिलकर उन्होंने दिखाया कि रेडियम के क्षय से हीलियम गैस उत्पन्न होती है। 1904 में वे ग्लास्गो में भौतिक रसायन के व्याख्याता नियुक्त हुए। 1900-02 के दौरान उन्होंने मैकगिल विश्वविद्यालय में नोबेल पुरस्कार विजेता सर अर्नेस्ट रदरफोर्ड के मातहत कार्य किया। 1919-36 के दौरान वे ऑक्सफोर्ड विश्वविद्यालय में रसायन विज्ञान के डॉ. लीस प्रोफेसर के पद पर कार्यरत रहे। जहाँ उन्होंने प्रयोगशाला और रसायनविज्ञान को पाठ्यक्रम को पुर्नगठित किया।

रेडियोधर्मी तत्त्वों के विघटन पर रदरफोर्ड के साथ किए गए कार्यों से सोडी ने 1912 में यह निष्कर्ष निकाला कि कुछ ऐसे तत्त्व निश्चित रूप में मौजूद होने चाहिए, जिनके परमाणु भार तो भिन्न-भिन्न हों, लेकिन रासायनिक रूप से अविभेद्य हों और जिन्हें पृथक नहीं किया जा सकता हो। ऐसे तत्त्वों को सोडी ने 'आइसोटोप' कहा, क्योंकि आवर्त सारणी में वे उसी स्थान पर प्रदर्शित होते थे।

सोडी का मानना था कि उनकी इस खोज को विज्ञान जगत् में यथोचित स्थान नहीं दिया गया।

33 वर्ष की उम्र में उन्हें रॉयल सोसाइटी का सदस्य चुना गया। 1914 में, वे आबेरदीन विश्वविद्यालय में अध्यक्ष के पद पर नियुक्त किए गए, जहाँ उन्होंने प्रथम विश्वयुद्ध से सम्बन्धित अध्ययन किए।

उनके कार्यों को उनके द्वारा लिखे निबन्धों ने रेडियोधर्मिता की एक नई समझ को लोकप्रिय बनाने में सहायता की, जो एच.जी. वेल्स के मशहूर उपन्यास 'द वर्ल्ड सेट फ्री' की मुख्य प्रेरणा बनी।

रेडियोधर्मी तत्त्वों के रसायनशास्त्र की समझदारी को उन्नत करने और 'आइसोटोप' की उत्पत्ति व प्रकृति की खोज के लिए उन्हें 1921 का नोबेल पुरस्कार प्रदान किया गया।

साहित्य

फ्रांस, अनातोले

नागरिकता : फ्रांस

जन्म : 16 अप्रैल, 1844; पेरिस, फ्रांस

निधन : 12 अक्टूबर, 1924; केसर-स्यू-लोइरे, फ्रांस

अनातोले फ्रांस एक लेखक और संशयवादी व शिष्ट आलोचक थे, उनका साहित्यिक नाम थिबाउल्ल जैक्कुएस अनातोले था। वे एक पुस्तक विक्रेता के पुत्र थे, जिसके चलते उनका समूचा जीवन पुस्तकों के इर्द-गिर्द ही बीता। उन्हें एक आदर्श फ्रांसीसी साहित्यकार माना जाता था।

स्कूल में शिक्षा ग्रहण करते हुए ही उनमें एक ठोस मानवतावादी संस्कृति की नींव पड़ चुकी थी और तभी उन्होंने अपना जीवन साहित्य को समर्पित करने का फैसला कर लिया था। उनकी शुरुआती कविताएँ शास्त्रीय परंपरा से प्रभावित थीं, जिनमें मौलिकता शायद ही रही होगी। उनकी प्रारम्भिक कहानियों में भी वैचारिक संशयवाद दिखाई देता है।

उनका निजी जीवन काफी उथल-पुथल भरा रहा। 1877 में उन्होंने मेरी वैलेरी गुएरिन से शादी की, जिसका अन्त 1893 में तलाक के रूप में हुआ। 1888 में उनकी मुलाकात मैडम अर्मन दे केलावे से हुई जो उनके उपन्यासों, थाइस (1890) तथा ले लिस रूजे (1894-द रैड लाइफ) की प्रेरणा बनीं।

फ्रांस ने कई कहानियों तथा उपन्यासों की रचना की लेकिन उन्हें पहली बड़ी सफलता 'ले क्राइस दे सिल्वेस्त्र बोनॉर्द' (1901) से मिली, जिसे एकेडमी फ्रांस्वा का पुरस्कार प्रदान किया गया। 1885 में उनका उपन्यास 'ले लिवरे के मों एमी (माई फ्रेंड्स बुक) प्रकाशित हुआ, जो एक आत्मकथात्मक उपन्यास था, जिसे उन्होंने 'पियरे मोजियरे (1899), ले पेतित पियरे (1918) तथा ला वी एन फ्ल्यूर (1922-दॅ ब्लूम ऑफ लाइफ) में भी जारी रखा।

1888 से 1892 तक वे समाचार-पत्र 'ले टेंपस' के साहित्यिक आलोचक रहे।

'ला रिवोल्ट देस एन्जेस (1914) उपन्यास को फ्रांस का सबसे गंभीर उपन्यास माना जाता है। 31 मई, 1922 को अनातोले फ्रांस की सभी रचनाओं को रोमन कैथोलिक चर्च की निषिध पुस्तकों की सूची में रख दिया गया। लेकिन अनातोले फ्रांस ने इसे अपने लिए एक 'सम्मान' माना।

उनकी विशिष्ट साहित्यिक प्रतिभा, मानवता के प्रति सच्ची संवेदना और आकर्षण के लिए उन्हें 1921 के नोबेल पुरस्कार से सम्मानित किया गया।

शान्ति

ब्रांटिंग, कार्ल याल्मर
नागरिकता : स्वीडन
जन्म : 23 नवंबर, 1860; स्टॉकहोम, स्वीडन
निधन : 24 फरवरी, 1925; स्टॉकहोम, स्वीडन

कार्ल याल्मर ब्रांटिंग स्वीडन के राजनेता और सामाजिक लोकतंत्र के समर्थक थे, जिन्हें 20वीं सदी के प्रथम दो दशकों के दौरान बातचीत के जरिए राष्ट्रों के बीच समाधान की अन्तरराष्ट्रीय कूटनीति के लिए वर्ष 1921 के नोबेल शान्ति पुरस्कार से सम्मानित किया गया। उन्हें यह पुरस्कार नॉर्वे के राजदूत, क्रिश्चियन लोस लांगे के साथ संयुक्त रूप से प्रदान किया गया। ब्रांटिंग तीन भिन्न-भिन्न समयावधियों में (1920, 1921-23 और 1924-25) स्वीडन के प्रधानमंत्री भी रहे।

स्टॉकहोम और उप्सला में विज्ञान का अध्ययन करने के बाद ब्रांटिंग 1883 में कट्टरपंथी अखबार 'टाइडेन' के साथ काम करने लगे। शीघ्र ही वे उसके संपादक बने। 1889 में गठित सोशल डेमोक्रेटिक पार्टी के वे प्रमुख संस्थापकों में से एक थे। वे 1896 में इसके प्रथम संसद सदस्य बने और छह वर्ष तक वे एकमात्र संसद सदस्य रहे।

1905 में नॉर्वे के स्वीडिश संघ से गठबंधन की वापसी के बाद ब्रांटिंग ने अन्य समाजवादियों तथा उदारवादियों के साथ मिलकर स्वीडन की प्रतिक्रियावादी भावनाओं को शांत करने में महत्त्वपूर्ण भूमिका निभाई। उन्होंने एडुवर्ड बर्नस्टीन के मार्क्सवाद के संशोधनों को स्वीकार किया और एक सुधारवादी समाजवादी बन गए। उन्होंने पूँजीवादी व्यवस्था से समाजवादी प्रणाली की ओर कदम बढ़ाने का समर्थन किया।

उनका मानना था कि यदि श्रमिक वर्ग को मताधिकार दिया जाए, तो समाजवाद को केवल संसदीय तरीकों से ही हासिल किया जा सकता है। 1907 में वे अपनी पार्टी के नेता बन गए। ब्रांटिंग ने 1917 में रूस में हुई फरवरी क्रान्ति का समर्थन किया। प्रगतिशील उदारवादी तत्त्वों के साथ सहयोग की अपनी नीति से ही 1917 की लिबरल-समाजवादी गठबंधन सरकार का गठन सम्भव हो सका।

मार्च 1920 में ब्रांटिंग ने स्वीडन की प्रथम सोशल डेमोक्रेटिक सरकार बनाई, लेकिन उसी वर्ष सितंबर में हुए चुनावों के परिणाम उनके विरुद्ध गए। सितंबर 1921 में वे पुनः सत्ता में लौटे। उनका कार्यकाल अप्रैल 1923 तक चला। अक्टूबर 1924 में उन्होंने तीसरी बार सरकार बनाई लेकिन अपनी गंभीर बीमारी के कारण उन्हें जनवरी 1925 में त्याग-पत्र देना पड़ा।

लांगे, क्रिश्चियन लोस
नागरिकता : नॉर्वे
जन्म : 17 सितंबर, 1869; स्टावांगर, नॉर्वे
निधन : 11 दिसंबर, 1938; ओसलो, नॉर्वे

लोस लांगे के पिता सेना में इंजीनियर थे। लोस लांगे ने 1887 में माध्यमिक विद्यालय से स्नातक की शिक्षा प्राप्त की और ओस्लो विश्वविद्यालय से इतिहास, अंग्रेजी तथा फ्रेंच भाषा का अध्ययन किया। 1919 में उन्हें ओस्लो विश्वविद्यालय से डॉक्टरेट की उपाधि प्रदान की गई। उनके

शोध-पत्र का विषय था—अन्तरराष्ट्रीयतावाद का इतिहास। इससे पूर्व उन्होंने कई वर्षों तक माध्यमिक विद्यालयों में शिक्षण कार्य भी किया।

1899 में उन्हें अन्तरराष्ट्रीय आन्दोलन में पहली बार आधिकारिक भूमिका तब सौंपी गई, जब उन्हें अन्तरसंसदीय संघ (इंटर-पार्लियामेंटरी यूनियन) के ओस्लो सम्मेलन की आयोजक समिति का सचिव नियुक्त किया गया। यह संगठन विभिन्न राष्ट्रों के सांसदों के बीच वार्ताओं को बढ़ावा देने का कार्य करता है। ओस्लो में उन्होंने नोबेल समिति के सचिव के रूप में कार्य किया। हालाँकि उन्होंने 1909 में यह पद छोड़ दिया किन्तु इसी वर्ष वह पुन: अन्तरसंसदीय संघ में महासचिव नियुक्त हुए, जहाँ वे 1932 तक सेवारत रहे। प्रथम विश्वयुद्ध के परिणामस्वरूप उत्पन्न विभिन्न कठिनाइयों के बीच इस संघ ने उनके नेतृत्व में उल्लेखनीय विकास किया। लांगे लीग ऑफ नेशंस में नॉर्वे के प्रतिनिधि के रूप में भी अत्यन्त सक्रिय रहे, विशेषकर निशस्त्रीकरण के सम्बन्ध में।

अन्तरराष्ट्रीयता में उनके बौद्धिक समर्थन का पहली बार प्रदर्शन उनके तीन ऐतिहासिक ग्रंथों में से एक के रूप में प्रकट हुआ। 1932 में उन्होंने नीदरलैंड्स का 'ग्रोटियस' पदक भी प्राप्त किया।

क्रिश्चियन लोस लांगे नॉर्वे के एक प्रसिद्ध इतिहासकार, शिक्षक तथा राजनीतिक विशेषज्ञ थे। वे अन्तरराष्ट्रीय शान्ति के समर्थक तथा अन्तरसंसदीय संघ के महासचिव (1909-1933) भी थे। उन्हें वर्ष 1921 के नोबेल शान्ति पुरस्कार से सम्मानित किया गया।

नोट : इस वर्ष **शरीर विज्ञान/चिकित्सा विज्ञान** के क्षेत्र में नोबेल पुरस्कार नहीं दिया गया और पुरस्कार राशि एक विशेष निधि में संरक्षित रखी गई।

भौतिक विज्ञान

रसायन विज्ञान

शरीर विज्ञान/चिकित्सा विज्ञान

साहित्य

शान्ति

1922

भौतिक विज्ञान

बोर, नील्स
नागरिकता : डेनमार्क
जन्म : 7 अक्टूबर, 1885; कोपेनहेगन, डेनमार्क
निधन : 18 नवंबर, 1962; कोपेनहेगन, डेनमार्क

नील्स बोर के पिता, क्रिश्चियन बोर शरीरविज्ञान के प्रोफेसर थे। नील्स बोर ऐसे परिवेश में पैदा हुए थे, जो शिक्षा के बहुत अनुकूल था। अपनी शिक्षा के साथ-साथ वे बाहरी गतिविधियों के लिए भी समय निकाल लेते थे। वे फुटबॉल के बहुत अच्छे खिलाड़ी थे और जीवन-भर उन्होंने खेलों में बहुत रुचि ली।

1903 में गैमल होम ग्रामर स्कूल से मैट्रिक करने के बाद उन्होंने कोपेनहेगन विश्वविद्यालय में प्रवेश लिया, जहाँ उन्होंने मशहूर भौतिकविज्ञानी प्रोफेसर सी. क्रिश्चियनसेन से शिक्षा प्राप्त की और 1909 में भौतिक विज्ञान में मास्टर डिग्री तथा 1911 में डॉक्टर की डिग्री हासिल की। यह महान अर्नेस्ट रदरफोर्ड का प्रभाव ही था कि नील्स की अणु की संरचना में दिलचस्पी जाग उठी। थोड़े समय के लिए उन्होंने इंग्लैंड के मैनचेस्टर में लेक्चरर के पद पर कार्य किया। द्वितीय विश्वयुद्ध के दौरान वे विदेशों में एक प्रवासी के रूप में भी रहे क्योंकि जाति से वे एक यहूदी थे।

1912 में सर रदरफोर्ड की प्रयोगशाला में काम करते हुए उन्होंने रेडियोधर्मिता में मौलिक खोजबीन की। परमाणु के भीतर मौजूद विशिष्ट ऊर्जा के स्तर की अवधारणा आज परमाणु सिद्धान्त की आधारशिला मानी जाती है, जिस पर उन्होंने गहन वैज्ञानिक कार्य किया।

1940 में जब नाजियों ने डेनमॉर्क पर हमला किया, तो बोर की ख्याति उनकी स्वतंत्रता के लिए बहुत बड़ा खतरा बन गई। हिटलर के परमाणु अनुसंधान प्रयासों ने नील्स बोर को 'अमूल्य सकारात्मक पूँजी' माना। अपने अन्य देशवासियों की तरह वे भी नाजियों से घृणा करते थे। नाजियों की अनदेखी करने के कारण उन पर लगातार गिरफ्तार होने और कैद किए जाने का खतरा मँडराता रहा। 1943 में जब उन्हें लगा कि वे अपने आपको गिरफ्तार होने से नहीं बचा सकते, तो वे स्वीडन चले गए। वे नोबेल पुरस्कार को इतना महत्त्व देते थे कि गिरफ्तार होकर उसे खोने का जोखिम नहीं उठा सकते थे।

उन्होंने द्वितीय विश्वयुद्ध के अन्तिम दो वर्ष इंग्लैंड और अमरीका में बिताए, जहाँ वे परमाणु ऊर्जा परियोजना के साथ जुड़ गए। उन्होंने अपने जीवन के अन्तिम वर्ष में अपना कार्य परमाणु भौतिकी के शान्तिपूर्ण प्रयोग को समर्पित कर दिया। परमाणु हथियारों के विकास से उत्पन्न राजनीतिक समस्याओं पर भी उन्होंने बहुत काम किया।

अपने अन्तिम दिनों तक वे जागरूक बने रहे और आणविक जीव विज्ञान में नई घटनाओं और प्रगति में उनकी दिलचस्पी बरकरार रही। जीवन की समस्याओं पर उनके विचारों पर लिखा उनका अन्तिम (अपूर्ण) लेख, उनकी मृत्यु के पश्चात 'लाइट एंड लाइफ सीविजिटेड' शीर्षक से 1963 में प्रकाशित हुआ।

प्रोफेसर बोर का विवाह 1912 में मार्गरेट नारलुंड से हुआ, जो उनकी आदर्श साथी सिद्ध हुईं। उनके छह बेटे थे जिनमें से दो की मृत्यु हो गई। उनके एक पुत्र आगे बोर को 1975 का भौतिकी का नोबेल पुरस्कार दिया गया। परमाणुओं की संरचना और उनसे होनेवाले विकिरण की खोजबीन कर विज्ञान के क्षेत्र में अमूल्य योगदान के लिए उन्हें 1922 में नोबेल पुरस्कार से सम्मानित किया गया।

रसायन विज्ञान

एस्टन, फ्रांसिस विलियम

नागरिकता : ब्रिटेन

जन्म : 1 सितंबर, 1877; बर्मिंघम, ब्रिटेन

निधन : 20 नवंबर, 1945; कैंब्रिज, ब्रिटेन

इंग्लैंड में बर्मिंघम के हरबर्न में जन्मे फ्रांसिस विलियम एस्टन अपने माता-पिता की सात सन्तानों में तीसरे स्थान पर थे। उन्होंने हरबर्न विकारेज स्कूल तथा मालबर्न कॉलेज से अपनी शिक्षा प्राप्त की। 1894 में उन्होंने मैसन विश्वविद्यालय में प्रवेश लिया (जो बाद में बर्मिंघम विश्वविद्यालय बना) जहाँ उन्होंने रसायन विज्ञान तथा भौतिक विज्ञान की शिक्षा ली। 1898 में उन्हें फोरस्टर छात्रवृत्ति प्राप्त हुई, जिसने उन्हें टारटरिक अम्ल के प्रकाशकीय गुण-धर्म पर अनुसंधान कार्य करने में सहायता दी, जिसके नतीजे 1901 में एक लेख के रूप में प्रकाशित हुए।

अपने अध्ययन को जारी रखने में पैसे की कमी के कारण वे 1900 के शुरुआती दिनों में एक शराब बनानेवाली कम्पनी में आवासी रसायनशास्त्री के रूप में कार्य करने लगे। इसी दौरान उनका रुझान भौतिक विज्ञान की तरफ भी बढ़ा। उन्होंने देसी मगर अत्याधुनिक उपकरणों के साथ विद्युत के क्षेत्र में भी कई तरह के प्रयोग किए।

उनके इस कार्य के लिए उन्हें 1903 में बर्मिंघम विश्वविद्यालय द्वारा छात्रवृत्ति प्रदान की गई। इसके बाद उन्होंने उस अद्‌भुत वस्तु की खोज की जिसे अब 'एस्टन स्पेस' के नाम से जाना जाता है, जो कम दबाव पर गैसों से होकर प्रवाहित होनेवाली विद्युत तरंगों में प्रकट होती है। 1910 में उन्होंने कैंब्रिज विश्वविद्यालय तथा रॉयल इंस्टीट्यूट ऑफ लंदन में जोसेफ जॉन थॉमसन के साथ काम करते हुए गैसानियोन पर अपने प्रयोगों की शुरुआत की। इस दौरान उन्होंने अक्रिय गैस नियोन के दो आइसोटोप की मौजूदगी के निश्चित साक्ष्य प्राप्त किए।

पहले विश्वयुद्ध के कारण अपने प्रयोगों में आई बाधाओं के कारण वे वापिस कैंब्रिज लौट आए। उन्होंने 'धनात्मक किरण उपकरण' (पॉजिटिव रे अपारा-चस) का निर्माण किया जिसे उन्होंने 'मास स्पैक्ट्रोग्राफ्स' का नाम दिया।

एस्टन ने नवीनतम उपकरणों का उपयोग करते हुए अपने प्रयोगों को जारी रखा और सटीक व परिष्कृत परिणाम पाने में सफल रहे। उन्होंने कई तरह के ऐसे तत्त्वों की खोज की जो परमाणु ऊर्जा के लिए बहुत महत्त्वपूर्ण सिद्ध हुए। उन्होंने 'आइसोटोप्स मास' के तत्त्वों के परमाणु भार की गणना की और 'पूर्ण-संख्या सिद्धान्त' को तैयार किया। उनकी अधिकांश खोजें रसायन शास्त्र की आधारभूत आवश्यकताएँ हैं।

'गैर-रेडियो एक्टिव' तत्त्वों के बड़ी संख्या में 'आइसो-टोप्स' का पता लगाने और पूर्ण-संख्या सिद्धान्त के लिए उन्हें 1922 का नोबेल पुरस्कार प्रदान किया गया।

उन्होंने अपने सह-कर्मचारियों के साथ कार्य करने की अपेक्षा अकेले रहकर काम करने को तरजीह दी। वे उम्र-भर अविवाहित रहे और उन्होंने अपने आपको व्यस्त रखने के लिए खेलों और समुद्री यात्राओं का सहारा लिया। वे एक निपुण फोटोग्राफर और एक शौकिया संगीतकार भी थे।

शरीर विज्ञान/चिकित्सा विज्ञान

मेयरहॉफ, ओट्टो फ्रित्ज

नागरिकता : जर्मनी

जन्म : 13 अप्रैल, 1884; हनोवर, जर्मनी

निधन : 6 अक्टूबर, 1951; फिलेडेल्फिया, अमरीका

ओट्टो फ्रित्ज मेयरहॉफ के पिता फैलिक्स मेयरहॉफ एक व्यवसायी थे। उनकी माता का नाम बेट्टिनामे था। उनके जन्म के बाद ही उनका परिवार बर्लिन चला गया। 14 वर्ष की आयु में, विल्हेमस जिम्नाजियम स्कूल (क्लासिकल सेकंडरी स्कूल) छोड़ने के बाद, किडनी में समस्या होने के कारण उन्हें एक लंबा अरसा बिस्तर पर ही गुजारना पड़ा।

1929 से 1938 तक वे हीडलबर्ग के कैसर विल्हेम इंस्टीट्यूट ऑफ मेडिकल रिसर्च के शरीर विज्ञान विभाग के प्रमुख रहे। पेरिस में दो वर्ष रहने के बाद उन्होंने अमरीका के पेंसिलवेनिया विश्वविद्यालय में बतौर रिसर्च प्रोफेसर कार्य किया।

जून, 1940 में जब नाजियों ने फ्रांस पर आक्रमण किया तो उन्हें अपने परिवार के साथ पेरिस छोड़कर टूलूस आना पड़ा। यहाँ के चिकित्सा विभाग में कइयों से उनकी दोस्ती हो गई, लेकिन उनका छिपकर बचना बहुत जरूरी हो गया था। आखिरकार वे यूनिटेरियन सर्विस कमेटी की मदद से स्पेन पहुँच गए और अन्त में, अक्टूबर 1940 में अमरीका, जहाँ पेंसिलवेनिया विश्वविद्यालय तथा रॉकफेलर फाउंडेशन में शारीरिक रसायन विज्ञान के रिसर्च प्रोफेसर का पद विशेष रूप से उनके लिए बनाया गया।

मेयरहॉफ की उपलब्धियों में सबसे महत्त्वपूर्ण है—मनुष्य की पृथक् लेकिन पूर्णत: बरकरार मांसपेशियों में बननेवाले लैक्टिक अम्ल का, ऑक्सीजन की मौजूदगी में, कार्बोहाइड्रेट में परिवर्तित होने की प्रक्रिया। 1922 में उनकी इसी खोज पर उन्हें सर आर्चीबाज्ड विवियन हिल के साथ संयुक्त रूप से शरीर विज्ञान का नोबेल पुरस्कार दिया गया।

मेयरहॉफ एक अच्छे प्रयोगकर्ता और शारीरिक रसायन विज्ञान के अद्वितीय जानकार थे।

'द केमिकल डायनॉमिक्स ऑफ लिविंग मैटर' (1924) और कंट्रीब्यूशन टू फिजियोलॉजिकल थ्योरी ऑफ मेंटल डिजीज' नामक प्रसिद्ध पुस्तकें लिखीं। इसके साथ ही उन्होंने एक रुचिपूर्ण निबन्ध भी लिखा जिसका शीर्षक हैगोथेस — मेथड्स इन नेच्युरल फिलोसाफी।

1944 में उन्हें दिल का दौरा पड़ा, जो दुबारा 1951 में पड़ा जिससे उनकी मृत्यु हो गई।

हिल, सर आर्चीबाल्ड विवियन

नागरिकता : ब्रिटेन

जन्म : 26 सितंबर, 1886; ब्रिस्टल, ब्रिटेन

निधन : 3 जून, 1977; कैंब्रिज, ब्रिटेन

सर आर्चीबाल्ड विवियन हिल की आरम्भिक शिक्षा टिवरटन के ब्लंडैल'स स्कूल में हुई, जहाँ उन्हें कैंब्रिज के ट्रिनिटी महाविद्यालय की स्कॉलरशिप प्राप्त हुई। वहाँ उन्होंने गणित का अध्ययन किया। स्नातक होने के बाद डॉ. वाल्टर मोटले फ्लैचर से प्रभावित होकर उन्होंने शरीर क्रिया विज्ञान का अध्ययन करने का निश्चय किया।

1909 में हिल ने अपना अनुसंधान कार्य शुरू किया। शरीर क्रिया विज्ञान विभाग के प्रमुख जे.एन. लैंगनी की सलाह पर हिल ने मांसपेशियों में संकुचन की प्रकृति का अध्ययन किया। लैंगनी ने ही उनका ध्यान फ्लैचर और हॉपकिंस द्वारा मांसपेशियों में लैक्टिक अम्ल की समस्या पर विशेष रूप से पुन: स्वास्थ्य लाभ के दौरान ऑक्सीजन के प्रभाव के सम्बन्ध में किए गए महत्त्वपूर्ण कार्य की ओर दिलाया।

हिल अपनी पीढ़ी के सबसे महान वैज्ञानिक नेताओं में से एक थे। उनके साथी और शिष्य उनके द्वारा की गई महान वैज्ञानिक खोजों, नेतृत्व-क्षमता और मानवीय विशिष्टताओं के कारण उनका बहुत सम्मान करते थे। 1935 में उन्हें उस

तीन सदस्यीय ट्रिजर्ड समिति में शामिल किया गया जिसने ब्रिटेन की रक्षा के लिए रडार की शुरुआत की। द्वितीय विश्वयुद्ध के दौरान वे कैंब्रिज विश्वविद्यालय की संसद के स्वतंत्र सदस्य बन गए। उन्होंने ब्रिटेन, कनाडा और अमरीका के बीच वैज्ञानिक सम्पर्क स्थापित करने में सहायता की।

1943-44 में उन्होंने भारत की महत्त्वपूर्ण यात्रा के दौरान भारत सरकार को युद्धोपरांत पुनर्गठन में वैज्ञानिक और चिकित्सा सम्बन्धी महत्त्वपूर्ण सुझाव दिए।

वे हिल वॉर कैबिनेट साइंटिफिक एडवाएजरी कमेटी (1940-46) के सदस्य थे। उन्हें रिसर्च डिफेंस सोसायटी (1940-51) तथा नेशनल फिजिकल लेबोरेटरी की कार्य-वाहक समिति का अध्यक्ष बनाया गया।

1913 में डॉ. हिल ने मारग्रेट नेविल कीन्स से शादी की। उनके दो बेटे और दो बेटियाँ थीं।

मांसपेशियों में गर्मी पैदा होने सम्बन्धी खोज के लिए उन्हें 192 के नोबेल पुरस्कार से सम्मानित किया गया।

साहित्य

बेनावेंते, जाकिंतो
नागरिकता : स्पेन
जन्म : 12 अगस्त, 1866; मैड्रिड, स्पेन
निधन : 14 जुलाई, 1954; मैड्रिड, स्पेन

एक प्रसिद्ध शिशु रोग विशेषज्ञ पिता की सन्तान, जाकिंतो बेनावेंते का जन्म मैड्रिड में हुआ। उन्होंने कानून की शिक्षा प्राप्त की, लेकिन अपने पिता की मृत्यु के पश्चात, जो उनके लिए बहुत बड़ी धनराशि छोड़ गए थे, उन्होंने कानून की शिक्षा बीच में ही छोड़ दी और फ्रांस, इंग्लैंड और रूस की यात्राएँ कीं। स्पेन वापस लौटने पर उन्होंने कई समाचार-पत्रों व पत्रिकाओं के लिए संपादन का कार्य किया। 1893 में उनका एक काव्य संग्रह प्रकाशित हुआ और 1892-93 में एक स्त्री के पत्रों की शृंखला 'कार्तास दे मुखरेस' के प्रकाशन से उन्हें थोड़ी प्रसिद्धि प्राप्त हुई। इसके बाद 1902 में उनकी दूसरी शृंखला प्रकाशित हुई। एक नाटककार के रूप में उनका जीवन, 1892 में 'द फैंटेस्टिक थिएटर्स' नामक नाटक-संग्रह से आरम्भ हुआ। लेकिन शुरुआती सफलताएँ उन्हें 'एल नीदा अजीनो' (अनदर्स नेस्ट-1894) तथा 'मनेते कोनोसीदा' (हाई सोसाइटी-1896) से मिलीं।

बेनावेंते 20वीं शताब्दी के शीर्ष स्पेनिश नाटककारों में से एक थे। उनके नाटक सामाजिक आलोचनाओं से भरपूर होते थे और अपने आरंभिक नाटकों में वे समाज की वास्तविक तस्वीर पेश करते थे, जबकि बाद के नाटकों में उन्होंने नाटकों की संरचना के प्रति अपनी गहरी चिंताओं को दर्शाने का प्रयास किया।

बेनावेंते को जिन नाटकों के लिए प्रमुख रूप से जाना जाता है, वे हैं : लॉ गोवरानादोरा (1901), रोजेज डे ओटोनियो (1905), विशेष रूप से 'सेन्योरा आमा' (1908)। लै मालकुएरिदा (1913) उनके अत्यन्त प्रशंसनीय नाटक हैं, जो ग्रामीण परिवेश के हैं। लांस इंटेरेसेस क्रीडोस (द बॉड्स ऑफ इंटरेस्ट-1907) को उनकी श्रेष्ठतम कृति माना जाता है। उनके नाटकों का बार-बार मंचन होता रहा है। उनकी अन्य कृतियाँ हैं : लोस मालेचोरेस डेल बियोन (द इविलि डूएर्स ऑफ गॉड-1905), लै नोचे डेल साबादो (शनिवार की रात) ला मालगुएरोदा (1913) लै कोमीदा दे लास फीएरास (द वाइल्ट वीस्टस मीडाल)व्यभिचार को व्यक्त करती एक ग्रामीण त्रासदी है।।

1928 में उनके नाटक पैरा एल सिएलो टू लोस अल्तारेस (हेवन एंड द एल्टार्स-1928) ने स्पेन में राजशाही के पतन की भविष्यवाणी की थी, इसलिए इसके सार्वजनिक प्रदर्शन पर सरकार ने पाबंदी लगा दी थी। गृहयुद्ध के समय वे बार्सिलोना और वेलेंशिया में रह रहे थे।

उन्होंने 150 से ज्यादा नाटक लिखे, जो कि अब तक एक रिकॉर्ड है। उनके कई नाटक अंग्रेजी में रूपान्तरित हुए हैं। जिस खुशमिजाजी से उन्होंने पारंपरिक स्पेनिश नाट्य विधा को प्रस्तुत किया उसके लिए उन्हें 1922 के नोबेल पुरस्कार से सम्मानित किया।

नानसेन, फ्रिट्जोफ
नागरिकता : नॉर्वे
जन्म : 10 अक्टूबर, 1861; स्टोरफ्रेन, नॉर्वे
निधन : 13 मई, 1930; लिसेकर, नॉर्वे

नॉर्वे के निवासी फ्रिट्जोफ नानसेन 1922 में लीग ऑफ नेशंस द्वारा नियुक्त शरणार्थियों के प्रथम उच्चायुक्त बने। लेकिन लीग ऑफ नेशंस के भीतर मौजूद नकारात्मक शक्तियाँ नानसेन के राहत कार्यों के विरुद्ध सक्रिय थीं। नानसेन की राजनीतिक प्रतिबद्धता उदारवाद में निहित थी। वे मानवीय मूल्यों को बहुत महत्त्व देते थे, जो जीवन के वैज्ञानिक दर्शन पर आधारित थे।

प्रथम विश्वयुद्ध के बाद वे रूस, जर्मनी और पूर्व ऑस्ट्रिया-हंगरी के मध्य हुए 4,00,000 युद्धबंदियों के अदला-बदली के प्रभारी थे। नानसेन 1921 में सोवियत संघ में पड़े अकाल के दौरान भी मानवीय राहत कार्यों में लगे रहे।

प्रथम विश्वयुद्ध के बाद, युद्धबंदियों की देश वापसी के पश्चात राज्यविहीन लोगों को पासपोर्ट देने का विचार नानसेन का ही था। इस पासपोर्ट को 'नानसेन पासपोर्ट' के रूप में भी जाना जाता है। इससे शरणार्थियों को राष्ट्रीय सीमाओं को पार करने में सहायता मिली।

नानसेन को यूनान और तुर्की के बीच युद्ध के बाद दोनों देशों के निवासियों के आदान-प्रदान में भी विशेष प्रसिद्धि मिली।

नानसेन अपने जीवन के अन्तिम दिनों तक अन्तर्राष्ट्रीय स्तर पर मानवीय सहायता का कार्य करते रहे।

प्रथम विश्वयुद्ध के बाद युद्धबंदियों को स्थाई व्यवस्था करने व आजीवन वैज्ञानिक मानवीय मूल्यों पर विश्व शान्ति के उनके प्रयासों का उचित सम्मान करते हुए उन्हें 1922 के नोबेल शान्ति पुरस्कार के सम्मानित किया गया।

भौतिक विज्ञान

रसायन विज्ञान

शरीर विज्ञान/चिकित्सा विज्ञान

साहित्य

1923

भौतिक विज्ञान

मिलिकन, रॉबर्ट एंड्रयूज

नागरिकता : संयुक्त राज्य अमरीका

जन्म : 22 मार्च, 1868; इलि-नोइस, अमरीका

निधन : 19 दिसंबर, 1953; सैन मैरिनो, कैलीफोर्निया, अमरीका

रॉबर्ट एंड्रयूज रेवेरेंड साइलकेस फ्रैंकलिन मिलिकन के द्वितीय पुत्र थे। उनकी माता का नाम मैरि जेन एंड्रयूज था। अपनी बाल्यावस्था उन्होंने ग्रामीण अंचल में व्यतीत की थी और मेक्वोकेटा हाईस्कूल (लोवा) में आरंभिक शिक्षा प्राप्त की। थोड़े समय तक न्यायालय में रिपोर्टर रहने के बाद उन्होंने 1886 में ओहियो के ओबरलिन कॉलेज में प्रवेश किया। उनके प्रिय विषय यद्यपि ग्रीक भाषा और गणित थे, फिर भी उन्होंने भौतिक विज्ञान के अध्ययन में रुचि लेना शुरू किया। दो वर्षों में स्नातक की डिग्री प्राप्त करने के बाद 1891 में दो वर्षों के लिए भौतिक विज्ञान के अध्यापन का कार्य किया। 1893 में उन्होंने भौतिक विज्ञान में मास्टर की डिग्री प्राप्त की। दो वर्षों के बाद 1895 में उन्होंने पीएच.डी. (डॉक्टरेट) की उपाधि प्राप्त की। उनके डॉक्टरेट की थीसिस या शोधपत्र का विषय प्रकाश के विकिरण पर केंद्रित था, जिसके लिए उन्होंने अमरीकी मिंट (टकसाल) से परिशुद्ध सोना और चाँदी की परतें प्राप्त की थीं।

बर्लिन विश्वविद्यालय और फिर गोटिंगेन विश्वविद्यालय में अध्ययन के बाद वे शिकागो विश्वविद्यालय में प्रोफेसर नियुक्त हुए, जहाँ उन्होंने विद्युत आवेश पर तैलीय बूँद की प्रतिक्रिया पर महत्त्वपूर्ण शोध किए। उन्होंने आइंस्टीन के फोटोइलेक्ट्रिक समीकरण की जाँच-पड़ताल की तथा मैक्स प्लॉक स्थिरांक का मूल्यांकन किया। उन्हें प्राथमिक विद्युत आवेशों और फोटोइलेक्ट्रिक प्रभाव पर शोध के लिए नोबेल पुरस्कार से सम्मानित किया गया।

1921 में वे कैलीफोर्निया इंस्टीट्यूट ऑफ टेक्नोलॉजी की नार्मन ब्रिज भौतिकी प्रयोगशाला के निदेशक बने। वहाँ पर उन्होंने कॉस्मिक किरणों पर शोध किए। 1945 से अपनी सेवानिवृत्ति तक वे इंस्टीट्यूट की कार्यकारी परिषद के अध्यक्ष रहे।

मिलिकन को अनेक सम्मान प्राप्त हुए। उन्होंने लीग ऑफ नेशन की बौद्धिक सहकार समिति में अमरीका का प्रतिनिधित्व किया।

1902 में मिलिकन ने ग्रेटा इरविन ब्लैंचार्ड से विवाह किया। उनके तीन पुत्र हुए।

प्राथमिक विद्युत आवेश और फोटोइलैक्ट्रिक प्रभाव पर किए गए अतिमहत्त्वपूर्ण कार्यों के लिए उन्हें 1923 के नोबेल पुरस्कार से सम्मानित किया गया।

रसायन विज्ञान

प्रेग्ल, फ्रित्ज

नागरिकता : ऑस्ट्रिया

जन्म : 3 सितंबर, 1869; लायबाच, ऑस्ट्रिया (अब एल्जुब्लिजाना, युगोस्लाविया)

निधन : 13 दिसंबर, 1930; ग्राज, ऑस्ट्रिया

प्रेग्ल की प्रारंभिक शिक्षा लीबेख के जिम्नेजियम में हुई। चिकित्सा विज्ञान के विशेष अध्ययन के लिए उन्होंने ग्राज विश्वविद्यालय में प्रवेश लिया जहाँ से 1894 में उन्होंने एम.डी. की डिग्री प्राप्त की। वे शरीर विज्ञान और औषधि विज्ञान के सहयोगी लेक्चरर नियुक्त हुए। वे जब छात्रावस्था में ही थे, तभी अलेक्जेंडर रौलेट के मातहत अध्यापन भी करने लगे थे। उनके विषय थे—शरीर विज्ञान और हिस्ट्रोलॉजी तथा रसायन विज्ञान की सभी शाखाओं का ज्ञान भी हासिल करने लगे। 1905 में वे मेडिको-केमिकल इंस्टीट्यूट में काम करने के लिए वापस ग्राज लौट आए जहाँ 1907 में वे ग्राज सर्किट के फोरेंसिक केमिस्ट नियुक्त किए गए। प्रेग्ल 1910 में इंसब्रूक विश्वविद्यालय के प्रोफेसर नियुक्त हुए तथा 1913 में पुनः ग्राज चले गए। विश्वविद्यालय की मेडिकल फैकल्टी के डीन वे 1916-17 में रहे तथा 1920-1921 में वाइस चांसलर।

1904 में वे जर्मनी चले गए तथा कुछ समय के लिए टुबिंगेन में गुस्ताव वी. हुफ्नर के सान्निध्य में, लिपगिंग में डब्ल्यू ऑस्टवाल्ड के सानिध्य में तथा बर्लिन में एमिल फिशर के सान्निध्य में उन्होंने अध्ययन किया।

प्रेग्ल ने ऑर्ग्रेनिक कमाउंडों (कार्बनिक मिश्रणों) में विभिन्न तत्त्वों के परिमाणों (मात्राओं) को निर्धारित किया। यह सापेक्षिक रूप से यौगिकों के भारी परिमाणों के मात्रात्मक विश्लेषण के पूर्व प्रायोगिक पद्धतियों में एक सुधार था। उन्होंने केवल 5-13 मिलीग्राम शुरुआती सामग्री का उपयोग कर मात्रात्मक सूक्ष्म-विश्लेषण (क्वांटिटेटिव माइक्रो-एनालिसिस) की अपनी पद्धति का प्रयोग कार्बनिक मिश्रण में विभिन्न तत्त्वों को मापने में किया। जिससे वही परिणाम उन्हें प्राप्त हुए जो सूक्ष्म-विश्लेषण की पद्धति से प्राप्त हुए थे। बाद में केवल 3-5 मिलीग्राम सामग्री का उपयोग कर उन्होंने अपनी तकनीक और परिशुद्ध किया। 1912 तक वे शुरुआती सामग्री की बहुत थोड़ी-सी मात्रा से कार्बन, हाइड्रोजन, नाइट्रोजन और सल्फर की विश्वस्त माप करने में समर्थ थे।

एक यौगिक के तात्त्विक संयोजन के सटीक निर्धारण में समर्थ होना ही पर्याप्त नहीं है, उनका आणविक भार का पता होना भी जरूरी है। आणविक भार का निर्धारिण करने के लिए प्रेग्ल ने एक सूक्ष्म-उपकरण (माइक्रो-आपरेटस) तैयार किया जिसने 7-10 मिलीग्राम जैसी छोटी मात्राओं पर कार्य करना सम्भव बनाया। किसी यौगिक के रासायनिक संघटन का विश्लेषण करने के क्रम में उसमें मौजूद अणुओं के महत्त्वपूर्ण समूहों की मात्रा को निर्धारित करने के लिए उन्होंने एक उपकरण—सूक्ष्म तुला (माइक्रोबैलेंस)—भी तैयार किया। प्रेग्ल ने किडनी (गुरदों) की कार्यकारी क्षमता को निर्धारित करने के लिए एक सामान्य पद्धति की खोज की।

प्रेग्ल के कार्य को कार्बनिक रसायनशास्त्र के सभी क्षेत्रों में ठीक ढंग से लागू किया जा सकता है। जैव रसायन (बायोकेमिस्ट्री) के व्यापक क्षेत्र में इसके उपयोग की बहुत अच्छी संभावनाएँ हैं। प्रेग्ल की सूक्ष्म-विश्लेषण पद्धति यौगिकों की सम्पूर्ण रासायनिक जाँच-पड़ताल में एक अत्यन्त मूल्यवान सहयोग प्रदान करती है जो कि जैव रसायन का एक अति महत्त्वपूर्ण कार्य है।

प्रेग्ल को 1923 में रसायन विज्ञान का नोबेल पुरस्कार प्रदान किया गया। जैसा कि तत्कालीन नोबेल समिति के अध्यक्ष का कहना था कि उन्हें यह पुरस्कार किसी नई खोज के लिए नहीं बल्कि मौजूदा पद्धतियों को विकसित करने व उनमें सुधार करने के लिए प्रदान किया गया।

गंभीर बीमारी से हुई मृत्यु से कुछ ही समय पहले प्रेग्ले ने अपनी सम्पत्ति का बहुत बड़ा हिस्सा माइक्रो-केमिकल (सूक्ष्म-रासायनिक) शोधों को बढ़ावा देने के

लिए विएना एकेडमी ऑफ साइन्सेस को दान दे दी। उनके शर्तनामे के अनुसार इससे प्राप्त ब्याज का प्रयोग प्रत्येक वर्ष आस्ट्रिया में माइक्रो-केमिस्ट्री में विशिष्ट कार्य करनेवाले को पुरस्कृत करने में किया जाना था। तब से ही विएना एकेडमी ऑफ साइन्सेज फ्रित्ज प्रेग्ल-पुरस्कार प्रदान करती रही है।

शरीर विज्ञान/चिकित्सा विज्ञान

बैंटिंग, फ्रेडरिक ग्रांट

नागरिकता : कनाडा

जन्म : 14 नवंबर 1891; ओंटारियो, कनाडा

निधन : 21 फरवरी, 1941; न्यू फाउंडलैंड, कनाडा

फ्रेडरिक ग्रांट बैंटिंग ने एलिस्टन ग्रामीण स्कूल और हाईस्कूल में शिक्षा पाई थी। शारीरिक दृष्टि से वे काफी ताकतवर और दिमाग से जिज्ञासु प्रकृति के थे। उनकी प्रतिभा को निखारने में ये दोनों बातें बड़ी सहायक सिद्ध हुईं। 1912 में उन्होंने टोरंटो विश्वविद्यालय के विक्टोरिया कॉलेज में प्रवेश लिया। वे बहुत तेज छात्र नहीं थे लेकिन जिज्ञासु होने के कारण त्वरित गति से विकास की सीढ़ियाँ लाँघते गए। अपने सहपाठियों और शिक्षकों से भी उन्हें पर्याप्त सहयोग मिलता रहा। 1915 में उन्होंने व्यक्तिगत रूप से आर.सी.ए.एम.सी. में प्रवेश लिया। बाद में उन्हें चिकित्सा विज्ञान की पढ़ाई पूरी करने के लिए वापस भेज दिया गया और 1916 में स्नातक की पढ़ाई पूरी कर लेने के तत्काल बाद उन्हें चिकित्सक दल का सदस्य बना लिया गया।

उनकी विशेष रुचि अस्थिरोग में थी जिसके वे एक सुयोग्य चिकित्सक बने। 1920 में उन्होंने लंदन, ओंटारियो में चिकित्सक का कार्य करना आरम्भ किया, लेकिन गति बड़ी धीमी थी। फिर भी यूनिवर्सिटी ऑफ वेस्टर्न ओंटारियो में उन्होंने अंशकालिक डिमांस्ट्रेटर की जगह प्राप्त कर ली। वहीं शरीर विज्ञान विभाग (1920-21) में वे कुछ शोधकार्य करने लगे। लेकिन उनके परिणाम उन्होंने तब तक प्रकाशित नहीं किए जब तक इंसुलिन पर उनका शोधकार्य पूरा नहीं हुआ। हम जानते हैं कि डायबिटीज (मधुमेह) की चिकित्सा और रोकथाम में इंसुलिन की भूमिका सर्वाधिक महत्त्वपूर्ण होती है।

अपने शोध पर व्याख्यान तैयार करते हुए इस विचार ने उन्हें बड़ा प्रभावित किया कि इस विषय पर शोध करनेवाले पिछले शोधकर्ता अग्न्याशय से हार्मोन प्राप्त करने में इसलिए असफल रहे क्योंकि मूल तत्त्व (सार) प्राप्त करने की प्रक्रिया के दौरान बाह्य स्राववाले एंजाइम अवधारणागत अन्त:-स्राववाले एंजाइमों को नष्ट कर सकते हैं। उन्होंने लंदन की अपनी प्रैक्टिस छोड़ दी और टोरंटो जाकर शोध करने लगे। प्रोफेसर जे.जे.आर. मेक्लियोड (शरीर विज्ञान विभाग के अध्यक्ष) ने ये सारी सुविधाएँ उन्हें प्रदान कीं। पैसे जुटाने के लिए उन्होंने अपने कुछ पिछले शोध तक बेच दिए। नया शोध जब पूरा हुआ तब 1927 में उन्होंने उसका पूरा विवरण अपने भाषण में दिया। उसके बाद वे रुके नहीं, क्रमिक रूप से आगे भी उनके शोधों का सिलसिला जारी रहा।

16 मई, 1921 को अपने वरिष्ठ विद्यार्थी सी.एच. बेस्ट के साथ उन्होंने अपना शोध आरम्भ किया। इंसुलिन की खोज के लिए उन्हें 1923 का नोबेल पुरस्कार प्रदान किया गया। इस पुरस्कार में बैंटिंग ने प्रोफेसर मैक्लियोड को अपना सहयोगी बनाया, जबकि उनके घनिष्ट सहयोगी सी.एच. बेस्ट को पूरी तरह नजरअंदाज किया गया था। यह विज्ञान जगत् के लिए बहुत बड़ा अपमान था। लेकिन बैंटिंग ने खुशी-खुशी पुरस्कार राशि को बेस्ट के साथ बाँटकर उदाहरण प्रस्तुत किया।

मैक्लियोड, जॉन जेम्स रिकर्ड

नागरिकता : कनाडा

जन्म : 6 सितंबर, 1876; यार्कशायर, स्कॉटलैंड

निधन : 16 मार्च, 1935; एबरडीन, स्कॉटलैंड

जॉन जेम्स मैक्लियोड के पिता एक पादरी थे। मैक्लियोड ने एबरडीन में औषधि विज्ञान का यथेष्ट अध्ययन किया।

1898 में उन्होंने स्नातक की डिग्री प्राप्त की। जिसके बाद उन्होंने पूरे यूरोप में घूमते हुए सम्बद्ध विषयों का अध्ययन किया। उन्होंने लंदन हॉस्पिटल में बायोकेमिस्ट विभाग के कई पदों पर कार्य किया। आगे चलकर वे ओहियो के वेस्टर्न रिजर्व विश्वविद्यालय में शरीर विज्ञान के प्रोफेसर नियुक्त हुए। इसी प्रकार उन्हें टोरंटो विश्वविद्यालय में भी शरीर विज्ञान का प्रोफेसर बनाया गया। इसके बाद भी प्रगति उनकी राह देख रही थी। वहीं वे शरीर विज्ञान की प्रयोगशाला के निर्देशक नियुक्त हुए और औषधि विज्ञान विभागाध्यक्ष के पद तक पहुँच गए।

मैक्लियोड की विशेष दिलचस्पी कार्बोहाइड्रेट मेटा-बोलिज्म और डायबिटीज में थी। जे. वोन मेकिंग और आस्कर मिंकोव्स्की ने 1889 में कुत्तों पर किए अपने शोध में पाया था कि उनके अग्न्याशय को हटा देने से उनमें मधुमेह (डाय-बिटीज) के घातक परिणाम सामने आते हैं। डायबिटीज की चिकित्सा के क्रम में शर्करा के नियमित उत्सर्जन के लिए 1921 में उन्होंने इंसुलिन को अलगाने का महत्त्वपूर्ण कार्य पूरा किया। चूँकि अग्न्याशय हटाने के परिणाम घातक हुए थे, इसलिए उसे छोड़ देना पड़ा। एफ.जी. बैंटिंग ने सुझाव दिया कि इंसुलिन को डाइजेस्टिव एंजाइमों से सम्बद्ध रखा जाए। मैक्लियोड ने वैसा ही किया। अग्न्याशय नली की सहायता से इंसुलिन उपलब्ध करने में उन्हें पूरी सफलता प्राप्त हुई।

मैक्लियोड के निर्देशन में तथा चार्ल्स बेस्ट के सहयोग से 1921 में बैंटिंग ने टोरंटो विश्वविद्यालय में अपने विचारों के अनुरूप शोधात्मक प्रयोग किए। उन्होंने कुत्तों पर प्रयोग किए और उनकी अग्न्याशय नली को 7 हफ्तों तक बाँधकर रखा और फिर क्षीण हो चुके अग्न्याशय को हटा दिया। इसका सेलाइन एक्स्ट्रेक्ट मधुमेह की चिकित्सा में प्रभावकारी सिद्ध हुआ। बाद में मैक्लियोड की देख-रेख में परिशुद्ध इंसुलिन प्राप्त करने के लिए अनेक प्रयोग किए गए। उन प्रयोगों का आधार उन्होंने बैंटिंग और बेस्ट के प्रयोगों को बनाया था तथा जे.बी. कॉलिप का भी पर्याप्त सहयोग उन्हें मिला था। इसके लिए उन्हें फ्रेडरिक ग्रांट बैंटिंग के साथ संयुक्त रूप से शरीर विज्ञान के 1923 को नोबेल पुरस्कार से सम्मानित किया गया। इंसुलिन की खोज ने डायबिटीज के अनेक रोगियों को राहत पहुँचाई।

मैक्लियोड ने इंसुलिन उपलब्ध कराने के अतिरिक्त और भी अनेक विषयों पर शोधात्मक प्रयोग किए। उन्होंने अपनी प्रयोगशालाओं में अनेक वैज्ञानिकों को प्रशिक्षित करने का महत्त्वपूर्ण कार्य किया। उन्होंने सम्बद्ध विषयों पर कई पुस्तकें भी लिखीं जिनसे भावी वैज्ञानिक बहुत लाभान्वित हुए। उन पुस्तकों में विशेष रूप से उल्लेखनीय हैं—'प्रैक्टिकल फिजियोलॉजी' (1902), 'फिजियोलॉजी एंड बायोकेमिस्ट्री इन मॉडर्न मेडिसिन' (1918), 'फिजियोलॉजी इन मॉडर्न मेडिसिन' शीर्षक से पुनर्प्रकाशित हुआ।

साहित्य

यीट्स, विलियम बटलर

नागरिकता : आयरलैंड

जन्म : 13 जून, 1865; सैडिमोंट, डब्लिन, आयरलैंड

निधन : 28 जनवरी, 1939; फ्रांस

विलियम बटलर यीट्स एक कवि, नाटककार और आयरिश राष्ट्रवादी राजनेता थे। उनके पिता एक वकील थे, वे प्रोटेस्टेंट एंग्लो-आयरिश सांस्कृतिक विरासत की संतति थे। यीट्स को औपचारिक शिक्षा अधिक नहीं प्राप्त हुई थी, फिर भी स्वाध्याय के सहारे उन्होंने अपनी भाषा के साथ-साथ लैटिन और फ्रेंच का भी कुछ ज्ञान प्राप्त कर लिया था। यीट्स ने 1884 में डब्लिन के आर्ट स्कूल में प्रवेश किया। वहीं उनकी भेंट जॉर्ज रसेल ('एई') से हुई जो उन्हें रहस्यवाद और ऑकल्टिज्म की ओर ले गए। 1885 में उनकी कुछ कविताएँ, जो जेराल्ड मैन्ली हॉपकिंस द्वारा पढ़ी गई थीं, 'डब्लिन यूनिवर्सिटी रिव्यू' में प्रकाशित हुई थीं। यीट्स ने हर्मेटिक सोसाइटी की स्थापना की थी। उन्होंने घोषणा की थी कि कवि आधुनिक युग के जादूगर होते हैं, जो पुराकालीन गुप्त सोसाइटी से सम्बन्धित होते हैं।

यीट्स ने यंग आयरलैंड सोसाइटी की सदस्यता ग्रहण की जिसके पदाधिकारी जॉन आ'लियरी और जे.एम. सिंगे थे, जो आइरिश को एक भाषा के रूप में स्थापित किरने के लिए कार्यरत थे। 1890 में यीट्स ने रेपमर्स क्लब आयरिश लिटरेरी सोसाइटी की स्थापना की।

उन्होंने मैडम ब्लोवात्स्की की थियोसोफिकल सोसाइटी में प्रवेश किया जो वास्तव में एक विलक्षण संयोग था। कवींद्र रवींद्रनाथ ठाकुर के भतीजे मोहिनी मोहन चटर्जी ही यीट्स को वहाँ ले गए थे। उन्होंने ही पहले-पहल भारत के महानतम कवि रविंद्र नाथ टैगोर को पहचाना और संयोगवश उन्हीं की अनुशंसा पर टैगोर को 1913 का साहित्य का नोबेल पुरस्कार प्रदान किया गया। उनकी पहली रचना 1885 में प्रकाशित हुई थी।

उनकी आरंभिक कृतियाँ थीं—'दि वांडरिंग ऑफ विजन' (1889, कविता) तथा 'दि केल्टिक ट्वीलाइट' (1893, निबन्ध)। 1889 में उन्हें एक सुंदर अभिनेत्री और एक कट्टर आइरिश राष्ट्रवादी मौड गोन्ने से प्यार हो गया। उसने यीट्स के नाटक 'कैथेरीन नि हाउल्हन' में एक छोटी-सी भूमिका निभाई थी। डबलिंग में 'एब्बे थिएटर' की स्थापना करने में उन्होंने लेडी ग्रिगोरी का सहयोग किया। उन्होंने 1904 में 'ऑन बेलेस स्ट्रेंड' की थिएटर के लिए रचना की। उसी तरह थिएटर के लिए ही 1916 में 'ऐट दि हॉक्स वेल' की रचना की। 1922 से 1928 तक वे आयरिश फ्री स्टेट के सिनेटर रहे। 1917 में उन्होंने 'दि वाइल्ड स्वान्स ऐट कूली' की रचना की जिसने उनको युगांतरकारी कवि के रूप में सुप्रसिद्ध और यशस्वी बनाया। उनकी सर्वाधिक प्रसिद्ध कविता 'ईस्टर' (1916) आयरिश क्रांति से सम्बन्धित है तथा 'मिकाएल रोबाट्र्स एंड दि डैंडर' आयरिश क्रांति से ही सम्बन्धित है। अपनी राजनीतिक सरगर्मियों के दौरान उन्होंने बहुत-सी अच्छी कविताएँ भी लिखीं, जो 'द टावर' (1928) और 'द विंडिंग स्टेअर' (1919) में प्रकाशित हुई। उनकी अन्तिम कविताओं एवं नाटकों का प्रकाशन उनकी मृत्यु के बाद 1940 में हुआ।

यीट्स ने रवींद्रनाथ ठाकुर की 'गीतांजलि' के प्रथम अंग्रेजी संस्करण के लिए 20 पृष्ठों में भूमिका लिखी थी।

प्रेरणाप्रद उच्चस्तरीय कविताओं और सम्पूर्ण राष्ट्र की चेतना को स्पन्दित करनेवाली ऊर्जस्वित करनेवाली प्रतिभा को सम्मानित करने के लिए, उन्हें 1923 के नोबेल साहित्य पुरस्कार से सम्मानित किया गया।

नोट : इस वर्ष **शान्ति** के क्षेत्र में नोबेल पुरस्कार नहीं दिया गया और पुरस्कार राशि एक विशेष निधि में संरक्षित रखी गई।

भौतिक विज्ञान

शरीर विज्ञान/चिकित्सा विज्ञान

साहित्य

1924

भौतिक विज्ञान

सिएग्बान, कार्ल मैन्ने जॉर्ज

नागरिकता : स्वीडन
जन्म : 3 दिसंबर, 1886; ऑरेब्रो, स्वीडन
निधन : 26 सितंबर, 1978; स्टॉकहोम, स्वीडन

कार्ल मैन्ने जॉर्ज सिएग्बान के पिता स्टेशन मास्टर थे। उनका नाम मिल्स रेइनहोल्ड था। उनकी माता का नाम एम्मा सोफिया मैथिल्डा जेटरबर्ग था। हाईस्कूल की परीक्षा उत्तीर्ण करने के बाद 1906 में उन्होंने लुंड विश्वविद्यालय में प्रवेश किया। वहाँ से 1911 में उन्होंने डॉक्टरेट की डिग्री प्राप्त की। 1915 में वे भौतिक विज्ञान के डिप्टी प्रोफेसर हुए और प्रोफेसर जे.आर. राइड का निधन हो जाने के बाद 1920 में भौतिक विज्ञान के प्रोफेसर नियुक्त किए गए। 1923 में वे उप्सला विश्वविद्यालय में भौतिकी के प्रोफेसर नियुक्त हुए और 1937 में उन्होंने रॉयल स्वीडिश एकेडमी ऑफ साइंस में प्रायोगिक भौतिकी के रिसर्च प्रोफेसर का पदभार सँभाला। इसी क्रम में उन्होंने वर्णक्रमीय रेखा के एक नए समूह, 'एम शृंखला', की खोज की। उप्सला विश्वविद्यालय में भौतिकी के प्रोफेसर नियुक्त होने के साल-भर बाद उन्होंने यह सिद्ध कर दिखाया कि एक्स किरणें जब प्रिज्म से गुजरती हैं, तो उनका अपवर्तन भी सामान्य प्रकाश किरणों के समान ही होता है।

एक्स-किरण स्पेक्ट्रम विज्ञान के क्षेत्र में खोज और अनुसंधान के लिए सिएग्बान को 1924 में नोबेल पुरस्कार से सम्मानित किया गया।

शरीर विज्ञान/चिकित्सा विज्ञान

आइनथोवेन, विलेम

नागरिकता : नीदरलैंड्स
जन्म : 21 मई, 1860; सेमारैंग, जावा (अब इंडोनेशिया)
निधन : 29 सितंबर, 1927; लीडेन, नीदरलैंड्स

विलेम आइनथोवेन अपने पिता की भाँति एक डॉक्टर थे। उन्होंने अपने पिता का अनुसरण किया। उन्होंने औषधि

विज्ञान का अध्ययन किया और 1885 में उट्रेख्त विश्वविद्यालय से स्नातक हुए। 1886 में वे यूनिवर्सिटी ऑफ लीडेन में शरीर विज्ञान के प्रोफेसर नियुक्त हुए और आजीवन वहाँ पढ़ाते रहे।

आइनथोवेन की दिलचस्पी हृदय की माँसपेशी की विद्युत क्रियाओं का अध्ययन करने में थी। जब स्नायु आवेग हृदय से होकर गुजरता है तो मांसपेशियों की विद्युत क्षमता में बदलाव होते हैं। 1903 में उन्होंने एक उपकरण तैयार किया जिसे आइनथोवेन गैलविनो मीटर कहा जाता है। इसकी सहायता से हृदय की मांसपेशियों के संकुचन से उत्पन्न होनेवाले विद्युत क्षमता में बदलाव को मापा जा सकता था और इसे ग्राफिक रूप में रिकॉर्ड भी किया जा सकता था।

आइनथोवेन गैलविनो मीटर बहुत ऊँची संवेदनशीलता वाला उपकरण है, जो मिलीवोल्ट के एक सूक्ष्म कण की विद्युत क्षमता को सामने लाता है। चाँदी पुते तारों को विद्युत चुम्बकीय स्तंभों के बीच से ले जाने पर इलेक्ट्रोडों को शरीर के किसी अंग से सम्बद्ध करने पर विद्युत धारा प्रवाहित होती है जो हृदय की मांसपेशियों के संकुचन को एक या दोनों के पालों के बीच से ले जाने पर हृदय के खिंचाव या ढीलेपन को महसूस किया जा सकता है। आइनथोवेन ने इस उपकरण को 'इलेक्ट्रो-कार्डियोग्राफ' की संज्ञा दी।

हृदय के रक्त के पंप करने की गतिशीलता के स्थायी रिकॉर्ड प्राप्त करने के लिए उन्होंने तंतुओं को इस प्रकार व्यवस्थित किया कि जब भी इसमें बाधा आती, तो किरणों की बीम की प्रतिच्छाया फोटोग्राफिक पेपर पर अंकित हो जाती। यह रिकॉर्ड 'इलेक्ट्रोकार्डियोग्राम के नाम से प्रसिद्ध है। इसे बार-बार दोहराए जाने से हृदय की स्थिति का पता चलता है कि वह तनाव में है या शिथिल अवस्था में। आइनथोवेन ने विभिन्न स्थितियों की तरंगों को अलग-अलग नाम दिए, जिनमें पी, ओ, आर, एस और टी आर अब सुपरिचित परीक्षण रेखा बन गए हैं, जिनसे रक्त के प्रवाह को जारी रखने में सहायता मिलती है तथा हृदय के वाल्व की स्थितियों का पता चलता रहता है।

आइनथोवेन की यह महत्त्वपूर्ण खोज चिकित्सा पद्धति का अभिन्न अंग है। इलेक्ट्रोकार्डियोग्राम की यांत्रिकी की खोज के लिए 1924 में उन्हें नोबेल पुरस्कार से सम्मानित किया गया।

नोट : इस वर्ष **रसायन विज्ञान** और **शान्ति** के क्षेत्र में नोबेल पुरस्कार नहीं दिए गए और पुरस्कार राशि एक विशेष निधि में संरक्षित रखी गई।

साहित्य

रेमोंट, व्लादिस्लाव स्तेनीस्लाव

नागरिकता : पोलैंड

जन्म : 7 मई, 1867; कोबिलो, रूस (अब पोलैंड)

निधन : 5 दिसंबर, 1925; वारसा, पोलैंड

रेमोंट के पिता नौ सन्तानों वाले एक बड़े परिवार के साथ कोबिलो में रहते थे और वहीं पर कार्य करते थे। रेमोंट ग्रामीण स्कूल में पढ़ते थे और खाली समय में अपनी गाय चराया करते थे। रूसी कानून के अनुसार उन्हें स्कूल में पोलिश भाषा बोलने की इजाजत नहीं थी, लेकिन अक्सर इस आज्ञा का पालन वे नहीं करते थे। इस अवज्ञा का दंड यह मिलता था कि उन्हें कक्षा से निकल जाने के लिए बाध्य किया जाता था।

आजीविका के लिये कुछ समय के लिए उन्होंने क्लर्क, रेलपथ, टेलीग्राफ कर्मी का काम किया। वे थिएटरों में भी कभी-कभी अभिनय किया करते थे। बहुत ही कठिनाइयों के बीच उन्होंने अपना जीवन व्यतीत किया।

उनका पहला उपन्यास पीलग्रेजिम्का डो जास्ने गेरि (पिलग्रिमेज टु माउंटेन ऑफ लाइट, 1895) था। उसके बाद क्रमशः 'द कॉमेडियन' (1896), 'फर्मेन्ट्स' (1897), 'कॉमेडियन' का अगला भाग (1899), 'जिएमिया ओबिएना' (दि प्रॉमिस्ड लैंड) प्रकाशित हुए। 'दि पिसियानिस' (1904-1909) ने उन्हें विशेष ख्याति प्रदान की। 'स्प्रिंग', 'समर', 'ऑटम' एवं 'विंटर' शृंखलाबद्ध रूप से प्रकाशित हुए। इन कृतियों में पोलिश किसानों की भाषा में संवाद हैं और वही उनके आकर्षण के विशेष कारण हैं। 'मेर्जिसिएल' (दि ड्रीमर, 1910), 'वैंपायर' (1911), 'दि ट्रिलाजी रॉक' उनके लोकप्रिय उपन्यास सिद्ध हुए। आगे चलकर उन्होंने कहानियाँ भी लिखीं तथा पशुओं पर रूपक-कथाएँ भी प्रकाशित हुईं। महान महाकाव्य द पिजेंट के लिए 1924 में उन्हें साहित्य के नोबेल पुरस्कार से सम्मानित किया गया।

भौतिक विज्ञान

रसायन विज्ञान

साहित्य

शान्ति

1925

भौतिक विज्ञान

फ्रैंक, जेम्स

नागरिकता : जर्मनी

जन्म : 26 अगस्त, 1882; हैंबर्ग, जर्मनी

निधन : 21 मई, 1964; गोतिंगन, जर्मनी

एक स्थानीय ग्रामर स्कूल में आरंभिक शिक्षा पूरी करने के बाद जेम्स फ्रैंक ने हीडलबर्ग विश्वविद्यालय में एक वर्ष तक रसायन विज्ञान का अध्ययन किया। फिर यूनिवर्सिटी ऑफ बर्लिन में भौतिकी का अध्ययन किया, बर्लिन विश्वविद्यालय में वारबर्ग के अन्तर्गत पीएच.डी. की डिग्री प्राप्त की। वे बर्लिन विश्व-विद्यालय में 1911 से 1918 तक लेक्चरर रहे तथा प्रथम विश्वयुद्ध के बाद बर्लिन के कैसर विल्हेम में भौतिक विभाग के डिवीजन में भौतिक रसायन विज्ञान के प्रोफेसर नियुक्त हुए तथा गोटिंगन इंस्टीट्यूट में निदेशक पद पर प्रोन्नत हुए।

1925 में उन्हें संयुक्त रूप से गुस्ताव लुडविग हर्त्ज के साथ नोबेल पुरस्कार से सम्मानित किया गया। शोध के दौरान उन्हें इस तथ्य का पता चला था कि इलेक्ट्रॉन में कुछ न कुछ ऊर्जा होनी ही चाहिए। जेम्स फ्रैंक ने अपने निष्कर्ष को गोटिंगम में प्रदर्शित भी किया, जहाँ वे प्रोफेसर के रूप में कार्यरत थे। नाजियों की गैर-यहूदी नीति के विरोध में उन्होंने इस पद से त्यागपत्र दे दिया और सपरिवार बाल्टीमोर (संयुक्त राज्य अमरीका) चले गए। फिर वे डेनमार्क अतिथि प्रोफेसर होकर गए। एक वर्ष पूरा होने पर 1935 में वे अमरीका लौटे। जॉन हॉपकिंस विश्वविद्यालय में उन्हें 1938 में प्रोफेसर नियुक्त किया गया, फिर शिकागो विश्वविद्यालय में भौतिक रासायनिक विज्ञान का प्रोफेसर नियुक्त किया गया।

फ्रैंक के शोध मूलतः फोटो रासायनिकी पर केंद्रित रहे। उन्होंने पाया कि आणविक भौतिक विज्ञान के क्षेत्र में प्रत्येक अणु के इर्द-गिर्द कुछ-न-कुछ ऊर्जा विकीर्णित होती रहती है। द्वितीय विश्वयुद्ध के बाद परमाणु बम के विस्फोटों ने उस निष्कर्ष की प्रामाणिकता को सिद्ध किया। इसी पृष्ठभूमि में उन्होंने अपने शोधों को प्रकाश संश्लेषण पर केंद्रित रखा।

जेम्स फ्रैंक ने इनग्रिड जोसफ्सन से विवाह किया था और उनकी दो पुत्रियाँ हैं। इनग्रिड जोसफ्सन उनकी पहली पत्नी थीं। उनके निधन के बाद उन्होंने हरथा स्पुनर से 1946 में विवाह किया जो नॉर्थ केरोलिना के ड्यूक विश्वविद्यालय में भौतिकी की प्रोफेसर हैं।

हर्त्ज, गुस्ताव लुडविग
नागरिकता : जर्मनी
जन्म : 22 जुलाई, 1887; हैंबर्ग, जर्मनी
निधन : 30 अक्टूबर, 1975; ईस्ट बर्लिन, जर्मनी

लुडविग के पिता डॉ. गुस्ताव हर्त्ज एक वकील थे। लुडविग की प्रारंभिक शिक्षा हैम्बर्ग के जोहेन्नम स्कूल में हुई और उसके बाद 1906 में उन्होंने गोटिंगन विश्वविद्यालय में प्रवेश किया। म्यूनिख और बर्लिन के विश्वविद्यालयों में अध्ययन करने के बाद 1911 में उन्होंने स्नातक की शिक्षा पूरी की। प्रथम विश्वयुद्ध के कारण उनके शोध कार्यों में बहुत बाधाएँ आईं।

वे प्रसिद्ध जर्मन भौतिक शास्त्री हेनरिख रूडोल्फ हर्त्ज के भतीजे थे। 1913 में उन्हें यूनिवर्सिटी ऑफ बर्लिन में भौतिक विज्ञान विभाग में सहायक के पद पर नियुक्त किया गया जहाँ उन्होंने फ्रैंक के साथ मिलकर कार्य करना शुरू किया। उनके प्रयोगों ने यह प्रदर्शित किया कि जब कोई इलेक्ट्रॉन किसी परमाणु पर प्रहार करता है, तो उसे उस परमाणु से अन्य इलेक्ट्रॉन को बाहर निकालने के लिए निश्चित ऊर्जा का क्षरण करना पड़ता है। यह ऊर्जा वोल्ट में मापी जाती है। इसे उसकी आयनीकृत क्षमता कहते हैं।

1925 में हर्त्ज को हेल विश्वविद्यालय में भौतिक विज्ञान का प्रोफेसर नियुक्त किया गया। 1928 में वे बर्लिन के टेक्निकल हाईस्कूल में भौतिकी के प्रोफेसर नियुक्त हुए। 1932 में उन्होंने नियॉन गैस के आइसोटोप को विभक्त करने की पद्धति विकसित की। 1945-54 तक उन्होंने सोवियत रूस में रहकर ही अपने शोधकार्य किए। 1954 में वे वापस बर्लिन लौट आए और फिर 1961 तक फिजि-कल इंस्टीट्यूट इन लिपतिग इकाई में निदेशक के पद पर कार्यरत रहे।

परमाणु पर इलेक्ट्रॉन के प्रभाव को निर्धारित करने के नियमों की खोज के लिए उन्हें जेम्स फ्रैंक के साथ संयुक्त रूप से 1925 में नोबेल पुरस्कार से सम्मानित किया गया।

रसायन विज्ञान

जिगमोंडी, रिचर्ड एडोल्फ
नागरिकता : जर्मनी
जन्म : 1 अप्रैल, 1865; विएना
निधन : 24 सितंबर, 1929; गोटिंगन, जर्मनी

रिचर्ड के पिता एडोल्फ जिगमोंडी एक दन्त चिकित्सक थे। उन्होंने ऑपरेशन के कई उपकरणों के आविष्कार किए तथा विज्ञान और चिकित्सा विज्ञान के अनेक शोधपत्र प्रकाशित कराए। वे सदा इसके प्रति सचेत रहे कि उनके बच्चे प्राकृतिक विज्ञान में रुचि लें।

जिगमोंडी मात्र 15 वर्ष की अवस्था में अपने पिता को खो बैठे थे। उसके बाद उनकी माता के संरक्षण में ही उनका पालन-पोषण हुआ, जो उन्हें हमेशा प्रोत्साहित किया करती थीं। पर्वतारोहण और तैराकी का उन्हें बहुत शौक था। बहुत कम उम्र में ही रसायन विज्ञान में उनकी रुचि जगी और अपने प्रयासों से उन्होंने अपने घर में एक छोटी-सी प्रयोगशाला तैयार कर ली, जिसमें वे छोटे-मोटे प्रयोग करते थे।

जिगमोंडी ने 1889 में म्यूनिख विश्वविद्यालय से पीएच.डी. की डिग्री प्राप्त की। अपना शोधकार्य उन्होंने बर्लिन में किया और फिर ऑस्ट्रिया के ग्राज विश्वविद्यालय में अध्यापन किया। आगे चलकर उन्होंने एक शीशा कम्पनी में काम करना स्वीकार किया। वहाँ उन्होंने 1900 तक कार्य किया। उन्होंने लाल शीशे में मौजूद स्वर्ण कोलाइड पर अपना शोधकार्य किया और स्वर्ण के जल अवक्षेपण को विकसित किया। अपने शोध को आगे जारी रखने के लिए उन्होंने नौकरी छोड़ दी। 1907 में उन्हें गोटिंगन विश्वविद्यालय के इंस्टीट्यूट ऑफ इनॉर्गेनिक केमिस्ट्री में प्रोफेसर और निदेशक नियुक्त किया गया, जहाँ वे अवकाश प्राप्ति (1929) तक कार्यरत रहे।

जिगमोंडी का मानना था कि जिस तरह कोई कण प्रकाश का प्रकीर्णन करता है। उसका अध्ययन कर किसी पदार्थ की कोलाइडी अवस्था के बारे में और अधिक समझा जा सकता

है। इसे प्रदर्शित करने के लिए उन्होंने प्रकाशमिति शास्त्री सिडेनटॉफ के साथ मिलकर एक अतिसूक्ष्मदर्शी का निर्माण किया। इस यंत्र ने उन बहुत छोटे आकार के कणों में भेद करने में सहायता की, जिसे एक सामान्य सूक्ष्मदर्शी से देख पाना असम्भव था।

स्वर्ण कोलाइड के अतिसूक्ष्मदर्शीय अध्ययन के जरिए जिगमोंडी ने कोलाइडी विलयन की विजातीय प्रकृति को सिद्ध किया।

जिगमोंडी की पद्धति ने आधुनिक कोलाइड रसायन की स्थापना की। आधुनिक जैव रसायन और जिवाणु विज्ञान में उनके कार्य बहुत मददगार साबित हुए हैं।

कोलाइडी विलयन की विजातीय प्रकृति को प्रदर्शित करने और जिस पद्धति का उन्होंने उपयोग किया, उसके लिए उन्हें 1925 में रसायन विज्ञान के नोबेल पुरस्कार से सम्मानित किया गया।

साहित्य

शॉ, जॉर्ज बर्नार्ड

नागरिकता : ब्रिटेन

जन्म : 26 जुलाई, 1856; डब्लिन, आयरलैंड

निधन : 2 नवंबर, 1950; सेंट लारेंस, हर्टफोर्डशायर, ब्रिटेन

सत्रहवीं सदी के बाद के नाटककारों में जॉर्ज बर्नाड शॉ का नाम सबसे प्रमुख है। उनके नाटक सामाजिक सुधारों की भावना से परिपूर्ण हैं। वे आयरलैंड से सर्वप्रथम 1879 में लंदन आए। लंदन आने पर उन्होंने कुछ सामान्य उपन्यास लिखे, यथा—'द इरेशनल नॉट' (1880), 'लव एमंग द आर्टिस्ट्स' (1881), 'कैशेल बेयोर्न्स प्रोफेसन' (1882) तथा 'ऐन अनसोशियल सोशलिस्ट' (1883)। हालाँकि उन्होंने पत्रकारिता और राजनीतिक पुस्तिकाएँ (पैंफलेट) आदि लिखने में ख्याति प्राप्त की। वे फेबियन सोसाइटी के प्रमुख सदस्य तथा नाटक और संगीत के बहुचर्चित आलोचक थे।

'द क्विंटेसेंस ऑफ इब्सनिज्म' (1819) ने उन्हें व्यापक प्रसिद्धि प्रदान की। फिर उन्होंने 'विडोवरर्स हाउसेज' जिसे लिखकर एक नाटककार के रूप में श्रीगणेश किया, जो 1892 में मंचित किया गया और 1893 में प्रकाशित हुआ। 'आर्म्स एंड द मैन' (1894), 'मिसेज वैरेंस प्रोफेसन' (1894), 'कैंडिडा' (1894), 'यू नेवर कैन टेल' (1895), 'द डेविल्स डिसिपल' (1896), 'प्लेज अनप्लीजेंट' (1898), 'प्लेज प्लेजेंट' (1898) आदि। प्रसिद्ध नाटक 'सीजर एंड क्लियोपेट्रा' (मंचित और प्रकाशित, 1901), 'मैन एंड सुपरमैन' (मंचित 1905 एवं प्रकाशित, 1907), 'मेजर बार्बरा' (1905), 'हार्टब्रेक हाउस' (1919), 'बैक टु मेथुसेलाह' (1921) तथा 'सेंट जॉन' (मंचित 1923, प्रकाशित 1924)। जब महात्मा गांधी की हत्या हुई तो उन्होंने कहा था, ''अत्यन्त अच्छा होना भी अत्यन्त खतरनाक होना है।''

आदर्शवाद और मानवतावाद से ओत-प्रोत साहित्य सृजन में नोबेल पुरस्कार से सम्मानित किया गया।

शान्ति

चैंबरलेन, सर जोसेफ ऑस्टिन

नागरिकता : ब्रिटेन

जन्म : 16 अक्टूबर, 1863; बर्मिंघम, ब्रिटेन

निधन : 16 मार्च, 1937; लंदन, ब्रिटेन

सर जोसेफ ऑस्टिन चैंबरलेन 1924 से 1929 ब्रिटेन के विदेश सचिव थे। उन्होंने लोकार्नो पैक्ट को रूपायित करने के लिए बहुत प्रयास किया था। पश्चिमी यूरोप के अनेक देशों के बीच सीमाओं को लेकर जब भी टकराने की नौबत आती तब चेम्बरलेन मध्यस्थता कराने से नहीं चूकते थे तथा संघर्ष की स्थिति को समाप्त किए बिना नहीं रहते थे। द्वितीय विश्वयुद्ध को टालने के लिए एडोल्फ हिटलर से उन्होंने सम्पर्क स्थापित किया, मगर उनका प्रयास सफल नहीं हुआ। सर जोसेफ ने 1892 में हाउस ऑफ कॉमंस में प्रवेश किया तथा पोस्ट मास्टर

जनरल और चांसलर ऑफ द एक्सचेकर हुए। प्रथम विश्वयुद्ध के दौरान चेम्बरलेन भारत के लिए सेक्रेटरी ऑफ स्टेट रहे तथा युद्ध मंत्रिमंडल के सदस्य भी रहे। युद्ध समाप्त होने के बाद वे फिर से चांसलर ऑफ द एक्सचेकर हुए।

लोकार्नो पैक्ट को चैंबरलेन के 62वें जन्म-दिवस के अवसर पर ग्रेट ब्रिटेन, फ्रांस, इटली, बेल्जियम और जर्मनी के द्वारा समाप्त कर दिया गया। नौसेना को सीमित करने के जिनेवा सम्मेलन तथा इंग्लैंड-फ्रांस निरस्त्रीकरण वार्ता के असफल होने के बाद उनकी लोकप्रियता लगभग समाप्त हो गई। उन्होंने स्टेनले बाल्डविन के दूसरे मंत्रिमंडल को त्याग दिया। उसके बाद चैंबरलेन आदरणीय वरिष्ठ राजनीतिज्ञ की तरह जीवन व्यतीत करते रहे।

उन्हें शान्ति के लिए अपने प्रयासों के चलते गेट्स के साथ संयुक्त रूप से नोबेल पुरस्कार प्रदान किया गया।

डॉवेस, चार्ल्स गेट्स

नागरिकता : संयुक्त राज्य अमरीका

जन्म : 27 अगस्त, 1865, मैरिएटा; ओहियो, अमरीका

निधन : 23 अप्रैल, 1951; इलिनोइस, अमरीका

चार्ल्स गेट्स डॉवेस संयुक्त राज्य अमरीका के उप-राष्ट्रपति, राजदूत तथा 'डॉवेस प्लान' के लेखक थे। उनकी शिक्षा मैरिएटा कॉलेज और सिनसिनाटी लॉ स्कूल में हुई। नेब्रास्का के लिंकोन में उन्होंने वकालत शुरू की। 1897 से 1902 तक वे यू एस कॉम्प्ट्रोलर ऑफ करेंसी रहे। जब वे निजी व्यवसाय के क्षेत्र में आए, तब उन्होंने सेंट्रल ट्रस्ट कम्पनी ऑफ इलिनोइस का गठन किया।

प्रथम विश्वयुद्ध के दौरान डॉवेस फ्रांस में अमरीकी अभियान दल के लिए आपूर्ति और अधिप्राप्ति विभाग के प्रमुख रहे। 1919 में उन्होंने बिग्रेडियर जनरल के पद से इस्तीफा दे दिया। उसके बाद 1921 में उन्हें फर्स्ट यू एस डायरेक्टर ऑफ बजट नियुक्त किया गया।

प्रथम विश्वयुद्ध में हुई तबाही के कारण मित्र राष्ट्रों को जर्मनी द्वारा क्षतिपूर्ति करने की असमर्थता की समस्या का हल तलाशने के लिए उन्हें मित्र राष्ट्रों के प्रतिपूर्ति आयोग में नियुक्त किया गया। 1924 में डॉवेस ने जर्मनी के लिए अमरीकी निवेशकों से ऋण प्राप्त करने की एक योजना प्रस्तुत की। इस योजना ने यूरोप को कुछ वर्षों तक आर्थिक विध्वंस से बचाया, लेकिन यह विश्व की आर्थिक अव्यवस्था के लिए कोई स्थायी समाधान साबित नहीं हुआ।

डॉवेस राष्ट्रपति कैल्विन कौलेज (1925-29) के मातहत अमरीका के उपराष्ट्रपति रहे। 1919 की महामंदी के दौरान उन्होंने वित्तीय कॉरपोरेशन के पुनर्गठन का निदेशन किया। उन्होंने कई पुस्तकें भी लिखीं जिनमें 'ए जर्नल ऑफ द ग्रेट वॉर' (1921), 'नोट्स एज वाइस प्रेजिडेंट' (1935) और 'ए जर्नल ऑफ रिपरेशन' (1939) प्रमुख हैं।

मध्यस्थता के जरिए शान्ति प्रयासों के लिए उन्हें चेम्बर-लेन के साथ संयुक्त रूप से शान्ति का नोबेल पुरस्कार प्रदान किया गया।

नोट : इस वर्ष **शरीर विज्ञान/चिकित्सा विज्ञान** के क्षेत्र में नोबेल पुरस्कार नहीं दिया गया और पुरस्कार राशि एक विशेष निधि में संरक्षित रखी गई।

भौतिक विज्ञान

रसायन विज्ञान

शरीर विज्ञान/चिकित्सा विज्ञान

साहित्य

शान्ति

1926

भौतिक विज्ञान

पेरिन, जेन बैप्तिस्त
नागरिकता : फ्रांस
जन्म : 30 सितंबर, 1870; लिले, फ्रांस
निधन : 17 अप्रैल, 1942; न्यू यॉर्क, अमरीका

जेन ने पेरिस के 'इकोल नॉर्मल सुपेरियोरे' में शिक्षा-दीक्षा प्राप्त की। उन्होंने 1898 में पेरिस विश्वविद्यालय में प्रवेश लिया, जहाँ वे 1910 से 1940 तक भौतिकी-रासायनिकी के प्रोफेसर रहे। जब 1940 में जर्मनों ने उनके देश पर हमला किया, तब वे भागकर संयुक्त राज्य अमरीका चले गए। वहीं 17 अप्रैल, 1942 को उनकी मृत्यु हो गई। विश्वयुद्ध की समाप्ति के बाद 1948 में उनके अस्थि अवशेष उनकी पितृभूमि में लाए गए तथा विधिवत् पेंथियन के कब्र में दफनाए गए।

पेरिन ने 1895 में यह सिद्ध किया कि कैथोड किरणें ऋणात्मक आवेशित कण होती हैं। लगभग 1908 में उन्होंने उस तरीके को निश्चित किया जिसमें कोलाइडी कण गुरुत्वाकर्षण के विरुद्ध किसी द्रव में अवक्षेपित रहते हैं। इन कणों के अवसादन की पद्धति का अध्ययन कर उन्होंने पाया कि आइंस्टीन का अवक्षेपण परिघटना का समीकरण सटीक है। उन्होंने किसी द्रव में अवक्षेपित अतिसूक्ष्म कण की ब्राउनी गति का भी अध्ययन किया और इस तरह पदार्थ की पारमाणविक प्रकृति की पुष्टि की।

पदार्थ की असतत संरचना पर किए गए कार्य तथा विशेष रूप से अवसादन साम्यता की खोज के लिए उन्हें 1926 में नोबेल पुरस्कार से सम्मानित किया गया।

रसायन विज्ञान

स्वीडबर्ग, थियोडोर
नागरिकता : स्वीडन
जन्म : 30 अगस्त, 1884; पुलेरेंग, स्वीडन
निधन : 25 फरवरी, 1971; ओइरेब्रो, स्वीडन

थियोडोर के पिता इलियास स्वीडबर्ग एक कार्यशाला के प्रबन्धक थे। थियोडोर ने कोपिंग स्कूल, द ओइरेब्रो हाई

स्कूल और गोथेनबर्ग मॉडर्न स्कूल में शिक्षा ग्रहण की। जनवरी, 1914 में उन्होंने उप्सला विश्वविद्यालय में प्रवेश लिया। वहाँ से 1905 में वे स्नातक हुए तथा 1907 में परास्नातक होने के बाद 1908 में वहीं से पीएच.डी. की डिग्री प्राप्त की।

स्वीडबर्ग 1905 में, उप्सला में केमिकल इंस्टीट्यूट में सहायक बने और फिर 1907 में लेक्चरर नियुक्त हुए। इसके बाद 1912 में वे उप्पसला विश्वविद्यालय में भौतिक-रसायन के प्रोफेसर चुने गए। वे 1949 तक उप्सला में गुस्ताफ वार्नर इंस्टीट्यूट फॉर न्यूक्लियर केमिस्ट्री के निदेशक के पद पर कार्यरत रहे।

स्वीडबर्ग ने कोलाइड और बृहदाणु यौगिकों पर कार्य किया। अपने डॉक्टोरल शोधपत्र में उन्होंने कोलाइड कणों को पैदा करने की एक नई विधि की व्याख्या की और आइंस्टीन और वॉन स्मोल्यूकोवस्की द्वारा स्थापित सिद्धान्त की प्रामाणिकता के संदर्भ में विश्वसनीय प्रमाण प्रस्तुत किए। उन्होंने कोलाइड की भौतिक गुणधर्मिता का अध्ययन किया, जैसे—उनकी विसृता, प्रकाश का अवशोषण और अवसादन आदि। इनसे यह निष्कर्ष निकाला जा सका कि गैस के नियमों को परिक्षिप्त व्यवस्थाओं में भी लागू किया जा सकता है।

स्वीडबर्ग की महान खोज के रूप से सामने आया अल्ट्रासेंट्रीफ्यूज उपकरण। उनके इस आविष्कार ने परमाणु-परिक्षिप्त व्यवस्था के अध्ययन में बहुत भारी योगदान किया। इस उपकरण का उपयोग अवसादन के अध्ययन में किया गया, बड़े परमाणुओं को 10^6 गुरुत्वाकर्षण तक के अभिकेंद्रण बल के प्रभाव में रखकर उन्होंने प्रदर्शित किया कि कुछ शुद्ध प्रोटीनों के परमाणु आकार में एक समान होते हैं। साथ ही उन्होंने यह भी प्रदर्शित किया कि उनका उपकरण सम्मिश्रण की मौजूदगी को दर्शाता है।

स्वीडबर्ग के अन्य कार्यों में नाभिकीय रसायन और रेडियोधर्मी जीवविज्ञान की समस्याओं का गहन अध्ययन शामिल है। साथ ही फोटोग्राफिक प्रक्रिया में उन्होंने प्रसिद्ध कोडेक्स आरजेंटस के लिए रंगीन फोटोग्राफी में सहायता की जिसने गोथिक भाषा शोध के लिए स्रोत उपलब्ध किए। द्वितीय विश्वयुद्ध के दौरान उन्होंने संश्लेषित रबड़ बनाने की पद्धति पर भी कार्य किया।

अपने ज्ञान के विस्तार के लिए स्वीडबर्ग ने खूब यात्राएँ कीं। 1908 में उन्होंने जर्मनी की यात्रा की, फिर 1912 में वे हॉलैंड और फ्रांस गए, इसके बाद 1913 में बर्लिन, 1916 में विएना, 1920 में लंदन और पेरिस, 1920 में लंदन और डेनमार्क और 1922-23 में अमरीका और कनाडा।

स्वीडबर्ग ने कई महत्त्वपूर्ण किताबें भी लिखीं—डाई मेथोडन जुर हर्स्टेलंग लोसुंगेन एनोरगानिस्चर स्टोफी (1909), डाई एक्सीज्टेंज डेर मोलेकूले (1912), कोलाइड केमिस्ट्री (1914) तथा द अल्ट्रासेंट्रीफ्यूज (1940) उनकी प्रमुख पुस्तकें हैं।

उन्हें कई पुरस्कार प्राप्त हुए, जैसे—1942 में जॉन एरिक्सन मेडल, 1944 में बर्जीलियस मेडल तथा 1949 में फ्रेंकलिन इंस्टीट्यूट मेडल। वे स्वीडिश एकेडमी ऑफ साइंसेज, द हाल्ले एकेडमी, द केमिकल सोसाइटी, लंदन, द इंडियन एकेडमी ऑफ साइंस, द अमरीकन फिलो-सोफिकल सोसाइटी, फिलाडेल्फिया, द न्यू यॉर्क सोसाइटी ऑफ साइंसेज, द रॉयल सोसाइटी लंदन तथा द नेशनल एकेडमी ऑफ साइंस वॉशिंगटन के सम्मानित सदस्य भी रहे।

परिक्षिप्त व्यवस्था पर किए गए कार्य के लिए उन्हें 1906 में नोबेल पुरस्कार से सम्मानित किया गया।

शरीर विज्ञान/चिकित्सा विज्ञान

फिबिगर, जोहानिस आंद्रियाज ग्रिब

नागरिकता : डेनमार्क

जन्म : 23 अप्रैल, 1867; साइकबोर्ग, डेनमार्क

निधन : 30 जनवरी, 1928; कोपेनहेगन, डेनमार्क

फिबिगर एक रोगविज्ञानी थे। उन्हें यह पुरस्कार इसलिए मिला था क्योंकि उन्होंने ही सर्वप्रथम प्रयोगशाला में जंतुओं के शरीर में कैंसर के कीटाणुओं को प्रविष्ट कराया था, जिससे आगे चलकर कैंसर पर शोध में बहुत सहायता मिली। फिबिगर ने बर्लिन में जर्मनी के नोबेल पुरस्कार प्राप्त प्रसिद्ध जीवाणु-

विज्ञान विशेषज्ञ रॉबर्ट कॉच और एमिल वॉन बेहरिंग के सानिध्य में अध्ययन किया। वे 1900 में कोपेनहेगन विश्वविद्यालय में रोगात्मक शरीर रचना विज्ञान के प्रोफेसर नियुक्त हुए।

1907 में ट्यूबरकुलोसिस (टीबी) से प्रभावित चूहों की जाँच-पड़ताल करते हुए उन्होंने पाया कि उनमें से कुछ के पेट में ट्यूमर है। बहुत शोध करने के बाद उन्होंने पाया कि ट्यूमर आमाशय के उतकों में सूजन के चलते होता है, जो गोल कृमि, जिसे गोनगेयलोनेमा निओप्लास्टिकम के नाम से जाना जाता है, के लार्वे के कारण होता है। कृमि ने कॉकरोच को संक्रमित किया था जिसे चूहों ने खा लिया था।

1913 में फिबिगर ने एक अन्य प्रयोग किया—उन्होंने चूहों को कृमि से संक्रमित कॉकरोच खिलाकर उनके आमाशय में ट्यूमर प्रविष्ट किया। इसके अध्ययन से उन्होंने पाया कि उतकों में जलन कैंसर का कारण बनता है। फिबिगर के कार्यों से प्रेरित होकर जापानी रोग विज्ञानी यामागिमा कात्सूसाबुरो ने भी प्रयोगशाला में जंतुओं की त्वचा पर तारकोल के उप-उत्पादों का लेप लगाकर कैंसर पैदा किया।

प्रयोगों में पाया गया कि फिबिगर ने प्रयोगशाला में जिन जंतुओं पर प्रयोग किया, उनमें ट्यूमर होने का मुख्य कारण विटामिन ए की कमी था तथा कैंसर बनाने में मुख्य भूमिका परजीवी कीटाणु निभाते हैं। इसके साथ ही उतकों में जलन कैंसर होने का सीधा कारण होता है। फिबिगर के शोधात्मक निष्कर्षों ने कैंसर के शोध में प्रभावकारी योगदान दिया।

साहित्य

डेलेड्डा, ग्राजिया (उपनाम : मैडेसनी ग्राजिया)

नागरिकता : इटली

जन्म : 27 सितंबर, 1871; नुओरो, सारडिनिया, इटली

निधन : 15 अगस्त, 1936; रोम

ग्राजिया इतालवी साहित्य की प्रकृतिवादी उपन्यासकार थीं। उनका जन्म एक सामान्य परिवार में हुआ था। विवाह भी उनका अपेक्षाकृत शीघ्र अर्थात तरुणाई के आरम्भ में ही हो गया था। विवाह के बाद वे रोम में बस गई थीं, मगर सारडिनिया भी अक्सर जाती रहती थीं।

ग्राजिया को औपचारिक शिक्षा नहीं मिली थी, किन्तु उन्होंने स्वयं ही अपनी भाषा-शैली और लेखन-क्षमता का पर्याप्त विकास किया। वे सारडिनिया की लोककथाओं और लोकगाथाओं से अनुप्रेरित होकर उपन्यास लिखने लगीं। सारडिनिया की लोकगाथाएँ संघर्ष, द्वंद्व, प्रतिशोध, बच्चों के अपहरण तथा प्रेमी-प्रेमिकाओं के मामलों के दुखद अन्त के यथार्थ से अनुप्रेरित थीं। महज 13 वर्ष की आयु में ही उनके द्वारा लिखे शब्दचित्र और कहानियाँ सामने आ गई थीं। 18 वर्ष की उम्र एक फैशन पत्रिका में भी उनकी कहानी छपी। कई कहानियाँ मिलान के प्रकाशकों ने छापीं। उदाहरण के लिए 'नेल आजुरो' शीर्षक के अन्तर्गत छपी कहानियाँ।

उनकी उल्लेखनीय कृतियाँ हैं—'फिओर डि-सारडेग्ना' (फ्लॉवर ऑफ सारडिनिया, 1892); 'एनिमे आनेस्टे, रोमेंजो फर्मेग्लियेर' (ऑनेस्ट सोल्स, 1895); 'ला विआ डेल मेल' ('द एविल वे' 1896); 'इल वेच्चियो मोनटांगा' (द ओल्डमैन ऑफ द माउंटेन, 1900); 'इलियास पोर्टुलु' (द स्टोरी ऑफ ए कनविक्ट इन लव विद हिज ओन ब्रदर्स ब्राइड, 1903); 'केनेरे' (1904, ऐशेज, 1905); 'लेडेरा' (1908, द आइवि); साइनो कॅनफाइन (अप टु द लिमिट, 1910); नॉस्ट्रो पैड्रोन (आवर मास्टर, 1910); 'नेल डेस्ट्रो (इन द डिजर्ट, 1911); 'कोलंबी स्पार वियेरी' (डोव्स एंड फाल्कन्स, 1912); 'ला मेड्रे' (1920, वूमन एंड द प्रीस्ट, 1922)। इन उपन्यासों के अतिरिक्त भी ग्राजिया ने कई उपन्यास लिखे जिनमें उल्लेखनीय हैं—'सेग्रेटो डेल युओमो सोलिटारियो' (दि सीक्रेट ऑफ दि सोलिट्री मैन, 1921); 'डियो डेइ विवेंटो' (द गॉड ऑफ लिविंग, 1922); 'ला फुगा इन एगिटो' (द फ्लाइट इन टु दि इजिप्ट, 1925); 'अनालिना बिलसिन' (1927) तथा 'डिओपॉस डेल वेंटो' (लैंड ऑफ द विंड, 1931)। उन्होंने अपनी आत्मकथा भी लिखी, जो उनके निधन के पश्चात 1937 में प्रकाशित हुई।

आदर्शवादी रूप से प्रभावित उनके लेखन, जिसमें उन्होंने अपने जन्म-स्थान की जिन्दगी का सजीव चित्रण किया तथा मानवीय समस्याओं को हल करने के प्रति जो सहानुभूतिपूर्ण रवैया अपनाया उसके लिए उन्हें 1926 में साहित्य के नोबेल पुरस्कार से सम्मानित किया गया।

शान्ति

ब्रियांड, अरिस्टाइड

नागरिकता : फ्रांस

जन्म : 28 मार्च, 1862; नाटेस, फ्रांस

निधन : 7 मार्च, 1932; पेरिस, फ्रांस

ब्रियांड अरिस्टाइड एक राजनेता थे। उन्होंने 11 बार फ्रांस के प्रीमियर का पदभार सँभाला था। 1906 और 1932 के बीच वे 26 बार मंत्रिमंडल में शामिल हुए थे। अन्तरराष्ट्रीय सहयोग, लीग ऑफ नेशंस एवं विश्वशान्ति की गतिविधियों में सतत सक्रियता के कारण वे नोबेल पुरस्कार से सम्मानित हुए। ब्रियांड कानून के विशेषज्ञ थे और उनका झुकाव वामपंथी विचारधारा की ओर था। 'ले पीपुल, लैंटर्ने तथा पेटाइट रिपब्लिक' उनकी प्रसिद्ध रचनाएँ हैं। 1904 में ल'ह्यूमेनिटे की स्थापना के लिए वे जेन जोरेस में शरीक हुए। 1894 में नान्टेस में हुए मजदूर सम्मेलन में हड़ताल को एक राजनीतिक कार्यनीति के तौर पर स्वीकार करने के प्रश्न पर फ्रांसीसी समाजवादियों में तीखे विभाजन को हल करने में वे सफल रहे। चैम्बर ऑफ डिप्यूटिश में चुने जाने के तीन असफल प्रयासों के बाद वे सोशलिस्ट पार्टी के जनरल सेक्रेटरी बने। 1904 में लौरे विभाग से डिप्यूटी के रूप में वे चुनाव जीत गए और फिर आजीवन चैम्बर के सदस्य रहे।

ब्रियांड को सरकार में पहली सफलता उस आयोग में किए गए अपने कार्य में मिली जिसने 1905 में चर्च को राज्य से पृथक् किए जाने का प्रारूप तैयार किया था। इस उपलब्धि ने उन्हें जनशिक्षा और संस्कृति मंत्री के पद तक पहुँचाया लेकिन बुर्जुआ सरकार में मंत्री पद ग्रहण करने ने समाजवादियों के साथ उनके फासले को और बढ़ा दिया। जॉर्ज लेमेंसियो की सरकार में दूसरी बार शिक्षा मंत्री नियुक्त होने के बाद जुलाई, 1909 से दिसंबर, 1910 तक वे पहली बार प्रीमियर बने। मार्च, 1913 में वे तब तक दो बार प्रीमियर के रूप में सेवारत रहे जब अनुपातिक प्रतिनिधित्व की उनकी योजना को सीनेट में पराजय का सामना करना पड़ा।

1921 में ब्रियांड पुन: प्रीमियर हुए, किन्तु उनकी नीतियाँ युद्ध से हुई फ्रांस की तबाही का पुनर्निर्माण की माँग को पूरा करने में असफल रही जिसने उन्हें पद से त्यागपत्र देने पर मजबूर कर दिया। 1925 में पुन: विदेश मंत्री नियुक्त किया गया। 1930 में ब्रियांड ने पूरी निर्भीकता से यूरोपीय राष्ट्रों का संघ बनाए जाने पर जोर दिया। 1932 में ब्रियांड ने अवकाश ग्रहण किया।

ब्रियांड को युद्ध विरोधी संधि के प्रयासों के लिए स्ट्रेसमान के साथ संयुक्त रूप से 1926 का नोबेल शान्ति पुरस्कार प्रदान किया गया।

स्ट्रेसमान, गुस्ताव

नागरिकता : जर्मनी

जन्म : 10 मई, 1878; बर्लिन, जर्मनी

निधन : 3 अक्टूबर, 1929; बर्लिन, जर्मनी

वीमर रिपब्लिक के चांसलर और विदेशी मंत्री के रूप में गुस्ताव पर मुख्य जिम्मेवारी थी कि प्रथम विश्वयुद्ध के बाद जर्मनी को अन्तरराष्ट्रीय स्तर पर पहले वाला दर्जा वापस मिल जाए तथा वे इसमें सफल भी हुए। एक भठियारे के पुत्र स्ट्रेसमान ने बर्लिन और लिपजिंग विश्वविद्यालय में शिक्षा प्राप्त की (1897-1900)। एक व्यवसायी के रूप में उन्होंने अपनी जीविका आरम्भ की। बाद में नेशनल लिबरल पार्टी के सदस्य के रूप में अपनी सक्रियता दिखाने लगे। वे 1907 में निर्वाचित होकर रीख स्टाग (जर्मन की संसद) पहुँचे और पार्टी के नेता बन गए। 1918 में जब राजशाही का अन्त हुआ तब उन्होंने 'जर्मन पीपुल्स पार्टी' (ड्यूश वोलक्स पार्टी) की स्थापना की। वे आजीवन इस पार्टी के प्रमुख नेता रहे। वे वीमर रिपब्लिक के चांसलर (1923) और विदेश मंत्री (1923-29) हुए। उन्होंने फ्रांस और सोवियत संघ को मिलाकर रखने और उन्हें लीग ऑफ नेशंस में स्थान दिलाने में महत्त्वपूर्ण भूमिका निभाई थी।

1926 का नोबेल शान्ति पुरस्कार संयुक्त रूप से ब्रियांड और स्ट्रेसमान को दिया गया था।

भौतिक विज्ञान

रसायन विज्ञान

शरीर विज्ञान/चिकित्सा विज्ञान

साहित्य

शान्ति

1927

भौतिक विज्ञान

कॉम्पटन, आर्थर हॉली

नागरिकता : संयुक्त राज्य अमरीका

जन्म : 10 सितंबर, 1892; ओहियो, अमरीका

निधन : 15 मार्च 1962; कैलीफोर्निया, अमरीका

आर्थर इलियास कॉम्पटन के पुत्र थे जो ऊस्टर के कॉलेज में फिलॉसफी के प्रोफेसर और डीन थे। उसी कॉलेज से आर्थर ने 1913 में स्नातक की डिग्री प्राप्त की। फिर उन्होंने प्रिंस्टन विश्वविद्यालय में प्रवेश लिया और 1914 में मास्टर की डिग्री प्राप्त की। वहीं से उन्होंने 1916 में पीएच.डी. की उपाधि प्राप्त की और वाशिंगटन यूनिवर्सिटी, सेंट लोइस में भौतिक विज्ञान विभाग के विभागाध्यक्ष नियुक्त हुए। 1923 में वे युनिवर्सिटी ऑफ शिकागो में भौतिकी के प्रोफेसर नियुक्त हुए जहाँ वे 1942 से 1945 तक 'मेटालर्जिकल प्रोजेक्ट' के निदेशक रहे,

और पहली स्व-संपोषित नाभिकीय शृंखला अभिक्रिया को विकसित किया। जिसके चलते नियंत्रित नाभिकीय ऊर्जा को निर्मुक्त करने का मार्ग प्रशस्त किया। वे धार्मिक प्रवृत्ति के व्यक्ति थे। उनका यकीन था कि परमाणु बम युद्ध को जल्दी से किसी निष्कर्ष तक पहुँचा देगा, इसी कारण उन्होंने यह कार्य करना स्वीकार किया। 1945 में वे वाशिंगटन विश्वविद्यालय के कुलपति नियुक्त हुए तथा 1953 से 1961 तक वहीं प्राकृतिक इतिहास के प्रोफेसर के रूप में कार्यरत रहे। उन्होंने खोज की कि जब एक्स-किरणें इलेक्ट्रॉनों से टकराती हैं तो उनका तरंग-दैर्घ्य परिवर्तित हो जाता है। इसकी व्याख्या करते हुए उन्होंने बताया कि ऐसा फोटॉन द्वारा इलेक्ट्रॉन को हुए ऊर्जा के हस्तांतरण के कारण होता है, इसे उन्हीं के नाम पर 'कॉम्पटन-प्रभाव' कहा गया। 1923 में की गई उनकी इस खोज ने तरंग और कण के रूप में विद्युत-चुम्बकीय रेडियोधर्मिता की द्वैत प्रकृति की व्याख्या को स्थापित करने में सहायता की।

'कॉम्पटन-प्रभाव' की खोज के लिए उन्हें ब्रिटिश वैज्ञानिक चार्ल्स थॉमसन रीस विल्सन के साथ संयुक्त रूप से नोबेल पुरस्कार से सम्मानित किया गया।

विल्सन, चार्ल्स थॉमसन रीस

नागरिकता : ब्रिटेन
जन्म : 14 फरवरी, 1869; मिडलोथियन, स्कॉटलैंड
निधन : 15 नवंबर, 1959; पिबल्सशायर, स्कॉटलैंड

चार्ल्स थॉमसन एक किसान दंपती (जॉन विल्सन तथा एनी क्लर्क हार्पर) के पुत्र थे। उन्होंने आरंभिक पढ़ाई-लिखाई मैनचेस्टर के एक निजी स्कूल में की थी तथा उच्च शिक्षा ओवेन्स कॉलेज से प्राप्त की। उन्होंने सिडनी के ससेक्स कॉलेज से स्नातक की डिग्री प्राप्त की। कैंब्रिज में 1892 में जीव विज्ञान उनके अध्ययन का मुख्य विषय था। मगर बाद में उनकी दिलचस्पी भौतिक विज्ञान के अध्ययन में हो गई। विल्सन ने मौसमविज्ञानी के रूप में 1895 में मेघों का अध्ययन शुरू किया। वे पहाड़ियों की चोटी पर जाकर मेघों का अध्ययन करते और हवा में नमी को लेकर जो हवा आती वह उनके चैम्बर में भी घुस जाती। विल्सन ने पाया कि हवा जब धूल से पूरी तरह मुक्त होती है तो बंद कमरे में भी ठंडक फैल जाती है। विल्सन ने यह भी गौर किया कि हवा में धूल और बादल का अभाव कुछ अर्थ रखता है।

एक्स-रे की खोज के बाद उन्होंने सोचा कि रेडिएशन का प्रभाव मेघों की सघनता पर निर्भर करता है। विल्सन ने रेडिएशन के प्रभाव पर प्रयोग किए। लगभग 11 साल बाद वह चैम्बर पूरा हो पाया आखिरकार प्रयोगशाला में **बब्वल चैम्बर** का विकास हो पाया। 1916 में विल्सन मेघों से निकलनेवाली बिजली की चमक का अध्ययन करने लगे तथा 1925 में वे कैंब्रिज के प्रकृति इतिहास के जेक्सोलियन प्रोफेसर नियुक्त हुए। अपने अध्ययनों द्वारा उन्होंने आँधी-तूफान में मेघों की गरज और चमक का पूरे मनोयोग से अध्ययन शुरू किया। उन्होंने युद्ध के दौरान उड़ाए गए बैलूनों द्वारा बिजली की चमक का अध्ययन किया। उन्होंने इस विषय पर एक मोनोग्राफ प्रकाशित किया जिसका शीर्षक था—'ए थ्योरी ऑफ थंडर स्टॉर्म इलेक्ट्रिसिटी'। वह अमरीका के कॉम्पटन पुरस्कार के संयुक्त पुरस्कार प्राप्तकर्ता थे। उन्हें यह पुरस्कार इसलिए मिला था कि उन्होंने 'विल्सन क्लाउड चैम्बर' का आविष्कार किया था। इसका व्यापक रूप से प्रयोग रेडियो सक्रियता एक्स-रे, कॉस्मिक रेंज और अन्य न्यूक्लियर परिलक्षण से सम्बद्ध है।

विल्सन ने जेस्सी फ्रेजर के साथ 1908 में विवाह किया। उन्हें दो पुत्र व दो पुत्रियाँ हुईं। 1927 का नोबेल पुरस्कार संयुक्त रूप से कॉम्पटन और विल्सन को दिया गया।

रसायन विज्ञान

वीलैंड, हेनरिक ओट्टो

नागरिकता : जर्मनी
जन्म : 4 जून, 1877; फोरजीन, पश्चिम जर्मनी
निधन : 5 अगस्त, 1957; म्यूनिख, जर्मनी

हेनरी ओट्टो डॉ. थियोडर वीलैंड और एलिस ब्लोम के सुपुत्र थे। उनके पिता औषधीय रसायनविज्ञानी थे। वीलैंड हेनरिक ओट्टो म्यूनिख, बर्लिन और स्टुटगार्ट के विश्व-विद्यालयों में अध्ययन करने के बाद म्यूनिख की बेयर लेबोरेटरी में लौट आए जहाँ 1910 में उन्होंने डॉक्टरेट की उपाधि हासिल की। 1904 में म्यूनिख में वेनिया जेगेंडी पुरस्कार उन्हें मिला। सन 1913 में वे म्यूनिख विश्वविद्यालय की प्रयोगशाला में रसायन विज्ञान के सीनियर लेक्चरर नियुक्त हुए। 1917 में वे म्यूनिख के 'टेकनिस्चे होसिक्यूल' में रसायन विज्ञान के प्रोफेसर नियुक्त हुए। वे बर्लिन के कैसर विल्हेम इंस्टीट्यूट में 1917-18 के दौरान कार्यरत रहे। 1921 में वे म्यूनिख विश्वविद्यालय में रसायन विज्ञान के प्रोफेसर नियुक्त हुए और 1925 में विल्सटेटर के अनुरोध पर पुनः म्यूनिख विश्वविद्यालय लौट आए। वहाँ उन्होंने 27 वर्षों तक कार्य किया।

वीलैंड की विशेष दिलचस्पी 'कार्बनिक नाइट्रोजन यौगिकों' के अध्ययन में रही। 1911 में उन्होंने अपनी एक

खोज से संरचनात्मक कार्बनिक रसायन में एक महत्त्वपूर्ण योगदान दिया। उन्होंने यह खोज की कि किसी कार्बनिक यौगिक में उपस्थित नाइट्रोजन की विभिन्न अवस्थाओं का न केवल पता लगाया जा सकता है, बल्कि एक-दूसरे में भेद भी किया जा सकता है। बाद के वर्षों में उन्होंने प्राकृतिक तत्त्वों की रासायनी में भी कार्य किया। उन्होंने जीवित कोशिकाओं में ऑक्सीकरण की प्रक्रिया की जाँच-पड़ताल करने में काफी समय व्यतीत किया, इससे उन्हें यह पहचानने में मदद मिली कि प्रकृति में सार्वभौमिक ऑक्सीकरण के सिद्धान्त के रूप में यौगिक हाइड्रोजन को मुक्त करता है।

वीलैंड ने पित्त से एक संतृप्त अम्ल-पित्तरक्ताम्ल (कोलैमिक एसिड) प्राप्त करने में सफलता हासिल की। इसे पित्त अम्ल में मौजूद मूल तत्त्व माना जा सकता है। कई विलक्षण और जटिल प्रयोगों के बाद उन्होंने कालेस्टेरॉल से भी यही तत्त्व, कोलैनिक अम्ल तैयार किया।

अपने प्रखर प्रयोगों से वीलैंड ने कालेस्टेरॉल और पित्त अम्लों के बीच गहरे सम्बन्ध को प्रदर्शित किया। उन्होंने पाया कि पित्त से विलगाए तीनों अम्लों की संरचना एक ही थी और वे कालेस्टेरॉल से सम्बन्धित थे।

उनके प्रयोगों ने आँतों में भोजन के पुनः-अवशोषण में पित्त के कार्य को बेहतर ढंग से समझाने में मदद की।

बाद के वर्षों में वीलैंड प्राकृतिक तत्त्वों की रासायनी के अध्ययन में दिलचस्पी लेने लगे।

लोबेलिया ऐल्केलोइड के संघटन और संश्लेषण पर कार्य करते हुए तथा कूरेर एल्केलोइड पर शोध करके उन्होंने मार्फिन और स्ट्रिकनिन की संरचना को स्पष्ट किया।

वीलैंड ने अपने कार्यों के द्वारा रसायन विज्ञान, शरीर विज्ञान और चिकित्सा विज्ञान के क्षेत्र में महत्त्वपूर्ण योगदान दिया। उनके कार्यों ने इन तीनों विषयों को परस्पर सम्बद्ध सिद्ध किया।

वीलैंड को ऑर्डर ऑफ मेरिट और हैबर पुरस्कार से नवाजा गया।

पित्त अम्लों और उनसे सम्बन्धित तत्त्वों के संघटन की जाँच-पड़ताल के लिए उन्हें नोबेल पुरस्कार से सम्मानित किया गया।

शारीरिक विज्ञान/चिकित्सा विज्ञान

वाग्नर-जाउरेग, जूलियस
नागरिकता : ऑस्ट्रिया
जन्म : 7 मार्च, 1857; वेल्स, ऑस्ट्रिया
निधन : 27 सितंबर, 1940; विएना, ऑस्ट्रिया

वाग्नर-जाउरेग पहले ऐसे मनोवैज्ञानिक और तंत्रिका वैज्ञानिक थे जिन्होंने सिफलिस के कारण मस्तिष्क ज्वर (सफलिटिक मेनिंगोनसिफलेरिस) या सामान्य पक्षाघात के उन्मादीपन (जनरल पेरिसस ऑफ इनसेन-जीपीआई) के उपचार के लिए रोगी के शरीर में मलेरिया के अतिज्वार को कृत्रिम रूप से प्रविष्ट कराकर शॉक थैरैपी (झटका पद्धति) का पहला उदाहरण प्रस्तुत किया और पहले के असाध्य सांघातिक रोगों को चिकित्सकीय नियंत्रण के अधीन ला पाए।

यूनिवर्सिटी ऑफ विएना में मनोविज्ञान के अध्यापन के दौरान उन्होंने देखा कि कुछ निश्चित तंत्रिका विकार से ग्रस्त रोगियों के ज्वरजन्य बीमारियों के सम्पर्क में आने से उनकी तंत्रिका विकार में चिह्नित करने योग्य सुधार महसूस किया गया। उन्होंने सुझाव दिया कि सिफलिस के उन्मादीपन के उपचार में इस तरह के संक्रमण को सोच-समझकर प्रविष्टित करने को प्रयोग में लाया जा सकता है। जाउरेग ने विशेष रूप से मलेरिया के बुखार को ही प्रविष्ठ करने को मंजूरी दी क्योंकि एक तो इसे प्रविष्ट करना आसान था और दूसरा कि इसे कुनैन पद्धति से नियंत्रण में रखा जा सकता है। ऑस्ट्रिया के ग्राज विश्वविद्यालय में मनोविज्ञान और तंत्रिका-विज्ञान के प्रोफेसर के रूप में उन्होंने मानसिक रोगियों में ट्यूबरक्ले बेसिलस (ट्यूबरकुलीन) के प्रयोग से रोग प्रविष्ट करने के प्रयास किए लेकिन इसमें उन्हें सीमित सफलता ही मिली।

हालाँकि जीपीआई के मलेरिया उपचार की जगह अब आधुनिक एंटीबायोटिक का प्रयोग होता है लेकिन उनके कार्यों ने मानसिक विकृति की कई बीमारियों के लिए ज्वर

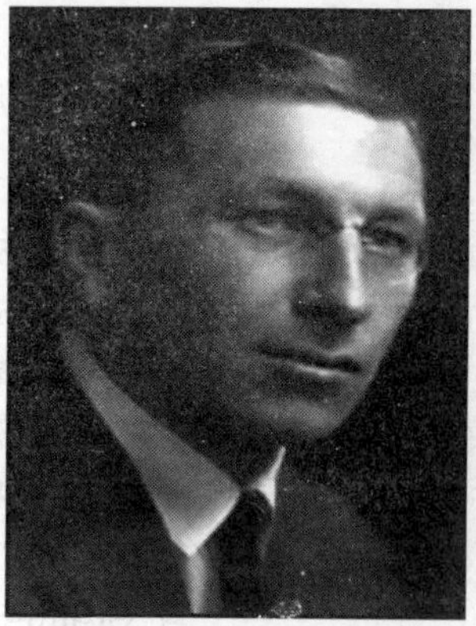

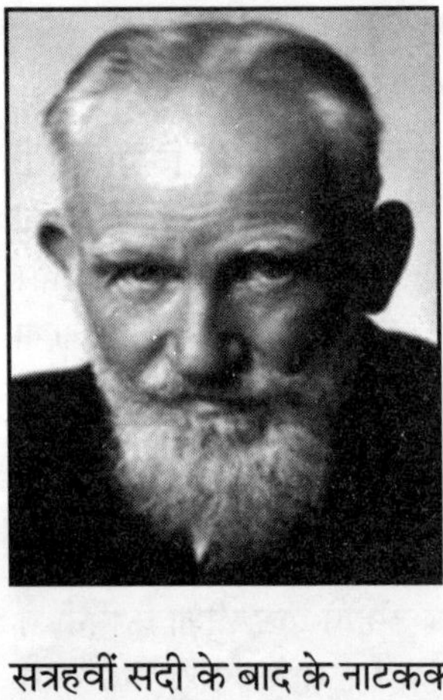

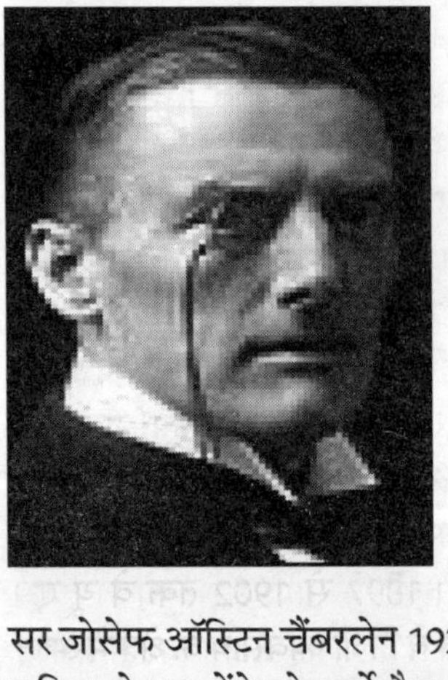

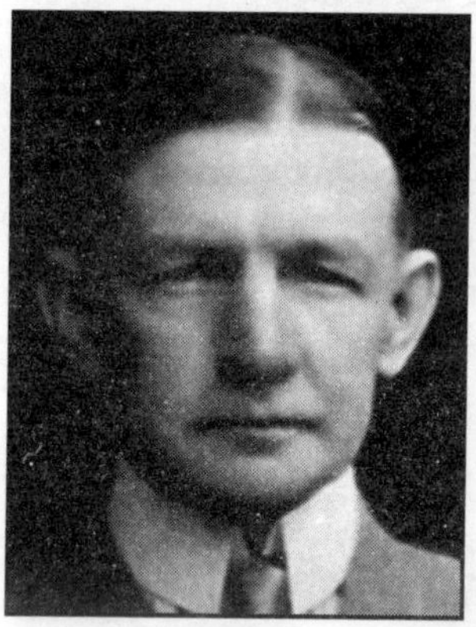

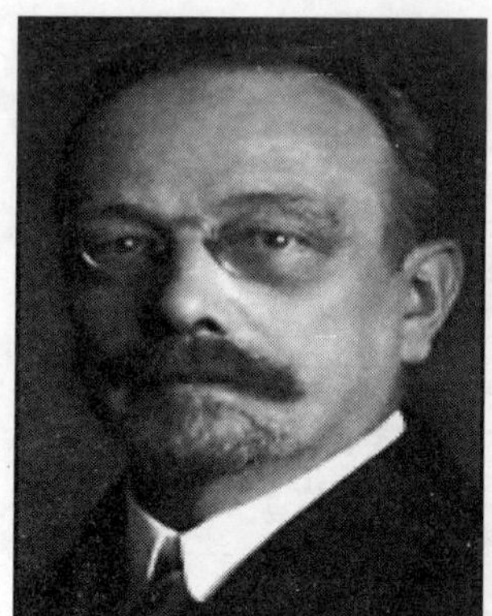

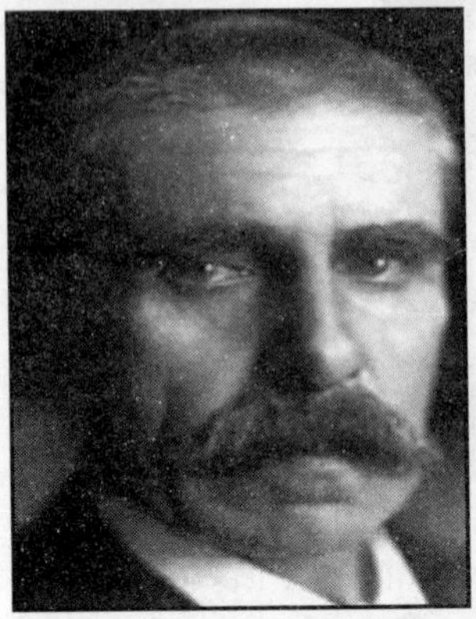

पद्धति (पेरेक्सिया थेरैपी) तथा झटका पद्धति (शॉक थेरैपी) के लिए मार्ग प्रशस्त किया।

डिमेंसिया पेरालाइका (मानसिक पक्षाघात) में मलेरिया के टीकाकरण के चिकित्सकीय मूल्य की खोज के लिए उन्हें नोबेल पुरस्कार से सम्मानित किया गया।

साहित्य

बर्गसन, हेनरी
नागरिकता : फ्रांस
जन्म : 18 अक्टूबर, 1859; पेरिस, फ्रांस
निधन : 4 जनवरी, 1941; पेरिस, फ्रांस

एक दार्शनिक के रूप में व्यापक रूप से पढ़े जानेवाले बीसवीं सदी के लेखक बर्गसन की शिक्षा-दीक्षा पेरिस में ल्यसी कोंडोरक्ट तथा इकोले नॉर्मले सुपेरियोर में हुई। विभिन्न प्रान्तों में पढ़ाते हुए भी 1900 से 1921 तक वे कॉलेज डी फ्रांसे में दर्शनशास्त्र पढ़ाते थे।

उन्होंने समय की त्रिविम अवधारणा पर आधारित तात्कालिक वैज्ञानिक धारणा के पुनरपरीक्षण से शुरुआत की और 'एस्साई सुर लेस डोनिस इमिडिएट्स डि ला कंसियेंस' (टाइम एंड फ्री विल) प्रकाशित किया। उनके अन्य अध्ययन के फलस्वरूप 'मेटिरे इब मेमोयर; एस्साई सुर ला रिलेशन ड्यू कॉप्स अ-ल'स्पिरिट (मेटर एंड मेमोरी, 1896) सामने आया। उनकी सबसे प्रसिद्ध रचना 'ल'इवोल्यूशन क्रिएट्रिसी' (क्रिएटिव इवोल्यूशन, 1917) है।

1914 में वे एकेडमिक फ्रांसिस के सदस्य चुने गए तथा 1921 से 1926 तक लीग ऑफ नेशन के बौद्धिक सहकार आयोग के अध्यक्ष भी रहे। प्रथम विश्वयुद्ध के दौरान उन्होंने कूटनीतिक सेवा में कार्य किया तथा युद्ध की समाप्ति पर लीग ऑफ नेशन में शामिल हो गए। उनके विस्तृत और जिंदादिल विचारों को सम्मान देते हुए उन्हें नोबेल पुरस्कार प्रदान किया गया।

शान्ति

ब्यूइसन, फर्डिनैंड
नागरिकता : फ्रांस
जन्म : 20 दिसंबर, 1841; पेरिस, फ्रांस
निधन : 16 फरवरी 1932; टियुली सेंट ऐंटोइनों, फ्रांस

फर्डिनैंड ब्यूइसन एक शिक्षक थे, जिन्होंने फ्रांस की प्राथमिक स्कूल व्यवस्था का पुनर्गठन किया था।

एक अध्यापक के रूप में फ्रांस के द्वितीय शासक नेपोलियन तृतीय के प्रति वफादारी की शपथ लेने से उन्होंने इनकार कर दिया। इसके बाद वे स्विट्जरलैंड चले गए, जहाँ वे न्यूचेटल में दर्शनशास्त्र पढ़ाने लगे। 1867 में उन्होंने गुएना में प्रथम शान्ति सम्मेलन में भाग लिया तथा संयुक्त राज्य यूरोप की पुरजोर वकालत की। 1870-71 में, फ्रांको-जर्मन युद्ध में पेरिस के पतन के बाद उन्होंने युद्ध में अनाथ हुए बच्चों के लिए एक पुनर्वास गृह संगठित किया। फ्रांस के तृतीय गणतंत्र के अधीन उन्हें पेरिस पब्लिक स्कूल का इंस्पेक्टर जनरल नियुक्त किया गया लेकिन धार्मिक आदेशों को हटाने की सिफारिश करने के कारण उन्हें मजबूरन पद से इस्तीफा देना पड़ा। प्राथमिक शिक्षा के राष्ट्रीय निदेशक के रूप में उन्होंने प्रीमियर ज्यूलेस फेरी के साथ उस मसविदे को तैयार करने में सहायता की जो सार्वजनिक विद्यालयों को चर्च के नियंत्रण से मुक्त रखने तथा निःशुल्क और अनिवार्य प्राथमिक शिक्षा की वकालत करता था। सोबोन में पढ़ाने के बाद उन्हें नेशनल चैम्बर ऑफ डिप्यूटीस चुना गया। 1898 में उन्होंने लीग डेस ड्रोइट्स डे यू होमी (लीग ऑफ ह्यूमन राइट्स) की स्थापना में मदद की। 1913 से 1926 तक इसके अध्यक्ष के रूप में शान्ति के उनके प्रयास तथा प्रथम विश्वयुद्ध के दौरान व फ्रांको-जर्मन युद्ध के बाद मित्रता के लिए उनके द्वारा किए गए प्रयासों ने उन्हें लुडविग क्यूइड के साथ नोबेल पुरस्कार का सहभागी बनाया।

क्यूइड, लुडविग

नागरिकता : जर्मनी

जन्म : 23 मार्च, 1858; ब्रेमेन, जर्मनी

निधन : 5 मार्च, 1941; जिनेवा, स्विट्ज़रलैंड

लुडविग प्रमुख जर्मन शान्तिवादियों में से एक थे, हालाँकि वे कभी भी सहासी व संगत में नहीं रहे। उन्होंने 1893 में जर्मन सैन्यवाद के खिलाफ गुमनाम रूप से लिखते हुए शान्ति के लिए प्रचार कार्य करते रहे। 1894 में उन्होंने **'कैलीगुला'** नाम से एक पुस्तिका प्रकाशित की जिसमें कैसर विल्हेम द्वितीय और उनकी मंडली के खिलाफ तीखी टिप्पणी की गई थी। इस पुस्तिका की व्यापक चर्चा हुई। इसी वर्ष उन्होंने म्यूनिख में एक शान्तिवादी संघ की स्थापना की। वे अन्तरराष्ट्रीय शान्ति सम्मेलन के सक्रिय कार्यकर्ता थे। 1907 में उन्हें बेवेरियन एसेंबली के सदस्य के रूप में चुना गया। इसी के साथ उन्होंने अन्तरराष्ट्रीय संसदीय सम्मेलन में भागीदारी की। प्रथम विश्वयुद्ध शुरू होने के बाद उन्होंने युद्धरत देशों तथा तटस्थ देशों के शान्तिवादियों के साथ सम्पर्क स्थापित करने का प्रयास किया तथा 1915 में हेग में हुई बैठक में जर्मन सदस्य के रूप में भागीदारी की। 1919 में वे जर्मन नेशनल एसेंबली के सदस्य बने तथा वर्साय संधि को स्वीकारने के विरुद्ध आक्रामक भाषण दिया। जर्मनी को लीग ऑफ नेशन में शामिल करने में उन्होंने अपनी पूरी ऊर्जा लगा दी।

शान्ति के लिए किए गए अपने तमाम प्रयासों के सम्मान में उन्हें नोबेल पुरस्कार से सम्मानित किया गया।

भौतिक विज्ञान

रसायन विज्ञान

शरीर विज्ञान/चिकित्सा विज्ञान

साहित्य

1928

भौतिक विज्ञान

रिचर्ड्सन, सर ओवेन विल्लांस

नागरिकता : ब्रिटेन
जन्म : 26 अप्रैल, 1879; ड्यूसबरी, यार्कशायर, ब्रिटेन
निधन : 15 फरवरी, 1959; हैंपशायर, ब्रिटेन

सर ओवेन विल्लांस जोशुआ हेनरी और चारलोटी मारिया रिचर्ड्सन के एकमात्र पुत्र थे। उनकी शिक्षा-दीक्षा कैंब्रिज में हुई। 1900 में वे स्नातक हुए। 1906 से 1913 तक संयुक्त राज्य अमरीका के प्रिंस्टन विश्वविद्यालय में भौतिकी के प्रोफेसर रहे।

1911 में उन्होंने सिद्ध किया कि इलेक्ट्रॉन गरम धातुओं से उत्सर्जित होते हैं न कि चारों ओर की हवा से। इसी वर्ष एक गणितीय सूत्र प्रस्तावित किया जो पदार्थ के निरपेक्ष तापमान में इलेक्ट्रॉन उत्सर्जन की दर से सम्बन्धित था। इस समीकरण को ''रिचर्ड्सन का नियम'' कहा जाता है। बाद में इस समीकरण ने इलेक्ट्रान-नली शोध और तकनीक में महत्त्वपूर्ण योगदान दिया।

1914 में वे किंग्स कॉलेज लंदन में भौतिकी के प्रोफेसर नियुक्त हुए तथा दस वर्ष बाद वहाँ शोध निदेशक बने। गरम धातुओं से इलैक्ट्रॉन उत्सर्जन पर किए गए कार्य के लिए उन्हें नोबेल पुरस्कार प्रदान किया गया। उनके द्वारा यह नियम सर्वप्रथम 1901 में कैंब्रिज फिलोसोफिकल सोसाइटी के सम्मुख प्रस्तुत किया गया था। उनके द्वारा की गई इस खोज का प्रयोग अब निर्वात नली के निर्माण में विस्तृत रूप से किया जाता है। एडिसन, जॉन फ्लेमिंग और डी फोरेस्ट ने इस खोज का प्रयोग निर्वात के आर-पार विद्युत धारा का पता लगाने, एक रेक्टि-फायर उपकरण तैयार करने तथा ट्रायोड बनाने में किया था।

सर रिचर्ड्सन ने लिलियन माउड विल्सन से विवाह किया, जो कैंब्रिज में उनके सहपाठी एवं प्रसिद्ध शरीर क्रिया-विज्ञानी एच.ए. विल्सन की बहन थी। उन्हें तीन सन्तानें थीं—दो पुत्र एवं एक पुत्री। लिलियन की मृत्यु हो जाने के बाद (1945) उन्होंने 1948 में शरीर क्रियाविज्ञानी हेनरी रुप्प के साथ विवाह किया।

रसायन विज्ञान

विंडौस, एडोल्फ ओट्टो रेनहोल्ड

नागरिकता : जर्मनी

जन्म : 25 दिसंबर, 1876; बर्लिन, जर्मनी

निधन : 9 जून, 1959; गोटिंगन, पश्चिमी जर्मनी

विंडौस के पिता का नाम एडोल्फ विंडौस और माता का नाम मारग्रेट एल्स्टर था। उनका परिवार परंपरागत रूप से शिल्पियों का था। विंडौस ने बर्लिन में प्रसिद्ध फ्रेंच ग्रामर स्कूल में शिक्षा पाई जहाँ उनकी मुख्य दिलचस्पी साहित्य में थी। आरम्भ में उन्होंने फ्रीबर्ग विश्वविद्यालय में औषधि विज्ञान का अध्ययन किया, किन्तु आगे चलकर रसायन विज्ञान पढ़ने लगे। 1906 में वे ऑस्ट्रिया के इन्सब्रुक यूनिवर्सिटी में सहायक प्रोफेसर नियुक्त हुए। 1913 में एप्लायड मेडिकल केमिस्ट्री के प्रोफेसर बने तथा 1915 गोटिंगन यूनिवर्सिटी में प्रोफेसर के पद पर पहुँचे। वे वहीं 1944 में अवकाश प्राप्ति तक विराजमान रहे। इसी दौरान वे जनरल केमिस्ट्री की प्रयोगशाला के निदेशक का कार्य भी सँभाल रहे थे।

विंडौस ने 1915 में एलिजाबेथ रेसान से विवाह किया था। उनकी तीन सन्तानें थीं।

विंडौस ने अपना शोध सर्वप्रथम कोलेस्टेरॉल और उससे सम्बद्ध स्टेरॉल पर 1901 में आरम्भ किया। उनका यह सोचना सही था कि सभी स्टेरॉल एक-दूसरे से जुड़े होते हैं। उन्होंने कोलेस्टेरॉल का हानिकारक प्रयोग वनस्पतियों पर किया था। कार्डियक डिसऑर्डर पर विंडौस के प्रयोग निरंतर जारी रहे जिसका दूरगामी प्रभाव यह हुआ कि विटामिन 'डी' की कमी से सूखा रोग (रीकेट), डिहाड्रेशन (7), मदर सब्सटेंसों के साथ विटामिन 'डी' के द्वारा ही सम्भव हुआ। इसी उपलब्धि के कारण उन्हें न्यू यॉर्क के प्रसिद्ध फिजियोलॉजिस्ट रल्फ्रेड हेसने ने इन्हें अपने साथ कार्य करने के लिए आमंत्रित किया। शोध का विषय वही विटामिन 'डी' था। विटामिन 'डी को लेकर शोध चल ही रहे थे कि विटामिन 'बी' पर भी शोध की अनिवार्यता सामने आ गई। इस प्रकार महत्त्वपूर्ण शोधों का क्रमिक रूप जारी रखने की कहानी ही इनको अविस्मरणीय बनाती है।

शरीर विज्ञान/चिकित्सा विज्ञान

निकोल, चार्ल्स जूल्स हेनरी

नागरिकता : फ्रांस

जन्म : 2 सितंबर, 1866; रूएन, फ्रांस

निधन : 28 फरवरी, 1936; ट्यूनिस, ट्यूनीशिया

चार्ल्स जूल्स हेनरी एक डॉक्टर के पुत्र थे। उन्हें यह पुरस्कार उनकी इस खोज पर प्राप्त हुआ था कि टाइफस की बीमारी शरीर के जुओं द्वारा फैलती है। राउन में जीवाणु-विज्ञान शोध में व्यस्त रहने के बाद वे ट्यूनिस में पाश्चर इंस्टीट्यूट के निदेशक नियुक्त हुए। यहाँ उन्होंने आरकाइव्स दे ल'इंस्टीट्यूट पाश्त्योर दे ट्यूनिस की स्थापना की। उनके कार्यकाल के दौरान यह इंस्टीट्यूट जीवाणु-विज्ञान पर शोध करने तथा विभिन्न संक्रामक बीमारियों से लड़ने के लिए सीरम और वैक्सीन बनाने के लिए प्रसिद्ध केंद्र बन गया था। जुँओं से फैलनेवाले टाइफस और चूहों से फैलनेवाले टाइफस दोनों में अन्तर को समझने के लिए टाइफस पर अपने कार्यों को और विस्तारित किया। उन्होंने पशु महामारी, कृत्रिम गर्भस्राव (ब्रूसलौसिस-पशुओं की बीमारी), खसरा, गले की बीमारी (डिफ्थीरिया) और क्षयरोग (टीबी) की समझदारी विकसित करने में अपना महत्त्वपूर्ण योगदान दिया।

टाइफस पर किए गए उनके कार्यों के लिए उन्हें 1928 में नोबेल पुरस्कार से सम्मानित किया गया।

साहित्य

उंडसेट, सिग्रिड
नागरिकता : नॉर्वे
जन्म : 20 मई, 1882; कालुंडबोर्ग, डेनमार्क
निधन : 10 जून, 1949; लिल्लेहाम्मर, नॉर्वे

नॉर्वे की प्रख्यात उपन्यासकार सिग्रिड उंडसेट के पिता एक वास्तुशिल्पी थे। बचपन में उन्होंने नॉर्वे की अनेक लोककथाएँ और लोकगाथाएँ सुनी थीं जिनका गहरा प्रभाव आगे चलकर उनके लेखन पर पड़ा।

सिग्रिड का प्रथम उपन्यास 1907 में प्रकाशित हुआ जिसका शीर्षक था—'फ्रु मार्टे आउली' (मिसेस मार्था आउली)। 1908 में उनका उपन्यास 'डेन लिक्किलिज रल्डर' (दि हैप्पी एज), 1913 में 'फैटीग स्किजेब्निर' (फेट्स ऑफ दि पुअर), 1914 में 'वेरेन' (स्प्रिंग), 1934 में 'एलेवे आर' (एलेवन ईयर्स) का प्रकाशन हुआ। इनमें उन्होंने अपने बचपन और जर्मनी के नाजियों के द्वारा कब्जाए गए नॉर्वे भाग से बच निकलने की अपनी रोमांचक कहानी का वर्णन किया है।

उनके आरंभिक उपन्यासों में मध्यवर्गीय समाज में नारी की स्थिति का वर्णन है। उन उपन्यासों में प्रमुख रूप से उल्लेखनीय हैं—'स्प्लिन्टेन ॲवट्रोल्डपिल्ट' (1917, इमेजेज इन ए मिरर), 'जेनि' (1911, अंग्रेजी में अनुवाद 1921) तथा 'डे क्लोग जोम फ्रुएर' (द वाइज वर्जिन 1918)। सिग्रिड के लोकप्रिय ट्रियोलॉजी 'क्रिस्टीन लैव्रेंसडैटर' (1920-1922, अंग्रेजी में अनुवाद 1923-27) है। उन्होंने 'ओलाव एंडुन्सोएन' (1925-1927, दि मास्टर हेस्टविकेन, 1928-30) भी लिखा जिसके चार खंड हैं—यह एक ऐतिहासिक कृति है।

सिग्रिड ने बाद के अपने उपन्यासों में आधुनिक कथा-वस्तुओं को अपनाने का संकेत किया है, जिसके उदाहरण हैं—'जिम्नाडेनिया' (दि वाइल्ट आर्किड, 1929), 'डेन ब्रेंडेंडे बुस्क' (दि बर्निंग बुश, 1930), 'इडा एलिजाबेथ', 1932, 'डेन ट्रोफास्टो हुस्फ्रू' (दि फेथफुल वाइफ, 1936)। 1940 में उन्हें सलाह दी गई कि वे नाजी हमलावरों से बचने के लिए कहीं अन्यत्र चली जाएँ क्योंकि उनकी कृतियों में ज्यादातर टिप्पणियाँ नाजी फासिस्टों के खिलाफ होती थीं। वे स्वीडन, रूस और प्रशांत के रास्ते से संयुक्त राज्य अमरीका जा पहुँचीं। निधन से कुछ ही वर्ष पहले उन्हें नॉर्वे के सम्राट हाउकोन ने 'ऑर्डर ऑफ ग्रैंड क्रॉस ऑफ सेंट ओलाव' प्रदान किया था। साहित्य में मध्य युग के दौरान उत्तरी क्षेत्र के जीवन के सशक्त वर्णन के लिए उन्हें 1928 का नोबेल पुरस्कार प्रदान किया गया।

नोट : इस वर्ष **शान्ति** के क्षेत्र में नोबेल पुरस्कार नहीं दिया गया और पुरस्कार राशि एक विशेष निधि में संरक्षित रखी गई।

भौतिक विज्ञान

रसायन विज्ञान

शरीर विज्ञान/चिकित्सा विज्ञान

साहित्य

शान्ति

1929

भौतिक विज्ञान

डि ब्रोग्ली, प्रिंस लुई विक्टर

नागरिकता : फ्रांस

जन्म : 15 अगस्त, 1892; डिप्पी सीएन-मार्ने, फ्रांस

निधन : 19 मार्च 1987; पेरिस, फ्रांस

लुई चौदहवें द्वारा ब्रोग्लियों को फ्रांसीसी राजवंश में शामिल किया गया था। फ्रांस के राजपरिवार में सैनिक अधिकारियों और राजनयिकों के रूप में कार्य करने के लिए वे अधिकृत थे। फ्रांसीसी क्रांति के दौरान उन्हें संकटपूर्ण स्थितियों का सामना करना पड़ा और कम से कम एक सदस्य को गिलोटीन (शूली) पर चढ़ा ही दिया गया। 1800 में यद्यपि स्थिति में सुधार हुआ। ब्रोग्लियों को एक सर्वाधिक प्रभावशाली सम्पन्न और कुलीन परिवार माना जाने लगा।

लुई विक्टर का पारिवारिक जीवन बहुत ही शानदार ढंग से व्यतीत हुआ था। उनकी रुचियाँ विभिन्न विषयों में थीं। उन्होंने सोर्बोन, पेरिस में इतिहास की पढ़ाई की। प्रथम विश्वयुद्ध छिड़ने के बाद उन्होंने विज्ञान के अध्ययन पर अपना ध्यान केंद्रित किया। युद्ध के दौरान उन्हें रेडियो इंजीनियर के रूप में एफिल टावर से सिग्नल देनेवाले समूह में तैनात किया गया था। उनकी दिलचस्पी सैद्धांतिक भौतिकी में दिन-प्रतिदिन बढ़ती ही गई। पारिवारिक परंपरा का उल्लंघन करते हुए 1924 में उन्होंने शोधकार्य करने के लिए सोर्बोन में दाखिला हुआ। उन्होंने नवस्थापित हेनरी पॉइन इंस्टीट्यूट में 1928 से 1962 तक प्रोफेसर के रूप में अध्यापन का कार्य किया।

1900 के दशक के शुरुआती वर्षों में आइंस्टीन के सापेक्षता सिद्धान्त और मैक्स प्लैंक के क्वांटम सिद्धान्त की काफी चर्चा थी। सापेक्षता सिद्धान्त ने भौतिक जगत् के बारे में भौतिकविज्ञानियों के परंपरागत नजरिए को बदलकर रख दिया। आइंस्टीन के सापेक्षता सिद्धान्त ने इस अवधारणा को प्रबल किया कि पदार्थ अपने आपमें ऊर्जा का एक रूप है। इससे भी स्पष्ट रूप से उन्होंने फोटोइलेक्ट्रिक प्रभाव की व्याख्या इस अवधारणा से की कि द्युित चुम्बकीय विकिरण (एक तरंग) एक कण (प्रोटोन) के रूप में भी व्यवहार करता है। बाद में 1923 में आर्थर कॉम्पटन ने इलेक्ट्रॉनों से एक्स-किरणों के प्रकीर्णन की व्याख्या करते हुए इस विचार के नए प्रमाण प्रस्तुत किए। आइंस्टीन के कार्यों से प्रभावित होकर 1924 में

डि ब्रोग्ली ने इस विपरीत विचार को प्रस्तुत किया कि जैसे तरंगे कणों के रूप में व्यवहार कर सकती हैं ठीक वैसे ही कण भी तरंगों के रूप में व्यवहार कर सकते हैं। उन्होंने प्रस्तावित किया कि कोई इलेक्ट्रॉन तरंग गति (डि ब्रोग्ली गति) में हो तो उसका तरंग-दैर्घ्य h/p होता है जहाँ p इलेक्ट्रॉन की गति को दर्शाता है तथा h प्लैंक स्थिरांक है।

इस क्रांतिकारी सिद्धान्त को डि ब्रोग्ली के शोध प्रबन्ध में प्रस्तुत किया गया। जॉर्ज थॉमसन और क्लिंटन जे. डेविसन ने इसे स्वतंत्र रूप से प्रयोगात्मक सहायता प्रदान की। कण के तरंग समान व्यवहार का प्रयोग इरविन एस्चेटो द्वारा तरंग यांत्रिकी के अपने सूत्रीकरण में किया गया था। यह तथ्य कि कण तरंग के समान व्यवहार कर सकते हैं और तरंग कण के समान, इसे कण-तरंग द्वैतता के रूप में जाना जाता है। इसने कण और विद्युत चुम्बकीय विकिरण की 'वास्तविक' प्रकृति जैसी गंभीर बहसों को जन्म दिया।

डि ब्रोग्ली का हमेशा यह मानना रहा कि यहाँ एक ऐसी निश्चयात्मक भौतिक प्रक्रिया है जिसका आधार क्वांटम मेकैनिक्स है। यानी संभाव्यता के रूप में प्रयुक्त वर्तमान अनिश्चयात्मक पद्धति को एक मौलिक सिद्धान्त से बदला जा सकता है। इलेक्ट्रॉन की तरंग प्रकृति की खोज के लिए उन्हें 1929 में नोबेल पुरस्कार से सम्मानित किया गया।

रसायन विज्ञान

हार्डेन, सर आर्थर

नागरिकता : ब्रिटेन

जन्म : 12 अक्टूबर, 1865; मैनचेस्टर, ब्रिटेन

निधन : 17 जून, 1940; बर्किंघमशायर, ब्रिटेन

मैनचेस्टर और एरलैंगेन, जर्मनी में अध्ययन करने के बाद उन्हें मैनचेस्टर विश्वविद्यालय में लेक्चरर-डिमांस्ट्रेटर नियुक्त किया गया। 1897 में उन्होंने जेनर इंस्टीट्यूट फॉर प्रिवेंटिव मेडिसिन में प्रवेश किया तथा 1907 में इंस्टीट्यूट के जैव रसायन विभाग के अध्यक्ष बन गए। इस पद पर वे 1930 में अवकाश ग्रहण करने तक कार्यरत रहे। प्रथम विश्वयुद्ध के दौरान वे इंस्टीट्यूट के कार्यकारी अध्यक्ष रहे तथा न्यूट्रीशन (पोषण) पर उन्होंने उल्लेखनीय कार्य किए।

सर आर्थर मुख्य रूप से शर्करा के एल्कोहलिक किण्वन पर किए गए अपने कार्यों के लिए याद किए जाएँगे। शर्करा के किण्वन से सम्बन्धित अपने 20 साल से भी ज्यादा के अध्ययन से उन्होंने सभी जैविक अवयवों की मध्यस्थ प्रक्रियाओं के ज्ञान को विकसित किया। उन्होंने प्रदर्शित किया कि आवश्यक पहली अवस्था स्यूक्रोस थी फॉस्फोराइलेशन थी और यह कार्बोहाइड्रेड फॉस्फेट इस प्रक्रिया में मुख्य मध्यस्थ थे। उन्होंने मांसपेशियों में ग्लूकोस के लैक्टिक अम्ल में परिवर्तन का भी अध्ययन किया। उनके अन्य कार्यों में जीवाणु किण्वन (बैक्टीरियल एंजाइम) और उपापचय (मेटाबोलिज्मि) के शुरुआती अध्ययन शामिल हैं।

हार्डेन सर आर्थर ने 'एल्कोहोलिक फर्मेन्टेशन' शीर्षक से 1911 में एक पुस्तक लिखी और 'ए न्यू व्यू ऑफ दि ओरिजिन ऑफ डॉल्टन'स एटमिक थ्योरी (1896) के सह-लेखक थे। वे 'बायोकेमिकल जर्नल' के संयुक्त संपादक भी थे (1913-37)।

सर आर्थर हार्डेन को शर्करा के किण्वन और किण्वक एंजाइमों की जाँच-पड़ताल के लिए एच.वॉन यूलर के साथ संयुक्त रूप से नोबेल पुरस्कार से पुरस्कृत किया गया। 1909 में रॉयल सोसाइटी के फेलो नियुक्त हुए तथा 1936 में नाइटहुड की उपाधि से सम्मानित किया गया।

वॉन यूलर-चेल्पिन, हैंस कार्ल ऑगस्ट सायमन

नागरिकता : स्वीडन

जन्म : 15 फरवरी, 1873; ऑसबर्ग, जर्मनी

निधन : 6 नवंबर, 1964; स्टाकहोम, स्वीडन

वॉन यूलर-चेल्पिन के पिता रॉयल बावेरियन सेना के रेजिमेंट के जनरल थे। उन्होंने अपने बचपन का अधिकांश

भाग वासरबर्ग में बिताया। म्यूनिख, उर्जवर्ग और उल्म में स्कूली शिक्षा प्राप्त करने के बाद 1891 से 1893 तक उन्होंने म्यूनिख एकेडमी ऑफ पेंटिंग में रंगों की समस्या, विशेषत: वर्णक्रम (स्पेक्ट्रम) के रंगों की समस्या के अध्ययन की महत्त्वाकांक्षा ने उन्हें 1893 में विज्ञान के अध्ययन की ओर अग्रसर किया। उन्होंने बर्लिन विश्वविद्यालय में एमिल फिशर (नोबेल विजेता) तथा रोजेन हाइम के मार्गदर्शन में रसायन विज्ञान ई. वरबर्ग तथा मैब्स प्लैंक (नोबेल विजेता) के मार्गदर्शन में भौतिकी का अध्ययन किया।

बर्लिन में भौतिक रसायन के एक संक्षिप्त अध्ययन के बाद वे 1896-97 में गोटिंगेन विश्वविद्यालय में नोबेल पुरस्कार विजेता डब्यू. नर्न्स्ट के साथ कार्य करने लगे। 1897 में उन्हें नोबेल विजेता सांवते अर्हेनियस का सहयोगी नियुक्त किया गया। 1899-1900 में वे वांट हौफ की प्रयोगशाला में पहुँचे। 1906 में उन्हें उसी यूनिवर्सिटी में सामान्य और कार्बनिक रसायन का प्रोफेसर नियुक्त किया गया। 1929 में स्टॉकहोम के विटामिन इंस्टीट्यूट और इंस्टीट्यूट ऑफ बायो केमिस्ट्री के निदेशक नियुक्त हुए। उसी वर्ष उन्होंने 'नुट एंड एलिस वालेनबर्ग फाउंडेशन' तथा 'इंटरनेशनल एजुकेशन बोर्ड ऑफ रॉकफेलर फाउंडेशन' की स्थापना की।

वॉन यूलर के शोधकार्यों ने फॉस्फोराइलेशन की कार्यप्रणाली को समझने में योगदान दिया। उनका कहना था कि किण्वन में फॉस्फोरिक अम्ल का प्राथमिक कार्य एक एंजाइम की मौजूदगी में ग्लूकोस मोनोफॉस्फेट को प्राप्त करना था। इसके बाद यह फॉस्फेट एक सह-जाइमस की उपस्थिति में एक परिवर्तन से गुजरकर ग्लूकोस डाईफॉस्फेट और सक्रिय ग्लूकोस तैयार करता है। यह ग्लूकोस किण्वन की अनुवर्ती अवस्थाओं के लिए आवश्यक तत्त्वों को प्राप्त करता है। इस शोध ने सह-जाइमस के संकेंद्रण और उसके गुणधर्मों के सटीक अध्ययन को आगे बढ़ाया।

वॉन यूलर ने अपने शोधों के क्रम में अनेक विटामिनों की रासायनिक संरचना का पता लगाते हुए उनका विश्लेषण किया। उन्होंने ट्यूमरों की जैवरसायनी का अध्ययन किया, विशेष रूप से उन ट्यूमरों में पाए जानेवाले न्यूक्लिक अम्लों का। जी. डे हेवेसिस के साथ मिलकर उन्होंने उनकी जाँच-परख तकनीक का आविष्कार किया।

1929 में वॉन यूलर और आर्थ हार्डेन के साथ संयुक्त रूप से नोबेल पुरस्कार प्रदान किया गया। उनके द्वारा किए गए शोधों और निष्कर्षों को मान्यता देने के क्रम में स्टॉकहोम, ज्यूरिख, एथेंस, किएल, बर्न, ट्यूरिन, रूट्जर और न्यू ब्रुंसविक विश्वविद्यालयों ने उन्हें डॉक्टरेट की मानद उपाधियाँ प्रदान कीं। विश्व भर की साइंस एकेडमियों से फेलोशिप की प्राप्ति उन्हें हुई। वे रॉयल स्वीडिश एकेडमी ऑफ इंजीनियरिंग साइंसेज, दि रॉयल इंस्टीट्यूट ऑफ लंदन, दि फिनिश एकेडमी ऑफ साइंस, नई दिल्ली के एकेडमी ऑफ साइंसेज के सदस्य रहे। मैक्स प्लैंक सोसाइटी के विदेशी सदस्य, पेरिस की साइंस एकेडमी के सवांदी सदस्य रहे। हेलसिंकी और जापान की साइंज एकेडमियों, इंडियन एकेडमी ऑफ साइंसेज, फ्रांस, इटली, बर्लिन की केमिकल सोसायटियों, जापान में कैंसर एसोसिएशन (टोक्यो) के भी सम्मानित सदस्य रहे। 1959 में उन्हें संघीय सेवाओं के लिए जर्मनी का 'ग्रैंड क्रॉस' एवार्ड प्रदान किया गया।

वॉन यूलर ने कई पुस्तकें भी लिखीं, जिनमें प्रमुख हैं : 'केमी डेर एजाइम', केमिस्ट्री और बायोकेमिस्ट्री' (1959), 'दि बायो केमिस्ट्री ऑफ ट्यूमर्स' (1942) और 'दि कीमोथैरेपी एंड प्रोफिलैक्सिस ऑफ कैंसर' (1962)।

रसायन विज्ञान का नोबेल पुरस्कार 1929 में वॉन यूलर और सर हार्डेन को संयुक्त रूप से प्रदान किया गया था।

शरीर विज्ञान/चिकित्सा विज्ञान

आइजकमैन, क्रिश्चियान

नागरिकता : नीदरलैंड्स

जन्म : 1 अगस्त, 1858; नीजकर्क, नीदरलैंड

निधन : 5 नवंबर, 1930; उत्रेख्त, नीदरलैंड्स

आइजकमैन के पिता एक स्कूल में अध्यापक थे। उनकी शिक्षा-दीक्षा जंदाम के स्कूल में सम्पन्न हुई जिसके बाद डच ईस्ट इंडीज की सेना में मेडिकल ऑफिसर के रूप में

प्रशिक्षण प्राप्त किया। 1883 में वे एम्सटर्डम में चिकित्सा-शास्त्र के स्नातक हुए। वे जर्मन जिवाणुविज्ञानी एवं नोबेल विजेता रॉबर्ट कॉच के शिष्य थे। आइजकमैन ने व्यापक रूप से फैले प्राच्य रोग, जैसे—बेरी-बेरी, की जाँच-पड़ताल के लिए डच ईस्ट इंजीज की यात्रा की। 1887 में भ्रमण से लौटने पर उन्हें बटाविया जकार्ता में रिसर्च लेबोरेटरी फॉर पैथोलॉजिकल एनाटॉमी एंड बैक्टीरियोलॉजी का निर्देशक नियुक्त किया गया। 1896 तक वे उसी पद पर बने रहे। 1898 में उन्हें उत्रेख्त के हायजिन और फोरेंसिक मेडिसिन के प्रमुख के लिए आमंत्रित किया गया। 1907 में उन्हें नीरदलैंड्स की रॉयल एकेडमी ऑफ साइंसेज का सम्मानित सदस्य नियुक्त किया गया।

बेरी-बेरी के लिए जिम्मेदार जीवाणु की खोज से सम्बन्धित आइजकमैन के आरंभिक प्रयोग विफल रहे, मगर वे हताश नहीं हुए। वे जिस सिविलियन रिसर्च प्रयोगशाला के निर्देशक थे वह बटाविया के मिलिटरी हॉस्पिटल में थी। 1890 में उनकी प्रयोगशाला की मुर्गियों में पोलिन्यूरिटीज नामक बीमारी अचानक फैली। उन्हें देखने से लगता था कि उनकी मांसपेशियाँ लकवाग्रस्त हो गई हैं। 'बेरी-बेरी' के लक्षण भी दिखाई दे रहे थे। ऐसा नहीं लगता था कि संक्रामकता के कारण यह बीमारी मुर्गियों में फैली। वे वास्तविक कारण का पता लगाना चाहते थे। अन्त में उन्हें पता चला कि उन मुर्गियों की देखभाल करनेवाला कर्मचारी कुछ समय तक मिलिटरी अस्पताल के किचन से पका हुआ चावल लेकर उन मुर्गियों को खिलाया करता था। हालाँकि नए रसोइए ने कुछ समय बाद मिलिटरी अस्पताल के किचन से चावल लेकर प्रयोगशाला की मुर्गियों को खिलाना बंद कर दिया जिसका परिणाम यह हुआ कि धीरे-धीरे उन मुर्गियों की बीमारी दूर हो गई।

आइजकमैन ने सिद्ध किया कि मुर्गियों में बीमारी इसलिए फैली कि उन्हें बिना पॉलिश किए चावल की जगह पॉलिश किए हुए पके चावल खिलाए गए थे। इसने 'बेरी-बेरी' की रोकथाम के लिए वैज्ञानिक प्रयोगों में सहायता की। जिससे सुदूर पूर्व में कैदी बुरी तरह त्रस्त थे।

यद्यपि आइजकमैन यह विश्वास करते थे कि बिना पॉलिश किए हुए चावल में पौष्टिकता अधिक होती है जो भोजन में कार्बोहाइड्रेट की मात्रा बढ़ाती है। उनकी यह धारणा सच नहीं थी कि चावल के छिलके या भूसी में पौष्टिक तत्त्व बहुत अधिक होते हैं तथा वे तत्त्व प्रोटीन या लवण हैं। वे कई प्रकार के विषैले तत्त्वों के विरुद्ध रक्षा कवच का कार्य करते हैं। आइजकमैन के उत्तराधिकारी बटाविया ग्रीज ने जल्दी यह सिद्ध कर दिखाया कि उनमें एक पोषक होता है जो बाद में उससे पृथक् हो जाता है। इसे विटामिन 'बी' या थियामिन कहते हैं।

तंत्रिकाशोथरोधी विटामिन (एंटीन्यूराइटिक) की खोज के लिए उन्हें 1929 में नोबेल पुरस्कार से सम्मानित किया गया।

हॉपकिंस, सर फ्रेडरिक गॉलैंड

नागरिकता : ब्रिटेन

जन्म : 20 जून, 1861; ईस्ट ससेक्स, ब्रिटेन

निधन : 16 मई, 1947; कैंब्रिजशायर, ब्रिटेन

गॉलैंड फ्रेडरिक हॉपकिंस के एकमात्र पुत्र थे। सर हॉपकिंस जब छोटे थे, तभी उनके पिता का निधन हो गया था। अपनी विधवा माता के साथ दस वर्षों तक वे ईस्टबोर्न में रहे। उन्होंने सिटी ऑफ लंदन स्कूल में पढ़ाई की और उसके बाद तीन वर्षों तक सलाहकार विश्लेषक के पद पर अनुबंधित रहे। वे ग्विज अस्पताल में सर थॉमस स्टीवेंसन के सहायक विश्लेषक रहे, साथ ही बी.एससी. (लंदन) की पढ़ाई भी की। 1888 में वह ग्विज अस्पताल में मेडिकल के छात्र रहे तथा 1894 में डिग्री प्राप्त की। 1894-98 की अवधि में हॉपकिंस ग्विज अस्पताल के शरीर क्रिया विज्ञान विभाग में सहायक रहे और शोधकार्य करते रहे। 1898 में वे कैंब्रिज में रासायनिक शरीर क्रिया विज्ञान (केमिकल फिजियोलॉजी) के लेक्चरर नियुक्त हुए। उसी पद पर वे आजीवन कार्यरत रहे। 1910 में अत्यधिक कार्य करने की वजह से वे गंभीर रूप से बीमार हो गए। उन्हें ट्रिनिटी कॉलेज में औपचारिक रूप से ड्यूटी निभाए बिना पैरेक्टरशिप की कुर्सी सँभालने के लिए आमंत्रित किया गया जिसे 1921 तक उन्होंने सँभाला। 1921 में उन्हें जैव रसायन का प्रथम सर विलियम डुन प्रोफेसर नियुक्त किया गया। उस पद पर वे 1943 तक कार्यरत रहे।

हॉपकिंस का पहला शोधपत्र 1891 में प्रकाशित हुआ था। यह मूत्र में यूरिक अम्ल को निर्धारित करने की पद्धति पर था। उन्होंने तितलियों के पंखों के रंगों की जाँच की। उनका मानना था कि रासायनिक दृष्टि से इसका सम्बन्ध यूरिक अम्ल से है। उन्होंने क्रिस्टलीय प्रोटीन प्राप्त करने की पद्धति ढूँढ़ ली। उन्होंने वाणिज्यिक एसिटिक अम्ल में अशुद्धि के तौर पर ग्लायोग्जलिक अम्ल की पहचान की।

1901 में हॉपकिंस ने एमिनो अम्ल ट्रिप्टोफैन की खोज की जिसे प्रोटीन से अलगाया गया था। अन्ततः उन्होंने प्रदर्शित किया कि ट्रिप्टोफैन और कुछ अन्य अमीनो अम्ल, जिन्हें मूलभूत अमीनो अम्ल के रूप में जाना जाता है, अन्य पोषकों द्वारा तैयार नहीं किया जा सकता बल्कि इन्हें आहार से ही प्राप्त किया जा सकता है।

सर हॉपकिंस और सर वाल्टर फिशर ने मांसपेशियों के संकुचन की रसायनी की आधुनिक समझदारी की आधारशिला रखी। उन्होंने प्रदर्शित किया कि कार्यशील माँसपेशियों में लैक्टिक अम्ल संचित होता है। 15 वर्ष बाद हॉपकिंस जैविक उतकों में ट्राइपेप्टाइड ग्लूटेथाइओन को विलगाने में सफल हुए और उन्होंने प्रदर्शित किया कि एक कोशिका द्वारा ऑक्सीजन का उपयोग बहुत महत्त्वपूर्ण है। यह तत्त्व सल्फर युक्त भागों के ऑक्सीकरण की रोकथाम के द्वारा एंजाइमों के कार्यकलापों को बनाए रखने में बहुत महत्त्वपूर्ण है।

मध्यस्थ चपापचय (इंटरमीडियटी मेटाबोलिज्म) की रसायनी, जिसने अन्ततः जीवन प्रक्रियाओं की रसायनी में विटामिन की भूमिका की पहचान करने को आगे बढ़ाया हॉपकिंग के इस कार्य पर उन्हें 1929 में नोबेल पुरस्कार से सम्मानित किया गया।

यह तत्त्व बहुत महत्त्वपूर्ण है एंजाइमों के कार्यकलापों को बनाए रखने उनके सल्फर युक्त भागों के ऑक्सीकरण की रोकथाम के द्वारा 1905 में उन्हें रॉयल सोसाइटी फेलोशिप के लिए चुना गया था। 1913 में उन्हें प्रथम मेडिकल रिसर्च कमेटी का सदस्य नियुक्त किया गया। 1925 में उन्हें नाइटहुड की उपाधि प्रदान की गई। वे 1930-35 की अवधि में रॉयल सोसाइटी के अध्यक्ष रहे तथा 1933 में ब्रिटिश एसोसिएशन के भी अध्यक्ष हुए। इनके अतिरिक्त उन्हें अनेक मानद उपाधियाँ प्रदान की गईं।

1929 का नोबेल पुरस्कार सर हॉपकिंस और आइजकमैन को संयुक्त रूप से मिला।

साहित्य

मन्न, टॉमस

नागरिकता : जर्मनी

जन्म : 6 जून, 1875; ल्यूबेक, जर्मनी

निधन : 12 अगस्त, 1955; ज्यूरिख, स्विट्जरलैंड

मन्न टॉमस एक ऐसे उपन्यासकार थे जिनका कार्य कलात्मक विचारों, यथार्थ और अपने समय की सामाजिक-राजनीतिक उथल-पुथल से परिपूर्ण था। दंभी जर्मन आभिजात्य वर्ग और सृजनात्मक रचनाकार उनके प्रारंभिक उपन्यासों तथा लघु-कथाओं का विषय रहे।

'बुड्डेनब्रुक्स' (1900), 'टोनिओ क्रोगर' (1903), 'कोएनिगलिच होहिट' (रॉयल हाइनेस, 1909) और 'डेथ इन वेनिस' (1912) उनकी कुछ प्रारम्भिक रचनाएँ हैं।

1913 में यूनिवर्सिटी ऑफ बॉन ने उन्हें दर्शनशास्त्र की मानद उपाधि प्रदान की। प्रथम विश्वयुद्ध ने उन्हें एक अधिनायकवादी नजरिया दिया लेकिन धीरे-धीरे समय के साथ-साथ उनकी रचना डेर जुबेरबर्ग (द मैजिक माउंटेन, 1924) प्रकाशित हुई। हिटलर के खतरनाक उत्थान ने फासीवाद और नाजीवाद के खिलाफ उनकी खुली शत्रुता को जन्म दिया। उन्हें जर्मनी से निर्वासित कर दिया गया और वे अमरीका के प्रिंस्टन विश्वविद्यालय में प्रोफेसर के पद पर कार्य करने लगे। 1944 में वे अमरीका के नागरिक बन गए।

उनके बाद के कार्यों में शामिल हैं—'मारियो अंड डेर जाउबेरर' (मारियो एड द मैजीशियन, 1930), 'द टेल्स ऑफ जेकब' (1933) जिसका दूसरा भाग था 'डेर खुंज जोसेफ', (यंग जोसेफ, 1934) तथा तीसरा भाग 'जोसेफ इन इजिप्ट' (1936) था।

मुख्य तौर पर उनके प्रसिद्ध उपन्यास 'बुड्डेनब्रुक्स', जो समकालिक साहित्यिक जगत् में एक शास्त्रीय रचना माना जाता है, के लिए उन्हें 1929 में नोबेल पुरस्कार से सम्मानित किया गया।

शान्ति

केलॉग, फ्रैंक बिलिंग्स

नागरिकता : संयुक्त राज्य अमरीका

जन्म : 22 दिसंबर, 1856; पोस्टडैम, न्यू यॉर्क, अमरीका

निधन : 21 दिसंबर, 1937; मिन्नेसोटा, अमरीका

फ्रैंक बिलिंग्स जब संयुक्त राज्य अमरीका के सेक्रेटरी ऑफ स्टेट नियुक्त हुए तो अत्यन्त महत्त्वपूर्ण कूटनीतिक उपलब्धि उन्होंने हासिल की जो 1928 में केलॉग-ब्रियांड समझौता के रूप में सामने आई। उस समझौते की रूपरेखा युद्ध को रोकने के उद्देश्य से राष्ट्रीय नीति के आधार पर तैयार की गई थी। केलॉग वकील की हैसियत से अमरीकी सरकार का प्रतिनिधित्व करते थे। वे अमरीकी सीनेट में अपनी महत्त्वपूर्ण भूमिका निभाते थे तथा ग्रेट ब्रिटेन में अमरीका के राजदूत बने थे।

सेक्रेटरी ऑफ स्टेट के रूप में प्रेसीडेंट कूलिज के अधीन उन्होंने यूरोपीय मामलों में सामान्यत: अलागववादी रवैया अपनाया किन्तु जिनेवा में अन्तरराष्ट्रीय सम्मेलन आयोजित करने में प्रमुख भूमिका निभाई। नौसेना के अस्त्रों के जमाव पर आम सहमति नहीं हो पाने के कारण वह सम्मेलन एक प्रकार से विफल रहा।

1928 में फ्रांस के विदेश मंत्री ब्रियांड ने युद्ध को गैरकानूनी घोषित करने के लिए एक द्विपक्षी समझौते की रूपरेखा तैयार की, जो राष्ट्रीय कूटनीति का आधार सिद्ध हुई। केलॉग ने उसमें जल्दबाजी नहीं की। आंशिक रूप से वे दो राष्ट्रों की पारस्परिक सम्बद्धता के पक्ष में नहीं थे। युद्ध को गैरकानूनी करार देने के लिए जो आन्दोलन चल रहा था, उसे विस्तृत किया जाना आवश्यक था। केलॉग उस दिशा में प्रयत्नशील थे। अन्ततः उन्हें सफलता मिली तथा समझौते को विस्तृत रूप दिया गया। कई प्रमुख महाशक्तियों को उसमें शामिल किया गया।

केलॉग 'पर्मानेंट कोर्ट ऑफ इंटरनेशनल जस्टिस' से भी सम्बद्ध रहे।

अपनी इन्हीं उपलब्धियों के लिए 1929 में उन्हें नोबेल शान्ति पुरस्कार से सम्मानित किया गया।

भौतिक विज्ञान

रसायन विज्ञान

शरीर विज्ञान/चिकित्सा विज्ञान

साहित्य

शान्ति

1930

भौतिक विज्ञान

वेंकट रमन, सर चंद्रशेखर
नागरिकता : भारत
जन्म : 8 नवंबर, 1888; तिरुच्चिरापल्ली, भारत
निधन : 21 नवंबर, 1970; बेंगलुरू, भारत

चंद्रशेखर वेंकट रमन के पिता भौतिक विज्ञान के अध्यापक थे। सर रमन ने 1903 में मद्रास (चेन्नै) के प्रेसीडेंसी कॉलेज में प्रवेश किया और 1904 में स्नातक हुए तथा 1907 में एम.ए. किया जिसमें उन्होंने सर्वाधिक अंक प्राप्त किए। इसके बाद उन्होंने सिविल सर्विसेज में प्रवेश लिया क्योंकि उस वक्त भारत में वैज्ञानिक शोध को लगभग उपेक्षित माना जाता था। दस वर्षों तक वे कलकत्ता में वित्त विभाग के अधिकारी रहे, थोड़े-थोड़े समय के लिए नागपुर और रंगून में भी कार्य किया। इस बीच जो भी खाली समय उन्हें मिलता उसका उपयोग वे वैज्ञानिक शोधों और प्रयोगों में किया करते।

सर रमन कलकत्ता (कोलकाता) विश्वविद्यालय के वाइस चांसलर सर आशुतोष मुखर्जी के संपर्क में आए। वह संपर्क सूत्र उन्हें इंडियन एसोसिएशन फॉर कल्टीवेशन ऑफ साइंस के जरिए प्राप्त हुआ था। वाइस चांसलर ने उन्हें भौतिक विज्ञान के प्रोफेसर के पद पर नियुक्त किया। 1917 से 1933 तक वे उसी पद पर कार्यरत रहे। 1919 से वे इंडियन एसोसिएशन फॉर कल्टीवेशन ऑफ साइंस के सचिव का दायित्व और कार्य सँभालने लगे। अपने कठोर श्रम और समर्पण भाव के द्वारा उन्होंने संस्थान को उन्नत स्थिति में पहुँचाया तथा युवा वैज्ञानिकों को भौतिक विज्ञान के अध्ययन के लिए प्रेरित किया।

1928 में जब वे विभिन्न तत्त्वों पर प्रकाश के प्रकीर्णन का अध्ययन कर रहे थे तो उन्होंने पाया कि जब एक आवृत्ति का प्रकाश किसी माध्यम के जरिए संप्रेक्षित किया गया तो अन्य आवृत्तियों का प्रकाश भी उसमें जुड़ गया और यह धातुओं के गुण-धर्म के कारण होता है। इसे 'रमन आवृत्ति' नाम दिया गया। धातुओं के लिए यह अवरक्त आवृत्ति (इंफ्रारेड फ्रिक्वेंसी) समान होती है। ऐसा प्रकाश और धातु के बीच ऊर्जा के विनिमय के कारण होता है।

इस खोज ने अणु के घूर्णन और विशेषकर उसके कंपन के संबंध में अतिमूल्यवान जानकारी उपलब्ध की और इस प्रकार इस खोज से अणुओं के आकार तथा सममिति (सिमिट्री) को समझने में भी मदद दी। इस शोध ने उन्हें नोबेल पुरस्कार का

हकदार बनाया। यह शोधकार्य पूरा का पूरा इंडियन एसोसिएशन फॉर कल्टीवेशन ऑफ साइंस, कलकत्ता की उसी पुरानी प्रयोगशाला में हुआ था।

सर रमन की खोज को विश्वव्यापी ख्याति मिली थी। 1921 में उन्होंने इंग्लैंड की यात्रा की जहाँ ऑक्सफोर्ड में यूनिवर्सिटी कांग्रेस थी। 1924 में वे ब्रिटिश एसोसिएशन के अतिथि की हैसियत से कनाडा गए थे। 1924 में ही रॉयल सोसाइटी ने उन्हें फेलोशिप प्रदान की। 1930 में उन्हें 'हूफ्स पदक' मिला। इसी वर्ष उन्हें उस प्रभाव की खोज के लिए नोबेल पुरस्कार से सम्मानित किया गया जिसे उनके नाम पर ही 'रमन प्रभाव' कहा गया। अनेक विश्वविद्यालयों और संस्थाओं के द्वारा उन्हें सम्मानित किया गया जिनमें अमरीका, रूस, यूरोप और अपने देश भारत के विश्वविद्यालय एवं संस्थान शामिल हैं। 1929 में उन्होंने नाइटहुड (सर) की उपाधि प्राप्त की।

1933-49 के दौरान सर रमन भौतिक विज्ञान के प्रोफेसर रहे। बहुत थोड़े समय के लिए इंडियन इंस्टीट्यूट ऑफ साइंस (बेंगलुरु) के निदेशक भी बने। वहाँ पर अपने कार्यकाल में सोध की फैकल्टियाँ स्थापित कीं। इसी दौरान उन्होंने एक्स-किरणों के क्रिस्टलोग्राफी, तरल माध्यमों में ऊँची आवृत्ति की ध्वनि तरंगों से प्रकाश के विवर्तन और प्रकाशमिति से संबंधित अन्य समस्याओं पर अपनी खोजबीन को जारी रखा। उन्हें भारतीय विज्ञान का जनक कहा गया तथा भारत सरकार ने उनको प्रथम राष्ट्रीय प्रोफेसरशिप प्रदान किया।

रमन ने 'नेचर', 'फिलॉसफी मैगजीन' और 'फिजिकल रिव्यू' में अनेक शोधपत्र प्रस्तुत किए। 1922 में कलकत्ता (कोलकाता) विश्वविद्यालय ने उनकी पुस्तक 'मोलिक्यूलर डिफ्रैक्शन ऑफ लाइट' प्रकाशित की। इन शोधपत्रों ने यूरोप और अमरीका के वैज्ञानिक जगत् में उन्हें विशेष ख्याति प्रदान की। 'मेकैनिकल थ्योरी ऑफ दि वाइब्रेशन ऑफ बोड स्ट्रिंग्स एंड ऑफ म्यूजिकल इंस्ट्रूमेंट ऑफ दि वायोलिन फैमिली' जैसे निबंध आई ए सी एस बुलेटिन में प्रकाशित हुए। जब रमन मात्र 18 वर्ष के थे जब 'फिलॉसफिकल मैगजीन' में ओरिजिनिल ऑप्टिकल वर्क पर अपने शोधपत्र प्रकाशित किए। 'रमन प्रभाव' पर उनकी खोज की घोषणा 'इंडियन जर्नल ऑफ फिजिक्स' में हुई जिसके वे संस्थापक संपादक थे।

रसायन विज्ञान

फिशर, हैंस

नागरिकता : जर्मनी

जन्म : 27 जुलाई, 1881; चेक्स्ट-अल-मेन, जर्मनी

निधन : 31 मार्च, 1945; म्यूनिख, जर्मनी

फिशर के पिता एक रासायनिक फर्म कैले एंड कंपनी, (म्यूनिख) के निदेशक थे। फिशर ने मारबर्ग और लाउसाने में रसायन विज्ञान और चिकित्सा विज्ञान का अध्ययन किया और जर्मनी के प्रसिद्ध नोबेल विजेता एमिल फिशर के सहायक बने। पीएच.डी. की उपाधि प्राप्त करने के बाद 1908 में म्यूनिख से एम.डी. किया तथा चिकित्सक के रूप में कार्य करने लगे और संबद्ध विषयों पर शोध को भी जारी रखा। 1915 में वे चिकित्सा रसायनी के प्रोफेसर नियुक्त हुए। 1918 में वे विएना चले गए। युद्ध के दिनों में मुश्किल से कोई शोधकार्य हो पाया। 1921 में वे म्यूनिख लौटे और एच. वीलैंड के उत्तराधिकारी के रूप में वहीं सुव्यवस्थित रूप में अपने शोधकार्यों में जुटे रहे।

1910 में म्यूनिख में फिशर ने पित्त रंजक (बाइल पिगमेंट) पर अपना अध्ययन शुरू किया। लेकिन इन्सबर्ग में प्रोफेसर का पद मिलने पर इस अध्ययन को छोड़ दिया। हालाँकि फिशर को पहली सफलता हेमिन के अध्ययन पर मिली जो हिमोग्लोबिन में पाया जानेवाला प्रोटीन रहित भाग होता है तथा कशेरुकी रक्त (वर्टिब्रेट ब्लड) का ऑक्सीजन ले जानेवाले वर्णक (पिगमेंट) होता है।

फिशर ने प्रदर्शित किया कि पित्त रंजक पोर्फेरिंसों के ऑक्सीकारी अपकर्षण से निर्मित होता है। इस संश्लेषण की विस्तृत जानकारी 1944 में उन्होंने प्रकाशित की। फिशर ने पौधों में पाए जानेवाले हरे प्रकाशसंश्लेषक रंजक-क्लोरोफार्म-पर आर. विल्सटेटर के कार्यों को 20 वर्ष बाद अपने शोध का आधार बनाया। उन्होंने प्रदर्शित किया कि क्लोरोफिल मैग्नीशियम के परमाणु के केंद्र में पोर्फेरिन का विकल्प होता

है तथा यह दिखाया कि हाइमन और क्लोरोफिल के बीच गहरा संबंध होता है। क्लोरोफिल अंततः दूसरों के द्वारा संश्लेषित होता है। फिशर ने कैरोटीन के पीले रंजक, जो विटामिन ए का मूल है तथा पोर्फेरिंसों पर अपना शोध जारी रखा।

फिशर ने काफी विलंब से विवाह किया। उनकी कोई सन्तान नहीं थी। युद्ध के कारण चारों ओर भ्रम और हताशा का वातावरण था। इसका प्रभाव उन पर भी पड़ा।

हाइमन और क्लोरोफिल के संघटन तथा विशेषकर उसके हाइमन में संश्लेषण के लिए उन्हें नोबेल पुरस्कार से सम्मानित किया गया।

शरीर विज्ञान/चिकित्सा विज्ञान

लैंडस्टीनर, कार्ल

नागरिकता : ऑस्ट्रिया

जन्म : 14 जून, 1868; विएना, ऑस्ट्रिया

निधन : 26 जून, 1943; न्यू यॉर्क, अमरीका

लैंडस्टीनर ने 1891 में विएना विश्वविद्यालय से औषधि विज्ञान में स्नातक किया। इसके बाद अगले पाँच सालों तक यूरोप के विभिन्न विश्वविद्यालयों में रसायनशास्त्र का अध्ययन किया। 1900 में विएना पैथोलॉजिकल इंस्टीट्यूट में एक शोध के दौरान उन्होंने पाया कि मानव रक्त में बुनियादी अंतर होते हैं। इसने अंधाधुंध रुधिर संक्रमण के अत्यधिक खतरों की व्याख्या की। इसी वर्ष उन्होंने अपने विश्लेषणों को प्रकाशित किया।

रक्त संक्रमण की शुरुआत 17वीं शताब्दी में ही हो गई थी लेकिन इसके खतरों को देखते हुए यह 19वीं शताब्दी तक गैरकानूनी ही रहा। लैंडस्टीनर के शोध ने इसे प्रयोग में लाया। रक्त संक्रमण को तब भी खतरनाक ही माना जाता था क्योंकि संक्रामक रक्त में थक्के बन जाते थे। लैंडस्टीनर के साथ यह बहुत ही पेचीदा सवाल था कि दो भिन्न व्यक्तियों के रक्त को मिला देने से रक्त में कभी तो गाढ़ापन आ जाता है और कभी ऐसा नहीं होता। उन्होंने इस परिकल्पना पर कार्य करना शुरू किया कि व्यक्ति विशेष के रक्त की स्वाभाविक समानताओं या असमानताओं के चलते ऐसा होता है, इसके लिए उन्होंने प्रयोगशाला में अपने सहकर्मियों के रक्त के नमूने लिये। उन्हें मिलाया जिसमें से कुछ में थक्के बन गए और कुछ में नहीं बने।

लैंडस्टीनर ने यह प्रदर्शित किया कि मानव रक्त के कम से कम तीन मुख्य समूह होते हैं जो लाल रक्त कोशिकाओं के बाहरी आवरणों में संलग्न एंटीजन के अनुसार भिन्न-भिन्न होते हैं। लैंडस्टीनर ने इन्हें मुख्यतः तीन समूहों 'A', 'B' और 'C' में बाँटा। अगले वर्षों में एक अन्य समूह 'AB' की खोज की गई। इस खोज ने रक्त संक्रमण को काफी सरल बना दिया।

लैंडस्टीनर की खोज ने चिकित्सा शास्त्र से जुड़े कानूनी मामलों में विकास का एक नया अध्याय जोड़ा तथा पितृत्व से संबंधी मुकदमेबाजी तथा हत्या के मुकदमों के लिए साक्ष्य प्रस्तुत किए। विशिष्ट जीनों में विशिष्ट रक्त समूह मौजूद होते हैं, इस प्रमाण ने मानव आनुवंशिकी और मानव विज्ञान के अध्ययन में काफी सहायता की। वे पोलियो-माइलिटिस को बंदर के शरीर में प्रविष्ट कराने में सफल रहे जिससे भविष्य में पोलियो माइलिटिस का टीका विकसित करने में मदद मिली। उनकी उपलब्धियों के लिए उन्हें यूनिवर्सिटी ऑफ विएना में पैथोलॉजी का प्रोफेसर नियुक्त किया गया। 1923 में वे रॉकफेलर इंस्टीट्यूट फॉर मेडिकल रिसर्च, न्यू यॉर्क चले गए।

लैंडस्टीनर ने अतिरिक्त समूहों 'M' और 'N' समूहों की खोज की, साथ ही उन्होंने आनुवंशिक लक्षणों के लिए जिम्मेदार Rh फैक्टर की खोज की।

लैंडस्टीनर ने अपने वयस्क जीवन का बहुत बड़ा भाग रुधिर के अध्ययन में ही बिताया। उनकी पुस्तक दि स्पेसिफिसिटी ऑफ सीरियोलॉजिकल रिएक्शन' का प्रकाशन 1936 में हुआ। यह पुस्तक इम्यूनो केमिस्ट्री के विज्ञान के क्षेत्र में परम उपयोगी सिद्ध हुईं। मानव रक्त समूहों की खोज के लिए उन्हें 1930 में नोबेल पुरस्कार से सम्मानित किया गया।

लेविस, सिंक्लेयर

नागरिकता : संयुक्त राज्य अमरीका

जन्म : 7 फरवरी, 1885; मिनेसोटा, अमरीका

निधन : 10 जनवरी, 1951; रोम, इटली

सिंक्लेयर एक उपन्यासकार और सामाजिक आलोचक थे, जिन्होंने प्रथम विश्वयुद्ध के बाद तीव्र राष्ट्रीय आत्म-विवेक के दौर में मध्य पश्चिमी अमरीकी जीवन में भावनात्मक क्षुद्रता और खोखले अध्यात्म का अपने व्यंग्यात्मक वर्णन से अमरीकी शालीनता को बेनकाब किया। उनकी यह शैली अमरीका के प्रति उनके असीम प्रेम के कारण ही थी।

उन्होंने येल विश्वविद्यालय से स्नातक किया और कुछ समय के लिए लघु पत्र-पत्रिकाओं के रिपोर्टर और संपादक बतौर भी कार्य किया। 1914 में उनका पहला उपन्यास 'अवर मिस्टर रिन्न' प्रकाशित हुआ तथा 1915 में 'द ट्राइल ऑफ द हाइवक'। इन्हें बहुत ही सहारा गया लेकिन व्यापारिक लिहाज से ये असफल ही रहे। सटरडे इवनिंग पोस्ट और 'कॉस्मोपोलिटन' में निरंतर प्रकाशित होनेवाले उनके लेखों को काफी सफलता मिली। 1920 में उनका 'मेन स्ट्रीट' प्रकाशित हुआ जिसने तुरंत ही उन्हें एक साहित्यकार के रूप में ख्यातिलब्ध किया। मेन स्ट्रीट एक ऐसी पूर्वी लड़की की नजर से लिखी गई कहानी है जो मिन्नेसोटा में एक मध्य पश्चिमी डॉक्टर से विवाह करती है। कहानी में व्यंग्य के माध्यम से छोटे कस्बे के लोगों और फर्जी बुद्धिजीवियों को लक्षित किया गया है। इस तरह 'मेन स्ट्रीट' एक सामान्य उपन्यास न रहकर मध्य-पश्चिम अमरीका के प्रांतों में संकीर्णमनः कस्बाई जीवन को चित्रित करता है।

1922 में उनका उपन्यास 'बोबिट' प्रकाशित हुआ जो आत्मतुष्ट अमरीकियों के जीवन का एक अध्ययन है जिनका व्यक्तित्व रोटरी क्लब की सदस्यता, व्यापारिक सौदों और विलासी जीवन में ही समाहित है। 'बोबिट' ने लोगों के दिलों में गहरी छाप छोड़ी संभवतः यह उनकी सर्वश्रेष्ठ रचना है। 1925 में प्रकाशित उनकी व्यंग्य रचना 'ऐरोस्मिथ' को भी यही सफलता प्राप्त हुई। इस उपन्यास में चिकित्सकीय व्यंग्यात्मक टिप्पणियाँ की गई हैं। यह उनको सबसे सफल उपन्यासों में से एक है, जिसमें एक आदर्शवादी चिकित्सक के सामने आनेवाली चुनौतियों का वर्णन किया गया है। इस उपन्यास को पुलित्जर पुरस्कार से सम्मानित किया गया था, लेकिन सिंक्लेयर ने इसे ठुकरा दिया था। बाद में 1931 में इस उपन्यास पर आधारीत हॉलीवुड में एक फिल्म भी बनी, जिसे चार अकॉदमी पुरस्कारों के लिए नामांकित किया गया।

1926 में उनका उपन्यास 'मैन ट्रेप' प्रकाशित हुआ। इसमें उन जाहिल, भौंडे और हिंसक नेताओं पर करारा प्रहार किया गया था जिनका प्रोटेस्टेंट चर्च पर वर्चस्व था। उनकी बाद की रचनाएँ, जैसे—'एन्न विकेर्स' (1933), 'वर्क ऑफ आर्ट '(1934), 'द प्रोडिगल पैरेंट्स' (1938), 'बिथेल मैरीडेल' (1940), 'गिडियन प्लैनिश' (1943), 'क्लास टिंबरलैंस' (1945), 'द गॉड सीकर' (1949) आदि उनकी शुरुआती रचनाओं के स्तर की नहीं हैं। 'इट कांट हैप्पन हेअर' (1935) में अमरीका पर फासीवादियों के कब्जे की कल्पना का नाटकीय चित्रण किया गया है।

अपने अंतिम दिनों में वे यूरोप में रहे। तीस के दशक के बाद उनकी ख्याति निरंतर घटती ही रही। वर्णन की जोरदार और ग्राफिक चित्रण शैली तथा वाक्पटुता और हास्य से नये तरह के पात्र गढ़ने की क्षमता के लिए उन्हें नोबेल पुरस्कार से सम्मानित किया गया।

शान्ति

सोडरब्लोम, लार्स ओलोफ नाथन (जोनाथन)

नागरिकता : स्वीडन

जन्म : 15 जनवरी, 1866; ट्रोनो, स्वीडन

निधन : 12 जुलाई, 1931; उप्सला, स्वीडन

नाथन एक लुथेरियन आर्क बिशप तथा तुलनात्मक धर्म के अध्येता थे। चर्च के माध्यम से शान्ति के अंतरराष्ट्रीय प्रयासों के लिए उन्हें नोबेल पुरस्कार से सम्मानित किया गया।

वे अलब्रेख्त रिशेल की रचनाओं से बहुत प्रभावित थे। अल्ब्रेख्त लुथेरियन धर्मशास्त्री थे जो सामाजिक विचारों पर जोर देते थे तथा लूथर की रचनाओं को नए ढंग से प्रस्तुत किया करते थे। 1938 में सात वर्षों तक पेरिस में स्वीडन दूतावास के पादरी रहे। उसके बाद उप्सला विश्वविद्यालय और फिर लिपजिग विश्वविद्यालय में प्रोफेसर रहे। उप्सला में वे आर्क बिशप नियुक्त किए गए। दुनियावी गतिविधियों में अपनी रुचि के चलते वे निरंतर भ्रमण करते रहे। उनके सांगठनिक कार्यों के परिणामस्वरूप 1925 में स्टॉकहोम में जीवन और कार्य विषय पर एक अंतरराष्ट्रीय सम्मेलन संपन्न हो सका।

परशियन धर्म पर उनके अध्ययन और रचना 'ला विए फ्यूचर डे' अप्रेस ले मेज्डेइज्म (1901), (द आफ्टर लाइफ अकॉर्डिंग मेज्डामिज्म) ने तुलनात्मक धर्म अध्ययन के क्षेत्र में नए आयाम खोले।

उनकी अन्य रचनाओं में 'गुडस्ट्रोंस अपकोम्स्ट' (1914), 'डास वेर्डन टेस गोट्स-ग्लोबंस' (1926), 'द लिविंग गॉड' आदि प्रमुख हैं।

रसायन विज्ञान

शरीर विज्ञान/चिकित्सा विज्ञान

साहित्य

शान्ति

1931

रसायन विज्ञान

बर्जिअस, फ्रेडरिक
नागरिकता : जर्मन
जन्म : 11 अक्टूबर, 1884; सिलेसिया, पोलैंड
निधन : 30 मार्च, 1949; ब्यूनस आयर्स, अर्जेंटीना

फ्रेडरिक बर्जिअस वैज्ञानिकों, धर्मशास्त्रियों, नागरिक सेवकों, सैनिक अधिकारियों और व्यवसायियों के एक पुराने सम्मानित परिवार से संबंध रखते थे। उनके दादा ब्रेस्लो में अर्थशास्त्र के प्रोफेसर थे और उनके पिता एक इंजीनियर और गोल्ड्स-कैमीडन में एक रासायनिक कारखाने के स्वामी थे।

अपने स्कूली जीवन में वे विज्ञान विषय में बहुत अच्छे थे। उनकी स्कूली शिक्षा ब्रेस्लो में ही हुई। स्कूल में रहते हुए ही उन्होंने अपने पिता के कारखाने में दिलचस्पी लेनी शुरू कर दी, जहाँ उन्होंने अपने पिता के दिशा-निर्देश में काम करने के विभिन्न तरीकों का अध्ययन किया। और इस प्रकार वे तकनीकी रसायन की प्रक्रियाओं से बखूबी परिचित हो गए।

विश्वविद्यालय में प्रवेश करने से पूर्व उनके पिता ने उन्हें छह महीने के लिए रूअर भेज दिया जहाँ उन्होंने एक बड़े धातु शोधन संयंत्र के व्यावहारिक पहलुओं का अध्ययन किया और इस व्यावहारिक अनुभव का उन्हें बहुत फायदा मिला।

एक वर्ष की अनिवार्य सैन्य सेवा पूरी करने के बाद लीपजिग विश्वविद्यालय में उन्होंने रसायन विज्ञान की शिक्षा प्राप्त की जहाँ उन्हें 1898 में डॉक्टरेट की उपाधि प्राप्त हुई। उन्होंने अपना शोध-ग्रंथ 'एक विघोलक के रूप में शुद्ध सल्फ्यूरिक एसिड' एबेग की देख-रेख में पूरा किया। हैंश और एबेग की प्रयोगशालाओं में श्रेष्ठ वैज्ञानिक माहौल मिलने के बाद, इन दोनों वैज्ञानिकों ने बर्जिअस को वैज्ञानिक अनुंसधान के क्षेत्र में अपना करियर आगे बढ़ाने के लिए प्रेरित किया।

कुछ समय के लिए उन्होंने बर्लिन में नर्नस्ट इंस्टीट्यूट में कार्य किया और 1909 में एक सत्र की पढ़ाई, हैबर (नोबेल पुरस्कार से सम्मानित) की देखरेख में करने के लिए कार्ल्सरूहे चले गए। वहाँ गैस प्रतिक्रियाओं में रासायनिक संतुलन पर जो कार्य किया जा रहा था, विशेष रूप से अमोनिया के संश्लेषण पर उसने 1909 में हनोवर में उनके स्वयं के अनुसंधान

के लिए उन्हें प्रेरित किया। उन्होंने 1910 में हनोवर में अपनी एक निजी प्रयोगशाला खोली, जो धीरे-धीरे बढ़ती हुई कई कार्यशालाओं और संयंत्रों के रूप में विस्तार पा गई।

1914 से 1921 तक वे बर्लिन में रहे जहाँ उन्होंने अपेक्षाकृत एक बड़े औद्योगिक संयंत्र की स्थापना की जिसका उद्देश्य था हाइड्रोजेनेशन प्रक्रिया का तकनीकी विकास करना। शीघ्र ही उन्होंने पाया कि इस शोधकार्य का दायरा, एक अकेली फर्म के लिए बहुत बड़ा था। युद्ध समाप्ति के बाद उन्होंने हाइड्रोजनीकरण के विकास में सहयोग के लिए उपयुक्त फर्मों को ढूँढ़ने का प्रयास किया। जर्मन कंपनियों के समूह के अलावा उन्होंने शैल ट्रस्ट तथा ब्रिटिश उद्यमों को, विशेषकर कोयला उद्योग में, सहयोग करने को प्रेरित किया।

बर्जिअस के द्वारा किए गए कार्यों का मुख्य उद्देश्य था ठोस कोयले से तेल और तरल ईंधन के निर्माण में आनेवाली समस्याओं को दूर करना। इसके लिए उन्होंने जिस पद्धति की खोज की उसे 'बर्जिनाइजेशन' के नाम से जाना जाता है।

बर्जिअस ने लकड़ी को चीनी में और चीनी को अन्य खाद्य उत्पादों में रूपांतरित करने में भी शोध किए। इससे दूसरे विश्वयुद्ध में जर्मनी को खाद्य सामग्री उपलब्ध कराने में सहायता मिली।

उन्होंने हीडलबर्ग विश्वविद्यालय से डी.फिल तथा हनोवर विश्वविद्यालय से डॉक्टरेट की मानद उपाधि प्राप्त की।

रासायनिक उच्च दाब पद्धति की खोज और विकास के लिए किए गए उनके कार्यों के चलते उन्हें कार्ल बोश के साथ संयुक्त रूप से नोबेल पुरस्कार से सम्मानित किया गया।

बोश, कार्ल

नागरिकता : जर्मनी

जन्म : 27 अगस्त, 1874; कोलोन, जर्मनी

निधन : 26 अप्रैल, 1940; हीडलबर्ग, जर्मनी

जर्मनी में जन्मे कार्ल बोश के पिता एक इंजीनियर थे। 1894 से 1896 तक उन्होंने टेक्निश्चे हॉचश्यूल, चार्लोटेनबर्ग से धातुविज्ञान तथा यांत्रिकी (मेकैनिकल) इंजीनियरिंग का अध्ययन किया लेकिन 1896 में उन्होंने लिपजिग विश्व-विद्यालय में रसायन शास्त्र पढ़ना शुरू किया। 1898 में उन्होंने जैविक रसायनशास्त्र में प्रोफेसर विस्लीसैनस के मार्गदर्शन में स्नातक स्तर की शिक्षा पूरी की।

अप्रैल, 1899 में उन्होंने बादीश्चे अनिलीन अन्ड सोडा-फैब्रिक (बी.ए.एस.एफ.) (लुडविंग शैफेन, रहाईन) में एक केमिस्ट के रूप में नौकरी कर ली और डॉ. रूडोल्फ निएत्सक के मार्गदर्शन में, उस समय के एक नए उद्योग 'सिन्थेटिक नील' के विकास में सक्रिय रूप से भाग लिया। 1902 से 1907 तक उन्होंने विभिन्न नाइट्रोजन स्थिरीकरण (फिक्सेशन) प्रक्रियाओं की जाँच में काफी समय बिताया।

इस क्षेत्र में उन्होंने अपने पहले प्रयोग धातु साइनाइड्स तथा नाइट्राइड्स के साथ किए। 1909 में उन्होंने साइनाइड बोरियम के उत्पादन के लिए एक संयंत्र स्थापित किया।

1914 में उन्हें बी.ए.एल.एफ. का निदेशक बना दिया गया और 1919 में प्रबंध निदेशक। 1925 में वह आई.जी. फारबिएन इंडस्ट्री आक्तिएनगिसेल शॉफ्ट के प्रिंसिपल नियुक्त हुए, जो जर्मन कोल-तार डाईवर्क्स के विलय से बनी थी। 1935 में बोश को आई.जी. फारबेन इंडस्ट्री ए.जी. के निदेशक मंडल का चेयरमैन नियुक्त किया गया।

बोश को कई सम्मान प्राप्त हुए। न सिर्फ उद्योग के क्षेत्र में उनकी उपलब्धियों और आविष्कारों के लिए बल्कि शुद्ध विज्ञान में अपने अनुसंधान के लिए भी, जिसे वे अपना कर्तव्य मानते थे।

बोश मुख्य रूप से संगठन की समस्याओं पर कार्यरत रहे। उन्होंने मेथनॉल के संश्लेषण तथा तारकोल व लिग्नाइट के हाइड्रोजेनेशन से पेट्रोल बनाने की लंबी और खर्चीली प्रक्रिया का समर्थन किया।

1931 में उन्हें रासायनिक उच्च दबाव के तरीकों के आविष्कार और विकास में उनके योगदान के लिए फ्रेडरिक बर्जिअस के साथ संयुक्त रूप से उच्चतम अंतरराष्ट्रीय सम्मान, रसायन विज्ञान के लिए नोबेल पुरस्कार से सम्मानित किया गया।

बोश अत्यंत संकोची स्वभाव के थे। उन्होंने थोड़ा-बहुत लिखा भी। वह सार्वजनिक रूप से कम दिखाई देते थे। बोश ने नाजियों के खिलाफ कड़ा विरोध प्रकट किया क्योंकि बोश के सहयोगी फ्रिटज हैबर के साथ बहुत बुरा व्यवहार किया गया था जो यहूदी मूल के थे।

शरीर विज्ञान/चिकित्सा विज्ञान

वारबर्ग, ओट्टो हेनरिक
नागरिकता : जर्मनी
जन्म : 8 अक्टूबर, 1883; वादेन, जर्मनी
निधन : 1 अगस्त, 1970; पश्चिम बर्लिन, जर्मनी

फ्रेइबुर्ग, वादेन में जन्मे ओट्टो वारबर्ग के पिता एमिल वारबर्ग एक भौतिकविज्ञानी तथा फीजिकलीशे रेईसंसटेंट, वर्कलीचेर गहेइमर ओवरीगीरूंस्रात के प्रमुख थे। उन्होंने ही ओट्टो वारबर्ग को शारीरिक समस्याओं और विकिरण पर शिक्षा ग्रहण करने के लिए प्रेरित किया। इस जैव रसायनी को श्वसन ऊतक की क्रिया के तरीके और उनकी प्रकृति के संबंध में खोज के लिए नोबेल पुरस्कार से सम्मानित किया गया।

ओट्टो ने महान एमिल फिशर के मार्गदर्शन में पढ़ते हुए 1906 में डॉक्टर ऑफ केमिस्ट्री (बर्लिन) की डिग्री प्राप्त की। 1911 में उन्होंने प्रथम विश्वयुद्ध के दौरान प्रशिया हॉर्स गॉर्ड्स में कार्य किया। 1918 में वे कैसर विल्हेम इंस्टीट्यूट ऑफ बॉयोलॉजी में प्रोफेसर नियुक्त किए गए। उन्होंने बिना किसी रुकावट के, बर्लिन के मैक्स प्लैंक इंस्टीट्यूट ऑफ साइटोफीजियोलॉजी में कार्य किया।

1931 के बाद से वह कैसर विल्हेम इंस्टीट्यूट फॉर सेल फीजियोलॉजी के निदेशक रहे। अनुसंधान के अपने क्षेत्र में अग्रणी होने के कारण न केवल विचारों के क्षेत्र में, बल्कि प्रयोगात्मक प्रक्रिया के संबंध में और नई तकनीक तथा उपकरणों के विकास के संबंध में भी एक नई राह दिखाई। 1920 के बाद से उन्होंने इस प्रक्रिया की जानकारी पर शोध किया जिसमें ऊतकों (टिश्यू) द्वारा ऑक्सीजन का उपयोग किया जाता है। वारबर्ग ने प्रकाश-संश्लेषण (फोटोसिंथेसिस) पर भी जाँच की और पाया कि जीवित रहने और विकास के लिए असाध्य कोशिकाओं को सामान्य कोशिकाओं की अपेक्षा, ऑक्सीजन की आवश्यकता कम होती है। उन्होंने सह-एंजाइम (को-एंजाइम) की भी खोज की, जिसके लिए उनका नाम दुबारा 1944 के नोबेल पुरस्कार के लिए सुझाया गया लेकिन हिटलर ने यह घोषित किया हुआ था कि जर्मनी के निवासी नोबेल पुरस्कार को स्वीकार नहीं करेंगे इसलिए उन्हें इस पुरस्कार से वंचित कर दिया गया।

ओट्टो वारबर्ग, लंदन की रॉयल सोसायटी के विदेशी सदस्य तथा बर्लिन, हाले, कोपेनहेगन, रोम तथा भारत की अकादमियों के सदस्य थे। 1965 में उन्हें ऑक्सफोर्ड विश्वविद्यालय में मानद चिकित्सक नियुक्त किया गया।

वारबर्ग ने विवाह नहीं किया था क्योंकि उनका मानना था कि विवाह उनकी वैज्ञानिक आकांक्षाओं के मार्ग में एक बाधा सिद्ध होगा।

वे अत्यंत अनुशासनप्रिय होने के साथ-साथ एक अच्छे घुड़सवार भी थे।

साहित्य

कार्लफेल्ट, एरिक एक्सेल
नागरिकता : स्वीडन
जन्म : 20 जुलाई, 1864; फोलकैर्ना, स्वीडन
निधन : 8 अप्रैल, 1931; स्टॉकहोम, स्वीडन

एरिक एक्सेल कार्लफेल्ट का जन्म डलेकार्लिया प्रांत के फोल-कैर्ना में हुआ। उनके पिता एरिक जैनसन तथा माता अन्ना सरीना जैंसडोटर, दोनों ही पुराने खनन परिवार से थे। एरिक एक्सेल के नाम का 'कार्लफेल्ट' 1889 में उनके पिता के फॉर्म के नाम से लिया गया।

उन्होंने 1885 में स्नातक की उपाधि प्राप्त की। उन्होंने उप्सला विश्वविद्यालय से पढ़ाई की और 1898 में अपनी डिग्री प्राप्त की। 1893 से 1896 के बीच उन्होंने जरशोम में निजी प्राथमिक स्कूल में पढ़ाया। कुछ समय के लिए उन्होंने स्टॉकहोम समाचार-पत्र के लिए भी कार्य किया।

उनकी कविताओं में स्वीडन के क्षेत्रीय ग्रामीण जीवन और परंपराओं का चित्रण मिलता है। अपने जीवनकाल में वह किसान संस्कृति के साथ बड़ी मजबूती से जुड़े रहे, जिसका प्रभाव उनके साहित्य में भी दिखाई पड़ता है। उनका काव्य-साहित्य छह खंडों में प्रकाशित हुआ। उनका प्रथम काव्य-संग्रह 'विल्डमार्क्स-ओक-कारलैकविसोट' (सांग ऑफ वाइल्डरनेस एंड ऑफ लव) 1895 में प्रकाशित हुआ। इसके बाद फ्रीडोलिंस विसोर (फ्रीडोलिंस सांग-1898), फ्रीदोलिन्स लुसगार्ड (फ्रीदोलीन्स प्लेजर गार्डन-1901), फ्लोरा ओक पोमोना (फ्लोरा एंड पोमोना-1906), फ्लोरा ओक बैलोना (फ्लोरा और बैलोना-1918) तथा होस्तहोर्न (द हॉर्न ऑफ औट्स-1927)। उनकी कुछ कविताओं का अंग्रेजी में चार्ल्स व्हार्टन स्टार्क द्वारा अनुवाद किया गया जो 1938 में 'आर्केडिया बोरेलिस' शीर्षक से प्रकाशित हुईं।

उनके प्रशंसकों ने उनकी इस बात के लिए बहुत आलोचना की कि एक कवि के रूप में उन्होंने केवल स्थानीय किसान संस्कृति के प्रति समर्पण से अपनी प्रतिभा को बरबाद कर दिया।

वे कृषि अकादमी के पुस्तकालय के अध्यक्ष भी रहे। 1904 में वह स्वीडिश एकेडमी के सदस्य बने। 1912 में उन्हें अकादमी का स्थायी सचिव नियुक्त किया गया और उम्र-भर वे इस पद के प्रति समर्पित रहे। 1917 में उन्हें उप्सला विश्वविद्यालय से डॉक्टरेट की उपाधि प्रदान की गई।

उन्हें 1918 में नोबेल पुरस्कार की पेशकश की गई लेकिन उन्होंने इसे ठुकरा दिया क्योंकि तब वे स्वीडिश अकादमी के सदस्य थे। लेकिन 1931 में उन्हें यह पुरस्कार मरणोपरांत दिया गया। मरणोपरांत दिया गया यह पहला नोबेल पुरस्कार है। अपनी कविताओं में आम जीवन को सजीवता से प्रस्तुत करने की उनकी शैली और बुद्धिमत्ता को सम्मानित करने के लिए उन्हें यह पुरस्कार प्रदान किया गया।

शान्ति

एडम्स, जेन

नागरिकता : अमरीका

जन्म : 6 सितंबर, 1860; सैडरविले, अमरीका

निधन : 21 मई, 1935; शिकागो, अमरीका

जेन एडम्स को अमरीका में शताब्दी के पहले तीन दशक के एक अग्रणी सामाजिक कार्यकर्ता के रूप में जाना जाता है। इसके अतिरिक्त उन्हें एक अंतरराष्ट्रीयवादी तथा नारीवादी के रूप में मान्यता प्राप्त है।

जेन सैडरविले, इलिनोइस में पैदा हुईं। जन्मजात रीढ़ की हड्डी में दोष की वजह से वे अपनी युवावस्था में शारीरिक रूप से बहुत कमजोर थीं लेकिन उनकी रीढ़ की हड्डी की बीमारी को एक सर्जरी द्वारा ठीक कर दिया गया।

1881 में जेन एडम्स ने रॉकफोर्ड महाविद्यालय से स्नातक की डिग्री हासिल की। अगले छह वर्षों के दौरान उन्होंने दवाइयों का अध्ययन शुरू किया लेकिन स्वास्थ्य की वजह से उन्होंने इसे बीच में ही छोड़ दिया। सत्ताईस वर्ष की आयु में उन्होंने अपनी दोस्त एलेन जी. स्टार के साथ यूरोप की दूसरी यात्रा की जिससे उन्हें लंदन के पूर्वी छोर में बने टवाएनबी हॉल, जो एक सेटलमेंट हाउस था, को देखकर शिकागो के पिछड़े इलाके में ऐसे ही एक सेटलमेंट हाउस को शुरू करने के अपने विचार को अंतिम रूप देने में सहायता मिली। 1889 में उन्होंने अपनी दोस्त के साथ मिलकर 'चार्ल्स हल हाउस' किराए पर लिया जिसका मुख्य उद्देश्य था, "एक अच्छे नागरिक और सामाजिक जीवन के लिए एक केंद्र प्रदान करना, शैक्षिक और परोपकारी उद्यमों को बनाए रखना तथा शिकागो के औद्योगिक जिलों में स्थितियों में सुधार लाना तथा उनकी जाँच करना।"

पहले 'हल हाउस' में सिर्फ आर्ट गैलरी ही थी, बाद में इसमें एक सार्वजनिक रसोईघर, एक कॉफी हाउस, एक व्यायामशाला, स्वीमिंग पूल, लड़कियों का एक सहकारी

बोर्डिंग क्लब, किताबों की जिल्दसाजी, कला स्टूडियो, संगीत विद्यालय, एक पुस्तकालय, रोजगार ब्यूरो तथा श्रम संग्रहालय की सुविधाएँ भी शामिल हो गईं।

जैसे-जैसे उनकी ख्याति बढ़ी, जेन बड़ी नागरिक जिम्मेदारियों के साथ जुड़ती गईं। उन्होंने मजदूरों तथा पहले किशोर न्यायालय (ड्यूवेनाइल कोर्ट) के किए अन्य सुधार समूहों के साथ मिलकर काम किया तथा गृह किराया कानून, महिलाओं के लिए एक दिन में आठ घंटे काम करने, कारखानों के निरीक्षण तथा श्रमिक क्षतिपूर्ति कानून के लिए भी बहुत काम किया। उन्होंने आप्रवासियों और अश्वेतों के प्रति न्याय के लिए लड़ाई लड़ी, गरीबी और अपराध के कारणों को जानने के लिए खोजबीन की और महिलाओं के मताधिकार का समर्थन किया।

1910 में वे नेशनल कॉन्फ्रेंस ऑफ सोशल वर्क की प्रथम अध्यक्ष बनीं। उन्हें येल विश्वविद्यालय द्वारा पहली मानद डिग्री से सम्मानित किया गया। यह सम्मान पानेवाली वे पहली महिला थीं। 1912 में उन्होंने प्रोग्रेसिव पार्टी के राष्ट्रपति पद के अभियान में, थियोडोर रूजवेल्ट के लिए, सक्रिय रूप से भाग लिया। 1915 में हेग में वे इंटरनेशनल कांग्रेस फॉर वूमैन की चेयरमैन बनीं और उसके बाद ही महिलाओं की 'इंटरनेशनल लीग ऑफ पीस एंड फ्रीडम' की स्थापना की गई। 1917 में उनकी लोकप्रियता में अस्थायी रूप से गिरावट तब आई, जब उन्होंने अमरीका के प्रथम विश्वयुद्ध में हिस्सा लेने का पुरजोर विरोध किया।

उनके द्वारा लिखी गई पुस्तकें हैं : 'डेमोक्रेसी एंड सोशल एथिक्स' (1902), 'न्यूअर आइडियल्स ऑफ पीस' (1907), 'ट्वेंटी ईअर्स इन हल हाउस' (1910), 'द सेकंड ट्वेंटी ईअर्स इन हल हाउस' तथा 'पीस एंड ब्रेड इन द टाइम्स ऑफ वार' (1922)।

1926 में हृदय आघात के बाद वे कभी भी पूरी तौर से स्वस्थ नहीं हो पाईं। जब उन्हें ओस्लो में नोबेल शान्ति पुरस्कार का सम्मान दिया जा रहा था, उसी दिन (10 दिसंबर, 1931) वे बाल्टीमोर अस्पताल में अपने इलाज के लिए दाखिल हुईं। ऑपरेशन में कैंसर का पता चलने के तीन साल बाद, 1935 में, उनकी मृत्यु हो गई। उनका अंतिम संस्कार 'हल-हाउस' के प्रांगण में आयोजित किया गया।

बटलर, निकोलस मरे

नागरिकता : अमरीका

जन्म : 2 अप्रैल, 1862; न्यू जर्सी, अमरीका

निधन : 7 दिसंबर, 1947; न्यू यॉर्क सिटी, अमरीका

निकोलस मरे बटलर एक शिक्षाविद्, पत्रकार, राजनेता और कोलंबिया विश्वविद्यालय के अध्यक्ष थे। हेनरी बटलर और मैरी मरे बटलर के पुत्र, न्यू जर्सी के एजिलाबेथ में जन्मे निकोलस मरे बटलर ने कोलंबिया महाविद्यालय से शिक्षा ग्रहण की थी जो उनके शेष जीवन के लिए एक बौद्धिक और व्यावसायिक घर बन गया था। उन्होंने अपने कैरियर के लिए शिक्षा को ही चुनने का निश्चय किया। 1884 में उन्होंने दर्शनशास्त्र में पीएच.डी. की डिग्री हासिल की। पेरिस और बर्लिन में एक वर्ष रहकर उन्होंने अपनी औपचारिक शिक्षा पूरी की। उन्हें कोलंबिया विश्वविद्यालय में दर्शनशास्त्र का सहायक नियुक्त किया गया और वे शिक्षा तथा दर्शनशास्त्र के प्रोफेसर बना दिए गए। 1901 में उन्हें विश्वविद्यालय का अध्यक्ष चुना गया। 1945 में अपनी सेवानिवृत्ति के समय तक वे इस पद पर बने रहे। औद्योगिक शिक्षा संघ के संस्थापक और अध्यक्ष के रूप में उन्होंने अध्यापकों के प्रशिक्षण के लिए, न्यू यॉर्क कॉलेज की स्थापना में केंद्रीय भूमिका निभाई। बाद में उन्होंने स्वयं ही शिक्षा सुधार की आलोचना की।

वे सात राष्ट्रपतियों के सलाहकार तथा विदेशी राष्ट्रों के राजनेताओं के नजदीकी मित्र रहे। इसके अतिरिक्त उन्होंने पन्द्रह विदेशी सरकारों और सैंतीस महाविद्यालयों और विश्वविद्यालयों से मानद उपाधि प्राप्त की, पचास से अधिक विद्वान समाजों और बीस क्लबों के सदस्य, कई पुस्तकों, पर्चों, रिपोर्टों और भाषणों के एक छोटे-से पुस्तकालय के लेखक, एक अंतरराष्ट्रीय यात्री, जिन्होंने कम से कम सौ बार अटलांटिक को पार किया, रिपब्लिकन पार्टी के राष्ट्रीय नेता और राष्ट्रपति थियोडोर रूजवेल्ट उनके अच्छे दोस्तों में से एक थे, जो उन्हें निकोलस चमत्कारी बटलर कहकर बुलाते थे।

यह विशेषण इतना सही है कि एक बार बोले जाने पर भुलाया नहीं जा सकता। वह अमरीकन एकेडमी ऑफ आर्ट्स एंड लेटर्स के अध्यक्ष भी थे।

बटलर ने दो विवाह किए। जब 1947 में तिरासी वर्ष की आयु में उन्हें दिखाई देना बिलकुल बंद हो गया, तो उन्होंने अपने सभी पदों से त्यागपत्र दे दिया।

इस वर्ष का शान्ति पुरस्कार एडम्स जेन और निकोलस बटलर को संयुक्त रूप से प्रदान किया गया।

नोट : इस वर्ष **भौतिकी** का नोबेल पुरस्कार नहीं दिया गया। इसकी पुरस्कार राशि इस पुरस्कार क्षेत्र के विशेष फंड को आवंटित की गई।

भौतिक विज्ञान

रसायन विज्ञान

शरीर विज्ञान/चिकित्सा विज्ञान

साहित्य

1932

भौतिक विज्ञान

हेजनबर्ग, वेरनर कार्ल
नागरिकता : जर्मनी
जन्म : 5 दिसंबर, 1901; वुर्जबर्ग, जर्मनी
निधन : 1 फरवरी, 1976; म्यूनिख, जर्मनी

डॉ. ऑगस्ट हेजनबर्ग के पुत्र वेरनर कार्ल ने 1920 तक म्यूनिख के मैक्सिमिलियन में शिक्षा प्राप्त की। उसके बाद म्यूनिख विश्वविद्यालय में प्रवेश किया और 1923 में सोमर फिल्ड के अध्यापन में पीएच.डी. की डिग्री प्राप्त की। उन्होंने गोटिंगेन में बोर्न के साथ तथा कोपेनहेगन में बोर के अधीन भी कार्य किया। आगे चलकर उन्होंने मैट्रिक्स मेकैनिक्स का आविष्कार किया। नाभिकीय सिद्धांत पर अध्ययन करने के बाद उन्होंने अनुमान लगाया कि आर्थोहाइड्रोज़न एवं पैरा-हाइड्रोजन का अस्तित्व है। 1929 में इस तथ्य की पुष्टि हुई। 1927 में उन्होंने सुप्रसिद्ध अनिश्चितता के सिद्धांत को स्पष्ट किया। बताया कि किसी भी वस्तु की स्थिति और संवेग को एक ही समय सटीक रूप से निर्धारित नहीं किया जा सकता। उनके इस खोज ने विश्व की निश्चयात्मक दार्शनिक अवधारणाओं को तहस-नहस कर दिया।

1932 में चैडविक द्वारा न्यूट्रॉन की खोज होने के बाद हेजनबर्ग ने बताया कि बलों के विनिमय के माध्यम से प्रोटॉन और न्यूट्रॉन एक साथ नाभिक के केंद्र में होंगे, जिस पर बाद में युकावा ने अपने शोधकार्य किए।

हेजनबर्ग ने द्वितीय विश्वयुद्ध में नाजियों के अधीन भी कार्य किया। उन्हें परमाणु बम के जर्मन शोध दल का प्रमुख नियुक्त किया गया था। बर्लिन के मैक्स प्लैंक इंस्टीट्यूट के वे निर्देशक रहे, बाद में गोटिंगेन के भी निर्देशक हुए। 1927 में उन्होंने अनिश्चयता के सिद्धांत पर अपना शोधपत्र प्रकाशित किया जिस पर उनका संपूर्ण दार्शनिक चिंतन आधारित था, तथा जिसके लिए वे जाने जाते हैं। 1927 से 1941 तक वे लिपजिंग विश्वविद्यालय में प्रोफेसर रहे। फिर चार वर्षों तक बर्लिन के कैसर विल्हेम इंस्टीट्यूट में भौतिक विज्ञान विभाग के निदेशक रहे।

हेजनबर्ग की शास्त्रीय संगीत में विशेष रुचि थी। वे स्वयं भी बहुत अच्छे पियानोवादक थे। 1937 में उन्होंने एलिजाबेथ शूमेकर से विवाह किया।

क्वांटम यांत्रिकी को निर्मित करने के लिए, जिसने हाइड्रोजन के एलोट्रोपिक रूप की खोज का रास्ता खोला, उन्हें नोबेल पुरस्कार से सम्मानित किया गया।

रसायन विज्ञान

लैंगमुइर, इर्विंग

नागरिकता : संयुक्त राज्य अमरीका

जन्म : 31 जनवरी, 1881; ब्रुकलिन, न्यू यॉर्क (अमरीका)

निधन : 16 अगस्त, 1957; फैलमाउथ मेसाचुसेस्ट्स

अपने माता-पिता के चार पुत्रों में लैंगमुइर इर्विंग तीसरे पुत्र थे। अपने परिवार में बड़े भाई आर्थर से उन्हें बड़ा लगाव था, वे उनसे नौ वर्ष बड़े थे। वे रासायनिक तत्त्वों के प्रयोगों में छह वर्ष की अवस्था से ही दिलचस्पी दिखाने लगे थे। इरविंग जब तेरह वर्ष के थे तभी उनकी माता ने यह घोषित कर दिया था कि "मेरा यह पुत्र जन्मजात वैज्ञानिक है और आगे चलकर विश्व में अपना कीर्तिमान स्थापित करेगा।"

कोलंबिया विश्वविद्यालय में धातु शोधन इंजीनियरिंग का अध्ययन करने के बाद उन्होंने गोटिंगन विश्वविद्यालय में वाल्थर नेर्स्ट के अधीन शोध का कार्य किया और 1906 में वहीं से पीएच.डी. की डिग्री प्राप्त की। वे सामान्यत: एक अध्यापक के रूप में जाने जाते थे किंतु कॉलेज के प्रोफेसर के रूप में उनके कार्य अच्छे साबित नहीं हुए। वह समय उनके लिए एक दु:स्वप्न की भाँति व्यतीत हुआ। एक मित्र से उन्हें जनरल इलेक्ट्रिक रिसर्च प्रयोगशाला (स्नेक्टैडी, न्यू यॉर्क) का पता चला। 1909 में ग्रीष्मकालीन अवकाश में वे वहीं चले गए और वहीं जीवन-भर के लिए ठहर गए जहाँ अपने शोधकार्य में (1909 से 1950) 41 वर्ष बिताए तथा अपने जीवन के शेष सात वर्ष भी उन्होंने इसी प्रकार शोधकार्य में व्यतीत किए।

गैसों में विद्युत निर्वहन, इलेक्ट्रॉनों के उत्सर्जन और टंगस्टन धातु के उच्च ताप सर्फेस केमिस्ट्री (रसायन विज्ञान की एक शाखा जिसमें किन्हीं चरणों के बीच घटनेवाली घटनाओं के संबंध का अध्ययन किया जाता है विशेषत: द्रव और गैस के बीच) की जाँच-पड़ताल की। आगे उन्होंने निर्वात पंप, उच्च निर्वात नली को भी विकसित किया जिसका उपयोग रेडियो प्रसारण में होता है। उनकी खोजों का परिणाम यह रहा कि उनके नाम 63 पेटेंट हैं। पेटेंट व्यवस्था को संयुक्त राज्य अमरीका में मुक्त उद्यमिता की बुनियाद मानते थे।

अमरीकी परमाणु रसायनविज्ञ गिलबर्ट एन. लेविस के साथ स्वतंत्र रूप से कार्य करते हुए लैंगमुइर ने पारमाणविक संरचना और रासायनिक बंध की निर्मिति के सिद्धांतों को सत्रबद्ध किया तथा 'कोवैलेंसी' (सहसंयोजकता) को परिभाषित किया। 1946 में अपने सहकर्मियों के साथ मिल-कर उन्होंने कृत्रिम मेघों के निर्माण की संभावनाओं पर कार्य शुरू किया।

वर्ष 1953 में उन्होंने वैज्ञानिक विधि के अनुसार किए गए शोधों का वर्णन करते हुए 'रोग विज्ञान' शब्द की शुरुआत की।

1912 में उन्होंने मैरियन मर्सेरो के साथ विाह किया। 16 अगस्त, 1957 को कुछ समय की बीमारी के बाद दिल का दौरा पड़ने से उनकी मैसाचुसेट्स में मृत्यु हो गई। बड़े ही अहम तरीके से ग्रेट कैथड्रेल स्क्वायर में उनकी शवयात्रा निकाली गई। इस प्रकार एक वैज्ञानिक के रूप में एक महान जीवन का अंत हुआ।

सर्फेस रसायन के क्षेत्र में उनकी खोजों और अन्वेषणों के लिए उन्हें नोबेल पुरस्कार से सम्मानित किया गया।

शरीर विज्ञान/चिकित्सा विज्ञान

एड्रियन, एडगर डगलस

नागरिकता : ब्रिटेन

जन्म : 30 नवंबर, 1889; लंदन, ब्रिटेन

निधन : 4 अगस्त, 1977; लंदन, ब्रिटेन

एड्रियन ने नर्व इंपल्सों को सेंस आर्गनों से संबद्ध किया, इलेक्ट्रिकल पोटेंशियलिटी को स्पष्ट किया जिसका पहले किसी को पता नहीं था। आगे चलकर उन्होंने और भी अनेक शोध किए। नर्व इंपल्सों को सिंगल सेंसरी मोटर फाइबरों को मापने

एवं भौतिक विज्ञान की अच्छी समझ के लिए ऐसा करना आवश्यक था। एड्रियन ने दिमागी इलेक्टिविटी की उत्पत्ति की पारस्परिक निर्भरता को स्पष्ट किया तथा असामान्यता की स्थिति में परिवर्तनों की जाँच-पड़ताल की। उन परिवर्तनों को 'बर्गर राइम' मिर्गी और मस्तिष्क के ट्यूमर पर के क्षेत्रों में शोधों की आवश्यकता पर बल दिया।

वे रॉयल सोसाइटी के अध्यक्ष थे (1950-55)। फाउलोटर्न प्रोफेसर (1929-37) तक रहे। 1942 में उन्हें 'आर्डर ऑफ मेरिट' का अवार्ड मिला और 1955 में बैरोनी का एवार्ड मिला।

उनके द्वारा लिखी गई पुस्तकें उल्लेखनीय हैं—'दि बेसिस ऑफ सेंसेशन' (1927), 'दि मेकैनिज्म ऑफ नर्वस ऐक्शन' (1932) और 'दि फिजिकल बैकग्राउंड ऑफ परसेप्शन' (1947)।

शेरिंगटन, सर चार्ल्स स्कॉट

नागरिकता : ब्रिटेन

जन्म : 27 नवंबर, 1852; लंदन, ब्रिटेन

निधन : 4 मार्च, 1952; ईस्टबोर्न, ब्रिटेन

सर चार्ल्स एक न्यूरोलॉजिस्ट थे जो अपने सहज क्रिया (रिफलेक्स एक्शन) के सिद्धांत पर किए गए शोधों के लिए प्रसिद्ध हुए। उन्हें 1932 में तंत्रिका के कार्यों पर की गई शोधों के लिए ई.डी. एडियन के साथ संयुक्त रूप से नोबेल पुरस्कार से सम्मानित किया गया। उनकी शिक्षा गॉनविल और कैंब्रिज के कॉलेज में हुई। उन्होंने स्नातक की डिग्री 1883 में फर्स्ट क्लास ऑनर्स के साथ प्राप्त की। उनका विषय प्राकृतिक विज्ञान था। उन्होंने लंदन के सेंट थॉमस हॉस्पिटल मेडिकल स्कूल में प्रवेश किया और 1885 में एम.बी. की डिग्री प्राप्त की। कुछ समय तक उन्होंने बर्लिन में रॉबर्ट स्कॉच के साथ शोधकार्य किया। स्पेन और इटली में हैजा की महामारी फैलने पर उन्होंने अनेक शोध किए। उन्हें कायस कॉलेज में अध्यापक बनाया गया तथा सेंट थॉमस हॉस्पिटल में लेक्चरर नियुक्त किया गया (1887-93)। 1891 में शेरिंगटन में पैथोलॉजी के 'ब्राउन प्रोफेसर' नियुक्त हुए और ब्राउन एनिमल सेनेटरी इंस्टीट्यूशन लिवरपूल में उन्हें विक्टर होर्सली के स्थान पर प्रोफेसर नियुक्त किया गया। विक्टर होर्सली प्रसिद्ध ब्रिटिश न्यूरो सर्जन थे। 1895 लिवरपूल और ऑक्सफोर्ड के वे फ्लेट प्रोफेसर ऑफ फिजियोलॉजी नियुक्त हुए (1915-35) और 1936 में रिटायर हुए। उन्होंने रॉयल इंस्टीट्यूशन में फुलेरियन चेयर ऑफ फिजियोलॉजी में भी 1914-17 की अवधि में कार्य किया। 1893 में रॉयल सोसाइटी के फेलो रहे और 1922 में उन्होंने 'नाइटहुड' की उपाधि प्राप्त की। उन्होंने एनोटॉमी का अध्ययन किया तथा उसी क्रम में मेरुदंड और मस्तिष्क की प्रक्रिया का अध्ययन भी किया। उनके शोधपत्र पुस्तक के रूप में प्रकाशित हुए जिसका शीर्षक था— 'इंटेग्रेटिव ऐक्शन ऑफ नर्वस सिस्टम' (1906, पुनर्मुद्रन 1947) जो एक बहुत बड़ी उपलब्धि थी, विश्व भर में चर्चित हुई तथा फिजियोलॉजिकल रिसर्च में बहुत सहायक सिद्ध हुई।

साहित्य

गाल्सवर्दी, जॉन

नागरिकता : ब्रिटेन

जन्म : 14 अगस्त, 1867; किंगस्टन, ब्रिटेन

निधन : 31 जनवरी, 1933; हैम्पसटीड, ब्रिटेन

गाल्सवर्दी एक उपन्यासकार और नाटककार के रूप में प्रसिद्ध हुए। उनका जन्म डेवनशायर के एक किसान परिवार में हुआ था जिसके पास 16वीं शताब्दी से ही जमीन थी। उनके पिता वकील थे। उनकी शिक्षा ऑक्सफोर्ड के न्यू कॉलेज और हैरो में हुई थी। 1890 में उन्हें वकालत शुरू करने की मंजूरी मिली। वे मैरिन लॉ (कानून) का विषय लेना चाहते थे और दुनिया-भर की यात्रा करना चाहते थे लेकिन वकालत करने की जगह वे लेखन कार्य में जुट गए। धीरे-धीरे उन्होंने लेखक के रूप में ही विशेष प्रसिद्धि पाई।

उनका पहला कहानी संग्रह 'फ्रॉम द फोर विंड्स' 1897 में प्रकाशित हुआ। उसके बाद 1898 में उनका उपन्यास 'जोसेलिन' पाठकों के सामने प्रस्तुत हुआ। अपनी शुरुआती रचनाएँ वे 'जॉन सिनजॉन' उपनाम से लिखा करते थे। 1904 में प्रकाशित अपने उपन्यास 'द आइलैंड फैरिसीस' में उन्होंने अपने असली नाम से लिखना शुरू किया। 'दि मैन ऑफ प्रोपर्टी' और उसी क्रम में 'इंडियन समर ऑफ ए फोर्सायट' (1910), पाँच कहानियों का संग्रह, 'चांसरी' (1920), 'अवेकनिंग' (1920) और 'टु लैट' (1921) जैसी कृतियाँ प्रकाशित हुईं। प्रथम विश्वयुद्ध के बाद उनकी वे पुस्तकें प्रकाशित हुईं जो फोर्सायट परिवार से संबंधित हैं—'दि व्हाइट मंकी' (1924), 'दि सिल्वर स्पून' (1926) और 'स्वान सांग' (1928) जो 'मॉडर्न कॉमेडी' में संगृहीत हुई। बाद की उनकी कुछ पुस्तकों का संबंध भी फोर्सायट परिवार से है। उनकी कुछ अन्य कृतियों में उल्लेखनीय हैं—'दि कंट्री हाउस' (1907), 'पैट्रिशियन' (1911), 'दि डार्क फ्लावर' (1913), और 'दि फ्रीलैंड्स' (1915)।

वे उच्चकोटि के नाटककार भी थे। उनके कुछ प्रसिद्ध नाटकों में उल्लेखनीय हैं—'दि सिल्वर बॉक्स' (1905), 'स्ट्राइफ' (1909), 'जस्टिस' (1910), 'ए एजियोन' (1912), 'ए बिट ओ लव' (1915), 'दि स्किन गेम' (1920), 'लॉयल्टीज' (1922), 'दि फॉरेस्ट' (1924) और 'दिशो' (1925)। उनकी कृतियाँ इंग्लैंड के जातीय एवं सामाजिकी जीवन से संबंधित हैं तथा उनकी पृष्ठभूमि में विकसित हुई हैं।

'फोरसाइट साब' में एक अंग्रेज परिवार के जीवन का खाका प्रस्तुत किया गया है। वे अपने ही बलबूते पर अपने पेशे और व्यवसाय में सफल हुए। 'फोरसाइट सागा' का फिल्मांकन फोर साइट उमन के सफल जीवन की कहानी है। 1917 में उन्हें 'नाइटहुड' की उपाधि देने का प्रस्ताव हुआ लेकिन उन्होंने इनकार कर दिया। अभिव्यक्ति की विशिष्ट शैली जिसका चरम उनकी किताब 'फोरसाइट सागा' में मिलता है, उसके लिए उन्हें नोबेल पुरस्कार से सम्मानित किया गया।

नोट : इस वर्ष **शान्ति** के क्षेत्र में नोबेल पुरस्कार नहीं दिया गया और पुरस्कार राशि एक विशेष निधि में संरक्षित रखी गई।

भौतिक विज्ञान

शरीर विज्ञान/चिकित्सा विज्ञान

साहित्य

शान्ति

1933

भौतिक विज्ञान

डिराक, पॉल एड्रिएन मौरिस

नागरिकता : ब्रिटेन

जन्म : 8 अगस्त, 1902; ब्रिस्टल, ब्रिटेन

निधन : 21 अक्टूबर, 1984; तल्ला हैसी, अमरीका

इनके पिता स्वीडन के नागरिक थे और माता ब्रिटेन की। उन्होंने ब्रिस्टल यूनिवर्सिटी में दाखिल होने से पूर्व ब्रिस्टल के मर्चेंट वेंचरर्स सेकंडरी स्कूल में शिक्षा प्राप्त की। 1921 में वे इलेक्ट्रिकल इंजीनियरिंग के स्नातक हुए। फिर दो वर्षों तक गणित का अध्ययन किया। 1926 में उन्होंने कैंब्रिज के सेंट जोंस कॉलेज से गणित में पीएच.डी. (डॉक्टरेट) की उपाधि प्राप्त की। पीएच.डी. की डिग्री प्राप्त करने के बाद 1932 में उन्हें लुकोसियन प्रोफेसर ऑफ मैथमेटिक्स नियुक्त किया गया। 1926 में जब अभी वे स्नातक ही थे उन्होंने क्वांटम यांत्रिकी के जरिए भौतिकी में महत्त्वपूर्ण योगदान दिया। आगे चलकर उन्होंने एक सिद्धांत प्रतिपादित किया जिसने इलेक्ट्रॉन के घूर्णन और मूलभूत कण-पोजिट्रॉन के अस्तित्व का अनुमान लगाया। डिराक ने विकिरण का क्वांटम सिद्धांत प्रस्तुत किया तथा वे 'फ्रेमी-डिराक स्टेटिस्टिक्स' के सह-आविष्कारक थे। 1933 में नोबेल पुरस्कार उन्हें श्रोडिंगर के साथ संयुक्त रूप से एंटी-पार्टिकल्स (प्रति-कण) के सिद्धांत के प्रतिपादन के लिए मिला था। 1939 में उन्हें इंग्लैंड की रॉयल सोसाइटी का मेडल मिला। उन्होंने भौतिक विज्ञान के क्षेत्र में क्वांटम यांत्रिकी की नई सामान्य एवं सरल व्याख्या प्रस्तुत की। डिराक ने दूर-दूर की यात्रा की, अनेक विश्वविद्यालय में अध्ययन किया। उन्होंने मार्गिट विंगर से 1937 में विवाह किया।

श्रोडिंगर, अर्विन

नागरिकता : ऑस्ट्रिया

जन्म : 12 अगस्त, 1887; विएना, ऑस्ट्रिया

निधन : 4 जनवरी, 1961; विएना, ऑस्ट्रिया

ये रूडोल्फ श्रोडिंगर के इकलौते पुत्र थे। 1906 से 1910 तक श्रोडिंगर अर्विन ने विएना विश्वविद्यालय में अध्ययन किया। प्रथम विश्वयुद्ध के समय वे आर्टिलरी ऑफिसर के रूप में कार्यरत रहे।

वे एक ऐसे सैद्धांतिक भौतिकविज्ञानी थे जिसने क्वांटम

यांत्रिकी की मूलभूत प्रस्थापना में उसके बुनियादी समीकरण की खोज कर योगदान दिया। श्रोडिंगर ने आरंभिक कार्य 1920 तक विएना यूनिवर्सिटी में किए। उन्होंने ज्यूरिख में अध्ययन किया और फिर मैक्स प्लैंक की जगह सैद्धांतिक भौतिक विज्ञान के प्रोफेसर के रूप में बर्लिन विश्वविद्यालय में 1927 से 1933 तक कार्य किया। 1926 में जब वे ज्यूरिख में थे तब उन्होंने तरंग समीकरण विकसित किया जो इलेक्ट्रॉनों और अन्य उप-परमाणवीय कणों के व्यवहार की व्याख्या करता है। इस समीकरण ने तथाकथित तरंग-यांत्रिकी के लिए बुनियाद का काम किया जिसने प्लैंक के क्वांटम सिद्धांत का गणितीय आधार प्रस्तुत किया। डिराक और श्रोडिंगर को नोबेल पुरस्कार संयुक्त रूप से मिला था। श्रोडिंगर डब्लिन में रहने लगे (1940-56) जहाँ वे भौतिक विज्ञान और विज्ञान के दर्शन तथा इतिहास पर शोध करते रहे। फिर उनकी पुस्तक 'व्हाट इन लाइफ ?' प्रकाशित हुई। क्वांटम यांत्रिकी के जेनेटिक्स और 'नेचर एंड ग्रीक्स' प्राचीन ग्रीक के विज्ञान और दर्शन का विवरण इसमें था। उन्होंने 1956 में विएना से अवकाश लिया।

उसके बाद उनकी पुस्तकें वेल्टेंसिक्त (1961), 'माई व्यू ऑफ दि वर्ल्ड' (1964) प्रकाशित हुईं।

श्रोडिंगर हमेशा दूसरों के साथ काम करने में हिचकते रहे, चाहे वे उनके अपने छात्र ही क्यों न हों। बहुत से लोग उन्हें केवल इसलिए याद करते हैं कि वे अपने बड़े थैले में सारा सामान पीठ पर लादे घूमते रहते थे। 1920 में उन्होंने एनेमेरिक बर्टल के साथ विवाह किया जो हमेशा उन्हें अपना पूरा सहयोग देती रहीं।

शरीर विज्ञान/चिकित्सा विज्ञान

मॉर्गन, थॉमस हंट

नागरिकता : संयुक्त राज्य अमरीका

जन्म : 25 सितंबर, 1866; लेक्सिंगटन केंतुकी, अमरीका

निधन : 4 दिसंबर, 1945; कैलीफोर्निया, अमरीका

मॉर्गन, थॉमस हंट एक आनुवंशिकी विज्ञानी (जेनेटिकिस्ट) और भ्रूणविज्ञानी (एंब्रियोलॉजिस्ट) थे। उन्होंने केंटुकी विश्वविद्यालय से स्नातक की डिग्री प्राप्त की। फल के कीड़े (ड्रोसोफिला) पर किए गए शोधात्मक प्रयोगों के लिए तथा आनुवंशिकता के गुणसूत्र सिद्धांत की स्थापना के लिए वे प्रसिद्ध हुए।

अपने शुरुआती जीवन में उनकी रुचि प्राकृतिक इतिहास में थी। यूनिवर्सिटी ऑफ केंटुकी में उन्होंने जीव विज्ञान का अध्ययन किया और 1890 में जॉन हॉपकिंस विश्वविद्यालय से जंतु विज्ञान में डॉक्टरेट की उपाधि प्राप्त की। इसी अवधि के दौरान उन्होंने वुड्स होल में मैरिन बॉयोलॉजिकल लैबोरट्री में भी कार्य किया, जिससे वे लंबे समय तक जुड़े रहे। 1891-1904 तक वे ब्रायन मावर में जंतु विज्ञान के सहायक प्रोफेसर नियुक्त हुए। इसके बाद 1904-28 तक कोलंबिया विश्व-विद्यालय में प्रयोगात्मक जंतु विज्ञान के प्रोफेसर नियुक्त हुए। 1928-45 तक कैलीफोर्निया इंस्टीट्यूट ऑफ टेक्नोलॉजी पेसेडेना में जंतु विज्ञान के प्रोफेसर रहे।

प्रारंभ में मेंडल की खोजों के प्रति उनका नजरिया बड़ा संशयवादी रहा। यहाँ तक कि वैज्ञानिक ऑस्कर रिड्डल द्वारा मेंडल के युग्मकों की शुद्धता सिद्धांत पर किए गए हमले का उन्होंने समर्थन किया था। उस वक्त एफ.ई. लुत्ज ने उनका ध्यान फल के कीड़े (ड्रोसोफिला) की ओर खींचा जो प्रयोग के लिए सामान्य रूप से उपलब्ध था। यह कीड़ा 8 से 12 दिन के भीतर अंडे से विकसित होकर परिपक्व हो जाता है, जिसमें स्पष्ट रूप से अंतर देखा जा सकता है। जिस कारण यह आदर्श आनुवंशिक उपकरण के रूप में प्रयुक्त किया जाता था।

मॉर्गन को पहली सफलता एक वर्ष पुरानी 'वंश परंपरा' में परिवर्तन का परीक्षण करने में मिली। मॉर्गन ने सफेद आँखोंवाले कीड़े तथा लाल आँखोंवाले मादा कीड़े के संसर्ग से बहुत कम समय में 1237 वंशज कीड़े प्राप्त किए जिनकी आँखें लाल थीं। ये संकर कीड़े जन्मे तो उन्होंने पाया कि इनमें 2459 लाल आँखोंवाले मादा हैं, 1011 लाल आँखोंवाले नर हैं तथा 782 सफेद आँखोंवाले मादा कीड़े हैं। मॉर्गन ने सही अनुमान लगाया कि सफेद आँखों के लिए जिम्मेदार जीन ड्रोसोफिला के नर गुणसूत्रों से संबंधित है।

1911 में 'साइंस' पत्रिका को दिए अपने साक्षात्कार में उन्होंने वंशानुक्रम के अपने गुणसूत्र सिद्धांत को प्रस्तुत किया जिसके अनुसार एक ही प्रकार के गुणसूत्रों के जीनों के बीच पुर्नसंयोजन की सीमा प्राप्त करना उनके स्थानिक विभाजन का पैमाना होता है।

मॉर्गन और उनके प्रमुख सहयोगी ए.एच. स्टेटवैंट, एच.जी. म्यूलर और सी.बी. ब्रिजेड ने ड्रोसोफिला के गुणसूत्रों

के मानचित्र का उपयोग अपनी पुस्तक 'द मेकैनिक्स ऑफ मेंडलियम हेरेडिटी पुस्तक में किया। मॉर्गन और उनके सहयोगियों ने मेंडल की आनुवंशिकता के नियमों की जाँच की और आनुवंशिकता के आधुनिक अध्याय की आधारशिला रखी।

मॉर्गन रॉयल सोसाइटी के फेलो चुने गए और 1924 में डार्बिन मेडल प्राप्त किया।

मॉर्गन एक बहुत सक्रिय शोधकर्ता और लेखक थे। उन्होंने म्यूलर जैसे आनुवंशिकीविज्ञानी को शोध के लिए प्रेरित किया। म्यूलर स्वयं भी नोबेल विजेता रहे और मॉर्गन के साथ आजीवन शोधकार्यों में लगे रहे। गुणसूत्रों की आनुवंशिकता पर किए गए कार्यों के लिए उन्हें नोबेल पुरस्कार से सम्मानित किया गया।

साहित्य

बुनिन, इवान अलेक्सेविच

नागरिकता : सोवियत संघ और फ्रांस

जन्म : 23 अक्टूबर, 1870; बारोनिज, रूस

निधन : 8 नवंबर, 1953; पेरिस, फ्रांस

इवान एक कवि और उपन्यासकार के रूप में बीसवीं सदी के उच्चकोटि के लेखक थे। आरंभ में उन्होंने पत्रकार के रूप में कार्य किया और कुछ समय तक क्लर्क भी रहे, बाद में वे लेखन की ओर मुड़े। मौलिक लेखन के साथ-साथ कविताओं के रूपांतर का कार्य भी बीच-बीच में करते रहे।

उनकी पहली कृति 1891 में प्रकाशित हुई जो उनकी कविताओं के संग्रह के रूप में थी, इसकी काफी प्रशंसा हुई। उसका शीर्षक था 'लिस्टोपैउड' ('दि फाल ऑफ दि लीफ', 1898)। लांगफेलो के 'हियावाथा' के अनुवाद के लिए उन्हें 1903 में 'पुश्किन एवार्ड' रशियन एकेडमी द्वारा प्रदान किया गया था। 1909 में उन्हें रशियन एकेडमी का 'फेलो' नियुक्त किया गया। बुनिन ने बायरन के 'मैनेफ्रेड एंड केन' का भी रूपांतर किया। उनकी कविताएँ पेरेनेसियन प्रभाव के अंतर्गत आती हैं तथा पुश्किन परंपरा से संबंध रखती हैं।

बुनिन एक सुप्रसिद्ध लघु-कथाकार थे। यह प्रसिद्धि उन्हें 'गोस्पोडिन इज सैन फ्रांसिस्को' (1916), 'दि जेंटिलमैन फ्रॉम सैन फ्रांसिस्को' (1922) 'टायोक्न्यो एले' (1943), 'डार्क एवेन्यूज', (1949) के प्रकाशन से मिली।

उनकी अन्य प्रकाशित कृतियाँ हैं—'देरेवन्या' (1910), 'देखेन्या दि विलेज', 1923), 'सुखोडोल' (1911-12), 'मिटिना ल्यूबोव' (1925), 'मिटिनाज लव', (1926) 'जिज्न आर्सेन्येवा' (दि लाइफ ऑफ आर्सेनेव, 1930), 'एक कथात्मक जीवनी 'इस्टोकी डनेय' (1930), 'दि वेल ऑफ डेज', (1933), 'लिंका' (1939) और उनके संस्मरणों और 'वास्योमिनानिया' (1950), मेमोरीज एंड पोर्टेट्स 1951)। उन्होंने लियो टॉल्सतॉय पर भी एक पुस्तक लिखी 'ऑस्वोबोज्देनिये टॉल्सतोगो' (1937), टॉल्सतॉय'स लिब-रेशन। उन्होंने एंतोन चेखोव पर भी लिखा। उन दोनों को बुनिन व्यक्तिगत रूप से जानते थे। उनकी पुस्तक 'ओ चेखोव' 1955 में उनके निधन के बाद प्रकाशित हुई।

शान्ति

एंजेल (राल्फ लेन), सर नॉर्मन

नागरिकता : ब्रिटेन

जन्म : 26, दिसंबर, 1873; होलवीच, लंकाशायर, ब्रिटेन

निधन : 7 अक्टूबर, 1967; क्रॉयडन, ब्रिटेन

सर नॉर्मन एक ब्रिटिश पत्रकार थे। संयुक्त राज्य अमरीका में उन्होंने कई वर्ष व्यतीत किए। वहाँ उन्होंने इंग्लैंड के प्रति अपनी प्रतिबद्धता को कभी नहीं छिपाया, इसलिए अमरीकी पत्रकार से उनकी टकराहट होती रहती थी।

सर नॉर्मन अपना प्राथमिक और प्रमुख कर्तव्य यही मानते थे कि अपने देश और अन्य देशों की जनता में विश्व शान्ति के प्रति आस्था को सदा जाग्रत् रखा जाए। राष्ट्रीय परिदृश्य में वे इस तथ्य पर बल देते थे कि जनमत को सदा

उसी दिशा में प्रेरित किया जाए। 1905 में उन्होंने पेरिस में 'डेली मेल' के महादेशीय संस्करण के संपादक का कार्यभार सँभाला। 1909 में उन्होंने एक पुस्तिका प्रकाशित की जिसका शीर्षक था : 'यूरोप ऑप्टिकल इल्यूसन'। इसके पीछे मुख्य भावना यह थी कि आगे चलकर इसे विस्तृत रूप देते हुए एक पुस्तक लिखी जाए। वह पुस्तक अंततः 'दि ग्रेट इल्यूसन' शीर्षक से 1910 में प्रकाशित हुई। थोड़े ही समय में उसके कई संस्करण प्रकाशित हुए। कई भाषाओं में उसके अनुवाद भी प्रकाशित हुए। इस पुस्तक में उन्होंने इस तथ्य पर बल दिया कि युद्ध के क्या परिणाम हो सकते हैं। सर नॉर्मन ने पूरी दक्षता से उदाहरणों के साथ इंग्लैंड और जर्मनी के बीच युद्ध छिड़ जाने की संभावना पर प्रकाश डाला था। इसी कारण विश्व शान्ति के पक्ष में जनमत को जाग्रत् रखना आवश्यक था। कुल मिलाकर सर नार्मन अपने समय के महान शान्तिवादी थे। उन्होंने अपने जीवन में जो कुछ किया और लिखा वह विश्व में शान्ति बनाए रखने के लिए किया।

नोट : इस वर्ष **रसायन विज्ञान** के क्षेत्र में नोबेल पुरस्कार नहीं दिया गया और पुरस्कार राशि एक विशेष निधि में संरक्षित रखी गई।

रसायन विज्ञान

शरीर विज्ञान/चिकित्सा विज्ञान

साहित्य

शान्ति

1934

रसायन विज्ञान

यूरे, हेरॉल्ड क्लेटन
नागरिकता : संयुक्त राज्य अमरीका
जन्म : 29 अप्रैल, 1893; इंडियाना, अमरीका
निधन : 5 जनवरी, 1981; कैलीफोर्निया, अमरीका

यूरे ने अपनी शुरुआती शिक्षा अमरीका के एक धार्मिक स्कूल में ग्रहण की। उन्होंने हाई स्कूल की शिक्षा इंडियाना के कैंडल-विल में हासिल की। 1911 में अर्लहैम महाविद्यालय से एक शिक्षक का प्रमाण-पत्र लेकर वह मोंटाना चले गए।

यूरे ने मूलतः जंतु विज्ञान में मोंटाना विश्वविद्यालय से स्नातक की डिग्री प्राप्त की थी (1917)। कुछ समय बाद वे रसायनविज्ञानी के रूप में क्रमशः मोंटाना और कैलीफोर्निया के विश्वविद्यालय में दाखिल होकर रसायन विज्ञान पर शोध करने लगे। रसायनविज्ञानी के रूप में अपना कैरियर उन्होंने अमरीकन स्कैंडिनेवियन फाउंडेशन फेलो इन कोपेनहेगन (1923-24) से आरंभ किया। वहाँ उन्होंने अणु की संरचना से संबंधित नील्स बोर के बुनियादी शोधों में भाग लिया। वहाँ से लौटने पर वे कई विश्वविद्यालयों से संबद्ध हुए, जैसे—जॉन्स हॉपकिंस विश्वविद्यालय (1924-29), और कोलंबिया विश्वविद्यालय (1934-45)। 1945-58 में वे शिकागो विश्वविद्यालय के इंस्टीट्यूट फॉर न्यूक्लियर स्टडीज में रसायन विज्ञान के प्रोफेसर नियुक्त हुए। इसी अवधि में वे ऑक्सफोर्ड में जॉर्ज ईस्टमेन विजिरिंग प्रोफेसर (1956-57) भी रहे। कैलीफोर्निया यूनिवर्सिटी के ला जोला में उन्हें प्रोफेसर एमेरिटस नियुक्त किया गया तथा 1958 में यू.एस. नेशनल एकेडमी के स्पेस साइंस बोर्ड के सदस्य नियुक्त हुए।

ओ. स्टर्न और एम. होमर 1919 में हाइड्रोजन के भारी आइसोटोप की खोज में लगे थे ताकि उनके परमाणु भार में जरा भी वृद्धि हो तो उसका परिमापन किया जा सके। यूरे ने जी. ब्रिकवेड और जी.एम. मर्फी के साथ मिलकर आइसोटोप की खोज का दृढ़ संकल्प किया तथा तीनों उस पर शोध करने लगे। वे 4 लीटर तरल हाइड्रोजन को नियंत्रित वाष्पीकरण के द्वारा 1 मिलीलीटर पर ले आए। उसकी जाँच से जो निष्कर्ष सामने आए, उससे पता चला कि इस प्रक्रिया से 2 द्रव्यमान वाला ड्यूटेरियम आइसोटोप प्राप्त हुआ। यूरे ने ई.डब्ल्यू.

वाशबर्न के सहयोग से जल की विद्युत अपघटन पद्धति से ड्यूटेरियम प्राप्त करने की विधि विकसित की जो इस तथ्य पर आधारित थी कि हल्के आइसोटोप सामान्यत: ज्यादा तेजी से विकसित होते हैं। उनके शोधों के जो निष्कर्ष निकले वे आधुनिक रसायन विज्ञान के क्षेत्र में बड़े महत्त्वपूर्ण साबित हुए।

यूरे प्रथम एटम बम को विकसित करने में सफल हुए। उनके अगले शोध का संबंध ब्रह्मांड की उत्पत्ति और पृथ्वी पर जीवन के विकास में आइसोटोपों के वितरण से था। 1952 में उनकी पुस्तक 'दि प्लैनेट्स : देयर ओरिजिन एंड डेवलपमेंट' प्रकाशित हुई। उन्होंने चाँद के धरातल की जाँच के क्षेत्र में भी काम किया। पुच्छल ताराओं या धूमकेतुओं के निर्माण की प्रक्रिया के बारे में एक नया सिद्धांत प्रस्तुत किया। उन्होंने जोरदार ढंग से अंतरिक्ष में अन्वेषण के लिए खोज यात्राएँ करने की सलाह दी। 1940 में उन्हें डेवी पुरस्कार प्रदान किया गया तथा 1947 में वे रॉयल सोसाइटी के विदेशी सदस्य चुने गए। भारी हाइड्रोजन की खोज के लिए उन्हें नोबेल पुरस्कार से सम्मानित किया गया।

शरीर विज्ञान/चिकित्सा विज्ञान

मिनोट, जॉर्ज रिचर्ड्स

नागरिकता : संयुक्त राज्य अमरीका

जन्म : 2 दिसंबर, 1885; बोस्टन, अमरीका

निधन : 25 फरवरी, 1950; ब्रुकलिन, अमरीका

जॉर्ज रिचर्ड्स एक चिकित्सक थे। उन्हें जॉर्ज व्हिपल तथा विलियम पैरी के साथ सांघातिक एनीमिया (रक्त की कमी) के सफलतापूर्ण उपचार में कच्चा यकृत को आहार रूप में प्रस्तुत करने के लिए नोबेल पुरस्कार से सम्मानित किया गया। वे मैसाचुसेट्स जनरल हॉस्पिटल में रिसर्च स्टाफ थे। उन्होंने रक्त की गड़बड़ी आदि की जाँच की। वे कोलिन पी. हंटिंग्टन मेमोरियल हॉस्पिटल में सहायक चिकित्सक थे। मर्फी के साथ उन्होंने सांघातिक एनीमिया के कारणों की खोज की।

1926 में मिनोट और मर्फी ने देखा कि आधा पाउंड कच्चे यकृत के एक्स्ट्रैक्ट (अर्क) से एनीमिया की चिकित्सा आरंभ की जा सकती है, विटामिन 'बी-12' की उसमें प्रमुखता होती है। यह पाया गया कि जो लोग सांघातिक एनीमिया से पीड़ित हैं, वे पके हुए मांस को उदरस्थ करेंगे तो उससे भी पर्याप्त लाभ हो सकता है।

मिनोट को थार्नडाइक की बोस्टन सिटी हॉस्पिटल मेमोरियल लेबोरेटरी में निदेशक नियुक्त किया गया।

मर्फी, विलियम पैरी

नागरिकता : संयुक्त राज्य अमरीका

जन्म : 6 फरवरी, 1892; विस्कॉन्सिन, अमरीका

निधन : 9 अक्टूबर, 1987; ब्रुकलिन, अमरीका

विस्कोंसिन तथा ऑरगेन राज्यों में एक मंत्री रह चुके टॉमस फ्रांसिस मर्फी तथा रोज अन्ना पैरी के पुत्र विलियम पैरी मर्फी एक चिकित्सक थे, जिन्हें जॉर्ज रिचर्ड्स मिनोट तथा जॉर्ज होइट व्हिपल के साथ संयुक्त रूप से शरीर में रक्त की कमी से संबंधित (माइक्रोसाइटिक एनीमिया) पर महत्त्वपूर्ण कार्यों के लिए 1934 के शरीर विज्ञान अथवा औषधि विज्ञान के नोबेल पुरस्कार से सम्मानित किया गया।

इस तरह की एनीमिया में शरीर के रक्त में हीमोग्लोबिन की सघनता की कमी होती है।

विलियम पैरी की शिक्षा विस्कोंसिन तथा ऑरगेन के पब्लिक स्कूलों में तथा ऑरगेन विश्वविद्यालय में हुई, जहाँ उन्होंने 1914 में मास्टर की डिग्री प्राप्त की। अगले दो वर्षों तक उन्होंने ऑरगेन के उच्च विद्यालयों में भौतिक विज्ञान तथा गणित विषयों में अध्यापन कार्य किया तथा उसके बाद एक वर्ष पोर्टलैंड में ऑरगेन विश्वविद्यालय के मेडिकल स्कूल में व्यतीत किया, जहाँ उन्होंने शरीर रचना विज्ञान विभाग में प्रयोगशाला सहायक के रूप में कार्य किया। 1920 में उन्होंने हार्वर्ड विश्वविद्यालय से एम.डी. की डिग्री प्राप्त की। 1923 में उन्होंने पीटर बैंट बरिंघम अस्पताल (बाद में जिसका नाम

बरिंघम एंड वूमेन 'स हॉस्पिटल हो गया) में नियुक्त हो गए, जहाँ उन्होंने मिनोट के साथ सहयोग किया। 1920 के दशक के आरंभ में व्हिपन्ल ने दिखाया कि रक्तहीनता तथा रक्त की कमी से पीड़ित रोगियों के आहार में जिगर बहुत तेजी से लाल रक्त कोशिकाओं की संख्या को बढ़ाता है। इस सूचना पर कार्य करते हुए मिनोट ने मर्फी के सहयोग से सांघातिक अल्प-रक्तता (पर्नीशियस एनीमिया) के रोगियों में यकृत को आहार के रूप में प्रयुक्त करना आरंभ किया, जिसके आश्चर्यजनक परिणाम प्राप्त हुए। उनके अध्ययनों से पता चला कि रक्तस्राव से होनेवाली खून की कमी के लिए यकृत में आयरन की मौजूदगी जिम्मेदार है।

विलियम मर्फी ने 'एनीमिया इन प्रैक्टिस : पर्नीशियस एनीमिया' नामक पुस्तक (1939) भी लिखी।

वे देश-विदेश की कई चिकित्सा एवं संबद्ध समितियों के सदस्य भी रहे।

व्हिपल, जॉर्ज होइट
नागरिकता : संयुक्त राज्य अमरीका
जन्म : 28 अगस्त, 1878; ऐशलैंड, अमरीका
निधन : 1 फरवरी, 1976; न्यू यॉर्क, अमरीका

जॉर्ज होइट व्हिप्ले का जन्म एक चिकित्सक परिवार में हुआ था। उनकी प्रारंभिक शिक्षा येल विश्वविद्यालय में हुई। इसके बाद वे यू. एस. पैथोलॉजिस्ट वेल्च (जॉन्स हॉपकिंस यूनि-वर्सिटी) के दो वर्षों तक छात्र रहे। मेडिकल स्कूल में प्रवेश वे 1910 में ही कर चुके थे। 1905 में स्नातक होने के बाद दो वर्षों तक वे वेल्च के डिपार्टमेंट ऑफ पैथोलॉजी में कार्य करते रहे। उन्होंने उष्णकटिबंधीय देशों की अनेक व्याधियों का अध्ययन किया। उन व्याधियों में 'मोएबिक डिसेंट्री (पेचिश), फाइलेरियासिस, ब्लैक वाटर फीवर (काला ज्वर) आदि थे।

1914 में कैथरीन बाल वैरिंग के साथ विवाह किया। उनके एक पुत्री और पुत्र हैं।

व्हिपल कैलीफोर्निया विश्वविद्यालय के रिसर्च मेडिसिन के प्रोफेसर और डायरेक्टर ऑफ हूपर फाउंडेशन फॉर मेडिकल रिसर्च रहे। वे मेडिकल स्कूल के डीन भी रहे। आहार पद्धति के द्वारा सांघातिक एनीमिया की चिकित्सा हो सकती है, कुछ समय इस तथ्य पर लोगों का ध्यान नहीं गया या गया भी तो उसे गंभीरता से नहीं लिया गया। आगे चलकर यही पद्धति प्रचलित हुई।

न्यू यॉर्क के रोचेस्टर विश्वविद्यालय में वे पैथोलॉजी के प्रोफेसर रहे। पैथोलॉजी के थैलेसिमिया (यह नाम व्हिपल ने दिया था) पर उन्होंने शोध किया। 1927-43 की अवधि में वे रॉकफेलर फाउंडेशन के एक ट्रस्टी थे। 1939-60 में रॉकफेलर इंस्टीट्यूट के बोर्ड ऑफ ट्रस्टीज के सदस्य रहे।

1934 का नोबेल पुरस्कार व्हिपल, मिनोट और मर्फी को संयुक्त रूप से प्रदान किया गया।

साहित्य

पिरांडेलो, लुइगी
नागरिकता : इटली
जन्म : 28 जून, 1867; अग्रिजेंटो, सिसली, इटली
निधन : 10 दिसंबर, 1936; रोम, इटली

लुइगी पिरांडेलो एक उपन्यासकार और कहानीकार थे। उन्होंने पहले विज्ञान का अध्ययन किया था, क्लासिकों का अध्ययन किया। रोम विश्वविद्यालय और बॉन विश्वविद्यालय में उन्होंने फाइलोलॉजी (भाषा-विज्ञान) का अध्ययन किया। बॉन विश्वविद्यालय से उन्होंने स्नातक की डिग्री प्राप्त की।

उन्हें इटली की भाषाओं का व्याख्याता नियुक्त किया गया। डॉक्टरेट की डिग्री वे पहले ही प्राप्त कर चुके थे। अपनी पिरांडेलो कहानियों और उपन्यासों में नैतिकता के ह्रास पर चिंता व्यक्त करते हैं। प्रथम विश्वयुद्ध के बाद नैतिक मूल्यों में और भी अधिक गिरावट आ गई थी जिसकी चर्चा वे अपनी कृतियों में करते हैं।

उनकी प्रमुख कृतियाँ हैं : 'वर्ज', 'यूनो, नेस्युनो काउंटेमिला' (1925-26), 'वन, नन एंड ए हंड्रेड थाउजेंड', (1937), 'ला एस्कुलुसा' (दि आउटकास्ट, 1893) 'इल फु मेटिया पास्कल' (1904) 'सी गिराल' ('शूट', 1915), 'नोबेल पेर उन आन्नो' (1912-37, स्टोरीज), 'पेनासासि गिआ कोमिना' (नाटक, 1916), 'इल बेरिंग ए सोनाग्ली' (1916), 'ला युओमो वैस्टिया, इ ला वर्टु' (मैन, बीस्ट एंड वर्च्यू, 1919), 'इल गियूओको डेले पार्टी' (रूल्स ऑफ दि गेम, 1919) और 'कम टु मि व्यूई' (1930)।

उनके सर्वश्रेष्ठ नाटक 'सेइ परसोनागी इन सेर्का डि आटेरो' (1921, सिक्स कैरेक्टर इन सर्च ऑफ ऐन ऑथर) और 'एनरिको IV' (1922, हेनरी IV)। पहला नाटक बहुत लोकप्रिय सिद्ध हुआ। उसका अनुवाद अनेक भाषाओं में हुआ। कोलकाता में उसे मंचित किया गया। उनकी बोल्ड और मौलिक नाटकीय कला शैली के लिए उन्हें साहित्य के नोबेल पुस्कार से सम्मानित किया गया।

शान्ति

हेंडर्सन, आर्थर

नागरिकता : ब्रिटेन

जन्म : 13 सितंबर, 1863; ग्लासगो, स्कॉटलैंड

निधन : 20 अक्टूबर, 1935; लंदन, ब्रिटेन

आर्थर हेंडर्सन को शान्ति का नोबेल पुरस्कार 1934 में प्राप्त हुआ। वे ब्रिटिश नागरिक थे और समाजवादी आदर्शों से अनुप्रेरित थे। वे श्रमिक वर्ग से आए थे और ट्रेड यूनियन आंदोलन के अग्रणी नेता थे। वे 1903 में पार्लियामेंट में लिबरल सदस्य चुने गए और आगे चलकर लेबर पार्टी के संसदीय सदस्यों के नेता चुने गए। प्रथम विश्वयुद्ध के दौरान उन्होंने इंग्लैंड के युद्ध में भाग लेने का समर्थन किया। 1915 में लॉयड जॉर्ज की गठबंधन सरकार में एक सदस्य चुने गए। 1917 में उन्हें समझौते के लिए एशिया भेजने की बात थी मगर उनकी शान्तिवादिता ने उनके कदम रोक दिए।

उन्होंने एक पैंफलेट प्रकाशित किया—'दि एम्स ऑफ दि लेबर पार्टी'। इस पैंफलेट में उन्होंने यह भविष्य-कथन किया कि युद्ध के बाद दुनिया-भर में भयावह उथल-पुथल मच सकती है। उन्होंने पश्चिमी राष्ट्रों से अपील की कि अंतरराष्ट्रीय सुरक्षा को कायम रखने के लिए लोकतंत्र और सामाजिक सुधार पर विशेष बल दिया जाए।

युद्ध के तुरंत बाद हेंडर्सन ने शान्तिवादी लक्ष्यों पर अपना ध्यान केंद्रित किया। 1924 में उन्होंने गृह सचिव का कार्यभार सँभाला। उन्होंने ब्रिटेन को लीग ऑफ नेशंस के सिद्धांतों के आधार पर अपनी विदेश नीति निर्धारित करने का सुझाव दिया।

1931 में हेंडरसन जिनेवा में आयोजित निशस्त्रीकरण सम्मेलन के अध्यक्ष चुने गए। सरकारी पद से इस्तीफा दे देने के बावजूद उन्होंने जिनेवा सम्मेलन में भाग लिया। ब्रिटिश विदेश सचिव का दायित्व वे भूले नहीं।

नोट : इस वर्ष **भौतिकी** का नोबेल पुरस्कार नहीं दिया गया। इसकी 1/3 पुरस्कार राशि मुख्य निधि तथा 2/3 राशि पुरस्कार विभाग की विशेष निधि को आवंटित की गई।

भौतिक विज्ञान

रसायन विज्ञान

शरीर विज्ञान/चिकित्सा विज्ञान

शान्ति

1935

भौतिक विज्ञान

चैडविक, सर जेम्स
नागरिकता : ब्रिटेन
जन्म : 20 अक्टूबर, 1891; मेक्लेसफील्ड बोलिंगटन, ब्रिटेन
निधन : 24 जुलाई, 1974; कैंब्रिज, ब्रिटेन

सर जेम्स चैडविक ने मैनचेस्टर विश्वविद्यालय में प्रवेश करने से पहले मैनचेस्टर ग्रामर स्कूल में पढ़ाई की। मैनचेस्टर विश्वविद्यालय से भौतिक विज्ञान में स्नातक की डिग्री उन्होंने 1911 में प्राप्त की। मास्टर डिग्री के लिए 1911-13 में सर अर्नेस्ट रदरफोर्ड (केमिस्ट्री में नोबेल विजेता, 1908) के अधीन भी कार्य किया। उसके बाद बर्लिन के 'टेकनिस्चे रीखसन स्टाल्ट' में एच.डब्ल्यू. गीगर के अधीन कार्य किया। युद्ध के दौरान वे भूमिगत हो गए और स्पेंडाउ के निकट रुहलेबेन में रेसकोर्स के अस्तबल में छिपे रहे। युद्ध के दिनों में भी भौतिक विज्ञान पर अपना प्रयोग उन्होंने जारी रखा। इस कार्य में उन्हें इंग्लैंड से आर्थिक सहायता मिली। इसके अतिरिक्त मैक्स प्लैंक (केमिस्ट्री में नोबेल विजेता, 1918) एच.डब्लू. नर्न्स्ट (नोबेल विजेता केमिस्ट्री के 1920 तथा जर्मनी के लाइज मिटनर का समर्थन भी उन्हें प्राप्त हुआ। गानविले और कैंब्रिज के कैयूस कॉलेज में वूलेस्टन स्टूडेंटशिप प्राप्त की (1919) तथा कॉलेज के फेलो (1921 में) चुने गए एवं 1923 में कैवेंडिश प्रयोगशाला में प्रायोगिक भौतिक विज्ञान के निदेशक नियुक्त हुए। वहाँ उन्होंने सर अर्नेस्ट रदरफोर्ड के अधीन कार्य करना आरंभ किया। उन्होंने अल्फा कणों की बमबारी द्वारा पदार्थ के कृत्रिम विखंडन पर प्रयोग किए और विकिरण पर शोध करते रहे। अपने प्रयोगों से उन्होंने न्यूट्रॉन की खोज की। न्यूट्रॉन्स के अध्ययन से अणुओं के विभाजन का पता चला और प्रथम रिएक्टर की खोज का मार्ग प्रशस्त हुआ।

सर चैडविक 1932 में रॉयल सोसाइटी के सदस्य चुने गए। न्यूट्रॉन की खोज के लिए उन्हें 'ह्यूज मेडल' प्रदान किया गया। इसी खोज के लिए उन्हें नोबेल पुरस्कार मिला। लिवरपूल यूनिवर्सिटी में भौतिक विज्ञान के 'लियोन जोंस प्रोफेसर' रहे (1935-48)। 1945 में उन्हें 'नाइटहुड' की उपाधि प्रदान की गई।

उन्होंने 1943 में अमरीका जानेवाले ब्रिटिश प्रतिनिधि-मंडल का नेतृत्व किया था। वहाँ वे परमाणु बम के विकास

का कार्य देखने के बाद जब इंग्लैंड लौटे तो एक बदले हुए व्यक्ति थे। युद्ध के बाद वे नाभिकीय ऊर्जा के विकास के लिए शोधकार्य में संलग्न हुए। उनका मत था कि यह कार्य विश्वविद्यालयों के द्वारा कराया जाए तो स्थिति बेहतर सिद्ध होगी। वह गोनविले और कायस कॉलेज के शिक्षक भी रहे। किंतु 1958 में उन्होंने त्यागपत्र दे दिया। उस कॉलेज में कार्य करते समय उनको आर्थिक क्षति भी उठानी पड़ी थी।

चैडविक ने 1925 में ऐलीन स्टीवार्ट ब्राउन के साथ विवाह किया था। अवकाश प्राप्ति के बाद वे लेडी चैडविक और दो जुड़वाँ पुत्रियों के साथ कैंब्रिज में रहने लगे। उन्हें बागवानी और मछलियों के शिकार का शौक था। न्यूट्रॉन की खोज के लिए उन्हें नोबेल पुरस्कार दिया गया।

रसायन विज्ञान

जोलिओट, फ्रेडरिक

नागरिकता : फ्रांस

जन्म : 19 मार्च, 1900; पेरिस, फ्रांस

निधन : 14 अगस्त, 1958; पेरिस, फ्रांस

फ्रेडरिक जोलिओट पेरिस के एक व्यापारी के पुत्र थे। फ्रेडरिक ने आरंभिक शिक्षा पेरिस के 'इकोले डि फिजिक एट चिमी' में प्राप्त की थी। एक स्टील कंपनी में प्रोडक्शन इंजीनियर के रूप में कुछ महीनों तक कार्य करने के बाद उन्होंने इंजीनियरिंग और रसायन विज्ञान का अध्ययन किया। 1925 में उन्होंने पेरिस के रेडियम इंस्टीट्यूट में प्रवेश किया। वहाँ वे मेरी क्यूरी के शोध सहयोगी थे। वे यद्यपि मुग्ध भाव से मेरी क्यूरी के साथ शोधकार्य कर रहे थे, मगर मेरी क्यूरी की पुत्री आइरेन से बहुत ज्यादा सम्मोहित थे। वह भी शोधकार्य में सहयोग कर रही थी। 1926 में उन दोनों ने विवाह कर लिया। विवाह के बाद आइरेन ने अपना नाम बदलकर 'जोलिओट-क्यूरी आइरेन' कर लिया।

जोलिओट फ्रेडरिक ने 1930 में रेडियो तत्त्वों की विद्युत-रसायनी के अध्ययन पर डॉक्टरेट की डिग्री प्राप्त की। 1937 में 'कॉलेज डि फ्रांस' में नाभिकीय रसायन के न्यू चेयर पर उनकी नियुक्ति हुई। द्वितीय विश्वयुद्ध के बाद जोलिओट फ्रेडरिक ने फ्रांस के प्रतिरोध में महत्त्वपूर्ण भूमिका अदा की। 1946-50 में वे न्यू 'कॉमिसेरिट ए ला एनर्जी एटॉमिक' के अध्यक्ष नियुक्त हुए। 1956 में उन्हें रेडियम इंस्टीट्यूट का अध्यक्ष नियुक्त किया गया।

1931 में जोलिओट और आइरेन ने शोध आरंभ किए। उनके शोधों की परिणति 1934 में उस ऐतिहासिक खोज के रूप में सामने आई जिसके फलस्वरूप उन्हें 1935 के नोबेल पुरस्कार से सम्मानित किया गया। उन्होंने पहला मानव निर्मित रेडियोएक्टिव पदार्थ तैयार किया।

युद्ध के दौरान जोलिओट फ्रांस में ही रहे और आइसोटोपों के जीव वैज्ञानिक पहलुओं के शोधों में लगे रहे। जोलिओट वर्ल्ड फेडरेशन ऑफ साइंटिफिक वर्कर्स तथा वर्ल्ड काउंसिल फॉर पीस के प्रथम अध्यक्ष थे। यू एन एटॉमिक एनर्जी कमीशन तथा यूनेस्को के गठन में भी जोलिओट ने पर्याप्त सक्रियता दिखाई।

जोलिओट क्यूरी आइरेन

नागरिकता : फ्रांस

जन्म : 12 सितंबर, 1897; पेरिस, फ्रांस

निधन : 17 मार्च, 1956; पेरिस, फ्रांस

जोलिओट क्यूरी आइरेन पियरे एवं मेरी क्यूरी की पुत्री थीं। औपचारिक शिक्षा उन्होंने अधिक नहीं प्राप्त की थी। इसके बदले वे उन अनौपचारिक कक्षाओं में जाती थीं जहाँ उनकी माता भौतिक विज्ञान पढ़ाया करती थीं, पॉल लैंगेविन गणित और जीन बैप्टिस्टे पेरिन रसायन विज्ञान पढ़ाया करते थे। आगे चलकर वे सोरबो जाने लगीं। वे वहाँ यद्यपि पहले रेडियोलॉजिस्ट के रूप में कार्य करने लगीं मगर प्रथम विश्वयुद्ध के दौरान मोर्चे पर भी रेडियोलॉजिस्ट की भाँति डटी रहीं। इसके बाद वे अपनी माता के रेडियम इंस्टीट्यूट में बैठकर अपना

शोधकार्य करने लगीं। वे 1946 में वहाँ की निदेशक बनीं और आजीवन अपना संबंध उस इंस्टीट्यूट से बनाए रहीं। 1937 से वे सोर्बोन में भी प्रोफेसर के रूप में कार्यरत रहीं।

1926 में आइरेन क्यूरी ने फ्रेडरिक जोलिओट से विवाह किया था और अपना नाम जोलिओर क्यूरी कर लिया। डब्ल्यू. बोथे और एच. बेकर ने पता लगाया कि एक केंद्रीकृत रेडिएशन की तुलना में बेरिलियम से दस गुना अधिक शक्तिशाली विकिरण होता है। अपने पति के साथ उन्होंने दिखाया कि इस विकिरण के जरिए पेराफिन वैक्स और हाइड्रोजनयुक्त तत्त्वों से प्रोटॉनों का उत्सर्जन हो सकता है। 1934 में उन्होंने संयोगवश वह ऐतिहासिक खोज कर डाली जिसके कारण 1935 का नोबेल पुरस्कार उन्हें संयुक्त रूप से दिया गया। वह खोज मनुष्य द्वारा निर्मित रेडियोएक्टिव तत्त्व से संबंधित थी।

आइरेन ने और भी अनेक तत्त्वों की खोज की जो प्रोटॉन, फोटॉन, पोजिट्रॉन आदि से संबंध रखती थीं। 1936 में आइरेन जोलिओट क्यूरी को स्टेट फॉर साइंटिफिक रिसर्च का अवर सचिव नियुक्त किया गया। 1946-51 की अवधि में फ्रेंच एटामिक एनर्जी से संबंधित चार कमिश्नरों में से एक कमिश्नर आइरेन भी थीं। अपनी माता की भाँति उन्होंने भी वैज्ञानिकों की एक पीढ़ी तैयार की। विकिरण के निकट लंबे समय तक काम करते रहने के कारण ल्यूकीमिया रोग ने उन पर धावा बोल दिया। उसी रोग से 54 वर्ष की आयु में उनकी मृत्यु हो गई।

शरीर विज्ञान/चिकित्सा विज्ञान

स्पेमान, हैंस
नागरिकता : जर्मनी
जन्म : 27 जून, 1869; स्टुटगार्ट, जर्मनी
निधन : 12 सितंबर, 1941; फ्रीबर्ग इम ब्रीसगाउ, जर्मनी

स्पेमान ने अपनी आरंभिक शिक्षा एक 'जिम्नाजियम' में प्राप्त की थी। स्कूल छोड़ने के बाद वे अपने पिता के व्यवसाय में हाथ बँटाने लगे। फिर कुछ समय तक सेना में भी काम किया। हीडेलबर्ग विश्वविद्यालय में अध्ययन के बाद म्यूनिख और ऊर्जबर्ग के विश्वविद्यालयों में भी अध्ययन किया। उन्होंने एनॉटोमिस्ट कार्ल गेजेनबॉर और रोंटजेन (भौतिक विज्ञान में प्रथम नोबेल विजेता) जैसे प्रख्यात शिक्षकों का शिष्यत्व स्वीकार कर उन्हीं के निर्देशन में अपना अध्ययन जारी रखा। 1895 में वे स्नातक हुए। 1898 में वे जूलॉजी (जीव विज्ञान) के लेक्चरर नियुक्त किए गए। फिर रोस्टोक के चेयर ऑफ जुलॉजी पर उन्हें बिठाए जाने का आमंत्रण 1909 में मिला। वे बर्लिन-दाहलेम के कैसर विल्हेम इंस्टीट्यूट फॉर बायोलॉजी के निदेशक नियुक्त हुए। 1919 में यूनिवर्सिटी ऑफ फ्रीबर्ग-इम-ब्रीसगाउ में चेयर ऑफ जुलॉजी पर उन्हें नियुक्त किया गया। उसी पद पर 1935 में अवकाश प्राप्ति तक विराजमान रहे।

स्पेमान जब रोस्टोक में जूलॉजी के प्रोफेसर थे तभी उन्होंने विज्ञान की एक नई शाखा विकसित की जिसे विकासात्मक फिजियोलॉजी कहा गया। वे रोगों के कीटाणुओं का पता लगाने के लिए उत्सुक रहते थे तथा जो भी शोध वह करते गए उनका संबंध कीटाणुओं से ही था। एक-एक करके उपलब्धियों के क्रमिक सोपान तय किए। भ्रूण के विकसित होने में संयोजक प्रभाव की खोज के लिए उन्हें नोबेल पुरस्कार प्रदान किया गया।

शान्ति

वॉन ओसीट्ज्की, कार्ल
नागरिकता : जर्मनी
जन्म : 3 अक्टूबर, 1889; हैंबर्ग, जर्मनी
निधन : 4 मई, 1939, बर्लिन; जर्मनी

कार्ल वॉन सदा प्रखर समझौतावादी और शान्तिवादी रहे। प्रूसियन मिलिटरिज्म पर हमला करने के बाद कोर्ट ने भी उन्हें दंडित किया था। प्रथम विश्वयुद्ध के दौरान शान्ति के

आंदोलन में उन्होंने अपनी पूरी सक्रियता दिखाई। उन्हें 1920 में लुडविंग क्विड द्वारा 'डयूट्स्चे फीडेंस जेसेल्से चेसे चैफ्ट' (जर्मन सोसाइटी फॉर पीस) का सचिव नियुक्त किया गया। फिर भी कार्ल वॉन ने अनुभव किया कि व्यक्ति की ओर विशेष रूप से झुकाव शान्ति के हक में नहीं हो सकता। एक शान्तिवादी लेखक के रूप में भी वे प्रसिद्ध हुए। 1921 में वे 'वोक्लसजीटुंग' के विदेशी संपादक नियुक्त हुए। उस जर्नल में विदेशी होने के नाते समझौतवाद के वे प्रखर प्रवक्ता रहे। 1924 में वे रेडिकल पीरियोडिकल पत्रिका 'डिएवेल्टब्यूने' के संयुक्त संपादक हुए तथा 1927 में प्रधान संपादक हो गए। उसी वर्ष बर्थोल्ड जेकब का एक लेख उन्होंने प्रकाशित किया जिसमें अनेक प्रमुख सैन्या-धिकारियों को कारागार में बंद किए जाने की कार्रवाई पर घोर आपत्ति जताई गई थी। इस पर जेकब और कार्ल वॉन को कुछ समय के लिए जेल में बंद किया गया, फिर जुर्माना किया गया।

अगली बार कार्ल वॉन ने गुप्त रूप से जर्मनी का शस्त्रीकरण किए जाने का कड़ा विरोध किया। उन्होंने 'डिए बेल्टब्यूने' के 12 मार्च, 1929 के अंक में एक एयरक्राफ्ट टेक्नीशियन का लेख प्रकाशित किया जिसमें संविधान के विरुद्ध जर्मनी के परिवहन मंत्रालय की कड़ी आलोचना की गई थी तथा उसकी नीतियों को गंभीर रूप से घातक बताया गया था। कार्ल वॉन स्वयं शान्ति समझौते को संशोधित किए जाने के पक्ष में थे। उन्होंने सोचा कि गुप्त रूप से जर्मनी का शस्त्रीकरण किए जाने से जर्मनी की आक्रामक शक्तियों को बढ़ावा मिलेगा। अन्य देशों की आक्रामक शक्तियों का भी यही हाल हो सकता है। जर्मनी की सरकार को ये बातें पसंद नहीं आईं। कार्ल वॉन और जेकब को कारागार में बंद कर दिया गया, 'एस्पाइनेज ऐक्ट ऑफ 1914' के अंतर्गत। यह ऐक्ट मिलिटरी के सीक्रेटों को प्रचारित प्रसारित कर देने के विरोध में लागू किया गया था। न्यायालय ने उन दोनों को दोषी पाया और अठारह महीने तक जेल में रखने का आदेश दिया। उन दोनों को इस प्रकार दंडित किए जाने की प्रतिक्रिया उदारवादी क्षेत्रों में व्यापक रूप से हुई तथा उसके विरोध में कई गोष्ठियाँ भी आयोजित की गईं। सात महीनों के बाद उन्हें जेल से मुक्त किया गया, 2 दिसंबर, 1932 के क्षमादान कानून के लागू किए जाने पर। कारागार से मुक्त होने के बाद कार्ल वॉन ने 'डिएवेल्टब्यूने' का कार्य फिर से सँभाल लिया।

'जर्मन लीग फॉर ह्यूमन राइट' के आमंत्रण पर कार्ल वॉन को 'कल्चर बार्बेरिज्म' विषय पर 3 फरवरी, 1933 को भाषण देना था। मगर बर्लिन पुलिस के अधिकारियों ने उस पर रोक लगा दी, इस आधार पर कि अलग दृष्टिकोण रखने-वाले उग्रपंथी लोग वहाँ उपद्रव कर सकते हैं। अंततः वह भाषण तो हुआ मगर बंद दरवाजे के भीतर जर्मन लेखकों के समक्ष। उसमें नाजीवाद के विरुद्ध एक संयुक्त मोर्चा खोलने की संभावना पर विचार-विमर्श किया गया। अगले ही दिन रीखस्टैग गोलीबारी की घटना हुई। उसी रात कार्ल वॉन को गिरफ्तार कर लिया गया। उन्हें सोनेन्बर्ग के यातना कैंप में रखा गया। बाद में उन्हें पेपेन्बर्ग एस्टर वे जन में ले जाया गया। यह कल्पना करना कठिन नहीं है कि इन भयंकर कन्सेंट्रेशन कैंपों में उन्हें कितनी मानसिक और शारीरिक यातनाएँ सहनी पड़ी होंगी। शान्ति के एक महान योद्धा के अविस्मरणीय संघर्षों के कारण वे नोबेल पुरस्कार विजेता के रूप में यशस्वी हुए।

नोट : इस वर्ष **साहित्य** के क्षेत्र में नोबेल पुरस्कार नहीं दिया गया और पुरस्कार राशि एक विशेष निधि में संरक्षित रखी गई।

भौतिक विज्ञान

रसायन विज्ञान

शरीर विज्ञान/चिकित्सा विज्ञान

साहित्य

शान्ति

1936

भौतिकी विज्ञान

एंडर्सन, कार्ल डेविड
नागरिकता : संयुक्त राज्य अमरीका
जन्म : 3 सितंबर, 1905; न्यू यॉर्क, अमरीका
निधन : 11 जनवरी, 1991; सैन मैरीनो, अमरीका

कार्ल डेविड एंडर्सन के माता-पिता मूलतः स्वीडिश थे। एंडर्सन ने स्नातक होने के बाद कैलीफोर्निया के इंस्टीट्यूट ऑफ टेक्नोलॉजी से पीएच.डी. की डिग्री प्राप्त की। वहाँ उन्होंने कॉस्मिक किरणों पर शोध किए तथा 1939 में भौतिक विज्ञान के प्रोफेसर नियुक्त हुए तथा भौतिक विज्ञान, गणित और खगोलशास्त्र विभाग के चेयरमैन 1962 में बने। वे 1927 से ही एक्स-रे फोटो इलेक्ट्रॉन का अध्ययन करते रहे थे। उन्होंने 1930 में गामा किरणों और कॉस्मिक किरणों पर शोध किए जिसमें उन्होंने चुंबकीय क्लाउड चेंबर का उपयोग किया था। 1932 में एंडर्सन ने 'पोजिट्रॉन' की खोज की थी। वह खोज उस क्रम में हुई जब वे कॉस्मिक प्रभाव का अध्ययन कर रहे थे। एक वर्ष बाद गामा विकिरण द्वारा पोजिट्रॉन उत्पन्न करने में सफलता मिली। 1936 में उन्होंने 'म्युओन' की खोज में भाग लिया जो इलेक्ट्रॉन से 207 गुना बड़ा होता है। पोजिट्रॉन और मेसन अल्पकालिक होते हैं। पोजिट्रॉन इलेक्ट्रॉन के साथ प्रतिक्रिया करता है और समान मात्रा में ऊर्जा उत्पन्न करता है जो एक जोड़ा गया गामा किरणों का स्वरूप ग्रहण कर लेता है। तभी आइंस्टीन के प्रसिद्ध समीकरण $E=mc^2$ की प्रासंगिकता सामने आती है। धनात्मक आवेश वाले मेसन को पोजिट्रॉन और न्यूट्रॉन्स के खंडों में विभक्त किया जा सकता है, जबकि नकारात्मक रूप से आवेशित मेसन इलेक्ट्रॉन्स और न्यूट्रॉन्स के खंडों का रूप लेता है। प्रति-पदार्थ (एंटीमेटर) के प्रथम ज्ञात कण पोजिट्रॉन या प्रति-इलेक्ट्रॉन की खोज के लिए उन्हें संयुक्त रूप से ऑस्ट्रिया के भौतिकशास्त्री वि.एफ. हेज के साथ नोबेल पुरस्कार से सम्मानित किया गया।

एंडर्सन ने 1946 में लॉरैन बर्गमैन के साथ विवाह किया था। उनके दो पुत्र थे—मार्शल और डेविड।

हेस, विक्टर फ्रांसिस
नागरिकता : ऑस्ट्रिया
जन्म : 24 जून, 1883; वाल्डस्टीन, ऑस्ट्रिया
निधन : 17 दिसंबर, 1964; माउंट वेरनन, न्यू यॉर्क, अमरीका

विक्टर हेस के पिता का नाम विंजेंस हेस और माता का नाम था—सेराफाइन एड्ले वॉन ग्रौस बाउएर-वाल्डस्टाट। विक्टर हेस ने अपनी शिक्षा ग्राज में पूरी की, वहीं से 1910 में उन्होंने पीएच.डी. की डिग्री प्राप्त की। एक फिजीशियन के रूप में उन्होंने संयुक्त राज्य अमरीका के एंडर्सन के साथ संयुक्त रूप से 1936 का नोबेल पुरस्कार प्राप्त किया था। वे कई वर्षों तक वी.एन. एकेडमी की फैकल्टी ऑफ साइंसेज में रहे और ग्राज यूनिवर्सिटी में प्रोफेसर रहे। 1920 में वे कॉस्मिक किरणों के शोध पर बल डालने के लिए संयुक्त राज्य अमरीका गए। 1938 में वे फोर्ढाम विश्वविद्यालय में भौतिक विज्ञान के प्रोफेसर नियुक्त हुए और 1956 में अवकाश प्राप्ति तक वहीं कार्यरत रहे। उनके शोधकार्य मुख्यत: रेडियोधर्मिता और वातावरणीय विद्युतीय (एटमोस्फेरिक इलेक्ट्रीसिटी) पर केंद्रित रहे। उन्होंने 1911 से पहले आकाश के वातावरण में विद्युत चालकता का अध्ययन किया। वह गंभीर रूप से विकिरण के स्रोत की पृष्ठभूमि का अध्ययन करते रहे। विक्टर हेस ने पाया कि पृथ्वी के धरातल पर पाए जानेवाले विकिरण से आठ गुना अधिक विकिरण की ऊर्जा ऊपरी वातावरण में थी। मिलिकन ने इसे 'कॉस्मिक किरण' का नाम दिया। एंडर्सन ने आधुनिक भौतिक विज्ञान के क्षेत्र में एक युगांतरकारी उपलब्धि कहा। वे परमाणु बम की दिशा में अध्ययनरत रहे, किंतु दृढ़ता के साथ न्यूक्लियर परीक्षणों का विरोध करते रहे।

डिब्ये, पेट्रस (पेटर) जोसेफस विलहेल्मस
नागरिकता : नीदरलैंड्स
जन्म : 24 मार्च, 1884; मास्त्रिख्त, नीदरलैंड्स
निधन : 2 नवंबर, 1966; न्यू यॉर्क, अमरीका

डिब्ये ने आरंभिक शिक्षा स्थानीय एलिमेंटरी और हायर सेकंडरी स्कूलों में प्राप्त की थी। आगे चलकर उन्होंने आस्चेन इंस्टीट्यूट ऑफ टेक्नोलॉजी में प्रवेश किया तथा 1905 में वहाँ से इलेक्ट्रिकल टेक्नोलॉजी की डिग्री प्राप्त की।

उन्होंने इंस्टीट्यूट में दो वर्षों तक सहायक का कार्य किया। 1906 में उनकी नियुक्ति म्यूनिख विश्वविद्यालय में सैद्धांतिक भौतिकी के अध्येता के रूप में हुई। वहाँ से उन्होंने 1908 में भौतिक विज्ञान में पीएच.डी. की डिग्री प्राप्त की तथा 1910 में लेक्चरर बनने की योग्यता प्राप्त कर ली। 1911-12 में ज्यूरिज विश्वविद्यालय में सैद्धांतिक भौतिक विज्ञान का प्रोफेसर नियुक्त किया गया, उसके बाद वे यूरेख्त यूनिवर्सिटी नीदरलैंड्स में 1919 में प्रोफेसर रहे और गोटिंगेन विश्वविद्यालय के इंस्टीट्यूट के निदेशक रहे और 1920 तक प्रायोगिक भौतिक विज्ञान पर भाषण देते रहे। ज्यूरिख के 'एइडजेनोसिश्चे टेक्निस्चे होश्यूल' में वे प्रधानाध्यापक रहे। 1927 में लिपजिंग में उसी पद पर बने रहे। वह मैक्स प्लैंक इंस्टीट्यूट फॉर फिजिक्स बर्लिन डाहलेम के निदेशक रहे और 1934-39 की अवधि में भौतिक विज्ञान के प्रोफेसर भी रहे।

नीदरलैंड्स पर दो महीने पहले जर्मनी ने हमला किया तब डिब्ये इथाका चले गए, वहाँ से न्यू यॉर्क के कोर्लेन विश्वविद्यालय में भाषण देने चले गए, जहाँ वे 1952 तक (अवकाश प्राप्ति तक) रसायन विज्ञान विभाग के अध्यक्ष रहे। 1946 में कोर्लेन विश्वविद्यालय में रसायन विज्ञान के एमेरिटस प्रोफेसर रहे। उन्हें उसी वर्ष अमरीकी नागरिकता प्राप्त हुई।

डिब्ये ने मैथिल्डे आलबेरर से विवाह किया। उन्हें एक पुत्र और एक पुत्री थी।

डिब्ये का पहला महत्त्वपूर्ण शोध अणुओं में परमाणुओं की व्यवस्था तथा अणुओं के बीच दूरी से संबंधित ज्ञान को विकसित करने से संबंधित था। इस प्रकार वे भौतिक विज्ञान और रसायन विज्ञान के बहुचर्चित विशेषज्ञ थे। इसी कारण उन्हें 1936 का नोबेल पुरस्कार प्राप्त हुआ।

शरीर विज्ञान/चिकित्सा विज्ञान

डेल, सर हेनरी हेलेट

नागरिकता : ब्रिटेन

जन्म : 9 जून, 1875; लंदन, ब्रिटेन

निधन : 23 जुलाई, 1968; कैंब्रिज, ब्रिटेन

सर हेनरी डेल शरीरविज्ञानी थे जिन्होंने 1914 में आइसो-टिल्कोलाइन को पृथक् किया था। उन्हें ऑस्ट्रिया के फार्मोकोलोजिस्ट ओटो लोएवी के साथ नोबेल पुरस्कार अपनी महत्त्वपूर्ण खोज के लिए प्राप्त हुआ था। उनकी खोज स्नायु आवेगों के रासायनिक स्थानांतरण पर आधारित थी।

डेल ने कैंब्रिज से औषधि विज्ञान में स्नातक की डिग्री प्राप्त की थी। उन्होंने 1904 में वेलकम फिजियोलॉजिकल रिसर्च लेबोरेटरीज में अपना शोधकार्य आरंभ किया था। उन्होंने रासायनिक संरचना पर और कुछ एलर्जिक प्रतिक्रिया पर भी शोध किए। वे नेशनल इंस्टीट्यूट फॉर मेडिकल रिसर्च के निदेशक थे। वे रॉयल सोसाइटी के अध्यक्ष भी थे। साइंटिफिक एडवाइजरी कमेटी ऑन एटॉमिक एनर्जी के भी वे अध्यक्ष थे। 1932 में उन्हें 'नाइटहुड' की उपाधि प्राप्त हुई तथा 1944 में उन्होंने 'आर्डर ऑफ मैरिट' प्राप्त की।

लोएवी, ओट्टो

नागरिकता : ऑस्ट्रिया

जन्म : 3 जून, 1873; फ्रैंकफर्ट, एम्मे-मेन, ऑस्ट्रिया

निधन : 25 दिसंबर, 1961; न्यू यॉर्क सिटी, अमरीका

लोएवी एक फिजीशियन और औषधिविज्ञानी थे। उन्हें हेनरी हेलेट के साथ संयुक्त रूप से नोबेल पुरस्कार 1936 में प्रदान किया गया था। यह पुरस्कार उन्हें स्नायु आवेगों के रासायनिक संचरण की खोज के लिए प्रदान किया गया था। स्ट्रासबर्ग विश्वविद्यालय से औषधिविज्ञान में स्नातक होने के बाद लोएवी ने कई यूरोपीय विश्वविद्यालयों में अध्ययन किया। वे ऑस्ट्रिया में ग्राज फार्मोकोलॉजी के प्रोफेसर नियुक्त हुए। 1940 में वे संयुक्त राज्य अमरीका चले गए और उन्हें न्यू यॉर्क विश्व-विद्यालय के स्कूल ऑफ मेडिसिन में रिसर्च प्रोफेसर नियुक्त किया गया। उनके तंत्रिका तंत्र से संबंधी शोधों ने स्नायु की रसायनी का अध्ययन करते हुए मेढकों की हृदय की धड़कन का अध्ययन किया और 1929 में डेल और हेराल्ड डडले के शोधों को पूरा महत्त्व दिया।

तंत्रिका तंत्र से संबंधित अन्य खोजों में उन्होंने डायबटीज का अध्ययन भी किया।

1936 का नोबेल पुरस्कार संयुक्त रूप से लोएवी और सर हेनरी को प्रदान किया गया।

साहित्य

ओ'नील, यूजेन ग्लैडस्टोन

नागरिकता : संयुक्त राज्य अमरीका

जन्म : 16 अक्टूबर, 1888; न्यू यॉर्क सिटी, अमरीका

निधन : 27 नवंबर, 1953; बोस्टन, अमरीका

यूजेन ओ'नील अमरीकी नाटककार थे। उनके नाटक रंगमंचीय प्रदर्शनों के अनुरूप थे और उनका साहित्यिक महत्त्व गंभीर कथावस्तु के यथार्थ पर आधारित था। थिएटरों में उनके नाटकों की प्रस्तुति अमरीकी प्रबुद्ध दर्शकों को बहुत पसंद आती थी। वे एक अभिनेता के पुत्र थे। उनका बचपन असुरक्षित अवस्था में व्यतीत हुआ। उन्होंने 1906-07 तक प्रिंस्टन विश्वविद्यालय में अध्ययन किया और छह वर्ष समुद्री यात्राओं में व्यतीत किए। विश्व के अनेक कुख्यात स्थलों को भी निकट से देखा।

वे थाइसिस (Phthisis) के रोग से ग्रस्त थे और (1912-13) में स्वास्थ्य गृह में रहे। वह नीत्शे और स्ट्रिंगबर्ग से प्रभावित होकर नाटक लिखने लगे। उनका पहला एकांकी नाटक समुद्र से संबंध रखता है—'बाउंड ईस्ट फॉर कार्डिफ' (1916) जिसके बाद वे पूरे लंबे नाटक लिखने लगे। 'बियांड दि होराइजन' (1920) जिस पर उन्हें पुलित्जर पुरस्कार मिला। उनका दूसरा पुरस्कार प्राप्त नाटक 'अन्ना क्रिस्टी' (1922) था। 'स्ट्रेंज इंटरल्यूड' (1928) और 'लांग डेज जर्नी इन टु नाइट' (मृत्यु के उपरांत, 1956 में प्रकाशित) उनके अन्य प्रमुख नाटक हैं।

वे एक महत्त्वपूर्ण नाटककार के रूप में प्रसिद्ध हुए और बीसवीं सदी के दूसरे और तीसरे दशकों में उन्होंने कई नाटक लिखे जो इस प्रकार हैं : द एंप्रेर जॉन्स (1920), 'डिजायर अंडर दि एल्म्स' (1924), 'दि हेयरी एप' (1922), 'मोर्निंग बिकम्स एलेक्ट्रा' (1931)। प्रभावी नाटकों के गहरी संवेदनाओं से परिपूर्ण होने के कारण उन्हें नोबेल पुरस्कार (1936) प्रदान किया गया। जब वह अमरीका गए तब संयुक्त राज्य अमरीका के सर्वोत्तम नाटककार के रूप में पुरस्कृत किया गया। ऐसी आम धारणा है कि उनका नाटक 'दि आइसमैन कॉमेथ' (1946) चार्ल्स चैपलिन का स्मरण दिलाता है, यह उनकी पुत्री का कहना है।

शान्ति

लामास, सावेद्रा कार्लोस

नागरिकता : अर्जेंटीना

जन्म : 1 नवंबर, 1878; ब्यूनस आइरस, अर्जेंटीना

निधन : 5 मई, 1959; ब्यूनस आइरस, अर्जेंटीना

अर्जेंटीना के विदेश मंत्री सावेद्रा लामास कार्लोस ने 1936 में नोबेल पुरस्कार प्राप्त किया। उन्होंने अंतरराष्ट्रीय युद्ध विरोधी संधि के लिए बहुत काम किया। रियो डे जेनेरियो अंतरराष्ट्रीय सम्मेलन में उस संधिपत्र पर अर्जेंटीना के प्रतिनिधि की तरफ से हस्ताक्षर किए। उस सम्मेलन में अर्जेंटीना के अतिरिक्त ब्राजील, चिली, उरुग्वे और पेराग्वे के प्रतिनिधियों ने भी उस संधिपत्र पर हस्ताक्षर किए। जून 1934 में संधिपत्र पर हस्ताक्षर करनेवालों की संख्या में स्पेनिश अमरीकी राज्य, ब्राजील, संयुक्त राज्य अमरीका और इटली भी सम्मिलित हो गए। इस प्रकार यह संधि विश्वव्यापी सहमति की सूचक थी। केलॉग समझौते की तरह अर्जेंटीना के राजनयिकों ने यूरोप के अन्य देशों को इसमें शामिल किया। इस समझौते की एक और विशेषता यह थी कि इसके जरिए अंतरराष्ट्रीय सहयोग को बढ़ावा देना तथा शान्ति की पुन: स्थापना के लिए सदा प्रयास करते रहना, साथ ही निष्पक्षता की नीति पर अड़े रहना।

भौतिक विज्ञान

रसायन विज्ञान

शरीर विज्ञान/चिकित्सा विज्ञान

साहित्य

शान्ति

1937

भौतिक विज्ञान

डेविसन, क्लिंटन जोसेफ

नागरिकता : संयुक्त राज्य अमरीका

जन्म : 22 अक्टूबर, 1881; इलिनोइस, अमरीका

निधन : 1 फरवरी, 1958; वर्जीनिया, अमरीका

डेविसन एक शिल्पी जोसेफ डेविसन और एक स्कूल शिक्षिका मैरी केलेवरी के सुपुत्र थे। ब्लूमिंगटन पब्लिक स्कूल से 1902 में स्नातक होने के बाद एक स्कॉलरशिप प्राप्त करके शिकागो विश्वविद्यालय में दाखिल हुए। आर्थिक कारणों से वे अपना अध्ययन जारी नहीं रख पाए। विवश होकर एक टेलीफोन कंपनी में नौकरी करने लगे। उन्हें 1937 का नोबेल पुरस्कार अमरीका के सर जॉर्ज थॉमसन के साथ संयुक्त रूप से प्रदान किया गया। जिस खोज पर उन्हें पुरस्कार मिला, उसका संबंध इलेक्ट्रॉन की प्रतिक्रिया से संबंधित था।

डेविसन ने प्रिंस्टन विश्वविद्यालय से पीएच.डी. की डिग्री 1911 में प्राप्त की जहाँ वे रिचर्डसन के सहयोग से धातुओं को गरम करने से तापीय ऊष्मा के मुक्त होने पर काम कर रहे थे। उन्होंने पिट्सबर्ग के कारनेगी इंस्टीट्यूट ऑफ टेक्नोलॉजी में 1911-17 तक काम किया। आगे चलकर उन्होंने बेल टेलीफोन की प्रयोगशाला में कार्य किया और 1927 में इलेक्ट्रॉन माइक्रोस्कोप विकसित किया। बेल प्रयोगशाला में गेर्नर के साथ मिलकर उन्होंने पाया कि इलेक्ट्रॉन बीम (किरणपुंज) जब धातु क्रिस्टल से परावर्तित होता है तो उसका परावर्तन एक भिन्न तरीके का होता है जो एक्स-किरणों और अन्य विद्युत-चुंबकीय किरणों के समान होता है। क्रिस्टल से इलेक्ट्रॉनों के परावर्तन की प्रयोगात्मक खोज के लिए उन्हें नोबेल पुरस्कार प्रदान किया गया।

थॉमसन, सर जॉर्ज पैगेट

नागरिकता : ब्रिटेन

जन्म : 3 मई, 1892; कैंब्रिज, ब्रिटेन

निधन : 10 सितंबर, 1975; कैंब्रिज, ब्रिटेन

सर थॉमसन एक भौतिकविज्ञानी थे जिन्हें क्रिस्टल से इलेक्ट्रॉनों के परावर्तन की खोज के लिए अमरीकी

भौतिकशास्त्री जे. डेविसन के साथ संयुक्त रूप से 1937 का नोबेल पुरस्कार प्रदान किया गया। उनके अध्ययन संरचना को, चाहे वह ठोस हो या तरल रूप में, विश्लेषित करने पर केंद्रित रहे। वे नोबेल विजेता सर जे. जे. थामसन और रोज एलिजाबेथ पैगेट के इकलौते पुत्र थे। प्रथम विश्वयुद्ध के बाद उन्होंने कैंब्रिज विश्वविद्यालय की कैवेंडिश प्रयोगशाला में कार्य किया। 1922 में वे यूनिवर्सिटी ऑफ एवर्डन में प्राकृतिक दर्शन के प्रोफेसर नियुक्त हुए। यहीं उन्होंने एक प्रयोग किया जो यह प्रदर्शित करता था कि इलेक्ट्रॉन बीम किसी क्रिस्टलीय पदार्थ से गुजरने पर परावर्तित हो जाती है। इस प्रयोग ने फ्रांसीसी भौतिक वैज्ञानिक लुइस डि ब्रोग्ली (नोबेल विजेता 1929) की परिकल्पना की पुष्टि की। वे 1930 में लंदन के इम्पीरियल कॉलेज ऑफ साइंस और टेक्नोलॉजी में भौतिक विज्ञान के प्रोफेसर नियुक्त हुए। 1943 में उन्हें 'नाइटहुड' की उपाधि मिली और नौ वर्षों के बाद वे कैंब्रिज के क्रिस्टी कॉलेज के अध्यक्ष बने। 1962 में उन्होंने अवकाश प्राप्त किया। उनके शोधकार्यों में 'थ्योरी एंड प्रैक्टिस ऑफ इलेक्ट्रॉन डिफ्रैक्शन' (1939) और 'जे.जे. थॉमसन एंड दि केवेंडिस लेबोरेटरी इन हिज डे' (1965) मुख्य हैं।

रसायन विज्ञान

हॉवर्थ, सर वाल्टर नॉर्मन

नागरिकता : ब्रिटेन

जन्म : 19 मार्च, 1883; कोर्ले लंकाशायर, ब्रिटेन

निधन : 19 मार्च, 1950; बर्मिंघम, ब्रिटेन

सर वाल्टर नॉर्मन हॉवर्थ ने स्थानीय स्कूल में आरंभिक शिक्षा पाई और चौदह वर्ष की अवस्था में अपने पिता के साथ लिनोलियम डिजाइन का काम सीखने लगे, बाद में वे उसका निर्माण भी करने लगे। उनके डाई (रंग-रोगन)के कार्य में लगे होने के कारण ही उनकी दिलचस्पी रसायन विज्ञान में हुई। इसी कारण प्रिस्टन में उन्होंने रसायन विज्ञान की शिक्षा घर पर लेनी आरंभ की, जिसके फलस्वरूप मैनचेस्टर विश्वविद्यालय की प्रवेश परीक्षा में वे उत्तीर्ण हो पाए। 1906 में ऑनर्स प्रथम श्रेणी से स्नातक की डिग्री प्राप्त की, जिसके बाद एक स्कॉलरशिप के सहारे तीन वर्षों तक शोधकार्यों में लगे रहे। 1910 में उन्होंने डॉक्टर की डिग्री प्राप्त की और मैनचेस्टर लौटकर 1911 में वे अपनी डी.एससी. की डिग्री हासिल कर पाए।

सर हॉवर्थ 1911 में ही लंदन के इंपीरियल कॉलेज में डिमांस्ट्रेटर नियुक्त किए गए और 1912 में स्कॉटलैंड के एंड्रूज में रसायन विज्ञान के लेक्चरर और रीडर बने। 1920 में वे डुरहम विश्वविद्यालय में रसायन विज्ञान के प्रोफेसर नियुक्त किए गए तथा अगले वर्ष निदेशक के पद पर प्रतिष्ठापित हुए। सर हॉवर्थ 1925 में बर्मिंघम विश्वविद्यालय में रसायन विभाग के प्रोफेसर और निदेशक नियुक्त किए गए। 1948 में अवकाश प्राप्ति तक वहीं कार्यरत रहे। 1947-48 में वे विज्ञान संकाय के डीन और वाइस प्रिंसिपल रहे। अवकाश प्राप्ति के बाद अनेक बोर्डों और कमेटियों से संबद्ध रहे। हावर्थ ने कई प्रकार के केन शुगर, माल्टेज, मिल्क शुगर, स्टार्च और सेल्यूलोज के केंद्र में स्थित अणुओं की क्रमबद्धता पर कार्य किया।

सर हॉवर्थ को पॉल केरर के साथ 1937 का नोबेल पुरस्कार संयुक्त रूप से प्रदान किया गया था। सर हॉवर्थ 1944-46 की अवधि में केमिकल सोसाइटी के अध्यक्ष रहे। वे 1928 में रॉयल सोसाइटी के फेलो नियुक्त हुए तथा वाइस प्रेसीडेंट 1947-48 की अवधि में रहे। उन्होंने बेलफास्ट, ज्यूरिख और ओस्लो के विश्वविद्यालयों से मानद डिग्रियाँ प्राप्त कीं। मैनचेस्टर यूनिवर्सिटी से डॉक्टर ऑफ लॉ की डिग्री हासिल की। वे नौ वैज्ञानिक एकेडमियों के विदेशी सदस्य रहे। केमिकल सोसाइटी का लैंगर स्टाफ मेडल उन्होंने 1933 में जीता, रॉयल सोसाइटी का डेवि मेडल उन्हें 1934 में मिला और 1942 में रॉयल मेडल भी मिला।

हॉवर्थ की कई पुस्तकें भी प्रकाशित हुईं, जिनमें एक है 'एडवांसेज इन कार्बोहाइड्रेट केमिस्ट्री'। 1929 में उनकी पुस्तक 'दि कॉस्टिच्यूशन शुगर्स' प्रकाशित हुई।

कार्बोहाइड्रेड और विटामिन सी के परीक्षण के लिए उन्हें पॉल केरर के साथ संयुक्त रूप से नोबेल पुरस्कार से सम्मानित किया गया।

केरर, पॉल

नागरिकता : स्विट्ज़रलैंड

जन्म : 21 अप्रैल, 1889; मॉस्को, रूस

निधन : 18 जून, 1971; ज्यूरिख, जर्मनी

केरर जब तीन वर्ष के थे तभी उनका परिवार स्विट्ज़रलैंड चला गया। उनकी स्कूली पढ़ाई विल्डेग लैंसबर्ग और अराउ के स्कूलों में हुई। 1908 में उन्होंने ज्यूरिख विश्वविद्यालय में प्रवेश किया और नोबेल विजेता अल्फ्रेड वेर्नर के अधीन अपना शोधकार्य आरंभ किया। तीन वर्षों के बाद उन्हें डी.फिल. की उपाधि प्राप्त हुई। उनकी थिसिस का विषय था 'निट्रोसोपेंटेमिनो कोबाल्ट साल्ट्स'। एक वर्ष बाद वे फ्रैंकफर्ट के इंस्टीट्यूट ऑफ एक्सपेरिमेंटल थैरेपी चले गए जहाँ उन्होंने पॉल एहर्लिच (नोबेल विजेता) के साथ मिलकर आर्सेनिक के कार्बनिक बंधों पर कार्य किया। उनका मुख्य कार्यक्षेत्र शुगर और पॉली-सेक्केराइडस की रसायनी से संबंधित था।

1931 में उन्होंने विटामिन A_1 तथा अन्य विटामिन जैसे—विटामिन B_2, विटामिन B_{12}, विटामिन E, आदि की संरचना की व्याख्या की। 1937 का नोबेल पुरस्कार उन्हें सर हावर्थ के साथ संयुक्त रूप से प्रदान किया गया था।

शरीर विज्ञान/चिकित्सा विज्ञान

ग्योर्जी, अलबर्ट जेंत नागिरापोल्ट

नागरिकता : हंगरी

जन्म : 16 सितंबर, 1893; बुडापेस्ट, हंगरी

निधन : 22 अक्टूबर, 1986; वुड होल, अमरीका

ग्योर्जी अलबर्ट ने बुडापेस्ट और कैंब्रिज में शिक्षा प्राप्त की थी। हंगरी के जेज्ड विश्वविद्यालय में उन्हें चिकित्सा रसायन का प्रोफेसर नियुक्त किया गया। जहाँ उन्होंने 1931 से 1945 तक कार्य किया। 1947 में वे बुडापेस्ट विश्वविद्यालय में जैव रसायन के प्रोफेसर नियुक्त हुए। 1947 में उन्हें मेसा-चुसेट्स के इंस्टीट्यूट ऑफ मस्ल रिसर्च का निदेशक नियुक्त किया गया। बाद में 1947 में मेसाचुसेट्स के नेशनल फाउंडेशन फॉर कैंसर रिसर्च का वैज्ञानिक निदेशक भी नियुक्त किया गया। कैंब्रिज यूनिवर्सिटी और फिर मेसाचुसेट्स में नेशनल फाउंडेशन फॉर कैंसर रिसर्च के साइंटिफिक डायरेक्टर नियुक्त हुए।

कैंब्रिज यूनिवर्सिटी और मिनीसोटा के रिचेस्टर में उन्होंने ऑर्गेनिक रिड्यूसिंग पर शोध किए। उन्होंने माँसपेशियों के कार्य के अध्ययन में मांसपेशियों के खिंचाव और विटामिन आदि का विश्लेषण किया जिसके लिए उन्हें देश-विदेश से अनेक प्रकार के सम्मान मिले। 1946 में उन्हें केमरोन पुरस्कार मिला। 1954 में उन्हें लस्कर एवार्ड मिला। कैंब्रिज के फिट्ज विलियम कॉलेज के ऑनरेरी फेलो वे 1967 में हुए। कैंब्रिज की ऑनरेरी साइंस डिग्री का एवार्ड उन्हें 1963 में ही प्राप्त हो चुका था। संयुक्त राज्य अमरीका की वियतनाम से संबंधित युद्ध-नीति के अलबर्ट कटु आलोचक थे। अपनी पुस्तक 'दि क्रेजी एप' (1970) में उन्होंने अपनी तीखी प्रतिक्रिया का विस्तार से वर्णन किया है। उनकी अन्य पुस्तकों में उल्लेखनीय हैं—'ऑक्सीडेशन, फर्मेंटेशन, हेल्थ एंड डिजीजेज' (1939), 'मस्क्युलर कॉन्स्ट्रैक्शन' (1947, 1951, 1953), 'दि नेचर ऑफ लाइफ' (1947), 'सबमोले-क्यूलर बायोलॉजी' (1960), 'व्हाट नेक्स्ट?' (1976), 'दि लिविंग स्टेट एंड कैंसर' (1978)।

जैविक कम्बसचन (हवा में ऑक्सीजन के साथ मिलकर ऊष्मा और प्रकाश पैदा करने की रासायनिक क्रिया) प्रक्रिया से संबंधित और विशेषकर विटामिन स तथा फ्यूमरिक अम्ल के उत्प्रेरण की खोज के लिए उन्हें नोबेल पुरस्कार प्रदान किया गया।

साहित्य

दु गार्ड, रोजर मार्टिन

नागरिकता : फ्रांस

जन्म : 23 मार्च, 1881; नेविली-सुर-सीनी, फ्रांस

निधन : 22 अगस्त, 1958; ले टेरट्रे, फ्रांस

दु गार्ड ने श्रेष्ठ उपन्यासकार और नाटककार के रूप में प्रसिद्धि प्राप्त की थी। वे मध्यवर्गीय परिवार में पैदा हुए थे। उन्होंने पेरिस के इकोले डेस चार्टेस में अध्ययन किया था और 1905 में फोटोग्राफर एवं आर्किविस्ट (पुरालेखपाल) की योग्यता प्राप्त की थी।

प्रथम विश्वयुद्ध के दौरान कुछ समय तक मोटर-ट्रांसपोर्ट यूनिट में कार्य किया। अपने जीवन का अधिकांश भाग उन्होंने लेखन कार्य में व्यतीत किया। उनका प्रथम उपन्यास 'डेवेनीर' 1908 में प्रकाशित हुआ। उसके बाद 'लूने डि नाउस' (वन ऑफ अस, 1909, जो 'मेरिओज' उपन्यास का केवल एक अध्याय था) का प्रकाशन किया। उनके उपन्यास 'जीन वेरोइस' (1913, अंग्रेजी 1950) में प्राचीन कैथोलिक संघर्षों और नवीन फ्रेंच बौद्धिक उन्मेष और सामाजिक जागरण का विवेचन किया गया है। 'लेस थिबाउल्ट' (1922-40, अंग्रेजी 'दि थिबाउल्ट्स' 1939-41) जो आठ भागों में विभक्त था, वह दो मध्यवर्गीय भाइयों की मर्मस्पर्शी कहानी थी और इसमें मानवीय संबंधों का विवेचन किया था। लियो टॉल्सटॉय के 'वार एंड पीस' से दु गार्ड की इस वृत्ति की तुलना की जा सकती है। उनकी दो अन्य प्रसिद्ध कृतियाँ हैं : 'ले टेस्टामेंट डू पेरो लेल्यू' जो (1913) तथा 'ला गोनफ्ले' फ्रेंच किसानों के जीवन से संबंधित प्रहसन हैं। उन्होंने समलैंगिकता पर जो नाटक लिखा उसका शीर्षक था : 'उन टेसिटोर्ने' (1931)। उनकी अन्य कृतियाँ हैं : 'कॉन्फिडेंट ऐफ्रिकेन' (1931), 'वियेले फ्रांस' (1933, अंग्रेजी 'दि पोस्टमैन' 1954) तथा 'नोट्स सुर आंद्रे जीद' (1951, अंग्रेजी 1953)। 1941 में उन्होंने अपनी सर्वोत्कृष्ट कृति 'लेस सोवेनिर्स डू कोलोनेल माउमोर्ट' का लेखन आरंभ किया था मगर वह उनके जीवन काल में (1958 तक) पूरा नहीं हो पाया, वह अधूरा ही रह गया। उनकी समस्त रचनाओं के संकलन 'ओयूव्रेस कॅम्प्लीट्स डि रोज मार्टिन दु गार्ड' का प्रकाशन 1955 में हुआ था जिसकी प्रस्तावना अलबर्ट कामू ने लिखी थी। उनकी कलात्मक शक्ति और सत्य के उस गुण के लिए, जिससे मानवीय अंतरर्विरोधों और साथ ही समसामयिक जीवन को प्रदर्शित करते थे, उन्हें नोबेल पुरस्कार से सम्मानित किया गया।

शान्ति

सेसिल ऑफ चेलवूड, विस्काउंट (लॉर्ड एडगर ए. आर. जी. सी.)

नागरिकता : ब्रिटेन

जन्म : 14 सितंबर, 1864; लंदन, ब्रिटेन

निधन : 24 नवंबर, 1958; टर्नब्रिज वेल्स, केंट, ब्रिटेन

लॉर्ड एडगर अपने समय के एक प्रमुख राजनेता थे। 1919 में लीग ऑफ नेशंस मसविदे का प्रारूप तैयार करने में उनकी मुख्य भूमिका थी। वे लीग ऑफ नेशंस के उत्साही कार्यकर्ता थे। 1945 में संयुक्त राष्ट्र संगठन (यू.एन.ओ.) के अस्तित्व में आने तक यह स्थिति कायम रही।

लॉर्ड एडगर, थर्ड मार्कविज ऑफ सेलिरबरी के पुत्र थे जो तीन बार ब्रिटेन के प्रधानमंत्री हुए थे। प्रथम विश्वयुद्ध के दौरान लॉर्ड एडगर विदेशी मामलों के अवर सचिव थे। 1916 में उन्होंने अंतरराष्ट्रीय शान्ति समझौते का प्रारूप तैयार करना आरंभ किया। 1919 में पेरिस के शान्ति सम्मेलन में उन्हें भेजा गया। वहाँ अमरीकी और अफ्रीकी प्रतिनिधियों के साथ उनकी आम सहमति रही। अमरीका के राष्ट्रपति वुड्रो विल्सन और दक्षिण अफ्रीकी फील्ड मार्शल जेन स्मट्स लीग ऑफ नेशंस के दो प्रमुख अधिवक्ता थे। स्मट्स की भाँति लॉर्ड एडगर का भी विश्वास था कि विश्व व्यवस्था में गोरे राष्ट्रों की प्रमुखता है। लॉर्ड एडगर ने सफलतापूर्वक नस्ली भेदभाव को समझौते से दूर रखा।

जिनेवा के निशस्त्रीकरण सम्मेलन में ब्रिटिश प्रतिनिधिमंडल के नेता के रूप में कतिपय निर्देशों के विरोध में लॉर्ड एडगर ने प्रधानमंत्री स्टेनली बाल्डविन की सरकार से त्यागपत्र दे दिया। उन्होंने जापान द्वारा मंचूरिया और इटली द्वारा इथियोपिया पर किए गए आक्रमणों का बहुत सख्त विरोध किया। प्रधानमंत्री चेंबरलेन द्वारा जर्मनी के नाजियों को दी जा रही छूट (1938) का भी विरोध उन्होंने किया। वे एक ऐसे सांसद थे जो प्रत्येक मामले में हमेशा शान्ति के पक्षधर रहे।

भौतिक विज्ञान

रसायन विज्ञान

शरीर विज्ञान/चिकित्सा विज्ञान

साहित्य

शान्ति

1938

भौतिक विज्ञान

फेर्मि, एनरिको
नागरिकता : इटली
जन्म : 29 सितंबर, 1901; रोम, इटली
निधन : 28 नवंबर, 1954; शिकागो, अमरीका

एनरिको फेर्मि ने पीसा विश्वविद्यालय में भौतिक विज्ञान का अध्ययन किया और 1922 में डॉक्टरेट की डिग्री हासिल की। उन्होंने गोटिंगन में मैक्सबोर्न और लीडन में पी. एहरेनफेस्ट के साथ कार्य किया। फ्लोरेंस में 1924 से 1926 तक वे गणितीय भौतिक विज्ञान के लेक्चरर रहे। 1927 में वे रोम विश्वविद्यालय के सैद्धांतिक भौतिक विज्ञान के प्रोफेसर नियुक्त हुए।

फ्रेडरिक जोलिओट और आइरेन जोलिओट के द्वारा रेडियोधर्मिता की खोज से प्रेरित होकर एनरिको फेर्मि उन दिनों क्वांटम सांख्यकीय और बीटा किरणों के क्षय एवं न्यूट्रिनों पर शोध कर रहे थे। कुछ ही महीनों के बाद उन्होंने प्रदर्शित किया कि अधिकांश तत्त्वों के रेडियोधर्मी आइसोटोप न्यूट्रॉनों की बौछारों द्वारा प्राप्त किए जा सकते हैं।

1938 का नोबेल पुरस्कार उन्हें न्यूट्रॉन भौतिक विज्ञान के क्षेत्र में किए गए शोधों और खोजों के लिए प्रदान किया गया था। स्टॉकहोम में नोबेल पुरस्कार के बाद समारोह से अपनी यहूदी पत्नी के साथ वे संयुक्त राज्य अमरीका चले गए और स्थायी रूप से वहीं रहने लगे। कोलंबिया विश्व-विद्यालय में उन्होंने अपने शोधकार्य शुरू किए। इसके बाद वे शिकागो विश्वविद्यालय चले गए। इसी समय फर्मि और अन्य वैज्ञानिकों ने जिनमें अल्बर्ट आइंस्टीन भी शामिल थे, उन्होंने महसूस किया कि नाभिकीय विखंडन की प्रक्रिया का प्रयोग महा घातक हथियार बनाने में किया जा सकता है। उन्होंने अमरीकी राष्ट्रपति फ्रैंकलिन डी. रूजवेल्ट को लिखा कि हिटलर इसी प्रकार के शोध द्वारा महाविनाश के लिए परमाणु बम का निर्माण करने में लगा हुआ है। अमरीका पर इसकी तुरंत प्रतिक्रिया हुई। एनरिको फेर्मि को न्यूक्लियर रिएक्टर तैयार करनेवाली टीम का अध्यक्ष नियुक्त किया गया। विश्वयुद्ध समाप्त होने के बाद वे पूर्ववत् अपने शोधकार्यों में लीन हो गए।

फेर्मि ने 1928 में लाउरा कैपन के साथ विवाह किया।

उन्हें एक पुत्र और एक पुत्री थी। न्यूट्रॉन के विकिरण से उत्पन्न नए रेडियोधर्मी तत्त्वों के अस्तित्व को प्रदर्शित करने के लिए उन्हें नोबेल पुरस्कार प्रदान किया गया।

रसायन विज्ञान

कुह्न, रिचर्ड
नागरिकता : ऑस्ट्रिया/ जर्मनी
जन्म : 3 दिसंबर, 1900; विएना, ऑस्ट्रिया
निधन : 1 अगस्त, 1967; हीडेलबर्ग, जर्मनी

कुह्न रिचर्ड के पिता एक इंजीनियर थे और माता एक स्कूल में शिक्षिका थीं। रिचर्ड ने 'जिम्नाजियम' प्राथमिक स्कूल में 1910 से 1918 तक शिक्षा प्राप्त की। वोल्फगैंग पॉउली उनके सहपाठी थे जिन्हें 1945 में भौतिक विज्ञान का नोबेल पुरस्कार प्राप्त हुआ था। उन्होंने विएना विश्व-विद्यालय में रसायन विज्ञान का अध्ययन किया था। फिर म्यूनिख विश्वविद्यालय से 'ऑन दि स्पेसिफिसिटी ऑफ एंजाइम्स' शीर्षक के अंतर्गत थीसिस लिखकर डॉक्टरेट की उपाधि प्राप्त की। वह नोबेल विजेता रिचर्ड विल्स्टैटर के शिष्य थे।

के. रिचर्ड 1925 में म्यूनिख विश्वविद्यालय में रसायन विज्ञान के लेक्चरर नियुक्त हुए। वे 1926 से 1929 तक ज्यूरिख के 'टेक्निश्चे होश्यूले' के आमंत्रण पर सामान्य एवं विश्लेषणात्मक रसायन विज्ञान के प्रोफेसर थे। 1937 में उन्हें हीडेलबर्ग के नवस्थापित कैसर विल्हेम इंस्टीट्यूट फॉर मेडिकल रिसर्च का प्रिंसिपल नियुक्त किया गया। वे हीडेलबर्ग विश्वविद्यालय में जैव-रसायन के प्रोफेसर रहे। इसी बीच एक वर्ष तक वे पेंसिलवानिया विश्वविद्यालय के शरीर क्रिया की रासायनी (फिजियोलॉजिक केमिस्ट्री) के विजिटिंग प्रोफेसर रहे।

के. रिचर्ड ने अपने शोध में कार्बनिक रसायन के सैद्धांतिक पक्ष को सामने रखा था तथा जैव-रसायन का भी अध्ययन किया था। पूरे 33 वर्षों तक उनका अध्ययन जारी रहा। कैरोटिनोइड तथा विटामिनों पर किए गए शोधों के लिए उन्हें नोबेल पुरस्कार दिया गया लेकिन नोबेल पुरस्कार ग्रहण करने पर नाजियों ने रोक लगा रखी थी, इसलिए द्वितीय विश्वयुद्ध समाप्त होने के बाद उन्होंने यह सम्मान औपचारिक रूप से ग्रहण किया। 1960 में म्यूनिख के टेक्निश्चे होश्यूले द्वारा मानद डिग्रियाँ प्रदान की गईं। विएना विश्वविद्यालय (1960), सेंट मारिया, ब्राजील विश्वविद्यालय (1961) ने उन्हें मानद डिग्रियाँ प्रदान कीं। उन्होंने अनेक पदक और पुरस्कार प्राप्त किए। वे सोसाइटी ऑफ जर्मन केमिस्ट्स के अध्यक्ष थे तथा मैक्स प्लैंक सोसाइटी के उपाध्यक्ष थे, साथ ही 'लिविग्स एन्नालेन डेर केमि' के संपादक थे।

के. रिचर्ड विवाहित थे। उनक दो पुत्र और तीन पुत्रियाँ थीं।

शरीर विज्ञान/चिकित्सा विज्ञान

हेमांस, कार्नील जीन फ्रांस्वा
नागरिकता : बेल्जियम
जन्म : 28 मार्च 1892; घेंट, बेल्जियम
निधन : 18 जुलाई, 1968; नोक्के, बेल्जियम

हेमांस घेंट विश्वविद्यालय में अपने पिता के साथ कार्य करते रहे। पिता की अवकाश प्राप्ति के बाद हेमांस ने फार्मा-कोलाजिस्ट के प्रोफेसर के रूप में उनका स्थान ग्रहण किया (1930)। उन्होंने कुत्तों पर प्रयोग करते हुए यह दिखाया कि रक्त के दबाव को कैसे विभाजित और वितरित किया जाता है। साँस लेने की प्रक्रिया और उसमें ऑक्सीजन की अपरिहार्य आवश्यकता का उन्होंने विस्तार से विश्लेषण किया, जिसका संबंध मस्तिष्क से भी था।

इसके अतिरिक्त, उनके द्वारा हेमांस संस्थान में की गई वैज्ञानिक जाँच-पड़तालों और खोजों में शरीर विज्ञान रक्त परिसंचरण (सर्कुलेशन), चयापचय (मेटाबोलिज्म) इत्यादि विषय शामिल थे।

एक सफल लेखक हेमांस के 1920 के बाद लगभग 800 लेख विभिन्न पत्रिकाओं में प्रकाशित हुए। वे इंटरनेशनल यूनियन ऑफ फिजियोलॉजिकल साइंसेज तथा इंटरनेशनल काउंसिल ऑफ फार्माथेलॉजिस्ट्स के अध्यक्ष भी रहे तथा उन्होंने 1956 में ब्रुसेल्स में आयोजित 20वें अंतरराष्ट्रीय औषधि विज्ञान सम्मेलन की अध्यक्षता भी की। वे अपने देश की वैज्ञानिक नीति पर राष्ट्रीय परिषद के उपाध्यक्ष भी थे। श्वसन क्रिया को नियंत्रित करने में साइनस और एरोटिक यांत्रिकी की भूमिका की खोज के लिए उन्हें नोबेल पुरस्कार प्रदान किया गया।

साहित्य

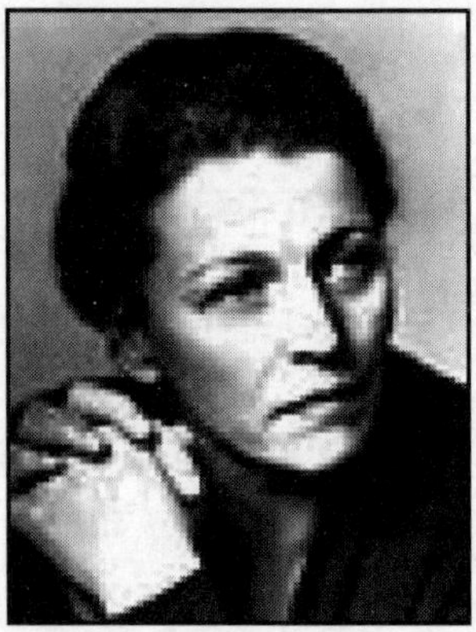

बक, पर्ल

नागरिकता : संयुक्त राज्य अमरीका

जन्म : 26 जून, 1892; हिल्सबोरो, वेस्ट वर्जीनिया, अमरीका

निधन : 6 मार्च, 1973; डैनबाई, वेरमोंट, अमरीका

पर्ल बक अपनी कथात्मक कृतियों में चीन के लोक-जीवन के चित्रण के लिए प्रसिद्ध हैं। उन्होंने अपने जीवन की तरुणाई का लगभग पूरा समय चीन में व्यतीत किया। उनके माता-पिता ईसाई मिशनरीज थे। पर्ल बक ने अपनी आरंभिक शिक्षा शंघाई में प्राप्त की थी। 1914 में वर्जीनिया के लिंचबर्ग के रैंडोल्फ-मैकन वूमन कॉलेज से स्नातक की डिग्री प्राप्त की। उसके बाद लौटकर वे चीन आ गईं। वहाँ नानकिंग विश्व-विद्यालय में उन्हें अध्यापक नियुक्त किया गया।

पर्ल बक ने अपने लेखों और कथात्मक कृतियों में चीन के लोक-जीवन के बारे में लिखा। सर्वप्रथम 1923 में उनके लेखों को अमरीकी पत्रिकाओं ने प्रकाशित किया। सर्वाधिक प्रसिद्धि उन्हें मिली 'दि गुड अर्थ' (1931) उपन्यास के कारण। इस उपन्यास में एक चीनी दंपती द्वारा जमीन के एक टुकड़े की प्राप्ति के लिए किए गए संघर्ष की लोमहर्षक गाथा है। इस उपन्यास को 1932 में पुलित्जर पुरस्कार मिला। अनेक भाषाओं में इसके अनुवाद हुए। इसके बाद उनकी निम्न कृतियाँ प्रकाशित हुईं—'संस' (1932), 'शुई हु चुआन' (ऑल मैन आर ब्रदर्स, 1933), 'दि मदर' (1934) और 'ए हाउस डिवाइडेड' (1935)। ये तीनों पुस्तकें पुनः एक साथ 'दि हाउस ऑफ अर्थ' शीर्षक के अंतर्गत 1935 में प्रकाशित हुईं।

1934 में तलाक हो जाने के बाद पर्ल बक ने अमरीका के न्यू यॉर्क स्थित एक प्रकाशक के साथ विवाह किया और तब से न्यू यॉर्क में स्थायी रूप से रहने लगीं। उसके बाद की उनकी कृतियाँ हैं—'दि पैट्रियाट' (1939), 'ऐन अमरीकन लीजेंड' (1940), 'ड्रेगॉन सीड' (1942), 'इम्पीरियल वूमन' (1956) तथा 'सैटन नेवर स्लीप्स' (1962)।

द्वितीय विश्वयुद्ध की समाप्ति के बाद उन्होंने 'पर्ल एस. बक फाउंडेशन' की स्थापना की जिसका उद्देश्य युद्ध में घायल और अपंग हो गए अमरीकी सैनिकों तथा पश्चिम एशिया के देशों में अनाथ की तरह जी रहे उनके बच्चों की सहायता करना था।

पर्ल बक ने 1954 में अपनी आत्मकथा 'माइ सेवरल वर्ल्ड्स' प्रकाशित की। 1951 में उन्हें दि अमरीकन एकेडमी ऑफ आर्ट्स का अध्यक्ष नियुक्त किया गया। इसके अलावा वह ऑथर्स गिल्ड की भी अध्यक्ष चुनी गईं।

शान्ति

ऑफिस इंटरनेशनल नान्सेन पोर लेस रिफ्यूजी (नानसेन इंटर-नेशनल ऑफिस फॉर रिफ्यूजीज जिनेवा

यह कार्यालय शरणार्थियों की सहायता के लिए 'लीग ऑफ नेशंस' द्वारा 1930 में स्थापित किया गया। इसमें वास्तविक निर्वासित शरणार्थियों की, जो राजनीतिक उथल-पुथल के बीच तथा प्रथम विश्वयुद्ध के बाद के परिणाम भुगत रहे हैं, सहायता करना तथा उनके जीवन को सुव्यवस्थित करना भी आवश्यक समझा गया है। इनके अलावा समग्र रूप से

शरणार्थियों को बसाने की दृष्टि से नानसेन इंटरनेशनल के प्रतिनिधियों ने अन्य देशों से संपर्क रखा तथा समस्या के हल के लिए शरणार्थियों को अफसरशाही से भी बचाया। शरणार्थी अधिकांशत: एशियाई और आर्मेनियाई मूल के थे, जिन्हें सहायता पहुँचाना अपेक्षाकृत एक कठिन कार्य था, फिर भी नानसेन इंटरनेशनल ने अपनी प्रयास जारी रखा कि कहीं न कहीं उन्हें ठीक से बसा दिया जाए। द्वितीय विश्वयुद्ध के बाद तो इस कार्यालय ने 'नानसेन पासपोर्ट' जारी किया था जिसे सभी देशों में मान्यता प्राप्त थी। केवल फासिस्ट देशों ने इसे अमान्य घोषित कर दिया था।

भौतिक विज्ञान

रसायन विज्ञान

शरीर विज्ञान/चिकित्सा विज्ञान

साहित्य

1939

भौतिक विज्ञान

लॉरेंस, अर्नेस्ट आरलैंडो

नागरिकता : संयुक्त राज्य अमरीका

जन्म : 8 अगस्त, 1901; कैंट साउथ डाकोटा, अमरीका

निधन : 27 अगस्त, 1958; पालो आल्टो, अमरीका

लॉरेंस आरलैंडो ने यूनिवर्सिटी ऑफ साउथ डाकोटा में शिक्षा प्राप्त की और 1922 में स्नातक की डिग्री प्राप्त की। 1925 में येल विश्वविद्यालय से उन्हें पीएच.डी. की डिग्री प्राप्त हुई। येल विश्वविद्यालय में वे भौतिक विज्ञान के सहायक प्रोफेसर थे। फिर वह कैलीफोर्निया विश्वविद्यालय में सहायक प्रोफेसर नियुक्त हुए और 1930 में प्रोफेसर बन गए।

साइक्लोट्रॉन का विचार उन्हें प्रथमत: 1929 में सूझा। उनके शिष्यों में से एक ने उसका एक नमूना तैयार किया मगर वह अनुपयोगी सिद्ध हुआ। फिर उनके एक अन्य शिष्य ने उस काम को अपने हाथ में लिया तथा जो नमूना उसने तैयार किया वह एक सीमा तक सफल रहा। उसने हाइड्रोजन की ऊर्जा की गतिशीलता को 13000 इलेक्ट्रॉन वोल्ट तक पहुँचाया। तब लॉरेंस ने एक और साइक्लोट्रॉन का निर्माण किया जो प्रोटॉन को 1,200,000 इलेक्ट्रॉन वोल्ट तक ले जाता था। यह ऊर्जा पर्याप्त थी। अपना कार्य जारी रखने के लिए उन्होंने बर्कले में एक विकिरण प्रयोगशाला स्थापित की और 1936 में उसके निदेशक बने। उन्होंने चिकित्सा में उपयोग के लिए फॉस्फोरस (रेडियोधर्मी) और आइसोटोप आदि पर शोध किए। थॉयरायड ग्लैंड्स की चिकित्सा के अतिरिक्त न्यूट्रॉन बीम के द्वारा कैंसर का भी उपचार किया। साइक्लोट्रोन के आविष्कार, इसे विकसित करने तथा इससे प्राप्त निष्कर्षों विशेषकर कृत्रिम रेडियोधर्मी पदार्थ के संबंध में उन्हें नोबेल पुरस्कार से सम्मानित किया गया। हालाँकि उन्हें यह पुरस्कार भौतिक विज्ञान के क्षेत्र में प्रदान किया गया लेकिन उनकी खोजों और आविष्कारों ने रसायन विज्ञान, जीव विज्ञान तथा चिकित्सा विज्ञान में महत्त्वपूर्ण योगदान दिया।

द्वितीय विश्वयुद्ध की अवधि में लॉरेंस मैनहट्टन प्रोजेक्ट में प्रोग्राम चीफ इंचार्ज नियुक्त हुए और परमाणु बम के निर्माण के लिए विद्युत चुंबकीय प्रक्रिया में यूरेनियम-235 को अलगाने में लग गए। इसके अतिरिक्त रंगीन टेलीविजन के पिक्चर ट्यूब का आविष्कार किया और उसे पेटेंट करा लिया।

रसायन विज्ञान

बुटेनेंड्ट, एडोल्फ फ्रीड्रिक जोहान

नागरिकता : जर्मनी
जन्म : 24 मार्च, 1903; ब्रेमरहेवन - वेस्टरमुंडे, पश्चिम जर्मनी
निधन : 18 जनवरी, 1995; म्यूनिख, जर्मनी

एक व्यापारी के पुत्र एडोल्फ फ्रीड्रिक ने आरंभिक शिक्षा ब्रेमरहेवन के एक स्थानीय स्कूल में प्राप्त की। उन्होंने रसायन विज्ञान का अध्ययन मारबर्ग और गोटिंगेन विश्वविद्यालयों में किया। 1927 में उन्होंने स्नातक की डिग्री प्राप्त की। कुछ समय तक उन्होंने नोबेल विजेता एडोल्फ विंडौस के अधीन रहकर भी रसायन विज्ञान का अध्ययन किया।

एडोल्फ फ्रीड्रिक इंस्टीट्यूट ऑफ केमिस्ट्री गोटिंगेन (1927-30) में सहायक वैज्ञानिक रहे। 1931 से 1933 तक यूनिवर्सिटी ऑफ गोटिंगेन की कार्बनिक और अकार्बनिक प्रयोगशाला के अध्यक्ष और निदेशक रहे। 1933 से 1936 तक वे प्रोफेसर आर्डिनियस के रूप में कार्यरत रहे।

एडोल्फ फ्रीड्रिक 1936 से 1960 तक बर्लिन विश्व-विद्यालय के प्रोफेसर और मैक्स प्लैंक सोसाइटी, म्यूनिख (जैव रसायन) के निदेशक रहे। उन्होंने गर्भावस्था में होने-वाली रासायनिक प्रक्रियाओं का विशेष रूप से अध्ययन किया। सेक्स हार्मोंस पर की गई उनकी खोजों के लिए उन्हें नोबेल पुरस्कार से सम्मानित किया गया।

एडोल्फ फ्रीड्रिक को 1939 का नोबेल पुरस्कार उस वर्ष ठीक समय पर नहीं मिल पाया था क्योंकि राजनीतिक उथल-पुथल के कारण उस पर नाजियों ने रोक लगा रखी थी। द्वितीय विश्वयुद्ध की समाप्ति के बाद वे उसे ग्रहण कर पाए।

उन्होंने 1931 में विवाह किया तथा उनके सात बच्चे हुए। अपने परिवार के साथ म्यूनिख आबर्मेजिंग में रहते थे। 1939 का रसायन विज्ञान का नोबेल पुरस्कार फिड्रिक को एक अन्य वैज्ञानिक लियोपोल्ड रूजिका के साथ संयुक्त रूप से प्रदान किया गया।

रूजिका, लियोपोल्ड

नागरिकता : स्विट्जरलैंड
जन्म : 13 सितंबर, 1887; बुकोवर, हंगरी
निधन : 21 सितंबर, 1976; ज्यूरिख, स्विट्जरलैंड

लियोपोल्ड रूजिका ने प्राइमरी स्कूल और क्लासिकल जिम्नासियम में शिक्षा प्राप्त की थी जहाँ क्रोशियन भाषा में शिक्षा दी जाती थी। उनकी विशेष रुचि भौतिक विज्ञान और गणित में थी, मगर आगे चलकर उन्होंने रसायन विज्ञान का अध्ययन आरंभ किया। उनकी अभिरुचि प्राकृतिक उत्पादों की संरचना को समझने में थी। 1906 में उन्होंने रसायन विज्ञान का अध्ययन कार्लस्रूहे के 'टेक्निश्चे होश्चूले' से आरंभ किया। कुल 21 महीने तक उन्होंने प्रयोगशाला के पाठ्यक्रम का अध्ययन किया तथा उसके बाद ही तुरंत डॉक्टरेट की डिग्री प्राप्त करने के लिए प्रोफेसर स्टाउडिंगर के अधीन शोधपत्र की तैयारी में जुट गए। 1912 में वे ज्यूरिख चले गए और वनस्पतियों की उत्पादकता पर अध्ययन करने लगे। 1917 में उन्हें स्विट्जरलैंड की नागरिकता प्राप्त हो गई थी। 1918 के बाद सीवा, बेस्ले आदि कंपनियाँ उनके साथ सहयोग करने के लिए आगे आईं। 1921 में चुइट, नाएफ और फर्मेनिच, दि जिनेवा परफ्यूम मैन्यूफैक्वरर्स जैसी कंपनियाँ भी उनके साथ सहयोग के लिए आगे आईं।

1928 में लियोपोल्ड रूजिका यूनिवर्सिटी ऑफ यूटरेच्ट में कार्बनिक रसायन के प्रोफेसर नियुक्त हुए किंतु तीन ही महीनों के बाद वे लौटकर स्वीडन आ गए। इसकी खास वजह यह थी कि स्वीडन के कार्बनिक रसायन उद्योग को, विशेष रूप से फार्माक्युटिकल और परफ्यूमरी शाखाओं को आगे ले जाने के लिए रसायनशास्त्रियों की एक ऐसी सेना की आवश्यकता थी जो आधुनिक कार्बनिक रसायन का पूरा प्रशिक्षण प्राप्त कर चुके हों और उत्साही हों। सीबा कंपनी

की प्रयोगशाला के कंट्रैक्ट के नवीनीकरण ने नर सेक्स हार्मोनों के क्षेत्र में सफलता के मार्ग को प्रशस्त किया। उसके लिए धनराशि रॉकफेलर फाउंडेशन ने बिना शर्त प्रदान की थी। रूजिका ने इसका पूरा लाभ उठाया और सेक्स हार्मोनों पर अपनी खोज को जारी रखा।

रूजिका और एडोल्फ फ्रीड्रिक को 1939 का नोबेल पुरस्कार संयुक्त रूप से प्रदान किया गया।

रूजिका ने विज्ञान मेडिसिन, प्राकृतिक विज्ञानों, कानून तथा विदेशी एकेडमियों की मानद उपाधियाँ प्राप्त कीं। उन्हें बागवानी और चित्रकारी का शौक था। उन्होंने 1922 में अन्ना हाउसमान और 1951 में गेर्ट्रड एक्लीन के साथ विवाह किया।

शरीर विज्ञान/चिकित्सा विज्ञान

डोमाक, जेरार्ड

नागरिकता : जर्मनी

जन्म : 30 अक्टूबर 1895; लैगो, ब्रांडेनबर्ग (अब पोलैंड में)

निधन : 24 अप्रैल, 1964; कोएनिस्फेल्ड (अब जर्मनी में)

जेरार्ड ने 28 वर्ष की अवस्था में ग्रीसवाल्ड विश्वविद्यालय का लेक्चरर होने की योग्यता प्राप्त की। उनके शोधपत्र का विषय था—'इन्वेस्टीगेशन ऑफ दि सिग्नीफिकेंस ऑफ दि रेटिक्यूलोएंडोथेलियल सिस्टम फॉर दि डिस्ट्रक्शन ऑफ इन्फेटिंग माइक्रोऑर्गेनिजिम्स एंड इन दि फॉर्मेशन ऑफ एमिलोइड'।

जेरार्ड स्वयं फार्मोकोलॉजिस्ट या रसायनविज्ञानी नहीं थे, फिर भी ज्ञात पद्धतियों द्वारा किसी प्रयोगशाला में यह दिखाया जा सकता था कि प्रोंटोसिल उपलब्ध किए जा सकते हैं। उन्होंने चूहों पर इस प्रकार के प्रयोग किए थे। उसके बाद उन्होंने अपनी चार वर्ष की पुत्री पर ही इसके प्रयोग करने का निश्चय किया। उसकी बाँह में फोड़ा जैसी एक गाँठ उभर आई थी। डॉक्टरों ने 14 चीरे लगाए और कह दिया उस बाँह को काटकर अलग करना पड़ेगा। जेरार्ड ने उसको ठीक करने के लिए औषधियाँ दीं। कुछ ही दिनों में बाँह की गाँठ जाती रही तथा पुत्री उछलने-कूदने और खेलने लगी।

जेरार्ड ने ग्रीफ्सवाल्ड और म्युएंस्टर के विश्वविद्यालयों में अध्यापन करने के बाद आई.जी. फार्बेनिंड्रस्ट्रीज की प्रयोगशाला में एक्सपेरीमेंटल पैथोलॉजी और बैक्ट्रियोलॉजी के निदेशक नियुक्त हुए। उन्होंने ट्यूबरक्यूलोसिस और कैंसर जैसे प्राणघाती रोगों पर भी शोध किए।

1939 का नोबेल पुरस्कार वे तानाशाह हिटलर द्वारा लगाई गई रोक के कारण यथासमय प्राप्त नहीं कर पाए। मगर वह सम्मान महज सम्मान होकर रह गया। सम्मान के साथ जो धनराशि मिलनी थी वह तब तक जर्मनी के कानून के अनुसार जब्त की जा चुकी थी।

साहित्य

सिलान्पा, फ्रेंस ईमिल

नागरिकता : फिनलैंड

जन्म : 16 सितंबर, 1888; कीरिक्कला, फिनलैंड

निधन : 3 जून, 1964; हेलसिंकी, फिनलैंड

फ्रेंस ईमिल एक कृषक परिवार में पैदा हुए थे। उन्होंने अपने अध्ययन का आरंभ प्राकृतिक विज्ञान से किया था किंतु 1913 में सहसा विज्ञान छोड़कर अपने गाँव लौट गए। गाँव में ही विवाह किया, घर-परिवार बसाया और नई-नई कहानियाँ और उपन्यास लिखने लगे। 1915 में उनकी लघुकथाएँ पत्रिकाओं में प्रकाशित हुईं। 1924 से 1927 तक उन्होंने पूर्व की एक प्रकाशन कंपनी में कार्य किया। उनका प्रथम उपन्यास 'एलामा जा आउरिन्को' (1916, लाइफ एंड सन) है जिसमें एक नौजवान की कहानी है जो घर लौटकर एक ग्रामीण बाला के प्रेम में दीवाना हो जाता है।

फिनलैंड के गृहयुद्ध (1918) में उन्होंने एक महत्त्वपूर्ण उपन्यास लिखा 'हर्सकस कुर्जूस' (1919, मीक हेरिटेज,

1931)। उनकी कहानियों का प्रथम भाग 'एंकेल्टन सुओजेटिट' (वाड्र्स ऑफ दि एंजेल्टस, 1923) वे भी फिनलैंड के एक कृषक परिवार की कहानी है। उनका सर्वोत्कृष्ट उपन्यास है—'इहमिस्ट सुविए-ओसे' (1934, पीपुल इन समर नाइट)।

उनके 'संस्मरणों का संकलन 'पोल्का एलि इला-मेटियायेन्स' 1956 में प्रकाशित हुआ जिससे उनके व्यक्तित्व की विशेषता पर नई रोशनी पड़ती है। अपने देश के कृषक जीवन की गहरी समझदारी तथा जिस कलात्मकता के साथ उन्होंने उनकी जीवन शैली व प्रकृति के साथ उनके संबंध को चित्रित किया, इसके लिए उन्हें नोबेल पुरस्कार से सम्मानित किया गया।

नोट : **वर्ष 1940, 1941** तथा **1942** में नोबेल पुरस्कार, **द्वितीय विश्वयुद्ध** के कारण, नहीं दिए गए। इनकी पुरस्कार राशि को 1/3 भाग मुख्य निधि में तथा 2/3 भाग विशेष निधि में आवंटित किया गया।

भौतिक विज्ञान

रसायन विज्ञान

शरीर विज्ञान/चिकित्सा विज्ञान

1943

भौतिक विज्ञान

स्टर्न, ओट्टो

नागरिकता : पोलैंड/संयुक्त राज्य अमरीका

जन्म : 17 फरवरी, 1888; सोहराउ, जर्मनी, (अब जोरि, पोलैंड)

निधन : 17 अगस्त, 1969; कैलीफोर्निया, अमरीका

ओट्टो स्टर्न ने ब्रेसलाउ विश्वविद्यालय में अध्ययन किया और वहाँ से 1912 में पीएच.डी. की डिग्री प्राप्त की। उसके बाद दो वर्षों तक उन्होंने आइंस्टीन के साथ कार्य किया। उससे पहले उन्होंने जो वैज्ञानिक शोध का कार्य किया था उसका संबंध सैद्धांतिक अध्ययन के सांख्यिकीय ऊष्मा गतिकी (थर्मोडाय-नॉमिक्स) से था। 1914 में उन्हें फ्रैंकफर्ट विश्व-विद्यालय का लेक्चरर नियुक्त किया गया तथा 1923 में हैंबर्ग विश्वविद्यालय में भौतिक रसायन के प्रोफेसर नियुक्त हुए। दो वर्षों के बाद ही स्टर्न ने अपनी ऐतिहासिक खोज अणु पुंज (मोलीक्यूलर बीम) प्रयोग का प्रदर्शन किया। उन्होंने चाँदी के परमाणु पुंज (बीम) को असमान चुंबकीय क्षेत्र में शीशे की प्लेट से गुजारा तो उन्होंने पाया कि बीम दो भागों में विभक्त हो गई। इस प्रयोग ने स्पेस क्वांटिजेशन के सिद्धांत की पुष्टि की जिसके अनुसार परमाणु चुंबकीय क्षेत्र में केवल कुछ दिशाओं में खुद को व्यवस्थित कर सकते हैं न की हर दिशा में। क्लासिकल भौतिकविज्ञानी यद्यपि वैसा ही समझते रहे हैं।

1933 में इस्टर्न अणु बीम के प्रयोग से प्रोटॉन के चुंबकीय संवेग के परिमापन में सफल हुए। उन्होंने पाया कि यह अपने सांख्यकीय मान से लगभग ढाई गुना अधिक था। 1933 में जब जर्मनी में नाजियों का प्रभुत्व हुआ तब यहूदी होने के कारण वे जर्मनी छोड़ने को बाध्य हुए और संयुक्त राज्य अमरीका चले गए। वहाँ वे कार्नेगी इंस्टीट्यूट ऑफ टेक्नोलॉजी में रिसर्च प्रोफेसर नियुक्त हुए तथा 1943 तक अर्थात् अवकाश प्राप्ति तक उसी पद पर कार्यरत रहे। अणु किरण पद्धति को विकसित करने तथा प्रोटॉन के चुंबकीय संवेग की खोज के लिए उन्हें नोबेल पुरस्कार प्रदान किया गया।

रसायन विज्ञान

डि हेवेसी, जॉर्ज

नागरिकता : हंगरी
जन्म : 1 अगस्त, 1885; बुडापेस्ट, हंगरी
निधन : 5 जुलाई, 1966; फ्रेइबर्ग - इम - ब्रेइस्गाउ, पश्चिमी जर्मनी

जॉर्ज डि हेवेसी ने जिम्नसियम ऑफ पियारिस्ट आर्डर में शिक्षा प्राप्त करते हुए 1903 में मैट्रिक की परीक्षा उत्तीर्ण की। उच्चतर शिक्षा उन्होंने बुडापेस्ट विश्वविद्यालय और बर्लिन टेक्निकल विश्वविद्यालय से प्राप्त की और 1908 में यूनिवर्सिटी ऑफ फ्रीबर्ग-इम-ब्रीसगाउ से डॉक्टरेट की डिग्री भी प्राप्त कर ली।

डि हेवेसी ने सहायक के रूप में इंस्टीट्यूट ऑफ फिजि-कल केमिस्ट्री में कार्य किया। उसके बाद स्विट्जरलैंड की टेक्निकल यूनिवर्सिटी में कार्य किया। 1918 के नोबेल विजेता हैबर फ्रित्ज के निर्देशन में भी कार्य किया। उन्होंने अमोनिया सिंथेसिस पर शोध किया। अपना शोधकार्य छोड़कर वे विएना में अर्नेस्ट रदरफोर्ड (1908 के नोबेल विजेता) की निगरानी में रेडियम के रासायनिक विलगाव पर प्रयोग करने लगे। विएना इंस्टीट्यूट ऑफ रेडियम रिसर्च में उन्होंने फ्रेडरिक के साथ रेडियोएक्टिव-ट्रेसर प्रयोग आरंभ किया। उन्हें 1915 में ऑस्ट्रिया-हंगरी की सेना में भाग लेना पड़ा। युद्ध के बाद उन्होंने छह महीने तक बुडापेस्ट विश्वविद्यालय में अध्यापन का कार्य किया। फिर नील्स बोहर इंस्टीट्यूट में कार्य करने के लिए कोपेनहेगन चले गए।

1926 में उन्हें यूनिवर्सिटी ऑफ फ्रीबर्ग-इम-ब्रिसगाउ में भौतिक रसायन का प्रोफेसर नियुक्त किया गया। वे इंस्टीट्यूट ऑफ रिसर्च इन ऑर्गेनिक केमिस्ट्री में सहयोगी प्रोफेसर थे और यूनिवर्सिटी ऑफ घेंट में फ्रैंक्वी प्रोफेसर चुने गए थे। रिटायरमेंट के बाद भी एक साइंटिफिक एसोसिएट के रूप में सक्रिय बने रहे।

उनका विवाह 1924 में पिआ रूज के साथ हुआ और उनके एक पुत्र तथा तीन पुत्रियाँ थीं।

डि हेवेसी के प्रयोग रेडियोधर्मी शीशा (स्लेड) से रेडियम डी के अलगाने से संबंधित थे। आरंभ में उन्हें सफलता नहीं मिली किंतु लगातार प्रयोगों में लगे रहने पर अंततः उन्हें सफलता मिलने लगी। डि हेवेसी क्रिस्टलीय हिस्से पर अपेक्षित ऊर्जा को संकेंद्रित करने में सफल हो गए। एक्स किरणों एवं रेडियोधर्मी फॉस्फोरस आदि पर भी उनके प्रयोग चलते रहे।

डि हेवेसी ने पुस्तकें भी लिखीं। दो भागों में 'ऐडवेंचर्स इन रेडियो आइसोटोप' तथा 'ऐडवेंचर्स इन रेडियो आइसोटोप रिसर्च' (यह भी दो भागों में, 1962)। इनके उनके अतिरिक्त अन्य अनेक वैज्ञानिक शोधपत्र भी प्रकाशित हुए। 1943 के नोबेल पुरस्कार के अतिरिक्त अन्य अनेक पुरस्कार और सम्मान आदि मिले जिनमें उल्लेखनीय हैं—'केन्निजारो पुरस्कार एकेडमी ऑफ साइंसेज' (रोम, 1929), 'दि कॉप्ले मेडल', रॉयल सोसाइटी, लंदन (1949), 'दि फैराडे मेडल' (1950), 'दि बैलि मेडल' (1951) तथा 'दि सिल्वानस थॉम्पसन मेडल' (1955)। उन्होंने 1959 में फोर्ड फाउंडेशन का 'एटम्स फॉर पीस' अवार्ड प्राप्त किया। शिकागो विश्वविद्यालय ने 1961 में उन्हें नील्स बोर तथा रोजनबर्ग मेडल प्रदान किया। उन्हें ऑनरेरी डिग्रियाँ कई संस्थानों से प्राप्त हुईं जिनमें उप्सला, फीबर्ग, कोपेनहेगन, घेंट, लीएगे, लंदन, केपटाउन, साआपौलो, रिओ डि जेनीरो और ट्यूरिन शामिल हैं। वे लंदन की रॉयल सोसाइटी के फेलो चुने गए थे। स्वीडिश एकेडमी ऑफ साइंसेज, गोटेनबर्ग एकेडमी तथा अन्य अनेक संस्थानों से ऑनरेरी डिग्रियाँ प्रदान की गई थीं। वे लंदन की केमिकल सोसाइटी, रॉयल इंस्टीट्यूट, ब्रिटिश इंस्टीट्यूट ऑफ रेडियोलॉजी, फिनिश केमिकल, जर्मन बुनसेन सोसाइटी, जर्मन फिजियोलॉजिकल सोसाइटी, केमिकल सोसाइटी ऑफ जापान और अमरीकन सोसाइटी ऑफ न्यूक्लियर सोसाइटी की ऑनरेरी फेलोशिप प्राप्त हुई थी। रासायनिक प्रक्रियाओं के अध्ययन में ट्रेसर के रूप में आइसोटोप के प्रयोग पर किए गए कार्यों के लिए उन्हें नोबेल पुरस्कार प्रदान किया गया।

शरीर विज्ञान/चिकित्सा विज्ञान

डैम, हेनरिक कार्ल पीटर
नागरिकता : डेनमार्क
जन्म : 21 फरवरी, 1895; कोपेनहेगन, डेनमार्क
निधन : 17 अप्रैल, 1976; कोपेनहेगन, डेनमार्क

हेनरिक कार्ल पीटर डैम और उनके सहकर्मियों ने (1929-34) अपने शोधों के द्वारा दिखाया कि कतिपय रोगों का संबंध रुधिर के संचरण से होता है और यह एक विशेष विटामिन की कमी के कारण होता है। उस विटामिन को नाम दिया गया है—विटामिन 'के' (कोएगुलेशन-विटामिन)। 1939 में एक अमरीकी वैज्ञानिक डोइजी और उन्होंने इस विटामिन पर अलग-अलग शोध किए तथा एक ही निष्कर्ष पर पहुँचे।

कोपेनहेगन के इंस्टीट्यूट ऑफ पॉलीटेक्निक से 1920 में ग्रेजुएट होने पर उन्होंने स्कूल ऑफ एग्रीकल्चर एंड वेटरिनरी मेडिसिन में अध्यापन किया तथा कोपेनहेगन विश्वविद्यालय की प्रयोगशाला में शरीर विज्ञान और औषधि विज्ञान पर अपने शोध जारी रखे। उन्होंने एफ. प्रेग्ल के साथ माइक्रो-केमिस्ट्री का अध्ययन ऑस्ट्रिया के ग्राज में किया। उन्हें 1934 में कोपेनहेगन विश्वविद्यालय से जैव रसायन में पीएच.डी. की डिग्री प्राप्त हुई। उसके बाद कई स्थानों पर कार्य किए और 1940 में संयुक्त राज्य अमरीका भी व्याख्यान देने के लिए गए। अमरीका की रोचेस्टर विश्वविद्यालय में भी उन्होंने व्याख्यान दिए।

अमरीका से लौटने पर वे कोपेनहेगन की यूनिवर्सिटी में बायोकेमिस्ट्री के प्रोफेसर नियुक्त हुए तथा आगे चलकर डेनिश फैट रिसर्च इंस्टीट्यूट के अध्यक्ष भी बने।

हेनरिक कार्ल पीटर डैम का निधन अप्रैल 1974 में कोपेनहेगन में हुआ। विटामिन 'के' की खोज के लिए उन्हें एडवर्ड एडेलबर्ट डोइजी के साथ संयुक्त रूप से नोबेल पुरस्कार प्रदान किया गया।

डोइजी, एडवर्ड एडेलबर्ट
नागरिकता : संयुक्त राज्य अमरीका
जन्म : 13 नवंबर, 1893; ह्यूम, इलिनोइस, अमरीका
निधन : 23 अक्टूबर, 1986; सेंट लुइस, अमरीका

एडवर्ड एडेलबर्ट डोइजी को पीटर हेनरिक के साथ 1943 का नोबेल पुरस्कार संयुक्त रूप से प्रदान किया गया था। डोइजी और उनके सहकर्मियों ने विटामिन 'के' पर प्रयोग के क्रम में सेक्स होर्मोनों की खोज की और आगे भी अपने प्रयोग जारी रखे।

हार्वर्ड विश्वविद्यालय से 1920 में पीएच.डी. की डिग्री प्राप्त करने के बाद उन्होंने वाशिंगटन स्कूल ऑफ मेडिसिन में अध्यापन का कार्य किया। उन्होंने एंब्रियोलॉजिस्ट एडगर एलेन के साथ मिलकर सेक्स हार्मोनों पर शोध किए। विटामिनों, एंटीबायोटिक्सों आदि पर भी कई प्रकार के शोध किए। यूनिवर्सिटी के बायोकेमिस्ट्री विभाग का नामकरण 1955 में उन्हीं के नाम पर किया गया।

इनके अतिरिक्त उनके कई शोधपत्र भी प्रकाशित हुए। कुछ तो वैज्ञानिक जर्नलों में छपे और कुछ पुस्तकों के रूप में प्रकाशित हुए। उनकी उल्लेखनीय पुस्तकें हैं—'सेक्स हार्मोंस' (1936) और 'सेक्स एंड इंटरनल सेक्रेशंस' (1930, एडगर एलेन एवं चार्ल्स एच. के साथ)।

नोट : इस वर्ष **साहित्य** और **शान्ति** के क्षेत्र में नोबेल पुरस्कार नहीं दिया गया और पुरस्कार राशि एक विशेष निधि में संरक्षित रखी गई।

भौतिक विज्ञान

रसायन विज्ञान

शरीर विज्ञान/चिकित्सा विज्ञान

साहित्य

शान्ति

1944

भौतिक विज्ञान

राबी, इसीडोर इजाक
नागरिकता : पोलैंड/संयुक्त राज्य अमरीका
जन्म : 29 जुलाई 1898; रिमानाउ, ऑस्ट्रियन पोलैंड, (अब उक्रेन में)
निधन : 11 जनवरी, 1988; न्यू यॉर्क सिटी, अमरीका

इसीडोर इजाक राबी वह 1919 में कारनेल विश्वविद्यालय से स्नातक हुए और 1927 में कोलंबिया विश्वविद्यालय से पीएच.डी. की डिग्री प्राप्त की।

इसीडोर ने 1929 में कोलंबिया विश्वविद्यालय में अध्यापन शुरू किया था और 1937 में वे भौतिक विभाग के प्रोफेसर नियुक्त हुए। उसी वर्ष उन्होंने चुंबकीय अनुनाद पद्धति को विकसित किया। जिससे कुछ निश्चित यांत्रिक और चुंबकीय गुणधर्मों का और साथ ही एक परमाणु के नाभिक के आकार का पता लगाया जा सका।

1940 से 1945 की अवधि में वे माइक्रोवेव रडार के विकास में शामिल रहे तथा मेसाचुसेस्ट्स इंस्टीट्यूट ऑफ टेक्नोलॉजी की विकिरण प्रयोगशाला के निदेशक नियुक्त हुए। 1955, 1958 और 1964 में वे परमाणु ऊर्जा के शान्तिपूर्ण उपयोग के लिए होनेवाले अंतरराष्ट्रीय सम्मेलनों की व्यवस्था करने में सक्रिय रहे। 'यूनेस्को' के प्रतिनिधि के रूप में जो आंदोलन उन्होंने शुरू किया उसके परिणाम जिनेवा की उच्च ऊर्जा भौतिकी की अंतरराष्ट्रीय प्रयोगशाला के रूप में सामने आया, जिसे सर्न (एस ई आर एन) से जाना जाता है।

परमाणु के नाभिक की चुंबकीय गुणधर्मिता को रिकॉर्ड करने के चुंबकीय अनुनाद सिद्धांत के लिए उन्हें नोबेल पुरस्कार से सम्मानित किया गया।

रसायन विज्ञान

हॉन, ओट्टो
नागरिकता : जर्मनी
जन्म : 8 मार्च, 1879; फ्रैंकफर्ट-एम-मेन, जर्मनी
निधन : 28 जुलाई, 1968; गोटिंगेन, जर्मनी

ओट्टो हॉन ने मारबर्ग विश्वविद्यालय में अध्ययन करते हुए स्नातक होने के बाद 1910 में विज्ञान में उपाधि प्राप्त की।

उन्हें मारबर्ग में रसायन संस्थान में एक सहायक के रूप में कार्य दिया गया, जहाँ वे दो वर्ष रहे। उनके बाद, 1904 से उन्होंने लंदन के यूनिवर्सिटी कॉलेज में नोबेल विजेता सर विलियम रैम्से के अधीनस्थ रह रेडियोधर्मिता पर प्रयोग किए, जिसके परिणामस्वरूप उन्होंने शुद्ध रेडियम लवणों को तैयार करने पर काम करते हुए नए रेडियोधर्मी, रेडियोथोरियम की खोज की। अगले वर्ष 1905 में, वे मांट्रियल (कनाडा) के मैकगिल विश्वविद्यालय के भौतिक संस्थान में प्रोफेसर अर्नेस्ट सरफोर्ड के अधीन कार्य करने लगे। यहाँ रहकर उन्होंने रासायनिक तत्त्व रेडियो-ऐक्टिनियम की खोज की और उन्होंने यहाँ सरफोर्ड के साथ मिलकर रेडियोथोरियम और रेडियोऐक्टिमियम की अल्फा-किरणों पर शोध किए। 1906 में उनके जर्मनी लौटने पर जल्द ही उन्हें प्रतिष्ठित कैसर विल्हेम इंस्टीट्यूट फॉर केमिस्ट्री का निदेशक नियुक्त कर दिया गया। वे एक विलक्षण विचारक थे।

कैसर विल्हेम इंस्टीट्यूट में नियुक्त होने पर जल्द ही उनकी मुलाकात लिजी मेइटनर से हुई जो ऑस्ट्रिया की रेडियो फिजिसिस्ट थी, जिनके साथ मिलकर हॉन ने तीस वर्षों तक शोधकार्य किया। मेइटनर का व्यक्तित्व अधिक प्रभावशाली था और वह संकोची हॉन का उत्साह बढ़ाती रहती थी। एक टीम के रूप में दोनों ने ही परमाणु नाभिकों के ज्ञान को बढ़ाने में महत्त्वपूर्ण योगदान दिया है।

हॉन ने यूरेनियम पर न्यूट्रॉनों का धीमी बौछार करने पर जो न्यूट्रॉन प्राप्त किया वह दूसरे तत्त्व का निर्माण करता था, इसने उन्हें मंत्रमुग्ध कर दिया। हॉन और मेइटनर ने अपने प्रयोग को आगे जारी रखा और इस नतीजे पर पहुँचे कि यूरेनियम पर धमाका होने पर उसके परमाणु किसी दूसरे तत्त्व में परिवर्तित हो जाते हैं। जल्द ही फ्रित्ज स्ट्रासमेन भी उनके साथ हो गए। 1938 में मेइटनर को यहूदी होने के कारण जर्मनी छोड़ना पड़ा।

शुरुआत में हॉन और स्ट्रासमेन को विश्वास था कि रेडियम का नया आइसोटोप तैयार होता था। जल्द ही उन्होंने खोज लिया कि बेरियम धातु को रेडियोधर्मी अवस्था में निर्माण होता है।

वास्तव में यूरेनियम के नाभिक से टूटकर बहुत हल्के परमाणु अलग हो रहे हैं, ठीक इसी समय उससे न्यूट्रॉनों का और अत्यधिक मात्रा में ऊर्जा का उत्सर्जन हो रहा है। उन्होंने इस प्रक्रिया को 'परमाणु विखंडन' कहा।

जल्द ही उन्हें अहसास हो गया कि उनकी खोज का प्रयोग विनाशकारी परमाणु बम बनाने में हो सकता है इसलिए वे परमाणु निरस्त्रीकरण के आंदोलन में पूरी तरह सक्रिय हो गए।

ओट्टो हॉन को अनेक विश्वविद्यालयों और विज्ञान संस्थाओं के द्वारा सम्मानित किया गया।

परमाणु के नाभिक में विखंडन के सिद्धांत के लिए उन्हें नोबेल पुरस्कार से सम्मानित किया गया।

शरीर विज्ञान/चिकित्सा विज्ञान

एर्लेंगर, जोसेफ

नागरिकता : संयुक्त राज्य अमरीका

जन्म : 5 जनवरी, 1874; सैन फ्रांसिस्को, अमरीका

निधन : 5 दिसंबर, 1965; सेंट लुइस मिसुरी, अमरीका

जोसेफ एर्लेंगर ने कैलीफोर्निया विश्वविद्यालय से रसायन में स्नातक तथा 1899 में जॉन हॉपकिंस विश्वविद्यालय से स्नातकोत्तर चिकित्सक (एम.डी.) की उपाधि प्राप्त की तथा तंत्रिका तंत्र की समान प्रक्रिया में भी उसके तंतुओं के अलग-अलग कार्य करने की खोज के लिए अपने छात्र हर्बट गैसर के साथ संयुक्त रूप से पुरस्कार प्राप्त किया।

1922 में कैथोड किरण दोलनदर्शी (ओलिओस्कोप) के प्रयोग से एकल तंत्रिका तंतु पर अतिसूक्ष्म परमाणु (इलेक्ट्रॉनिक) के प्रतिक्रिया को बढ़ाने में सक्षम हो गए जिससे वे अब उसका विश्लेषण कर सकते थे। उद्दीप्त तंत्रिका तंतु पर उत्तेजना से पैदा हुई आकृति को एक बार बड़ा करने पर उन्हें (स्क्रीन) पर्दों पर देखा जा सकता है और तंत्रिका की प्रतिक्रिया का अध्ययन किया जा सकता है।

1932 में एर्लेंगर और गैसर ने जाना कि तंत्रिका के तंतु का अलग-अलग प्रभाव में उत्तेजित होना तंतु की मोटाई पर निर्भर करता है और इसीलिए हर तंतु का अलग-अलग प्रभाव में उत्तेजित होना तंतु का अलग-अलग सीमा तक

उत्तेजनशीलता दर्शाता है। उन्होंने साथ में इसकी खोज की कि भिन्न तंतु भिन्न-भिन्न प्रकार की उत्तेजनाओं के लिए भिन्न-भिन्न तरंगों को प्रदर्शित करती हैं।

एकल तंत्रिका तंतु की भिन्न-भिन्न प्रतिक्रियाओं के सिद्धांत की खोज के लिए उन्हें नोबेल पुरस्कार से सम्मानित किया गया।

गैसर, हर्बर्ट स्पेंसर

नागरिकता : संयुक्त राज्य अमरीका

जन्म : 5 जुलाई, 1888; विस्कांसिन, अमरीका

निधन : 11 मई, 1963; न्यू यॉर्क सिटी, अमरीका

गैसर स्टेट नार्मल स्कूल में शिक्षा प्राप्त करने के बाद विस्कांसिन विश्वविद्यालय में प्रवेश किया जहाँ 1910 में उन्होंने ए.बी. तथा 1911 में ए.एम. की उपाधि प्राप्त की। 1915 में जॉन हॉपकिंस मेडिकल स्कूल से इन्होंने एम.डी. स्नातकोत्तर चिकित्सक की शिक्षा ग्रहण की तथा 1921 में वाशिंगटन विश्वविद्यालय में औषधीय विज्ञान के प्रोफेसर नियुक्त हुए।

1923 से 1925 तक, उन्हें यूरोप में पढ़ाई करने के लिए प्रोफेसर ए.बी. हिल, डब्लयू. स्ट्रोब, एल. लैमिक तथा सर हेनरी डेल के साथ काम करते हुए अवकाश की अनुमति मिल गई। 1931 में वे कार्नेल विश्वविद्यालय के चिकित्सा विभाग के अध्यक्ष तथा औषधिविज्ञान के प्रोफेसर नियुक्त हो गए।

जब वह जॉन हॉपकिंस मेडिकल स्कूल में थे उस समय गैसर खून के स्पंदन संबंधित समस्या पर काम कर रहे थे। हालाँकि उनका मुख्य काम उनके सहयोगी एर्लेंगर के साथ तंत्रिका के विद्युत शरीर क्रिया से संबंधित था।

इलेक्ट्रिकल साइन ऑफ नर्वस एक्टिविटी के सह-लेखक थे। उन्होंने तंत्रिका क्रिया विज्ञान विषयों पर अनेक शोधपत्र प्रकाशित किए। वे 1936 में एक्सपेरीमेंटल मेडिसिन पत्रिका के संपादक बने।

1944 का नोबेल पुरस्कार उन्हें तथा एर्लेंगर को संयुक्त रूप से प्रदान किया गया था।

साहित्य

जेनसेन, जोहानिस विल्हेम

नागरिकता : डेनमार्क

जन्म : 20 जनवरी, 1873; फार्सोएडिन, डेनमार्क

निधन : 25 नवंबर, 1950; कोपेनहेगन, डेनमार्क

जोहानिस विल्हेम का जन्म डेनमार्क के उत्तरी जिलांट के एक गाँव फार्सो में हुआ था। उनके पिता एक पशु-चिकित्सक थे। उनका लालन-पालन एक ग्रामीण परिवेश में ही हुआ था।

जोहानिस विल्हेम जेनसेन एक उपन्यासकार, कवि, निबंधकार और अनेक मिथकीय कहानियों के लेखक थे। बाद में उन्होंने डार्विन के सिद्धांत के अनुसार मानव विकास को चिह्नित करने का प्रयास किया जिसके लिए उनकी बहुत आलोचना हुई।

एक लेखक के रूप में अपनी किताब हेमरलैंडहिस्ट्री (टेल्स फ्रॉम हेमर लैंड), 1898-1910 से पहली बार उन्होंने प्रभावित किया। इसमें उनकी सुदूर पूर्व की यात्राओं का कथात्मक विवरण था। उन्होंने मिथ शीर्षक के अंतर्गत सौ से ज्यादा कहानियाँ लिखीं। उनकी कहानियाँ और प्रथम उपन्यास डेंस केरे (डेनिस, 1896) रेवुनेन और नॉर्डिस्के फोगले में प्रकाशित हुई थी।

1898 में वे 'पोलिटीकन' के युद्ध संवाददाता के रूप में स्पेन-अमरीका युद्ध की खबरों के लिए स्पेन चले गए। जिसके परिणामस्वरूप उनकी उत्कृष्ट कृति, जिसने उन्हें मशहूर कर दिया, टाइरेफिग्टेफिनजेन (दि बुलफाइट, 1898) आई। 1906 में वे एक डेली प्रेसेन के संपादक हुए तथा उनकी कविताओं का संग्रह प्रकाशित हुआ।

आगे 14 वर्षों तक डेन लैंग रण्से शीर्षक से उनके छह उपन्यास प्रकाशित हुए। इस श्रृंखला की पुस्तकें उनकी सर्वोत्कृष्ट रचनाएँ समझी जाती हैं। इवोल्यूशन ऑफ मोरेल (1925), डायरेनेस फार्वेलिंग दि मेटामोर्फोसिस ऑफ

एनीमल्स (1927) और 1943 में डिग्टे (1904-41) प्रकाशित हुई जो उनकी मुख्य कृति सिद्ध हुई।

शान्ति

कोमिटे इंटरनेशनल डि ला क्रोइक्स राउज (इंटरनेशनल कमेटी ऑफ दि रेडक्रॉस), जिनेवा

द्वितीय विश्वयुद्ध की समाप्ति के बाद राष्ट्रों के आपसी तनाव में कमी लाने के उद्देश्य से 1944 में नोबेल शान्ति पुरस्कार 'अंतरराष्ट्रीय रेडक्रॉस समिति' को प्रदान किया गया जिसका मुख्यालय स्विट्ज़रलैंड के जिनेवा में है। इसकी स्थापना फरवरी 1963 में जिनेवा में की गई।

भौतिक विज्ञान

रसायन विज्ञान

शरीर विज्ञान/चिकित्सा विज्ञान

साहित्य

शान्ति

1945

भौतिक विज्ञान

पॉउली, वोल्फगैंग
नागरिकता : ऑस्ट्रिया
जन्म : 25 अप्रैल, 1900; विएना, ऑस्ट्रिया
निधन : 15 दिसंबर, 1958; ज्यूरिख, स्विट्जरलैंड

वोल्फगैंग जब केवल बीस वर्ष के थे, तभी उन्होंने सापेक्षता के सिद्धांत पर विश्वकोष के लिए दो सौ पेज का लेख लिखा था। 1923 में वे हेमबर्ग विश्वविद्यालय में भौतिक विज्ञान के अध्यापक नियुक्त हुए। आगे इसी वर्ष उन्होंने बताया कि क्वांटम सिद्धांत को ठीक से समझने के लिए चतुर्थ क्वांटम संख्या की आवश्यकता है जिसका गणितीय मान 1/2 हो सकता है। और बाद में पाया गया कि पारमिओंस (उप-परमाणवीय कण) की घूर्णन की दो संभावित दिशाओं को दर्शाते हैं। 1925 में उन्होंने अपवर्जन सिद्धांत प्रस्तुत किया जो जिसे जब इलेक्ट्रॉनों पर लागू किया जाता है, तो तुरंत ही आवर्त सारणी में तत्त्व की स्थिति के कारण को बताता है।

1928 में वोल्फगैंग पाउली ज्यूरिख में सैद्धांतिक भौतिकी के प्रोफेसर नियुक्त हुए। 1920 में देखा गया कि जब परमाणु के नाभिक से बीटा कण को हटाया जाता है, तो वहाँ सामान्यत: उसकी कुछ ऊर्जा और संवेग लुप्त हो जाता है। यह ऊर्जा संरक्षण के नियम का गंभीर उल्लंघन था। 1931 में पॉउली ने प्रस्तावित किया अनावेशित तथा बहुत कम द्रव्यमान वाले कुछ कणों द्वारा केंद्रक से ऊर्जा और संवेग में कमी आती है और ये कण नगण्य रहते हैं क्योंकि ये कभी-कभी ही तत्त्व से क्रिया करते हैं जिसकी जाँच करना लगभग संभव है।

1940 में पॉउली प्रिंस्टन विश्वविद्यालय (न्यूजर्सी) इंस्टीट्यूट फॉर एडवांस्ड स्टडी इन फिजिक्स के अध्यक्ष नियुक्त किए गए।

इन्हें अपवर्जन सिद्धांत की खोज करने के लिए जिसे पॉउली सिद्धांत भी कहते हैं, इसके लिए नोबेल पुरस्कार से सम्मानित किया गया।

रसायन विज्ञान

वर्टानेन, आर्टुरी इल्मारी

नागरिकता : फिनलैंड

जन्म : 15 जनवरी, 1895; हेलसिंकी, फिनलैंड

निधन : 11 नवंबर, 1973; हेलसिंकी, फिनलैंड

आर्टुरी इल्मारी वर्टानेन एक जीव रसायनशास्त्री थे, जिन्होंने हरे चारे के उत्पादन और भंडारण में प्रोटीन की मात्रा बढ़ाने की खोज की थी, वे हेलसिंकी विश्वविद्यालय में रसायन विज्ञान के प्रशिक्षक थे। वहीं बाद में ये जीव रसायन के प्रोफेसर नियुक्त हुए। इन्होंने किण्वन की प्रक्रिया का अध्ययन किया जो मिट्टी में अनाज तथा चारे के भंडार को खराब करता है।

उन्होंने पाया की लैक्टिक अम्ल संरक्षित अनाज तथा चारे की अम्लता को उस सीमा तक बढ़ा देता है जहाँ से किण्वन की प्रक्रिया रुक जाती है। अपने प्रयोग के दौरान उन्होंने देखा कि अम्लीय परिरक्षण का अनाज तथा चारे के पोषक तत्त्वों पर कोई प्रतिकूल प्रभाव नहीं होता और जानवरों द्वारा ये चारा खाने पर उनकी उत्पादन शक्ति पर भी कोई प्रतिकूल प्रभाव नहीं पड़ता।

वे फिनिश इंस्टीट्यूट ऑफ टेक्नोलॉजी में जीव रसायन के प्रोफेसर नियुक्त हुए और आगे चलकर बायोकेमिकल रिसर्च इंस्टीट्यूट हेलसिंकी के निदेशक हुए।

इन्हें कृषि तथा पोषण रसायन में खोज तथा आविष्कार करने के लिए, विशेष रूप से चारे को संरक्षित करने की विधि के लिए नोबेल पुरस्कार से सम्मानित किया गया।

शरीर विज्ञान/चिकित्सा विज्ञान

चेन, सर एर्न्स्ट बोरिस

नागरिकता : जर्मनी/ब्रिटेन

जन्म : 19 जून, 1906; बर्लिन, जर्मनी

निधन : 12 अगस्त, 1979; आयरलैंड

सर एर्न्स्ट बोरिस चैन एक जीव रसायनशास्त्री थे। उन्होंने हौवार्ड वाल्टर फ्लोरी के साथ मिलकर पेंसिलीन को पृथक् तथा शुद्ध किया (सर एलेक्जेंडर फ्लेमिंग ने 1928 में इसकी खोज की थी) तथा पेंसिलीन का प्रतिरक्षक के रूप में पहला क्लीनिकीय परीक्षण किया। चेन ने रसायन विज्ञान तथा शरीर क्रिया विज्ञान में बर्लिन विश्वविद्यालय से स्नातक होने के बाद चैरिटी अस्पताल बर्लिन में पैथोलॉजी का अध्ययन किया। फिर कैंब्रिज विश्वविद्यालय में (नोबेल विजेता, सर फ्रेडरिक जी. हॉपकिंस) के अधीन शोधकार्य किया। फिर ऑक्सफोर्ड गए जहाँ फ्लोरी के साथ इन्होंने पेंसिलीन पर कार्य किया।

1949 में रॉयल सोसाइटी के फेलो चुने गए।

फ्लेमिंग, सर एलेक्जेंडर

नागरिकता : ब्रिटेन

जन्म : 6 अगस्त, 1881; लोचफील्ड, आयरशायर, स्कॉटलैंड

निधन : 11 मार्च, 1955; लंदन

सर अलेक्सांडर फ्लेमिंग एक किसान के पुत्र थे। स्थानीय ग्रामीण स्कूल में उन्होंने आरंभिक शिक्षा प्राप्त की। उसके

बाद किलमानॉक एकेडमी में अध्ययन किया। जब वे तेरह वर्ष के थे तभी उनके पिता का देहांत हो गया। इस पर वे लंदन में अपने बड़े भाई के पास चले गए जो डॉक्टर के रूप में वहाँ कार्य कर रहे थे। फ्लेमिंग ने तीन वर्षों तक रीजेंट स्ट्रीट के पॉलिटेक्निक इंस्टीट्यूट में अध्ययन किया। लंदन विश्वविद्यालय में प्रवेश करने से पहले उन्होंने चार वर्षों तक शिपिंग ऑफिस में कार्य किया। लंदन में एम.बी.बी.एस. की डिग्री प्राप्त की जिसमें उन्हें गोल्ड मेडल प्राप्त हुआ (1908)। सेंट मेरी में वे 1914 तक लेक्चरर रहे। प्रथम विश्वयुद्ध के दौरान वे आर्मी मेडिकल कार्प्स के कैप्टेन रहे। 1918 में वे सेंट मेरी लौट आए। 1928 में वे प्रोफेसर चुने गए। 1944 में उन्हें 'नाइटहुड' की उपाधि मिली। 1948 में वे रिटायर हुए मगर उसके बाद भी वहीं शोध के कार्य में लगे रहे।

मृत्यु से पहले उन्होंने कहा था, 'मैं जहाँ भी जाता हूँ लोग मुझे धन्यवाद देते कि मैंने उनकी जान बचाई। मैं वास्तव में नहीं जानता वे ऐसा क्यों करते हैं। पेंसिलिन को प्रकृति ने उत्पन्न किया, मुझे तो केवल वह मिल गया।'

फ्लोरी, हॉवर्ड वाल्टर

नागरिकता : ऑस्ट्रेलिया / ब्रिटेन

जन्म : 24 सितंबर, 1898; एडीलेड, ऑस्ट्रेलिया

निधन : 21 फरवरी, 1968; ऑक्सफोर्ड, ब्रिटेन

हॉवर्ड वाल्टर फ्लोरी एक पैथोलॉजिस्ट थे। एर्न्स्ट बोरिस के साथ मिलकर शुद्ध पेंसिलिन (सर एलेक्जेंडर द्वारा आविष्कृत) का सामान्य क्लीनिकल इस्तेमाल के लिए उपयोग किया।

फ्लोरी ने एडीलेड विश्वविद्यालय और ऑक्सफोर्ड विश्वविद्यालय में मेडिसिन का अध्ययन किया। कैंब्रिज विश्वविद्यालय और शेफील्ड विश्वविद्यालय में शिक्षण और शिक्षण करने के बाद 1935 में ऑक्सफोर्ड में प्रोफेसर नियुक्त हुए। 1962 में उन्हें क्वीन्स कॉलेज का अध्यक्ष बनाया गया। 1965 में उन्हें एक लाइफ पीयर की उपाधि मिली।

फ्लोरी ने ऊतकों में सूजन और झिल्ली से मवाद स्राव का अध्ययन किया। उन्हें 'लिसोजाइम' को शुद्ध करने में सफलता मिली। वह एक जीवाणुनाशक एंजाइम है जो आँसू और मुँह से निकलनेवाले लार में पाया जाता है। उन्होंने 1939 में एंटीबायोटिक्स के तत्त्वों का सर्वेक्षण किया जिसमें पेंसिलिन की भूमिका प्रमुख थी। द्वितीय विश्वयुद्ध में उनकी रिसर्च टीम उत्तरी अफ्रीका में कार्य कर रही थी। पेंसिलिन की क्लीनिकल भूमिका उसमें प्रमुख थी।

वे रॉयल सोसाइटी के प्रेसीडेंट थे, रॉयल कॉलेज ऑफ फिजिशियन के फेलो थे। उन्हें कई ऑनरेरी फेलोशिप प्रदान की गई। रॉयल आट्रेलियन कॉलेज ऑफ फिजिशियंश की फेलोशिप भी उन्हें मिली।

1945 का नोबेल पुरस्कार सर एर्न्स्ट बोरिस चैन, एलेक्जेडर फ्लेमिंग के साथ फ्लोरी को संयुक्त रूप से प्रदान किया गया।

साहित्य

मिस्त्राल, गैब्रिएला (उपनाम) गोडोई वाई. अल्केयागा, लूसिया

नागरिकता : चिली

जन्म : 7 अप्रैल, 1889; विक्युना, चिली

निधन : 11 जनवरी, 1957; न्यू यॉर्क, अमरीका

गैब्रिएला चिली में आधुनिक पीढ़ी की कविता की संस्थापिका थीं। वे एक स्पेनिश थीं और दक्षिण अमरीकी इंडियन से संबंधित थीं। वे उत्तरी चिली के छोटे से गाँव में बड़ी हुईं और स्कूल में अध्यापिका हुईं। बाद में कॉलेज में प्रोफेसर बनीं। उनकी राजनयिक गतिविधियाँ उन्हें मेड्रिड, लिस्बन, जिनेवा और नाइस ले गईं। 1914 में उनकी कवित्व प्रतिभा का परिचय मिला जब उनकी पुस्तक 'सोनेटोज डि ला मुएर्टे' (सॉनेट्स ऑफ डेथ) को चिली में सम्मान प्राप्त हुआ। इटैलियन कवि गैबिएल डी एनुनि जिओ और फ्रेंच कवि फ्रीडेरिक के उस पुस्तक पर हस्ताक्षर थे। उनकी कृतियों में 'डिसोलेशियन' (1922–तनहाई) 'डोलर' उनके विफल प्रेम की गाथा है, प्रेम

के मामले में वे विफल रहीं क्योंकि उनके प्रेमी ने आत्महत्या कर ली। उन्होंने कभी विवाह नहीं किया। 'टेर्नुरा' (1924), 'ताला' (1938) और 'लैगार' (वाइन पीड़ा प्रेम, 1954) निर्धन और बेसहारा बच्चों के प्रति उनके स्नेह को दर्शाती हैं।

वे लीग आफ नेशंस तथा यूनाइटेड नेशंस की सामाजिक और सांस्कृतिक कमिटियों से संबद्ध रहीं। वे लैटिन अमरीका की प्रथम महिला थीं जिन्हें नोबेल पुरस्कार से सम्मानित किया गया। उन्हें उनकी भावनाओं से प्रेरित लेखन कार्य करने के लिए, जिसने उन्हें पूरे लातिन अमरीकी दुनिया में आदर्शवादी महत्त्वाकांक्षा का प्रतीक बना दिया, नोबेल पुरस्कार से सम्मानित किया गया।

शान्ति

हल्ल, कॉर्डेल

नागरिकता : संयुक्त राज्य अमरीका

जन्म : 2 अक्टूबर, 1871; पिकेट कंट्री, टेनेसी

निधन : 23 जुलाई, 1955; मेरीलैंड

कॉर्डेल हल्ल ने उन्नीसवीं सदी के गए-गुजरे विश्व व्यापार को बीसवीं सदी में व्यापक रूप दिया। उन्होंने संयुक्त राष्ट्र में जो भूमिका निभाई उसी के लिए उन्हें नोबेल पुरस्कार से सम्मानित किया गया। जब वे युवा अधिवक्ता ही थे तभी वे डेमोक्रेटिक पार्टी से संबद्ध हो गए। यू.एस. हाउस ऑफ रिप्रेजेंटेटिव में 22 वर्षों तक अपने जिले का प्रतिनिधित्व करते रहे तथा सीनेट से भी जुड़े रहे। वे डेमोक्रेटिक नेशनल कमेटी के चेयरमैन भी रहे। वे विश्व शान्ति की दृष्टि से विश्व व्यापार को कई प्रकार की सुविधाएँ प्रदान करने के पक्ष में रहे।

उन्हें राष्ट्रपति डी. रूजवेल्ट द्वारा नए सौदों की शुरुआत करने के लिए सेक्रेटरी ऑफ स्टेट नियुक्त किया गया। उन्हें उच्च सीमा शुल्क के प्रतिबंधों का निवारण करना था जो 19वीं शताब्दी से विदेशी व्यापार को प्रभावित कर रहा था। उनकी दूसरी सफलता पारस्परिक व्यापार अनुबंध अधिनियम को अमरीकी संसद में पास करवाना था। इस अधिनियम द्वारा सीमा शुल्क को कम करने का पथ तय किया तथा जो 1948 में शुरू गैट (जनरल एग्रीमेंट ऑफ टेरिफ एंड ट्रेड) का पहला कदम था।

द्वितीय विश्वयुद्ध की शुरुआत में हल्ल और रूजवेल्ट ने अनुभव किया कि तटस्थता से फासिस्टों को बढ़ावा मिलेगा जो पूरे विश्व के लिए घातक सिद्ध होगा। इसलिए उन्होंने मित्र राष्ट्रों से सहयोग का आह्वान किया। 1941 में जापान के साथ निर्णायक समझौते में हल्ल दृढ़ता से चीन के पक्ष में खड़े रहे।

जब अमरीका भी युद्ध में शामिल हो गया, तब हल्ल और उनके विभाग के सहयोगी ने युद्धोत्तर शान्ति को बनाए रखने के लिए एक निकाय (समिति) की योजना बनाई। इसीलिए प्रेसीडेंट रूजवेल्ट ने हल्ल को 'फादर ऑफ यूनाइटेड नेशन' कहा। 12 वर्षों की सेवा के बाद 1944 में उन्होंने इस्तीफा दे दिया।

भौतिक विज्ञान

रसायन विज्ञान

शरीर विज्ञान/चिकित्सा विज्ञान

साहित्य

शान्ति

1946

भौतिक विज्ञान

ब्रिजमैन, पर्सी विलियम्स
नागरिकता : संयुक्त राज्य अमरीका
जन्म : 21 अप्रैल, 1882; मैसाचुसेट्स, अमरीका
निधन : 20 अगस्त, 1961; न्यू हैंपशायर, अमरीका

पर्सी विलियम्स ब्रिजमैन एक प्रसिद्ध प्रयोगात्मक भौतकी-विज्ञानी थे। किसी धातु का उच्च तापमान और दबावों पर अध्ययन करना उनकी विशिष्टता थी। न्यूटन, मैसाचुसेट्स के स्कूल में शिक्षा प्राप्त करने के बाद ब्रिजमैन ने 1990 में हार्वर्ड विश्वविद्यालय में प्रवेश किया तथा 1908 में वहाँ से पीएच.डी. की डिग्री प्राप्त की। उसके बाद उन्होंने हार्वर्ड की फैकल्टी में प्रवेश किया और 1913 में प्रोफेसर के पद पर प्रतिष्ठापित हुए तथा 1954 में अवकाश प्राप्ति तक वहीं कार्यरत रहे।

1908 से हार्वर्ड में अध्यापक के रूप में कार्यरत ब्रिजमैन ने एक उपकरण विकसित किया। अपनी इस थ्योरी को परखने के लिए कि जो धातु के दबाव को 20,000 वातावरणीय ताप पर पहुँचा देता था और इस पर अधिक ताकतवर धातु से बाहरी दबाव डाला जाए तो क्या प्रभाव दिखाई देता है। जनरल इलेक्ट्रिक कंपनी के परामर्शदाता की हैसियत से उन्होंने और उनके दल ने 1955 में उच्च ताप और उच्च दाब द्वारा एक कृत्रिम हीरा उत्पन्न करने में सफलता प्राप्त की। उनकी व्याख्या के अनुसार पृथ्वी की आंतरिक संरचना का इससे पता चलता है। उन्हें अति उच्च दाब पैदा करनेवाले उपकरण के आविष्कार तथा दाब भौतिक के क्षेत्र में की गई उनकी खोज के लिए उन्हें नोबल पुरस्कार प्रदान किया गया।

रसायन विज्ञान

नोरथ्रॉप, जॉन हॉवर्ड
नागरिकता : संयुक्त राज्य अमरीका
जन्म : 8 जुलाई, 1891; न्यू यॉर्क, अमरीका
निधन : 2 मई, 1987; वीकेनबर्ग, एरिजोना, अमरीका

जॉन हावर्ड नोरथ्रॉप एक लंबी और शानदार वंश-परंपरा से सीधे जुड़े हुए थे।

जॉन हॉवर्ड के पिता जॉन आई. नोरथ्रॉप कोलंबिया की प्रयोगशाला में एक प्रशिक्षक थे। प्रयोगशाला की एक दुर्घटना में सहसा उनका देहांत हो गया। उनकी माता एलिस आर. नोरथ्रॉप न्यू यॉर्क के हंटर कॉलेज में वनस्पति विज्ञान पढ़ाती थीं। यह उन्हीं के प्रयास का परिणाम था कि न्यू यॉर्क के सभी पब्लिक स्कूलों के पाठ्यक्रम में प्रकृति विज्ञान के अध्ययन को शामिल किया गया।

नोरथ्रॉप ने आरंभिक शिक्षा एक पब्लिक स्कूल में प्राप्त की और 1908 में कोलंबिया विश्वविद्यालय में प्राणि विज्ञान और रसायन विज्ञान का अध्ययन नोबेल पुरस्कार विजेता टी.एच. मॉर्गन तथा 1933 के नोबेल विजेता (शरीर विज्ञान या औषधि विज्ञान) जे.एम. नेल्सन की देख-रेख में करने लगे। उन्होंने 1912 में बी.एससी. की डिग्री प्राप्त की, 1913 में मास्टर ऑफ आर्ट्स की डिग्री पाई तथा 1915 में रसायन विज्ञान में पीएच.डी. की डिग्री प्राप्त की। 1916 में उन्होंने डब्ल्यू. बी. कटिंग ट्रेवेलिंग फेलोशिप प्राप्त कर रॉकफेलर इंस्टीट्यूट की प्रयोगशाला में कार्य किया। 1917-18 की अवधि में उन्होंने रासायनिक युद्ध सेवा के अंतर्गत एक कैप्टन के रूप में कार्य किया। 1924 में वे रॉकफेलर इंस्टीट्यूट के एसोसिएट सदस्य नियुक्त हुए। उन्हें 1949 में कैलीफोर्निया विश्वविद्यालय में जीवाणु विज्ञान का और आगे चलकर जीवभौतिकी का भी प्रोफेसर बनाया गया।

नोरथ्रॉप ने प्रोटीन से संबंधित एंजाइम के स्रोत पर कार्य किया और क्रमश: उन्हें सफलता मिलती गई। उन्होंने जीवन की अवधि को जानने की प्रक्रिया के क्रम में उन तत्त्वों पर ध्यान दिया जो जीवन को बनाए रखने के लिए आवश्यक हैं।

नोरथ्रॉप ने अनेक वैज्ञानिक शोधपत्र लिखे और प्रकाशित किए। 1939 में उनकी एक पुस्तक 'क्रिस्टेलिन एंजाइम्स' प्रकाशित हुई। कुछ वर्षों तक उन्होंने रॉकफेलर इंस्टीट्यूट द्वारा प्रकाशित पत्रिका 'जर्नल ऑफ जनरल फिजियोलॉजी' का संपादन किया।

उन्हें कई डिग्रियाँ विश्वविद्यालयों से प्रदान की गईं। उन विश्वविद्यालयों में कुछ प्रमुख हैं—हार्वर्ड, कोलंबिया, येल और प्रिंस्टन विश्वविद्यालयों से मानद उपाधि। उन्हें स्टीव पुरस्कार मिला (1931, कोलंबिया), चैंडलर मेडल (1936), डेनिएल जिरांड इलियट मेडल (1939), सर्टिफिकेट ऑफ मेरिट, यू.एस.ए. सरकार (1948) तथा एलेक्जेंडर हैमिल्टन मेडल (1961)।

नोरथ्रॉप को शिकार करने तथा फायरिंग करने का शौक था। घुड़सवारी, नौका यात्रा, गोल्फ और टेनिस खेलने का भी शौक था। इन्हें एंजाइम और वायरस प्रोटीन की शुद्ध रूप में खोज करने के लिए नोबेल पुरस्कार प्रदान किया गया।

स्टेनली, वेंडेल मेरेडिथ

नागरिकता : संयुक्त राज्य अमरीका

जन्म : 16 अगस्त, 1904; रिज विले इंडियाना, अमरीका

निधन : 15 जून, 1971; सेले-मानका, स्पेन

वेंडेल मेरेडिथ स्टेनली ने 1926 में अर्लहम कॉलेज से स्नातक की डिग्री प्राप्त की और उसके बाद लिवारिस विश्वविद्यालय में प्रवेश किया। वहाँ से उन्होंने 1927 में एम.एससी. डिग्री प्राप्त की और 1929 में रसायन विज्ञान में पीएच.डी. हुए। स्टेनली उस समय इलिनोइस विश्वविद्यालय में नेशनल रिसर्च काउंसिल फेलो के रूप में शोधकार्य कर रहे थे।

1931 में स्टेनली अमरीका लौट आए। उन्हें रॉकफेलर इंस्टीट्यूट का सहायक बनाया गया जहाँ वे 1940 तक रहे। 1937 में उनको सहायक सदस्य बनाया, 1940 में पूर्णकालिक सदस्य बनाया गया। 1948 में कैलीफोर्निया विश्वविद्यालय में जीव रसायन का प्रोफेसर नियुक्त किया गया, साथ ही विषाणु प्रयोगशाला का निदेशक भी बनाया गया। वे 1948-53 की अवधि में जीव रसायन विभाग के अध्यक्ष रहे तथा 1958 में उन्हें विषाणु विज्ञान का प्रोफेसर नियुक्त किया गया।

स्टेनली ने 1929 में विवाह किया। उन्हें एक पुत्र, तीन पुत्रियाँ हुईं।

स्टेनली ने विषाणुओं की रासायनिक प्रकृति का अध्ययन किया। विषाणु को माइक्रोस्कोप यंत्र से भी देखा नहीं जा सकता। स्टेनली ने पाया कि विषाणु को देख नहीं पाने पर रोगों की पहचान उनके लक्षणों को देखकर की जा सकती है। वे विषाणुओं के विश्लेषण के मामले में विश्वविख्यात प्रवक्ता थे।

उन्होंने विषाणुओं पर एक सौ पचास से अधिक शोधपत्र लिखे, अनेक पुस्तकों के अध्याय लिखे। उन्हें कई पुरस्कार

और पदक मिले तथा हार्वर्ड, येल, प्रिंस्टन और इलिनोइस से मानद उपाधियाँ प्राप्त हुई थीं। इन्हें एंजाइम और विषाणु प्रोटीन की शुद्ध रूप में खोज करने के लिए नोबेल पुरस्कार प्रदान किया गया।

सुमनेर, जेम्स बैचलर

नागरिकता : संयुक्त राज्य अमरीका

जन्म : 19 नवंबर, 1887; मैसाचुसेट्स, अमरीका

निधन : 12 अगस्त, 1955; न्यू यॉर्क, अमरीका

जेम्स बैचलर सुमनेर एक धनी कपास उपजानेवाले किसान के पुत्र थे। शिकार के दौरान एक दुर्घटना के चलते अपनी बाईं बाँह वे बचपन में ही गँवा चुके थे जिसका खामियाजा उन्हें आजीवन भुगतना पड़ा।

उन्होंने रसायन विज्ञान और शरीर विज्ञान का अध्ययन हार्वर्ड में किया। 1914 में उन्हें पीएच.डी. की डिग्री प्राप्त हुई तथा उसी वर्ष कार्नेल विश्वविद्यालय (इथाका, न्यू यॉर्क) के मेडिकल स्कूल के स्टाफ में सम्मिलित हुए। 1929 में वे जीव रसायन के प्रोफेसर नियुक्त किए गए तथा मृत्यु से पहले तक वहीं रहे। 1947 में कार्नेल प्रयोगशाला के निदेशक नियुक्त हुए।

सुमनेर ने तीन बार विवाह किए। उनकी सात सन्तानें हुईं।

सुमनेर प्रथम वैज्ञानिक थे जिन्होंने एंजाइम को क्रिस्टलाइज किया। एंजाइमों की प्रोटीन प्रकृति को उन्होंने विश्लेषित किया। उनके अधिकतर शोध एंजाइमों पर केंद्रित थे। ये उन जीव रसायन विज्ञानियों की धारणाओं के उत्तर थे जिनके अनुसार एंजाइम और कुछ नहीं बल्कि विशेष प्रकार के प्रोटीन हैं। 1930 में जे.एच. नोरथ्रॉप ने सुमनेर के निष्कर्षों को सही बताया। उन्होंने 1937 में एंजाइम को क्रिस्टलाइज किया तथा कई एंजाइमों को परिशोधित किया।

1946 का नोबेल पुरस्कार नोरथ्रॉप, स्टेनली और सुमनेर को संयुक्त रूप से प्रदान किया गया।

शरीर विज्ञान/चिकित्सा विज्ञान

म्यूलर, हरमान जोसेफ

नागरिकता : संयुक्त राज्य अमरीका

जन्म : 21 दिसंबर, 1890; न्यू यॉर्क सिटी, अमरीका

निधन : 5 अप्रैल, 1967; इंडियाना, अमरीका

हरमान जोसेफ म्यूलर का पालन-पोषण हार्लेम में हुआ। उनकी आरंभिक शिक्षा पहले हार्लेम के पब्लिक स्कूल में हुई, फिर आगे चलकर ब्रौंक्स के मौरिस हाई स्कूल में हुई। उन्होंने अपने दो सहपाठियों लेस्टर थॉमसन और एडगर आल्टरबर्ग के साथ मिलकर विश्व के संभवत: प्रथम हाई स्कूल साइंस क्लब की स्थापना की। 1907 में उन्हें कूपर-हेविट स्कॉलरशिप मिल गई जिससे वे कोलंबिया विश्वविद्यालय में प्रवेश कर पाए। उसी आरंभिक दौर में उन्होंने तय कर लिया था कि उनके अध्ययन का विषय मुख्यत: जेनेटिक्स या आनुवंशिक रहेगा। कुछ समय तक कार्नेल कॉलेज में कार्य करने के बाद वे कोलंबिया विश्वविद्यालय में लौट आए (1912-15)। जूलियन हक्सले द्वारा आमंत्रित किए जाने पर वे परीक्षक के रूप में हूस्टन के राइस इंस्टीट्यूट में कार्य करने लगे, वहाँ वह 1915 से 1918 तक रहे। उन्होंने वहाँ अनेक जैव वैज्ञानिक विषयों से संबंधित पाठ्यक्रमों का अध्यापन किया। 1918 में वे कोलंबिया विश्वविद्यालय लौट आए और परीक्षक के रूप में कार्य करने लगे तथा वे परिमाणात्मक उत्परिवर्तन पद्धति पर शोध करने लगे। 1920 में वे हेक्सास के आस्टिन विश्वविद्यालय में सहायक प्रोफेसर नियुक्त हुए तथा 1925 में प्रोफेसर बने। 1932 में वे एन.डब्ल्यू. टिमोफेफ-रेसोव्स्की के साथ बर्लिन जाकर शोधकार्य में लगे। रूस के मास्को और लेनिनग्राद में भी उन्होंने शोधकार्य किया। तीन वर्षों तक वे रूस में रहे और आनुवंशिकता पर शोध करते रहे। राजनीतिक तनावों में वृद्धि होती जा रही थी इसलिए रूस, जर्मन आदि देशों को छोड़कर कहीं और चले जाने को बाध्य हुए।

म्यूलर ने उसके बाद एडिनबर्ग में (1937-40) और संयुक्त राज्य अमरीका के एम्हर्स्ट कॉलेज में (1942) में अपना शोधकार्य जारी रखा। अंत में (1945) इंडियाना के विश्व-विद्यालय में प्राणि विज्ञान (जुलॉजी) के प्रोफेसर नियुक्त हुए।

म्यूलर ने 'सहज जीन उत्परिवर्तन' के प्रमुख सिद्धांत निरूपित किए। उन्होंने तापमान के उच्च स्तर पर ले जाकर उसके प्रभावों को विश्लेषित किया। एक्स-रे के प्रयोगों द्वारा उन्होंने दिखाया कि तापमान को 150 गुना तक बढ़ाकर उत्परिवर्तन कैसे किया जा सकता है। उन्होंने जो भी शोधकार्य किए मानव जाति के हित में किए। रेडिएशन के संभावित खतरों को वे मनुष्य मात्र के लिए घातक समझते थे, उस पर पूर्ण विराम लगाना आवश्यक समझते थे। एक्स किरणों के विकिरण द्वारा उत्परिवर्तन की उत्पत्ति की खोज के लिए इन्हें नोबेल पुरस्कार से सम्मानित किया गया।

साहित्य

हेस, हरमान

नागरिकता : जर्मनी / स्विट्जरलैंड

जन्म : 2 जुलाई, 1877; वेर्टेम्बर्ग, जर्मनी

निधन : 9 अगस्त, 1962; स्विट्जरलैंड

हरमान हेस एक सुख्यात उपन्यासकार एवं कवि थे। अपनी रचनाओं में उनका विषय इस तथ्य पर केंद्रित रहता था कि सभ्यता सामाजिकता के बंधन तोड़कर उच्छृंखल क्यों होती जा रही है। आधुनिक युवा पीढ़ी बहुत ही क्रुद्ध या उग्र होती जा रही है, विशेष रूप से जर्मनी और अंग्रेजी भाषाएँ बोलनेवाली युवा पीढ़ी।

हेस का जन्म ब्लैक फॉरेस्ट में हुआ था। अपने पिता के निर्देश के अनुसार, जो कि भारतीय मिशनरी में थे, उनकी शिक्षा भारत में मिशनरी स्कूल में हुई। लेकिन वे छह महीने के बाद ही भाग गए। बाद में उन्होंने एक टॉवर क्लॉक के कारखाने में शिक्षु हो गए। कुछ समय के बाद टुबिंगेन के एक बुक स्टोर में काम करने लगे। स्कूल की परंपरागत रोक-टोक आदि से वह ऊबे हुए थे। इसका वर्णन 'अनटर्मरैड 1906, विनीथ दि ब्हील' 1958 जिसमें छात्र जीवन के दिनों का पूरा विवरण उन्होंने लिखा है कि उदासी और निराशा से उनका जीवन कैसे बीत रहा था।

उन्होंने 1904 में बुक स्टोर का काम छोड़ दिया और अपना पहला उपन्यास 'पीटर केमेंजिद' लिखा। उनकी अन्य पुस्तकें हैं—'जेफरटूड' (1910), 'रेसाल्डे' (1914) तथा छोटी कहानियों का संग्रह 'नव्य' (1915)। 'सिद्धार्थ' लिखा जिसमें (1922) वे बुद्ध के जीवन का पद्यमय वर्णन करते हैं। इस कहानी पर भारत में फिल्म भी बनी।

प्रथम विश्वयुद्ध के समय वह स्विट्जरलैंड में थे और सैन्यवाद की खुलकर आलोचना करते थे। 1919 से स्विट्जर-लैंड में स्थायी रूप से रहने लगे और 1923 में बाकायदा वहाँ के नागरिक हो गए। युद्ध से ध्वस्त यूरोप और अपने सबसे छोटे पुत्र की लंबी बीमारी तथा पहली पत्नी की मृत्यु के साथ ही पिता की भी मृत्यु हो जाने से उनकी मानसिक अवस्था बहुत ही दयनीय हो गई। इलाज के बाद कुछ बेहतर हुए। 'डेमियन' (1919, अंग्रेजी 1923)। 'डेर स्टेपवूल्फ' (1927, अंग्रेजी 1929)। उनकी महत्त्वपूर्ण रचनाएँ हैं।

उनका आखिरी और सबसे लंबा उपन्यास 'दास ग्लॉस्पर-लैस्पेंसिएल' (1943, अंग्रेजी 1949) है। उनकी कविताओं का संग्रह है—'ट्रस्ट डेर नैच्ट' (1929) और 'न्यू गेडिच्टे' (1937)। इन्हें इनके प्रेरणादयक लेखन तथा मानवतावादी विचारों के लिए नोबेल पुरस्कार से सम्मानित किया गया

शान्ति

बाल्च, एमिली ग्रीन

नागरिकता : संयुक्त राज्य अमरीका

जन्म : 8 जनवरी, 1867; मैसाचूसेट्स, अमरीका

निधन : 9 जनवरी, 1961; कैंब्रिज, अमरीका

एमिली ग्रीन बाल्च समाजसेविका, राजनीतिक कर्मी, अर्थशास्त्री और शान्तिवादी थीं तथा प्रथम विश्वयुद्ध के

दौरान शान्ति के पक्ष में नारियों के आंदोलन का नेतृत्व कर रही थीं। उन्होंने अमरीका में बसनेवाले आप्रवासियों के साथ सहानुभूति का रुख अपनाए जाने की वकालत की।

श्रीमती बाल्च ब्रिन मार कॉलेज की पहली सदस्या थीं। वे वेलेस्ली कॉलेज बोस्टन में पढ़ाती थीं तथा मैसाचुसेट्स कमीशन ऑन इंडस्ट्रियल रिलेशन तथा इमिग्रेशन की सदस्य थीं। बोस्ट्न नगर के प्लानिंग बोर्ड की भी सदस्या थीं।

वे सोसाइटी ऑफ फ्रेंड्स की सदस्या थीं। हेग में अंतर–र्राष्ट्रीय महिला शान्ति और आजादी संघ के आंदोलन की वह सचिव और कोषाध्यक्ष थीं। प्रथम विश्वयुद्ध के बाद स्टॉकहोम में उन्होंने मेडिकेशन का प्रबंध किया। प्रथम विश्वयुद्ध में अमरीका के भाग लेने का उन्होंने विरोध किया था। इस पर उन्हें बेलेस्ली कॉलेज के प्रोफेसर के पद से हटा दिया गया। द्वितीय महायुद्ध के दौरान जर्मन नाजियों और जापान के फासिस्टों के आतंक को देखते हुए द्वितीय विश्वयुद्ध में अमरीका के भाग लेने का उन्होंने पूरा समर्थन किया। शान्ति पर लिखित उनकी चर्चित पुस्तकों में 'एप्रोचेज टु ग्रेट सेटलमेंट' (1918) है।

मॉट, जॉन रैले

नागरिकता : संयुक्त राज्य अमरीका

जन्म : 25 मई, 1865; लिविंगटन मैनॉर, अमरीका

निधन : 31 जनवरी, 1955; फ्लोरिडा, अमरीका

जॉन रैले मॉट ने एमिली ग्रीन बाल्च के साथ पुरस्कार में भागीदारी की। उन्होंने इंटरनेशनल चर्च में कार्य किया और मिशनरी आंदोलन का नेतृत्व किया। मॉट इंटरनेशनल कमेटी ऑफ यंगमेंस क्रिश्चियन एसोसिएशन के छात्र सचिव हुए। उस पद पर उन्होंने 1888 से 1915 तक कार्य किया। वे वर्ल्ड मिशनरी सम्मेलन (एडिनबर्ग, 1910) के संयोजक रहे। यह संगठन इस तथ्य का सूचक था कि आधुनिक दुनियावी आंदोलन प्रारंभ हो चुका है। वे स्टुडेंट वालेंटियर मूवमेंट और फौरेन मिशंस के अध्यक्ष बन गए। मॉट ने अपने जीवन में प्रभावशाली कार्य किए। उन्होंने अपने क्षेत्र में लगभग 16 पुस्तकों की रचना की। उनकी प्रकाशित पुस्तकों में 'दि फ्यूचर लीडरशिप ऑफ दि चर्च' (1909) और 'लार्जर इवैंगेलिज्म' (1944) विशेष रूप से उल्लेखनीय हैं।

1946 का नोबेल पुरस्कार बाल्च और मॉट को संयुक्त रूप से प्रदान किया गया।

1947

भौतिक विज्ञान

एपल्टन, सर एडवर्ड विक्टर

नागरिकता : ब्रिटेन
जन्म : 6 सितंबर, 1892; ब्रैडफोर्ड, ब्रिटेन
निधन : 21 अप्रैल, 1965; एडिनबर्ग, ब्रिटेन

सर एडवर्ड विक्टर एपल्टन अपनी उस खोज के लिए नोबेल पुरस्कार पाने में समर्थ हुए जिसे आयन मंडल का तथाकथित 'एपल्टन लेयर' कहा जाता है और जो रेडियो तरंगों का सबसे अच्छा चालक है तथा इस रूप में यह अन्य संचार प्रणाली या टेलिकम्यूनिकेशन के लिए परम उपयोगी है।

दूसरे आयन मंडल की सतह की रेडियो तरंगें भी वही काम करती हैं मगर वह समय और तापमान पर निर्भर करता है। एपल्टन ने कैंब्रिज के सेंट जॉन्स कॉलेज में शिक्षा प्राप्त की तथा प्रसिद्ध भौतिकविज्ञानी जे.जे. थॉमसन और रदरफोर्ड की निगरानी में कैवेंडिश प्रयोगशाला में 1920 से कार्य करने लगे। 1924 में लंदन के किंग्स कॉलेज में उन्हें भौतिक विज्ञान का प्रोफेसर नियुक्त किया गया। वहाँ उन्होंने अंतरराष्ट्रीय ख्याति प्राप्त की। उनके शोध विद्युत चुम्बिकीय तरंगों तथा आयन मंडल की विशेषताओं पर केंद्रित थे। उन्होंने जो शोधकार्य किए उनसे तार संचार प्रणाली क्रमश: और भी अधिक विकसित होती गई तथा रडार आदि अस्तित्व में आए। 1936 में वे कैंब्रिज लौट आए क्योंकि उन्हें भौतिक विज्ञान का प्रोफेसर नियुक्त किया गया था। 1939 में उन्हें डिपार्टमेंट ऑफ साइंटिफिक एंड इंडस्ट्रियल रिसर्च का सचिव नियुक्त किया गया, जहाँ द्वितीय विश्वयुद्ध के दौरान रडार एवं एटम बम की संरचना पर शोध करते रहे। 1927 में उन्हें रॉयल सोसाइटी का फेलो चुना गया। 1938-54 तक वे अंतरराष्ट्रीय साइंटिफिक रेडियो यूनियन के अध्यक्ष रहे तथा ऊपरी वायुमंडल शोध को प्रोत्साहित किया। 1941 में उन्हें 'नाइटहुड' (सर) की उपाधि प्राप्त हुई। 1949 में वे एडिनबर्ग विश्वविद्यालय के प्रिंसिपल और वाइस चांसलर नियुक्त किए गए।

इन्हें भौतिकी में ऊपरी वायुमंडल के आविष्कार विशेष तौर पर एपल्टन लेयर की खोज के लिए नोबेल पुरस्कार से सम्मानित किया गया।

रसायन विज्ञान

रॉबिंसन, सर रॉबर्ट
नागरिकता : ब्रिटेन
जन्म : 13 सितंबर, 1886; चेस्टरफील्ड, ब्रिटेन
निधन : 8 फरवरी, 1975; लंदन, ब्रिटेन

सर रॉबर्ट रॉबिंसन के पिता सर्जिकल ड्रेसिंग के निर्माता थे। रॉबिंसन ने पहले चेस्टरफील्ड में शिक्षा प्राप्त की, फिर लीड्स के निकट फुलचेक स्कूल में पढ़ाई की। मैनचेस्टर यूनिवर्सिटी से उन्होंने 1906 में बी.एससी. तथा 1910 में डी.एससी. की डिग्री प्राप्त की।

1912 में रॉबिंसन को प्योर एंड एप्लाइड ऑर्गेनिक केमिस्ट्री का प्रथम प्रोफेसर नियुक्त किया गया। (विश्व-विद्यालय ऑफ सिडनी)। 1915 में वे लिवरपूल विश्व-विद्यालय में ऑर्गेनिक केमिस्ट्री के प्रोफेसर नियुक्त हुए। 1920 में ब्रिटिश डाईस्टफ्स कॉरपोरेशन के शोध का निदेशक बनाया गया। अगले वर्ष सेंट एंड्रूज में रसायन विज्ञान के प्रोफेसर नियुक्त हुए। 1922 में उन्हें मैनचेस्टर यूनिवर्सिटी में ऑर्गेनिक केमिस्ट्री के अध्यक्ष की कुर्सी पर आसीन किया गया तथा 1928 में लंदन विश्वविद्यालय में उसी प्रकार के पद पर प्रतिष्ठापित हुए। 1930 से 1955 तक वे ऑक्सफोर्ड यूनिवर्सिटी में रसायन विज्ञान के प्रोफेसर रहे। 1955 में ही उन्हें मैग्डेलेन कॉलेज का एमेरिटस प्रोफेसर और ऑनरेरी फेलो नियुक्त किया गया।

रॉबिंसन ने 1912 में गर्ट्रूड मैंड वाल्स के साथ विवाह किया। मैनचेस्टर यूनिवर्सिटी में वह उनकी सहपाठिनी थीं तथा रासायनिक रिसर्च के कई क्षेत्रों में उनके साथ सहयोग करती थीं। 1954 में उसका निधन हो गया। उनका एक पुत्र है और एक पुत्री है।

रॉबिंसन के शोधकार्य अनेक जैव यौगिकों की संरचना और उसकी आणविक संरचना पर केंद्रित थे। उन्होंने कुनैन अल्कोलाइड के आणविक संरचना का पता लगाकर मलेरिया को दूर करने की दवा के विकास में महत्त्वपूर्ण योगदान किया।

रॉबिंसन को देश-विदेश के अनेक विश्वविद्यालय ने ऑनरेरी डिग्रियाँ तथा मेडल भी प्रदान किए। इंस्टीट्यूट ऑफ केमिस्ट्री के फेलो नियुक्त हुऐ। 1939-41 में केमिकल सोसाइटी के अध्यक्ष रहे। 1945 में उन्हें रॉयल सोसाइटी का अध्यक्ष चुना गया।

रॉबिंसन तीस से अधिक सरकारी समितियों से जुड़े हुए थे। 1947 में आयोजित यूनेस्को द्वारा आयोजित प्रथम कॉन्फ्रेंस में उन्होंने ब्रिटेन का प्रतिनिधित्व किया था। 'नाइटहुड' उन्हें 1939 में प्राप्त हुआ। उन्हें पर्वतारोहण का शौक था और संगीत केसाथ-साथ फोटोग्राफी में भी रुचि थी।

शरीर विज्ञान/चिकित्सा विज्ञान

कोरी, कार्ल फर्डिनैंड
नागरिकता : चेकोस्लोवा-किया/संयुक्त राज्य अमरीका
जन्म : 5 दिसंबर, 1896; प्राग, चेकोस्लोवाकिया
निधन : 20 अक्टूबर, 1984; कैंब्रिज, अमरीका

कार्ल फर्डिनैंड कोरी ने ट्रीस्टे के जिम्नेजियम में आरंभिक शिक्षा प्राप्त की जहाँ उनके पिता समुद्री जीवविज्ञान केंद्र के निदेशक थे तथा प्राग विश्वविद्यालय के मेडिकल स्कूल में भी शिक्षा प्राप्त की। 1920 में उन्होंने स्नातक की डिग्री प्राप्त की। उसी वर्ष उन्होंने अपनी एक सहपाठिन गर्टी रैटनिज के साथ विवाह किया जो 51 वर्ष की अवस्था तक (1957) पति के शोधकार्य में हाथ बँटाती रहीं। कोरी दंपती 1922 में संयुक्त राज्य अमरीका चले गए तथा भैंस के घातक रोग पर अपने परीक्षण किए। 1931 में दोनों को वाशिंगटन विश्वविद्यालय के मेडिकल स्कूल में प्रवेश मिला। वहाँ मिस्टर कोरी को फार्मोकोलोजी और बायोकेमिस्ट्री का प्रोफेसर नियुक्त किया गया। अवकाश प्राप्ति (1966) तक वे उसी

पद पर कार्यरत रहे। 1850 में महान फ्रेंच शरीर क्रियाविज्ञानी क्लाउद बेरनार्ड ने बताया कि ग्लूकोज शरीर में जाकर जटिल कार्बोहाइड्रेट ग्लाइकोजेन में बदल जाता है जो यकृत तथा माँसपेशियों में जमा हो जाता है और आवश्यकता पड़ने पर ऊर्जा का स्रोत सिद्ध होता है। आगे चलकर उन्होंने चूहों और मेढकों पर भी अनेक प्रकार के प्रयोग किए। वह केवल ग्लूकोज है जो आंगिक प्रकोष्ठों में प्रवेश कर पाता है। जब भी आवश्यकता हो तो स्वत: ऊर्जा के रूप में प्रकट होता है। यह तथ्य भी अब सामने आ गया कि ग्लूकोज और प्रोटीन भी अनेक प्रकार के होते हैं।

इन्हें "...ग्लाइकोजेन के उत्प्रेरणात्मक परिवर्तन की प्रक्रिया की खोज के लिए 1947 के शरीर विज्ञान के क्षेत्र में नोबेल पुरस्कार से सम्मानित किया गया।

कोरी, गर्टी थेरेसा

नागरिकता : चेकोस्लोवाकिया/ संयुक्त राज्य अमरीका
जन्म : 15 अगस्त, 1896; प्राग, चेकोस्लोवाकिया
निधन : 26 अक्टूबर, 1957; सेंट लुइस, अमरीका

गर्टी थेरेसा कोरी ने जैव रसायन विज्ञान के रूप में स्नातक की डिग्री प्राग विश्वविद्यालय से 1920 में प्राप्त की। उसी वर्ष उन्होंने जीवन भर के साथी कार्ल कोरी के साथ विवाह किया। विवाह के तुरंत बाद ही वे अपने पति के साथ संयुक्त राज्य अमरीका चली गईं। वे अपने पति के साथ वाशिंगटन विश्वविद्यालय के मेडिकल स्कूल में दाखिल हुईं और 1947 में जैव रसायन की प्रोफेसर बनीं।

इन्हें ग्लाइकोजेन के उत्प्रेरणात्मक परिवर्तन की प्रक्रिया की खोज के लिए 1947 के नोबेल पुरस्कार से सम्मानित किया गया।

हाउसे, बेरनार्डो अलबर्टो

नागरिकता : अर्जेंटीना
जन्म : 10 अप्रैल, 1887; ब्यूनस आयर्स, अर्जेंटीना
निधन : 21 सितंबर, 1971; ब्यूनस आयर्स, अर्जेंटीना

बेरनार्डो अलबर्टो हाउसे एक फिजियोलॉजिस्ट थे। उन्हें 1947 का नोबेल पुरस्कार (कार्ल कोरी एवं गर्टी कोरी के साथ) इस खोज के लिए मिला कि पशुओं के रक्त में उपस्थित शर्करा की क्या भूमिका होती है। अंत:स्रवित पीयूष ग्रंथि में इंसुलिन की प्रभावकता को कम करती हैं। 1910 में ब्यूनस आयर्स विश्वविद्यालय में शरीर विज्ञान के प्रोफेसर नियुक्त हुए तथा 1919 में फिजियोलॉजिकल इंस्टीट्यूट के निदेशक बने। हाउसे उन 150 शिक्षकों में थे जिन्हें तानाशाह फौजी जनरल जुआँ ने त्यागपत्र देने के लिए बाध्य किया था। यद्यपि 1945 में स्थिति सामान्य हो गई। ब्यूनस आयर्स में उन्होंने प्रायोगिक औषधि विज्ञान इंस्टीट्यूट के निदेशक की कुर्सी सँभाली। दक्षिण अमरीका के प्रख्यात वैज्ञानिक के रूप में उनकी दुनिया भर में बड़ी प्रतिष्ठा थी। उनकी पुस्तक 'ह्यूमन फिजियोलॉजी' 1951 में प्रकाशित हुई। उन्होंने बड़ी दिलेरी से जुआँ के कार्यकाल में हुए अत्याचारों की निंदा की। संयुक्त राज्य अमरीका से कई प्रकार के प्रलोभन मिले मगर हाउसे ब्यूनस आयर्स छोड़कर अन्यत्र नहीं गए, अपनी उसी कुर्सी पर बैठे शोधकार्यों में लगे रहे।

उन्होंने डॉ. मारिया एन्जेलिका कैटन से विवाह किया, जिनकी 1962 में मृत्यु हो गई।

1947 का नोबेल पुरस्कार का आधा संयुक्त रूप से कार्ल कोरी एवं गर्टी कोरी को मिला था तथा शेष आधा हाउसे को।

साहित्य

जीद, आंद्रे पॉल गिलामे

नागरिकता : फ्रांस

जन्म : 22 नवंबर, 1869; पेरिस, फ्रांस

निधन : 19 फरवरी, 1951; पेरिस, फ्रांस

आंद्रे पॉल गिलामे जीद फ्रेंच भाषा के सर्वप्रमुख कथाकार थे। उनकी कृतियों में व्यक्ति और समाज के बीच खींचातानी का बड़ा ही मार्मिक और तार्किक वर्णन है। उनकी प्रमुख कृतियाँ हैं—'लेस केहियर्स डि आंद्रे वाल्टर' (एनॉनिमसली, 1891), 'ला ट्रैट डू नार्किसे' (दि ट्रिटीज ऑफ नार्किसस, 1891) एक उपशीर्षक 'थ्योरी ऑफ दि सिंबॉल' तथा 'ला टेंटेटिव एमौरेंसे' (दि एटेम्प ऑफ लव, 1893) कुछ और उत्कृष्ट कृतियाँ हैं—'ला वॉयेज डि यूरिएन' (ट्रैवल्स ऑफ यूरिएन, 1893), 'पेल्यूडेस' (मार्शलैंड्स, 1895), 'साउल' (1896) तथा 'प्रोमेथी माल एनचेन' (प्रिमेथेरस अनचेंड, 1899)। आहार व्यंजनों का स्वाद लेने के शौकीन पॉल गिलामे का लघु उपन्यास 'ल इम्मोरेलिस्ट' (1902, दि इम्मोरलिस्ट, 1930) तथा 'ला सिंफोनी पैस्टोरेल' (1919, दि पेस्टोरल सिंफॅनी, 1934)। समलिंगी कामुकता ने उन्हें 'लेस नोरिटूरेस टेरेस्टेस' (1897, 'फ्रूट्स ऑफ द अर्थ', 1949) के लिए प्रेरित किया। उनके लंबे उपन्यास 'लेस केवेस डु वैटिकन' (1914, दि वेटिकन स्विंडल, 1925), 'लेफेडियोस एडवेंचर्स' (1927) तथा 'लेस फाउक्स मोनियोर्स' (1926, दि काउंटरफीटर्स, 1927) हैं। उनकी आत्मकथा 'कोरिडान' (1923) है। वे स्वयं स्वीकार करते थे कि वे स्वभाव से ही नहीं आचरण से भी समलिंगी कामुकता के पक्षधर हैं। नोबेल पुरस्कार उन्हें पहले ही मिल जाता, नैतिक कारणों से टलता रहा।

उन्हें उनके कलात्मक लेखन जिसमें मानवीय समस्याओं और स्थितियों का चित्रण है के लिए साहित्य के नोबेल पुरस्कार से सम्मानित किया गया।

शान्ति

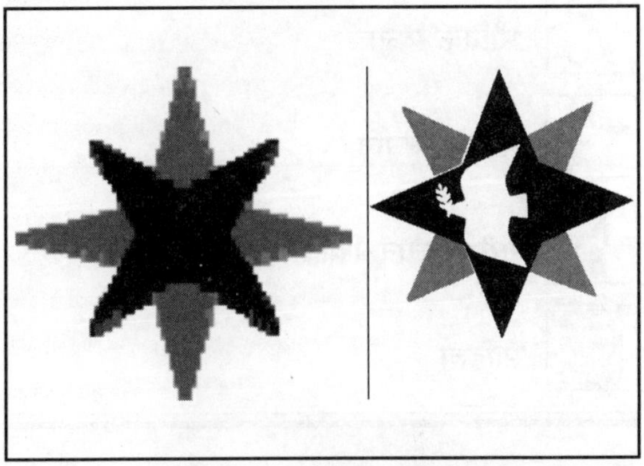

दि फ्रेंड्स सर्विस काउंसिल
तथा
अमरीकन फ्रेंड्स सर्विस कमेटी, अमरीका
(दि क्वेकर्स)
लंदन

1947 का नोबेल शान्ति पुरस्कार दि सोसाइटी ऑफ फ्रेंड्स (फ्रेंड्स सर्विस काउंसिल), ग्रेट ब्रिटेन तथा अमरीकन फ्रेंड्स सर्विस कमेटी, संयुक्त राज्य अमरीका) को दिया गया।

1647 में जॉर्ज फॉक्स ने इसकी स्थापना की थी। राष्ट्रों और जातियों के बीच मध्यस्थता करते हुए उनके विवाद मिटाना और पारस्परिक मेलजोल को बढ़ावा देना उनका उद्देश्य था। ईसाई मिशनरियाँ भी इतने कार्य नहीं कर पातीं जितनी ये क्वेकरों की सोसाइटियाँ करती थीं। वे राष्ट्रों के बीच शान्ति बनाए रखने का प्रयास करते रहते हैं तथा युद्धविरोधी भावना का प्रचार करते हैं। इन क्वेकरों के साथ एक विशेष बात यह है कि धर्म की इस बुनियादी भावना के अनुसार चलते हैं कि व्यक्ति की आत्मा (या अंत:करण) स्वत: प्रकाशित है। यही हिंदुओं का वेदांत दर्शन भी कहता है। क्वेकरों ने क्रीमिया के युद्ध को रोका तथा आज भी शान्ति की ध्वजा फहरा रहे हैं।

भौतिक विज्ञान

रसायन विज्ञान

शरीर विज्ञान/चिकित्सा विज्ञान

साहित्य

1948

भौतिक विज्ञान

ब्लैकेट, लॉर्ड पैट्रिक मेनार्ड स्टुअर्ट

नागरिकता : ब्रिटेन

जन्म : 18 नवंबर, 1897; लंदन, ब्रिटेन

निधन : 13 जुलाई, 1974; लंदन, ब्रिटेन

लॉर्ड पैट्रिक मेनार्ड स्टुअर्ट ब्लैकेट कॉस्मिक विकिरण के क्षेत्र में अपनी महत्त्वपूर्ण खोजों के लिए नोबेल पुरस्कार से सम्मानित हुए। अपने प्रयोगों के क्रम में उन्होंने पहले क्लाउड चेंबर के फोटोग्राफ लिये जिससे स्पष्ट हुआ कि अल्फा कणों की बौछार से परमाणु के नाभिक को खंडित किया जा सकता है।

कैंब्रिज विश्वविद्यालय से 1921 में स्नातक की डिग्री प्राप्त करने के बाद वे केवेंडिश प्रयोगशाला में एक शोधकर्मी की हैसियत से दस वर्षों तक शोधकार्य करते रहे। वहाँ वे विल्सन क्लाउड चेंबर के विकास में लगे रहे ताकि कॉस्मिक विकिरण के स्रोत की जाँच-पड़ताल हो सके। उन्होंने 20,000 फोटोग्राफ लिये थे जिनमें 400,000 अल्फा पार्टिकल ट्रैक्स परिलक्षित हुए।

ब्लैकेट 1937 में मैनचेस्टर विश्वविद्यालय में भौतिक विज्ञान के प्रोफेसर नियुक्त हुए। 1935 में गामा किरणों के प्रभावों का अध्ययन किया। उन्होंने स्पष्ट रूप से दिखाया कि ऊर्जा के रूपांतरण पर आइंस्टीन के प्रसिद्ध समीकरण $E = mc^2$ का सिद्धांत लागू होता है।

ब्लैकेट ने कॉस्मिक किरणों पर शोध का एक स्कूल स्थापित किया। उन पर शोध करते हुए वे आगे बढ़ते गए। उनके शोधकार्यों को देखते हुए मैसाचुसेट्स विश्वविद्यालय ने रेडियो आस्ट्रोनॉमी का प्रथम प्रोफेसर उन्हें नियुक्त किया तथा जोडरेल बैंक के प्रायोगिक स्टेशन रेडियो आस्ट्रोनॉमी को और भी अधिक परिष्कृत और उपयोगी बनाया। 1953 में उन्हें भौतिक विज्ञान का प्रोफेसर नियुक्त किया गया तथा लंदन के इंपीरियल कॉलेज ऑफ साइंस में भौतिक विज्ञान विभाग का अध्यक्ष भी बनाया गया। 1965 में वे वरिष्ठ रिसर्च फेलो नियुक्त हुए। रॉयल सोसाइटी के अध्यक्ष वे उसी वर्ष बने। उन्होंने 1969 में 'लाइफ पीयर' का सृजन किया। उन्हें विल्सन क्लाउड चेंबर प्रयोग का विकास करने तथा नाभिकीय भौतिकी और कॉस्मिक विकिरण की अपनी खोज के लिए नोबेल पुरस्कार से सम्मानित किया गया।

रसायन विज्ञान

टिसेलियस, आर्ने विल्हेम काउरिन

नागरिकता : स्वीडन

जन्म : 10 अगस्त, 1902; स्टॉकहोम, स्वीडन

निधन : 29 अक्टूबर, 1971; उप्सला, स्वीडन

आर्ने विल्हेम काउरिन टिसेलियस ने केमिस्ट्री, फिजिक्स और मैथमेटिक का अध्ययन उप्सला यूनिवर्सिटी में किया और वहीं से स्नातक की डिग्री प्राप्त की। उन्होंने पीएच.डी. के लिए अपनी थीसिस 1930 में प्रस्तुत की। सर्वप्रथम (1930-37) उन्हें भौतिक रसायन का सहायक प्रोफेसर नियुक्त किया गया। फिर जैव रसायन का प्रोफेसर बनाया गया (1937-67)। 1946 में उन्हें उप्सला के नए इंस्टीट्यूट ऑफ बायोकेमिस्ट्री का अध्यक्ष नियुक्त किया गया था। वह इंस्टीट्यूट बायोकेमिस्ट्री में विखंडन की एक उन्नत तकनीक विकसित करने का प्रयास कर रहा है।

टिसेलियस विज्ञान एवं स्वीडन की सरकार के बीच गहरा संपर्क-सूत्र स्थापित किए हुए थे। द्वितीय विश्वयुद्ध के बाद उन्होंने स्वीडिश समाज में बहुत सक्रिय भूमिका का निर्वाह किया। उन्होंने स्वीडिश नेच्युरल साइंस काउंसिल की स्थापना की और उसके चेयरमैन का कार्यभार सँभाला। टिसेलियस 1947 में नोबेल फाउंडेशन के उपाध्यक्ष हुए। उन्होंने अनेक वैज्ञानिक संगठनों के साथ कार्य किया। वे इंटरनेशनल यूनियन ऑफ प्योर एवं एप्लाइड केमिस्ट्री के अध्यक्ष (1951-55) रहे। यूरोपियन मोलेक्यूलर बायोलॉजी ऑर्गनाइजेशन के संस्थापक भी रहे। 1957 में रॉयल सोसाइटी के विदेशी फेलो बने थे। उन्होंने पगवाश आंदोलन में भी पूरी सक्रियता से भाग लिया। इन्हें प्रोटीन की जटिल प्रकृति की खोज करने के संबंध में नोबेल पुरस्कार से सम्मानित किया गया।

शरीर विज्ञान/चिकित्सा विज्ञान

म्यूलर, पॉल हरमान

नागरिकता : स्विट्जरलैंड

जन्म : 12 जनवरी, 1899; ओल्टेन, स्विट्जरलैंड

निधन : 12 अक्टूबर, 1965; बासेल, स्विट्जरलैंड

पॉल हरमान म्यूलर एक रसायनविज्ञानी थे जिन्होंने बड़ी मात्रा में प्रयोग किए जानेवाले कीटनाशक डीडीटी की कीटों पर जहरीले प्रभाव की संभावनाओं की खोज की और उसी के फलस्वरूप पुरस्कृत हुए। 1935 में इन्होंने एक आदर्श कीट-नाशक की खोज शुरू की जो कीटों पर जहरीला प्रभाव करे पर इसका पौधों और अन्य जंतु को कुछ भी नुकसान न हो तथा इसका असर भी लंबे समय तक हो।

1939 में स्वीडिश सरकार द्वारा कोलराढो में आलू पर लगनेवाले कीट पर डीडीटी का प्रयोग किया गया जो सफल सिद्ध हुआ। यू एस डिपार्टमेंट ऑफ एग्रीकल्चर ने 1943 में ऐसा ही प्रयोग किया। जनवरी 1944 में नेपल्स में लाइस के टाइफस की महामारी को रोकने के लिए डीडीटी का प्रयोग किया गया जिसके फलस्वरूप पहली बार टाइफस की महामारी नहीं फैली। डीडीटी का प्रयोग जब व्यापक रूप से होने लगा, तभी यह तथ्य सामने आया कि डीडीटी के अत्यधिक प्रयोग से पारिस्थितिकी का जैव संतुलन बुरी तरह बिगड़ रहा है। इसके प्रयोग पर कई देशों ने प्रतिबंध लगा दिया है। डीडीटी एक शक्तिशाली कीटनाशी है मगर एक सीमा से बाहर जाने पर मानव के लिए घातक भी है। इन्हें डीडीटी की खोज के लिए नोबेल पुरस्कार से सम्मानित किया गया।

साहित्य

इलियट, थॉमस स्टियरंस

नागरिकता : संयुक्त राज्य अमरीका/ब्रिटेन

जन्म : 26 सितंबर, 1888; सेंट लुइस, मिसूरी, अमरीका

निधन : 4 जनवरी, 1965; लंदन, ब्रिटेन

थॉमस स्टियरंस इलियट एक कवि-नाटककार और कविता के क्षेत्र में अत्याधुनिकतावादी आंदोलन के नेता और प्रवक्ता थे। अपने समय के वे महान रचनाकार थे। 1922 में उनकी पुस्तक 'दि वेस्ट लैंड' प्रकाशित हुई। उसी ने उन्हें व्यापक लोकप्रियता दी।

इलियट का पालन-पोषण सेंट लुइस में हुआ। मगर उनकी पारिवारिक पृष्ठभूमि और शिक्षा-दीक्षा न्यू इंग्लैंड के अनुरूप थी। उन्होंने प्रथमत: हार्वर्ड में और फिर यूरोप में शिक्षा प्राप्त की। कुछ समय तक वे लंदन में शिक्षक रहे और आगे चलकर बैंक क्लर्क बने। उन्होंने सबसे पहले आलोचक की भूमिका का निर्वाह किया। उनकी पहली पुस्तक 'प्रुफरॉक एंड अदर ऑब्जर्वेशन' (1917) संभवत: अंग्रेजी भाषा की प्रथम आधुनिक कृति थी जो परिपक्व शैली में लिखी गई थी। उनकी अगली कृति थी 'पोएम्स' (1919), 'दि वेस्टलैंड' (1922)। 1927 में उन्होंने ब्रिटिश नागरिकता प्राप्त की तथा ऐंग्लिकन मत को अपनाया तथा 'ऐश वेडनेस डे' (1930) लिखा। 1935 में उन्होंने 'फोर क्वार्टरेट्स' पुस्तक प्रकाशित की। उनके सात नाटकों में एक 'मर्डर इन कैथेड्रल' (1935) कैंटरबरी आर्क विशप सैमुएल बकेट की मृत्यु पर आधारित है। उन्होंने आलोचना की कई पुस्तकें लिखीं जिनमें 'द सेक्रेड वुड' (1920) तथा 'टु क्रिटिसाज दि क्रिटिक' आदि हैं। उन्होंने क्वार्टरली क्रिटिकल रिव्यू 'दि क्राइटेरियन' का संपादन किया।

वह फेबर एंड फेबर पब्लिशिंग कंपनी के एक प्रमुख अधिकारी थे। हार्वर्ड और अनेक अमरीकी विश्वविद्यालयों से उन्हें ऑनरेरी डिग्रियाँ प्राप्त हुईं। इलियट ने ऐसी ऑनर्स उपाधियाँ ऑक्सफोर्ड, म्यूनिख और एक्स-एन-प्रोवेंस से प्राप्त कीं। 1948 में किंग जॉर्ज VI ने 'नाइट कमांडर ऑफ मेरिट' प्रदान किया। फ्रांस के राष्ट्रपति ने उन्हें 'ऑफिसिस द ला लेजियो द ऑनर' से अलंकृत किया। उन्हें 1948 में ब्रिटेन के किंग जॉर्ज छठे द्वारा 'ऑर्डर आफ मेरिट' के अतिरिक्त कई सम्मानों व पदवियों से विभूषित किया गया। उन्हें अत्याधुनिक कविता में योगदान के लिए नोबेल पुरस्कार प्रदान किया गया।

नोट : इस वर्ष **शान्ति** के क्षेत्र में नोबेल पुरस्कार नहीं दिया गया और पुरस्कार राशि एक विशेष निधि में संरक्षित रखी गई।

भौतिक विज्ञान

रसायन विज्ञान

शरीर विज्ञान/चिकित्सा विज्ञान

साहित्य

शान्ति

1949

भौतिक विज्ञान

यूकावा, हिदेकी

नागरिकता : जापान

जन्म : 23 जनवरी, 1907; टोक्यो, जापान

निधन : 10 सितंबर, 1981; क्योटो, जापान

हिदेकी यूकावा ने क्योटो विश्वविद्यालय से 1926 में भौतिक विज्ञान में ऑनर्स के साथ स्नातक की डिग्री प्राप्त की। एम.एससी. की डिग्री उन्होंने 1929 में प्राप्त की। आरंभ में (1932) वे क्योटो विश्वविद्यालय में भौतिक विज्ञान के लेक्चरर रहे। आगे चलकर (1933) ओसाका विश्वविद्यालय में सहायक प्रोफेसर बने और 1936 में प्रोफेसर बन गए। उन्होंने 1938 में डॉक्टर ऑफ साइंस की डिग्री प्राप्त की। उन्होंने पार्टिकल फिजिक्स और 'मेसन' थ्योरी के विकास पर विस्तृत शोध किए। 1936 में उन्होंने भविष्यवाणी की कि न्यूक्लियस 'के' शेल इलेक्ट्रॉन को एब्जॉर्ब कर सकता है। इस भविष्य-कथन की पुष्टि 1938 में हुई।

द्वितीय विश्वयुद्ध के बाद उन्हें प्रिंस्टन के इंस्टीट्यूट ऑफ एडवांस्ड स्टडीज और कोलंबिया विश्वविद्यालय (यू.एस.ए.) से उसी लीक पर कार्य करने के लिए आमंत्रित किया गया। 1953 में वे क्योटो विश्वविद्यालय लौट आए। उन्होंने लॉर्ड रसेल और आइंस्टीन के साथ इस सहमति पत्र पर हस्ताक्षर किए थे कि मानवजाति को विनाश से बचाना है। नोबेल पुरस्कार प्राप्त करनेवाले ये प्रथम जापानी नागरिक थे।

रसायन विज्ञान

जियॉक, विलियम फ्रांसिस

नागरिकता : संयुक्त राज्य अमरीका

जन्म : 12 मई, 1895; नियाग्रा फाल्स, ओंटारियो, कनाडा

निधन : 28 मार्च, 1982; बर्कले, अमरीका

विलियम फ्रांसिस जियॉक ने आरंभिक शिक्षा मिशिगन के पब्लिक ग्रामर स्कूल में प्राप्त की थी। सेकन्डरी स्कूल की पढ़ाई नियाग्रा कॉलेजियेट इंस्टीट्यूट में पूरी हुई। परिवार की आर्थिक स्थिति ठीक नहीं थी, इसलिए स्नातक होने के बाद उन्हें न्यू यॉर्क के नियाग्रा फाल्स की हूकर इलेक्ट्रो-केमिकल कंपनी की प्रयोगशाला में नौकरी करनी पड़ी। उस कंपनी के केमिकल

प्लांट देखकर बहुत प्रभावित हुए और उसी समय निश्चय कर लिया कि वे केमिकल इंजीनियर बनेंगे।

दो वर्षों के बाद जियॉक ने कैलीफोर्निया विश्वविद्यालय के कॉलेज ऑफ केमिस्ट्री में प्रवेश किया। उन्होंने उच्चतम ऑनर्स के साथ 1920 में बी.एससी. की डिग्री प्राप्त की। रसायन विज्ञान में पीएच.डी. की डिग्री उन्होंने 1922 में प्राप्त की। उसी वर्ष वे रसायन के निरीक्षक हुए और आगे चलकर प्रोफेसर (रसायन) बने।

जियॉक ने 1932 में विवाह किया तथा उनके दो पुत्र हुए।

जियॉक के शोधकार्य से यह सिद्ध हुआ कि ऊष्मागतिकी के तीसरे नियम का विशेष महत्त्व है। उनके कार्यों से यह संभव हुआ कि ऊर्जा के परिमाण की गणना की जा सके। उन्होंने नई प्रायोगिक पद्धति विकसित की जिससे तापमान को जीरो प्वाइंट तक पहुँचाया जा सके। 1929 में उन्होंने सर्वाधिक महत्त्वपूर्ण खोज की कि ऑक्सीजन तत्त्व का परमाणु भार 16 ही नहीं 17 और 18 तक होता है। इससे यह स्पष्ट हुआ कि ऑक्सीजन के भार के आधार पर यह गणना की जा सकती है कि किस तत्त्व का भार कितना है।

जियॉक ने प्राय: 75 शोधपत्र प्रकाशित किए। उन्हें कोलंबिया विश्वविद्यालय से चैंडलर मेडल प्रदान किया गया। एलिओट क्रेसन मेडल फ्रैंकलिन इंस्टीट्यूट से प्राप्त किया। दि विलार्ड गिब्स मेडल (1951) तथा गिलबर्ट न्यूटन मेडल (1956) भी प्राप्त किए। कोलंबिया विश्वविद्यालय और कैलीफोर्निया विश्वविद्यालय से उन्हें ऑनरेरी डिग्रियाँ प्राप्त हुईं। अमरीकन फिजिकल सोसाइटी और अमरीकन एकेडमी ऑफ आर्ट्स एंड साइंसेज के फेलो भी रहे। इन्हें रासायनिक ऊष्मा के क्षेत्र में अपने योगदान के लिए नोबेल पुरस्कार से सम्मानित किया गया।

शरीर विज्ञान/चिकित्सा विज्ञान

हेस, वाल्टर रूडोल्फ

नागरिकता : स्विट्जरलैंड

जन्म : 17 मार्च, 1881; फ्राउ-एनफेल्ड, स्विट्ज़रलैंड

निधन : 12 अगस्त, 1973; लोकार्नो, स्विट्ज़रलैंड

वाल्टर रूडोल्फ हेस एक प्रसिद्ध शरीरविज्ञानी थे। शरीर विज्ञान का नोबेल पुरस्कार उन्हें एंटोनिओ केटानो डि एब्रियू फ्रेइरे एगास मोनिज के साथ संयुक्त रूप से प्रदान किया गया था। वे मूलत: नेत्रविज्ञानी थे, किंतु बाद में बॉन विश्वविद्यालय में शरीर विज्ञान का अध्ययन करने लगे। वे ज्यूरिख विश्वविद्यालय में शरीर विज्ञान के प्रोफेसर तथा शरीर विज्ञान इंस्टीट्यूट के निदेशक नियुक्त हुए। वहाँ वे विशेष रूप से स्वायत्त तंत्रिका प्रणाली पर शोध करने लगे। उन्होंने बिल्लियों और कुत्तों पर अनेक प्रयोग किए तथा मस्तिष्क की विभिन्न कोशिकाओं के कार्यों का बारीकी से अध्ययन किया।

हेस की कई पुस्तकें प्रकाशित हुईं जिनमें 'दि बायोलॉजी ऑफ माइंड' (1964) बहुत चर्चित रही है।

मोनिज, एंटोनिओ केटानो डि एब्रियू फ्रेइरे एगास

नागरिकता : पुर्तगाल

जन्म : 29 नवंबर, 1874; एवांका, पुर्तगाल

निधन : 13 दिसंबर, 1955; लिस्बन, पुर्तगाल

एंटोनिओ केटानो डि एब्रियू फ्रेइरे एगास मोनिज एक स्नायु विशेषज्ञ, राजनेता एवं साइकोसर्जरी के संस्थापक थे। परफ्रोंटल ल्यूक्टॉमी (लोबोटॉमी), जो कि एक रेडिकल थेरैपी है, को उन्होंने विकसित किया जिसकी खोज के लिए उन्हें वाल्टर रूडोल्फ के साथ संयुक्त रूप से नोबेल पुरस्कार प्रदान किया गया। अपने शोधों के क्रम में एंजियोग्राफी, एक्स-रे, मानसिक गड़बड़ी, शीजोफ्रेनिया, मस्तिष्क के ट्यूमर आदि की चिकित्सा को केंद्र में रखा गया। मस्तिष्क की शल्यक्रिया की पद्धति भी उन्होंने विकसित की।

एंटोनिओ राजनीतिक रूप से सक्रिय रहते थे। 1903 और 1917 की अवधि में कई बार पुर्तगाल की सरकार में मिनिस्टर बने। 1918-19 के पेरिस कॉन्फ्रेंस में पुर्तगाली प्रतिनिधिमंडल का नेतृत्व किया।

1949 का नोबेल पुरस्कार हेस और मोनिज को संयुक्त रूप से प्रदान किया गया।

साहित्य

फॉकनर, विलियम

नागरिकता : संयुक्त राज्य अमरीका

जन्म : 25 सितंबर, 1897; मिसीसिपी, अमरीका

निधन : 6 जुलाई, 1961; ऑक्सफोर्ड, अमरीका

विलियम फॉकनर एक उपन्यासकार के रूप में प्रसिद्ध हुए। उनकी कृतियों में कल्पना एवं यथार्थ का विलक्षण समन्वय है। एक सीरिज या शृंखला के अंतर्गत उनकी पुस्तकें प्रकाशित हुईं। उस शृंखला का शीर्षक 'योक्नापाटावफा' है। संयुक्त राज्य अमरीका के दक्षिणी भाग में प्रचलित किस्सों की स्मृतियाँ उन्हें उपन्यास लिखने के लिए प्रेरित करती थीं। उन्हें औपचारिक शिक्षा अधिक नहीं प्राप्त हुई थी। हाई स्कूल के द्वितीय वर्ष तक ही वे शिक्षा प्राप्त कर पाए। मिसीसिपी विश्वविद्यालय में एक विशेष छात्र के रूप में प्रवेश किया। 1918 की गर्मियों में वे रॉयल केनेडियन एयरफोर्स के एक कैडेट पायलट बने। मगर युद्ध टल गया और फॉकनर ऑक्सफोर्ड, मिसीसिपी लौट आए। जब तक वे लेखक के रूप में प्रतिष्ठापित नहीं हुए तब तक न्यू यॉर्क बुकशॉप में क्लर्की और मिसीसिपी विश्वविद्यालय में पोस्ट मास्टर जैसी साधारण नौकरियाँ करते रहे।

विलियम फॉकनर की पहली पुस्तक उनकी कविताओं का संग्रह थी, जिसका शीर्षक था—'दि मार्बल फॉन'। वह 1924 में प्रकाशित हुई थी। उनका प्रथम उपन्यास 'सोल्जर्स पे' 1926 में प्रकाशित हुआ था। उन्होंने अपने तीसरे उपन्यास 'सार्टोरिस' का लेखन 1927 में पूरा किया, जो 1929 में प्रकाशित हुआ। उन्होंने अपना एक प्रायोगिक उपन्यास 'दि साउंड एंड फ्यूरी' 1929 में लिखा। उसी वर्ष के अंत में उन्होंने अपना टुअर डि फोर्स 'ऐज आइ ले डायिंग' लिखा, जो 1930 में प्रकाशित हुआ।

उनका एकमात्र नाटक 'दि रेक्विम फॉर ए नन' 1951 में प्रकाशित हुआ। वे एक प्रसिद्ध उपन्यासकार और कहानीकार ही नहीं थे बल्कि हॉलीवुड में निर्मित होनेवाली फिल्मों के स्क्रिप्ट भी लिखते थे। उन्हें उनके कलात्मक लेखन और आधुनिक अमरीकी उपन्यास में योगदान के लिए नोबेल पुरस्कार से सम्मानित किया गया।

शान्ति

लॉर्ड, जॉन बॉयड आर्र ऑफ ब्रेचिन

नागरिकता : ब्रिटेन

जन्म : 23 सितंबर, 1880; आयरशायर, स्कॉटलैंड

निधन : 25 जून, 1971; एड्जेल एंगस, स्कॉटलैंड

जॉन बॉयड आर्र ऑफ ब्रेचिन लॉर्ड एक वैज्ञानिक एवं आहार तत्त्व के विशेषज्ञ थे। उन्होंने शिक्षा ग्लास्गो विश्वविद्यालय में प्राप्त की। वहाँ उन्होंने दाखिला तो लिया था धर्मशास्त्र के छात्र के रूप में लेकिन आगे चलकर पौष्टिक आहार के तत्त्वों का अध्ययन करने लगे। 1914 में एबरडीन विश्वविद्यालय के इंस्टीट्यूट ऑफ एनिमल न्यूट्रीशन के निदेशक नियुक्त हुए। 1929 में उन्होंने इम्पीरियल ब्यूरो ऑफ एनिमल न्यूट्रीशन की स्थापना की। उन्होंने सर्वप्रथम प्रसिद्धि तब प्राप्त की जब उनकी डाएटरी सर्वे पर एक रिपोर्ट 'फूड, हेल्थ एंड इन्कम' प्रकाशित हुई (1935)। उस रिपोर्ट में दिखाया गया था कि उच्चतर आय समूह वालों की संख्या ब्रिटेन में आधी ही है। अत: वे ही पूर्ण पोषक आहार प्राप्त कर पाते हैं, दस प्रतिशत लोग कुपोषण के शिकार हैं। यह रिपोर्ट रॉवेट रिसर्च इंस्टीट्यूट द्वितीय विश्वयुद्ध के दौरान ब्रिटिश आहार-चक्र की पद्धति का आधार बनी।

युद्ध के दिनों में बॉयड आर्र कैबिनेट की फूड पॉलिसी की साइंटिफिक कमेटी के एक सदस्य थे। एबरडीन विश्वविद्यालय में कृषि विभाग के अध्यक्ष रहे। 1945 में उन्होंने ग्लास्गो विश्वविद्यालय में पार्लियामेंट के सदस्य बने तथा यूनाइटेड नेशंस फूड एंड एग्रीकल्चर ऑर्गनाइजेशन (एफ.ए.ओ) के डाइरेक्टर जनरल नियुक्त हुए जहाँ 1948 तक वे कार्यरत रहे। उन्हें 1935 में 'नाइटहुड' प्राप्त हुआ और 1949 में 'बैरन' हुए। उनकी पुस्तकें हैं—'दि नेशनल फूड सप्लाई एंड इट्स इन्फ्लुएंस ऑन हेल्थ' (1934), 'फूड एंड पीपुल्स' (1943), 'फूड दि फाउंडेशन ऑफ वर्ल्ड यूनिटी' (1948) तथा 'दि व्हाइट मैंस डिलेमा' (1963)।

भौतिक विज्ञान

रसायन विज्ञान

शरीर विज्ञान/चिकित्सा विज्ञान

साहित्य

शान्ति

1950

भौतिक विज्ञान

पॉवेल, सेसिल फ्रैंक
नागरिकता : ब्रिटेन
जन्म : 5 दिसंबर, 1903; टॉनब्रिज, केंट, ब्रिटेन
निधन : 9 अगस्त, 1969; मिलान, इटली

सेसिल फ्रैंक पॉवेल के पिता और परदादा बंदूक बनाने का काम करते थे। उनकी माता एक स्कूल मास्टर की पुत्री थीं। बचपन से ही उन्हें प्रकृति एवं विशेष रूप से देहाती क्षेत्र के परिदृश्य से बड़ा लगाव रहा। उनके माता-पिता का दृढ़ निश्चय था कि उनकी सभी संतानों की शिक्षा-दीक्षा खूब अच्छी तरह हो ताकि आगे चलकर बेहतर ढंग से जीवन व्यतीत कर सकें। पॉवेल ने एलिमेंटरी स्कूल के बाद टॉनब्रिज के जड्ड स्कूल से एक स्कॉलरशिप प्राप्त की। वहाँ भौतिक विज्ञान के अध्यापक ने अन्य बातों के अतिरिक्त बताया कि होममेड क्रिस्टल का वायरलेस सिग्नल प्राप्त करने में बड़ा महत्त्व होता है। 1921 में उन्होंने कैंब्रिज के ससेक्स कॉलेज में स्कॉलरशिप प्राप्त की। वहाँ से उन्होंने प्रथम श्रेणी के ऑनर्स के साथ स्नातक की डिग्री 1935 में प्राप्त की। कैंब्रिज विश्वविद्यालय से पीएच.डी. की डिग्री 1928 में प्राप्त करने के बाद पॉवेल ब्रिस्टल विश्वविद्यालय की फिजिकल प्रयोगशाला के निदेशक हेनरी हर्बर्ट के रिसर्च सहायक हुए। 1948 में भौतिक विज्ञान के प्रोफेसर नियुक्त हो जाने के बाद तथा 1964 में निदेशक बनने के बाद वे वहीं रह गए।

ब्रिस्टोल की फिजिकल प्रयोगशाला में पॉवेल ने आयनो की गैसों में गतिशीलता का अध्ययन किया। उनकी रुचि नाभिकीय भौतिकी में थी। ब्रिस्टोल प्रयोगशाला में पॉवेल ने प्रोटॉन के एक्सेलरेशन के लिए काकराफ्ट-वाल्टर जेनरेटर का निर्माण आरंभ किया। इसी क्रम में फोटोग्राफिक इमल्सन, हाइड्रोजन फील्ड क्लाउड चेंबर आदि से संबंधित तथ्य उद्घाटित होते चले गए। यूरोपियन सेंटर ऑफ न्यूक्लियर रिसर्च सेंटर की स्थापना में मुख्य भूमिका रही तथा साइंटिफिक पॉलिसी कमेटी से भी संबद्ध रहे। वे पगवाश कॉन्फ्रेंस ऑन साइंस एंड वर्ल्ड अफेयर्स रहे तथा 1967 तक इस कमेटी के उपाध्यक्ष रहे तथा सामाजिक दायित्व के प्रति सदा सजग बने रहे। अपने कुछ लेखों में विश्व को विनाशकारी अस्त्रों के निर्माण पर रोक लगाने के लिए अंतरराष्ट्रीय सहयोग एवं विश्व शान्ति पर बल दिया। उन्हें नाभिकीय प्रक्रिया के अध्ययन

के लिए फोटोग्राफिक विधि को विकसित करने के लिए नोबेल पुरस्कार से सम्मानित किया गया।

रसायन विज्ञान

एल्डर, कुर्ट

नागरिकता : जर्मनी
जन्म : 10 जुलाई, 1902; कोएनिगश्वेटे, अपर सिलेसिया, पोलैंड
निधन : 2 जून, 1958; कोलोन, जर्मनी

कुर्ट एल्डर ने अपने आरंभिक वर्ष औद्योगिक परिवेश में व्यतीत किए तथा घर छोड़कर बर्लिन चले गए। प्रथम विश्वयुद्ध के बाद उन्होंने बर्लिन विश्वविद्यालय में रसायन विज्ञान का अध्ययन आरंभ किया (1922) और आगे चलकर काइएल विश्वविद्यालय से पीएच.डी. की डिग्री प्राप्त की। उसी विश्वविद्यालय में रसायन विज्ञान के रीडर नियुक्त हुए तथा प्रोन्नत होकर 1934 में लेक्चरर बने। 1936 में लिवर-कुशेन के आई.जी. फार्बेन इंडस्ट्रीज की वैज्ञानिक प्रयोग-शालाओं के अध्यक्ष रहे। वहाँ के कृत्रिम रबर के निर्माण की संरचना को विकसित करने की प्रक्रिया का अध्ययन करने लगे। 1940 में कोलोन विश्वविद्यालय के प्रयोगात्मक रसायन विज्ञान के प्रोफेसर नियुक्त हुए तथा आगे चलकर इंस्टीट्यूट ऑफ केमिस्ट्री के निदेशक बने।

कुर्ट एल्डर ओट्टो डिएल्स के शिष्य थे और डॉक्टरेट की डिग्री प्राप्त करने के बाद उनके सहायक नियुक्त हुए। दोनों के पारस्परिक सहयोग से सिंथेसिस ऑफ डाएनेस की परख संभव हो पाई।

डाएनेस दो डबल बाउंड से युक्त रासायनिक यौगिक को कहते हैं। डाएनेस में दो डबल बाउंड यौगिक तो होते ही हैं, उनसे चार कार्बन एटम भी श्रृंखला की भाँति जुड़े रहते हैं।

एल्डर एवं डिएल्स के सहयोग ने 'डिएल्स-एल्डर रिएक्शन' के रूप में उन्हें अविस्मरणीय और अमर बना दिया है।

रसायन विज्ञान के क्षेत्र में उन दोनों के योगदान अत्यंत महत्त्वपूर्ण रहे जिन्हें मान्यता देते हुए शिष्य और गुरु को संयुक्त रूप से नोबेल पुरस्कार (1950) प्रदान किया गया।

एल्डर और डिएल्स ने अपना प्रथम शोधपत्र 1928 में प्रस्तुत किया। एल्डर की खोजों का विवरण प्राय: 150 शोधपत्रों में है।

एल्डर को 1938 में जर्मन केमिस्टों की एसोसिएशन की ओर से एमिल फिशर मेमोरियल मेडल प्रदान किया गया। उसी वर्ष जर्मन एकेडमी ऑफ नेच्युरल फिलॉसफर्स का सदस्य उन्हें बनाया गया। विश्वविद्यालय ऑफ कोलोन की मेडिकल फैकल्टी से उन्हें ऑनरेरी एम. डी. की डिग्री प्रदान की गई (1950) तथा 1954 में सलमानका विश्व-विद्यालय से डॉक्टरेट की मानक उपाधि मिली। उन्हें डाएनेस के संश्लेषण की खोज और इसके विकास के लिए नोबेल पुरस्कार प्रदान किया गया।

डिएल्स, ओट्टो पॉल हरमान

नागरिकता : जर्मनी
जन्म : 23 जनवरी, 1876; हैंबर्ग, जर्मनी
निधन : 7 मार्च, 1954; कील, जर्मनी

ओट्टो पॉल हरमान, डिएल्स के पिता हरमान डिएल्स एक महान क्लासिकल स्कॉलर थे (1842-1922)। ओट्टो पॉल ने बर्लिन विश्वविद्यालय में रसायन विज्ञान का अध्ययन किया। यह अध्ययन उन्होंने नोबेल विजेता एमिल फिशर की देखरेख में किया। 1906 में टिटूलर में प्रोफेट प्रोफेसर हुए। यूनिवर्सिटी ऑफ कील में उन्हें रसायन विज्ञान का प्रोफेसर नियुक्त किया गया (1916)। वे रिटायर होने तक (1945) वहीं कार्यरत रहे। द्वितीय विश्वयुद्ध के दौरान पूर्वी मोर्चे पर उनके दो पुत्र मारे गए। उनके घर, कार्यालय आदि हवाई हमलों में ध्वस्त हो गए। अत्यंत भीषण कठिनाइयों से जूझते हुए विश्वविद्यालय के पुनर्निर्माण में लगे रहे। वह रिटायर होने से पहले प्रोफेसर की कुर्सी छोड़ना नहीं चाहते थे।

ओट्टो पॉल ने 1906 में हाइली रिएक्टिव तत्त्व की खोज की जिसे मेलोनिक ऐनहायड्राइक या कार्बन सब-

ऑक्साइड कहा गया। उसकी रासायनिक संरचना और अन्य तत्त्वों का भी विश्लेषण किया। स्टेरोल केमिस्ट्री के क्षेत्र में उन्होंने बेहतर समझ की स्थिति उत्पन्न की। उनके कार्यों से कृत्रिम रबर और प्लास्टिक के उत्पादन द्वारा पेट्रोकेमिकल उद्योग का विकास किया गया।

डिएल्स और एल्डर्स को 1950 का नोबेल पुरस्कार संयुक्त रूप से प्रदान किया गया।

शरीर विज्ञान/चिकित्सा विज्ञान

हेंच, फिलिप शोवाल्टर

नागरिकता : संयुक्त राज्य अमरीका

जन्म : 28 फरवरी, 1896; पेंसिलवानिया, अमरीका

निधन : 30 मार्च, 1965; ओखो रिओस, जमैका

फिलिप शोवाल्टर हेंच एक फिजिशियन थे जिन्होंने 1948 में एडवर्ड सी. केंडाल के साथ सफलतापूर्वक एक एड्रिनल हार्मोन का प्रयोग किया (आगे चलकर जिसे कोर्टिसोन कहा जाने लगा)। स्विट्जरलैंड के टेडिअस केंडाल तीसरे वैज्ञानिक थे जिनके शोधों का निष्कर्ष भी प्राय: यही था, इसलिए 1950 का नोबेल पुरस्कार इन तीनों को संयुक्त रूप से प्रदान किया गया। उनकी खोजें एड्रिनल कॉर्टिक्स की संरचना और बायोलॉजिकल प्रभावों का खुलासा करती थीं।

हेंच पिट्सबर्ग विश्वविद्यालय से 1920 में चिकित्सा के ग्रेजुएट हुए। मिनीसोटा के मेयो क्लीनिक में फेलो बने और आगे चलकर वे वहाँ के स्टाफ मेंबर हुए। 1926 में उन्हें डिवीजन ऑफ मेडिसिन में कंसल्टैंट तथा वातरोग संबंधी रोगों के विभाग का अध्यक्ष बना दिया गया। गर्भावस्था में और पीलिया आदि में तीव्र पीड़ा का अनुभव क्यों होता है। गठिया का उससे क्या संबंध है? इन सबके उत्तर उनके शोधपत्रों से जान सकते हैं। उन्हें एड्रिनल कॉर्टिक्स हार्मोन की खोज के लिए नोबेल पुरस्कार से सम्मानित किया गया।

केंडाल, एडवर्ड कालविन

नागरिकता : संयुक्त राज्य अमरीका

जन्म : 8 मार्च, 1886; साउथ नार्वाक, अमरीका

निधन : 4 मई, 1972; प्रिंस्टन, अमरीका

एडवर्ड कालविन केंडाल ने स्टेरॉयड हार्मोन कोर्टिसोन को फिलिप एस. हेंच के साथ मिलकर साफ किया था ताकि गठिया की चिकित्सा सही ढंग से हो सके। हेंच और स्विट्जरलैंड के रीखस्टीन के साथ उन्होंने 1950 का नोबेल पुरस्कार संयुक्त रूप से प्राप्त किया था। यह पुरस्कार उन्हें एड्रिनल कॉर्टिक्स, उसकी संरचना तथा उसके जीव वैज्ञानिक प्रभावों की खोज पर दिया गया था।

एडवर्ड केंडाल ने आरंभिक शिक्षा प्राप्ति के बाद कोलंबिया विश्वविद्यालय से पीएच.डी. की डिग्री 1910 में प्राप्त की। 1914 में केंडाल ने मिनीसोटा के मेयो फाउंडेशन के स्टाफ में सम्मिलित हुए। वे वहाँ जीव विज्ञान विभाग में अध्यक्ष नियुक्त हुए तथा 1951 में रिटायर होने तक वहीं कार्यरत रहे। 1945 में बायोकेमिस्ट्री की प्रयोगशाला की भी उन्होंने अध्यक्षता की। इन्हें एड्रिनल कॉर्टिक्स हार्मोन की खोज के लिए नोबेल पुरस्कार से सम्मानित किया गया।

रीखस्टीन, टेड्यूज

नागरिकता : स्विट्जरलैंड

जन्म : 20 जुलाई, 1897; लोक्लावेक, पोलैंड

निधन : 1 अगस्त, 1996; बेसेल, स्विट्जरलैंड

टेड्यूज रीखस्टीन ने कुछ आरंभिक शिक्षा एक निजी ट्यूटर से प्राप्त की, फिर 'आबेरास्कूल' (टेक्नीकल स्कूल ऑफ

जूनियर कॉलेज ग्रेड) तथा 'एइडनोसिस्चे टेक्नीस्च होचस्कूले' (स्टेट टेक्नीकल कॉलेज) में शिक्षा पाई।

1916 में रीखस्टीन ने हाई स्कूल की परीक्षा उत्तीर्ण की। फिर ज्यूरिख के उसी कॉलेज में रसायन विज्ञान का अध्ययन आरंभ किया। उन्होंने 1920 में वहाँ से डिप्लोमा प्राप्त किया। उसके बाद वे पूरे वर्ष औद्योगिक क्षेत्र से जुड़े रहे और फिर डॉक्टरेट की डिग्री प्राप्त करने के लिए प्रोफेसर एच. स्टॉडिंगर (नोबेल पुरस्कार विजेता) के अधीन अध्ययन आरंभ किया। 1922 में वे ग्रेजुएट हुए और स्टॉडिंगर की देखरेख में भुनी हुई कॉफी की महक के तत्त्वों की संरचना पर शोध करने लगे।

1929 में उन्होंने कॉलेज का लेक्चरर होने की योग्यता प्राप्त की। कार्बनिक और शरीर क्रिया रसायन पर उन्होंने लेक्चर दिए। 1931 में जब भुनी कॉफी और चिकोरी की महक के तत्त्वों पर उनके शोध समाप्त हुए तब उन्हें नोबेल विजेता प्रोफेसर एल. रूजिका का सहायक नियुक्त किया गया अतः वैज्ञानिक शोधों में संलग्न रहने की पूरी छूट उन्हें मिल गई।

रीखस्टीन ने एफ.सी. केंडाल और पी.एस. हेंच के साथ मिलकर एड्रेनल कॉर्टेक्स के हार्मोनों पर शोध किए तथा गठिया की चिकित्सा का मार्ग प्रशस्त किया।

रीखस्टीन, एफ.सी. केंडाल एवं पी.एस. हेंच को 1950 का नोबेल पुरस्कार संयुक्त रूप से प्रदान किया गया।

साहित्य

रसेल, बर्ट्रेंड

नागरिकता : ब्रिटेन

जन्म : 18 मई, 1872; रैवेन्स क्रॉफ्ट, ब्रिटेन

निधन : 2 फरवरी; 1970, ट्रेलेक, ब्रिटेन

बर्ट्रेंड रसेल तर्कशास्त्री और बीसवीं शदी के एक प्रमुख दार्शनिक थे। गणितीय तर्क पर अपने महत्त्वपूर्ण कार्यों के लिए प्रसिद्ध थे।

बाल्यावस्था में ही वे अपने माता-पिता को खो चुके थे। उनके पितामह लॉर्ड जॉन रसेल की देखरेख में उनका पालन-पोषण हुआ। लॉर्ड जॉन रसेल का पीयरेज उन्हें उत्तराधिकार में प्राप्त हुआ। सर्वप्रथम उन्हें आरंभिक शिक्षा घर पर ही मिली, फिर 1890 में उन्हें कैंब्रिज भेज दिया गया। वहाँ उन्होंने गणित एवं दर्शनशास्त्र का अध्ययन किया तथा 1894 में वे स्नातक हुए। अपने लंबे कार्यकाल में उन्होंने तर्क, थ्योरी ऑफ नॉलेज एवं कई अन्य विषयों पर पुस्तकें लिखीं और प्रकाशित कीं। उनकी श्रेष्ठतम कृतियाँ हैं—'प्रिंसिपिया मैथेमेटिका' (1910-1913, अल्फ्रेड नार्थ व्हाइटहेड के साथ)। कुछ अन्य पुस्तकें हैं—'दि प्रॉब्लेम्स ऑफ फिलॉसफी' (1912), 'प्रिंसिपल्स ऑफ सोशल रीकंस्ट्रक्शन' (1916), 'मिस्टीसिज्म एंड लॉजिक' (1918), 'ऐन इंट्रोडक्शन टु मैथेमेटिकल फिलॉ-सफी' (1919), 'दि साइंटिफिक आउलटलुक' (1931), 'स्केप्टिकल एसेज' (1948), 'ह्यूमन नॉलेज : इट्स स्कोप एंड लिमिट्स' (1948), 'अथॉरिटी एंड दि इंडिविजुअल' (1949), 'अनपोपुलर एसेज' (1950) तथा 'ह्यूमन सोसाइटी इन एथिक्स एंड पॉलिटिक्स' (1954)।

उन्हें दो बार (1918 और 1961) जेल जाना पड़ा। वे पारंपरिक अस्त्रों को जमा करते जाने की नीति के विरुद्ध नागरिक अवज्ञा के आंदोलन में सक्रिय रूप से भाग ले रहे थे। उन्हें मानवता के आदर्शों और स्वतंत्रता के विचारों से पूर्ण लेखन के लिए नोबेल पुरस्कार से सम्मानित किया गया।

शान्ति

बुंचे, राल्फ

नागरिकता : संयुक्त राज्य अमरीका

जन्म : 7 अगस्त, 1904; डेट्रोइट, अमरीका

निधन : 9 दिसंबर, 1971; न्यू यॉर्क सिटी, अमरीका

राल्फ बुंचे संयुक्त राष्ट्र के प्रमुख एवं सक्रिय राजनयिक थे। बीस वर्षों से अधिक समय तक वह संयुक्त राष्ट्र की शान्ति

से संबंधित गतिविधियों से गहरे तौर पर जुड़े रहे। 1940 में अरब-इजराइल-फिलिस्तीन के मामले में सशस्त्र टकराहट को रोकने में उनकी प्रमुख भूमिका रही। वे प्रथम अश्वेत थे जिन्हें नोबेल पुरस्कार का सम्मान मिला।

हार्वर्ड विश्वविद्यालय से सरकार और अंतरराष्ट्रीय संबंध की डिग्री प्राप्त की, हार्वर्ड में ही अध्ययन किया और अध्यापन भी किया। 1938 में वे राजनीतिशास्त्र के प्रोफेसर नियुक्त किए गए। इस बीच उन्होंने फ्रेंच वेस्ट अफ्रीका की यात्रा की, जिसके लिए उन्हें रोजेनवाल्ड फील्ड फेलोशिप भी मिली थी। फ्रेंच टोगोलैंड की राजनीतिक स्थिति का उन्होंने अध्ययन किया। 1938 और 1940 की अवधि में इलिनोइस की नॉर्थ वेस्टर्न यूनिवर्सिटी में उनका गुन्नार मिडाल से संपर्क रहा। आगे चलकर गुन्नार मिडाल को अर्थशास्त्र पर नोबेल पुरस्कार मिला। गुन्नार मिडाल स्वीडिश समाजशास्त्री भी थे और अमरीकी जाति के साथ संबंधों पर पर्याप्त शोध किया था। 1944 में उनकी कृति 'ऐन अमरीकन डिलेमा' प्रकाशित हुई थी।

द्वितीय विश्वयुद्ध के दौरान बुंचे अमरीकी युद्ध विभाग में सेवारत रहे। युद्ध नीति के निर्धारण में भी उनकी एक महत्त्वपूर्ण भूमिका रही। उन्होंने संयुक्त राष्ट्र की योजना में पूरी सक्रियता दिखाई और सैन फ्रांसिस्को के कॉन्फ्रेंस में भाग लिया (1945)। संयुक्त राष्ट्र चार्टर के ट्रस्टीशिप डिपार्टमेंट के लिए दिशा-निर्देश निर्धारित करने में भी उन्हीं का हाथ रहा। फिलिस्तीन के अरबों और यहूदियों के संघर्ष को समाप्त करने में भी मध्यस्थता की।

उन्होंने अनेक मेडल, डिग्रियाँ और संयुक्त राज्य अमरीका के नागरिक पुरस्कार प्राप्त किए। अश्वेत लोगों के हित के लिए भी उन्होंने बहुत कार्य किए।

स्वास्थ्य ठीक नहीं रहने के कारण उन्होंने संयुक्त राष्ट्र से त्यागपत्र दे दिया। बुंचे संयुक्त राष्ट्र के महासचिव यू थाँट के सबसे प्रभावशाली राजनीतिक सलाहकार थे तथा संयुक्त राष्ट्र में सबसे उच्च पद पर आसीन कोई अमरीकी थे।

भौतिक विज्ञान

रसायन विज्ञान

शरीर विज्ञान/चिकित्सा विज्ञान

साहित्य

शान्ति

1951

भौतिक विज्ञान

कॉकक्रॉफ्ट, सर जॉन डगलस

नागरिकता : ब्रिटेन

जन्म : 27 मई, 1897; टॉड-मॉर्डेन, ब्रिटेन

निधन : 18 सितंबर, 1967; कैंब्रिज, ब्रिटेन

सर जॉन डगलस कॉकक्रॉफ्ट एक कॉटन-निर्माता परिवार से आए थे। उन्होंने टॉडमॉर्डेन के स्थानीय स्कूल में आरंभिक शिक्षा प्राप्त की। 1914 में गणित के अध्ययन के लिए मैनचेस्टर विश्वविद्यालय में प्रवेश किया। उनके एक लेक्चरर नोबेल विजेता अर्नेस्ट रदरफोर्ड थे। एक वर्ष बाद वे रॉयल फील्ड आर्टिलरी में शमिल हुए। वे युद्ध में रंचमात्र भी जख्मी नहीं हुए। ऐसे कुछ ही लोग वहाँ थे।

युद्ध के बाद वह इंजीनियरिंग फर्म ऑफ मेट्रोपॉलिटन वाइकर्स में अप्रेंटिस थे। उन्हें इलेक्ट्रिकल इंजीनियर का प्रशिक्षण प्राप्त करने के लिए मैनचेस्टर के कॉलेज ऑफ टेक्नोलॉजी में भेजा गया। कैंब्रिज विश्वविद्यालय में विज्ञान और गणित के अध्ययन की पृष्ठभूमि उनके प्रशिक्षण में विशेष रूप से सहायक हुई।

कॉकक्रॉफ्ट 1922 में कैवेंडिश लेबोरेटरी के स्टाफ नियुक्त हुए। इस प्रकार वे प्रतिभाशाली शोधकर्ताओं की टीम में सम्मिलित हुए जिसका नेतृत्व रदरफोर्ड कर रहे थे।

कॉकक्रॉफ्ट और वाल्टन (नोबेल विजेता) ने 1929 में प्रोटॉन एक्सेलरेटर पर अध्ययन आरंभ किया। 1932 में कॉकक्रॉफ्ट और वाल्टन ने अपना एक्सेलरेटर विकसित किया। मानव-निर्मित न्यूक्लियर ट्रांसफार्मेशन का एक्सेलरेटर का यह पहला उदाहरण था। लीथियम का प्रत्येक एटम हीलियम के दो एटम पर उन्होंने प्रयोग किए।

कॉकक्रॉफ्ट वाल्टन एक्सेलरेटर नाभिकीय भौतिकी प्रयोगशाला के लिए बहुत उपयोगी सिद्ध हुआ। उनके द्वारा किए जा रहे शोध का सिलसिला अभी जारी था।

कॉकक्रॉफ्ट ने रडार के विकास में प्रमुख भूमिका निभाई। 1940 में टिजार्ड मिशन टु दि यूनाइटेड स्टेट्स के सदस्य हुए। विश्वयुद्ध आरंभ होने पर 1941 में वे चीफ सुपरिंटेंडेंट ऑफ एयर डिफेंस रिसर्च एंड डेवलपमेंट स्टैब्लिशमेंट और 1944 में डायरेक्टर ऑफ एटॉमिक एनर्जी डिवीजन नेशनल रिसर्च काउंसिल ऑफ कनाडा नियुक्त

हुए। उन्होंने अपने आपको एक बहुत ही सक्षम वैज्ञानिक प्रशासक सिद्ध किया। विश्वयुद्ध जब समाप्त हुआ तब उन्हें ब्रिटेन के प्रथम एटॉमिक एनर्जी रिसर्च प्रयोगशाला का प्रधान (हारबेल) नियुक्त किया गया।

कॉकक्रॉफ्ट को 1948 में 'नाइटहुड' प्रदान किया गया। 1953 में उन्होंने 'नाइट कमांडर ऑफ दि बाथ' प्राप्त किया। 1960 में कैंब्रिज के नवस्थापित चर्चिल कॉलेज के मास्टर बन गए। इन्हें परमाणु कणों में कृत्रिम त्वरण द्वार परमाणु नाभिक में संचरण की खोज के लिए नोबेल पुरस्कार दिया गया।

वाल्टन, अर्नेस्ट थॉमस सिंटन

नागरिकता : आयरलैंड

जन्म : 6 अक्टूबर, 1903; डुंगोरवान, वाटरफोर्ड काउन्टी आयरलैंड

निधन : 25 जून, 1995; बेलफास्ट, आयरलैंड

अर्नेस्ट थॉमस सिंटन और सर जॉन डगलस कॉकक्रॉफ्ट ऑफ इंग्लैंड पुरस्कार के संयुक्त विजेता थे जिन्होंने प्रथम न्यूक्लियर पार्टिकल एक्सेलरेटर विकसित किया था जिसे 'कॉकक्रॉफ्ट-वाल्टन जेनरेटर' कहा गया। 1927 में वाल्टन कैंब्रिज के ट्रिनिटी कॉलेज चले गए।

वहाँ उन्होंने कॉकक्रॉफ्ट के साथ कैवेंडिश लेबोरेटरी में लॉर्ड अर्नेस्ट रदरफोर्ड के निर्देशन में रिसर्च का कार्य किया। लीथियम के विखंडन के लिए उनका ऐक्सेलरेटर उपयोगी सिद्ध हुआ। उससे अन्य प्रकार के कार्य भी किए जा सकते हैं।

1947 में वाल्टन ट्रिनिटी कॉलेज (यूनिवर्सिटी ऑफ डब्लिन) में नेच्युरल और प्रायोगिक फिलॉसफी के प्रोफेसर नियुक्त किए गए। 1952 में वे स्कूल ऑफ फिजिक्स के चेयरमैन हुए। 1960 में वे सीनियर फेलो नियुक्त हुए।

1951 का नोबेल पुरस्कार वाल्टन और कॉकक्रॉफ्ट को संयुक्त रूप से प्रदान किया गया।

रसायन विज्ञान

मैकमिलन, एडविन मैटिसन

नागरिकता : संयुक्त राज्य अमरीका

जन्म : 18 सितंबर, 1907; कैलीफोर्निया, अमरीका

निधन : 9 सितंबर, 1990; कैलीफोर्निया, अमरीका

एडविन मैटिसन मैकमिलन की आरंभिक शिक्षा कैलीफोर्निया के पैसेडेना में पूरी हुई। बी.एससी. की डिग्री उन्हें कैलीफोर्निया इंस्टीट्यूट ऑफ टेक्नोलॉजी से प्राप्त हुई। एम.एससी. की डिग्री उन्हें 1929 में मिली। पीएच.डी. की डिग्री प्रिंस्टन विश्वविद्यालय से प्राप्त हुई।

वे कैलीफोर्निया विश्वविद्यालय के नेशनल रिसर्च फेलो हुए। बर्कले में उसी वर्ष विकिरण प्रयोगशाला के प्रशिक्षक हुए (1934)। 1936 में एसोसिएट प्रोफेसर हुए। असिस्टेंट प्रोफेसर 1941 में हुए और 1946 में प्रोफेसर नियुक्त किए गए।

मैकमिलन ने एल.सी.ए. वालफोर्ड ब्लूमर के साथ विवाह किया। उनकी एकमात्र संतान उनकी पुत्री है।

1940 में यूनिवर्सिटी ऑफ कैलीफोर्निया में मैकमिलन और एबेल्सन ने ट्रेसुरेनियम तत्त्व की खोज की। उसे नेपच्यून ग्रह के नाम पर नेपच्यूनियन कहा गया। मैकमिलन और सीबोर्ग ने उसी वर्ष अन्य तत्त्व की खोज की जिसे प्लूटो ग्रह के नाम पर प्लूटोनियम कहा गया।

मैकमिलन दि अमरीकन एकेडमी ऑफ आर्ट्स एंड साइंसेज के सदस्य रहे। उन्हें एटॉमिक एनर्जी कमीशन से संबद्ध रखा गया (1954-1958)। 1960 में कमीशन ऑन हाई एनर्जी फिजिक्स ऑफ दि इंटरनेशनल यूनियन ऑफ प्योर एंड एप्लायड फिजिक्स नियुक्त किया गया। उन्हें अनेक ऑनरेरी डॉक्टरेट की उपाधि अनेक शिक्षण संस्थानों से प्राप्त हुई। यह विज्ञान में उनके महत्त्वपूर्ण योगदान का प्रमाण था। उन्हें रसायन विज्ञान में ट्रेसुरेनियम तत्त्व की खोज करने के लिए नोबेल पुरस्कार से सम्मानित किया गया।

सीबोर्ग, ग्लेन थियोडोर

नागरिकता : संयुक्त राज्य अमरीका

जन्म : 19 अप्रैल, 1912; मिशिगन, अमरीका

निधन : 25 फरवरी, 1999; लाफायते, अमरीका

ग्लेन थियोडोर सीबोर्ग जब दस वर्ष के थे तभी उनका परिवार कैलीफोर्निया में आकर बस गया। उन्होंने 1929 में डेविड स्टार जोर्डन हाई स्कूल (लास एंजेल्स) से स्नातक की डिग्री प्राप्त की।

सीबोर्ग ने केमिस्ट्री में पीएच.डी. की डिग्री कैलीफोर्निया विश्वविद्यालय (बर्कले) से 1937 में प्राप्त की और 1941 में सहायक प्रोफेसर यहाँ रहे और फिर 1945 में प्रोफेसर हुए। 1954-61 की अवधि तक लॉरेंस लेबोरेटरी के सह-निदेशक रहे। 1946 में उन्हें फर्स्ट एडवाइजरी कमेटी ऑफ एटॉमिक एनर्जी कमीशन में प्रेसीडेंट ट्रूमन ने नियुक्त किया। कैलि-फोर्निया विश्वविद्यालय में चांसलर की हैसियत से कार्य किया। 1961 में राष्ट्रपति केनेडी ने उन्हें यू.एस. एटॉमिक एनर्जी कमीशन का चेयरमैन नियुक्त किया। दि केमिकल कैरेक्टरिक्स ऑफ दीज न्यू एलिमेंट्स अल्ट्रा माइक्रोकेमिकल तकनीक द्वारा विकसित होते रहे हैं।

सीबोर्ग और उनके साथियों ने ट्रेसुरेनियम तत्त्व के 100 आइसोटोप की खोज की। उनके अध्ययन ने रेडियोएक्टिव की गुणधर्मिता का पता किया और आधुनिक परमाणु रसायन के तत्त्वों का अध्ययन किया।

सीबोर्ग ने अनेक पुस्तकें लिखीं और लगभग 200 शोधपत्र प्रकाशित हुए। अनेक एवार्ड और मेडल प्राप्त किए। कई वैज्ञानिक संस्थाओं के फेलो भी थी।

सीबोर्ग ने 1942 में हेलन एल. ग्रिग्स से विवाह किया। उनकी छह सन्तानें हैं।

सीबोर्ग की विशेष रुचि गोल्फ में थी।

1951 का नोबेल पुरस्कार मैकमिलन और सीबोर्ग को संयुक्त रूप से प्रदान किया गया।

शरीर विज्ञान/चिकित्सा विज्ञान

थीलर, मैक्स

नागरिकता : दक्षिण अफ्रीका

जन्म : 30 जनवरी, 1899; प्रिटोरिया, दक्षिण अफ्रीका

निधन : 11 अगस्त, 1992; न्यू हैवन, अमरीका

मैक्स थीलर की खोज कि पीले ज्वर का कारण चूहिया होती है, मनुष्य को उस रोग से बचाने के लिए होने वाले शोधों में बहुत सहायक हुई। उनकी आरंभिक शिक्षा दक्षिण अफ्रीका और स्विट्जरलैंड में हुई। उनकी मेडिकल ट्रेनिंग लंदन के सेंट थॉमस हॉस्पिटल में हुई। 1922 में लंदन स्कूल ऑफ हाइजीन एंड ट्रॉपिकल मेडिसिन से ग्रेजुएट हुए। उसी वर्ष उन्होंने हार्वर्ड मेडिकल स्कूल के डिपार्टमेंट ऑफ ट्रॉपिकल मेडिसिन में प्रवेश किया। वहाँ कई संक्रामक रोगों का अध्ययन किया, पीले ज्वर का भी अध्ययन किया और वायरस आदि की खोज की। 1930 से 1964 तक वे न्यू यॉर्क के रॉकफेलर इंस्टीट्यूट फॉर मेडिकल रिसर्च में रहे और शोधकार्य में लगे रहे। उन्होंने एक वैक्सीन (17-डी) विकसित किया जिससे पीले ज्वर से बचाव हो। उन्हें पीले ज्वर की खोज करने तथा इसकी दवा के आविष्कार के लिए नोबेल पुरस्कार से सम्मानित किया गया।

साहित्य

लैगर्कविस्ट, पार फेबियन

नागरिकता : स्वीडन

जन्म : 23 मई, 1891; वेक्सजो, स्वीडन

निधन : 11 जुलाई, 1974; स्टॉकहोम, स्वीडन

पार फेबियन लैगर्कविस्ट एक उपन्यासकार, कवि, नाटककार और बीसवीं सदी के अंतरराष्ट्रीयख्याति प्राप्त स्वीडिश

साहित्यकार थे। उनके पूर्वज किसान थे। उनके पिता रेलवे में श्रमिक थे। आधुनिक विज्ञान ने उन्हें अनीश्वरवादी बना दिया। वे समाजवादी विचारधारा के समर्थक थे। राजनीति में प्रवेश कर सकते थे मगर इसकी अपेक्षा लेखन कार्य उन्हें अधिक अनुकूल प्रतीत हुआ। उनके निबंधों का संग्रह 'आर्डकोन्स्ट ओच बाइल्डकोन्स्ट' (1930 बर्बल एंड पिक्टोरियल आर्ट), 'मोटिव' (थीम्स, 1914), 'जाएर्न ओच माएनिस्कार' (आइरन एंड मेन, 1915) 'ऐंगेस्ट' (ऐंग्विश, 1916), 'डेट एविगा लींडर' (1920, दि एटर्नल स्माइल, 1934), कविता-संग्रह 'डेन इचलीजेज वेग' (दि रोड ऑफ दि हैप्पी मैन, 1921)।

उनकी आत्मकथा 'गेस्ट होस वेर्किलटन' (1925, गेस्ट ऑफ रियलिटी, 1936), 'डेट बेसेग्रेड लिवेट' (1927, दि ट्रियुंफ ओवर लाइफ), 'बोएडेलिन' (1933, दि हैंगमैन, 1936) नाटक 'मैन्नेन उटान स्जेल' (1936, दि मैन विदाउट ए सोल, 1944), 'सेगेर इ मोएरकर' (विक्टरी इन दि डार्कनेस, 1939), 'लाएट मेएनिस्कान लेवा' (1949, लैट मैन लिव, 1951), 'ड्वेएअरजेन' (1944, दि ड्वार्फ, 1944)। इन पुस्तकों से अंतरराष्ट्रीय ख्याति उन्हें प्राप्त हुई।

शेष पुस्तकें हैं : 'सिविलान' (दि सिविल, 1956), 'आहास्वेरुस डाड' (1960), 'पिलग्रिम पा हैवेट (पिलग्रिम ऑफ दि सी, 1962) तथा कविता-संग्रह 'ऐफ्टोन लैंड' (इवनिंग लैड, 1953)। उन्हें कलात्मक लेखन तथा मानवीय भावनाओं के सजीव चित्रण करने के लिए नोबेल पुरस्कार से सम्मानित किया गया।

शान्ति

जोहाक्स, लियोन

नागरिकता : फ्रांस
जन्म : 1 जुलाई, 1879; पेरिस, फ्रांस
निधन : 28 अप्रैल, 1954; पेरिस, फ्रांस

लियोन जोहाक्स एक समाजवादी ट्रेड यूनियन नेता थे जिन्होंने अंतरराष्ट्रीय श्रम संगठन की स्थापना की थी (आई.एल.ओ.)। उन्होंने 16 वर्ष की अवस्था से एक माचिस की फैक्टरी में काम करना आरंभ किया। वह एक क्रांतिकारी सिंडिकेलिइज्म के प्रमुख प्रचारक थे। वे माचिस श्रमिक संघ के राष्ट्रीय सचिव थे। उन्हें 'कॉन्फेडरेशन जेनरेल डु ट्रैवेल' का महासचिव 1909 में नियुक्त किया गया। प्रथम विश्वयुद्ध से पहले उन्होंने जर्मनी के लेबर नेताओं से संपर्क स्थापित किया और सैन्य विरोधी आंदोलन में भाग लेने के लिए प्रेरित किया। उन्होंने वार्सेलीस पीस कॉन्फ्रेंस (1919) में भाग लिया जिसमें अंतरराष्ट्रीय श्रम संगठन की कार्य परिषद का गठन किया गया। उन्होंने 1925 में आर्थिक परिषद की स्थापना के लिए सक्रिय भागीदारी निभाई। उनका आग्रह था कि ट्रेड यूनियनों को राजनीतिक दबावों से अलग रखा जाए।

द्वितीय विश्वयुद्ध के दौरान विची सरकार ने उन्हें गिरफ्तार कर लिया और कंसेंट्रेशन कैंप में भेज दया। 1949 में 'इंटरनेशनल कॉन्फेडरेशन ऑफ फ्री ट्रेड यूनियंस की स्थापना में उन्होंने ही विशेष पहल की थी।

भौतिक विज्ञान

रसायन विज्ञान

शरीर विज्ञान/चिकित्सा विज्ञान

साहित्य

शान्ति

1952

भौतिक विज्ञान

पुर्सेल, एडवर्ड मिल्स

नागरिकता : संयुक्त राज्य अमरीका

जन्म : 30 अगस्त, 1912; इलिनोइस, अमरीका

निधन : 8 मार्च, 1997; कैंब्रिज, अमरीका

एडवर्ड मिल्स पुर्सेल 'नाभिकीय चुंबकीय अनुनाद' (एन.एम. आर., तरल रूप में या ठोस रूप में) की खोज के लिए फेलिक्स ब्लोच के साथ संयुक्त रूप से पुरस्कृत हुए। नाभिकीय चुंबकीय अनुनाद का अब व्यापक रूप से प्रयोग होने लगा है जो मोलेक्यूलर की संरचना के परिमापन में सहायक सिद्ध होता है। द्वितीय विश्वयुद्ध के दौरान पुर्सेल मैसाचुसेट्स की विकिरण प्रयोगशाला में फंडामेंटल डेवलपमेंट्स ग्रुप ऑफ रडार प्रॉब्लम के अध्यक्ष रहे। 1946 में उन्होंने अपनी एन. एम. आर. डिटेक्टशन पद्धति को विकसित किया जो भौतिक विज्ञान के क्षेत्र में एक बहुत बड़ी उपलब्धि सिद्ध हुई।

पुर्सेल 1949 में हार्वर्ड विश्वविद्यालय में भौतिक विज्ञान के प्रोफेसर नियुक्त हुए। उन्होंने अपने प्रयोगों के दौरान न्यूट्रल एटॉमिक हाइड्रोजन की पड़ताल की। हाइड्रोजेनिक बादलों की शून्य में उपस्थिति और 'मिल्की वे' का भी उन्होंने पता किया। 1960 में पुर्सेल हार्वर्ड विश्वविद्यालय के गेर्हार्ड ग्रेड प्रोफेसर बनाए गए तथा 1962 में संयुक्त राज्य अमरीका के राष्ट्रपति द्वारा उन्हें साइंस एडवाइजरी कमेटी में नियुक्त किया गया। उन्हें नाभिकीय चुंबकीय अनुनाद की शुद्ध गणना करने की नई विधि के विकास के लिए नोबेल पुरस्कार से सम्मानित किया गया।

ब्लोच, फेलिक्स

नागरिकता : स्विट्जरलैंड/ संयुक्त राज्य अमरीका

जन्म : 23 अक्टूबर, 1905; ज्यूरिख, स्विट्जरलैंड

निधन : 10, सितंबर, 1983; ज्यूरिख, स्विट्जरलैंड

फेलिक्स ब्लोच अपनी जिस खोज के लिए पुरस्कार के प्रतिभागी हुए, वह थी—चुंबकीय क्षेत्र में एटॉमिक न्यूक्लियर की खोज। ब्लोच की आरंभिक शिक्षा ज्यूरिख में हुई। आगे चलकर जर्मनी के लिपजिग विश्वविद्यालय से उन्होंने स्नातक

की डिग्री प्राप्त की। उसी विश्वविद्यालय से पीएच.डी. (डॉक्टरेट 1928) की डिग्री भी प्राप्त की। उन्हें लिपजिग विश्वविद्यालय में प्रोफेसर नियुक्त किया गया (1932)। 1933 में वे जर्मनी छोड़कर चले गए और हॉलैंड, डेनमार्क और इटली के शैक्षणिक संस्थानों में कार्यरत रहे। 1934 में वे संयुक्त राज्य अमरीका चले गए और स्थायी रूप से वहीं रहने लगे। वहाँ की नागरिकता उन्हें 1939 में प्राप्त हो गई। 1934 में वे जब स्टैनफोर्ड यूनिवर्सिटी में कार्यरत थे, तभी से न्यूट्रॉन की पोलाराइजेशन की नई पद्धति विकसित करने के बारे में सोचते चले आ रहे थे। उसी का प्रयोग करते हुए न्यूट्रॉन के चुंबकीय गति का उन्होंने परिमापन किया। द्वितीय विश्वयुद्ध के दौरान वे एटॉमिक एनर्जी एवं एंटीरडार उपकरणों के विकास में लगे रहे। 1945 में वे स्टैनफोर्ड लौट आए। अपने प्रयोगों के द्वारा उन्होंने सिद्ध किया कि न्यूक्लियर मैग्नेटिक क्षेत्रों और क्रिस्टेलाइन प्रॉपर्टीज के बीच पारस्परिक संबंध है। 1954 और 1955 में वे जिनेवा में CERN के डायरेक्टर जनरल रहे।

1952 का नोबेल पुरस्कार पर्सेल और ब्लोच को संयुक्त रूप से प्रदान किया गया।

रसायन विज्ञान

सिंजे, रिचर्ड लॉरेंस मिलिंग्टन

नागरिकता : ब्रिटेन

जन्म : 28 अक्टूबर, 1914; लिवरपुल, ब्रिटेन

निधन : 18 अगस्त, 1994; नॉरविच, ब्रिटेन

रिचर्ड लॉरेंस मिलिंग्टन सिंजे ने 1928 में विंचेस्टर कॉलेज में प्रवेश किया। वहाँ उन्होंने क्लासिकों का अध्ययन 1931 तक किया। उसके बाद उन्होंने भौतिक विज्ञान का अध्ययन किया। 1933 में कैंब्रिज विश्वविद्यालय के ट्रिनिटी कॉलेज में भौतिक विज्ञान, रसायन विज्ञान और शरीर क्रिया विज्ञान का अध्ययन किया और पीएच.डी. की डिग्री प्राप्त की।

1941 में वे लीड्स के वूल इंडस्ट्रीज रिसर्च एसोसिएशन के स्टाफ में सम्मिलित हुए। 1943 में लंदन के प्रिवेंटिव मेडिसिन के लिस्टर इंस्टीट्यूट में प्रवेश किया। 1948 से वे रॉवेट रिसर्च इंस्टीट्यूट में प्रोटीन केमिस्ट्री विभाग के अध्यक्ष रहे। 1951 में चार अन्य वैज्ञानिकों के साथ मिलकर उन्होंने 'साइंस फॉर पीस' की स्थापना की।

सिंजे ने 1943 में डुन स्टीफ से विवाह किया। उनके चार पुत्रियाँ और तीन पुत्र हैं।

उनकी खोज मुख्यत: पार्टीशन ऑफ क्रोमेटोग्राफी पर आधारित है। सिंजे को रॉयल सोसाइटी का फेलो बनाया गया (1950) और 1952 में रॉयल इंस्टीट्यूट ऑफ केमिस्ट्री का फेलो बनाया गया। वे अमरीकन सोसाइटी ऑफ बायो-लॉजिकल केमिस्ट्स के ऑनरेरी सदस्य हुए। उन्हें क्रोमेटोग्राफी पार्टीशन के आविष्कार के लिए नोबेल पुरस्कार से सम्मानित किया गया।

मार्टिन, आर्चर जॉन पोर्टर

नागरिकता : ब्रिटेन

जन्म : 1 मार्च, 1910; लंदन, ब्रिटेन

निधन : 28 जुलाई, 2002; लैंगेरॉन, ब्रिटेन

आर्चर जॉन पोर्टर मार्टिन एक मेडिकल प्रैक्टिस करनेवाले डॉक्टर के पुत्र थे। मार्टिन ने आरंभिक शिक्षा बेडफोर्ड स्कूल (1921-29) में प्राप्त की। कैंब्रिज विश्वविद्यालय से उन्होंने स्नातक की डिग्री हासिल की। वे रसायन तकनीक का अध्ययन करना चाहते थे मगर प्रोफेसर आई.बी.एस. हॉल्डेन से प्रभावित होकर वे बॉयोकेमिस्ट्री का अध्ययन करने लगे। उन्होंने पूरे वर्ष भर बॉयोकेमिस्ट्री का अध्ययन किया और तब 'डूना न्यूट्रिशनल प्रयोगशाला' में कार्य करने का अवसर उन्हें मिला। 1938 में उन्होंने लीड्स के वूल इंडस्ट्रीज रिसर्च एसोसिएशन में प्रवेश किया। फिर 1946 में बूट्स के रिसर्च विभाग में उन्हें बॉयोकेमिस्ट्री डिवीजन का अध्यक्ष नियुक्त किया गया। 1948 में उन्होंने मेडिकल रिसर्च काउंसिल में प्रवेश किया। 1952 में उन्हें फिजिकल

केमिस्ट्री डिवीजन का अध्यक्ष नियुक्त किया गया तथा 1956 से 1959 तक केमिकल परामर्शदाता रहे। 1959 में वे एबोट्स्वरी लिमिटेड लेबोरेटरीज के डायरेक्टर थे। 1943 में उन्होंने जूडिथ बेगेन से विवाह किया। उनके एक पुत्र और तीन पुत्रियाँ हैं।

1952 का नोबेल पुरस्कार मार्टिन और सिंजे को संयुक्त रूप से प्रदान किया गया।

शरीर विज्ञान/चिकित्सा विज्ञान

वाक्समान, सेल्मान अब्राहम

नागरिकता : संयुक्त राज्य अमरीका

जन्म : 22 जुलाई, 1888; प्रिलुका (अब उक्रेन)

निधन : 16 अगस्त, 1973; मैसाचुसेट्स, अमरीका

सेल्मान अब्राहम वाक्समान अपने समय के विश्वप्रसिद्ध माइक्रोबायोलॉजिस्ट थे। उन्हें अपने प्रयोगों के फलस्वरूप पेंसिलीन के आविष्कार में कामयाबी मिली। पेंसिलिन के बाद उन्होंने तपेदिक की अचूक औषधि स्ट्रेप्टोमाइसीन का आविष्कार किया।

अमरीकन नागरिकता प्राप्त होने के बाद वाक्समान ने अपने कार्यकारी जीवन का शेष भाग न्यू जर्सी के रूटगर्स विश्वविद्यालय में व्यतीत किया। वहाँ वे माइक्रोबायोलॉजी के प्रोफेसर, माइक्रोबायोलॉजी के चेयरमैन तथा माइक्रो-बायोलॉजी के डायरेक्टर के रूप में कार्यरत रहे। वाक्समान ने लगातार गहरे अध्ययन के क्रम में और भी कई 'एन्टी-बायोटिक' की खोज की।

उनकी पुस्तकों में 'प्रिंसिपुल्स ऑफ सोइल माइक्रो-बायोलॉजी' में संबद्ध विषय का गंभीर और विस्तृत विवेचन किया गया है। 'माई लाइफ विद माइक्रॉब्स' (1951) उनकी आत्मकथा है। उन्हें तपेदिक की अचूक औषधि स्ट्रेप्टोमाइसिन की खोज के लिए नोबेल पुरस्कार से सम्मानित किया गया।

साहित्य

मोरियक, फ्रांस्वा

नागरिकता : फ्रांस

जन्म : 11 अक्टूबर, 1885; बोर्डियोक्स, फ्रांस

निधन : 1 सितंबर, 1970; पेरिस, फ्रांस

फ्रांस्वा मोरियक एक प्रसिद्ध उपन्यासकार, निबंधकार, नाटककार तथा पत्रकार थे। उनका जन्म एक ऐसे उच्च मध्यवर्गीय परिवार में हुआ जो कैथोलिक मत के अनुयायी और धर्मोपदेशक था। मोरियक ने आरंभिक शिक्षा बोर्डियोक्स विश्वविद्यालय में प्राप्त की तथा 1906 में 'इकोले नेशनल डेस चार्ट्स' (पेरिस) में प्रविष्ट हुए।

उन्होंने 1909 में अपनी कविताओं का संग्रह 'ले मैन्स ज्वाएन्तस' (ज्वाइंड हैंड्स) प्रकाशित किया। उनके उपन्यास हैं : 'ला इंफैंटे चार्जे डि चेंस' (1913, यंग मैन इन चेंस, 1961), 'ला रोबप्रेटेक्सत' (1914, दि स्टफ ऑफ यूज, 1960), 'ला चेयर एट ला सैंग' (फ्लेश एंड ब्लड, 1920), 'प्रेसिएंसेज' (क्वेश्चेंस ऑफ प्रेसीडेंस, 1921), 'ले वेसेर आउ लेप्रूक्स' (1922, दि किस टु दि लेपर, 1923) जैसी औपन्यासिक कृतियों ने उन्हें उपन्यासकार के रूप में प्रतिष्ठापित किया, व्यापक प्रसिद्धि दी। 'ले डेजर्ट डे ला एमर' (दि डेजर्ट ऑफ लव, 1925) जिसने उन्हें 'ग्रैंड प्रिक्स डु रोमन ऑफ दि एकेडमिक फ्रेंकेइसे' दिलाई। 'थेरेसे डेस्क्यूराक्स' (1927, थेरेसे, 1928), 'ले नीयुड डि वाइपेरस' (1932, दि वाइपर्स टैंगेल, 1933), 'ले मिस्तरे फ्राउंटेनेक' (1933, दि फ्राउंटेनेक मिस्ट्री, 1951), 'ले माल' (एविल, 1935), 'लेस ऐंगेस नोइर्स' (ब्लैक एंजेल्स, 1936), 'लेस चेमिंस डि ला मेर' (1939, दि अननोन सी, 1962), 'ला फारिसियेन' (1941, ए वूमन ऑफ फेरीसीज, 1946)। मोरियक ने कई नाटक लिखे जिनमें उल्लेखनीय हैं : 'आस्मोडी' (अंग्रेजी, 1939), 'लेस माल ऐम्स' (1945, दि पुअरली लव्ड)।

उन्होंने चार खंडों 'ले रेम्नेसियर एट सेस पर्सोनेजेस' (1933, दि नोवेलिस्ट एंड हिम कैरेक्टर्स) तथा उसके बाद 1959-67 में अपने संस्मरण लिखे। उन्हें इनके लेखन में मानवीय जीवन के सजीव चित्रण आध्यात्मिक गहराई तथा कलात्मकता का ध्यान रखने के लिए नोबेल पुरस्कार से सम्मानित किया गया।

शान्ति

श्वेइत्जर, अल्बर्ट
नागरिकता : फ्रांस
जन्म : 14 जनवरी, 1875; कैसरबर्ग, अपर ऐल्सेक (जो अब फ्रांस में है)
निधन : 4 सितंबर, 1965; पश्चिम अफ्रीका

अल्बर्ट श्वेइत्जर एक धर्मशास्त्री और दार्शनिक थे। वे जोहान्न सेबास्टियन बाच की कृतियों के विलक्षण व्याख्याता थे। वे पश्चिमी अफ्रीका के मिशन पर गए डॉक्टर भी थे। 'ब्रदरहुड ऑफ नेशंस' अर्थात राष्ट्रों के बीच भाईचारे की भावना के विकास के लिए पुरस्कृत हुए। वे एक लुथेरियन धर्मशास्त्री के ज्येष्ठ पुत्र थे। उन्होंने स्ट्रासबर्ग में दर्शनशास्त्र और धर्मशास्त्र का अध्ययन किया तथा डॉक्टरेट की डिग्री प्राप्त की। वे दर्शनशास्त्र के लेक्चरर बने और सेंट निकोलस चर्च में धर्मोपदेशक का कार्य किया। उनकी पुस्तक 'दि क्वेस्ट ऑफ दि हिस्टोरिक जीसस' (1910) ने उन्हें व्यापक मान्यता और प्रसिद्धि दी। श्वेइत्जर एक बहुत अच्छे संगीतकार भी थे। वाद्यवृंद के साथ गाते-बजाते हुए वे बीच-बीच में रुककर व्याख्या भी करते जाते थे। अपने प्रशिक्षक के कहने पर उन्होंने एक पुस्तक लिखी : 'जीन सेबास्टियन बैच ले म्यूजिसियन पोएटे' (जोहान सेबास्टियन बैच दि पोएटिक म्यूजिशियन)।

1905 में श्वेइत्जर ने घोषणा की कि मिशन का कार्य सुचारु रूप से चलाने के लिए वे मेडिकल डॉक्टर होना चाहते हैं। उन्होंने विश्वविद्यालय में अपने पद से इस्तीफा दे दिया तथा डॉक्टर ऑफ मेडिसिन की तैयारी में जुट गए। 1913 में उन्होंने डॉक्टर ऑफ मेडिसिन की डिग्री प्राप्त कर ली। 1912 में उन्होंने हेलेन ब्रेसलाउ से विवाह किया। वे एक स्कॉलर थीं तथा उन्होंने अपने पति की सहायता के लिए नर्स का प्रशिक्षण प्राप्त किया। उसके बाद दोनों पश्चिम अफ्रीका के फ्रेंच उपनिवेश गेबन प्रांत में जाकर मिशनरी के सेवाकार्य में लग गए। वहाँ ओगूवे (ओगोवे) नदी के किनारे श्वेइत्जर ने स्थानीय लोगों की सहायता से अपना एक अस्पताल बनाया। जो आमदनी होती उसी से अस्पताल को सुव्यवस्थित रखते। कितने ही साधन सम्पन्न लोग स्वेच्छा से आर्थिक सहायता करते, देश-विदेश की कितनी ही संस्थाएँ अपने अनुदानों से उस अस्पताल को लाभान्वित करतीं।

श्वेइत्जर 1924 में अफ्रीका से लौट आए। अपनी विद्वत्ता के साथ-साथ अपना संगीत-प्रेम भूल नहीं पाए। वक्ता भी वे बहुत अच्छे थे। उनकी प्रसिद्ध पुस्तक थी—'डाइमिस्टिक डेस एपोस्टेल्स पाउलुस' (1930, मिस्टीसिज्म ऑफ पॉल दि एपोस्टोल, 1931)। वह पूरे यूरोप में घूम-घूमकर संगीत के साथ-साथ भाषण भी देते रहे। बाख की कृतियों का संपादन करने के बाद उन्हें पुस्तक के रूप में प्रकाशित किया। 'दास प्रॉब्लेम डेस फ्रीडेंस इन डेर ह्यूटिजेन वेल्ट' (1954, दि प्रॉब्लेम ऑफ पीस इन दि वर्ल्ड ऑफ टुडे, 1954)। 1958 में उनकी विश्व शान्ति पर तीन वार्ताएँ प्रसारित हुईं।

भौतिक विज्ञान

रसायन विज्ञान

शरीर विज्ञान/चिकित्सा विज्ञान

साहित्य

शान्ति

1953

भौतिक विज्ञान

जेरनाइके, फ्रित्ज (फ्रेडेरिक)

नागरिकता : नीदरलैंड्स

जन्म : 16 जुलाई, 1888; एम्सटर्डम, नीदरलैंड्स

निधन : 10 मार्च, 1966; ग्रोनिंगेन, नीदरलैंड्स

फ्रित्ज (फ्रेडेरिक) जेरनाइके को 'फेज कंट्रास्ट माइक्रोस्कोप' की खोज के लिए नोबेल पुरस्कार से पुरस्कृत किया गया था। यह एक ऐसा उपकरण है जिसके द्वारा आंतरिक कोशिकाओं को क्षति पहुँचाए बिना उनकी संरचना का अध्ययन किया जा सकता है। जेरनाइके ने 1915 में ग्रोनिंगेन स्टेट यूनिवर्सिटी की फैकल्टी में गणितीय भौतिकी एवं सैद्धांतिक यांत्रिकी के प्रोफेसर की हैसियत से प्रवेश किया तथा 1920 से 1958 तक प्रोफेसर के रूप में वहाँ कार्यरत रहे।

प्रकाशमिति से संबंधित उनके शुरुआती कार्यों का संबंध खगोलीय दूरबीन से था। जब वे उन कमियों का अध्ययन कर रहे थे, जो अंकित रेखाओं के त्रुटिपूर्ण स्थान की वजह से कुछ विवर्तन जालियों (ग्रेटिंग्स) में थीं तो उन्होंने 'फेज-कंट्रास्ट' सिद्धांत की खोज की। उन्होंने चिह्नित किया कि वे विभिन्न पारदर्शी पदार्थों से गुजरती प्रकाश किरणों में भेद कर सकते हैं। 1938 में उन्होंने इस सिद्धांत के प्रयोग के लिए एक सूक्ष्मदर्शी तैयार किया। 1952 में लंदन की रॉयल सोसाइटी द्वारा उन्हें रम्फोर्ड मेडल प्रदान किया गया।

जेरनाइके ने दो बार शादी की। उनकी पहली पत्नी, डोस वैन बोमेल वैन व्लोटेन की 1944 में मृत्यु हो गई। उनसे उन्हें एक पुत्र हुआ। वर्ष 1954 में उन्होंने श्रीमती एल. कोपरबर्ग बांडर्स से विवाह कर लिया। ग्रोनिंगेन विश्व-विद्यालय से सेवानिवृत्ति के बाद वे एम्सटर्डम के नजदीक एक शहर, नारदेन में स्थानांतरित हो गए।

रसायन विज्ञान

स्टौडिंगर, हरमन
नागरिकता : जर्मनी
जन्म : 23 मार्च, 1881; वोर्म्स (अब जर्मनी में)
निधन : 8 सितंबर, 1965; फ्रेइबर्ग-इम-ब्रेस्गाउ, जर्मनी

हरमन स्टौडिंगर डॉक्टर फ्रांज स्टौडिंगर के पुत्र थे। उनकी आरंभिक शिक्षा वोर्म्स के स्कूल में हुई जहाँ से 1899 में उन्होंने 10वीं तक की पढ़ाई की। उन्होंने यूनिवर्सिटी ऑफ हेल में उच्चतर अध्ययन किया, फिर डर्मस्टैड और म्यूनिख के विश्वविद्यालय में भी शिक्षा प्राप्त की। यूनिवर्सिटी ऑफ हेल से उन्हें पीएच.डी. की डिग्री मिली।

स्टौडिंगर 1907 में कार्लसुहे के इंस्टीट्यूट ऑफ केमिस्ट्री ऑफ द टैक्नीशे होश्चूले में कार्बनिक रसायन के प्रोफेसर नियुक्त हुए। वे 14 वर्षों तक ज्यूरिख के एइडगेन टेक्निश्चे होश्चूले में लेक्चरर रहे। 1926 में वे फ्रेबर्ग-इम-ब्रेस्गाउ विश्वविद्यालय में भी रसायन विज्ञान के लेक्चरर थे। 1940 से उन्हें रिसर्च इंस्टीट्यूट ऑफ माइक्रोमोलेक्यूलर केमिस्ट्री के प्रधानाध्यापक का अतिरिक्त कार्यभार सौंपा गया। 1951 में उन्हें उसी इंस्टीट्यूट का मानद अध्यक्ष नियुक्त किया गया। उसी पद पर 1956 तक वे कार्यरत रहे।

1920 में उन्होंने अपना यह दृष्टिकोण व्यक्त किया था कि अणु बहुत बड़े हो सकते हैं और उन्हें आसानी से बहुसंख्यक परमाणुओं में विभाजित किया जा सकता है (10,000 या 100,000)।

उनका कहना था कि उच्च बहुलक (हाई पौलिमर) की संरचना इस तरह होती है जब पारमाणविक शृंखला के सिरे किसी अन्य परेशानी की वजह से एक चक्र के रूप में नहीं बंध पाते, लेकिन अन्य अणुओं से जुड़ जाते हैं और यह क्रम तब तक चलता रहता है जब तक कोई बाह्य कारक इस प्रक्रिया को प्रभावित नहीं करता। उन्होंने अपने अणु सिद्धांत को साबित करने के लिए साक्ष्य प्रस्तुत किए।

उन्हें 'कैनीजारो प्राइज ऑफ रिएल एकाडेमिया नाजिओन डाइ लिन्सि इन रोमा' प्रदान किया गया। एंस्तित्यूत दॅ फ्रांस तथा सोसाइटी ऑफ माइक्रोमोलेक्यूर तोक्यो के सम्मानित सदस्य रहे।

शरीर विज्ञान/चिकित्सा विज्ञान

क्रेब्स, सर हैंस एडॉल्फ
नागरिकता : जर्मनी/ब्रिटेन
जन्म : 25 अगस्त, 1900; हिल्डेसीम, पश्चिमी जर्मनी
निधन : 22 नवंबर, 1981; लंदन, ब्रिटेन

सर हैंस एडॉल्फ क्रेब्स एक यहूदी चिकित्सक के पुत्र थे। उन्होंने गोटिंगेन, फ्रीबर्ग, म्यूनिख, बर्लिन और हैंबर्ग इत्यादि कई विश्वविद्यालयों से शिक्षा प्राप्त की। 1925 में एम.डी. की डिग्री प्राप्त की। अगले पाँच वर्षों तक उन्होंने जैव रसायन पर शोध किए। 1930 में उन्हें क्लीनिकल जैव रसायन में शोध के लिए नियुक्त किया गया। रिसर्च को जारी रखने के लिए रॉकफेलर फाउंडेशन ने उन्हें सहमति दी।

दो वर्षों के बाद (1935) से फील्ड विश्वविद्यालय में औषधि विज्ञान के लेक्चरर नियुक्त हुए। 1938 में जैव रसायन के भी लेक्चरर बने थे। उसी वर्ष उन्होंने मार्गरेट सिसली फील्ड हाउस से विवाह किया। उनके दो पुत्र और एक पुत्री हुए। 1945 में मेडिकल रिसर्च काउंसिल द्वारा संचालित जैव रसायन के विशेष पद पर उन्हें नियुक्त किया गया, साथ ही सेल मेटाबोलिज्म रिसर्च यूनिट का निदेशक बनाया गया।

1954 में क्रेब्स ऑक्सफोर्ड चले गए तथा वहाँ व्हिटले चेयर ऑफ जैव रसायन के चेयरमैन हुए और 1967 में रिटायर होने तक वहीं कार्यरत रहे। रिटायर होने के बाद भी ऑक्सफोर्ड के नुफील्ड डिपार्टमेंट के क्लीनिकल मेडिसिन में शोधकार्य करते रहे। लंदन के रॉयल फ्री हॉस्पिटल का विजिटिंग प्रोफेसर उन्हें नियुक्त किया गया।

उन्हें सिट्रिक अम्ल की शृंखला की खोज करने के लिए नोबेल पुरस्कार से सम्मानित किया गया।

एक बायोकेमिस्ट कोर्नबर्ग के साथ मिलकर हैंस 'एनजी ट्रांसफॉर्मेशन्स इन लिविंग मैटर' लिखा। क्रेब्स ने अपनी मौलिक पुस्तकों के कारण प्रचुर ख्याति और मान्यता अर्जित की। उन्हें 1943 में रॉयल सोसाइटी का फेलो चुना गया। 1953 का नोबेल पुरस्कार उन्हें लिपमान के साथ संयुक्त रूप से प्रदान किया गया। 1958 में हैंस को 'सर' की उपाधि से सम्मानित किया गया।

लिपमान, फ्रित्ज अलबर्ट

नागरिकता : जर्मनी / संयुक्त राज्य अमरीका

जन्म : 12 जून, 1899; कोएनिग्सबर्ग, जर्मनी (अब केलनिनग्राद, रूस)

निधन : 24 जुलाई, 1986; न्यू यॉर्क, अमरीका

फ्रिट्ज अलबर्ट लिपमान ने कोएनिग्सबर्ग विश्वविद्यालय तथा बर्लिन विश्वविद्यालय में शिक्षा प्राप्त की। कैसर विल्हेम इंस्टीट्यूट, बर्लिन और हिडेलबर्ग में वे रिसर्च असिस्टेंट रहे (1927-31)। न्यू यॉर्क के रॉकफेलर इंस्टीट्यूट फॉर मेडिकल रिसर्च में रिसर्च फेलो हुए (1931-32), कोपेनहेगन के बायोलॉजिकल इंस्टीट्यूट ऑफ कार्ल्सबर्ग में रिसर्च एसोसिएट हुए (1932-39), न्यू यॉर्क के कॉर्नेल यूनिवर्सिटी मेडिकल स्कूल में रिसर्च एसोसिएट रहे (1939-41), बोस्टन के हार्वर्ड मेडिकल स्कूल में रिसर्च फेलो इन सर्जरी हुए (1941-43) तथा जैव रसायन में रिसर्च एसोसिएट रहे। (1943-49)। वे बायोलॉजिकल केमिस्ट्री के प्रोफेसर नियुक्त हुए (1949-57, हार्वर्ड मेडिकल स्कूल, मेसाचुसेट्स जनरल हॉस्पिटल, बोस्टन) तथा न्यू यॉर्क के रॉकफेलर विश्वविद्यालय के भी प्रोफेसर हुए।

लिपमान ने 1931 में फ्रेडा हॉल के साथ विवाह किया। उन्हें एक पुत्र है। वे नेशनल एकेडमी ऑफ साइंसेज के सदस्य हैं। न्यू यॉर्क की रॉयल सोसाइटी के ऑनरेरी डी.एससी. हैं। 1966 में उन्हें 'नेशनल मेडल ऑफ साइंस' प्रदान किया गया।

लिपमान की कई पुस्तकें प्रकाशित हैं जिनमें 'वांडरिंग्स ऑफ ए बायोकेमिस्ट' और 'एनुअल रिव्यू ऑफ बायोकेमिस्ट्री' विशेष रूप से उल्लेखनीय हैं।

1953 का नोबेल पुरस्कार क्रेब्स और लिपमान को संयुक्त रूप से प्रदान किया गया।

साहित्य

चर्चिल, सर विंस्टन लिओनार्ड स्पेंसर

नागरिकता : ब्रिटेन

जन्म : 30 नवंबर, 1874; ब्लेनहीम पैलेस, ऑक्सफोर्डशायर, ब्रिटेन

निधन : 24 जनवरी, 1965; लंदन, ब्रिटेन

सर विंस्टन लिओनार्ड स्पेंसर चर्चिल एक प्रतिभाशाली लेखक, प्रभावशाली वक्ता और सुदक्ष राजनेता थे। वे 1940 से 1945 तक ब्रिटेन के प्रधानमंत्री रहे तथा अपने नेतृत्व द्वारा द्वितीय विश्वयुद्ध में ब्रिटेन को संभावित शर्मनाक पराजय से बचाया।

चर्चिल ने सैंडहर्स्ट के रॉयल मिलिटरी कॉलेज से स्नातक की डिग्री प्राप्त की। वे दक्षिण अफ्रीका के बोअर युद्ध के दौरान युद्ध के संवाददाता थे। उनकी प्रथम पुस्तक थी 'स्टोरी ऑफ दि मालकंड फील्ड फोर्स' (1898)। 'दि रिवर वार' 1899 में प्रकाशित हुई। उनका एकमात्र उपन्यास 'सवराला' 1900 में प्रकाशित हुआ था।

1900 में उन्होंने राजनीति में प्रवेश किया। वे सर्वप्रथम ब्रिटिश पार्लियामेंट में कंजर्वेटिव पार्टी के सदस्य रहे, किंतु 1904 में उस पार्टी से अलग हो गए तथा लिबरल पार्टी के सदस्य बने। 1908 में वह कैबिनेट के सदस्य हुए। पहले वे बोर्ड ऑफ ट्रेड के प्रेसीडेंट रहे, फिर होम सेक्रेटरी बने। 1911 में ऐडमिरल्टी में प्रवेश किया और ब्रिटिश नौसेना को पहले से अधिक शक्तिशाली बनाया। प्रथम विश्वयुद्ध के बाद उन्होंने अपने पद से त्यागपत्र दे दिया तथा कंबैटेंट अफसर के रूप में कार्य करने लगे (1915-16)। उसके बाद वह मिनिस्टर ऑफ म्युनिशंस हुए (1917-18)। उनकी पुस्तक 'दि वर्ल्ड क्राइसिस' (1923-29) उसके बाद प्रकाशित हुई।

युद्ध के बाद वे कॉलोनियल सेक्रेटरी तथा एक्सचेकर के चांसलर हुए तथा धीरे-धीरे संकीर्ण दृष्टिकोण को पुन: अपनाने की स्थिति में आ गए।

उनकी अन्य कृतियाँ उसके बाद ही प्रकाश में आईं। 'माइ अर्ली लाइफ' (1930), 'थाट्स एंड ऐडवेंचर्स' (1932), 'मार्लबॉरो' (1933-38) तथा 'ग्रेट कंटेंपोरेरीज' (1937)। 1939 में उन्हें फिर से एडमिरेल्टी के नेतृत्व के लिए नियुक्त किया गया। इसका कारण यह था कि जर्मनी ने नीदरलैंड्स पर हमला किया था। उन्हें फिर से ब्रिटिश प्रधानमंत्री नियुक्त किया गया। उन्होंने फ्रांस के दयनीय पतन के बाद संयुक्त राज्य अमरीका और सोवियत संघ के साथ मिलकर विजय का मार्ग प्रशस्त किया। युद्ध के बाद उनकी पार्टी को पार्लियामेंट में पराजय का सामना करना पड़ा, मगर 1951 में वे पुन: ब्रिटेन के प्रधानमंत्री बने।

उनकी कई महत्त्वपूर्ण पुस्तकें उसी दौरान प्रकाशित हुईं : 'दि सेकंड वर्ल्ड वार' (1955) जो उनकी सेवानिवृत्ति के बाद प्रकाशित हुई। वे एक अच्छे चित्रकार भी थे।

उन्हें उनके लेखन में ऐतिहासिक और आत्मकथ्यात्मक लेखन में विशेषज्ञता के लिए नोबेल पुरस्कार से सम्मानित किया गया।

शान्ति

मार्शल, जॉर्ज कैटलेट

नागरिकता : संयुक्त राज्य अमरीका

जन्म : 31 दिसंबर, 1880; यूनियन टाउन, पेंसिलवानिया, अमरीका

निधन : 16 अक्टूबर, 1959; वाशिंगटन डी.सी., अमरीका

जॉर्ज कैटलेट मार्शल अमरीकी सेना के चार स्टार वाले जनरल थे तथा द्वितीय विश्वयुद्ध के दौरान चीफ ऑफ स्टाफ थे। वे सेक्रेटरी ऑफ स्टेट (1947-49) में रहे एवं सेक्रेटरी ऑफ डिफेंस (1950-51) भी रहे। युद्धोत्तर यूरोपियन रिकवरी योजना का प्रस्ताव उन्होंने ही किया था, जो मार्शल प्लान के रूप में प्रसिद्ध हुआ। सेना के अधिकारी की हैसियत से उन्होंने फिलीपाइन द्वीपों का दौरा किया। प्रथम विश्वयुद्ध के दौरान वे फ्रांस में चीफ ऑफ ऑपरेशन थे। वे जनरल पर्शिंग के सहयोगी और इन्फैंट्री के प्रशिक्षक रहे। द्वितीय विश्वयुद्ध छिड़ने से पहले प्रोन्नत होकर वे आर्मी चीफ ऑफ स्टाफ बने। तभी द्वितीय विश्वयुद्ध (1939) छिड़ गया और उन्होंने 8 मिलियन सेना के साथ फ्रांस पर हमला कर दिया। 1945 में अपने पद से उन्होंने इस्तीफा दे दिया। उन्होंने प्रयास किया कि चीनी गृहयुद्ध में मध्यस्थता करें किंतु उनका वह प्रयास विफल रहा। द्वितीय विश्वयुद्ध के दौरान मध्यस्थता के फलस्वरूप उन्हें पुरस्कार से सम्मानित किया गया।

भौतिक विज्ञान

रसायन विज्ञान

शरीर विज्ञान/चिकित्सा विज्ञान

साहित्य

शान्ति

1954

भौतिक विज्ञान

बोर्न, मैक्स
नागरिकता : जर्मनी/ब्रिटेन
जन्म : 11 दिसंबर, 1882; ब्रेसलाउ, जर्मनी (अब पोलैंड)
निधन : 5 जनवरी, 1970; गोटिंगेन, जर्मनी

मैक्स बोर्न भौतिक विज्ञान के क्षेत्र में एक प्रमुख हस्ती थे। 1954 का नोबेल पुरस्कार उन्हें बोथे के साथ संयुक्त रूप से प्रदान किया गया था। उन्होंने वेव फंक्शंस के स्टेटिस्टिकल अध्ययन करके जो निष्कर्ष प्रस्तुत किए थे, वे अत्यंत महत्त्वपूर्ण सिद्ध हुए। उनसे ऑरिजिनल क्वांटम थ्योरी का रीप्लेसमेंट संभव हुआ। 1921 में गोटिंगेन विश्वविद्यालय में सैद्धांतिक भौतिक विज्ञान के प्रोफेसर नियुक्त हुए। उन्होंने ऊष्मागतिकी के प्रथम नियम को फिर से रूपायित किया। 1926 में परमाणु की नई क्वांटम थ्योरी को व्याख्यायित किया। बोर्न ने दिखाया कि इक्वेशन के समाधान का एक विशेष फिजिकल महत्त्व है। वेव इक्वेशन के अन्य पक्षों की भी उन्होंने विस्तार से व्याख्या की। 1933 में यहूदी होने के कारण वे जर्मनी छोड़ने के लिए बाध्य हो गए क्योंकि जर्मनी में नाजियों का प्रभुत्व बढ़ चला था। जर्मनी छोड़कर ग्रेट ब्रिटेन चले गए। वहाँ वे कैंब्रिज विश्व-विद्यालय में स्टोक्स लेक्चरर हुए। ब्रिटेन की नागरिकता उन्हें 1939 में विधिवत् प्राप्त हो गई तथा एडिनबर्ग विश्वविद्यालय में प्राकृतिक दर्शन के टैट चेयर के लिए चुना गया। अवकाश प्राप्ति के बाद 1953 में वे पुन: गोटिंगेन लौट आए। उन्होंने अपने शोधकार्यों से संबंधित लेख लिखे जो प्रकाशित हुए। वैज्ञानिकों के दायित्व और परमाणु युद्ध के प्रतिरोध तथा शान्ति की पक्षधरता आदि बिंदुओं पर लिखित उनके निबंधों का संग्रह 'सेलेक्टेड पेपर्स' 1963 में प्रकाशित हुआ।

उन्हें क्वांटम भौतिकी की आधारभूत खोज करने और तरंग गति की गणितीय व्याख्या करने के लिए नोबेल पुरस्कार से सम्मानित किया गया।

बोथे, वाल्थर विल्हेम ज्योर्ग फ्रांज

नागरिकता : जर्मनी

जन्म : 8 जनवरी, 1891; ओरानिएनबर्ग, पूर्वी जर्मनी

निधन : 8 फरवरी, 1957; हीडलबर्ग, जर्मनी

वाल्थर विल्हेम ज्योर्ग फ्रांज बोथे और मैक्स बोर्न को 1954 का नोबेल पुरस्कार संयुक्त रूप से प्रदान किया गया था क्योंकि उन्होंने सबएटॉमिक पार्टिकल की पहचान की एक नई पद्धति विकसित की थी तथा उसी क्रम में और भी कई शोधात्मक निष्कर्ष प्रस्तुत किए थे। द्वितीय विश्वयुद्ध से पहले बोथे बर्लिन यूनिवर्सिटी में पढ़ाते थे। 1925 में बोथे और प्रसिद्ध भौतिकविज्ञानी हैंस गइगर ने 'क्रांपटन इफेक्ट' की प्रक्रिया पर प्रकाश डालते हुए फोटॉन, इलेक्ट्रॉन, प्रकाश तरंग आदि का भी विश्लेषण किया। 1929 में कॉस्मिक किरणों और गामा किरणों का अध्ययन किया। 1930 में उन्होंने यह खोज की कि अल्फा पार्टिकल की बौछार करने पर नए तरह के रेडियम का संचार होता है।

1934 में बोथे कैसर विल्हेम इंस्टीट्यूट के डायरेक्टर नियुक्त हुए, अब जिसे मैक्स प्लैंक इंस्टीट्यूट कहा जाता है। द्वितीय विश्वयुद्ध के दौरान वे जर्मनी के एक प्रमुख वैज्ञानिक थे जो न्यूक्लियर एनर्जी पर शोध कर रहे थे। जर्मनी का पहला साइक्लोट्रॉन उन्होंने 1943 में तैयार किया। 1946 से उन्होंने हीडलबर्ग विश्वविद्यालय में भौतिक विज्ञान के अध्यक्ष की कुर्सी सँभाली।

रसायन विज्ञान

पाउलिंग, लाइनस कार्ल

नागरिकता : संयुक्त राज्य अमरीका

जन्म : 28 फरवरी, 1901; पोर्टलैंड, ऑरेगन, अमरीका

निधन : 19 अगस्त, 1994; बिग सुर, अमरीका

लाइनस कार्ल पाउलिंग ने कैलीफोर्निया इंस्टीट्यूट ऑफ टेक्नोलॉजी से पीएच.डी. प्राप्त की। कई विश्वविद्यालयों ने उन्हें डी. एस.सी. की ऑनरेरी डिग्रियाँ प्रदान कीं जिनमें उल्लेखनीय हैं—ऑरेगन स्टेट कॉलेज (1933), शिकागो विश्वविद्यालय (1941), प्रिंस्टन विश्वविद्यालय (1946), येल (1947), कैंब्रिज (1955), बर्लिन का हमबोल्ट विश्वविद्यालय (1959), मेलबोर्न (1964) तथा योर्क (टोरंटो, कनाडा, 1966)।

अपना कार्यकारी जीवन उन्होंने ऑरेगन स्टेट कॉलेज से आरंभ किया। वहाँ वे केमिस्ट्री और मेकैनिक्स एवं मैटेरियल्स विभाग में सहायक रहे (1922–23)। कैलीफोर्निया इंस्टीट्यूट ऑफ टेक्नोलॉजी में ग्रेजुएट सहायक रहे (1922–23) तथा 1923–25 में टीचिंग फेलो हुए। रिसर्च एसोसिएट वे 1925–26 में रहे। एक गगेनहाइम फेलोशिप से एक वर्ष तक म्यूनिख में अध्ययन और ज्यूरिख में भी अध्ययन उन्हें सहज ही सुलभ हो गया।

एटॉमिक मोलेक्यूलों की गतिमयता के अध्ययन पर उन्होंने अपना ध्यान केंद्रित किया। अध्ययन के फलस्वरूप जो निष्कर्ष उन्होंने प्रस्तुत किए उनका पूरा विवरण उनकी पुस्तक 'दि नेचर ऑफ दि केमिकल बॉण्ड' में है। पाउलिंग कैलीफोर्निया लौटने पर इंस्टीट्यूट ऑफ टेक्नोलॉजी में सहायक प्रोफेसर हुए (1927–29)। एसोसिएट प्रोफेसर 1929–31 में रहे तथा 1931–63 की अवधि में प्रोफेसर रहे। स्टैनफोर्ड यूनिवर्सिटी में भी वे 1969–70 की अवधि तक केमिस्ट्री के प्रोफेसर रहे। पाउलिंग एक समर्पित शान्तिवादी थे तथा अंतरराष्ट्रीय स्तर पर परमाणु अस्त्रों के निर्माण को नियंत्रित करने के पक्ष में थे। एटॉमिक अस्त्रों के निर्माण को नियंत्रित करने के लिए जो अभियान उन्होंने चलाया था उसका पूरा

विवरण उनकी पुस्तक 'नो मोर वार' में है। वे एक सिद्धहस्त लेखक भी थे। पुस्तकों में उल्लेखनीय हैं—'जनरल केमिस्ट्री' (1947), 'कॉलेज केमिस्ट्री' (1950), 'विटामिन एंड दि कॉमन कोल्ड' (1971) तथा अन्य अनेक ज्ञानिक निबंध।

पाउलिंग ने 1923 में विवाह किया और उनके तीन पुत्र हैं। शान्ति के क्षेत्र में भी उन्हें नोबेल पुरस्कार आगे चलकर 1968 में प्रदान किया गया। उन्हें उनकी रासायनिक बंधों की प्रकृति की खोज करने तथा उनके जटिल तत्त्वों की संरचना की व्याख्या करने के लिए नोबेल पुरस्कार से सम्मानित किया गया।

शरीर विज्ञान/चिकित्सा विज्ञान

एंडर्स, जॉन फ्रैंकलिन

नागरिकता : संयुक्त राज्य अमरीका

जन्म : 10 फरवरी, 1897; वेस्ट हार्टफोर्ड, कनेक्टीकट, अमरीका

निधन : 8 सितंबर, 1985; वाटरफोर्ड, अमरीका

जॉन फ्रैंकलिन एंडर्स ने चार वर्षों तक अंग्रेजी साहित्य का अध्ययन किया, जर्मेनिक और केल्टिक भाषाओं का भी अध्ययन किया क्योंकि वे अंग्रेजी के शिक्षक बनना चाहते थे। मगर उन्हें संतोष नहीं हुआ। वे काफी समय से जीव विज्ञान का अध्ययन करना चाहते थे। हार्वर्ड के कुछ मेडिकल छात्रों के साथ उनकी मित्रता थी जिनसे प्रेरित होकर उन्होंने बैक्टीरियो-लॉजी और इम्यूनोलॉजी का अध्ययन करने का निश्चय किया।

1930 में उन्होंने हार्वर्ड से पीएच.डी. की डिग्री प्राप्त की। उसके लिए जो थीसिस उन्होंने लिखी थी उसमें इसके प्रमाण प्रस्तुत किए गए थे कि बैक्टीरियल एनाफिलेक्सेज और हाइपरसेन्सिविटी ऑफ दि ट्यूबरक्यूलिस में क्या संबंध है। 1938 में उन्होंने माम्मेलियन वाइरसों का अध्ययन किया। 1941 में वायरस मंप्स का अध्ययन उन्होंने किया।

1946 में उनसे कहा गया कि संक्रामक रोगों के अध्ययन के लिए बोस्टन के चिल्ड्रेंस मेडिकल सेंटर की प्रयोगशाला का उपयोग किया जाए जिसके वे डायरेक्टर रहेंगे। वहाँ पोलिओमिएलिटिस वायरसों का अध्ययन किया गया। इसी उपलब्धि के लिए उन्हें वेलर और रॉबिन्स के साथ नोबेल पुरस्कार संयुक्त रूप से प्रदान किया गया।

रॉबिंस, फ्रेडेरिक चैपमैन

नागरिकता : संयुक्त राज्य अमरीका

जन्म : 25 अगस्त, 1916; अलबामा, अमरीका

निधन : 4 अगस्त, 2003; क्लीवलैंड, अमरीका

फ्रेडेरिक चैपमैन रॉबिंस ने मिसूरी विश्वविद्यालय में शिक्षा प्राप्त की थी। 1938 में वे बी.एससी. हुए। 1940 में हार्वर्ड मेडिकल स्कूल से जब वे ग्रेजुएट हुए तब उन्हें बोस्टन के चिल्ड्रेन हॉस्पिटल में बैक्टीरियोलॉजी का रेजिडेंट फिजिशियन नियुक्त किया गया। 1942 में यूनाइटेड स्टेट्स आर्मी की सेवा में चले गए।

सेना की सेवा में उन्हें पंद्रहवीं मेडिकल जनरल लेबोरेटरी में वायरस एवं रिकेट्सियल डिजीजेज सेक्शन का चीफ बनाया गया। उसी हैसियत से उन्होंने यूनाइटेड स्टेट्स, उत्तरी अफ्रीका में कार्य किया। इस अवधि में संक्रामक हेपाटाइटिस, टायरस फीवर और डायग्नोस्टिक वायरस प्रयोगशाला की निगरानी के कार्य शामिल थे।

नागरिक जीवन में वापस आने पर वह चिल्ड्रेन हॉस्पिटल मेडिकल सेंटर में अपना प्रशिक्षण पूरा करने में जुट गए। आखिर जनवरी 1948 में वह प्रशिक्षण पूरा हुआ। 1948 से 1950 तक वे नेशनल रिसर्च काउंसिल के वायरस डिजीजेज के सीनियर फेलो रहे। संक्रामक रोगों पर शोध का कार्य उन्होंने रिसर्च डिवीजन के डॉ. जॉन एफ. एंडर्स के साथ किया। एंडर्स के साथ कार्य करते हुए उन्होंने मुख्यतः पोलिमायेलिटिस वायरस के टिश्यू कल्चर पर कार्य किया। उन्होंने 'हर्पीज सिंप्लेक्स' एवं 'वैक्सीनिया' की भी खोज की। उन्हें पोलिमायेलिटिस वायरस के टिश्यू कल्चर पर की गई उनकी खोज के लिए उन्हें नोबेल पुरस्कार से सम्मानित किया गया।

वेलर, थॉमस हकल

नागरिकता : संयुक्त राज्य अमरीका

जन्म : 15 जून, 1915; ऐन ऐबोर, मिशिगन, अमरीका

निधन : 23 अगस्त, 2008; नीडहैम, अमरीका

थॉमस हकल वेलर ने 1936 में हार्वर्ड के बोस्टन मेडिकल स्कूल में प्रवेश किया। वहाँ उन्हें डॉ. ई.ई. टायजर एवं डॉ. डोनाल्ड एल. आगस्टाइन द्वारा कॉम्पेयरेटिव मेडिसिन एवं ट्रॉपिकल मेडिसिन का अध्ययन करने की पूरी सुविधा प्रदान की गई। 1939 में डॉ. जे.एफ. एंडर्स ने वेलर को अपना ट्यूटोरियल स्टूडेंट स्वीकार किया जिन्होंने उन्हें वायरस रिसर्च की ओर प्रेरित किया तथा टिश्यू कल्चर तकनीक और संक्रामक रोगों के कारणों का पता लगाने पर विशेष बल दिया। 1940 में एम.डी. की डिग्री प्राप्त की और बोस्टन के चिल्ड्रेन हॉस्पिटल में क्लीनिकल प्रशिक्षण लेने लगे। उनके उस कार्य में सहसा एक बाधा आ गई। द्वितीय विश्वयुद्ध छिड़ने पर उन्हें सेना के चिकित्सा दल में शामिल किया गया। वे पुएर्टोरिको के एंटिल्स चिकित्सा प्रयोगशाला में काम करने लगे। वहाँ वह बैक्टीरियोलॉजी, वायरोलॉजी और पैरासाइटोलॉजी विभाग के अध्यक्ष रहे तथा उन्हें मेजर का दर्जा मिला। उसके बाद आगे के क्लीनिकल प्रशिक्षण को पूरा करने के लिए वह बोस्टन के चिल्ड्रेन हॉस्पिटल में लौट आए। 1947 में चिल्ड्रेन मेडिकल सेंटर के नवीन रिसर्च डिवीजन के संक्रामक रोगों वाले कक्ष में डॉ. एंडर्स के साथी हो गए।

वायरोलॉजी में उन्होंने 'वैरिसेला' और 'हर्पीज जोस्टर' का विशेष अध्ययन किया। उस अध्ययन के फलस्वरूप पहली बार यह तथ्य सामने आया कि उन संक्रामक रोगों का संबंध वायरसों से है। डायग्नोस्टिक टेस्ट से भी इसी तथ्य की पुष्टि हुई।

1954 का नोबेल पुरस्कार वेलर, रॉबिंस और एंडर्स को संयुक्त रूप से प्रदान किया गया।

साहित्य

हेमिंग्वे, अर्नेस्ट मिलर

नागरिकता : संयुक्त राज्य अमरीका

जन्म : 21 जुलाई, 1899; ओकयार्क, इलिनोइस, अमरीका

निधन : 2 जुलाई, 1961; कैचम, अमरीका

अर्नेस्ट मिलर हेमिंग्वे एक प्रमुख कथाकार थे। उन्होंने उपन्यास लिखे, कहानियाँ लिखीं। उनके व्यक्तित्व में तेजस्विता थी, उनके लेखन में भी ओज था और सहज प्रवाह था। स्नातक की डिग्री प्राप्त करने के बाद वे 'कैंसास सिटी स्टार' के रिपोर्टर बने।

प्रथम विश्वयुद्ध के दौरान वे रेडक्रॉस से जुड़े रहे और 'क्रॉस अल मेरिटो डि ग्वेरा' से उन्हें अलंकृत किया गया। उनकी पुस्तक 'इन आवर टाइम' 1925 में प्रकाशित हुई। उनके उपन्यासों ने उन्हें ख्याति दी, प्रतिष्ठा दी। उनके उल्लेखनीय उपन्यास हैं : 'दि सन आल्सो राइजेज' (फिएस्टा, 1926), 'मेन विदाउट वूमन' (1927) तथा 'ए फेयरवेल टू आर्म्स' (1929)। उनका शिकार खेलने और बुलफाइटिंग के प्रति बड़ा आकर्षण था। उनकी अन्य कृतियाँ हैं : 'डेथ इन इन दि आफ्टरनून' (1932), 'दि ग्रीन हिल्स ऑफ अफ्रीका' (1935) तथा कहानियों का संग्रह 'टु हैव और हैव नॉट' (1937)।

उनकी ख्याति 'फॉर हूम दि बेल टॉल्स' (1940) के कारण और भी बढ़ी जो स्पेनिश गृहयुद्ध की सच्ची कहानी है। 'दि ओल्डमैन एंड दि सी' (1952) उनकी एक उच्च स्तरीय कृति है। वह दिखाती है कि मनुष्य पराजित हो सकता है मगर विनष्ट नहीं हो सकता। विमान दुर्घटना में आहत होने के बाद मानसिक हताशा के कारण उन्होंने आत्महत्या कर ली।

उन्हें उनकी कृति 'दि ओल्डमैन एंड दि सी' के लिए नोबेल पुरस्कार से सम्मानित किया गया।

शान्ति

ऑफिस ऑफ दि यूनाइटेड नेशंस हाई कमिश्नर फॉर रिफ्यूजीज, जिनेवा

इस वर्ष का नोबेल शान्ति पुरस्कार एक संगठन को प्रदान किया गया, दि ऑफिस ऑफ दि यूनाइटेड नेशंस हाई कमिश्नर फॉर रिफ्यूजीज। प्रथम विश्वयुद्ध के समय से शरणार्थियों की समस्या यूरोप में बहुत गंभीर रही। वह पूरी तरह से हल हो भी नहीं पाई थी कि द्वितीय विश्वयुद्ध भी छिड़ गया। इस समस्या के हल के लिए 1943 में एक विशेष संगठन निर्मित हुआ जिसे यू.एन.आर. ए. (यूनाइटेड नेशंस रिलीफ एंड रिहेबिलिटेशन एजेंसी) कहा गया। विजित देशों के विस्थापित लोगों की सहायता के लिए इसका गठन हुआ था। 1947 में इंटरनेशनल रिफ्यूजी ऑर्गनाइजेशन नाम से एक नए संगठन का निर्माण हुआ (आई.आर.ओ.)। इस संगठन ने संयुक्त राज्य अमरीका और ग्रेट ब्रिटेन के सहयोग से विस्थापितों की बड़ी सहायता की, उनकी जीविका के उपाय किए तथा आवश्यक-तानुसार आसान शर्तों पर ऋण दिलाने की भी व्यवस्था की। इसे ऑफिस ऑफ यूनाइटेड नेशंस हाई कमिश्नर फॉर रिफ्यूजीज कहा गया। यह एक अराजनीतिक, सामाजिक और मानवतावादी संगठन था। इसका मुख्य कार्य विस्थापितों की सहायता करना था, उनके लिए सभी प्रकार की सुविधाएँ उपलब्ध करना था।

भौतिक विज्ञान

रसायन विज्ञान

शरीर विज्ञान/चिकित्सा विज्ञान

साहित्य

1955

भौतिक विज्ञान

कूश, पोलिकार्प

नागरिकता : जर्मनी/संयुक्त राज्य अमरीका

जन्म : 26 जनवरी, 1911; ब्लांकेनबर्ग (अब पूर्व जर्मनी)

निधन : 20 मार्च, 1993; डलास, अमरीका

पोलिकार्प कूश और विलिस यूजीन को 1955 का नोबेल पुरस्कार संयुक्त रूप से प्रदान किया गया था। यह पुरस्कार इसलिए उन्हें मिला था कि इलेक्ट्रॉन की चुंबकीय गति उससे कहीं ज्यादा था जैसा कि सैद्धांतिक रूप से अब तक समझा जाता रहा। इस प्रकार परमाणु के नवीन सिद्धांत पर पुनर्विचार को उन्होंने रेखांकित किया।

1937 में कूश ने प्रसिद्ध भौतिकविज्ञानी इझीडोर आई. राबि (नोबेल विजेता) के साथ परमाणु किरण प्रयोगों के प्रभावों का अध्ययन किया। कोलंबिया विकिरण प्रयोगशाला में कार्य करना उन्होंने आरंभ किया (1942) तथा दो वर्षों के बाद बेल टेलीफोन की प्रयोगशालाओं में कार्य किया। 1946 में कोलंबिया विश्वविद्यालय में उन्हें भौतिक विज्ञान का प्रोफेसर नियुक्त किया गया। बाद के वर्षों में कूश ने स्पष्ट रूप से दर्शाया कि इलेक्ट्रॉन की मैग्नेटिक प्रोपर्टीज वहीं तक परिसीमित नहीं है जैसा कि अब तक समझा जाता रहा। उन्होंने परमाणु किरण सिद्धांत का अध्ययन किया और कहा कि वे मौजूद थ्योरी की कसौटी पर खरे नहीं उतरते। उसके बाद उन्होंने इलेक्ट्रॉन के चुंबकीय क्षेत्र के परिमापन और हाइड्रोजन की प्रक्रिया का अध्ययन किया। उनके कार्यों की विशिष्टता रही कि वे निश्चित और निर्भर योग्य होते हैं। कूश ने अनेक परमाणुओं, मोलेक्यूलर और न्यूक्लियर प्रॉपर्टीज का रेडियो-फ्रीक्वेंसी बीम तकनीक के जरिए परिमापन किया।

उन्हें इलेक्ट्रॉन की चुंबकीय गति की खोज के लिए नोबेल पुरस्कार से सम्मानित किया गया।

रसायन विज्ञान

लैंब जूनियर, विलिस यूजीन

नागरिकता : संयुक्त राज्य अमरीका

जन्म : 12 जुलाई, 1913; लास एंजेल्स, अमरीका

निधन : 15 मई, 2008; एरिजोना, अमरीका

विलिस यूजीन लैंब जूनियर और पोलिकार्प कूश को 1955 का नोबेल पुरस्कार संयुक्त रूप से प्रदान किया गया था। यह पुरस्कार उन्हें उन प्रयोगात्मक परीक्षणों के लिए मिला था जिसके कारण विद्युत चुंबकीय फिनोमेना का परिष्कार होता है। द्वितीय विश्वयुद्ध के दौरान उन्होंने कोलंबिया विश्व-विद्यालय की फैकल्टी में प्रवेश किया तथा वहाँ की विकिरण प्रयोगशाला में कार्य किया।

हाइड्रोजन के स्पेक्ट्रम पर जो काली रेखाएँ दिखाई देती हैं, वे महज काली रेखाएँ नहीं होतीं बल्कि अनेक रेखाओं का समूह होती हैं। इस सूक्ष्म संरचना का अंग्रेज भौतिकविज्ञानी डिराक ने पता लगाया था मगर लैंब ने नई पद्धति अपनाई और उनकी जाँच की मगर इसमें उतनी सफलता नहीं मिली जितनी की अपेक्षा थी। इसलिए उन्होंने अपनी थ्योरी को फिर से संशोधित करने की आवश्यकता महसूस की। स्टानफोर्ड विश्वविद्यालय में भौतिक विज्ञान के प्रोफेसर की हैसियत से कार्य करते समय उन्होंने माइक्रोवेव तकनीक का विकास किया जिससे हीलियम की सूक्ष्म संरचना पर शोध किया जा सके। 1956 में उन्हें ऑक्सफोर्ड विश्वविद्यालय में भौतिक विज्ञान का प्रोफेसर नियुक्त किया गया। फिर 1962 में उन्हें येल विश्वविद्यालय में भौतिक विज्ञान का प्रोफेसर बनाया गया। उन्हें हाइड्रोजन स्पेक्ट्रम की सूक्ष्म संरचना की खोज के लिए नोबेल पुरस्कार से सम्मानित किया गया।

डु विग्नेउड, विनसेंट

नागरिकता : संयुक्त राज्य अमरीका

जन्म : 18 मई, 1901; शिकागो, अमरीका

निधन : 11 दिसंबर, 1978; न्यू यॉर्क, अमरीका

विनसेंट डु विग्नेउड ने इलिनोइस विश्वविद्यालय में शिक्षा प्राप्त की थी। 1923 में उन्होंने बी.एससी. की डिग्री प्राप्त की और 1924 में एम.एससी. की डिग्री उन्हें मिली।

1924-25 में वे फिलाडेलफिया जनरल अस्पताल में डॉ. डब्ल्यू. जी. फोर्र के सहयोगी रहे। 1927 में उन्होंने जी.आर. मर्लिन के साथ कार्य किया और न्यू यॉर्क की रोचेस्टर विश्वविद्यालय से पीएच.डी. की डिग्री प्राप्त की। जॉन हॉपकिंस विश्वविद्यालय के नेशनल रिसर्च काउंसिल के फेलो हुए जहाँ उन्होंने प्रोफेसर जे.जे. एबेट के साथ कार्य किया। प्रोफेसर जॉर्ज बार्गर के साथ एडिनबर्ग विश्वविद्यालय के मेडिकल स्कूल में भी शोधकार्य किए। लंदन विश्वविद्यालय के कॉलेज हॉस्पिटल में प्रोफेसर चार्ल्स आर. हैरिंगटन के साथ कार्य किया।

अमरीका लौटने पर विनसेंट डु विग्नेउड इलिनोइस विश्वविद्यालय के फिजियोलॉजिकल केमिकल स्टाफ में शामिल हुए तथा प्रोफेसर डब्ल्यू. सी. रोज की देखरेख में कार्य आरंभ किया। 1932 में उन्हें जॉर्ज वाशिंगटन विश्व-विद्यालय के मेडिकल स्कूल के जैव रसायन विभाग का अध्यक्ष नियुक्त किया गया।

1927 में पीएच.डी. की डिग्री प्राप्त करने के बाद उन्होंने हार्मोन इंसुलिन का अध्ययन किया। इससे आरंभ हुआ सल्फर युक्त एमीनो एसिड—मेथियोनाइन, किस्टाइन और किसटाइन का अध्ययन।

1938 में उन्हें कार्नेल विश्वविद्यालय के मेडिकल कॉलेज के जैव रसायन विभाग का अध्यक्ष नियुक्त किया गया। शोधों के क्रम में उन्होंने पाया कि आठ प्रकार के एमिनो

एसिड हैं। विटामिनों और प्रोटीनों का भी गहरा अध्ययन किया। 1954 में आर्टिफिसियल ऑक्सीटोसिन की खोज की जो प्राकृतिक आक्सीटोसिन की तरह ही प्रभावकारी थी। यही वह खोज थी जिसके लिए 1955 का नोबेल पुरस्कार उन्हें प्रदान किया गया था।

उनके अन्य शोधकार्यों में पेंसिलिन और मिथाइल समूहों का अध्ययन शामिल है। 1967 से 1975 तक कार्नेल विश्वविद्यालय में रसायन के प्रोफेसर रहे। वे एमेरिटस प्रोफेसर शेष जीवन भर के लिए रहे।

1955 में उन्हें कोलंबिया विश्वविद्यालय का चैंडलर मेडल मिला तथा एक वर्ष बाद अमरीकन केमिकल सोसाइटी का विलार्ड गिब्स मेडल मिला। न्यू यॉर्क विश्वविद्यालय और येल विश्वविद्यालय तथा इलिनोइस विश्वविद्यालय ने ऑनरेरी साइंस डॉक्टरेट की डिग्री उन्हें प्रदान की। रॉयल सोसाइटी ऑफ एडिनबर्ग, केमिकल सोसाइटी और रॉयल इंस्टीट्यूट ने उन्हें ऑनरेरी फेलोशिप प्रदान किया। दि बोर्ड ऑफ ट्रस्टीज ऑफ दि रॉकफेलर इंस्टीट्यूट ने भी उन्हें फेलोशिप प्रदान की। उन्हें जैव रसायन के लिए आवश्यक सल्फर तत्त्व की खोज के लिए नोबेल पुरस्कार से सम्मानित किया गया।

शरीर विज्ञान/चिकित्सा विज्ञान

थियोरेल, ऐक्सेल ह्यूगो थियोडोर

नागरिकता : स्वीडन

जन्म : 6 जुलाई, 1903; लिंकोपिग, स्वीडन

निधन : 15 अगस्त, 1982; स्टॉकहोम, स्वीडन

ऐक्सेल ह्यूगो थियोडोर थियोरेल एक बायोकेमिस्ट थे। उन्होंने एंजाइमों का विशेष अध्ययन किया जो ऑक्सीडेशन पर जीवित कोशिका की प्रतिक्रिया का परिमापन करते थे। न्यूट्रिएंट्स का ऊर्जा के लिए इस्तेमाल करते थे। वे उप्सला विश्वविद्यालय में जैव रसायन के सहायक प्रोफेसर हुए। वे प्रथम जैव रसायन शास्त्री थे जिन्हें मायोग्लोबिन के क्रिस्टेलाइन को पृथक् करने में सफलता मिली। बर्लिन के कैसर विल्हेम इंस्टीट्यूट में जर्मन जैव रसायन ओट्टो वारबर्ग (नोबेल विजेता) के साथ कार्य करते हुए वह 'ओल्ड येलो एंजाइम' के विशुद्ध नमूने को पृथक् करने में सफल हुए। उनके अध्ययन से विटामिनों, प्रोटीनों और शर्करा के निर्माण की प्रक्रिया का पता चला। हाइड्रोजन एटम के प्रभाव को दर्शाते हुए उन्होंने नॉन प्रोटीन कोएंजाइम, दि येलो रिवोफ्लेवाइन (विटामिन बी 2) फॉस्फेट और प्रोटीन एपोएंजाइम को दो हिस्सों में विभाजित पाया। यह पहली बार किसी एंजाइम के खास अणुओं की रसायनिक गत्यात्मकता की खोज थी। स्टॉकहोम के नोबेल मेडिकल इंस्टीट्यूट के रसायन विभाग में डायरेक्टर नियुक्त किए जाने के बाद उन्होंने विविध एंजाइमों का अध्ययन किया। शराब पीकर मदहोश हो जानेवाले पियक्कड़ों पर रासायनिक प्रतिक्रिया का भी उन्होंने अध्ययन किया। उन्हें एंजाइम के ऑक्सीकरण की प्रकृति और प्रक्रिया की खोज करने के लिए नोबेल पुरस्कार से सम्मानित किया गया।

साहित्य

लाक्सनेस, हाल्डोर किल्जान

नागरिकता : आइसलैंड

जन्म : 23 अप्रैल, 1902; रीक्जेविक आइसलैंड

निधन : 8 फरवरी, 1998; रीक्जेविक, आइसलैंड

हाल्डोर किल्जान लाक्सनेस वर्तमान सदी के एक महानतम उपन्यासकार थे। उन्होंने अपनी तरुणाई के दिन ग्रामीण अंचलों में बिताए थे जिससे निर्धन देश के जन-जीवन की परंपरागत जीवन-शैली का पता चलता है। जब वे 17 वर्ष के थे तभी उनका पहला उपन्यास 'चिल्ड्रेन ऑफ नेचर' प्रकाशित हुआ। दूसरा उपन्यास उन्होंने विदेश जाने पर 'अंडी अल्गारनुक' (अंडर होली माउंटेंस, 1924) लिखा। यात्राएँ उन्होंने खूब कीं। यात्राओं के दौरान ही उनका लेखन जारी रहा। तरुणाई में वे एगनोस्टिक थे मगर बाद में रोमन कैथोलिक हो गए। उनकी उल्लेखनीय कृतियाँ हैं—'गेरोडा' (दि हैप्पी वांडरर, 1952), 'ब्रेकुटोस्नाल' (1957), 'पैराडिसारहीमेट'

(पैराडाइज रीगेंड, 1960), 'स्ट्रामप्लेइकुरिन' (दि चिमनी गेम, 1961), 'प्रोज्नास्टाफान सोलिन' (दि निटिंग स्टुडियो सु, 1962), 'स्काल्डाटिमी' (दि ऑवर आफ प्लेट्स, 1963)। यदि वह अपनी साहित्यिक कृतियों से आइसलैंड की सांस्कृतिक गरिमा को सामने न लाते तो संभवतः आइसलैंड आज भी गुमनामी के अँधेरे में खोया होता। उन्हें उनके जीवंत महाकाव्यों की रचना, जो आइसलैंड की व्याख्या कलाओं के वर्णन के लिए नोबेल पुरस्कार से सम्मानित किया गया।

नोट : इस वर्ष **शान्ति** के क्षेत्र में नोबेल पुरस्कार नहीं दिया गया और पुरस्कार राशि एक विशेष निधि में संरक्षित रखी गई।

भौतिक विज्ञान

रसायन विज्ञान

शरीर विज्ञान/चिकित्सा विज्ञान

साहित्य

1956

भौतिक विज्ञान

बार्डीन, जॉन

नागरिकता : संयुक्त राज्य अमरीका

जन्म : 23 मई, 1908; विस्कांसिन, अमरीका

निधन : 30 जनवरी, 1991; बोस्टन, अमरीका

जॉन बार्डीन को दो बार नोबेल पुरस्कार प्रदान किया गया था। पहली बार 1956 में और दूसरी बार 1972 में। 1956 का नोबेल पुरस्कार उन्हें ट्रांजिस्टर के आविष्कार के लिए विलियम बी. शॉक्ले और वाल्टर एच. ब्रेटेन के साथ संयुक्त रूप से प्रदान किया गया था। फिर 1972 में सुपर कंडक्टिविटी के आविष्कार के लिए उन्हें लियोन एन. कूपर और जॉन आर. श्रियेफर के साथ संयुक्त रूप से नोबेल पुरस्कार प्रदान किया गया।

बार्डीन ने 1936 में प्रिंस्टन विश्वविद्यालय से गणित और भौतिक विज्ञान में पीएच.डी. की डिग्री प्राप्त की। स्टाफ मेंबर के रूप में मिनीसोटा विश्वविद्यालय से द्वितीय विश्वयुद्ध के दौरान वाशिंगटन, डी.सी. के यू एस नवल आर्डिनेंस की प्रयोगशाला के मुख्य भौतिकशास्त्री रहे। युद्ध समाप्त होने के बाद उन्होंने बेल टेलीफोन प्रयोगशाला में कार्य किया। वहाँ उन्होंने सेमीकंडक्टरों के इलेक्ट्रॉन-कंडक्टिंग प्रोपर्टीज पर शोध किया। इस अध्ययन से ट्रांजिस्टर का आविष्कार संभव हुआ। फिर तो माइक्रोमिनिएचर इलेक्ट्रॉनिकल कलपुर्जों के निर्माण का युग आरंभ हुआ।

1951 में बार्डीन अर्बना के इलिनोइस यूनिवर्सिटी के शिक्षक मंडल में शामिल हो गए। सुपरकंडक्टिविटी की उस थ्योरी को अब 'बीसीएस' थ्योरी कहा जाता है। (बार्डी, कूपर और श्रियेफर के नामों के प्रथमाक्षर : बी.सी.एस.)। यह थ्योरी 1957 में पहले पहल सामने आई। सुपरकंडक्टिविटी की अवधारणा इसी पर आधारित है। बार्डीन लेखक भी थे। उन्होंने सेमीकंडक्टरों की कतिपय प्रोपर्टीज का विस्तार से विवरण दिया है। सेमीकंडक्टर के शोध तथा ट्रांजिस्टर प्रभाव के आविष्कार के लिए उन्हें नोबेल पुरस्कार से सम्मानित किया गया।

ब्रेटेन, वाल्टर हाउजर

नागरिकता : संयुक्त राज्य अमरीका

जन्म : 10 फरवरी, 1902; अमोय, चीन

निधन : 13 अक्टूबर, 1987; सिएटल, अमरीका

वाल्टर हाउजर ब्रेटेन ने सेमीकंडक्टरों की खोज पर जॉन बार्डीन और शॉक्ले के साथ 1956 का नोबेल पुरस्कार संयुक्त रूप से प्राप्त किया था। उनकी खोजों के आधार पर ही ट्रांसिस्टरों को विकसित किया जा सका। ट्रांजिस्टर ने भारी भरकम वैक्यूम ट्यूब की जगह ली तथा वही माइक्रोमिनिएचर इलेक्ट्रॉनिक्स का अग्रगामी स्वरूप था।

1929 में ब्रेटेन ने बेल टेलीफोन की प्रयोगशाला में रिसर्च फिजिसिस्ट की हैसियत से कार्य किया। उनके शोध का मुख्य क्षेत्र यह पता लगाना था कि सरफेस प्रोपर्टीज का ठोस पर क्या प्रतिक्रिया होती है, विशेष रूप से सरफेस के एटॉमिक स्ट्रक्चर पर, जो भीतरी स्ट्रक्चर से भिन्न होता है। उन्हें वल्ला, वल्ला वाशिंगटन के ह्विटमन कॉलेज में सहायक प्रोफेसर नियुक्त किया गया। उन्होंने अनेक पेटेंट को स्वीकृति दी तथा सॉलिड स्टेट फिजिक्स पर बहुत कुछ लिखा।

शॉक्ले, विलियम ब्रेडफोर्ड

नागरिकता : संयुक्त राज्य अमरीका

जन्म : 13 फरवरी; 1910, लंदन, ब्रिटेन

निधन : 12 अगस्त, 1989; पालो ऑल्टो, अमरीका

विलियम ब्रेडफोर्ड शॉक्ले ने बेल टेलीफोन की प्रयोगशालाओं में टेक्निकल स्टाफ के रूप में 1936 में प्रवेश किया। वहाँ उन्होंने जंकशन ट्रांजिस्टर के विकास पर शोध किया। द्वितीय विश्वयुद्ध के दौरान वह यू. एस. नेवी के एंटीसबमेरीन के शोध के निदेशक के रूप में कार्यरत रहे। युद्ध के समाप्त होने पर वह बेल टेलीफोन के निदेशक ऑफ ट्रांजिस्टर फिजिक्स शोधकर्ता रहे। वे केलीफोर्निया इंस्टीट्यूट ऑफ टेक्नोलॉजी में विजिटिंग प्रोफेसर रहे तथा वह रक्षा विभाग में उप-निदेशक तथा हथियार प्रणाली के मूल्यांकन समूह के अनुसंधान निदेशक बने। उन्होंने बेकमैन इंस्ट्रूमेंट में भी कार्य किया और वहाँ सेमीकंडक्टर लेबोरेटरी में कार्य किया। 1958 में उन्हें स्टानफोर्ड विश्वविद्यालय में लेक्चरर नियुक्त किया गया। 1963 में प्रोन्नत होकर वे प्रथम पोनियाटॉफ प्रोफेसर बने।

विलियम ब्रेडफोर्ड शॉक्ले, वाल्टर हाउजर ब्रेटेन और जॉन बार्डीन को 1956 का नोबेल पुरस्कार संयुक्त रूप से प्रदान किया गया।

रसायन विज्ञान

हिंशेलवुड, सर साइरिल नॉर्मन

नागरिकता : ब्रिटेन

जन्म : 19 जून, 1897; लंदन, ब्रिटेन

निधन : 9 अक्टूबर, 1967; लंदन, ब्रिटेन

सर साइरिल नॉर्मन हिंशेलवुड एक चार्टर्ड एकाउंटेंट के पुत्र थे। उनके पिता की मृत्यु 1904 में हो गई। पिता की मृत्यु के बाद उनकी माता चेल्सिया में स्थायी रूप से अपने पुत्र के साथ रहने लगीं। उनकी माता की मृत्यु 1959 में हुई।

हिंशेलवुड ने लंदन के वेस्टमिंस्टर स्कूल में शिक्षा प्राप्त की। वे वहाँ पढ़ ही रहे थे कि प्रथम विश्वयुद्ध की बाधा आ गई। 1916 में उन्होंने एक एक्सप्लोसिव सप्लाई फैक्टरी में कार्य किया। युद्ध समाप्त होने पर उन्हें एक स्कॉलरशिप मिल गई जिसके अंतर्गत ऑक्सफोर्ड के बैलियोल कॉलेज से स्नातक होने के बाद 1921 से 1937 तक वे ट्यूटोरियल

फेलो रहे। 1937 में उन्हें डॉ. लीज प्रोफेसर ऑफ फिजिकल एंड इनॉर्गेनिक केमिस्ट्री नियुक्त किया गया। 1964 में अवकाश प्राप्ति तक वे उसी पद पर कार्यरत रहे। अवकाश प्राप्ति के बाद उन्हें शोधकर्ता नियुक्त किया गया। उस पद पर वे आजीवन कार्यरत रहे।

हिंशेलवुड की पहली पुस्तक 'काइनेटिक्स ऑफ केमिकल चेंज इन गैसियस सिस्टम्स' 1926 में प्रकाशित हुई जिसमें विगत पाँच वर्षों के दौरान लगातार जारी गंभीर रिसर्च का विस्तृत विवरण है।

उनकी अन्य पुस्तकें हैं—'केमिकल काइनेटिक्स ऑफ दि बैक्टीरियल सेल' (1946) तथा 'ग्रोथ, फंक्शन एंड रेगुलेशन इन बैक्टीरियल सेल्स' (1966)।

उन्होंने मुख्य रूप से केमिकल रिएक्शन काइनेटिक्स के क्षेत्र में शोधकार्य किए। वे डी.एन.ए. के कार्य की सही व्याख्या करना चाहते थे। उन्होंने घोषणा की कि सिंथेसिस ऑफ प्रोटीन में न्यूक्लेयिक एसिड मार्ग को दर्शाती है। उस समय उनके कथन पर विशेष ध्यान नहीं दिया गया, यद्यपि क्रिक ने घोषित कर दिया था कि यह प्रथम गंभीर सुझाव है कि डी.एन.ए कैसे कार्य करता है।

हिंशेलवुड के वैज्ञानिक कार्य को अंतरराष्ट्रीय मान्यता मिली। 1929 में रॉयल सोसाइटी की फेलोशिप उन्हें मिली। रॉयल सोसाइटी अध्यक्ष वे 1955 से 1960 तक रहे। वे 1946 से 1948 की अवधि में केमिकल सोसाइटी के अध्यक्ष रहे। उन्हें नाइटहुड की सम्मानोपाधि 1948 में मिली। 1960 में उन्हें ऑर्डर ऑफ मेरिट के लिए चुना गया।

वैज्ञानिक उपलब्धियों के अतिरिक्त उनका भाषाज्ञान भी विस्मयकारी था। वे फ्रेंच, जर्मन, इटालियन, स्पेनिश, रूसी एवं चीनी भाषा जानते थे। वे इन भाषाओं में लिख-पढ़ और बोल सकते थे। उन्हें चीनी पोर्सिलैन, ईस्टन कार्पेट, पेंटिंग्स आदि के संग्रह का शौक था। यह उनकी विशिष्टता थी कि वे रॉयल सोसाइटी के क्लासिकल एसोसिएशन के अध्यक्ष रहे। विज्ञान में उनकी दिलचस्पी जितनी फिलॉस-फिकल थी, उतनी ही व्यावहारिक भी। उनकी पुस्तक 'स्ट्रक्चर ऑफ फिजिकल केमिस्ट्री' (1951) में इस तथ्य का उदाहरण सहित विवेचन है। उन्होंने विवाह नहीं किया था, आजीवन कुँवारे रहे।

सेमेनोव, निकोलेई निकोलेविच

नागरिकता : सोवियत संघ

जन्म : 3 अप्रैल, 1896; सरातोव, रूस

निधन : 25 सितंबर, 1986; मास्को, रूस

निकोलेई निकोलेविच सेमेनोव एक रूसी फिजिकल केमिस्ट थे। उन्हें सर हिंशेलवुड के साथ संयुक्त रूप से 1956 का नोबेल पुरस्कार प्रदान किया गया था। वह लेनिनग्राद के ए.एफ. लॉफ के फिजिकल इंस्टीट्यूट में उनके सहयोगी थे (1920-30) एवं 1928 में प्रोफेसर नियुक्त हुए। आगे चलकर मास्को की विज्ञान अकादमी के निदेशक नियुक्त हुए।

वे प्रथम सोवियत नागरिक थे जिन्हें नोबेल पुरस्कार से सम्मानित होने का अवसर मिला। सेमेनोव ने आणविक भौतिकी के क्षेत्र में बहुमूल्य योगदान दिया और इलेक्ट्रॉन तथा विस्फोटक तरंगों की उत्पत्ति पर भी गहन अध्ययन किया।

सेमेनोव ने अपने कार्य से संबंधित दो महत्वपूर्ण पुस्तकें लिखीं—'केमिकल काइनेटिक्स एंड चेन रिएक्शन्स' (1934) तथा 'सम प्रॉब्लम्स ऑफ केमिकल काइनेटिक्स एंड रिएक्टि-विटी (1954)।' रसायनिक क्रिया की प्रक्रिया की खोज के लिए उन्हें नोबेल पुरस्कार से सम्मानित किया गया।

शरीर विज्ञान/चिकित्सा विज्ञान

कोरनांद, आंद्रे फ्रेडेरिक

नागरिकता : फ्रांस / संयुक्त राज्य अमरीका

जन्म : 24 सितंबर, 1895; पेरिस, फ्रांस

निधन : 19 फरवरी, 1988; मास, अमरीका

आंद्रे फेडेरिक कोरनांद एक फिजिशियन और शरीर क्रिया-विज्ञानी थे। उन्हें हृदय रोगों की बेहतर समझ के लिए किए गए

शोधों के लिए डिकिंसन और वेरनर के साथ संयुक्त रूप से नोबेल पुरस्कार प्रदान किया गया था। 1930 में पेरिस विश्वविद्यालय से मेडिसिन में स्नातक हुए। 1922 में मेडिसिन का अध्ययन करने के लिए बर्लिन विश्वविद्यालय गए। वहाँ स्टेट एक्जामिनेशन उन्होंने 1929 में उत्तीर्ण की। क्लीनिकल सर्जरी में प्रशिक्षण प्राप्त करने के लिए वे 1929 में 'आगस्ट विक्टोरिया होम' गए, जो बर्लिन के निकट ही है।

उन्होंने जो तकनीक विकसित की उससे हृदय के कैथेटराइजेशन का अध्ययन संभव हुआ। इस क्रम में उन्होंने जो भी प्रयोग किए वे स्वयं अपने ही हृदय पर किए। उन्होंने बर्लिन के विश्वप्रसिद्ध सर्जन प्रोफेसर साउएब्रुश की सलाह से हार्ट के कैथेटेराइजेशन की तकनीक विकसित की। फार्समान की मौलिकता और व्यक्तिगत शौर्य ने उन्हें नोबेल पुरस्कार के योग्य सिद्ध किया।

1950 से उन्होंने ब्राड क्रुजनॉच में यूरोलॉजिस्ट की हैसियत से प्रैक्टिस की तथा 1958 से डसेलडॉर्प के हॉस्पिटल में सर्जिकल डिवीजन के अध्यक्ष रहे। 1954 में जर्मनी एकेडमी का लिबनिज मेडल प्रदान किया गया। उसी वर्ष अर्जेंटीना की कोर्डोबा नेशनल विश्वविद्यालय का ऑनरेरी गेस्ट बनाया गया जहाँ उन्हें 1961 में ऑनरेरी प्रोफेसर नियुक्त किया गया। उसी वर्ष गुटेनबर्ग विश्वविद्यालय का ऑनरेरी प्रोफेसर बनाया गया। 1941 में उन्हें अमरीका की स्वाभाविक नागरिकता मिल गई।

रिचड्‌र्स जूनियर, डिकिंसन डब्ल्यू.

नागरिकता : संयुक्त राज्य अमरीका

जन्म : 30 अक्टूबर, 1895; ऑरेंज, न्यू जर्सी, अमरीका

निधन : 23 फरवरी, 1973; लेकविले, अमरीका

डिकिंसन डब्ल्यू. रिचड्‌र्स जूनियर एक फिजियोलॉजिस्ट थे जिन्हें कोरनांद और वेरनर के साथ संयुक्त रूप से 1956 का नोबेल पुरस्कार प्रदान किया गया था।

इंग्लैंड में अध्ययन करने के बाद रिचड्‌र्स ने 1928 में कोलंबिया विश्वविद्यालय के कॉलेज ऑफ फिजिशियन एंड सर्जन्स में अपना रिसर्च आरंभ किया। 1947 से 1961 तक उन्होंने वहाँ शिक्षण किया और उसके बाद एमेरिटस प्रोफेसर बन गए। 1945 से 1961 तक उन्होंने कोलंबिया मेडिकल डिवीजन को डायरेक्ट किया। डिवीजनर्स ने जो पद्धति अपनाई थी उसे 'कार्डियक कैथेटराजेशन' कहा गया। इससे ब्लडप्रेशर आदि की पड़ताल की जा सकती है।

1956 का नोबेल पुरस्कार कोरनांद, फोर्समान और रिचड्‌र्स को संयुक्त रूप से प्रदान किया गया।

फोर्समान, वेरनर थियोडोर ओट्टो

नागरिकता : जर्मनी

जन्म : 29 अगस्त, 1904; बर्लिन, जर्मनी

निधन : 1 जून, 1979; शोव हेम, पश्चिम जर्मनी

जूलियस फोर्समान और एम्मी हिंडेनबर्ग के पुत्र वेरनर ओट्टो एक जर्मन चिकित्सक थे जिन्होंने अस्कामिशे जिम्नेजियम से स्नातक की शिक्षा प्राप्त की तथा 1929 में बर्लिन विश्वविद्यालय से औषधि विज्ञान की शिक्षा पूर्ण की। हृदय अनुसंधान के क्षेत्र में अग्रणी फोर्समान ने कार्डियक कैथेराइजेशन के विकास में महत्त्वपूर्ण योगदान किया। यह एक ऐसी प्रक्रिया है जिसमें कोहनी की नस में एक ट्यूब डाली जाती है और नस के जरिए उसे हृदय तक पहुँचा दिया जाता है।

इस प्रक्रिया का अध्ययन करने के लिए उन्होंने खुद को एक स्थानिक एनेस्थीसिया दिया और अपने स्वयं के हाथ में एक नलिका (कैथेटर) डाली। बिना इस जानकारी के कि कैथेटर नसों को काट सकती है, उन्होंने अपने जीवन को जोखिम में डाल दिया और उस नलिका (कैथेटर) को अपने हृदय तक पहुँचाने में सफल रहे। फोर्समान के इस दुस्साहस भरे और खतरनाक प्रयोग की सबने निंदा की और इस गंभीर आलोचना के कारण उन्होंने कार्डियोलॉजी को छोड़कर यूरोलॉजी को अपना लिया।

1932 से 1945 तक वे नाजी पार्टी के सदस्य रहे। दूसरे विश्वयुद्ध के आरंभ में वे एक चिकित्सा अधिकारी बन गए। अपनी इस नौकरी के दौरान वह मेजर के पद तक पहुँच गए। उसके बाद उन्हें गिरफ्तार करके युद्धबंदियों के शिविर में डाल दिया गया, जहाँ से वे 1945 में रिहा किए गए।

उनके कारावास के दौरान, उनका शोधपत्र आंद्रे फ्रेडरिक कोरनांद तथा डिकिंसन डब्ल्यू. रिचर्ड्स ने पढ़ा। उन्होंने हृदय रोग के निदान तथा अनुसंधान के लिए अपने तकनीक को व्यवहार में लाने के तरीकों का विकास किया।

1956 में, शरीर विज्ञान अथवा औषधि विज्ञान का नोबेल पुरस्कार, कोरनांद, रिचर्ड्स तथा फोर्समान को संयुक्त रूप से प्रदान किया गया।

वर्ष 1933 में फोर्समान ने डॉ. एल्सबेट ऐंजल से विवाह किया। वे भी एक विशेषज्ञ यूरोलॉजिस्ट थीं। उनकी छह सन्तानें हैं।

साहित्य

जिमेनेज, जुआँ रैमन

नागरिकता : स्पेन

जन्म : 24 दिसंबर, 1881; मॉगुएर, स्पेन

निधन : 29 मई, 1958; पुएर्तो रिको

जुआँ रैमन जिमेनेज एक प्रसिद्ध कवि थे। उन्होंने सलामानका विश्वविद्यालय में कुछ समय तक शिक्षा प्राप्त की। उसके बाद कवि रूबेन डारियो के आमंत्रण पर 1900 में मेड्रिड चले गए।

उसी वर्ष उनकी कविताओं के दो संग्रह प्रकाशित हुए जिनके शीर्षक थे—'आल्मास डि वायोलेटा' (साउंड ऑफ वायोलेट, 1900) और 'निनफियाज' (वारट लिलीज, 1900)। इनके बाद 'एरिआज ट्रिस्टर्स' (सैड एरिआज, 1903) प्रकाशित हुआ। स्वास्थ्य ठीक नहीं रहने के कारण वह मेड्रिड से लौट आए। उनकी पुस्तकें 'पैस्टोरेल्स' (1914) 'जार्डिन्स लेजानोस' (1904, डिस्टैंट गार्डेंस) और 'एलेजिआज' (1908, एलेजीज) यह प्रतिभासित करती हैं कि रूबेन डारियो का उन पर कितना प्रभाव है। वे 1912 में मेड्रिड लौट आए। उन्होंने 1916 में जेनोबिया कैंपरूबी से विवाह किया जो नोबेल विजेता रवींद्रनाथ ठाकुर (टैगोर) की बँगला कृतियों का स्पेनिश भाषा में अनुवाद किया करती थीं। स्पेन लौटने पर जिमेनेज ने 'डाइरिओ डि उन पोएट्रा रिसिएन कासाडो (1917, डायरी ऑफ ए पोएट रीसेंटली मैरीड)। 1948 में 'डिआरा डि उन पोएटा वाइ मार' (डायरी ऑफ पोएट एंड दि सी)।

स्पेनिश गृहयुद्ध के दौरान वह स्वेच्छा से निर्वासित होकर पुएर्तो रिको चले गए और शेष जीवन उन्होंने वहीं व्यतीत किया। उनकी व्यापक रूप से प्रशंसित कृतियाँ हैं—'सोनेटोस एस्पिरिच्वेल' (1915, स्पीरिचुअल सॉनेट्स), 'एटरिनडेस' (1918, एटर्नीटीज), 'पिएड्रा वाइ सिएलो' (1919, स्टोंस एंड स्काई), 'बेल्लेजा' (ब्यूटी, 1923), 'पोएसा एन वर्सो (1917–23, पोएट्री इन प्रोज एंड वर्सेज), 'वोसेज डि मि कोप्ला' (1945, वायस ऑफ माइ सांग) तथा 'एनिमल डि फौंडो' (1949, एनिमल ऑफ डेप्थ)।

नोट : इस वर्ष **शान्ति** के क्षेत्र में नोबेल पुरस्कार नहीं दिया गया और पुरस्कार राशि एक विशेष निधि में संरक्षित रखी गई।

भौतिक विज्ञान

रसायन विज्ञान

शरीर विज्ञान/चिकित्सा विज्ञान

साहित्य

शान्ति

1957

भौतिक विज्ञान

ली, शुंग-दाओ
नागरिकता : चीन
जन्म : 24 नवंबर, 1926; शंघाई, चीन

शुंग-दाओ ली एक भौतिकविज्ञानी थे। उन्हें चेन निंग यांग के साथ संयुक्त रूप से 1957 का नोबेल पुरस्कार प्रदान किया गया था क्योंकि उन्होंने यह खोज की थी कि पैरिटी कंजर्वेशन के सिद्धांत में गड़बड़ है और इस प्रकार पार्टिकल फिजिक्स के सिद्धांत में एक बहुत बड़ा बदलाव ले आए।

1946 में ली संयुक्त राज्य अमरीका चले गए, यद्यपि उनके पास स्नातक डिग्री नहीं थी। उन्हें शिकागो विश्व-विद्यालय के स्नातक कॉलेज में भौतिक विषय में प्रवेश मिल गया। पीएच.डी. की डिग्री उन्हें 1950 में मिल गई। वहाँ वे यांग के साथ मिलकर शोध करने लगे और सैद्धांतिक भौतिक विज्ञान के अनेक पहलुओं पर प्रकाश डाला। कैलीफोर्निया विश्वविद्यालय के भौतिक विज्ञान विभाग में कुछ समय तक कार्य करने के बाद उन्होंने यांग के साथ इंस्टीट्यूट फॉर एडवांस्ड स्टडी में प्रवेश किया। आगे चलकर उन्हें कोलंबिया विश्वविद्यालय में सहायक प्रोफेसर नियुक्त किया गया। 1950 वाले दशक में उन्होंने यांग के साथ मिलकर थेटा-मेसन और टाउ-मेसन डिके पर शोध किए जो दुर्बल पार्टिकल इंटरैक्शन हैं। वे और यांग इसी निष्कर्ष पर पहुँचे कि थेटा-मेसन और टाउ मेसन वस्तुतः एक ही कण हैं। अपने हिपोथिसिस की जाँच के लिए उन्होंने प्रयोगों के सुझाव दिए। 1957 में अमरीकी भौतिकशास्त्री चिएन शियूंग वू, जो कोलंबिया विश्वविद्यालय में कार्यरत थे, ने प्रयोग करके देखा और पाया कि ली और यांग के निष्कर्ष सही थे।

1960 में इंस्टीट्यूट फॉर एडवांस्ट स्टडी में भौतिकी के प्रोफेसर नियुक्त किए गए तथा तीन वर्ष बाद वे पुनः कोलंबिया लौट आए और भौतिक विज्ञान के प्रथम एनरिको फेरमी प्रोफेसर के रूप में कार्य करने लगे। उन्हें उनकी पैरिटी कंजर्वेशन की गड़बड़ी की जाँच के लिए, जिसने भौतिक विज्ञान को आगे बढ़ाया, नोबेल पुरस्कार से सम्मानित किया गया।

यांग, चेन निंग

नागरिकता : चीन

जन्म : 22 सितंबर, 1922; होफेई अनहवेई, चीन

चेन निंग यांग एक थियोरेटिकल भौतिकविज्ञानी थे। उन्होंने शुंग-दाओ ली के साथ मिलकर शोध किए और अनेक प्रकार के प्रयोग करके यह दिखाया कि बुनियादी मान्य सिद्धांतों में टकराहट संभव है। कणीय भौतिकी के अध्ययन से यह तथ्य स्पष्ट हो सकता है। यांग ने कुनमिंग के साउथ वेस्ट एसोसिएटेड विश्वविद्यालय से स्नातक और मास्टर की डिग्री प्राप्त की। डॉक्टरेट की डिग्री उन्होंने शिकागो विश्वविद्यालय से 1948 में प्राप्त की। आगे के अध्ययन के लिए यांग प्रिंस्टन के इंस्टीट्यूट फॉर एडवांस्ड स्टडी में दाखिल हुए और वहाँ प्रोफेसर बने। 1965 से उन्होंने न्यू यॉर्क की स्टोनी ब्रुक में स्थित स्टेट विश्वविद्यालय में 'अल्बर्ट आइंस्टीन चेयर ऑफ फिजिक्स' सँभाली। यांग और उनके सहयोगी ली ने 1956 में अपने अध्ययन और प्रयोगों द्वारा यह दिखाया कि 'पैरिटी सिद्धांत में गड़बड़ी' संभव है। उनके शोधों में स्टेटिस्टिक्स और एलिमेंटरी पार्टिकल सिद्धांत शामिल हैं।

ली और यांग को 1957 का नोबेल पुरस्कार संयुक्त रूप से प्रदान किया गया था।

रसायन विज्ञान

टॉड, लॉर्ड अलेक्जेंडर आर.

नागरिकता : ब्रिटेन

जन्म : 2 अक्टूबर, 1907; ग्लासगो, ब्रिटेन

निधन : 10 जनवरी, 1997; कैंब्रिज, ब्रिटेन

लॉर्ड अलेक्जेंडर आर. टॉड ने एलन ग्लेन्स स्कूल और ग्लासगो विश्वविद्यालय में शिक्षा प्राप्त की थी। उन्होंने 1928 में वहाँ से बी. एससी. की डिग्री प्राप्त की। 1931 में फ्रैंकफर्ट यूनिवर्सिटी से डॉक्टरेट की डिग्री प्राप्त करने के बाद 1933 में ऑक्सफोर्ड यूनिवर्सिटी से फिर वही डिग्री प्राप्त की।

टॉड 1934 में स्कॉटलैंड गए और एडिनबर्ग विश्वविद्यालय में प्रवेश किया। 1936 में लंदन के लिस्टर इंस्टीट्यूट ऑफ प्रिवेंटिव मेडिसिन में दाखिल हुए। लंदन विश्वविद्यालय में जीव-रसायन का रीडर उन्हें 1937 में नियुक्त किया गया। 1938 में उन्हें मैनचेस्टर विश्वविद्यालय की रसायन प्रयोगशालाओं का डायरेक्टर तथा सर सैमुएल हाल प्रोफेसर नियुक्त किया गया। वे 1944 में कैंब्रिज विश्वविद्यालय के जैव-रसायन के प्रोफेसर हुए।

टॉड ने सर हेनरी डेल (1936 के नोबेल विजेता) की पुत्री एलिसन सारा से विवाह किया। उनके एक पुत्र और दो पुत्रियाँ हुए।

न्यूक्लोटाइड तथा न्यूक्लोटाइड के को-एंजाइम्स के अलावा टॉड ने विटामिन 'बी' और विटामिन 'ई' की संरचना का भी अध्ययन किया। टॉड को अनेक विश्वविद्यालयों से डॉक्टरेट की मानद डिग्रियाँ प्राप्त हुईं। वे रॉयल सोसाइटी के फेलो हुए। उन्हें रॉयल सोसाइटी के रॉयल मेडल के अलावा और भी अनेक मेडल प्राप्त हुए।

टॉड कई सरकारी कमेटियों से संबद्ध रहे। 1952 में ब्रिटिश सरकार की सलाहकार काउंसिल ऑन साइंटिफिक पॉलिसी के चेयरमैन हुए। वे न्यूफील्ड फाउंडेशन के मैनेजिंग ट्रस्टी हैं। इसी प्रकार इंटरनेशनल यूनियन ऑफ प्योर एंड

एप्लायड केमिस्ट्री के प्रेसीडेंट तथा ब्रिटिश नेशनल कमेटी फॉर केमिस्ट्री के चेयरमैन भी रहे।

टॉड को 1954 में 'नाइटहुड' का सम्मान मिला तथा 1962 में उन्हें लाइफ पीयर बनाया गया। उन्हें न्यूक्लोराइड तथा न्यूक्लोटाइड के सह-एंजाइमों पर काम करने के लिए नोबेल पुरस्कार से सम्मानित किया गया।

शरीर विज्ञान/चिकित्सा विज्ञान

बोवेट, डेनिएल
नागरिकता : इटली
जन्म : 23 मार्च, 1907; नियुचैटेल, स्विट्जरलैंड
निधन : 8 अप्रैल, 1992; रोम, इटली

डेनिएल बोवेट एक फार्माकोलॉजिस्ट थे जिन्हें कतिपय निश्चित रसायन चिकित्सा संबंधी तत्त्वों की खोज के लिए 1957 का नोबेल पुरस्कार प्रदान किया गया।

1944 में उन्होंने 'पायरिलामाइन' (मेपायरामाइन) की खोज की, जो हिस्टामाइन के प्रभाव पर प्रतिक्रिया करती है। 1947 में एक विषैले तत्त्व क्यूरेट (जिसका प्रयोग दक्षिण अमरीकी भारतीय तीरों के ऊपर एक विष के रूप में करते हैं) के कृत्रिम विकल्प की खोज की जिसका प्रयोग दक्षिण अमरीका के लोग करते हैं। इस अध्ययन से और भी अनेक तत्त्वों की खोज संभव हुई। गंभीर सर्जरी में भी इस तत्त्व का प्रयोग किया जाता है।

बोवेट ने जिनेवा में अध्ययन किया। वहीं ग्रेजुएट हुए और 1929 में डॉक्टर ऑफ साइंस की डिग्री प्राप्त की। वे पेरिस के पाश्चर इंस्टीट्यूट में दाखिल हुए और 1937 में रसायन चिकित्सा प्रयोगशाला के अध्यक्ष बने। पूरे दस वर्षों के बाद रोम के इंस्टीट्यूटों सुपेरियोर डि सेनीटा से रसायन चिकित्सा संबंधी प्रयोगशाला की स्थापना करने का आमंत्रण मिला। वे इटली की सेसारि विश्वविद्यालय में फार्माकोलॉजी के प्रोफेसर नियुक्त हुए। वे कैलीफोर्निया विश्वविद्यालय के स्कूल ऑफ मेडिसिन के विजिटिंग प्रोफेसर भी रहे। उन्हें रसायन चिकित्सा संबंधी कृतिम तत्त्वों की खोज के लिए नोबेल पुरस्कार मिला।

साहित्य

कामू, अल्बेयर
नागरिकता : फ्रांस
जन्म : 7 नवंबर, 1913; मोंडोवी, अल्जीरिया
निधन : 4 जनवरी, 1960; फ्रांस

अल्बेयर कामू एक नीतिवादी उपन्यासकार, नाटककार और राजनीतिक सिद्धांतवादी थे। उन्होंने एक नई तरह की उदार मानवता को रेखांकित किया था। वे अल्जीयर्स के निर्धन श्रमिक वर्ग बस्ती में पले थे। अल्जीयर्स विश्वविद्यालय में दर्शनशास्त्र की शिक्षा प्राप्त की थी। कुछ समय तक उन्होंने वामपंथी राजनीति और मजदूरों के आंदोलन का नेतृत्व किया। अल्जीरिया पर जर्मनी द्वारा कब्जा किए जाने के विरोध में गुप्त रूप से 'कंबैट' नामक समाचार-पत्र का संपादन भी किया। उनके श्रेष्ठ उपन्यास हैं : 'ला एट्रांगर' (1942), दि स्ट्रैंजर, (1946), 'ला पेस्टे' (1947), 'दि प्लेग', (1948) तथा 'ला चूटे' (1956), 'दि फॉल', (1957)। उन्होंने अनेक नाटक लिखे। उन्होंने दो महत्त्वपूर्ण दार्शनिक निबंध लिखे—'ले मिथ डे सिसाइफे' (1942), 'दि मिथ ऑफ सिसाइफस', (1955) तथा 'ले होमे रिवोल्टे' (1951), 'दि रिबेल', (1953)। एक मोटर दुर्घटना में उनकी मृत्यु हो गई। उन्हें उनके साहित्य लेखन में आज के समय के मानव मन की समस्याओं की साफ और गंभीर समझ को दर्शाने के लिए नोबेल पुरस्कार दिया गया।

शान्ति

पियर्सन, लेस्टर बाउल्स
नागरिकता : कनाडा
जन्म : 23 अप्रैल, 1897; टोरंटो, कनाडा
निधन : 27 दिसंबर, 1972; ओटावा, कनाडा

लेस्टर बाउल्स पियर्सन राजनीतिज्ञ, राजनयिक और कनाडा के प्रधानमंत्री थे। 1963-68 की अवधि के अंतरराष्ट्रीय विवादों में उन्होंने मध्यस्थ की प्रमुख भूमिका निभाई। उन्होंने 1956 में स्वेज नहर संकट के समय मध्यस्थ की सफल भूमिका का निर्वाह किया था जिसके फलस्वरूप उन्हें 1957 का नोबेल शान्ति पुरस्कार प्रदान किया गया। उन्होंने प्रथम विश्वयुद्ध के दौरान अपनी सेवाएँ दीं और ऑक्सफोर्ड तथा टोरंटो विश्वविद्यालय में इतिहास के लेक्चरर रहे (1924-28)। 1928 से वे कनाडा की विदेश सेवा में सम्मिलित हुए तथा विदेशी मामलों के विभाग में प्रथम सचिव नियुक्त किए गए। 1931 और 1935 में दो रॉयल कमीशनों से संबद्ध रहे। 1945 से 1948 तक वे संयुक्त राज्य अमरीका में कनाडा के राजदूत रहे। 1947 में संयुक्त राष्ट्र महासभा की राजनीतिक और सुरक्षा समिति के चेयरमैन बने। अपने कार्यकाल में उन्होंने फिलिस्तीनी पार्टिशन के प्रस्ताव को पारित कराया। 1951 में एन.ए.टी.ओ. के चेयरमैन रहे। 1963 में वे कनाडा के प्रधानमंत्री बने तथा 1968 में त्यागपत्र देकर राजनीति से संन्यास ने लिया।

भौतिक विज्ञान

रसायन विज्ञान

शरीर विज्ञान/चिकित्सा विज्ञान

साहित्य

शान्ति

1958

भौतिक विज्ञान

चेरेंकोव पॉवेल अलेक्सेइविच

नागरिकता : यू.एस.एस.आर. (सोवियत संघ)

जन्म : 28 जुलाई, 1904; वोरोनेज, रूस

निधन : 6 जनवरी, 1990; मास्को, रूस

पॉवेल अलेक्सेइविच चेरेंकोव ने उन प्रकाश तरंगों की खोज की थी जो कुछ आवेशित कणों से प्रादुर्भूत होती हैं जब वे उसी मैटेरियल के वेग से गुजरते हुए उच्चतर वेग तक पहुँचते हैं। इस परिलक्षण को अब 'चेरेंकोव प्रभाव' कहा जाता है तथा इसका प्रयोग व्यापक रूप से उच्च ऊर्जा भौतिकी में होता है।

चेरेंकोव ने वोरोनेज विश्वविद्यालय से 1928 स्नातक की डिग्री प्राप्त की थी। 'चेरेंकोव प्रभाव' की खोज उन्होंने 1934 में की। वे इंस्टीट्यूट ऑफ फिजिक्स ऑफ दि एकेडमी ऑफ दि यू.एस.एस.आर. के शोध छात्र थे जहाँ आगे चलकर प्रोफेसर बने। उन्हें चेरेंकोव प्रभाव की खोज करने तथा इसकी व्याख्या करने के लिए नोबेल पुरस्कार से सम्मानित किया गया।

फ्रैंक, इल्या मिखाइलोविच

नागरिकता : यू.एस.एस.आर. (सोवियत संघ)

जन्म : 23 अक्टूबर, 1908; लेनिनग्राद, रूस

निधन : 22 जून, 1990; मास्को, रूस

इल्या मिखाइलोविच फ्रैंक ने चेरेंकोव और ताम के साथ मिलकर यह खोज की थी कि आवेशी कण से जो प्रकाश उत्सर्जित होता है उसकी गति बहुत तीव्र होती है। इस खोज ने ऐसी नई पद्धतियों के विकास का मार्ग खोल दिया जिससे परमाणु भौतिकी में शोध होता रहे। फ्रैंक और ताम ने प्रभाव को व्याख्यायित किया। फ्रैंक ने चेरेंकोव और ताम के सहयोग से इलेक्ट्रॉन विकिरण पर शोध किए जिसके लिए तीनों में से प्रत्येक को स्तालिन पुरस्कार मिला था। फ्रैंक ने गामा किरणों और न्यूट्रॉन किरण के भी अध्ययन किए। वे मास्को विश्वविद्यालय के भौतिक विज्ञान विभाग के अध्यक्ष थे तथा 1946 में यू.एस.एस.आर. की एकेडमी ऑफ साइंसेज के सदस्य नियुक्त हुए।

ताम, इगोर येवजेनविच

नागरिकता : यू.एस.एस.आर. (सोवियत संघ)

जन्म : 8 जुलाई, 1895; व्लादिवोस्तोक, रूस

निधन : 12 अप्रैल, 1971; मास्को, रूस

इगोर येवजेनविच ताम मास्को विश्वविद्यालय में भौतिक विज्ञान के प्रोफेसर थे। उन्होंने प्रकाश के डिफ्यूस्ड सॉलिड बॉडीज पर क्वांटम थ्योरी का अध्ययन किया तथा फ्रैंक के साथ मिलकर चेरेंकोव विकिरण पद्धति की जाँच की। उनकी तकनीक को 'ताम पद्धति' कहा गया। वे नाभिकीय ऊर्जा के शान्तिपूर्ण उपयोग के समर्थक थे तथा इसीलिए ताप नाभिकीय प्रतिक्रिया को नियंत्रित रखने की नई पद्धति विकसित कर चुके थे। वे शान्ति के लिए अंतरराष्ट्रीय निरस्त्रीकरण के समर्थक थे।

1958 का नोबेल पुरस्कार उन्हें चेरेंकोव और फ्रैंक के साथ संयुक्त रूप से प्रदान किया गया था।

रसायन विज्ञान

सैंगर, फ्रेडरिक

नागरिकता : ब्रिटेन

जन्म : 13 अगस्त, 1918; रेंडकोंब, ब्रिटेन

फ्रेडरिक सैंगर ने कैंब्रिज विश्वविद्यालय से 1939 में बी.ए. और 1943 में पीएच.डी. की डिग्रियाँ प्राप्त कीं। उन्होंने बेइट मेमोरियल फेलोशिप फॉर मेडिकल रिसर्च के अंतर्गत शोध करना जारी रखा। 1951 से वे मेडिकल रिसर्च काउंसिल के आंतरिक सदस्य रहे। इन दिनों वह कैंब्रिज के डिवीजन ऑफ प्रोटीन केमिस्ट्री इन एम.आर.सी. लेबोरेटरी फॉर मोलेक्यूलर बायोलॉजी के अध्यक्ष रहे।

उन्होंने 1940 में मार्गरेट जोन हॉवे से विवाह किया। उनके दो पुत्र और एक पुत्री हुए।

1943 से सैंगर प्रोटीनों की संरचना से संबद्ध समस्याओं के अध्ययन में जुटे हुए रहे। उन्होंने एक तकनीकी विकसित की जिसके द्वारा अंत में उन्होंने दिखाया कि इंसुलिन की संरचना कैसी है और वही प्रोटीन है। उन्होंने एंजाइमों की भी खोज की।

सैंगर को 1958 का नोबेल पुरस्कार प्रोटीन बोवाइन के इंसुलिन की खोज के लिए मिला था। उन्होंने यही पुरस्कार दोबारा केमिस्ट्री पर खोज के लिए भी प्राप्त किया था। दोबारा नोबेल पुरस्कार प्राप्त करनेवाले एक और वैज्ञानिक थे जॉन बोर्डीन जो भौतिक विज्ञान पर 1956 और 1972 में पुरस्कृत हुए थे।

सैंगर को 1951 में कोर्ड मोर्गान मेडल मिला था और केमिकल सोसाइटी का पुरस्कार भी प्राप्त हुआ था। 1954 में रॉयल सोसाइटी के फेलो रहे तथा किंग सोसाइटी के भी फेलो हुए। वे अमरीकन एकेडमी ऑफ आर्ट्स एंड साइंसेज के विदेशी ऑनरेरी सदस्य थे तथा अमरीकन सोसाइटी ऑफ जैव रसायन के भी ऑनरेरी सदस्य थे।

शरीर विज्ञान/चिकित्सा विज्ञान

बीडल, जॉर्ज वेल्स

नागरिकता : संयुक्त राज्य अमरीका

जन्म : 22 अक्टूबर, 1903; वाहू, नेब्रास्का

निधन : 9 जून, 1989; शिकागो, अमरीका

जॉर्ज वेल्स बीडल एक जेनेटिसिस्ट अर्थात आनुवंशिकी के विशेषज्ञ थे। वे शिकागो विश्वविद्यालय के छठे अध्यक्ष थे। उन्होंने दिखाया कि एंजाइम के स्ट्रक्चर द्वारा आनुवंशिकता को जींस प्रभावित करते हैं। उनके पिता एक किसान थे।

1931 में कार्नेल विश्वविद्यालय से आनुवंशिकता में पीएच.डी. की डिग्री प्राप्त करने के बाद वह थॉमस हंट मोर्गन (नोबेल विजेता) की कैलीफोर्निया इंस्टीट्यूट स्थित प्रयोगशाला में शोध करने के लिए गए। जेनेटिक्स फ्रूट फ्लाई, 'ड्रोसाफिला मेलानोगास्टर' का अध्ययन किया। वहाँ उन्होंने आनुवंशिकी अनुसंधान के आधारमूलक शोध के लिए फ्रूट फ्लाई 'ड्रोसाफिला मेलानोगास्टर' का अध्ययन किया।

बीडल ने शीघ्र ही अनुभव किया कि जींस रसायन आनुवंशिकता को प्रभावित करते हैं। 1935 में बोरिस एफ्रूसिस के साथ पेरिस के इंस्टीट्यूट डि बायोलॉजी फिजिको-चिमिक में उन्होंने एक ऐसी जटिल तकनीक विकसित की जिससे आगे के शोध में सहायता मिली। हार्वर्ड में एक वर्ष तक उन्होंने आनुवंशिकता का अध्यापन किया। 1958 का नोबेल पुरस्कार उन्हें फिजियोलॉजी अथवा मेडिसिन पर टैटम और जोशुआ के साथ संयुक्त रूप से प्रदान किया गया था। ब्रीडल और टैटम ने कैंसर के शोध को भी बहुत आगे पहुँचाया।

टैटम, एडवर्ड लाउरी

नागरिकता : संयुक्त राज्य अमरीका

जन्म : 14 दिसंबर, 1909; कोलोराडो, अमरीका

निधन : 5 नवंबर, 1975; न्यू यॉर्क सिटी, अमरीका

एडवर्ड लाउरी टैटम अपने पिता आर्थर लाउरी टैटम के ज्येष्ठ सुपुत्र थे। उनके पिता विस्काउंसिन मेडिकल स्कूल में फार्माकोलॉजी के प्रोफेसर थे।

एडवर्ड लाउरी टैटम ने शिकागो विश्वविद्यालय और विस्कांसिन में शिक्षा प्राप्त की थी। उन्होंने माइक्रोबायोलॉजी में एम. एस. 1932 में किया और 1934 में केमिस्ट्री में पीएच.डी. की डिग्री हासिल ही। उनकी डॉक्टोरल थीसिस का विषय न्यूट्रीशन और मेटाबोलिज्म बैक्टीरिया से संबंधित था। इस प्रकार वे आनुवंशिक जैव रसायन पर लगातार शोध करते रहे। उनके शोध जैव रसायन, पोषण से संबंधित थे तथा फ्रूट फ्लाई 'ड्रोसोफिलर मेलानोगास्टर' के विषय में 1953 में, उन्होंने अमरीकन केमिकल सोसाइटी का पुरस्कार प्राप्त किया। वे नेशनल फाउंडेशन की सलाहकार समिति के सदस्य थे और राष्ट्रीय अनुसंधान परिषद की अमरीकी समिति के अनुसंधान सलाहकार मंडल में भी अपनी सेवाएँ प्रदान कीं। उन्होंने जैव रसायन विज्ञान की पत्रिका के संपादकीय मंडल में भी 10 वर्ष तक सेवाएँ दीं।

टैटम ने वियोला कैंटर से शादी की। उनके दो पुत्रियाँ हुईं।

लेडरबर्ग, जोशुआ

नागरिकता : संयुक्त राज्य अमरीका

जन्म : 23 मई, 1925; न्यू जर्सी, अमरीका

निधन : 2 फरवरी, 2008; न्यू यॉर्क, अमरीका

जोशुआ लेडरबर्ग का पालन-पोषण न्यू यॉर्क सिटी के वाशिंगटन हाइट्स जिले में हुआ। उन्होंने कोलंबिया कॉलेज से जंतु विज्ञान में बी. ए. की डिग्री प्राप्त की। 1948 में उन्होंने पीएच.डी. की डिग्री प्राप्त की। 1947 में उन्हें विस्कांसिन विश्वविद्यालय में आनुवंशिकता का सहायक प्रोफेसर नियुक्त किया गया तथा 1954 में वहाँ उन्हें प्रोफेसर बनाया गया।

लेडरबर्ग ने 1959 में स्टानफोर्ड विश्वविद्यालय के मेडिकल स्कूल में प्रवेश किया जहाँ आनुवंशिकता विभाग के प्रोफेसर और चीफ एक्जीक्यूटिव हुए। 1962 से वे कैनेडी लेबोरेटरीज ऑफ मोलेक्यूर मेडिसिन के डायरेक्टर हैं।

1958 का नोबेल पुरस्कार संयुक्त रूप से प्रदान किया गया। पुरस्कार की धनराशि में आधी तो लेडरबर्ग को मिली और शेष आधी में बीडले और टैटम की समान भागीदारी रही।

साहित्य

पास्तरनाक, बोरिस लियोनीदोविच

नागरिकता : यू.एस.एस.आर (सोवियत संघ)

जन्म : 10 फरवरी, 1890; मास्को, रूस

निधन : 30 मई, 1960; पेरेदेलिंको, रूस

बोरिस लियोनीदोविच पास्तरनाक एक कवि और कथाकार थे। उनके उपन्यास 'डॉक्टर जिवागो' ने उन्हें विश्वव्यापी ख्याति प्रदान की। दूसरी ओर सोवियत रूस में उस पुस्तक को लेकर हंगामा मचा। सोवियत संघ में 'डॉक्टर जिवागो' प्रतिबंधित था। ऐसी स्थिति में पास्तरनाक स्वयं गुप्त रूप से 'डॉक्टर जिवागो' की प्रतियाँ पहुँचाने लगे।

'डॉक्टर जिवागो' का अंग्रेजी में अनुवाद पास्तरनाक ने स्वयं किया था। आगे चलकर 18 भाषाओं में उसके अनुवाद हुए।

बोरिस पास्तरनाक एक सुसंस्कृत यहूदी परिवार में पले थे। उनके पिता कलाकार थे और कला के प्रोफेसर थे। पास्तरनाक की योजना आरंभ में संगीत को व्यवसाय के रूप में अपनाने की थी, मगर अंततः कवि बन गए। उन्होंने मास्को और मारबर्ग के विश्वविद्यालय में क्रमशः संगीत शास्त्र और दर्शन शास्त्र का अध्ययन किया। वे शारीरिक दृष्टि से मिलीटरी सेवाओं के योग्य नहीं थे, इसलिए प्रथम विश्वयुद्ध के दौरान यूराल के केमिकल प्लांट में कार्यरत थे। सोवियत क्रांति के बाद वे सोवियत कमिस्सारिएट ऑफ एजूकेशन की लाइब्रेरी में कार्य करने लगे। 1917 से उन्होंने कविताओं के कई संग्रह प्रकाशित किए—'पोवेर्ख बैरियेरोव' (ओवर दि बैरियर्स), 'सेस्त्रा मोया जिम' (माई सिस्टर लाइफ 1922), 'टेमि इवेरियासु' (थीम्स एंड वैरिएशन, 1923), 'वाइसोकाया वोलेजन' (सब लाइम मेलोडी, 1924) तथा 'डेस्टवो ल्यूवर्स' (दि चाइल्डहुड लवर्स, 1924)।

पास्तरनाक के चार कहानी-संग्रह 'वाज्दुश्न्ये पुटि' (एरियल वेज) शीर्षक के अंतर्गत प्रकाशित हुए। उनकी आत्मकथा 'ओखरन्या ग्रेनोटा' (सेफ कंडक्ट) 1931 में प्रकाशित हुई। उनके गीतों का संग्रह 'तोरोय रोजदेनी' (सेकंड बर्थ) 1932 में प्रकाशित हुआ।

1933 से 1943 तक सरकारी नीति की दरार इतनी चौड़ी हो गई कि अपनी कृतियाँ प्रकाशित करना मुमकिन नहीं रहा तथा यहूदी होने के कारण निजी सुरक्षा के लिए भी आशंकित हो उठे। 'ना रेनिख पोएजदाख' (इन अर्ली ट्रेंस, कविताएँ, 1936) 1943 में प्रकाशित हुई। 1945 में ये पुनः 'जेम्न्ये प्रोस्टोरी' (वाइडस्पेसेज, ऑफ दि अर्थ) शीर्षक के अंतर्गत प्रकाशित हुईं।

यह बड़े अचरज की बात है कि स्तालिन ने पास्तरनाक को सुरक्षित रहने दिया, संभवतः इसलिए कि उन्होंने जार्जिया के कवियों की कृतियों का सुंदर अनुवाद किया था और स्तालिन जार्जिया के ही निवासी थे। लेकिन नोबेल पुरस्कार प्राप्त करने की अनुमति नहीं दी। नतीजा यह हुआ कि अपने जीवन के अंतिम वर्षों में उनका जीवन बड़ा ही अभावग्रस्त और यातनामय रहा। उन्हें समकालीन गीति काव्यों और रूस की महाकाव्य परंपरा में महत्त्वपूर्ण उपलब्धि के लिए नोबेल पुरस्कार मिला।

शान्ति

पाइरे, ज्यार्जेस

नागरिकता : बेल्जियम

जन्म : 10 फरवरी, 1910; दिनांत, बेल्जियम

निधन : 30 जनवरी, 1969; ल्यूवेन, बेल्जियम

ज्यार्जेस पाइरे प्रथम विश्वयुद्ध के दौरान फ्रांस में सपरिवार शरणार्थी बने हुए थे। 1927 में वे ग्रेजुएट हुए तथा लीगे के निकट ला सार्ते हे की डोमिनिकन मोनेस्ट्री में दाखिल हुए। रोम में अध्ययन के बाद वे पूरी तरह से संकल्पित हुए तथा 1936 में डॉक्टरेट की डिग्री प्राप्त की। 1937 से 1947 तक मोनेस्ट्री में नैतिक दर्शन और समाजशास्त्र पर भाषण या प्रवचन देते रहे।

द्वितीय विश्वयुद्ध के दौरान प्रतिरोध आंदोलन में पूरी सक्रियता से भाग लिया। उसमें वे मिलिटरी चैपलेन और इंटेलिजेंस एजेंट भी रहे। अपनी सेवाओं के लिए उन्होंने वार क्रॉस और रेसिस्टेंस मेडल प्राप्त किए। उन्होंने समाजसेवा के कार्य किए। बच्चों के कैंप बनाए और सैकड़ों बालकों को युद्ध समाप्त होने के बाद संरक्षण दिया।

1949 में फादर पाइरे ने शरणार्थियों की सेवा-सहायता का कार्य आरंभ किया। अपने आपको शरणार्थियों की सेवा में समर्पित रखते हुए उन्होंने अपना कार्य जारी रखा। शरणार्थियों के कैंप में यू.एन.आर.ए. के एक अमरीकन अधिकारी ने अपने भाषण में कहा कि तीन शीर्षकों के अंतर्गत कार्य होना चाहिए। 'सर्विस डिपेरेनेज' (स्पांसरशिप सर्विस) जहाँ शरणार्थी शिविर में व्यक्तिगत संपर्क द्वारा कार्य किया जाए। दूसरा रूप स्पांसर का यह है कि वयस्क शरणार्थियों के कैंप बनाए जाएँ। अपाहिज या अपंगों की भी एक कोटि हो सकती है। तीसरी परियोजना 'यूरोपियन विलेजेज' जैसी होगी। ऐसा पहला गाँव जर्मनी में है, दूसरा ऑस्ट्रिया में है, तीसरा जर्मनी के आक्सबर्ग में है, चौथा ब्रूसेल्स के निकट बरकेंस्टे आगथे में है। प्रत्येक गाँव में 12 घर हैं। प्रत्येक घर में 2 फ्लैट हैं। उनमें रहनेवाले लोग आधा किराया देते हैं, आधा किराया दान से आता है।

फादर पाइरे की गतिविधियाँ ऐसे गाँवों की स्थापना से हैं। उन्होंने ऐसे गाँवों की स्थापना के लिए 'एइडे ऑक्स पर्सोनेस डिप्लेसेज एट सेस विलेज इयूरपीयंस' नामक एक संगठन की स्थापना की है। अपने सहकर्मियों के लिए भी उन्होंने एक ऐसी ही योजना बनाई।

भौतिक विज्ञान

रसायन विज्ञान

शरीर विज्ञान/चिकित्सा विज्ञान

साहित्य

शान्ति

1959

भौतिक विज्ञान

चैंबरलेन, ओवेन

नागरिकता : संयुक्त राज्य अमरीका

जन्म : 10 जुलाई, 1920; सैन फ्रांसिस्को, अमरीका

निधन : 28 फरवरी, 2006; बर्कले, अमरीका

ओवेन चैंबरलेन को एमिलिओ गिनो सेग्रे के साथ संयुक्त रूप से 1959 का नोबेल पुरस्कार प्रदान किया गया था। क्योंकि उन्होंने एंटी-प्रोटॉन की खोज की थी। पहले समझा जाता था कि सब-एटॉमिक पार्टिकल दूसरा एंटीपार्टिकल है जिसकी खोज होनी है जिससे अतिरिक्त ऐंटीपार्टिकल का पता चल सके।

चैंबरलेन ने द्वितीय विश्वयुद्ध के दौरान यू.एस. एटम बम प्रोजेक्ट पर कार्य किया था। उन्होंने शिकागो विश्वविद्यालय से पीएच.डी. की डिग्री प्राप्त की और इलिनोइस की आर्गोन नेशनल प्रयोगशाला में कार्य किया। 1948 में वे बर्कले स्थित कैलीफोर्निया विश्वविद्यालय की फैकल्टी में प्रवेश किया। वहाँ उन्होंने अल्फा पार्टिकल डिके पर शोध करते रहे। उसी क्रम में लिक्विडों में न्यूट्रॉन डिफ्रेक्शन और एनर्जी न्यूक्लियर पार्टिकलों का अध्ययन किया। उन्होंने सेग्रे के साथ मिलकर 1955 में बेवेट्रॉन पार्टिकल एक्सेलरेटर का उपयोग किया फिर 1956 में उन्होंने 'एंटी-न्यूट्रॉन' की पुष्टि की और अब बेवेट्रान पार्टिकल एक्सेलरेटरों का प्रयोग कैंसर की व्याधि पर शोध के लिए होता है। उन्हें एंटी-प्रोटॉन की खोज के लिए नोबेल पुरस्कार प्राप्त हुआ।

सेग्रे, एमिलिओ गिनो

नागरिकता : इटली / संयुक्त राज्य अमरीका

जन्म : 1 फरवरी, 1905; टिवोली, इटली

निधन : 22 अप्रैल, 1989; लाफेटे, अमरीका

एमिलिओ गिनो सेग्रे ने 1928 में पीएच.डी. प्राप्त की। 1932 में उन्हें सहायक प्रोफेसर नियुक्त किया गया। दो वर्षों के बाद उन्होंने प्रसिद्ध भौतिकविज्ञानी एनरिको फेर्मी के निर्देशन में न्यूट्रॉन पर प्रयोग किए। उन प्रयोगों में यूरेनियम

भी शामिल था जिसके साथ न्यूट्रॉन की बौछार किए जाने पर ट्रांसुरेनिक तत्त्वों की सृष्टि हुई। 1935 में उन्होंने स्लो न्यूट्रॉनों की खोज की। इससे न्यूक्लियर रिएक्टरों के निर्माण की सुविधा उपलब्ध हुई। 1936 में रोम छोड़ दिया और सिसिली की पालेर्मो विश्वविद्यालय की भौतिकी प्रयोगशाला के निदेशक नियुक्त हुए। एक वर्ष बाद उन्होंने 'टेक्नेटियम' की खोज की, यह मानव निर्मित प्रथम एलिमेंट था जो प्रकृति में उपलब्ध नहीं। 1938 में जब वे कैलीफोर्निया के दौरे पर थे तब इटली की फासिस्ट सरकार ने पालेर्मो विश्वविद्यालय से उन्हें बर्खास्त कर दिया और मजबूरन वे अमरीका में ही रह गए। अमरीका में बर्कले स्थित कैलीफोर्निया विश्वविद्यालय में शोध सहायक नियुक्त हुए। 1944 में उन्हें संयुक्त राज्य अमरीका की नागरिकता प्राप्त हो गई।

अपने सहयोगी के साथ रिसर्च जारी रखते हुए उन्होंने 1940 और उसके बाद भी 'स्टेटाइन' की खोज की तथा दूसरे वैज्ञानिकों के समूह के साथ 'प्लूटोनियम-239' की खोज की जो 'यूरेनियम-235' की भाँति ही फिजीयनेबुल है। 'प्लूटोनियम-239' का प्रयोग प्रथम एटम बम में किया गया था, जो जापान के शहर नागासाकी पर गिराया गया था। सेग्रे बर्कले में भौतिक के प्रोफेसर नियुक्त हुए (1955)। सेग्रे और चैंबरलेन ने बेवेट्रान एक्सेलरेटर की सहायता से एंटी-प्रोटॉनों की पहचान की और उन्हें उत्पन्न किया। 1964 में उनकी पुस्तक 'न्यूक्लेयी एंड पार्टिकल्स' प्रकाशित हुई।

1959 का नोबेल पुरस्कार सेग्रे और चैंबरलेन को संयुक्त रूप से प्रदान किया गया।

रसायन विज्ञान

हेरोवस्की, जेरोस्लाव
नागरिकता : चेकोस्लोवाकिया
जन्म : 20 दिसंबर 1890; प्राग, चेकोस्लोवाकिया
निधन : 27 मार्च, 1967; प्राग, चेकोस्लोवाकिया

जेरोस्लाव हेरोवस्की एक केमिस्ट थे जिन्होंने पोलेरोग्राफी की खोज की और उसे विकसित करने की ऐसी पद्धति अपनाई जिसके जरिए उसका रासायनिक विश्लेषण संभव हो। साथ ही उसकी गुणवत्ता और मात्रात्मक संरचना का पता चल सके। पहले यह लगभग किसी तरह से मुमकिन नहीं था।

हेरोवस्की ने प्रेग की चार्ल्स विश्वविद्यालय और लंदन के विश्वविद्यालय कॉलेज में शिक्षा प्राप्त की। लंदन में उन्होंने नोबेल विजेता सर विलियम रैम्से और एफ.जी. डोनान के साथ कार्य किया। चार्ल्स विश्वविद्यालय में कई पदों पर कार्य करने के बाद वे भौतिक रसायन के प्रोफेसर और निदेशक नियुक्त हुए। चेकोस्लोवाक एकेडमी ऑफ साइंसेज के पोलेरोग्राफी इंस्टीट्यूट के वे निदेशक भी नियुक्त किए गए। डोनान के सुझाव पर लंदन में पोलेरोग्रॉफी की खोज की। दस वर्षों के बाद उन्होंने पोलेरोग्रॉफी को साधारण व्यवहार में लाने की पद्धति विकसित की।

हेरोवस्की का मोनोग्राफ 'पोलेरोग्राफी' 1941 में प्रकाशित हुआ। उन्हें उनकी विश्लेषण की पोलेरोग्राफी पद्धति की खोज और विकास के लिए नोबेल पुरस्कार प्राप्त हुआ।

शरीर विज्ञान/चिकित्सा विज्ञान

कॉर्नबर्ग, आर्थर
नागरिकता : संयुक्त राज्य अमरीका
जन्म : 3 मार्च, 1918; ब्रुक-लिन, न्यू यॉर्क, अमरीका
निधन : 26 अक्टूबर, 2007; स्टेनफोर्ड, अमरीका

आर्थर कॉनबर्ग एक चिकित्सक और जैव रसायनशास्त्री थे। उन्हें सेवेरो ओचोआ के साथ संयुक्त रूप से 1959 का नोबेल पुरस्कार प्रदान किया गया क्योंकि उन्होंने डिऑक्सिरिबो न्यूक्लिक एसिड (डी.एन.ए.) मोलेक्यूल्स की खोज की थी जिन्हें बैक्टीरियल सेल में डुप्लीकेट किया जा सके। डुप्लीकेशन प्रक्रिया की पुनर्रचना 'इन वर्टो' होती रहती है।

यू. एस. नेशनल इंस्टीट्यूट ऑफ हेल्थ (बेथेस्टदा, मेरीलैंड) में 1942 से 1953 तक उन्होंने एंजाइमों और इंटरमीडियरी मेटाबोलिज्म के रिसर्च को निर्देशित किया। उन्हें वाशिंगटन विश्वविद्यालय के माइक्रोबायोलॉजी विभाग का

प्रोफेसर और डायरेक्टर नियुक्त किया गया (1953-59)। उन्होंने लिविंग ऑर्गेनिज्म के न्यूक्लिओटाइड के निर्माण, न्यूक्लिक के एसिड डी.एन.ए. और आर.एन.ए. आदि पर अपना अध्ययन जारी रखा। उन्होंने रेडियोएक्टिव आइसोटोप आदि का भी अध्ययन किया। 1956 में उन्होंने एंजाइम के केटेलाइज्ड पोलिमराइजेशन की प्रतिक्रिया पर शोध किया। 1959 से वे कैलीफोर्निया के स्टानफोर्ड विश्वविद्यालय के बायोकेमिस्ट्री विभाग के चेयरमैन हैं। उन्हें जीन के पुनः संयोजन तथा बैक्टीरीया के जीवन तत्त्वों के संगठन की खोज के लिए नोबेल पुरस्कार से सम्मानित किया गया।

ओचोआ, सेवेरो

नागरिकता : स्पेन / अमरीका
जन्म : 24 सितंबर, 1905; लोर्का, स्पेन
निधन : 1 नवंबर, 1993; मेड्रिड, स्पेन

सेवेरो ओचोआ ने मलागा कॉलेज में अध्ययन किया था। वहाँ बी.ए. की डिग्री उन्होंने 1921 में प्राप्त की। उनकी दिलचस्पी बायोलॉजी के अध्ययन में इसलिए बढ़ी कि उन्होंने सुप्रसिद्ध स्पेनिश न्यूरोहिस्टोलॉजिस्ट की रेमोन वोई कैजल पुस्तकें पढ़ी थीं। मेड्रिड विश्वविद्यालय के मेडिकल स्कूल से 1929 में एम.डी. की डिग्री प्राप्त की। उसी वर्ष वे विशेष अध्ययन के लिए स्पेनिश काउंसिल ऑफ साइंटिफिक रिसर्च गए और नोबेल विजेता ओट्टो मेयर हौफ के अधीन कार्य किया। हीडलबर्ग के कैसर विल्हेम इंस्टीट्यूट फॉर मेडिजिनेश्चे फोर्शचुंग में भी उन्होंने काम किया। 1934 में उन्हें फिजियोलॉजी और बायोकेमिस्ट्री का लेक्चरर नियुक्त किया गया। आगे चलकर 1936 में हाइडलबर्ग के मेयर हौफ प्रयोगशाला में गेस्ट रिसर्च असिस्टेंट बने। वहाँ उन्होंने एंजाइमेटिक्स ऑफ ग्लाइकोसिस और फर्मेंटेशन पर शोध किया। 1937 में वे प्लायआउथ मैरीन बायोलॉजिकल लेबोरेटरी में कार्यरत रहे। 1938 से 1941 तक उन्होंने विटामिन 'बी' के जीवविज्ञानी क्रियाविधि पर शोध किया। उन्हें ऑक्सफोर्ड विश्वविद्यालय में प्रदर्शक और रिसर्च असिस्टेंट नियुक्त किया गया। जब वे ऑक्सफोर्ड में थे तब ऑक्सीडेटिव मेटाबोलिज्म का अध्ययन किया। 1941 में वे अमरीका चले गए तथा 1942 तक वाशिंगटन विश्वविद्यालय स्कूल ऑफ मेडिसिन में कार्यरत रहे।

ओचोआ के शोध मुख्यतः बायोलॉजिकल ऑक्सीडेशन की एंजाइमेटिक प्रक्रियाओं से संबंधित थे। कार्बोहाइड्रेट्स के मेटाबोलिज्म और फैटी न्यूक्लिक एसिडों पर भी उन्होंने शोध किए।

ओचोआ ने बायोकेमिस्ट्री पर 3000 से ज्यादा शोधपत्र प्रस्तुत किए। यू.एस. एकेडमी ऑफ साइंसेज और अमरीकन फिलॉसफिकल सोसाइटी के सदस्य रहे। इसके अतिरिक्त इंडियन नेशनल साइंस एकेडमी, सोवियत, पोलिश और पश्चिम जर्मनी की साइंस एकेडमी के विदेशी सदस्य रहे।

1959 का नोबेल पुरस्कार कॉर्नबर्ग और ओचोआ को संयुक्त रूप से प्रदान किया गया।

साहित्य

क्वासिमोडो, साल्वाटोर

नागरिकता : इटली
जन्म : 20 अगस्त, 1901; मोडिका, इटली
निधन : 14 जून, 1968; नेपल्स, इटली

साल्वाटोर क्वासिमोडो इटली के प्रमुख कवि, आलोचक और अनुवादक थे। मूलतः वे एक अंतर्मुखी एवं प्रतीकवादी वायुरुद्ध कवि थे। द्वितीय विश्वयुद्ध के बाद वह आधुनिक सामाजिक मुद्दों को उठानेवाले प्रभावशाली कवि के रूप में सामने आए। उन्होंने आधुनिक जीवन की तमाम पीड़ाओं को अपनी कविताओं में अभिव्यक्ति दी। अन्य महान कवियों जैसे—गिओवानी वेर्गा, लुइगी पिरांडिलो और एलिओ वित्तोरिनी की तरह, वह भी सिसिलीयन थे। एलिओ वित्तोरिनी की भाँति ही क्वासिमोडो रेलवे लाइन पर काम करने वाले मजदूर के पुत्र थे।

क्वासिमोडो ने पहले सिरेकुसे और मेसिना में शिक्षा प्राप्त की। उसके बाद इंजीनियरिंग और मैथमेटिक्स की पालेर्मो में पढ़ाई की। उसके बाद वे रोम चले गए और वहाँ

से इजीनियरिंग स्नातक की डिग्री प्राप्त की। उन्होंने दस वर्षों तक इंजीनियर के रूप में इटली सरकार की सेवा की किंतु बीच-बीच में समय निकालकर कविताएँ भी लिखते रहे। उनकी प्रथम कविता फ्लोरेंटिन पत्रिका 'सोलारिया' में छपी। उनकी कविताओं का प्रथम संग्रह था—'एक्वे ए टेरे' (1930, वाटर एंड लैंड)। वे धीरे-धीरे एकांतवासी होते चले गए और इंजीनियर के पेशे को बिल्कुल ही छोड़ दिया तथा मिलानीज कंजर्वेटरी में इटली का साहित्य पढ़ाने लगे। उनके अन्य कविता-संग्रह 'ओबो ए समर्से', (1932,) संकेन ओबोए 'ओडोरे डि यूकैलिप्टस' (1933, सेंट ऑफ कैलिप्टस) और 'एराटो ए एपोलियन' (1936) जटिल और प्रतीकात्मक शैली में लिखित हैं। 'पोएसिए' (1938) और 'एड ए सुबितो सेरा' (1942) के साथ उनकी एकांतप्रियता समाप्त हुई।

द्वितीय विश्वयुद्ध के बाद उन्होंने 'गिओर्नो डोपो गिओर्नो' (1947, डे आफ्टर डे) प्रकाशित किया। उस संग्रह में 'आर्ले फ्रांडे डेइ सेलिसी' (ऑन दि विलो ब्रांचेज) जैसी कविता भी शामिल थी। इटली की फासिस्ट हुकूमत के खौफनाक माहौल का विवरण है। 1930 से लेकर जीवन के अंत तक उन्होंने अनेक ग्रीक और अन्य क्लासिक ग्रंथों के अनुवाद प्रकाशित किए। उनमें नाटक भी थे। इटली के साहित्य की दो एंथोलोजियों का संपादन किया तथा अनेक निबंध भी लिखे। उन्हें उनके गीतिकाव्यों, जिनमें उन्होंने अपने समय के अनुभव का वर्णन किया है, के लिए उन्हें नोबेल पुरस्कार से सम्मानित किया गया।

शान्ति

नोएल-बेकर, फिलिप जे.
नागरिकता : ब्रिटेन
जन्म : 1 नवंबर, 1889; लंदन, ब्रिटेन
निधन : 8 अक्टूबर, 1982; लंदन, ब्रिटेन

फिलिप जे. नोएल-बेकर एक राजनेता और अंतरराष्ट्रीय निरस्त्रीकरण के प्रभावशाली प्रवक्ता थे। वे सात भाषाओं में धाराप्रवाह बोल सकते थे और लगातार 40 वर्षों तक मल्टी-लैटरल निरस्त्रीकरण द्वारा विश्व शान्ति के पक्ष में अपने अभियान को जारी रखे हुए थे। वह कैनेडियन क्वेकर परिवार में पैदा हुए थे। वे खेलकूद प्रतियोगिताओं में भाग लिया करते थे। उन्होंने 1912 और 1920 के ओलंपिक की दौड़ स्पर्धा में भाग लिया था। 1924 के ओलंपिक में ब्रिटिश टीम के कैप्टन थे। 1920 के ओलंपिक की 1500 मीटर की दौड़ में उन्होंने चाँदी का पदक जीता था। प्रथम विश्वयुद्ध के समय उन्होंने फ्रांस, बेल्जियम और इटली की एंबुलेंस इकाइयों में काम किया जिसके लिए उन्हें पदकों से अलंकृत किया गया।

1919 के पेरिस पीस कॉन्फ्रेंस में वे ब्रिटिश प्रतिनिधि मंडल के सदस्य थे। उन्होंने लीग ऑफ नेशंस के सेक्रेटिएट में भी प्रवेश किया। उन्होंने मानवतावादी आर्कटिक एक्सप्लोरर नानसेन के साथ सहयोग किया और युद्ध के शरणार्थियों की सहायता की। लीग ऑफ दि नेशंस के प्रोमोटर लॉर्ड सेसिल ऑफ चेलऊड के निजी सहायक के रूप में कार्य किया (1923-24)।

भौतिक विज्ञान

रसायन विज्ञान

शरीर विज्ञान/चिकित्सा विज्ञान

साहित्य

शान्ति

1960

भौतिक विज्ञान

ग्लासर, डोनाल्ड आर्थर

नागरिकता : संयुक्त राज्य अमरीका

जन्म : 21 सितंबर, 1926; ओहियो, अमरीका

डोनाल्ड ए. ग्लासर एक प्रसिद्ध भौतिकविज्ञानी थे। क्लिवलैंड के केस इंस्टीट्यूट ऑफ टेक्नोलॉजी से उन्होंने स्नातक डिग्री 1946 में प्राप्त की। कैलीफोर्निया इंस्टीट्यूट से उन्होंने 1949 में पीएच.डी. की डिग्री प्राप्त की। इसके बाद मिशिगन विश्वविद्यालय में अध्यापन करने लगे। वहाँ 1959 तक वे भौतिक विज्ञान के प्रोफेसर रहे। अपने अध्ययन के दौरान उनका ध्यान बब्बल चैंबर की ओर गया जिसका आमतौर पर प्रयोग किया जाता था क्योंकि इसके द्वारा सब-एटॉमिट पार्टिकल के मार्गों का परिमापन किया जाता है। ग्लासर ने उसका बारीकी से अध्ययन किया और 1952 में अपना परिष्कृत और उपयोगी प्रथम 'बब्बल चैंबर' तैयार किया। पहले उसमें तरल ईथर था, मगर अधिकाधिक क्षमता के लिए तरल हाइड्रोजन का प्रयोग किया। यह नया बब्बल चैंबर ज्यादा उपयोगी सिद्ध हुआ क्योंकि उच्च ऊर्जा वाले कणों को धीमा और तेज किया जा सकता है और प्रत्येक कोण से उसे देखा और परखा जा सकता है।

ग्लासर बहुत कम उम्र के वैज्ञानिक थे जिन्होंने असाधारण खोज की थी और 34 वर्ष की अवस्था में ही उन्हें 1960 का नोबेल पुरस्कार प्रदान किया गया। 1959 में वे बर्कले स्थित कैलीफोर्निया विश्वविद्यालय के स्टाफ मेम्बर हुए जहाँ उन्हें 1964 में भौतिक और आणविक जीव विज्ञान का प्रोफेसर नियुक्त किया गया। उन्होंने बब्बल चैंबर के आविष्कार के लिए नोबेल पुरस्कार प्राप्त किया था।

रसायन विज्ञान

लिब्बि, विलार्ड फ्रैंक

नागरिकता : संयुक्त राज्य अमरीका

जन्म : 17 दिसंबर, 1908; कोलोराडो, अमरीका

निधन : 8 सितंबर, 1980; लॉस एंजेल्स, अमरीका

विलार्ड फ्रैंक लिब्बि एक केमिस्ट थे। रेडियोएक्टिव कार्बन डेटिंग की उनकी तकनीक ने पुरातत्त्वविदों, नृ-विज्ञानविदों और

भू-विज्ञानियों को मानो एक बहुमूल्य औजार दे दिया। उन्होंने बर्कले की कैलीफोर्निया विश्वविद्यालय से पीएच.डी. की डिग्री प्राप्त की तथा वहाँ की फैकल्टी में 1933 से 1945 तक कार्य किया।

प्रथम परमाणु बम परियोजना से संबद्ध रहते हुए उन्होंने यूरेनियम आइसोटोपों को अलग-अलग करने की पद्धति विकसित की जो एक आवश्यक कदम था, जिसके बाद का कदम प्रथम परमाणु बम का निर्माण ही था। वे शिकागो विश्वविद्यालय के इंस्टीट्यूट ऑफ न्यूक्लियर स्टडीज में प्रविष्ट हुए और 1949 से 1959 तक अध्ययन और शोध का कार्य करते रहे। उन्होंने 1946 में दिखाया था कि हाइड्रोजन का सबसे भारी आइसोटोप उत्पन्न करनेवाला तत्त्व कॉस्मिक विकिरण से प्राप्त किया जा सकता है। वे यू. एस. एटॉमिक कमीशन की सेवा में रहे। लास एंजिल्स कैलीफोर्निया विश्वविद्यालय में वे केमिस्ट्री के प्रोफेसर नियुक्त हुए। उनकी सबसे प्रसिद्ध पुस्तक 'रेडियो कार्बन डेटिंग' (1955) है। पुरातत्त्व विज्ञान, भू-विज्ञान, भू-भौतिकी और विज्ञान की अन्य शाखाओं के लिए कार्बन डेंटिंग हेतु कार्बन-14 के प्रयोग विधि की खोज के लिए उन्हें नोबेल पुरस्कार प्राप्त हुआ।

शरीर विज्ञान/चिकित्सा विज्ञान

बर्नेट, सर फ्रैंक मैक्फार्लेन

नागरिकता : ऑस्ट्रेलिया

जन्म : 3 सितंबर, 1899; ट्राराल्गोन, विक्टोरिया, ऑस्ट्रेलिया

निधन : 31 अगस्त, 1985; मेलबोर्न, आस्ट्रेलिया

सर फ्रैंक मैक्फार्लेन बर्नेट की आरंभिक शिक्षा विक्टोरिया स्कूल में सम्पन्न हुई थी। उच्चतर शिक्षा उन्होंने जीलौंग कॉलेज में प्राप्त की। मेलबोर्न विश्वविद्यालय में उन्होंने मेडिकल कोर्स की पढ़ाई पूरी की तथा 1922 में एम.बी.बी.एस. और 1923 में एम.डी. हुए।

1923 में बर्नेट मेलबोर्न के एलिजा हाल इंस्टीट्यूट में टायफॉइड ज्वर पर एग्लूटिन की प्रतिक्रिया पर शोध करने लगे।

1926 में मेडिकल रिसर्च के लिए उन्हें बेइट फेलोशिप का पुरस्कार प्रदान किया गया। वे पूरे वर्ष लंदन के लिस्टर इंस्टीट्यूट में शोध का कार्य करते रहे। टायफॉइड ज्वर पर एग्लूटिनिनों की प्रतिक्रिया की चर्चा पहले की जा चुकी है, उसके बाद वायरसों के संक्रमण पर शोध करने लगे तथा उसी से उन्हें विश्वव्यापी ख्याति मिली।

बर्नेट ने 1935 में ऑस्ट्रेलिया के 'इंफ्लुएंजा ए' वायरस को अलग करने में सफलता प्राप्त की। अनेक प्रकार के इंफ्लुएंजा ज्वर ऑस्ट्रेलिया में पाए जाते हैं और उनसे संबंधित वायरस भी अलग-अलग प्रकार के हैं। उन सबकी पहचान, गणना, विश्लेषण और उपचार का कार्य एक पूरे महाभारत का युद्ध जीतने के समान है तथा बर्नेट ने वैसा ही करके दिखा दिया। उन्हें प्रतिरक्षकों की क्षमता को बढ़ाने के लिए नोबेल पुरस्कार से सम्मानित किया गया।

मेडावर, सर पीटर ब्रॉयन

नागरिकता : ब्रिटेन

जन्म : 28 फरवरी, 1915; रियो डि जेनेरो, ब्राजील

निधन : 2 अक्टूबर, 1987; लंदन, ब्रिटेन

सर पीटर ब्रॉयन मेडावर एक ब्रिटिश जंतु-विज्ञानी थे जिन्होंने सर फ्रैंक मैक्फार्लेन बर्नेट के साथ इम्यूनोलॉजी पर शोध करते हुए यह सिद्ध किया था कि जन्मजात प्रवृत्तियाँ सबमें एक जैसी होती हैं मगर बाहरी परिवेश उन्हें अलग-अलग कर देते हैं। 1949 में उन्होंने इस हाइपोथीसिस को आगे बढ़ाया कि वांछित और अवांछित टिश्यू अपने आप जमते और झड़ते रहते हैं।

मेडावर 1947-51 में बर्मिंघम विश्वविद्यालय और लंदन विश्वविद्यालय (1951-62) में जंतु विज्ञान के प्रोफेसर थे। उन्होंने कई बछड़ों और चूहों आदि पर प्रयोग करके देखा। मेडवार ने इम्यूनोलॉजी को पूर्ण विकसित रूप दिया। उनकी इम्यूनोलॉजी की नई अवधारणा को वैज्ञानिकों ने हाथोहाथ लिया। वे लंदन के नेशनल इंस्टीट्यूट ऑफ मेडिकल रिसर्च के निदेशक थे। उन्होंने 'दि यूनीकनेस ऑफ दि इंडिविजुअल' (1957) तथा 'दि फ्यूचर ऑफ मैन' (1960) ये दो पुस्तकें लिखीं।

1960 का नोबेल पुरस्कार बर्नेट और मेडावर को संयुक्त रूप से प्रदान किया गया।

साहित्य

पर्से, सेंट-जॉन
नागरिकता : फ्रांस
जन्म : 31 मई, 1887; सेंट लेगर लेस फ्यूलेस, ग्वाडेलॉप आइसलैंड
निधन : 20 सितंबर, 1975; पर्सेक्विले डि गिएंस, फ्रांस

सेंट-जॉन पर्से एक फ्रेंच कवि और राजनयिक थे। उन्होंने बोरोडियाक्स विश्वविद्यालय और पेरिस विश्वविद्यालय में शिक्षा प्राप्त की थी। उसके बाद 1914 में फ्रेंच राजनयिक सेवा में प्रवेश किया था। उन्हें चीन भेजा गया और शंघाई में वाणिज्य दूत बनाया गया। बीजिंग में उन्हें सचिव बनाया गया। 1921 में उन्होंने पूर्वी एशिया के मामलों के विशेषज्ञ के रूप में वाशिंगटन के डिसार्मामेंट कॉन्फ्रेंस में भाग लिया। आगे चलकर फ्रेंच पैसिफिस्ट स्टेट्समैन आरिस्टाइड ब्रियांड (नोबेल विजेता) के सचिव बने। 1933 में उन्हें विदेश मंत्रालय का मुख्य सचिव नियुक्त किया गया। वह पद राजदूत के बराबर होता है।

फ्रांस की विशी सरकार ने 1940 में उन्हें उनके पद से बर्खास्त कर दिया और फ्रांस की नागरिकता से भी वंचित कर डाला। बाध्य होकर पर्से संयुक्त राज्य अमरीका चले गए। वहाँ वे कांग्रेस की लाइब्रेरी में फ्रेंच साहित्य के परामर्शदाता रहे। 1957 में वे फ्रांस लौट आए। राजनयिक सेवा आरंभ करने से पहले जो कविताएँ उन्होंने लिखी थीं, उनका संग्रह था—'इलोगेस' (1911, इलोगेस एंड अदर पोएम्स, 1944)। उनकी सर्वोत्तम आरंभिक कृति एक लंबी कविता 'अनवासे' (1924, अंग्रेजी के सुप्रसिद्ध कवि टी.एस. इलियट द्वारा अनूदित 'अनवासिस', 1930) थी। निष्कासन की अवधि में उन्होंने लिखा 'एक्सिल' (1942, एक्साइल एंड अदर पोएम्स, 1949)। उसके बाद तो क्रमश अनेक कृतियाँ प्रकाश में आईं : 'पोएमे ए ल एटरेंजेरे (पोएम टु ए फारेन लेडी, 1943), 'क्वाटरे पो एमे' (1944), 'वेंट्स' (1946, विंड्स, 1953), 'एमर्स' (1957, सीमार्क्स, 1958), 'क्रोनिक' (1960, इंगलिश, 1961), 'असिआक्स' (1962, बड्र्स, 1966) तथा 'पोरदांते' (1966)

शान्ति

लुटुली, अल्बर्ट जॉन
नागरिकता : दक्षिण अफ्रीका
जन्म : 1898; रोडेशिया
निधन : 21 जुलाई, 1967; स्टेनगेर, दक्षिण अफ्रीका

अल्बर्ट जॉन लुटुली के अंतिम नाम का उच्चारण लुरहुली भी किया जाता है। वह दक्षिण अफ्रीका के एक शिक्षक और धार्मिक नेता थे। शान्ति के लिए नोबेल पुरस्कार प्राप्त करनेवाले वे प्रथम दक्षिण अफ्रीकी नेता थे। अमरीकन बोर्ड ऑफ मिसन्स टीचर्स ट्रेनिंग कॉलेज से स्नातक की डिग्री प्राप्त करने के बाद उन्हें तीन अफ्रीकी इंस्ट्रक्टरों में शामिल किया गया।

1936 में उन्हें ग्राउट विले में जूलू समुदाय का नेता चुना गया और 1945 में वे अफ्रीकी नेशनल कांग्रेस में शामिल हो गए। वे गोरे लोगों की सरकार की नीतियों का विरोध करते थे, इसलिए 1956 में उन्हें गिरफ्तार कर लिया। फिर 1959 में उनके ग्रामीण क्षेत्र में उन्हें परिसीमित कर दिया। इसका अर्थ यह था कि उस परिसीमित क्षेत्र से बाहर आने-जाने के लिए गोरे लोगों की सरकार से आदेश प्राप्त करना हर हालत में जरूरी है। गोरी सरकार का आरोप था कि काले लोग गोरों के प्रति विद्वेष की भावना फैला रहे हैं जबकि यह सच नहीं था। महात्मा गांधी उनके लिए प्रेरणास्रोत थे। महात्मा गांधी की तरह ही लुटुली का आंदोलन एक अहिंसक आंदोलन था। 1960 का शान्ति के लिए जो नोबेल पुरस्कार मिला था उसे प्राप्त करने के लिए लुटुली को बहुत थोड़े समय के लिए बाहर जाने की अनुमति दक्षिण अफ्रीका की गोरी सरकार ने दी थी।

अल्बर्ट जॉन लुटुली का निधन बड़े दर्दनाक तरीके से हुआ जब वे रेलवे लाइन पार करते समय अचानक ट्रेन से टकरा गए।

भौतिक विज्ञान

रसायन विज्ञान

शरीर विज्ञान/चिकित्सा विज्ञान

साहित्य

शान्ति

1961

भौतिक विज्ञान

हॉफ्स्टाटर, रॉबर्ट

नागरिकता : संयुक्त राज्य अमरीका

जन्म : 5 फरवरी, 1915; न्यू यॉर्क सिटी, अमरीका

निधन : 17 नवंबर, 1990; स्टेनफोर्ड, अमरीका

रॉबर्ट हॉफ्स्टाटर ने न्यूट्रोनों और प्रोटॉनों की अभी तक अज्ञात संरचना की खोज की थी। नाभिकीय बलों और अभिक्रियाओं को समझने के लिए यह खोज बहुत महत्त्वपूर्ण थी।

हॉफ्स्टाटर ने न्यू यॉर्क के सिटी कॉलेज से शिक्षा प्राप्त की। 1935 में ग्रेजुएट हुए और 1938 में प्रिंस्टन विश्वविद्यालय से पीएच.डी. की डिग्री प्राप्त की। द्वितीय विश्वयुद्ध के दौरान उन्होंने वाशिंगटन के नेशनल ब्यूरो ऑफ स्टैंडर्ड में सैन्य उपकरणों के विकास के लिए कार्य किया। 1950 में उन्होंने स्टेनफोर्ड विश्वविद्यालय में प्रवेश किया जहाँ उन्होंने हाई वोल्टेज लाइनियर एक्सेलरेटर का प्रयोग किया। उन्होंने पाया कि प्रोटॉन और न्यूट्रॉन दोनों में एक केंद्रीय धनात्मक आवेशित कोर होता है जो पाई-मेसोन की एक दुहरी धुंध से घिरा होता है। प्रोटॉन में धुंध की दोनों परतें धनावेशित होती हैं लेकिन न्यूट्रॉन में आंतरिक परत ऋणावेशित होती है। इस प्रकार इस कण (न्यूट्रॉन) में कुल आवेश शून्य होता है। अपने इस सर्वेक्षण के आधार पर उन्होंने यह निष्कर्ष निकाला कि और भी बड़ी भारी संख्या में मेसोंस होते हैं पर वे क्षण जीवी होते हैं जिन्हें बाद में खोज लिया गया था। परमाणु के नाभिक से इलेक्ट्रॉन के विवर्णन तथा इस प्रकार न्यूक्लीनोस की संरचना से संबंधित खोज के लिए उन्हें नोबेल पुरस्कार प्रदान किया गया।

मौसबोएर, रूडोल्फ लुडविग

नागरिकता : जर्मनी

जन्म : 31 जनवरी, 1929; म्यूनिख, जर्मनी

निधन : 14 सितंबर, 2011; ग्रुंवाल्ड, जर्मनी

रूडोल्फ लुडविग मौसबोएर एक जर्मन भौतिकविज्ञानी थे। उन्होंने 'मौसबोएर प्रभाव' की महत्त्वपूर्ण खोज की थी।

उन्होंने म्यूनिख के टेक्निश्च होश्यूल से 1957 में डॉक्टरेट की डिग्री प्राप्त की। 'मौसबोएर इफेक्ट' को 'रीकोइल फ्री गामा रे रिसोनेंस एब्जोर्प्शन' भी कहा जाता है। यह परिलक्षण परमाणु के नाभिक और गामा किरणों की अंत:क्रिया से उत्पन्न होता है। इससे अल्बर्ट आइंस्टीन के सापेक्षतावाद सिद्धांत की पुष्टि होती है तथा परमाणु के नाभिक फील्ड के चुंबकीय क्षेत्र का परिमापन भी होता है। वे कैलीफोर्निया के इंस्टीट्यूट ऑफ टेक्नोलॉजी में भौतिकी के प्रोफेसर हुए। 1964 में वे म्यूनिख लौट आए तथा टेक्निश्च होश्यूल में भौतिक विज्ञान के प्रोफेसर हुए।

1961 का नोबेल पुरस्कार मौसबोएर और हाफ्स्टाटर को संयुक्त रूप से प्रदान किया गया।

रसायन विज्ञान

कालविन, मेलविन

नागरिकता : संयुक्त राज्य अमरीका

जन्म : 8 अप्रैल, 1911; सेंट पॉल मिनीसोटा

निधन : 8 जनवरी, 1997; बर्कले

मेलविन कालविन ने मिशिगन कॉलेज ऑफ माइनिंग एंड टेक्नोलॉजी से रसायन विज्ञान में बी.एस. की डिग्री 1931 में प्राप्त की। मिनीसोटा विश्वविद्यालय से पीएच.डी. की डिग्री उन्होंने 1935 में प्राप्त की। 1935 से 1937 तक वे मैनचेस्टर विश्वविद्यालय में रॉकफेलर फाउंडेशन के सदस्य के रूप में कार्यरत रहे। 1937 में उन्होंने कैलीफोर्निया यूनिवर्सिटी की फैकल्टी में प्रवेश किया। 1947 में वहाँ प्रोफेसर हुए। 1946 में उन्हें लॉवरेंस रेडिएशन लेबोरेटरी का निदेशक भी नियुक्त किया गया।

मेलविन ने यह खोज की कि फास्फोग्लिसरिक अम्ल प्राथमिक उत्पाद है जिससे उन्होंने यह निष्कर्ष निकाला कि संपूर्णता में प्रकाश संश्लेषण और कार्बोहाइड्रेड उपापचय के बीच गहरा संबंध है। उन्होंने प्राथमिक उत्पाद तथा अंतिम उत्पा की समीकरण (ऐसेमिलेशन) के बीच एक पथ की व्याख्या की जिसमें विभिन्न कार्बोहाइड्रेड आते हैं।

मेलविन को उनकी विशिष्ट वैज्ञानिक खोजों के लिए अनेक वैज्ञानिक एवार्ड और मेडल प्रदान किए गए। वे लंदन की रॉयल सोसाइटी समेत कई संस्थानों के ऑनरेरी सदस्य/फेलो रहे। डॉक्टरेट की ऑनरेरी डिग्री उन्हें अनेक विश्व-विद्यालयों से प्राप्त हुईं।

मेलविन कालविन की चर्चित पुस्तकें हैं : 'दि थ्योरी ऑफ ऑर्गेनिक केमिस्ट्री' (1941), 'आइसोटोपिक कार्बन' (1949), 'दि पाथ ऑफ कार्बन इन फोटोसिंथेसिस' (1957), 'केमिकल इवोल्यूशन' (1961), 'फोटो सिंथेसिस ऑफ कार्बन कंपाउंड्स' (1962)आदि। पादपों में कार्बन डाईऑक्साइड के आत्मसातीकरण (एसीमिलेशन) पर किए गए शोधकार्यों के लिए उन्हें नोबेल पुरस्कार से सम्मानित किया गया।

शरीर विज्ञान/चिकित्सा विज्ञान

वॉन, बेकेसी जॉर्ज

नागरिकता : हंगरी / संयुक्त राज्य अमरीका

जन्म : 3 जून, 1899; बुडा-पेस्ट, हंगरी

निधन : 13 जून, 1972; होनोलुलु

बेकेसी जॉर्ज वॉन ने आरंभिक शिक्षा म्यूनिख, बुडापेस्ट और एक प्राइवेट स्कूल में प्राप्त की थी। स्विस 'मेटुरिटिएट स्प्रूएफंग' उत्तीर्ण करने के बाद जॉर्ज ने बर्न विश्वविद्यालय में रसायन विज्ञान का अध्ययन किया। थोड़े समय तक वे सैन्य सेवा में भी रहे।

बुडापेस्ट विश्वविद्यालय से उन्होंने 1923 में भौतिक विज्ञान में पीएच.डी. की डिग्री प्राप्त की। उन्होंने अपना कार्य हंगेरियन पोस्ट ऑफिस की प्रयोगशाला से आरंभ किया। पोस्ट ऑफिसवालों को लंबी दूरी के ट्रांसमिशन में कठिनाई हो रही थी। टेलीफोन से बातचीत में जो दिक्कतें आ रही थीं, उन्हें दूर

करना बहुत आवश्यक था। वे मानवीय श्रवणतंत्र की प्रक्रिया का अध्ययन बहुत बारीकी से कर रहे थे। वे अस्पतालों के ऑटोप्सी कक्षों में बार-बार जाते और सुनने की प्रक्रिया का अध्ययन करते। पोस्ट ऑफिस के मेकैनिकल वर्कशॉपों में जाकर सुनने की प्रक्रिया का बारीकी से अध्ययन करते।

1946 में वे हंगरी छोड़कर स्वीडन चले गए। वहाँ उन्होंने पहले कैरोलिंस्का इंस्टीट्यूट फिर स्टॉकहोम के टेक्निकल इंस्टीट्यूट में शोध किया। यही वह समय था जब उन्होंने एक नए किस्म के ऑडियोमीटर को विकसित किया जो सुनने में बहुत सहायक होता है। 1947 में वह अमरीका चले गए और हार्वर्ड यूनिवर्सिटी के साइको ऐकॉस्टिक प्रयोगशाला में सेवानिवृत्त होने तक कार्यरत रहे। कर्णावर्त (कोकलिआ) में उद्दीपन की भौतिक यांत्रिकी के आविष्कार के लिए उन्हें नोबेल पुरस्कार से सम्मानित किया गया।

साहित्य

आंद्रिक, इवो

नागरिकता : युगोस्लाविया

जन्म : 10 अक्टूबर, 1892; डोलाक, बोस्निया

निधन : 13 मार्च, 1975; बेलग्रेड, युगोस्लाविया (अब सर्बिया)

इवो आंद्रिक एक सर्वो-क्रोशियन उपन्यासों और लघुकथाओं के लेखक थे। उन्होंने जाग्रेब, क्रैकाओ, विएना और ग्राज में अध्ययन किया था। द्वितीय विश्वयुद्ध के दौरान वे बर्लिन में राजदूत थे। लेखक के रूप में उनकी क्षमता का पता आरंभ में ही चल गया था। 'एक्स पोंटो' एक लिरिकल गद्य में लिखित कृति है। उसका संबंध ऑस्ट्रो-हंगेरियन गतिविधियों और युगोस्लाविया के राष्ट्रवादी आंदोलन से था। इस कृति के बाद 'नेमिरि' (टर्बुलेंसेस) प्रकाशित हुई। 1924 में उनकी कहानियाँ तीन भागों में एक ही शीर्षक 'प्रिपोवेट्के' (स्टोरीज) के अंतर्गत प्रकाशित हुईं। 'ट्राविनिका हरोनिका' (1945), बोस्नियन कहानियाँ, (1959) 'ना ड्रिनी कुपरीजा' (1945), 'दि ब्रिज ऑन दि द्रीना', (1959) तथा 'गोस्पोदजिका' (दि वूमन फ्रॉम सराजीवो, 1945) बोस्निया के इतिहास को उद्घाटित करती हैं।

युगोस्लाव राजनयिक होने के कारण वे अनेक देशों की यात्रा करते रहे। अपनी स्थानीय भाषा-संस्कृति से भी उनका गहरा लगाव था।

शान्ति

हैमर्सजोल्ड, दाग याल्मर आग्ने कार्ल

नागरिकता : स्वीडन

जन्म : 29 जुलाई, 1905; जौंकोपिंग, स्वीडन

निधन : 18 सितंबर, 1971; नडोला, उत्तरी रोडेशिया (जांबिया)

दाग याल्मर आग्ने कार्ल हैमर्सजोल्ड एक अर्थशास्त्री एवं राजनेता थे। वे संयुक्त राष्ट्र के द्वितीय महासचिव थे (1953-61)। उनके नेतृत्व में संयुक्त राष्ट्र की प्रतिष्ठा तथा प्रभाव में अपूर्व वृद्धि हुई। उन्हें मरणोपरांत नोबेल शान्ति पुरस्कार प्रदान किया गया।

वह याल्मर हैमर्सजोल्ड के पुत्र थे जो 1914-17 की अवधि में स्वीडन के प्रधानमंत्री थे। वह नोबेल पुरस्कार फाउंडेशन के चेयरमैन थे (1929-47)। उन्होंने कानून और राजनीतिक अर्थशास्त्र की शिक्षा उप्सला और स्टॉकहोम में प्राप्त की थी (1933-36)। उन्होंने स्वीडिश सिविल सर्विस में प्रवेश किया और विदेश मंत्रालय में स्थायी अंडरसेक्रेटरी हुए, साथ ही स्वीडन बैंक के बोर्ड के अध्यक्ष भी चुने गए। 1951 में उन्हें राज्यमंत्री नियुक्त किया गया तथा उनके कार्य उप-विदेशमंत्री के समान रखे गए।

उसी वर्ष संयुक्त राष्ट्र की सामान्य सभा में उन्हें स्वीडन के प्रतिनिधिमंडल का उपाध्यक्ष चुना गया। 1952 में उन्हें अध्यक्ष बनाया गया। नॉर्वे के ट्रिग्वे ली ने संयुक्त राष्ट्र संघ महासचिव के पद से 10 अप्रैल 1953 को त्यागपत्र दे दिया तब उसके पाँच महीनों के बाद हैमर्सजोल्ड को संयुक्त राष्ट्र संघ के महासचिव के पद के लिए चुना गया। 1957 में उन्हें

सर्वसम्मति से दोबारा पाँच वर्ष के लिए महासचिव बनाया गया। कोरिया के युद्ध में संयुक्त राष्ट्र सेना ने हस्तक्षेप किया था। हैमर्सजोल्ड का संयुक्त राष्ट्र महासचिव के रूप में वह पहला ही वर्ष था जब उस पर पूर्णविराम लग गया।

कई वर्षों से मध्यपूर्व में अरब राज्यों और इजराइल के बीच संघर्ष जारी था जिसका समाधान किया गया। केनेडियन राजनेता लेस्टर पियर्सन (नोबेल विजेता, 1957) के साथ मिलकर उन्होंने स्वेज नहर संकट का समाधान प्रस्तुत किया। हैमर्सजोल्ड ने लेबनान और जॉर्डन के मामले में भी पहल की जिससे अरब राज्यों के बीच युद्ध का खतरा उत्पन्न हो गया था। बेल्जियन कांगो 1960 में स्वतंत्र हो गया। हैमर्सजोल्ड ने नागरिक संघर्ष को काबू में रखने के लिए संयुक्त राष्ट्र की सेना भेजी। 1960 में उनकी कार्यवाही की सोवियत संघ ने निंदा की और महासचिव की जगह त्रिसदस्यीय ('त्रोइका') बोर्ड के गठन की माँग की। जिसमें पश्चिमी राष्ट्रों के प्रतिनिधि, कम्युनिस्ट और गुटनिरपेक्ष राष्ट्रों के प्रतिनिधियों को उस बोर्ड में सम्मिलित करने का प्रस्ताव था। तभी कांगोलीज प्रेसीडेंट मोइसे शोंबे के एक शान्ति मिशन पर जा रहे थे कि हैमर्सजोल्ड का 13 सितंबर, 1961 को वायुयान दुर्घटना में जांबिया में प्राणांत हो गया।

हैमर्सजोल्ड बड़े शांत और स्थिर प्रकृति के भावुक व्यक्ति थे। कलाओं से उनका गहरा लगाव था। उन्होंने 'मार्किंग्स' लिखी थी। यह उनकी आध्यात्मिक डायरी है। उनके निधन के बाद यह प्रकाशित हुई जिसमें लिखा है कि ''यह एक किस्म की श्वेत पुस्तक है जो स्वयं मेरे और परमात्मा के बीच का संवाद है।''

भौतिक विज्ञान

रसायन विज्ञान

शरीर विज्ञान/चिकित्सा विज्ञान

साहित्य

शान्ति

1962

भौतिक विज्ञान

लैंडाउ, लेव डेविडोविच

नागरिकता : यू.एस.एस.आर (सोवियत संघ)

जन्म : 22 जनवरी, 1908; बाकू अजरबेजान

निधन : 1 अप्रैल, 1968; मास्को

लेव डेविडोविच लैंडाउ बीसवीं शती के एक महान भौतिक-विज्ञानी थे। उन्होंने निम्न ताप भौतिकी, परमाणवीय और नाभिकीय भौतिकी, ठोस अवस्था (सोलिड स्टेट) भौतिकी, तारकीय भौतिकी (स्टेलर फिजिक्स) एवं प्लास्मा भौतिकी आदि क्षेत्रों में महत्त्वपूर्ण शोधकार्य किए।

लैंडाउ ने लेनिनग्राद स्टेट यूनिवर्सिटी से 1927 में ग्रेजुएट की डिग्री प्राप्त की। कोपेनहेगन के बोहरस इंस्टीट्यूट फॉर थियोरेटिकल फिजिक्स में भी अध्ययन किया। भौतिकी के अनेक केंद्रों से भी उन्होंने संपर्क किया। खारकोव विश्वविद्यालय के सामान्य भौतिकी विभाग के अध्यक्ष के रूप में उन्होंने सैद्धांतिक भौतिकी के एक स्कूल की स्थापना की जो देखते-देखते सैद्धांतिक भौतिकी का सोवियत रूस में प्रमुख केंद्र बन गया। 1935 में उन्होंने चुंबकीय क्षेत्र से संबंधित समस्याओं का गणितीय समाधान प्रस्तुत किया जिससे फैरोमैग्नेटिक वस्तुओं को समझा जा सका। 1937 में वे मास्को के इंस्टीट्यूट ऑफ फिजिकल प्रॉब्लम्स में दाखिल हुए और निम्न ताप परिघटना का अध्ययन किया। उन्होंने क्वांटम सिद्धांत के आधार पर हीलियम II और III का अध्ययन किया। उन्हें लेनिन पुरस्कार तथा कई अन्य पुरस्कार मिले। वे 'थ्योरिकल फिजिक्स' की कई खंडों वाली पुस्तक के सहयोगी लेखक थे। संघनित तत्त्व विशेषकर तरल हीलियम के सिद्धांतों के लिए उन्हें नोबेल पुरस्कार से सम्मानित किया गया।

रसायन विज्ञान

केंड्रियू, सर जॉन कॉउड्री
नागरिकता : ब्रिटेन
जन्म : 24 मार्च, 1917; ऑक्सफोर्ड
निधन : 23 अगस्त, 1997; कैंब्रिज, ब्रिटेन

सर जॉन कॉउड्री केंड्रियू के पिता ऑक्सफोर्ड विश्वविद्यालय में मौसम विज्ञान के रीडर थे और माता कला के इतिहास की विशेषज्ञ थीं। केंड्रियू ने ऑक्सफोर्ड ड्रेगान स्कूल में आरंभिक शिक्षा प्राप्त की और फिर ब्रिस्टल के क्लिटन कॉलेज में भी अध्ययन किया। 1936 में उन्होंने कैंब्रिज के ट्रिनिटी कॉलेज में प्रवेश किया। वहाँ से वे 1939 में रसायन विज्ञान में ग्रेजुएट हुए।

द्वितीय विश्वयुद्ध शुरू होने के कुछ शुरुआती महीनों तक उन्होंने कैंब्रिज विश्वविद्यालय के भौतिक रसायन विभाग में प्रति-संवेग (रिएक्शन काइनेटिक) पर शोध किया। उसके बाद एयर मिनिस्ट्री एस्टैब्लिशमेंट के सदस्य के रूप में रडार पर शोध किया जिसे बाद में टेलीकम्युनिकेशन रिसर्च एस्टैब्लिशमेंट कहा गया। उन्होंने 1949 में कैंब्रिज से पीएच.डी. और 1962 में डी.एससी. की डिग्रियाँ प्राप्त कीं। वे कैंब्रिज के मेडिकल रिसर्च काउंसिल लेबोरेटरी फॉर मोलेक्यूलर बायोलॉजी के डिप्टी चेयरमैन रहे और रक्षा वैज्ञानिक सलाहकार परिषद के चेयरमैन भी हुए।

केंड्रियू ने भारी परमाणु पर कार्य किया जैसे मर्करी (पारद) या स्वर्ण।

केंड्रियू को 1947 में पीटरहाउस कॉलेज का फेलो चुना गया, इसी प्रकार 1960 में रॉयल सोसाइटी के भी फेलो चुने गए। 1962 में अमरीकन सोसाइटी ऑफ बायोलॉजिकल केमिस्ट्स के ऑनरेरी सदस्य बनाए गए। वे 1960 से रक्षा मंत्रालय के मुख्य वैज्ञानिक सलाहकार के पार्ट-टाइम डिप्टी थे। 1962 में उन्हें ब्रिटिश एंपायर का सहयोगी बनाया गया। वह 'जर्नल ऑफ मोलेक्यूलर बायोलॉजी' के संस्थापक और मुख्य संपादक थे। उन्हें ब्रिटिश बायोफिजिकल सोसाइटी का ऑनरेरी सेक्रटरी बनाया गया था।

केंड्रियू संगीत प्रेमी थे। कला के इतिहास में उनकी गहरी रुचि थी। यात्राएँ करने में उन्हें बड़ा आनन्द आता था। वे आजीवन अविवाहित रहे। गोलाकार प्रोटीनों की संरचना पर उनके द्वारा किए गए उनके अध्ययन के लिए उन्हें नोबेल पुरस्कार से सम्मानित किया गया।

पेरुज, मैक्स फर्डीनांड
नागरिकता : ऑस्ट्रिया
जन्म : 19 मई, 1914; ऑस्ट्रिया
निधन : 6 फरवरी, 2002; कैंब्रिज, ब्रिटेन

मैक्स फर्डीनांड पेरुज ने 1932 में विएना यूनिवर्सिटी में प्रवेश किया। आगे चलकर पीएच.डी. के लिए कैंब्रिज गए। 1936 में वे जे.डी. बर्नेल के अधीन कैवेंडिश प्रयोगशाला में शोधार्थी रहे। वे भौतिक विज्ञान में नोबेल विजेता (1915) सर लॉरेंस के सहायक नियुक्त हुए। ऐसा 1939 में रॉकफेलर फाउंडेशन के अनुदान से किया गया। उन्हें 1964 में नवस्थापित मेडिकल रिसर्च काउंसिल यूनिट फॉर मोलेक्यूलर बायोलॉजी का अध्यक्ष नियुक्त किया गया।

पेरुज ने 1942 में विवाह किया तथा उनके दो बच्चे हुए।

1937 में पेरुज ने एक्स-रे डिफ्रेक्श द्वारा हीमोग्लोबिन की संरचना को समझने का प्रयास किया जिसके लिए सर लॉरेंस ब्रैग का प्रोत्साहन उन्हें मिला। उन्होंने त्रिआयामी एक्स-रे की प्रतिक्रिया का विश्लेषण किया और कई पहलुओं की कई कोणों से जाँच की।

पेरुज रॉयल सोसाइटी के फेलो रहे। 1962 में ब्रिटिश एंपायर का कंपेनियन उन्हें बनाया गया।

पेरुज को घूमने-फिरने, स्कीइंग और बागवानी का शौक है।

1962 का नोबेल पुरस्कार पेरुज और केंड्रियू को संयुक्त रूप से प्रदान किया गया।

शरीर विज्ञान/चिकित्सा विज्ञान

क्रिक, फ्रांसिस हैरी कॉम्पटन

नागरिकता : ब्रिटेन

जन्म : 8 जून, 1916; नार्थेंपटन, ब्रिटेन

निधन : 28 जुलाई, 2004; सेन डियेगो, अमरीका

फ्रांसिस हैरी कॉम्पटन क्रिक ने लंदन के यूनिवर्सिटी कॉलेज और कैंब्रिज विश्वविद्यालय में उच्चतर शिक्षा प्राप्त की थी। कैंब्रिज की कैवेंडिश प्रयोगशाला में मेडिकल रिसर्च काउंसिल में उन्होंने 1949 में प्रवेश किया और 1976 तक वहीं कार्यरत रहे। वे कैलीफोर्निया के साल्क इंस्टीट्यूट फॉर बायोलॉजिकल स्टडीज के अनिवासी फेलो रहे।

वे वाटसन के साथ मिलकर इस निष्कर्ष पर पहुँचे कि डी.एन.ए. की त्रिआयामी संरचना आनुवंशिक स्पष्टता में अपनी भूमिका अदा करेगी। 1953 में क्रिक और वाटसन डी.एन.ए. के ज्ञात भौतिक और रासायनिक गुणधर्मों के साथ एक संगत आणविक मॉडल प्रस्तुत करने में सफल हुए। न्यूक्लिक अम्लों की आणविक संरचना और जीवित वस्तुओं में सूचना भेजने के लिए इसके महत्त्व से संबंधित खोजों के लिए विल्किंस, वॉटसन और क्रिक को संयुक्त रूप से नोबेल पुरस्कार से सम्मानित किया गया।

क्रिक ने अनेक वैज्ञानिक शोधपत्र प्रकाशित किए। उनकी दो पुस्तकें प्रकाशित हैं : 'मोलेक्यूल्स एंड मैन' (1967) और 'लाइफ इटसेल्फ' (1981)।

वाटसन, जेम्स डेवी

नागरिकता : संयुक्त राज्य अमरीका

जन्म : 6 अप्रैल, 1928; शिकागो, अमरीका

जेम्स डेवी वाटसन एक आनुवंशिक विशेषज्ञ और जैव भौतिकविज्ञानी थे जिन्होंने डिऑक्सीरिबो न्यूक्लिक एसिड (डी.एन.ए.) की आणविक संरचना की खोज में प्रमुख भूमिका अदा की जो तथाकथित रूप से आनुवंशिक तत्त्व के जीन का आधार है।

इंडियाना विश्वविद्यालय में उन्होंने वायरस पर शोध कार्य किए तथा एक माइक्रोबायलॉजिस्ट के रूप में किए गए प्रयोगों के आधार पर वे इस निष्कर्ष पर पहुँचे कि जीन को तभी ठीक से समझा जा सकता है जब न्यूक्लिक अम्लों के अणुओं के बारे में कुछ अधिक जान लिया जाए। कोपेनहेगन (1950) में जैव रसायन का अध्ययन करते समय उन्हें पता चला कि कुछ जैव भौतिकविज्ञानी कैंब्रिज के कैवेंडिश प्रयोगशाला में बड़े बायोलॉजिकल मोलेक्यूलों पर शोध कर रहे हैं। वे फोटोग्राफिक पैटर्न, एक्स-रे, प्रोटीन अणुओं की संरचना पर शोध करने लगे।

शोधों के क्रम में 1953 में वाटसन-क्रिक डी.एन.ए. मॉडल सामान्य उपयोग में आया। 'नेचर' शीर्षक निबंध में उन्होंने इस पर प्रकाश डाला है।

कैलीफोर्निया इंस्टीट्यूट ऑफ टेक्नोलॉजी और हार्वर्ड यूनिवर्सिटी में वे जैव रसायन तथा अणु जीव विज्ञान के प्रोफेसर नियुक्त हुए। वाटसन ने 'जेनेटिक कोड' को खंडित करने में मदद की और प्रोटीन-निर्माण संरचना का अध्ययन किया। 1965 में वाटसन ने 'मोलेक्यूलर बायोलॉजी ऑफ दि जीन' प्रकाशित की, जो जीव विज्ञान के अध्ययन के बहुत उपयुक्त है। उन्होंने आगे चलकर 1968 में 'दि डबल हेलिक्स' प्रकाशित की जिसके बारे में कहा जाता है कि उसमें बायोलॉकिल अध्ययन पर उनके अनुभवों का विवरण है।

1968 में उन्हें क्वांटेटिव बायोलॉजी ऑफ स्प्रिंग हार्वर का अध्यक्ष नियुक्त किया गया। अणु-विज्ञान का प्रमुख केंद्र है।

विल्किंस, मौरिस हयू फ्रेडरिक

नागरिकता : न्यूजीलैंड एवं ब्रिटेन

जन्म : 15 दिसंबर, 1916; पोंगारोआ, न्यूजीलैंड

निधन : 5 अक्टूबर, 2004; लंदन, ब्रिटेन

मौरिस हयू फ्रेडरिक विल्किंस ने कैंब्रिज के सेंट जॉन्स, कॉलेज से भौतिकी का अध्ययन किया और डिग्री प्राप्त की (1939)। उसके बाद वे बर्मिंघम विश्वविद्यालय के भौतिक विज्ञान विभाग में रैंडाल के रिसर्च असिस्टेंट नियुक्त हुए। उन्होंने भौतिक विज्ञान में पीएच.डी की डिग्री 1940 में प्राप्त की।

1945 में स्कॉटलैंड सेंट ऐंड्रूज यूनिवर्सिटी में भौतिक विज्ञान के लेक्चरर नियुक्त हुए। उन्हें भौतिकी पर शोध करते हुए सात वर्ष बीत गए तब अपना ध्यान जैवभौतिकी पर केंद्रित किया। उन पर स्क्रोएडिंगर की पुस्तक 'व्हाट इज लाइफ' का बहुत गहरा प्रभाव पड़ा था। वे नवस्थापित मेडिकल रिसर्च यूनिट के सदस्य थे। उन्होंने अल्ट्रा-सोनिक आनुवंशिक प्रभाव की खोज की। उन्होंने टोबैको मोजैक वायरस 'टी. एम. वी.' का भी अध्ययन किया।

विल्किंस को कलात्मक मूर्तियों का शौक था, बागवानी से भी गहरा लगाव था।

उन्होंने 1959 में विवाह किया था तथा उनके एक पुत्र और एक पुत्री हुए।

1962 का नोबेल पुरस्कार क्रिक, वाटसन और विल्किंस को संयुक्त रूप से प्रदान किया गया।

साहित्य

स्टेनबेक, जॉन

नागरिकता : संयुक्त राज्य अमरीका

जन्म : 27 फरवरी, 1902; सेलिनास, कैलीफोर्निया

निधन : 20 दिसंबर, 1968; न्यू यॉर्क सिटी, अमरीका

जॉन स्टेनबेक एक लेखक थे। 1930 के दशक में उन्होंने अनेक सशक्त उपन्यास लिखे जिससे उन्हें विशेष ख्याति मिली।

'दि ग्रेप्स ऑफ रैथ' (1939) भूमिहीन किसानों की करुण कथा है, उनके शोषण और विस्थापन की कथा है।

स्टेनबेक स्टेनफोर्ड विश्वविद्यालय में 1920 से 1924 तक अनियमित रूप से जाते रहे, मगर डिग्री प्राप्त नहीं की। पुस्तकें लिखने से पहले वे स्वयं एक मजदूर थे। उनका प्रथम उपन्यास 'कप ऑफ गोल्ड' (1929) था जिसके बाद 'दि पॉस्चर्स ऑफ हेवेन' (1932), 'टु ए गॉड अननोन' (1933), 'टोर्टिला फ्लैट' (1935) तथा 'ऑफ माइस एंड मेन' (1937) आदि प्रकाशित हुए। द्वितीय विश्वयुद्ध के दौरान वह प्रचार पुस्तिकाएँ लिखते रहे। वे युद्ध में संवाददाता रहे। 1941 में प्रकाशित 'सी ऑफ कोर्टेज' उन्हीं की स्मृतियों की छाया है।

युद्ध के बाद उन्होंने 'कैनेरी रो' (1945), 'दि पर्ल' (1940) तथा 'वेवार्ड बस' (1947) लिखे। उन्होंने फिल्मों के लिए पटकथा भी लिखी। उन्हें पुलित्जर पुरस्कार (1940) भी मिला था।

शान्ति

पाउलिंग, लाइनस कार्ल

नागरिकता : संयुक्त राज्य अमरीका

जन्म : 28 फरवरी, 1901; पोर्टलैंड, ऑरगेन, अमरीका

निधन : 19 अगस्त, 1944; बिग सुर, अमरीका

एक औषधि विक्रेता हेनरी एच.डब्ल्यू. पाउलिंग तथा लूसी (डार्लिंग) के बेटे, लाइनस कॉर्ल पाउलिंग नोबेल पुरस्कारों के इतिहास में एकमात्र ऐसे व्यक्ति हैं, जिन्होंने दो बार अविभाजित नोबेल पुरस्कार प्राप्त किया। 1954 में रासायनिक संबंधों की प्रकृति का अध्ययन करने के लिए रसायन विज्ञान का नोबेल पुरस्कार तथा 1962 में परमाणु परीक्षणों पर रोक लगाने के प्रयासों पर शान्ति का नोबेल पुरस्कार। वे उन चार व्यक्तियों में से एक थे, जिन्हें एक से अधिक बार नोबेल पुरस्कार प्राप्त करने का सौभाग्य मिला तथा वे मेरी क्यूरी के अलावा दूसरे ऐसे व्यक्ति थे जिन्होंने दो भिन्न-भिन्न क्षेत्रों में यह पुरस्कार प्राप्त किया।

उन्होंने 1922 में ऑरगेन स्टेट कॉलेज से स्नातक की डिग्री प्राप्त की तथा 1925 में कैलीफोर्निया इंस्टीट्यूट और टेक्नोलॉजी से डॉक्टरेट की उपाधि मिली। 1927 से 1964 तक इसी संस्थान में पेशेवर स्टाफ के सदस्य रहे। बाईस वर्ष तक, रसायन विज्ञान की गेट्न एंड क्रैलिन लेबोरेट्रीज के निदेशक होने के साथ-साथ रसायन विज्ञान तथा रसायन इंजीनियरी विभाग के चेयरमैन भी रहे।

मुख्य रूप से पाउलिंग की रुचि भौतिक रसायन विज्ञान में थी, विशेष रूप से अणुओं के व्यवहार के अध्ययन में। 1932 में पॉउलिंग ने विद्युतीय ऋणात्मकता (इलेक्ट्रो-नेगेटिविटी) की अवधारणा प्रस्तुत की। अणुओं के विभिन्न गुणों का प्रयोग करके, पाउलिंग ने एक पैमाने तथा अधिकांश तत्त्वों को किए एक संबद्ध संख्यात्मक मूल्य की स्थापना की जो अणुओं तथा परमाणुओं के बीच संबंधों की प्रकृति की भविष्यवाणी करने में बहुत उपयोगी है।

द्वितीय विश्वयुद्ध के अंत में परमाणु बम के उपयोग ने पाउलिंग को एक नई दिशा की ओर मोड़ दिया। पाउलिंग ने युद्ध और इसकी परमाणु प्रकृति के खिलाफ अनवरत अभियान चलाया। उन्होंने हाइड्रोजन बम के निर्माण का विरोध किया, परमाणु हथियारों के प्रसार की रोकथाम की वकालत की तथा बहुपक्षीय निश्स्त्रीकरण की ओर पहले कदम के रूप में परमाणु हथियारों के परीक्षण पर प्रतिबंध को बढ़ावा दिया।

जुलाई 1963 में परमाणु परीक्षण प्रतिबंध संधि पर हस्ताक्षर किए गए जिसमें भूमिगत परमाणु परीक्षणों को छोड़कर सभी प्रकार के परमाणु परीक्षणों पर रोक लगा दी गई। यह संधि 10 अक्टूबर, 1963 से लागू की गई। इस कार्य में पाउलिंग का बहुत बड़ा योगदान रहा। यही वह दिन था, जब नॉर्वे की नोबेल समिति ने घोषणा की कि 1962 का शान्ति पुरस्कार जो आरक्षित रखा गया था, लाइनस पाउलिंग को प्रदान किया जाएगा।

भौतिक विज्ञान

रसायन विज्ञान

शरीर विज्ञान/चिकित्सा विज्ञान

साहित्य

शान्ति

1963

भौतिक विज्ञान

विग्नर, यूजीन पी.

नागरिकता : हंगरी/संयुक्त राज्य अमरीका

जन्म : 17 नवंबर, 1902; बुडापेस्ट

निधन : 1 जनवरी, 1995; प्रिंस्टन, अमरीका

यूजीन पी. विग्नर ने बर्लिन विश्वविद्यालय से केमिकल इंजीनियरिंग की शिक्षा पाई और 1925 में पीएच. डी. की डिग्री प्राप्त की। बर्लिन के टेकनिश्चे होश्चूले में लेक्चरर होने के बाद वे संयुक्त राज्य अमरीका चले गए। वहाँ प्रिंस्टन विश्वविद्यालय में गणितीय भौतिकी के प्रोफेसर नियुक्त हुए।

विग्नर जिन दिनों यूरोप में थे उन्हीं दिनों उन्होंने क्वांटम मेकैनिक्स के सिद्धांत विकसित किए थे और स्पेस एंड टाइम (दिक् और काल—सापेक्षतावाद) की अवधारणा पर कार्य किया था। 1936 में उन्होंने न्यूट्रॉन अवशोषण सिद्धांत पर कार्य किया जो अंततः नाभिकीय संयंत्रों के निर्माण में सहायक सिद्ध हुआ। हंगरी के ही लियो जिलार्ड और एडवर्ड टेलर के साथ मिलकर विग्नर ने अल्बर्ट आइंस्टीन को 1939 में अमरीका के राष्ट्रपति एफ.डी. रूजवेल्ट को वह ऐतिहासिक पत्र लिखने के लिए प्रेरित किया था कि परमाणु बम के निर्माण की परियोजना को गतिशील बनाया जाए।

विग्नर ने न्यूट्रॉन की क्वांटम मेकैनिक्स थ्योरी रासायनिक अभिक्रिया और नाभिकीय संरचना के सिद्धांत आदि पर भी शोध किए। उन्हें 1960 में एटम्स फॉर पीस अवार्ड प्रदान किया। उनकी प्रकाशित पुस्तकें हैं : 'डिसपर्सन रिलेशंस एंड देयर कनेक्शन विथ कैजुअल्टी' (1964) और 'सिमेट्रिज एंड रिफलेक्शंस' (1967)। परमाणु के नाभिक और मूलभूत कणों के सिद्धांत पर उनके योगदान के लिए उन्हें नोबेल पुरस्कार से सम्मानित किया गया।

वर्ष 1963 में भौतिकी का नोबेल पुरस्कार उन्हें गोएपर्ट-मेयर मारिया और जे. हैंस डी. जेनसेन के साथ संयुक्त रूप से प्रदान किया गया।

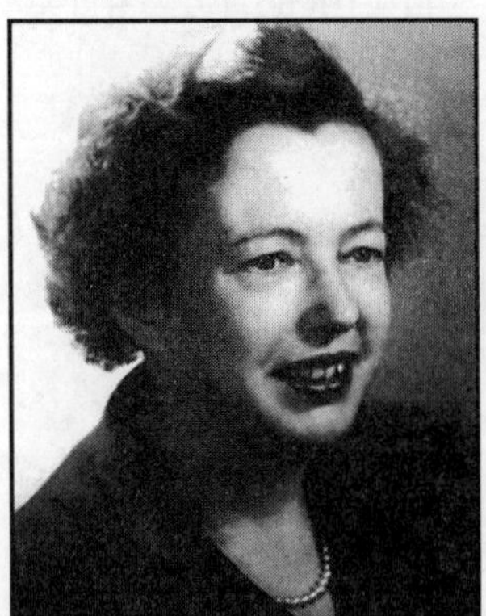

गोएपर्ट-मेयर, मारिया

नागरिकता : जर्मनी/संयुक्त राज्य अमरीका

जन्म : 28 जून, 1906; केटो-विट्ज, जर्मनी (अब पोलैंड में)

निधन : 20 फरवरी, 1972; कैलीफोर्निया, अमरीका

मारिया गोएपर्ट-मेयर एक भौतिकविज्ञानी थीं और विग्नर तथा जेनसेन के साथ उन्हें संयुक्त रूप से 1963 का नोबेल

पुरस्कार प्रदान किया गया था। उन्होंने कोष और कक्ष से संबंधित परमाणु के नाभिक की संरचना के गुणधर्मों की विस्तृत व्याख्या प्रस्तुत की।

1930 में गोटिंगेन विश्वविद्यालय से उन्होंने पीएच.डी. की डिग्री प्राप्त की। उन्होंने मेयर नामक एक अमरीकन रसायन भौतिकीविद् से विवाह किया और जॉन्स हॉपकिंस विश्वविद्यालय में प्रवेश किया। 1939 में वे कोलंबिया विश्वविद्यालय गईं और परमाणु बम की परियोजना के लिए यूरेनियम आइसोटोपों को अलगाने का कार्य किया। 1945 में उन्होंने शिकागो विश्वविद्यालय के इंस्टीट्यूट फॉर न्यूक्लियर स्टडीज में प्रवेश किया। 1947 में अपने अध्ययन में उन्होंने देखा कि कुछ नाभिकों में असामान्य गुणधर्म हैं। उन्होंने उनके नंबर दिए जिन्हें अब सेल थ्योरी के संदर्भ में 'मैजिक नंबर' कहा जाता है।

मारिया और जेनसेन ने संयुक्त रूप से 'एलिमेंटरी थ्योरी ऑफ न्यूक्लियर सेल स्ट्रक्चर' पुस्तक लिखी। 1960 में वे कैलीफोर्निया विश्वविद्यालय में भौतिक विज्ञान की प्रोफेसर नियुक्त हुईं।

जेनसेन, जे. हैंस डी.

नागरिकता : जर्मनी

जन्म : 25 जून, 1907; हीडलबर्ग, जर्मनी

निधन : 11 फरवरी, 1973; हीडलबर्ग

जे. हैंस डी. जेनसेन ने मारिया गोएपर्ट-मेयर और यूजीन पी. विग्नर के साथ संयुक्त रूप से पुरस्कार प्राप्त किया था। उन्होंने नाभिकीय भौतिकी पर महत्त्वपूर्ण खोज की थी। कंजर्वेशन पैरिटी के नियम का भी उन्होंने पता लगाया तथा उसका प्रामाणिकता के साथ विश्लेषण किया।

जेनसेन ने हैंबर्ग विश्वविद्यालय की फैकल्टी में 1936 से 1941 तक कार्य किया। उसके बाद उन्होंने हैनोवर इंस्टीट्यूट ऑफ टेक्नोलॉजी में प्रवेश किया। उसके बाद वे हीडलबर्ग विश्वविद्यालय में प्रोफेसर नियुक्त हुए। मेयर, विग्नर और जेनसेन ने 1949 में न्यूक्लियर सेल मॉडल प्रस्तुत किया। उनसे वे सहमत हुए और 1955 में उन्होंने मारिया के सहयोग से एक पुस्तक लिखी : 'एलिमेंटरी थ्योरी ऑफ न्यूक्लियर सेल स्ट्रक्चर'।

1963 का नोबेल पुरस्कार उन्होंने संयुक्त रूप से प्राप्त किया। पुरस्कार की धनराशि का आधा भाग विग्नर को दिया गया तथा शेष आधे भाग को मारिया और जेनसेन के बीच समान रूप से वितरित किया गया।

रसायन विज्ञान

जीग्लर, कार्ल

नागरिकता : जर्मनी

जन्म : 26 नवंबर, 1898; हेल्सा, पश्चिमी जर्मनी

निधन : 12 अगस्त, 1973; मूलहाइम

कार्ल जीग्लर के पिता एक लुथेरन मिनिस्टर थे। जीग्लर ने मारबर्ग विश्वविद्यालय में रसायन विज्ञान का अध्ययन किया तथा 1920 में पीएच.डी. की डिग्री प्राप्त की। थोड़े समय के लिए फ्रैंकफर्ट में लेक्चरर रहे और फिर रसायन विज्ञान के प्रोफेसर बने। 1936 में उन्हें केमिकल इंस्टीट्यूट ऑफ हाले-साले का प्रोफेसर और निदेशक नियुक्त किया गया। 1943 में कैसर विल्हेम इंस्टीट्यूट फॉर कोल रिसर्च के निदेशक नियुक्त हुए तथा 1969 में रिटायर होने तक उसी पद पर कार्यरत रहे। जीग्लर प्रथम वैज्ञानिक थे जिन्होंने रबर की संरचना पर प्रकाश डाला और प्लास्टिक उद्योग को विकसित किया।

जीग्लर एक महान प्रयोगशील रसायनविज्ञ और शिक्षक थे। उन्होंने सिंथेटिक प्लास्टिक्स, फाइबर्स, रबर आदि पर जो महत्त्वपूर्ण कार्य किए, वे उनकी उपलब्धियों केसाक्षी हैं। शोधों के साथ औद्योगिक विकास को संबद्ध रखना उनकी निजी चिंतनशीलता की उपज थी। उन्होंने 40 मिलियन की पूँजी जुटाई जो जीग्लर पोलिथिलीन प्रक्रिया की रॉयल्टी से प्राप्त होती थी।

जीग्लर बड़े विनम्र, दयालु और मैत्री भावना के प्रति आस्थावान थे। अपने परिवार से उनका गहरा लगाव था। उच्च पॉलिमर की रसायनी और तकनीक के क्षेत्र में किए गए कार्यों के लिए उन्हें नोबेल पुरस्कार से सम्मानित किया गया। उन्हें यह पुरस्कार गियूलिओ नाट्टा के साथ संयुक्त रूप से प्रदान किया गया।

नाट्टा, गियूलिओ
नागरिकता : इटली
जन्म : 26 फरवरी, 1903; इंपेरिया के निकट जिनेवा, इटली
निधन : 2 मई, 1969; मिलान, इटली

गियूलिओ नाट्टा एक सुप्रसिद्ध न्यायाधीश के पुत्र थे। उन्होंने जिनेवा विश्वविद्यालय में गणित का अध्ययन किया, मगर जब वे मिलान के पॉलिटेक्निक इंस्टीट्यूट गए तो अध्ययन का विषय बदलकर केमिकल इंजीनियरिंग कर लिया। वहाँ उन्होंने 21 वर्षों की अल्पायु में ही 'डॉक्टर' की डिग्री प्राप्त की। तीन वर्ष बाद वे 'लिबसे डोकेंटो' हुए। वे मिलान में रसायन विज्ञान के असिस्टेंट लेक्चरर बने। 1933 में पाविया विश्वविद्यालय में उन्हें सामान्य रसायन का प्रोफेसर नियुक्त किया गया। दो वर्ष बाद वे रोम के इंस्टीट्यूट ऑफ फिजिकल केमिस्ट्री के निदेशक बने। 1937 में उन्हें टुरिन में रसायन विज्ञान का प्रोफेसर नियुक्त किया गया। 1938 से वे मिलान इंस्टीट्यूट ऑफ इंडस्ट्रियल केमिस्ट्री के प्रोफेसर और निदेशक के पद पर कार्य करने लगे। 1973 में रिटायर होने तक वहीं कार्यरत रहे। उन्होंने सिंथेटिक रबर, प्लास्टिक आदि पर बहुत कार्य किए। वे बहुत मिलनसार व्यक्ति थे। पर्वतारोहण के शौकीन थे। 1963 का नोबेल पुरस्कार जीग्लर और नाट्टा को संयुक्त रूप से प्रदान किया गया।

शरीर विज्ञान/चिकित्सा विज्ञान

एक्लेस, सर जॉन कैरेयू
नागरिकता : ऑस्ट्रेलिया
जन्म : 27 जनवरी, 1903; मेलबोर्न, ऑस्ट्रेलिया
निधन : 2 मई, 1997; कोंट्रा, स्विट्जरलैंड

सर जॉन कैरेयू एक्लेस एक फिजियोलॉजिस्ट थे जिन्हें विशिष्ट खोज के लिए एलन हाड्गकिन और एंड्रयू हक्सले के साथ संयुक्त रूप से पुरस्कृत किया गया था। उन्होंने केमिकल मीन्स पर महत्त्वपूर्ण खोज की थी।

वे 1925 से 1937 तक ऑक्सफोर्ड विश्वविद्यालय में शोध करते रहे। 1952 में जब वे कैनबेरा के आस्ट्रेलियन नेशनल यूनिवर्सिटी में शरीर विज्ञान के प्रोफेसर थे तब उन्होंने अपने प्रयोगों के द्वारा दिखाया कि नर्व सेल, उत्तेजना की स्थिति में भिन्न प्रकार से प्रतिक्रिया करते हैं।

उनके कार्य मुख्यतः हाड्गकिन और हक्सले के निष्कर्षों पर आधारित हैं। उन्होंने यकृत, दिल और मस्तिष्क के चिकित्सकीय उपचार पर बहुत शोध किया था। उनकी दो पुस्तकें प्रकाशित हैं : 'रिफ्लेक्स ऐक्टिविटी ऑफ दि स्पाइनल कॉर्ड' (1932) और 'दि फिजियोलॉजी ऑफ नर्व सेल्स' (1957)।

हॉजकिन, सर एलन लॉयड

नागरिकता : ब्रिटेन
जन्म : 5 फरवरी, 1914; बैनबरी, ऑक्सफोर्ड, ब्रिटेन
निधन : 20 दिसंबर, 1998; कैंब्रिज, ब्रिटेन

सर एलन लॉयड हॉजकिन एक शरीरविज्ञानी और जीव भौतिकविज्ञानी थे। उन्हें एक्लेस और हक्सले के साथ संयुक्त रूप से पुरस्कृत किया गया था। ब्रिटिश एयर मिनिस्ट्री के लिए रडार रिसर्च पूरा के बाद उन्होंने कैंब्रिज विश्वविद्यालय में प्रवेश किया और वहाँ अपने छात्र हक्सले के साथ मिलकर विद्युत और रासायनिक प्रक्रिया का परिमापन किया तथा व्यक्तिगत नर्व फाइबर की प्रतिक्रिया की भी जाँच की।

उन्हें पता था कि नर्व फाइबर की गतिविधि पोटाशियम आयनों पर निर्भर करती है तथा सोडियम आयन उनके इर्द-गिर्द होते हैं। हॉजकिन 1952 से ही रॉयल सोसाइटी के रिसर्च प्रोफेसर हैं और 1964 में उन्होंने 'कंडक्शन ऑफ दि नर्वस इंपल्स' पुस्तक लिखी।

हक्सले, सर एंड्रयू फील्डिंग

नागरिकता : ब्रिटेन
जन्म : 22 नवंबर, 1917; हैम्पस्टीड, लंदन, ब्रिटेन
निधन : 30 मई, 2012; ग्रांट-चेस्टर, ब्रिटेन

सर एंड्रयू फील्डिंग हक्सले एक ब्रिटिश शरीरविज्ञानी थे और उन्हें एलन लॉयड हॉजकिन और सर जॉन कैरेयू के साथ संयुक्त रूप से पुरस्कृत किया गया था। उन्होंने तंत्रिका चालन पर अनेक प्रकार के शोध किए थे। प्रसिद्ध जीवविज्ञानी सर जूलियन और प्रसिद्ध उपन्यासकार एल्डस हक्सले के सौतेले भाई थे। उन्होंने यूनिवर्सिटी कॉलेज स्कूल, वेस्टमिंस्टर स्कूल और कैंब्रिज के ट्रिनिटी कॉलेज से शिक्षा प्राप्त की। वहाँ के वे फेलो थे (1941) और 1952-60 की अवधि में डायरेक्टर ऑफ स्टडीज रहे। द्वितीय विश्वयुद्ध के दौरान ऐंटी-एयरक्राफ्ट कमांड के लिए शोध किया (1940-42) तथा ऐडमिरेल्टी के लिए 1942-45 में शोध किए। वे 1946-50 में डिमांस्ट्रेटर थे, 1951-59 में असिस्टेंट डायरेक्टर ऑफ रिसर्च रहे तथा 1959-60 में जीव भौतिकी के रीडर रहे। वे लंदन के यूनिवर्सिटी कॉलेज में शरीर विज्ञान के जोडरेल प्रोफेसर नियुक्त किए गए। रॉयल सोसाइटी के रिसर्च प्रोफेसर 1969 में हुए। हक्सले ने बुनियादी महत्त्व के परिलक्षण की पृष्ठभूमि में मांसपेशियों के फाइबर पर कार्य किया।

1963 का नोबेल पुरस्कार हक्सले, हॉजकिन और एक्लेस को संयुक्त रूप से प्रदान किया गया।

साहित्य

सेफेरिस, जिओरगॉस

नागरिकता : ग्रीस
जन्म : 13 मार्च, 1900; स्मिर्ना, टर्की
निधन : 20 सितंबर, 1971; एथेंस, ग्रीस

जिओरगॉस सेफेरिस ने आरंभिक शिक्षा एथेंस और पेरिस में प्राप्त की जहाँ उनके पिता वकालत करते थे। उन्होंने साहित्य का अध्ययन किया और पेरिस विश्वविद्यालय से कानून की डिग्री प्राप्त की।

उन्होंने 1924 और 1925 की गर्मियाँ लंदन में बिताईं। एथेंस लौटने पर उन्हें ग्रीक विदेश मंत्रालय में नियुक्त किया गया। 1962 में राजनयिक सेवा से सेवानिवृत्त हुए और एथेंस में ही स्थायी रूप से रहने लगे।

वे प्रतिभाशाली कवि और अच्छे साहित्य के श्रेष्ठ अनुवादक थे। उनकी कृतियों में प्रमुख हैं : 'स्त्रोफी' (1931,

टर्निंग प्वाइंट), 'स्तेर्ना' (1931, दि किस्टर्न), 'माइथिस्तोरेमा' (1935, मिथिकल स्टोरी), 'एमेरोलोजिओ केटेस्टोमेटोस' (1940, लॉग बुक), 'टेट्रोरिलोजिओ जिम्नास्मेटन' (1940, एक्सरसाइज बुक), 'पोईमेटा' (1940, पोएम्स), 'एमेरोलो-जिओ केटेस्टोमेटोस' (1944, लॉग बुक-2), 'किचेले' (1942, थ्रश), 'पोइमेटा' 1924-46 (पोएम्स 1950) और 'एमेरोलोजिओ केटेस्टोमेटोस' (1945, लॉग बुक-3)। उनकी कविताएँ अंग्रेजी, फ्रेंच, जर्मन, इटालियन, स्पेनिश और स्वीडिश भाषाओं में अनूदित हुईं। उन्होंने अनेक अच्छे निबंध लिखे जिनमें 'डोकिमोस' (1944, एसेज) और 'इरोटोक्रिटोस' (1946) उल्लेखनीय हैं। वह इस शती के एक महानतम ग्रीक कवि थे।

शान्ति

कोमिटे इंटरनेशनल डि ला क्रोइक्स राउज (अंतरर्राष्ट्रीय रेड क्रॉस समिति) जिनेवा एवं लीग्वे डेस सोसाइटेस डे ला क्रोइक्स-रोगे (रेड-क्रॉस समिति संघ) जिनेवा

दि 'कोमिटे इंटरनेशनल डि ला क्रोइक्स-राउज' (इंटरनेशनल कमेटी ऑफ रेडक्रॉस) एवं 'लीग्वे डे सोसाइटेस डे ला क्रोइक्स राउज' (लीग ऑफ रेडक्रॉस सोसाइटीज) को संयुक्त रूप से 1963 का नोबेल शान्ति पुरस्कार प्रदान किया गया। इन संस्थाओं को अंतरराष्ट्रीय रेड क्रॉस समिति के 100 वर्षों के दौरान मानवाधिकारों की सुरक्षा के लिए उनके महत्त्वपूर्ण योगदान के लिए दिया गया।

भौतिक विज्ञान

रसायन विज्ञान

शरीर विज्ञान/चिकित्सा विज्ञान

साहित्य

शान्ति

1964

भौतिक विज्ञान

टाउनेस, चार्ल्स हार्ड

नागरिकता : संयुक्त राज्य अमरीका

जन्म : 28 जुलाई, 1915; ग्रीनविले, साउथ कैरोलिना, अमरीका

चार्ल्स हार्ड टाउनेस ने 1935 में फुरमान विश्वविद्यालय से स्नातक की डिग्री प्राप्त की। 1939 में ड्यूक विश्वविद्यालय से एम.एससी. की डिग्री प्राप्त करने के बाद कैलीफोर्निया इंस्टीट्यूट ऑफ टेक्नोलॉजी से निदेशक की उपाधि प्राप्त की। उसी वर्ष टाउनेस बेल टेलीफोन प्रयोगशाला के टेक्निकल स्टाफ बने। उन्होंने वहाँ रडार कंट्रोल्ड बम टार्गेटिंग सिस्टम पर काम किया जिसका प्रयोग द्वितीय विश्वयुद्ध के दौरान हुआ।

1948 में उन्होंने कोलंबिया विश्वविद्यालय की फैकल्टी में प्रवेश किया। तीन वर्षों के बाद उन्हें 'मेसर' के और 'लेसर' के निर्माण की आवश्यकता का अनुभव हुआ। 'मेसर' और 'लेसर' की तकनीक का प्रयोग रडार, संचार, अंतरिक्ष विज्ञान, समुद्र विज्ञान, एटॉमिक क्लॉक्स, सर्जरी और इंडस्ट्री में किया जाने लगा है।

1959 से 1961 तक टाउनेस वाशिंगटन के रिसर्च इंस्टीट्यूट ऑफ डिफेंस एनालाइसिस के उपाध्यक्ष और निदेशक रहे। उसके बाद उन्हें मैसाचुसेट्स इंस्टीट्यूट ऑफ टेक्नोलॉजी में भौतिक विज्ञान का प्रोवोस्ट और प्रोफेसर नियुक्त किया गया। उन्हें क्वांटम इलेक्ट्रॉनिक के क्षेत्र में आधारभूत कार्य के लिए नोबेल पुरस्कार दिया गया।

बासोव, निकोले गेनादीयेविच

नागरिकता : यू.एस.एस.आर. (सोवियत संघ)

जन्म : 14 दिसंबर, 1922; लेनिनग्राद

निधन : 1 जुलाई, 2001; मॉस्को, रूस

निकोले गेनादीयेविच बासोव एक रूसी भौतिकविज्ञानी थे। सोवियत संघ के अलेक्जेंडर मिखाइलोविच प्रोखोरोव और

अमरीका के चार्ल्स एच. टाउनेस के साथ उन्होंने पुरस्कार जीता था। उन्होंने क्वांटम इलेक्ट्रॉनिक्स की बुनियादी खोज की जिससे 'मेसर' और 'लेसर' का विकास संभव हुआ।

बासोव ने 1950 में मास्को इंजीनिरिंग एंड फिजिक्स इंस्टीट्यूट से स्नातक की डिग्री प्राप्त की और 1956 में पीएच.डी. की डिग्री प्राप्त की। वे 1960 के दशक में लेबदेव इंस्टीट्यूट के उपनिदेशक रहे। 'मेसर' के सिद्धांत के लिए उन्होंने लेनिन पुरस्कार प्राप्त किया। आधुनिक दवा और दूरसंचार में 'लेसर' और 'मेसर' की तकनीक का व्यापक रूप से प्रयोग होता है। अंतरिक्ष विज्ञान, दवा उद्योग तथा अन्य क्षेत्रों में भी यह उपयोगी है।

प्रोखोरोव, अलेक्जेंडर मिखाइलोविच

नागरिकता : यू.एस.एस.आर. (सोवियत संघ)

जन्म : 11 जुलाई, 1916; एथर्टन, क्वीन्स लैंड, ऑस्ट्रेलिया

निधन : 8 जनवरी, 2002; मॉस्को

अलेक्जेंडर मिखाइलोविच प्रोखोलोव को संयुक्त रूप से पुरस्कृत किया गया था। वे यू.एस.एस.आर. के भौतिक-विज्ञानी थे। उन्होंने मिखाइलोविच और अमरीका के चार्ल्स एच. टाउनेस के बुनियादी खोज को क्वांटम सिद्धांत में विकसित किया। 'मेसर' और 'लेसर' ऐसा उपकरण है जिससे ऑस्ट्रोनॉमी, ऑस्ट्रोनॉमिक्स, मेडिसिन, इंडस्ट्री, कम्युनिकेशन और अन्य क्षेत्रों की पड़ताल हो सकती है। सिद्धांत के रूप में मैग्नेटिक क्षेत्र के उसी वेवलेंग्थ पर ऐसा हो सकता है।

वे 1939 में लेनिनग्राद विश्वविद्यालय से स्नातक हुए और 1944 में डॉक्टरेट की डिग्री प्राप्त की। वे 1946 में मास्को के लेबेदेव फिजिकल इंस्टीट्यूट में सीनियर एसोसिएट हुए। 1955 में उन्होंने और बासोव ने 'मेसर' और 'लेसर' के सिद्धांत का मार्ग प्रशस्त किया।

प्रोखोरोव इंस्टीट्यूट ऑफ आसिलेशन लेबोरेटरी के अध्यक्ष रहे और फिर 1959 में लेनिन पुरस्कार प्राप्त किया। 1964 के नोबेल पुरस्कार का आधा भाग टाउनेस को मिला और शेष आधे भाग को बासोव और प्रोखोरोव को संयुक्त रूप से प्रदान किया गया।

वाइस प्रेसीडेंट और डायरेक्टर वे 1959 से 1961 तक रहे और उसके बाद मैसाचुसेट्स इंस्टीट्यूट ऑफ टेक्नोलॉजी में प्रोवोस्ट और भौतिक विज्ञान के प्रोफेसर नियुक्त हुए।

रसायन विज्ञान

हॉजकिन, डोरोथी क्रोफुट

नागरिकता : ब्रिटेन

जन्म : 12 मई, 1910; कैरो, मिस्र

निधन : 29, जुलाई, 1994; शिप्स्टोन-ऑन-स्टूर, ब्रिटेन

डोरोथी क्रोफुट हॉजकिन एक केमिस्ट थीं। जो खोज उन्होंने विटामिन '$बी_{12}$' की संरचना पर की वह महत्त्वपूर्ण और ऐतिहासिक थी। उसी प्रकार ऑक्सफोर्ड में उन्होंने कंप्लीकेटेड माइक्रोमोलेक्यूल के एक्स-रे का अध्ययन किया। उन्होंने अपनी एक सहकर्मी के साथ कैंब्रिज में प्रोटीन पेप्सिन का प्रथम एक्स-रे डिफ्रैक्शन फोटोग्राफ प्राप्त किया। उन्होंने स्टेरोलों का सर्वेक्षण भी किया।

1934 में वे ऑक्सफोर्ड लौट आईं और केमिस्ट्री की ट्यूटर के रूप में कार्य करने लगीं। 1942 से 1959 तक वे पेंसिलीन की संरचना का अध्ययन करती रहीं। विटामिन '$बी_{12}$' की एटोमिक संरचना का अध्ययन उन्होंने किया। 1960 के दशक में उन्होंने पश्चिम अफ्रीका की घाना विश्वविद्यालय में अधिकांश समय व्यतीत किया। उन्हें एक्स-रे तकनीकी द्वारा जैव रसायनिक तत्त्वों की संरचना की खोज के लिए नोबेल पुरस्कार से सम्मानित किया गया।

शरीर विज्ञान/चिकित्सा विज्ञान

ब्लोच, कोनराड

नागरिकता : जर्मनी / संयुक्त राज्य अमरीका

जन्म : 21 जनवरी, 1912; नेइसे, जर्मनी (अब पोलैंड में)

निधन : 15 अक्टूबर, 2000; बुर्लिंगटन, अमरीका

कोनराड ब्लोच एक जैव रसायनी थे और फियोडोर लिनेन के साथ संयुक्त रूप से पुरस्कृत हुए थे। उन्होंने जो महत्त्वपूर्ण खोज की थी, उसका संबंध कोलेस्टेरॉल और वसीय अम्ल के प्राकृतिक संश्लेषण से था।

म्यूनिख के टेक्नेश्चे होश्यूले से केमिकल इंजीनियरिंग की डिग्री 1934 में प्राप्त करने के बाद ब्लोच पहले स्विट्-जरलैंड, फिर संयुक्त राज्य अमरीका चले गए। कोलंबिया विश्व-विद्यालय से डॉक्टरेट की डिग्री प्राप्त करने के बाद ब्लोच शोध सहायक होकर कार्य करने लगे। सेल मेटाबोलिज्म का आइसो-टोपिक विश्लेषण किया। शिकागो विश्वविद्यालय में शिक्षण के बाद हार्वर्ड में जैव रसायन के प्रोफेसर नियुक्त किए गए जहाँ उन्होंने लिपिड्स, विशेष रूप से असंतृप्त वसीय अम्ल पर अपना शोध जारी रखा।

1942 में ब्लोच और डेविड रिटेनबर्ग ने यह खोज की कि टु-कार्बन कंपाउंड, एसेटिक एसिड कोलेस्टेरॉल के जैव संश्लेषण के लिए एक मेजर बिल्डिंग ब्लाक है। अपने शोध के दौरान उन्होंने देखा कि कैसे पहले मध्यम और फिर बड़े आकार के कोलेस्टेरॉल रूपायित होते हैं। उनकी खोज ने मेडिकल शोध को आगे बढ़ाया। उन्होंने ब्लड कोलेस्टेरॉल के स्तर की जाँच की और साथ ही फिजियोलॉजी में एथेरो स्कलेरोसिस, केमिस्ट्री टर्पिंस, रबर और अन्य आइसोप्रिन डेरिवेटिवों पर रिसर्च की। उन्हें कोलेस्टेरॉल और वसीय अम्ल के उपापचय के यांत्रिकी और नियंत्रण से संबंधित खोज के लिए नोबेल पुरस्कार से सम्मानित किया गया।

लिनेन, फियोडोर

नागरिकता : जर्मनी

जन्म : 6 अप्रैल, 1911; म्यूनिख, जर्मनी

निधन : 6 अगस्त, 1979; म्यूनिख, जर्मनी

फियोडोर लिनेन ने कोनराड ब्लोच के साथ संयुक्त रूप से पुरस्कार प्राप्त किया था। उन्होंने कोलेस्टेरॉल के मेटाबोलिज्म और अन्य वसीय अम्लों पर महत्त्वपूर्ण खोज की थी। उनके पिता टेक्निकल विश्वविद्यालय में प्रोफेसर थे।

फियोडोर लिनेन 1930 से म्यूनिख विश्वविद्यालय में रसायन विज्ञान का अध्ययन करने लगे। 'प्वायजन ऑफ दि डेथ कप' शीर्षक से थीसिस लिखकर वे स्नातक हुए। उनके प्रोफेसर हेनरिक वीलैंड नोबेल विजेता थे जो आगे चलकर 1937 में उनके श्वसुर बने। डॉक्टरेट की डिग्री उन्होंने उसी वर्ष प्राप्त की। 1941 में वे लेक्चरर बने। 1947 में जैव रसायन शिक्षक के पद पर नियुक्त हुए फिर मैक्स प्लैंक इंस्टीट्यूट में सेलूलर केमिस्ट्री के निदेशक नियुक्त हुए।

लिनेन पहले ऐसे वैज्ञानिक थे जिन्होंने 'एकेटिल को-एंजाइम ए' को पृथक् करने में सफलता प्राप्त की। उन्होंने कोलेस्टेरॉल सहित स्कवेलेन, टर्पिन और प्राकृतिक रबर पर शोध किए। वसीय अम्ल की यांत्रिकी का अध्ययन करते हुए मल्टी-एंजाइम कॉप्लेक्स को उन्होंने पृथक् किया और उसे 'फैट्टिएसिड सिंथेटेस' कहा। कार्बन डाइऑक्साइड के प्रभाव का विश्लेषण उन्होंने किया। लिनेन की टीम ने बायोसिंथेसिस ऑफ दि एमिनोएसिड सिस्टाइन और लिवर में एसेटिक एसिड के निर्माण पर कार्य किया।

1964 का नोबेल पुरस्कार लिनेन और ब्लोच को संयुक्त रूप से प्रदान किया गया।

साहित्य

सार्त्र, ज्याँ-पॉल

नागरिकता : फ्रांस

जन्म : 21 जून, 1905; पेरिस, फ्रांस

निधन : 15 अप्रैल, 1980; पेरिस, फ्रांस

ज्याँ-पॉल सार्त्र एक दार्शनिक, उपन्यासकार, नाटककार और अस्तित्ववाद के व्याख्याता थे। उनका विश्वास था कि प्रत्येक व्यक्ति को अपनी मर्जी के अनुसार जीने का अधिकार है। उन्हें 1929 में पेरिस के इकोले सुपरयूरे से स्नातक की डिग्री प्राप्त हुई तथा 1931 से 1945 तक क्रमश: ले हेव्रे, लियोन और पेरिस 'लाइसीस' में अध्यापन का कार्य करते रहे।

उनकी प्रमुख दार्शनिक कृति 'लेत्र एल नांत' (1943 बीइंग एंड नथिंगनेस, 1956) थी जो मानवीय गरिमा को प्रतिष्ठापित करती है। उनके नीतिपरक संदेश 'ले चेमिंस दे ला लिबर्ते' (तीन भागों में 1945-49)। उन्होंने अपनी मित्र सिमोन द बबुआर के मासिक पत्र के नियमित रूप से प्रकाशन की व्यवस्था की। उस पत्रिका का नाम 'ले ताँ मॉदेर्नस' था। सार्त्र के समाजवाद संबंधी विचार उसमें प्रकाशित होते रहते थे। उनकी आत्मकथा कृति 'फ्लाबर्त' (1971) एक मास्टर-पीस है।

सार्त्र ने 1964 का नोबेल पुरस्कार लेने से यह कहते हुए इनकार कर दिया कि एक लेखक को यह नहीं होने देना चाहिए कि वह एक संस्थान बन जाए। उन्हें उनके विचारपूर्ण लेखन, जिसमें स्वतंत्रता के साथ सत्य की खोज भी थी, के लिए नोबेल पुरस्कार से सम्मानित किया गया।

शान्ति

किंग, जूनियर मार्टिन लूथर

नागरिकता : संयुक्त राज्य अमरीका

जन्म :15 जनवरी, 1929; अटलांटा, जार्जिया

निधन : 4 अप्रैल, 1968; मेंफिस, अमरीका

जूनियर मार्टिन लूथर किंग एक ओजस्वी भाषण देनेवाले अश्वेत बैप्टिस्ट मिशनरी नेता थे। उन्होंने 1950 के दशक में अमरीका में बड़े पैमाने पर चल रहे नागरिक अधिकार आंदोलन का नेतृत्व किया था। उन्हें शान्ति के लिए 1964 का नोबेल पुरस्कार प्रदान किया गया। वे अहिंसात्मक तरीके से जातीय समानता के लिए संघर्ष कर रहे थे, ठीक वैसे ही जैसे भारत में महात्मा गांधी संघर्षरत थे।

किंग ने अटलांटा के मोरहाउस कॉलेज से बी.ए. की डिग्री 1948 में प्राप्त की। बैचलर ऑफ डिवाइनिटी की डिग्री उन्होंने क्रोजर थियोलॉजिकल सेमिनरी, चेस्टर पेंसिलवानिया से प्राप्त की (1951)। 1955 में बोस्टन विश्वविद्यालय से उन्होंने पीएच.डी. की डिग्री प्राप्त की। वे 1954 में मिनिस्टर बने, मगर ट्रांसपोर्ट में श्वेत और अश्वेत के बीच भेदभाव की नीति बरती जा रही थी जिसका उन्होंने विरोध किया। आखिर एक सिरफिरे श्वेत अपराधी ने 1968 में उनकी हत्या कर दी।

भौतिक विज्ञान

रसायन विज्ञान

शरीर विज्ञान/चिकित्सा विज्ञान

साहित्य

शान्ति

1965

भौतिक विज्ञान

फेनमैन, रिचर्ड फिलिप्स

नागरिकता : संयुक्त राज्य अमरीका

जन्म : 11 मई, 1918; न्यू यॉर्क सिटी, अमरीका

निधन : 15 फरवरी, 1988; लॉस एंजेल्स, अमरीका

रिचर्ड फिलिप्स फेनमैन ने अमरीका के जूलियन श्विंगर और जापान के सिन-इटिरो तोमोनागा के साथ संयुक्त रूप से पुरस्कार प्राप्त किया था। उन्होंने क्वांटम इलेक्ट्रो-डाइनेमिक्स की पहले से चली आ रही अपर्याप्तता को ठीक किया था। यह सिद्धांत विकिरण, इलेक्ट्रॉनों और पोजिट्रॉनों की अंतरक्रियाओं को व्याख्यायित करता था।

फेनमैन ने 1939 में मैसाचुसेट्स इंस्टीट्यूट ऑफ टेक्नोलॉजी से स्नातक की डिग्री प्राप्त की तथा 1942 में प्रिंस्टन विश्वविद्यालय से डॉक्टरेट की डिग्री प्राप्त की।

फेनमैन द्वितीय विश्वयुद्ध के दौरान यू.एस. एटम बम योजना में स्टाफ मेंबर की हैसियत से कार्य कर रहे थे। वे 1945 में कार्नेल विश्वविद्यालय में सैद्धांतिक भौतकी के सहायक प्रोफेसर बने। उन्होंने क्वांटम यांत्रिकी और गतिकी के एक बड़े भाग का पुनर्निर्माण किया—'क्वांटम इलेक्ट्रो-डाइनेमिक्स'। 1950 में उन्हें कैलीफोर्निया इंस्टीट्यूट में सैद्धांतिक भौतकी का प्रोफेसर नियुक्त किया गया। उनके प्रकाशित संकलनों में 'लेक्चर्स इन फिजिक्स' (तीन भागों में, 1963-65) मुख्य है। उन्हें क्वांटम इलेक्ट्रो-डायनेमिक्स के क्षेत्र में आधारभूत कार्य के लिए नोबेल पुरस्कार से सम्मानित किया गया।

श्विंगर, जूलियन

नागरिकता : संयुक्त राज्य अमरीका

जन्म : 12 फरवरी, 1918; न्यू यॉर्क सिटी, अमरीका

निधन : 16 जुलाई, 1994; लॉस एंजेल्स, अमरीका

जूलियन श्विंगर एक भौतिकविज्ञानी थे तथा उन्हें अमरीका के फेनमैन और जापान के तोमोनागा के साथ संयुक्त रूप से

पुरस्कृत किया गया था। इस प्रकार श्विंगर क्वांटम इलेक्ट्रो-डाइनेमिक्स और अल्बर्ट आइंस्टीन के सापेक्षिकता के सिद्धांत तक जा पहुँचे। वे बचपन से ही एक विलक्षण बालक थे और न्यू यॉर्क के सिटी कॉलेज में मात्र चौदह वर्ष की अवस्था में दाखिल हुए थे। उन्होंने कोलंबिया विश्वविद्यालय से पीएच.डी. की डिग्री 21 वर्ष की अवस्था में प्राप्त की थी। 1939 से 1941 तक उन्होंने अमरीकन भौतिकविज्ञानी रॉबर्ट ओपेनहाइमर के साथ कैलीफोर्निया विश्वविद्यालय में कार्य किया।

1945 में उन्होंने हार्वर्ड विश्वविद्यालय की फैकल्टी में प्रवेश किया जहाँ इलेक्ट्रोडाइनेमिक्स के सिद्धांत को रूपायित किया। उन्हें पता नहीं था कि फेनमैन और तोमोनागा भी स्वतंत्र रूप से उसी समस्या पर अलग-अलग कोणों से कार्य कर रहे हैं। ब्रिटिश भौतिकविज्ञानी डिराक (नोबेल विजेता) का सापेक्षता सिद्धांत समीकरण नए प्रयोगों के अनुरूप नहीं था तथा वही श्विंगर के शोधों का आधार था। कोर्नेल, ग्लासगो और वेइनबर्ग में अध्ययन कर रहे उनके शिष्यों ने भी 1979 में भौतिकी में पुरस्कार प्राप्त किया।

तोमोनागा, सिन-इटिरो

नागरिकता : जापान

जन्म : 31 मार्च, 1906; क्योटो, जापान

निधन : 8 जुलाई, 1979; टोक्यो, जापान

सिन-इटिरो तोमोनागा ने सापेक्षता के साथ क्वांटम इलेक्ट्रो-डानेमिक्स के सिद्धांत को विकसित किया था तथा उसी के लिए उन्होंने फेनमैन और श्विंगर के साथ पुरस्कार प्राप्त किया था।

तोमोनागा ने 1929 में क्योटो विश्वविद्यालय से स्नातक की डिग्री प्राप्त की थी तथा 1939 में डॉक्टरेट की डिग्री प्राप्त की। 1941 में उन्हें बुनरिका विश्वविद्यालय में भौतकी का प्रोफेसर नियुक्त किया गया। बुनरिका विश्वविद्यालय अब टोक्यो यूनिवर्सिटी ऑफ एजुकेशन कहलाती है। उसी वर्ष उन्होंने क्वांटम इलेक्ट्रो-डाइनेमिक्स की समस्या पर खोज का कार्य आरंभ किया।

द्वितीय विश्वयुद्ध के दौरान पश्चिमी देशों के वैज्ञानिकों से संपर्क नहीं रहा, मगर 1943 में अपना रिसर्च पूरा किया और उसे प्रकाशित भी किया। युद्ध के बाद पश्चिमी वैज्ञानिकों को उसकी जानकारी मिली। लगभग उसी समय फेनमैन और श्विंगर ने व्यक्तिगत रूप से अपने-अपने रिसर्च को पूरा करके उन्हें प्रकाशित किया। तीनों ने अलग-अलग कोणों से एक ही समस्या पर गौर किया। पुरानी थ्योरी को उन्होंने अनदेखा किया।

तोमोनागा टोक्यो यूनिवर्सिटी ऑफ एजुकेशन के अध्यक्ष 1956 से 1962 तक रहे और उसके बाद जापान साइंस काउंसिल के अध्यक्ष हुए। उनका सबसे महत्त्वपूर्ण शोधपत्र का अंग्रेजी अनुवाद 'क्वांट्रम मेकैनिक्स' (1962) अब उपलब्ध है।

1965 का नोबेल पुरस्कार फेनमैन, श्विंगर और तोमोनागा को संयुक्त रूप से प्रदान किया गया।

रसायन विज्ञान

वुडवर्ड, रॉबर्ट बर्न्स

नागरिकता : संयुक्त राज्य अमरीका

जन्म : 10 अप्रैल, 1917; बोस्टन, मैसाचुसेट्स

निधन : 8 जुलाई, 1979; कैंब्रिज, मैसाचुसेट्स

रॉबर्ट बर्न्स वुडवर्ड ने स्टेरॉल्स, क्लोरोफिल और अन्य तत्त्वों को संश्लेषित किया जिनके बारे में समझा जाता था कि उन्हें जीवित पदार्थों से ही प्राप्त किया जा सकता है। वे एक प्रख्यात वैज्ञानिक थे जिन्होंने कृत्रिम अकारबनिक रसायन के क्षेत्र में महत्त्वपूर्ण शोध किए थे। उन्होंने स्ट्राइसिमनाइन, लाइसरर्जिक एसिड, रेसे-पाइन और विटामिन 'बी$_{12}$' के साथ ही संश्लेषित पेनिसिलीन और टेरामाइसिन की संरचना का भी पता लगाए बिना नहीं रहे।

वुडवर्ड जब बालक थे तभी से उनकी रसायन विज्ञान के अध्ययन में गहरी रुचि थी। उन्होंने अपने घर के बेसमेंट में अपनी प्रयोगशाला बना रखी थी। वे प्रतिभाशाली थे। मैसाचुसेट्स इंस्टीट्यूट ऑफ टेक्नोलॉजी से जब उन्होंने पीएच.डी. की डिग्री प्राप्त की थी तब उनकी अवस्था 20 वर्ष की थी।

1941 में उन्होंने हार्वर्ड विश्वविद्यालय के रसायन विज्ञान फैकल्टी में प्रवेश किया। अपने सहकर्मी विलियम ई. डोएरिंग के साथ उन्होंने 1944 में क्विनाइन को और 1947 में प्रोटीन एनोलोग को संश्लेषित किया। 1950 में वे हार्वर्ड में प्रोफेसर थे, 1953 में मारिस लोएब प्रोफेसर और 1960 में डोनर प्रोफेसर ऑफ साइंस बने। अपने जीवन के अंतिम समय तक वे मुख्य प्रतिरोधक एरिथ्रोमायसिन को संश्लेषित करने लगे हुए थे। उन्हें 1965 का नोबेल पुरस्कार प्रदान किया गया।

शरीर विज्ञान/चिकित्सा विज्ञान

जैकब, फ्रांस्वा
नागरिकता : फ्रांस
जन्म : 17 जून, 1920; नैंसी, फ्रांस
निधन : 19 अप्रैल, 2013; पेरिस, फ्रांस

फ्रांस्वा जैकब एक जीवविज्ञानी थे और उन्हें आंद्रे लौफ और जैक्स मोनोड के साथ संयुक्त रूप से पुरस्कृत किया गया था। उन्होंने बैक्टीरिया में होनेवाले नियमित जैविक सुधार पर महत्त्वपूर्ण खोज की थी।

जैकब ने 1947 में एम.डी. की डिग्री प्राप्त की। उन्होंने लौफ और मोनोड के साथ लगभग सारा कार्य पाश्चर इंस्टीट्यूट में किया। 1950 में उन्होंने रिसर्च वर्कर के रूप में प्रवेश किया। 1960 में इंस्टीट्यूट के सेल्युलर आनुवंशिकी विभाग के अध्यक्ष हुए। चार वर्ष बाद कॉलेज डि फ्रांस में सेल्युलर आनुवंशिकी के प्रोफेसर नियुक्त हुए।

पाश्चर इंस्टीट्यूट में एक सहकर्मी के साथ जैकब ने यह खोज की कि बैक्टेरियम के जींस छल्ले के क्रम से होते हैं जो सहसा टूट भी सकते हैं। उन्होंने मोनोड के साथ मिलकर बैक्टीरिया द्वारा एंजाइम के नियंत्रण का अध्ययन किया। उनकी एक बड़ी खोज 'नियंत्रित जींस' थी जो जींस संरचना को नियंत्रित करती है।

उन्हें एंजाइम और वायरस संश्लेषण के आनुवंशिक नियंत्रण की खोज के लिए नोबेल पुरस्कार से सम्मानित किया गया।

लौफ, आंद्रे
नागरिकता : फ्रांस
जन्म : 8 मई, 1902; आउलने-ले चेट्यू, फ्रांस
निधन : 30 सितंबर, 1994; पेरिस

आंद्रे लौफ जब 19 वर्ष के थे तभी उन्होंने पाश्चर इंस्टीट्यूट में प्रवेश किया और लेबोरेटरी में कार्य करते हुए उन्होंने अध्ययन पूरा किया। लौफ ने 1927 में एम.डी. की डिग्री प्राप्त की और 1932 में पीएच.डी. की डिग्री प्राप्त की। 1932-33 में उन्होंने ओट्टो मेयरहौफ (नोबेल विजेता) की हीडलबर्ग की लेबोरेटरी में कार्य किया जिसके लिए रॉकफेलर फाउंडेशन ने धनराशि प्रदान की थी।

पाश्चर इंस्टीट्यूट के माइक्रोबायोलॉजी विभाग में उन्हें अध्यक्ष नियुक्त किया गया (1938)। पेरिस की साइंस फैकल्टी में माइक्रोबायोलॉजी के प्रोफेसर बने।

लौफ ने वायरस और उनके प्रभावों का गहरा अध्ययन किया।

मोनोड, जैक्स
नागरिकता : फ्रांस
जन्म : 9 फरवरी, 1910; पेरिस, फ्रांस
निधन : 31 मई, 1976; केंस, फ्रांस

जैक्स मोनोड ने अपने जीवन के आरंभिक वर्ष दक्षिणी फ्रांस में व्यतीत किए जहाँ उनके माता-पिता स्थायी रूप से बस

गए थे। उस समय वे सात वर्ष के थे। उनके पिता एक पेंटर थे।

उच्च शिक्षा प्राप्त करने के लिए वे 1928 में पेरिस चले गए। 1931 में उन्होंने विज्ञान विषय में स्नातक किया। 1941 में उन्होंने प्राकृतिक विज्ञान में डॉक्टरेट की डिग्री प्राप्त की। 1936 में मोनोड पाश्चर इंस्टीट्यूट में लेबोरेटरी के निदेशक बने, 1954 में उन्हें सेल बायोकेमिस्ट्री डिपार्टमेंट का डायरेक्टर नियुक्त किया गया। 1967 में वे कॉलेज डि फ्रांस में प्रोफेसर हुए।

उन्होंने गोलेट्ट ब्रूल से 1938 में विवाह किया, उनके दो पुत्र हुए।

1965 का नोबेल पुरस्कार उन्हें लौफ और जैकब के साथ संयुक्त रूप से प्रदान किया गया।

साहित्य

शोलोखोव, मिखाइल अलेक्जेंद्रोविच

नागरिकता : यू.एस.एस.आर. (सोवियत संघ)

जन्म : 24 मई, 1905; बेसेस्काया, रोस्तोव जिला, सोवियत संघ

निधन : 21 फरवरी, 1984; मास्को

मिखाइल शोलोखोव एक प्रख्यात उपन्यासकार थे। उन्होंने लाल सेना (रेड आर्मी) में भाग लिया (1920) और दो वर्षों तक उसी से जुड़े रहे। वे दक्षिणी रूस के अपने कोस्सैक गाँव में लौट अए। उन्होंने कई बार पश्चिमी यूरोप की यात्राएँ कीं और 1959 में निकिता ख्रुश्चेव के साथ संयुक्त राज्य अमरीका की यात्रा पर भी गए।

उन्होंने तरुणाई से ही लिखना आरंभ कर दिया था। उनका प्रथम उपन्यास 'दोन्स्की रेसेकेजी' (1926, टेल्स ऑफ दि दोन 1961) था। कहानियों के कई संग्रह भी प्रकाशित हुए। 1925 में उन्होंने अपना प्रसिद्ध उपन्यास 'तिखाई दोन' का लेखन आरंभ किया था जिसे पूरा करके प्रकाशित करने में बारह वर्ष (1928-40) लगे। वह चार भागों में प्रकाशित है। उसका अंग्रेजी अनुवाद दो भागों में 'एंड क्वाइट फ्लोज दि दोन' शीर्षक के अंतर्गत प्रकाशित हुआ (1934), एक और महत्त्वपूर्ण उपन्यास 'दोन फ्लोज होम टु सी' (1940)। उनके उपन्यास 'पोडंयाटा त्सेलिना' को पूरा करने में उन्हें 28 वर्ष (1932-60) लगे। इस उपन्यास का अंग्रेजी में अनुवाद दो भागों में प्रकाशित हुआ : 'वर्जिन सोइल अपटर्न्ड' (1935) और 'हार्वेस्ट ऑन दि दोन' (1960)।

'तिखाई दोन' उपन्यास को रूस में व्यापक रूप से पढ़ा जाता है। समाजवाद की वास्तविकता का वर्णन उसमें प्रभावशाली ढंग से किया गया है। मई 1943 से फरवरी 1944 तक 'प्रावदा' ने उनके नए उपन्यास 'दे फॉट फॉर देयर कंट्री' के अंश क्रमशः प्रकाशित किए। 1957 में उनकी कहानी ('दि फेट ऑफ मैन') पर एक सफल फिल्म भी बनी।

शोलोखोव सोवियत एकेडमी ऑफ साइंस के एक सदस्य थे और उन्हें स्तालिन पुरस्कार और लेनिन पुरस्कार प्राप्त हुए थे।

शान्ति

यूनाइटेड नेशंस इंटरनेशनल चिल्ड्रेन् 'स एमरजेंसी फंड (यूनिसेफ) न्यू यॉर्क

यूनाइटेड नेशंस इंटरनेशनल चिल्ड्रने् 'स एमरजेंसी (यूनि-सेफ) यू.एन.ओ. का एक ऐसा निकाय है जो बच्चों के कल्याण के लिए समर्पित है। बच्चों के स्वास्थ्य की देखरेख, पौष्टिक तत्त्वों से परिपूर्ण आहार, शिक्षा और सामान्य विकास में सहायता को ही बाल-कल्याण के अर्थ में लिया जाता है।

विशेष रूप से युद्ध में तबाह हुए राष्ट्रों के बच्चों की सहायता इस फंड से की जाती है। 1950 के बाद युद्धोत्तर इमरजेंसी भी समाप्त हुई, इसलिए अल्पविकसित और अर्ध-विकसित राष्ट्रों के बच्चों के कल्याण में इस फंड का उपयोग किया गया। इन गतिविधियों को चालू रखने के लिए यूनिसेफ के फंड के अलावा चैरिटी फंडों से अनुदान भी प्राप्त किया जाता है। इन्हीं फंडों से बच्चों की व्याधियों की चिकित्सा की जाती है। यूनिसेफ की एक योजना चैरिटी ग्रीटिंग काड्र्स की है। उनकी बिक्री से फंड में अपरिमित वृद्धि होती है। 1965 का शान्ति नोबेल पुरस्कार इसी संस्था को प्रदान किया गया।

भौतिक विज्ञान

रसायन विज्ञान

शरीर विज्ञान/चिकित्सा विज्ञान

साहित्य

1966

भौतिक विज्ञान

कैस्लर, अल्फ्रेड

नागरिकता : फ्रांस

जन्म : 3 मई, 1902; गुएब-विलर (पहले जर्मनी में अब फ्रांस में)

निधन : 7 जनवरी, 1984; बंडोल

अल्फ्रेड कैस्लर ने परमाणविक संरचना की खोज करते हुए एक नई पद्धति विकसित की थी। उनके कार्यों के परिणाम 'मेसर' और 'लेसर' तथा निम्न चुंबकीय क्षेत्र के परिमापन की नई पद्धति के रूप में सामने आए।

1920 में अध्ययन करने के लिए वह पेरिस के इकोले नार्मेल सुपीरियरे गए, फिर बोर्डेआक्स और फ्रांस के क्लेर्मोंट और बेल्जियम के लाउबेन की विज्ञान विभाग में कार्य किया। वह 1941 में इकोले नार्मेल सुपीरियरे में अध्यापन के लिए लौट आए। जब उन्होंने पुरस्कार प्राप्त किया तब वे लेबोरेटरी ऑफ फिजिक्स के प्रोफेसर और निदेशक थे। 1950 में उन्होंने 'ऑप्टिकल पपिंग सिस्टम' का विकास किया। प्रकाश तकनीक की (बारंबारता) पर रिसर्च करते हुए 'लेसर्स' और 'मेसर्स' की तकनीक उन्होंने विकसित की। उन्हें परमाणुओं में हट्र्ज अनुनाद के अध्ययन के लिए, प्रकाशीय पद्धति की खोज तथा उसके विकास के लिए नोबेल पुरस्कार से सम्मानित किया गया।

रसायन विज्ञान

मुल्लिकेन, रॉबर्ट एस.

नागरिकता : संयुक्त राज्य अमरीका

जन्म : 7 जून, 1896; न्यूबरी-पोर्ट, मेसाचुसेट्स

निधन : 31 अक्टूबर, 1986; आर्लिंगटन, अमरीका

रॉबर्ट एस. मुल्लिकेन एक रसायनविज्ञानी थे और भौतिक-विज्ञानी भी थे। उन्होंने अणुओं की इलेक्ट्रॉनिक संरचना पर महत्त्वपूर्ण खोज की थी जिसके लिए वे पुरस्कृत हुए थे।

उन्होंने मेसाचुसेट्स इंस्टीट्यूट ऑफ टेक्नोलॉजी से स्नातक की डिग्री प्राप्त की थी। प्रथम विश्वयुद्ध के दौरान सरकारी रासायनिक खोज का काम किया। शिकागो विश्वविद्यालय में नोबेल विजेता भौतिकविज्ञानी रॉबर्ट ए. मिल्लिकेन के छात्र रहे। वे न्यू यॉर्क विश्वविद्यालय और शिकागो विश्वविद्यालय की फैकल्टियों से संबद्ध रहे। 1920 में आणविक संरचना के सिद्धांत की खोज करना आरंभ किया। 1952 में उन्होंने क्वांटम यांत्रिकी सिद्धांत को विकसित किया और इलेक्ट्रॉन की कक्षा की प्रतिक्रिया का अध्ययन किया।

द्वितीय विश्वयुद्ध के दौरान उन्होंने प्रथम परमाणु बम के लिए प्लूटोनियम प्रोजेक्ट पर कार्य किया। लंदन के अमरीकी दूतावास में विज्ञान सहायक रहे। 1965 में फ्लोरिडा विश्वविद्यालय के इंस्टीट्यूट ऑफ मोलेक्यूलर में कार्य करने लगे। उन्हें 1966 का नोबेल पुरस्कार प्रदान किया गया।

शरीर विज्ञान/चिकित्सा विज्ञान

हग्गिंस, चार्ल्स ब्रेंटन
नागरिकता : कनाडा/ संयुक्त राज्य अमरीका
जन्म : 22 सितंबर, 1901; हेलिफैक्स कनाडा
निधन : 12 जनवरी, 1997; शिकागो, अमरीका

चार्ल्स ब्रेंटन हग्गिंस एक सर्जन और मेडिकल रिसर्चर थे। उन्होंने दिखाया कि इंजेक्शन ऑफ सिंथेटिक फिमेल सेक्स होर्मोंस द्वारा कैसे पुरुष की प्रोस्टेट ग्रंथि प्रभावित होती हैं। उन्होंने सिद्ध किया कि हार्मोनल चिकित्सा द्वारा कैंसर को नियंत्रित करना संभव है। उन्होंने पहले नोवा स्कोटिया और फिर हार्वर्ड मेडिकल स्कूल में शिक्षा प्राप्त की। वे जब अमरीका के नागरिक हुए तब जो शोध उन्होंने किए उन्हीं पर नोबेल पुरस्कार उन्हें प्रदान किया गया। उन्हें प्रदान किए गए कई पुरस्कारों में निम्नलिखित का यहाँ उल्लेख किया जा सकता है—स्वर्ण पदक, अमरीकन मेडिकल एसोसिएशन (1936 तथा 1940), अमरीकन कैंसर सोसायटी (1953), न्यू यॉर्क एकेडमी ऑफ मेडिसिन (1962), हंटर पुरस्कार, अमरीकन थैराप्यूटिक सोसायटी (1982) इत्यादि। उन्हें प्रोस्टेट कैंसर की हार्मोन चिकित्सा संबंधी खोज के लिए नोबेल पुरस्कार से सम्मानित किया गया।

रॉस, पेटन
नागरिकता : संयुक्त राज्य अमरीका
जन्म : 5 अक्टूबर, 1879; बाल्टीमोर, मेरीलैंड, अमरीका
निधन : 16 फरवरी, 1970; न्यू यॉर्क सिटी, अमरीका

पेटन रॉस ने बाल्टीमोर के मेडिकल स्कूल में चिकित्सा-विज्ञान का अध्ययन किया। कुछ समय तक उनका शोधकार्य रुक गया क्योंकि उन्हें तपेदिक का संक्रमण हो गया था। रॉकफेलर इंस्टीट्यूट के निदेशक साइमन फ्लेक्सनर ने रॉस को कैंसर पर शोध करने की सुविधा प्रदान की। उन्होंने प्राय: जीवन भर रॉकफेलर इंस्टीट्यूट में शोधकार्य किया जिसे अब रॉकफेलर विश्वविद्यालय कहा जाता है।

रॉस ने दिखाया कि कैंसर के वायरस को एक शरीर से दूसरे शरीर में पहुँचाया जा सकता है। द्वितीय विश्वयुद्ध के दौरान रॉस ने जे.आर. टर्नर और ओ. एच. राबर्सटन के साथ शोध करते हुए यह दिखाया कि रक्त कोशिका को कैसे सुरक्षित रखा जा सकता है। फलस्वरूप विश्व के प्रथम ब्लड बैंक की स्थापना बेल्जियम में की गई। उन्होंने पित्ताशय और यकृत आदि का भी अध्ययन किया। 1930 में रॉस पुन: कैंसर पर शोध करने लगे। कैंसर के कारणों की खोज की और अपने शोध द्वारा कैंसर की रहस्यमयता को समझने का प्रयास किया। 1945 में रिटायर होने के बाद भी रॉस रॉकफेलर इंस्टीट्यूट में कार्य करते रहे और अनेक वैज्ञानिक शोधपत्र प्रकाशित किए।

रॉस 40 वर्षों तक 'जर्नल ऑफ एक्सपेरिमेंटल मेडिसिन' के संपादक रहे। 1940 में रॉयल सोसाइटी के विदेशी फेलो चुने गए।

1915 में उन्होंने विवाह किया, उन्हें चार पुत्रियाँ हुईं। 1966 का नोबेल पुरस्कार उन्हें हग्गिंस के साथ संयुक्त रूप से प्रदान किया गया।

साहित्य

ऐग्नॉन, शमुएल योसेफ

नागरिकता : इजराइल

जन्म : 17 जुलाई, 1888; बकजैक, गैलिसिया, पोलैंड

निधन : 17 फरवरी, 1970; यरूशलम

शमुएल योसेफ ऐग्नॉन आधुनिक हिब्रू के महान उपन्यासकार और कथाकार थे। उनका जन्म पोलिश ज्यूइस व्यापारियों और भाषा तत्त्वज्ञों के परिवार में हुआ था।

सर्वप्रथम 1903 से 1906 तक वह सिदिद्श और हिब्रू में कभी अपने नाम से और कभी उपनामों से लिखते रहे। मगर जब फिलिस्तीन में (1907) स्थायी रूप से बस गए तब अपने सरनेम ऐग्नॉन को अपना लिया तथा अपनी नाटकीय, विलक्षण और अत्यंत परिष्कृत वर्णन बाइबिलीय भाषा-शैली में लिखने लगे। उनके साहित्य लेखन की शुरुआत 'एगुनेट' (1908, फोरसेकेन वाइव्स) से हुई जो एक सच्ची फिलिस्तीनी कहानी है। उनका प्रथम उपन्यास 'हाल्खनासात कल्लाह' (दो भागों में, 1922 दि ब्राइडल कैनोपी, 1937) है। यह भ्रमणशील यहूदी के कष्टों की कहानी है। उनका दूसरा उपन्यास 'ओरिएच नाटा लानुन' (1938, ए गेस्ट फॉर दि नाइट, 1968) प्रथम विश्वयुद्ध के बाद यूरोपीय यहूदियों के नैतिक पतन की मार्मिक कहानी है। उनका तृतीय महान उपन्यास 'टिमोल शिलशोम' (1945, दि डे बिफोर येस्टरडे) है। पश्चिम से प्रभावित यहूदियों की मानसिकता, नैतिकता और इजराइल की पृष्ठभूमि का वर्णन है।

उन्होंने अपना आत्मकथात्मक उपन्यास 1958 में प्रकाशित किया। कहानियों के कई संग्रह भी प्रकाशित किए। उन्होंने 1958 में ही यरूशलम विश्वविद्यालय से डॉक्टरेट की डिग्री प्राप्त की। वे प्रथम हिब्रू (यहूदी) थे जिन्हें नोबेल पुरस्कार प्रदान किया गया था।

साख्स, नेल्ली

नागरिकता : जर्मनी/ स्वीडन

जन्म : 10 दिसंबर, 1891; बर्लिन, जर्मनी

निधन : 12 मई, 1970; स्टॉक-होम, स्वीडन

नेल्ली साख्स एक कवयित्री और नाटककार थीं। वे यहूदियों पर नाजी फासिस्टों के अत्याचारों के विरुद्ध तीव्र प्रतिक्रिया दिखाती थीं। उनके भय से 1940 में वे जर्मनी से बाहर चली गईं।

उन्होंने मात्र सत्रह वर्ष की अवस्था से लिखना आरंभ किया। 1921 में 'लेजेंडेन उंड एर्जाएलुंगेन' (लीजेंड्स और कहानियाँ) को प्रकाशित किया। समाचार-पत्रों में उनकी कहानियाँ छपीं।

उनके जीवन में नाजी फासिस्टों द्वारा पैदा किए गए अंधकार के कारण उन्होंने यहूदी लेखन शैली को अपनाया। 1940 में अपनी सजा से बचने के लिए जर्मनी को छोड़कर वे स्वीडन चली गई थीं। वहाँ अपनी पेनफ्रेंड नोबेल विजेता उपन्यासकार सेल्मा लैगरलोफ ने उनकी बड़ी सहायता की। शाही घराने पर सेल्मा का विशेष प्रभाव था, उसने साख्स को स्वीडन की नागरिकता दिलाई। वे अपनी वृद्धा माता के साथ एक कमरे वाले फ्लैट में रहती थीं।

स्वीडिश भाषा सीखने के बाद उन्होंने जर्मन कविताओं के स्वीडिश में अनुवाद प्रस्तुत किए। 1947 में उनकी कविताओं का संगह बर्लिन से प्रकाशित हुआ था। 'स्टर्नवर्ड-केलुंग' (एक्लाइप्स ऑफ दि स्टार्स, 1949), 'उंड निएमांड वेइस वेइटर' (एंड नो वन नोज हाउ टु गो ऑन, 1957), 'फ्लच्ट उंड वेर वांडलिंग' (फ्लाइट एंड मेटामार्फिस, 1958), 'फाहार्ट इंस स्टाउब्लोज (जर्नी इनटु ए डस्टलेस रीम, 1961) तथा नाटकों के संग्रह 'जेइचेन इम सैंड (साइंस इन दि सैंड, 1962) प्रकाशित हुए। उन वर्षों के

दौरान उनके गीति काव्य सरल, कोमल और रहस्यात्मक होते थे। उनकी प्रसिद्ध रचना 'ओ डाय स्कोर्न्सटेइन' (ओह दि चिमनीज) है जिसमें नाजियों के डेथ चैंबर का दिल दहलानेवाला विवरण है। उसका अंग्रेजी में अनुवाद उपलब्ध है।

1965 में उन्होंने जर्मन प्रकाशकों का पुरस्कार प्राप्त किया था। वह पुरस्कार प्राप्त करते हुए उन्होंने कहा था, "विगत के इन तमाम खौफनाक हादसों के बावजूद मेरा आपमें विश्वास है।" उनका यह कथन जर्मनी के प्रति उनके गहरे लगाव का परिचायक है।

1966 का नोबेल पुरस्कार ऐग्नॉन और साख्स को संयुक्त रूप से प्रदान किया गया था।

नोट : इस वर्ष **शान्ति** के क्षेत्र में नोबेल पुरस्कार नहीं दिया गया और पुरस्कार राशि एक विशेष निधि में संरक्षित रखी गई।

भौतिक विज्ञान

रसायन विज्ञान

शरीर विज्ञान/चिकित्सा विज्ञान

साहित्य

1967

भौतिक विज्ञान

बेथे, हैंस अलब्रेख्त
नागरिकता : संयुक्त राज्य अमरीका
जन्म : 2 जुलाई, 1906; स्ट्रासबर्ग, जर्मनी
निधन : 6 मार्च, 2005; इथाका, न्यू यॉर्क, अमरीका

हैंस अलब्रेख्त बेथे एक सैद्धांतिक भौतिकविज्ञानी थे। उन्होंने 1928 में म्यूनिख विश्वविद्यालय से डॉक्टरेट की डिग्री प्राप्त की तथा म्यूनिख और टुबिनजेन में 1933 तक अध्यापन किया। आगे चलकर 1934 में उन्होंने न्यू यॉर्क के कार्नेल विश्व-विद्यालय के भौतिक विभाग में प्रवेश किया। उन्होंने अपने शोधों के द्वारा सिद्ध किया कि नाभिकीय यांत्रिकी ही सितारों की ऊर्जा के उत्पादन के लिए जिम्मेवार हैं। वे एटॉमिक बम के थ्योरिटिकल डिवीजन लास एलामोस, न्यू मैक्सिको में 'मेनहाट्टन प्रोजेक्ट' निदेशक थे। द्वितीय विश्वयुद्ध के बाद नाभिकीय अस्त्रों को विश्वशान्ति के लिए खतरा बताते हुए भाषण देते रहे और अनियंत्रित ढंग से परमाणु हथियार जमा करते जाने का विरोध किया। 1954 में उन्हें अमरीकन फिजिकल सोसाइटी का अध्यक्ष चुना गया।

सैद्धांतिक भौतिकी में बेथे का अन्य योगदान ठोस के इलेक्ट्रॉन का घनत्व, नाभिकीय संरचना, ठोस अवस्था और परमाणु रिएक्टर सिद्धांत, शाक वेव्स के क्षेत्र में था। उन्हें 1961 में फेर्मि पुरस्कार से सम्मानित किया गया।

बेथे ने 1939 में रोसे एवाल्ड के साथ विवाह किया और उनसे एक पुत्र हुआ। उन्हें नाभिकीय प्रतिक्रिया के उनके सिद्धांतों और तारों के ऊर्जा उत्पन्न करने के सिद्धांत की खोज से संबंध में नोबेल पुरस्कार से सम्मानित किया गया।

रसायन विज्ञान

एइजेन, मैनफ्रेड
नागरिकता : पश्चिम जर्मनी
जन्म : 9 मई, 1927; बोखम (अब पश्चिम जर्मनी)

मैनफ्रेड एइजेन एक संगीतज्ञ के पुत्र हैं। उन्होंने गोटिंगेन विश्वविद्यालय में अध्ययन किया और 1951 में पीएच.डी.

डिग्री प्राप्त की। उन्होंने 1953 में गोटिंगेन के मैक्स प्लैंक इंस्टीट्यूट में भौतिक रसायन के अध्यापक की हैसियत से प्रवेश किया, 1964 से वे इसके निदेशक हैं। 1954 में एइजेन ने रिलेक्सेशन तकनीक द्वारा रासायनिक प्रतिक्रिया का अध्ययन किया। एइजेन की सामान्य पद्धति यह थी कि निश्चित तापमान और दबाव पर शोध का कार्य किया जाए जिससे सही निष्कर्ष पर पहुँचा जा सके।

एइजेन ने शोधों के क्रम में देखा कि सारे परिणाम उसी के अनुरूप सामने आए जैसा सोचा था। उन्होंने न्यूक्लिक अम्लों और प्रोटीनों के स्रोत की खोज की। अपने सहकर्मी आर. विंकलर के साथ उनकी क्रियाविधि को व्याख्यायित किया। उन्हें तीव्र रासायनिक प्रतिक्रिया के अध्ययन के लिए नोबेल पुरस्कार से सम्मानित किया गया।

नोरिश, रोनाल्ड जॉर्ज रेफोर्ड

नागरिकता : ब्रिटेन

जन्म : 9 नवंबर, 1897; कैंब्रिज, ब्रिटेन

निधन : 7 जून, 1978; कैंब्रिज, ब्रिटेन

रोनाल्ड जॉर्ज रेफोर्ड नोरिश क्षण दीप्ति प्राकशिक-अपघटक और गतिक स्पेक्ट्रमी के अग्रगामी थे। उन्होंने कैंब्रिज के पर्से स्कूल में अध्ययन किया और उसके बाद इमैनुएल कॉलेज में रसायन विज्ञान का अध्ययन करने लगे। प्रथम विश्वयुद्ध के बाद वे कैंब्रिज लौट आए। वहाँ 1925 में प्रदर्शनकर्ता 1930 में लेक्चरर और अंत में भौतिक रसायन के प्रोफेसर हुए। 1965 में रिटायर होने तक वहीं कार्यरत रहे।

नोरिश ने अपने जीवन का अधिकांश समय फोटो रासायनिक प्रतिक्रिया और गतिक प्रतिक्रिया के शोध पर केंद्रित रखा। 1945 से सर जॉर्ज पोर्टर के साथ क्षण दीप्ति प्राकाशिक- अपघटन की नई तकनीक विकसित की जिसके लिए 1957 का नोबेल पुरस्कार उन्हें संयुक्त रूप से प्रदान किया गया।

केमिकल प्रतिक्रिया प्रकाश की गति से प्रभावित होती है जिसे 600,000 किलोवॉट तक बढ़ाकर देखा गया। काइनेटिक और इनर्जेटिक प्रतिक्रिया पर शोध से यही पता चला कि उसके लिए प्रति सेकंड का दस अरबवाँ अंश आवश्यक होता है।

नोरिश को विदेश की अनेक वैज्ञानिक संस्थाओं ने सम्मानित किया। ब्रिटेन में रॉयल सोसाइटी की फेलोशिप के लिए चुने गए।

पोर्टर, सर जॉर्ज

नागरिकता : ब्रिटेन

जन्म : 6 दिसंबर, 1920; यार्कशायर, ब्रिटेन

निधन : 31 अगस्त, 2002; केंटरबरी, ब्रिटेन

सर जॉर्ज पोर्टर एक ब्रिटिश रसायनविज्ञानी हैं। उन्होंने थार्नो ग्रामर स्कूल में शिक्षा प्राप्त की। उसके बाद लीड्स विश्वविद्यालय और कैंब्रिज के इमेनुएल कॉलेज में केमिस्ट्री का अध्ययन किया। आर.एन.वी.आर. के साथ कुछ समय के लिए वे युद्ध में शामिल रहे।

युद्ध के बाद कैंब्रिज विश्वविद्यालय में भौतिक रसायन के प्रदर्शक हुए (1949-52)। 1952-54 की अवधि में वे शोधकार्य के उपनिदेशक रहे। 1955 में उन्होंने शेफील्ड विश्वविद्यालय में प्रवेश किया और वहाँ 1963 तक कार्यरत रहे। 1963 से 1966 की अवधि में रॉयल इंस्टीट्यूशन (लंदन) में वे रसायन विज्ञान के प्रोफेसर नियुक्त हुए तथा 1966 में निदेशक भी नियुक्त हुए।

नोरिश और पोर्टर ने क्षण दीप्ति प्राकाशिक अपघटन की नई तकनीक विकसित की तथा रासायनिक प्रतिक्रिया का अध्ययन किया। पोर्टर के प्रकाशनों में प्रमुख हैं : 'केमिस्ट्री फॉर दि मॉडर्न वर्ल्ड' (1962), लॉज ऑफ डिसार्डर (1965) और 'टाइम मशीन' (1969-70)।

1967 के नोबेल पुरस्कार की आधी धनराशि मैनफ्रेड एइजेन को प्रदान की गई तथा शेष आधी धनराशि में नोरिश और पोर्टर समान रूप से भागीदार रहे।

शरीर विज्ञान/चिकित्सा विज्ञान

ग्रैनिट, रैग्नर

नागरिकता : स्वीडन
जन्म : 30 अक्टूबर, 1900; हेलसिंकी, फिनलैंड
निधन : 12 मार्च, 1991; स्टॉकहोम, स्वीडन

रैग्नर गैनिट ने हेलसिंकी विश्वविद्यालय के स्वीडिश नार्मल लिक्यूम से स्नातक की डिग्री प्राप्त की (1927)। उन्होंने 1929 से 1937 तक वहाँ अध्यापन किया। उसी अवधि में पेंसिलवानिया विश्वविद्यालय के मेडिकल फिजिक्स के ई.आर. जान्सन रिसर्च फाउंडेशन के फेलो रहे। उन्होंने सर चार्ल्स शेरिंगटन (नोबेल विजेता) के साथ ऑक्सफोर्ड में तंत्रिका कायिकी का अध्ययन किया। 1956 से वे रॉकफेलर विश्वविद्यालय (न्यू यॉर्क) के विजिटिंग प्रोफेसर रहे। वे थॉमस यंग ऑरेटर फॉर दि फिजिकल सोसाइटी (लंदन) में नियुक्त हुए। अनेक विश्वविद्यालयों से उन्हें पुरस्कार और मानद डिग्रियाँ प्राप्त हुईं। उन्होंने नर्व फाइवरों का अध्ययन किया और पाया कि वे रेटिना के नर्व फाइवर प्रकाश के प्रति बेहद संवेदनशील होते हैं।

हार्टलाइन, हाल्डैन केफर

नागरिकता : संयुक्त राज्य अमरीका
जन्म : 22 दिसंबर, 1903; ब्लूम्सबर्ग, पेंसिलवानिया, अमरीका
निधन : 17 मार्च, 1983; फाल्सटन, अमरीका

हाल्डैन केफर हार्टलाइन प्रथम तंत्रिका कायिकी हुए जिन्होंने तंत्रिका तंतु को प्रकाश द्वारा उत्प्रेरित कर प्रतिक्रिया को एकल दृश्यग्राही द्वारा प्राप्त किया। उन्होंने बी.एससी. की डिग्री लाफेएट कॉलेज से प्राप्त की तथा डॉक्टर ऑफ मेडिसिन की डिग्री जॉन्स हॉपकिंस विश्वविद्यालय से 1927 में प्राप्त की। उन्होंने 1927 से 1929 तक हॉपकिंस विश्वविद्यालय में नेशनल रिसर्च काउंसिल के फेलो के रूप में कार्य किया। 1931 से 1936 तक चिकित्सकीय भौतिकी के जान्सन फेलो रहे। वे पेंसिलवानिया विश्वविद्यालय के एल्डरिज रिसर्च फाउंडेशन से जुड़े रहे। 1949 और 1953 की अवधि में जॉन्स हॉपकिंस विश्वविद्यालय के जैव भौतिकी विभाग में प्रोफेसर और अध्यक्ष रहे। 1953 में रॉकफेलर विश्वविद्यालय में प्रवेश करने से पहले कार्नेल विश्वविद्यालय के मेडिकल कॉलेज और पेंसिलवानिया में अध्यापन करते रहे। उन्हें शरीर-क्रिया विज्ञान तथा नेत्रों में रासायनिक दृश्यता की खोज के लिए नोबेल पुरस्कार से सम्मानित किया गया।

वाल्ड, जॉर्ज

नागरिकता : संयुक्त राज्य अमरीका
जन्म : 18 नवंबर, 1906; न्यू यॉर्क, अमरीका
निधन : 12 अप्रैल, 1997; कैंब्रिज, अमरीका

जॉर्ज वाल्ड एक जैव रसायनविज्ञानी थे। उन्होंने न्यू यॉर्क विश्वविद्यालय और कोलंबिया विश्वविद्यालय में शिक्षा प्राप्त की। उन्होंने 1932 में कोलंबिया विश्वविद्यालय से पीएच.डी. की डिग्री प्राप्त की। 1934 में उन्होंने हार्वर्ड विश्वविद्यालय में प्रवेश किया और 1948 में वे जीव विज्ञान के प्रोफेसर नियुक्त हुए। उन्होंने नेशनल फेलोशिप के अंतर्गत बर्लिन, ज्यूरिख और हाइडलबर्ग में प्रशिक्षण प्राप्त किया। वह जैव रसायन विज्ञान के विश्वविख्यात विशेषज्ञ थे।

उन्होंने यह पता किया कि प्रकाश की तरंगें कैसे रेटिना की प्रकाशग्राही कोशिकाओं से प्रतिक्रिया करती हैं जिससे उसके अणु पुनः संयोजित करते हैं। 1939 में उन्हें लिली एवार्ड मिला, लस्कर एवार्ड 1953 में मिला, दि प्रोक्टर एवार्ड 1955 में मिला, 1959 में उन्हें दि रैम्फोर्ड मेडल और प्रिमियम

ऑफ दि अमरीकन एकेडमी ऑफ आर्ट्स एंड साइंसेज प्राप्त हुआ। विश्व के अनेक विश्वविद्यालयों से ऑनरेरी डिग्रियाँ भी प्राप्त हुईं। रैग्नर और हार्टलाइन के साथ संयुक्त रूप से नोबेल पुरस्कार प्राप्त हुआ।

साहित्य

एस्टुरियस, मिगुएल ऐंजल
नागरिकता : ग्वाटेमाला
जन्म : 19 अक्टूबर, 1899; ग्वाटेमाला सिटी
निधन : 9 जून, 1974; मेड्रिड, स्पेन

मिगुएल ऐंजल एस्टुरियस एक कवि, उपन्यासकार और एक राजनयिक थे। उनके लेखन में मयों की रहस्यात्मकता और मध्य अमरीका के इंडियनों के अन्याय के सामाजिक प्रतिरोध के स्वर थे। उन्होंने 1923 में ग्वाटेमाला विश्वविद्यालय से कानून की डिग्री प्राप्त की तथा पेरिस में ही रहने लगे और सोर्बोन में मानव जाति विज्ञान के अध्ययन में जुट गए। पेरिस में फ्रेंच उपन्यासकार और साहित्यिक विचारक आंद्रे ब्रेटन से बहुत प्रभावित हुए। उनकी प्रथम महत्त्वपूर्ण कृति 'लेयेंडास डि ग्वाटेमाला' (1930, लीजेंड्स ऑफ ग्वाटेमाला) है, जिसमें स्पेनिश आक्रमण से पहले के मयों के जीवन एवं सस्कृति का मार्मिक विवरण है। ग्वाटेमाला लौटने पर उन्होंने 'एल डिआरिओ डेल ऐरे' (एक रेडियो मैगजीन) के संस्थापक और संपादक रहे। उनकी कविताओं के कई भाग प्रकाशित हुए, शुरुआत 'सोनेटो' (1936, सॉनेट्स) से हुई।

1946 में उन्होंने ग्वाटेमाला की राजनयिक सेवा में कार्य करना आरंभ किया। मध्य और दक्षिण अमरीका में भ्रमणशील रहे तथा बीच-बीच में लिखते भी रहे। उपन्यासकार की अप्रतिम प्रतिभा का परिचय 'एल सेनोर प्रेसीडेंट' (1946, दि प्रेसीडेंट, 1963), 'इन होम्ब्रेस डि मैज' (1949, मेन ऑफ कार्न), 'विएंटो फुएर्टे' (1958, दि साइक्लोन, 1967), 'एल पापा वेर्डे' (1954, दि ग्रीन पोप, 1971), 'लोस ओजोस डि लोस इंटेर्ड' (1960, दि आईज ऑफ दि इंटर्ड, 1973) से मिलता है।

1966 से 1970 तक वे फ्रांस में ग्वाटेमाला के राजदूत रहे। रिटायर होने के बाद वहीं स्थायी रूप से रहने लगे। 1966 में उन्हें लेनिन शान्ति पुरस्कार मिला।

नोट : इस वर्ष **शान्ति** के क्षेत्र में नोबेल पुरस्कार नहीं दिया गया और पुरस्कार राशि एक विशेष निधि में संरक्षित रखी गई।

भौतिक विज्ञान

रसायन विज्ञान

शरीर विज्ञान/चिकित्सा विज्ञान

साहित्य

शान्ति

1968

भौतिक विज्ञान

अलवारेज, लुइस वाल्टर
नागरिकता : संयुक्त राज्य अमरीका
जन्म : 13 जून, 1911; सैन फ्रांसिस्को, अमरीका
निधन : 1 सितंबर, 1988; बर्कले, अमरीका

लुइस वाल्टर अलवारेज एक भौतिकविज्ञानी थे। वह डॉ. वाल्टर सी. अलवारेज और हैरिएट स्मिथ के पुत्र थे। उन्हें शिक्षा शिकागो विश्वविद्यालय में प्राप्त हुई। कैलीफोर्निया से पीएच.डी. की डिग्री उन्होंने 1936 में प्राप्त की। वहाँ वे शोध सहायक से प्रोन्नत होकर प्रोफेसर हुए।

अलवारेज ने कक्षीय इलेक्ट्रॉनों की कमी द्वारा रेडियो-एक्टिव तत्त्व में अपक्षय की खोज की। उन्होंने बताया कि कक्षीय इलेक्ट्रॉन नाभिक में मिल जाता है जिससे नए परमाणु क्रमांक वाला तत्त्व पैदा होता है जो कि पहले से कम परमाणु संख्या का होता है। उन्होंने और नोबेल विजेता ब्लोच ने पहली बार चुंबकीय क्षेत्र की शक्ति और दिशा का परिमापन किया। मेसाचुसेट्स इंस्टीट्यूट ऑफ टेक्नोलॉजी की विकिरण प्रयोगशाला में रडार पर काम किया। शत्रु के ठिकानों पर आक्रमण के लिए आकाश में उड़ते विमानों को धरती से ही नियंत्रित करने की पद्धति उन्होंने विकसित की। रडार की इसमें प्रमुख भूमिका रही। लोस ऐलामोस वैज्ञानिक प्रयोगशाला में परमाणु शोध में लगे रहे। परमाणु बम के विस्फोटक की नई तकनीक उन्होंने विकसित की।

द्वितीय विश्वयुद्ध के बाद अलवारेज ने प्रथम प्रोटॉन लाइनियर एक्सेलरेटर का निर्माण किया तथा हाइड्रोजेन बब्बल चैंबर विकसित किया जिससे सब एटॉमिक पार्टिकल्स और उनकी प्रतिक्रिया का अध्ययन किया जा सके। न्यूक्लियर थियरी को भी उन्होंने फिर से संशोधित किया। यह उनकी प्रमुख देन थी।

अलवारेज को अनेक पदक और पुरस्कार प्राप्त हुए। अनेक विश्वविद्यालयों से उन्हें मानद डॉक्टरेट की डिग्री प्राप्त हुई। उन्हें 1968 का भौतिकी का नोबेल पुरस्कार प्रदान किया गया। उनके 100 से अधिक शोधपत्र प्रकाशित हुए। इसके अलावा इलेक्ट्रॉनिक्स और प्रकाशमिति के 22 यू.एस. पेटेंट प्राप्त हुए।

अलवारेज को हवाई उड़ान, गोल्फ और संगीत के प्रति गहरा लगाव था।

रसायन विज्ञान

ओंसेगर, लार्स

नागरिकता : नॉर्वे और संयुक्त राज्य अमरीका

जन्म : 27 नवंबर, 1903; पहले क्रिस्टियानिया और अब ओस्लो, नॉर्वे

निधन : 5 अक्टूबर, 1976; कोरल गैबल्स, फ्लोरिडा, अमरीका

लार्स ओंसेगर एक कानून विशेषज्ञ के पुत्र थे। सामान्य शिक्षा प्राप्त करने के बाद रसायन तकनीकी का अध्ययन करने के लिए उन्होंने 1920 में 'नॉर्गेस टेनिस्के ओग्स्कोले' में प्रवेश किया। उनका आरंभिक कार्य सांख्यिकीय यांत्रिकी था जिसने डच नोबेल विजेता का ध्यान आकर्षित किया। ज्यूरिख के फेडरल इंस्टीट्यूट में उन्हीं के निर्देशन में ओंसेगर, अध्ययन कर रहे थे। उसके बाद वे संयुक्त राज्य अमरीका चले गए और वहीं स्थायी रूप से रहने लगे। अमरीका में वह जॉन्स हॉपकिंस विश्वविद्यालय (बाल्टीमोर) और ब्राउन विश्व-विद्यालय (प्रोविडेंस, रोडे आइलैंड) में अध्यापन करने लगे। उन्होंने येल विश्वविद्यायल से पीएच.डी. की डिग्री प्राप्त की। वहाँ वह स्टर्लिंग और गिब्स फेलो थे। 1945 में वहाँ उन्हें सैद्धांतिक रासायनिक विज्ञान का प्रोफेसर नियुक्त किया गया। उस पद पर 1973 में रिटायर होने तक वे कार्यरत रहे। उसके बाद उन्हें मिआमी विश्व-विद्यालय से सुप्रतिष्ठित प्रोफेसरशिप का आमंत्रण मिला।

1923 में डिबाय और ई हकेल ने एक थियरी प्रकाशित की। ओंसेगर उससे सहमत नहीं थे। उन्होंने स्पष्ट रूप से कहा, "प्रोफेसर डिबाय, आपकी इलेक्ट्रोलाइट्स वाली थियरी सही नहीं है।" डिबाय उनसे सहमत हुए और अपना सहायक बनाने का निमंत्रण दिया।

ब्राउन में ओंसेगर ने अनुत्क्रमणीय सिद्धांत का पारस्परिक संबंध को विकसित किया जिसे सामान्यत: 'ऊष्मा गतिकी का चतुर्थ निमय' भी कहते हैं। उनका कार्य भौतिक रसायन से संबंधित रहा। उनके शोध तरल हीलियम के मजबूत इलेक्ट्रोलाइट्स और उसके भंवरों की मात्रा पर केंद्रित रहा।

ओंसेगर तेजस्वी प्रतिभा के धनी थे। जटिल से जटिल सैद्धांतिक समस्याओं का हल मिनटों में बता सकते थे। उनकी तीव्र बुद्धि के चमत्कार से लोग दंग रह जाते थे।

शरीर विज्ञान/चिकित्सा विज्ञान

हॉले, रॉबर्ट डब्ल्यू.

नागरिकता : संयुक्त राज्य अमरीका

जन्म : 28 जनवरी, 1922; उर्बाना, इलिनोइस, अमरीका

निधन : 11 फरवरी, 1993; लॉस गेटोस, अमरीका

रॉबर्ट डब्ल्यू. हॉले ने इलिनोइस विश्वविद्यालय से रसायन विज्ञान में स्नातक की डिग्री 1942 में प्राप्त की। रसायन विज्ञान में स्नातक होने के बाद वे कार्नेल मेडिकल स्कूल में दाखिल हुए और वहाँ पेंसिलिन का प्रथम अप्राकृतिक संश्लेषण प्रस्तुत किया। वे कार्नेल में ही रहे और 1947 में जैव रसायन की पीएच.डी. की डिग्री प्राप्त की। उन्होंने कैलीफोर्निया इंस्टीट्यूट ऑफ टेक्नोलॉजिकल में दो वर्षों (1955-56) तक कार्य किया और वहीं से न्यूक्लिक अम्ल पर महत्त्वपूर्ण रिसर्च आरंभ किया। उन्होंने अनुभव किया कि न्यूक्लिक अम्ल की संरचना पर शोध किया जाए जिसके लिए अणुओं का प्रथम विशुद्ध नमूना उपलब्ध करना आवश्यक होगा।

1965 के मार्च में वे यह घोषित करने योग्य हुए कि एलानाइन 'आर.एन.ए' के 77 न्यूक्लिओटाइड्स के संपूर्ण श्रेणी की खोज कर चुके हैं। इस खोज के लिए उन्हें खुराना और नीरेनबर्ग के साथ संयुक्त रूप से पुरस्कृत किया गया।

खुराना, हरगोबिंद

नागरिकता : भारत और संयुक्त राज्य अमरीका

जन्म : 9 जनवरी, 1922; रायपुर, पंजाब (अब पाकिस्तान)

निधन : 9 नवंबर, 2011; कोंकोर्ड, अमरीका

हरगोबिंद खुराना एक पुत्री और चार पुत्रों के परिवार में सबसे छोटे थे। उनके पिता एक पटवारी थे।

खुराना ने डी.ए.वी. स्कूल (मुल्तान) में शिक्षा प्राप्त की थी और एक स्कॉलरशिप के अंतर्गत लाहौर में रसायन विज्ञान का अध्ययन किया। उन्होंने 1943 में बी.एससी. और 1945 में एम.एससी. ऑनर्स के साथ उत्तीर्ण किया। लीवरपूल विश्वविद्यालय में भारत सरकार के फेलोशिप के अंतर्गत अध्ययन किया तथा जैव रसायन में महत्त्वपूर्ण शोध कैलि-फोर्निया इंस्टीट्यूट ऑफ टेक्नोलॉजी में करते रहे। न्यूक्लिक अम्ल की जाँच के लिए शुद्ध नमूना उन्होंने उपलब्ध किया। पीएच.डी. की डिग्री 1948 में प्राप्त की। एक पोस्ट डाक्टोरल फेलो के रूप में उन्होंने ज्यूरिख के फेडरल इंस्टीट्यूट ऑफ टेक्नोलॉजी में कार्य किया।

खुराना ने पोस्ट डाक्टोरल रिसर्च ज्यूरिख के प्रोफेसर व्लादिमिर प्रेलोग के साथ कार्य किया। प्रोफेसर प्रेलोग नोबेल विजेता थे। खुराना उनसे बेहद प्रभावित हुए। भारत में (1949) कुछ समय तक कार्य करने के बाद वे इंग्लैंड लौट गए।

1965 के मार्च में वे यह घोषित करने में समर्थ हुए कि उन्होंने एलानाइन में 77 न्यूक्लोटाइडों के संपूर्ण श्रेणी की खोज की है। इस खोज के लिए हॉले, मार्शल और खुराना को संयुक्त रूप से पुरस्कृत किया गया।

उन्होंने ब्रिटिश कोलंबिया विश्वविद्यालय में प्रवेश किया। उन्होंने प्रथम कृत्रिम जीन को संश्लेषित किया।

उन्होंने 1952 में एस्थर एलिजाबेथ से विवाह किया। उनके तीन बच्चे हुए। वे यूनाइटेड स्टेट्स के नागरिक हैं।

नीरेनबर्ग, मार्शल डब्ल्यू.

नागरिकता : संयुक्त राज्य अमरीका

जन्म : 10 अप्रैल, 1927; न्यू यॉर्क सिटी

निधन : 15 जनवरी, 2010; न्यू यॉर्क, अमरीका

मार्शल डब्ल्यू. नीरेनबर्ग ने 1948 में फ्लोरिडा विश्वविद्यालय से बी.एससी. की डिग्री प्राप्त की, 1952 में जंतु विज्ञान में एम.एससी. की डिग्री प्राप्त की और 1957 में जैव रसायन में पीएच.डी. की डिग्री प्राप्त की।

1959 में उन्होंने 'डी.एन.ए.' और 'आर.एन.ए.' का अध्ययन किया। प्रोटीन संश्लेषण और जेनेटिक कोड के लिए उन्होंने शोध किए।

जेनेटिक कोड के अध्ययन के लिए नीरेनबर्ग की भूमिका अत्यंत महत्त्वपूर्ण रही। उन्होंने 1961 में पेरोला जेल्टिमोर के साथ विवाह किया।

1968 का नोबेल पुरस्कार हॉले, खुराना और नीरेनबर्ग को संयुक्त रूप से प्रदान किया गया।

साहित्य

कावाबाता, यासुनारी

नागरिकता : जापान

जन्म : 11 जून 1899; ओसाका, जापान

निधन : 16 अप्रैल, 1972; ज्यूशी, जापान

यासुनारी कावाबाटा एक प्रसिद्ध उपन्यासकार थे। माता-पिता का देहांत हो जाने से वे बचपन में ही अनाथ हो गए थे,

इसलिए उनकी कृतियों पर विषाद की छाया दिखाई पड़ती रहती है।

साहित्य की दुनिया में उन्होंने 'इजू नो आडरिके' (1926, दि इजू डांसर, 1955) के साथ प्रवेश किया। यह उपन्यास अर्ध-आत्मकथात्मक है। इसमें एक युवा छात्र के साथ एक नृत्यांगना की यात्रा का मार्मिक वर्णन है। टोक्यो विश्वविद्यालय से स्नातक होने के बाद 'बंगाइ जिदै' पत्रिका (दि आर्टिस्टिक एज) में यह उपन्यास पहले पहल प्रकाशित हुआ।

उनकी आरंभिक कृतियाँ 'सुइशो जेनेसो' (क्रिस्टल विजन, 1931) और 'आसाकुसा कुरेंडेडेन' (दि स्कारलेट गैंग ऑफ आसाकुसा, 1929-35) हैं जिन पर यूरोपीय शैली का प्रभाव है, किंतु उनका सर्वप्रमुख उपन्यास 'यूकिगुनी' (अंग्रेजी, 1957) है जिसमें देशी गीशा नर्तकी और एक प्रौढ़ बुद्धिजीवी के रोमांस की कहानी है। इसे पूरा करने में 12 वर्ष लग गए। उनका अगला उपन्यास 'सेम-बाजुरू' (थाउजेंड क्रेंस, 1959), 'यामा नो ओटो' (1949-54, दि साउंड ऑफ माउंटेन, 1970), 'हाउस ऑफ स्लीपिंग ब्यूटीज' (1961) और 'क्योटो' (क्योटो, 1962) का विशेष रूप से नोबेल कमेटी ने उल्लेख किया।

उनकी अतिशय भावुकता उनके लिए घातक सिद्ध हुई और उन्होंने आत्महत्या कर ली। जापानियों की मानसिकता को पूरी जिम्मेदारी से अभिव्यक्त करने तथा व्याख्या करने में उनकी महारत के लिए उन्हें नोबेल पुरस्कार से सम्मानित किया गया।

शान्ति

कैसिन, रेने

नागरिकता : फ्रांस

जन्म : 5 अक्टूबर, 1887; बेयोने, फ्रांस

निधन : 20, फरवरी, 1976; पेरिस

रेने कैसिन एक विधिवेत्ता और राजनेता थे। उन्होंने साहित्य और कानून का अध्ययन ऐक्स-एन-प्रोवेंस और पेरिस में किया था। 1909 में उन्हें बार में शामिल किया गया। अपने कैरियर को बनाने की दृष्टि से अपना अध्ययन उन्होंने जारी रखा। उनके कार्य में प्रथम विश्वयुद्ध के दौरान थोड़ी बाधा आई। वे पैदल सेना में थे और युद्ध में बुरी तरह घायल हुए थे, जिसके लिए उन्हें 'क्रोइक्स डि ग्वेरे' और 'मेडैल मिलिटेयरे' एवार्ड प्रदान किए गए। 1920 में कैसिन कानून के प्रोफेसर नियुक्त हुए, पहले लाइले में और 1929 से पेरिस में जहाँ वे 1960 तक अध्यापन करते रहे। इसके अलावा उन्होंने हेम की एकेडमी ऑफ इंटरनेशनल लॉ में अध्यापन किया तथा अन्य स्थानों में जिनेवा का 'इंस्टीट्यूट यूनिवर्सिटेयर डेस हॉटेस एटुडेस इंटर-नेशनल' भी था जहाँ वे अध्यापक रहे।

कैसिन को जस्टिस के प्रति उत्साह था, वे विधिवेत्ता और शिक्षक भी थे। सामाजिक समस्याओं और मानव अधिकारों की रक्षा के लिए सदा जागरूक और सक्रिय रहते थे। प्रथम विश्वयुद्ध में अपाहिज हुए लोगों के संघ के बीच फ्रांस में तालमेल रखने के लिए उन्होंने 'यूनियन फेडरल डेस ऐंसिएंस काम्बेटेंट्स' की स्थापना की, जिसके 1922 में अध्यक्ष बने। युद्ध में 800,000 अनाथों की शिक्षा और पालन-पोषण की व्यवस्था के लिए उन्होंने लीग ऑफ नेशंस में फ्रांस का प्रतिनिधित्व किया। बाद में यूनाइटेड नेशंस और यूनेस्को से भी संपर्क किया। युद्ध को प्रभावहीन बनाने के लिए उन्होंने नई कानून पद्धति विकसित की।

द्वितीय विश्वयुद्ध के दौरान जर्मनों ने उनके परिवार के कई सदस्यों की हत्या कर दी क्योंकि वे मूलतः यहूदी थे। वे प्रथम नागरिक थे जिन्होंने 1940 के जून में जनरल डि गाल के आह्वान पर प्रतिरोधी आंदोलन में अगुआ होकर सामने आए। वह लंदन गए, वहाँ चर्चिल और डिगाल के बीच संधि-पत्रों पर हस्ताक्षर हुए।

उन्होंने सर्वोच्च फ्रेंच और विदेशी सम्मान प्राप्त किए। यूनाइटेड नेशंस ने मानव अधिकारों पर किए गए उनके कार्यों के लिए नोबेल पुरस्कार प्रदान किए।

भौतिक विज्ञान

रसायन विज्ञान

शरीर विज्ञान/चिकित्सा विज्ञान

साहित्य

शान्ति

अर्थशास्त्र

1969

भौतिक विज्ञान

गेलमान, मर्रे

नागरिकता : संयुक्त राज्य अमरीका

जन्म : 15 सितंबर, 1929; न्यू यॉर्क सिटी, अमरीका

मर्रे गेलमान 1969 के भौतिक विज्ञान के नोबेल पुरस्कार के विजेता थे, क्योंकि उन्होंने कंफ्यूजिंग सब-एटॉमिक पार्टिकल्स को नए रूप से सुव्यवस्थित किया था। गेलमान ने 13 वर्ष की अवस्था में येल विश्वविद्यालय में प्रवेश किया। बैचलर की डिग्री उन्होंने 1948 में प्राप्त की, पीएच.डी. डिग्री उन्होंने मेसाचुसेट्स इंस्टीट्यूट ऑफ टेक्नोलॉजी से प्राप्त की। उन्होंने उपपरमाणु कणों के अंतर्वर्ती संयोजन की समस्या पर मानद शोध किया। उन पर नोबेल विजेता यूजीन पी. विग्नर का गहरा प्रभाव था।

1952 में गेलमान ने शिकागो विश्वविद्यालय के इंस्टीट्यूट फॉर न्यूक्लियर स्टडीज में प्रवेश किया और वहाँ फेर्मि के अधीन अध्ययन किया। आगे चलकर उन्होंने 'स्ट्रैंजनेस' की अवधारणा प्रस्तुत की। वह अवस्था जिसमें किसी तत्त्व का एक भाग समाप्त हो जा रहा है। क्वांटम नंबर के आबंटन का भी संबंध 'स्ट्रैंजनेस' से रहा।

1955 में उन्होंने कैलीफोर्निया इंस्टीट्यूट ऑफ टेक्नोलॉजी में अध्यापक के रूप में प्रवेश किया और शोध को जारी रखा। छह वर्षों के बाद उन्होंने 'आष्टगुण मार्ग' की घोषणा की। यह भगवान बुद्ध के 'आष्टांगिक मार्ग की तरह था।

भगवान बुद्ध का आष्टांगिक मार्ग जीवन की लयबद्धता को संतुलित रखने के लिए था। वास्तविक आवर्त सारणी की तुलना में गेलमान के 'अष्टगुण मार्ग आवर्त' सारणी का निर्माण किया तथा तत्त्वों के मध्य खाली जगह को रहने दिया जिससे नए तत्त्वों को उस क्रम में लगाया जा सके। जेल-मान ने 'क्वार्क्स' का एक नया सिद्धांत विकसित किया। इलेक्ट्रॉन के आंशिक आवेश के उप परमाणु कणों से तत्त्वों की उत्पत्ति होती है। उन्हें तत्त्वीय कणों के वर्गीकरण और उनकी पारस्परिक क्रिया के खोज के संबंध में नोबेल पुरस्कार से सम्मानित किया गया।

रसायन विज्ञान

बार्टन, सर डेरेक एच. आर.
नागरिकता : ब्रिटेन
जन्म : 8 सितंबर, 1918; ग्रेवसेंड, केंट, ब्रिटेन
निधन : 16 मार्च, 1998; कॉलेज स्टेशन, टेक्सास, अमरीका

सर डेरेक एच. आर. बार्टन ने नॉर्वे के ऑड्ड हैसेल के साथ संयुक्त रूप से पुरस्कार प्राप्त किया था क्योंकि शोध के द्वारा कार्बनिक रसायन के आवश्यक भाग की नवीनतम व्याख्या प्रस्तुत की थी। 1945 में बार्टन ने लंदन के इंपीरियल कॉलेज ऑफ साइंस एंड टेक्नोलॉजी में अध्यापक के रूप में प्रवेश किया जहाँ पहले सहायक लेक्चरर और बाद में शोधकर्ता हुए। वे 1949-50 की अवधि में हार्वर्ड विश्वविद्यालय में विजिटिंग प्रोफेसर रहे। वहाँ उन्होंने कुछ विशेष कार्बनिक यौगिक की प्रक्रियाओं पर शोध करना आरंभ किया। 1950 में उन्होंने उसी संरचना का विश्लेषण कर उस पर अपना शोध प्रकाशित किया। उससे वैज्ञानिक समुदाय का ध्यान उनकी ओर गया। बार्टन ने इस प्रकार कार्बनिक रसायन के क्षेत्र में एक क्रांति उत्पन्न कर दी थी।

लंदन विश्वविद्यालय के बर्कबेक कॉलेज में वे फैकल्टी के एक सदस्य थे। वे स्कॉटलैंड में ग्लास्गो विश्वविद्यालय में रसायन विज्ञान के प्रोफेसर हुए, फिर इंपीरियल कॉलेज ऑफ साइंस में भी कार्बनिक रसायन के प्रोफेसर नियुक्त किए गए। 1960 में उन्होंने 'बार्टन रिएक्शन' की खोज की, जो एक हार्मोन आल्डोस्टेरॉन को सिंथेसाइज करने की सबसे सरल प्रक्रिया थी।

हैसेल, ऑड्ड
नागरिकता : नॉर्वे
जन्म : 17 मई, 1897; क्रिश्चिएनिया (अब ओस्लो), नॉर्वे
निधन : 11 मई, 1981; ओस्लो

ऑड्ड हैसेल एक नॉर्वेजियन भौतिक रसायनविज्ञानी थे। अणुओं की संरचना की आधुनिक अवधारणा को एक महत्त्वपूर्ण शक्ति के रूप में उन्होंने रेखांकित किया। वे ओस्लो विश्वविद्यालय के संकाय में गए (1925) और 1934 में भौतिक रसायन के निदेशक नियुक्त हुए।

उन्होंने साइक्लोहेक्सेन और उसकी डेरिवेटिव की संरचना पर शोध आरंभ किया और साइक्लोहेक्सेन के रूपों की खोज की। द्वितीय विश्वयुद्ध के दौरान उनके कार्यों में बाधा आई क्योंकि जर्मनी ने उनके देश पर कब्जा कर लिया था। उनके वे शोधकार्य बाद में विश्व के वैज्ञानिक समुदाय को ज्ञात हुए। 1950 से वे कार्बनिक हैलोजेन यौगिक का अध्ययन करते रहे। 1964 में रिटायर हुए।

1969 का नोबेल पुरस्कार बार्टन और हैसेल को संयुक्त रूप से प्रदान किया गया।

शरीर विज्ञान/चिकित्सा विज्ञान

डेलब्रुक, मैक्स
नागरिकता : जर्मनी और संयुक्त राज्य अमरीका
जन्म : 4 सितंबर, 1906; बर्लिन, जर्मनी
निधन : 9 मार्च, 1981; पैसाडेना, अमरीका

मैक्स डेलब्रुक जर्मनी में जन्मे पर उन्हें अमरीकी नागरिकता प्राप्त थी। वे भौतिकविज्ञानी थे। उनके पिता बर्लिन

विश्वविद्यालय में इतिहास के प्रोफेसर थे। उनका पालन-पोषण बर्लिन के कस्बाई क्षेत्र में हुआ था। उनका परिवार मध्यवर्गीय एकेडमिक पेशेवर और व्यापारी था।

डेलब्रुक की विज्ञान में दिलचस्पी खगोल विज्ञान से हुई। प्रसिद्ध भौतिक रसायनविज्ञानी कार्ल फ्रेडरिक से वे बहुत प्रभावित थे। उन्होंने गोटिंगेन विश्वविद्यालय में शिक्षा प्राप्त की और उसी विश्वविद्यालय से भौतिकी विज्ञान में पीएच.डी. की डिग्री उन्हें 1930 में प्राप्त हुई। उन्होंने कोपेनहेगन और ज्यूरिख में रॉकफेलर फाउंडेशन के फेलो के रूप में कार्य किया। वे अमरीका में जाकर बस गए और 1937-39 में उसी फेलोशिप के साथ कैलीफोर्निया इंस्टीट्यूट ऑफ टेक्नोलॉजी में प्रवेश किया। वे वेंडरबिल्ट विश्वविद्यालय में भौतिक विज्ञान के निरीक्षक हुए (1940-45) और 1947 में प्रोफेसर नियुक्त किए गए।

1960 में उन्होंने 'बार्टन रिएक्शन' की खोज की थी। हार्मोन ऐल्डोस्टेरॉन के संश्लेषण की प्रक्रिया की खोज उससे संभव हुई। उन्होंने वायरस और बैक्टीरिया के आनुवंशिक लक्षणों पर शोध किया।

उन्हें वायरस की प्रतिकृति यांत्रिकी और आनुवंशिक संरचना की खोज के लिए नोबेल पुरस्कार से सम्मानित किया गया।

हेर्शे, अल्फ्रेड डी.

नागरिकता : संयुक्त राज्य अमरीका

जन्म : 4 दिसंबर, 1908; ओवोसो, मिशिगन, अमरीका

निधन : 22 मई, 1997; स्योसेट, न्यू यॉर्क, अमरीका

अल्फ्रेड डी. हेर्शे ने मिशिगन स्टेट कॉलेज में अध्ययन किया। वहाँ से उन्होंने 1930 में बी.एस.सी., 1934 में पीएच.डी. की डिग्री प्राप्त की। 1934 से 1950 तक वे वाशिंगटन विश्व-विद्यालय के मेडिकल स्कूल के जीवाणु विज्ञान विभाग में शोध करते रहे। 1950 में कारनेगी इंस्टीट्यूट के आनुवंशिकता विभाग से संबद्ध रहे। 1952 में आनुवंशिक शोध इकाई के निदेशक नियुक्त हुए।

1945 में हेर्शे ने जीवाणु भोजी तत्त्वों पर शोध किया। उन्होंने उनके संक्रमण पर भी शोध किया। इस खोज के लिए उन्हें अल्बर्ट लास्कर पुरस्कार (1958) और 1965 में किंबर जेनेटिक पुरस्कार प्राप्त हुए।

अल्फ्रेड ने 1945 में हैरिएट डेविडसन से विवाह किया। उनसे एक पुत्र हुआ। हेर्शे अमरीकन सोसाइटी फॉर माइक्रो-बायोलॉजी, दि नेशनल एकेडमी ऑफ साइंसेज और अमरीका एकेडमी आर्ट्स एंड साइंसेज के सदस्य हैं।

लूरिया, सल्वाडोर ई.

नागरिकता : इटली/संयुक्त राज्य अमरीका

जन्म : 13 अगस्त, 1912; टोरिनो, इटली

निधन : 6 फरवरी, 1991; लेक्जिंगटन, अमरीका

सल्वाडोर ई. लूरिया ने टोरिनो विश्वविद्यालय में चिकित्सा विज्ञान का अध्ययन किया जहाँ से 1935 में उन्होंने एम.डी. की डिग्री प्राप्त की। 1938 से 1940 तक पेरिस के इंस्टीट्यूट ऑफ रेडियम के शोध फेलो के रूप में शोध का कार्य करते रहे।

लूरिया 1940 में संयुक्त राज्य अमरीका चले गए। पेरिस के पाश्चर इंस्टीट्यूट में वे फेज रिसर्च की तकनीक सीख चुके थे। अमरीका से लौटने पर उनका अमरीकन फेज ग्रुप से संपर्क हुआ। वह फेज ग्रुप एक अनौपचारिक संगठन था जो वायरल सेल्फ-रेप्लिकेशन की समस्याएँ हल करने के प्रति समर्पित था। 1942 में उस ग्रुप के एक सदस्य के साथ कार्य करते हुए उन्होंने फेज पार्टिकल्स इलेक्ट्रॉन माइक्रोग्राफ प्राप्त किया। गोल सिर और पतली मूँछ वाले पार्टिकल्स की तस्वीर ने पहले से प्रचलित अवधारणा की पुष्टि की।

1943 में लूरिया और डेलब्रुक ने एक शोधपत्र प्रकाशित किया जिसमें जीवाणु विज्ञान के प्रति प्रचलित धारणाओं को चुनौती दी गई।

1945 में हेर्शे और लूरिया ने दिखाया कि जीवाणु म्युटेंट्स का स्पोंटेनिअस अस्तित्व तो है ही, स्पोन्टेनिअस फेज म्युटेंट्स का भी अस्तित्व है।

लूरिया एक कॉलेज टेक्स्ट बुक के लेखक हैं (1935)। पुस्तक का शीर्षक 'जनरल वायरोलॉजी' है। लूरिया कैंब्रिज के मेसाचुसेट्स इंस्टीट्यट ऑफ टेक्नोलॉजी में जीव विज्ञान के प्रोफेसर नियुक्त हुए (1965)। 1947 में उन्हें संयुक्त राज्य अमरीका की नागरिकता प्राप्त हुई।

1945 में जेल्ला हर्विज के साथ विवाह किया। उनसे एक पुत्र हुआ।

1969 का नोबेल पुरस्कार डेलब्रुक, हेर्शे और लूरिया को संयुक्त रूप से प्रदान किया गया।

साहित्य

बैकेट, सैमुएल

नागरिकता : आयरलैंड

जन्म : 13 अप्रैल, 1906; फोक्सरॉक, आयरलैंड

निधन : 22 दिसंबर, 1989; पेरिस, फ्रांस

सैमुएल बैकेट एक वर्णनात्मक गद्य, कविता, नाटक और आलोचनात्मक लेख लिखा करते थे। आधुनिक यूनिवर्स में उनकी स्थिति कैसी रहे, इसी पर विमर्श उनके लेखन की विशिष्टता थी। उन्होंने बी.ए. की डिग्री डब्लिन के ट्रिनिटी कॉलेज से प्राप्त की (1927)। उन्होंने पेरिस में अंग्रेजी का अध्यापन किया जहाँ उनकी मुलाकात कई साहित्यिक शरणार्थियों से हुई जिनमें एक जेम्स ज्वायस भी थे। वे 1930 में डब्लिन लौट आए और ट्रिनिटी कॉलेज में फ्रेंच पढ़ाने लगे। उनकी कविताओं का एक संग्रह 'व्होरोस्कोप' 1930 में प्रकाशित हुआ। उसके बाद 'इकोस बोनस' 1935 में प्रकाशित हुआ। कहानियों का एक संग्रह 'मोर प्रिक्स दैन किक्स' 1934 में प्रकाशित हुआ था। उन्होंने शीघ्र ही जीविका अर्जित करने का कार्य छोड़ दिया और यात्राएँ करते रहे, फिर पेरिस में स्थायी रूप से बस गए। 1938 में उनका प्रथम उपन्यास 'मर्फी' प्रकाशित हुआ। उसके बाद 'मर्सियर एट केमियर' (1946), 'कमेंट केस्ट' (1961, अंग्रेजी, 1965), 'इमैजिनेशन मोर्टे इमैजिनेस' (1965, अंग्रेजी, 1965) तथा 'इलि सीन इलि सेड' (1982) का प्रकाशन हुआ। उनके नाटकों में 'फिन डि पार्टि, सइवि डि ऐक्टे सैंस पेरोलस' (1957, अंग्रेजी, 1958), 'क्रैप्स लास्ट टेप' (1959) प्रमुख हैं। उनका सर्वोत्तम नाटक यद्यपि 'एन एटेंडैंट गोडोट' (1952, वेटिं फॉर, गोडोट, 1954) है। वे 1968 से अमरीकन एकेडमी ऑफ आर्ट्स एंड साइंसेज के सदस्य रहे हैं। आधुनिक मानव की अकिंचित् अवस्था जिसका उन्होंने अपने उपन्यासों और नाटकों में वर्णन किया, उसने उनके लेखक को ऊँचाई पर पहुँचा दिया।

शान्ति

इंटरनेशनल लेबर ऑर्गनाइजेशन

जिनेवा

इंटरनेशनल लेबर ऑर्गनाइजेशन (आई.एल.ओ.) संयुक्त राष्ट्र की विशेष शाखा है जो विश्व के श्रमिकों की दशा और रहन-सहन को सुधारने के लिए प्रतिबद्ध रहती है। प्रथम विश्वयुद्ध के बाद 1919 में जो शान्ति की व्यवस्था हुई उसमें लीग ऑफ नेशंस का भी सहयोग रहा।

द्वितीय विश्वयुद्ध के बाद आई.एल.ओ. संयुक्त राष्ट्र की 1946 में प्रथम स्पेशलाइज्ड एजेंसी हुई। इसका लक्ष्य कुल मिलाकर श्रमिकों के कार्य एवं रहन-सहन की दशा को सुधारना है। इसका मुख्यालय जिनेवा में है, पेशेवर स्टाफ साथ ही सचिवालय भी है। मानवतावादी गतिविधियों में सदा सक्रिय रहने के लिए इस संस्था को पुरस्कृत किया गया।

अर्थशास्त्र

फ्रिश, रैग्नर
नागरिकता : नॉर्वे
जन्म : 3 मार्च, 1895; ओस्लो, नॉर्वे
निधन : 31 जनवरी, 1973; ओस्लो, नॉर्वे

रैग्नर फ्रिश एक स्वर्णकार के पुत्र थे। वे ओस्लो की प्रसिद्ध वर्कशॉप में प्रशिक्षु का कार्य करने लगे। प्रशिक्षु का कार्य पूरा करने के बाद स्वर्णकार बन गए। अपनी माता की सलाह से उन्होंने ओस्लो विश्वविद्यालय में प्रवेश किया। अर्थशास्त्र में स्नातक की डिग्री उन्होंने 1919 में प्राप्त की। 1921 और 1923 के बीच फ्रांस और इंग्लैंड में अर्थशास्त्र और गणित का अध्ययन किया।

1925 में उन्हें ओस्लो विश्वविद्यालय में असिस्टेंट प्रोफेसर नियुक्त किया गया। वहाँ से 1926 में उन्होंने पीएच.डी. की डिग्री प्राप्त की। रॉकफेलर फाउंडेशन का ग्रांट (अनुदान) मिलने पर 1927–28 में उन्होंने यू.एस., फ्रांस और इटली में अध्ययन किया। 1928 में वे ऐसासिएट प्रोफेसर बने, 1931 में प्रोफेसर नियुक्त हुए। आगे चलकर ओस्लो विश्वविद्यालय के इकोनॉमिक इंस्टीट्यूट के निदेशक भी हुए।

उन्होंने येल, मिनीसोटा और सोर्बोन में भाषण दिए। वे अनेक राष्ट्रीय और अंतरराष्ट्रीय सभा और संगठनों के सदस्य थे। अनेक विश्वविद्यालयों से उन्हें मानद डॉक्टरेट की उपाधि मिली। हार्वर्ड विश्वविद्यालय ने 1955 में जोसेफ ए. शुंपीटर पुरस्कार प्रदान किए। 1961 में रोम का एंटोनियो फेल्ट्रीनेल पुरस्कार उन्हें मिला। उन्हें आर्थिक प्रक्रिया के विश्लेषण के लिए गतिशील मॉडल विकसित कर उसे लागू करने के लिए नोबेल पुरस्कार से सम्मानित किया गया।

टिनबर्गेन, जान
नागरिकता : नीदरलैंड्स
जन्म : 12 अप्रैल, 1903; दि हेग, नीदरलैंड्स
निधन : 9 जून, 1994; हेग, नीदरलैंड्स

जान टिनबर्गेन एक प्रसिद्ध अर्थशास्त्री थे। उन्होंने 1929 में 'भौतिकी तथा अर्थशास्त्र की सामान्य समस्याओं' पर पीएच.डी. की डिग्री लंदन यूनिवर्सिटी से प्राप्त की। 1929 से 1945 तक वे सेंटर ब्यूरो ऑफ स्टेटिस्टिक में व्यापार चक्र शोध सेंटर के प्रभारी रहे। उन्होंने जिनेवा के लीग ऑफ नेशंस के सेक्रेटरिएट में कार्य किया (1936–38)। 1949 से 1955 तक गवर्नमेंट प्लानिंग ब्यूरो के निदेशक रहे। 1956 से 1973 तक राइटरडम की एरासमुस विश्वविद्यालय में प्रोफेसर नियुक्त हुए। यूनाइटेड नेशंस कमेटी फॉर डेवलपमेंट प्लानिंग की थियरी और पॉलिसी पर लगातार लिखते रहे। उनके छोटे भाई निकोलास टिनबर्गेन को भी आगे चलकर 1973 में चिकित्सा विज्ञान या मेडिसिन पर नोबेल पुरस्कार मिला।

1969 का नोबेल पुरस्कार टिनबर्गेन और फ्रिश को संयुक्त रूप से प्रदान किया गया।

भौतिक विज्ञान

रसायन विज्ञान

शरीर विज्ञान/चिकित्सा विज्ञान

साहित्य

शान्ति

अर्थशास्त्र

1970

भौतिक विज्ञान

आल्फवेन, हेन्नेस ओलोफ गोस्ता

नागरिकता : स्वीडन

जन्म : 30 मई, 1908; नोर्कोपिंग, स्वीडन

निधन : 2 अप्रैल 1995; जुर्शोल्म, स्वीडन

हेन्नेस आल्फवेन एक खगोल भौतिकविज्ञानी हैं। उन्होंने फ्रांस के लुइस नील के साथ संयुक्त रूप से पुरस्कार प्राप्त किया था। प्लाज्मा भौतिकी पर उनके शोध के परिणाम अत्यंत महत्त्वपूर्ण रहे। मोलेक्यूल्स, इलेक्ट्रॉन्स और आयनों की उन्होंने खोज की।

1940 में आल्फवेन ने स्टॉकहोम के रॉयल इंस्टीट्यूट ऑफ टेक्नोलॉजी के स्टाफ नियुक्त हुए। उन्होंने 1930 और 1940 के दशक के दौरान उल्लेखनीय कार्य किए। आल्फवेन ने आगे चलकर कॉस्मिक रेज की अवधारणा को भी व्याख्यायित किया।

1939 में आल्फवेन ने चुंबकीय प्रक्षोभ और ध्रुव ज्योति के सिद्धांत और आधुनिक चुंबकीय मंडल के सिद्धांत के प्रभाव को प्रकाशित किया। उन्होंने चुंबकीय क्षेत्र में प्लाज्मा का अध्ययन किया। स्वीडिश गवर्नमेंट के साथ अनेक प्रकार की असहमति रहने के कारण वे अमरीका चले गए। वहाँ कैलीफोर्निया विश्वविद्यालय में स्थान प्राप्त करने में कामयाब हुए। आगे चलकर उन्होंने अपने अध्यापन के समय को रॉयल इंस्टीट्यूट (ओस्लो) और कैलीफोर्निया विश्वविद्यालय के बीच विभाजित किया। उन्होंने कई प्रतिष्ठित पत्रिकाओं में अपने आरंभिक शोधपत्र प्रकाशित किए जिनमें प्रमुख हैं 'कॉस्मिकल इलेक्ट्रोडायनेमिक्स' (1950)।

उन्हें मैगनेटो-द्रवगतिकी का प्लाज्मा भौतिकी के क्षेत्र में फलदायी प्रयोगों के लिए नोबेल पुरस्कार से सम्मानित किया गया।

नील, लुइस यूजेन फैलिक्स

नागरिकता : फ्रांस

जन्म : 22 नवंबर, 1904; लियोंस, फ्रांस

निधन : 17 नवंबर, 2000; ब्राइव कोरेजे, फ्रांस

लुइस नील एक खगोल भौतिकविज्ञानी थे और आल्फवेन हेन्नेस के साथ पुरस्कार के विजेता हुए। उन्होंने ठोस के

चुंबकीय क्षेत्र की खोज की और कंप्यूटर मेमोरी स्टोरीज को और भी विकसित किया।

उन्होंने चुंबकीय गुण का अध्ययन किया। ग्रूप्स ऑफ इलेक्ट्रॉन्स का पता भी उन्होंने किया। मैग्नेटिक प्रोपर्टी को एंटी फेरो मैग्नेटिज़्म कहा जाता है।

फेरो मैग्नेटिक मैटीरियल को उत्पन्न किया जा सकता है तथा माइक्रोवेव्स इलेक्ट्रॉनिक्स की नवीन कृत्रिम प्रक्रिया को चालू किया जा सकता है। यह एक युगांतरकारी खोज थी।

1970 का नोबेल पुरस्कार ऑल्फवेन और नील को संयुक्त रूप से प्रदान किया गया।

रसायन विज्ञान

लेलोइर, लुइस एफ.

नागरिकता : अर्जेंटीना

जन्म : 6 सितंबर, 1906; पेरिस, फ्रांस

निधन : 2 दिसंबर, 1987; ब्यूनस आयरस

लुइस एफ. लेलोइर एक रसायनविज्ञानी थे। उन्होंने यूनिवर्सिटी ऑफ ब्यूनोस आयर्स से मेडिसिन में स्नातक की डिग्री प्राप्त की (1932)। दो वर्षों के बाद वे संयुक्त राज्य अमरीका चले गए। एक थीसिस के आधार पर उन्हें मेरिट स्कॉलरशिप मिला था जिसके अंतर्गत उन्होंने एंजाइमिकी पर वहाँ शोध किया। अपना अध्ययन उन्होंने कैंब्रिज, वाशिंगटन विश्वविद्यालय और कोलंबिया में जारी रखा। 1944 में अर्जेंटाइन नेशनल साइंस का पुरस्कार उन्होंने प्राप्त किया। 1947 में कैंपोमार फाउंडेशन के इंस्टीट्यूट ऑफ जैव रासायनिक शोध के अध्यक्ष नियुक्त किए गए। वहाँ उन्होंने सहकर्मियों के साथ शोध किए और अंततः नोबेल पुरस्कार से सम्मानित हुए।

उनके कार्य मुख्य रूप से जैविक विखंडन ऑफ कार्बोहाइड्रेटों पर केंद्रित रहे। उनके शोध में बुनियादी कार्बोहाइड्रेट के मेटाबोलिज्म की प्रमुखता रही। हमारे आहार में जो तत्त्व होते हैं वे ग्लूकोज में परिणत हो जाते हैं। बाद में वही ग्लूकोरिन कहलाते हैं। उन्हें अब 'लेलोइस रोड' के रूप में जाना जाता है। यह रोड प्रत्येक जीवित प्राणी में होता है। विशेष रूप से लीवर से इसका गहरा संबंध रहता है। शर्करा न्यूक्लिमोटाइडों और कार्बोहाइड्रेट के जैव संश्लेषण में उसकी भूमिका की खोज करने के लिए उन्हें नोबेल पुरस्कार से सम्मानित किया गया।

शरीर विज्ञान/चिकित्सा विज्ञान

एक्सेलरॉड, जूलियस

नागरिकता : संयुक्त राज्य अमरीका

जन्म : 30 मई, 1912; न्यू यॉर्क सिटी, अमरीका

निधन : 29 दिसंबर, 2004; रॉकविले, अमरीका

जूलियस एक्सेलरॉड न्यू यॉर्क के सिटी कॉलेज से स्नातक हुए। वे मेडिसिन का अध्ययन करना चाहते थे मगर आर्थिक कारणों से वैसा नहीं कर पाए। वे न्यू यॉर्क विश्वविद्यालय के मेडिकल स्कूल के बैक्टीरयोलॉजी विभाग की प्रयोगशाला में सहायक बन गए। 1946 में वे न्यू यॉर्क के गोल्ड-वाटर मेमोरियल हॉस्पिटल में शोध सहायक नियुक्त किए गए। वहाँ वे अपने मुख्य प्रशिक्षक डॉ. बर्नार्ड की प्रेरणा से एक अच्छे शोधकर्मी बन गए।

उन्होंने अनेक विषयों पर शोध किए। एंफेटेमाइन के मेटाबोलिक, एफेड्रिन, एड्रेनर्जिक ब्लाकिंग एजेंटों और नारको-टिक ड्रगों का अध्ययन वे करते गए। 1953 में उन्होंने लीवर माइक्रोसोम में एंजाइम की खोज की। डॉ. स्ट्रॉमिंगर और डॉ. काल्कर के साथ उन्होंने उन एंजाइमों का पता किया जो यूरिडिनेडीफॉस्फेट को ग्लूक्यूरोनिक अम्ल में परिणत कर देते हैं। जॉर्ज वाशिंगटन विश्वविद्यालय से उन्होंने पीएच.डी. की डिग्री 1955 में प्राप्त की। 1957 में केटेचोला माइनेस पर शोध में जुट गए। इस क्रम में उन्होंने कई और एंजाइमों की खोज की। शोध में उनकी तेजस्विता विलक्षण थी। उन्हें उल्फ और ब्रिटिश वैज्ञानिक सर बर्नार्ड के साथ 1970 का नोबेल पुरस्कार प्रदान किया गया।

काट्ज, सर बर्नार्ड
नागरिकता : जर्मनी/ब्रिटेन
जन्म : 26 मार्च, 1911; लिपजिग, जर्मनी
निधन : 20 अप्रैल, 2003; लंदन, ब्रिटेन

सर बर्नार्ड काट्ज जर्मन मूल के ब्रिटिश चिकित्साशास्त्री थे। उन्होंने नर्व्स और मसल की फंक्शनिंग की खोज की थी, विशेष रूप से साइट ऑफ ट्रांसमिशन के नर्व इंपल्स और नर्व फाइवर की।

काट्ज ने मेडिकल डिग्री और गार्टेन प्राइज लिपजिग विश्वविद्यालय से 1934 में प्राप्त की थी। वह लंदन में जाकर बस गए और पीएच.डी. की डिग्री 1938 में और डॉक्टरेट की डिग्री 1943 में प्राप्त की। 1938 से 1942 तक वह बेइट मेमोरियल रिसर्च फेलो रहे। लंदन के विश्वविद्यालय कॉलेज में जैव भौतिकी विभाग सह निदेशक रहे (1946) और 1952 में लंदन के रॉयल सोसाइटी के फेलो हुए। काट्ज ने 'इलेक्ट्रिक एक्साइटेशन ऑफ नर्व' (1939), 'नर्व मसल एंड साइनेप्स' (1966) और 'दि रिलीज ऑफ न्यूरल ट्रांसमीटर सब्सटैन्सेज' (1969) प्रकाशित किए। इसके अतिरिक्त प्रतिष्ठित पत्रिकाओं में निबन्ध भी प्रकाशित होते रहे।

वॉन यूलर, उल्फ
नागरिकता : स्वीडन
जन्म : 7 फरवरी, 1905; स्टॉकहोम, स्वीडन
निधन : 9 मार्च, 1983; स्टॉकहोम, स्वीडन

वॉन उल्फ यूलर अपने पिता हैंस वॉन यूलर-चेलपिन के द्वितीय पुत्र थे। 1929 में उनके पिता ने रसायन में नोबेल पुरस्कार प्राप्त किया था। उनके पिता जर्मनी के आउस्बर्ग में पैदा हुए थे। वे मार्शल रिगास वॉन यूलर-चेलपिन के इकलौते पुत्र थे। उनकी माता उप्सला में रसायन विज्ञान के प्रोफेसर टियोडोर क्लेव की पुत्री थी। प्रोफेसर टियोडोर ने 'थुलियम' और 'होल्मियम' का आविष्कार किया। उनकी माता ने वनस्पति विज्ञान में पीएच.डी. की डिग्री प्राप्त की और उनकी वैज्ञानिक गतिविधियाँ डियाटोम्स और जीव विज्ञान पर केंद्रित रहीं। 1955 में वे प्रोफेसर नियुक्त हुईं।

उल्फ वॉन यूलर ने स्टॉकहोम के स्कूल में आरंभिक शिक्षा प्राप्त की और उसके बाद मेडिकल छात्र के रूप में कैरोलिन्सका इंस्टीट्यूट में प्रवेश किया। घर में वैज्ञानिक वातावरण था और सावंते अर्हेनियस जैसे वैज्ञानिकों से रिसर्च की प्रेरणा मिलती रही थी। उनके माता-पिता ने इसके लिए उन पर दबाव नहीं डाला था, जो कुछ भी वह करते थे अपनी इच्छा से करते थे।

1926 से उन्होंने जी. लिल्जेस्ट्रांड के औषध विज्ञान के सहायक के रूप में कार्य किया और 1930 में सहयोगी प्रोफेसर नियुक्त हुए। कई प्रकार के शोधकार्य इसी क्रम में होते रहे।

1953 से 1960 तक वे नोबेल कमेटी फॉर फिजियोलॉजी या मेडिसिन के सदस्य रहे। 1961 से 1965 तक वे कमेटी के सचिव रहे। 1965 में उन्हें बोर्ड ऑफ नोबेल फाउंडेशन का चेयरमैन नियुक्त किया गया। वे इंटर-नेशनल यूनियन ऑफ फिजियोलॉजिकल साइंस के उपाध्यक्ष हुए। अनेक सोसाइटियों से उन्हें पुरस्कार, मेडल और मानद उपाधि प्राप्त हुईं।

1970 का नोबेल पुरस्कार एक्सेलरॉड, काट्ज और यूलर को संयुक्त रूप से प्रदान किया गया।

साहित्य

सोल्जेनित्सिन, अलेक्जेंडर
नागरिकता : यू.एस.एस.आर. (सोवियत संघ)
जन्म : 11 दिसंबर, 1918; किस्लोवोदस्क
निधन : 3 अगस्त, 2008; ट्राएत्से-लिकोवो, रूस

अलेक्जेडर सोल्जेनित्सिन एक प्रसिद्ध उपन्यासकार थे। विशेष रूप से 1960 के दशक में अंतरराष्ट्रीय ख्याति अर्जित

की जब उनका उपन्यास 'ऑड्म डेन इज शिस्नी इवान डेनिसोविच' (1962) ('वन डे इन दि लाइफ ऑफ इवान डेनिसोविच' 1963) प्रकाशित हुआ। इस उपन्यास में स्टालिन के शासन के दौरान लेबर कैंप में रहनेवाले लोगों की यातना का मार्मिक वर्णन है।

सोल्जेनित्सिन बाल्यावस्था में ही अपने पिता को खो चुके थे। उनकी माता ने ही उनका पालन-पोषण करके बड़ा किया और शिक्षा की व्यवस्था की। वे स्वयं एक टीचर थीं। उनका परिवार कजाकी बुद्धिजीवियों का परिवार था। उन्होंने रोस्तोवा-ना-डोनू विश्वविद्यालय से गणित में स्नातक की डिग्री प्राप्त की। उसके बाद मास्को विश्वविद्यालय से साहित्य में कॉरस्पोंडेंस कोर्स के अंतर्गत अध्ययन किया। द्वितीय विश्वयुद्ध के दौरान वे तोपखाने के कैप्टन के रूप में लड़े। स्टालिन को एक पत्र लिखने के कारण उन्हें गिरफ्तार कर लिया गया। उस पत्र में स्टालिन की आलोचना की गई थी। आठ वर्ष तक उन्हें जेल में रखा और तीन वर्ष तक कारावास में भेजा गया। उसके बाद मध्य रूस के रायजान में बसने की अनुमति दी गई जहाँ वे गणित के टीचर हुए और अपना लेखन कार्य भी पुन: आरंभ किया।

उनका उपन्यास 'वन डे इन दि लाइफ ऑफ इवान डेनिसोविच' एक सोवियत 'नोविमिट' पत्रिका में छपा जिसने राष्ट्रीय और अंतरराष्ट्रीय ख्याति अर्जित की। रूस और रूस से बाहर उसकी गंभीर प्रतिक्रिया हुई तथा स्टालिन की कठोर नीति की आलोचना होने लगी।

स्टालिनोत्तर युग में उदारतावाद अधिक टिकाऊ नहीं रहा। 1963 में उनकी कहानियों का संग्रह प्रकाशित हुआ। सरकारी नीति अनुकूल नहीं रही और उनकी कई पांडुलिपियाँ जब्त कर ली गईं। ऐसी स्थिति में कुछ भी लिखना और प्रकाशित करना संभव नहीं रहा। निराश होकर उन्होंने फोर्थ नेशनल कांग्रेस ऑफ सोवियत रायटर्स के नाम एक खुला पत्र जारी किया। उसका कोई विशेष प्रभाव नहीं पड़ा। रूस से बाहर उनकी पुस्तकों के प्रकाशन की व्यवस्था हुई। उनमें मुख्य हैं : 'दि कैंसर वार्ड' (1968) और 'दि फर्स्ट सर्किल' (1968)।

सरकारी रोक के कारण पुरस्कार प्राप्त करने वे स्टॉकहोम नहीं जा सके। सोवियत यूनियन से बाहर उनकी पुस्तक 'ऑगस्ट 1914' प्रकाशित हुई। 1973 में उन्होंने सोवियत सरकार की आलोचना की कि वह वैयक्तिक स्वतंत्रता का हनन कर रही है। 1973 में ही 'गुलग आर्चिपेलेगो' का प्रकाशन पेरिस से हुआ जिसमें लेबर कैंपों में अमानवीय अत्याचार की दर्दनाक कथा है। रूसी प्रेस ने उस पर आक्रामक रुख दिखाया। उन्हें पुन: गिरफ्तार किया गया और रूस से निष्कासित करके स्विट्जरलैंड भेज दिया गया। अमरीकन एकेडमी ऑफ आर्ट्स एंड साइंसेज का सदस्य उन्हें 1969 में बनाया गया। उसी वर्ष प्रिक्स डू मेइल्यूर लिविए भी उन्हें प्रदान किया गया। उन्हें उनके लेखन जिसमें उन्होंने रूसी साहित्य की अपरिहार्य परंपरा को निभाने का प्रयास किया है, के लिए नोबेल पुरस्कार से सम्मानित किया गया।

शान्ति

बोरलॉग, नॉर्मन

नागरिकता : संयुक्त राज्य अमरीका

जन्म : 25 मार्च, 1914; क्रेस्को, आयोवा, अमरीका

निधन : 12 सितंबर, 2009; डलास, अमरीका

नॉर्मन बोरलॉग ने 1937 में वानिकी में स्नातक की डिग्री प्राप्त की। पादप रोग विज्ञान में एम.ए. की डिग्री तथा 1941 में पीएच.डी. की डिग्री प्राप्त की—सभी एक ही जगह से अर्थात मिनिसोटा विश्वविद्यालय से। वे एक प्रमुख कृषि वैज्ञानिक और कृषि विशेषज्ञ थे। वे निर्धन देशों में कृषि के विकास के लिए अपने उत्तरदायित्व को समझते थे और सर्वदा उनकी सहायता के लिए प्रस्तुत रहते थे। भारत में कृषि के विकास के लिए 'हरित क्रांति' की नीति अपनाई गई जो बोरलॉग की ही देन थी।

उन्हें 1969 में पंजाब कृषि विश्वविद्यालय से ऑनरेरी डॉक्टरेट की उपाधि प्राप्त हुई। आहार समस्या के हल के लिए जो कार्य उन्होंने किए उसके लिए भी पुरस्कृत हुए।

बोरलॉग को अनेक ऑनरेरी डॉक्टरेट प्राप्त हुए। अनेक देशों से भी उन्हें 30 से अधिक ऑनरेरी पुरस्कार मिले। यू.एस. मेडल ऑफ प्रीडम उन्हें 1977 में प्राप्त हुआ।

अर्थशास्त्र

सैमुएल्सन, पॉल

नागरिकता : संयुक्त राज्य अमरीका

जन्म : 15 मई, 1915; गैरी, इंडियाना, अमरीका

निधन : 13 दिसंबर, 2009; बेलमोंट, अमरीका

पॉल सैमुएल्सन ने बी.ए. की डिग्री शिकागो विश्वविद्यालय से 1935 में प्राप्त की। एम.ए. की डिग्री उन्होंने हार्वर्ड विश्वविद्यालय से 1936 में प्राप्त की। 1941 में पीएच.डी. की डिग्री उन्होंने वहीं से प्राप्त की। मेसाचुसेट्स इंस्टीट्यूट ऑफ टेक्नोलॉजी के असिस्टेंट प्रोफेसर (अर्थशास्त्र) 1940 में, एसोसिएट प्रोफेसर 1947 में और प्रोफेसर 1966 में नियुक्त किए गए। कई राष्ट्रीय और अंतरराष्ट्रीय आर्थिक समितियों से जुड़े रहे। वे अनेक सरकारी और गैर-सरकारी संगठनों और बोर्डों के सलाहकार सदस्य रहे। यूरोप और अमरीका में अनेक स्थान पर घूम-घूमकर अर्थशास्त्र पर भाषण देते रहे। उन्होंने लगभग बीस पुरस्कार और पदक प्राप्त किए। 'न्यूजवीक' पत्रिका में अर्थशास्त्र विषय पर उनके लेख और शोधपत्र प्रकाशित होते रहे हैं।

अपने समय के एक महान अर्थशास्त्र विचारक के रूप में पॉल सैमुएल्सन प्रथम अमरीकी थे जिन्हें अर्थशास्त्र का नोबेल पुरस्कार प्रदान किया गया। अर्थशास्त्र के स्थिर व गतिशील आर्थिक सिद्धांतों के विकास तथा उनके विश्लेषण करने के स्तर को ऊँचा उठाने के लिए उनके सक्रिय योगदान के लिए उन्हें नोबेल पुरस्कार से सम्मानित किया गया।

भौतिक विज्ञान

रसायन विज्ञान

शरीर विज्ञान/चिकित्सा विज्ञान

साहित्य

शान्ति

अर्थशास्त्र

1971

भौतिक विज्ञान

गैबोर, डेनिस

नागरिकता : हंगरी/ब्रिटेन

जन्म : 5 जून, 1900, बुडापेस्ट; हंगरी

निधन : 8 फरवरी, 1979; लंदन, ब्रिटेन

डेनिस एक इलेक्ट्रिकल इंजीनियर थे। उन्होंने होलोग्राफी के आविष्कार पर पुरस्कार प्राप्त किया था। होलोग्राफी बिना लेंस के एक त्रिआयामी फोटोग्राफी है, जिसका संबंध अनेक मेडिसिन, टोपोग्राफिक मैप-मेकिंग कम्युनिकेशन और कंप्यूटर टेक्नोलॉजी से है। गैबोर बर्लिन के सिमेन्स एंड हालस्की फर्म में 1927 से रिसर्च इंजीनियर थे। वे नाजी जर्मनी से पलायन कर 1933 में ग्रेट ब्रिटेन चले गए। वहाँ वे वार्विकशायर के रग्बी में थॉमसन हाउस्टन कंपनी में कार्य करने लगे। उन्होंने 1947 में होलोग्राफी की अवधारणा पर कार्य किया। होलोग्राफी व्यावसायिक दृष्टि से उपयोगी नहीं था, 1960 में 'लेजर' के आविष्कार से यह संभव हुआ।

1949 में गैबोर ने लंदन की फैकल्टी ऑफ इंपीरियल कॉलेज ऑफ साइंस एंड टेक्नोलॉजी में प्रवेश किया और एप्लायड इलेक्ट्रॉन फिजिक्स के प्रोफेसर नियुक्त हुए। उनके अन्य कार्यों में हाई-स्पीड आस्कोलोप्स, कम्युनिकेशन थियरी, फिजिकल ऑप्टिक्स और टेलीविजन के शोध शामिल रहे।

रसायन विज्ञान

हेर्जबर्ग, गेरहार्ड

नागरिकता : जर्मनी, कनाडा

जन्म : 25 दिसंबर, 1904; हैंबर्ग, जर्मनी

निधन : 3 मार्च, 1999; ओटावा, कनाडा

गेरहार्ड हेर्जबर्ग कनाडा के एक भौतिकशास्त्री थे। इलेक्ट्रॉन की संरचना और अणु की ज्यामितीय तथा विशेष रूप से मुक्त कणों पर किए गए कार्यों के लिए उन्हें नोबेल पुरस्कार से सम्मानित किया गया।

हेर्जबर्ग 1930 में जर्मनी में टेक्निश्चे विश्वविद्यालय में 'प्रिवेटोडोजेंट' हुए। नाजी जर्मनी से पलायन कर वे 1935 में कनाडा चले गए। कनाडा के सैस्केचेवान विश्वविद्यालय में कार्य करने का सुयोग मिल गया। 1945 से 1948 तक उन्होंने येर्केस ऑब्जर्वेटरी (विलियम बे विस्कांसिन) में कार्य किया। उसके बाद वे कनाडा लौट गए। वहाँ उन्होंने ओटावा के नेशनल रिसर्च काउंसिल में प्रवेश किया। उन्होंने अपने शोधकार्य का ज्यादातर समय दो परमाणुओं वाले अणुओं, जैसे—हाइड्रोजन, ऑक्सीजन, नाइट्रोजन और कार्बन मोनो-ऑक्साइड के अध्ययन पर क्रेंदित किया।

उन्होंने स्पेक्ट्रोग्राफिक सूचनाएँ वातावरण से प्राप्त कीं और बाहरी ग्रहों और सितारों का अध्ययन किया। उनकी महत्त्वपूर्ण पुस्तक 'मोलेक्यूलर स्पेक्ट्रा एंड स्ट्रक्चर' तीन भागों में प्रकाशित हुई (1939-60)।

शरीर विज्ञान/चिकित्सा विज्ञान

सूथरलैंड, अर्ल डब्ल्यू. जूनियर

नागरिकता : संयुक्त राज्य अमरीका

जन्म : 19 नवंबर, 1915; बर्लि-गेम, केंसास

निधन : 9 मार्च, 1974; मिआमी, फ्लोरिडा

अर्ल डब्ल्यू. जूनियर सूथरलैंड एक औषधिविज्ञानी और शरीरक्रियाविज्ञानी थे। साइक्लिक ऐडोनोसाइन मोनोफॉस्फेट (साइक्लिक एएमपी) को अलगाने तथा जंतुओं में घटित होनेवाली उपापचय (मेटाबोलिक) क्रियाओं में इसकी उपस्थिति को प्रदर्शित करने के लिए उन्हें नोबेल पुरस्कार से सम्मानित किया गया।

सूथरलैंड ने 1937 में वाशवर्न कॉलेज से स्नातक की डिग्री प्राप्त की तथा 1942 में वाशिंगटन यूनिवर्सिटी के मेडिकल स्कूल से एम.डी. की डिग्री प्राप्त की। द्वितीय विश्वयुद्ध के दौरान उन्होंने अमरीकी सेना में कार्य करने के बाद उन्होंने वाशिंगटन विश्वविद्यालय में अध्यापन शुरू किया। वे 1953 में डिपार्टमेंट ऑफ मेडिसिन के निदेशक नियुक्त हुए। ओहियो में 1952 में उन्होंने 'एएमपी' की खोज की। 1973 में उन्हें वेंडरबिल्ट विश्वविद्यालय में फिजियोलॉजी का प्रोफेसर नियुक्त किया गया। वे मिआमी विश्वविद्यालय के मेडिकल स्कूल की फैकल्टी के सदस्य रहे।

साहित्य

नेरुदा, पाब्लो

नागरिकता : चिली

जन्म : 12 जुलाई, 1904; पैरेल, चिली

निधन : 23 सितंबर, 1973; सेंटियागो, चिली

पाब्लो नेरुदा प्रखर प्रतिभा के धनी एक स्पेनिश कवि, राज-नयिक व एक रेलवे श्रमिक के पुत्र थे और तरुणाई के आरंभ से ही लिखने लगे थे। अपना लेखन वे छद्मनाम से करते थे, इसलिए कि उनके पिता को आपत्ति न हो। आगे चलकर 1946 में उनका छद्म नाम ही असली नाम बन गया।

अपनी प्रथम पुस्तक 'क्रेस्पुस्कुलारियो' (1923) को उन्होंने अपने खर्चे पर प्रकाशित किया।

1927 में उन्हें ऑनरेरी चिलियन कोंसुल रंगून में मनोनीत किया गया, फिर कोलंबो और जकार्ता में भी भेजा गया। उनका स्थानांतरण ब्यूनस आयर्स में किया गया। वहाँ उनका संपर्क प्रसिद्ध कवि फ्रेडेरिको ग्राशिया लोर्का से हुआ। उनकी बाद की कृतियाँ 'कैंटो जेनेरल' (1950), 'लास उवास वाइ एल विएंटो' (दि ग्रेप्स एंड दि विंड, 1954), 'ट्रियर लिब्रो डि लास ओडास' (दि थर्ड बुक, ऑफ ओडेस, 1957), 'वियाजेस' (यात्राएँ, 1958), 'शिएन सॉनेट्स डि एमोर' (वन हंड्रेड लव सॉनेट्स, 1959), 'मेमोरियल डि इस्ला नेग्रा' (नोट्स फ्रॉम इस्ला, नेग्रा, 1964) तथा 'फुलगोर वाइ मुर्टे डि जोआक्विन' (1967) हैं।

उन्होंने ऑनरेरी डी.लिट. की डिग्री ऑक्सफोर्ड यूनिव-र्सिटी से 1965 में प्राप्त की। वे लेनिन शान्ति पुरस्कार समिति

के सदस्य थे। चिली और हार्वर्ड विश्वविद्यालय के भी सदस्य रहे। अमरीकन एकेडमी ऑफ आर्ट्स और साइंसेज के भी सदस्य रहे। 1950 में उन्हें शान्ति पुरस्कार भी प्रदान किया गया था। उनकी मार्मिक और स्वदर्शी कविताओं के लिए उन्हें नोबेल शान्ति पुरस्कार से सम्मानित किया गया।

शान्ति

ब्रांट, विली

नागरिकता : जर्मनी

जन्म : 18 दिसंबर, 1913; ल्यूबेक, जर्मनी

निधन : 8 अक्टूबर, 1992; उंकेल, जर्मनी

विली ब्रांट जर्मन सोशल डेमोक्रेटिक पार्टी के एक नेता और 1969 से 1974 तक फेडरल रिपब्लिक ऑफ जर्मनी के चांसलर रहे। वे संयुक्त यूरोप में विश्वास रखने के कारण वृहत्तर यूरोपियन इकोनॉमिक कम्युनिटी (ईईसी) के समर्थक रहे और विशेष रूप से ग्रेट ब्रिटेन को उसमें मिलाने के लिए आवाज बुलंद करते रहे। वे पूर्वी जर्मनी और पूर्वी यूरोप के साम्यवादी देशों और सोवियत संघ के साथ संबंध सुधारने पर बल देते रहे।

पूर्वी-पश्चिमी जर्मनी के बीच संबंध में सुधार के लिए जो कार्य उन्होंने किए, उनके लिए उन्हें नोबेल शान्ति पुरस्कार से पुरस्कृत किया गया। 1933 में नाजी पार्टी सत्तासीन रही और द्वितीय विश्वयुद्ध की समाप्ति (1945) तक उसका प्रभाव रहा। ब्रांट उस अवधि में नॉर्वे और स्वीडन संवाददाता का कार्य करते रहे। 1957 में वे पश्चिमी बर्लिन के मेयर निर्वाचित हुए। उन्होंने 1961 में बर्लिन संकट को दूर करने के लिए अप्रतिम साहस और धैर्य दिखाया। 1966 में उन्हें फेडरल रिपब्लिक ऑफ जर्मनी का विदेश मंत्री नियुक्त किया गया। फिर 21 अक्टूबर, 1969 को उन्हें फेडेरल चांसलर चुना गया। उनकी पार्टी 1972 के चुनाव में जीत गई और वे उस पद पर बने रहे।

मगर बाद में पता चला कि उनके सुरक्षाकर्मियों में कोई रूसी जासूस है, इसलिए उन्होंने इस्तीफा दे दिया।

अर्थशास्त्र

कुज्नेत्स, साइमन

नागरिकता : रूस / संयुक्त राज्य अमरीका

जन्म : 30 अप्रैल, 1901; खार्कोव, यूक्रेन

निधन : 8 जुलाई, 1985; कैंब्रिज, अमरीका

साइमन कुज्नेत्स रूस में जन्मे एक अर्थशास्त्री थे। वे ग्रामीण अंचल के जिम्नेजियम में भाग लेते रहे। 1922 में वह न्यू यॉर्क सिटी में अपने पिता के साथ कार्य करने लगे। उन्होंने अर्थशास्त्र में बी.ए. और एम.ए. की डिग्रियाँ कोलंबिया विश्वविद्यालय से प्राप्त कीं। उन्होंने पीएच.डी. की डिग्री भी वहीं से 1926 में प्राप्त की।

1930 में उन्होंने अर्थशास्त्र के सहायक प्रोफेसर के पद पर पेंसिलवानिया विश्वविद्यालय में कार्य किया। उसी विश्व-विद्यालय में 1935 से 1954 तक अर्थशास्त्र और सांख्यिकी के प्रोफेसर के पद पर कार्य किया। 1954 में जॉन हॉपकिंस विश्वविद्यालय में अर्थशास्त्र के प्रोफेसर नियुक्त हुए। वहाँ से उनका स्थानांतरण हार्वर्ड विश्वविद्यालय में हुआ (1960)। वहाँ 1971 में प्रोफेसर एमेरिटस नियुक्त हुए। उन्होंने 1926 से 1960 तक नेशनल ब्यूरो फॉर इकोनॉमिक्स में कार्य किया। वे भारत के नेशनल इन्कम कमेटी से संबद्ध रहे। पीपुल्स रिपब्लिक़ ऑफ चाइना के आर्थिक सलाहकार रहे तथा 'इंटरनेशनल एनसाइक्लोपीडिया ऑफ सोशल साइंसेज' के संपादकीय सलाहकार बोर्ड के अध्यक्ष रहे।

कुज्नेत्स ने राष्ट्रीय आर्थिक विकास के काम पर पूरा ध्यान दिया। उनकी कई पुस्तकें प्रकाशित हुईं। आर्थिक वृद्धि की अनुभवजन्य व्याख्या, जो कि आर्थिक और सामाजिक संरचना तथा विकास की प्रक्रिया को समझने में गंभीर दृष्टि प्रदान करती है, के लिए उन्हें नोबेल पुरस्कार से सम्मानित किया गया।

भौतिक विज्ञान

रसायन विज्ञान

शरीर विज्ञान/चिकित्सा विज्ञान

साहित्य

अर्थशास्त्र

1972

भौतिक विज्ञान

बार्डीन, जॉन

नागरिकता : संयुक्त राज्य अमरीका

जन्म : 23 मई, 1908; मेडिसन, विस्कांसिन

निधन : 30 जनवरी, 1991; बोस्टन

जॉन बार्डीन अमरीकी भौतिकशास्त्री तथा इलेक्ट्रिकल इंजीनियर थे। वह एकमात्र ऐसे व्यक्ति थे जिन्होंने भौतिक विज्ञान में दो बार नोबेल पुरस्कार प्राप्त किया। 1956 में ट्रांजिस्टर का आविष्कार करने के लिए संयुक्त रूप से विलियम बी. शॉक्ले तथा वाल्टर एच. ब्रेटेन के साथ तथा 1972 में लिओन एन. कूपर तथा जॉन आर. श्रियेफर के साथ सुपरकंडक्टिविटी के सिद्धांत का विकास करने के लिए बार्डीन ने विस्कांसिन विश्वविद्यालय (मेडिसन) से इलेक्ट्रिकल इंजीनियरिंग में स्नातक तथा मास्टर डिग्रियाँ प्राप्त कीं तथा प्रिंस्टन विश्वविद्यालय से 1936 में गणितीय भौतिक विज्ञान में डॉक्टरेट की उपाधि हासिल की। मिनीसोटा विश्वविद्यालय, मिनीपोलिस के स्टाफ सदस्य के रूप में 1938 से 1941 तक कार्य करनेवाले बार्डीन ने द्वितीय विश्वयुद्ध के दौरान वाशिंगटन डी.सी. में अमरीकी नौसेना आयुध प्रयोगशाला में प्रमुख भौतिकविज्ञानी के रूप में अपनी सेवाएँ दीं।

युद्ध के बाद बार्डीन ने मुर्रेहिल, न्यू जर्सी में बेल टेलीफोन लेबोरेटरीज में नियुक्त हो गए, जहाँ उन्होंने ब्रेटेन तथा शॉक्ले के साथ मिलकर सेमीकंडक्टर्स के इलेक्ट्रॉन-संवाही (इलेक्टॉन-कंडक्टिंग) गुणों पर अनुसंधानों को अंजाम दिया। 23 दिसंबर,1947 को उन्होंने ट्रांजिस्टर का अनावरण किया, जिससे दुनिया ने इलेक्ट्रॉनिक क्रांति में प्रवेश किया। ट्रांजिस्टर ने बड़ी और भारी-भरकम वैक्यूम ट्यूब का स्थान ले लिया तथा इलेक्ट्रॉनिक स्विचों तथा कंप्यूटरों के उत्पादन में आवश्यक अन्य उपकरणों के लिए छोटे पुर्जे बनाने की प्रौद्योगिकी प्रदान की।

उन्होंने 1930 में शुरू की गई सुपरकंडक्टिविटी पर किए गए कार्यों को 1950 के दशक के आरंभिक वर्षों में दुबारा आरंभ किया। सुपरकंडक्टिविटी को बी.सी.एस. थियरी (बार्डीन, कूपर तथा श्रियेफर के नाम के प्रथम अक्षर) सर्व-

प्रथम 1957 में प्रस्तुत की गई, जो सुपरकंडक्टिविटी के क्षेत्र में बाद में किए गए सभी सैद्धांतिक कार्यों का आधार बनी। 1990 में जॉन बार्डीन को 'लाइफ' पत्रिका की शताब्दी के 100 सबसे प्रभावशाली अमरीकी व्यक्तियों की सूची में शामिल किया गया।

कूपर, लिओन एन.

नागरिकता : संयुक्त राज्य अमरीका

जन्म : 28 फरवरी, 1930; न्यू यॉर्क सिटी, अमरीका

लिओन एन. कूपर एक अमरीकन भौतिकशास्त्री थे। कोलंबिया से पीएच.डी. की डिग्री उन्होंने 1954 में प्राप्त की। कुछ ही समय के बाद आगे के अध्ययन के लिए इलिनोइस विश्वविद्यालय और ओहियो विश्वविद्यालय में रहे और 1958 में ब्राउन विश्वविद्यालय गए। 1962 में वे भौतिक विज्ञान के प्रोफेसर नियुक्त हुए। कूपर के आरंभिक कार्य नाभिकीय भौतिकी से संबद्ध रहे। 1955 से वे जॉन बार्डीन और जॉन रॉबर्ट श्रियेफर के साथ सुपरकंडक्टिविटी की थियरी पर कार्य करते रहे। 1956 में उन्होंने सैद्धांतिक रूप से दिखाया कि किसी निम्न ताप पर किसी संवाहक में इलेक्ट्रॉन बंध युग्म में (जिसे अब कूपर युग्म कहा जाता है।) गति कर सकता है। बार्डीन, कूपर और श्रियेफर ने दिखाया कि इस तरह के युग्मों के साथ गति करने का परिणाम यह होता है कि किसी ठोस पदार्थ से गुजरते हुए इलेक्ट्रॉनों को विद्युत अवरोधकों का सामना नहीं करना पड़ता। 'बी.सी.एस.' थियरी का परिणाम सुपरकंडक्टिविटी पर सैद्धांतिक और प्रायोगिक शोध के रूप में सामने आता है।

कूपर ने सेंट्रल नर्वस सिस्टम के सिद्धांत पर कम ताप पर भिन्न क्षेत्रों में सुपरफ्यूइड स्टेट (अवस्था) पर भी कार्य किया।

श्रियेफर, जॉन रॉबर्ट

नागरिकता : संयुक्त राज्य अमरीका

जन्म : 31 मई, 1931; ओक पार्क, इलिनोइस

जॉन रॉबर्ट श्रियेफर एक अमरीकी भौतिकशास्त्री थे। उन्होंने 1953 में मेसाचुसेट्स इंस्टीट्यूट ऑफ टेक्नोलॉजी से बी.एस. की डिग्री प्राप्त की तथा 1954 में इलिनोइस विश्वविद्यालय से एम.एस. की डिग्री हासिल की। उसी विश्वविद्यालय से एस.सी.डी. की डिग्री भी 1974 में उन्होंने प्राप्त की। भौतिक विज्ञान में एक पोस्ट डॉक्टोरल फेलो के रूप में उन्होंने नील्स बोर इंस्टीट्यूट ऑफ कोपेनहेगन में कार्य किया (1957–58)। शिकागो विश्वविद्यालय में 1957–59 तक सहायक प्रोफेसर रहे और आगे चलकर उसी पद पर कार्य करने के लिए इलिनोइस विश्वविद्यालय चले गए। वे 1960–62 में वहाँ सहायक प्रोफेसर रहे। उन्होंने सुपरकंडक्टिविटी पर कार्य किया।

उनकी पुस्तक 'थियरी ऑफ सुपरकंडक्टिविटी' बहुत महत्त्वपूर्ण है।

श्रियेफर कैलीफोर्निया विश्वविद्यालय में 1980 से भौतिकी के प्रोफेसर रहे और चांसलरर्स प्रोफेसर और डायरेक्टर ऑफ इंस्टीट्यूट फॉर थ्योरेटिकल फिजिक्स रहे।

भौतिक विज्ञान का 1972 का नोबेल पुरस्कार बार्डीन, कूपर और श्रियेफर को संयुक्त रूप से प्रदान किया गया।

रसायन विज्ञान

ऐनफिंसेन, क्रिश्चियन बी.

नागरिकता : संयुक्त राज्य अमरीका

जन्म : 26 मार्च, 1916; मोनैसिन, पेंसिलवानिया

निधन : 14 मई, 1995; रैंडलस्टोन, अमरीका

क्रिश्चियन बी. ऐनफिंसेन एक अमरीकन जैव-रसायनविज्ञ थे जिन्हें स्टैनफोर्ड और विलियम एच. स्टेन के साथ संयुक्त रूप से नोबेल पुरस्कार से पुरस्कृत किया गया। उन्होंने आणविक संरचना और प्रोटीनों के जैविक कार्यों के बीच संबंधों पर महत्त्वपूर्ण शोध किए थे। ऐनफिंसेन ने पीएच.डी. की डिग्री हार्वर्ड विश्वविद्यालय से प्राप्त की थी (1943)। वे पेंसिलवानिया विश्वविद्यालय, हार्वर्ड विश्वविद्यालय और स्टॉकहोम के नोबेल इंस्टीट्यूट में रिसर्च और शिक्षक के पदों पर कार्य करते रहे। उन्होंने यू.एस. नेशनल इंस्टीट्यूट ऑफ हेल्थ में स्टाफ की हैसियत से कार्य किया (1950)। उनका शोध इस तथ्य को उजागर करता है कि अपनी शारीरिक गतिविधियों में एंजाइमों तथा अन्य प्रोटीनों की संरचना बदल जाती है। उन्होंने अपनी पुस्तक 'दि मोलेक्यूलर बेसिस ऑफ इवोल्यूशन' 1959 में प्रकाशित की।

मूर, स्टैनफोर्ड

नागरिकता : संयुक्त राज्य अमरीका

जन्म : 4 सितंबर, 1913; शिकागो, अमरीका

निधन : 23 अगस्त, 1982; अमरीका

स्टैनफोर्ड मूर एक रसायनविज्ञानी थे और उन्हें प्रोटीनों की आणविक संरचना को स्थापित करने के लिए नोबेल पुरस्कार से सम्मानित किया गया। उन्होंने विस्कांसिन विश्वविद्यालय से 1938 में पीएच.डी. की डिग्री प्राप्त की तथा रॉकफेलर इंस्टीट्यूट ऑफ मेडिकल रिसर्च में स्टाफ के रूप में प्रवेश किया (न्यू यॉर्क, 1939)। वे वहाँ 1952 में प्रोफेसर नियुक्त किए गए। अमीनो अम्ल तथा पेप्टीडीस के विश्लेषण के लिए अपनी क्रोमेटोग्राफी की तकनीक के लिए वे प्रसिद्ध हैं रीबोन्यूक्लियस एंजाइम की संरचना को उन्होंने ही निर्धारित किया।

स्टेन, विलियम एच.

नागरिकता : संयुक्त राज्य अमरीका

जन्म : 22 जून, 1911; न्यू यॉर्क, अमरीका

निधन : 2 फरवरी, 1980; न्यू यॉर्क, अमरीका

विलियम एच. स्टेन एक अमरीकी जैव-रसायनविज्ञ थे जिन्हें सी.बी. ऐनफिंसेन और मूर स्टैनफोर्ड के साथ संयुक्त रूप से पुरस्कृत किया गया था। उन्होंने प्रोटीन की आणविक संरचना का अध्ययन किया था।

स्टेन ने न्यू यॉर्क के कोलंबिया कॉलेज ऑफ फिजिशियंस एंड सर्जंस से पीएच.डी. की डिग्री 1938 में प्राप्त की। उसी वर्ष रॉकफेलर इंस्टीट्यूट फॉर मेडिकल रिसर्च में स्टाफ की हैसियत से प्रवेश किया। उनके शोध में प्रोटीन से प्राप्त अमीनो अम्लों तथा एंजाइमों के विश्लेषण की पद्धति को विकसित करना तथा इस पद्धति द्वारा रीबोन्यूक्लियस एंजाइमों की संरचना को निर्धारित करना भी शामिल था।

1972 के नोबेल पुरस्कार की आधी राशि ऐनफिंसेन को प्रदान की गई और शेष आधी संयुक्त रूप से मूर और स्टेन को प्राप्त हुई।

शरीर विज्ञान/चिकित्सा विज्ञान

एडेल्मान, जेराल्ड एम.
नागरिकता : संयुक्त राज्य अमरीका
जन्म : 1 जुलाई, 1929; न्यू यॉर्क, अमरीका

जेराल्ड एम. एडेल्मान ने 1954 में पेंसिलवानिया विश्व-विद्यालय से मेडिकल डिग्री प्राप्त की और 1960 में पीएच.डी. की डिग्री रॉकफेलर इंस्टीट्यूट फॉर मेडिकल रिसर्च से प्राप्त की। 1954-55 में उन्होंने मेसाचुसेट्स जनरल अस्पताल के स्टाफ के रूप में काम किया तथा वहीं 1960-63 में सहायक फिजिशियन और सहायक प्रोफेसर बने। 1966 से वे वहाँ जैव रसायन के प्रोफेसर हैं। एडेल्मान ने पेंसिलवानिया विश्व-विद्यालय से स्पेंसरमोरिस एवार्ड और अमरीकन केमिकल सोसायटी से एलि लिली एवार्ड प्राप्त किया। एडेल्मान प्रोटीन रसायन, जैव भौतिकी फ्लूरोसेंस स्पेक्ट्रोस्कोपी, प्रोटीन की प्राथमिक और त्रि-आयामी संरचना पर किए गए कार्यों के लिए जाने जाते हैं। एंटी-बॉडी की रासायनिक संरचना संबंधी खोज के लिए उन्हें नोबेल पुरस्कार से सम्मानित किया गया।

पोर्टर, रॉड्नी आर.
नागरिकता : ब्रिटेन
जन्म : 8 अक्टूबर, 1917; लिवरपूल, ब्रिटेन
निधन : 8 सितंबर, 1985; विंचेस्टर, ब्रिटेन

रॉड्नी आर. पोर्टर एक ब्रिटिश जैव-रसायनविज्ञ थे। उन्होंने लिवरपूल और कैंब्रिज के ग्रामर स्कूल में शिक्षा प्राप्त की। उन्होंने पीएच.डी. की डिग्री दो बार नोबेल विजेता रहे डॉ. एफ. सैंगर की देख-रेख में प्राप्त की।

1948 में पोर्टर ने ऐंटीबॉडीज की संरचना पर खोज की। उनका विशेष ध्यान उसी पर केंद्रित था। अपना कार्य जारी रखते हुए सेंट मेरी हॉस्पिटल के मेडिकल स्कूल में उन्होंने पेप्टाइड चेन स्ट्रक्चर की रिसर्च को आगे बढ़ाया (1962)। ऑक्सफोर्ड विश्वविद्यालय में जैव-रसायन के प्रोफेसर नियुक्त हुए। 1972 का नोबेल पुरस्कार एडेल्मान और रॉड्नी आर. पोर्टर को संयुक्त रूप से प्रदान किया गया।

साहित्य

बोल, हेनरिक
नागरिकता : जर्मनी
जन्म : 21 दिसंबर, 1917; कोलोन, जर्मनी
निधन : 16 जुलाई, 1985; बोर्नहीम मर्टेन, पश्चिम जर्मनी

हेनरिक बोल एक उपन्यासकार थे। अपनी कृतियों में उन्होंने द्वितीय विश्वयुद्ध के दौरान और उसके बाद की यातनामूलक स्थितियों का मार्मिक वर्णन किया है। वे एक बढ़ई के पुत्र थे और एक पुस्तक विक्रेता के लिए कार्य करते थे। 1937 में स्नातक की डिग्री प्राप्त करने के बाद वे 1938 में जर्मन सेना में छह वर्षों तक सैनिक रहे। युद्ध समाप्त होने के बाद वे कोलोन में स्थायी रूप से रहने लगे।

उनके आरंभिक उपन्यास 'डेर जुग वार, पुएंक्ट लिच' (1949, दि ट्रेन वाज ऑन टाइम, 1956) और 'वो वेर्स्ट डु ऐडम' (व्हेयर हैड यू बीन ऐडम, 1955), 'सोल्जर्स 'डास ब्रोट डेर फ्रुएचेन जाहरे' (1956, दि ब्रेड ऑफ अर्ली ईयर्स, 1957) तथा 'बिलार्ड उम हाल्ब जेहन' (बिलार्ड्स ऐट हॉफ पास्ट नाइन, 1961) है। उनकी अन्य कृतियाँ 'उंड सैगटे केइन ऐंडे जिगे वोर्ट' (1953, ऐक्वेंटेड विथ दि नाइट, 1954), 'ऐंडे एइनर डिएंस्टफार्ट' (1966, एंड ऑफ ए मिशन, 1968) तथा 'इन ग्रुपेन्बिल्ड मिट डेम' (1971, ग्रूप पोर्टेट विथ ए लेडी, 1973) है।

अर्थशास्त्र

ऐरो, केनेथ जे.

नागरिकता : संयुक्त राज्य अमरीका

जन्म : 23 अगस्त, 1921; न्यू यॉर्क, अमरीका

केनेथ जे. ऐरो ने 1940 में न्यू यॉर्क के सिटी कॉलेज से सामाजिक विज्ञान में बी.एससी. की डिग्री प्राप्त की तथा 1941 में एम.ए. की डिग्री और 1951 में पीएच.डी. की डिग्री कोलंबिया यूनिवर्सिटी से प्राप्त की। वह काउलेस कमीशन फॉर रिसर्च इन इकोनॉमिक्स में रिसर्च एसोसिएट (1947–49) रहे। उन्होंने स्टेनफोर्ड विश्वविद्यालय में अर्थशास्त्र के सहायक प्रोफेसर, एसोसिएट प्रोफेसर और प्रोफेसर के पदों पर कार्य किया (1949–68)। उन्हें हार्वर्ड विश्वविद्यालय से प्रोफेसर के पद पर कार्य करने का आमंत्रण मिला जहाँ वे 1968 से 1979 तक कार्यरत रहे0। वे स्टैनफोर्ड विश्वविद्यालय में 1979 से अर्थशास्त्र के प्रोफेसर हैं। वे कैंब्रिज विश्वविद्यालय के चर्चिल कॉलेज के फेलो हैं (1963–64, 1970 और 1973 में)। वे अनेक एसोसिएशयनों एकेडमियों के फेलो रहे। उनकी कई पुस्तकें प्रकाशित हैं।

जनरल इकोनोमिक इक्वेलिब्रियम सिद्धांत तथा वेलफेयर सिद्धांत पर अपने महत्त्वपूर्ण योगदान के लिए उन्हें नोबेल पुरस्कार से सम्मानित किया गया।

हिक्स, सर जॉन आर.

नागरिकता : ब्रिटेन

जन्म : 8 अप्रैल, 1904; वार्विक, ब्रिटेन

निधन : 20 मई, 1989; ब्लॉकले, ब्रिटेन

सर जॉन आर. हिक्स ने 1917–22 की अवधि में क्लिफ्टन कॉलेज में शिक्षा प्राप्त की और इसके बाद 1922–26 तक ऑक्सफोर्ड के बैलिओल कॉलेज में अध्ययन किया। उनका प्रथम शिक्षण कार्य लंदन से आरंभ हुआ जहाँ उन्होंने 1926 से 1935 तक कार्य किया। उसके बाद वे कैंब्रिज चले गए। वहाँ मैनचेस्टर विश्वविद्यालय में उन्हें प्रोफेसर ऑफ पोलिटिकल नियुक्त किया गया। छह वर्षों तक वे वहाँ कार्यरत रहे। प्रोफेसर हिक्स को ब्रिटिश एकेडमी का फेलो चुना गया। वे 1942 में ब्रिटिश एकेडमी के फेलो बने, 1948 में रॉयल स्वीडिश एकेडमी के विदेशी सदस्य बने और 1958 में अमरीकी एकेडमी के सदस्य बने। 1960–62 तक वहाँ रॉयल इकोनॉमिक सोसायटी के अध्यक्ष थे। वर्ष 1984 में उन्हें 'नाइट' की पदवी से सम्मानित किया गया।

1972 का नोबेल पुरस्कार संयुक्त रूप से ऐरो और हिक्स को प्रदान किया गया।

नोट : इस वर्ष **शान्ति** के क्षेत्र में नोबेल पुरस्कार नहीं दिया गया और पुरस्कार राशि एक विशेष निधि में संरक्षित रखी गई।

भौतिक विज्ञान

रसायन विज्ञान

शरीर विज्ञान/चिकित्सा विज्ञान

साहित्य

शान्ति

अर्थशास्त्र

1973

भौतिक विज्ञान

एसाकी, लिओ

नागरिकता : जापान

जन्म : 12 मार्च, 1925; ओसाका, जापान

लिओ एसाकी एक जापानी भौतिकविज्ञानी हैं। उन्होंने टोक्यो विश्वविद्यालय से 1947 में भौतिकी में स्नातक की डिग्री प्राप्त की और वहाँ से ही 1959 में डॉक्टरेट की डिग्री भी प्राप्त की। उनका पीएच.डी. कार्य सेमीकंडक्टर की भौतिकी से संबंधित था। 1958 में उन्होंने जर्मैनियन के संकरे पी–एन जंकशन में एक खास प्रभाव का अनुभव किया जिसे 'टनलिंग' के नाम से जाना जाता है।

1960 में उन्होंने एक उपकरण तैयार किया जिसमें डायोड के समान गुणधर्म थे। जिसे 'द टनल (एसाकी) डायोड' कहते हैं। इलेक्ट्रॉनिक्स के विविध क्षेत्रों में इसका इस्तेमाल होता है। जिसमें से मुख्य हैं—कंप्यूटर, माइक्रोवेब उपकरण आदि।

एसाकी को ब्रयान जोसेफसन और इवार गिएवर के साथ संयुक्त रूप से 1973 का नोबेल पुरस्कार प्रदान किया गया। सेमीकंडक्टर और सुपरकंडक्टर में 'टनलिंग' परिघटना से संबंधित प्रायोगिक खोजों के लिए इन्हें यह पुरस्कार प्रदान किया गया।

गिएवर, इवार

नागरिकता : नॉर्वे/संयुक्त राज्य अमरीका

जन्म : 5 अप्रैल, 1929; बर्गेन, नॉर्वे

इवार गिएवर एक अमरीकी भौतिकशास्त्री हैं। गिएवर ने नॉर्वेजियन इंस्टीट्यूट ऑफ टेक्नोलॉजी में इलेक्ट्रॉनिकल इंजीनियरिंग का अध्ययन किया। 1954 में वे कनाडा चले गए। वहाँ वे केनेडियन जनरल इलेक्ट्रिक कंपनी के मेकैनिकल इंजीनियर के पद पर कार्य करने लगे। आगे चलकर उनका स्थानांतरण न्यू यॉर्क के शोध और विकास केंद्र में हुआ। उन्होंने 1964 में न्यू यॉर्क के रेन्सेलर पोलिटेक्निकल इंस्टीट्यूट से डॉक्टरेट की डिग्री प्राप्त की। जनरल इलेक्ट्रिकल कंपनी

में गिएवर ने सुपरकंडक्टर में 'टनलिंग प्रभाव' पर कार्य किया जिसे एसाकी ने पहले ही व्याख्यायित कर दिया था। इसी पर प्रायोगिक कार्य करते हुए उन्होंने सुपरकंडक्टिव स्टेट (अवस्था) के बारे में कई महत्त्वपूर्ण जानकारियाँ दीं।

जोसेफ्सन, ब्रायन डी.
नागरिकता : ब्रिटेन
जन्म : 4 जनवरी, 1940; कार्डिफ, ब्रिटेन

ब्रायन डी. जोसेफ्सन वेल्स के निवासी थे। उन्होंने बी.ए., एम.ए. और पीएच.डी. की डिग्रियाँ कैंब्रिज से प्राप्त कीं।

ब्रयान कैंब्रिज में ही भौतिक के सहायक डायरेक्टर और रीडर नियुक्त हुए। इलिनोइस विश्वविद्यालय में उन्हें सहयोगी प्रोफेसर नियुक्त किया गया। उन्होंने टनल बैरियर (अवरोध) के जरिए सुपरकरंट की परिघटना के गुणधर्मों की सैद्धांतिक परिकल्पना प्रस्तुत की जिसे 'जोसेफ्सन प्रभाव' के नाम से जाना जाता है। इसके लिए उन्हें नोबेल पुरस्कार से सम्मानित किया गया।

रसायन विज्ञान

फिशर, एर्न्स्ट ओट्टो
नागरिकता : जर्मनी
जन्म : 10 नवंबर, 1918; म्यूनिख, जर्मनी
निधन : 23 जुलाई, 2007; म्यूनिख, जर्मनी

एर्न्स्ट ओट्टो फिशर एक जर्मन अकार्बनिक रसायनशास्त्री थे। उनके पिता भौतिक विज्ञान के प्रोफेसर थे। म्यूनिख इंस्टीट्यूट ऑफ टेक्नोलॉजी में उन्होंने शिक्षा प्राप्त की। वहाँ से उन्होंने 1952 में पीएच.डी. की डिग्री प्राप्त की। 1957 से 1964 तक उन्होंने अकार्बनिक रसायन के प्रोफेसर के रूप में अध्यापन का कार्य किया। 1955 में दो रसायनविज्ञानी टी. कैले और पी. फौशन ने $C_5H_5feC_5H_5$ नामक एक यौगिक की खोज की जिसमें उन्होंने बताया कि आयरन (लोहा) का एक परमाणु प्रत्येक छल्ले में कार्बन के एक परमाणु के साथ जुड़ा है, फिशर ने जवाब में इसके स्थायित्व पर प्रश्न किया। ब्रिटिश रसायनविज्ञानी ज्यॉफ्री विल्किंसन ने एक आदर्श संरचना प्रस्तुत की जिसके अनुसार आयरन परमाणु दो समानांतर छल्लों के बीच सैंडविच की तरह दबा हुआ था। इस प्रकार छल्लों में मौजूदा इलेक्ट्रॉन के साथ बंध बनाता है न कि मुक्त कार्बन परमाणु के साथ। इस प्रकार के कंपाउंड (यौगिक) को 'सैंडविच कम्पाउंड' कहा गया। फिशर ने सावधानीपूर्वक एक्स-किरणों के परीक्षण से फिरोसीन की प्रस्तावित संरचना की पुष्टि की।

विल्किंसन, सर ज्यॉफ्री
नागरिकता : ब्रिटेन
जन्म : 14 जुलाई, 1921; टाडमार्डन, ब्रिटेन
निधन : 26 सितंबर, 1996; लंदन, ब्रिटेन

सर ज्यॉफ्री विल्किंसन एक ब्रिटिश अकार्बनिक रसायनविज्ञानी थे। उन्होंने लंदन के इंपीरियल कॉलेज में शिक्षा प्राप्त की। उत्तरी अमरीका में विश्वयुद्ध के दौरान परमाणु बम के विकास पर उन्होंने कार्य किया। 1946 में अंततः उन्होंने पीएच.डी. की डिग्री प्राप्त की। 1960 में उन्होंने धातु हाइड्रोजन बंध को नियंत्रित करने की जटिलता का अध्ययन किया। इस प्रकार रोडियम के साथ ट्राईफिनाइल फोस्फीन $((C_6H_5)_3^{P})$ पारमाणविक हाइड्रोजन के साथ क्रिया कर सकता है। विल्किंसन ने एक यौगिक $Rhcl(P(C_6H_5)_3)$ तैयार किया जिसे विल्किन्सन उत्प्रेरक कहा जाता है।

1973 का नोबेल पुरस्कार उन्हें स्वतंत्र रूप से

'आर्गेनोमेटालिक' यानी तथाकथित 'सैंडविच यौगिकों' के रसायन-शास्त्र पर उनके अग्रणी कार्य के लिए प्रदान किया गया।

शरीर विज्ञान/चिकित्सा विज्ञान

लोरेंज, कोनराड

नागरिकता : ऑस्ट्रिया

जन्म : 7 नवंबर, 1903; विएना, ऑस्ट्रिया

निधन : 27 फरवरी, 1989; विएना, ऑस्ट्रिया

कोनराड लोरेंज ऑस्ट्रिया के अल्बेन नामक एक छोटे-से गाँव में पले बड़े हुए थे। उन्होंने जंतु विज्ञान और चिकित्सा का अध्ययन विएना और संयुक्त राज्य अमरीका में किया था। उन्हें विएना विश्वविद्यालय में शरीर रचना विज्ञान का सहायक प्रोफेसर नियुक्त किया गया। विएना में उनकी मुलाकात वॉन होल्स्ट से हुई जो पशुओं के व्यवहार का अध्ययन करते थे। वे कोएनिग्सबर्ग विश्वविद्यालय में शरीर रचना विज्ञान के प्रोफेसर नियुक्त हुए थे। 1942 में उन्हें सैन्य सेवा में भाग लेने का आदेश मिला। 1944 में रूस ने उन्हें कैद कर लिया। चार वर्ष युद्धबंदी के रूप में कैद में रहने के बाद उन्हें मुक्त कर दिया गया। उन्होंने इथोलॉजी के आधुनिक विज्ञान को विकसित किया और उसे आज के उच्च मानक स्तर तक ले आए। अपनी मृत्यु से पहले वे मनुष्य की आक्रामकता की प्रवृत्ति का अध्ययन कर रहे थे। वे एक प्रतिभाशाली लेखक भी रहे हैं। उनकी चर्चित पुस्तकें हैं : 'किंग सोलोमॉन्स रिंग' (1952), 'मैन मीट्स डॉग' (1954), 'ऑन एग्रेसन' (1966), उनकी शोध पद्धति का विवरण उनकी पुस्तक 'उबेर टेरिश्चेस उंड मेन्सचेलिजे बर्हाल्टेन' (1965, स्टडीज इन एनीमल एंड ह्यूमन बिहेवियर, दो भागों में, 1970-71) में मिलता है। 1973 का नोबेल पुरस्कार उन्हें कार्ल वॉन और निकोलास टिनबर्गेन के साथ प्राप्त किया था।

टिनबर्गेन, निकोलास

नागरिकता : नीदरलैंड्स / ब्रिटेन

जन्म : 15 अप्रैल, 1907; दि हेग, नीदरलैंड्स

निधन : 21 दिसंबर, 1988; ऑक्सफोर्ड, ब्रिटेन

निकोलास टिनबर्गेन एक जीवविज्ञानी और इथोलॉजिस्ट थे। उन्होंने 1932 में लेइडेन विश्वविद्यालय से पीएच.डी. की डिग्री प्राप्त की और 1949 तक वहाँ अध्यापन का कार्य किया। कोनराड के साथ मिलकर उन्होंने इथोलॉजी के विज्ञान को परिपुष्ट किया। विशेष रूप से पशुओं के उन्मुक्त आचरण का अध्ययन किया। लंबे समुद्री पितरैल पक्षी के व्यवहार को भी अपने अध्ययन के केंद्र में रखा। उनकी महत्त्वपूर्ण पुस्तकें हैं : 'दि हेरिंग गल्स वर्ल्ड' (1960), 'सोशल बिहेवियर इन एनीमल्स' (1953), और 'एनीमल बिहेवियर' (1965)। संभवत: उनकी सबसे महत्त्वपूर्ण पुस्तक 'दि स्टडी ऑफ इन्सटिंक्ट' है। उन्होंने यूरोपीय और अमरीकी इथोलॉजी का तुलनात्मक अध्ययन किया। वे जॉन टिनबर्गेन के छोटे भाई थे जिन्हें 1969 में अर्थशास्त्र पर नोबेल पुरस्कार मिला था।

फ्रिश, कार्ल वॉन

नागरिकता : जर्मनी

जन्म : 20 नवंबर, 1886; विएना, ऑस्ट्रिया

निधन : 12 जून, 1982; म्यूनिख, जर्मनी

कार्ल वॉन फ्रिश एक जीवविज्ञानी थे और उन्होंने मक्खियों के बीच आपसी संचार का अध्ययन किया था, विशिष्ट रूप से उनकी रासायनिक तथा दृश्य संवेदक (सेंसर) पर। म्यूनिख

विश्वविद्यालय से उन्होंने पीएच.डी. की डिग्री 1910 में प्राप्त की थी। जर्मनी की रोस्टोक विश्वविद्यालय में उन्हें जूलॉजिकल इंस्टीट्यूट में निदेशक नियुक्त किया गया (1921)। आगे चलकर द्वितीय विश्वयुद्ध में उनकी वह संस्था नष्ट कर दी गई। वे ऑस्ट्रिया के ग्राज विश्वविद्यालय के स्टाफ में शामिल हो गए। 1950 में वे म्यूनिख लौट आए और उसी पद पर कार्य करने लगे जब तक 1958 में रिटायर नहीं हुए। फ्रिश ने मछलियों के रंगों और चमकीलेपन का अध्ययन किया। उन्होंने देखा कि मधुमक्खियों को किसी एक स्थान से अन्य स्थान तक आने-जाने के लिए प्रशिक्षित किया जा सकता है।

1973 का नोबेल पुरस्कार लोरेंज, टिनबर्गेन और फ्रिश को संयुक्त रूप से प्रदान किया गया।

साहित्य

व्हाइट, पैट्रिक
नागरिकता : ऑस्ट्रेलिया
जन्म : 28 मई, 1912; लंदन, ब्रिटेन
निधन : 30 सितंबर, 1990; सिडनी, ऑस्ट्रेलिया

पैट्रिक व्हाइट बीसवीं सदी के प्रखर प्रतिभाशाली लेखकों की अग्रिम पंक्ति के लेखक थे। वे बाल्यावस्था में ऑस्ट्रेलिया गए थे। उन्होंने स्कूली शिक्षा इंग्लैंड में प्राप्त की। कैंब्रिज विश्व-विद्यालय में उच्चतर शिक्षा ग्रहण की। द्वितीय विश्वयुद्ध के दौरान वे एक इंटेलिजेंस अफसर (आर.ए.एफ.) रहे और युद्ध की समाप्ति के बाद उन्होंने अपना लेखन कार्य पुनः आरंभ किया। अपने प्रमुख उपन्यास 'हैपी वेली' से उन्होंने प्रसिद्धि प्राप्त की थी। उस उपन्यास में उन्होंने न्यू साउथ वेल्स की हरियाली का अत्यंत मोहक और जीवंत वर्णन किया था।

अपने उपन्यासों में वे आम लोगों की स्थानीयता और जड़विहीनता का वर्णन करने लगे थे। उनकी अन्य औप-न्यासिक कृतियाँ हैं : 'दि लिविंग एंड दि डेड' (1941), 'दि ऑन्ट्स स्टोरी' (1948), 'दि ट्री ऑफ मैन' (1955), 'वॉस्स' (1957), 'राइडर्स इन दि चेरिऑट' (1961), 'दि सॉलिड मंडाला' (1966) आदि।

उन्होंने कई नाटक भी लिखे, जिनमें प्रमुख हैं : 'दि सीजन इन सर्सापरिला' (1961), 'नाइट ऑन ए बाल्ड माउंटेन' (1962), 'बिग टायज' (1977), 'सिगनल टावर' (1982) तथा 'नीदरऊड' (1983)।

उन्होंने डब्ल्यू.एच. स्मिथ एवार्ड 1959 में प्राप्त किया और 1975 में उन्हें कंपेनियन ऑफ दि ऑर्डर ऑफ ऑस्ट्रेलिया का सम्मान मिला, मगर एक वर्ष बाद ही उन्होंने त्याग-पत्र दे दिया (1976)।

शान्ति

किसिंजर, हेनरी ए.
नागरिकता : जर्मनी/संयुक्त राज्य अमरीका
जन्म : 27 मई, 1923; फर्थ, जर्मनी

हेनरी ए. किसिंजर एक राजनीति विज्ञानी थे, चार अमरीकी राष्ट्रपतियों की सुरक्षा के मामलों में सलाहकार और सेक्रेटरी ऑफ स्टेट थे। किसिंजर अपने परिवार के साथ 1938 में संयुक्त राज्य अमरीका आए थे क्योंकि नाजियों द्वारा जर्मनी में यहूदियों का सामूहिक संहार किया जा रहा था। उन्होंने न्यू यॉर्क के सिटी कॉलेज में एकाउंटिंग का अध्ययन किया तथा द्वितीय विश्वयुद्ध के दौरान अमरीकी सेना में रहे तथा 1945-46 में जर्मनी की अमरीकी सैनिक सरकार के साथ रहे। उन्होंने हार्वर्ड विश्वविद्यालय में प्रवेश किया, 1954 में पीएच.डी. की डिग्री प्राप्त की तथा टेंपोररी इंस्ट्रक्टर रहे। 1962 में उन्हें हार्वर्ड में प्रोफेसर नियुक्त किया गया। वहाँ वे डिफेंस स्टडीज कार्यक्रम के डायरेक्टर भी रहे। वे अमरीकी राष्ट्रपति आइसन हॉवर, केनेडी और जॉनसन के प्रशासन की अवधि में विविध सुरक्षा एजेंसियों के सलाहकार रहे।

किसिंजर की पुस्तक 'न्यूक्लियर फारेन पॉलिसी' ने उन्हें

एक अच्छा लेखक सिद्ध किया। उस पुस्तक के अतिरिक्त 'दि नेसेसिटी फॉर च्वाइस' भी महत्त्वपूर्ण सिद्ध हुई जिससे अमरीकी राष्ट्रपति केनेडी बहुत प्रभावित हुए। राष्ट्रपति निक्सन के साथ उनका रवैया कुछ आलोचनात्मक रहा, फिर भी सुरक्षा मामलों में सलाहकार रहे। उनकी सक्रिय राजनयिक भूमिका का संबंध सर्वत्र परिलक्षित हुआ, फिर वह चाहे वियतनाम हो, भारत-पाकिस्तान और अरब-इजरायल। 1973 का नोबेल पुरस्कार हेनरी ए. किसिंजर और ले डक थो को संयुक्त रूप से प्रदान किया गया।

थो, ले डक (मूल नाम : फान दिम काई)

नागरिकता : वियतनाम

जन्म : 14 अक्टूबर, 1911; नैम हा प्रांत, वियतनाम

निधन : 13 अक्टूबर, 1990; हनोई, वियतनाम

ले डक थो एक वियतनामी क्रांतिकारी, जनरल, राजदूत और राजनेता थे, जिन्हें हेनरी किसिंजर के साथ वर्ष 1973 के नोबेल शान्ति पुरस्कार के सम्मानित किया गया किंतु उन्होंने पुरस्कार स्वीकार करने से मना कर दिया।

ले डक 1930 में गठित इंडोनेशिया कम्युनिस्ट पार्टी के संस्थापकों में से एक थे। उनकी राजनीतिक गतिविधियों के कारण फ्रांस के औपनिवेशिक अधिकारियों ने उन्हें 1930-36 तथा 1939-44 तक कैद में रखा। अपनी दूसरी रिहाई के बाद वे 1945 में हनोई लौट आए। वहाँ उन्होंने 1954 में जिनेवा संधि होने तक, वियतनाम के स्वतंत्रता संगठन, वियत मिन्ह का नेतृत्व किया। उन्होंने इसके साथ-साथ दुबारा से संगठित कम्युनिस्ट पार्टी, वियतनाम वर्कर्स पार्टी का नेतृत्व भी किया। 1954 में जिनेवा संधि तक वह दक्षिण वियतनाम में वियत मिन्ह के सबसे वरिष्ठ अधिकारी थे।

1955 से ही वे वियतनाम वर्कर्स पार्टी के पोलित ब्यूरो के सदस्य थे, जिसे 1976 में 'कम्युनिस्ट पार्टी ऑफ वियतनाम' नाम दिया गया।

थो को 1973 के युद्ध-विराम में उनकी भूमिका के लिए बहुत प्रसिद्धि मिली। 1969-73 में पेरिस शान्ति सम्मेलन में वे उत्तरी वियतनाम के प्रतिनिधिमंडल के विशेष सलाहकार थे। बाद में वे अपने प्रतिनिधिमंडल के मुख्य प्रवक्ता बन गए। इसी हैसियत से उन्होंने युद्ध-विराम समझौते के लिए अमरीका के राज्य सचिव, हेनरी किसिंजर से बातचीत की जिसके परिणाम-स्वरूप दक्षिण वियतनाम से अमरीकी सैनिकों की वापसी हुई तथा 80 दिनों के अन्दर युद्धबंदियों की रिहाई का मार्ग खुला।

इसी महत्त्वपूर्ण उपलब्धि के लिए उन्हें नोबेल शान्ति पुरस्कार से सम्मानित किया गया था। हालाँकि उन्होंने पुरस्कार को स्वीकार करने से इनकार कर दिया था क्योंकि वहाँ तब तक भी कोई शान्ति समझौता लागू नहीं हुआ था।

वे 1986 तक पोलित ब्यूरो के सदस्य बने रहे।

अर्थशास्त्र

लियोनटीफ, वेस्सिली

नागरिकता : यू. एस. एस. आर. (सोवियत संघ)/ संयुक्त राज्य अमरीका

जन्म : 5 अगस्त, 1906; सेंट पीटर्सबर्ग, रूस

निधन : 5 फरवरी, 1999; न्यू यॉर्क, अमरीका

वेस्सिली लियोनटीफ 1921-25 तक लेनिनग्राद विश्व-विद्यालय में छात्र रहे। उन्होंने पीएच.डी. की डिग्री बर्लिन यूनिवर्सिटी से प्राप्त की। 1928-29 की अवधि में आर्थिक मामलों में चीन को परामर्श देने के लिए वे नान्किंग गए। लियोनटीफ 1931 में संयुक्त राज्य अमरीका में जाकर बस गए। उन्होंने न्यू यॉर्क के नेशनल ब्यूरो ऑफ इकोनॉमिक रिसर्च के रिसर्च एसोसिएट के रूप में कार्य किया। हार्वर्ड विश्वविद्यालय में उन्होंने रिसर्च एसोसिएट के रूप में प्रवेश किया था। 1933 में उन्हें सहायक प्रोफेसर नियुक्त किया गया। 1939 में वे सहयोगी प्रोफेसर बने तथा 1946 में हेनरी ली प्रोफेसर ऑफ इकोनॉमिक्स हुए। उस पद पर वे 1975 तक कार्यरत रहे जिसके बाद उन्होंने न्यू यॉर्क विश्वविद्यालय में प्रवेश किया। इनपुट-आउटपुट पद्धति की खोज व महत्त्वपूर्ण आर्थिक प्रश्नों पर इसके प्रयोग पर उन्हें नोबेल सम्मान मिला।

भौतिक विज्ञान

रसायन विज्ञान

शरीर विज्ञान/चिकित्सा विज्ञान

साहित्य

शान्ति

अर्थशास्त्र

1974

भौतिक विज्ञान

हेविश, एंटोनी

नागरिकता : ब्रिटेन

जन्म : 11 मई, 1924; फॉवे, ब्रिटेन

एंटोनी हेविश एक ब्रिटिश रेडियो खगोलविद् थे। कैंब्रिज यूनिवर्सिटी से उन्होंने 1948 में बी.ए. की डिग्री प्राप्त की, पीएच.डी. की डिग्री उन्होंने 1952 में प्राप्त की। उन्होंने युद्ध के दौरान फार्नबोरो स्थित रॉयल एयरक्राफ्ट एस्टैब्लिशमेंट में कार्य किया।

उन्होंने कैंब्रिज में भौतिक विज्ञान पर व्याख्यान दिए तथा 1963 में वहीं रीडर बन गए। 1971 में उन्हें रेडियो ऑस्ट्रोनामी का प्रोफेसर नियुक्त किया गया। रेडियो सिंटीलेशन के अध्ययन के रिसर्च के लिए उनकी एक परियोजना थी जिस पर वे कार्य कर रहे थे। उन्होंने 4.5 एकड़ के एक टेलिस्कोप का प्रयोग किया। रेडियो सिंटीलेशन एक परिलक्षण है। तीन प्रकार के सिंटीलेशन होते हैं जो इंटरप्लेनेटरी मीडियम के प्रभावों को द्योतित करते हैं। हेविश ने कैंब्रिज में तीनों प्रकार के प्रभाव की खोज की। उनकी एक छात्रा जोसेलिन बेल थी जो इस शोध में उनकी भरपूर सहायता कर रही थी। उसने रेडियो सिगनल के लिए उत्तरदायी प्रथम पल्सर (नीहारिका) की खोज की। हेविश का पहला कार्य यह था कि मनुष्य-निर्मित स्रोतों, रडार-संकेतों आदि को समाप्त कर दिया जाए। प्रकृति में जो जहाँ और जैसा है उसे पूर्ववत् रखा जाए। परिमापन के दौरान पता चला कि सोलर सिस्टम से भी आगे की वह अवश्य ही वस्तु होनी चाहिए जिस पर शोध को केंद्रित किया जाना चाहिए। जोसेलिन बेल के अवदान को नोबेल कमेटी ने पूरी तरह से अनदेखा किया और मात्र हेविश को ही पुरस्कार के योग्य समझा। इस पुरस्कार में सर मार्टिन रॉयले को उनका सहभागी बनाया गया। हेविश को पल्सर (नीहारिका) की खोज के लिए यह पुरस्कार दिया गया।

रॉयले, सर मार्टिन

नागरिकता : ब्रिटेन

जन्म : 27 सितंबर, 1918; ब्रिंगटन, ब्रिटेन

निधन : 14 अक्टूबर, 1984; कैंब्रिज, ब्रिटेन

सर मार्टिन रॉयले एक खगोलविद् थे। उन्होंने एक विराट रेडियो टेलिस्कोप सिस्ल विकसित किया तथा उसका उपयोग अत्यंत कमजोर रेडियो स्रोतों के सटीक स्थान को पाने में किया। द्वितीय विश्वयुद्ध के दौरान उन्होंने टेलिकम्युनिकेशन रिसर्च एस्टैब्लिशमेंट के साथ काम किया। युद्ध के बाद उन्हें कैवेंडिश प्रयोगशाला में कार्य करने के लिए फेलोशिप मिली। जहाँ उन्होंने रडार के सिद्धांत पर एक अतिविकसित रेडियो टेलिस्कोप तैयार किया। जब वे कैंब्रिज में भौतिकी के लेक्चरर के रूप में अध्यापन कर रहे थे तभी उन्हें मुलाई रेडियो एस्ट्रोनॉमी ऑब्जरवेटरी का निदेशक नियुक्त किया गया तथा बाद में वे रेडियो एस्ट्रोनॉमी के प्रोफेसर बने। उनके रेडियो स्ट्रोनॉमी के प्रारंभिक कार्यों में सूर्य के धब्बों और नजदीकी तारों से प्राप्त रेडियो तरंगों का अध्ययन शामिल था।

'क्वासर' जैसे दूरस्थ रेडियो स्रोत के मापन के मुख्य उपकरण के रूप में रॉयले ने 'अपर्चर सिंथेसिस' तकनीक को विकसित किया। विशिष्ट रूप से अपर्चर सिंथेसिस तकनीकी के निरीक्षण व आविष्कार के लिए उन्हें नोबेल पुरस्कार प्रदान किया गया।

1974 का नोबेल पुरस्कार रॉयले और हेविश को संयुक्त रूप से प्रदान किया गया।

फ्लोरी, पॉल जॉन

नागरिकता : संयुक्त राज्य अमरीका

जन्म : 19 जून, 1910; इलिनोइस, अमरीका

निधन : 8 सितंबर, 1985; बिग सुर, अमरीका

पॉल जॉन फ्लोरी एक अमरीकी पॉलिमर रसायनविज्ञानी थे। उनकी शिक्षा ओहियो स्टेट यूनिवर्सिटी में हुई जहाँ से 1934 में उन्होंने पीएच.डी. की डिग्री प्राप्त की। उनका कैरियर उद्योग और विश्वविद्यालय के बीच विभाजित रहा। 1934 से 1938 तक उन्होंने डु पॉण्ट के साथ कार्य किया और सिंथेटिक पॉलिमर के विश्लेषण का कार्य किया। उसके बाद दो वर्षों तक उन्होंने सिनसिनाटी विश्वविद्यालय में कार्य किया। एक्रॉन (ओहियो) में गुडईयर टायर कंपनी के फंडामेंटल रिसर्च पर 1940-48 तक कार्य किया। उसके बाद उन्हें कार्नेल के चेयर ऑफ केमिस्ट्री का अध्यक्ष नियुक्त किया गया। 1961 में उन्होंने कैलीफोर्निया यूनिवर्सिटी के केमिस्ट्री चेयर पर कार्य करना आरंभ किया। फ्लोरी 1930 के दशक से ही पॉलिमर्स के तत्त्वों की खोज में जुटे हुए थे। एक विशेष समस्या यह थी कि पोलिमर अणु का कोई निश्चित आकार और संरचना नहीं होती है।

फ्लोरी ने दिखाया कि कैसे यह संरचना अणु को प्रभावित करती है। उनके अन्य कार्य रबर के लचीलेपन के अध्ययन से जुड़े थे। उनकी दो पुस्तकें प्रकाशित हैं: 'प्रिंसिपल्स ऑफ पॉलिमर केमिस्ट्री' (1953) और 'स्टैटिकल्स मेकैनिक्स ऑफ चेन मोलेक्यूल्स' (1969)। माइक्रोमोलेक्यूलर की भौतिक रसायनी के सैद्धांतिक और प्रायोगिक दोनों में मूलभूत उपलब्धियों के लिए उन्हें नोबेल पुरस्कार से सम्मानित किया गया।

शरीर विज्ञान/चिकित्सा विज्ञान

क्लाउडे, अल्बर्ट

नागरिकता : बेल्जियम

जन्म : 24 अगस्त, 1898; लोगलियर, बेल्जियम

निधन : 22 मई, 1983; ब्रूसेल्स, बेल्जियम

अल्बर्ट क्लाउडे बेल्जियम के एक कोशिकाविज्ञानी थे। वे बेल्जियम की लीगे यूनिवर्सिटी से ग्रेजुएट हुए तथा न्यू यॉर्क के रॉकफेलर इंस्टीट्यूट से बीस वर्षों तक जुड़े रहे। 1930 में वे फ्री यूनिवर्सिटी ऑफ ब्रूसेल्स में प्रोफेसर नियुक्त किए गए और बोर्डेट इंस्टीट्यूट के निदेशक हुए। 1955 में वे लीगे यूनिवर्सिटी के फ्रैंक्वी प्रोफेसर थे। उनके कार्यों ने कई शोधों के लिए रास्ते खोले, जैसे यह शोध कि कोशिका के अवयवों को पृथक् किया जा सकता है तथा कोशिकाओं के निर्माण की जैव रसायनी का अध्ययन। कैंसर के कई रूपों का उन्होंने अध्ययन किया था। कोशिका की संरचना और कार्यकारी संगठन से संबंधित खोज के लिए उन्हें 15वें क्रिश्चियन तथा जॉर्ज ई. पैलेड के साथ संयुक्त रूप से नोबेल पुरस्कार से सम्मानित किया गया।

डुवे, क्रिश्चियन डे

नागरिकता : बेल्जियम

जन्म : 2 अक्टूबर, 1917; थेम्स-डिट्टन, इंग्लैंड

निधन : 4 मई, 2013; नेथेन, बेल्जियम

क्रिश्चियन डे डुवे एक बेल्जियन कोशिकाविज्ञानी थे। उन्होंने लोवैन की कैथोलिक यूनिवर्सिटी में मेडिसिन की शिक्षा प्राप्त की। 1954 में वे प्रोफेसर नियुक्त हुए तथा आगे चलकर न्यू यॉर्क के रॉकफेलर इंस्टीट्यूट में जैव-रसायनी कोशिका विज्ञान के प्रोफेसर बने। जैव-रसायन और सेल्यूलर पैथोलॉजी के क्षेत्र में जो महत्त्वपूर्ण कार्य उन्होंने किए, उनसे उन्हें ख्याति मिली तथा अनेक देशी-विदेशी एवार्ड भी प्राप्त हुए। इन वैज्ञानिक आविष्कारों में लुइस एम्पेन प्राइज (1943), फाइजर फाउंडेशन प्राइज (1957), फ्रैंक्वी प्राइज (1960) तथा रॉयल एकेडमी ऑफ साइंसेज का हेइनकेन प्राइज भी शामिल है। 1962-63 में घेंट विश्वविद्यालय में प्रोफेसर नियुक्त हुए। 1963-64 में ब्रूसेल्स विश्वविद्यालय में भी उसी पद पर कार्यरत रहे।

पैलेड, जॉर्ज ई.

नागरिकता : रोमानिया/ संयुक्त राज्य अमरीका

जन्म : 19 नवंबर, 1912; लासी, रोमानिया

निधन : 7 अक्टूबर, 2008; डेल मार, अमरीका

जॉर्ज ई. पैलेड रोमानिया में जन्मे अमरीकी आणविक जैव रसायनविज्ञ थे। उन्होंने बुखारेस्ट मेडिकल स्कूल में अध्ययन किया और 1940 में ग्रेजुएट हुए। ग्रेजुएशन के तुरंत बाद ही उन्होंने कैंसर पर शोध आरंभ की। 1946 में रॉकफेलर फाउंडेशन के फेलोशिप के अंतर्गत उन्होंने रॉकफेलर यूनिवर्सिटी (न्यू यॉर्क सिटी) में प्रवेश किया।

उन्होंने रक्त कोशिकाओं का अध्ययन किया और पाया कि कैसे मूलभूत जीवन रक्षक तत्त्व इन शिराओं के माध्यम से संचरित होते हैं।

1974 का नोबेल पुरस्कार क्लाउडे, डुवे और पैलेड को संयुक्त रूप से प्रदान किया गया।

साहित्य

जॉनसन, एइविंड

नागरिकता : स्वीडन

जन्म : 29 जुलाई, 1900; स्वार्टब्जोएर्सबिन, स्वीडन

निधन : 25 अगस्त, 1976; स्टॉकहोम, स्वीडन

एइविंड जॉनसन श्रमिक वर्ग के उपन्यासकार थे। उन्होंने स्वीडिश साहित्य को नई अंतर्वस्तु तथा नए नजरिए से परिचित किया तथा साहित्य में नई तकनीक व कायदे विकसित किए।

उनके आरंभिक उपन्यासों पर प्राउस्ट, जिद और ज्वाएस का प्रभाव रहा। उनकी प्रथम पुस्तक 'डि फायरा फ्रैंमलिग्वानी' (दि फोर स्ट्रैंजर्स) थी, जो 1924 में प्रकाशित हुई। उनके अन्य उपन्यास थे—'बॉबिनैक' (1932) तथा 'रेग्नि जिरिंजेन' (1933, रेन ऐट डे ब्रेक)। युद्ध के दिनों में और उसके बाद उनके उपन्यासों ने तटस्थतावाद का प्रतिवाद किया। 'स्ट्रांडर्सनार्स स्वाल' (1946, रिटर्न ऑफ इथाका, 1952) उनकी सर्वोत्तम कृति है। स्वतंत्रता की सेवा में स्थान और समय की सीमाओं को लाँघते हुए शानदार वर्णन शैली के लिए उन्हें साहित्य के नोबेल पुरस्कार से सम्मानित किया गया।

मार्टिंसन, हैरी

नागरिकता : स्वीडन

जन्म : 6 मई, 1904; जाएमो-शनहोएग, स्वीडन

निधन : 11 फरवरी, 1978; स्टॉकहोम, स्वीडन

हैरी मार्टिंसन एक उपन्यासकार और कवि थे। उन्होंने स्वाध्याय द्वारा आरंभिक ज्ञान अर्जित किया। श्रमिक वर्ग के लिए अपना लेखन-कार्य आरंभ किया। एक श्रमिक के रूप में इधर-उधर भटकते रहे और लिखते भी रहे। उन्हें 1949 में स्वीडिश एकेडमी के लिए चुना गया।

उन्होंने अपने पिता के देहांत के बाद अपना घर छोड़ दिया था और काम की तलाश में भटकते रहे। उनका असाधारण अनुभव उनके अनेक आत्मकथात्मक उपन्यासों में वर्णित है। 'नाउस्लर्ना ब्लोमा' (1935), 'फ्लावरिंग नेट्‌ले' (1936) और 'वैगेन उट' (1936, वे आउट) ऐसे ही उपन्यास हैं। उनकी सनसनीखेज यात्राओं के मर्मस्पर्शी विवरण 'रेसोर उटान माएल' (1932, ऐमलेस जर्नी) और 'कैप फार्वेल' (1933, के फेयरवेल, 1934) में मिलते हैं। उनकी अन्य दो महत्त्वपूर्ण कृतियाँ हैं : 'पास्ड' (1945, ट्रेड विंड) तथा 'वेगेन टिल क्लोक्राइक' (1948, दि रोड, 1955)। 'एनियारा' (ए रिव्यू ऑफ मैन इन टाइम एंड स्पेस, 1963)। यह पद्य में एक फंतासी है जिसे स्वीडिश ऑपेरा में मंचित किया गया।

1974 का नोबेल पुरस्कार जॉनसन व हैरी को संयुक्त रूप से प्रदान किया गया।

शान्ति

सैतो, एइसाकु

नागरिकता : जापान

जन्म : 27 मार्च, 1901; ताब्यूस, जापान

निधन : 3 जून, 1975; टोक्यो, जापान

एइसाकु सैतो 1964 और 1972 की अवधि में जापान के प्रधानमंत्री थे। उन्होंने युद्धोत्तर काल में जापान को पुनः एक महाशक्ति बनाने के लिए अपूर्व प्रयास किया। उन्होंने नाभिकीय अप्रसार संधि पर हस्ताक्षर किए और आयरिश शान्तिवादी सीएन मैक्ब्राइड के साथ संयुक्त रूप से पुरस्कार प्राप्त किया।

सैतो ने 1924 में तोक्यो की इंपीरियल यूनिवर्सिटी से स्नातक की डिग्री प्राप्त की और 1948 में वायस मिनिस्टर ऑफ ट्रांसपोर्टेशन के पद पर पहुँचे। उसी वर्ष नोबुसुके किशी के नेतृत्व की सरकार में वित्तमंत्री नियुक्त हुए। जब हाइरो इकेडा के नेतृत्व में नई सरकार अस्तित्व में आई तब वे मंत्रिमंडल में अंतरराष्ट्रीय व्यापार मंत्री हुए। 1972 में उन्होंने मंत्रिमंडल से त्याग-पत्र दे दिया।

अर्थशास्त्र

मैक्ब्राइड, सिएन
नागरिकता : आयरलैंड
जन्म : 26 जनवरी, 1904; पेरिस
निधन : 15 जनवरी, 1988; डबलिन, आयरलैंड

सिएन मैक्ब्राइड एक आयरिश राजनेता थे। उन्हें मानवाधिकारों के क्षेत्र में अपनी शान्तिवादी भूमिका के लिए पुरस्कृत किया गया था।

मैक्ब्राइड आयरिश अभिनेत्री और देशभक्त माउडगोने के पुत्र थे जिसने प्रसिद्ध कवि विलियम बटलर यीस्ट्स से विवाह करना अस्वीकार कर दिया था और उसकी जगह मेजर जॉन मैक्ब्राइड से विवाह कर लिया।

अपने माता-पिता की भाँति मात्र 24 वर्ष की अवस्था में सिएन आयरिश रिपब्लिकन आर्मी के चीफ ऑफ स्टाफ नियुक्त हुए। वे पत्रकार बने और फिर कानून के विशेषज्ञ बने। वारफेयर की फैकल्टी और पार्टीशन को उन्होंने स्वीकार किया। 1947 में 'क्लान ना पोब्लाच्टा' अर्थात रिपब्लिकन पार्टी के सदस्य बने जिसकी स्थापना उन्होंने ही 1936 में की थी। वे 1948-51 में विदेश मंत्री रहे। 1950 में वे काउंसिल ऑफ फॉरेन मिनिस्टर्स ऑफ काउंसिल ऑफ यूरोप के अध्यक्ष हुए। साथ ही ऑर्गनाजेशन ऑफ यूरोपियन इकोनॉमिक कोऑपरेशन के उपाध्यक्ष रहे। मैक्ब्राइड का ऐसी अनेक संस्थाओं को सक्रिय सहयोग मिलता रहा। वे इंटरनेशनल कमीशन ऑफ ज्यूरिस्ट्स के महासचिव रहे। 1973 में वे यूनाइटेड नेशंस कमिश्नर फॉर साउथ-वेस्ट अफ्रीका नियुक्त हुए।

1974 का नोबेल पुरस्कार सैतो और मैक्ब्राइड को संयुक्त रूप से प्रदान किया गया।

मिर्डाल, गुन्नार
नागरिकता : स्वीडन
जन्म : 6 दिसंबर, 1898; गुस्ताफ्स पारिश, स्वीडन
निधन : 17 मई, 1987; स्टॉकहोम, स्वीडन

गुन्नार मिर्डाल ने स्टॉकहोम विश्वविद्यालय के लॉ स्कूल से 1923 में कानून के स्नातक की डिग्री प्राप्त की। उसके बाद उन्होंने वकालत की प्रैक्टिस आरंभ की और साथ ही अपना अध्ययन भी जारी रखा। 1927 में उन्होंने अर्थशास्त्र में डॉक्टरेट की डिग्री प्राप्त की। वे स्टॉकहोम विश्वविद्यालय में राजनीतिक अर्थशास्त्र पढ़ाने लगे।

1938 में न्यू यार्क के कॉलेज कॉर्पोरेशन ने उन्हें अमरीका में नीग्रो (अश्वेत) समस्या अध्ययन का जिम्मा सौंपा। इस संदर्भ में जो सामग्री उन्होंने एकत्र की थी उसे 1944 में पुस्तक के रूप में प्रकाशित किया गया जिसका शीर्षक 'ऐन अमरीकन डिलेमा : दि नीग्रो प्रोब्लेम एंड मॉडर्न डेमोक्रेसी' है। अमरीका में स्वीडिश दूतावास के आर्थिक सलाहकार रहने के बाद 1945 से 1947 तक वे स्वीडन के वाणिज्य मंत्री रहे। 1947 में वे जिनेवा में यूरोप के संयुक्त राष्ट्र आर्थिक आयोग के महासचिव बने।

1957 में उन्होंने दक्षिण एशियायी देशों के आर्थिक रुझान और नीतियों का अध्ययन किया जिसके परिणामस्वरूप 1968 में उनकी पुस्तक 'एशियन ड्रामा : इन इन्क्वायरी इन टू द पोवर्टी ऑफ नेशन' प्रकाशित हुई। मिर्डाल को पैसा और आर्थिक उतार-चढ़ाव के सिद्धांत पर शुरुआती कार्य तथा आर्थिक, सामाजिक व सांस्थानिक परिघटना के एक-दूसरे पर परस्पर निर्भर होने का सूक्ष्म विश्लेषण करने के लिए ब्रिटिश अर्थशास्त्री फ्रीडरिक ऑगस्ट वॉन हायेक के साथ नोबेल पुरस्कार प्रदान किया गया।

वॉन हायेक, फ्रीडरिक ऑगस्ट

नागरिकता : ऑस्ट्रिया/ ब्रिटेन

जन्म : 8 मई, 1899; विएना, ऑस्ट्रिया

निधन : 23 मार्च, 1992; फ्रीबर्ग, जर्मनी

फ्रीडरिक आगस्ट वॉन हायेक 1927–31 के बीच ऑस्ट्रियन इंस्टीट्यूट ऑफ बिजनेस साइकिल रिसर्च के डायरेक्टर रहे। इस दौरान उन्होंने विएना विश्वविद्यालय में लेक्चर भी दिए। 1931 में उन्हें लंदन स्कूल ऑफ इकोनॉमिक्स में आर्थिक विज्ञान और सांख्यिकी का प्रोफेसर नियुक्त किया गया। वे नव उदारवाद के प्रबल समर्थक थे, अर्थशास्त्र में उन्होंने मौद्रिक सिद्धांत, पूँजी सिद्धांत, मूल्य सिद्धांत, व्यापार चक्र, दर्शन, राजनीति, कानून और सामाजिक न्याय आदि पर अपना योगदान दिया। उन्होंने कई किताबें भी लिखीं।

भौतिक विज्ञान

रसायन विज्ञान

शरीर विज्ञान/चिकित्सा विज्ञान

साहित्य

शान्ति

अर्थशास्त्र

1975

भौतिक विज्ञान

बोर, आगे नील्स

नागरिकता : डेनमार्क

जन्म : 19 जून, 1922; कोपेनहेगन, डेनमार्क

निधन : 8 सितंबर, 2009; कोपेनहेगन, डेनमार्क

आगे बोर नोबेल विजेता चिकित्सक नील्स बोर के पुत्र थे। उन्होंने 1942 से 1945 की अवधि में लंदन के साइंटिफिक एंड इंडस्ट्रियल रिसर्च विभाग में जूनियर साइंटिफिक अफसर के रूप में कार्य किया। उसके बाद 1946 में शोध सहायक के रूप में इंस्टीट्यूट ऑफ थियोरिटिकल फिजिक्स में प्रवेश किया।

उन्होंने अपने पिता की भाँति तरुणाई में ही अपना कार्य आरंभ किया था। जब नील्स बोर ने अमरीका जाकर प्रथम परमाणु बम के निर्माण में सहायता की थी तो वह अपने इक्कीस वर्ष के पुत्र ऐगे को साथ ले गए थे। वहाँ परमाणु के विखंडन पर कार्य करते हुए दोनों ने अपने कूट नाम रख दिए। पिता ने अपना नाम—'निकोलस बेकर' रखा और पुत्र ने अपना 'जिम बेकर'।

उन्होंने असंख्य डॉक्टरेट (ऑनरेरी) और पुरस्कार प्राप्त किए थे। मोटेल्सन एवं रेनवाटर के साथ नाभिकीय संरचना का सामूहिक मॉडल प्रस्तुत करने के लिए उन्हें संयुक्त रूप से नोबेल पुरस्कार प्रदान किया गया।

बोर आगे 1956 से कोपेनहेगन विश्वविद्यालय में भौतिक विज्ञान के प्रोफेसर थे।

मोटेल्सन, बेन रॉय

नागरिकता : संयुक्त राज्य अमरीका/डेनमार्क

जन्म : 9 जुलाई, 1926; शिकागो, अमरीका

बेन रॉय मोटेल्सन अमरीका में जन्मे डेनिश भौतिकशास्त्र थे। उन्होंने 1947 में परड्यू विश्वविद्यालय से स्नातक की डिग्री प्राप्त की तथा पीएच.डी. की डिग्री सैद्धांतिक भौतिकी में हार्वर्ड विश्वविद्यालय से प्राप्त की। भ्रमणशील फेलोशिप के

अंतर्गत उन्होंने अनेक स्थानों की यात्रा की तथा कोपेनहेगन के इंस्टीट्यूट ऑफ थ्योरिटिकल फिजिक्स में आगे बोर के साथ परमाणु की नाभिकीय समस्याओं पर शोधकार्य किया।

इस कार्य के लिए मोटेल्सन, बोर और रेनवाटर को संयुक्त रूप से पुरस्कृत किया गया। उन्होंने 1973 में डेनिश नागरिकता ग्रहण की और दो भागों में एक पुस्तक प्रकाशित की जिसका शीर्षक 'न्यूक्लियर स्ट्रक्चर' है।

रेनवाटर, लियो जेम्स
नागरिकता : संयुक्त राज्य अमरीका
जन्म : 9 दिसंबर, 1917; कौंसिल, अमरीका
निधन : 31 मार्च, 1986; योंकर्स, न्यू यॉर्क

जेम्स रेनवाटर एक अमरीकी भौतिकविज्ञानी थे। उन्होंने कैलीफोर्निया इंस्टीट्यूट ऑफ टेक्नोलॉजी से शिक्षा प्राप्त की। बी.एस., एम.ए. एवं पीएच.डी. की डिग्रियाँ कोलंबिया विश्व-विद्यालय से प्राप्त कीं। वे 1952 में कोलंबिया में भौतिक विज्ञान के प्रोफेसर नियुक्त हुए। युद्ध के दिनों में उन्होंने वैज्ञानिक शोध एवं विकास कार्यालय में तथा मैनहट्टन परियोजना (परमाणु बम) में काम किया। उनकी मुख्य अकादमिक उपलब्धि थी कि उन्होंने परमाणु के नाभिक की संरचना और व्यवहार की व्याख्या की। उस समय परमाणु की संरचना के संबंध में दो मॉडल प्रचलित थे। रेनवाटर ने बोर और मोटेल्सन के साथ यह प्रदर्शित किया कि कैसे इन दोनों सिद्धांतों को मिलाया जा सकता है।

रेनवाटर नेविस साइक्लोट्रॉन प्रयोगशाला के निदेशक रहे। 1965 से उन्होंने अपना अधिकांश समय सिंक्रोसाइक्लोट्रॉन के परिवर्तन के पर्यवेक्षण में बिताया।

1975 का नोबेल पुरस्कार बोर, मोटेल्सन और रेनवाटर को संयुक्त रूप से प्रदान किया गया।

रसायन विज्ञान

कॉर्नफोर्थ, सर जॉन वार्कप
नागरिकता : ऑस्ट्रेलिया एवं ब्रिटेन
जन्म : 7 सितंबर, 1917; सिडनी, ऑस्ट्रेलिया

सर जॉन वार्कप कॉर्नफोर्थ ऑस्ट्रेलिया के एक प्रसिद्ध रसायनविज्ञानी थे। उन्होंने सिडनी विश्वविद्यालय में शिक्षा प्राप्त की और ऑक्सफोर्ड से 1941 में डी.फिल. की उपाधि ग्रहण की। 1962 में वे कॉर्नफोर्थ केंट के शेल रिसर्च सेंटर में मिल्सटेड लेबोरेटी ऑफ केमिकल एंजाइमोलॉजी के निदेशक नियुक्त हुए। 1975 में उन्होंने ससेक्स विश्वविद्यालय की रॉयल सोसाइटी ऑफ रिसर्च प्रोफेसर का पद भार सँभाला। कॉनफोर्थ ने एल्कीन, ऑक्साजोल्स तथा एबेसिसिक अम्ल का भी संश्लेषण किया। विन्यास रसायन (स्टीरियो केमिस्ट्री) की एंजाइम-कैटेलाइज्ड अभिक्रिया पर किए गए कार्य के लिए उन्हें नोबेल पुरस्कार से सम्मानित किया गया।

प्रेलोग, व्लादिमिर
नागरिकता : यूगोस्लाविया / स्विट्ज़रलैंड
जन्म : 23 जुलाई, 1906; सराजेवो, यूगोस्लाविया
निधन : 7 जनवरी, 1998; ज्यूरिख, स्विट्ज़रलैंड

व्लादिमिर प्रेलोग एक रसायनविज्ञानी थे। उन्होंने प्रेग के जेक इंस्टीट्यूट ऑफ टेक्नोलॉजी में शिक्षा प्राप्त की। 1928 में उन्होंने केमिकल इंजीनियरिंग का डिप्लोमा प्राप्त किया।

वे 1929–35 तक प्रेग में जी.जे. द्रिजा की प्रयोगशाला के अध्यक्ष रहे। उन्होंने टेक्निकल यूनिवर्सिटी के रसायन विज्ञान विभाग में अध्यापन का कार्य किया। 1940–41 में एसोसिएट प्रोफेसर रहे, फिर 1950 में प्रोफेसर हुए। 1957–65 की अवधि में कार्बनिक रसायन विभाग के अध्यक्ष रहे।

1975 का नोबेल पुरस्कार विन्यास रसायन (स्टीरिओ केमिस्ट्री) के कार्बनिक अणुओं और अभिक्रियाओं पर किए गए शोधकार्यों के लिए दिया गया।

शरीर विज्ञान/चिकित्सा विज्ञान

बाल्टीमोर, डेविड
नागरिकता : संयुक्त राज्य अमरीका
जन्म : 7 मार्च, 1938; न्यू यॉर्क सिटी, अमरीका

डेविड बाल्टीमोर एक अमरीकी अणु जीवविज्ञानी थे। उन्होंने रसायन विज्ञान का अध्ययन स्वार्थमोर कॉलेज में किया था। स्नातकोत्तर डिग्री के लिए उन्होंने मेसाचुसेट्स इंस्टीट्यूट ऑफ टेक्नोलॉजी में अध्ययन किया। वहीं से उन्होंने पीएच.डी. की डिग्री 1964 में प्राप्त की। आगे चलकर तीन वर्षों तक साल्क इंस्टीट्यूट में कार्य करने के बाद वे एम.आई.टी. लौट आए (1968) तथा 1972 में जीव विज्ञान के प्रोफेसर नियुक्त किए गए।

1970 में बाल्टीमोर और हॉवर्ड टेमिन ने स्वतंत्र रूप से एक नए एंजाइम, 'रिवर्स ट्रांसक्रिप्टेस' की खोज की घोषणा की जो आर.एन.ए. से डी.एन.ए. में बदलने में पूरी तरह समर्थ है। स्पष्टतया कुछ विषाणु, जैसे—आर.एन.ए. ट्यूमर विषाणु जिसका प्रयोग बाल्टीमोर ने किया, एक आर.एन.ए. के साँचे से डी.एन.ए. को निर्मित कर सकते हैं। इस खोज के लिए उन्हें रेनाटो और टेमिन के साथ संयुक्त रूप से नोबेल पुरस्कार से सम्मानित किया गया।

डल्बेक्को, रेनाटो
नागरिकता : इटली/संयुक्त राज्य अमरीका
जन्म : 22 फरवरी, 1914; केटेंजारो, इटली
निधन : 19 फरवरी, 2012; ला जोला, अमरीका

रेनाटो डल्बेक्को ने टोरिनो विश्वविद्यालय में चिकित्सा विज्ञान का अध्ययन किया। एम.डी. की डिग्री प्राप्त करने के बाद वे सेना में 1942 तक चिकित्सा अधिकारी रहे।

1946 में प्रोफेसर लूरिया ने उन्हें अपनी टीम में सम्मिलित होने के लिए आमंत्रित किया। उन्हें ब्लूमिंगटन, इंडियाना में शोधकार्य करना था। नोबेल विजेता प्रोफेसर लूरिया के अनुरोध पर वे अमरीका चले गए। कुछ समय तक उन्होंने इंडियाना में अध्यापन किया, फिर कैलीफोर्निया के इंस्टीट्यूट ऑफ टेक्नोलॉजी में जीव विज्ञान के प्रोफेसर नियुक्त हुए। ट्यूमर विषाणु और कोशिका के आनुवंशिक तत्त्वों के बीच के संबंधों के बारे में खोज के लिए उन्हें नोबेल पुरस्कार से सम्मानित किया गया।

टेमिन, हॉवर्ड मार्टिन
नागरिकता : संयुक्त राज्य अमरीका
जन्म : 10 दिसंबर, 1934; फिलाडेल्फिया
निधन : 9 फरवरी, 1994; मेडिसन, अमरीका

हॉवर्ड मार्टिन टेमिन ने जीव विज्ञान का अध्ययन स्वार्थमोर कॉलेज में किया एवं कैलीफोर्निया इंस्टीट्यूट ऑफ टेक्नोलॉजी में जंतु जीवाणु विज्ञान के अध्ययन पर अपना ध्यान केंद्रित

किया। पीएच.डी. की डिग्री उन्हीं आधारों पर प्राप्त की। उन्होंने 1960 से 1969 तक ओंकोलॉजी (ट्यूमर विज्ञान) के प्रोफेसर के रूप में कार्य किया।

1970 में टेमिन ने एक नए एंजाइम का पता लगाया जिसे रिवर्स ट्रांसक्रिप्टेसे या आर.एन.ए.-डारेक्डेड डी.एन.ए.-पॉलिसर्स के नाम से जाना जाता है। टेमिन ने 1962 में ब्रुकलिन की रॉयला ग्रीनबर्ग से विवाह किया। उनकी दो पुत्रियाँ हैं।

1975 का नोबेल पुरस्कार बाल्टीमोर, डल्बेक्को और टेमिन को संयुक्त रूप से प्रदान किया गया।

साहित्य

मोंटेल, यूजेनियो

नागरिकता : इटली

जन्म : 12 अक्टूबर, 1896; जेनोआ, इटली

निधन : 12 सितंबर, 1981; मिलान, इटली

यूजेनियो मोंटेल एक अच्छे कवि, संपादक और अनुवादक थे। अंग्रेजी के प्रसिद्ध कवि स्टीफेन स्पेंडर ने उनकी प्रशंसा करते हुए कहा था कि मोंटेल इटली के महानतम समकालीन कवि हैं।

सर्वप्रथम वह उंग्रेटी और क्वासिमोडो की भाँति प्रतीकात्मक शैली में लिखा करते थे। मगर आगे चलकर उन्होंने उस शैली में लिखना छोड़ दिया तथा सहज और सामान्य शैली में लिखने लगे।

उन्होंने अनेक साहित्यिक पुरस्कार प्राप्त किए। उनकी रचनाओं के अनुवाद अनेक भाषाओं में हुए। प्रथम विश्वयुद्ध के दौरान वे सेना में रहे और उसके बाद के वर्षों में उन्होंने फासीवाद का विरोध किया। एक साहित्यिक पत्रिका 'प्रिमो टेंपो' की स्थापना में उनकी प्रमुख भूमिका रही।

मोंटेल प्रसिद्ध फेबिनेट्टो विएसक्स लाइब्रेरी (फ्लोरेंस) के निदेशक रहे तथा 'ला फ्लोरा लेटरेटिया' की कविताओं के समीक्षक/आलोचक भी रहे। वे 1948 में मिलेनिज दैनिक अखबार 'कोरिएर डेल्ला सेरा' के साहित्यिक और संगीत पृष्ठ के संपादक रहे।

उनकी कविताओं का प्रथम संग्रह 'ओस्सिया डि सेपिया' (1925, कटलफिश बोंस) था, 'ला केसा डेइ डोगेनिएरी इ आल्ट्रे पोएसी' (1932, दि हाउस ऑफ कस्टम्स एंड अदर पोएम्स), 'ला बुफेरा आल्ट्रो' (1956, दि ब्लिजार्ड एंड अदर पोएम्स) आदि उनकी अन्य रचनाएँ है। अपनी रचनाओं के लिए उन्होंने अनेक पुरस्कार प्राप्त किए। उन्होंने शेक्सपियर, टी.एस. इलियट आदि अनेक अंग्रेज कवियों की रचनाओं का इतालवी में अनुवाद किया। उन्हें 1976 में साहित्य के नोबेल पुरस्कार से सम्मानित किया गया।

शान्ति

सखारोव, आंद्रेइ दमित्रिएविच

नागरिकता : यू.एस.एस.आर. (सोवियत संघ)

जन्म : 21 मई, 1921; मास्को, रूस

निधन : 14 दिसंबर, 1989; मॉस्को, रूस

आंद्रेइ सखारोव ने 1942 में मास्को स्टेट यूनिवर्सिटी से स्नातक की डिग्री प्राप्त की। उन्हें मास्को के एकेडमी ऑफ साइंसेज के पी.एन. लेबदेव इंस्टीट्यूट में भौतिकविज्ञानी नियुक्त किया गया।

उन्होंने नियंत्रित परमाणु विखंडन पर महत्त्वपूर्ण उपलब्धि हासिल की जिसने सोवियत संघ में हाइड्रोजन बम बनाने की दिशा स्पष्ट की। उन्होंने 1970 में मानवाधिकार आयोग की स्थापना की। 1980 में उन्हें निर्वासित कर दिया गया। उन्हें लेनिन सम्मान, एलिनर रूजवेल्ट पुरस्कार, स्तालिन पुरस्कार मिले। वे दूसरे ऐसे वैज्ञानिक थे जिन्हें दो-दो बार शान्ति पुरस्कार मिला था।

अर्थशास्त्र

केंतोरोविच, वितालिये-विच लियोनिद

नागरिकता : यू.एस.एस.आर. (सोवियत संघ)

जन्म : 19 जनवरी, 1912; लेनिनग्राद, रूस

निधन : 7 अप्रैल, 1986; मॉस्को, रूस

लियोनिद केंतोरोविच को गणित की शिक्षा लेनिनग्राद विश्व-विद्यालय में मिली। उन्होंने 1930 से 1932 तक लेनिनग्राद इंस्टीट्यूट ऑफ इंडस्ट्रियल कंस्ट्रक्शन में प्रशिक्षक के रूप में कार्य किया। 1934 से 1960 तक वे लेनिनग्राद विश्वविद्यालय में अर्थशास्त्र के प्रोफेसर रहे।

वे इंस्टीट्यूट ऑफ नेशनल इकोनॉमिक कंट्रोल, मास्को की शोध प्रयोगशाला के निदेशक रहे। 1960 से 1971 तक वे यू.एस.एस.आर. एकेडमी ऑफ साइंस के सदस्य रहे।

1939 में उन्होंने एक शोध-प्रबन्ध लिखा जिसका शीर्षक था—'उत्पादन को संगठित और योजनाबद्ध करने की गणितीय पद्धति'। इसमें लियोनिद ने क्रियात्मक विश्लेषण मॉडल और गणना संबंधी तकनीक को सूत्रीबद्ध किया था। उन्हें लेनिनि सम्मान तथा अनेक राष्ट्रीय-अंतरराष्ट्रीय पुरस्कार प्राप्त हुए। 1959 में उनकी पुस्तक 'द बेस्ट यूज ऑफ इकोनॉमिक रिर्सोसेज' प्रकाशित हुई जिसने उन्हें नोबेल पुरस्कार का हकदार बनाया।

कूपमांस, जालिंग सी.

नागरिकता : नीदरलैंड्स / संयुक्त राज्य अमरीका

जन्म : 28 अगस्त, 1910; ग्रेवलैंड, नीदरलैंड्स

निधन : 26 फरवरी, 1985; न्यू हैवन, अमरीका

जालिंग सी. कूपमांस ने उत्रेख्त विश्वविद्यालय से भौतिक विज्ञान और गणित में एम.ए. की डिग्री प्राप्त की तथा 1936 में लीडन विश्वविद्यालय से पीएच.डी. की डिग्री प्राप्त की। वे 1938 तक नीदरलैंड्स के स्कूल ऑफ इकोनॉमिक्स में लेक्चरर रहे। लगभग उसी समय जिनेवा के लीग ऑफ नेशंस के सचिवालय में वित्तीय सचिव नियुक्त हुए। उस पद पर उन्होंने 1940 तक कार्य किया।

उन्होंने शिकागो विश्वविद्यालय के काउलेस कमीशन में कार्य किया तथा 1961 से 1967 तक येल विश्वविद्यालय से भी संबद्ध रहे और उसके निदेशक बने।

उन्हें ऑनरेरी डॉक्टरेट और फेलोशिप अनेक अकादमियों और संस्थानों से प्राप्त हुए। उनकी प्रमुख पुस्तकें 'एक्टिविटी ऐनाइसिस ऑफ प्रोडक्शन एंड एलोकेशन' (1951), 'स्टडीज इन इकोनोमेटिक मेथड्स' (1953) और 'थ्री एसेज ऑन दि स्टेट ऑफ इकोनॉमिक साइंस' (1957) हैं।

अर्थशास्त्र पर 1975 का नोबेल पुरस्कार संयुक्त रूप से केंतोरोविच और कूपमांस को प्रदान किया गया।

भौतिक विज्ञान

रसायन विज्ञान

शरीर विज्ञान/चिकित्सा विज्ञान

साहित्य

शान्ति

अर्थशास्त्र

1976

भौतिक विज्ञान

रिक्टर, बर्टन

नागरिकता : संयुक्त राज्य अमरीका

जन्म : 22 मार्च, 1931; ब्रूकलिन, न्यू यॉर्क सिटी

बर्टन रिक्टर एक अमरीकन भौतिकविज्ञानी थे। उन्होंने फार रॉकवे हाई स्कूल में प्रवेश किया। भौतिक विज्ञान प्रोफेसर फ्रीडमैन की प्रेरणा से उन्होंने भौतिक विज्ञान को अध्ययन का मुख्य विषय बनाया। 1952 में उन्होंने बी.एस. की डिग्री प्राप्त की। उन्होंने डुपोंट फेलोशिप 1952–53 में हासिल की। नेशनल साइंस फाउंडेशन की फेलोशिप भी उन्हें मिली (1953–55)। 1956 में उन्होंने पाई–मेसोन के फोटो निर्माण के कार्य में अपनी पीएच.डी. पूरी की।

वे 1956 में स्टैंडफोर्ड विश्वविद्यालय में शोध सहायक रहे और प्रोन्नत होकर 1967 में प्रोफेसर बने। उन्हें एक नए प्रकार के भारी प्राथमिक कणों की खोज में उनके अग्रणी कार्य के लिए नोबेल पुरस्कार से सम्मानित किया।

तिंग, सैमुएल चाओ चुंग

नागरिकता : संयुक्त राज्य अमरीका

जन्म : 27 जनवरी, 1936; ऐन आर्बोर मिशिगन, अमरीका

सैमुएल सी.सी. तिंग के पिता यद्यपि मिशिगन विश्वविद्यालय में अध्ययन कर रहे थे तब उनका बचपन मुख्यत: चीन में तथा आगे चलकर ताइवान में बीता जहाँ ताइवान विश्व-विद्यालय में वे प्रोफेसर थे। तिंग 1956 में संयुक्त राज्य अमरीका लौट आए। उन्होंने मिशिगन विश्वविद्यालय में एक छात्र के रूप में अध्ययन किया। उन्होंने इंजीनियरिंग में

बी.एस. की डिग्री प्राप्त की। उन्होंने 1960 में भौतिक में एम.एस. और 1962 में पीएच.डी. की डिग्री प्राप्त की।

उन्होंने कुछ समय तक जनेवा के पास सेंटर डि रिसर्च न्यूक्लियर (सी.ई.आर.एन.) में कार्य किया। आगे चलकर कोलंबिया विश्वविद्यालय में भौतिक विज्ञान के सहायक प्रोफेसर नियुक्त हुए। 1967 में उन्होंने एम.आई.टी. में प्रवेश किया। 1974 में अपने सहकर्मियों के साथ उन्होंने प्रोटॉन पर विशेष शोध किया। इसी प्रकार के शोध और प्रयोग रिक्टर ने भी किए।

भौतिक विज्ञान पर 1976 का नोबेल पुरस्कार संयुक्त रूप से रिक्टर और तिंग को प्रदान किया गया।

रसायन विज्ञान

लिप्सकॉम्ब, विलियम नन

नागरिकता : संयुक्त राज्य अमरीका

जन्म : 9 दिसंबर, 1919; क्लीवलैंड, ओहियो, अमरीका

निधन : 14 अप्रैल, 2011; कैंब्रिज, अमरीका

विलियम नन लिप्सकॉम्ब जूनियर एक अमरीकन अकार्बनिक रसायनविज्ञानी थे। उन्होंने केंटकी विश्वविद्यालय में शिक्षा प्राप्त की, 1942 में स्नातक हुए और कैलीफोर्निया इंस्टीट्यूट ऑफ टेक्नोलॉजी से पीएच.डी. की डिग्री 1946 में प्राप्त की। उन्होंने 1946 से 1959 तक मिनीसोटा विश्वविद्यालय में कार्य किया और रसायन विज्ञान के प्रोफेसर नियुक्त किए गए। 1959 में हार्वर्ड में रसायन विभाग के अध्यक्ष के पद पर विराजमान हुए।

लिप्सकॉम्ब का मुख्य काम बोरैनेस पर ही है। बोरोन्स के हायइट्राइड्स सल्फेड स्टोक द्वारा पहले ही खोज लिए गए थे। बोरैनेस के सूत्र कुछ जटिल थे, जैसे–B_2H_6 B_4H_{101} $B_{10}14_{14}$ और $B_{18}H_{22}$। वैज्ञानिकों ने पाया कि ये हाइड्रो कार्बन से तुलना में समान है $CH_4C_2H_6C_4H_{10}$ जबकि बोरोन की बाहरी सतह पर केवल तीन इलेक्ट्रॉन होते हैं जिससे यह जानना कठिन है कि संयोजक बंध कैसे बनता है जो बोरोड हाइड्राइड बनाता है। उन्होंने बोरोन के अध्ययन में नई तकनीक का प्रयोग किया जिसने रसायन से विस्तृत प्रयोग बताए तथा सामान्य सिद्धांतों को भी सूत्रबद्ध किया। हाल में भी प्रोटींस, एंजाइम्स एवं अन्य तत्त्वों की संरचना का पता लगाया जो पहले किसी को नहीं पता था। 1954 का नोबेल पुरस्कार उन्हें इसी खोज के लिए दिया गया।

शरीर विज्ञान/चिकित्सा विज्ञान

ब्लूम्बर्ग, बारुच एस.

नागरिकता : संयुक्त राज्य अमरीका

जन्म : 28 जुलाई, 1925; न्यू यॉर्क सिटी

निधन : 5 अप्रैल, 2011; मोफेटफील्ड, अमरीका

बारुच एस. ब्लूम्बर्ग एक चिकित्सक थे जिन्हें डी. कार्लेटन गज्दुसेक के साथ संयुक्त रूप से पुरस्कृत किया गया था।

फार रॉकवे हाई स्कूल से स्नातक होने के बाद वे यू.एस. नेवी की सेवा में रहे। उन्होंने भौतिक विज्ञान का अध्ययन न्यू यॉर्क में किया। 1946 में बी.एससी. करने के बाद कोलंबिया विश्वविद्यालय के कॉलेज ऑफ फिजिशियन्स एंड सर्जंस से 1951 में एम.डी. की डिग्री प्राप्त की। उन्होंने ऑक्सफोर्ड विश्वविद्यालय से जैव रसायन विज्ञान में पीएच.डी. की डिग्री प्राप्त की।

चिकित्सा विज्ञान के क्षेत्र में उनका योगदान हेपेटाइटिस बी की जानकारी प्राप्त करना तथा इससे बचाव का उपाय बताना है। 'कुरन' को खोजनेवाले वे प्रथम व्यक्ति थे कुरु न्यूगिनी के नरभक्षी गोत्र की महिलाओं में पाई जानेवाली जीवाणुजनक बीमारी है। जिसने भी इन महिलाओं के संबंधियों के मस्तिष्क को खाया उनकी मौत कुरन से हुई। पर इस जीवाणु से प्रभावित गोत्र केवल महिलाएँ ही हुईं, पुरुष नहीं।

गज्दुसेक, डी. कार्लेटन

नागरिकता : संयुक्त राज्य अमरीका

जन्म : 9 सितंबर, 1923; योंकर्स, न्यू यॉर्क

निधन : 12 दिसंबर, 2008; ट्राम्से, नॉर्वे

डी. कार्लेटन गज्दुसेक 1943 में मिनिसोटा के रोचेस्टर विश्वविद्यालय से विज्ञान में स्नातक बने तथा हार्वर्ड विश्वविद्यालय मेडिकल स्कूल से 1946 में एम.डी. की डिग्री प्राप्त की।

आगे चलकर वे बोर्ड द्वारा सर्टिफाइड पेड्रियाटिक बने। 1948 में वह वायरोजिकल शोध में संलग्न रहे। उनका सबसे महत्त्वपूर्ण कार्य 'कुरन' नामक बीमारी के संबंध में था। यह रोग 1950 और 1960 के दशक में न्यू गिनी के दक्षिण-पूर्वी लोगों के बीच बड़े पैमाने पर फैला जिसे गज्दुसेक ने नरभक्षण के साथ जोड़ा। नरभक्षण के उन्मूलन के साथ ही, एक पीढ़ी के भीतर ही 'कुरन' दक्षिण-पूर्व से गायब हो गया।

साहित्य

बेलो, सॉल

नागरिकता : संयुक्त राज्य अमरीका

जन्म : 10 जून, 1915; मांट्रियल, कनाडा

निधन : 5 अप्रैल, 2005; ब्रूकलिन, अमरीका

सॉल बेलो एक उपन्यासकार और एक परंपरावादी प्रोफेसर थे। उनका पालन-पोषण एक यहूदी परिवार में हुआ था। यिद्दिश भाषा वे धाराप्रवाह बोलते जिसका प्रभाव उनके लेखन में भी दिखता है।

उनके माता-पिता 1913 में रूस से आकर कनाडा में बस गए थे। उस समय वह बालक थे और अपना बचपन उन्होंने मांट्रियल की झोंपड़ियों में व्यतीत किया था। जब वह नौ वर्ष के थे तब उनका परिवार शिकागो चला आया। उन्होंने शिकागो विश्वविद्यालय और नॉर्थवेस्टर्न विश्वविद्यालय में शिक्षा प्राप्त की और 1938 में स्नातक हुए। वे लेखन के साथ-साथ अध्यापन का कार्य भी करते रहे।

उन्होंने अपनी जिन रचनाओं के लिए विशेष प्रसिद्धि प्राप्त की, वे इस प्रकार हैं : 'डैंगलिंग मैन' (1944, प्रथम उपन्यास), 'दि विक्टिम' (1947), 'दि एडवेंचर ऑफ ऑगी मार्च' (1953), 'हैंडर्सन दि रेइन किंग' (1959), 'मि. सैमुलर्स प्लेनेट' (1970) और 'हम्बोल्ट्स गिफ्ट' (1975)। इनमें यहूदी संस्कृति का गहरा प्रभाव है। उनकी कहानियों के संग्रह और नाटक भी प्रकाशित हैं (1968)।

उन्होंने अनेक राष्ट्रीय और अंतरराष्ट्रीय पुरस्कार और पदक प्राप्त किए। प्रिक्स इंटरनेशनल डि लिटरेचर (1965) और मालपार्ले लिटररी एवार्ड (1984) प्राप्त किए। वे अमरीकन एकेडमी ऑफ आर्ट्स एंड साइंसेज के फेलो थे।

अपनी रचनाओं में मानव और समकालीन संस्कृति के सूक्ष्म विश्लेषण की समझ के लिए उन्हें 1976 का नोबेल साहित्य पुरस्कार प्रदान किया गया।

शान्ति

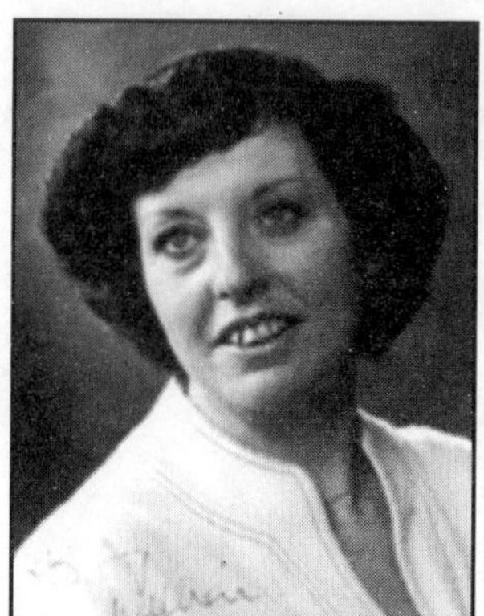

विलियम्स, बेट्टी

नागरिकता : उत्तरी आयरलैंड

जन्म : 22 मई, 1943; बेलफास्ट, उत्तरी आयरलैंड

कभी-कभी कोई व्यक्ति एक ही पल में नोबेल पुरस्कार प्राप्तकर्ता बन जाता है। बेट्टी विलियम्स के साथ भी ऐसा ही हुआ। आयरलैंड के बेलफास्ट में पैदा हुई बेट्टी विलियम्स ने अपने सहज ज्ञान से और हिंसा के मूर्खतापूर्ण कार्य के प्रति

एक तत्काल प्रतिक्रिया से उत्तरी आयरलैंड में शान्ति आंदोलन को जन्म दे दिया। उनके महत्त्वपूर्ण प्रयासों और मैरियड कोरिगन के सहयोग से उत्तरी आयरलैंड में शान्ति संभव हो सकी जिसके लिए उन्हें संयुक्त रूप से वर्ष 1976 के नोबेल शान्ति पुरस्कार से सम्मानित किया गया।

उनका नाम सर्वप्रथम तब जनता के सामने आया, जब एक सड़क दुर्घटना में तीन बच्चों की मौत हो गई, जब एक अनियंत्रित कार ने उन्हें टक्कर मार दी, जिसे आइरिश रिपब्लिकन आर्मी का एक भगोड़ा डैनीलेनन चला रहा था। डैनी को ब्रिटिश अधिकारियों ने बड़ी बेरहमी से गोलियों से छलनी कर दिया था। तीनों बच्चों की माँ एने मैगुआयर ने अंततः 1980 में आत्महत्या कर ली।

उनकी मौत से आहत बेट्टी विलियम्स ने एने की बहन, मैरियड कोरिगन के साथ मिलकर दो दिनों के अन्दर ही 6000 लोगों के हस्ताक्षर प्राप्त किए और आयरलैंड में शान्ति स्थापना के लिए एक आंदोलन चलाया, जिसका नाम था—'वूमैन फॉर पीस'। बाद में इसका नाम बदलकर 'द कम्युनिटी फॉर पीस पीपुल' रखा गया। इसकी सह-संचालक थीं किरेन मैलियोन।

नोबेल पुरस्कार प्राप्त करने के समय वे एक रिसेप्शनिस्ट के तौर पर काम कर रही थीं। इसके बाद के तीस वर्षों में श्रीमती विलियम्स का जीवन एक नया मार्ग खोजने के प्रति समर्पित रहा। उन्होंने अन्याय, क्रूरता और पूरे विश्व के बच्चों पर युद्ध के भय के विरुद्ध आंदोलन चलाकर विश्व में शान्ति स्थापना का प्रयास किया। इसके लिए उन्होंने विश्व के अनगिनत देशों की यात्राएँ कीं, वहाँ जाकर व्याख्यान दिए। वह जहाँ भी जातीं, अपना नोबेल पुरस्कार हमेशा अपने साथ ले जाती थीं ताकि उससे दूसरे लोगों को भी शान्ति स्थापना के लिए प्रेरणा मिल सके।

कोरिगन, मैरियड

नागरिकता : उत्तरी आयरलैंड

जन्म : 27 जनवरी, 1944; बेलफास्ट, उत्तरी आयरलैंड

मैरियड कोरिगन, जिन्हें वर्तमान में मैरियड मैगुआयर अथवा मैरियड कोरिगन मैगुआयर के नाम से भी जाना जाता है, एक सामाजिक कार्यकर्ता हैं जो शान्ति के लिए प्रयासरत हैं। उन्होंने बेट्टी विलियम्स तथा किरेन मैलियोन के साथ मिलकर रोमन कैथोलिक तथा प्रोटेस्टेंट नागरिकों के लिए एक जमीनी स्तर के आंदोलन 'पीस पीपुल' की स्थापना की, जो उत्तरी आयरलैंड में साम्प्रदायिक संघर्ष को समाप्त करने के लिए प्रतिबद्ध है। शान्ति स्थापना के कार्यों के लिए, उन्हें बेट्टी विलियम्स के साथ संयुक्त रूप से 1976 के नोबेल शान्ति पुरस्कार से सम्मानित किया गया।

बेलफास्ट के रोमन कैथोलिक समुदाय में जन्मी मैरियड ने 14 वर्ष की आयु तक एक निजी कैथोलिक विद्यालय, सेंट बिंसेंट्स प्राइमरी स्कूल में शिक्षा प्राप्त की। उस समय उनके परिवार के पास उन्हें आगे पढ़ाने के लिए पर्याप्त पैसे नहीं थे इसलिए उन्हें इस उम्र में ही नौकरी करनी पड़ी।

1976 में घटी एक घटना ने उन्हें हिलाकर रख दिया था। इस घटना में आइरिश रिपब्लिकन आर्मी के एक आतंकवादी डैनीलेनन की अनियंत्रित कार से टकरा कर मैरियड की बहन एने मैगुआयर के तीनों बच्चों की मौत हो गई थी और उस आतंकवादी को ब्रिटिश सैनिकों ने बेरहमी से गोलियों से छलनी कर दिया था। वे उत्तरी आयरलैंड में बढ़ती हिंसा के खिलाफ कार्रवाई करने के लिए कृतसंकल्प हो गईं।

बेट्टी विलियम्स इस दुर्घटना और पुलिस कार्रवाई की गवाह थीं। कुछ दिनों में ही प्रत्येक महिला ने सार्वजनिक रूप से हिंसा की निंदा की और बड़े पैमाने पर अपना विरोध जताया। कैथोलिक तथा प्रोटेस्टेंट महिलाओं ने हजारों की संख्या में जुलूस निकाला। इसके तुरंत बाद ही 'पीस पीपुल' की स्थापना इस विश्वास के आधार पर की गई कि भविष्य में होनेवाली हिंसा को रोकना संभव है।

हाल ही के वर्षों में उन्होंने गाजा के प्रति नीतियों के लिए इजराइली सरकार की आलोचना की है। उन्होंने अहिंसक तरीकों से शक्ति तथा न्याय की स्थापना को बढ़ावा देने के लिए पच्चीस से अधिक देशों की यात्राएँ कीं, जिनमें अमरीका, न्यूजीलैंड, ऑस्ट्रेलिया, जापान, इजराइल, आस्ट्रियन, क्रोएशिया तथा स्लोवेनिया शामिल हैं। उन्होंने 1993 में नोबेल पुरस्कार विजेता आंग सान सू ची की नजरबंदी के विरोध में म्याँमार में छह नोबेल पुरस्कार प्राप्त व्यक्तियों के साथ प्रवेश करने का प्रयास किया।

अपने शान्ति अभियान से उन्होंने पोप जॉन पॉल द्वितीय, महारानी एलिजाबेथ द्वितीय तथा तत्कालीन राष्ट्रपति जिमी कॉर्टर के साथ मुलाकात की।

अपने तीन बच्चों की मौत के सदमे से मैरियड की बहन एने मैगुआयर द्वारा आत्महत्या कर लेने के एक वर्ष बाद, 1981 में मैरियड ने अपनी बहन के विधुर पति जैकी मैगुआयर से शादी कर ली।

अर्थशास्त्र

फ्रीडमैन, मिल्टन

नागरिकता : संयुक्त राज्य अमरीका

जन्म : 31 जुलाई, 1912; ब्रुकलिन, न्यू यॉर्क

निधन : 16 नवंबर, 2006; सान, फ्रांसिस्को

मिल्टन फ्रीडमैन एक अर्थशास्त्री थे। उन्होंने रूट्जर्स यूनि-वर्सिटी से अध्ययन किया और गणित में पुरस्कार प्राप्त किया। उन्होंने बी.ए. की डिग्री वहाँ से प्राप्त की तथा शिकागो विश्वविद्यालय से एम.ए. की डिग्री प्राप्त की। वे शिकागो विश्वविद्यालय में 1935 तक शोध सहायक रहे। 1935–37 की अवधि में वे नेचुरल रिसोर्सेज कमेटी (वाशिंगटन) से संबंधित रहे। नेशनल ब्यूरो ऑफ इकोनॉमिक्स के अध्यक्ष रहे। वे अर्थशास्त्र के विजिटिंग प्रोफेसर रहे। प्रमुख अर्थशास्त्री के रूप में कर शोध संस्थान, यू.एस. ट्रेजरी डिपार्टमेंट आदि की गतिविधियों में संलग्न रहे।

1943 में वे कोलंबिया विश्वविद्यालय चले गए और वहाँ अर्थशास्त्र के सहायक प्रोफेसर और अंततः प्रोफेसर बने। वे पत्रिकाओं में लिखते रहते थे। वे अनेक वित्तीय संस्थानों से जुड़े हुए थे। उनकी उपयोगी पुस्तकें प्रकाशित हैं जिनमें सूक्ष्म अर्थशास्त्र, बृहत्तर अर्थशास्त्र, आर्थिक इतिहास और सार्व-जनिक नीति के विषयों की एक विस्तृत शृंखला प्रस्तुत की गई है। उन्हें उपभोग के विश्लेषण, मौद्रिक इतिहास और सिद्धांत तथा स्थिरता की नीति जटिलता में उनकी उपलब्धियों के लिए उन्हें नोबेल पुरस्कार से सम्मानित किया गया।

भौतिक विज्ञान

रसायन विज्ञान

शरीर विज्ञान/चिकित्सा विज्ञान

साहित्य

शान्ति

अर्थशास्त्र

1977

भौतिक विज्ञान

एंडर्सन, फिलिप वारेन

नागरिकता : संयुक्त राज्य अमरीका

जन्म : 13 दिसंबर, 1923; इंडियाना पोलिस, इंडियाना

फिलिप वारेन एंडर्सन एक भौतिकविज्ञानी थे और बेल टेलीफोन प्रयोगशाला और प्रिंस्टन विश्वविद्यालय से एसोसिएट के रूप में उनका सीधा संबंध था। आगे चलकर कैंब्रिज की कैवेंडिश प्रयोगशाला के विजिटिंग प्रोफेसर हुए। वहाँ उनके सहयोगी सर नेविल एफ. मॉट्ट भी थे। उन्होंने बर्डीन कूपर शराईफर के सिद्धांत को आगे बढ़ाया जो अतिचालक के गुणों में अशुद्धि के प्रभाव की गणना करता है।

उनके शोधों से आधुनिक टेप रिकॉर्डर, फोटो कॉपी मशीन, तेज चलनेवाले कंप्यूटर, लेजर, और सौर ऊर्जा परिवर्तक को सुधारने में बड़ी सहायता मिली। चुंबकीय तथा अव्यवस्थित प्रणालियों की इलेक्ट्रॉनिक संरचना की उनकी मूलभूत सैद्धांतिक जाँच के लिए उन्हें नोबेल पुरस्कार से सम्मानित किया गया।

मॉट्ट, सर नेविल फ्रांसिस

नागरिकता : ब्रिटेन

जन्म : 30 सितंबर, 1905; लीड्स, ब्रिटेन

निधन : 8 अगस्त, 1996; मिल्टन, कीनेस, ब्रिटेन

सर नेविल एफ. मॉट्ट एक ऐसे भौतिकविज्ञानी थे जिन्होंने वेव मेकैनिक्स की पूरी संरचना को खँगाल कर रख दिया। उन्होंने नील्स बोर (नोबेल विजेता) और लॉर्ड रदरफोर्ड के साथ कार्य किया। 1933 में उन्होंने अपने अध्ययन का विषय बदल डाला और नाभिकीय भौतिकी के स्थान पर धातु, अर्द्ध-चालक, फोटोग्राफिक इमल्सन्स और इलेक्ट्रिकल कंडक्शन आदि पर शोध करने लगे। वे ब्रिस्टल विश्वविद्यालय में सैद्धांतिक भौतिकी के प्रोफेसर नियुक्त हुए। 1954 से 1971 तक कैंब्रिज के कैवेंडिश लेबोरेटरीज में रिसर्च करते रहे। उन्हें वर्ष 1977 का भौतिक विज्ञान का नोबेल पुरस्कार चुंबकीय और अव्यवस्थित प्रणालियों की विद्युतीय संरचना के भौतिक सैद्धांतिक जाँच के लिए संयुक्त रूप से फिलिप एंडर्सन तथा जॉन वान व्लेक के साथ प्रदान किया गया।

वान व्लेक, जॉन एच.
नागरिकता : संयुक्त राज्य अमरीका
जन्म : 13 मार्च, 1899; मिडिल टाउन, कनेक्टिकट
निधन : 27 अक्टूबर, 1980; कैंब्रिज

जॉन एच. वान व्लेक एक गणितज्ञ और प्राकृतिक दर्शन के प्रोफेसर (हार्वर्ड विश्वविद्यालय) नियुक्त किए गए। विज्ञान के जगत् में वे बहुत प्रसिद्ध हुए तथा उन्हें 'फादर ऑफ मॉडर्न मैग्नेटिज्म' कहा गया। उन्होंने अणुओं, अणुओं के चुंबकीय गुणों और अन्य अनेक तत्त्वों पर शोध किए।

उनके सिद्धांतों ने रसायन विज्ञान के अध्ययन की भी राह आसान कर दी। उनकी पुस्तक 'दि थियरी ऑफ इलेक्ट्रिक एंड मैग्नेटिक सस्पेक्टिबिलीटीज' अपने विषय की महत्त्वपूर्ण पुस्तक है जो 1932 में प्रकाशित हुई।

1977 का नोबेल पुरस्कार एंडर्सन, मॉट्ट और वान व्लेक को संयुक्त रूप से प्रदान किया गया।

रसायन विज्ञान

प्रिगोजीन, इल्या
नागरिकता : बेल्जियम
जन्म : 25 जनवरी, 1917; मास्को, रूस
निधन : 28 मई, 2003; ब्रूसेल्स, बेल्जियम

इल्या प्रिगोजीन सपरिवार मास्को छोड़कर पूर्वी यूरोप के बेल्जियम में स्थायी रूप से बस गए। वे एक भौतिक रसायनविज्ञानी और सैद्धांतिक भौतिकविज्ञानी थे जिसके लिए उन्हें पुरस्कृत किया गया। ऊष्मागतिकी के सिद्धांतों पर उन्होंने शोध किया। वह भौतिक विज्ञान, रसायन विज्ञान, जीव विज्ञान और इंजीनियरिंग में समान रूप से प्रासंगिक हैं।

प्रिगोजीन के शोधों ने समाजशास्त्र, अर्थशास्त्र और जनसांख्यिकी के अध्ययन का मार्ग प्रशस्त किया।

द्वितीय विश्वयुद्ध के बाद उन्होंने एक मैथेमेटिकल मॉडल विकसित किया जिसे 'डिसीपेटिव सिस्टम' कहा गया। उससे स्पष्ट हुआ कि मैटर और एनर्जी किस प्रकार आपस में सर्जनात्मक रूप से प्रक्रिया करते हैं।

वे ब्रूसेल्स की फ्री विश्वविद्यालय में भौतिक रसायन के प्रोफेसर होने के साथ-साथ ऊष्मागतिकी के निदेशक भी थे। ऊष्मागतिकी विशेष रूप से नष्ट होने योग्य संरचनाओं के सिद्धांत पर उनके योगदान के लिए उन्हें नोबेल पुरस्कार से सम्मानित किया गया।

शरीर विज्ञान/चिकित्सा विज्ञान

गुइलेमिन, रोजर
नागरिकता : संयुक्त राज्य अमरीका
जन्म : 11 जनवरी, 1924; डायजोन, फ्रांस

रोजर गुइलेमिन एक जैव रसायनविज्ञानी थे। कैलीफोर्निया के साल्क इंस्टीट्यूट ऑफ बायोलॉजिकल स्टडीज के अध्यापक थे। हूस्टन के बेलर कॉलेज ऑफ मेडिसिन में उन्हें प्रवेश मिल गया। उन्होंने एक परियोजना के अंतर्गत शरीर के भीतर स्रवित होनेवाले तत्त्वों का अध्ययन किया।

उनके शोधकार्यों में एंड्रयू स्कैली सहयोगी थे। उन्होंने मस्तिष्क के अलग-अलग अंशों के अध्ययन के क्रम में लगभग सत्तर लाख भेड़ों और सूअरों का प्रयोग किया।

1973 में उन्होंने 'सोमैटोस्टेटी' नामक हार्मोन की खोज की ताकि डायबिटीज और पेप्टिक अल्सर की चिकित्सा

संभव हो। उन्हें मस्तिष्क में पेप्टिक हार्मोन उत्पन्न करने के संबंध में नोबेल पुरस्कार से सम्मानित किया गया।

स्कैली, एन्ड्रयू

नागरिकता : संयुक्त राज्य अमरीका

जन्म : 30 नवंबर, 1926; विल्नो पोलैंड (अब लिथुनिया)

एंड्र्यू स्कैली 1939 में पोलैंड छोड़कर सपरिवार ब्रिटेन चले गए। उन्होंने गुइलेमिन के साथ टेक्सास के वेयलर कॉलेज ऑफ मेडिसिन में शोध करना स्वीकार किया। आगे चलकर वे न्यू ओरेलियन्स चले गए और 'थायरोट्रोपिक हार्मोन' के मुक्त होने के कारणों की खोज की।

1971 में उनके शोधों को पूर्णता मिली जब 'लुटेइनाजिंग हार्मोन के मुक्त होने के कारणों' की खोज हुई। उन्हें महान वैज्ञानिक चार्ल्स के अग्रणी काम से परे, हार्मोन पर आधारित ट्यूमर की अवधारणाओं का विस्तार करने का श्रेय दिया जाता है। उनकी खोजों को व्यापक रूप से कई व्यावहारिक निदानों में प्रयोग किया जाता है। उनके 2200 से अधिक लेख प्रकाशित हो चुके हैं जिनमें 1200 लेख नोबेल पुरस्कार प्राप्ति के बाद लिखे गए हैं।

येलो, रोजेलिन

नागरिकता : संयुक्त राज्य अमरीका

जन्म : 19 जुलाई, 1921; ब्रोंक्स, न्यू यॉर्क

निधन : 30 मई, 2011; न्यू यॉर्क, अमरीका

रोजेलिन येलो एक जैव रसायनविज्ञानी थीं तथा न्यू यॉर्क सिटी के ब्रोंक्स वेटेरन्स एडमिनिस्ट्रेशन हॉस्पिटल और माउंट सिनाई स्कूल ऑफ मेडिसिन की भी अध्यापक थीं। उन्होंने गुइलेमिन और स्कैली के साथ संयुक्त रूप से पुरस्कार प्राप्त किया था।

उन्होंने और उनके सहकर्मियों ने 'रेडियो इम्युनोसिस' की खोज की तथा उसे विकसित किया। उन्होंने लगातार 22 वर्षों तक अध्ययन करने के बाद पाया कि इंसुलिन ऐंटीबॉडी के विकास में बहुत सहायक होता है तथा 'वाइवो' भी बढ़ाता है।

उन्होंने 1968 में सोलोमन ए. बर्सन अनुसंधान प्रयोगशाला भी खोली, जो 'द माउंट सिनाई स्कूल ऑफ मेडिसिन' से संबद्ध था। वे राष्ट्रीय विज्ञान अकादमी की सदस्य भी रहीं। इसके अतिरिक्त उन्हें 'अल्बर्ट लैस्कर बेसिक मेडिकल रिसर्च पुरस्कार, न्यू यॉर्क' विज्ञान अकादमी का प्राकृतिक विज्ञान में क्रैसी मोरिसन पुरस्कार भी प्राप्त किया।

1977 का नोबेल पुरस्कार गुइलेमिन, स्कैली और येलो को संयुक्त रूप से प्रदान किया गया।

साहित्य

अलेक्जांद्रे, विसेंते

नागरिकता : स्पेन

जन्म : 26 अप्रैल, 1898; सेविला, स्पेन

निधन : 14 दिसंबर, 1984; मेड्रिड, स्पेन

विसेंते अलेक्जांद्रे ने मेड्रिड में शिक्षा प्राप्त की। वे 'जेनरेशन ऑफ 1927' अर्थात नई पीढ़ी के प्रसिद्ध लेखक थे। वह 16वीं और 17वीं सदी के स्पेनिश साहित्य से भी अनुप्रेरित थे।

स्पेनिश गृहयुद्ध के दौरान उनके मन की हालत ठीक नहीं थी। वे न तो लड़ सकते थे और न पलायन कर सकते थे। गृहयुद्ध के बाद जनरल फैंको सत्ता में आए। अलेक्जांद्रे के द्वारा कुछ भी प्रकाशित करना मुमकिन नहीं रहा। पाँच वर्षों के लिए उन पर प्रतिबंध लग गया था। उच्च स्तरीय पुरस्कार तक वे प्राप्त नहीं कर सकते थे। उनकी कृतियों के फ्रेंच, जर्मन और अंग्रेजी भाषाओं में अनुवाद हुए।

उनकी प्रकाशित पुस्तकें हैं : 'स्पेडोस कोमो लेबिओज़' (1939, सोर्ड्स), 'डेस्ट्रक्शन ऑफ लव' (1933), 'पैसन ऑफ अर्थ' (1935), 'सोम्ब्रा डेल पैरैसो' (1944, शैडो ऑफ पैराडायज), 'हिस्टोरिया डेल कोरैजोन' (1954, स्टोरी ऑफ दि हार्ट) तथा 'डायलॉग डेल कोनोसीमिएटो' (1974, डायलॉग्स ऑफ इनसाइट)।

1974 में नोबेल पुरस्कार के लिए उनका नाम प्रस्तावित हुआ था, लेकिन राजनीतिक स्थिति अनुकूल नहीं थी। अंततः 1977 में उन्हें नोबेल पुरस्कार प्रदान किया गया। नोबेल पुरस्कार प्रदान किए जाने के कुछ ही दिन बाद स्पेन के सम्राट जुआँ कार्लोस ने उनसे भेंट की और ग्रैंड क्रॉस ऑफ दि आर्डर ऑफ कार्लोस II से सम्मानित किया। उन्हें उनकी रचनात्मक कविताओं, जो ब्रह्मांड और वर्तमान समाज में मनुष्य की स्थिति पर रोशनी डालती हैं, के लिए नोबेल पुरस्कार प्रदान किया गया।

शान्ति

एमनेस्टी इंटरनेशनल
स्थापना वर्ष : 1961; जुलाई
मुख्यालय : लंदन

एमनेस्टी इंटरनेशनल को 1977 का नोबेल पुरस्कार प्रदान किया गया। यह एक अंतरराष्ट्रीय संगठन है जो दुनिया भर के युद्धबंदियों की सहायता करता है। इस संगठन की स्थापना 1961 में पीटर बेनेसन ने की जो लंदन में कानून के विशेषज्ञ थे। उन्होंने ही 1977 का नोबेल पुरस्कार स्वीकार किया था। 1961 से 1975 तक इस संगठन के वे अध्यक्ष थे।

इस संगठन में 107 राष्ट्रों के सदस्य हैं जिनकी संख्या लगभग 2,00,000 है। उन्होंने युद्धबंदियों की कानूनी लड़ाई भी लड़ी। धर्म के नाम पर दंगे होते हैं। उस मौके पर कितने ही लोगों को गिरफ्तार कर बंदीगृह में भेज दिया जाता है। यह संगठन उनका भी ध्यान रखता है और यथासंभव उनकी सहायता करता है। इस संगठन के प्रयास से अब तक 10,000 से अधिक युद्धबंदियों को जेल से मुक्त किया जा चुका है।

इस संगठन के कार्यालय में 21 भाषाओं के जानकार लोग कार्य करते हैं। समय-समय पर यह संगठन सरकार से भी सहायता लेने में संकोच नहीं करता। यह शत प्रतिशत एक विश्व-स्तरीय मानवतावादी संगठन है।

अर्थशास्त्र

ओह्लिन, बर्टिल
नागरिकता : स्वीडन
जन्म : 23 अप्रैल, 1899; क्लिप्पन, स्वीडन
निधन : 3 अगस्त, 1979; वैलाडेलेन, स्वीडन

बर्टिल ओह्लिन एक स्वीडिश अर्थशास्त्री थे। उन्होंने 15 वर्ष की अवस्था में कॉलेज में प्रवेश किया था और मात्र 25 वर्ष की अवस्था में कोपेनहेगन विश्वविद्यालय में प्रोफेसर बन गए। उसके बाद वे स्टॉकहोम चले गए और वहाँ अर्थशास्त्र के प्रोफेसर रहे। 1938 से 1962 तक वे पार्लियामेंट के सदस्य थे।

1944 में वे स्वीडिश लिबरल पार्टी के नेता बने और 23 वर्षों तक उसी पद पर कार्य करते रहे। 1944-45 में वाणिज्य मंत्री रहे। उन्होंने अंतरराष्ट्रीय व्यापार के सिद्धांत को संशोधित किया। अपने प्रशिक्षक ई. हेक्सर के सहयोग से उन्होंने जो सिद्धांत विकसित किया उसे 'हेक्सर-ओह्लिन सिद्धांत' कहा गया।

उनके अनेक शोधपत्र प्रकाशित हुए—'दि थियरी ऑफ ट्रेड' (1931), 'इंटररेजनल एंड इंटरनेशनल ट्रेड' (1933), 'फॉरेन ट्रेड फॉरेन पॉलिसी', 'दि प्रॉब्लम ऑफ इंप्लायमेंट एस्टेबिलाइजेशन' (1949) और 'दि इंटरनेशनल एलोकेशन ऑफ इकोनॉमिक एक्टीविटी' (1977)। उन्हें अंतरराष्ट्रीय व्यापार के सिद्धांत और अंतरराष्ट्रीय पूँजी की गतिविधियों में उनके मौलिक योगदान के लिए उन्हें नोबेल पुरस्कार से सम्मानित किया गया।

मीड, सर जेम्स

नागरिकता : ब्रिटेन

जन्म : 23 जून, 1907; स्वानेज, ब्रिटेन

निधन : 22 दिसंबर, 1995; कैंब्रिज, ब्रिटेन

सर जेम्स मीड ने ऑक्सफोर्ड और कैंब्रिज में शिक्षा प्राप्त की। 1938 से 1940 तक जिनेवा के लीग ऑफ नेशंस के आर्थिक सचिवालय के सदस्य रहे। ब्रिटिश सरकार के सचिवालय के भी पहले सदस्य और फिर अध्यक्ष नियुक्त हुए। 1947 में लंदन स्कूल ऑफ इकोनॉमिक्स के प्रोफेसर हुए और 1957 तक उसी पद पर कार्य करते रहे। 1957 में वे राजनीतिक अर्थशास्त्र के प्रोफेसर हुए और वहीं से 1974 में रिटायर हुए।

उन्हें कई पुरस्कार और पदक प्राप्त हुए। उनकी प्रकाशित पुस्तकें हैं—'प्लानिंग एंड दि प्राइस मेकैनिज्म' (1948), 'दि थियरी ऑफ इंटरनेशनल इकोनॉमिक पॉलिसी' (भाग-1, 1951, भाग-2, 1955), तथा 'ए नियो-क्लासिकल थियरी ऑफ इकोनॉमिक ग्रोथ' (1960)।

1977 का नोबेल पुरस्कार ओह्लिन और मीड को संयुक्त रूप से प्रदान किया गया।

भौतिक विज्ञान

रसायन विज्ञान

शरीर विज्ञान/चिकित्सा विज्ञान

साहित्य

शान्ति

अर्थशास्त्र

1978

भौतिक विज्ञान

कापित्सा, प्योत्र लियोनिदोविच

नागरिकता : यू.एस.एस.आर. (सोवियत संघ)

जन्म : 9 जुलाई, 1894; लेनिनग्राद

निधन : 8 अप्रैल, 1984; मास्को

प्योत्र लियोनिदोविच कापित्सा एक रूसी भौतिकविज्ञानी थे। उन्होंने स्थानीय पोलिटेक्निक इंस्टीट्यूट में प्रशिक्षण प्राप्त किया। 1921 में उन्हें कैंब्रिज के कैवेंडिश प्रयोगशाला में अध्ययन के लिए प्रवेश मिल गया। वहाँ अर्नेस्ट रदरफोर्ड के अधीन उन्होंने अध्ययन किया।

वहाँ अत्यंत अल्प तापमान के सघन चुंबकीय क्षेत्र में उन्होंने अनेक तत्त्वों की खोज की। 1924 में उन्होंने 50,00,000 गौस चुंबकीय क्षेत्र के उत्पादन की क्षमता विकसित की। उन्होंने एक ऐसा उपकरण तैयार किया जिससे प्रति घंटे 2 लीटर तरल हीलियम उत्पादित हो सके। इस प्रोटोटाइप उपकरण का प्रयोग अब पूरे संसार में हो रहा है।

वे शान्तिवादी थे इसलिए एटम बम के निर्माण की परियोजना में सहयोग करने के लिए तैयार नहीं थे। इस तथ्य को स्तालिन और लावरेंती बेरिया पसंद नहीं करते थे। फलस्वरूप उन्हें बर्खास्त कर दिया गया। मगर 1955 में उन्हें पुन: उसी पद पर बिठा दिया गया। वे प्लाज्मा भौतिकी पर भी रिसर्च में जुटे रहे। उन्हें अनेक आविष्कारों तथा अल्प ताप भौतिकी के क्षेत्र में की गई खोजों के लिए नोबेल पुरस्कार से सम्मानित किया गया।

पेंजिआस, आर्नो ए.

नागरिकता : संयुक्त राज्य अमरीका

जन्म : 26 अप्रैल, 1933; म्यूनिख, जर्मनी

आर्नो ए. पेंजिआस एक अमरीकन भौतिकविज्ञानी थे। वे अपने माता-पिता के साथ 1940 में अमरीका चले गए। उन्होंने पहले

न्यू यॉर्क के सिटी कॉलेज में और फिर कोलंबिया विश्वविद्यालय में अध्ययन किया। 1961 में उन्होंने बेल टेलीफोन प्रयोगशाला में प्रवेश किया। उन्होंने और रॉबर्ट डब्ल्यू. विल्सन ने हमारे सौरमंडल के चारों तरफ जो गैसीय परिवेश है उसमें उन्होंने रेडियो तरंगों के विकिरण की तीव्रता की जाँच की। उन्होंने एक बड़े हॉर्न के आकार का एंटिना तैयार किया जिसकी मदद से मंदाकिनी (मिल्की-वे) में सूक्ष्म तरंगों के निगमन का पता लगाया। उनके द्वारा किए गए शोधों से कॉस्मिक विज्ञान के क्षेत्र में अनेक तत्त्वों का पता चला। अंतरिक्षीय पृष्ठभूमि में कॉस्मिक माइक्रोवेव की खोज के लिए उन्हें नोबेल पुरस्कार प्रदान किया गया।

विल्सन, रॉबर्ट वुड्रो
नागरिकता : संयुक्त राज्य अमरीका
जन्म : 10 जनवरी, 1936; हूस्टन, टेक्सास, अमरीका

रॉबर्ट वुड्रो विल्सन एक अमरीकन खगोल भौतिकीविज्ञानी हैं। विल्सन ने हूस्टन के राइस विश्वविद्यालय में अध्ययन किया। उन्होंने 1957 में बी.ए. की डिग्री प्राप्त की। कैलीफोर्निया इंस्टीट्यूट टेक्नोलॉजी से पीएच.डी. की डिग्री उन्हें 1962 में प्राप्त हुई। न्यू जर्सी के बेल प्रयोगशाला में प्रवेश 1963 में उन्हें मिला तथा 1976 में रेडियो-भौतिकी विभाग के अध्यक्ष हुए।

कॉस्मिक सूक्ष्म तरंगों की पृष्ठभूमि में उन्हें अनेक तत्त्वों और तथ्यों का पता चला। 'बिग बैंग' के बाद दृश्य जगत् के अस्तित्व में आने की अवधारणा से वे सहमत थे। विल्सन ने खगोल भौतिकी में अपने शोधकार्य को जारी रखा और इंटरस्टेलर अणुओं और आइसोटोप्स आदि का अध्ययन करते रहे।

1978 के नोबेल पुरस्कार का आधा भाग कापित्सा को और शेष आधे का पेंजिअस और विल्सन के बीच संयुक्त रूप से वितरित कर दिया गया।

रसायन विज्ञान

मिचेल, पीटर डी.
नागरिकता : ब्रिटेन
जन्म : 29 सितंबर, 1920; मिट्चम, ब्रिटेन
निधन : 10 अप्रैल, 1992; बोर्डामन, ब्रिटेन

पीटर डी. मिचेल एक ब्रिटिश जैव रसायनविज्ञानी थे जिन्होंने कैंब्रिज विश्वविद्यालय में शिक्षा प्राप्त की। उनके शोधकार्य मानव शरीर की जटिल प्रक्रियाओं और एंजाइम आदि के अध्ययन पर केंद्रित रहे। 'एटीपी' और 'एडीपी' से प्रोटोन, एंजाइम आदि अनेक तत्त्वों की खोज में सहायक सिद्ध हुए।

मिचेल ने यह स्पष्ट किया कि जैव रसायन विज्ञान के क्षेत्र में उनके शोधों का युगांतरकारी महत्त्व है। जीव ऊर्जा को ऑक्सीजन और सूर्य के प्रकाश के द्वारा स्थानान्तरित करने के सिद्धांत के समझने में उनके योगदान के लिए उन्हें नोबेल पुरस्कार से सम्मानित किया गया।

शरीर विज्ञान/चिकित्सा विज्ञान

आर्बर, वेर्नर
नागरिकता : स्विट्जरलैंड
जन्म : 3 जून, 1929; ग्रैनिचेन, स्विट्जरलैंड

वेर्नर आर्बर एक अणु जीव वैज्ञानिक थे। उन्होंने ज्यूरिच के स्वीस फेडरल इंस्टीट्यूट में अध्ययन किया। दक्षिणी कैलीफोर्निया विश्वविद्यालय में भी उनका अध्ययन जारी

रहा। जिनेवा विश्वविद्यालय की फैकल्टी में 1960 से 1970 तक कार्य किया। वे 1960 से 1970 तक अणु जीव विज्ञान के प्रोफेसर रहे। उस पद पर कार्य करने के बाद जिनेवा को छोड़कर चले गए। उन्होंने सल्वाडोर लूरिया के साथ शोधकार्य किया। सल्वाडोर लूरिया नोबेल पुरस्कार प्राप्त कर चुकी थी। दोनों ने मिलकर प्रतिबंधित एंजाइमों और बैक्टेरियम की खोज को संशोधित रूप दिया जो संक्रमित विषाणुओं के डी.एन.ए. को रूपांतरित करते हैं। उन्हें प्रतिबंधित एंजाइमों और आणविक आनुवंशिकता की समस्याओं में इसके प्रयोग के लिए नोबेल पुरस्कार से सम्मानित किया गया।

नाथंस, डैनिएल

नागरिकता : संयुक्त राज्य अमरीका

जन्म : 30 अक्टूबर,1928; विल्मिंगटन, डेलावेयर

निधन : 16 नवंबर, 1999; बाल्टीमोर

डेनिएल नाथंस एक अणु जीवविज्ञानी थे। सेंट लुइस मिसाउरी के वाशिंगटन विश्वविद्यालय और डेलावेयर विश्वविद्यालय में अध्ययन किया। वे 1967 से जॉन्स हॉपकिंस यूनिवर्सिटी के संकाय के सदस्य रहे हैं। नाथंस ने पाया कि एंजाइमों की उपयोगिता के सकारात्मक पक्ष भी हैं। इसीलिए सीमियन वायरस 'एस.वी.-40' का अध्ययन आवश्यक है।

1971 में उन्होंने यह दिखाया कि हैमिल्टन ओ. स्मिथ के द्वारा जो 11 फ्रैग्मेंट अणु के पाए गए उनमें दो और जोड़े जा सकते हैं तथा वायरसों की संरचना का ठीक-ठीक पता किया जा सकता है। दो और एंजाइमों की यह खोज अत्यंत महत्त्वपूर्ण है। 'डी.एन.ए.' की भूमिका यहाँ भी स्पष्ट है। वायरस के आनुवंशिकता के चित्र का निर्माण कर कैंसर जैसे महारोग की पहचान की जा सकती है।

स्मिथ, हैमिल्टन ओथानेल

नागरिकता : संयुक्त राज्य अमरीका

जन्म : 23 अगस्त, 1931; न्यू यॉर्क सिटी, अमरीका

हैमिल्टन ओथानेल स्मिथ एक अमरीकन आणविक जीव-विज्ञानी थे। उन्होंने इलिनोइस विश्वविद्यालय में अध्ययन किया और 1952 में गणित में स्नातक हुए। कैलीफोर्निया विश्वविद्यालय से ए.डी. की डिग्री उन्होंने 1956 में प्राप्त की। उन्होंने कुछ समय तक मिशिगन विश्वविद्यालय में अध्यापन किया। आगे चलकर जॉन्स हॉपकिंस में अणु जीव विज्ञान के प्रोफेसर नियुक्त किए गए।

उन्होंने इंफ्लुएंजा पर महत्त्वपूर्ण खोज की। एंजाइमों और वायरसों पर उनका शोधकार्य रहा है। आनुवंशिक अभियांत्रिकी के वे विशेषज्ञ थे।

1978 का नोबेल पुरस्कार आर्बर, नाथंस और स्मिथ को संयुक्त रूप से प्रदान किया गया।

साहित्य

सिंगर, आइजाक बाशेविस

नागरिकता : पोलैंड / संयुक्त राज्य अमरीका

जन्म : 14 जुलाई, 1904; लियोनसिन, रूस (अब पौलेंड में)

निधन : 24 जुलाई, 1991; सर्फ साइड, अमरीका

आइजाक बाशेविस सिंगर का जन्म रैबिस परिवार में हुआ था। वारसा में उनका पालन-पोषण हुआ। उन्होंने 'दि मैजिक माउंटेन'

का अनुवाद यिदि्दश भाषा में किया। नाजी फासिस्टों के भय से वे और उनके भाई पोलैंड से पलायन करके न्यू यॉर्क चले गए।

न्यू यॉर्क में यिदि्दश भाषा के एक दैनिक अखबार 'फॉरवार्ड' में कार्य करने लगे। उसी अखबार में उनका प्रसिद्ध उपन्यास 'दि फेमिली मोस्केट' धारावाहिक रूप से प्रकाशित हुआ।

उन्होंने आठ उपन्यास, दस बालोपयोगी कहानियों के संग्रह, चार संस्मरण और दर्जनों कहानियाँ लिखीं और उन्हें प्रकाशित किया। उनके अत्यंत प्रसिद्ध उपन्यासों हैं 'इन माई फादर्स कोर्ट' (1966), 'गिंपेल दि फूल' (1957), 'ए डे ऑफ प्लेजर : ए क्राउन ऑफ फीदर्स एंड अदर स्टोरीज' (1974)। उन्हें उनकी भावपूर्ण कथा कला के लिए, जो पोलिश-यहूदी सांस्कृतिक परंपरा के साथ जीवन में सार्वभौमिक मानवीय स्थितियों को समझने में दिए गए योगदान के लिए नोबेल पुरस्कार से सम्मानित किया गया।

शान्ति

बेगिन, मेनाकेम
नागरिकता : पोलैंड / इजराइल
जन्म : 16 अगस्त, 1913, ब्रेस्ट लिटोबस्क, रूस साम्राज्य (अब बेलारूस)
निधन : 9 मार्च, 1992, तेल अवीव, इजराइल

मेनाकेम बेगिन ने मिजराची हिब्रू स्कूल और पोलिश जिम्नेजियम में शिक्षा प्राप्त की। 1931 में उन्होंने वारसॉ विश्वविद्यालय में प्रवेश किया तथा कानून की डिग्री 1935 में प्राप्त की।

वे 13 वर्ष की अवस्था तक 'हैशोमर हैजिएर' के स्काउट आंदोलन से जुड़े रहे। सोलह वर्ष की अवस्था में उन्होंने 'बेतार' में प्रवेश किया जो राष्ट्रवादी युवा आंदोलन का संगठन है। जियोनिस्ट रिविजनिस्टों का संगठन भी इससे संबद्ध है। 1932 में पोलैंड के 'बेतार' विभाग के अध्यक्ष बने। इसके बाद पूरे देश का भ्रमण करते रहे। भ्रमण का उद्‌देश्य आंदोलन के लिए चंदे और साधन जुटाना तो था ही, प्रेस के लिए सामग्री का संचय भी था।

1937 में वे पोलैंड लौटे मगर गिरफ्तार कर लिये गए क्योंकि आंदोलन ब्रिटिश सरकार की नीति के विरुद्ध था। ब्रिटिश सरकार फिलहाल इजराइल की समस्या के समाधान के पक्ष में नहीं थी। बेगिन ने इसका प्रतिरोध करना आवश्यक समझा और उसी के अनुरूप अपनी नीति निर्धारित की।

1939 में मेनाकेम बेगिन पोलैंड के आंदोलन के प्रमुख नेता बने। सहसा द्वितीय विश्वयुद्ध छिड़ जाने पर रशियन एन.के.वी.डी. ने उन्हें गिरफ्तार करके साइबेरिया के कंसेंट्रेशन कैंप में भेज दिया गया (1940-41)। आगे चलकर स्तालिन और सिकोर्सकी के बीच समझौता हो जाने पर बेगिन को मुक्त कर दिया गया।

उनकी कुछ प्रकाशित पुस्तकें हैं : 'व्हाइट नाइट्स' (युद्ध के अनुभव के आधार पर लिखित) और 'दि रिवोल्ट' आदि। उन्हें इजराइल और मिस्त्र के बीच तनाव के वातावरण को समाप्त करने तथा सीरिया, लेबनान, इराक, सऊदी अरब और फिलिस्तीनी अरबों के हिंसक संघर्ष को खत्म करने के लिए बहुत श्रम करना पड़ा, साहस भी जुटाना पड़ा।

सादात, मोहम्मद अनवर अल
नागरिकता : मिस्त्र
जन्म : 25 दिसंबर, 1918; अल मिनुफिया, मिस्त्र
निधन : 6 अक्टूबर, 1981; केरो, मिस्त्र

मोहम्मद अनवर सादात एक सैनिक अधिकारी और राजनेता रहे। गमाल अब्देल नासिर के निधन के बाद अक्टूबर 1970 में वे मिस्त्र के प्रधानमंत्री हुए। उन्होंने मिस्त्र पर ब्रिटिश शाही हुकूमत को समाप्त करने का प्रयास किया जिस पर उन्हें गिरफ्तार कर लिया गया। द्वितीय विश्वयुद्ध के दौरान जर्मनों से संपर्क स्थापित करने का उन पर आरोप था।

1952 में क्रांति के बाद वे नासिर के अधीन एक प्रमुख

अधिकारी तथा उप-राष्ट्रपति थे। जब प्रेसीडेंट हुए तब उनका ध्यान इस बात पर विशेष रूप से रहा कि इजराइल के साथ जो तनावपूर्ण संबंध चल रहा है उसे समाप्त कर दिया जाए। वे अनुभव कर रहे थे कि सोवियत संघ उसे पर्याप्त समर्थन नहीं दे रहा है, इसलिए सोवियत संघ के टेक्नीशियनों और सलाहकारों को 1972 में देश से निकाल बाहर किया। आगे चलकर वह प्रथम प्रदर्शक और सैन्य अध्यक्ष बने। युद्ध का एक बजट तैयार किया जिससे अरब की आर्थिक और सैनिक एकात्मता बनी रहे।

अरब-इजराइल युद्ध की समाप्ति के बाद अक्टूबर, 1973 में सादात ने स्थायी शान्ति के लिए भरपूर प्रयास किया क्योंकि वे चाहते थे कि मध्यम पूर्व में पूरी और स्थायी शान्ति का वातावरण रहे।

सादात 6 अक्टूबर, 1981 को कैरो में मिलिटरी परेड देख रहे थे कि कुछ अरब सिरफिरों ने उनकी हत्या कर दी।

1978 का नोबेल पुरस्कार सादात और बेगिन को संयुक्त रूप से प्रदान किया गया।

अर्थशास्त्र

साइमन, हर्बर्ट ए.

नागरिकता : संयुक्त राज्य अमरीका

जन्म : 15 जून, 1916; मिल्वा-उकी, विस्कांसिन, अमरीका

निधन : 9 फरवरी, 2001; पिट्सबर्ग, अमरीका

हर्बर्ट ए. साइमन ने शिकागो विश्वविद्यालय में शिक्षा प्राप्त की। वहाँ उन्होंने 1943 में राजनीति शास्त्र में डॉक्टरेट की डिग्री प्राप्त की। उन्होंने कुछ समय तक शिकागो के इंटरनेशनल सिटी मैनेजर्स एसोसिएशन और कैलीफोर्निया के लोक प्रशासन ब्यूरो में कार्य किया। आगे चलकर शिकागो के इलिनोइस इंस्टीट्यूट टेक्नोलॉजी की फैकल्टी में प्रवेश किया। 1949 में पेंसिलवानिया के कार्नेगी-मेलन विश्वविद्यालय गए और 1962 तक आर.के. मेलन कंप्यूटर विज्ञान और मनोविज्ञान के प्रोफेसर रहे। 1962-65 की अवधि में वे प्रशासन और मनोविज्ञान के प्रोफेसर रहे। 1967-69 की अवधि में वे व्यवहार विज्ञान विभाग की शोध संस्था के अध्यक्ष रहे। वे 'इंटरनेशनल इनसाइक्लोपीडिया ऑफ सोशल साइंसेज' के संपादकीय सलाहकार बोर्ड के सदस्य रहे। उन्होंने कई निबन्ध लिखे। कई अकादमियों, संस्थानों और संस्थाओं के फेलो थे। उन्होंने अर्थशास्त्र में अध्यापन का कार्य कभी नहीं किया। उनकी अनेक पुस्तकें प्रकाशित हैं। उन्हें आर्थिक संगठनों में निर्णय लेने की प्रक्रिया में उनके अग्रणी अनुसंधानों के लिए नोबेल पुरस्कार से सम्मानित किया गया।

भौतिक विज्ञान

रसायन विज्ञान

शरीर विज्ञान/चिकित्सा विज्ञान

साहित्य

शान्ति

अर्थशास्त्र

1979

भौतिक विज्ञान

ग्लासहो, शेल्डन एल.
नागरिकता : संयुक्त राज्य अमरीका
जन्म : 5 दिसंबर, 1932; न्यू यॉर्क सिटी, अमरीका

शेल्डन एल. ग्लासहो एक अमरीकन भौतिकविज्ञानी और मेसाचुसेट्स इंस्टीट्यूट ऑफ टेक्नोलॉजी के प्रोफेसर थे। ब्रांक्स हाई स्कूल में स्टीवेन वीनबर्ग उनके सहपाठी थे। उन दोनों ने स्नातक की डिग्री कार्नवेल विश्वविद्यालय से प्राप्त की। दोनों ही नोबेल विजेता जूलियन श्विंगर के छात्र थे। उन्होंने विद्युत चुंबकीय बल के बीच 'कमजोर' न्यूक्लियर पर खोज की जिसके लिए उन्हें पुरस्कृत किया गया। प्राथमिक कणों के बीच एकीकृत कमजोर और विद्युत चुंबकीय अंतः-प्रक्रियाओं के सिद्धांत के विकास में उनके महत्त्वपूर्ण योगदान के लिए उन्हें नोबेल पुरस्कार से सम्मानित किया गया।

सलाम, अब्दुस
नागरिकता : पाकिस्तान
जन्म : 29 जनवरी, 1926; झंग मघियाणा, भारत (अब पाकिस्तान)
निधन : 21 नवंबर, 1996; ऑक्सफोर्ड, ब्रिटेन

अब्दुस सलाम ने गणित में पीएच.डी. की डिग्री कैंब्रिज विश्वविद्यालय से प्राप्त की तथा लंदन के इंपीरियल कॉलेज ऑफ साइंस एंड टेक्नोलॉजी में अध्यापन करने लगे। वे रॉयल सोसाइटी के फेलो हुए। उस समय उनकी अवस्था मात्र 31 वर्ष की थी। सबसे कम उम्र में इस पद पर काम करने का यह एक कीर्तिमान था। उन्होंने कणों की सममिती आदि के संबंध में अनेक तत्त्वों की खोज की, उनमें 'ओमेगा-माइनस' सर्वप्रमुख है।

1961 से वे पाकिस्तान सरकार के मुख्य सलाहकार हैं। वे इंपीरियल कॉलेज में सैद्धांतिक भौतिकी के प्रोफेसर, इटली के इंटरनेशनल इंस्टीट्यूट के निदेशक भी रहे। वे अरबी,

पर्सियन और उर्दू के विद्वान तथा परंपरागत मुस्लिम परिवार के समर्थक थे। भारतीय उपमहाद्वीप के वे दूसरे वैज्ञानिक हैं जिन्हें नोबेल पुरस्कार मिला। उनसे पहले भारत के सर सी.वी. रमन को 1930 में नोबेल पुरस्कार प्राप्त हुआ था।

वीनबर्ग, स्टीवेन
नागरिकता : संयुक्त राज्य अमरीका
जन्म : 3 मई, 1933; न्यू यॉर्क सिटी, अमरीका

स्टीवेन वीनबर्ग एक अमरीकी भौतिकविज्ञानी थे तथा हार्वर्ड विश्वविद्यालय के प्रोफेसर थे। न्यू यॉर्क के ब्रांक्स हाईस्कूल ऑफ साइंस में ग्लासो उनके सहपाठी थे। उन्होंने साथ-साथ ही स्नातक की डिग्री प्राप्त की। दोनों ने डॉ. जूलियन श्विंगर की देख-रेख में अध्ययन किया। भौतिक विज्ञान के क्षेत्र में तीनों के कार्यों में समानता रही।

ग्लासहो, अब्दुस सलाम और वीनबर्ग को 1979 का नोबेल पुरस्कार संयुक्त रूप से प्रदान किया गया।

रसायन विज्ञान

ब्राउन, हर्बर्ट सी.
नागरिकता : संयुक्त राज्य अमरीका
जन्म : 22 मई, 1912; लंदन, ब्रिटेन
निधन : 19 दिसंबर, 2004; लैफायटे

हर्बर्ट सी. ब्राउन इंडियाना के पर्ड्यू विश्वविद्यालय में रसायन विज्ञान के प्रोफेसर थे। उन्होंने अनेक प्रकार के शोध किए और कई प्रकार के तत्त्वों की खोज की। उन्होंने 'बोरोनस' की महत्त्वपूर्ण खोज की जो बोरोन और हाइड्रोजन का कम्पाउंड अर्थात तरल रूप है।

वे कार्बोकेशन रसायन विज्ञान के सैद्धांतिक आधार की खोज के लिए प्रसिद्ध हुए। उनके शोधकार्यों ने एक पुस्तक का रूप लिया जिसका शीर्षक 'हाइड्राइड्स ऑफ बोरोन और सिलीकोन' है जो उनकी भावी पत्नी ने भेंट की थी। वे आवश्यक रूप से शिकागो विश्वविद्यालय में शोध करने लगे और 50 प्रकार के 'बोरोनस' यौगिकों का पता किया।

दवाइयों, कीटनाशियों और एटॉमिक एनर्जी आदि के यौगिकों का पता किया जो प्रकृति को हानि भी पहुँचाते हैं। उन्होंने हाइड्रोकोर्टिकेशन, स्टेरोइस और प्रोस्टाग्लांडिंस की जो खोज की, जिसने मनुष्य के अनेक रोगों के उपचार का रास्ता खोल दिया। कार्बनिक संश्लेषण में महत्त्वपूर्ण प्रतिक्रियाशील द्रव्यों अथवा शक्तियों में बोरोन तथा फॉस्फोरस के उपयोग के लिए उन्हें नोबेल पुरस्कार से सम्मानित किया गया।

विटिग, जॉर्ज
नागरिकता : जर्मनी
जन्म : 16 जून, 1897; बर्लिन, जर्मनी
निधन : 26 अगस्त, 1987; हीडेलबर्ग, जर्मनी

जॉर्ज विटिग एक जर्मन रसायनविज्ञानी थे जिन्होंने विज्ञान और संगीत दोनों ही क्षेत्रों में अपनी प्रतिभा का परिचय दिया। उन्होंने पेशेवर केमिस्ट बनने का निश्चय किया और ट्वेबिंगन विश्वविद्यालय में प्रवेश किया। उनका पियानो बजाने का शौक भी बना रहा।

उन्होंने मार्बर्ग विश्वविद्यालय से स्नातक की डिग्री 1923 में प्राप्त की तथा 1926 में डॉक्टरेट की डिग्री प्राप्त की। 1932 तक उन्होंने मार्बर्ग में ही अध्यापन किया। उसके बाद टेक्निश्चे होश्यूल में कार्य किया तथा फ्रीबर्ग विश्वविद्यालय में कार्य किया। फिर ट्वेगिंगन 1937 में भी कार्य किया।

वे 'विटिग अभिकर्मक' को विकसित करने के लिए

प्रसिद्ध हुए। 1954 में फॉस्फोरस पर आधारित कंपाउंड की खोज की। 1956 में वे कार्बनिक रसायन के शोध में अनेक तत्त्वों की खोज की, विटामिनों आदि के उत्पादन आदि पर खोज की। इस क्षेत्र में उनके द्वारा की गई खोज महत्त्वपूर्ण और विलक्षण है।

1979 का नोबेल पुरस्कार ब्राउन और विटिग को संयुक्त रूप से प्रदान किया गया।

शरीर विज्ञान/चिकित्सा विज्ञान

कोर्मांक, एलन एम.

नागरिकता : संयुक्त राज्य अमरीका

जन्म : 23 फरवरी, 1924; जोहानिसबर्ग, दक्षिण अफ्रीका

निधन : 7 मई, 1998; विंचेस्टर, अमरीका

एलन एम. कोर्मांक संयुक्त राज्य अमरीका में मेसाचुसेट्स के टफ्ट्स विश्वविद्यालय में भौतिक विज्ञान के प्रोफेसर थे। उनकी आरंभिक शिक्षा दक्षिण अफ्रीका के केपटाउन विश्वविद्यालय में हुई। केपटाउन अस्पताल में लंबी बीमारी के दौरान उन्होंने अनुभव किया कि परंपरागत टू-डाइमेंशनल एक्स-रे टेक्नीक की सीमाएँ हैं और निश्चय किया कि उसे विकसित किया जाए।

1963 में उन्होंने एक शोधपत्र लिखा जिसमें बताया गया था कि कंप्यूटराइज्ड ऐक्सियल टोमोग्राफ (सी.ए.टी.) का आधार गणित हो सकता है, लेकिन किसी ने उस पर ध्यान नहीं दिया। 1970 में ब्रिटिश फर्म 'ई.एम.आई.' के हाउंस फील्ड उसी अवधारणा पर कैट स्कैन के निर्माण में लगे हुए थे। अब यह उपकरण हो गया है। मानवीय व्याधियों के रोगाणुओं की पहचान और चिकित्सा संभव हो गई है, जैसे—ब्रेन ट्यूमर आदि की पहचान और चिकित्सा। कंप्यूटर की सहायता से शरीर के भीतरी अंगों के चित्र लेने (टोमोग्राफी) वाले उपकरण के विकास के लिए उन्हें नोबेल पुरस्कार से सम्मानित किया गया।

हाउंसफील्ड, सर गॉडफ्रे एन.

नागरिकता : ब्रिटेन

जन्म : 28 अगस्त, 1919; नेवार्क, ब्रिटेन

निधन : 12 अगस्त, 2004; किंग्सटन, ब्रिटेन

सर गॉडफ्रे एन. हाउंसफील्ड इंग्लैंड की ई.एम.आई. कंपनी में एक इंजीनियर थे। वे इंग्लैंड के एक फार्म में पले थे। अक्सर वे अकेलेपन से ऊब जाते थे तब उनमें बहुत कुछ जानने और आविष्कारों के लिए शोध करते रहने की भावना प्रबल हो उठती थी।

1951 में 'ई.एम.आई.' में प्रवेश करने से पूर्व उन्होंने रडार और सॉलिड स्टेट कंप्यूटर पर कार्य किया। उन्हें भविष्य की चिंता थी, इसलिए 1969 से 1972 तक उसी का कार्यकारी मॉडल तैयार करने में लगे रहे। उन्होंने कंप्यूटराइज्ड ऐक्सिएल टोमोग्राफ (सी.ए.टी.) का कार्यकारी मॉडल तैयार किया। 1974 में उन्होंने एक वास्तविक स्कैनर का निर्माण किया जिससे पूरे मानव-शरीर की संरचना का अध्ययन हो सके।

1979 का नोबेल पुरस्कार हाउंसफील्ड और कोर्मांक को संयुक्त रूप से प्रदान किया गया।

साहित्य

एलिटिस, ओडिसियस

नागरिकता : ग्रीस

जन्म : 2 नवंबर, 1911; इरेक्लिएन, क्रीट (अब ग्रीस)

निधन : 18 मार्च, 1996; एथेंस, ग्रीस

ओडिसियस एलिटिस ने स्कूल में आरंभिक शिक्षा प्राप्त करने के बाद एथेंस विश्वद्यालय के लॉ स्कूल में प्रवेश

किया, मगर कानून की डिग्री प्राप्त किए बिना वहाँ से चल दिए। 1935 में वे लेखन की ओर प्रवृत्त हुए। उन्होंने कविताएँ लिखीं, गीत लिखे। एथेन्स के इंटरनेशनल सूरियलिस्ट एग्जीबिशन (1935) में अपनी कुछ कृतियों के नमूने प्रदर्शित किए। उनकी प्रकाशित कृतियाँ हैं—'फर्स्ट पोएम्स', 'ओरिएंटेशंस' (1936), 'आवरग्लास ऑफ दि अननोन' (1937), 'इन सर्विस ऑफ समर', 'सन दि फर्स्ट टुगेदर विथ वेरिएशन ऑन सनबीम', 'दि रो इरोस' (1972, गीतों का संग्रह), कला की आलोचना पर निबंधों का संग्रह उन्होंने 'दि पेंटर थियोफिलोस' 1973 में प्रकाशित किया। 'ओपेन बुक' का प्रकाशन 1974 में हुआ। 1959 में उनकी पुस्तक 'टु एक्सियन एस्टी' प्रकाशित हुई। कविताओं द्वारा जो ग्रीक परंपरा की पृष्ठभूमि के सहारे भावपूर्ण शक्ति और बौद्धिक दृष्टि के साथ आधुनिक मानव के संघर्ष को दर्शाने के लिए उन्हें नोबेल पुरस्कार से सम्मानित किया गया।

शान्ति

मदर टेरेसा

नागरिकता : भारत

जन्म : 26 अगस्त, 1910; सोप्जे, यूगोस्लाविया

निधन : 5 सितंबर, 1997; कलकत्ता, भारत

मदर टेरेसा अलबानिया के एक किसान परिवार में पली थीं। उन्होंने स्थानीय सरकारी स्कूल (जिम्नाजिया) में पढ़ाई की और वहीं मरियम-संगत की सदस्या बन गईं। उसी समय यूगोस्लाव जेसुइट्स ने कलकत्ता आर्कडियोसेस में कार्य करना स्वीकार कर लिया था। पहला समूह 30 दिसंबर, 1925 को कलकत्ता पहुँचा। मदर टेरेसा अपनी इच्छा से उस समूह में शामिल हुई थीं। उस समय वे युवती थीं और बंगाल में आकर कार्य करने के लिए अत्यंत उत्साहित थीं। उन्होंने आयरलैंड की लोरेटोनन से संपर्क स्थापित किया क्योंकि वे ही कलकत्ता आर्कडियोसेस में उस समय कार्य कर रही थीं।

28 नवंबर, 1928 को उन्हें लोरेटो एबे में भेजा गया (रैथफार्नहम, डब्लिन के निकट, आयरलैंड)। उसके बाद उन्होंने भारत के दार्जिलिंग में कार्य करना आरंभ किया। 1929 से 1948 तक उन्होंने कलकत्ता के सेंट मैरी हाईस्कूल में भूगोल की अध्यापिका रहीं तथा कुछ वर्ष तक प्रधाना-ध्यापिका भी रहीं। वे भारतीय धार्मिक व्यवस्था के अनुरूप सेंट एने की बेटियों की संरक्षिका थीं।

10 सितंबर, 1946 को अपनी सुपीरियर से अनुमति माँगी कि उन्हें अकेली कलकत्ता की झोंपड़पट्टियों में सेवा कार्य करने के लिए जाने दिया जाए। उनके अनुमति पत्र को रोम भेजा गया और वहाँ से अनुमति प्राप्त हो गई।

उन्होंने 8 अगस्त, 1948 को लोरेटो प्रथा को किनारे कर दिया और नीली किनारी वाली सफेद साड़ी और कंधे पर क्रॉस को अपना लिया। उसके बाद पूरे भारत की ननों के लिए यही ड्रेस मान्य हो गई। उन्होंने पटना में तीन महीने तक उपचार का प्रशिक्षण प्राप्त किया। कलकत्ता वापस आने पर निर्धनों की छोटी बहनों के साथ रहने लगीं। 7 अक्टूबर, 1950 को न्यू कॉन्ग्रेगेशन ऑफ मिशनरीज ऑफ चैरिटी (एम.सी.) ने कलकत्ता में इसे अनुमोदित कर दिया। 1962 में वे भारत की नागरिक बन गईं। वे निर्धनों और पिछड़े लोगों की सेवा-सहायता करती थीं। अपंगों और असहायों की सेवा को अपना कर्तव्य मानती थीं। जनसंख्या नियंत्रण का वे विरोध करती थीं।

उनके 'निर्मल शिशु भवन' (अनाथालय) में ऐसे सैकड़ों परित्यक्त और अनचाहे शिशु थे जिनका कोई ठिकाना नहीं था। एड्स के शिकार रोगियों की देखभाल भी वह करती थीं। 1 फरवरी, 1965 को मिशनरीज ऑफ चैरिटी एक सोसाइटी ऑफ पोटिंफिकल राइट्स घोषित हुई। उसकी शाखाएँ वेनेजुएला, श्रीलंका, तंजानिया, ऑस्ट्रेलिया, इटली, जोर्डन, ऑस्ट्रिया, जर्मनी, पाकिस्तान, बांगलादेश आदि में खोल दी गईं। अपने सेवाकार्यों के लिए उन्हें ये एवार्ड प्राप्त हुए—

मैग्सेसे एवार्ड (1962), पोप जॉन 23 पीस प्राइज (1971), गुड सेमैरिटन एवार्ड (1971), जॉन एफ. केनेडी इंटरनेशनल एवार्ड (1971), जवाहरलाल नेहरू एवार्ड (1972), टेंप्लेटॅन एवार्ड (1972), मैटर एट मैजिस्ट्रा एवार्ड, थर्ड ऑर्डर ऑफ सेंट फ्रांसिस ऑफ ऐसिसी (1974) आदि।

1979 का नोबेल पुरस्कार उन्हें उनके द्वारा किए गए कार्यों के लिए दिया गया।

अर्थशास्त्र

शुल्ट्ज, थियोडोर डब्ल्यू.

नागरिकता : संयुक्त राज्य अमरीका

जन्म : 30 अप्रैल, 1902; आर्लिंगटन, साउथ डकोटा

निधन : 26 जनवरी, 1998; इवांसटन

थियोडोर डब्ल्यू. शुल्ट्ज ने साउथ डाकोटा स्टेट कॉलेज से स्नातक की डिग्री प्राप्त की। उसके बाद विस्कांसिन में अध्ययन किया और 1930 में पीएच.डी. की डिग्री प्राप्त की। उन्होंने 1930 से 1943 तक कृषि अर्थशास्त्र का अध्यापन लोवा स्टेट विश्वविद्यालय में किया। 1943 में उन्होंने इस्तीफा दे दिया। इसके बाद शिकागो विश्वविद्यालय के वित्त विभाग के अध्यक्ष बने (1946-72)। द्वितीय विश्वयुद्ध के बाद ध्वस्त अर्थव्यवस्था को पुन: पटरी पर ले आए।

उन्होंने परिस्थिति के अनुरूप कदम उठाए। उनकी महत्त्वपूर्ण पुस्तकें 'एग्रीकल्चर इन ऐन अनस्टेबल इकोनॉमी' (1945), 'दि इकोनॉमिक वैल्यू ऑफ एजुकेशन' और 'ट्रासाफोर्मिंग ऑफ ट्रैडिशनल एग्रीकल्चर' (1964)। विकास के अर्थशास्त्र पर अपना ध्यान केंद्रित करने के लिए उन्हे नोबेल पुरस्कार से सम्मानित किया गया।

लेविस, सर आर्थर

नागरिकता : ब्रिटेन

जन्म : 23 जनवरी, 1915; सेंट लूसिया, ब्रिटिश, वेस्टइंडीज

निधन : 15 जून, 1991; ब्रिजटाउन, बारबादोस

सर आर्थर लेविस ब्रिटिश वेस्टइंडीज कें अश्वेत अर्थशास्त्री थे जो तरुणाई के आरंभ में ही इंग्लैंड चले आए। लंदन स्कूल ऑफ इकोनॉमिक्स और मैनचेस्टर विश्वविद्यालय में अध्ययन किया। 1940 में डॉक्टरेट की डिग्री प्राप्त की। लंदन विश्वविद्यालय में वे 1938-48 की अवधि में लेक्चरर रहे। 1948 से 1959 तक मैनचेस्टर विश्वविद्यालय में अध्यापन किया तथा कई वर्षों तक प्रोफेसर रहे। 1959 में वे वेस्टइंडीज के यूनिवर्सिटी कॉलेज में प्रिंसिपल हुए तथा 1963 तक उप-कुलपति रहे। ब्रिटेन की महारानी ने शिक्षा के क्षेत्र में महत्त्वपूर्ण कार्य करने के उपलक्ष्य में उन्हें 'नाइटहुड' की उपाधि प्रदान की। 1963 में वे प्रिंस्टन विश्वविद्यालय में प्रोफेसर ऑफ पब्लिक एंड इंटरनेशनल अफेयर्स नियुक्त हुए। वे कई विकासशील देशों की सरकारों और संयुक्त राष्ट्र के परामर्शदाता थे।

उनकी प्रकाशित कृतियाँ 'ओवरहेड कोस्ट्स' (1949), 'दि प्रिंसिपल्स ऑफ इकोनॉमिक प्लानिंग' (1949), 'दि थियरी ऑफ इकोनॉमी ग्रोथ' (1955) तथा 'ग्रोथ एंड फ्लक्चुएशन' (1978)

1979 का नोबेल पुरस्कार अर्थशास्त्र पर शुल्ट्ज और लेविस को संयुक्त रूप से प्रदान किया गया।

भौतिक विज्ञान

रसायन विज्ञान

शरीर विज्ञान/चिकित्सा विज्ञान

साहित्य

शान्ति

अर्थशास्त्र

1980

भौतिक विज्ञान

क्रोनिन, जेम्स वाटसन
नागरिकता : संयुक्त राज्य अमरीका
जन्म : 29 सितंबर, 1931; शिकागो, इलिनोइस, अमरीका

जेम्स डब्ल्यू. क्रोनिन एक अमरीकी भौतिकविज्ञानी थे। उन्होंने सॉदर्न मेथडिस्ट विश्वविद्यालय में शिक्षा प्राप्त की और 1955 में डॉक्टरेट की डिग्री प्राप्त की। कुछ समय बीतने के बाद वे ब्रुकहैवन नेशनल लेबोरेटरी से 1958 में प्रिंस्टन चले गए और 1965 से 1971 तक भौतिकी के प्रोफेसर के पद पर कार्य किया।

संभवत: यह माना जाता है कि किसी क्रिया में समता और गुणधर्म के योग को ऊर्जा संयोजन कहते थे वद्द संक्षरण था। क्रोनिन, फिच जेम्स क्रिस्टेशन और रेने टूर्ली ने इस सी. पी. संरक्षण की जाँच, 1964 में केयोंस के खत्म होते ही खोज की और पाया कि एक तरह के केयोंस टूटकर दो पाइंओस हो जाते हैं दूसरा सी. पी. संरक्षण का उल्लंघन नहीं हो सकता।

तटस्थ के मेसोन के क्षय में मौलिक समरूपता सिद्धांतों के संबंध में उनकी खोज के लिए उन्हें नोबेल पुरस्कार से सम्मानित किया गया।

फिच, वाल लॉग्सडन
नागरिकता : संयुक्त राज्य अमरीका
जन्म : 10 मार्च, 1923; मैरि-मान, नेब्रास्का, अमरीका

वाल एल. फिच प्रिंस्टन विश्वविद्यालय के भौतिकविज्ञानी थे। शिकागो विश्वविद्यालय में उन्होंने क्रोनिन के साथ मिलकर कार्य किया। उन दोनों ने मिलकर ब्रक हैवेन नेशनल लेबोरेटरी में कार्य किया तथा दो नियमों की खोज की।

1980 का नोबेल पुरस्कार क्रोनिन और फिच को संयुक्त रूप से प्रदान किया गया। (1) परमाणु प्रतिक्रियाओं के सभी कणों को उनके विपरीत प्रति कणों द्वारा प्रतिस्थापित (रिप्लेस) किया जा सकता है, (2) प्रकृति कणों के क्षय के रूप में प्रतिक्रिया और उसकी छोटी छवि के बीच भेद नहीं करती।

रसायन विज्ञान

बर्ग, पॉल

नागरिकता : संयुक्त राज्य अमरीका

जन्म : 30 जून, 1926; न्यू यॉर्क सिटी, अमरीका

पॉल बर्ग एक अमरीकी अणु जैवविज्ञानी थे। उन्होंने पेंसिलवानिया स्टेट विश्वविद्यालय और वेस्टर्न रिजर्व विश्वविद्यालय में अध्ययन किया तथा 1952 में पीएच.डी. की डिग्री प्राप्त की। उन्होंने पहले वाशिंगटन विश्वविद्यालय के मेडिकल स्कूल में अध्यापन किया फिर 1959 में कैलीफोर्निया विश्वविद्यालय चले गए। वहाँ वे जैव रसायन के प्रोफेसर नियुक्त हुए (1960)। 1955 में फ्रांसिस क्रिक की अपनी परिकल्पना यह थी कि एमीनो अम्ल सीधे अंतरक्रिया नहीं करते।

बर्ग का नाम 'साइंस' पत्रिका में प्रकाशित (24 जुलाई, 1974) 'बर्ग लेटर' से हुई। इसमें उन्होंने साफ-साफ डी.एन.ए. के प्रयोगों से होनेवाले खतरों से आगाह किया था। ये संभव हुआ बर्ग ने विशेष एंजाइम को दूसरे डी.एन.ए. में डाल दिया। उन्होंने अनेक रोगों के रोगाणुओं की पहचान की और चिकित्सा पर शोध किए। इस क्रम में उन्होंने दूरस्थ प्रदेशों की यात्राएँ कीं। अनेक प्रकार के वायरसों की खोज की। ट्यूमर उत्पन्न करने वाले वायरसों का पता उन्हें चल गया था। कैलीफोर्निया में आयोजित कॉन्फ्रेंस में एक दिशा-निर्देश उन्होंने नेशनल इंस्टीट्यूट ऑफ हेल्थ 1976 में प्रस्तुत किया। डी.एन.ए. से संबंधित न्यूक्लिक एसिड के जैव रसायन पर उनके मौलिक अध्ययन के लिए उन्हें नोबेल पुरस्कार से सम्मानित किया गया।

गिल्बर्ट, वाल्टर

नागरिकता : संयुक्त राज्य अमरीका

जन्म : 21 मार्च, 1932; बोस्टन

वाल्टर गिल्बर्ट हार्वर्ड विश्वविद्यालय में जीव रसायनविज्ञानी थे। वह कैंब्रिज विश्वविद्यालय के सैंगर के साथ मिलकर कार्य कर रहे थे। उन्होंने एक नए डी.एन.ए. की अनुक्रमण की विधि विकसित की। उन्होंने पहले इन्ट्रोन्स और एक्सोन्स के अस्तित्व का प्रस्ताव रखा। गिल्बर्ट ने जीवन की उत्पत्ति के लिए आर.एन.ए. दुनिया की परिकल्पना की, जो 1967 में कार्ल वुएस के सिद्धांत पर आधारित थी। उन्हें एक नए डी.एन.ए. के अनुक्रमण की विधि विकसित करने के लिए नोबेल पुरस्कार से सम्मानित किया गया।

सैंगर, फ्रेडरिक

नागरिकता : ब्रिटेन

जन्म : 13 अगस्त, 1918; रेंडकॉम्बे, ब्रिटेन

फ्रेडरिक सैंगर एक अंग्रेज जैव रसायनविज्ञानी हैं। उन्हें दो बार नोबेल पुरस्कार से सम्मानित किया गया है। उन्हें इंसुलिन अणु की संरचना के अपने दृढ़ संकल्प के लिए 1958 तथा 1980 में (पॉल बर्ग तथा वाल्टर गिल्बर्ट के साथ) न्यूक्लिक एसिड की संरचना प्रक्रिया को विकसित करने के लिए रसायन विज्ञान का नोबेल पुरस्कार प्रदान किया गया।

फ्रेडरिक के परिवार को आशा थी कि वह अपने पिता के समान ही एक चिकित्सक बनेंगे। लेकिन काफी सोच-विचार के बाद फ्रेडरिक ने एक वैज्ञानिक बनने का फैसला किया और 1936 में सेंट जोंस कॉलेज, कैंब्रिज में दाखिला ले लिया। उन्होंने जैव रसायनविज्ञानी अल्बर्ट न्यूबर्गर के साथ लाइसिन मैटाबोलिडम का अध्ययन किया। 1943 में उन्होंने डॉक्टर की उपाधि प्राप्त की। इसी वर्ष वे चार्ल्स चिबनाल के समूह में शामिल हो गए और अपने शोध का प्रमुख निष्कर्ष प्रस्तुत किया कि प्रोटीन इंसुलिन को दो पॉलीपेप्टाइड कड़ियों में सटीक एमीनो एसिड श्रेणियाँ पाई जाती हैं और प्रत्येक प्रोटीन की एक अनोजी श्रेणी होती है। इसके लिए उन्हें 1958 का नोबेल पुरस्कार प्रदान किया गया।

1977 में सैंगर और उनके सहकर्मियों ने डी.एन.ए. अणु अनुक्रमण के लिए एक 'डिडियोक्सी' चेन-टर्मिनेशन विधि की शुरुआत की, जो एक बहुत बड़ी सफलता थी, जिसने डी.एन.ए. को तेजी से और सही अनुक्रम देना संभव बनाया। डिडियोक्सी विधि को अंततः पूरे मानव जीन समूह के लिए इस्तेमाल किया गया। इस सफलता ने उन्हें वाल्टर गिल्बर्ट तथा पॉल बर्ग के साथ 1980 में रसायन विज्ञान में अपना दूसरा नोबेल पुरस्कार प्रदान किया।

शरीर विज्ञान/चिकित्सा विज्ञान

बेनासेराफ, बारुज
नागरिकता : संयुक्त राज्य अमरीका
जन्म : 29 अक्टूबर, 1920; कैराकस, वेनेजुएला
निधन : 2 अगस्त, 2011; बोस्टन, अमरीका

बारुज बेनासेराफ एक अमरीकी प्रतिरक्षा विज्ञानी थे। वे फ्रांस में पले थे और 1940 में सपरिवार अमरीका चले गए। उन्होंने कोलंबिया में अध्ययन किया और वर्जीनिया विश्वविद्यालय से 1945 में एम.डी. की डिग्री प्राप्त की। उन्होंने पेरिस के ब्रौसेस अस्पताल में 1950-56 की अवधि में कार्य किया। 1956 में वे अमरीका लौट आए और 1956 से न्यू यॉर्क मेडिकल स्कूल में कार्य किया। वहाँ 1960 से 1968 तक पैथोलॉजी के प्रोफेसर रहे। उन्होंने हार्वर्ड विश्वविद्यालय में तुलनात्मक पैथोलॉजी का अध्ययन किया तथा एलर्जी और संक्रामक रोगों के रोगाणुओं या वायरसों की खोज की (1970)।

आगे चलकर इन्होंने प्रतिरक्षा तंत्र पर शोध किए, चाहे वे ग्राफ्ट्स हो, ट्यूमर सेल्स हों, बैक्टीरिया या वायरस हों या एच 2 रेजियन के अंतर्गत हों। बेनासेराफ और उनके सहयोगियों ने आनुवंशिक और प्रतिरक्षा गुणों की खोज की। अनेक संक्रामक रोगों के वायरस का पता किया। अनेक रोगों के निदान में उनकी यह खोज बहुत सहायक सिद्ध हुई। यही उनके शोध का निष्कर्ष है। कोशिका सतह का आनुवंशिक रूप से संबंधित उनकी खोजों के लिए उन्हें नोबेल पुरस्कार प्रदान किया गया।

डाउसेट, जीन
नागरिकता : फ्रांस
जन्म : 19 अक्टूबर, 1916; टाउलाउस, फ्रांस
निधन : 6 जून, 2009; पाल्मा, स्पेन

जीन डाउसेट एक डॉक्टर के पुत्र थे। वे सेंट-लोइस हॉस्पिटल, यूनिवर्सिटी ऑफ पेरिस (फ्रांस) के वैज्ञानिक थे। उन्होंने मरीजों के रक्त आधान आदि की प्रक्रिया पर शोध किया। सर्फेस पर प्रोटीन अणु आदि की खोज की और एंटीजेन की संरचना का अध्ययन किया। उन्हें पता चला कि एंटीजेन आदि की प्रक्रिया एक-दूसरे से पूरी तरह संबद्ध है।

उन्होंने प्रोफेसर जीन बर्नार्ड द्वारा निर्देशित, रिसर्च इंस्टीट्यूट इन ब्लड डिसीसेज के निर्माण में भाग लिया, जहाँ वे 1968 तक सहायक निदेशक रहे। 1963 में उन्होंने रोज मेयोराल से विवाह किया, जिनसे उन्हें दो संतानें हुईं।... वैज्ञानिक रुचियों के अलावा, उनकी अपने परिवार में और आधुनिक प्लास्टिक कला में बहुत रुचि थी।

स्नेल, जॉर्ज डी.

नागरिकता : संयुक्त राज्य अमरीका

जन्म : 19 दिसंबर, 1903; ब्रैडफोर्ड, मेसाचुसेट्स, अमरीका

निधन : 6 जून, 1996; बार हार्बर

जॉर्ज डी. स्नेल एक सेवामुक्त वैज्ञानिक थे। संयुक्त राज्य अमरीका के बार हार्बर लेबोरेटरी में कार्य किया। उन्होंने अकेले जीन्स के समूहों पर शोध किया। उन्होंने प्रोटीन अणुओं और कोशिकाओं की संरचना का अध्ययन किया। मगर हर व्यक्ति में अलग-अलग प्रतिक्रिया होती है। उनकी दृष्टि में नियंत्रित वे जीन्स 'मेजर हिस्टोकॉम्पेटिबिलटी कॉम्प्लेक्स' कहलाते हैं। यह एक प्राथमिक कारक है कि हमारा शरीर उसे ग्रहण करता है या नहीं।

1980 का नोबेल पुरस्कार बेनासेराफ, डाउसेट और स्नेल को संयुक्त रूप से प्रदान किया गया।

साहित्य

मिलोश, चेस्लाव

नागरिकता : संयुक्त राज्य अमरीका

जन्म : 30 जून, 1911; लिथुआनिया

निधन : 14 अगस्त, 2004; क्राको, पौलेंड

चेस्लाव मिलोश लिथुआनिया में जन्मे पोलिश कवि और कैलीफोर्निया के बर्कले विश्वविद्यालय में स्लाविक भाषा विभाग में अध्यापक रहे।

उनकी कविताओं का प्रथम संग्रह 1933 में प्रकाशित हुआ जिसने उन्हें विश्वव्यापी ख्याति दी और पुरस्कृत भी किया। उनकी कविताओं का द्वितीय संग्रह 'दि थ्री विंटर्स' (1936), युद्ध के बाद 1951 में वे पेरिस से निष्कासित कर दिए गए और तब वे संयुक्त राज्य अमरीका चले गए। उन्होंने कैलीफोर्निया विश्वविद्यालय में कार्य किया।

वे अनेक भाषाओं के ज्ञाता थे—अंग्रेजी, रशियन, फ्रेंच, ग्रीक और हिब्रू। उन्होंने हिब्रू सीखा और बुक ऑफ साम्स का हिब्रू में अनुवाद किया। उनकी 'संकलित कविताएँ' और 'बेल्स इन विंटर' विश्व भर के लेखकों और कवियों द्वारा बहुत प्रशंसित हुईं। उन्हें उनकी रचनाओं के लिए, जो बिना किसी समझौते के इस दुनिया में आदमी की हालत को स्पष्ट करती हैं, नोबेल पुरस्कार से सम्मानित किया गया।

शान्ति

एस्क्वीवेल, ऐडोल्फो पेरेज

नागरिकता : अर्जेंटीना

जन्म : 26 नवंबर, 1931; ब्यूनस आयर्स, अर्जेंटीना

ऐडोल्फो पेरेज एस्क्वीवेल पहले कला और ऐतिहासिक कला के प्रोफेसर थे। शान्ति पुरस्कार के लिए उन्हें दो बार नामांकित किया गया। उन्होंने प्रोफेसर के पद पर कार्य करना छोड़ दिया तथा अपनी शक्ति और अपने समय को दक्षिण अमरीका के अहिंसक आंदोलन करनेवाले संगठनों के साथ कार्य करने में लगा दिया। वे आस्थावान रोमन कैथोलिक थे। अर्जेंटीना में 'सर्विसो पाज वाइ जस्टिसिया' (पीस एंड जस्टिस सर्विस) के संस्थापक और अध्यक्ष रहे। वे मानव अधिकारों के आध्यात्मिक और नैतिक समर्थक थे और निर्धनों की सहायता के लिए कार्य करते थे।

वे महात्मा गांधी के शिष्य थे। सामाजिक परिवर्तन के लिए वे अहिंसक आंदोलन के समर्थक थे। अर्जेंटीना की सैनिक सरकार को यह पसंद नहीं था। उन्हें गिरफ्तार कर जेल में यातनाएँ दी गईं। चौदह महीनों तक वे जेल में रहे। वे अर्जेंटीना के द्वितीय निवासी थे जिन्हें शान्ति का नोबेल पुरस्कार

प्राप्त हुआ। प्रथम निवासी सेनोर सावेंद्रा लामा थे जिन्हें 1936 में यह पुरस्कार मिला था। अर्जेंटीना कानून के अनुसार उन्हें हर महीने 5000 अमरीकी डॉलर मिला करते थे, मगर अर्जेंटीना की सरकार को यह पसंद नहीं था।

उन्होंने लैटिन अमरीका की जनता की ओर से पुरस्कार को स्वीकार किया। भारत की मदर टेरेसा का उदाहरण उनके सामने था। 1981 में अर्जेंटीना की सरकार ने उन्हें 5000 अमरीकी डॉलर का पेंशन देना बंद कर दिया।

इतने विरोधों का सामना करने के बावजूद, पेरेज का कहना है कि संघर्ष केवल अहिंसक माध्यम से ही होना चाहिए।

अर्थशास्त्र

क्लेइन, लॉरेंस आर.

नागरिकता : संयुक्त राज्य अमरीका

जन्म : 14 सितंबर, 1920; ओमाहा, अमरीका

लॉरेंस आर. क्लेइन ने कैलीफोर्निया विश्वविद्यालय से अर्थशास्त्र में स्नातक की डिग्री ऑनर्स के साथ प्राप्त की। उन्होंने 1944 में पीएच.डी. की डिग्री मेसाचुसेट्स इंस्टीट्यूट ऑफ टेक्नोलॉजी से प्राप्त की। उसके बाद उन्होंने काउलेस कमीशन फॉर रिसर्च इन इकोनॉमिक्स में अध्यापन का कार्य किया। 1958 से वे अर्थशास्त्र और अर्थव्यवस्था के प्रोफेसर रहे। संयुक्त राज्य में उन्होंने अर्थमिति का एक बड़ा मॉडल विकसित किया जिसे 'लिंक' कहा गया।

उनकी प्रमुख कृतियाँ हैं : 'दि केनेशियन रिवोल्यूशन' (1947), 'टेक्स्ट बुक ऑफ इकोनोमेट्रिक्स' (1953), 'ऐन इकोनोमेट्रिक मॉडल ऑफ दि यूनाइटेड स्टेट्स' (1929-52), 'रीडिंग्स इन बिजनेस साइकिल्स' (1965), 'व्हार्टन इकोनोमेट्रिक फोरकास्टिंग मॉडल' (1957)। उन्हें अर्थमितीय प्रतिरूपो के सृजन करने और आर्थिक उतार-चढ़ाव तथा आर्थिक नीतियों के विश्लेषण में लागू करने के लिए नोबेल पुरस्कार से सम्मानित किया गया।

भौतिक विज्ञान

रसायन विज्ञान

शरीर विज्ञान/चिकित्सा विज्ञान

साहित्य

शान्ति

अर्थशास्त्र

1981

भौतिक विज्ञान

सिएगबॉन, काइ एम.
नागरिकता : स्वीडन
जन्म : 20 अप्रैल, 1918; लुंड, स्वीडन
निधन : 20 जुलाई, 2007; एंजेल होम, स्वीडन

काइ एम. सिएगबॉन एक स्वीडिश भौतिकविज्ञानी थे। वे उप्सला विश्वविद्यालय में 1954 से ही कार्यरत थे। यहाँ इलेक्ट्रॉन के विकिरण चिकित्सा पर एक्स-किरणों की प्रतिक्रिया पर उन्होंने शोध किए।

उन्होंने दिखाया कि एक अणु एटम से दूसरे अणु के एटम तक पहुँचा जा सकता है। ये 'रासायनिक परिवर्तन' रासायनिक उपकरण के विश्लेषणात्मक उपकरण का कार्य करते हैं—जिसको सिएगबॉन ने 'ईएससीए' (इलेक्ट्रॉन स्पेक्ट्रोस्कोपी फॉर केमिकल एनालाइसिस) कहा है। वे कार्ल मैन्ने सिएगबॉन के पुत्र थे जिन्हें 1924 में नोबेल पुरस्कार मिला था। उन्हें उच्च रिजोल्यूशन के इलेक्ट्रॉन वर्णक्रम का विकास करने में योगदान के लिए नोबेल पुरस्कार से सम्मानित किया गया।

ब्लोएम्बरगेन, निकोलास
नागरिकता : नीदरलैंड्स/संयुक्त राज्य अमरीका
जन्म : 11 मार्च, 1920; दोरद्रेख्त, नीदरलैंड्स

निकोलास ब्लोएम्बरगेन एक अमरीकी भौतिकविज्ञानी थे। उन्होंने उत्रेख्त विश्वविद्यालय और लेइडेन विश्वविद्यालय में शिक्षा प्राप्त की। उसके बाद वे पीएच.डी. की डिग्री प्राप्त करते ही शीघ्र ही अमरीका चले गए और वहाँ हार्वर्ड के स्टाफ में सम्मिलित हुए (1947)। 1957 से वे व्यावहारिक भौतिकी के प्रोफेसर रहे तथा 1974 से भौतिकी के रम्फोर्ड

प्रोफेसर भी रहे। उन्होंने मेसर के उपकरण की डिजाइन को फिर से नया रूप दिया। यह त्रिस्तरीय खोज सोवियत संघ के अलेक्जांद्र ने भी की थी। उसे और भी परिष्कृत रूप ब्लोएम्बर-गेन ने दिया।

ब्लोएम्बरगेन ने 'न्यूक्लियर मैग्नेटिक रिलेक्सेशन' (1948) तथा 'नान लाइनियर ऑप्टिक्स' (1965) पुस्तकें प्रकाशित कीं। उन्हें लेजर वर्णक्रमी के विकास में सहयोग करने के लिए नोबेल पुरस्कार प्राप्त हुआ।

शावलोव, आर्थर लियोनार्द

नागरिकता : संयुक्त राज्य अमरीका

जन्म : 5 मई, 1921; माउंट वेरनॉन, न्यू यॉर्क

निधन : 28 अप्रैल, 1999; पालो आल्टो, अमरीका

आर्थर एल. शावलोव ने कनाडा के टोरोंटो विश्वविद्यालय में अध्ययन किया तथा स्टैनफोर्ड विश्वविद्यालय में भौतिक विज्ञान के प्रोफेसर नियुक्त किए गए। 1958 में जब वह बेल लेबोरेटरीज के शोधकर्ता थे तब परंपरागत वणक्रमी के प्रयोग में कुछ कठिनाई का अनुभव उन्होंने किया। उनके नोबेल विजेता ब्रदर-इन-लॉ चार्ल्स एच. टाउनेस (1964, फिजिक्स) ने वर्णक्रमी का नया संशोधित रूप तैयार किया जिससे सब कुछ आसान हो गया।

एक उल्लेखनीय नई खोज उन्होंने यह की कि यह हाइड्रोजन आदि के अध्ययन के लिए बहुत उपयोगी सिद्ध हुआ। तीन आयामों से चतुर्थ आयाम में परिवर्तित करना आसान हो गया।

1981 का नोबेल पुरस्कार का आधा सिएगबॉन को प्रदान किया गया और शेष आधे में ब्लोएमबरगेन और शावलोव सहभागी रहे।

रसायन विज्ञान

फुकुई, केनिची

नागरिकता : जापान

जन्म : 4 अक्टूबर, 1918; नारा, जापान

निधन : 9 जनवरी, 1998; क्योटो

केनिची फुकुई प्रथम जापानी वैज्ञानिक थे जिन्हें नोबेल पुरस्कार प्रदान किया गया। उन्होंने क्योतो विश्वविद्यालय से स्नातक की डिग्री प्राप्त की और उसी संस्थान से डॉक्टरेट की उपाधि भी प्राप्त की। 1951 में उन्हें रसायन विज्ञान का प्रोफेसर नियुक्त किया गया। उन्होंने इस तथ्य पर शोध किया कि क्यों कुछ रासायनिक क्रिया अणु और परमाणु के मध्य हो सकती है और शेष की नहीं होती। उन्होंने 'फ्रांटियर आर्बिटल' थियरी विकसित की। उन्हें रासायनिक प्रतिक्रियाओं की व्याख्या से संबंधित, स्वतंत्र रूप से विकसित उनके सिद्धांतों के लिए नोबेल पुरस्कार से सम्मानित किया गया।

हॉफमान, रोआल्ड

नागरिकता : संयुक्त राज्य अमरीका

जन्म : 18 जुलाई, 1937; ज्लोचोव, पोलैंड

रोआल्ड हॉफमान 13 वर्ष की अवस्था में अपने परिवार के साथ अमरीका चले आए थे क्योंकि पोलैंड पर नाजियों का कब्जा हो जाने के कारण वहाँ का माहौल खौफनाक हो गया था। उन्होंने 1958 में कोलंबिया विश्वविद्यालय से स्नातक

की डिग्री प्राप्त की और हार्वर्ड यूनिवर्सिटी से पीएच.डी. की डिग्री प्राप्त की। वे1945 से कार्नेल विश्वविद्यालय से संबद्ध रहे। 1955 से अमरीकी नागरिक हैं।

वह स्वतंत्र रूप से इस निर्णय पर पहुँचे कि फुकुई के शोध के परिणाम सही हैं। अणु या परमाणु के तत्त्व एक-दूसरे से संबद्ध हैं। दूसरे शब्दों में प्रकृति चाहती है कि उनमें कक्षीय सममिति हो। उनके शोधों में क्वांटम यांत्रिकी को आधार बनाया गया ताकि पता चल सके कि परमाणु कैसे प्रतिक्रिया करता है।

1981 का नोबेल पुरस्कार फुकुई और हॉफमान को संयुक्त रूप से प्रदान किया गया।

शरीर विज्ञान/चिकित्सा विज्ञान

स्पेरी, रोजर डब्ल्यू.
नागरिकता : संयुक्त राज्य अमरीका
जन्म : 20 अगस्त, 1913; हार्टफोर्ड, कनेक्टिकट, अमरीका
निधन : 17 अप्रैल, 1994; पैसाडोना, अमरीका

रोजर डब्ल्यू. स्पेरी कैलीफोर्निया के इंस्टीट्यूट में व्यवहार विज्ञान के प्रोफेसर नियुक्त हुए। उन्होंने लगातार तीन दशकों तक शोध किया तब जाकर पुरस्कार प्राप्त करने योग्य सिद्ध हो सके। उन्होंने आधुनिक शोध का आधार प्रस्तुत किया (दाएँ हाथ से कार्य करनेवाले की प्रतिक्रिया और बाएँ हाथ से कार्य करने वाले की प्रतिक्रिया अलग-अलग थीं)।

उन्होंने जानवरों के साथ प्रयोग किए। उन्होंने मानवीय मिर्गी के दौरों का अध्ययन किया। छोटे दिमागी अपक्षरणीय शल्य-चिकित्सा द्वारा दौरों पर नियंत्रण किया जा सकता है और पाया कि उनकी पीड़ा का उनकी शारीरिक क्षमता पर प्रभाव नहीं पड़ता। उन्होंने सिद्ध किया कि प्रत्येक गोलार्द्ध में ऐसे रोगियों की अपनी अलग चेतना, अलग अनुभव, भावनाएँ, विचार और यादें होती हैं। उन्हें मस्तिष्क के आधे-आधे दोनों भागों की कार्य करने से संबंधित विशेषता के लिए नोबेल पुरस्कार से सम्मानित किया गया।

हुबेल, डेविड एच.
नागरिकता : संयुक्त राज्य अमरीका
जन्म : 27 फरवरी, 1926; विंडसर, ओन्टारिओ, कनाडा

डेविड एच. हुबेल हार्वर्ड के मेडिकल स्कूल में प्रोफेसर थे।

उन्होंने कूट अनुवाद पद्धति की खोज की और मस्तिष्क की प्रक्रिया को समझने का प्रयास किया। उन्होंने साबित कर दिया कि इनसानी मस्तिष्क कोई कंप्यूटर नहीं है जो साइबर-नेटिक को एक मृत विज्ञान बना देगा। यह मस्तिष्क का एक प्रायोगिक नमूना है। ये सभी सूचनाएँ मस्तिष्क या स्मृतियों में संचित रहती हैं। सभी सूचनाएँ मस्तिष्क की दृश्य प्रणाली या स्मृतियों में संचित होने से संबंधित उनकी खोजों के लिए उन्हें नोबेल पुरस्कार से सम्मानित किया गया।

वीजेल, टार्स्टेन एन.
नागरिकता : स्वीडन
जन्म : 3 जून, 1924; उप्सला, स्वीडन

टार्स्टेन एन. वीजेल एक स्वीडिश शरीर क्रिया वैज्ञानिक थे। उन्होंने डेविड हुबेल के साथ यू.एस.ए. के हार्वर्ड विश्व-विद्यालय के मेडिकल स्कूल में अध्ययन किया। उन्होंने देखा कि मनोविज्ञान सिखाता है कि चेतना तत्त्व प्रकाश को ग्रहण करता है। रेटिना की इसमें भूमिका होती है किंतु पहला लेयर न्यूरोन से संबद्ध रहता है।

युगों पुरानी अवधारणा है कि रेटिना का समुचित प्रयोग

न हो तो मनुष्य प्राय: अंधा रहता है। हुबेल और वीजेल के अनुसार दोनों रेटिना ठीक से कार्य करें तो संतुलन बना रहता है। कभी एक रेटिना से और कभी दूसरे से और कभी-कभी दोनों रेटिना अपना कार्य करते हैं। दिमागी आवरण के शोथ को उन्होंने अध्ययन का प्रमुख विषय बनाया।

साहित्य

कैनेट्टि, एलियास

नागरिकता : ब्रिटेन, बुल्गारिया, स्वीडन

जन्म : 25 जुलाई, 1905; रयूस, बुल्गारिया

निधन : 14 अगस्त, 1994; ज्यूरिख, स्विट्जरलैंड

एलियास कैनेट्टि रोमानिया के निवासी थे। उनके माता-पिता 1911 में इंग्लैंड चले गए। वहाँ पिता की मृत्यु 1913 में हो जाने पर पूरा परिवार विएना लौट गया। विएना में कैनेट्टि फ्रांज काफ्का के घनिष्ठ मित्र हो गए। उन्होंने काफ्का के बारे में एक पुस्तक लिखी जिसका शीर्षक था—'डेर एंडेरे प्रोजेसेस' (काफ्का'ज अदर ट्रायल, 1969) 1938 में नाजियों का प्रभुत्व बढ़ जाने पर उन्होंने वहाँ से पलायन किया और लंदन में जाकर रहने लगे।

उनका प्रथम राजनीतिक उपन्यास 1969 में प्रकाशित हुआ जिसका शीर्षक 'मासउंड मैच' (क्राउड्स एंड पावर) था। उसमें मानव समूह की मानसिकता का विवरण है।

कैनेट्टि एक शान्तिवादी थे और हर प्रकार की तानाशाही के विरुद्ध थे। उन्हें उनके उपन्यास 'डिए ब्लेंडग' के लिए पुरस्कृत किया गया जिसमें सामूहिक मानसिकता का विवरण है। उसका प्रकाशन 1947 में अमरीका से हुआ जिसका शीर्षक 'दि टॉवर ऑफ बैबल' है। उन्हें 1981 के नोबेल पुरस्कार से सम्मानित किया गया। उनके व्यापक दृष्टिकोण, विचारों और कलात्मक शक्ति से भरपूर लेखन के लिए विशेष रूप से उनके उपन्यास 'डिए ब्लेंडग' के लिए, जिसमें सामूहिक मानसिकता का विवरण है, नोबेल पुरस्कार से सम्मानित किया गया।

शान्ति

ऑफिस ऑफ दि यूनाइटेड नेशंस हाई कमिश्नर फॉर रिफ्यूजीज

मुख्यालय : जिनेवा, स्विट्जर-लैंड

स्थापना : 14 दिसंबर, 1950

ऑफिस ऑफ दि यूनाइटेड नेशंस ने पुरस्कार प्राप्त किया क्योंकि वह विश्व भर के दिन-ब-दिन बढ़ते जा रहे शरणार्थियों की सहायता करती है। 1954 में भी इसे पुरस्कृत किया गया था जो कि युद्धोत्तर काल में यूरोपीय शरणार्थियों की सहायता के लिए प्रदान किया गया था। यह चौदहवीं बार थी जब किसी संस्था को पुरस्कृत किया गया था। इंटरनेशनल रेडक्रॉस को 1917, 1944 और 1963 में पुरस्कार मिला था।

अर्थशास्त्र

टोबिन, जेम्स

नागरिकता : संयुक्त राज्य अमरीका

जन्म : 5 मार्च, 1918; शैंपेन; इलिनोइस, अमरीका

निधन : 11 मार्च, 2002; न्यू हैवन, अमरीका

जेम्स टोबिन ने हार्वर्ड विश्वविद्यालय से 1939 में स्नातक हुए (1939) तथा 1947 में डॉक्टरेट की डिग्री प्राप्त की। येल विश्वविद्यालय में 1955 से अर्थशास्त्र के सहायक प्रोफेसर रहे। 1961-62 में काउंसिल ऑफ इकोनॉमिक्स के अध्यक्ष और सलाहकार रहे। 1955-61 की अवधि में काउलेस

फाउंडेशन के आर्थिक शोध के निदेशक रहे। उन्हें अनेक ऑनरेरी डॉक्टरेट की डिग्रियाँ प्राप्त हुईं।

उनकी प्रकाशित कृतियों में 'दि अमरीकन बिजनेस ग्रीड' (1956), 'नेशनल इकोनॉमिक पॉलिसी' (1966), 'एसेज इकोनॉमिक्स, मैक्रोइकोनॉमिक्स' (1971), 'थियरी एंड पॉलिसी' तथा 'रिफ्लेक्शन ऑन काउंटेम्प्रेरी मैक्रोइ-कोनॉमिक थियरी' (1980)। उन्हें वित्तीय बाजारों का विश्लेषण करने और खर्च करने के निर्णयों, रोजगार उत्पादन तथा कीमतों के साथ उनके संबंधों के विश्लेषण के लिए पुरस्कृत किया गया।

भौतिक विज्ञान

रसायन विज्ञान

शरीर विज्ञान/चिकित्सा विज्ञान

साहित्य

शान्ति

अर्थशास्त्र

1982

भौतिक विज्ञान

विल्सन, केनेथ गेडेस
नागरिकता : संयुक्त राज्य अमरीका
जन्म : 8 जून, 1936; वाल्थम, मेसाचुसेट्स
निधन : 15 जून, 2013; साको, अमरीका

केनेथ गेडेस विल्सन के पिता एडगर ब्राइट विल्सन सुप्रसिद्ध भौतिकविज्ञानी थे। वे माइक्रोवेव स्पेक्ट्रोस्कॉपी के विशेषज्ञ थे। उन्होंने हार्वर्ड विश्वविद्यालय में अध्यापन किया और विज्ञान का राष्ट्रीय पुरस्कार प्राप्त किया।

केनेथ की विज्ञान के प्रति अभिरुचि बाल्यावस्था से ही थी। एक बार किसी रिपोर्टर से उन्होंने कहा कि वह स्कूल बस की प्रतीक्षा इसलिए करते हैं कि वह वर्तुलाकार मार्ग से गुजरती है।

उन्होंने पेंसिलवानिया के जॉर्ज स्कूल से स्नातक होने के बाद हार्वर्ड कॉलेज में 1952 में प्रवेश किया और 1956 में बी.ए. की डिग्री प्राप्त की। उन्होंने भौतिक विज्ञान में स्नातक की डिग्री हासिल की। 1956 से 1960 तक नोबेल विजेता भौतिकशास्त्री मुर्रे जेल-मान के निर्देशन में उप-परमाणवीय सिद्धांत को विकसित किया। उन्होंने 'कालटेक' में यह शोध किया था। उप-परमाणवीय कणों को 'क्वार्क्स' कहा गया। 1961 में 'कालटेक' से पीएच.डी. की डिग्री प्राप्त की। वे हार्वर्ड के जूनियर फेलो चुने गए। 1962 से वे कार्नेल विश्वविद्यालय में अध्यापन कार्य कर रहे हैं। उनकी डॉक्टोरल थीसिस का शीर्षक था : 'इन्वेस्टीगेशन ऑफ इक्वेशन एंड च्यूमेंडस्टाम इक्वेशन।'

उनकी थीसिस 'इनवेस्टीगेशन ऑफ दि लो इक्वेशन एंड दि च्यू मेंडलेस्टाम इक्वेशंस' का संबंध क्वांट थियरी से है।

उन्हें कई पुरस्कार प्राप्त हुए। नोबेल पुरस्कार उन्हें विशेष रूप से फेज ट्रांजिक्शन पर किए गए महत्त्वपूर्ण कार्यों के लिए प्रदान किया गया। भौतिकी और रसायन पर उनकी खोज सराहनीय है।

रसायन विज्ञान

क्लुग, आरोन
नागरिकता : ब्रिटेन
जन्म : 11 अगस्त, 1926; जेल्वास, लिथुआनिया

आरोन क्लुग की परवरिश दक्षिण अफ्रीका में हुई। उन्होंने अपने वैज्ञानिक जीवन की शुरुआत भौतिक विज्ञान के अध्ययन से की। वे कैंब्रिज के पीटर हाउस कॉलेज में अध्यापक भी रहे।

कैंब्रिज में शोधकार्य करते हुए उन्होंने अध्ययन किया कि जब पिघले हुए स्टील का एक ठोस रूप में क्रिस्टलीकरण होता है तो उसका क्या होता है।

बाद में उन्होंने अपना ध्यान जैव व्यवस्था में लगाया। उन्होंने शरीर में ऑक्सीजन ले जानेवाले हीमोग्लोबिन के परमाणु कीटाणुओं की संरचना का अध्ययन किया। उनकी मुख्य उपलब्धि इलेक्ट्रॉन माइक्रोस्कोप की नई तकनीक को विकसित करने में रही। उनका हालिया कार्य 'न्यूक्लियोसोम्स' की संरचना पर है। क्रिस्टलियोग्राफिक इलेक्ट्रॉन माइक्रोस्कोप के विकास तथा जैविक रूप से महत्त्वपूर्ण न्यूक्लिक अम्ल 'प्रोटीन कॉम्प्लेक्सेस' की संरचनात्मक स्पष्टीकरण के लिए उन्हें नोबेल पुरस्कार से सम्मानित किया गया।

शरीर विज्ञान/चिकित्सा विज्ञान

बर्गस्ट्रोम, स्यून के.
नागरिकता : स्वीडन
जन्म : 10 जनवरी, 1916; स्टॉकहोम, स्वीडन
निधन : 15 अगस्त, 2004; स्टॉकहोम, स्वीडन

स्यून के. बर्गस्ट्रोम को इसलिए जाना जाता है कि उन्होंने प्रोस्टेग्लैंडिनों को अलगाने तथा उनकी संरचना का अध्ययन कार्य किया था। इससे प्रोस्टेग्लैंडिनों की संरचना पर अनुसंधान का विस्तृत क्षेत्र सुलभ हुआ था।

बर्गस्ट्रोम आरंभ में कारोलिंस्का इंस्टीट्यूट, स्कॉटहोम में रसायन विज्ञान के प्रोफेसर और चेयरमैन थे और बाद में रेक्टर बने। वे 'डब्ल्यू.एच.ओ.' एडवाइजरी कमेटी ऑन मेडिकल रिसर्च के चेयरमैन थे।

वर्ष 1982 का शरीर विज्ञान/औषधि विज्ञान का नोबेल पुरस्कार बर्गस्ट्रोम, सैमुएल्सन (दोनों स्वीडन के) तथा इंग्लैंड के जॉन वेन को संयुक्त रूप से प्रदान किया गया था। उन्होंने प्रोस्टेग्लैंडिन्स तथा उससे संबंधित जैविक रूप से सक्रिय तत्त्वों की खोज की थी। यौगिकों के इस समूह में प्रोस्टेग्लैंडिन $(PG)E_2$, PGf_2a, PGD_2 थ्रोमबौक्सेन A_2 प्रोस्टेस्कील तथा ल्यूकोट्राइंस शामिल हैं। ये सभी एराचिडोनिक अम्ल के ऑक्सीकरण से निर्मित होते हैं।

सैमुएल्सन, बेंग्ट
नागरिकता : स्वीडन
जन्म : 21 मई 1934; हाल्म-स्टेड्, स्वीडन

बेंग्ट सैमुएल्सन को प्रोस्टेग्लैंडिइनों के जैव संश्लेषणों की अभियांत्रिकी के स्पष्टीकरण तथा उनके उपापचय (मेटा-बोलिज्म) संबंधी शोधपूर्ण कार्य के लिए नोबेल पुरस्कार से सम्मानित किया गया। एराचिडोनिक अम्ल के ऑक्सीकरण के उनके गहन अध्ययन ने प्रोस्टेग्लैंडिन के निर्माण में प्रमुख माध्यमिकों की खोज का रास्ता खोला। इन माध्यमिकों की पहचान और इनको बिलगाने ने उनके द्वारा ही थ्रोमबौक्सेन A_2 की खोज तथा कई अन्य क्षेत्रों की प्रगति में सहायता की।

सैमुएल्सन के कार्यों ने ल्यूकोट्राइंस के जैव संश्लेषण तथा संरचना को भी स्पष्ट किया।

बेंग्ट सैमुएल्सन कारोलिंस्का इंस्टीट्यूट में रसायन विज्ञान के प्रोफेसर और साथ ही डीन भी हैं।

वेन, सर जॉन आर.
नागरिकता : ब्रिटेन
जन्म : 29 मार्च, 1927; वोर्सेस्टर शायर, ब्रिटेन
निधन : 19 नवंबर, 2004; फर्नबोरो, ब्रिटेन

सर जॉन आर. वेन ने खोज की थी कि संवहनी एंडोथीलियम बिंबाणुओं (प्लेटलेट) के एकत्रीकरण का प्रबल निरोधक प्रोस्टेसाइक्लिन का निर्माण करता है। उनकी इसी खोज के लिए उन्हें नोबेल पुरस्कार से सम्मानित किया गया।

जॉन वेन ने यह खोज की कि एस्पिरिन एराचिडोनिक अम्लों के निर्माण को अवरुद्ध करता है जिसके फलस्वरूप एस्पिरिन और संबंधित और स्टेओराइड प्रति-उत्तेजक दवाएँ एराचिडोनिक अम्लों से प्रोस्टाग्लैंडिंस में एंजाइमिक परिवर्तन को बाधित करता है। जॉन वेन इंग्लैंड के बेकेम्हाम के वेलकम फाउंडेशन में सामूहिक शोध और विकास समूह के निदेशक थे।

1982 का नोबेल पुरस्कार बर्गस्ट्रोम, सैमुएल्सन और वेन को संयुक्त रूप से प्रदान किया गया।

साहित्य

मार्केज, गैब्रिएल गार्सिया
नागरिकता : कोलंबिया
जन्म : 6 मार्च, 1928; अराकैटेका, कोलंबिया
निधन : 17 अप्रैल, 2014; मैक्सिको

ग्रैबिएल गार्सिया मार्केज एक निर्धन टेलीग्राफ ऑपरेटर की 16 सन्तानों में एक थे। वह आठ वर्षों तक नाना-नानी के पास रहे। उनके नाना ने ही 'नो वन राइट्स टु द कर्नल' के मुख्य पात्र की रचना का सुझाव दिया था। उनकी नानी उन्हें भूत-प्रेतों की कहानियाँ सुनाया करती थीं।

मार्केज ने कई लोकप्रिय कृतियाँ लिखीं जिनमें 'लीफ स्टार्म' (1955), 'इन एविल ऑवर' (1962), 'बिग मामास फ्युनेरल' (1962), 'वन हंड्रेड ईयर्स ऑफ सोलिट्यूड' (1967) और 'दि ऑटम्न ऑफ दि पैट्रिआर्क' विशेष रूप से उल्लेखनीय हैं। उन्हें 1982 के नोबेल पुरस्कार से सम्मानित किया गया।

शान्ति

मिर्डाल, आल्वा
नागरिकता : स्वीडन
जन्म : 31 जनवरी, 1902; उप्सला, स्वीडन
निधन : 1 फरवरी, 1986; स्टॉकहोम, स्वीडन

आल्वा मिर्डाल सामाजिक रूप से सचेत एक मध्यवर्गीय परिवार में पली-बढ़ी थीं। वे लंबे समय तक स्वीडन में टीचर्स कॉलेज की अध्यापिका तथा निदेशक रहीं। 1949 में वे संयुक्त राष्ट्र के समाज कल्याण विभाग की अध्यक्ष हुईं। 1950 में वे संयुक्त राष्ट्र संघ के शैक्षिक, वैज्ञानिक और सांस्कृतिक संगठन के सामाजिक अध्ययन विभाग की निदेशक बनीं। 1955 में उन्हें भारत में राजदूत नियुक्त किया गया। स्वीडन के व्यावसायिक समुदाय ने इसे पसंद नहीं किया।

गैर-समाजवादी क्षेत्र में उनका विरोध इसलिए किया गया कि वे बहुत रैडिकल थीं। उन्होंने भारत में प्रधानमंत्री जवाहरलाल नेहरू और अन्य प्रमुख नेताओं से संपर्क किया और उन सबका समर्थन प्राप्त किया। कुछ ही समय के बाद पूरे विवरण के साथ रिपोर्ट भेजी जिससे साबित हो गया कि सभी भारतीय मामलों में उनकी पकड़ गहरी है। स्वीडन का व्यावसायिक समुदाय उनकी योग्यता और क्षमता से पूरी तरह से संतुष्ट हुआ तथा उनका विरोध करना छोड़ दिया।

1961 में श्रीमती मिर्डाल को स्वीडिश विदेश मंत्री का निरस्त्रीकरण पर विशेष सहायक नियुक्त किया गया। 1962 में उन्होंने अपना राजनीतिक कैरियर आरंभ किया और स्वीडन की संसद की सदस्य बनीं और सोशल डेमोक्रेटिक पार्टी का प्रतिनिधित्व किया जो उस समय सत्तासीन थी। 1966 में वे मंत्रिमंडल में निरस्त्रीकरण एवं चर्च मामलों की मत्री बनीं। वे दशकों से गुन्नार मिर्डाल के साथ विवाहित जीवन व्यतीत कर रही थीं। गुन्नार मिर्डाल विख्यात अर्थशास्त्री थे, उन्हें 1974 में नोबेल पुरस्कार प्राप्त हुआ था। वे दोनों आपस में सहयोगिता का भाव रखते थे। संयुक्त रूप से उनके द्वारा लिखित और प्रकाशित पुस्तक 'दि क्राइसिस इन दि पोपुलेशन क्वेश्चन' (1934) ने स्वीडनवासियों को स्तब्ध कर दिया। उन्होंने ऐच्छिक अभिभावकत्व, यौन शिक्षा तथा गर्भ-निरोधकों के प्रयोग पर विशेष बल दिया। श्रीमती मिर्डाल ने अपने पति के साथ पश्चिम जर्मनी का शान्ति पुरस्कार (1976) प्राप्त किया। निरस्त्रीकरण पर श्रीमती मिर्डाल ने भी अनेक शान्ति पुरस्कार प्राप्त किए। 1982 का शान्ति का नोबेल पुरस्कार आल्वा मिर्डाल तथा गार्सिया रोबल्स दोनों को प्रदान किया।

रोबल्स, अलफांसो गार्सिया
नागरिकता : मैक्सिको
जन्म : 20 मार्च, 1911; जैमोरा, मैक्सिको
निधन : 2 सितंबर, 1991; मैक्सिको सिटी, मैक्सिको

अलफांसो गार्सिया रोबल्स ने प्राइमरी और सेकंडरी शिक्षा जैमोरा के स्कूल में प्राप्त की। उन्होंने मैक्सिको की नेशनल ऑटोनामस यूनिवर्सिटी और पेरिस यूनिवर्सिटी में अंतरराष्ट्रीय कानून की पढ़ाई की तथा 1936 में स्नातक की डिग्री प्राप्त की। एकेडमी ऑफ इंटरनेशनल लॉ (हेग) का डिप्लोमा उन्होंने 1938 में प्राप्त किया। 1939 में मैक्सिको की विदेश सेवा में प्रवेश किया और राजदूत के पद तक पहुँचे।

1946 में संयुक्त राष्ट्र के सचिवालय में राजनीतिक मामलों के निदेशक नियुक्त किए गए। उस पद पर उन्होंने मार्च 1957 तक कार्य किया। वह 1956 से जनवरी 1957 तक केरो में संयुक्त राष्ट्र संघ के महासचिव के निजी प्रतिनिधि रहे तथा संयुक्त राष्ट्र की सामान्य सभा की विशिष्ट राजनीतिक आयोग का तीसरे से ग्यारहवें सत्र (1948-56) तक प्रतिनिधित्व किया। नवंबर, 1965 में वे मैक्सिको में दक्षिण अमरीका के विनाभिकीयकरण (डिन्यूक्लिअराइजेशन) पर प्लेनरी बैठक के अध्यक्ष बने। 1967 ट्रिटेल्को में संधि पत्र पर हस्ताक्षर उनकी उपस्थिति में किए गए। उन्होंने लगभग 60 अंतरराष्ट्रीय और अंतरअमरीकी सम्मेलनों में मैक्सिको का प्रतिनिधित्व किया।

29 दिसंबर, 1975 से 30 नवंबर, 1976 तक वे मैक्सिको के विदेशमंत्री रहे। अंतरराष्ट्रीय मामलों पर उनकी 20 पुस्तकें तथा लगभग 300 निबंध प्रकाशित हुए। लातिन अमरीका, एशिया, अफ्रीका और यूरोपीय देशों के कई पुरस्कार उन्हें प्राप्त हुए।

1982 का नोबेल पुरस्कार संयुक्त रूप से आल्वा मिर्डाल और गार्सिया रोबल्स को प्रदान किया गया। उन्हें मि. डिस्आर्मामेंट भी कहा जाता था।

अर्थशास्त्र

स्टिग्लर, जॉर्ज जे.

नागरिकता : संयुक्त राज्य अमरीका

जन्म : 17 जनवरी, 1911; रेंटोन, वाशिंगटन, अमरीका

निधन : 1 दिसंबर, 1991; शिकागो, अमरीका

जॉर्ज जे. स्टिग्लर ने नॉर्थ-वेस्टर्न ऑफ शिकागो यूनिवर्सिटी से मास्टर की डिग्री प्राप्त की और उसके बाद 1938 में पीएच.डी. की डिग्री प्राप्त की। 1950 से 1955 तक उन्होंने काउलेस फाउंडेशन फॉर इकोनॉमिक रिसर्च के लिए कार्य किया। 1955 से 1961 तक उन्होंने येल विश्वविद्यालय में एसोसिएट प्रोफेसर के रूप में कार्य किया। कैलीफोर्निया विश्वविद्यालय में 1975 से गणित के प्रोफेसर रहे। उन्होंने अनेक पुरस्कार और मानद डॉक्टरेट उपाधियाँ कई एकेडमियों और विश्वविद्यालयों से प्राप्त किए, फेलोशिप भी प्राप्त किए।

उनकी 'थियरी ऑफ वैल्यू : ऐन एक्सियोमेटिक एनालाइसिस ऑफ इक्विलीब्रियम' 1959 में प्रकाशित हुई। उस पुस्तक ने उन्हें प्रसिद्धि दी और यशस्वी बनाया।

उन्होंने सिद्धांत के रूप में मुक्त और स्पर्धात्मक अर्थ-व्यवस्था का समर्थन किया और प्रत्येक बाजार में डिमांड और सप्लाई अर्थात् माँग और आपूर्ति के बीच सन्तुलन बनाए रखने पर जोर दिया। इसी अवस्था को 'जनरल इक्विलीब्रियम' कहा गया है।

भौतिक विज्ञान

रसायन विज्ञान

शरीर विज्ञान/चिकित्सा विज्ञान

साहित्य

शान्ति

अर्थशास्त्र

1983

भौतिक विज्ञान

सुब्रह्मण्यन, चंद्रशेखर
नागरिकता : संयुक्त राज्य अमरीका
जन्म : 19 अक्टूबर, 1910; लाहौर, ब्रिटिश इंडिया (अब पाकिस्तान)
निधन : 21 अगस्त, 1995; शिकागो, अमरीका

चंद्रशेखर सुब्रह्मण्यन बहुत ही शिक्षा सम्पन्न हिंदू परिवार के सदस्य थे। उनके चाचा सर चंद्रशेखर वेंकट रामन को 1930 में नोबेल पुरस्कार प्राप्त हुआ था।

चंद्रशेखर 1936-37 की अवधि में कैंब्रिज के ट्रिनिटी कॉलेज के फेलो थे तथा 1944-46 की अवधि में शिकागो विश्वविद्यालय में भौतिक विज्ञान के प्रोफेसर रहे। उन्होंने अनेक मेडल प्राप्त किए जिनमें रॉयल सोसाइटी का रॉयल मेडल तथा रॉयल एस्ट्रोनॉमिकल सोसाइटी का गोल्ड मेडल भी शामिल हैं।

उन्होंने कई पुस्तकें प्रकाशित कीं जिनमें 'दि मैथेमेटिकल थियरी ऑफ ब्लैक होल्स' सर्वाधिक महत्त्वपूर्ण है। तारों की संरचना और विकास की महत्त्वपूर्ण भौतिक प्रक्रियाओं के सैद्धांतिक अध्ययन के लिए उन्हें नोबेल पुरस्कार से सम्मानित किया गया। 1983 का भौतिक पुरस्कार फाउलर विलियम अल्फ्रेड को भी प्रदान किया गया था।

फाउलर, विलियम अल्फ्रेड
नागरिकता : संयुक्त राज्य अमरीका
जन्म : 9 अगस्त, 1911; पिट्सबर्ग, पेंसिलवानिया, अमरीका
निधन : 14 मार्च, 1995; पैसाडोना, अमरीका

विलियम अल्फ्रेड फाउलर ने लीमा सेंट्रल हाई स्कूल में शिक्षा प्राप्त की। वे फुटबाल और बेसबाल के बहुत अच्छे खिलाड़ी थे। उन्होंने 1929 में उच्चतम श्रेणी में स्नातक की डिग्री प्राप्त की। ओहियो स्टेट यूनिवर्सिटी में उन्होंने उच्चतम

श्रेणी में इंजीनियरिंग फिजिक्स में विशेषज्ञता प्राप्त की। कॉलेज के दिनों में अपने परिवार की सहायता के लिए रेस्टोरेंटों में बर्तन धोने और वेटर का काम कर लेते थे।

उन्होंने इंजीनियरिंग फिजिक्स की डिग्री 1933 में प्राप्त की। 1936 में उन्होंने पीएच.डी. की डिग्री प्राप्त की। उसके बाद कैलीफोर्निया इंस्टीट्यूट ऑफ टेक्नोलॉजी में कार्य किया और भौतिक विज्ञान के असिस्टेंट प्रोफेसर नियुक्त हुए। 1942 में प्रोन्नत होकर एसोसिएट प्रोफेसर हुए। उनकी प्रमुख वैज्ञानिक रुचि आकाशीय तारों के भीतर होनेवाली नाभिकीय अभिक्रिया के अध्ययन में रही।

1957 में उन्होंने होमेले, मार्गरेट और गेओफ्रे के साथ मिलकर यह व्याख्या की कि कैसे तारकीय भट्ठी हल्के परमाणु से भारी परमाणु को तैयार करती है। उन्होंने न्यूट्रिओन्स के अध्ययन में भी अपने को समर्पित किया।

ब्रह्मांड में रासायनिक तत्त्वों के निर्माण में नाभिकीय अभिक्रियाओं के महत्त्व के सैद्धांतिक और प्रायोगिक अध्ययन के लिए 1983 का नोबेल पुरस्कार चंद्रशेखर और फाउलर को संयुक्त रूप से प्रदान किया गया।

रसायन विज्ञान

टाउबे, हेनरी

नागरिकता : संयुक्त राज्य अमरीका

जन्म : 30 नवंबर, 1915; नियूडोर्फ, कनाडा

निधन : 16 नवंबर, 2005; स्टेनफोर्ड, अमरीका

हेनरी टाउबे के पिता एक दैनिक श्रमिक थे। टाउबे ने सैस्केटून विश्वविद्यालय से बी.एस. की डिग्री 1935 में और एम.एस. की 1937 में प्राप्त की। इसके बाद वे डॉक्टोरल रिसर्च के लिए बर्कले गए और वहाँ 1940 में पीएच.डी. की डिग्री डब्ल्यू.सी. ब्रे के साथ प्राप्त की। 1941 में वे संयुक्त राज्य अमरीका के नागरिक हुए।

टाउबे ने कार्नेल में 1941 से 1946 तक शोधकार्य किया। फिर उन्हें शिकागो में नियुक्त किया गया जहाँ वह 1946-61 की अवधि में रहे। 1962 से स्टेनफोर्ड में मार्गुएराइट ब्लेक विल्बर प्रोफेसर ऑफ केमिस्ट्री रहे।

हम अब तक अकार्बनिक रेडॉक्स अभिक्रियाओं के बारे में जैसा सोचते रहे थे उसमें टाउबे युगांतरकारी परिवर्तन ले आए। उन्हें इस बात के लिए पुरस्कृत किया गया कि उन्होंने अकार्बनिक ऑक्सीजन-ह्रास (रिडॉक्स) प्रतिक्रियाओं पर बेहतरीन कार्य किया था।

शरीर विज्ञान/चिकित्सा विज्ञान

मैक्लिंटॉक, बार्बरा

नागरिकता : संयुक्त राज्य अमरीका

जन्म : 16 जून, 1902; हार्टफोर्ड, कनेक्टिकट, अमरीका

निधन : 2 सितंबर, 1992; हन्टिंगटन, न्यू यॉर्क, अमरीका

बार्बरा मैकक्लिंटॉक एक डॉक्टर दंपती की चार सन्तानों में तीसरी सन्तान थीं। उन्होंने 17 वर्ष की अवस्था में कार्नेल विश्वविद्यालय में प्रवेश किया, बावजूद इसके कि उनकी माता ने विरोध किया जिनका यह कहना था कि महिलाओं के लिए चिकित्सा क्षेत्र को अपनाना ठीक नहीं है।

बार्बरा का प्रमुख विषय पादप प्रजनन से संबंधित था जिसे महिलाओं के लिए अनुपयुक्त समझा जाता था। फिर भी उन्होंने पादप विज्ञान के अध्ययन को अपनाया। उन्होंने 1927 में पादप आनुवंशिकी में डॉक्टरेट की डिग्री प्राप्त की और आजीवन मक्के की आनुवंशिकी पर शोध करती रहीं। बार्बरा नौकरी की तलाश में इधर-उधर भटकती रहीं, कहीं उपयुक्त नौकरी उन्हें नहीं मिली। अंत में उन्हें वाशिंगटन के कारनेगी इंस्टीट्यूट ने कोल्ड-स्प्रिंग हार्बर की प्रयोगशाला में कार्य करने के लिए नियुक्त किया। 1944 में उन्हें अमरीका की नेशनल एकेडमी ऑफ साइंसेज के लिए चुना गया। नोबेल पुरस्कार समिति ने टिप्पणी की थी कि 'हमारे समय में आनुवंशिकी पर दो में से एक महान खोज उन्होंने की

थी।' मोबाइल आनुवंशिक तत्त्वों की खोज के लिए उन्हें नोबेल पुरस्कार से सम्मानित किया गया।

साहित्य

गोल्डिंग, विलियम

नागरिकता : ब्रिटेन

जन्म : 19 सितंबर, 1911; सेंट कोलंबो माइनर, ब्रिटेन

निधन : 19 जून, 1993; पेरी-नारबोर्थल, ब्रिटेन

विलियम गोल्डिंग का बचपन पूरी सुविधाओं के साथ व्यतीत हुआ मगर अकेलापन अनुभव करने के कारण वे सदा मौन रहते थे। उनके माता-पिता चाहते थे कि वे एक वैज्ञानिक बनें, मगर दो वर्षों तक ऑक्सफोर्ड में विज्ञान का अध्ययन करने के बाद वे अंग्रेजी साहित्य पढ़ने लगे।

स्नातक होने के बाद उन्होंने कई जगह नौकरियाँ कीं, जिनमें से एक थिएटर कंपनी भी थी। 23 वर्ष की अवस्था में उनकी कविताओं का एक संग्रह प्रकाशित हुआ। द्वितीय विश्वयुद्ध के दौरान जर्मन युद्धपोत 'बिस्मार्क' के समुद्र में डूबने के दृश्य के वे साक्षी रहे। उन्होंने नार्मेंडी पर हुए आक्रमण में भी भाग लिया। युद्ध ने उन्हें अहसास कराया कि मानवजाति के हित के लिए युद्ध सदा घातक सिद्ध होता है।

उनकी प्रमुख रचनाएँ इस प्रकार हैं :

'दि लार्ड ऑफ दि फ्लाइज' (1954), 'दि इनहेरिटर्स' (1955), 'पिंचर मार्टिन' (1956), 'फ्री फाल' (1959), 'दि पिरामिड' (1967), 'दि स्कार्पियन गॉड' (1971), 'डार्कनेस विजिबल' (1979), 'राइटेस ऑफ पैसेज' (1980), 'ए मूविंग टार्गेट' (1982) तथा 'दि पेपरमैन'. (1984)।

सोरबोर्न विश्वविद्यालय और ऑक्सफोर्ड विश्वविद्यालय समेत अनेक विश्वविद्यालयों से ऑनरेरी डिग्रियाँ उन्हें प्राप्त हुईं।

शान्ति

वालेसा, लेक

नागरिकता : पोलैंड

जन्म : 29 सितंबर, 1943; पोपोवो, पोलैंड

लेक वालेसा अपने माता-पिता की आठ सन्तानों में एक थे। उनके पिता का जब देहांत हुआ तब उनकी माता ने अपने पति के भाई स्टेनिस्लाव वालेसा से विवाह कर लिया (1973)। वह एक सड़क दुर्घटना में मारी गई। उनके सौतेले पिता अब न्यू जर्सी सिटी में रहते हैं।

वालेसा स्टेट वोकेशनल स्कूल में दाखिल हुए और वहाँ से स्नातक होने के बाद वे जेडनॉक्स चले गए और लेनिन शिपयार्ड पर इलेक्ट्रीशियन का कार्य करने लगे। दिसंबर, 1970 में सरकार द्वारा खाद्य पदार्थों के मूल्यों में वृद्धि किए जाने पर जनता द्वारा उसका विरोध किया गया और 'रोटी के लिए संघर्ष' का आंदोलन आरंभ हुआ, गलियों में जुलूस निकाले गए। पुलिस गोलीबारी में 50 से अधिक हड़ताली मारे गए। 1976 में वालेसा को सरकारी नीति का विरोध करने के लिए नौकरी से हटा दिया गया।

वालेस के श्रमिक नेता बनने में पोलैंड के इतिहास की दो घटनाएँ प्रमुख रहीं—पहली घटना थी पोलैंड में सुधार के बारे में 1975 में सोवियत संघ द्वारा लिया गया फैसला तथा दूसरी घटना थी 1978 में रोम में प्रथम स्लेविक पोप कार्ले कार्डिनल वोजटिला का चुनाव।

सरकार की नजर में वालेसा 'ट्रबलमेकर' थे, मगर तीन महीने के बाद ही वे इतने शक्तिशाली हो गए कि 17,300,000 मजदूरों को एक यूनियन में ले आए।

अर्थशास्त्र

डेब्रू, गेराई

नागरिकता : संयुक्त राज्य अमरीका

जन्म : 4 जुलाई, 1921; क्लैस, फ्रांस

निधन : 31 दिसंबर, 2004; पेरिस, फ्रांस

गेराई डेब्रू ने यूनिवर्सिटी ऑफ पेरिस से डी.एस.सी. की डिग्री प्राप्त की। उसके बाद वे संयुक्त राज्य अमरीका चले गए। वहाँ पोस्ट-डॉक्टोरल स्कॉलर के रूप में यूनिवर्सिटी ऑफ शिकागो में काउलेस फाउंडेशन फॉर इकोनॉमिक रिसर्च में 1950 से 1955 तक कार्य किया। 1955 से 1961 तक वे येल विश्वविद्यालय में अर्थशास्त्र के एसोसिएट प्रोफेसर रहे। उसके बाद 1962 में वे कैलीफोर्निया विश्वविद्यालय में अर्थशास्त्र के प्रोफेसर नियुक्त हुए। वे वहाँ 1975 में गणित के प्रोफेसर हुए। उन्हें पुरस्कार और ऑनरेरी डॉक्टरेट की उपाधि कई एकेडमी और विश्वविद्यालयों से प्राप्त हुई। वे कई एसोसिएशनों और एकेडमियों के फेलो रहे। प्रसिद्धि उनके पास तब आई जब उनकी पुस्तक 'दि थियरी ऑफ वैल्यू : एन एक्सियोमेटिक एनलाइसिस ऑफ इकोनॉमिक्स एक्विलीब्रियम' 1959 में प्रकाशित हुई। उनका कार्य यह प्रदर्शित करता है कि एक मुक्त प्रतियोगी अर्थव्यवस्था सैद्धांतिक रूप से एक ऐसी अवस्था में पहुँच सकती है जहाँ प्रत्येक बाजार में आपूर्ति माँग को संतुलित कर सके, जहाँ किसी भी उत्पाद की न तो कमी होगी और न ही अधिकता होगी। ऐसी अवस्था को 'जर्नल इक्विलीब्रियम' (सामान्य सन्तुलन) कहा जाता है।

भौतिक विज्ञान

रसायन विज्ञान

शरीर विज्ञान/चिकित्सा विज्ञान

साहित्य

शान्ति

अर्थशास्त्र

1984

भौतिक विज्ञान

रुबिया, कार्लो
नागरिकता : इटली
जन्म : 31 मार्च, 1934; गोरीजिया, इटली

कार्लो रुबिया एक भौतिकविज्ञानी हैं। वे नाभिकीय शोध पर कार्य करते हैं तथा हार्वर्ड विश्वविद्यालय में भौतिक विज्ञान पढ़ाते हैं।

रुबिया द्वारा तीन उप-परमाणु कणों की खोज भौतिक विज्ञान के क्षेत्र में बहुत महत्त्वपूर्ण साबित हुई। इसने 'यूनिफाइड फिल्ड थियरी' को सिद्ध करने में भी योगदान दिया जो प्रकृति की चार बलों को एक ही समीकरण में जोड़ती है। प्रकृति की इन चार बलों में से दो बलों से हम भलीभाँति परिचित हैं।

पहला विद्युत चुंबकीय बल जो बल्ब जलाने के काम आता है तथा दूसरा गुरुत्वाकर्षण बल जो मनुष्य को धरती पर थामे रखता है तथा सूर्य के चारों ओर पृथ्वी की कक्षा को निर्धारित करता है। शेष दो बल जिन्हें ज्यादा आकर्षक माना जाता है और मजबूत बल कहा जाता है, जो कणों को एक नाभिक में बाँधे रखता है तथा दूसरा कमजोर बल जो रेडियोधर्मी क्षय को नियंत्रित रखता है।

सर्न में (सीई.आर.एन) रुबिया ने उप-परमाणवीय कणों से एक सुपरकोलेजन निर्मित करने की पद्धति विकसित की है। जिसके बारे में उनका अनुमान है कि यह कमजोर बल के लिए कैरियर का निर्माण करेगी।

सर्न के ही एक वरिष्ठ इंजीनियर साइमन वानडेर मीर ने रुबिया के प्रयोग में कोलाडी किरणों को निस्तेज करने के लिए एक उपकरण तैयार किया, जिसके लिए दोनों को संयुक्त रूप से नोबेल पुरस्कार से सम्मानित किया गया।

वान डेर मीर, साइमन
नागरिकता : स्विट्जरलैंड
जन्म : 24 नवंबर, 1925; द हेग, नीदरलैंड्स
निधन : 4 मार्च, 2011; जिनेवा, स्विट्जरलैंड

साइमन वान डेर मीर ने पहले फिलिप इलेक्ट्रोनिक्स के लिए कार्य किया। वे एक नाभिकीय भौतिकविज्ञानी थे। अब सेंटर

यूरोपीन डि रिसर्चेज न्यूक्लियर (सीईआरएन) में कार्य करते थे। उन्होंने रुबिया के साथ मिलकर उप-परमाणवीय कणों को विकसित किया जो अब तक भौतिक-विज्ञानियों के लिए एक समस्या बनी हुई थी। साइमन एक शांत व्यक्तित्व वाले वैज्ञानिक थे जबकि उनके इटालियन सहयोगी कार्लो रुबिया की प्रकृति बिलकुल विपरीत थी।

उन्होंने नीदरलैंड्स पर जर्मनी के कब्जे के दौरान 1943 में अपनी स्नातक की शिक्षा पूरी की। उन्होंने डेल्फ यूनिवर्सिटी ऑफ टेक्नोलॉजी में तकनीकी भौतिक विज्ञान की शिक्षा ली तथा 1952 में इंजीनियरिंग की डिग्री प्राप्त की। 1956 में उन्होंने सी.ई.आर.एन. में नियुक्ति पाई तथा 1990 में सेवानिवृत्त होने तक वहीं कार्यरत रहे।

1984 का नोबेल पुरस्कार संयुक्त रूप से रुबिया और मीर को प्रदान किया किया गया।

रसायन विज्ञान

मेरीफील्ड, रॉबर्ट ब्रूस
नागरिकता : संयुक्त राज्य अमरीका
जन्म : 15 जुलाई, 1921; फोर्ट वर्थ, टेक्सास, अमरीका
निधन : 14 मई, 2006; क्रैसकिल, न्यू जर्सी, अमरीका

रॉबर्ट ब्रूस मेरीफील्ड ने प्रयोगशाला में प्रोटीन के निर्माण पर अनवरत 25 वर्षों तक शोधकार्य किया। उन्हें स्वचलन प्रोटीन संश्लेषण के लिए प्रसिद्धि मिली। प्रोटीन प्राकृतिक रूप से जीवित कोशिकाओं से निर्मित होती है। यह रासायनिक रूप से जुड़े हुए अमीनो अम्लों की एक लंबी शृंखला होती है। मेरीफील्ड द्वारा प्रोटीन संश्लेषण की पद्धति विकसित करने से पूर्व अन्य जीव विज्ञानियों को परिशुद्धीकरण में कड़ी मेहनत करनी पड़ती थी जिसमें महीनों या वर्षों लगते थे।

मेरीफील्ड ने इस प्रक्रिया को सरल बनाते हुए पौलिस्टरीन की एक अतिसूक्ष्म (माइक्रोस्कोपिक) बूँद को एक कंटेनर में रखा और बूँद-बूँद कर उसमें अमीनो अम्लों को जोड़ते चले गए, जो बूँद के चारों ओर सही क्रम में जुड़ते गए। प्रत्येक रसायन को मिलाने के बाद वह बढ़ती हुई शृंखला को एक शुद्धिकरण घोल से गुजरते गए। इस तरह बाद में शुद्धीकरण करने की प्रक्रिया से भी बचा गया।

उनकी पुरानी संश्लेषण की प्रोटोटाइप पद्धति में आगे सुधार होते रहे व इसे कंप्यूटर द्वारा नियंत्रित किया जा सकता था।

मेरीफील्ड शान्त व्यक्तित्व वाले और मितभाषी वैज्ञानिक हैं। उन्होने 'यू.सी.एल.ए.' ग्रेजुएशन की डिग्री प्राप्त की। उनके छह बच्चे हैं और परिवार बहुत बड़ा है। किसी ठोस मेट्रिक्स पर रासायनिक संश्लेषण की पद्धति को विकसित करने के लिए उन्हें नोबेल पुरस्कार से सम्मानि किया गया।

शरीर विज्ञान/चिकित्सा विज्ञान

जेर्ने, नील्स के.
नागरिकता : डेनमार्क
जन्म : 23 दिसंबर, 1911; लंदन, ब्रिटेन
निधन : 7 अक्टूबर, 1994; कैस्खिोन-दू-गार्द, फ्रांस

नील्स के. जेर्ने ने चालीस वर्ष की अवस्था में प्रथम मेडिकल डिग्री प्राप्त की और प्रतिरक्षा विज्ञान के क्षेत्र में शोधकार्य किया। वह प्रतिरक्षा विज्ञान के महानतम सिद्धांतकार थे। उनका प्रमुख सिद्धांत इस तथ्य की व्याख्या करता है कि किस प्रकार प्रतिरक्षण पद्धति का विकास और परिष्कार होता है, कैसे इसकी संघटक कोशिकाएँ नियमित होती हैं। वे कहते हैं, "इम्यून सिस्टम अब पहले की अपेक्षा ज्यादा जटिल प्रतीत होता है। मैं कम आशावादी हूँ कि कभी इसे पूरी तरह समझ पाएँगे।" वे बेसेल इंस्टीट्यूट ऑफ इम्यूनोलॉजी के संस्थापक निदेशक थे।

कोह्लर, जॉर्जेस जे. एफ.
नागरिकता : जर्मनी
जन्म : 17 अप्रैल, 1946; म्यूनिख, जर्मनी
निधन : 1 मार्च, 1995; फ्रेबर्गइम–ब्रेस्गो, जर्मनी

जॉर्जेस जे. एफ. कोह्लर पश्चिमी जर्मनी के प्रतिरक्षा विज्ञानी थे। उन्होंने कैंब्रिज में केसर मिल्सटेइन के साथ भी कार्य किया। दोनों ने साथ मिलकर असंख्य मात्रा में शुद्ध मोनोक्लोनल एंटीबॉडी निर्मित करने हेतु प्रयोगशाला तकनीक विकसित की। आनेवाले समय में उत्प्रेरक दवाओं के साथ यह एंटीबॉडी कैंसर के इलाज में सहायक हो सकती है। उन्होंने नील्स के. जेर्ने के साथ बेसेल इंस्टीट्यूट ऑफ इम्यूनोलॉजी में कार्य किया।

मिल्सटेन, सीजर
नागरिकता : अर्जेंटीना / ब्रिटेन
जन्म : 8 अक्टूबर, 1927; बेहिया ब्लैंका, अर्जेंटीना
निधन : 24 मार्च, 2002; कैंब्रिज, ब्रिटेन

सीजर मिल्सटेन कभी ब्यूनेस आयर्स के कार्लोस मेल्ब्रान नेशनल इंस्टीट्यूट ऑफ माइक्रोबायोलॉजी के अध्यक्ष थे, मगर आगे चलकर 1962 में अपना देश छोड़कर ग्रेट ब्रिटेन जाना पड़ा। इसका कारण यह था कि सैनिक शासकों के नौकरशाही से वे आतंकित हो उठे थे।

इम्यून सिस्टम पर किए गए सैद्धांतिक कार्यों के लिए उन्हें संयुक्त रूप से नोबेल पुरस्कार से सम्मानित किया गया। 1984 का नोबेल पुरस्कार संयुक्त रूप से जेर्ने, कोह्लर और मिल्सटेन को प्रदान किया गया।

साहित्य

सेइफर्ट, जारोस्लाव
नागरिकता : चेकोस्लोवाकिया
जन्म : 23 सितंबर, 1901; प्राग, चेकोस्लोवाकिया
निधन : 10 जनवरी, 1986; प्राग, चेकोस्लोवाकिया

जारोस्लाव सेइफर्ट ने पत्रकार के रूप में अनेक दैनिक समाचार-पत्रों और मासिक, द्वैमासिक, त्रैमासिक आदि पत्रिकाओं में कार्य किया।

उनकी प्रथम पुस्तक 'ए सिटी इन टीयर्स' 1920 में प्रकाशित हुई। अपनी तरुणायी में वे आदर्शवादी कम्युनिस्ट थे। उन्होंने 1920 में सोवियत संघ की दो बार यात्रा की जिसके फलस्वरूप उनका भ्रम दूर हो गया और उन्होंने स्तालिन की तानाशाही को स्पष्ट रूप से चुनौती दी। उन्हें 1929 में चेकोस्लोवाकिया से निष्कासित कर दिया गया।

वे पेरिस चले गए तथा फ्रेंच कवि एवांत गर्डे से प्रभावित हुए तथा अन्य फ्रेंच कवि गिलामे ए. पोलिनेयर और आंद्रे ब्रेटन के संपर्क में भी आए। 1920 और 1930 के दशकों में उन्हें विशेष प्रसिद्धि प्राप्त हुई। जीविकोपार्जन के लिए वे पत्रकार के रूप में भी कार्य करते रहे। उन्होंने देशभक्ति की भावना से ओतप्रोत कविताएँ लिखीं। जर्मनी ने जब उनके देश पर कब्जा कर लिया तब उनकी कविताएँ बहुत लोकप्रिय हुईं।

उनकी कई रचनाएँ बहुत आलोचनात्मक थीं। शासक वर्ग ने उन्हें पसंद नहीं किया।

उनकी प्रमुख रचनाएँ 'र्यूस वेनिसिंग' (वीनस हैंड्स, 1936), 'मेमिंका' (मदर, 1954), 'कन्सर्ट ऐट दि आइलैंड' (1968), 'मोजर्ट इन प्रेग' (1970), 'अंब्रेला फ्रॉम पिकाडिली' (1978) तथा 'ऑल ब्यूटी ऑफ दि वर्ल्ड' (1978) हैं।

जिस समय उन्हें एवार्ड की सूचना मिली वे अस्पताल में थे। उन्होंने अपनी भावना की अभिव्यक्ति इस प्रकार की :

मौत जल्द ही धड़ाम से दरवाजा खोलेगी
और अंदर घुस जाएगी
और उस पल भय से स्तब्ध
मैं अपनी साँसों को थामूँगा
और दुबारा साँस लेना भूल जाऊँगा।

शान्ति

टुटु, डेस्मंड मपिलो
नागरिकता : दक्षिण अफ्रीका
जन्म : 7 अक्टूबर, 1931; क्लेर्क्स डार्प, वेस्टन ट्रांस-वाल, दक्षिण अफ्रीका

डेस्मंड मपिलो टुटु एक निर्धन परिवार में पले थे। उनका सपना था कि वे डॉक्टर बनें लेकिन उनका ये सपना पूरा न हो सका क्योंकि उनके पिता एक अध्यापक थे और पैसे का अभाव रहता था।

उन्होंने सबआर्बन रेलवे स्टेशन पर मूँगफलियाँ बेचीं और अध्ययन के लिए पैसा इकट्ठा किया। वह एक स्कूल में टीचर हुए। जब दक्षिण अफ्रीका सरकार ने अश्वेत मिशन स्कूलों को अधिकृत कर लिया तब वे स्कूल की नौकरी छोड़कर 1957 में चर्च चले गए। तीन वर्षों तक लंदन में अध्ययन करने के बाद में वे दक्षिण अफ्रीका लौट गए। वे शीघ्र ही चर्च द्वारा प्रोन्नत हुए। 1975 में वे जोहानिसबर्ग के प्रथम अश्वेत डीन नियुक्त हुए। उन्होंने लोसोटो में धर्मशास्त्र का अध्यापन किया। आगे चलकर उस पद को छोड़कर स्वोटो के निर्धनों की बस्ती में रहने लगे। नोबेल पुरस्कार की सूचना मिलने पर वे अमरीका गए और यह घोषणा की कि नोबेल पुरस्कार मिलने पर सारी रकम (1,95,000 अमरीकी डॉलर) स्कॉलरशिप फंड में जमा कर देंगे जिससे अश्वेत युवाओं की शिक्षा का कार्य सुचारु रूप से चलता रहे। डेस्मंड पूरे अहिंसावादी हैं। अपनी प्रसिद्ध पुस्तक 'होप एंड सफरिंग' में वे लिखते हैं : ''सबसे भयंकर बात जो वह कर सकते हैं, वह यही है कि वह मेरी हत्या कर सकते हैं और मौत किसी भी ईसाई के लिए सबसे बुरी चीज नहीं हो सकती।''

उनका कथन है कि दक्षिण अफ्रीका के अश्वेत ईसाइयों की समस्याएँ सबसे भिन्न और स्पष्ट हैं। डेस्मंड की अहिंसक पद्धति और चर्च लीडर होने के फलस्वरूप दक्षिण अफ्रीका की सरकार के लिए कठिन हो गया कि वह उन्हें चुप करा सके। सरकार ने उनका पासपोर्ट जब्त कर लिया। अल्बर्ट लुटुली (1960) के बाद वे द्वितीय अश्वेत दक्षिण अफ्रीकी थे जिन्हें नोबेल पुरस्कार से सम्मानित किया गया।

अर्थशास्त्र

स्टोन, सर रिचर्ड
नागरिकता : ब्रिटेन
जन्म : 30 अगस्त, 1913; लंदन, ब्रिटेन
निधन : 6 दिसंबर, 1981; कैंब्रिज, ब्रिटेन

सर रिचर्ड स्टोन कैंब्रिज इंस्टीट्यूट में प्रोफेसर एमेरिट्स हैं। उन्होंने द्वितीय विश्वयुद्ध के दौरान और उसके बाद भी एकाउंटिंग सिस्टम को संशोधित किया, जिसका प्रयोग विश्व-भर में अब होता है। उन्होंने पहले राष्ट्रीय व्यवस्था को ठीक किया और आगे चलकर संयुक्त राष्ट्र के प्रोजेक्ट की अध्यक्षता की जिसने अन्य सभी के लिए एक स्टैंडर्ड एकाउंटिंग का मॉडल विकसित किया।

सर रिचर्ड एक मृदुभाषी, अध्ययनशील और पुस्तकों के संग्रहकर्ता थे। राष्ट्रीय एकाउंट व्यवस्था के विकास में मूलभूत योगदान के लिए उन्हें अर्थशास्त्र के नोबेल पुरस्कार से सम्मानित किया गया।

भौतिक विज्ञान

रसायन विज्ञान

शरीर विज्ञान/चिकित्सा विज्ञान

साहित्य

शान्ति

अर्थशास्त्र

1985

भौतिक विज्ञान

क्लिटजिंग, क्लाउस वॉन

नागरिकता : पोलैंड एवं फेडेरल रिपब्लिक ऑफ जर्मनी

जन्म : 28 जून, 1943; पोलैंड

क्लाउस वॉन क्लिटजिंग पश्चिम जर्मनी के मैक्स प्लैंक इंस्टीट्यूट फॉर सॉलिड स्टेट रिसर्च के निदेशक रहे हैं। सेमीकंडक्टरों के डिजाइन में बहुत बड़ा परिवर्तन करने के लिए उन्हें नोबेल पुरस्कार से सम्मानित किया गया। उनका शोधकार्य उस खोज पर आधारित था, जो अमरीकी भौतिक–विज्ञानी एडविन हॉल ने 1879 में की थी। हॉल ने देखा कि जब किसी धात्विक छड़ से प्रवाहित विद्युत धारा पर चुंबकीय क्षेत्र को लंबवत् आरोपित किया जाता है तो विद्युत धारा में एक तरफ विचलन आ जाता है।

क्लिटजिंग ने अपेक्षा की थी कि सेमीकंडक्टरों में हाल्ट वोल्टेज उस पदार्थ से प्रभावित होता है जिससे वह निर्मित रहता है, मगर उन्होंने कुछ और ही पाया। उन्होंने पाया कि जब चुंबकीय बल को बढ़ाया जाता है तो हाल्ट वोल्टेज में क्रमशः वृद्धि नहीं होती बल्कि यह एक निश्चित अंतराल पर छलाँग मारते हुए वृद्धि करती है।

उनकी खोजों ने इस परिघटना का प्रायोगिक प्रदर्शन उपलब्ध किया जो अनुमानित अंतराल 0.000001 तक सटीक था।

रसायन विज्ञान

जेरोम, कार्ले

नागरिकता : संयुक्त राज्य अमरीका

जन्म : 18 जून, 1918; न्यूयॉर्क, अमरीका

निधन : 6 जून, 1913; एनडेल, वर्जीनिया

अमरीकी क्रिस्टलविज्ञानी जेरोम कार्ले को हर्बर्ट ए. हॉप्टमान के साथ वर्ष 1985 के रसायन विज्ञान के नोबेल पुरस्कार से सम्मानित किया गया। उन्हें यह पुरस्कार अणुओं की त्रि–

आयामी संरचना को निर्धारित करने के लिए विकसित की गई गणितीय पद्धति के लिए दिया गया। उनकी यह पद्धति 'डायरेक्ट मेथड' नाम से प्रचलित है। उन्होंने अपनी इस पद्धति से 45,000 से भी ज्यादा अणुओं की त्रि-आयामी संरचना का विश्लेषण किया।

कार्ले न्यू यॉर्क के सिटी कॉलेज में हॉप्टमान के सहपाठी थे जहाँ से उन्होंने 1937 में स्नातक की शिक्षा ग्रहण की। कार्ले ने 1943 में मिशिगन विश्वविद्यालय से भौतिक रसायन विज्ञान में पीएच.डी. की डिग्री प्राप्त की। 1943-44 में मेनहट्टन प्रोजेक्ट पर कार्य करने के बाद, वे 1944 में नेवल रिसर्च लेबोरेटरी से जुड़ गए और 1967 में पदार्थों की संरचना पर शोध के लिए प्रमुख वैज्ञानिक बनाए गए।

हॉप्टमान के साथ विकसित किए गए उनके गणितीय सिद्धांतों को इनके प्रकाशन (1949) के कई वर्षों बाद तक नजरअंदाज किया गया किंतु कार्ले की रसायनज्ञ पत्नी, इसाबेला ने इसकी व्यावहारिक क्षमताओं की ओर ध्यान दिलाया तो हार्मोन, विटामिन और एंटीबॉयोटिक दवाओं सहित हजारों छोटे जैविक अणुओं (बायोलॉजिकल मोलेक्यूल्स) की त्रि-आयामी संरचनाओं में इस विधि का प्रयोग करने की प्रेरणा क्रिस्टल वैज्ञानिकों को मिली।

कार्ले और उनकी पत्नी, 31 जुलाई, 2009 को अमरीकी नेवल रिसर्च लेबोरेटरी से, 127 वर्षों की संयुक्त सेवा के बाद सेवानिवृत्त हुए।

हॉप्टमान, हर्बर्ट ए.

नागरिकता : संयुक्त राज्य अमरीका

जन्म : 14 फरवरी, 1917; न्यू यॉर्क, अमरीका

निधन : 23 अक्टूबर, 2011; बफैलो, न्यू यॉर्क, अमरीका

1985 के रसायन विज्ञान के नोबेल पुरस्कार को संयुक्त रूप से जेरोम कार्ले के साथ प्राप्त करनेवाले हार्बर्ट ए. हॉप्टमान ने 1937 में न्यू यॉर्क के सिटी कॉलेज से गणित विषय में स्नातक की डिग्री तथा 1939 में कोलंबिया विश्वविद्यालय से गणित में एम.ए. की डिग्री प्राप्त की।

द्वितीय विश्वयुद्ध के बाद, हॉप्टमान नौसेना अनुसंधान प्रयोगशाला में कार्य करने के लिए वाशिंगटन डी.सी. चले गए जहाँ उन्होंने जेरोम कार्ले के साथ सहयोग करते हुए क्रिस्टल संरचनाओं का अध्ययन शुरू कर दिया।

1970 में हॉप्टमान स्टेट यूनिवर्सिटी ऑफ न्यू यॉर्क में जैव भौतिक विज्ञान के प्रोफेसर नियुक्त हो गए तथा बफैलो के मेडिकल फाउंडेशन (जिसे 1994 में हॉप्टमान-वुडवर्ड मेडिकल रिसर्च इंस्टीट्यूट नाम दिया गया) से जुड़ गए, जहाँ उन्होंने बाद में अनुसंधान निदेशक तथा अध्यक्ष के रूप में अपनी सेवाएँ दीं।

हॉप्टमान ने एक गणितीय पद्धति को विकसित करने का बीड़ा उठाया, जिसने रसायनशास्त्र के पूरे क्षेत्र को बदलकर रख दिया तथा सघन सामग्रियों की आणविक संरचना के निर्धारण में अनुसंधान के क्षेत्र में एक नए युग का सूत्रपात किया। आज हॉप्टमान के प्रत्यक्ष सिद्धान्तों को नियमित रूप से जटिल संरचनाओं को हल करने में इस्तेमाल किया जाता है।

शरीर विज्ञान/चिकित्सा विज्ञान

ब्राउन, माइकल एस.

नागरिकता : संयुक्त राज्य अमरीका

जन्म : 13 अप्रैल, 1941; न्यू यॉर्क, अमरीका

माइकल एस. ब्राउन (पूरा नाम माइकल स्टुअर्ट ब्राउन) एक अमरीकी आणविक आनुवंशिकीविद् (मोलेक्यूलर जेनेटिलिस्ट) थे, जिन्हें जोसेफ एल. गोल्डस्टीन के साथ, 1985 के शरीर-विज्ञान अथवा औषधि विज्ञान के नोबेल पुरस्कार से सम्मानित किया गया। उन्हें यह पुरस्कार मानव शरीर में कोलेस्टेरॉल के उपापचय (मेटाबोलिज्म) में एक महत्त्वपूर्ण कड़ी की व्याख्या करने के लिए प्रदान किया गया।

ब्राउन ने फिलाडेल्फिया के पेन्सिलवेनिया विश्वविद्यालय से 1962 में स्नातक तथा 1966 में इसी विश्वविद्यालय के मेडिकल स्कूल में एम.डी. की डिग्री प्राप्त

की। 1966-68 के दौरान बोस्टन के मैसाचुसेट्स जनरल हॉस्पिटल में प्रशिक्षु के रूप में काम करते हुए गोल्डस्टीन के मित्र बन गए।

ब्राउन और गोल्डस्टीन ने मिलकर 12 वर्षों तक कम घनत्व के लिपोप्रोटीन (एल.डी.एल.) अभिग्राहक पर कार्य किया। ये अणु प्रवाहित रक्त से कोलेस्टेरॉल युक्त कणों को कोशिकाओं में प्रवाहित करते हैं। उनकी इसी खोज के लिए उन्हें संयुक्त रूप से नोबेल पुरस्कार दिया गया।

2003 में दोनों वैज्ञानिकों को अल्बानी मेडिकल पुरस्कार प्रदान किया गया। ब्राउन और गोल्डस्टीन एक ही प्रयोगशाला को साझा करके संयुक्त रूप से अपने शोध करते रहे हैं।

गोल्डस्टीन, जोसेफ एल.
नागरिकता : संयुक्त राज्य अमरीका
जन्म : 18 अप्रैल, 1940; सम्टर, साउथ कैरोलाइना, अमरीका

जोसेफ एल. गोल्डस्टीन (पूरा नाम जोसेफ लियोनार्ड गोल्डस्टीन) एक अमरीकी आणविक आनुवंशिकीविद् (मोलेक्यूलर जेनेटिसिस्ट) हैं, जिन्हें माइकल एस. ब्राउन के साथ 1985 का शरीर-विज्ञान या औषध विज्ञान का नोबेल पुरस्कार प्रदान किया गया।

गोल्डस्टीन ने 1962 में वाशिंगटन एंड ली विश्वविद्यालय लेक्जिगटन से रसायन विज्ञान में बी-एस. तथा 1966 में डलास के टेक्सास विश्वविद्यालय के साउथवेस्टर्न मेडिकल स्कूल से चिकित्सा विज्ञान की डिग्री प्राप्त की। उसके बाद वे बेथेस्डा, मैरीलैंड के नेशनल इंस्टीट्यूट ऑफ हेल्थ चले गए जहाँ उन्होंने जैव रासायनिक आनुवंशिकी (बायोकेमिकल जेनेरिक्स) पर कार्य किया। 1972 में वे वापस साउथ वेस्टर्न मेडिकल सेंटर चले गए जहाँ उन्होंने मेडिकल जेनेटिक्स विभाग के प्रमुख का पद स्वीकार कर लिया। वहाँ वे अपने पुराने सहयोगी ब्राउन के साथ फिर से मिले।

दोनों के द्वारा की गई (एल.डी.एल.) अभिग्राहक की खोज ने कोलेस्टेरॉल उपापचय के ज्ञान में क्रांतिकारी परिवर्तन ला दिए।

1973 से 1985 तक गोल्डस्टीन तथा ब्राउन ने मिलकर लगभग सौ से भी ज्यादा वैज्ञानिक लेख प्रकाशित किए। 1988 में गोल्डस्टीन ने मोलेक्यूलर जेनेटिक्स के क्षेत्र में नेशनल मेडल ऑफ साइंस प्राप्त किया। गोल्डस्टीन को 1995 में अल्बर्ट लैस्कर मेडिकल रिसर्च अवार्ड्स की न्यायपीठ का चेयरमैन नियुक्त किया गया। 2003 में गोल्डस्टीन तथा ब्राउन को कोलेस्टेरॉल अनुसंधान में महत्त्वपूर्ण विकास के लिए अल्वानी मेडिकल पुरस्कार से सम्मानित किया गया।

साहित्य

साइमन, क्लाउडे
नागरिकता : फ्रांस
जन्म : 10 अक्टूबर, 1913; टैनानारिव, मैडागास्कर
निधन : 6 जुलाई, 2005; पेरिस, फ्रांस

क्लाउडे साइमन गल्प लेखन (फिक्शन) की फ्रांसीसी नौउवेउ रोमान शैली के समर्थक थे। यह लेखन शैली अभिव्यक्ति की पारस्परिक शैली पर कठोरतापूर्वक प्रश्न उठाती है। अपने द्वारा विकसित लेखन शैली के वे पुरोधा रहे।

वे पाइरेनीज की पहाड़ियों में अंगूर उपजाने वाले परिवार में पले थे। उनकी शिक्षा-दीक्षा पेरिस में हुई। उन्होंने पेंटर बनने का प्रयास किया। स्पेनिश गृहयुद्ध में उन्होंने भाग लिया तथा बाद में फ्रेंच केवेलरी में शामिल हुए। जर्मनों ने 1940 में उन्हें गिरफ्तार कर लिया मगर किसी तरह उनकी पकड़ से छूटकर भाग निकले और फ्रांसीसी प्रतिरोध आंदोलन में शरीक हुए।

उनकी कृतियों में उल्लेखनीय हैं : 'दि विंड' (1959), 'ले ट्रिच्यूर' (1945), 'ला कोर्डे रैडे' (1947), 'गुलिवर'

(1952), 'ले सैक्रे डु प्रिंटेम्प्स' (1954), 'ल-हर्बे' (1958), 'ओरियन एवेंग्ले' (1970), 'लेस कार्प्स कंडक्योर्स' (1981), 'ट्राइप्टोग्यू' (1973), 'दि फ्लांडर्स रोड' (1961) तथा 'दि पैलेस' (1963) हैं। अपने उपन्यासों में सृजनात्मक रूप से कवि तथा चित्रकार मन की भावनाओं को सहेजने तथा समयानुकूल मानव स्थिति के प्रति गहरी जागरूकता के लिए उन्हें नोबेल पुरस्कार से सम्मानित किया गया।

शान्ति

दि इंटरनेशनल फिजिशियन्स फॉर दि प्रिवेंशन ऑफ न्यूक्लियर वार

स्थापना वर्ष : 1980

मुख्यालय : कैंब्रिज, मेसा-चुसेट्स, अमरीका

1985 में दि प्रिवेंशन ऑफ न्यूक्लियर वार (आई.पी.पी. एन.डब्ल्यू.) संगठन को शान्ति का नोबेल पुरस्कार प्रदान किया गया। इसकी स्थापना पाँच वर्ष पूर्व दो हृदय रोग विशेषज्ञों के द्वारा हुई थी—डॉ. बर्नार्ड लाऔन जो हार्वर्ड स्कूल ऑफ पब्लिक हेल्थ में प्रोफेसर थे तथा डॉ. येवगेनी चैजोव जो सोवियत नेशनल कार्डियोलॉजिकल रिसर्च सेंटर के डायरेक्टर जनरल थे। यह बोस्टन में नाभिकीय युद्ध के प्रतिरोध पर केंद्रित आंदोलन के प्रति पूरी तरह से समर्पित था। इसमें 58 देशों के 1,35,000 भौतिकविज्ञानियों का समूह शामिल था।

अर्थशास्त्र

मोडिग्लियानी, फ्रैंको

नागरिकता : इटली / संयुक्त राज्य अमरीका

जन्म : 18 जून, 1918; रोम, इटली

निधन : 25 सितंबर, 2003; कैंब्रिज, अमरीका

फ्रैंको मोडिग्लियानी अमरीका के नागरिक 1946 में बने। उन्होंने कानून में डॉक्टरेट की डिग्री रोम के न्यू स्कूल ऑफ सोशल रिसर्च से प्राप्त की।

1962 से उन्होंने मेसाचुसेट्स इंस्टीट्यूट ऑफ टेक्नोलॉजी में अध्यापन आरंभ किया। वहाँ वे 1970 में प्रोफेसर हुए। वे यू.एस. नेशनल एकेडमी ऑफ साइंस के सदस्य हैं। उन्होंने अर्थशास्त्र से संबंधित अनेक उपयोगी और महत्त्वपूर्ण शोधपत्र और पुस्तकें प्रकाशित की हैं।

वे 'एम.आई.टी.' की फैकल्टी के द्वितीय सदस्य हैं जिन्हें पुरस्कार मिला। उनसे पहले पॉल सैमुएल्सन को 1970 में पुरस्कृत किया गया था।

डॉ. मोडिग्लियानी ने पचास के दशक में रिचर्ड ब्रूमबर्ग के साथ मिलकर 'लाइफ साइकिल सेविंग थियरी' (जीवन-चक्र की बचत का सिद्धांत) दिया था, अब उनके इस सिद्धांत को सभी विशेषंज्ञ अर्थशास्त्रियों द्वारा 'थ्रिफ्ट' (पैसे और संसाधनों को सही ढंग से इस्तेमाल करने का तरीका) को समझने की कुंजी माना जाता है।

भौतिक विज्ञान

रसायन विज्ञान

शरीर विज्ञान/चिकित्सा विज्ञान

साहित्य

शान्ति

अर्थशास्त्र

1986

भौतिक विज्ञान

बिन्निग, गर्ड

नागरिकता : जर्मनी

जन्म : 20 जुलाई, 1947; फ्रेंकफर्ट, जर्मनी

रोह्‌रेर, हेनरिक

नागरिकता : स्विट्‌जरलैंड

जन्म : 6 जून, 1933; ब्यूच्स, सेंट गैलेन, स्विट्‌जरलैंड

निधन : 16 मई, 2013; वोलेराओ, स्विट्‌जरलैंड

गर्ड बिन्निग एक जर्मन भौतिकविज्ञानी हैं। उन्होंने और उनके रिसर्च सहयोगी रोह्‌रेर ने 1979 और 1981 में एक नए और पूर्णत: भिन्न प्रकार के इलेक्ट्रॉन माइक्रोस्कोप का निर्माण किया। यह माइक्रोस्कोप अब 'स्कैनिंग टर्नेलिंग माइक्रोस्कोप' कहलाता है। इसके लिए बिन्निग गर्ड और हेनरिक रोह्‌रेर को नोबेल पुरस्कार से सम्मानित किया गया। यह पूर्णत: एक नई अवधारणा पर आधारित है। परंपरागत माइक्रोस्कोप से सर्वथा भिन्न और विकसित है। यह अधिक सटीक है और रूस्का ने 1931 में जो प्रथम प्रोटोटाइप विकसित और आविष्कृत किया था, उससे भी चार कदम आगे है। बिन्निग अब पश्चिम जर्मनी के म्यूनिख विश्व-विद्यालय के आई.बी.एम. फिजिक्स ग्रुप में कार्य कर रहे हैं।

हेनरिक रोह्‌रेर एक स्विस भौतिकविज्ञानी थे। उन्होंने डॉक्टरेट की डिग्री स्विस इंस्टीट्यूट ऑफ टेक्नोलॉजी इन अल्ट्रा-कंडक्टिविटी से प्राप्त की। उन्होंने दो वर्षों तक (1963-65) रुट्‌जर्स विश्वविद्यालय में कार्य किया। आगे चलकर ज्यूरिच में भौतिकी की प्रयोगशाला के निदेशक नियुक्त हुए।

1984 में फ्रांस की फैकल्टी ऑफ साइंसेज में एसोसिएट प्रोफेसर नियुक्त हुए। वहाँ उन्होंने 'टनेल माइक्रोस्पों' के एक समूह की स्थापना की। उसकी नई अवधारणा के अनुसार इलेक्ट्रॉन माइक्रोस्पी के क्षेत्र में इसका विशेष महत्त्व है। इसी खोज के फलस्वरूप वे पुरस्कृत हुए। उन्होंने 'आईबीएम' के ज्यूरिच रिसर्च सेंटर में भी कार्य किया।

रूस्का, अर्न्स्ट

नागरिकता : जर्मनी

जन्म : 25 दिसंबर, 1906; हीडलबर्ग, जर्मनी

निधन : 27 मई, 1988; पश्चिम बर्लिन, जर्मनी

अर्न्स्ट रूस्का मैक्स प्लैंक सोसाइटी, पश्चिम बर्लिन के फ्रित्ज हैबर इंस्टीट्यूट से अवकाशप्राप्त भौतिकविज्ञानी थे। 1920 में वही पहले व्यक्ति थे जिसने कंवेंशनल लाइट माइक्रोस्कोप से देखे जाने योग्य अतिसूक्ष्म चीज को देखने के लिए उप-परमाणवीय कण इलेक्ट्रॉन के प्रयोग के बारे में सोचा। प्रथम इलेक्ट्रॉन माइक्रोस्कोप के आविष्कार के लिए उन्हें नोबेल पुरस्कार से सम्मानित किया गया। ज़ब नोबेल पुरस्कार मिलने की सूचना मिली तब उन्होंने कहा, ''मैं सचमुच बहुत प्रसन्न हूँ, मैं समझ रहा था कि मुझे भुला दिया गया।''

1986 का नोबेल पुरस्कार बिन्निग, रोह्रेर और रूस्का को संयुक्त रूप से प्रदान किया गया।

रसायन विज्ञान

हर्शबैक, डुड्ले

नागरिकता : संयुक्त राज्य अमरीका

जन्म : 18 जून, 1932; सॉन जौस, अमरीका

डुड्ले हर्शबैक एक अमरीकी रसायनविज्ञानी हैं। 1963 से वे हार्वर्ड विश्वविद्यालय में रसायन विज्ञान के प्रोफेसर रहे। उन्होंने डॉक्टरेट की डिग्री वहाँ से 1958 में प्राप्त की थी। उन्होंने यूआन ली और जॉन पोलान्यी के साथ अपनी महत्त्वपूर्ण खोज के लिए संयुक्त रूप से पुरस्कार प्राप्त किया था। उन्होंने रसायन विज्ञान में शोध के नवीनतम क्षेत्र 'रिएक्शन डाइनेमिक्स' को विकसित किया था।

हर्शबैक ने अणुओं के बीच आंतरिक क्रियाओं की समझ के लिए नई अंतर्दृष्टि विकसित की।

ली, यूआन टी.

नागरिकता : चीन

जन्म : 19 नवंबर, 1936; शिनचू, ताइवान

युआन ली कैलीफोर्निया के बर्कले विश्वविद्यालय के रसायन विज्ञान विभाग के अध्यक्ष हैं। उन्होंने हर्शबैक और पोलान्यी के साथ पुरस्कार प्राप्त किया क्योंकि उन्होंने रसायन विज्ञान में शोध के लिए नए क्षेत्र का विकास किया जिसे 'रिएक्शन डाइनेमिक्स' कहा गया।

ली ने प्राथमिक स्कूल में बेसबॉल, पिंग-पांग जैसे खेलों में भाग लिया और उसके बाद शिनचू सीनियर हाई स्कूल में शिक्षा प्राप्त की। हाई स्कूल में उनकी उपलब्धियों के कारण उन्हें बिना प्रवेश परीक्षा के नेशनल ताइवान यूनिवर्सिटी में प्रवेश मिल गया। उन्होंने 1959 में बी.एससी. की डिग्री प्राप्त की, 1961 में नेशनल शिंग हुआ यूनिवर्सिटी से एम.एस. तथा 1965 में यूनिवर्सिटी ऑफ कैलीफोर्निया, बर्कले से पीएच.डी. की उपाधि हासिल की। वे 1977 से 1984 तक केमिस्ट्री इंटरनेशनल बोर्ड के सदस्य भी रहे। शिक्षा के क्षेत्र में सुधारों को लेकर उनकी आलोचना भी की गई। उन्होंने वर्ष 2000 के राष्ट्रपति के चुनाव में भी महत्त्वपूर्ण भूमिका निभाई।

पोलान्यी, जॉन चार्ल्स
नागरिकता : कनाडा
जन्म : 23 जनवरी, 1929; बर्लिन, जर्मनी

जॉन चार्ल्स पोलान्यी ने विज्ञान का आरंभिक अध्ययन मैनचेस्टर विश्वविद्यालय में किया। पीएच.डी. की डिग्री उन्होंने 1952 में प्राप्त की तथा डी.एससी. की डिग्री उन्हें 1964 में प्राप्त हुई। वाटरलू विश्वविद्यालय से 1970 में उन्हें विज्ञान की मानद उपाधि प्राप्त हुई। 1974 में वे कनाडा के टोरोंटो विश्वविद्यालय में रसायन के प्रोफेसर नियुक्त हुए।

उन्हें अनेक स्कॉलरशिप, फेलोशिप आदि प्राप्त हुए। वे कई विश्वविद्यालयों और शिक्षण-संस्थानों के वैज्ञानिक सलाहकार भी रहे। पश्चिम जर्मनी के मैक्स प्लैंक इंस्टीट्यूट फॉर क्वांटम थियरी के भी वे वैज्ञानिक सलाहकार रहे।

उन्होंने अनेक पुस्तकें और शोधपत्र प्रकाशित किए जिनका अध्ययन नाभिकीय संलयन के लिए अत्यावश्यक है।

1986 का नोबेल पुरस्कार हर्शबैक, पोलान्यी और ली को संयुक्त रूप से प्रदान किया गया।

शरीर विज्ञान/चिकित्सा विज्ञान

कोहेन, स्टेनली
नागरिकता : संयुक्त राज्य अमरीका
जन्म : 17 नवंबर, 1922; ब्रुकलिन, अमरीका

स्टेनली कोहेन एक कोशिका जीवविज्ञानी (सेल्युलर बायो-लॉजिस्ट) हैं। उन्होंने नैशविले की वैंडरबिल्ट विश्वविद्यालय में शोधकार्य किया। उन्होंने लेवी-मोंटालसिनी के साथ शोध की और कोशिका की वृद्धि को नियंत्रित करनेवाले अब तक अज्ञात वृद्धि कारक का पता लगाया। इसके लिए दोनों को संयुक्त रूप से नोबेल पुरस्कार से सम्मानित किया गया। उन्होंने 'एपीडर्मल ग्रोथ फैक्टर' (ईजीएफ) की खोज की जो त्वचा की कोशिकाओं के विकास को निर्धारित करता है। उन्होंने कोशिकाओं की परत पर एक ऐसे प्रोटीन का भी पता लगाया जो ईजीएफ के लिए अभिग्राहक के रूप में कार्य करता है।

लेवी-मोंटालसिनी, रीता
नागरिकता : इटली/संयुक्त राज्य अमरीका
जन्म : 22 अप्रैल,1909; तुरिन, इटली
निधन : 30 दिसंबर, 2012; रोम, इटली

रीता लेवी-मोंटालसिनी ने मेडिसिन और सर्जरी में 1936 में डिग्री प्राप्त की। 1951 में उन्होंने वाशिंगटन विश्वविद्यालय में तंत्रिका की वृद्धि पर विक्टर हैंबर्गर के अधीन कार्य किया। विक्टर हैंबर्गर तंत्रिका वृद्धि के एक अमरीकी खोजकर्ता हैं। 1953 में उनकी मुलाकात वाशिंगटन विश्वविद्यालय में स्टेनली कोहेन से हुई। उन्होंने विकास के कारकों पर शोध किया और कारक प्रोटीनों का पता किया।

रीता दोहरी नागरिकता रखती थीं। वे इटली की नागरिक थीं और अमरीका की भी। वे अपने सहयोगी स्टेनली के साथ पुरस्कार में सहभागी रहीं। उन्होंने रोम के नेशनल काउंसिल ऑफ साइंटिफिक रिसर्च की प्रयोगशालाओं में सेल्युलर बायोलॉजी पर लगातार अध्ययन किए।

1986 का नोबेल पुरस्कार रीता और कोहेन को संयुक्त रूप से प्रदान किया गया।

साहित्य

सोयिंका, वोल

नागरिकता : नाइजीरिया

जन्म : 13 जुलाई, 1934; ऐबेओकुटा, नाइजीरिया

वोल सोयिंका एक कवि, नाटककार, उपन्यासकार और व्याख्याता भी हैं। वे प्रथम अश्वेत दक्षिण अफ्रीकी थे जिन्हें नोबेल पुरस्कार प्राप्त हुआ था।

उन्होंने इबादान विश्वविद्यालय और लीड्स विश्वविद्यालय में शिक्षा प्राप्त की थी। उन्होंने लंदन के रॉयल कोर्ट थियेटर में कार्य किया था और इबादान विश्वविद्यालय में नाटक के शोधार्थी रहे। नाइजीरिया और इंग्लैंड के कई कॉलेजों में अध्यापन किया था। कैंब्रिज के चर्चिल कॉलेज में फेलो रहे।

उन्होंने नाटकों से अपना लेखन आरंभ किया। 1959 में 'दि लायन एंड दि जिवेल' प्रकाशित हुआ। 'स्वैंप ड्वेलर्स' (1959), 'ए डांस ऑफ दि फॉरेस्ट्स' (1960), 'दि ट्रायल ऑफ ब्रदर जेरो' (1961), 'दि स्ट्रांग ब्रीड' (1962) और 'दि रोड' (1964) आदि उनकी कुछ प्रमुख रचनाएँ हैं। उनका प्रथम उपन्यास 'दि इंटरप्रेटर्स' 1964 में प्रकाशित हुआ जिसके बाद 'फॉरेस्ट ऑफ ए थाउजेंड डेमन्स' (1973) और 'दि मैन डाइज' (जेल के संस्मरण, 1972) प्रकाशित हुए।

1967 से 1969 तक वे राजनीतिक बंदी भी रहे। 1969 में उन्हें एमेनेस्टी इंटरनेशनल द्वारा प्रिजनर्स ऑफ कॉन्साइंस पुरस्कार मिला। उनकी कविताओं का एकमात्र संग्रह 'ए शटल इन दि क्रिप्ट' 1972 में प्रकाशित हुआ। उनके नाटकों में 'कांगीस हार्वेस्ट' को सबसे महत्त्वपूर्ण माना जाता है। उनको ऑनरेरी डी. लिट. की डिग्री लीड्स विश्वविद्यालय से 1973 में और येल विश्वविद्यालय से 1981 में प्राप्त हुई।

शान्ति

वीजेल, एली

नागरिकता : रोमानिया / संयुक्त राज्य अमरीका

जन्म : 30 सितंबर, 1928; सिघेट, रोमानिया

एली वीजेल का जन्म एक यहूदी परिवार में हुआ था जो रोमानिया की कार्पेथियन पहाड़ियों के एक दूरस्थ नगर में रहता था। उनका बचपन 'टोराह' सीखने और मानवतावादी साहित्य का अध्ययन करने में बीता था। 1944 में नाजियों का हमला होने पर यहूदी परिवारों का निर्वासन आरंभ हुआ जिसमें वीजेल के माता-पिता और छोटी बहनों के जीवन का अंत हो गया। स्वयं वीजेल भी यंत्रणा शिविर में कैद थे। वहाँ से किसी तरह मुक्त होकर 1945 में उन्होंने तय किया कि वे उस 'आतंक' के बारे में आगामी दस वर्षों तक कुछ नहीं बोलेंगे। नाजियों के अत्याचारों का वर्णन उन्होंने अपनी पुस्तक 'नाइट' (1958) में किया है।

युद्ध के बाद वीजेल फ्रांस चले गए और सोर्बोन में उन्होंने दर्शनशास्त्र का अध्ययन किया। अल्बर्ट कामू और फ्रांस्वा मॉरिऐक से बेहद प्रभावित थे। दस वर्षों के बाद उन्होंने अपना मौन भंग किया। अपने उपन्यासों में नाजियों के अत्याचारों का खुलकर वर्णन किया है। उपन्यासों के अतिरिक्त वे अपने लेखों, भाषणों, व्याख्यानों में भी उनके अत्याचारों की कहानी कहते रहे हैं। उन अत्याचारों को वीजेल ने 'होलोकास्ट' कहा है।

1957 में वीजेल संयुक्त राज्य अमरीका चले गए और स्थायी रूप से वहीं रहने लगे। वे वहाँ न्यू यॉर्क के सिटी कॉलेज में क्रमश: लेक्चरर और प्रोफेसर रहे। उसके बाद वे बोस्टन विश्वविद्यालय चले गए। 1985 (अप्रैल) में उन्हें कांग्रेसनल स्वर्ण पदक प्रदान किया गया। यह स्वर्ण पदक उनकी उपलब्धि के लिए उन्हें मिला था।

वीजेल ने 30 पुस्तकेंलिखीं। उनका ध्यान अनेक मुद्दों पर रहता है, चाहे वह कंबोडिया के शरणार्थियों की सहायता

का हो, निकारागुआ के मिसिकिटो इंडियनों की सहायता का हो या फिर अफ्रीका के भूखे बच्चों को भोजन देने का हो या फिर सबसे अधिक परमाणु अस्त्रों के संग्रह जुटाने की होड़ हो। यह उन्हीं के शब्दों में समस्या का काव्यात्मक समाधान होगा। वीजेल को नोबेल पुरस्कार और अन्य कई साहित्यिक पुरस्कार प्राप्त हुए। नोबेल शान्ति पुरस्कार की सूचना मिलने पर उन्होंने कहा, ''मैं यह नहीं समझता हूँ कि इन पुरस्कारों से किए गए कार्यों को मान्यता मिलती है।''

अर्थशास्त्र

बुकानन, जेम्स मैकगिल

नागरिकता : संयुक्त राज्य अमरीका

जन्म : 3 अक्टूबर, 1919; मरफ्रीस्वोरो

निधन : 9 जनवरी, 2013; ब्लैक्सबर्ग, अमरीका

जेम्स मैकगिल बुकानान चौदहवें अमरीकी अर्थशास्त्री थे जिन्हें अर्थशास्त्र में नोबेल पुरस्कार प्रदान किया गया। उन्होंने 'पब्लिक च्वायस थियरी' (जनता की पसंद सिद्धांत) पर कार्य किया था। उन्होंने बाजार में माँग और आपूर्ति के बीच संतुलन स्थापित करने पर बल दिया। अगर ऐसा नहीं हुआ तो उनके अनुसार इसका मूल और प्रमुख कारण राजनीतिज्ञों और नौकरशाही का हस्तक्षेप है। इसमें उनका अपना स्वार्थ सर्वोपरि होता था और अगर जनता का कुछ भला होता है तो वह बाजार के उपभोक्ताओं की पहल का परिणाम है। यह एक तथ्य है कि सरकारें मूलतः फिर से चुनी जाने की अवधारणा से प्रेरित होती हैं। इसका उपाय यही है कि कांग्रेस बजट को संतुलित रखे। बुकानन के अनेक समर्थक रीगन प्रशासन में थे। उनमें जेम्स मिलर III, डायरेक्टर ऑफ दि मैनेजमेंट एंड बजट, जो 1960 के दशक में डॉक्टोरल स्टूडेंट थे तथा पहले जॉर्ज मैसन विश्वविद्यालय के प्रोफेसर रहे और वह फेडरल रिजर्व बोर्ड के चेयरमैन थे। बुकानन जॉर्ज मैसन विश्वविद्यालय के प्रोफेसर थे। जब वह अध्यापन नहीं कर रहे होते तब ब्लैक्सबर्ग के फार्म में दौड़ लगाते थे। नोबेल पुरस्कार मिलने की सूचना मिलने पर उन्होंने कहा, ''मैंने यह सोचा नहीं था कि मुझे यह पुरस्कार मिलेगा, इसलिए मैं चकित हूँ।''

भौतिक विज्ञान

रसायन विज्ञान

शरीर विज्ञान/चिकित्सा विज्ञान

साहित्य

शान्ति

अर्थशास्त्र

1987

भौतिक विज्ञान

बेडनोर्ज, जोहानेस जॉर्ज
नागरिकता : जर्मनी
जन्म : 16 मई, 1950; न्युएन-किर्येन, पश्चिम जर्मनी

जर्मन भौतिकशास्त्री जोहानेस जॉर्ज बेडनोर्ज को कॉर्ल एलेक्स मुल्लर के साथ संयुक्त रूप से 1987 के भौतिक विज्ञान के नोबेल पुरस्कार से सम्मानित किया गया। उन्हें यह पुरस्कार उच्च ताप 'सुपरकंडक्टिविटी' की खोज के लिए दिया गया।

बेडनोर्ज ने 1976 में मन्स्टर विश्वविद्यालय से स्नातक की उपाधि प्राप्त की तथा 1982 में ज्यूरिख के स्विस फेडरल इंस्टीट्यूट ऑफ टेक्नोलॉजी से डॉक्टरेट की उपाधि प्राप्त की। तत्पश्चात वह आई.बी.एम. लेबोरेट्रीज से जुड़ गए, जहाँ वे 1983 में मुल्लर के 'सुपरकंडक्टिविटी' पर चल रहे अनुसंधान में शामिल हो गए। बेडनोर्ज के विचार में यह एक लंबा तथा काँटों भरा सफर था, जो अंततः सफल रहा। उन दोनों को अपनी खोज के महत्त्व का अहसास 1986 में हुआ किंतु वे दोनों ही इस नाटकीय प्रगति और विज्ञान तथा उनके निजी जीवन में आए परिवर्तनों से आश्चर्यचकित थे।

बचपन में उनके माता-पिता चाहते थे कि वे शास्त्रीय संगीत में रुचि लें किंतु वे व्यावहारिक रूप से मोटरसाइकिलों तथा कारों पर कार्य करने के ज्यादा इच्छुक थे। हालाँकि किशोरावस्था में उन्होंने अंततः वायलिन और तुरही बजाना भी सीखा। उच्च विद्यालय में जाकर उनकी रुचि प्राकृतिक विज्ञान तथा रसायन विज्ञान में हुई।

मुल्लर, कॉर्ल अलेक्जेंडर
नागरिकता : स्विट्जरलैंड
जन्म : 20 अप्रैल, 1927; बेसेल, स्विट्जरलैंड

स्विस भौतिकविज्ञानी कॉर्ल अलेक्जेंडर मुल्लर जब एक वर्ष के थे, तो उनका जीवन अपने माता-पिता के साथ सेल्जबर्ग,

ऑस्ट्रिया में व्यतीत हुआ। जब वह ग्यारह वर्ष के हुए तो उनकी माँ का देहांत हो गया। 19 वर्ष की आयु में उन्होंने स्विस सेना में अपना बुनियादी सैन्य प्रशिक्षण प्राप्त किया। इसके पूर्ण होने पर उन्होंने ज्यूरिख में प्रसिद्ध स्विस फेडरल इंस्टीट्यूट ऑफ टेक्नोलॉजी के भौतिकी तथा गणित विभाग में दाखिला ले लिया। यहाँ से डिप्लोमा प्राप्त करने के बाद उन्होंने एक वर्ष नौकरी की तथा उसके बाद वे पीएच.डी. के लिए स्विस फेडरल इंस्टीट्यूट ऑफ टेक्नोलॉजी लौट गए, जहाँ उन्होंने 1957 में अपना शोध-प्रबंध जमा करा दिया।

अपने व्यावसायिक जीवन में उन्होंने बैटेले मेमोरियल इंस्टीट्यूट (जिनेवा) में एक प्रबंधक के रूप में कार्य किया। इस दौरान वे ज्यूरिख विश्वविद्यालय में लेक्चरर नियुक्त किए गए। 1972 से 1985 तक मुल्लर आई.बी.एम. ज्यूरिख रिसर्च लेबोरेटरी के भौतिक विज्ञान विभाग में प्रबंधक थे। 1982 में वे आई.बी.एम. फेलो बन गए। उन्हें टेक्निकल यूनिवर्सिटी ऑफ म्यूनिख तथा जिनेवा विश्वविद्यालय से मानद डॉक्टरेट की उपाधि प्राप्त हुई।

गोल्डस्टीन, स्क्रिप्स रिसर्च इंस्टीट्यूट के वैज्ञानिक प्रबंधक मंडल के सदस्य हैं, जो जैव चिकित्सा अनुसंधान के क्षेत्र में महत्त्वपूर्ण कार्य कर रहा है।

रसायन विज्ञान

क्रैम, डोनाल्ड जे.

नागरिकता : संयुक्त राज्य अमरीका

जन्म : 22 अप्रैल, 1919; चैस्टर, अमरीका

निधन : 17 जून, 2001; पॉम डेजर्ट, अमरीका

डोनाल्ड जे. क्रैम ने पीएच.डी. की डिग्री हार्वर्ड विश्वविद्यालय से 1947 में प्राप्त की। वे कैलीफोर्निया लॉस एंजेल्स (यू.सी.एल.ए.) में रसायनशास्त्र के प्रोफेसर नियुक्त किए गए। हाल के वर्षों में कार्बनिक संश्लेषण की तकनीक बड़ी तेजी से विकसित हुई है। क्रैम और लेह्न ने स्वतंत्र रूप से शोध किए और कुछ हद तक संश्लेषित अणु उत्पादित करने में सफल हुए। उनसे त्रिआयामी एंजाइमों की सक्रियता का अध्ययन संभव हो सका। आरंभिक रूप से उनका शोध शुद्ध विज्ञान का था मगर उनका उपयोग अनेक क्षेत्रों में भी हो सकता था। एक संभावना यह भी है कि पूर्णत: कृत्रिम एंजाइमों का प्रयोग मेडिकल और व्यावसायिक क्षेत्रों में हो।

क्रैम एक शोधकर्ता थे और विश्व भर में उनका नाम था। नीदरलैंड और जापान जैसे देशों के युवा वैज्ञानिक उनके अधीन शोध कर चुके हैं। उनका कार्य क्षेत्र व्यापक है और अन्य अनेक क्षेत्रों से संबद्ध है। उसे क्रैम ने एक नाम दिया है जिसे 'होस्ट-गेस्ट केमिस्ट्री' कहते हैं। कृत्रिम अणुओं के निर्माण के लिए जो हार्मोन्स और अन्य जैविक तत्त्वों के व्यवहार की नकल कर सकते हैं, उन्हें ज्याँ मैरी लेह्न तथा चार्ल्स जे. पेडर्सन के साथ संयुक्त रूप से नोबेल पुरस्कार से सम्मानित किया गया।

लेह्न, ज्याँ मैरी

नागरिकता : फ्रांस

जन्म : 30 सितंबर, 1939; रोसिम, फ्रांस

ज्याँ मैरी लेह्न ने स्ट्रासबोर्ग विश्वविद्यालय से रसायन विज्ञान में डॉक्टरेट की डिग्री 1963 में प्राप्त की। उनकी पुरस्कार योग्य उपलब्धि यह थी कि उन्होंने कृत्रिम एंजाइमों की खोज की जिससे मानव-मस्तिष्क और नर्वस सिस्टम की प्रक्रिया का पता चलता था। उन्होंने पेडर्सन और क्रैम के साथ मिलकर नई पद्धति विकसित की। उन्होंने इसका विश्लेषण करते हुए कहा, "हमारे शोध का आधार वह तरीका है जिसमें अणु एक-दूसरे से जुड़ने में समर्थ होते हैं।"

पेडर्सन, चार्ल्स जे.

नागरिकता : कोरिया / संयुक्त राज्य अमरीका

जन्म : 3 अक्टूबर, 1904; पुसान, कोरिया

निधन : 26 अक्टूबर, 1989; सालेम, अमरीका

चार्ल्स जे. पेडर्सन नॉर्वेजियन पिता और जापानी माता के पुत्र थे। वे 1927 में संयुक्त राज्य अमरीका चले गए और वहाँ ओहियो के डेटन विश्वविद्यालय में केमिकल इंजीनियरिंग का अध्ययन करने लगे।

पेडर्सन ने रसायन विज्ञानी के रूप में शोधकार्य किया। उनके शोधकार्य में 25 शोधपत्र और 65 पेटेंट शामिल हैं। जहाँ दो वैज्ञानिकों ने शोध के क्षेत्रों का विस्तार किया वहाँ पेडर्सन की उपलब्धि यह रही कि उन्होंने जो अध्ययन किया उसने कृत्रिम अणुओं के निर्माण का रास्ता दिखाया जो जीवन की प्रक्रियाओं की जीव संबंधी रासायनिक अभिक्रियाओं की नकल कर सकते हैं।

पेडर्सन के वैज्ञानिक शोधपत्र 1967 में प्रकाशित हुए जो 'साइक्लि कपौलीथर्स' के संघटकों के संश्लेषणों की व्याख्या करते हैं। वह एक क्लासिक रचना है। जैसे क्राउन ईथर जैसे संघटकों का प्रयोग विलयन या ऊतकों के नमूनों से रेडियोधर्मी स्ट्रोंशियम या कैडमियम या लेड जैसे टॉक्सिक तत्त्वों के सार को प्राप्त करने में किया जा सकता है।

1987 का नोबेल पुरस्कार क्रैम, लेह्न और पेडर्सन को संयुक्त रूप से प्रदान किया गया।

तोनेगावा, सुसुमु

नागरिकता : जापान / संयुक्त राज्य अमरीका

जन्म : 6 सितंबर, 1939; नागोया, जापान

सुसुमु तोनेगावा क्योटो विश्वविद्यालय में रसायन विज्ञान के छात्र थे। उनकी दिलचस्पी मुख्यत: प्रतिरक्षा विज्ञान पर केंद्रित थी, मगर नोबेल विजेता जैक्स लुसिएन मोनोड, फ्रांस्वा जैकोब आदि के शोधपत्रों के अध्ययन के बाद अपनी नीति में अपेक्षित संशोधन किया। ग्रेजुएट होने के बाद अपने मेंटर डॉ. इटारी के परामर्श के अनुसार संयुक्त राज्य अमरीका चले गए। कैलीफोर्निया विश्वविद्यालय से उन्होंने डॉक्टरेट की डिग्री 1963 में प्राप्त की। 1971 में वीजा की अवधि समाप्त हो गई तो संयुक्त राज्य अमरीका छोड़ने को बाध्य हुए। वे स्विट्जरलैंड के बैसेल इंस्टीट्यूट फॉर इम्युनोलॉजी में रिसर्च करने लगे। वहाँ उन्होंने बहुत सारे शोध किए जो अंतत: उन्हें उस आविष्कार तक ले गए जिसके बिना विगत सौ वर्षों से वैज्ञानिकों के लिए एक रहस्य छाया हुआ था। तोनेगावा ने अपने परिणामों को 'प्रोसीडिंग्स ऑफ दि नेशनल ऑफ साइंसेज' में एक लेखमाला के रूप में प्रकाशित की।

तोनेगावा ने सफेद रक्त कोशिकाओं द्वारा उत्पादित एंटी-बॉडी बी लिंफोसाइट का अध्ययन किया। उन्होंने पाया कि जेनेटिक चेंज की थियरी सब पर एक ही प्रकार से लागू नहीं होती। उन्होंने मेडिसिन के अनेक क्षेत्रों में शोध किए और वैक्सीनों को विकसित किया, इम्युनोलॉजिकल थैरेपी को अधिक प्रभावी बनाया तथा अंग प्रत्यारोपण सर्जरी का विकास किया।

वे प्रथम जापानी हैं जिन्हें शरीर विज्ञान या चिकित्सा पर पुरस्कृत किया गया तथा अपने देश के पाँचवें नोबेल विजेता हैं।

तोनेगावा 1981 से मेसाचुसेट्स इंस्टीट्यूट ऑफ टेक्नोलॉजी (एमआईटी) में कार्य कर रहे हैं।

साहित्य

ब्रॉड्स्की, जोसेफ
नागरिकता : रूस
जन्म : 24 मई, 1940; लेनिन-ग्राद, रूस
निधन : 28 जनवरी, 1996; न्यू यॉर्क, अमरीका

जोसेफ ब्रॉड्स्की ने पंद्रह वर्ष की अवस्था में स्कूल छोड़ दिया और कई तरह की नौकरियाँ कीं। अपनी बाल्यावस्था से ही वे एंटीमिटिसिज्म (सामीभाषावाद) और सामाजिक अत्याचार के प्रति सजग थे। वे मिल मजदूर रहे, एक भूवैज्ञानिक अभियान दल में मजदूर का काम किया, मुर्दाघर में नौकरी की, पानी के जहाज में भट्ठी में आग सुलगाने का काम किया तथा अनुवाद का कार्य भी किया। उनकी पुस्तक 'दि एंड ऑफ ए ब्यूटीफुल एरा' में इसकी अभिव्यक्ति हुई है।

ब्राड्स्की को दो बार मानसिक संस्थानों में भेजा गया। उन्होंने 18 महीनों तक वहाँ कड़ी मेहनत से काम किया। उन पर 'सामाजिक परजीविता' का आरोप लगाया गया और उनके लेखन को 'युवाओं को भ्रष्ट करनेवाला अश्लील तथा सोवियत विरोधी कविता' कहकर खारिज कर दिया गया। आर्कटिक के शीत वातावरण में 18 महीनों तक राज्य के फार्म में कठिन परिश्रम करने के बाद उन्हें 1969 में मुक्त कर दिया गया। वे इस बात को अच्छी तरह समझ चुके थे कि उनका मिशन लेखन का है। 1971 में इजरायल में बसने के दो आमंत्रण ठुकरा दिए। अंततः उन्हें 1972 में निष्कासित कर दिया गया। अपने टाइपराइटर के सिवाय कुछ भी उन्हें अपने साथ नहीं ले जाने दिया गया। वे याद करते हैं कि सारे पुर्जे खोलकर रख दिए गए थे और इसी तरह उन्होंने अपने देश को अलविदा कह दिया। जॉन डोने की कविताओं का संग्रह और एक बोतल वोड्का के अलावा और कुछ भी उनके पास नहीं था।

विएना में एक 'उत्प्रवासी' के रूप में वे डब्ल्यू. ए. ऑडन के संरक्षण और मार्गदर्शन में रहे। उनके सहयोग से उन्हें मिशिगन विश्वविद्यालय में पोएट-इन-रेसिडेंस के पद पर नियुक्त किया गया। 1977 में उन्हें संयुक्त राज्य अमरीका की नागरिकता प्राप्त हो गई और तब से वे वहाँ स्थायी रूप से रहने लगे थे।

ब्रॉड्स्की न्यू यॉर्क विश्वविद्यालय, कोलंबिया विश्व-विद्यालय, मेसाचुसेट्स और कैंब्रिज में अध्यापन कर चुके हैं। उनकी शानदार लेखन शैली, विचारों की स्पष्टता और सधी हुई कविताओं के लिए उन्हें नोबेल पुरस्कार से सम्मानित किया गया।

शान्ति

साँचेज, आस्कर ऐरियाज
नागरिकता : कोस्टा रिका
जन्म : 13 सितंबर, 1940; हेरेदिया/कोस्टा रिका

आस्कर ऐरियाज साँचेज लैटिन अमरीका के कोस्टा रिका देश के राष्ट्रपति थे। अपने कठिन श्रम और पारस्परिक बातचीत के द्वारा लैटिन अमरीकी देशों में शान्ति बनी रहे, यही उनके प्रयास का आधार था। यह पाँचवीं बार है जब संयुक्त राष्ट्र से संबंधित निकाय को नोबेल शान्ति पुरस्कार प्राप्त हुआ है।

1987 के नोबेल पुरस्कारों के इतिहास में वे चौथे लैटिन अमरीकी हैं जिन्हें यह पुरस्कार मिला। उससे पहले अर्जेंटीना के कार्लोस सावेद्रा लामास (1936), अर्जेंटीना के ऐडोल्फो पेरेज एस्क्वीवेल (1980) और मैक्सिको के अलफोंसो गार्सिया रोबल्स (1982) नोबेल पुरस्कार विजेता हुए।

नोबेल पुरस्कार में प्राप्त 3,41,000 डॉलर की धनराशि में आस्कर ऐरियाज चाहते थे कि उससे अपने देश के निर्धनों के कल्याण के लिए एक फाउंडेशन की स्थापना की जाए।

अर्थशास्त्र

सोलो, रॉबर्ट

नागरिकता : संयुक्त राज्य अमरीका

जन्म : 23 अगस्त, 1924; ब्रुकलिन, अमरीका

रॉबर्ट सोलो का जन्म ब्रुकलिन में हुआ। उन्हें नोबेल पुरस्कार उनके द्वारा 1956 में किए गए उस अध्ययन के लिए दिया गया जिसमें दर्शाया गया था कि तकनीकी विकास की दर किसी उद्योगीकृत देश की वृद्धि से ज्यादा श्रमशक्ति के आकार या नई फैक्टरियों या उपकरणों में किए गए निवेश से निर्धारित होती है। दुनिया भर की सरकारों ने उनके द्वारा दी गई इस शिक्षा पर ध्यान देते हुए तकनीकी शोध और विकास में सीधे पैसा लगाना शुरू किया।

साठ के शुरुआती दशक में आर्थिक सलाहकार काउंसिल में एक वरिष्ठ अर्थशास्त्री की हैसियत से सोलो ने हस्तक्षेप की नीति की रूपरेखा निर्धारित किया, जो केनेडी और जॉनसन के शासन के दौरान लागू रही।

सोलो ने यह कभी नहीं छिपाया कि उन्हें 'रीगनोमिक्स' से बहुत ही घृणा है।

सोलो बहुत अच्छे वक्ता रहे और अंग्रेजी भाषा का उन्हें बहुत ही अच्छा ज्ञान था। वे एक अच्छे लेखक भी थे, जो कुछ लिखते थे, उसमें उनकी विनोदप्रियता की झलक मिलती है।

रॉबर्ट सोलो मेसाचुसेट्स इंस्टीट्यूट ऑफ टेक्नोलॉजी के प्रोफेसर रहे। उनकी पत्नी बारबरा बोस्टन विश्वविद्यालय में आर्थिक इतिहासकार हैं। इनके दो पुत्र और एक पुत्री हैं। 1950 में एक गणितीय मॉडल को विकसित करने के लिए उन्हें नोबेल पुरस्कार से सम्मानित किया गया। यह मॉडल दर्शाता है कि दीर्घकालिक वृद्धि तकनीकी विकास पर अश्रित होती है और यह मात्र पूँजी और श्रमशक्ति बढ़ाने से हासिल नहीं हो सकती।

भौतिक विज्ञान

रसायन विज्ञान

शरीर विज्ञान/चिकित्सा विज्ञान

साहित्य

शान्ति

अर्थशास्त्र

1988

भौतिक विज्ञान

लेडरमैन, लियोन मैक्स

नागरिकता : संयुक्त राज्य अमरीका

जन्म : 15 जुलाई, 1922; न्यू यॉर्क, अमरीका

लियोन मैक्स लेडरमैन ने सिटी कॉलेज में आरंभिक शिक्षा प्राप्त की और वहीं से बी.एस. की डिग्री 1943 में प्राप्त की। कोलंबिया विश्वविद्यालय से 1950 में ए.एम. और 1951 में पीएच.डी. (भौतिक विज्ञान) की डिग्री प्राप्त की। ऑनरेरी डिग्री उन्हें शिकागो विश्वविद्यालय से प्राप्त हुई। कार्यानुभव : निदेशक, नेविस लेबोरेटरीज (1962–79), एसोसिएट प्रोफेसर—1951–52, असिस्टेंट प्रोफेसर से एसोसिएट प्रोफेसर वे 1952–58 की अवधि में रहे।

1958 में वे कोलंबिया यूनिवर्सिटी में भौतिक विज्ञान के प्रोफेसर नियुक्त हुए। फेर्मि नेशनल एक्सेलरेट लेबोरेटरी के निदेशक 1979 में हुए। सहयोगी पद : वह गुगेनहाइम फेलो (1958–59), अर्नेस्ट केंपटन ऐडम्स फेलो (1958–59), 'एनएसएफ' 1967 में हुए। 1966–69 तक वे यूनिवर्सिटी रिसर्च एसोसिएशन के ट्रस्टी बोर्ड के सदस्य रहे। वे नेविस लेबोरेटरीज, ब्रेखेवन नेशनल लेबोरेटरीज, यूरोपियन सेंटर फॉर न्यूक्लियर रिसर्च, जिनेवा, फर्मिलैब तथा न्यू यॉर्क स्टेट यूनिवर्सिटी, इंटरनेशनल कमेटी फॉर न्यूक्लियर एक्सीलेटर आदि के सहयोगी रहे।

उन्हें अमरीका का नेशनल मेडल ऑफ साइंस 1965 में मिला, टाउनसेंड का हैरिस मेडल उन्हें 1973 में मिला, इलियट क्रेसन का मेडल उन्हें 1976 में मिला तथा भौतिकी पुरस्कार 1982 में प्राप्त हुआ।

उनके शोधकार्यों में मूलभूत कणों के गुणधर्मों तथा उनकी परस्पर क्रियाओं का अध्ययन शामिल है।

पदार्थ की आंतरिक संरचना तथा गतिकी पर शोध के लिए नए अवसर उपलब्ध कराने के लिए उन्हें मेलविन श्वार्ट्ज तथा जैक स्टेनबर्गर के साथ संयुक्त रूप से पुरस्कृत किया गया।

श्वाट्र्ज, मेलविन

नागरिकता : संयुक्त राज्य अमरीका

जन्म : 2 नवंबर, 1932; न्यू यॉर्क, अमरीका

निधन : 28 अगस्त, 2006; ट्विन फॉल्स, अमरीका

मेलविन जूनियर श्वाट्र्ज एक सैद्धांतिक भौतिकविज्ञानी थे। उन्होंने 1951 में ब्रुकलिन कॉलेज से बी.एस. की डिग्री प्राप्त की तथा इओवा स्टेट यूनिवर्सिटी से 1958 में भौतिक विज्ञान में पीएच.डी. की डिग्री प्राप्त की। कार्यानुभव : 1956-57 में रुटगर्ज विश्वविद्यालय में भौतिकी के शिक्षक, 1957-59 तक मिन्नेसोटा विश्वविद्यालय में लेक्चरर, सारक्यूज विश्वविद्यालय में 1959-61 तक शोध सहायक, एडल्फाई विश्वविद्यालय में 1961-64 तक एसोसिएट प्रोफेसर। उनके शोधकार्यों में क्वांटम फील्ड, प्लाज्मा का सामान्य सापेक्षिक गतिक सिद्धांत और विज्ञान का सामाजिक प्रभाव आदि का अध्ययन शामिल रहा।

स्टेनबर्गर, जैक

नागरिकता : जर्मनी/संयुक्त राज्य अमरीका

जन्म : 25 मई, 1921; बाड किसिंजेन, जर्मनी

जैक स्टेनबर्गर संयुक्त राज्य अमरीका के नागरिकता प्राप्त वैज्ञानिक हैं। शिकागो विश्वविद्यालय से 1942 में बी.एस. तथा 1948 में पीएच.डी. की डिग्रियाँ प्राप्त कीं। वे प्रिंस्टन के इंस्टीट्यूट ऑफ एडवांस्ड स्टडी के सदस्य रहे, 1948-49 में वे कैलीफोर्निया विश्वविद्यालय में रिसर्च असिस्टेंट हुए, कोलंबिया विश्वविद्यालय में भौतिकी के हिग्गिन प्रोफेसर 1950-71 की अवधि में रहे। 1968 से यूरोपियन सेंटर फॉर न्यूक्लियर रिसर्च के सदस्य रहे। हीडलबर्ग विश्वविद्यालय में वे ऑनरेरी प्रोफेसर रहे। वे अमरीकन एकेडमी ऑफ आर्ट्स एंड साइंसेज के सदस्य रहे, हाइडेलबर्ग एकेडमी ऑफ साइंसेज के भी सदस्य रहे। उनके शोधकार्यों में मेसोन, पाईओन के घूर्णन तथा अनुरूपता जैसे अन्य गुणधर्मों का अध्ययन, अज्ञात कणों के घूर्णन और अन्य गुणधर्मों तथा न्यूक्लिओंस की क्वार्क संरचना का अध्ययन किया।

भौतिक विज्ञान पर 1988 का नोबेल पुरस्कार लेडरमैन, श्वाट्र्ज और स्टेनबर्गर को संयुक्त रूप से प्रदान किया गया।

रसायन विज्ञान

डीजेनहोफर, जोहान्न

नागरिकता : जर्मनी

जन्म : 30 सितंबर, 1943; ज्यूसा काल्थीन, जर्मनी

डीजेनहोजर जोहान्न ने भौतिक विज्ञान का अध्ययन म्यूनिख के इंस्टीट्यूट ऑफ साइंस एंड टेक्नोलॉजी में किया। बाद में प्रोफेसर रॉबर्ट ह्यूबर के निर्देशन में मैक्स प्लैंक इंस्टीट्यूट फॉर बायोकेमी मार्सिस्रिड से उन्होंने अपने पीएच.डी. शोध-पत्र पर कार्य किया (1971-74)। वे म्यूनिख के इंस्टीट्यूट ऑफ साइंस एंड टेक्नोलॉजी में यूनिवर्सिटी प्रोफेसर नियुक्त किए गए तथा इन दिनों वे हार्वर्ड हक्स इंस्टीट्यूट में कार्य कर रहे हैं। रसायन विज्ञान में 1988 का नोबेल पुरस्कार उन्होंने अपने अध्यापक प्रोफेसर रॉबर्ट ह्यूबर और अपने सहयोगी हार्टमुट मिचेल के साथ प्राप्त किया।

प्रकाश संश्लेषण की क्रिया के वक्त अणु की परमाणवीय संरचना द्वारा परमाणु को प्रदर्शित करने के लिए उन्हें रॉबर्ट ह्यूबर तथा हार्टमुट मिचेल के साथ संयुक्त रूप से नोबेल पुरस्कार से सम्मानित किया गया।

प्रकाश संश्लेषण की इस क्रिया में सूर्य का प्रकाश रासायनिक ऊर्जा में बदल जाता है जो पादप और पशु जीवन के लिए ईंधन का कार्य करता है।

ह्यूबर, रॉबर्ट
नागरिकता : जर्मनी
जन्म : 20 फरवरी, 1937; म्यूनिख, जर्मनी

रॉबर्ट ह्यूबर म्यूनिख के मैक्स प्लैंक इंस्टीट्यूट फॉर बायो-केमिक विभाग के निदेशक रहे। उन्हें रिचर्ड कुह्न मेडल जीव विज्ञानीय बृहदणु (मैक्रो-मोलेक्यूल) के एक्स-किरण विश्लेषण पर उनके निर्णायक सहयोग के लिए मिला। उन्होंने 1947 से 1956 तक ह्यूमैनिस्अिशेस कार्ल-जिम्नेजियम से शिक्षा पाई और उसके बाद 1960 में टेक्निशे होश्यूल में रसायनशास्त्र का डिप्लोमा प्राप्त करने वाले ह्यूबर 1971 मैक्स प्लैंक इंस्टीट्यूट ऑफ बायोकेमिस्ट्री के निदेशक बने, जहाँ उनकी टीम ने प्रोटीन के क्रिस्टल विज्ञान के सिद्धांत विकसित किए।

रसायन विज्ञान के लिए 1988 का नोबेल पुरस्कार उन्हें अपने शिष्य और सहयोगी डीजेनहोफर जोहान्न और सहयोगी हार्टमुट मिचेल के साथ प्राप्त हुआ।

मिचेल, हार्टमुट
नागरिकता : जर्मनी
जन्म : 18 जुलाई, 1948; लुडविग्सबर्ग, जर्मनी

हार्टमुट मिचेल ने म्यूनिख और टुबिंजेन में जैव-रसायन की शिक्षा प्राप्त की। 1979 में उन्होंने प्रो. रॉबर्ट ह्यूबर की अधीनता में इंस्टीट्यूट फॉर बायोकेमिक में कार्य किया। वे 1984 में म्यूनिख विश्वविद्यालय के प्रोफेसर नियुक्त किए गए। 1986 में उन्होंने केमिकल इंडस्ट्री ऑफ जर्मन एंड दि लेइबनिट्ज का डी.एफ. पुरस्कार प्राप्त किया। वे मैक्स प्लैंक इंस्टीट्यूट में बायोकेमिक विभाग के अध्यक्ष भी रहे। उन्हें 1988 का नोबेल पुरस्कार रॉबर्ट ह्यूबर और डीजेनहोफर जोहान्न के साथ संयुक्त रूप से प्रदान किया गया।

शरीर विज्ञान/चिकित्सा विज्ञान

इलियन, गर्टुड बेल्ले
नागरिकता : संयुक्त राज्य अमरीका
जन्म : 23 जनवरी, 1918; न्यू यॉर्क, अमरीका
निधन : 21 फरवरी, 1999; चैपल हिल, अमरीका

गर्टुड बेल्ले इलियन हंटर कॉलेज से ग्रेजुएट हुईं। न्यू यॉर्क विश्वविद्यालय से उन्होंने एम.एस. की डिग्री प्राप्त की, डी.एसी. की मानद डिग्रियाँ उन्होंने जॉर्ज वाशिंगटन विश्वविद्यालय (1969) तथा मिशिगन विश्वविद्यालय (1983) से प्राप्त कीं। ब्राउन विश्वविद्यालय से उन्होंने डी.एम.एस. की डिग्री प्राप्त की।

जॉर्ज हर्बर्ट हिचिंग्स के साथ मिलकर उन्होंने कोशिका की तह में जाकर जाँच-पड़ताल की और पाया कि सामान्य मनुष्य की कोशिका में न्यूक्लिक अम्ल का संश्लेषण और कैंसरयुक्त कोशिका में तथा रोगमूलक जीवाणु और विषाणु में तुलनात्मक रूप से भेद कैसे होता है। उनकी औषधीय खोजों ने कोशिका जैव-रसायनी और शरीर विज्ञान में नई समझदारी विकसित की।

उन्होंने डी.एन.ए. संश्लेषण निरोधक समूह विकसित किया जिन्हें एंटी मोटाबोलाइट्स कहते हैं जिससे कैंसर की दवा बनाने की उम्मीद जगती है।

उनके द्वारा एक अन्य दवा बनाई गई जिसे एजाथियोप्रिन के नाम से जाना गया। इस दवा ने यकृत और हृदय प्रत्यारोपण को संभव बनाया। औषधि चिकित्सा के महत्त्वपूर्ण सिद्धांतों की खोज के लिए इलियन को हिचिंग्स और सर जेम्स के साथ संयुक्त रूप से नोबेल पुरस्कार से सम्मानित किया गया।

हिचिंग्स, जॉर्ज हर्बर्ट

नागरिकता : संयुक्त राज्य अमरीका

जन्म : 18 अप्रैल, 1905; वाशिंगटन स्टेट, अमरीका

निधन : 27 फरवरी, 1998; चैपल हिल, अमरीका

जॉर्ज हर्बर्ट हिचिंग्स ने बी.एस. की डिग्री 1927 में और एम.एस. की डिग्री 1928 में वाशिंगटन विश्वविद्यालय से प्राप्त की। 1971 में उन्होंने पीएच.डी. की डिग्री हार्वर्ड विश्वविद्यालय से जीव विज्ञानीय रसायन में प्राप्त की। उन्होंने कई वैज्ञानिक संस्थानों में कार्य किया, जैसे—स्ट्रेथिक्लायड यूनिवर्सिटी (1977), न्यू यॉर्क मेडिकल कॉलेज एमोरी यूनिवर्सिटी (1988), ड्यूक यूनिवर्सिटी और नॉर्थ कैरोलिना यूनिवर्सिटी (1982) और माउंट सिनाई स्कूल ऑफ मेडिसिन (1983)। वे हार्वर्ड विश्वविद्यालय में जैव रसायन विज्ञान के अध्यापक रहे (1932-36)। कैंसर कीमोथैरेपी नेशनल सर्विस सेंटर के 1955-57 तक सदस्य रहे। वे नॉर्थ कैरोलिना विश्वविद्यालय तथा कैंब्रिज विश्वविद्यालय में लेक्चरर भी रहे।

अनेक यूनिवर्सिटियों से उन्हें एवार्ड और मेडल प्राप्त हुए। उनमें ग्रेगोर मेंडेल मेडल और पर्विन्जे मेडल (1971) शामिल हैं।

ब्लैक, सर जेम्स

नागरिकता : ब्रिटेन

जन्म : 14 जून, 1942; यूडिंग्स्टन, स्कॉटलैंड

निधन : 21 मार्च, 2010; लंदन, ब्रिटेन

सर जेम्स ब्लैक लंदन के किंग्स कॉलेज स्कूल ऑफ मेडिसिन एंड डेंटिस्ट्री से संबद्ध वैज्ञानिक रहे। सर जेम्स ब्लैक को नोबेल पुरस्कार औषधि क्रियाओं की शारीरिक यांत्रिकी की गहरी समझ के लिए प्रदान किया गया था। उन्होंने जो दवाएँ तैयार कीं वे अन्य दो वैज्ञानिकों की क्रिया-पद्धति से भिन्न थीं।

शरीर विज्ञान और औषधि विज्ञान पर 1988 का नोबेल पुरस्कार इलियन, हिचिंग्स और ब्लैक को संयुक्त रूप से प्रदान किया गया।

साहित्य

महफूज, नगीब

नागरिकता : मिस्र

जन्म : 11 दिसंबर, 1911; गमालिया, मिस्र

निधन : 30 अगस्त, 2006; कैरो, मिस्र

नगीब महफूज का जन्म एक सिविल अधिकारी के सातवें पुत्र के रूप में हुआ था। छह वर्ष की अवस्था में वे एक छोटे-से नगर एबिसिया चले गए। 1934 में उन्होंने दर्शनशास्त्र की डिग्री कैरो विश्वविद्यालय से प्राप्त की। उसके बाद इजिप्शियन कल्चरल सेक्टर ऑफ दि सिविल सर्विस में

प्रवेश किया और सेवानिवृत्ति (1971) तक उसी से संबद्ध रहे। वे एक सीधे-सादे सज्जन पुरुष थे और अक्सर कॉफी बाजार की दुकान में दिखाई पड़ जाते थे।

वे अरबी भाषा में लिखते थे और प्रोफेसर जॉन द्वारा अंग्रेजी में अनुवाद करा लेते थे, जो नगीब के लेखन-शिल्प से पूरी तरह परिचित हैं।

उनकी वास्तविक प्रतिभा के पूरी तरह से प्रकट होने में चार वर्ष लगे। उनकी कुछ रचनाएँ 'अल-रिसाला' में समीक्षित हुईं और उनकी प्रतिभा खुलकर सामने आने लगी। उनकी रचना 'दि गेम ऑफ पोट' एक ऐसे सम्राट की कहानी है जो अपनी प्रसन्नता के लिए प्रजा पर अत्याचार करता है।

1945 में उन्होंने 'न्यू कैरो' लिखा। नगीब ने अपनी रचनाओं में सामाजिक विरोधाभासों का वर्णन बड़ी कुशलता के साथ किया है।

1946 एवं 1949 के बीच उनकी रचनाएँ—'खान-एल-खलीली', 'जोकाक अल-मेडक', 'अल-सेरब' (दि मिरेज) तथा 'बडाया-वा-नेहाया' (बिगनिंग एंड एंड) प्रकाशित हुईं। ये सभी पुस्तकें भावनात्मक एवं बौद्धिक संकट का संकेत करती हैं जो मिस्र की साहित्य एवं संस्कृति पर मँडरा रहा था। द्वितीय विश्वयुद्ध के दौरान और उसके बाद के दौर में रोशनी डालती उनकी रचनाएँ बताती हैं कि जिंदगी का संबंध व्यक्तिगत लाभ-हानि मात्र से नहीं है बल्कि उसकी पृष्ठभूमि में सामाजिक, सांस्कृतिक एवं राजनीतिक परिप्रेक्ष्य भी हैं। महफूज नगीब ने 1949 और 1955 के बीच क्रमिक रूप से लिखे गए तीन नाटकों 'बैयन-अल-क्वसरेन', 'क्वास्ट-ऐश-शॉक' और 'अल-शुक्करिया' में अतीत और वर्तमान के बीच का संघर्ष, जड़ परंपराओं और सामाजिक एवं बौद्धिक विकास के बीच के अंतर्द्वंद्वों को स्पष्ट रूप से दर्शाया गया है। ये सभी पुस्तकें उनकी बाल्यावस्था की स्मृतियों से संबंधित हैं।

कुछ वर्ष चुप्पी साधे रहने के बाद उन्होंने 'अउलाद हर्टेना' (दि चिल्ड्रेन ऑफ आवर ऐली) लिखा जो मर्मस्पर्शी और प्रतीकात्मक है। इसके बाद उनकी पुस्तक 'अल-लिस वाल किलाब' (दि थीफ एंड दि डॉग्स, 1962) में प्रकाशित हुई जो सामाजिक न्याय से संबंधित है और यह खुलासा करती है कि आदमी कैसे अपराधी बन जाता है। सामाजिक-राजनीतिक परिवर्तनों की पृष्ठभूमि में उनकी कई पुस्तकें प्रकाशित हुईं। 'अल-तारीक' (दि वे), 'अल शहनाज' (दि बैगर), 'सरसरा फॉक दि नील', 'दि मिरामार' से इसी दृष्टिकोण का पता चलता है।

अन्य कृतियों में 'अल-कर्नाक' (1974)। 1967 में उन्होंने सैन्य जासूसी के बारे में लिखा था जिस पर एक लोकप्रिय फिल्म का निर्माण हुआ था। उनकी अन्य कृतियाँ हैं : 'अल-हेराफिश', एक 10 खंडों में विभक्त महाकाव्य जिसमें मिस्र के बहुसंख्यक लोगों की निर्धनता और यातना का मर्मस्पर्शी विवरण है—'दि डे लीडर डाइज' (उपन्यास, 1985)। वे एशियाई भाषाओं में लिखने वाले तीसरे लेखक हैं जिन्हें नोबेल पुरस्कार प्राप्त हुआ।

शान्ति

यूनाइटेड नेशंस पीस कीपिंग फोर्सेज, न्यू यॉर्क, अमरीका

स्थापना वर्ष : 1948

यह पाँचवीं बार है जब संयुक्त राष्ट्र से संबंधित किसी संस्था ने नोबेल पुरस्कार प्राप्त किया। सर्वप्रथम यू.एन. पीस-कीपिंग फोर्स को 1948 में अरब राष्ट्रों और इजराइल के बीच संघर्ष को रोकने के लिए भेजा गया था। सैन्य बलों को अक्सर आर्थिक संकट का सामना करना पड़ता। नोबेल पुरस्कार से उन्हें उस संकट से कुछ राहत मिलती।

जनवरी 2013 तक लगभग 114 राष्ट्रों के 80,764 सैनिक, 12,204 पुलिस कर्मचारी, 5082 अंतरराष्ट्रीय असैनिक कर्मचारी, 11748 स्थानीय असैनिक कर्मचारी तथा 2082 संयुक्त राष्ट्र स्वयंसेवक हैं जो संयुक्त राष्ट्र के ध्वज के नीचे कार्य कर रहे हैं। भारतीय उपमहाद्वीप और फिनलैंड आदि के सैनिकों की भी अच्छी-खासी संख्या इसमें शामिल है। खाड़ी युद्ध में शान्ति स्थापित करने के लिए संयुक्त राष्ट्र के महासचिव ने अपनी सीमाओं से आगे जाकर अथक परिश्रम किया। बेल्जियम-कांगो और अफगानिस्तान के खूनी संघर्ष को रोकने के लिए भी प्रयास करते रहे।

अर्थशास्त्र

अलाइस, मॉरिस
नागरिकता : फ्रांस
जन्म : 31 मई, 1911; पेरिस, फ्रांस
निधन : 9 अक्टूबर, 2010; पेरिस, फ्रांस

मॉरिस अलाइस प्रथम फ्रांसीसी नागरिक थे जिन्होंने अर्थशास्त्र पर 1988 में नोबेल पुरस्कार प्राप्त किया। उनके पिता एक दुकानदार थे। मॉरिस का प्रमुख कार्य द्वितीय विश्वयुद्ध के दौरान नाजी जर्मनी द्वारा अधिगृहित फ्रांस में मूल्य और बाजार से संबंधित है। अपने सहकर्मियों के बीच वह मुक्त बाजार समर्थक उदार अर्थशास्त्री माने जाते थे।

उनकी शिक्षा-दीक्षा मुख्यतः एक इंजीनियर के रूप में हुई। 1930 की महा मंदी के वक्त वे अमरीका चले गए। उनका रुझान अर्थशास्त्र की ओर बढ़ा और वे अर्थशास्त्री बन गए। 1944 में वे इकोल नेशनल सुपीरियोर देस माइंस, पेरिस में प्रोफेसर नियुक्त हुए। बाजार और संसाधनों के प्रभावपूर्ण प्रयोग के सिद्धांत पर उनके योगदान के लिए उन्हें नोबेल पुरस्कार से सम्मानित किया गया।

भौतिक विज्ञान

रसायन विज्ञान

शरीर विज्ञान/चिकित्सा विज्ञान

साहित्य

शान्ति

अर्थशास्त्र

1989

भौतिक विज्ञान

रैम्से, नॉर्मन फॉस्टर

नागरिकता : संयुक्त राज्य अमरीका

जन्म : 27 अगस्त, 1915; वाशिंगटन, डी.सी.

निधन : 4 नवंबर, 2011; वेलैंड, अमरीका

अमरीकी भौतिकविज्ञानी नॉर्मन फॉस्टर ने कोलंबिया विश्वविद्यालय से 1935 ए.बी. की डिग्री प्राप्त की तथा 1940 में भौतिक विज्ञान में वहीं से पीएच.डी. की डिग्री प्राप्त की। उन्हें कई विश्वविद्यालयों द्वारा मानद डिग्रियाँ भी प्रदान की गईं, जैसे—एम.ए. हार्वर्ड विश्वविद्यालय (1944), डी.एससी. केस वेस्टर्न रिजर्व यूनिवर्सिटी (1968), मिडिलबर्ग कॉलेज (1969), ऑक्सफोर्ड विश्वविद्यालय (1963), रॉकफेलर विश्वविद्यालय (1986)। कार्यानुभव : 1940-42 तक यूनिवर्सिटी ऑफ इलिनोइस में भौतिकी के सहायक, 1942-47 तक एसोसिएट प्रोफेसर कोलंबिया विश्वविद्यालय, 1966 में हार्वर्ड विश्वविद्यालय में भौतिकी के हिग्गिंस प्रोफेसर रहे।

वे एम.आई.टी. की रेडिएशन लेबोरेटरी में सहायक रहे। 1943-45 तक कैलीफोर्निया विश्वविद्यालय लॉस एल्मोस में एटॉमिक एनर्जी प्रोजेक्ट लेबोरेटरी में समूह का नेतृत्व किया तथा विभाग के उप-प्रमुख रहे। 1944-47 में ब्रोखेवन नेशनल लेबोरेटरी के भौतिक विज्ञान विभाग के प्रमुख रहे। 1958-59 में एन.ए.टी.ओ. के वैज्ञानिक सलाहकार रहे।

नाभिकीय संवेग, आणविक किरणपुंज (बीम), अणुओं में नाभिकीय अन्योन्य क्रियाओं, ड्यूट्रान चतुर्आवेशित संवेग, आणविक संरचना, डाई मैग्नेटिज्म थर्मोडायनॉमिक्स, प्रोटॉन-प्रोटॉन का प्रकीर्णन, इलेक्ट्रॉन प्रकीर्णन आदि उनके शोध के क्षेत्र रहे।

पारमाणविक परिशुद्ध (एटॉमिक प्रीसीसन) स्पेक्ट्रोस्कोपी के विकास में महत्त्वपूर्ण योगदान देने के लिए उन्हें पॉल वुल्फगैंग

हैंस जॉर्ज के साथ संयुक्त रूप से नोबेल पुरस्कार से सम्मानित किया गया।

अपनी इन्हीं विशिष्ट उपलब्धियों के कारण 1989 का नोबेल पुरस्कार वे प्राप्त कर पाए थे।

वुल्फगैंग, पॉल

नागरिकता : जर्मनी

जन्म : 10 अगस्त, 1913; लोरेंजकिर्च, जर्मनी

निधन : 7 दिसंबर, 1993; बॉन, जर्मनी

वुल्फगैंग पॉल एक नाभिकीय भौतिकविज्ञानी थे। उन्होंने अपनी डॉक्टरेट की डिग्री बर्लिन-चार्लोटेनबर्ग से 1939 में प्राप्त की। उन्हें 1952 में बोन विश्वविद्यालय में प्रायोगिक भौतिकी का प्रोफेसर नियुक्त किया गया। सीनेट ऑफ दि जर्मन रिसर्च सोसाइटी के सदस्य वे 1961 से 1967 तक रहे। वह जर्मनी के अलेक्जेडर वॉन हम्बोल्ट फाउंडेशन के अध्यक्ष रहे।

1950 के दशक में उन्होंने नाभिकीय भौतिकी के क्षेत्र में महत्त्वपूर्ण सफल प्रयोग किए। उन्होंने तथाकथित 'आयनकेज' में इलेक्ट्रॉनों और आयन को पकड़ने के लिए एक प्रभावशाली प्रक्रिया विकसित की। उनकी इस खोज ने अणुओं और परमाणुओं के विद्युतीय तथा चुंबकीय गुणधर्मों के मापन के लिए विशेष प्रयोगों को संभव बनाया।

उनका अन्य महत्त्वपूर्ण सफल आविष्कार इलेक्ट्रिकल क्वाड्रयूपोल (चतुर्आवेशित) मास स्पेक्ट्रोमीटर का विकास करना रहा, जो रासायनिक विश्लेषण तथा परमाणुओं व अणुओं के द्रव्यमान निर्धारित करनेवाले अन्य भौतिक प्रयोगों में उपयोगी है।

डेह्मेल्ट, हैंस जॉर्ज

नागरिकता : जर्मनी

जन्म : 9 सितंबर, 1922; गोए-लिर्ट्ज, जर्मनी

हैंस जॉर्ज जर्मन परमाणु भौतिकविज्ञानी थे। उन्होंने गोटिंगन विश्वविद्यालय से 1950 में प्राकृतिक विज्ञान में पीएच.डी. की डिग्री प्राप्त की। उन्होंने रुपरेक्ट कार्ल विश्वविद्यालय से (1986) तथा शिकागो विश्वविद्यालय (1987) से मानद डिग्रियाँ प्राप्त कीं। कार्यानुभव : 1950-52 तक इंस्टीट्यूट एच. कोप्फरमैन में रिसर्च फेलो, 1952-55 तक ड्यूक विश्व-विद्यालय में रिसर्च एसोसिएट, वाशिंगटन विश्वविद्यालय सिएटल में भौतिक विज्ञान विभाग में प्रोफेसर (1961)।

नाभिकीय चतुर्आवेशित अनुनाद, नाभिकीय तथा इलेक्ट्रॉन पैरामैग्नेटिक रेजोनेन्स आदि उनके शोध के प्रमुख क्षेत्र रहे।

रसायन विज्ञान

केच, थॉमस रॉबर्ट
नागरिकता : संयुक्त राज्य अमरीका
जन्म : 8 दिसंबर, 1947; शिकागो, अमरीका

थॉमस रॉबर्ट केच ने ग्रिनेल कॉलेज से बी.ए. की डिग्री 1970 में प्राप्त की। रसायन विज्ञान में उन्हें कैलीफोर्निया विश्व-विद्यालय से पीएच.डी. की डिग्री प्रदान की गई। 1987 में उन्होंने ग्रिनेल कॉलेज से मानद डिग्री प्राप्त की। वे 1955-57 तक नेशनल कैंसर इंस्टीट्यूट में (एमआईटी) में अणु जीव विज्ञान के अध्यापक रहे। 1983 में वे कोलोराडो विश्व-विद्यालय के रसायन विज्ञान विभाग में प्रोफेसर नियुक्त हुए।

उन्होंने मीठे पानी में पाए जानेवाले प्रोटोजोआ (एक-कोशिकीय जंतु) टेट्राहाइमेना थर्मोफिला पर कार्य किया और पाया आर.एन.ए., जिसके बारे में यही समझा जाता था कि आनुवंशिक अणु के रूप में ही सक्रिय होते हैं, वह उत्प्रेरक बतौर भी कार्य कर सकते हैं। उनकी राय थी कि जीवन की उत्पत्ति से संबद्ध यही प्रमुख अणु हैं।

उन्होंने स्वतंत्र रूप से खोज की कि आर.एन.ए एंजाइम के रूप में कार्य कर सकता है। यह एक ऐसा अणु हो सकता है जो रासायनिक अभिक्रियाओं को त्वरित कर सकता है।

जब तक आर.एन.ए. की एक एंजाइम के रूप में पहचान नहीं हो गई तब तक सभी एंजाइमों को प्रोटीन ही समझा जाता था।

उन्होंने यह भी पाया कि आर.एन.ए. स्वयं अपनी प्रतिलिपि तैयार कर सकते हैं।

आर.एन.ए. के उत्प्रेरक कार्यों की खोज के संबंध में उन्हें सिडनी आल्टमान के साथ संयुक्त रूप से नोबेल पुरस्कार से सम्मानित किया गया।

आल्टमान, सिडनी
नागरिकता : कनाडा
जन्म : 7 मई, 1939; मांट्रियल, क्यूबेक, कनाडा

सिडनी आल्टमान कनाडा के एक अणु जीवविज्ञानी हैं। उन्होंने 'एम.आई.टी.' से 1960 में बी.एस. की डिग्री प्राप्त की, कोलोराडो विश्वविद्यालय से 1967 में जैव-भौतिकी में पीएच.डी. की डिग्री प्राप्त की। कार्यानुभव : कोलंबिया विश्वविद्यालय में सह अध्यापक (1960-62), हार्वर्ड विश्व-विद्यालय में डेमोन रन्योन मेमोरियल फंड कैंसर रिसर्च में शोधार्थी (1967-69), मेडिकल रिसर्च काउंसिल फेलो (1969-70), येल विश्वविद्यालय में जीव विज्ञान के प्रोफेसर (1980), येल कॉलेज के डीन (1985)।

आल्टमान ने एक ग्राम नेगेटिव बैक्टेरियम से अपना शोध आरंभ किया। आल्टमान और केच यद्यपि प्रत्यक्ष रूप से अलग-अलग शोध कर रहे थे मगर दोनों के निष्कर्ष प्रायः एक जैसे थे। उन्होंने तब पता किया कि 'आर.एन.ए.' एक एंजाइम के रूप में कार्य कर सकता है। जब तक 'आर.एन.ए.' का पता नहीं चला था तब सभी एंजाइम प्रोटीन समझ लिये जाते थे। आल्टमान, केच दोनों ही अमरीकी नागरिक थे।

1989 का नोबेल पुरस्कार केच और आल्टमान को संयुक्त रूप से प्रदान किया गया।

शरीर विज्ञान/चिकित्सा विज्ञान

वर्मुस, हेरॉल्ड इलियट

नागरिकता : संयुक्त राज्य अमरीका

जन्म : 18 दिसंबर, 1939; न्यू यॉर्क, अमरीका

हेरॉल्ड इलियट वर्मुस एक जीवाणु विशेषज्ञ और माइक्रो-बायोलॉजिस्ट हैं। उन्होंने एम्हर्स्ट कॉलेज से 1961 में बी.ए. की डिग्री प्राप्त की। हार्वर्ड विश्वविद्यालय से एम.ए. की डिग्री 1962 में प्राप्त की तथा कोलंबिया विश्वविद्यालय से एम.डी. की डिग्री 1966 में प्राप्त की।

वर्मुस 1970-72 में लेक्चरर रहे, माइक्रोबायोलॉजी के असिस्टेंट प्रोफेसर से क्रमशः प्रोफेसर 1972-82 में बने। वे कैलीफोर्निया विश्वविद्यालय में जैव रसायन तथा जैव भौतिकी के प्रोफेसर रहे। इसके अतिरिक्त वे 'सेल एंड वाइरोलॉजी' के सहसंपादक रहे। वे अमरीकन कैंसर सोसायटी के ऑनरेरी प्रोफेसर भी रहे। इनके अतिरिक्त उन्होंने अन्य अनेक ऑनरेरी एवार्ड और मेडल भी प्राप्त किए।

उन्होंने जे. माइकेल के साथ मिलकर कई प्रकार के शोध कैलीफोर्निया विश्वविद्यालय में 1970 के दशक में किए। रिट्रीवायरल फोड़े-फुंसियों की कोशिकीय उत्पत्ति के संबंध में उनके द्वारा की गई खोज के लिए उन्हें संयुक्त रूप से नोबेल पुरस्कार से सम्मानित किया गया।

बिशप, जे. माइकेल

नागरिकता : संयुक्त राज्य अमरीका

जन्म : 22 फरवरी, 1936; न्यू यॉर्क, अमरीका

जे. माइकेल बिशप एक माइक्रोबायोलॉजिस्ट और प्रतिरक्षा-विज्ञानी हैं और साथ ही जी.डब्ल्यू. हूपर रिसर्च फाउंडर्स और कैलीफोर्निया यूनिवर्सिटी मेडिकल सेंटर के अध्यक्ष रहे। बिशप ने वर्मुस के साथ मिलकर अनेक प्रकार के शोध किए। उनके अनेक शोधों से इस तथ्य की पुष्टि हुई कि कैंसर का कोई एक कारण नहीं।

उन्होंने कहा कि मानव शरीर में ही कैंसर के कारण मौजूद हो सकते हैं। उन्होंने दिखाया कि कैंसर से किस प्रकार शरीर क्षतिग्रस्त होता रहता है। यह खोज अत्यंत महत्त्वपूर्ण थी, एंजाइम, प्रोटीन आदि का भी अध्ययन उन्होंने इसी क्रम में किया। बिशप ने कहा कि मनुष्य के अपने शरीर में ही कैंसर के बीज क्रियाशील होते हैं। 1989 का नोबेल पुरस्कार वर्मुस और बिशप को संयुक्त रूप से प्रदान किया गया।

साहित्य

सेला, केमिलो जोस

नागरिकता : स्पेन

जन्म : 11 मई, 1916; पेड्रोन, उत्तर-पश्चिमी स्पेन

निधन : 17 जनवरी, 2002; मैड्रिड, स्पेन

केमिलो जोस सेला स्पेनिश पिता और आयरिश माता के पुत्र हैं। उन्होंने चिकित्सा, दर्शनशास्त्र और कानून का अध्ययन

मैड्रिड में किया। स्पेनिश गृहयुद्ध के दौरान उन्होंने फ्रैंको की सेना में भाग लिया। सेंसरशिप के बावजूद उन्होंने अनाथों के स्कूल की पत्रिका का संपादन किया। उन्होंने सिविल सर्विस, पेंटिंग और अभिनय-कला को भी आजमाया। अंत में लेखक, कथाकार, कवि, नाटककार, यात्रा-विवरण और अनुवादक के रूप में अपनी प्रतिभा दिखाने लगे। 'ला फेमिलिया डि पास्क्यूअल' उनका प्रथम उपन्यास था (दि फैमिली ऑफ फास्क्यूअल ड्यूरेट) जो 1942 में प्रकाशित हुआ। उसके बाद उनकी कई पुस्तकें प्रकाशित हुईं। फ्रैंको का गृहयुद्ध समाप्त हुआ। उनकी पुस्तकें प्रतिबंधित हुईं। उनकी कई पुस्तकें प्रतिबंधित होने पर भी उन्होंने लिखना बंद नहीं किया। पूरी स्पष्टता और प्रखरता के साथ समकालीन संदर्भों पर अपना लेखन जारी रखा। द्वितीय गृहयुद्ध के बाद भी वे लगातार लिखते रहे, उनकी पुस्तकें प्रकाशित होती रहीं और प्रतिबंधित होती रहीं। यही क्रम आगे भी जारी रहा। बाद की रचनाएँ भी इसी प्रकार प्रतिबंधित होती रहीं।

उन्हें 1989 का साहित्य का नोबेल पुरस्कार उन्हें प्रदान किया गया।

शान्ति

तेनजिन, ग्यात्सो (14वें दलाई लामा)

नागरिकता : चीन/तिब्बत

जन्म : 6 जुलाई, 1935; ल्हामो दोंद्रुव पश्चिमी चीन से सटा तिब्बत

ग्यात्सो तेनजिन ने शान्ति का नोबेल पुरस्कार 1989 में प्राप्त किया। अपने लोगों के बीच वह 14वें दलाई लामा हैं जिसका अर्थ है—'ज्ञान का महासागर 'अवलोकितेश्वर'। उन्हें चीन के दबाव से तिब्बत छोड़ना पड़ा। तिब्बत छोड़ने से पहले वह वहाँ दो वर्ष की अवस्था में सिंहासनारूढ़ हुए थे। इन दिनों वे भारत के हिमाचल प्रदेश के धर्मशाला नामक स्थान में रहते हैं।

वहीं से वह पूरे भारत और देश-देशांतर में यात्राएँ करके चीन से मातृभूमि तिब्बत को मुक्त करवाने का अभियान छेड़ते रहे। उनका यह आंदोलन पूर्णतः अहिंसात्मक है। 1959 के तिब्बत विद्रोह के दौरान, जिसे चीन सामंती जमीदारों का विद्रोह कहता है और दलाई लामा इसे व्यापक असंतोष की अभि-व्यक्ति कहते हैं, दलाई लामा तिब्बत छोड़कर अपने शिष्यों के साथ भारत आ गए और यहाँ राजनीतिक शरण ली। तिब्बतियों के कल्याण के लिए उन्होंने पूरे विश्व-भर में यात्राएँ की हैं। उनका लक्ष्य चीन से मुक्त गृहभूमि तिब्बत को प्राप्त करना है। उन्हें विश्वास है कि उनकी गृहभूमि का सपना किसी न किसी दिन अवश्य पूरा होगा। दलाई लामा को नोबेल पुरस्कार से चीन तिलमिला उठा था क्योंकि इससे तिब्बत को स्वायत्तता की आवाज को बल मिलता था।

अर्थशास्त्र

हावेल्मो, ट्रिग्वे मैग्नस

नागरिकता : नॉर्वे

जन्म : 13 दिसंबर, 1911; स्केड्स्मो, ओस्लो, नॉर्वे

निधन : 26 जुलाई, 1999; ओस्लो, नॉर्वे

ट्रिग्वे मैग्नस हावेल्मो एक स्कूल प्रबंधक के सुपुत्र थे। उन्होंने अर्थशास्त्र में डॉक्टरेट की डिग्री ओस्लो विश्वविद्यालय से 1946 में प्राप्त की। उन्होंने 1930 के दशक में आरहुस विश्वविद्यालय में स्टैटिक्स का अध्ययन किया। उन्होंने 1939 से 1947 तक संयुक्त राज्य में अध्यापन किया, पहले वहाँ उन्होंने राकफेलर स्कॉलर के रूप में, फिर मोर्टारशिप के सलाहकार के रूप में कार्य किया। उन्होंने शिकागो विश्व-विद्यालय काउलेस कमीशन में शोध किया (1946-47)। वे वाशिंगटन में नॉर्वेजियन ट्रेड सेक्रेटरी भी रहे। 1943 में उन्हें राजनीतिक अर्थशास्त्र और सांख्यिकीय का प्रोफेसर नियुक्त किया (ओस्लो यूनिवर्सिटी) गया। 1979 में वे वहाँ से रिटायर हुए। फिर भी अपना शोध उन्होंने जारी रखा। वे नॉर्वेजियन साइंटिफिक एकेडमी के सदस्य रहे, डेनिस रॉयल सोसायटी के भी सदस्य रहे। अनेक विश्वविद्यालयों से उन्हें डॉक्टरेट की ऑनरेरी डिग्रियाँ प्राप्त हुईं। अनेक शोधपत्र और पुस्तकें भी प्रकाशित हैं। आर्थिक सिद्धांतों को कैसे जाँचा जाए इसके लिए उन्हें नोबेल पुरस्कार से सम्मानित किया गया।

भौतिक विज्ञान

रसायन विज्ञान

शरीर विज्ञान/चिकित्सा विज्ञान

साहित्य

शान्ति

अर्थशास्त्र

1990

भौतिक विज्ञान

केंडाल, हेनरी वे

नागरिकता : संयुक्त राज्य अमरीका

जन्म : 9 दिसंबर, 1926; बोस्टन, मेसाचुसेट्स, अमरीका

निधन : 15 फरवरी, 1999; फ्लोरिडा, अमरीका

हेनरी वे केंडाल एक भौतिकविज्ञानी थे। उन्होंने 1950 में एम्हर्स्ट कॉलेज से बी.ए. किया तथा 1950 में नाभिकीय भौतिकी में मेसाचुसेट्स इंस्टीट्यूट ऑफ टेक्नोलॉजी से पीएच.डी. की। डी.एस.सी. एम्हर्स्ट कॉलेज से उन्होंने मानद डिग्री प्राप्त की।

वे 1954–56 तक मेसाचुसेट्स ऑफ टेक्नोलॉजी में एनएसएफ फेलो रहे। 1956–57 तक वे स्टैंडफोर्ड विश्व-विद्यालय में हाई एनर्जी लेबोरेटरी में सहायक शोधार्थी रहे। 1956–57 में वे भौतिक विज्ञान के लेक्चरर रहे। 1967 में वे एम.आई.टी. में भौतिकी के प्रोफेसर नियुक्त हुए।

जब वे स्टैंडफोर्ड लाइनर ऐक्सीलरेटर सेंटर में कार्य कर रहे थे तो केंडाल, टेलर और फ्रीडमैन ने सबसे पहले 'क्वार्क्स' के अस्तित्व का पता लगाया था। क्वार्क्स कणों का एक ऐसा समूह है जिसमें विभाजित विद्युतीय आवेश होता है इनसे सभी उप-परमाणवीय कण और इस तरह ब्रह्मांड की सारी धातुएँ बनी हैं। केंडाल को इस खोज के लिए टेलर और फ्रीडमैन के साथ संयुक्त रूप से नोबेल पुरस्कार से सम्मानित किया गया।

टेलर, रिचर्ड एडवर्ड

नागरिकता : कनाडा / संयुक्त राज्य अमरीका

जन्म : 2 नवंबर, 1929; मेडिसीन हैट, एल्बर्टा, कनाडा

रिचर्ड एडवर्ड टेलर एक भौतिकविज्ञानी थे। वे 1950 में कनाडा से संयुक्त राज्य अमरीका चले आए। शिक्षा :

बी.एस. (1950), एम.एस. (1952), यूनिवर्सिटी ऑफ आल्टा; पीएच.डी. स्टेनफोर्ड (1962); डाक्त्योर ओनोरिस' (पेरिस विश्वविद्यालय, 1980)। कार्य का अनुभव : 'बाउर्सियर लेबोरेटरी डि आई लिनेयर, (ओर्से, फ्रांस, 1958-61) फिजीसिस्ट, लारेंस बेकर्ले लेबोरेटरी में स्टाफ मेंबर (कैलीफोर्निया, 1961-62), एसोसिएट डायरेक्टर (1962-68), प्रोफेसर (1968), वॉन हमबोल्ड्ट फेलो, अमरीकन यूनियन ऑफ डाइवरजेंट पार्टिकल्स (1983-84), कनाडा के फेलो रहे। अमरीकन फिजिक्स सोसायटी काउंसिल के सदस्य रहे।

उन्होंने केंडाल और फ्रीडमैन के साथ भौतिक विज्ञान पर 1990 का नोबेल पुरस्कार संयुक्त रूप से प्राप्त किया था। उन तीनों ने 1960 में ही 'क्वार्क्स' की खोज कर ली थी।

फ्रीडमैन, जेरोम आइजाक

नागरिकता : संयुक्त राज्य अमरीका

जन्म : 28 मार्च, 1930; शिकागो, इलिनोइस, अमरीका

जेरोम आइजाक फ्रीडमैन अपने समय के एक सुप्रसिद्ध भौतिकशास्त्री हैं। उन्होंने आरंभिक शिक्षा 'एबी' (1950) 'एम.एस.' पी.ए.डी. (भौतिक विज्ञान) में प्राप्त की। कार्यानुभव : शिकागो विश्वविद्यालय में भौतिकी के सहायक शोधार्थी रहे, 1980 से 1983 तक वे नाभिकीय विज्ञान की प्रयोगशाला के निदेशक रहे। 1983 में वे एम.आई.टी. के भौतिक विज्ञान विभाग के प्रमुख रहे। उन्होंने हाई एनर्जी फिजिक्स तथा मूलभूत कणों पर अपना शोध किया। 'क्वार्क्स' की खोज के लिए उन्होंने संयुक्त रूप से नोबेल पुरस्कार प्राप्त किया।

1990 का नोबेल पुरस्कार संयुक्त रूप से भौतिक विज्ञान पर केंडाल, टेलर और फ्रीडमैन को प्रदान किया गया।

रसायन विज्ञान

कोरे, इलियास जेम्स

नागरिकता : संयुक्त राज्य अमरीका

जन्म : 12 जुलाई, 1928; मेथुएन, अमरीका

इलियास जेम्स कोरे एक कार्बनिक रसायनशास्त्री थे। शिक्षा : बी.एस. 1948, पीएच.डी. (रसायन विज्ञान) 1951, मेसाचुसेट्स ऑफ टेक्नोलॉजी। मानद उपाधियाँ : डी.एससी., यूनिवर्सिटी ऑफ शिकागो, 1968, होफ्स्टा यूनिवर्सिटी, 1974, कॉल्बी कॉलेज, 1977, ऑक्सफोर्ड यूनिवर्सिटी 1982, यूनिवर्सिटी ऑफ लीगे, 1985, यूनिवर्सिटी ऑफ इलिनोइस, 1951-59।

एक कार्बनिक रसायनविज्ञानी के रूप में हार्वर्ड विश्वविद्यालय में उन्होंने तथा उनके विद्यार्थियों ने 100 महत्त्वपूर्ण दवाओं तथा प्राकृतिक पदार्थों का संश्लेषण किया जिसमें 'प्रोस्टाग्लैंडिंस' भी शामिल है। दो साल बाद उन्होंने एक प्राचीन चीनी औषधीय पौधे 'गिन्को' का संश्लेषण किया।

कार्बनिक संश्लेषण की पद्धति के विकास के लिए उन्हें नोबेल पुरस्कार से सम्मानित किया गया।

शरीर विज्ञान/चिकित्सा विज्ञान

मुर्रे, जोसेफ ई.

नागरिकता : संयुक्त राज्य अमरीका

जन्म : 1 अप्रैल 1919; मिलफोर्ड, मेसाचुसेट्स, अमरीका

निधन : 26 नवंबर, 2012; बोस्टन, अमरीका

जोसेफ ई. मुर्रे एक अमरीकी चिकित्सक थे। उन्होंने हार्वर्ड विश्वविद्यालय से ग्रेजुएशन की डिग्री प्राप्त की। उन्होंने

1954 में मानवीय किडनी (यकृत) का प्रथम सफलतापूर्वक प्रत्यारोपण किया। वे बोस्टन में महिला अस्पताल में सर्जरी के प्रोफेसर और प्लास्टिक सर्जरी विभाग के प्रमुख रहे।

मानवीय अंगों के प्रत्यारोपण का विचार तब उनके दिमाग में आया जब वह द्वितीय विश्वयुद्ध के दौरान प्लास्टिक सर्जरी विभाग के अध्यक्ष थे। उन्होंने सैकड़ों जले-कटे रोगियों के मांस और चर्म का प्रत्यारोपण किया। अंग प्रत्यारोपण का परीक्षण पहले-पहल उन्होंने कुत्तों पर किया। उसके बाद दो जुड़वाँ लोगों पर। उन्होंने किडनी प्रत्यारोपण का सफल प्रयोग भी किया। उन्होंने दवाओं पर भी कई शोध किए। मुर्रे ने 1990 का नोबेल पुरस्कार थॉमस के साथ संयुक्त रूप से प्राप्त किया था।

नोबेल कमेटी ने इस मामले में परम्परागत नीति का परि-पालन नहीं किया था। उसने यही देखना पर्याप्त समझा कि प्लास्टिक सर्जरी द्वारा मानवता की कितनी सेवा ये दोनों कर चुके हैं।

थॉमस, एडवर्ड डोनाल

नागरिकता : संयुक्त राज्य अमरीका

जन्म : 15 मार्च, 1920; मार्ट, टेक्सास, यू.एस.ए.

निधन : 20 अक्टूबर, 2012; सिएटल

एडवर्ड डोनाल थॉमस एक ट्यूमर वैज्ञानिक (आंकोलॉजिस्ट) थे। शिक्षा : यूनिवर्सिटी ऑफ टेक्सास से बी.ए. 1941, एम.ए., 1943, हार्वर्ड मेडिकल से एम.डी. 1946, अमरीकन बोर्ड ऑफ इंटरनल मेडिसिन से डिप्लोमा, 1953, कार्यानुभव : इन्टर्न टु सीनियर असिस्टेंट रेजिडेंट इन मेडिसिन, पीटर बेंट ब्रिघम हॉस्पिटल 1946 से 1952; चीफ मेडिकल रिसर्च, 1952-53, उन्होंने मज्जा के प्रत्यारोपण की सफल चिकित्सा की। थॉमस को 1990 का नोबेल पुरस्कार मुर्रे के साथ संयुक्त रूप से दिया गया।

साहित्य

पॉज, ओक्तावियो

नागरिकता : मैक्सिको सिटी

जन्म : 31 मार्च, 1914; मैक्सिको सिटी, मैक्सिको

निधन : 19 अप्रैल, 1998; मैक्सिको सिटी, मैक्सिको

ओक्तावियो पॉज के दादा एक लेखक, पत्रकार और सक्रिय राजनीतिक कार्यकर्ता थे। अपने दादा से ही प्रेरित होकर उन्होंने अपना लेखन आरंभ किया।

ओक्तावियो पॉज की प्रथम कृति जब प्रकाशित हुई, तब उनकी लेखन-प्रतिभा की विलक्षणता का स्पष्ट प्रमाण मिला।

पॉज एक कवि, निबंधकार, राजनयिक, आलोचक, प्रोफेसर, अनुवादक, खंडनात्मक लेखक और साहित्यिक पत्रिकाओं के संस्थापक थे। उन्होंने उच्चतर शिक्षा मैक्सिको के विश्वविद्यालय में प्राप्त की, मगर डिग्री नहीं ली।

उनकी प्रथम पुस्तक 1933 में एक कविता-संग्रह के रूप में सामने आई जिसका शीर्षक है 'ल्यूना सिलवास्ट्रे' (फारेस्ट मून)। चार वर्षों के बाद उन्होंने यूरोप की प्रथम यात्रा की। उन्होंने उसी क्रम में फासिस्ट-विरोधी कांग्रेस में भाग लिया। स्पेन के फासिस्ट-विरोधी साहित्यकारों से उनका संपर्क हुआ। उनके स्पेनिश अनुभवों का विस्तृत विवरण 'बाजो टु क्लारा सोम्ब्रा वाइ ऑट्रोस प्वेमास डि एस्पाना' (बिनीथ योर क्लियर शेड एंड अदर स्पेनिश प्वेम्स) वेलेंसिया से 1937 में प्रकाशित हुई। उसी वर्ष उनकी पुस्तक 'रेइज डेल हाम्ब्रे' (रूट ऑफ मैन) का भी प्रकाशन हुआ।

1942 में उनकी पुस्तक 'ए ला ओरिल्ला डेल मुंडो' (ऑन दि बैंक्स ऑफ दि वर्ल्ड) प्रकाशित हुई।

पॉज ने मैक्सिको की राजनयिक सेवा में प्रवेश किया। उनकी नियुक्ति पेरिस स्थित दूतावास में सचिव के रूप में हुई। वहीं पर सार्त्र, कामू, ब्रेटन जैसे अनेक साहित्यिक महारथियों से उनका संपर्क हुआ। अगले सोलह वर्षों के दौरान उनका फ्रांस, स्विट्जरलैंड, यूनाइटेड स्टेट्स और जापान के दूतावासों में आना-जाना होता रहा।

उनकी प्रथम कृति 'ल्यूना सिलवास्ट्रे' (फारेस्ट मूव) मेक्सिकन राष्ट्रीय संस्कृति की खोज की यात्रा है और बहुत महत्त्वपूर्ण है। इसी क्रम में वे प्रथम बार भारत और जापान भी गए। यह उनकी ऐसी खोज-यात्रा थी जिसके कारण दक्षिण-पूर्व एशिया की सांस्कृतिक और साहित्यिक गरिमा को समझने का सुअवसर मिला।

इस बीच उनकी कई महत्त्वपूर्ण पुस्तकें प्रकाशित हुईं जिनके कारण वह एक सफल और प्रभावशाली लेखक, कवि, नाटककार, कथाकार और अनुवादक के रूप में प्रसिद्ध हुए। 1962 में वे भारत में मैक्सिको के राजदूत रहे। 1964 में उन्होंने मैरी जोसे ट्रामिनी से विवाह किया। वह फ्रेंच महिला थी जिससे भारत में ही उनका संपर्क हुआ था। 1962 और 1968 की अवधि में उन्होंने 'लेडेरा एस्ट' (ईस्टर्न स्लोप) को प्रकाशित किया। यह उनका कविता संग्रह है।

यूनिवर्सिटी ऑफ टेक्सास और कैंब्रिज यूनिवर्सिटी में अध्यापन किया और वहाँ वे सिमोन बोलिवर प्रोफेसर ऑफ लैटिन अमरीकन स्टडीज और चर्चिल कॉलेज के फेलो रहे (1970-71)। वह हार्वर्ड यूनिवर्सिटी में तुलनात्मक साहित्य के विजिटिंग प्रोफेसर रहे, साथ ही अमरीकन एकेडमी ऑफ आर्ट्स एंड लेटर्स के ऑनरेरी सदस्य भी थे।

उन्हें साहित्य पर 1990 का नोबेल पुरस्कार प्रदान किया गया।

शान्ति

गोर्बाचेव, मिखाइल सर्गेइविच

नागरिकता : सोवियत संघ

जन्म : 2 मार्च, 1931; प्रिवोल्नोये, सोवियत संघ

मिखाइल सर्गेइविच गोर्बाचेव के आरंभिक जीवन के बारे में विशेष जानकारी उपलब्ध नहीं, जैसा कि अन्य सोवियत नेताओं के बारे में भी कहा जा सकता है। वह सिर्फ 11 वर्ष के थे जब द्वितीय विश्वयुद्ध के दौरान जर्मनों ने स्ट्राव्रोपोल पर कब्जा कर लिया था जिसका संत्रासकारी अनुभव उनके मन पर गहरी छाप छोड़ गया। 1946 से 1950 तक उन्हें गर्मियों में मशीन और ट्रैक्टर स्टेशन पर सहायक कम्बाइन हार्वेस्टर ऑपरेटर के रूप में कार्य करना पड़ा। उन्होंने खेतों और खलिहानों में काम किया।

मास्को स्टेट यूनिवर्सिटी के लॉ स्कूल में कानून की पढ़ाई के लिए उन्हें स्ट्राव्रोपोल रीजनल कम्युनिस्ट पार्टी संगठन द्वारा भेजा गया। पढ़ाई तो उन्होंने की मगर उनका ध्यान कानून पर उतना नहीं था जितना राजनीति पर था। पढ़ाई के मामले में वे औसत दर्जे के छात्र थे मगर अपनी गतिविधियों के चलते बहुत लोकप्रिय थे। उन्होंने कम्युनिस्ट पार्टी की सदस्यता 1952 में ग्रहण की। वे यंग कम्युनिस्ट लीग अथवा 'कॉम्सोमोल' के कार्यों में काफी सक्रिय रहे।

गोर्बाचेव ने कॉम्सोमोल में कार्य किया। वह सोवियत पार्टी के अधिकारियों के लिए परम्परागत प्रशिक्षण केंद्र है। 1956-58 में स्ट्राव्रोपोल सिटी काम्सोमोल के प्रथम सचिव चुने गए थे। फिर स्ट्राव्रोपोल की क्षेत्रीय कमेटी के सचिव हुए। 1970 के अप्रैल में वे प्रथम सचिव चुने गए और इस प्रकार सोवियत संघ के सबसे युवा प्रांतीय सचिव घोषित हुए।

गोर्बाचेव बीसवीं सदी के सबसे महान शान्तिवादी नेता थे। वह द्वितीय रूसी नेता थे जिन्हें नोबेल पुरस्कार प्रदान किया गया। गोर्बाचेव को उनकी 'ग्लासनोस्त' और 'पेरेस्त्रोइका' की नीतियों को लागू करने के लिए याद किया जाता है।

उन्हें शान्ति का नोबेल पुरस्कार 1990 में प्रदान किया गया।

अर्थशास्त्र

मिलर, मर्टन एच.
नागरिकता : संयुक्त राज्य अमरीका
जन्म : 16 मई, 1923; बोस्टन, मेसाचुसेट्स, अमरीका
निधन : 3 जून, 2000; शिकागो, अमरीका

मर्टन एच. मिलर हार्वर्ड विश्वविद्यालय से 1944 में ग्रेजुएट हुए। उन्होंने 1952 में जॉन्स हॉपकिन्स यूनिवर्सिटी से पीएच.डी. की डिग्री प्राप्त की। समवर्ती पदों पर उन्होंने जो कार्य किए, उसका विवरण इस प्रकार है : लियोन कोरेल मार्शल डिस्टिंग्विश्ड सर्विस प्रोफेसर ऑफ ग्रेजुएट स्कूल ऑफ बिजनेस, यूनिवर्सिटी ऑफ शिकागो (1965–81)। उनकी वित्त व्यापार में दिलचस्पी है। उनकी प्रकाशित पुस्तक है : 'दि थ्योरी ऑफ फाइनेंस'। कॉरपोरेट वित्त के सिद्धांत पर कार्य करने के लिए उन्हें नोबेल पुरस्कार से सम्मानित किया गया।

मार्कोवित्ज, हैरी मैक्स
नागरिकता : संयुक्त राज्य अमरीका
जन्म : 24 अगस्त, 1927; शिकागो, अमरीका

हैरी मैक्स मार्कोवित्ज ने शिकागो यूनिवर्सिटी से लिबरल आर्ट्स में 1944 में एम.ए. की डिग्री, 1954 में पीएच.डी. की डिग्री प्राप्त की। रुट्ज यूनिवर्सिटी में एसोसिएट और परामर्शदाता वे क्रमश: 1952–60 और 1961–63 में रहे। यूनिवर्सिटी ऑफ पेंसिलवानिया के रिसर्च स्टाफ में सम्मिलित हुए। 'आईबीएम' कॉर्पोरेशन में एडजंक्ट प्रोफेसर ऑफ फाइनेंस 1980–82 में रहे।

हैरी मैक्स काउलेस कमीशन के सदस्य रहे। इंस्टीट्यूट ऑफ मैनेजमेंट साइंसेज के निदेशक रहे। उनका प्रमुख विषय 'इकोनॉमिक्स' रहा। उनकी दिलचस्पी आर्थिक क्षमता के उतार-चढ़ाव में रही। इसके सुधार के लिए उन्होंने नए मॉडल तैयार किए। उनकी प्रकाशित पुस्तकें हैं : 'पोर्ट फोलियो सेलेक्शन', 'एफिशिएंट डाइवर्सिफिकेशन ऑफ इन्वेस्टमेंट' (क्रमश: 1959 और 1970)। 'पोर्टफोलियो च्वाइस' सिद्धांत किए गए कार्य के लिए उन्हें नोबेल पुरस्कार से सम्मानित किया गया।

विलियम एफ. शार्प, मार्टन मिलर और मार्कोवित्ज को 1990 का नोबेल पुरस्कार संयुक्त रूप से प्रदान किया गया।

थियेरी, विलियम एफ.
नागरिकता : संयुक्त राज्य अमरीका
जन्म : 16 जून, 1934, बोस्टन; अमरीका

1990 में अमरीकी अर्थशास्त्रियों—विलियम एफ. शार्प, हैरी मार्कोवित्ज और मर्टन एच. मिलर को वित्तीय अर्थशास्त्र में उनके योगदान के लिए साझा रूप से अर्थशास्त्र के नोबेल पुरस्कार से सम्मानित किया गया। उनका उद्देश्य वित्तीय अर्थशास्त्र को अध्ययन के एक अलग क्षेत्र के रूप में स्थापित करना था।

अमरीका के बोस्टन, मेसाचुसेट्स में जन्मे, विलियम एफ. शार्प को अपने पिता के नेशनल गार्ड में नियुक्त होने के कारण, द्वितीय विश्वयुद्ध के दौरान कई स्थानों पर स्थानांतरित होना पड़ा। अंत में उनका परिवार स्थायी रूप से कैलीफोर्निया में बस गया।

1960 के दशक में शार्प ने मार्कोवित्ज के पेरिफोलियो सिद्धांत को आगे बढ़ाते हुए, कैपिटल रसेट प्राइसिंग मॉडल (सी.ए.पी.एम.) को विकसित किया। उन्होंने इस सिद्धांत को 1962 में जर्नल ऑफ फाइनेंस में एक लेख के रूप में

प्रकाशित करवाया। लेकिन विडम्बना यह रही कि यह लेख, जो वित्तीय अर्थशास्त्र की नींव बना, शुरू में अप्रासंगिक माना गया और इसे प्रकाशित करने से मना कर दिया गया। अंत में, यह लेख 1964 में प्रकाशित हुआ, जब पत्रिका का संपादकीय विभाग बदला गया।

शार्प ने 1955 में यूनिवर्सिटी ऑफ कैलीफोर्निया, लॉस एंजिल्स से बी.ए. की पढ़ाई पूरी की तथा 1956 में एम.ए. की। जब पहली बार उनकी मुलाकात मार्कोवित्ज से हुई तो उस समय शार्प यूनिवर्सिटी ऑफ कैलीफोर्निया से पीएच.डी. कर रहे थे और रैंड कॉर्पोरेशन में काम कर रहे थे। मार्कोवित्ज भी रैंड कॉर्पोरेशन में कार्यरत थे। शार्प ने अपने शोध प्रबंध के लिए मार्कोवित्ज को ही चुना।

शार्प ने सबसे पहले सिएटल में यूनिवर्सिटी ऑफ वाशिंगटन में पढ़ाया और उसके बाद इर्विन में यूनिवर्सिटी कैलीफोर्निया में शिक्षण कार्य किया। 1971 में वे स्टेनफोर्ड विश्वविद्यालय में वित्त को-प्रोफेसर नियुक्त किए गए। 1986 में शार्प ने विलियम एफ. शार्प एसोसिएट्स की स्थापना की, जो विभिन्न प्रतिष्ठानों को निधि एवं पेंशन योजनाओं में परामर्श देने का काम करती थी। वह 1993 में स्टेनफोर्ड विश्वविद्यालय में वित्त के एक प्रोफेसर के रूप में लौट आए।

शार्प ने अमरीकन फाइनेंस एसोसिएशन के अध्यक्ष के रूप में भी अपनी सेवाएँ दीं तथा इकोनॉमिस्ट्स फॉर पीस एंड सिक्योरिटी के ट्रस्टी भी रहे।

उनकी नौकायन, ओपेरा, फुटबाल, बॉस्केटबाल तथा संगीत में भी बहुत रुचि थी। वित्तीय संपत्तियों के मूल्य का निर्माण, जिसे कैपिटल एसेट्स प्राइसिंग मॉडल के नाम से जाना जाता है, के क्षेत्र में किए गए कार्यों के लिए उन्हें नोबेल पुरस्कार से सम्मानित किया गया।

भौतिक विज्ञान

रसायन विज्ञान

शरीर विज्ञान/चिकित्सा विज्ञान

साहित्य

शान्ति

अर्थशास्त्र

1991

भौतिक विज्ञान

द यैन, पियर जाइल्स
नागरिकता : फ्रांस
जन्म : 24 अक्टूबर, 1932; पेरिस, फ्रांस
निधन : 18 मई 2007; ऑर्से, फ्रांस

पियर जाइल्स द यैन को अपने समय का 'आइजक न्यूटन' कहा जाता है। वे पेरिस में कॉलेज ऑफ इंडस्ट्रियल फिजिक्स और केमिस्ट्री के निदेशक थे।

पियर जाइल्स ने अपना कार्य मैग्नेटिक फेज ट्रांजिस्टेशन से आरंभ किया। 1960 और 1970 के दशकों में उन्होंने अधिक जटिल 'ऑर्डर फेनोमिना' का अध्ययन किया। कुछ निश्चित तत्त्वों की अति सुचालक अवस्था (सुपरकंडक्टिंग स्टेट) में तरल क्रिस्टलों की व्यवस्थित स्थिति से अव्यवस्थित स्थिति में परिवर्तन, पॉलिमर बदलाव की ज्यामितीय व्यवस्था तथा गति की नियमितता आदि परिघटनाओं के अध्ययन व शोध में उनकी रुचि थी।

तरल क्रिस्टलों के अध्ययन में 1960 से गतिशीलता आई। द यैन ने 1960 और 1974 में एक सक्रिय शोध समूह की स्थापना की। उनकी पुस्तक फिजिक्स ऑफ लिक्विड क्रिस्टल प्रकाशित हुई और शीघ्र ही अपने विषय की प्रामाणिक पुस्तक बन गई है।

आज जब कोई व्यक्ति तरल क्रिस्टल के बारे में अपने डिस्प्ले नम्बर अपनी घड़ी या अन्य यंत्रों में देखता है तो उसे याद आता है कि डॉ. यैन द्वारा विकसित पद्धति के फलस्वरूप ऐसा संभव हुआ है।

अपने इन्हीं कार्यों के लिए उन्हें नोबेल पुरस्कार प्राप्त हुआ।

रसायन विज्ञान

अर्न्स्ट, रिचर्ड आर.
नागरिकता : स्विट्जरलैंड
जन्म : 14 अगस्त, 1933; विंटर्थर, स्विट्जरलैंड

रिचर्ड आर. अर्न्स्ट ने रसायन विज्ञान का डिप्लोमा 'एइडजेनो–सिस्चे टेक्निस्चे होस्चुले' (ई.टी.एच.) से 1956 में प्राप्त किया। उसी संस्थान से उन्होंने 1962 में भौतिक रसायन में पीएच.डी. की डिग्री प्राप्त की ज़िसमें उन्हें प्रोफेसर हैंस

प्राइमस का मार्गदर्शन प्राप्त हुआ था। 1963 से 1968 तक वे कैलीफोर्निया के वेरियन एसोसिएट, पैलो में शोध वैज्ञानिक रहे। 1976 में उन्हें प्रोफेसर नियुक्त किया गया।

नाभकीय चुंबकीय अनुवाद (न्यूक्लियर मैग्नेटिक रेसो-नेंस) एन.एम.आर. का प्रथम सफल परीक्षण 1954 में अमरीका में दो स्वतंत्र शोध समूहों द्वारा किया जा चुका था। लेकिन उस वक्त का एन.एम.आर. बहुत कम संवेदनशील था जिससे प्रयोगों में बुनियादी असफलता पैदा होने लगी। 1966 में अर्न्स्ट ने वेस्टन ए एंडरसन के साथ मिलकर यह खोज की कि एन.एम.आर. स्पेक्ट्रा को बढ़ाया जा सकता है। यह खोज आधुनिक एन.एम.आर. स्पेक्ट्रोस्कोपी का आधार बनी।

एन.एम.आर. टोमोग्राफी एम.आर. आई. (मैग्नेटिक रेजोनेंस इमेज) का आधार बनी जो मानवीय रोगों का पता लगाने में सहायक है। एन.एम.आर. स्पेक्ट्रोस्कोपी की पद्धति विकसित करने के लिए उन्हें नोबेल पुरस्कार से सम्मानित किया गया।

शरीर विज्ञान/चिकित्सा विज्ञान

नेहेर, एर्विन

नागरिकता : जर्मनी

जन्म : 20 मार्च, 1944; लैंड्सबर्ग, जर्मनी

एर्विन नेहेर एक भौतिकविज्ञानी हैं। उन्होंने विज्ञान की आरंभिक शिक्षा म्युनिख के टेक्निकल इंस्टीट्यूट में प्राप्त की। भौतिकी में मास्टर की डिग्री उन्होंने विस्कांसिन विश्वविद्यालय से 1967 में प्राप्त की। 1975 से 1976 तक उन्होंने अमरीका की येल विश्वविद्यालय में रिसर्च एसोसिएट का कार्य किया। विगत 13 वर्षों से वे मैक्स प्लैंक इंस्टीट्यूट फॉर बायोफिजिकल केमिस्ट्री के निदेशक हैं। नेहेर और बर्ट सैकमान को 1991 में कोशिकीय संचार, जिसमें विद्युत संकेतक भी शामिल हैं, पर किए गए कार्य के लिए नोबेल पुरस्कार प्रदान किया गया।

नेहेर उन 21 नोबेल पुरस्कार प्राप्त विद्वानों में एक थे, जिन्होंने 2003 में मानवतावादी घोषणापत्र पर हस्ताक्षर किए।

सैकमान, बर्ट

नागरिकता : जर्मनी

जन्म : 12 जून, 1942; स्टुटगार्ट, जर्मनी

बर्ट सैकमान ने 1967 में म्यूनिख विश्वविद्यालय से डॉक्टर ऑफ मेडिसिन की डिग्री प्राप्त की। ग्रेजुएट होने के बाद उन्होंने मैक्स प्लैंक इंस्टीट्यूट फॉर साइकियाट्रिक रिसर्च में शोध सहायक के रूप में कार्य किया। उन्होंने लंदन विश्व-विद्यालय में जैव-भौतिकी का अध्ययन किया। 1989 में हीडलबर्ग के मैक्स इंस्टीट्यूट फॉर मेडिकल रिसर्च में कार्य करने लगे। शरीर विज्ञान या औषधि विज्ञान के लिए 1991 का नोबेल पुरस्कार संयुक्त रूप से नेहेर और सैकमान को प्रदान किया गया।

साहित्य

गोर्डिमर, नादिन

नागरिकता : दक्षिण अफ्रीका

जन्म : 20 नवंबर, 1923; स्प्रिंग्स, दक्षिण अफ्रीका

नादिन गोर्डिमर ने ट्रांसवाल में माइनिंग टाउन के संपन्न यहूदी परिवार में जन्म लिया था। वे लंदन और लैटविया में

आकर बसे यहूदी परिवारों में सबसे धनी जवाहरातों के व्यापारी की पुत्री थीं। उनके पिता की कई खदानें थीं जिनकी देख-रेख की व्यवस्था का संचालन वह खुद करते थे। अश्वेत मजदूरों के प्रति उनकी पूरी सहानुभूति थी।

नादिन ने औपचारिक शिक्षा कम प्राप्त की थी। स्वाध्याय द्वारा ही उन्होंने अधिकाधिक ज्ञानार्जन किया था। औपचारिक शिक्षा कम प्राप्त करने का एक मुख्य कारण उनके हृदय का रोगग्रस्त होना भी था। उनकी प्रथम कहानी जब प्रकाशित हुई तब वे मात्र 15 वर्ष की थीं। बाद में वे विटवाटर्स रैंड विश्वविद्यालय में दाखिल हुईं। उनकी कहानियों का प्रथम संग्रह 'दि सॉफ्ट वायस ऑफ दि सर्पेंट' और उनका प्रथम उपन्यास 'दि लायिंग डेज' 1953 में प्रकाशित हुआ। 1960 और 1970 के दशकों में प्रकाशित उनकी उल्लेखनीय पुस्तकें निम्न हैं :

'ए गेस्ट ऑफ ऑनर' (1970), दि बुकर प्राइज विनिंग उपन्यास 'दि कंजरवेशनिस्ट' (1979), 'बर्गर्स डाउटर' (1979)। यह उपन्यास दक्षिण अफ्रीका में प्रतिबंधित है। यह एक कम्युनिस्ट कार्यकर्ता की करुण कहानी है। 'माई संस स्टोरी' (1990)। छोटी कहानियाँ लिखने की क्षमता भी उनकी विलक्षण है। वह दक्षिण अफ्रीका में अश्वेत सरकार की स्थापना की समर्थक रहीं।

नादिन गोर्डिमर 25 वर्षों के अंतराल के बाद प्रथम महिला थीं जिन्हें 1991 में नोबेल पुरस्कार से सम्मानित किया गया।

शान्ति

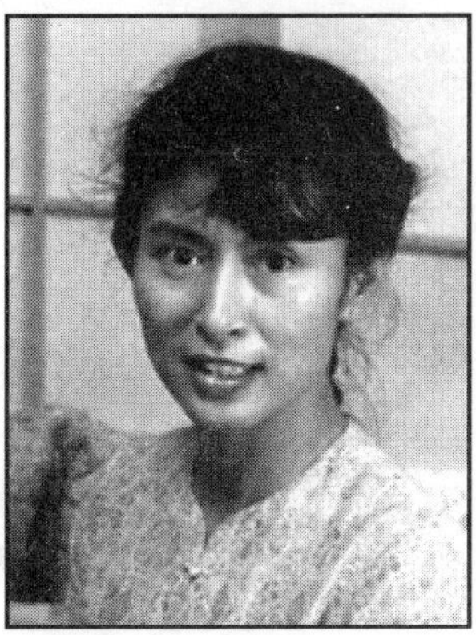

की आंग सान सू
(नी आंग सान)
नागरिकता : बर्मा
जन्म : 19 जून, 1945; रंगून (अब यंगोन), बर्मा (अब म्याँमार)

आंग सान सू की बर्मा के पूर्व राष्ट्रपति आंग सान की पुत्री हैं। बर्मा में आज सैनिक तानाशाही की हुकूमत है। सान सू की बहुत दिलेर और साहसी महिला हैं जिन्होंने सैनिक तानाशाह ने विन के खिलाफ बोलने की हिम्मत दिखाई है। वे 1988 में बर्मा आईं और तुरंत राजनीति में प्रवेश किया। उन्होंने अपना प्रथम राजनीतिक भाषण स्वेडगन पेगोडा की सीढ़ियों पर खड़े होकर दिया। वह भाषण सैकड़ों-हजारों लोगों ने सुना। वह अहिंसक क्रांति का आरंभ था। उनकी स्कूली शिक्षा भारत में नई दिल्ली के कॉन्वेंट ऑफ जीसस एंड मेरी स्कूल से हुई तथा उन्होंने नई दिल्ली के ही विख्यात लेडी श्री राम कॉलेज से 1964 में राजनीति शास्त्र में स्नातक की डिग्री प्राप्त की। उन्होंने तीन वर्ष तक बजट मुद्दों पर संयुक्त राष्ट्र संघ में भी कार्य किया।

1991 का नोबेल पुरस्कार उन्हें शान्ति के लिए प्रदान किया गया। यह पुरस्कार उन्हें लोकतंत्र और मानव अधिकारों के लिए उनके अहिंसक संघर्ष के लिए दिया गया।

अर्थशास्त्र

कोज, रोनाल्ड एच.
नागरिकता : ब्रिटेन
जन्म : 19 दिसंबर, 1910; विलेस्डन, मिडिलसेक्स, ब्रिटेन

रोनाल्ड एच. कोज शिकागो विश्वविद्यालय में प्रोफेसर एमेरिटस इन इकोनॉमिक्स लॉ स्कूल में हैं। शिक्षा : किलिवर्ज ग्रामर स्कूल, 1923-29, लंदन स्कूल ऑफ इकोनॉमिक्स, 1929-31, लंदन स्कूल से बी.कॉम, 1932, डी.एससी. (अर्थशास्त्र), 1951, यूनिवर्सिटी कोलोन, डॉ. रेर. पॉल, एच.सी., येल यूनिवर्सिटी डी.एस.ओ. एस.सी. (ऑनरेरी), 1989 तथा वाशिंगटन यूनिवर्सिटी डॉक्टर ऑफ लॉज (ऑनरेरी), 1991 में।

कोज ने दिखाया कि परंपरागत बुनियादी माइक्रो इकोनॉमिक सिद्धांत अधूरा है। इसी क्रम में वे लागत और खपत आदि की चर्चा करते हैं। 'दि नेचर ऑफ दि फर्म'

में कोज दो प्रश्न पूछते हैं : क्यों ये संगठन फर्मों के द्वारा नियोजित होते हैं तथा फर्मों का आकार कैसे निर्धारित होता है?

अपने एक और अध्ययन में कोज इन सवालों का समुचित उत्तर देते हैं। उनके पचहत्तर से अधिक निबंध और पुस्तकें हैं। वे लंदन स्कूल ऑफ इकोनॉमिक्स, अमरीकन एकेडमी ऑफ आर्ट एंड साइंसेज, दि ब्रिटिश एकेडमी के करेस्पोंडिंग तथा दि यूरोपियन एकेडमी के सदस्य हैं।

1991 का नोबेल पुरस्कार उन्हें अर्थशास्त्र के लिए प्रदान किया गया।

भौतिक विज्ञान

रसायन विज्ञान

शरीर विज्ञान/चिकित्सा विज्ञान

साहित्य

शान्ति

अर्थशास्त्र

1992

भौतिक विज्ञान

चार्पाक, ज्योर्जेज
नागरिकता : पोलैंड
जन्म : 1 अगस्त, 1924; डब्रोविका, पोलैंड
निधन : 29 सितंबर, 2010; पेरिस, फ्रांस

ज्योर्जेज चार्पाक फ्रांस में एक आप्रवासी पोलिश परिवार में पैदा हुए थे। उन्होंने द्वितीय विश्वयुद्ध में फ्रांस की ओर से भाग लिया। उन्हें नाजियों ने गिरफ्तार कर लिया और म्यूनिख के पास स्थित यंत्रणा कैंप में डाल दिया। सौभाग्यवश चार्पाक उस यातना को बर्दास्त कर अपनी जान बचा पाए।

वे जिनेवा के निकट 1959 से फिजिसिस्ट (सी.ई. आर.एन.) यूरोपियन ऑर्गनाइजेशन फॉर न्यूक्लियर रिसर्च के रूप में कार्य कर रहे थे। जब उनसे पूछा गया कि आप पुरस्कार से प्राप्त रुपयों से क्या करेंगे, तो उन्होंने कहा, ''मैं वे रुपये आगे भौतिकी के शोधों में लगा दूँगा।''

उनके जैसे वैज्ञानिक के लिए यह प्रशंसनीय है कि नाजियों द्वारा दी गई यंत्रणाओं से उबरकर आजादी महसूस करते हैं और पुन: शोधकार्यों में तल्लीन हो जाते हैं। कण भौतिकी में किए गए कार्यों तथा भौतिक विज्ञानियों द्वारा पदार्थ की प्रकृति की जाँच के लिए उपयोग में लाए जानेवाले मल्टीवायर प्रपोस्नल चैंबर के निर्माण के लिए उन्हें भौतिक विज्ञान पर नोबेल पुरस्कार 1992 में प्रदान किया गया।

रसायन विज्ञान

मारकस, रूडोल्फ आर्थर
नागरिकता : कनाडा
जन्म : 21 जुलाई, 1923; मोंट्रियल, कनाडा

रूडोल्फ आर्थर मारकस कैलीफोर्निया इंस्टीट्यूट में एक शोधार्थी हैं। उनका सैद्धांतिक अध्ययन 1950 और 1960 के दशकों में विशेष रूप से संपन्न हुआ। वे बताते हैं कि क्यों

और कैसे रासायनिक अभिक्रियाएँ जिन गतियों में क्रियाएँ करती है उनमें अंतर होता है। यह इस गणितीय विश्लेषण पर आधारित था कि कैसे इलेक्ट्रॉन गति करते हैं और कैसे परमाणु अपनी स्थिति बदलते हैं।

उन्होंने मैकगिल विश्वविद्यालय से 1943 में ग्रेजुएशन किया तथा पीएच.डी. की डिग्री 1946 में प्राप्त की। उन्होंने 1983 में डी.एससी. (एच.सी.) प्राप्त की। उन्होंने विश्व के अनेक विश्वविद्यालयों और शिक्षण संस्थानों से ऑनरेरी डिग्रियाँ और मेडल प्राप्त किए।

रसायन विज्ञान के लिए उन्हें नोबेल पुरस्कार से सम्मानित किया गया। यह पुरस्कार उन्हें रसायन विज्ञान में प्रायोगिक विकास को आगे बढ़ाने के लिए प्रदान किया गया।

शरीर विज्ञान/चिकित्सा विज्ञान

क्रेब्स, एडविन जी.
नागरिकता : संयुक्त राज्य अमरीका
जन्म : 6 जून, 1918, लैंसिंग; अमरीका
निधन : 21 दिसंबर, 2009; सिएटल, अमरीका

एडविन जी. क्रेब्स ने फिशर एडमंड एच. के साथ मिलकर लगातार चालीस वर्षों तक शोध किया। दोनों ही वाशिंगटन विश्वविद्यालय में एमेरिटस प्रोफेसर थे। क्रेब्स ने वहाँ से मेडिसिन का अध्ययन किया। अमरीकी नौसेना में प्रशिक्षण प्राप्त कर डॉक्टर बने। उन्होंने तय किया कि सेंट लुइस में नोबेल विजेता कार्ल एफ. कोरी एवं गर्टी कोरी के निर्देशन में रिसर्च का कार्य जारी रखा जाए। कोरी दंपती को पुरस्कार इसलिए मिला था कि उन्होंने कार्बोहाइड्रेट मेटाबोलिज्म और एंजाइमों का पता लगाया था। क्रेब्स और फिशर ने कोशिका प्रोटीन के बारे में खोज की थी। आकस्मिक खोज के बारे में पूछने पर फिशर ने बताया, ''यह एक बहुत रोचक विषय है कि हमें यह तो पता रहता है कि कहाँ से चलना है मगर अंत में कहाँ पहुँचेंगे, इसका पता नहीं रहता।''

फिशर, एडमंड एच.
नागरिकता : संयुक्त राज्य अमरीका
जन्म : 6 अप्रैल, 1920; शंघाई, चीन

एडमंड एच. फिशर ने स्विट्जरलैंड के जिनेवा विश्वविद्यालय में रसायन विज्ञान का अध्ययन किया। 1953 में वे कैलीफोर्निया विश्वविद्यालय के इंस्टीट्यूट ऑफ टेक्नोलॉजी में दाखिल हुए। एक वर्ष बाद उन्होंने वाशिंगटन में प्रवेश किया। जहाँ उन्हें अचानक ही एक पद का प्रस्ताव दिया गया हालाँकि वे कालटेक में किसी पद की उम्मीद कर रहे थे। सिएटल में आने के छः महीने बाद ही उन्होंने एडविन के साथ मिलकर ग्लाइकोजिन फास्फोरिलेस पर काम आरंभ कर दिया और इस प्रक्रिया में उन्होंने प्रतिवर्ती (रिवर्सेबल) प्रोटीन के फॉस्फोरिलेशन की खोज की।

1992 का नोबेल पुरस्कार क्रेब्स और फिशर को संयुक्त रूप से प्रदान किया गया।

साहित्य

वालकॉट, डेरेक (एंटन)
नागरिकता : वेस्टइंडीज
जन्म : 23 जनवरी, 1930; सेंट लूसिया

डेरेक (एंटन) वालकॉट वेस्टइंडियन कवि और नाटककार हैं। सेंट लूसिया की राजभाषा अंग्रेजी है मगर वे फ्रेंच क्रिओल

में बातचीत करना पसंद करते हैं। उनके पिता सिविल अधिकारी थे, अच्छे पेंटर और मुखौटे आदि तैयार कर लेते थे। वालकॉट ने सेंट मेरी स्कूल में औपचारिक शिक्षा प्राप्त की। वेस्टइंडीज के नाट्य महोत्सव में उन्होंने पुरस्कार प्राप्त किया और मात्र 18 वर्ष की अवस्था में अपनी कविताओं और नाटकों के प्रकाशन में दिलचस्पी दिखाने लगे।

अपनी माता की इच्छा के अनुसार पहले वे अध्यापक बनना चाहते थे मगर आगे चलकर लेखन को ही वरीयता दी। उनकी कविताओं का प्रथम संग्रह जब ट्रिनिडाड से प्रकाशित हुआ तब वे महज 18 वर्ष के थे।

जब उनकी कृति 'ड्रम्स एंड कलर्स' प्रकाशित हुई तब उनकी ख्याति विश्वव्यापी रूप से चारों तरफ फैलने लगी। उनकी अन्य प्रमुख कृतियाँ हैं : 'इन ग्रीन नाइट' (1962, लंदन से प्रकाशित), 'सेलेक्टेड पोएम्स' (1964) आदि।

वालकॉट अश्वेतों के प्रति सहानुभूति रखते थे और उपनिवेशवाद के विरोधी थे। अंग्रेजी भाषा उनकी अभिव्यक्ति का आधार थी, मगर संदर्भ में भाषा बदल डालने में भी सुदक्ष थे। 'टेल्स ऑफ दि आईलैंड' इसका एक उदाहरण है क्योंकि कैरेबियन बोलचाल की भाषा का उस पर प्रभाव है। वे पश्चिमी देशों के प्रसिद्ध कवि शेक्सपियर, डोने, मार्वेल, यीट्स, इलियट और हार्ट क्रेन से प्रभावित और अनुप्रेरित थे। वालकॉट अंग्रेजी का प्रयोग अपनी मातृभाषा की भाँति कर रहे थे। स्थानीयता का प्रभाव उनकी कई रचनाओं में दिखाई देता है। 'हेनरी क्रिस्टाफ' एक ऐसे गुलाम की कथा है जो हैती का राजा बन जाता है। उनकी अन्य रचनाएँ हैं— 'दि सी ऐट डाउफिन' (1954), 'आयोन' (1954), 'दि ड्रीम ऑन मंकी माउंटेन' (1954), 'टी जीन एंड हिज ब्रदर्स ऑडिसी' (1972) आदि।

वालकॉट कुछ समय तक ट्रिनिडाड में 'लिटिल कैरिब' थिएटर के निदेशक रहे। दो वर्षों तक (1958-59) उन्होंने अमरीका में रॉकफेलर फेलोशिप पर अमरीका में शोध किया। शोध का विषय रंगशाला की व्यवस्था की पद्धतियों का अध्ययन था। यह अध्ययन उन्होंने सर्किल स्क्वायर के स्टुआर्ट वाउघेन के निर्देशन में किया। बहुसंस्कृति के प्रति अपनी प्रतिबद्धता के रूप में उनकी ऐतिहासिक दृष्टि के लिए उन्हें नोबेल पुरस्कार प्रदान किया गया।

शान्ति

मेंचु, रिगोबर्टा
नागरिकता : ग्वाटेमाला
जन्म : 9 जनवरी, 1959; उट्ज-पाटन, ग्वाटेमाला

रिगोबर्टा मेंचु ग्वाटेमाला की क्विचे माया इंडियन की महिला हैं। वे ऐसे वातावरण में पली थीं जहाँ शोषक वर्ग के अत्याचारों एवं अन्यायों की चक्की में पिसते शोषित वर्ग के लोग कराह रहे थे। तीस वर्षों से गृहयुद्ध जारी था जिसमें मेंचु के माता-पिता और भाई मारे जा चुके थे। मेंचु भागकर मैक्सिको चली गईं। उन्होंने औपचारिक शिक्षा अधिक नहीं प्राप्त की थी।

1992 का नोबेल पुरस्कार उस वक्त दिया गया था जब दुनिया कोलंबस द्वारा नई दुनिया की खोज की 500वीं वर्षगाँठ मना रही थी।

मेंचु ने कहा, ''हमें एक देश की आवश्यकता है जहाँ लोग आपस में मिल-जुलकर रहें और भाईचारे के कर्तव्य का निर्वाह कर सकें।'' वे ग्वाटेमाला को अधिक से अधिक समय देने का प्रयास करती हैं क्योंकि यह उनका ऐतिहासिक दायित्व है।

अर्थशास्त्र

बेकर, गैरी स्टेनली

नागरिकता : संयुक्त राज्य अमरीका

जन्म : 2 दिसंबर, 1930, पॉट्सविले, पेंसिलवानिया

गैरी स्टेनली बेकर शिकागो विश्वविद्यालय में सामाजिक विज्ञान और अर्थशास्त्र के प्रोफेसर हैं तथा 'बिजनेस वीक' में नियमित रूप से प्रति सप्ताह एक कॉलम लिखा करते हैं। उन्होंने यह सिद्धांत विकसित किया कि लोग सामान्यत: उसी पथ का अनुसरण करते हैं जो उन्हें सुविधाजनक प्रतीत होता है। फिर चाहे वह रोजमर्रा के जीवन के सामान्य फैसले हों या फिर व्यापारिक जोड़-घटा के जटिल फैसले। ये जनसांख्यिकी और अपराध विज्ञान को प्रभावित करते हैं।

उन्होंने 1951 में बी.ए. की डिग्री प्रिंस्टन विश्वविद्यालय से प्राप्त की, 1953 में एम.ए. की डिग्री शिकागो विश्वविद्यालय से प्राप्त की। 1955 में उन्होंने पीएच.डी. की डिग्री हासिल की। ऑनरेरी डिग्रियाँ उन्होंने हिब्रू विश्वविद्यालय ऑफ जेरुसेलम (1985), नॉक्स कॉलेज (1985), विश्वविद्यालय ऑफ शिकागो (1988) एवं 'एस.यू.एन.वाई.' (1990) से प्राप्त कीं।

कार्यानुभव : असिस्टेंट प्रोफेसर (1955-57), एसोसिएट प्रोफेसर न्यू यॉर्क के कोलंबिया विश्वविद्यालय (1957-60), अर्थशास्त्र के प्रोफेसर ऑफ इकोनॉमिस्ट (1970-83) में रहे। आर्थर लेह्मान प्रोफेसर (1968-70), विश्वविद्यालय प्रोफेसर ऑफ इकोनॉमिक्स एंड सोशियोलॉजी (शिकागो, 1969-70), एसोसिएट, इकोनॉमिक्स रिसर्च सेंटर, शिकागो (1980), सदस्य, डोमेस्टिक एडवायजरी बोर्ड (1987), रिसर्च पॉलिसी सेंटर ऑफ इकोनॉमिक एनलाइसिस एंड ह्यूमन बिहेवियर, नेशनल ब्यूरो ऑफ इकोनॉमिक रिसर्च (1972-78), सदस्य और सीनियर एसोसिएट (1957-59), इंस्टीट्यूट ऑफ फिस्कल एंड मोनिटरी पॉलिसी, मिनिस्ट्री ऑफ जापान (1988)।

उनके द्वारा लिखित एवं प्रकाशित पुस्तकों में उल्लेखनीय हैं :

'दि इकोनॉमिक डिस्क्रीमिनेशन' (1957, द्वितीय संस्करण, 1971)। इस पुस्तक पर उन्हें मिकिंघम विश्व-विद्यालय से पुरस्कार प्राप्त हुआ। 'ह्यूमन कैपिटल एंड दि पर्सनल डिस्ट्रीब्यूशन ऑफ इन्कम : ऐन एनाइटिकल एप्रोच' (1971), 'दि एलोकेशन ऑफ टाइम एंड गुड्स ओवर लाइफ साइकिल' (1976), 'ए ट्रिटीज ऑन फैमिली' (1981, विस्तारित संस्करण, 1990)।

उन्होंने कई पुरस्कार प्राप्त किए। शिकागो विश्वविद्यालय से अचीवमेंट एवार्ड (1988), फ्रैंक ई. सीडमैन से पॉलिटिकल इकोनॉमिक एवार्ड (1985), मेरिट एवार्ड 'ए.एन.आई.एच.' एवार्ड (1986), जॉन आर. कॉमन एवार्ड (1987) आदि। वे 'एन.ए.एस.' और 'एन.आई.एच.' के भी सदस्य रहे। अमरीका की फिलॉसफी सोसाइटी, इंटरनेशनल यूनियन ऑफ साइंटिफिक स्टडी ऑफ पोपुलेशन, मोंट पेरेलरिन सोसाइटी एंड फी बीटा कप्पा से संबद्ध रहे। अर्थशास्त्र विश्लेषण के क्षेत्र को मानव व्यवहार और संबंध तक व्यापक करने के लिए उन्हें नोबेल पुरस्कार से सम्मानित किया गया।

भौतिक विज्ञान

रसायन विज्ञान

शरीर विज्ञान/चिकित्सा विज्ञान

साहित्य

शान्ति

अर्थशास्त्र

1993

भौतिक विज्ञान

टेलर जूनियर, जोसेफ हूटन

नागरिकता : संयुक्त राज्य अमरीका

जन्म : 29 मार्च, 1941; फिलाडेल्फिया, अमरीका

जोसेफ हूटन टेलर एक खगोलविज्ञानी हैं। उन्होंने हार्वर्ड विश्वविद्यालय से खगोल विज्ञान में पीएच.डी. की डिग्री प्राप्त की। उन्होंने पाँच कॉलेजों में रेडियो-एस्ट्रोनॉमी आब्जर्वर के सहायक निदेशक के रूप में कार्य किया। 1977-81 में वे मेसाचुसेट्स में कार्यरत रहे। 1980 में उन्होंने प्रिंस्टन यूनिवर्सिटी में प्रवेश किया और वहाँ 'जेम्स एस. मैक्डोनाल्ड' सम्मानप्रद प्रोफेसर नियुक्त हुए।

जोसेफ हूटन, टेलर और रसेल ए. ह्यूल्स ने भौतिक विज्ञान में नोबेल पुरस्कार प्राप्त किया। उन दोनों ने एक नई तरह की 'बाइनरी निहारिका' (पल्सर) की खोज की थी। इस खोज ने गुरुत्वाकर्षण के अध्ययन के लिए नई सम्भावना का मार्ग प्रशस्त किया। दोनों वैज्ञानिकों ने पुरस्कृत होने योग्य कार्य तब किया जब टेलर मेसाचुसेट्स में प्रोफेसर थे और ह्यूल्स उनके छात्र थे। निहारिका की यह नई खोज उन दोनों ने एकेरिबो के विशाल रेडियो-टेलिस्कोप के जरिए की।

ह्यूल्स, रसेल ए.

नागरिकता : संयुक्त राज्य अमरीका

जन्म : 28 नवंबर, 1950; न्यू यॉर्क, अमरीका

रसेल ए. ह्यूल्स एक खगोलविज्ञानी हैं। उन्होंने यूनिवर्सिटी ऑफ मेसाचुसेट्स से भौतिक विज्ञान में पीएच.डी. की डिग्री 1975 में प्राप्त की। उन्होंने पोस्ट-डॉक्टोरल फेलो नेशनल रेडियो ऑस्ट्रोनामी की प्रयोगशाला (वर्जीनिया) में कार्य

किया। आगे चलकर उन्होंने प्रिंस्टन विश्वविद्यालय की प्रयोगशाला में भी कार्य किया। आजकल वे थर्मो–न्यूक्लियर विखंडन द्वारा विद्युत शक्ति उत्पन्न करने की संभावना को व्यावहारिक रूप देने की प्रक्रिया पर शोध कर रहे हैं।

जोसेफ हूटन टेलर और रसेल ए. ह्यूल्स को भौतिक विज्ञान में 1993 का नोबेल पुरस्कार संयुक्त रूप से प्रदान किया गया। उन्हें यह पुरस्कार एक नई निहारिका की खोज के लिए दिया गया, जो तेजी से घूमता हुआ एक न्यूट्रॉन तारा है, जिसके कारण गुरुत्वाकर्षण के अध्ययन की नई सम्भावनाओं के द्वार खुले।

रसायन विज्ञान

म्यूलिस, कैरी बी.
नागरिकता : संयुक्त राज्य अमरीका
जन्म : 28 दिसंबर, 1944; नार्थ केरोलिना, अमरीका

कैरी बी. म्यूलिस उन दो वैज्ञानिकों में हैं जिन्हें 1993 में रसायन विज्ञान का नोबेल पुरस्कार प्रदान किया गया। संयुक्त राज्य अमरीका ने और माइकल स्मिथ ब्रिटिश कोलंबिया के नागरिक हैं। दोनों के शोध 'डी.एन.ए' की प्रक्रिया से संबंधित हैं।

म्यूलिस ने पॉलिमर श्रृंखला अभिक्रिया (पी.सी.आर.) नामक एक ऐसी युक्ति तैयार की जो कुछ ही समय में खंडित डी.एन.ए. की करोड़ों नकल तैयार करती है। इस तकनीक का विस्तृत विवरण 1985 में प्रकाशित हुआ।

कैरी बी. म्यूलिस कैलीफोर्निया के बायोटेक्नोलॉजी विभाग में शोधार्थी थे। 1972 में उन्होंने पीएच.डी. की डिग्री प्राप्त की। 1973–77 में उन्होंने अमरीका के अनेक विश्व-विद्यालयों में शोधकार्य किए। 1979 में उन्होंने केटु में प्रवेश किया और वहाँ के निदेशक बने। वे 1993 से लाजोला (कैलीफोर्निया) में स्वतंत्र सलाहकार हैं।

दूसरे शोधकर्ता माइकल स्मिथ ने इंग्लैंड में 1970 के दशक में ही शोधार्थी के रूप में कार्य करते हुए ऐसा अनुभव किया कि इस खोज को आगे बढ़ाने की आवश्यकता को प्राथमिकता मिलनी चाहिए। आनुवंशिक वस्तुओं के डी.एन.ए. अणुओं का अध्ययन करने के लिए उनके द्वारा विकसित की गई तकनीक के लिए उन्हें नोबेल पुरस्कार से सम्मानित किया गया।

स्मिथ, माइकल
नागरिकता : ब्रिटेन / कनाडा
जन्म : 26 अप्रैल, 1932; ब्लैकपूल, इंग्लैंड
निधन : 4 अक्टूबर, 2000; वैंकूवर, कनाडा

माइकल स्मिथ कनाडा के नेचुरलाइज्ड नागरिक थे। उन्हें दोनों देशों में समान नागरिक सुविधाएँ उपलब्ध थीं। उन्होंने पीएच.डी. की डिग्री मैनचेस्टर विश्वविद्यालय से प्राप्त की। अनेक विश्वविद्यालयों में शोध करने के बाद 1966 में कोलंबिया विश्वविद्यालय में पढ़ाने लगे। 1979 से वे 'एम. आर. सी.' (कनाडा) के अन्वेषी रहे तथा प्रोटीन इंजीनियरिंग नेटवर्क केंद्र से संबद्ध रहे (पीईएनसीई)।

रसायन विज्ञान 1993 का नोबेल पुरस्कार कैरी बी. म्यूलिस और मिशैल स्मिथ को संयुक्त रूप से प्रदान किया गया।

शरीर विज्ञान/चिकित्सा विज्ञान

रॉबर्ट्स, रिचर्ड जॉन
नागरिकता : ब्रिटेन
जन्म : 6 सितंबर, 1943; डर्बी, ब्रिटेन

रिचर्ड जॉन राबर्ट्स ने कार्बनिक रसायन में पीएच.डी. की डिग्री शेफील्ड विश्वविद्यालय से 1968 में प्राप्त की। उसके

बाद नोबेल विजेता प्रोफेसर जेम्स डी. वाट्सन के आमंत्रण पर सीनियर स्टाफ इन्वेस्टीगेटर के रूप में संयुक्त राज्य अमरीका की कोल्ड स्प्रिंग हार्बर प्रयोगशाला में शोधकार्य करने लगे। 1992 में वे 'यूकेर्योटिक' न्यू इंग्लैंड के जीव विज्ञान की प्रयोगशाला के निदेशक नियुक्त हुए।

1993 में शरीर एवं चिकित्सा विज्ञान का नोबेल पुरस्कार रॉबर्ट्स और फिलिप शार्प को संयुक्त रूप से प्रदान किया गया था। उन्होंने स्वतंत्र रूप से खोज की थी कि जीन हमेशा विभाजित होते हैं। उनकी इस खोज से पहले डी.एन.ए. से संबंधित शोध विषाणविक कोशिकाओं पर ही केंद्रित होते थे। उनकी खोजों ने इस विचार को स्थापित किया कि कैसे पूरे विकासक्रम में जीन सबसे उच्च मानव अंग बना।

रॉबर्ट्स को संगीत से बहुत लगाव है तथा वह विशेषकर वीडियो गेम्स के बहुत शौकीन हैं।

शार्प, फिलिप ए.

नागरिकता : संयुक्त राज्य अमरीका

जन्म : 6 जून, 1944; फाल-माउथ, केंटुकी, अमरीका

फिलिप ए. शार्प ने प्रारंभिक शिक्षा केंटकी में प्राप्त की। उन्होंने पीएच.डी. की डिग्री इलिनोइस विश्वविद्यालय से 1969 में प्राप्त की। 'सी.आई.टी.' पेसेडेन में शोधकार्य किया। कोल्ड स्प्रिंग हार्बर में जेम्स डी. वाटसन के साथ शोधकार्य किया। 1992 में वह 'एम.आई.टी.' के प्रथम सल्वाडोर ई. लूरिया प्रोफेसर नियुक्त हुए जो उनके प्रति सम्मान का द्योतक था।

रिचर्ड जॉन राबर्ट्स और फिलिप ए. शार्प को 1993 का नोबेल पुरस्कार संयुक्त रूप से प्रदान किया गया।

साहित्य

मॉरिसन, टोनी

नागरिकता : दक्षिण अफ्रीका/ संयुक्त राज्य अमरीका

जन्म : 18 फरवरी, 1931; लोराइन, ओहियो, अमरीका

टोनी मॉरिसन ने वाशिंगटन (डी.सी.) के हार्वर्ड विश्वविद्यालय से अंग्रेजी में स्नातक की डिग्री प्राप्त की जो अमरीकी अश्वेतों के लिए आरक्षित थी। 1993 का नोबेल पुरस्कार उन्हें प्रदान किया गया था। वे आठवीं महिला और प्रथम अमरीकी अश्वेत महिला हैं जिन्हें नोबेल पुरस्कार मिला। वे प्रिंस्टन विश्वविद्यालय में रचनात्मक साहित्य की प्रोफेसर नियुक्त हुईं। उनकी औपन्यासिक कृति 'सांग ऑफ सोलोमन' 1977 में प्रकाशित हुई जिससे उन्हें बहुत प्रतिष्ठा मिली। उनकी पुस्तक 'बिलवेड' (1987) पर उन्हें पुलित्जर पुरस्कार मिला। उनके साहित्यिक निबंधों का संग्रह 'प्लेयिंग इन दि डार्क : व्हाइटनेस एंड लिटररी इमेजिनेशन' 1992 में प्रकाशित हुआ। उनका उपन्यास 'स्युला' नेशनल बुक एवार्ड के लिए मनोनीत किया गया।

उनकी कृतियों में मानवीय संवेदना, अश्वेतों की गुलामी की दास्तान की मर्मस्पर्शी अनुगूँज स्पष्ट रूप से अभिव्यक्त हुई है।

शान्ति

मंडेला, नेल्सन रोलिह्लाह्ला
नागरिकता : दक्षिण अफ्रीका
जन्म : 18 जुलाई, 1918; क्यूनू, दक्षिण अफ्रीका
निधन : 5 दिसंबर, 2013; जोहानिसबर्ग, दक्षिण अफ्रीका

तेंबू जनजाति में पैदा हुए नेल्सन मंडेला ने अपनी शिक्षा यूनिवर्सिटी कॉलेज ऑफ फोर्ट हेयर तथा विटवाटर्सलैंड से प्राप्त की जहाँ उन्होंने कानून की पढ़ाई की। 1944 में वे अफ्रीकन नेशनल कांग्रेस से जुड़ गए। 1948 के बाद वे सत्तारूढ़ नेशनल पार्टी की रंगभेद नीतियों के खिलाफ हो गए।

नेल्सन रोलिह्लाह्ला मंडेला को छात्रों की हड़ताल में भाग लेने पर निष्कासित कर दिया गया था। उनके राजनीतिक मार्गदर्शक ओलिवर टांबो थे। 1964 में उन्हें आजीवन कैद की सजा मिली। पूरे 27 वर्ष तक वे जेल की यातना को सहते रहने के लिए बाध्य थे। वे अश्वेतों की दासता से मुक्त होने के संघर्ष के प्रतीक बन गए। 1990 में प्रेसीडेंट डि क्लेर्क ने उन्हें कारागार से मुक्त कर दिया। दक्षिण अफ्रीका में एक गैर-नस्लवादी जनतंत्र की स्थापना के लिए किए गए उनके शान्तिपूर्ण प्रयासों के लिए उन्हें सदा याद रखा जाएगा।

1994 से 1999 तक वे दक्षिण अफ्रीका के राष्ट्रपति रहे। वे देश के पहले अश्वेत राष्ट्रपति थे।

डि क्लेर्क, फ्रेडेरिक विलेम
नागरिकता : दक्षिण अफ्रीका
जन्म : 18 मार्च, 1936; जोहानिसबर्ग, दक्षिण अफ्रीका

फ्रेडेरिक विलेम डि क्लेर्क ने कानून की डिग्री पोट्चेफस्टरूम यूनिवर्सिटी से 1958 में प्राप्त की तथा साउथ ट्रांसवाल में वकालत की प्रैक्टिस आरंभ की। 1972 में दक्षिण अफ्रीका की संसद में सदस्य निर्वाचित हुए।

वे अच्छे वक्ता नहीं थे मगर कानून के जाने-माने विशेषज्ञ थे। उन्होंने मिनिस्ट्रीज ऑफ माइनिंग, समाज कल्याण, राष्ट्रीय शिक्षा, ऊर्जा और आंतरिक मामलों में प्रमुख भूमिका निभाई।

1989 में वे दक्षिण अफ्रीका के राष्ट्रपति निर्वाचित हुए। उन्होंने रंगभेद कानूनों को रद्द कर दिया और मंडेला को मुक्त कर दिया।

वे दक्षिण अफ्रीका के गैर-नस्लवादी जनतांत्रिक ढाँचे के निर्धारक और निर्माता थे।

1993 का नोबेल पुरस्कार मंडेला और डि क्लेर्क को संयुक्त रूप से प्रदान किया गया।

अर्थशास्त्र

फोगेल, रॉबर्ट डब्ल्यू.

नागरिकता : संयुक्त राज्य अमरीका

जन्म : 1 जुलाई, 1926; न्यू यॉर्क सिटी, अमरीका

निधन : 11 जून, 2013; ओकलॉन, अमरीका

रॉबर्ट डब्ल्यू. फोगेल ने अमरीका के कई विश्वविद्यालयों से शिक्षा प्राप्त की, जैसे कि कोलंबिया विश्वविद्यालय, जॉन हापकिंस विश्वविद्यालय, कैंब्रिज विश्वविद्यालय, हार्वर्ड विश्वविद्यालय आदि।

एक पत्रिका में प्रकाशित लेख 'दि इकोनॉमिक्स ऑफ दि अमरीकन नीग्रोज स्लेवरी' में यह तर्क दिया कि उसका पतन आर्थिक कारणों से नहीं हुआ बल्कि कपास उपजाने वालों की नीतियों के कारण हुआ। इस पर लोग बौखला उठे और एक हंगामा-सा होने लगा। उन्हें शांत करने के लिए फोगेल ने एक पुस्तक लिखी, जिसका शीर्षक था—'विदाउट कन्सेंट ऑर कंट्रैक्ट : राइज एंड फॉल ऑफ दि अमरीकन स्लेवरी' (1989-92)। इस पुस्तक में दासत्व की प्रथा को निकृष्ट-तम घोषित किया गया था। भुखमरी और आहार में पोषक तत्त्वों के अभाव को रेखांकित किया गया। आर्थिक सिद्धांत और मात्रात्मक (क्वांटिटेटिव) पद्धति को प्रयोग में लाने के लिए उन्हें डगलस नॉर्थ के साथ संयुक्त रूप से नोबेल पुरस्कार से सम्मानित किया गया।

नॉर्थ, डगलस सेसिल

नागरिकता : संयुक्त राज्य अमरीका

जन्म : 5 नवंबर, 1920; कैंब्रिज, मेसाचुसेट्स, अमरीका

उन्होंने अर्थशास्त्र का अध्ययन कैलीफोर्निया विश्वविद्यालय में किया। वाशिंगटन विश्वविद्यालय में उन्हें अर्थशास्त्र का प्रोफेसर नियुक्त किया गया। वे आर्थिक मामलों के एक जाने-माने विशेषज्ञ थे। वे एक प्रभावशाली लेखक भी थे। वे अमरीका की कई समितियों से संबद्ध रहे। उनके द्वारा लिखित पुस्तकों में उल्लेखनीय हैं : 'दि इकोनॉमिक ग्रोथ ऑफ दि यूनाइटेड स्टेट्स' (1790-1860), 'दि राइज ऑफ वेस्टर्न वर्ल्ड : ए न्यू इकोनॉमिक हिस्टोरी' (1973), 'स्ट्रक्चर एंड चेंज इन इकोनॉमिक हिस्ट्री' (1981)।

भौतिक विज्ञान

रसायन विज्ञान

शरीर विज्ञान/चिकित्सा विज्ञान

साहित्य

शान्ति

अर्थशास्त्र

1994

भौतिक विज्ञान

शुल्ल, क्लिफर्ड जी.

नागरिकता : संयुक्त राज्य अमरीका

जन्म : 23 सितंबर, 1915; पिट्सबर्ग

भौतिक विज्ञान में 1994 का नोबेल पुरस्कार बेरट्राम एन. ब्रोकहाउस के साथ साझा करने वाले क्लिफर्ड जी. शुल्ल की रुचि मूलत: वैमानिक अभियांत्रिकी (एयरो-नॉटिकल इंजी-नियरिंग) में थी लेकिन अंतत: उन्होंने भौतिक विज्ञान का चुनाव किया। पिट्सबर्ग में शेनली हाई स्कूल के बाद उन्होंने कार्नेगी इंस्टीट्यूट ऑफ टेक्नोलॉजी से बी.एस. तथा न्यू यॉर्क विश्व-विद्यालय से पीएच.डी. (1941) की पढ़ाई पूर्ण की।

डेविड एच.आर. और डेजी बी. शुल्ल के सुपुत्र क्लिफर्ड जी. शुल्ल ने द्वितीय विश्वयुद्ध के दौरान बिकोन, न्यू यॉर्क की टेक्सास कंपनी में नौकरी की तथा उसके बाद वह क्लिंटन लेबोरेटरी (ओक रिज नेशनल लेबोरेटरी) चले गए और अंतत: वे 1955 में मेसाचुसेट्स इंस्टीट्यूट ऑफ टेक्नोलॉजी में नियुक्त हो गए। जहाँ से वे 1986 से सेवानिवृत्त हुए।

शुल्ल का शोध परमाणुओं की व्यवस्था से संबंधित है जबकि ब्रोकहाउस ने उनकी गति को स्पष्ट किया। उनके शोध ने कैटलिस्ट (उत्प्रेरक) कन्वर्टर, न्यूक्लियर रिएक्टर फ्यूल रॉड तथा सिटेमिक सुपरकंडक्टर के विकास को संभव बनाया।

यूनिवर्सिटी ऑफ रहोडे आइसलैंड के भौतिक विज्ञान के प्रोफेसर एन्थनी न्यून्स ने एक बार लिखा था कि "...अमरीका में 'न्यूट्रॉन विखंडन (स्कैट्रिंग) का जनक' कोई है, तो वह प्रोफेसर शुल्ल हैं।"' ...न्यूट्रॉन विवर्तन पद्धतियों के विकास तथा उसकी व्यावहारिकता को परमाणु तथा चुंबकीय संरचनाओं के अध्ययन के लिए उन्हें 1993 में रॉयल स्वीडिश एकेडमी ऑफ साइंसेज के 'ग्रेगरी एमिनॉफ पुरस्कार' से सम्मानित किया गया। इसके अतिरिक्त, न्यूट्रॉन सोसायटी ऑफ अमरीका ने उनके नाम पर न्यूट्रॉक भौतिकी में 'द क्लिफर्ड जी. शुल्ल पुरस्कार' की शुरुआत की।

ब्रोकहाउस, बेरट्राम एन.
नागरिकता : कनाडा
जन्म : 15 जुलाई, 1918; लेथ-ब्रिज, एल्बर्टा, कनाडा
निधन : 13 अक्टूबर, 2003; औंटेरियो, कनाडा

बेरट्राम ब्रोकहाउस कनाडा में हेमिल्टन के मैक्मास्टर विश्वविद्यालय में भौतिक विज्ञान के प्रोफेसर रहे। उनका जन्म कनाडा के एक प्रांत अल्बर्टा के लेथब्रिज नामक स्थान पर हुआ था। उन्होंने 1947 में ब्रिटेन के कोलंकिबया विश्वविद्यालय से बी.ए. तथा कनाडा के टोरंटो विश्व-विद्यालय से एम.ए. (1948) तथा पीएच.डी. (1950) की डिग्री हासिल की।

उन्होंने 1954 से 1962 तक, कनाडा की चाक नदी परमाणु प्रयोगशाला में परमाणु ऊर्जा पर शोधकार्य किए। 1962 में वे कनाडा के मैकमास्टर विश्वविद्यालय में प्रोफेसर के रूप में कार्य करने लगे, जहाँ वे 1984 में अपनी सेवानिवृत्ति तक बने रहे। मैकमास्टर में रहते हुए उन्होंने भौतिक विज्ञान के एक प्रोफेसर के रूप में एक सामान्य जीवन व्यतीत किया। उनके मार्गदर्शन में लगातार ग्यारह लोगों ने पीएच.डी की।

ब्रोकहाउस और शुल्ल को संयुक्त रूप से नोबेल पुरस्कार प्रदान किया गया था। वे दोनों वैज्ञानिक उन शान्तिवादी वैज्ञानिकों के समूह में थे जो परमाणु ऊर्जा का उपयोग शान्ति से करने के इच्छुक थे। द्वितीय विश्वयुद्ध के बाद के दशक में शुल्ल ने उसी रिएक्टर पर कार्य किया जिसका इस्तेमाल मैनहैट्टन प्रोजेक्ट में किया गया जहाँ प्रथम परमाणु बम का निर्माण हुआ था।

ओलाह, जॉर्ज एंड्रयू
नागरिकता : हंगरी / संयुक्त राज्य अमरीका
जन्म : 22 मई, 1927; बुडापेस्ट, हंगरी

जॉर्ज एंड्रयू ओलाह को रसायन विज्ञान में 1994 का नोबेल पुरस्कार दिया गया। वे कार्बनिक रसायन विज्ञान के प्रोफेसर हैं और लॉस एंजेल्स विश्वविद्यालय में कार्य कर रहे हैं। हाइड्रोकार्बनों पर किए गए कार्यों के लिए उन्हें यह पुरस्कार प्रदान किया गया। हाइड्रोकार्बन तेल और प्राकृतिक गैस के संघटक होते हैं। हाइड्रोकार्बन एक कच्चा माल है जिसका उपयोग हम दैनिक जीवन में करते रहते हैं।

1960 के दशक में ओलाह ने हाइड्रोकार्बन की प्रतिक्रिया का विश्लेषण किया। उन्हें एक अत्यंत शक्तिशाली अम्ल का पता चला। उन्होंने बी.एस. और पीएच.डी. की डिग्री टेक्निकल यूनिवर्सिटी (बुडापेस्ट, हंगरी) से प्राप्त की। उन्होंने 1000 से अधिक वैज्ञानिक शोधपत्र प्रकाशित किए और 100 से अधिक पेटेंट भी प्राप्त किए। उनकी प्रकाशित पुस्तकें हैं : 'इंट्रोडक्शन टु थ्योरिटिकल ऑर्गेनिक केमिस्ट्री' जर्मन भाषा में 'अकाडेमिक वेरलाग' (1960), 'फ्रीडेल क्रैफ्ट्स एंड रिलेटेड रिएक्शन' (खंड 1 से 4), 'कार्बोकेशन्स आयोन्स ऑफ' (खंड 1 से 4) अंग्रेजी तथा जर्मन भाषा में 'कार्बो-केशन्स एंड इलेक्ट्रोफिलिक रिएक्शंस' आदि।

ओलाह को अनेक सम्मान और मानद डिग्रियाँ प्राप्त हुईं। पेट्रोलियम रसायन का एवार्ड अमरीकन सोसाइटी से उन्हें 1964 में मिला।

शरीर विज्ञान/चिकित्सा विज्ञान

गिलमान, अल्फ्रेड जी.
नागरिकता : संयुक्त राज्य अमरीका
जन्म : 1 जुलाई, 1941; न्यू हेवन, अमरीका

अल्फ्रेड जी. गिलमान 10 वर्ष की अवस्था से ही विज्ञान में रुचि लेनी शुरू कर दी थी। उनके पिता येल मेडिकल स्कूल की प्रयोगशाला में कार्यरत थे। उनके पिता वहाँ नाइट्रोजन मस्टर्ड पर कार्य कर रहे थे। वे इसे कैंसर की दवा के रूप में इस्तेमाल करना चाहते थे। आगे चलकर वे ब्रांक्स न्यू यॉर्क के अल्बर्ट आइंस्टीन मेडिकल कॉलेज के फार्मास्यूटिक विभाग के संस्थापक बने।

1994 में अल्फ्रेड जी. गिलमान तथा रॉडबेल को संयुक्त रूप से नोबेल पुरस्कार से सम्मानित किया गया। उनके द्वारा की गई खोज ने इस ज्ञान को आगे बढ़ाने में बहुत मदद की कि कैंसर की कुछ बीमारियों का करण परिवर्तित और अति सक्रिय जी-प्रोटीन है। डायबिटीज तथा एल्कोहलिज्म में भी जी-प्रोटीन की भूमिका को देखा जा सकता है।

रॉडबेल, मार्टिन
नागरिकता : संयुक्त राज्य अमरीका
जन्म : 1 दिसंबर, 1925; बाल्टीमोर, अमरीका
निधन : 7 दिसंबर, 1998; चैपल हिल, अमरीका

मार्टिन रॉडबेल ने बायोलॉजी में स्नातक की डिग्री जॉन हापकिंस विश्वविद्यालय से प्राप्त की और डॉक्टोरल की डिग्री इन बायोकेमिस्ट्री वाशिंगटन विश्वविद्यालय से प्राप्त की।

उन्होंने दर्शाया कि कोशिका झिल्ली के द्वारा संकेतों के संवहन में तीन भिन्न तत्त्वों की सामूहिक क्रिया भी सम्मिलित होती है। उन्होंने प्रति ऊर्जा की पूर्ति में जीटीपी की भूमिका को भी चिह्नित किया।

गिलमान और रॉडवेल को 1994 का नोबेल पुरस्कार संयुक्त रूप से प्रदान किया गया।

साहित्य

ओए, केंजाबुरो
नागरिकता : जापान
जन्म : 31 जनवरी, 1935; शिकोकु, जापान

केंजाबुरो ओए जापानी भाषा के प्रसिद्ध उपन्यासकार हैं। एक संपन्न किसान परिवार में उनका जन्म हुआ था। 1954 में उन्होंने टोक्यो विश्वविद्यालय में प्रवेश किया। छात्र जीवन में वे एक अच्छे लेखक के रूप में प्रसिद्ध होने लगे थे। विश्वविद्यालय के फ्रेंच विभाग में उन्होंने अध्ययन किया और फ्रेंच भाषा के साहित्य से परिचित हुए। उन्हें मिशिमा यूकिओ से भी वरिष्ठ समझा जाने लगा, जिन्होंने 1960 में बीजिंग में जापानी लेखकों का प्रतिनिधित्व किया था। केंजाबुरो ने अपनी रचना 'सिशा नो ओगोरी' (1959) : लैविश आर दि डेड (1965) से अपना स्तरीय लेखन आरंभ किया। उनका प्रथम उपन्यास 'मेमुहिरी काउची' (1958 : 'प्लक दि बड एंड हिस्ट्राम दि आफ स्प्रिंग') जिस पर उन्हें पुरस्कार प्राप्त हुआ था।

उनका द्वितीय उपन्यास 'वारेरा नो जिडाई' (1959, 'आवर जेनेरेशन') को वैसी प्रसिद्धि नहीं मिली जैसी उनके प्रथम उपन्यास को मिली थी। राजनीतिक दृष्टि से वह वामपंथी विचारधारा के समर्थक थे। उन्होंने 1961 में दो कहानियाँ

लिखीं : 'सेवेंटीन' और 'सेइजी शोनेन शिशु', इनमें से दूसरी कहानी पर राजनीतिक क्षेत्र में बड़ी तीव्र प्रतिक्रिया हुई।

उनकी अन्य कृतियों में उल्लेखनीय हैं : 'मेनेन गेनेन नो फुटोबोरू' (1967, दि साइलेंट क्राई, 1974) जिसके लिए उन्हें 'टेनिजाकी प्राइज' मिला। 'वारेरा नो क्योकीओ इकीनिबा मीकिओ ओसिएओ' (1969, टीच अस टु आउट ग्रो आवर मैडनेस, 1977), 'पिंच रनर्स रिकार्ड एंड डाजीडाई जेनू' (1979) तथा 'डिजडाइ गेमू' (1979, कोएबल गेम्स)। उनका उपन्यास 'अटारिसी हिटो यो मेजा मेयो' पर काफी चर्चा हुई है क्योंकि वह आत्मकथात्मक है (1983, 'अवेक न्यू मैन')। वह दूसरे जापानी लेखक हैं जिन्हें साहित्य पर नोबेल पुरस्कार मिला है। इससे पूर्व 1968 में यासुनारी कावाबाता को नोबेल पुरस्कार प्राप्त हुआ था।

शान्ति

अराफात, यासेर
नागरिकता : मिस्र
जन्म : 24 अगस्त, 1929; जेरूसेलम, कैरो
निधन : 11 नवंबर, 2004; क्लेमार्ट, पेरिस, फ्रांस

यासेर अराफात एक प्रादेशिक व्यापारी के पुत्र थे। 1974 का नोबेल पुरस्कार संयुक्त रूप से पेलेस्टाइन लिबरेशन ऑर्गनाइजेशन के प्रमुख यासेर अराफात, इजराइल के विदेशमंत्री शिमोन पेरेस और प्रधानमंत्री यित्जाक रॉबिन को प्रदान किया गया।

यासेर अराफात ने स्थानीय सेकंडरी स्कूल में अध्ययन किया जहाँ बहुत मजबूत यहूदीवाद विरोधी लॉबी थी। उनके पिता और भाई भी फिलिस्तीन में यहूदी हथियारबंद सेना की वृद्धि के विरोधी थे। अराफात ने कैरो विश्वविद्यालय से सिविल इंजीनियरिंग की डिग्री प्राप्त की तथा 1952 में 'फिलिस्तीनी छात्र संघ' के अध्यक्ष बने। कुछ समय के लिए उन्होंने मिस्र की सेना में भी भाग लिया। 1956 में स्वेज नहर के विवाद में उन्होंने सेना में कार्य किया और फिर कुवैत चले गए। उन्होंने खाड़ी युद्ध में इराक के सद्दाम का समर्थन किया। उन्होंने फिलिस्तीन की स्वाधीनता के संघर्ष में गमाल अब्दुल नासिर का साथ दिया। यद्यपि हाल के संधि-पत्र के अनुसार युद्ध से जर्जर फिलिस्तीन राज्य में शान्ति स्थापित हुई और विकास का मार्ग प्रशस्त हुआ। अराफात की यह उपलब्धि एक ऐतिहासिक उपलब्धि सिद्ध हुई। 1996 के फिलिस्तीनी चुनावों में उन्हें फिलिस्तीन का पहला राष्ट्रपति चुना गया।

रॉबिन, यित्जाक
नागरिकता : इजराइल
जन्म : 1 मार्च, 1922, यरूशलम, इजराइल
निधन : 4 नवंबर, 1995, तेल अवीव, इजराइल

यित्जाक रॉबिन इजराइल की लेबर पार्टी के नेता थे। वे इजराइल के प्रधानमंत्री थे। 1967 के छह दिवसीय युद्ध में इजराइल की सेना के प्रमुख रहे।

उन्होंने केडोविक एग्रीकल्चरल स्कूल में अध्ययन किया और 1941 में यहूदी सुरक्षा बल की कमांड यूनिट में शामिल हुए। उन्होंने बिची फ्रेंच में सीरिया और लेबनान के खिलाफ युद्ध में भाग लिया और 1948 में इजिप्शियनों के साथ भी संघर्ष किया। उन्होंने स्नातक की डिग्री ब्रिटिश स्टाफ कॉलेज से प्राप्त की। वे अमरीका में इजराइल के राजदूत नियुक्त किए गए। इजराइल लौटने पर (1973) उन्होंने राजनीतिक क्षेत्र में सक्रिय रूप से भाग लिया। उन्हें लेबर पार्टी के सदस्य के रूप में सांसद चुना गया और गोल्डामायर के मंत्रिमंडल में श्रम मंत्री नियुक्त हुए। गोल्डामायर ने जब अपने पद से त्यागपत्र दे दिया तब वे प्रधानमंत्री बने। उन्होंने आदेश दिया कि विद्रोहियों के चंगुल से छुड़ाने के लिए अमेरीकी पहल का समर्थन किया जाए। कुछ समय बाद ही एक आतंकी छात्र ने उनकी हत्या कर डाली।

पेरेज, शिमोन (शिमोन पेरस्की)

नागरिकता : पोलैंड/इजराइल

जन्म : 16 अगस्त, 1923; वोलोजिन, पोलैंड, (अब बेलारूस)

शिमोन पेरेस (शिमोन पेरस्की) 1934 में सपरिवार फिलिस्तीन में बस गए। उन्होंने 1947 में जियानिस्ट हगनाह आंदोलन में भाग लिया। उन्होंने शीघ्र ही उस आंदोलन में प्रमुखता प्राप्त कर ली। जब वे पच्चीस वर्ष के थे तभी रिकेटी इजराइल नेवी के प्रथम अध्यक्ष बने। उन्होंने रक्षा मंत्रालय में कई पदों पर कार्य किया।

1959 में वह वामपंथी पार्टी में मिल गए। फिर कुछ ही दिन बाद रफी पार्टी में उन्होंने प्रवेश किया। प्रधानमंत्री यित्जाक रॉबिन द्वारा त्याग-पत्र दिए जाने पर शिमोन प्रधानमंत्री मनोनीत हुए मगर आम चुनाव में उनकी पार्टी की पराजय हो गई। इसलिए उन्होंने भी त्यागपत्र दे दिया। तब वे मात्र विरोधी पार्टी के नेता भर रह गए। उन्होंने अमरीका की इस पहल का समर्थन किया कि दोनों पार्टियों की एक कॉफ्रेंस बुलाई जाए। अंतत: ऐसा ही हुआ। इजराइल-पीएलओ के बीच एक गुप्त वार्ता संपन्न कराने में उनकी प्रमुख भूमिका को देखते हुए उन्हें नोबेल पुरस्कार से सम्मानित किया गया।

शान्ति पर 1994 का नोबेल पुरस्कार अराफात, शिमोन और रॉबिन को संयुक्त रूप से प्रदान किया गया।

अर्थशास्त्र

नैश, जॉन एफ.

नागरिकता : संयुक्त राज्य अमरीका

जन्म : 13 जून, 1928; ब्लू-फील्ड, वेस्ट वर्जीनिया, अमरीका

निधन : 23 मई, 2015

जॉन एफ. नैश को अर्थशास्त्र के क्षेत्र में जॉन सी. हर्सान्यी तथा सेल्टन रेइनहार्ड के साथ संयुक्त रूप से 1994 के नोबेल पुरस्कार से सम्मानित किया गया। उन्होंने अपना अध्ययन केमिकल इंजीनियरिंग से आरंभ किया संदर्भ शीघ्र ही अध्ययन का विषय बदलकर गणित कर लिया। 'बैचलर' और 'मास्टर' की डिग्री उन्होंने कारनेगी से प्राप्त की। दो वर्षों के बाद ही प्रिंस्टन विश्वविद्यालय से उन्होंने गणित में पीएच.डी. की डिग्री प्राप्त कर ली। उनका शोधपत्र 'नॉन-कोऑपरेटिव गेम्स', 'एनाल्स ऑफ मैथेमेटिक्स' के अंतर्गत प्रकाशित हुई। उन्होंने गेम थ्योरी का ढाँचा विकसित किया जिसे अब 'नैश इक्विलीब्रियम' कहा जाता है। 1950 में दुर्भाग्यवश मनोरोग से ग्रस्त हो गए और कुछ भी करने की स्थिति में नहीं रहे। उन्होंने अपने पद से त्याग-पत्र दे दिया।

हर्सान्यी, जॉन सी.

नागरिकता : हंगरी/ऑस्ट्रेलिया

जन्म : 29 मई, 1920; बुडापेस्ट, हंगरी

निधन : 9 अगस्त, 2000; बर्कले, अमरीका

हर्सान्यी ने 1947 में बुडापेस्ट विश्वविद्यालय से डॉक्टरेट की डिग्री प्राप्त की। 1956 में रॉकफेलर फेलोशिप प्राप्त होने पर

अमरीका चले गए। 1956 में वे स्टेनफोर्ड विश्वविद्यालय में रिसर्च सोसिएट हुए। उन्होंने यहीं से पीएच.डी. की डिग्री प्राप्त की।

वे 'गेम थ्योरी', नीतिशास्त्र और सामाजिक चयन के विशेषज्ञ रहे।

चार दशक से ज्यादा समय के अपने शोध में वे मानव व्यवहार में तार्किकता के विचार की जाँच-पड़ताल करते रहे। उनके सामने दो प्रश्न थे—''पहला कि किसी तार्किक व्यक्ति के लिए नैतिक अवस्थिति या नैतिक फैसले लेने का क्या अर्थ है, इसका सामान्य अध्ययन और कैसे कोई तार्किक लेकिन वैयक्तिक समाज अपने सामने प्रस्तुत विकल्पों में से सही विकल्प का चयन करता है।''

दूसरा है—'गेम थ्योरी' जो दो विपरीत हितों वाले तार्किक व्यक्तियों के सटीक व्यवहार के जटिल सूत्रीकरण को बताती है।

सेल्टन, रेइनहार्ड
नागरिकता : जर्मनी
जन्म : 5 अक्टूबर, 1930; ब्रेसलाउ, पोलैंड

रेइनहार्ड सेल्टन प्रथम जर्मन वैज्ञानिक थे जिन्हें अर्थशास्त्र पर नोबेल पुरस्कार से सम्मानित किया गया। उनके पिता एक पुस्तक विक्रेता थे। अपनी शिक्षा पूरी हो जाने पर वे बर्लिन की फ्री यूनिवर्सिटी में अर्थशास्त्र के प्रोफेसर नियुक्त हुए और 1984 में बॉन विश्वविद्यालय में अर्थशास्त्र के प्रोफेसर बने। मुख्यत: वह गणितज्ञ थे। 1940 के दशक में उनकी दिलचस्पी 'गेम थ्योरी' में तब हुई जब उन्होंने 'फार्च्यून' में उस पर एक निबंध पढ़ा। वह निबंध पढ़ने पर अर्थशास्त्र के साथ-साथ राजनीति, मनोवैज्ञानिक और प्राकृतिक विज्ञानों के अध्ययन में उनकी दिलचस्पी में वृद्धि हुई।

उनका कहना है, ''गेम थ्योरी शतरंज के खेल के समान है। एक खिलाड़ी सोचता है कि दूसरा खिलाड़ी कौन-सी चाल चलेगा कि अंत में मात हो जाए। वैसा प्राय: पूर्व-निश्चित होता है। उसका सोचना गलत भी हो सकता है, पर खेल आखिर खेल ही तो है। इसे रणनीति भी कह सकते हैं।''

रेइनहार्ड सेल्टन को जर्मन, फ्रेंच और एस्पेरांटो का भी बहुत अच्छा ज्ञान है। एस्पेरांटो भाषा का आविष्कार उन्नीसवीं सदी में हुआ था।

अर्थशास्त्र पर 1994 का नोबेल पुरस्कार जॉन एफ. नैश, हर्सान्यी और रेइनहार्ड सेल्टन को संयुक्त रूप से प्रदान किया गया।

भौतिक विज्ञान

रसायन विज्ञान

शरीर विज्ञान/चिकित्सा विज्ञान

साहित्य

शान्ति

अर्थशास्त्र

1995

भौतिक विज्ञान

पर्ल, मार्टिन एल.

नागरिकता : संयुक्त राज्य अमरीका

जन्म : 24 जून, 1927; न्यू यॉर्क, अमरीका

मार्टिन पर्ल के माता-पिता को बहुत छोटी उम्र में ही गरीबी और यहूदी विरोधी माहौल के कारण रूस छोड़कर अमरीका जाना पड़ा जहाँ उन्होंने बड़ी कठिनाई भरे दिन गुजारे। निम्न वर्ग से मध्य वर्ग में आने की प्रतिबद्धता पर दृढ़ उनके पिता ने मुद्रण और विज्ञापन कंपनी 'एलाइड प्रिंटिंग' खोल ली।

पर्ल ने 1948 में, ब्रुकलिन में ब्रुकलिन पॉलिटेक्निक संस्थान (वर्तमान में एन.वाई.यू. पोली) से केमिकल इंजीनियरिंग में डिग्री प्राप्त की। उन्होंने 1955 में कोलंबिया विश्वविद्यालय से पीएच.डी. की डिग्री हासिल की, जहाँ आई.आई. राबी उनके शोध-सलाहकार थे जिन्हें 1944 का भौतिकी नोबेल पुरस्कार दिया गया था। पर्ल ने अपना व्यावसायिक जीवन मिशिगन विश्वविद्यालय और उसके बाद स्टैनफोर्ड लाइनियर एक्सेलेरेटर सेंटर में बिताया।

1976 में उन्होंने घोषणा की कि उन्होंने तीसरा और अपेक्षाकृत भारी इलेक्ट्रॉन खोज लिया है जिसे उन्होंने 'ताइ' नाम दिया। नोबेल पुरस्कार के लिए उनकी यह खोज भी आधी हकदार थी।

1995 का भौतिकी का नोबेल पुरस्कार पर्ल मार्टिन और फ्रेड्रिक रींस को एक उप-परमाणवीय कण 'न्यूट्रीनो' की खोज के लिए संयुक्त रूप से प्रदान किया गया।

पर्ल, वर्तमान में लिवरपूल विश्वविद्यालय से एक विजिटिंग प्रोफेसर के रूप में संबद्ध हैं। वे अमरीका के वैज्ञानिकों और इंजीनियरों के सलाहकर मंडल में भी अपनी सेवाएँ दे रहे हैं। यह संगठन अमरीकी सरकार के ध्वनि-विज्ञान को बढ़ावा देने का कार्य करता है।

2009 में पर्ल को बेलग्रेड विश्वविद्यालय ने डॉक्टरेट की मानद उपाधि प्रदान की।

रींस, फ्रेडरिक

नागरिकता : संयुक्त राज्य अमरीका

जन्म : 16 मार्च, 1918; पेटरसन, न्यू जर्सी, अमरीका

निधन : 26 अगस्त, 1998; ऑरेंज, कैलिफोर्निया, अमरीका

फ्रेडरिक रींस का जन्म पैटरसन, न्यू जर्सी में 16 मार्च, 1918 को हुआ था। उन्होंने 1939 में स्टीवेंस इंस्टीट्यूट ऑफ टेक्नोलॉजी से मैकेनिकल इंजीनियरिंग में स्नातक की डिग्री प्राप्त की। इसके दो वर्ष पश्चात उन्होंने गणितीय भौतिकी में मास्टर्स डिग्री पूरी कर ली। वह 'परमाणु विखंडन पर सैद्धांतिक शोध-प्रबंधन' विषय पर भौतिक विज्ञान में शोध के लिए 1944 में न्यू यॉर्क विश्वविद्यालय चले गए।

1930 में ऑस्ट्रिया के भौतिकविज्ञानी वोल्फगैंग पाउली ने कथित उप-परमाणु कणों के अस्तित्व की खोज की, जिसे उन्होंने 'न्यूट्रीनो' नाम दिया। 'न्यूट्रीनो' ने कुछ परमाणु प्रति-क्रियाओं में छोटे ऊर्जा असंतुलनों की व्याख्या की। इस पर भी उन्होंने विचार किया कि न्यूट्रॉन एक भी परमाणु को स्पर्श किए बिना, एक खरब किलोमीटर सीसे की मोटी परत में प्रवेश कर सकता है। पॉउली की इस संकल्पना को बेतुका करार दिया गया।

पॉउली के 'न्यूट्रीनो' को फ्रेडरिक रींस और (स्व.) क्लाइड कोवन ने मिलकर खोजने की कोशिश की और अंततः 1950 में उसे पाने में सफल हो गए। हालाँकि पॉउली अपनी खोज की पुष्टि नहीं कर पाए लेकिन उनका अनुमान शत प्रतिशत सही था जिसे बाद में रींस और कोवन ने साबित किया।

1944 में उन्हें मैनहट्टन परियोजना (परमाणु बम) पर काम करने के लिए लॉस एलामोस वैज्ञानिक प्रयोगशाला के सैद्धांतिक विभाग में एक सदस्य के रूप में शामिल किया गया। उसके बाद वे 1959 से 1966 तक केस विश्वविद्यालय के भौतिकी विज्ञान के प्रमुख बने। बाद में वे नए खुले कैलीफोर्निया विश्वविद्यालय में भौतिक विज्ञान के स्कूल के संस्थापक अध्यक्ष बने। उसके बाद अपना पूरा समय शिक्षण और अनुसंधान को समर्पित करने के लिए, उन्होंने अपने पद से इस्तीफा दे दिया। 1987 में वे यू.सी.आई. में भौतिक विज्ञान के विशिष्ट प्रोफेसर नियुक्त किए गए और 1988 में वे अवकाशप्राप्त प्रोफेसर बने।

रसायन विज्ञान

क्रुत्जन, पॉल जे.

नागरिकता : संयुक्त राज्य अमरीका

जन्म : 3 दिसंबर, 1933; एम्सटर्डम, नीदरलैंड्स

हॉलैंड में जोजेफ क्रुत्जन तथा अन्ना ग्यर्क के परिवार में जन्मे पॉल को अंतरराष्ट्रीय विचारों और दृष्टिकोण से भरा, महानगरीय परिवेश मिला। हालाँकि वे बहुत गरीब परिवार से संबंध रखते थे। उन्हें फ्रेंच, इंग्लिश तथा जर्मन भाषाओं का ज्ञान था। खेलों में उन्हें फुटबॉल, साइकिलिंग, आइस-स्केटिंग और शतरंज बहुत पसंद थे। उन्हें भौतिक विज्ञान तथा गणित में बहुत रुचि थी। 1954 में उन्होंने सिविल इंजीनियरिंग में स्नातक स्तर की पढ़ाई पूरी की।

1970 में पॉल क्रुत्जन ने अपने साथी वैज्ञानिकों के साथ मिलकर यह साबित किया कि वायुमंडल में मौजूद रसायन, जिसे नाइट्रोजन ऑक्साइड कहा जाता है, ओजोन गैस की परत को बहुत ज्यादा नुकसान पहुँचा सकते हैं जो पृथ्वी के वायुमंडल के क्षेत्र में और उसकी झिल्ली पर बहुत ऊँचाई पर तैरती रहती है। इनसे निकला पराबैंगनी प्रकाश धूप की झुलसन और त्वचा का कैंसर पैदा कर सकता है। ओजोन परत को नुकसान पहुँचाने वाले मानव-निर्मित रसायन की खोज के लिए पॉल जे. क्रुत्सन, रोलैंड शेरवुड तथा मारियो मोलीना को संयुक्त रूप से रसायन विज्ञान का नोबेल पुरस्कार प्रदान किया गया।

रोलैंड, एफ. शेरवुड

नागरिकता : संयुक्त राज्य अमरीका

जन्म : 28 जून, 1927; डेलावेयर, अमरीका

निधन : 10 मार्च, 2012; कैलिर्फोनिया, अमरीका

मोलीना, मारियो जे.

नागरिकता : संयुक्त राज्य अमरीका

जन्म : 19 मार्च, 1943; मैक्सिको सिटी, मैक्सिको

एफ. शेरवुड रोलैंड एक अमरीकी नोबेल पुरस्कार विजेता और कैलीफोर्निया विश्वविद्यालय में रसायन विज्ञान के प्रोफेसर थे। उन्होंने वायुमंडलीय रसायन विज्ञान और रासायनिक गतियों पर शोध किया। उनकी सबसे प्रसिद्ध खोज थी, क्लोरोफ्लोरो कार्बन का ओजोन परत के ह्रास में भूमिका। क्लोरोफ्लोरो कॉर्बन नामक यह रसायन डिओडोरेंट, स्प्रे-पेंट, प्लास्टिक फोम, रेफ्रिजरेटर तथा एयर-कंडीशनर में प्रयोग किया जाता है।

रोलैंड ने ओहियो वैस्लेयान विश्वविद्यालय से 1948 में बी.ए. किया। उसके बाद 1951 में एम.एस. तथा 1952 में पीएच.डी. की। ये दोनों डिग्रियाँ उन्होंने शिकागो विश्वविद्यालय से प्राप्त की। 1964 में कैलीफोर्निया विश्वविद्यालय में भौतिक विज्ञान के प्रोफेसर बनने से पहले उन्होंने प्रिंस्टन विश्वविद्यालय (1952-56) तथा केंसास विश्वविद्यालय (1956-64) में शैक्षणिक पदों पर कार्य किया। 1978 में रोलैंड नेशनल एकेडमी ऑफ साइंस में चुन लिए गए तथा उन्होंने अमरीकन एसोसिएशन फॉर द एडवांसमेंट ऑफ साइंस (ए.ए.ए.एस.) में अध्यक्ष के तौर पर अपनी सेवाएँ प्रदान कीं।

रोलैंड का अनुसंधान पहली बार 1974 में 'नेचर' नामक पत्रिका में प्रकाशित हुआ जिसने ओजोन परत की समस्या की वैज्ञानिक जाँच शुरू करने को प्रेरित किया।

अपने खराब स्वास्थ्य से एक छोटी-सी लड़ाई करने के बाद, पार्किंसंस रोग की जटिलताओं के चलते उनकी मृत्यु हो गई।

मारियो जे. मोलीना मेसाचुसेट्स इंस्टीट्यूट ऑफ टेक्नोलॉजी के पृथ्वी, वायुमंडलीय व उपग्रह विज्ञान विभाग में पर्यावरण विज्ञान के प्रोफेसर हैं और ओजोन परत की रासायनिकी की हमारी समझ को विकसित करने में अग्रणी वैज्ञानिक रहे हैं।

प्रोफेसर मोलीना का कार्य वास्तव में मानव गतिविधियों का समूचे विश्व के पर्यावरण पर प्रभाव की जाँच-पड़ताल करता है। क्लोरोफ्लोरो कॉर्बन द्वारा ओजोन परत के ह्रास संबंधी सिद्धांत को सबसे पहले 1974 में दुनिया के सामने रखा गया। इस सिद्धांत की व्याख्या करनेवाले लेख के वह प्रमुख लेखक थे। शेरवुड रोलैंड के साथ मिलकर किए गए उनके इस शोध के कारण ही अमरीका ने सी.एफ.सी. से बने स्प्रे डिब्बों पर प्रतिबंध लगा दिया था। वास्तव में ही अंटार्कटिका में 1985 में ओजोन की परत में एक छेद पाया गया था।

प्रोफेसर मोलीना ने उनिवर्सिदैव नैसियोनेल आतोनोया (नेशनल ऑटानमी यूनिवर्सिटी) से केमिकल इंजीनियरिंग (1965)की डिग्री तथा पश्चिम जर्मनी के फ्रीबर्ग विश्वविद्यालय से स्नातकोत्तर डिग्री (1967) हासिल की तथा बर्कले के कैलीफोर्निया विश्वविद्यालय से पीएच.डी. (1972) की डिग्री प्राप्त की।

प्रोफेसर मोलीना का विवाह लुइसा टी. मोलीना से हुआ, जो स्वयं भी एम.आई.टी. के पृथ्वी, वायुमंडलीय व उपग्रह विज्ञान विभाग में शोध वैज्ञानिक हैं और ओजोन परत के ह्रास पर शोध करती हैं।

शरीर विज्ञान/चिकित्सा विज्ञान

लेविस, एडवर्ड बी.

नागरिकता : संयुक्त राज्य अमरीका

जन्म : 20 मई, 1918; विलकिस-बैयरे, अमरीका

निधन : 21 जुलाई, 2004; पैसाडोनिया, अमरीका

डॉ. लेविस ने 1939 में मिनेसोटा विश्वविद्यालय से बी.ए. तथा 1942 में कैलीफोर्निया प्रौद्योगिकी संस्थान से पीएच.डी. की डिग्री प्राप्त की। उन्होंने संयुक्त राज्य अमरीका की वायुसेना में, पैसिफिक थियेटर में 1942 से 1945 तक तथा मौसम विज्ञानी और समुद्र विज्ञानी के रूप में अपनी सेवाएँ उपलब्ध कराई। 1956 में वे जीवविज्ञान के प्रोफेसर नियुक्त किए गए। 1975-76 में वे डेनमार्क के कोपेनहेगन विश्वविद्यालय के अतिथि प्रोफेसर रहे।

1930 में उन्होंने विभिन्न मक्खियों का अध्ययन किया। उनका प्रमुख कार्यक्षेत्र 'जीन' पर उनका अनुसंधान रहा है जिससे उन्होंने यह पता लगाया कि कोई भी 'जीन' किस प्रकार गर्भ में मानव के विकास को नियंत्रित करता है। जीन से संबंधी इन्हीं जटिलताओं के अध्ययन के लिए नोबेल पुरस्कार प्रदान किया।

वॉलहार्ड, क्रिश्चियने नुसलेन

नागरिकता : संयुक्त राज्य अमरीका

जन्म : 20 अक्टूबर, 1942; मेजबर्ग, जर्मनी

जर्मनी की महिला जीवविज्ञानी क्रिश्चियने नुसलेन वॉलहार्ड, फल-मक्खियों (फ्रूट फ्लाई) ड्रोसोफिला के भ्रूण के विकास के लिए प्रसिद्ध हैं। उन्होंने अपने ये अनुसंधान, जीव-विज्ञानियों, एडवर्ड बी. लेविस तथा एरिक एफ. वाइखॉस के साथ मिलकर किए, जिनके साथ ही उन्हें 1995 के शरीर-विज्ञान के नोबेल पुरस्कार से सम्मानित किया गया।

फल-मक्खियाँ लंबे समय से अपने छोटे आकार और त्वरित पैदाइश समय के कारण आनुवंशिकी में महत्त्वपूर्ण व आदर्श जीव रही हैं जो अपनी बड़ी संख्या के बावजूद प्रयोग-शाला में निरीक्षण को आसान बना देती हैं। नुसलेन और वाइखॉस ने आनुवंशिक स्क्रीन की एक श्रृंखला द्वारा भ्रूण के विकास में शामिल जीन की पहचान की। ये प्रयोग, जिनमें काम का भारी बोझ शामिल है, न केवल फल-मक्खियों (ड्रोसोफिला) के लिए महत्त्वपूर्ण हैं बल्कि अन्य जीवों के लिए भी बहुत आवश्यक हैं।

1985 के बाद से ही क्रिश्चियने नुसलेन वॉलहार्ड, ट्यूबिनेन के मैक्स प्लैंक इंस्टीट्यूट फॉर डेवलपमेंट बॉयोलॉजी की निदेशक हैं। इसके साथ ही वे जेनेटिक्स विभाग की भी प्रमुख हैं।

2001 के बाद से वे जर्मनी की राष्ट्रीय आचार परिषद की सदस्य हैं, जिसका मुख्य कार्य है जीवन विज्ञान का व्यक्ति और समाज पर पड़ने वाले प्रभाव का नैतिक मूल्यांकन करना।

वाइखॉस, एरिक एफ.

नागरिकता : संयुक्त राज्य अमरीका

जन्म : 8 जून, 1947; साऊथ बेंड, अमरीका

अमरीका के इंडियाना में जन्मे, एरिक एफ. वाइखॉस एक अमरीकी विकास जीवविज्ञानी (डेवेलपमेंट बॉयोलॉजिस्ट) हैं, जिन्हें 1995 के चिकित्सा विज्ञान के क्षेत्र में संयुक्त रूप से एडवर्ड बी. लेविस तथा क्रिश्चियने नुसलेन वॉलहार्ड के साथ नोबेल पुरस्कार के लिए चुना गया। उन्हें प्रारंभिक भ्रूण के विकास के आनुवंशिक नियंत्रण की खोज के लिए सम्मानित किया गया।

नुसलेन वॉलहार्ड के साथ काम करते हुए उन्होंने लेविस के कार्य को आगे बढ़ाया। उन्होंने भी फ्रूट-फ्लाई या विनेगर फ्लाई (ड्रोसोफिला मेलानोगास्टर) को अपने अध्ययन का

आधार बनाया, जो आनुवंशिक प्रयोगों के लिए एक लोकप्रिय प्रजाति है।

वाइखॉस ने नोट्रेडेम विश्वविद्यालय से 1969 में स्नातक तथा येल विश्वविद्यालय से 1974 में पीएच.डी. की डिग्री प्राप्त की और स्विट्जरलैंड में ज्यूरिख़ विश्वविद्यालय में अपने डॉक्टरेट के बाद के काम को आगे बढ़ाया। उन्होंने पश्चिमी जर्मनी के हीडेलबर्ग में 1978 से 1981 तक, यूरोपियन मोलेक्यूलर बॉयोलॉजी लेबोरेटरी में नुसलेन वॉलहार्ड के साथ काम किया। 1981 में वे प्रिंस्टन विश्वविद्यालय में सहायक प्रोफेसर के पद पर नियुक्त हुए, 1983 में वे एसोसिएट प्रोफेसर बने तथा 1987 में प्रोफेसर बन गए।

हीडेलबर्ग में नुसलेन वॉलहॉर्ड के साथ काम करते हुए उन्होंने 40,000 फ्रूट फ्लाई के परिवारों का अध्ययन किया, जिनमें 20,000 में से 5,000 फ्लाई भ्रूण के विकास के लिए अत्यंत महत्त्वपूर्ण हैं और 140 अत्यंत आवश्यक हैं। उनके प्रयोग न केवल फ्रूट फ्लाई के लिए, अपितु अन्य जीवों के लिए भी बहुत आवश्यक हैं। उनकी खोज ने वैज्ञानिकों को मानव सहित अन्य जीवों व जानवरों में जन्मजात परिवर्तनों को बेहतर तरीके से समझने में बहुत मदद की है।

2005 से वाइखॉस प्रिंस्टन विश्वविद्यालय में आणविक जीव विज्ञान के प्रोफेसर हैं तथा न्यू जर्सी के चिकित्सा एवं दंत चिकित्सा विश्वविद्यालय के रॉबर्ट वुड जॉनसन मेडिकल स्कूल में सहायक प्रोफेसर हैं।

साहित्य

हीनी, सीमस

नागरिकता : आयरलैंड

जन्म : 13 अप्रैल, 1939; कास्टेलडॉसन, उत्तरी आयरलैंड

सीमस हीनी एक आइरिश कवि, नाटककार, अनुवादक, लेक्चरर व 1995 के नोबेल पुरस्कार विजेता हैं। कास्टेलडॉसन और टूमब्रिज के बीच एक फार्महाउस में जन्मे हीनी अब डबलिन में रहते हैं।

उनकी पढ़ाई बेलफास्ट के क्वींस विश्वविद्यालय में हुई। उन्होंने आयरलैंड में कई महाविद्यालयों में तथा अमरीका के हार्वर्ड विश्वविद्यालय में पढ़ाया।

निश्चित रूप से हीनी, द्वितीय विश्वयुद्ध के बाद, उत्तरी आयरलैंड में पले-बढ़े और शिक्षित कवियों की पीढ़ी में सबसे व्यापक रूप से पढ़े जानेवाले और सबसे सम्मानित कवि हैं।

उनकी प्रमुख कविताएँ 'डेथ ऑफ ए नैचुरलिस्ट' (1966) में शामिल हैं। उन्हें उनकी कविताओं के लिए कई पुरस्कारों से सम्मानित किया गया। उनके अन्य काव्य-संग्रह हैं : डोर इन टु द डार्क (1969), विंटरिंग आउट (1972), नॉर्थ (1975), फील्डवर्क (1979)। उनकी कविताएँ स्कैंडिनेवियाई समुद्री डाकुओं के हमलों के समय के ऐतिहासिक प्रतिबिंबों का अनावरण करती हैं। कुछ कविताएँ आयरलैंड के दैनिक जीवन को बड़ी शिद्दत के साथ रेखांकित करती हैं। वे बहुत साफ और सुस्पष्ट भाषा में कही गई हैं।

कविताओं के साथ-साथ उन्होंने कई निबंध भी लिखे जैसे—'प्रीआक्यपेशन : सलेक्टिड प्रोज 1968-78 (1980)', उन्होंने विलियम वर्ड्सवर्थ, जेराल्ड मैनले हॉपकिंस और रॉबर्ट लोवेल जैसे कवियों पर भी कविताएँ लिखीं। उनकी कविताएँ अक्सर उनके परिवार के सदस्यों और करीबी दोस्तों की हत्याओं, गैर-कानूनी देश से दिए गए मृत्युदंडों और बम विस्फोटों की याद दिलाती हैं।

पाँच संग्रहों में सम्मिलित उनकी कविताओं और निबंधों के संग्रह को ब्रिटेन और अमरीका के प्रख्यात आलोचकों और अन्य लेखकों की भरपूर प्रशंसा मिली, जिसका मुख्य कारण था उनकी मौलिकता, उनकी भाषा की प्रामाणिकता और विषयों के प्रति उनकी ईमानदारी। अमरीकी कवि, रॉबर्ट लोवेल ने उन्हें येट्स के बाद सर्वश्रेष्ठ आइरिश कवि कहा।

रोटब्लाट, सर जोसेफ

नागरिकता : पोलैंड/ब्रिटेन

जन्म : 4 नवंबर , 1908; वारसा, रूसी साम्राज्य (अब पोलैंड में)

निधन : 31 अगस्त, 2005; लंदन, ब्रिटेन

जोसेफ रोटब्लाट, वारसा, पोलैंड में एक यहूदी परिवार में पैदा हुए। नाजियों के कारण उन्हें पोलैंड छोड़ने को मजबूर होना पड़ा। वे एक संपन्न परिवार से संबंध रखते थे जिनका घोड़ा-गाड़ियों और घोड़ों की विभिन्न नस्लों का क्रय-विक्रय का व्यवसाय था। लेकिन प्रथम विश्वयुद्ध के चलते देश की सीमाएँ सील होने के कारण उनके पिता का व्यवसाय भी ठप्प पड़ गया। परिणामस्वरूप पूरा परिवार गरीबी की चपेट में आ गया। एक धर्मपरायण परिवार में जन्म लेकर भी जोसेफ नास्तिक थे।

1940 में उन्होंने लिवरपूल विश्वविद्यालय के लिए कार्य किया। 1944 में वे अमरीका की परमाणु बम परियोजना से जुड़े। लेकिन मैनहट्टन परियोजना के सुपरवाइजर जनरल लेस्ली ग्रोक्स की नीतियों से उन्हें गहरा आघात लगा। उन पर रूसी जासूस होने का ठप्पा लगने के कारण निराशा में इस परियोजना से हाथ खींच लिया। वे इस परिणाम पर भी पहुँचे कि नाजी कभी भी परमाणु बम नहीं बनाएँगे।

इंग्लैंड पहुँचकर जब उन्होंने हिरोशिमा पर परमाणु बम गिराए जाने की खबर सुनी तो उन्हें बहुत गुस्सा आया और पीड़ा भी हुई और वे समूचे विश्व के भविष्य के प्रति बहुत चिंतित दिखाई दिए। जापान के खिलाफ अमरीका के परमाणु हथियारों के उपयोग से उन्होंने अपने आपको धोखे में महसूस किया और सभी परमाणु अनुसंधानों को तीन वर्ष तक स्थगित करने के लिए अभियान चलाया। रोटब्लाट ने यह सुनिश्चित किया कि उनके शोध केवल शान्तिपूर्ण उद्देश्यों के लिए ही हों इसलिए उनकी दिलचस्पी चिकित्सा और जीव-विज्ञान में विकिरण के उपयोग में बढ़ गई।

1950 में लिवरपूल विश्वविद्यालय से पीएच.डी. की डिग्री हासिल करने के ठीक पहले, 1949 में, वे सेंट बार्थोलोम्यूज अस्पताल में भौतिक विज्ञान के प्रोफेसर नियुक्त हुए थे। वे परमाणु भौतिकी से जुड़ी कई सरकारी संस्थाओं से भी संबद्ध रहे।

रोटब्लाट एक पोलिश यहूदी के रूप में पैदा हुए, उनकी शिक्षा-दीक्षा वारसा में हुई, फिर वह अमरीका से होकर इंग्लैंड में जा बसे लेकिन अपने अंतिम दिनों तक भी वे पोलिश भाषा बहुत अच्छी बोल सकते थे। उन्होंने पोलैंड से अपने जुड़ाव को इन शब्दों में व्यक्त किया : 'मैं पोलैंड वासी हूँ जिसके पास ब्रिटेन का पासपोर्ट है।' वैज्ञानिकों की अपनी खोजों के प्रति उत्तरदायित्व की भावना के लिए उन्हें नोबेल शान्ति पुरस्कार से सम्मानित किया गया।

पगवाश कॉन्फ्रेंसेज ऑन साइंस एंड वर्ल्ड अफेयर्स

स्थापना वर्ष : 1957; पगवाश, कनाडा

'द पगवाश कॉन्फ्रेंसेज ऑन साइंस एंड वर्ल्ड अफेयर्स' एक अंतरराष्ट्रीय संगठन है, जिसकी स्थापना रसेल आइंस्टीन घोषणा पत्र के 1955 में जारी होने के बाद जोसेफ रोटब्लाट और बर्ट्रेंड रसेल द्वारा पगवाश, नीवा स्कोटिया, कनाडा में की गई जिसका मुख्य उद्देश्य था विद्वानों और जनसेवकों को सशस्त्र संघर्ष कम करने की दिशा में काम करने और वैश्विक सुरक्षा के खतरों के लिए समाधान ढूँढ़ने के लिए एक मंच पर इकट्ठा करना।

इसका पहला सम्मेलन जुलाई, 1957 में पगवाश, नीवा स्कोटिया, कनाडा में आयोजित किया गया जिसे 'थिंकर्स लॉज' का नाम दिया गया।

1995 के शान्ति का नोबेल पुरस्कार प्राप्त, सर जोसेफ रोटब्लाट इसके संस्थापक व इसके अध्यक्ष हैं। पगवाश के पहले सम्मेलन में 22 वैज्ञानिकों ने भाग लिया था।

अर्थशास्त्र

लुकास, रॉबर्ट एमर्सन जूनियर

नागरिकता : संयुक्त राज्य अमरीका

जन्म : 15 सितंबर, 1937; यकीमा

यकीमा, वाशिंगटन में जन्मे रॉबर्ट एमर्सन लुकास, जूनियर, शिकागो विश्वविद्यालय में अर्थशास्त्री हैं। शोधपत्रों में अर्थशास्त्र रैंकिंग में उन्हें लगातार शीर्ष दस अर्थशास्त्रियों में शामिल किया जाता है। 1970 के बाद वे सबसे प्रभावशाली अर्थशास्त्री रहे हैं। उन्होंने नैंसी स्टोकी नामक एक अर्थशास्त्री से विवाह किया।

उन्होंने व्यापक आर्थिक सिद्धांत को चुनौती देते हुए तर्क दिया कि एक व्यापक आर्थिक मॉडल को व्यापक आर्थिक मॉडलों के औसत संस्करण के रूप में बनाया जाना चाहिए। लुकास को तर्कसंगत आशाओं की धारणा के संबंध में उनकी खोज के लिए भी जाना जाता है जिसके लिए उन्हें 1995 के अर्थशास्त्र के नोबेल पुरस्कार से सम्मानित किया गया।

उन्होंने आपूर्ति (सप्लाई) के एक सिद्धांत का विकास किया जिससे पता चलता है कि लोगों को अलग-अलग मौद्रिक नीति के द्वारा धोखा दिया जा सकता है। उन्होंने मानव पूँजी संचय के लुकास-उजाक मॉडल (हिरोफूसी उजाक के साथ मिलकर) और 'लुकास विरोधाभास' (पैराडॉक्स) नामक सिद्धांतों को भी विकसित किया जो यह खोज करता है कि विकसित देशों से पूँजी का प्रवाह विकासशील देशों की ओर क्यों नहीं होता।

लुकास ने उन सरकारी नीतियों की भी आलोचना की जिनके कारण मुद्रा-स्फीति में बढ़ोतरी होने से महँगाई की दरों और मजदूरी में भी बेतहाशा वृद्धि हुई। परिणामस्वरूप इसका सारा बोझ अर्थव्यवस्था पर पड़ा और बेरोजगारी की समस्या ने उग्र रूप धारण कर लिया। लुकास ने आर्थिक-नीतियाँ बनाने वालों से सिफारिश की कि वे अर्थव्यवस्था को सतही तौर पर चमकाने का प्रयास न करें।

यहाँ यह बताना भी बहुत दिलचस्प होगा कि अर्थशास्त्र में नोबेल पुरस्कार की शुरुआत से लेकर अब तक शिकागो के लगभग आठ अर्थशास्त्री इस पुरस्कार को प्राप्त कर चुके हैं और पिछले छः पुरस्कारों में से पाँच। इस पर मजाक करते हुए लुकास ने एक बार कहा था : 'नोबेल पुरस्कार में अब कोई वजन नहीं रहा।' (इस पुरस्कार को यहूदी पुरस्कार या शिकागो पुरस्कार भी कहा जा सकता है।)

भौतिक विज्ञान

रसायन विज्ञान

शरीर विज्ञान/चिकित्सा विज्ञान

साहित्य

शान्ति

अर्थशास्त्र

1996

भौतिक विज्ञान

ली, डेविड मोरिस

नागरिकता : संयुक्त राज्य अमरीका

जन्म : 20 जनवरी, 1931; रिये, न्यू यॉर्क, अमरीका

1996 का भौतिकी का नोबेल पुरस्कार अन्य दो अमरीकी भौतिक वैज्ञानिकों, रॉबर्ट कोलमैन रिचर्ड्सन तथा डगलस डीन ओशेरोफ के साथ संयुक्त रूप से प्राप्त करनेवाले डेविड मोरिस ली का पालन-पोषण अमरीका के रिये में हुआ। उन्होंने 1952 में हॉर्वर्ड विश्वविद्यालय से स्नातक स्तर की शिक्षा प्राप्त की और उसके बाद बाईस महीनों तक अमरीकी सेना में रहे। सेना की नौकरी के बाद उन्होंने कोनेक्टिकट विश्वविद्यालय से मास्टर डिग्री प्राप्त की। 1955 में ली ने येल विश्वविद्यालय में पीएच.डी. में प्रवेश लिया जहाँ हेनरी ए. फेयरबैंक के मार्गदर्शन में उन्होंने तरल हीलियम-3 पर प्रायोगिक अनुसंधान किए।

1959-60 में उन्होंने कॉरनेल विश्वविद्यालय में भौतिक शास्त्र के प्रशिक्षक के तौर पर काम किया। 16 नवंबर, 2009 को ली ने अपनी प्रयोगशाला कॉरनेल से टेक्सास ए एंड एम यूनिवर्सिटी में स्थानांतरित कर ली।

उनकी सबसे प्रमुख उपलब्धि है, हीलियम-3 की अति तरलता की खोज। उन्हें हीलियम-3 में अति तरलता की खोज करने के लिए नोबेल सम्मान प्रदान किया गया था।

रिचर्ड्सन, रॉबर्ट कोलमैन

नागरिकता : संयुक्त राज्य अमरीका

जन्म : 26 जून, 1937; वाशिंगटन डी.सी., अमरीका

निधन : 19 जनवरी, 2013; न्यू यॉर्क, अमरीका

रिचर्ड्सन एक अमरीकी भौतिकविज्ञानी थे जिनका अनुसंधान क्षेत्र था हीलियम-3 के साधारण तरल से अति तरल रूप में पहुँचने की प्रक्रिया में उसकी विशेषताओं में होनेवाले परिवर्तनों का अध्ययन करना जिससे ब्रह्मांड के कुछ रहस्यों का पता लगाया जा सकता है।

उन्होंने 1958 में वर्जीनिया पोलिटेक्निक इंस्टीट्यूट तथा वर्जीनिया विश्वविद्यालय से विज्ञान-स्नातक (भौतिकी) की डिग्री तथा 1960 में मास्टर डिग्री प्राप्त की, 1966 में ड्यूक विश्वविद्यालय से पीएच.डी. की डिग्री प्राप्त की। 1966 के बाद से वे कॉरनेल विश्वविद्यालय में शोध पदों पर रहे। 1995 में वे प्रोफेसर नियुक्त किए गए।

उनके पिछले प्रयोगात्मक कार्य नाभिकीय चुंबकीय अनुवाद के प्रयोग से अत्यंत निम्न ताप पर तरल और ठोस पदार्थों की क्वांटम (प्रमात्रा) गुणधर्मिता के अध्ययन पर केंद्रित थे।

ओशेरोफ, डगलस डीन

नागरिकता : संयुक्त राज्य अमरीका

जन्म : 1 अगस्त, 1945; अबेरदीन, अमरीका

डगलस डीन ओशेरोफ ने भी डेविड ली तथा रॉबर्ट रिचड्र्सन के साथ हीलियम-3 की अति तरलता का पता लगाया, जिसके लिए उन्हें इन दोनों वैज्ञानिकों के साथ संयुक्त रूप से 1996 के भौतिकी नोबेल पुरस्कार से सम्मानित किया गया।

1967 में उन्होंने कैलीफोर्निया इंस्टीट्यूट ऑफ टेक्नोलॉजी से विज्ञान-स्नातक (भौतिकी), 1969 में कॉरनेल विश्वविद्यालय से मास्टर और 1973 में भौतिक विज्ञान में पीएच.डी. की डिग्री प्राप्त की। उसके बाद उन्होंने न्यूजर्सी में मर्रे हिल की बैल्ल प्रयोगशाला में 15 वर्षों तक कार्य किया, जहाँ उन्होंने अत्यंत कम ताप (-273° सेल्सियम के लगभग) पर तरल हीलियम-3 पर अपने अनुसंधानों को जारी रखा। 1987 में वे स्टैनफोर्ड विश्वविद्यालय में भौतिक विज्ञान और व्यावहारिक भौतिक विज्ञान विभाग में प्रोफेसर नियुक्त हो गए जहाँ उन्होंने 1993-96 तक विभाग के चेयरमैन के पद पर अपनी सेवाएँ दीं।

वर्तमान में वे साइंटिस्ट्स एंड इंजीनियर्स फॉर अमरीका के सलाहकार मंडल में कार्यरत हैं। यह संगठन अमरीकी सरकार में ध्वनि विज्ञान को बढ़ावा देने पर जोर देता है।

रसायन विज्ञान

स्माले, रिचर्ड

नागरिकता : संयुक्त राज्य अमरीका

जन्म : 6 जून, 1943; अक्रोन ओहियो, अमरीका

निधन : 28 अक्टूबर, 2005; होस्टन, अमरीका

अमरीका के ओहियो में जन्मे और कैनसास, मिसूरी में पले-बढ़े, रिचर्ड स्माले ने मिशिगन विश्वविद्यालय से 1965 में बी.एस. की डिग्री प्राप्त की। अपनी पढ़ाई के दौरान उन्होंने औद्योगिक इकाई में कार्य किया, जहाँ उन्होंने अपनी प्रबंधकीय क्षमताओं का विकास किया। 1973 में उन्होंने प्रिंस्टन विश्वविद्यालय से पीएच.डी. की डिग्री हासिल की।

भौतिक रसायन विज्ञान में स्माले के अनुसंधान ने अकार्बनिक और अर्धचालक (सेमीकंडक्टर) समूहों के गठन की जाँच-पड़ताल की। इस विशेषज्ञता के परिणामस्वरूप, रॉबर्ट कर्ल ने उन्हें हेरी क्रोटो से मिलवाया, ताकि खगोलीय धूल के घटक के बारे में एक प्रश्न की छानबीन की जाए। उनके इस आपसी सहयोग का परिणाम था, C_{60} तथा कार्बन के तीसरे बहुरूपी अवस्था 'फुलेरीन' की खोज।

स्माले की नवीनतम खोज कार्बन नैनो ट्यूब पर केंद्रित है, विशेष रूप से नैनो ट्यूब अनुसंधान के रासायनिक संश्लेषण (केमिकल रिक्लेसिस) पक्ष पर। उन्हें अपने साथियों के साथ उच्च दबाव वाले कार्बन मोनोऑक्साइड विधि (हिपको) से उच्च गुणवत्तावाले नैनो ट्यूब के निर्माण के आविष्कार के लिए जाना जाता है।

क्रोटो, सर हैरोल्ड डब्ल्यू.
नागरिकता : ब्रिटेन
जन्म : 7 अक्टूबर, 1939; विस्बैक, ब्रिटेन

हैरोल्ड वाल्टर क्रोटोशाइनर के रूप में जन्मे क्रोटो एक ब्रिटिश रसायनज्ञ और 1996 के रसायन विज्ञान में नोबेल पुरस्कार साझा करनेवाले तीन वैज्ञानिकों में से एक थे।

1961 में उन्होंने शैफील्ड विश्वविद्यालय से रसायन विज्ञान में प्रथम श्रेणी में बी.एससी. (ऑनर्स) की डिग्री प्राप्त की तथा इसी संस्थान से 1964 में पीएच.डी. की डिग्री हासिल की। कनाडा की नेशनल रिसर्च काउंसिल तथा अमरीका की बेल लेबोरेटरीज में अपने अनुसंधानों के बाद उन्होंने 1967 में इंग्लैंड के ससैक्स विश्वविद्यालय में पढ़ाने और शोध करने का कार्य आरंभ कर दिया। 1985 में वे प्रोफेसर बन गए और उन्होंने 1991-2001 तक रॉयल सोसायटी में शोध प्रोफेसर के रूप में काम किया।

उन्होंने भी 1985 में कॉर्बन-60 'बकीबॉल' अणु का पता लगाया। वे अपनी इस खोज से स्वयं ही हैरान थे क्योंकि अभी तक कॉर्बन के दो ही रूप सामने आए थे—डायमंड और ग्रेफाइट। लेकिन उनकी खोज से एक ऐसे अणु का पता चला जिसके 60 कॉर्बन परमाणु थे। इसीलिए इसका नाम कॉर्बन-60 रखा गया।

उन्हें कार्बन के तीसरे बहुरूपी प्रकार 'फुलेरीन' की खोज करने के लिए नोबेल पुरस्कार से सम्मानित किया गया।

कर्ल जूनियर, रॉबर्ट फ्लोयड
नागरिकता : संयुक्त राज्य अमरीका
जन्म : 23 अगस्त, 1933; एलिस, टेक्सास, अमरीका

रॉबर्ट फ्लोयड कर्ल राइस विश्वविद्यालय में रसायनशास्त्र के अवकाश प्राप्त प्रोफेसर हैं। उन्हें राइस विश्वविद्यालय के रिचर्ड स्माले तथा ससैक्स विश्वविद्यालय के हैरोल्ड क्रोटो के साथ मिलकर फुलरीन की खोज करने के लिए 1996 में रसायन-शास्त्र में नोबेल पुरस्कार से सम्मानित किया गया। ऐलिस, टेक्सास, अमरीका में जन्मे, कर्ल एक नियमवादी मंत्री के बेटे थे। वे सैन ऐटोनियो, टेक्सास के थॉमस जेफरसन हाई स्कूल से स्नातक हैं। कर्ल ने 1954 में राइस इंस्टीट्यूट से बी.ए. तथा 1957 में कैलीफोर्निया विश्वविद्यालय से रसायनशास्त्र में पीएच.डी. की डिग्री प्राप्त की।

कर्ल ने अक्सर हेंसजेन महाविद्यालय में जर्मन मंडल में भाग लिया। उन्हें राइस विश्वविद्यालय के लवेट कॉलेज के आवासीय कॉलेज जीवन में 'पहले' मास्टर होने का गौरव प्राप्त है।

शरीर विज्ञान/चिकित्सा विज्ञान

डोहर्टी, पीटर चार्ल्स
नागरिकता : ऑस्ट्रेलिया
जन्म : 15 अक्टूबर, 1940; ब्रिस्बेन, ऑस्ट्रेलिया

पीटर सी. डोहर्टी ने रोल्फ जिंकरनागेल के साथ मिलकर खोज की कि कैसे सफेद कोशिकाएँ विशेष रूप से

टी. लिंफोसाइट्स, वायरस से संक्रमित कोशिकाओं की पहचान करती हैं और उन्हें मार डालती हैं। उनकी इस खोज से क्लीनिकल चिकित्सा में विशेषकर प्रतिरक्षा विज्ञान तथा विषाणु विज्ञान के क्षेत्र में बहुत महत्त्वपूर्ण जानकारी प्राप्त होगी।

1997 के 'ऑस्ट्रेलियन ऑफ द ईयर' चुने गए डोहर्टी का जन्म ब्रिस्बेन, क्वींसलैंड में हुआ। उन्होंने क्वींसलैंड विश्वविद्यालय से 1962 में पशु चिकित्सा विज्ञान में स्नातक की डिग्री तथा 1966 में मास्टर डिग्री प्राप्त की। 1970 में स्कॉटलैंड के एडिनबरा विश्वविद्यालय से पीएच.डी. करने के बाद कैनबरा के जॉन कर्टिन स्कूल ऑफ मेडिकल रिसर्च में शोध करने के लिए वापस ऑस्ट्रेलिया लौट आए।

वर्तमान में, डोहर्टी साल में तीन महीने, टेनेसी, मेंफीस के सेंट जूदास चिल्ड्रेंस रिसर्च हॉस्पिटल में अनुसंधान में लगाते हैं जहाँ वे टेनेसी हेल्थ साइंस सेंटर विश्वविद्यालय में संकाय सदस्य हैं। वर्ष के अन्य 9 महीनों में वे मेलबोर्न विश्वविद्यालय, विक्टोरिया के सूक्ष्म जीव विज्ञान और प्रतिरक्षा विज्ञान विभाग में काम करते हैं। 1987 में उन्हें रॉयल सोसायटी की फेलोशिप के लिए चुना गया।

जिकरनागेल, रोल्फ मार्टिन

नागरिकता : स्विट्जरलैंड/ऑस्ट्रेलिया

जन्म : 6 जनवरी, 1944, बेसेल, स्विट्जरलैंड

स्विट्जरलैंड में जन्मे जिंकरनागेले लयूरिज विश्वविद्यालय में प्रयोगात्मक प्रतिरक्षा विज्ञान (इम्यूनोलॉजी) के प्रोफेसर हैं।

उन्होंने 1970 में, बेसल विश्वविद्यालय से एम.डी. तथा 1975 में ऑस्ट्रेलियन राष्ट्रीय विश्वविद्यालय से पीएच.डी. की डिग्री प्राप्त की। नोबेल पुरस्कार के अलावा उन्होंने 1995 में अल्बर्ट लैस्कर चिकित्सा अनुसंधान पुरस्कार तथा 1987 में कैंसर शोध संस्थान द्वारा दिया जाने वाला विलियम बी.कोले पुरस्कार भी प्राप्त किया।

1996 का नोबेल पुरस्कार प्राप्त करने वाले वे 24वें स्विस नोबेल पुरस्कार विजेता बने। 1999 में उन्हें ऑस्ट्रेलिया के सबसे बड़े नागरिक सम्मान 'ऑर्डर ऑफ ऑस्ट्रेलिया' से सम्मानित किया गया।

वायरस मेजबान कोशिकाओं को संक्रमित और उन्हें दुबारा पैदा करता है। टी-कोशिकाएँ उन संक्रमित कोशिकाओं को नष्ट कर देती हैं ताकि वायरस दुबारा न पैदा हो सके। जिंकरनागेल ने पता लगाया कि टी-कोशिकाओं द्वारा संक्रमित कोशिकाओं की पहचान से पूर्व, उन्हें दो अणुओं की पहचान करनी पड़ती है जो कोशिकाओं की सतह पर मौजूद होते हैं। ये हैं : वायरस और मेजर हिक्टोकाम्पेटिबिलिटी कॉम्प्लेक्स (एम.एच.सी.) का अणु। उन्हें विषाणुओं की पहचान कर उन्हें नष्ट करने के लिए शरीर में प्रतिरक्षा प्रणाली के काम करने के तरीकों का पता लगाने के लिए नोबेल पुरस्कार से सम्मानित किया।

साहित्य

सिंबोर्स्का, विस्लावा

नागरिकता : पोलैंड

जन्म : 2 जुलाई, 1923, ब्निन (अब कोर्निक), पोलैंड

निधन : 1 फरवरी, 2012; क्रॉकोव, पोलैंड

पश्चिम पोलैंड के कोर्निक नामक स्थान पर पैदा हुई विस्लावा, 1931 के बाद से क्राको में रह रही हैं, जहाँ उन्होंने 1945-48 में, जागीलोनियन विश्वविद्यालय से, पोलिश साहित्य एवं समाजशास्त्र में अध्ययन किया।

सिंबोर्स्का की पहली कविता 1945 में 'जुकमस्लोवा' शीर्षक से 'जिनीक पोल्स्की' नामक दैनिक पत्र में प्रकाशित हुई। एक कवयित्री होने के साथ-साथ सिंबोर्स्का अनुवादक और साहित्यिक आलोचक भी हैं।

1991 में उन्हें गोएके पुरस्कार (फ्रैंकफर्ट) से सम्मानित किया गया। पोलैंड की सबसे प्रसिद्ध व सम्मानित कवयित्री सिंबोर्स्का को 'कविता की मोजार्ट' भी कहा जाता है क्योंकि

वे अपनी कविताओं में 'बीथोवन का आवेश' मिश्रित करती हैं।

उनके अब तक 16 काव्य-संग्रह प्रकाशित हुए हैं। उनकी कविताएँ इंग्लिश, जर्मन, स्वीडिश, इटालियन, डैनिश, हिब्रू, हंगेरियन, चेक इत्यादि कई भाषाओं में प्रकाशित हुई हैं।

उन्होंने पॉज्नान विश्वविद्यालय से मानद डॉक्टर की डिग्री प्राप्त की। उनकी कविताएँ व्यक्तिगत संबंधों और मानवीय वास्तविकताओं के साथ-साथ ऐतिहासिक संदर्भों के लिए भी जानी जाती हैं।

उन्हें अपनी कविताओं के लिए विडंबनायुक्त यथार्थता के साथ मानवीय वास्तविकताओं और ऐतिहासिक संदर्भों के लिए नोबेल पुरस्कार से सम्मानित किया गया।

शान्ति

बिशप बेलो, कार्लोस फिलिप जिमेंस

नागरिकता : पूर्वी तिमोर/इंडोनेशिया

जन्म : 3 फरवरी, 1948; वेलाकामा, पूर्वी तिमोर

डोमिंगोज वाज फिलिप और एर्मेलिंडा बपतिस्ता फिलिप की पाँचवीं संतान, कार्लोस फिलिप का जन्म पूर्वी तिमोर में वेलाकामा के एक गाँव में हुआ। उनका बचपन बोकाओ और ओस्सू के कैथोलिक विद्यालयों में बीता। उसके बाद वे डेयर मदरसा चले गए जो पिली से बाहर स्थित है, जहाँ उन्होंने 1968 में स्नातक स्तर की शिक्षा ग्रहण की। 1969 से 1981 तक पूर्वी तिमोर और मथाऊ में व्यावहारिक प्रशिक्षण (1974-76) प्राप्त करने के अलावा, वे पुर्तगाल और रोम में रहे जहाँ उन्होंने, सेल्सियन सोसायटी के एक सदस्य के रूप में, 1980 में दर्शन-शास्त्र और धर्मशास्त्र का अध्ययन किया। उसके बाद वे एक पादरी बनाए गए।

जुलाई, 1981 में पूर्वी तिमोर लौटने पर वे 20 महीनों के लिए शिक्षक बन गए और दो महीनों के लिए फातूमाका में सेल्सियन महाविद्यालय के निदेशक बनाए गए।

इंडोनेशिया से पूर्वी तिमोर की आजादी के लिए उन्होंने अपने देशवासियों के संघर्ष को कई अंतरराष्ट्रीय मंचों पर रखा और इसके लिए जनमत-संग्रह की पैरवी की। अंततः वे समूचे विश्व का ध्यान पूर्वी तिमोर के 'मरते हुए लोगों और मरते हुए राष्ट्र' की ओर खींचने में सफल रहे और 2002 में पूर्वी तिमोर को आजादी हासिल हो गई।

होर्ता, जॉस रामोस

नागरिकता : पूर्वी तिमोर/ऑस्ट्रेलिया

जन्म : 26 सितंबर, 1949; दिली, पूर्वी तिमोर

जॉस मैनुएल रामोस होर्ता का जन्म पूर्वी तिमोर की राजधानी पिली में हुआ। उनकी माता तिमोरी और पिता पुर्तगाली थे, जिन्हें सालाजार तानाशाही ने पुर्तगाली तिमोर में निर्वासित जीवन जीने को मजबूर कर दिया।

रामोस होर्ता की शिक्षा सोईबादा के छोटे-से गाँव में एक कैथोलिक मिशन में हुई। ग्यारह भाई-बहनों में से चार भाइयों को इंडोनेशियाई सेना ने मार दिया था।

काफी समय तक उन्होंने गुरिल्ला संघर्ष का संचालन करने के लिए ऑस्ट्रेलिया में निर्वासित जीवन बिताया, हालाँकि ऑस्ट्रेलियन सरकार उन्हें सख्त नापसंद करती थी।

उन्होंने 1983 में हेग एकेडमी ऑफ इंटरनेशनल लॉ से सार्वजनिक अंतरराष्ट्रीय कानून तथा 1984 में ओहियो के एंटियोक महाविद्यालय से मास्टर ऑफ आर्ट्स की डिग्री प्राप्त की। उन्होंने स्ट्रासबर्ग के इंटरनेशनल इंस्टीट्यूट ऑफ ह्यूमन राइट्स से मानवाधिकार कानून का प्रशिक्षण प्राप्त किया। वे पाँच भाषाओं में धाराप्रवाह बोल सकते थे : पुर्तगाली, अंग्रेजी, फ्रेंच, स्पेनिश और सबसे अधिक बोली जाने वाली भाषा टैटम।

पूर्वी तिमोर को आजाद कराने में, कार्लोस फिलिप के साथ रामोस होर्ता का भी बहुत बड़ा योगदान रहा। पूर्वी तिमोर को स्वतंत्रता मिलने के बाद, वे देश के पहले विदेश मंत्री बने। 25 जून, 2006 को त्यागपत्र देने तक उन्होंने इस पद पर रहकर

अपनी सेवाएँ दीं। राजनीतिक उठापटक के बीच राष्ट्रपति जेनाल गुस्माओं ने, प्रधानमंत्री मारी अलकातरी के इस्तीफे के बाद, होर्ता को कार्यवाहक प्रधानमंत्री नियुक्त किया। दो सप्ताह बाद, 10 जुलाई, 2006 को उन्हें देश का दूसरा प्रधानमंत्री नियुक्त किया गया। 11 फरवरी, 2008 को एक प्राणघातक हमले में रामोस होर्ता बुरी तरह घायल हो गए।

वे 2007 में पूर्वी तिमोर के दूसरे राष्ट्रपति बने और 20 मई, 2007 से 20 मई, 2012 तक इस पद पर रहे।

उन्हें उत्तरी तिमोर में होनेवाले संघर्ष के एक न्यायपूर्ण व शान्तिपूर्ण समाधान के लिए नोबेल पुरस्कार से सम्मानित किया गया।

अर्थशास्त्र

विकरे, विलियम स्पैंसर
नागरिकता : कनाडा
जन्म : 21 जून, 1914; विक्टोरिया, कनाडा
निधन : 11 अक्टूबर, 1996; न्यू यॉर्क, अमरीका

विलियम स्पैंसर विकरे अर्थशास्त्र के प्रोफेसर थे। उन्हें जेम्स मिरलीस के साथ संयुक्त रूप से 1996 का अर्थशास्त्र नोबेल पुरस्कार देने की घोषणा उनकी मृत्यु के ठीक तीन दिन पूर्व हुई।

1935 में येल विश्वविद्यालय से गणित में बी.एस. की डिग्री प्राप्त करने के बाद उन्होंने 1937 में मास्टर्स डिग्री तथा 1948 में कोलंबिया विश्वविद्यालय से डॉक्टरेट की डिग्री हासिल की, जहाँ उन्होंने अपने कैरियर का अधिकांश समय बिताया।

विकरे ने कर-सुधार की दिशा में कई कार्य किए। 'कंजेशन प्राइसिंग' पर किया गया उनका कार्य बहुत महत्त्वपूर्ण माना जाता है। उनका विचार था कि सड़कों और अन्य सेवाओं के लिए उपयोगकर्ताओं को कुछ मूल्य चुकाना चाहिए ताकि वे उस लागत को देख सकें जो पूरी तरह से इस्तेमाल सेवा से उत्पन्न होती है। उनके इस सिद्धांत को आंशिक रूप से लंदन में क्रियान्वित किया गया।

उनका विवाह 1951 में सेसिले थॉम्पसन के साथ हुआ। 82 वर्ष की आयु में उनका दिल का दौरा पड़ने से देहांत हो गया।

मिरलीस, जेम्स एलेक्जेंडर
नागरिकता : ब्रिटेन
जन्म : 5 जुलाई, 1936; मिनिगैफ, स्कॉटलैंड

सर जेम्स एलेक्जेंडर मिरलीस एक ब्रिटिश अर्थशास्त्री थे।

मिरलीस ने, 1957 में एडिनबर्ग विश्वविद्यालय से एम.ए. तथा 1963 में कैंब्रिज के ट्रिनिटी कॉलेज से पीएच.डी. की। 1969 में उन्होंने ऑक्सफोर्ड विश्वविद्यालय में अध्यापन का कार्य आरंभ कर दिया। 1995 में कैंब्रिज विश्वविद्यालय चले गए।

मिरलीस का मुख्य योगदान था 'सर्वोत्कृष्ट आय कराधान (ऑप्टिकल इन्कम टैक्सेशन)'—यह एक लीक से हटकर किया गया काम था।

1960 के दशक में वे ब्रिटिश लेबर पार्टी के सलाहकार थे। मिरलीस ने इस धारणा के साथ काम शुरू किया कि सरकार को अमीरों से पैसे लेकर गरीबों को देना चाहिए।

मिरलीस ने उच्च-आय वर्ग के लोगों के लिए सीमांत कर-दरों (मार्जिनल टैक्स रेट्स) की गणना करने के बाद पाया कि सर्वोत्कृष्ट दर (ऑप्टिमल रेट) 83% नहीं था (जो उस समय ब्रिटेन में सर्वोच्च दर थी) बल्कि इसकी अपेक्षा वह केवल 20% था। उनका मानना था कि उच्च वर्ग की अत्यधिक आय दरें, उत्पादन में समस्या उत्पन्न कर सकती हैं। ये दरें उस स्तर तक होनी चाहिए जिन्हें अब 'फ्लैट टैक्स रेट' कहा जाता है।

मिरलीस द्वारा कराधान पर किए गए कार्यों एवं शोधों से बेहतर कर-प्रणाली का ढाँचा तैयार करने में बहुत मदद मिली।

उन्हें कंजेशन प्राइसिंग और कर-सुधार की दिशा में किए गए उनके महत्त्वपूर्ण कार्यों के लिए नोबेल पुरस्कार से सम्मानित किया गया।

भौतिक विज्ञान

रसायन विज्ञान

शरीर विज्ञान/चिकित्सा विज्ञान

साहित्य

शान्ति

अर्थशास्त्र

1997

भौतिक विज्ञान

चू, स्टीवेन

नागरिकता : संयुक्त राज्य अमरीका

जन्म : 28 फरवरी, 1948; सेंट लुइस, अमरीका

स्टीवेन चू का जन्म सेंट लुइस, मिसूरी में 28 फरवरी, 1948 को हुआ। उन्होंने रोचेस्टर विश्वविद्यालय से भौतिक विज्ञान में बी.एस. तथा गणित में ए.बी. की डिग्री प्राप्त की। उसके बाद उन्होंने बर्कले में कैलीफोर्निया विश्वविद्यालय में अपनी शिक्षा जारी रखी जहाँ से 1976 में उन्होंने भौतिक विज्ञान में पीएच.डी. की उपाधि प्राप्त की। वे दो वर्ष से भी ज्यादा बर्कले में रहे। तब उन्होंने न्यू जर्सी में बेल प्रयोगशाला में नियुक्ति पा ली। 1987 में बेल प्रयोगशाला छोड़कर वे स्टेनफोर्ड विश्वविद्यालय में प्रोफेसर हो गए। 2004 में चू लॉरेंस बर्कले नेशनल लेबोरेटरी में निदेशक के पद पर नियुक्त हुए। उनके नेतृत्व में लॉरेंस बर्कले नेशनल लेबोरेटरी, जैव ईंधन और सारे ऊर्जा प्रौद्योगिकियों में अनुसंधान का एक केंद्र बन चुकी है। उन्होंने प्रयोगशाला की हीलियस परियोजना में प्रमुख भूमिका निभाई जिसमें उन्होंने नवीनीकरण के योग्य ऊर्जा के स्रोत के रूप में सौर ऊर्जा के दोहन के सिद्धांतों को विकसित करने में पहल की।

उन्हें परमाणुओं को एकत्र करके नियंत्रित करने और हर परमाणु को संचालित करने से संबंधित खोज के लिए भौतिकी के नोबेल पुरस्कार से सम्मानित किया गया।

21 जनवरी, 2009 को स्टीवेन चू को बराक ओबामा प्रशासन में ऊर्जा सचिव नियुक्त किया गया।

उन्हें लेजर प्रकाश की सहायता से अणुओं को शांत करने के सिद्धांतों को विकसित करने के लिए नोबेल पुरस्कार से सम्मानित किया गया।

तन्नोजी, क्लाउड कोहेन

नागरिकता : फ्रांस

जन्म : 1 अप्रैल, 1933; कोंस्टेंटाइन, अल्जीरिया

क्लाउड कोहेन तन्नोजी एक फ्रेंच भौतिकविज्ञानी हैं जिन्हें लेजर को ठंडा करने और परमाणुओं को नियंत्रित करने (ट्रैपिंग एटम) के सिद्धांतों में अनुसंधान करने के लिए स्टीवेन चू और विलियम डी. फिलिप्स के साथ संयुक्त रूप से 1997 के भौतिकी के नोबेल पुरस्कार से सम्मानित किया गया।

कोंस्टेंटाइन विश्वविद्यालय (अल्जीरिया) से स्नातक स्तर की पढ़ाई करने के पश्चात उन्होंने पेरिस में इकोल नार्मल सुपरियाइयर में शामिल होने के लिए अल्जीरिया (उस समय अल्जीरिया, फ्रांसीसी क्षेत्र में था) छोड़ दिया। अपने शोध प्रबंध के बाद उन्होंने पेरिस विश्वविद्यालय में क्वांटम यांत्रिकी (क्वांटम मैकेनिक्स) में अध्यापन शुरू कर दिया। 1973 में वे कॉलेज डे फ्रांस में प्रोफेसर के पद पर नियुक्त हुए। वहाँ उन्होंने लेजर प्रकाश के क्षेत्र में परमाणुओं पर विकिरण शक्ति पर व्याख्यान देना शुरू कर दिया। उन्होंने लेजर को ठंडा करने और परमाणुओं को नियंत्रित करने के अनुसंधान के लिए एक प्रयोगशाला भी खोली।

फिलिप्स, विलियम डी.

नागरिकता : संयुक्त राज्य अमरीका

जन्म : 5 नवंबर, 1948; विलकिस-बैयरे, अमरीका

विलियम डी. फिलिप्स को 1997 का भौतिकी नोबेल पुरस्कार स्टीवेन चू और क्लाउड कोहेन तन्नोजी के साथ संयुक्त रूप से दिया गया। उन्हें यह सम्मान लेजर को ठंडा करने और परमाणुओं को नियंत्रित करने (ट्रेपिंग एटम) के सिद्धांतों में अनुसंधान करने के लिए प्रदान किया गया।

1970 में उन्होंने जुनिएता कॉलेज से स्नातक की डिग्री प्राप्त की। उसके बाद उन्होंने मेसाचुसेट्स इंस्टीट्यूट ऑफ टेक्नोलॉजी से भौतिकी में डॉक्टरेट की उपाधि प्राप्त की।

1996 में उन्होंने फ्रैंकलिन इंस्टीट्यूट से अल्बर्ट ए. माइकलसन पदक प्राप्त किया। फिलिप्स ने अपने डॉक्टरेट के शोध प्रबंध में एच 20 में प्रोटॉन के चुंबकीय क्षणों पर गहन छानबीन की। बाद में उन्होंने बोस-आइंस्टीन संघनन (कोंडेंसेट) पर भी कार्य किया।

फिलिप्स, मैरीलैंड विश्वविद्यालय, कॉलेज पार्क में भौतिक विज्ञान के प्रोफेसर हैं। इसके अतिरिक्त संयुक्त राज्य अमरीका विज्ञान एवं इंजीनियरिंग समारोह के सलाहकार मंडल के सदस्य भी हैं।

रसायन विज्ञान

बॉयर, पॉल डी.

नागरिकता : संयुक्त राज्य अमरीका

जन्म : 31 जुलाई, 1918; प्रोवो, अमरीका

पॉल डेलोस बॉयर का जन्म, साल्ट लेक सिटी से दक्षिण-पूर्व में, प्रोवो नामक स्थान पर हुआ। उन्होंने प्रोवो के पब्लिक विद्यालयों में शिक्षा ग्रहण की। उसके बाद उन्होंने बरिघम यंग विश्वविद्यालय से 1939 में बी.एस. की डिग्री प्राप्त की। तत्पश्चात उन्होंने स्नातक की शिक्षा के लिए मेडिसन के विस्कॉन्सिन विश्वविद्यालय में प्रवेश किया। 1939 से 1943 तक उन्होंने जैव रसायन में एक सहायक शोधकर्ता के रूप में कार्य किया। बॉयर ने 1941 में एम.एस. की डिग्री तथा 1943 में जैव रसायन में पीएच.डी. की डिग्री प्राप्त की।

1943 में उन्होंने पोलो आल्टो में स्टैनफोर्ड विश्वविद्यालय में नियुक्ति पाई और 1945 में मिनियापोलिस के मिनेसोटा विश्वविद्यालय में सहायक प्रोफेसर नियुक्त किए गए और उन्होंने स्वतंत्र रूप से शोधकार्य आरंभ कर दिया।

1963 में बॉयर लॉस एंजिल्स में कैलीफोर्निया विश्वविद्यालय में रसायन विज्ञान के प्रोफेसर नियुक्त किए गए जहाँ उन्होंने 1965 से 1983 तक आणविक जीव विज्ञान संस्थान के निदेशक के रूप में और 1983 से 1989 तक जैव रासायनिक कार्यक्रम के निदेशक के रूप में अपनी सेवाएँ दीं। 1990 में वे 'यूनिवर्सिटी ऑफ कैलीफोर्निया एट लॉस एंजिल्स' में रसायनविज्ञान और जीवविज्ञान के अवकाश प्राप्त प्रोफेसर नियुक्त हुए। उन्हें एंजाइम की त्रिआयामी संरचना को स्पष्ट करने के लिए नोबेल पुरस्कार से सम्मानित किया गया।

वॉकर, जॉन ई.

नागरिकता : ब्रिटेन

जन्म : 7 जनवरी, 1941; हेलिफैक्स, ब्रिटेन

प्रोफेसर सर जॉन ई. वॉकर एक अंग्रेज रसायनविज्ञानी हैं जिन्हें 1997 में रसायनविज्ञान में नोबेल पुरस्कार प्रदान किया गया। वर्तमान में वे कैंब्रिज में एन.आर.सी. माइटोकोंड्रियल जीव विज्ञान इकाई के निदेशक हैं।

यार्कशायर के हैलिफैक्स में जन्मे वॉकर का लालन-पालन ग्रामीण परिवेश में हुआ और पढ़ने के लिए उन्हें रास्ट्रिक ग्रामर स्कूल भेजा गया जहाँ उन्होंने अतिम तीन वर्षों में गणित और भौतिक विज्ञान में विशेषज्ञता प्राप्त की। उन्होंने ऑक्सफोर्ड के सेंट कैथरीन महाविद्यालय से बी.ए. की डिग्री प्राप्त की। 1969 में उन्होंने डी.फिल की डिग्री हासिल की। इस अवधि के दौरान वे आणविक जीव विज्ञान में होने वाले शानदार विकास में दिलचस्पी लेने लगे।

1969 से 1971 तक उन्होंने विस्कोन्सिन-मेडिसन विश्वविद्यालय में और 1971 से 1974 तक फ्रांस में कार्य किया। 1974 में वे फ्रेड सैंगर के माध्यम से चिकित्सा अनुसंधान परिषद की आणविक जीव विज्ञान प्रयोगशाला से जुड़े जहाँ उन्होंने लंबे समय तक कार्य किया। 1982 में वह वहाँ वरिष्ठ वैज्ञानिक बन गए।

1990 के दशक में एक्स-रे क्रिस्टल वैज्ञानिकों के साथ काम करते हुए वॉकर ने एंजाइम के तीन आयामी संरचना को स्पष्ट किया। वॉकर के निष्कर्ष जीवन के रूपों में ऊर्जा उत्पादन में एक अंतर्दृष्टि प्रदान करते हैं। उन्हें एंजाइम की त्रिआयामी संरचना को स्पष्ट करने के लिए नोबेल पुरस्कार से सम्मानित किया गया।

स्कू, जेंस सी.

नागरिकता : डेनमार्क

जन्म : 8 अक्टूबर, 1918; लेमविग, डेनमार्क

जेंस सी. स्कू ने 1944 में कोपेनहेगन विश्वविद्यालय से एम.डी. की डिग्री प्राप्त की। 10 वर्ष बाद उन्होंने आरहस विश्वविद्यालय से डॉक्टर ऑफ मेडिकल साइंस की डिग्री हासिल की। 1963 में स्कू प्रोफेसर बन गए और उनका नाम इंस्टीट्यूट ऑफ फीजियोलॉजी के निदेशक के लिए सुझाया गया। 1978 से 1988 तक वे आरहम विश्वविद्यालय के जैव भौतिक विज्ञान के प्रोफेसर रहे।

1999 में सर जॉन स्कू को आणविक जीव विज्ञान के क्षेत्र में उनकी सेवाओं के लिए (नाइट) की उपाधि से सम्मानित किया गया। वे 'विज्ञान एवं इंजीनियरिंग अभियान' की सलाहकार परिषद के एक सदस्य हैं।

उन्हें प्रथम आणविक पंप (Na+K+ATP) की खोज के लिए, जो जीवित कोशिकाओं में पंप के समान कार्य करके सोडियम आयनों (NA+) तथा पोटेशियम आयनों (K+) में संतुलन बनाए रखते हैं, के विकास के लिए 1997 के रसायनविज्ञान के नोबेल पुरस्कार से सम्मानित किया गया।

शरीर विज्ञान/चिकित्सा विज्ञान

प्रूजिनर, स्टेनले बी.

नागरिकता : संयुक्त राज्य अमरीका

जन्म : 28 मई, 1942; डेस मोइंस, अमरीका

स्टेनले बी. प्रूजिनर, जिनका पूरा नाम स्टेनले बेन प्रूजिनर है, वे एक अमरीकी जीव रसायनविज्ञानी तथा स्नायुविज्ञानी हैं जिन्होंने 1982 में 'प्रायंस' नामक प्रोटीन की खोज की, जो शरीर में बीमारी का कारण बनता है। जीव विज्ञान में संक्रमण का यह सिद्धांत बिलकुल नया है। उनकी इस खोज के लिए उन्हें 1997 के शरीर विज्ञान या चिकित्सा विज्ञान के नोबेल पुरस्कार से सम्मानित किया गया।

प्रूजिनर ओहियो के सिनसिनेती नामक स्थान पर पले-बढ़े। उनकी पढ़ाई पैनेसिल्वेनिया विश्वविद्यालय में हुई (ए.बी.-1964, एम.डी.-1968)। जीव रसायन विज्ञान में चार वर्ष अनुसंधान करने के बाद 1972 में वे कैलीफोर्निया विश्वविद्यालय, सैन फांसिस्को के स्कूल ऑफ मेडिसन में स्नायु विज्ञान के रेजिडेंट बन गए।

'प्रायंस' की उनकी खोज जब पहली बार प्रकाशित हुई तो उनके इस सिद्धांत की काफी आलोचना की गई लेकिन 1990 के दशक के मध्य में इसे व्यापक रूप से स्वीकार किया गया। 1996 में जब ब्रिटेन में क्रूत्जफेल्ट-जैकब रोग का एक नया रूप सामने आया, प्रूजिनर के अनुसंधान की ओर पूरे राष्ट्र का ध्यान गया। यह आशंका जाहिर की गई कि इस रोग का संबंध 'मैड काउन' नामक बीमारी से हो सकता है जो एक दिमागी विकार है जो ब्रिटेन में एक दशक पहले जानवरों में पाया गया था। कुछ प्रमाणों से यह सुझाव भी मिला कि 'मैड काउन' प्रायंस का संक्रमण उन मनुष्यों पर भी हो सकता है जिन्होंने संक्रमित दूषित गोमांस का सेवन किया है।

प्रूजिनर की यह खोज अल्जाइमर रोग और पार्किंसंस रोग के विकारों में भी महत्त्वपूर्ण रूप से क्रियान्वित की जा सकती है।

प्रूजिनर ने अपने कैरियर के दौरान कई महत्त्वपूर्ण पुस्तकें भी लिखीं, जिनमें शामिल हैं—'स्लो ट्रांस्मिनिबल डिसीजिज ऑफ द नर्व्स सिस्टम' (1979, सह-लेखक विलियम हैडलो तथा 'प्रायन बॉयोलॉजी एंड डिसीजिज' 2004)।

साहित्य

फो, दारियो

नागरिकता : इटली

जन्म : 24 मार्च, 1926; लैगियूनो सैन जियानो, इटली

साहित्य के लिए 1997 का नोबेल पुरस्कार प्राप्त करने वाले दारियो फो का जन्म इटली के सैन जियानो में लैगियूनो सैन जियानो नामक स्थान पर हुआ। दूसरे विश्वयुद्ध के दौरान उन्होंने एक युवा व्यक्ति के रूप में, बचकर निकले मित्र देशों के सैनिकों और यहूदी वैज्ञानिकों को देश से सुरक्षित किसी दूसरे जगह भेजने में अपने पिता की सहायता की। फो ने ब्रेटा कला अकादमी में शिक्षा प्राप्त की और पोलिटेक्निक में वास्तुकला का अध्ययन किया। कम्युनिस्ट पार्टी के सदस्य होने के कारण उन्हें दो बार अमरीका में प्रवेश करने से रोक दिया गया। 1993 में उनकी पत्नी, फ्रैंका रेम, जिससे उन्होंने 1953 में विवाह किया था, का फासिवादियों के एक ग्रुप ने अपहरण करके उन्हें प्रताड़नाएँ दीं और उनके साथ बलात्कार किया। इसका मकसद था, उनकी राजनीतिक सक्रियता के लिए उन्हें सजा देना।

फो एक इतालवी व्यंग्यकार, नाटककार, रंगमंच निर्देशक, अभिनेता, संगीतकार हैं। उनके लिखे चरित्रों की विशेषता होती है, संगठित अपराध, राजनीतिक हत्या, राजनीतिक भ्रष्टाचार, अधिकांश कैथोलिक चर्चों के सिद्धांत तथा मध्य

पूर्व में संघर्ष की आलोचना करना। उनके नाटक आशु-रचना शैली में होते हैं। उनके नाटकों, विशेषकर 'मिस्टैरो बूफो' (श्रीमान मसखरा) का 30 भाषाओं में अनुवाद किया गया और जब इन्हें इटली से बाहर प्रदर्शित किया गया तो उन्हें क्षेत्रीय या स्थानीय रंग देने के लिए उनमें संशोधन किए गए ताकि वहाँ की स्थानीय राजनीति और अन्य सामाजिक मुद्दों का प्रस्तुतीकरण किया जा सके।

उन्होंने अपनी पत्नी फ्रैंका रेम के साथ मिलकर एक नाटक कंपनी 'कोलेटीवो टीट्रेल ला कम्यून' की स्थापना की। 1997 का साहित्य नोबेल पुरस्कार प्रदान करते हुए समिति ने उन्हें एक ऐसा लेखक बताया जो मध्य युग के हास्य-व्यंग्य को सामने लाता है और पूरे मारक अधिकार के साथ दलितों के उत्थान और गरिमा को प्रकट करता है।

शान्ति

विलियम्स, जोडी

नागरिकता : संयुक्त राज्य अमरीका

जन्म : 9 अक्टूबर, 1950; पुट्ने, अमरीका

International CAMPAIGN TO BAN LANDMINES

द इंटरनेशनल काम्पेन टु बैन लैंड माइंस

स्थापना : 1992; संयुक्त राज्य अमरीका

जोडी विलियम्स को 1997 का नोबेल शान्ति पुरस्कार संयुक्त रूप से 'इंटरनेशनल काम्पेन टु बैन लैंडमाइंस' के साथ दिया गया। उन्हें यह पुरस्कार उपरोक्त संस्था के माध्यम से 'बारूदी सुरंगों पर प्रतिबंध लगाने के लिए' दिया गया।

उस समय, पुरस्कारों के लगभग 100 वर्षों के इतिहास में वे 10वीं महिला (और तीसरी अमरीकी महिला) थीं जिन्हें यह सम्मान प्राप्त हुआ। वियतनाम युद्ध के बाद से वे जीवन भर स्वतंत्रता, आत्मनिर्णय और मानव तथा नागरिक अधिकारों की वकालत करने के लिए पूरे विश्व में जानी गईं। विशेष रूप से उन्हें महिलाओं की और आज की दुनिया में सुरक्षा की नई समझ को बढ़ावा देने के प्रयासों के लिए बहुत ख्याति मिली।

अन्य लोगों की तरह उन्होंने युद्ध के प्रकोपों को देखा है। वह एक मुखर शान्ति कार्यकर्ता हैं जो शान्ति के वास्तविक अर्थों को पुनः प्राप्त करने का प्रयास कर रही हैं। उनका मानना है कि शान्ति के लिए काम करना, एक कमजोर दिल का कार्य नहीं बल्कि इसके लिए एक जिद और स्थायी शान्ति के लिए प्रतिबद्धता चाहिए होती है जो पर्यावरणीय न्याय पर बनी हो और इस धरती पर अधिकांश लोगों की बुनियादी जरूरतों को पूरा करे।

उन्होंने 1992 के आरंभिक वर्षों से लेकर फरवरी 1998 तक 'इंटरनेशनल काम्पेन टु बैन लैंडमाइंस' (आई.सी.बी.एल.) की संस्थापक समन्वयकर्ता के रूप में सेवा की। इससे पूर्व उन्होंने निकारागुआ और अल साल्वाडोर में युद्ध से संबंधित विभिन्न परियोजनाओं पर ग्यारह वर्ष कार्य किया।

जोडी विलियम्स की यह संस्था 1300 गैर-सरकारी संगठनों के साथ लगभग 100 देशों में बारूदी सुरंगों को खत्म करने के लिए काम करती है। विभिन्न देशों की सरकारों, संयुक्त राष्ट्र निकायों और रेडक्रॉस की अंतरराष्ट्रीय समिति के साथ, एक अभूतपूर्व सहकारी प्रयास में, वह एक संगठन-प्रमुख और मुख्य रणनीतिकार तथा प्रवक्ता के रूप में अपनी सेवाएँ देती हैं और उन्होंने नाटकीय रूप से, सितंबर, 1997 में ओस्लो में आयोजित एक कूटनीतिक सम्मलेन के दौरान, बारूदी सुरंगों पर प्रतिबंध लगाने के अपने लक्ष्य को एक अंतरराष्ट्रीय संधि के रूप में प्राप्त किया।

जोडी विलियम्स का मानना है, "कोई भी व्यक्ति इस दुनिया में बदलाव ला सकता है। कई बार मेरा परिचय एक मिसाल के तौर पर दुनिया को बदल देने वाले व्यक्ति के रूप में करवाया जाता है। लेकिन मैं एक साधारण सी जगह वर्मोंट पर रहने वाली साधारण-सी लड़की हूँ, जो न केवल मानव अधिकारों में बल्कि मानव दायित्वों में भी विश्वास रखती है। विलियम्स को 15 मानद डिग्रियाँ प्राप्त हैं। 2004 में फोर्ब्स पत्रिका द्वारा अपनी पहली वार्षिक सूची में उन्हें दुनिया की 100 सबसे शक्तिशाली महिलाओं में नामित किया गया था। वे ह्यूस्टन विश्वविद्यालय में 'ग्रेजुएट कॉलेज ऑफ सोशल वर्क'

में सामाजिक न्याय और शान्ति की प्रोफेसर हैं जहाँ वे 2003 से पढ़ा रही हैं। शैक्षिक 2012-13 में वह शिकागो के इलिनोइस विश्वविद्यालय में सामाजिक न्याय की 'जेन एडम्स गण्यमान्य विजिटिंग फेलो' नियुक्त हुईं।

एक जमीनी कार्यकर्ता के रूप में उनके संस्मरणों की एक पुस्तक 'माई नेम इज जोडी विलियम्स : ए वर्मोंट गर्ल्स वाइडिंग पाथ टु द नोबेल पीस प्राइज' का लोकार्पण यूनिवर्सिटी ऑफ कैलीफोर्निया प्रेस द्वारा मार्च, 2013 में किया गया। उन्हें सैनिक-विरोधी बारूदी सुरंगों को समाप्त करने और उन पर प्रतिबंध लगाने के लिए किए गए उनके कार्यों के लिए नोबेल पुरस्कार से सम्मानित किया गया।

अर्थशास्त्र

शोल्स, मॉयरान एस.

नागरिकता : संयुक्त राज्य अमरीका

जन्म : 1 जुलाई, 1941; टिम्मिन्स, अमरीका

मॉयरान एस. शोल्स ब्लैक स्कोलेस समीकरण लिखने वाले लेखकों में से एक हैं। उनका जन्म 1 जुलाई, 1947 को ओंटारियो, कनाडा में हुआ। वे अर्थशास्त्र में अपने योगदान के लिए बहुत प्रसिद्ध हैं। मॉयरान शोल्स को 1997 में 'व्युत्पत्ति' का मूल्य निर्धारित करने के लिए एक नई विधि की अद्वितीय खोज के लिए नोबेल पुरस्कार से सम्मानित किया गया।

ब्लैक स्कोलेस मॉडल को दुनिया भर के वित्तीय बाजारों में एक मानक के रूप में माना जाता है। उनका मानना है कि गरीब मॉडलों की खोज करना और उन पर काम करना ही प्रचलित बाजार में अर्थव्यवस्था से संबंधित विभिन्न मुद्दों के लिए समाधान खोजने का एकमात्र रास्ता है। वे गणितीय उपकरणों और उनसे आर्थिक मुद्दों को हल करने के खिलाफ हैं।

1962 में मॉयरान एस. शोल्स ने मैक मास्टर विश्वविद्यालय से अर्थशास्त्र में स्नातक की उपाधि अर्जित की। 1964 में उन्होंने शिकागो विश्वविद्यालय से एम.बी.ए. की डिग्री प्राप्त की और 1969 में पीएच.डी. की डिग्री। एम.आई.टी. स्टोन स्कूल ऑफ मैनेजमेंट तथा प्रिंस्टन विश्वविद्यालय दो ऐसे संस्थान हैं जहाँ उन्होंने एक संकाय के रूप में काम किया है।

1981 में वे स्टैनफोर्ड विश्वविद्यालय चले गए जहाँ वह 1996 में अध्यापन कार्य से सेवानिवृत्त होने तक रहे। अब वे स्टैनफोर्ड में, वित्त के अवकाशप्राप्त प्रोफेसर हैं। स्टैनफोर्ड में रहते उनका अनुसंधान का निवेश बैंकिंग और कॉरपोरेट वित्त में कर-नियोजन (टैक्स प्लानिंग) के अर्थशास्त्र पर केंद्रित रही।

शोल्स को जिस खोज पर नोबेल पुरस्कार दिया गया, उसके सह-लेखक फिशर ब्लैक थे, जिनकी 1995 में मृत्यु हो गई इसलिए वे पुरस्कार पाने के योग्य नहीं थे। उन्हें 'व्युत्पत्ति' का मूल्य निर्धारित करनेवाली एक नई विधि की खोज के लिए नोबेल पुरस्कार से सम्मानित किया गया।

मर्टन, रॉबर्ट सी.

नागरिकता : संयुक्त राज्य अमरीका

जन्म : 31 जुलाई, 1944; न्यू यॉर्क, अमरीका

रॉबर्ट सी. मर्टन का जन्म समाजशास्त्री रॉबर्ट के. मर्टन और सुजैन कारहार्ट के यहाँ, न्यू यॉर्क शहर में हुआ। वह न्यू यॉर्क में हेस्टिंग्स ऑन हडसन में पले-बढ़े।

उन्होंने 1997 में, व्युत्पत्ति का मूल्य निर्धारित करने के लिए एक नई विधि की खोज के लिए आर्थिक विज्ञान (अर्थशास्त्र) का अल्फ्रेड नोबेल मेमोरियल पुरस्कार प्राप्त किया।

उन्होंने कोलंबिया विश्वविद्यालय स्कूल ऑफ इंजीनियरिंग एंड एप्लायड साइंस से इंजीनियरिंग गणित में बी.एस. की डिग्री तथा कैलीफोर्निया इंस्टीट्यूट ऑफ टेक्नोलॉजी से विज्ञान में परास्नातक की डिग्री प्राप्त की। 1970 में उन्होंने पॉलएंथनी सैमुअल्स के मार्गदर्शन में मैसाचुसेटस इंस्टीट्यूट

ऑफ टेक्नोलॉजी से अर्थशास्त्र में डॉक्टरेट की उपाधि हासिल की। उसके बाद उन्होंने एम.आई.टी. स्लोन स्कूल ऑफ मैनेजमेंट में 1988 तक अध्यापन का कार्य किया। तत्पश्चात मर्टन हार्वर्ड विश्वविद्यालय चले गए जहाँ वे 1988 से 1998 तक व्यापार प्रशासन के जॉर्ज फिशर बेकर प्रोफेसर रहे। 10 जून, 2010 को यह घोषणा की गई कि वे हार्वर्ड से रिटायर होंगे और एम.आई.टी. स्लोन स्कूल ऑफ मैनेजमेंट में दुबारा नियुक्त होंगे।

मर्टन अमरीकन फाइनेंस एसोसिएशन के पूर्व अध्यक्ष, नेशनल एकेडमी ऑफ साइंस के सदस्य और अमरीकन एकेडमी ऑफ ऑर्ट्स एंड साइंसेज के फेलो हैं।

1966 में उनका विवाह जून रोज से हुआ। 1996 में दोनों अलग हो गए। उनकी तीन संतानें हैं—दो बेटे और एक बेटी। उन्हें व्युत्पत्ति का मूल्य निर्धारित करने की नई विधि का विकास करने के लिए नोबेल पुरस्कार से सम्मानित किया गया।

भौतिक विज्ञान

रसायन विज्ञान

शरीर विज्ञान/चिकित्सा विज्ञान

साहित्य

शान्ति

अर्थशास्त्र

1998

भौतिक विज्ञान

लॉलिन, रॉबर्ट बैट्स

नागरिकता : संयुक्त राज्य अमरीका

जन्म : 1 नवंबर, 1950; विसेलिया, अमरीका

अमरीका के स्टैनफोर्ड विश्वविद्यालय में भौतिक विज्ञान और व्यावहारिक भौतिक विज्ञान के प्रोफेसर रॉबर्ट बैट्स लॉलिन का जन्म कैलीफोर्निया के विसेलिया नामक स्थान पर हुआ। उनका कार्यक्षेत्र सैद्धांतिक भौतिक विज्ञान है।

1998 का भौतिक विज्ञान में नोबेल पुरस्कार उन्हें संयुक्त रूप से 'आंशिक क्वांटम हॉल प्रभाव' की व्याख्या करने के लिए प्रदान किया गया। उनकी इस खोज ने सिद्ध किया कि "एक अत्यंत शक्तिशाली चुंबकीय क्षेत्र में इलेक्ट्रॉन एक द्रव क्वांटम का निर्माण कर सकते हैं जिसमें इलेक्ट्रॉन के 'हिस्सो' को पहचाना जा सकता है।"

लॉलिन ने कैलीफोर्निया विश्वविद्यालय (बर्कले) से 1972 में स्नातक तथा 1979 में मेसाचुसेट्स इंस्टीट्यूट ऑफ टेक्नोलॉजी में भौतिक विज्ञान में पीएच.डी. की डिग्री प्राप्त की। 1985 में कैलीफोर्निया के स्टैनफोर्ड विश्वविद्यालय में भौतिकी के सहायक प्रोफेसर बनने से पूर्व उन्होंने न्यू जर्सी के मुर्रेहिल की बेल लेबोरेटरीज (1979-81) तथा कैलीफोर्निया लिवरमोर की लॉरेंस लिवरमोर नेशनल लेबोरेटरी (1981-82) में अपने अनुसंधानों का आयोजन किया।

हालाँकि 'हॉल प्रभाव' 1879 के बाद से ही पहचान लिया गया था। फिर भी इस पर अनुसंधान जारी थे। प्रोफेसर लॉलिन के साथ संयुक्त रूप से नोबेल पुरस्कार पाने वाले, डेनियल शुई और हार्स्ट एल. स्टॉर्मर ने बेल लेबोरेटरीज में 1982 में जो नतीजे अपने अनुसंधान से प्राप्त किए, लॉलिन ने 1983 में इन पेचीदा परिणामों की सैद्धांतिक व्याख्या की। उनका मानना है कि बेहद कम तापमान और अद्भुत चुंबकीय क्षेत्र, द्रवीकरण करने और 'क्वांटम द्रव' का निर्माण करने के लिए विद्युत-धारा में इलेक्ट्रॉन उत्पन्न करते हैं जो अति-चालन सामग्रियों और तरल हीनियन में पाए जाने वाले तत्त्वों से संबंधित हैं।

यह अद्भुत आविष्कार क्वांटम भौतिकी का एक असाधारण विस्तार है जिससे पदार्थ की प्रकृति और संरचना पर अतिरिक्त प्रकाश डाला जा सकता है। उन्हें आंशिक रूप से आवेशित उद्दीपन के साथ क्वांटम द्रव, जिसे आंशिक

क्वांटम हॉल प्रभाव कहते हैं, की एक नए रूप में खोज करने के लिए नोबेल पुरस्कार दिया गया।

शुई, डेनियल सी.

नागरिकता : संयुक्त राज्य अमरीका

जन्म : 28 फरवरी, 1939; हेनान, चीन

डेनियल सी. शुई का जन्म चीन के हेनान प्रांत के एक दूरदराज के गाँव फेन में हुआ। उनके अनपढ़ माता-पिता का दृढ़ निश्चय था कि उनकी संतानें शिक्षित हों इसीलिए उन्होंने 1951 में शुई को युद्धग्रस्त चीन से दूर, हांगकांग भेज दिया जहाँ उन्होंने कोऊलीन में पुई चिंग मिडिल स्कूल में दाखिला लिया। उसके बाद उन्हें ताइपेई, ताइवान में नेशनल ताइवान विश्वविद्यालय मेडिकल स्कूल में भर्ती कराया गया। 1958 में वे अमरीका चले गए जहाँ उन्होंने 1961 में अगस्तेना कॉलेज से स्नातक की डिग्री प्राप्त की। अपने पूरे कॉलेज में शुई चीनी मूल के एकमात्र छात्र थे।

शुई ने शिकागो विश्वविद्यालय में भौतिक विज्ञान में अपनी पढ़ाई जारी रखी जहाँ उन्होंने 1967 में भौतिकी में पीएच.डी. की डिग्री प्राप्त की। उन्होंने शिकागो में एक वर्ष उत्तर-डॉक्टरेट अनुसंधान किया। 1968 में शुई बेल लेबोरेट्रीज से जुड़ गए जहाँ वे द्वि-आयामी इलेक्ट्रॉन के अध्ययन के प्रवर्तक रहे।

1982 में उन्हें प्रिंस्टन विश्वविद्यालय में इलेक्ट्रिकल इंजीनियरिंग का प्रोफेसर नियुक्त किया गया। 2006 से 2008 तक वे कोलंबिया विश्वविद्यालय में भौतिकी विभाग में विजिटिंग प्रोफेसर थे। वर्तमान में वे बोस्टन विश्वविद्यालय में शोध प्रोफेसर हैं।

1998 में उन्हें आंशिक रूप से आवेशित उद्दीपन के साथ क्वांटम द्रव जिसे भौतिक क्वांटम हॉल प्रभाव में एक नए रूप में खोज करने के लिए कोलंकिबया के हार्स्ट एल. स्टॉर्मर तथा स्टेनफोर्ड के रॉबर्ट बी. कोलिन के साथ संयुक्त रूप से नोबेल पुरस्कार से सम्मानित किया गया।

स्टॉर्मर, हार्स्ट एल.

नागरिकता : जर्मनी/ संयुक्त राज्य अमरीका

जन्म : 6 अप्रैल, 1949; फ्रैंकफर्ट, पश्चिम जर्मनी

हार्स्ट एल. स्टॉर्मर, जिनका पूरा नाम हार्स्ट लुडविग स्टॉर्मर है जर्मनी के फ्रैंकफर्ट में जन्मे एक अमरीकी भौतिकशास्त्री हैं। उन्हें रॉबर्ट बी. लॉलिन तथा डेनियल सी. शुई के साथ संयुक्त रूप से 'भिन्नात्मक क्वांटम हॉल प्रभाव' की खोज तथा व्याख्या के लिए भौतिक विज्ञान के नोबेल पुरस्कार से सम्मानित किया गया। जब उन्हें नोबेल समिति ने पुरस्कृत करने की घोषणा की, उस समय वे बेल लेबोरेटरीज में डेनियल सी. शुई के साथ 'क्वांटम द्रव के नए रूप' पर अनुसंधान कर रहे थे।

स्टॉर्मर ने 1970 में जर्मनी के फ्रैंकफर्ट विश्वविद्यालय से स्नातक तथा 1977 में स्टुटगार्ट विश्वविद्यालय से भौतिक विज्ञान में पीएच.डी. की उपाधि प्राप्त की। अमरीका आने पर वे 1978 में बेल लेबोरेट्रीज (मुर्रेहिल, न्यू जर्सी) के अनुसंधान दल के साथ जुड़ गए। वहीं पर उन्होंने डेनियल शुई के साथ मिलकर 1982 में 'क्वांटम' के एक नए रूप की खोज की।

1992 से 1998 तक, वे बेल लेबोरेट्रीज में फिजिकल रिसर्च लेबोरेट्रीज के प्रमुख रहे। इसी समय वह न्यू यॉर्क के कोलंबिया विश्वविद्यालय में प्रोफेसर भी बन चुके थे।

नोबेल पुरस्कार प्राप्त करने से पूर्व, 1998 में इसी आविष्कार के लिए उन्हें लॉलिन और शुई के साथ संयुक्त रूप से बेंजामिन फ्रेंकलिन पदक से भी सम्मानित किया गया था।

स्टॉर्मर एक देशीयकृत अमरीकी नागरिक हैं। उन्हें आंशिक रूप से आवेशित उद्दीपन के साथ क्वांटम हॉल प्रभाव के एक नए रूप में खोज करने के लिए नोबेल पुरस्कार से सम्मानित किया गया।

रसायन विज्ञान

कॉन, वॉल्टर

नागरिकता : संयुक्त राज्य अमरीका

जन्म : 9 मार्च, 1923; विएना, ऑस्ट्रिया

ऑस्ट्रिया में जन्मे, सैद्धांतिक भौतिकविज्ञानी वॉल्टर कॉन का प्रारंभिक जीवन उनके बाद के वैज्ञानिक योगदान के समान ही नाटकीय था। कॉन ने व्यक्तिगत रूप से आधुनिक इतिहास की सबसे खूनी अवधि के दौरान प्रमुख घटनाओं को देखा और झेला। चूँकि वह जर्मनी से थे, उन्हें ब्रिटेन द्वारा 1940 में कनाडा भेज दिया गया। इससे पूर्व, हिटलर द्वारा ऑस्ट्रिया के विलय के तुरंत बाद उन्हें प्रसिद्ध 'किंडर ट्रांसपोर्ट' बचाव अभियान के तहत इंग्लैंड भेज दिया गया था। एक यहूदी परिवार से होने के कारण उनके माता-पिता दोनों को ही नाजी विध्वंस के दौरान मौत के घाट उतार दिया गया था।

बाद में वह संयुक्त राज्य अमरीका चले गए जहाँ उन्होंने विश्व के सबसे भयानक नए हथियार परमाणु बम को देखा। परिणामस्वरूप वे एक मुखर शान्तिवादी बन गए। बाद में उन्होंने क्वांटम भौतिकी में कम विनाशकारी अनुप्रयोगों को खोजने का प्रयास किया जिससे विश्व में क्रांतिकारी बदलाव लाने में सहायता मिले।

कॉन ने 1945 में टोरोंटो विश्वविद्यालय से स्नातक की डिग्री प्राप्त की। हालाँकि वे चार वर्षीय पाठ्यक्रम में ढाई वर्ष ही पूरा कर पाए थे। 1946 में उन्होंने व्यावहारिक गणित में एम.ए. किया, 1948 में उन्हें हार्वर्ड विश्वविद्यालय द्वारा भौतिक विज्ञान में पीएच.डी. की डिग्री प्रदान की गई, जहाँ उन्होंने जूलियन श्विंगर के मार्गदर्शन में काम किया। 1950 से 1960 तक कोपेनहेगन में कनाडा की राष्ट्रीय अनुसंधान परिषद में उत्तर डॉक्टरेट फेलो के रूप में संक्षिप्त कार्यकाल के बाद, वह हार्वर्ड से कारनेगी मेलन विश्वविद्यालय चले गए। 1960 में वे नवस्थापित कैलीफोर्निया विश्वविद्यालय चले गए जहाँ वे भौतिकी विभाग के प्रमुख रहे। 1979 तक वे यहाँ रहे। उसके बाद उन्होंने सैद्धांतिक भौतिक विज्ञान के एक नए संस्थान में संस्थापक निदेशक का पद स्वीकार कर लिया। 1984 में वे सांता बारबरा में कैलीफोर्निया विश्वविद्यालय में भौतिकी विभाग के प्रोफेसर के रूप में नियुक्त किए गए। वे वर्तमान में अवकाशप्राप्त प्रोफेसर और अनुसंधान प्रोफेसर हैं। उन्हें क्वांटम भौतिकी में कम विनाशकारी अनुप्रयोगों को खोजने में उनके प्रयासों के लिए, जिससे विश्व में क्रांतिकारी बदलाव लाने में सहायता मिली, नोबेल पुरस्कार से सम्मानित किया गया।

पोपल, जॉन ए.

नागरिकता : ब्रिटेन

जन्म : 31 अक्टूबर, 1925; बर्नहैम ऑन सी, ब्रिटेन

निधन : 15 मार्च, 2004; शिकागो, अमरीका

जॉन एंथनी पोपल का जन्म 31 अक्टूबर, 1925 को इंग्लैंड में सोमरसेट के बर्नहैम ऑन सी नामक स्थान पर हुआ। उनके पिता कपड़े की एक दुकान के मालिक थे और उनकी माता क्षेत्र के धनी परिवारों के लिए एक शिक्षक का कार्य करती थीं। उन्होंने प्रथम विश्वयुद्ध के दौरान सेना की लाइब्रेरियन के रूप में भी काम किया। पोपल के माता-पिता को पोपल से बहुत उम्मीदें थीं और वे चाहते थे कि पोपल अपने पारिवारिक व्यवसाय की अपेक्षा अपने जीवन में कुछ और कार्य करें इसीलिए उन्हें बर्नहैम के स्कूल में दाखिल न करवाकर 30 मील दूर ब्रिस्टल के एक स्कूल में डाला गया।

उनके शिक्षकों ने गणित में उनकी दक्षता को पहचाना और अपने स्तर पर उन्हें 'कोचिंग' दी, जिससे उन्हें 1943 में कैंब्रिज विश्वविद्यालय के ट्रिनिटी महाविद्यालय में छात्रवृत्ति प्राप्त करने में सहायता मिली। 1946 में उन्होंने बी.ए. की डिग्री प्राप्त की और 1945 से 1947 के बीच ब्रिस्टल एयरोप्लेन कंपनी में कार्य किया। तत्पश्चात कैंब्रिज विश्वविद्यालय लौट आए और 1951

में उन्हें गणित में डॉक्टरेट की डिग्री प्रदान की गई। 1964 में वे अमरीका चले गए लेकिन उन्होंने ब्रिटिश नागरिकता नहीं छोड़ी। वहाँ उन्होंने कारनेगी इंस्टीट्यूट ऑफ टेक्नोलॉजी में रासायनिक भौतिकी पढ़ानी शुरू की।

पोपल (जिसे 'पोप-एल' उच्चारित किया जाता है) स्वयं को रसायनशास्त्री की अपेक्षा गणितज्ञ मानते थे। अपने कॉलेज के दिनों में उन्होंने पियानो सीखना आरंभ किया और इसके लिए उन्होंने जॉय बावर्स की सेवाएँ लीं। बाद में 1952 में उन दोनों ने शादी कर ली।

कारनेगी में उन्होंने अणुओं के इलेक्ट्रॉनिक संरचना की खोज पर अपने प्रयासों को केंद्रित किया। 1980 के मध्य से उन्होंने शिकागो में नॉर्थ-वेस्टर्न विश्वविद्यालय में अंशकालिक अध्यापन भी किया और 1993 में वे पूर्णत: संकाय सदस्य बन गए।

1998 में उन्हें, वॉल्टर कॉन के साथ संयुक्त रूप से रसायन-शास्त्र का नोबेल पुरस्कार प्रदान किया गया। उन्हें यह पुरस्कार 'क्वांटम रसायनशास्त्र में संगणनात्मक विधियों पर कार्य करने के लिए दिया गया।' प्रिस्टल ग्रामर स्कूल में एक आई.टी. रूम तथा एक छात्रवृत्ति का नाम उनके नाम पर रखा गया।

शरीर विज्ञान/चिकित्सा विज्ञान

फर्चगोट, रॉबर्ट फ्रांसिस

नागरिकता : संयुक्त राज्य अमरीका

जन्म : 4 जून, 1916; चार्ल्स-टन, अमरीका

निधन : 19 मई, 2009; सीटल, अमरीका

अमरीका के चार्ल्सटन नामक स्थान पर जन्मे, रॉबर्ट फ्रांसिस फर्चगोट एक औषधविज्ञानी थे, जिन्होंने लुइस जे. इग्नारो तथा फरीद मुराद के साथ संयुक्त रूप से नाइट्रिक ऑक्साइड की खोज की। उनका यह संयुक्त कार्य पूरी तरह से एक नई व्यवस्था है जिसके द्वारा शरीर में रक्त वाहिकाओं (ब्लड-वैसल्स) को आराम मिलता है और वह थोड़ी चौड़ी हो जाती है।

फर्चगोट, इग्नारो तथा मुराद द्वारा किया गया यह अनुसंधान नपुंसकता विरोधी दवा, सिल्डेनाफिल साइट्रेट (वियाग्रा) के विकास के लिए अत्यंत महत्त्वपूर्ण है जो पुरुष जननांग संबंधी रक्त वाहिकाओं में नाइट्रिक ऑक्साइड के प्रभाव को बढ़ाने का कार्य करता है। शोधकर्ताओं ने सुझाव दिया कि नाइट्रिक ऑक्साइड हृदय रोग, सदमा और कैंसर के बेहतर उपचार के लिए महत्त्वपूर्ण सिद्ध हो सकता है।

फर्चगोट ने 1937 में चैपल हिल के नॉर्थ कैरोलीना विश्वविद्यालय से स्नातक की डिग्री प्राप्त की तथा 1940 में जीव-रसायन में नॉर्थ-वेस्टर्न विश्वविद्यालय से पीएच.डी. की उपाधि हासिल की। 1949 से 1956 तक वे वाशिंगटन यूनिवर्सिटी स्कूल ऑफ मेडिसन के शिक्षक मंडल के सदस्य थे। 1956 से 2009 तक स्टेट यूनिवर्सिटी ऑफ न्यू यॉर्क डाउनस्टेट मेडिकल सेंटर में प्रोफेसर रहे। 1989 से 2004 तक वे मिथार्मा विश्वविद्यालय के स्कूल ऑफ मेडिसन में औषध विज्ञान के प्रोफेसर भी रहे।

उन्होंने अपना पेशेवर व वैवाहिक जीवन अधिकांशत: वुडमेयर (न्यू यॉर्क) में बिताया। उन्हें नाइट्रिस ऑक्साइड की खोज तथा उसके महत्त्वपूर्ण उपचार के लिए नोबेल पुरस्कार से सम्मानित किया गया था।

इग्नारो, लुइस जे.

नागरिकता : संयुक्त राज्य अमरीका

जन्म : 31 मई, 1941; ब्रुकलिन, अमरीका

ब्रुकलिन, न्यू यॉर्क में जन्मे लुइस जोसेफ इग्नारो को वर्ष 1998 के शरीर विज्ञान नोबेल पुरस्कार से सम्मानित किया गया। उन्हें यह पुरस्कार रॉबर्ट फ्रांसिस फर्चगोट तथा फरीद मुराद के साथ संयुक्त रूप से नाइट्रिक ऑक्साइड की खोज के लिए प्रदान किया गया, जो हृदय प्रणाली में एक संकेतक अणु के रूप में कार्य करता है।

इग्नारो ने 1962 में औषध विज्ञान में कोलंबिया विश्व-विद्यालय से स्नातक की डिग्री प्राप्त की। उन्होंने 1966 में

मिनेसोटा विश्वविद्यालय से पीएच.डी. की उपाधि हासिल की। 1979 में वे ट्यूलिन विश्वविद्यालय के स्कूल ऑफ मेडिसन में औषध विज्ञान के प्रोफेसर बन गए और 1985 में वे लॉस एंजिल्स के कैलीफोर्निया विश्वविद्यालय में औषध विज्ञान के प्रोफेसर नियुक्त हो गए।

नाइट्रिक ऑक्साइड के अध्ययन में इग्नारो की भूमिका, विश्लेषण की एक श्रृंखला के रूप में थी जिसने अंत में उस तत्त्व की पहचान की, जिसे फर्चगोट ने नाइट्रिक ऑक्साइड के रूप में ई.डी.आर.एफ. (एंडोथीलियम डेराईवड रिलैक्सिंग फैक्टर) नाम दिया। 1986 में स्वतंत्र रूप से किए गए अनुसंधान में ई.डी.आर.एफ. की पहचान करने में मदद मिली। यह पहली ऐसी खोज थी जिसमें बताया गया कि एक गैस जीवित जीव में एक संकेतक अणु के रूप में कार्य कर सकती है।

इग्नारो ने सीबा गेगी कॉर्पोरेशन (न्यू यॉर्क) के औषधि विभाग में एक वैज्ञानिक के रूप में भी कार्य किया। उनके कई शोध लेख प्रकाशित हुए हैं। उन्हें 1998 में, अमरीकन हार्ट एसोसिएशन के 'बेसिक रिसर्च प्राइज' से भी सम्मानित किया गया। इसी वर्ष वे नेशनल एकेडमी ऑफ साइंसेज में शामिल किए गए और अगले वर्ष वे 'अमरीकन एकेडमी ऑफ आर्ट्स एंड साइंसेज' में सम्मिलित किए गए। चूँकि नाइट्रिक ऑक्साइड परोक्ष रूप से इस दवा के क्रियान्वयन में शामिल है, इग्नोरा को कभी-कभी 'फॉदर ऑफ वियाग्रा' के नाम से भी पुकारा जाता है। उन्हें हृदय प्रणाली में संकेतक अणु के रूप में नाइट्रिस ऑक्साइड से संबंधित खोज के लिए नोबेल पुरस्कार से सम्मानित किया गया।

मुराद, फरीद

नागरिकता : संयुक्त राज्य अमरीका

जन्म : 14 सितंबर, 1936; व्हाइटिंग, अमरीका

एक अल्बेनियन मुस्लिम पिता जॉन मुराद और अमरीकी बपतिस्त माँ हेनरिता बोमैन की संतान फरीद मुराद एक अमरीकी चिकित्सक और औषधविज्ञानी हैं जिन्हें 1998 का शरीर विज्ञान का नोबेल पुरस्कार रॉबर्ट एफ. फर्चगोट और लुइस जे. इग्नारो के साथ संयुक्त रूप से दिया गया।

मुराद का जन्म इंडियाना के व्हाइटिंग नामक स्थान पर हुआ। उन्होंने 1958 में डी-पो विश्वविद्यालय से रसायन विज्ञान में स्नातक की शिक्षा पूर्ण की। 1965 में केस वेस्टर्न रिजर्व विश्वविद्यालय से उन्होंने औषध विज्ञान में एम.डी. और पीएच.डी. की डिग्रियाँ प्राप्त कीं। क्लीनिक में अपनी प्रैक्टिस के अतिरिक्त वर्जीनिया विश्वविद्यालय के स्कूल ऑफ मेडिसिन में औषध विज्ञान में अध्यापन का कार्य भी किया (1975-81) तथा स्टैनफोर्ड विश्वविद्यालय (1981-89) और उसके बाद नॉर्थ-वेस्टर्न विश्वविद्यालय में (1988) शिक्षक के रूप में कार्य किया। जब वे स्टैनफोर्ड में थे, उन्होंने निजी क्षेत्र की एक कंपनी ऐबट लेबोरेट्रीज (1988-92) में उपाध्यक्ष के रूप में काम किया। उसके पश्चात वह मोलेक्यूलर जेरिएट्रिक्स कॉर्पोरेशन (1993-95) में अध्यक्ष पद पर नियुक्त हुए। 1997 में उन्होंने ह्यूस्टन के टेक्सास विश्वविद्यालय के मेडिकल स्कूल में अध्यापन का कार्य आरंभ कर दिया। अप्रैल, 2011 में वे जॉर्ज वाशिंगटन विश्वविद्यालय के जैव रसायन विज्ञान तथा आणविक जीवविज्ञानी विभाग में प्रोफेसर के रूप में नियुक्त किए गए।

प्रोफेसर मुराद का महत्त्वपूर्ण अनुसंधान बताता है कि नाइट्रिक ऑक्साइड को शरीर में प्रवेश करवाने के पश्चात नाइट्रोग्लिसरीन तथा संबंधित दवाइयाँ काम करती हैं। नाइट्रिक ऑक्साइड हृदय प्रणाली में एक संकेतक अणु के रूप में कार्य करता है। इस संकेत प्रक्रिया में जो चरण अधूरे थे, उन्हें रॉबर्ट एफ. फर्चगोट तथा लुइस जे. इग्नारो ने पूरा किया।

उस समय नोबेल समिति को काफी आलोचनाओं का सामना करना पड़ा, जब उसने साल्वाडोर मोंकाड़ा को पुरस्कार नहीं दिया जिन्होंने स्वतंत्र रूप से उन्हीं नतीजों को प्राप्त किया जिन्हें इग्नारो ने हासिल किया था और उन्हें नोबेल पुरस्कार से सम्मानित किया गया था।

मई, 2012 में एक समारोह में मुराद ने कहा कि उनकी समस्त उपलब्धियाँ उनके राष्ट्र के नाम समर्पित हैं। उन्हें हृदय प्रणाली में संकेतक अणु के रूप में नाइट्रिक ऑक्साइड से संबंधित खोज के लिए नोबेल पुरस्कार से सम्मानित किया गया।

साहित्य

सारामागो, जोस
नागरिकता : पुर्तगाल
जन्म : 16 नवंबर, 1922; अजीनहागा, पुर्तगाल
निधन : 18 जून, 2010; लेंजेरोट, स्पेन

जोस सारामागो का जन्म पुर्तगाल के एक छोटे-से गाँव में हुआ। वे जब मात्र दो वर्ष के थे, वे लिस्बन चले गए। उनका असली 'सरनेम' था डि सोसा किंतु एक प्रशासनिक गलती के कारण एक स्कूल में उनका दाखिला 'सारामागो' के नाम से हो गया। वे एक गरीब परिवार से थे, जिनके पास उन्हें ग्रामर स्कूल में रखने की सामर्थ्य नहीं थी। इसलिए उन्हें एक व्यावसायिक स्कूल में भेज दिया गया। तब वे 12 वर्ष के थे। तत्पश्चात उन्होंने एक कार मेकैनिक के रूप में काम किया। उसके बाद एक अनुवादक के रूप में कार्य करने लगे और फिर एक पत्रकार के रूप में (1969-70)।

हालाँकि उन्होंने 23 वर्ष की आयु में अपना पहला उपन्यास लिखा था लेकिन उन्होंने 1950 के दशक में अपना दूसरा उपन्यास लिखने तक भी प्रसिद्धि नहीं पाई थी। बल्तासार और ब्लिमुंदा (पुर्तगाली भाषा में 1982 में प्रकाशित- 'मेमोरियल दो कोंवेंतो') ने वास्तव में उन्हें पाठकों से परिचित करवाया।

1998 में साहित्य के नोबेल पुरस्कार से सम्मानित इस पुर्तगाली उपन्यासकार, कवि, नाटककार और पत्रकार की पुस्तकों की लगभग 20 लाख प्रतियाँ अकेले पुर्तगाल में ही बिकीं। विश्व की 25 से भी अधिक भाषाओं में उनकी रचनाओं का अनुवाद हुआ।

सारामागो का उपन्यास 'द गॉस्पेल एकॉर्डिंग टु जीसस क्राइस्ट' (1991) पुर्तगाल के कैथोलिक समुदाय के साथ विवादों के केंद्र में रहा क्योंकि इसमें उन्होंने (लगभग निको कजांतजाकी के उपन्यास 'द लास्ट टेंपटेशन ऑफ क्राइस्ट' के समान) यीशु की पुर्नव्याख्या की थी। इसके परिणामस्वरूप, सारामागो और उनकी पत्रकार पत्नी पिलार डेल रियो को कैनरी द्वीप जाना पड़ा।

इसी उपन्यास को आधार बनाकर पुर्तगाली सरकार ने यूरोपीय साहित्यिक पुरस्कार की सूची से उनका नाम हटाने की सिफारिश की थी क्योंकि तत्कालीन पुर्तगाली प्रधानमंत्री एनिबॉल केवाको सिल्वा के अनुसार वह उपन्यास 'धार्मिक रूप से आपत्तिजनक' था।

सारामागो इस साहित्यिक और राजनीतिक प्रतिबंध से अत्यंत निराश हो गए और वह स्पेनिश द्वीप, लेन्जारोट चले गए जहाँ अपनी मृत्यु तक (18 जून, 2010) रहे।

उनकी रचनाएँ प्रेम, करुणा, व्यंग्य और कल्पना का अद्‌भुत मिश्रण थीं।

2009 में उनका उपन्यास 'केन' स्पैनिश भाषा में प्रकाशित हुआ और 'द एलिफेंटस जर्नी' सितंबर, 2010 में अमरीका में प्रकाशित किया गया। उन्हें उनके लेखन के लिए नोबेल पुरस्कार से सम्मानित किया गया जो कल्पना, करुणा ओर विडंबनापूर्ण दृष्टांतों के साथ हमें एक बार फिर भ्रामक वास्तविकता का अनुभव कराता है।

शान्ति

ह्यूम, जॉन
नागरिकता : उत्तरी आयरलैंड
जन्म : 18 जनवरी, 1937; लंदनडैरी, आयरलैंड

जॉन ह्यूम को आयरलैंड के हाल ही के राजनीतिक इतिहास में सबसे महत्त्वपूर्ण व्यक्तियों में से एक तथा उत्तरी आयरलैंड शान्ति प्रक्रिया के दिशा-निर्देशक के रूप में माना जाता है। 18 जनवरी, 1937 को उत्तरी आयरलैंड के डैरी (उत्तरी आयरलैंड का दूसरा सबसे बड़ा शहर) में पैदा हुए। रोमन कैथोलिक जॉन ह्यूम सोशल डेमोक्रेटिक एंड लेबर पार्टी (एस.डी.एल.पी.) के संस्थापक सदस्य थे और 1998 के नोबेल शान्ति पुरस्कार के संयुक्त विजेता भी रहे।

वे सेंट कोलंबस कॉलेज तथा सेंट पैट्रिक कॉलेज, मेनूथ के छात्र थे जो आयरलैंड के अग्रणी कैथोलिक स्कूल और आयरलैंड के मान्यताप्राप्त राष्ट्रीय विश्वविद्यालय हैं जहाँ उन्होंने एक पादरी पद के लिए शिक्षा प्राप्त की। वह अपनी लिपिक की पढ़ाई पूरी नहीं कर पाए लेकिन उन्होंने अपनी एम.ए. डिग्री पूरी की। उसके बाद उन्होंने अपने शहर वापस लौटकर अध्यापन का कार्य आरंभ कर दिया।

ह्यूम 1960 के दशक में उत्तरी आयरलैंड में कैथोलिक नागरिक अधिकारों के आंदोलन में सक्रिय हो गए। 1970 में उन्होंने सोशल डेमोक्रेटिक एंड लेबर पार्टी की स्थापना करने में सहायता की। ह्यूम 1979 में यूरोपीय संसद तथा 1983 में ब्रिटिश संसद के लिए निर्वाचित हुए। वे उत्तरी आयरलैंड में सभी पार्टियों को मिलाकर सरकार बनाने के पक्ष में थे। 1970 के दशक के मध्य में उन्होंने अल्पकालिक गठबंधन सरकार में भी सेवा की और एंग्लो-आइरिश समझौते को एक रूप देने में सहायता की। उन्होंने उत्तरी आयरलैंड के आर्थिक हितों को बढ़ावा देने की दिशा में भी कार्य किया, विशेष रूप से अमरीकी निवेशकों के बीच। उन्हें आशा थी कि इससे नौकरियों में समृद्धि आएगी और देश में संघर्ष कम होगा।

1988 में उन्होंने प्रतिद्वंद्वी कैथोलिक पार्टी, सिनफेन के जेरी एडम्स के साथ निजी वार्ताओं की एक श्रृंखला आरंभ की जिससे 1990 में शान्ति वार्ता का मार्ग प्रशस्त हुआ।

अप्रैल, 1998 में हुए गुड फ्राइडे समझौते के बाद उन्हें उत्तरी आयरलैंड की नई विधानसभा के लिए निर्वाचित किया गया लेकिन स्वास्थ्य कारणों से उन्हें यह पद छोड़ना पड़ा। उन्हें अलस्टर यूनियनिस्ट पार्टी के कट्टर नेता, डेविड ट्रिंबल के साथ संयुक्त रूप से 1998 का नोबेल शान्ति पुरस्कार से सम्मानित किया गया।

2001 में उन्होंने एस.डी.एल.पी. के नेता के पद से भी इस्तीफा दे दिया। नोबेल शान्ति पुरस्कार के अलावा उन्हें गांधी शान्ति पुरस्कार तथा मार्टिन लूथर किंग पुरस्कार से भी सम्मानित किया गया।

2010 में आइरिश राष्ट्रीय प्रसारक आर.टी.ई. द्वारा कराए गए एक सार्वजनिक सर्वेक्षण में उन्हें 'आयरलैंड का महानतम व्यक्ति' चुना गया। 2012 में पोप बेनेडिक्ट (सोलहवें) ने उन्हें 'नाइट कमांडर ऑफ द पैपल ऑर्डर ऑफ सेंट ग्रेजरी द ग्रेट' के पद से विभूषित किया। उन्हें उत्तरी आयरलैंड में संघर्षों का शान्तिपूर्ण समाधान तलाशने की दिशा में किए गए उनके प्रयासों के लिए नोबेल पुरस्कार से सम्मानित किया गया।

ट्रिंबल, डेविड

नागरिकता : आयरलैंड
जन्म : 15 अक्टूबर, 1944; बेलफास्ट

विलियम और ईवी ट्रिंबल की संतान, विलियम डेविड ट्रिंबल का जन्म एक निम्न-मध्यम वर्ग के परिवार में बेलफेस्ट में हुआ। 1956-63 तक उन्होंने बैंगोर ग्रामर स्कूल में शिक्षा पाई। 1964 से 1968 तक वह बेलफेस्ट की क्वींस विश्व-विद्यालय में रहे और उन्होंने एल.एल.बी. (ऑनर्स) की डिग्री प्राप्त की।

1973 से 1975 तक वे क्वींस विश्वविद्यालय में उप निदेशक नियुक्त किए गए और 1981 से 1989 तक उन्हें कमर्शियल एंड प्रॉपर्टी लॉ विभाग का अध्यक्ष बनाया गया। 1990 में जब उन्हें संसद सदस्य चुना गया तो उन्होंने विश्वविद्यालय के पद से त्यागपत्र दे दिया।

अपने राजनीतिक जीवन में भी उन्होंने कई उपलब्धियाँ हासिल कीं। 1978 में वे मुख्यधारा की अलस्टर यूनियनिस्ट पार्टी (यू.यू.पी.) से जुड़े। 1989 से 1995 तक वे यू.यू.पी. कानूनी समिति के अध्यक्ष रहे और 1990 से 1996 तक अलस्टर यूनियनिस्ट काउंसिल के अवैतनिक सचिव रहे।

अपने चुनाव के बाद, ट्रिंबल तीस वर्षों में पहले ऐसे यूनियनिस्ट नेता थे, जिन्होंने प्रधानमंत्री से मुलाकात की। यह मुलाकात डबलिन में हुई। उन्होंने 1922 में आयरलैंड के विभाजन के बाद सिन फेइन के साथ शान्ति वार्ता में भाग लेना स्वीकार किया।

1998 में गुड फ्राइडे शान्ति समझौते की नींव पड़ी। 22 मई, 1998 को इस समझौते को उत्तरी आयरलैंड में 71% मतों के साथ अनुमोदित किया गया।

उत्तरी आयरलैंड में शान्ति स्थापना के लिए जॉन ह्यूम के साथ संयुक्त रूप से 1998 के नोबेल शान्ति पुरस्कार से सम्मानित होने वाले ट्रिंबल, उत्तरी आयरलैंड की नई विधानसभा के पहले मंत्री थे।

नोबेल पुरस्कार की घोषणा वाले दिन उन्होंने समाचार-पत्रों के संवाददाताओं को अपने एक साक्षात्कार में कहा, ''यह पुरस्कार एक महान सम्मान है और उन्होंने शान्ति स्थापना के लिए जो आशा व्यक्त की थी, वही वास्तव में एक शान्ति है।''

अर्थशास्त्र

सेन, अमर्त्य

नागरिकता : भारत

जन्म : 3 नवंबर, 1933; शान्ति निकेतन, भारत

भारत के पश्चिम बंगाल के शान्ति निकेतन में जन्मे, अर्थशास्त्री अमर्त्य सेन को 'कल्याणकारी अर्थशास्त्र, सामाजिक चयन सिद्धांत तथा समाज के सबसे गरीब वर्ग की समस्याओं में रुचि प्रदर्शित करने के लिए' 1998 के नोबेल पुरस्कार से सम्मानित किया गया। सेन को अकाल के कारणों पर किए गए उनके कार्यों के लिए जाना जाता है।

उन्होंने अपनी आरंभिक शिक्षा शान्ति निकेतन में ग्रहण की और उसके बाद कलकत्ता के प्रेजीडेंसी कॉलेज से शिक्षा पाई। बचपन में उन्होंने 1943 के बंगाल के अकाल से पीड़ित 30 लाख लोगों को जब मरते देखा तो उन्हें बहुत सदमा पहुँचा। शायद यही कारण था कि उन्होंने बड़े होकर अर्थशास्त्र को अपने अध्ययन का विषय बनाया ताकि वे भूख और गरीबी से ग्रस्त लोगों के जीवन में सुधार का प्रयास कर सकें।

भारत में शिक्षा ग्रहण करने के पश्चात, सेन अमरीका चले गए और उन्होंने वहाँ 1956 में कैंब्रिज विश्वविद्यालय के ट्रिनिटी कॉलेज से बी.ए. की डिग्री ली तथा 1959 में पीएच.डी. की डिग्री प्राप्त की। उन्होंने कलकत्ता के दिल्ली स्कूल ऑफ इकोनॉमिक्स में अर्थशास्त्र (1963-71) में अध्यापन किया तथा 1997 से 2004 के बीच ऑक्सफोर्ड, हार्वर्ड तथा कैंब्रिज विश्वविद्यालयों में अर्थशास्त्र तथा दर्शन के प्रोफेसर रहे।

प्रोफेसर अमर्त्य सेन आधुनिक भारत के सबसे महान बुद्धिजीवियों और अर्थशास्त्रियों में से एक हैं। वे एक दार्शनिक और सामाजिक चिंतक भी हैं। अपनी पुस्तक 'पॉवर्टी एंड फेमिन्स : एन ऐस्से ऑन एन्टाइटलमेंट एंड डिप्राइवेशन' (1981) में सेन ने खुलासा किया कि अकाल के कई मामलों में, भोजन की आपूर्ति कम नहीं थी बल्कि इसके लिए कई सामाजिक व आर्थिक कारण जिम्मेदार हैं, जैसे—मजदूरी में गिरावट, बेरोजगारी, बढ़ती खाद्य पदार्थों की कीमतें और खराब खाद्य वितरण प्रणाली, जिनके कारण समाज के कुछ वर्गों में भुखमरी के हालात पैदा होते हैं।

सेन, 2005 से 2007 तक एनसाइक्लोपीडिया ब्रिटानिका के संपादकीय मंडल के सलाहकार भी रहे। भारत ने 2008 में हार्वर्ड विश्वविद्यालय को 4.5 करोड़ डॉलर की अनुदान राशि दी जिससे अमर्त्य सेन फेलोशिप कोष की स्थापना की जा सके, जो योग्य भारतीय छात्रों को संस्थान के 'ग्रेजुएट स्कूल ऑफ आर्ट्स एंड साइंसेज' में शिक्षा प्राप्त करने में सहायता दे सके।

अमर्त्य सेन की अन्य रचनाएँ हैं : 'रैशनैलिटी एंड फ्रीडम' (2002), 'द आर्ग्युमेंटिव इंडियन : राइटिंग्स ऑन इंडियन हिस्टरी, कल्चर एंड आइडेंटिटी' (2005) तथा 'एड्स सूत्र : अनटोल्ड स्टोरीज फ्रॉम इंडिया' (2008), जिसमें भारत में एड्स संकट पर निबंध शामिल हैं।

जून, 2011 में, पश्चिम बंगाल की मुख्यमंत्री ममता बैनर्जी ने अमर्त्य सेन को, प्रेजीडेंसी कॉलेज के संरक्षक समूह का सलाहकार नियुक्त किया।

उनके जीवन और कार्यों पर आधारित सुमन घोष द्वारा निर्देशित 56 मिनट का एक वृत्तचित्र, 'अमर्त्य सेन : ए लाइफरी-इग्जैमिंट' का निर्माण हुआ। उन्हें कल्याणकारी अर्थशास्त्र, सामाजिक चयन सिद्धांत तथा समाज के सबसे गरीब वर्ग की समस्याओं में रुचि प्रर्दशित करने के लिए नोबेल सम्मान से सम्मानित किया गया।

भौतिक विज्ञान

रसायन विज्ञान

शरीर विज्ञान/चिकित्सा विज्ञान

साहित्य

शान्ति

अर्थशास्त्र

1999

भौतिक विज्ञान

हूफ्ट, जेरार्ड

नागरिकता : नीदरलैंड्स

जन्म : 5 जुलाई, 1946; डेन हेल्डर, नीदरलैंड्स

जेरार्ड हूफ्ट, जिनका जन्म नीदरलैंड के डेन हेल्डर में हुआ, एक भौतिकविज्ञानी हैं। वे उत्रेख्त विश्वविद्यालय में मार्टिनस जे.जी. वेल्टमैन के शिष्य थे, जिनके साथ संयुक्त रूप से उन्हें 1999 का भौतिक विज्ञान का नोबेल पुरस्कार प्रदान किया गया। हालाँकि उनका जन्म नीदरलैंड में हुआ था लेकिन उनका पालन-पोषण हेग में हुआ, जो नीदरलैंड सरकार का कार्यस्थल था। वे विद्वानों के एक परिवार से संबंध रखते हैं।

जेरार्ड ने हाई स्कूल परीक्षा 1964 में उत्तीर्ण की। इससे पूर्व उन्होंने 16 वर्ष की आयु में दूसरे डच गणित ओलंपिक में रजत पदक जीता था। बाद में उन्होंने लीडेन विश्वविद्यालय, जो उनके घर के पास था, की अपेक्षा उत्रेख्त विश्वविद्यालय में भौतिक विज्ञान में दाखिला ले लिया क्योंकि यहाँ उनके अंकल एक प्रोफेसर थे जिनसे जेरार्ड पढ़ना चाहते थे।

1992 में जेरार्ड ने भौतिकी में उत्रेख्त विश्वविद्यालय से डॉक्टर की उपाधि अर्जित की और पाँच वर्ष बाद वे वहाँ एक प्रोफेसर बन गए। वह ड्यूक और बोस्टन विश्वविद्यालयों सहित कई संस्थानों में विजिटिंग प्रोफेसर थे। 1974 में जेरार्डस उत्रेख्त लौट आए जहाँ वे असिस्टेंट प्रोफेसर बने और 1978 में वे प्रोफेसर बनाए गए। 1 जुलाई, 2011 को वे उत्रेख्त विश्वविद्यालय द्वारा विशेष प्रोफेसर नियुक्त किए गए।

जिस समय जेरार्ड और वेल्टमैन अपने अनुसंधान पर कार्य कर रहे थे, उस समय अणु भौतिकी के मौलिक सिद्धांत, जिन्हें सामान्य सिद्धांत माना जाता था, भौतिक मात्राओं की विस्तृत गणना नहीं प्रस्तुत करते थे। तब दोनों वैज्ञानिकों ने वेल्टमैन द्वारा विकसित एक कंप्यूटर का प्रयोग किया ताकि वांछित गणितीय आधार तैयार किया जा सके। वे इसमें सफल भी रहे। गणितीय गणना के आधार पर वे अणु के गुणों की पहचान का पूर्वानुमान करने में सक्षम हो गए।

जेरार्ड अणु भौतिकी में गेज सिद्धांत के विकास में अपने योगदान के लिए बहुत प्रसिद्ध हैं। उनके पीएच.डी. के शोध-पत्र से यह प्रमाणित हो जाता है कि इससे पूर्व यैंग-मिल्स के

सिद्धांतों का पुनर्सामान्यीकरण किया जा सकता है। इस प्रमाण के लिए उन्होंने अपने सलाहकार वेल्टमैन के साथ आयामी (डाइमेंशनल) नियमितीकरण की शुरुआत की। उन्हें गणितीय गणना के आधार पर अणु के गुणों की पहचान का पूर्वानुमान लगाने के लिए नोबेल पुरस्कार से सम्मानित किया गया।

वेल्टमैन, मार्टिनस जे.जी.

नागरिकता : नीदरलैंड्स

जन्म : 27 जून, 1931; वालविज्क, नीदरलैंड्स

नीदरलैंड के वालविज्क में जन्मे डच भौतिकविज्ञानी वेल्टमैन मार्टिनस जे.जी. को यह पुरस्कार ब्रह्मांड का गठन करने वाले उप-परमाणविक कणों और जिसके माध्यम से वे अंत:क्रिया करते हैं, उन मौलिक बलों के गुणों का गणितीय पूर्वानुमान करनेवाले सिद्धांत का विकास करने के लिए दिया गया।

उन्होंने 1948 में उत्रेख्त विश्वविद्यालय में गणित और भौतिक विज्ञान की शिक्षा प्राप्त की। 1963 में सैद्धांतिक भौतिक विज्ञान में पीएच.डी. की उपाधि अर्जित की तथा 1966 में वे उत्रेख्त विश्वविद्यालय में प्रोफेसर के तौर पर नियुक्त किए गए।

1963-64 में उन्होंने एस.एल.ए.सी. में अपने प्रवास के दौरान गणितीय समीकरणों के प्रतीकात्मक परिचालन के लिए एक कम्प्यूटर प्रोग्राम बनाया, जिसे अब सबसे पहली कंप्यूटर बीज गणितीय प्रणाली माना जाता है।

जेरार्ड हूफ्ट तथा वेल्टमैन द्वारा यैंग-मिल्स सिद्धांत के पुनर्सामान्यीकरण को 20वीं शताब्दी के भौतिकी के क्षेत्र में एक महत्त्वपूर्ण उपलब्धि माना जाता है।

1981 में वेल्टमैन ने उत्रेख्त विश्वविद्यालय को छोड़ दिया और मिचीगन-एन-आर्बर विश्वविद्यालय चले गए। वे निराश थे कि उनके छात्र हूफ्ट को उनके पीएच.डी. शोध ग्रंथ में की गई खोज का श्रेय अकेले हूफ्ट को ही दिया जा रहा है। वेल्टमैन को लगा कि अधिकांश प्रारंभिक कार्य उन्होंने किया है, शोध की समस्या को उन्होंने सूत्रबद्ध किया है और सारा प्रोग्राम उन्होंने लिखा है जिसके कारण वास्तव में वह शोध ग्रंथ पूर्ण हो पाया किंतु उसका अधिकांश श्रेय हूफ्ट को दिया गया।

अंत में, उन्होंने 1999 का भौतिक विज्ञान का नोबेल पुरस्कार संयुक्त रूप से साझा किया जिसके लिए वह पुरस्कार लेने उत्रेख्त विश्वविद्यालय में आयोजित समारोह में सम्मिलित हुए।

2003 में वेल्टमैन ने आम पाठकों के लिए अणु भौतिक विज्ञान के संबंध में एक पुस्तक लिखी— 'फैक्ट्स एंड मिस्ट्रीज इन एलिमेंट्री पार्टिकल फिजिक्स' जिसे वर्ल्ड साइंटिफिक पब्लिशिंग ने प्रकाशित किया।

वेल्टमैन अब अवकाश प्राप्त कर चुके हैं और मिचीगन विश्वविद्यालय में अवकाशप्राप्त प्रोफेसर हैं। एस्टरॉयड '9492 वेल्टमैन' का नामकरण उनके नाम पर ही हुआ है।

रसायन विज्ञान

जवैल, अहमद एच.

नागरिकता : मिस्र / संयुक्त राज्य अमरीका

जन्म : 26 फरवरी, 1946; दमनहूर, मिस्र

मिस्र में अत्यंत सम्मानित रसायनशास्त्री अहमद एच. जवैल का जन्म दमनहूर, मिस्र में हुआ। 1999 में उन्हें रसायन विज्ञान का नोबेल पुरस्कार 'एक तीव्र लेजर तकनीक के विकास के लिए दिया गया, जिसने रासायनिक प्रतिक्रियाओं के दौरान परमाणुओं की गतिविधि का अध्ययन करने और परिणामों पर अधिक नियंत्रण हासिल करने में वैज्ञानिकों को सक्षम बनाया। इस सफलता से भौतिक रसायन विज्ञान के एक नए क्षेत्र का प्रादुर्भाव हुआ, जिसे 'फैंटोकेमिस्ट्री' कहा जाता है।

उन्होंने अलेक्जेंड्रिया विश्वविद्यालय से स्नातक तथा एम.एस. की डिग्री प्राप्त की। उसके बाद अमरीका चले गए, जहाँ उन्होंने रॉबिन ड्रॉक्सट्रेजर की देख-रेख में पेंसिलवानिया

विश्वविद्यालय से पीएच.डी. की उपाधि अर्जित की। उसके बाद बर्कले चले गए, जहाँ उन्होंने कैलीफोर्निया विश्वविद्यालय से पोस्ट-डॉक्टोरल उपाधि हासिल की। 1976 में उन्हें कालटैक में संकाय सदस्य बनाया गया और 1990 में पहले लाइनस पॉलिंग चेयरमैन (रसायन भौतिकी) बनाए गए।

मई, 2003 में स्वीडन में लुंड विश्वविद्यालय द्वारा उन्हें डॉक्टरेट की मानद उपाधि से सम्मानित किया गया। वे रॉयल स्वीडिश एकेडमी ऑफ साइंसेज के सदस्य हैं। 2006 में कैंब्रिज विश्वविद्यालय ने उन्हें 'विज्ञान के मानद डॉक्टर' की उपाधि प्रदान की। मई, 2010 में, उन्हें साउथ-वेस्टर्न विश्व-विद्यालय ने 'डॉक्टर ऑफ ह्यूमेन लैटर्स' से सम्मानित किया।

27 मई, 2009 को राष्ट्रपति बराक ओबामा ने उन्हें विज्ञान एवं प्रौद्योगिकी का राष्ट्रपति का सलाहकार नियुक्त किया। एक तीव्र लेजर तकनीक के विकास के लिए, जिससे रासायनिक प्रतिक्रयाओं के दौरान परमाणुओं की गतिविधि का अध्ययन करना और उनके परिणामों पर नियंत्रण पाना संभव हुआ, उन्हें नोबेल पुरस्कार से सम्मानित किया गया।

शरीर विज्ञान/चिकित्सा विज्ञान

ब्लोबेल, गुंटर
नागरिकता : जर्मनी
जन्म : 21 मई, 1936; वाल्टर्स-जर्फ, जर्मनी (अब पोलैंड में)

वर्ष 1999 का चिकित्सा विज्ञान/शरीर विज्ञान का नोबेल पुरस्कार जर्मनी के लोअर सिलेसिया के प्रूशियन प्रांत वाल्टर्सडॉर्फ (वर्तमान में निएगोस्लावाइस) में जन्मे जर्मन/अमरीकी जीवविज्ञानी गुंथर ब्लोबेल को प्रदान किया गया।

1 जनवरी, 1945 को उनके परिवार को द्वितीय विश्व-युद्ध में रेड आर्मी (रूसी सेनाएँ) को अपने जन्मस्थल, सिलेसिया की ओर बढ़ते देख, वहाँ से भागना पड़ा। उन्होंने युद्ध के विध्वंस के दौरान ड्रेसडेन जैसे सुंदर शहर को आग की लपटों में जलते देखा। उनकी 19 वर्षीय बहन की हवाई हमले में मृत्यु हो गई और उनका सामूहिक दाह-संस्कार करना पड़ा।

ब्लोबेल ने 1960 में अपनी चिकित्सा डिग्री ट्यूबिनजेन विश्वविद्यालय से प्राप्त की तथा 1967 में विस्कोंसिन विश्वविद्यालय मैडिसोन से ऑनकोलॉजी में डॉक्टरेट की डिग्री ली, जहाँ उन्होंने कैंसर पर अनुसंधान करने के लिए मैकार्डल लेबोरेट्री में वेन आर-पॉटर (पीएच.डी.) के साथ कार्य किया। 1967 में 'पोस्ट डॉक्टोरल फेलो' की हैसियत से रॉकफेलर विश्वविद्यालय से जुड़ गए, जहाँ उन्होंने प्रोफेसर फिलिप सीकेवित्ज, पीएच.डी. तथा नोबेल पुरस्कार प्राप्त जॉर्ज पैलेड, एम.डी. के साथ जीव विज्ञान प्रयोगशाला में कार्य किया।

ब्लोबेल 1969 में सहायक प्रोफेसर, 1973 में एसोसिएट प्रोफेसर, 1976 में प्रोफेसर नियुक्त हुए। 1986 में उन्होंने तब हार्वर्ड ह्यूज मेडिकल इंस्टीट्यूट (एच.एच.एम.आई.) में नियुक्ति पाई जब एच.एच.एम.आई. ने रॉकफेलर विश्व-विद्यालय में एक नई इकाई की स्थापना की।

अन्य कई पुरस्कारों के अलावा 1983 में उन्हें अमरीका की नेशनल एकेडमी ऑफ साइंसेज की सदस्यता प्रदान की गई तथा इसी वर्ष उन्हें 'यूकेरियोटिक कोशिकाओं में नव-संश्लेषित प्रोटीन के आवागमन को नियंत्रित करने वाली आणविक अंत:क्रियाओं (मोलेक्योर इंटरैक्शन) की खोज'' करने के लिए अकादमी के रिचर्ड लाउंसवेरी पुरस्कार के लिए चुना गया।

अपने तीस वर्षों में किए गए महत्त्वपूर्ण प्रयोगों से ब्लोबेल ने यह खोज की कि कोशिकाओं की प्रोटीन वितरण प्रणाली कैसे संचालित होती है। उनकी इसी खोज के लिए उन्हें 1999 का शरीर विज्ञान या औषधविज्ञान का नोबेल पुरस्कार प्रदान किया गया।

इस अवसर पर अपनी प्रतिक्रिया व्यक्त करते हुए उन्होंने बताया कि मुझे इस खोज के लिए सबसे अधिक प्रेरित किया, ''लगभग बच्चों की सी जिज्ञासा ने, यह पता लगाने के लिए कि कोशिकाएँ कैसे कार्य करती हैं तथा उस उन्मादपूर्ण खुशी ने, जो नई खोजों के साथ आती है।'' आज वह, एक कोशिका के नाभिक और कोशिका द्रव्य के बीच के संकेतों के आने-जाने की प्रक्रिया को समझने की कोशिश कर रहे हैं। इससे यह समझने में सहायता मिलेगी कि संकेत अवरोध कैसे कैंसर जैसी बीमारियों को उत्पन्न करते हैं।

1983 में, जर्मनी की जैव रासायनिक समिति के सर्वोच्च पुरस्कार, वारबर्ग पदक से सम्मानित ब्लोबेल प्रोटीनों में आंतरिक संकेत पाए जाने, जो कोशिकाओं की प्रोटीन वितरण प्रणाली को संचालित करते हैं, के विकास के लिए नोबेल पुरस्कार से सम्मानित किया गया।

साहित्य

ग्रास, गुंटर
नागरिकता : जर्मनी
जन्म : 16 अक्टूबर, 1927; (वर्तमान में डेंस्क, पोलैंड)

मानव जीवन के यथार्थ और त्रासदियों को बहुत हल्के-फुल्के लेकिन प्रभावशाली ढंग से प्रस्तुत करने में माहिर, पोलिश-जर्मन माता-पिता की संतान, गुंटर ग्रास का जन्म डेंजिंग-लंग्फरन (वर्तमान में डेंस्क, पोलैंड) में हुआ। उनका आरंभिक जीवन काफी संघर्षपूर्ण था। उन्होंने डसेलडॉर्फ तथा बर्लिन में रहकर अपनी शिक्षा पूरी की। 1944-46 में अमरीकी सेना द्वारा युद्ध बंदी बनाए जाने के पूर्व उन्होंने सेना की नौकरी भी की। बाद में उन्होंने खेतिहर व खान मजदूर के रूप में भी काम किया।

1956-59 में उन्होंने एक शिल्पकार, ग्राफिक कलाकार और लेखक की हैसियत से पेरिस तथा बर्लिन में अपना जीवन बिताया। उपन्यासकार होने के साथ-साथ वे एक कवि और नाटककार भी थे। उनकी प्रथम काव्य-कृति 1956 में तथा प्रथम नाटक 1957 में आया। लेकिन उनको अंतरराष्ट्रीय स्तर पर प्रसिद्धि दिलाई, उनके उपन्यास 'द टिन ड्रम' (1959) ने। विस्तृत फलक और गूढ़ अर्थ लिए इस उपन्यास पर एक फिल्म का निर्माण भी हुआ जिसे ऑस्कर पुरस्कार से सम्मानित किया गया। उपन्यास में शताब्दी के पूर्वार्द्ध में जर्मनी के समाज का विस्तृत, यथार्थपूर्ण तथा व्यंग्यपूर्ण विवरण मिलता है। आगे चलकर यही व्यंग्य व यथार्थपूर्ण चित्रण उनकी शैली बन गई।

इस प्रसिद्ध कृति के बाद 'कैट एंड माउस' तथा 'डॉग ईयर्स' के साथ तीन पुस्तकों की एक कड़ी बन गई। 1960 के दशक में वे राजनीति में भी सक्रिय हो गए तथा उन्होंने ग्रास सोशल डेमोक्रेट पार्टी और विली ब्रैंडट की ओर से चुनाव अभियान में भाग लिया।

अपने दो उपन्यासों, 'द फ्लोंडर' (1977) तथा 'द रैट' (1986) में उन्होंने एक बार फिर जर्मन संस्कृति की आलोचना की। ये दोनों कृतियाँ शान्ति व पर्यावरण आंदोलनों के प्रति उनकी चिंताओं व प्रतिबद्धताओं को दर्शाने में सफल रहीं। अपने बृहत् उपन्यास 'ईन वीतेस फैल्ड' से एक बार फिर उन्हें आलोचनाओं का सामना करना पड़ा तथा इस पर तीखा विवाद भी उत्पन्न हुआ क्योंकि इसमें गुंटर ग्रास ने साम्यवाद के ध्वस्त होने तथा बर्लिन की दीवार को गिराए जाने का वर्णन किया गया था।

उपन्यास 'माई सेंचुरी' पिछली शताब्दी का साल-दर-साल ऐतिहासिक वर्णन करता है। उनके उपन्यासों के समान ही उनके निबंधों में भी यथार्थ का सटीक वर्णन मिलता है। अपने निबंधों में उन्होंने विभिन्न विषयों को समेटते हुए सदैव वैचारिकता को महत्त्व दिया और ऐतिहासिक प्रकरणों के संबंध में तथ्यों पर आधारित संतुलित बहस को उन्होंने प्रस्तुत किया। उन्होंने 'ए प्लॉट फ्रॉम द लोकल एनेस्थेटिक' (1970), 'फ्रॉम द डायरी ऑफ ए स्नेल' (1972) तथा 'जर्मन ट्रेजेडी द प्लेबीयंस रिहर्स द अपराइजिंग' (1966) के माध्यम से प्रबुद्ध वर्ग की अपनी जिम्मेदारी निभाई। 1989-90 में ग्रास ने जर्मनी के आनन-फानन में हुए एकीकरण पर प्रतिक्रिया देते हुए उन्होंने इतने वर्षों तक जर्मनी को दो अलग-अलग हिस्सों में विभाजित रखने पर अपना विरोध जताया। हालाँकि उन्होंने कई बार जर्मनी, जर्मन संस्कृति तथा जर्मनी की वर्तमान नीतियों की कड़ी आलोचना की लेकिन एक बाहरी व्यक्ति के लिए उनकी इन आलोचनाओं को समझ पाना बहुत मुश्किल हो जाता था।

गुंथर ग्रास को कई पुरस्कारों व सम्मानों से भी नवाजा गया। 1983-86 में वे बर्लिन में 'एकेदमी द कुन्स्त' के प्रमुख रहे। उन्हें 'द फोंटेन पुरस्कार' (1968), 'द अलेक्जांड-मग्राकोवस्की पुरस्कार' (1982) तथा 'ग्रॉवर लिट्रेतरप्रीज द बेयरिशन एकेडमी' (1994) इत्यादि पुरस्कार प्राप्त हुए। 2002 में उनकी कृति 'क्रेववाक' को पिछले कई दशकों की सबसे सफल कृति माना गया।

11 अप्रैल, 2012 को यूरोप के कई समाचार-पत्रों में प्रकाशित उनकी कविता 'व्हाट मस्ट बी सैड' ने एक बार

फिर तूफान ला खड़ा किया। इस कविता में ग्रास ने जर्मनी द्वारा इजराइल को सैन्य सहायता देने के पाखंड के बारे में चिन्ता व्यक्त की है, जिसके अनुसार, इजराइल जर्मन पनडुब्बियों का इस्तेमाल ईरान के खिलाफ परमाणु हथियारों को लाने-ले जाने में कर सकता है और 'ईरानी लोगों का संपूर्ण सफाया कर सकता है।' इसके जवाब में इजराइल ने उन्हें 'इजराइल में अवांछित व्यक्ति' घोषित कर दिया। उन्हें मानव जीवन के यथार्थ और त्रासदियों को और इतिहास के विस्मृत चेहरे को बहुत हल्के-फुल्के लेकिन प्रभावशाली ढंग से प्रस्तुत करनेवाली कला के लिए नोबेल पुरस्कार से सम्मानित किया गया।

शान्ति

MEDECINS SANS FRONTIERES

मेडिसिंस सैंस फ्रंटियर्स (फ्रेंच उच्चारण, मैडेसाँ साँ फ्रोंतियर्स)

स्थापना वर्ष : 1971

मुख्यालय : जिनेवा, स्विट्जरलैंड

'डॉक्टर्स विदाउट बॉर्डर्स' के नाम से विख्यात, बिना किसी भेदभाव के मानवीय सहायता प्रदान करने वाली एक गैर-सरकारी संगठन है, जिसकी स्थापना 1971 में फ्रांसीसी डॉक्टरों तथा पत्रकारों ने की। इनका मानना था कि लोगों को बिना किसी जाति, धर्म, पंथ या राजनीतिक संबद्धता के चिकित्सकीय देखभाल प्राप्त करने का अधिकार है।

यह संस्था विशेष रूप से युद्धग्रस्त क्षेत्रों तथा विकासशील देशों में स्थानीय रोगों में चिकित्सकीय सहायता पहुँचाने के लिए प्रसिद्ध है। हालाँकि इस संगठन को विश्व के अधिकांश हिस्सों में इसके फ्रेंच नाम, एम.एस.एफ. से ही जाना जाता है लेकिन कनाडा व अमरीका में इसे 'डॉक्टर्स विदाउट बॉर्डर्स' के नाम से पुकारा जाता है।

समय-समय पर इस संगठन की गतिविधियों में वृद्धि होती रही है क्योंकि अधिक-से-अधिक लोग, संगठन, संस्थाएँ और देश इससे जुड़ते रहे हैं। इस तरह इसने अपनी सेवाओं का भी विस्तार किया। इस संगठन को 80% धनराशि निजी दानकर्ताओं से प्राप्त होती है। 2007 में इससे 26,000 से अधिक स्थानीय डॉक्टर, नर्सों और चिकित्सा से जुड़े अन्य पेशेवर लोग, सैन्य विशेषज्ञ, जल व सफाई इंजीनियर जुड़े थे और 60 से अधिक देशों में चिकित्सा सहायता प्रदान की जाती थी।

यह संगठन अक्सर संघर्षग्रस्त क्षेत्रों में राजनीतिक दायित्वों पर जोर देता है जैसे चेचन्या तथा कोसोवो में। लेकिन संगठन के आज तक के इतिहास में केवल एक बार, रवाँडा में 1994 के नरसंहार के दौरान, सैन्य हस्तक्षेप की आवश्यकता पड़ी थी।

1999 में एम.एस.एफ. की ओर से, संगठन के तत्कालीन प्रमुख डॉ. जेम्स ओरविन्स्की ने नोबेल शान्ति पुरस्कार प्राप्त किया। उन्हें कई महाद्वीपों पर संगठन के अग्रणी मानवीय कार्यों के लिए नोबेल पुरस्कारों से सम्मानित किया गया।

अर्थशास्त्र

मंडेल, रॉबर्ट

नागरिकता : कनाडा

जन्म : 24 अक्टूबर, 1932; किंग्सटन, कनाडा

कनाडा के किंग्सटन, ओंटारियो में जन्मे रॉबर्ट मंडेल नोबेल पुरस्कार प्राप्त केनेडियन अर्थशास्त्री हैं। 'यूरो' के जनक माने जाने वाले मंडेल को 'मौद्रिक गतिशीलता तथा आदर्श मुद्रा क्षेत्रों में महत्त्वपूर्ण कार्य करने के लिए 1999' का अर्थशास्त्र में नोबेल मेमोरियल पुरस्कार दिया गया।

रॉबर्ट मंडेल, न्यू यॉर्क के कोलंबिया विश्वविद्यालय में प्रोफेसर हैं जहाँ 1974 से अध्यापन का कार्य कर रहे हैं। उन्होंने 1953 में ब्रिटिश कोलंबिया विश्वविद्यालय से बी.ए. की डिग्री प्राप्त की तथा एम.आई.टी. में भी पढ़ाई की। उन्होंने 1956 में एम.आई.टी. के लंदन स्कूल ऑफ इकोनॉमिक्स

से, पीएच.डी. की उपाधि ग्रहण की। वे 1956-57 में शिकागो विश्वविद्यालय में राजनीतिक अर्थशास्त्र के 'पोस्ट-डॉक्टोरल फेलो' थे।

1961 में अंतरराष्ट्रीय मुद्रा कोष से जुड़ने से पूर्व उन्होंने स्टैनफोर्ड विश्वविद्यालय तथा जोंस हॉपकिंस बोलोगना सेंटर में अध्यापन कार्य किया। वे ओंटारियो में वाटर-लू विश्वविद्यालय (1972-74) में अर्थशास्त्र विभाग के अध्यक्ष भी रहे।

आई.एम.एफ. में अपने कार्यकाल के दौरान उन्होंने विनिमय दर और मौद्रिक नीतियों पर उनके प्रभाव का व्यापक आर्थिक विश्लेषण किया। 1961 में उन्होंने यह सिद्धांत खोजा कि जिन क्षेत्रों या देशों में श्रम व व्यापार की मुक्त आवाजाही है, उन आर्थिक क्षेत्रों या आदर्श मुद्रा क्षेत्र (ऑप्टिमम करेंसी एरिया) में एक ही मुद्रा व्यावहारिक होगी।

उन्होंने निष्कर्ष निकाला कि पूँजी बाजार में किसी देश की मुद्रा का निर्धारण, उस देश के लोगों की, उस देश की मुद्रा को अपनाने की इच्छा से होता है। मंडेल के महत्त्वपूर्ण सिद्धांतों ने 'यूरो' के निर्माण में एक निर्णायक भूमिका निभाई, जिसके परिणामस्वरूप यूरोपीय संघ के 15 सदस्यों ने 1 जनवरी, 1999 को इसे 'एकल साझा मुद्रा' के रूप में अपनाया।

रॉबर्ट मंडेल ने टेलीविजन और खेलों में भी अपनी उपस्थिति दर्ज करवाई। वह सी.बी.एस. के 'लेट शो विद डेविड लैटरमैन' तथा सी.बी.एस. द्वारा प्रसारित '48वें ग्रेमी पुरस्कार' से एक दिन पूर्व ग्रैमी पुरस्कार के गीत पढ़ने में भी शामिल थे। वह कई बार 'ब्लूमबर्ग टेलीविजन' पर भी दिखाई दिए।

2010 में विश्वनाथ आनंद और वेसेलीन टोपालोव के बीच आयोजित विश्व शतरंज चैंपियनशिप की पहली पाँच चालों में औपचारिक पहली चाल चलने के लिए उन्हें विशेष अतिथि के रूप में आमंत्रित किया गया था। उन्होंने पर्ल स्प्रिंग शतरंज प्रतियोगिता भी शुरू की, जिसके 2008 में प्रथम विजेता बने बुल्गारिया के वेसेलीन टोपालोव तथा अगले दो सालों (2009-10) का खिताब नॉर्वे के मैग्नस कार्लसन ने जीता।

वर्तमान में रॉबर्ट मंडेल हांगकांग के चाइनीज विश्व-विद्यालय में विशिष्ट प्रोफेसर के तौर पर कार्यरत हैं। उन्हें मौद्रिक गतिशीलता और आदर्श मुद्रा के क्षेत्र में महत्त्वपूर्ण कार्य करने के लिए नोबेल पुरस्कार से सम्मानित किया गया।

 भौतिक विज्ञान

 रसायन विज्ञान

 शरीर विज्ञान/चिकित्सा विज्ञान

 साहित्य

 शान्ति

 अर्थशास्त्र

2000

भौतिक विज्ञान

एल्फेरोव, जोरेस आई.
नागरिकता : सोवियत संघ
जन्म : 15 मार्च, 1930; वितेबस्क, बेलारूस

जोरेस आई. एल्फेरोव, जिनका जन्म सोवियत संघ, बेलारूस के वितेबस्क में हुआ, एक सोवियत भौतिक वैज्ञानिक हैं, जिन्हें 2000 के भौतिक विज्ञान के नोबेल पुरस्कार से सम्मानित किया गया। आधुनिक विषम संरचना भौतिक विज्ञान (हेटरो स्ट्रक्चर फिजिक्स) और इलेक्ट्रॉनिक्स के निर्माण में महत्त्वपूर्ण योगदान दिया। वे हेटरो ट्रांजिस्टर के आविष्कारक हैं।

उन्होंने 1952 में लेनिनग्राद के वी.आई. उल्यिलोव (लेनिन) इलेक्ट्रोटेक्निकल इंस्टीट्यूट के इलेक्ट्रॉनिक्स विभाग से स्नातक की डिग्री प्राप्त की। 1953 से वे लगातार, फिजिको-टेक्निकल इंस्टीट्यूट के स्टाफ के इन पदों पर रहे हैं : जूनियर शोधकर्ता (1953-64), वरिष्ठ शोधकर्ता (1964-67), प्रयोगशाला के प्रमुख (1967-87) तथा निदेशक (1987 से लेकर वर्तमान तक)।

यू.एस.एस.आर. विज्ञान अकादमी में रहते हुए उन्होंने विज्ञान से संबंधित कई डिग्रियाँ प्राप्त कीं। 1961 में उन्होंने प्रौद्योगिकी में 'कैंडिडेट ऑफ साइंस', 1970 में भौतिक विज्ञान और गणित में 'डॉक्टर ऑफ साइंस' की डिग्रियाँ अर्जित कीं। 1979 में वे यू.एस.एस.आर. विज्ञान अकादमी के पूर्ण सदस्य बने। 1989 में वे अकादमी के उपाध्यक्ष बने और सेंट पीटर्सबर्ग वैज्ञानिक केंद्र में अध्यक्ष नियुक्त किए गए।

1962 से वे III-IV सेमीकंडक्टर हेटरोस्ट्रक्चर के क्षेत्र में कार्य कर रहे हैं। इस क्षेत्र की प्रौद्योगिकी में उनका योगदान बहुत महत्त्वपूर्ण रहा है, विशेष रूप से अंत:क्षेपण गुणों (इंजेक्शन प्रॉपर्टीज) सौर कोशिकाओं, एल.ई.टी., की जाँच में।

वह रूसी पत्रिका 'टेक्निकल फिजिक्स लैटर्स' के मुख्य-संपादक हैं और रूसी पत्रिका 'साईंस एंड लाइफ' के संपादक-मंडल के सदस्य हैं। उन्होंने 4 पुस्तकें तथा 400 लेख लिखने के साथ-साथ सेमीकंडक्टर प्रौद्योगिकी पर 50 आविष्कार किए।

क्रोमर, हर्बर्ट

नागरिकता : जर्मनी/ अमरीका

जन्म : 25 अगस्त, 1928; वेईमार, जर्मनी

किल्बी, जैक एस.

नागरिकता : संयुक्त राज्य अमरीका

जन्म : 8 नवंबर, 1923; नैफर-सन सिटी, अमरीका

निधन : 20 जून, 2005; डलास, अमरीका

2000 के भौतिक विज्ञान में नोबेल पुरस्कार प्राप्त हरबर्ट क्रोमर कैलीफोर्निया विश्वविद्यालय (सांता बारबरा) में इलेक्ट्रिकल और कंप्यूटर इंजीनियरिंग के प्रोफेसर हैं। उन्होंने 1952 में सैद्धांतिक भौतिक विज्ञान में गोतिनजेन विश्व-विद्यालय (जर्मनी) से पीएच.डी. की डिग्री अर्जित की। उनका यह शोध-प्रबंध, उस समय के एक नए उत्पाद, ट्रांजिस्टर में अति सूक्ष्म गर्म अणुओं पर आधारित था, जिससे सेमी-कंडक्टर उपकरणों की भौतिकी पर शोध में कैरियर बनाने के लिए एक उपयुक्त मंच उपलब्ध हो गया था।

1976 में यू.सी.एस.बी. संकाय में सम्मिलित होने से पूर्व उन्होंने 1968 से 1976 तक कोलोराडो विश्वविद्यालय में इलेक्ट्रिकल इंजीनियरिंग की शिक्षा दी। उन्होंने जर्मनी तथा अमरीका की कई प्रयोगशालाओं में कार्य किया। यू.सी.एस.बी. में उन्होंने मुख्यधारा की सिलिकॉन प्रौद्योगिकी की अपेक्षा, अपने सेमीकंडक्टर अनुसंधान कार्यक्रम के दौरान अपना ध्यान उभरते हुए कंपाउंड सेमीकंडक्टर प्रौद्योगिकी पर केंद्रित रखा।

क्रोमर जर्मनी निवासी हैं और नेशनल एकेडमी ऑफ साइंस तथा नेशनल एकेडमी ऑफ इंजीनियरिंग, दोनों में ही विदेशी सहयोगी हैं।

2001 में एक जर्मन खगोलशास्त्री ने अपने देशवासियों के प्रतिष्ठित कैरियर की मान्यता में, अपने द्वारा खोजे एक एस्ट्रायड का नाम क्रोमर के नाम पर रख दिया। जोरेस आई. एल्फेरोव व हर्बर्ट क्रोमर को आधुनिक हेटरोस्ट्रक्चर भौतिक विज्ञान और हेटरो ट्रांजिस्टर के क्षेत्र में अपने महत्त्वपूर्ण योगदान के लिए नोबेल पुरस्कार से सम्मानित किया गया।

विश्व में बहुत कम लोग ऐसे हैं जिन्होंने अपनी अंतर्दृष्टि और पेशेवर उपलब्धियों से दुनिया को बदलकर रख दिया है। जैक एस. किल्बी उन्हीं लोगों में से एक हैं।

अमरीका में मिसूरी के जैफरसन शहर में जन्मे जैक एस. किल्बी कैनसास के ग्रेट बेन्ड में पले-बढ़े। इलिनोइस विश्व-विद्यालय से विज्ञान स्नातक तथा विस्कोंसिन विश्वविद्यालय से इलेक्ट्रिकल इंजीनियरिंग में एम.एस. की डिग्री प्राप्त की। उन्होंने अपना व्यावसायिक जीवन 1947 में ग्लोब यूनियन के सेंट्रालैब डिवीजन से आरंभ किया, जहाँ उन्होंने उपभोक्ता उत्पादों के लिए चीनी मिट्टी के आधार तथा सिल्क स्क्रीन सर्किट का विकास किया।

1958 में वे डलास में टेक्सास इंस्टीट्यूट से जुड़ गए। उसी वर्ष, गर्मियों के दौरान, उधार लिए गए, कामचलाऊ उपकरणों के साथ, उन्होंने पहले इलेक्ट्रॉनिक सर्किट का निर्माण किया, जिसमें सभी घटकों, सक्रिय और निष्क्रिय दोनों को सेमीकंडक्टर सामग्री के एक ही टुकड़े में निर्मित किया गया, जो एक कागज के क्लिप के आधे आकार का था। 12 सितंबर, 1958 को दुनिया के प्रथम सरल माइक्रोचिप के प्रयोगशाला में सफल प्रदर्शन ने इतिहास बना दिया।

जैक किल्बी ने माइक्रोचिप का प्रयोग सैन्य, औद्योगिक तथा अन्य व्यावसायिक क्षेत्रों में किया। उन्होंने उन टीमों का नेतृत्व किया जिन्होंने सबसे पहली सैन्य प्रणाली तथा सबसे पहले कंप्यूटर में प्रयोग होने वाले एकीकृत सर्किट का निर्माण किया। बाद में उन्होंने संयुक्त रूप से हस्त-चालित कैलकुलेटर तथा थर्मल प्रिंटर की खोज की, जिसका इस्तेमाल पोर्टेबल डॉटा टर्मिनल में किया गया।

1970 में उन्होंने स्वतंत्र रूप से, अन्य विषयों के बीच,

सूरज की रोशनी से बिजली पैदा करने के लिए सिलिकॉन प्रौद्योगिकी के उपयोग का पता लगाया। 1978 से 1984 तक वह टेक्सास ए.एन.एम. विश्वविद्यालय में इलेक्ट्रिकल इंजीनियरिंग के विशिष्ट प्रोफेसर रहे।

2000 में उन्हें, संयुक्त रूप से, अन्य दो वैज्ञानिकों के साथ भौतिकी के नोबेल पुरस्कार से सम्मानित किया गया।

उन्हें कंप्यूटर में प्रयुक्त होने वाले एकीकृत सर्किट की खोज में उनकी असाधारण भूमिका के लिए नोबेल पुरस्कार से सम्मानित किया गया।

रसायन विज्ञान

हीगर, एलन जे.

नागरिकता : संयुक्त राज्य अमरीका

जन्म : 22 जनवरी, 1936; सियोक्स, अमरीका

अमरीका के सियोक्स शहर में जन्मे एलन जे. हीगर को एलन जी. मैकडियार्मिड तथा हिदेकी शिराकावा के साथ संयुक्त रूप से रसायन विज्ञान में नोबेल पुरस्कार के लिए चुना गया। उन्हें यह सम्मान ऐसे प्लास्टिक की खोज के लिए दिया गया, जिन्हें रासायनिक प्रक्रिया से संशोधित करके, धातु के समान ही आसानी से बिजली प्राप्त की जा सकती है।

उन्होंने 1957 में नेब्रास्का-लिंकन विश्वविद्यालय से भौतिक विज्ञान तथा गणित से स्नातक की डिग्री प्राप्त की तथा 1961 में कैलीफोर्निया विश्वविद्यालय, बर्कले से भौतिक विज्ञान में पीएच.डी. की उपाधि हासिल की। उन्होंने 1982 तक पेंसिलवानिया विश्वविद्यालय में अध्यापन कार्य किया और वहाँ रहकर अनुसंधान भी किए। उनके अनुसंधानों से प्रेरित होकर यूनिएक्स, कोणार्क और सिरिजेन जैसी कंपनियाँ आरंभ हुईं। एलन हीगर यूनिएक्स के संस्थापक थे, जिसे बाद में 2000 में डयूपों ने अपने अधीन ले लिया। 2001 में उन्होंने संयुक्त रूप से कोणार्क टेक्नोलॉजिस की स्थापना की, जिसमें पतली, लचीली प्लास्टिक से बनी सौर कोशिकाओं का निर्माण किया जाता था।

हीगर तीन बार (2006, 2007, 2010) 'स्टेन' अंतरराष्ट्रीय पटकथा प्रतियोगिता में जज बनाए गए। हीगर यू.एस.ए. साइंस एंड इंजीनियरिंग फेस्टिवल के सलाहकार-मंडल के सदस्य भी हैं।

मैकडियार्मिड, एलन जी.

नागरिकता : संयुक्त राज्य अमरीका / न्यूजीलैंड

जन्म : 14 अप्रैल, 1927; मास्टर्टन, न्यूजीलैंड

निधन : 7 फरवरी, 2007; ड्रेक्सेल हिल, अमरीका

न्यूजीलैंड के मास्टर्टन में जन्मे एलन जी. मैकडियार्मिड अपने माता-पिता की पाँच संतानों में से एक थे। उनका परिवार अपेक्षाकृत एक गरीब परिवार था जिनके लिए मंदी के दिनों में वहाँ रहना बहुत कठिन हो गया और उन्हें वेलिंगटन से कुछ ही मील दूर, लोअर हट में जाकर रहना पड़ा। 10 वर्ष की आयु में अपने पिता की पुस्तकें पढ़कर उनमें रसायन विज्ञान में रुचि जाग्रत हुई।

1943 में मैकडियार्मिड ने न्यूजीलैंड विश्वविद्यालय की प्रवेश परीक्षा उत्तीर्ण की। तत्पश्चात उन्होंने वेलिंगटन के विक्टोरिया विश्वविद्यालय में 'प्रयोगशाला सहायक' की अंशकालिक नौकरी की। उन्होंने 1947 में बी.एससी. की डिग्री प्राप्त की। उसी विश्वविद्यालय से रसायन विज्ञान में एम.एससी. करने के बाद वे इसके रसायन विज्ञान विभाग में सहायक के पद पर नियुक्त किए गए। 1952 में एम.एस. की डिग्री पाने के बाद उन्होंने 1953 में पीएच.डी. की उपाधि अर्जित की।

मैकडियार्मिड ने एक वर्ष तक स्कॉटलैंड में सेंट एंड्रूज विश्वविद्यालय में कनिष्ठ-संकाय के सदस्य के रूप में कार्य किया और 1964 में वे पूर्ण प्रोफेसर नियुक्त किए गए। उनकी यह नियुक्ति पेंसिलवानिया विश्वविद्यालय में हुई। उन्होंने लगभग 45 वर्ष तक पेंसिलवानिया विश्वविद्यालय में रसायन विज्ञान के शिक्षक के रूप में पढ़ाया।

उनके अनुसंधान के प्रथम 20 वर्ष सिलिकॉन रसायन विज्ञान पर केंद्रित रहे। उनकी सबसे प्रसिद्ध खोज थी 'कंडक्टिव पोलिमर की खोज और उसका विकास'—एक ऐसी प्लास्टिक सामग्री जिससे बिजली का निर्माण किया जा सकता है। उनके इसी आविष्कार के लिए उन्हें संयुक्त रूप से, एलन जे. हीगर तथा हिदेकी शिराकावा के साथ रसायन विज्ञान में नोबेल पुरस्कार से सम्मानित किया गया।

फरवरी, 2007 के आरंभ में, जब वे न्यूजीलैंड वापस लौटने की योजना बना रहे थे, वे पेंसिलवानिया में, ट्रैक्सल हिल्स में अपने घर की सीढ़ियों पर गिर पड़े और उनका देहांत हो गया।

शिराकावा, हिदेकी
नागरिकता : जापान
जन्म : 20 अगस्त, 1936; टोक्यो, जापान

जापानी रसायनविज्ञानी, हिदेकी शिराकावा ने 2000 का रसायन विज्ञान में नोबेल पुरस्कार प्राप्त किया। उन्हें यह सम्मान एलन जे. हीगर तथा एलन जी. मैकडियार्मिड के साथ संयुक्त रूप से दिया गया। उनका अनुसंधान भी संवाहक पोलिमरों से संबंधित था, जिससे यह पता चला कि कुछ विशेष प्लास्टिकों में रासायनिक प्रक्रिया के पश्चात बिजली संचालित की जा सकती है—लगभग उतनी ही कुशलता से जितनी कि धातु से।

टोक्यो में जन्मे हिदेकी शिराकावा अपने परिवार ताकायामा चले गए जहाँ वह पले-बढ़े। जूनियर हाई स्कूल के अंतिम चार वर्षों में उन्होंने तय कर लिया कि वे प्लास्टिक में वैज्ञानिक शोध करके अपने कैरियर को आगे बढ़ाएँगे। ऐसा प्लास्टिक जिसका व्यावहारिक उपयोग भी हो।

मार्च, 1966 में शिराकावा ने टोक्यो प्रौद्योगिकी संस्थान से डॉक्टर ऑफ इंजीनियर की डिग्री प्राप्त की। अप्रैल में वे इसी संस्थान में रिसर्च एसोसिएट बन गए। बाद में उसी वर्ष शिराकावा ने चियोको शिबुया से विवाह कर लिया। उनके दो पुत्र हैं।

1960 के दशक के अंतिम हिस्से में और 1970 के दशक के प्रारंभिक वर्षों में शिराकावा द्वारा पोलिमर्स पर किए गए कार्यों ने अमरीका में मैकडियार्मिड का ध्यान अपनी ओर खींचा। 1976 में मैकडियार्मिड ने शिराकावा को अपने तथा हीगर के साथ कार्य करने का प्रस्ताव भेजा जिससे इन तीनों वैज्ञानिकों का नोबेल पुरस्कार प्राप्त करने का मार्ग प्रशस्त हुआ। 1977 में आविष्कार की रिपोर्ट एक विज्ञान पत्रिका में प्रकाशित होने के बाद, शिराकावा पुनः टोक्यो लौट आए।

नवंबर, 1979 में शिराकावा त्सुकावा विश्वविद्यालय में, सामग्री विज्ञान संस्थान में सहायक प्रोफेसर नियुक्त हुए और अक्टूबर, 1982 में पदोन्नत करके प्रोफेसर बना दिया गया।

मार्च, 2000 में उन्होंने अवकाश प्राप्त कर लिया।

शरीर विज्ञान/चिकित्सा विज्ञान

कार्लसन, आर्विड
नागरिकता : स्वीडन
जन्म : 25 जनवरी, 1923; उप्सला, स्वीडन

आर्विड कार्लसन का जन्म उप्सला, स्वीडन में हुआ। डॉ. कार्लसन, एक औषध-वैज्ञानिक, को न्यूरोट्रांसमीटर, डोपामाइन पर उनके योगदान के लिए जाना जाता है जिसके लिए उन्हें संयुक्त रूप से, डॉ. एरिक केंडल तथा डॉ. पॉल ग्रीनगार्ड के साथ, औषध-विज्ञान में नोबेल पुरस्कार से सम्मानित किया गया।

डॉ. कार्लसन ने 1941 में मेडिकल स्कूल में प्रवेश लिया और स्वीडिश सशस्त्र बलों में सेवा के कई वर्षों के कारण उनकी शिक्षा बाधित रही। 1951 में उन्होंने एम.एल. की डिग्री पूर्ण की जिसे अब उत्तरी अमरीका में एम.डी. के समकक्ष माना जाता है। बाद में, वह लुंड विश्वविद्यालय में प्रोफेसर बन गए। 1959 में वे गोटेबर्ग विश्वविद्यालय चले गए। इससे पूर्व उन्होंने

1951 में पीएच.डी. की डिग्री अर्जित की। 1951 से 1959 तक उन्होंने लुंड विश्वविद्यालय में अध्यापन कार्य किया। 1959 से 1989 में अवकाश ग्रहण करने तक वे ग्रांटबर्ग विश्वविद्यालय में प्रोफेसर के पद पर रहे।

1950 के दशक में कार्लसन ने पता लगाया कि डोपामाइन नामक एक रसायन न्यूरोट्रांसमीटर नाम के रसायनों के समूह में से एक है, जो एक तंत्र कोशिका से जानकारी दूसरी तंत्र कोशिका तक ले जाने का कार्य करता है। उन्होंने पाया कि डोपामाइन एक रासायनिक संकेत है जो शारीरिक गतिविधियों को नियंत्रित करने में सहायता करता है। उन्होंने अपने शोध से यह आविष्कार किया कि मस्तिष्क के कुछ हिस्सों में डोपामाइन की कमी से उन नसों के बीच का रास्ता बाधित हो सकता है, जो शारीरिक क्रियाओं को नियंत्रित करती है। पर्किंसन बीमारी का एक कारण यह भी है।

ग्रीनगार्ड, पॉल

नागरिकता : संयुक्त राज्य अमरीका

जन्म : 11 दिसंबर, 1925; न्यू यॉर्क, अमरीका

पॉल ग्रीनगार्ड एक स्नायु जीवविज्ञानी हैं, जिन्होंने आर्विड कॉर्लसन तथा एरिक केंडल के साथ मिलकर 2000 का शरीर विज्ञान का चिकित्सा विज्ञान में नोबेल पुरस्कार प्राप्त किया। उन्होंने आविष्कार किया कि कैसे डोपामाइन तथा अन्य न्यूरोट्रांसमीटर, तंत्रिका प्रणाली में कार्य करते हैं।

1953 में जोंस हॉपकिंस विश्वविद्यालय से पीएच.डी. की डिग्री प्राप्त करने के पश्चात, ग्रीनगार्ड आर्डस्ले, न्यू यॉर्क में गेगी अनुसंधान प्रयोगशाला में जैव रसायन विभाग के निदेशक बन गए। वे अल्बर्ट आइंस्टीन कॉलेज ऑफ मेडिसन में (1961-70) तथा येल विश्वविद्यालय में (1968-83) प्रोफेसर रहे। 1983 में, रॉकफेलर विश्वविद्यालय में, लेबोरेटरी ऑफ मोलेक्यूलर तथा सैलुलर न्यूरोसाइंस के प्रोफेसर तथा प्रमुख रहे।

अपने अनुसंधान के कई वर्षों के दौरान ग्रीनगार्ड ने डोपामाइन की कार्य प्रणाली का अध्ययन किया, जो न्यूरोट्रांसमीटर नामक रसायनों के समूह का एक रसायन है जो एक तंत्र कोशिका से जानकारी दूसरी तंत्र कोशिका तक पहुँचाता है। हालाँकि वैज्ञानिकों को 1960 के दशक तक डोपामाइन के अस्तित्व का पता था लेकिन वे यह नहीं जानते थे कि डोपामाइन की कार्यप्रणाली क्या है ? वह कैसे कार्य करता है ? इसी कार्य प्रणाली का आविष्कार ग्रीनगार्ड ने अन्य दो वैज्ञानिकों के साथ मिलकर किया।

ग्रीनगार्ड के आविष्कार ने तंत्रिका विज्ञान और मनोरोग विकारों को बेहतर ढंग से समझने में मदद की तथा उनके इलाज के लिए नई दवाओं के विकास में सहायता मिली।

ग्रीनगार्ड ने एक मूर्तिकार उर्सला वॉन रायडिंगस्वार्ड से शादी की और वे न्यू यॉर्क शहर में रह रहे हैं।

केंडल, एरिक आर.

नागरिकता : संयुक्त राज्य अमरीका

जन्म : 7 नवंबर, 1929; विएना, ऑस्ट्रिया

एरिक आर. केंडल एक अमरीकी स्नायु मनोरोग चिकित्सक हैं, जिन्हें 'स्नायुओं (न्यूरॉन्स) में स्मृति भंडारण के मनोवैज्ञानिक आधार' पर उनके शोध के लिए 2000 का शरीर विज्ञान या औषध विज्ञान का नोबेल पुरस्कार प्रदान किया गया। यह पुरस्कार उन्हें संयुक्त रूप से आर्विड कार्लसन तथा पॉल ग्रीनगार्ड के साथ प्राप्त हुआ।

वियना, ऑस्ट्रिया में जन्मे केंडल ने अमरीका आने और ब्रुकलिन में बसने के बाद ईरासमस हाल हाई स्कूल में प्रवेश लिया। 1952 में उन्होंने न्यू यॉर्क विश्वविद्यालय मेडिकल स्कूल से स्नातक की डिग्री प्राप्त की।

हार्वर्ड में कॉलेज छात्र के तौर पर उनकी रुचि इतिहास तथा साहित्य में थी लेकिन बाद में उनकी दिलचस्पी मनोविश्लेषण में जाग उठी और वे मनोविश्लेषक बन गए।

1983 में केंडल ने आणविक तंत्रिका विज्ञान को समर्पित हॉवर्ड हयूज मेडिकल रिसर्च इंस्टीट्यूट की स्थापना में मदद की। केंडल सक्रिय रूप से, कोलंबिया विश्वविद्यालय के मनोरोग विभाग में तंत्रिका जीव विज्ञान तथा व्यवहार विभाग के एक सदस्य के रूप में विज्ञान में अपना सहयोग प्रदान करते हैं।

केंडल 1974 से कोलंबिया विश्वविद्यालय में हैं और न्यू यॉर्क में रहते हैं। आर्विड कार्लसन, पॉल ग्रीनगार्ड और एरिक आर. केंडल को संयुक्त रूप से तंत्रिका प्रणाली में डोपामाइन और अन्य न्यूरोट्रांसमीटर की कार्य-प्रणाली की खोज करने के लिए नोबेल पुरस्कार से सम्मानित किया गया।

साहित्य

जिंगजिआन, गाओ

नागरिकता : चीन/फ्रांस

जन्म : 4 जनवरी, 1940; गेंजाओ, चीन

गाओ जिंगजिआन पहले ऐसे चीनी नागरिक हैं जिन्हें नोबेल पुरस्कार से सम्मानित किया गया। चीन के यांगशी प्रांत में जन्मे, गाओ को 1987 में फ्रांस जाना पड़ा क्योंकि उन्होंने लोकतंत्र की स्थापना और व्यक्ति की निजी स्वतंत्रता की वकालत की थी। गाओ को 1997 में फ्रांस की नागरिकता प्रदान की गई। गाओ जिंगजिआन एक कलात्मक प्रवर्तक हैं, जो कला और साहित्य से जुड़े हुए हैं। वे बहुमुखी प्रतिभा वाले व्यक्ति हैं—एक उपन्यासकार, नाटककार, निबंधकार, निर्देशक और चित्रकार। इसके अतिरिक्त एक अच्छे अनुवादक भी हैं, विशेष रूप से सैमुअल बैकेट और यूजेन लोनेस्को के साहित्य का अनुवाद किया।

उनके नाटकों को चीन में 'एब्सर्ड' प्रकृति का माना जाता है। उनका गद्य साहित्य उनके अपने देश चीन में बहुत अधिक प्रसिद्ध नहीं है लेकिन यूरोप तथा अन्य पश्चिमी देशों में उन्हें पर्याप्त मान्यता प्राप्त है। एक बार उन्होंने सरकारी उत्पीड़न से बचने के लिए सांस्कृतिक क्रांति के दौरान अपनी पांडुलिपियों से भरा बैग जला दिया था।

उन्होंने अपनी प्रारंभिक शिक्षा जनवादी गणराज्य के स्कूलों में पाई और 1962 में बीजिंग में, विदेशी भाषा विभाग से, फ्रेंच भाषा में डिग्री प्राप्त की। इनकी माँ द्वितीय चीन-जापान युद्ध के दौरान एक नाटक-कलाकार थीं। इसी से प्रभावित होकर जिंगजिआन की रुचि चित्रकारी, लेखन तथा नाटकों में हुई। मिडिल स्कूल में पढ़ने के दौरान उन्होंने बड़ी मात्रा में पश्चिमी साहित्य को पढ़ा।

1957 में गाओ जिंगजिआन ने अपनी स्नातक की डिग्री प्राप्त की। कुछ समय के लिए उन्होंने अध्यापन कार्य भी किया। उन्होंने फ्रांस और इटली की यात्राएँ कीं। 1980-87 की अवधि में चीन की साहित्यिक पत्रिकाओं में उनकी कहानियाँ, निबंध और नाटक प्रकाशित हुए। इसके अलावा, उनकी चार पुस्तकें भी प्रकाशित हुईं : 'ए प्रिलिमिनरी डिस्कशन ऑफ द आर्ट ऑफ मॉडर्न फिक्शन' (1981), 'ए पीजन काल्ड रैड बीक' (1985), 'कोलैक्टीड प्लेज' (1985) तथा 'इन सर्च ऑफ ए मॉडर्न फार्म ऑफ ट्रामैटिक रिप्रेजेंटेशन' (1987)।

उन्होंने 1982 में सिग्नल अलार्म के साथ नाटकों की शुरुआत की जो बीजिंग में, थिएटर ऑफ पॉपुलर आर्ट में खेला गया और उनकी ख्याति एक 'एब्सर्ड' नाटककार की हो गई। उनके नाटक 'बस-स्टॉप' की काफी आलोचना की गई (इसे पार्टी के एक प्रख्यात सदस्य द्वारा जनवादी गणराज्य की स्थापना के बाद से, सबसे घातक लेखन करार दिया गया)। 'वाइल्ड मैन' (1985) ने घरेलू विवाद को और बढ़ा दिया और अंतरराष्ट्रीय समुदाय का ध्यान उनकी ओर गया। उनके अन्य नाटकों, 'द प्रिमिटिव' (1985) तथा 'द अदर शॉट' (1986) सभी ने खुले तौर पर सरकार की नीतियों की आलोचना की जिस कारण उनके नाटकों पर प्रतिबंध लगा दिया गया। उसके बाद उनका आत्मकथात्मक उपन्यास 'सोल माउंटेन' आया, जो 1989 में पहले ताइवान में प्रकाशित हुआ, जिसका जिक्र स्वीडिश नोबेल समिति ने विशेष रूप से करते हुए कहा कि "यह उन विलक्षण साहित्यिक कृतियों में से है, जिसकी तुलना अपने अलावा किसी ओर से नहीं की जा सकती।"

'द फ्यूजिटिव' में 1989 में 'तियनान्मेन शान्ति चौराहा' पर हुए नरसंहार को दिखाया गया है जिसके प्रकाशन के बाद उनके समूचे साहित्य का प्रकाशन, चीन में प्रतिबंधित कर दिया गया तथा उन्हें 'सबसे अवांछित व्यक्ति' घोषित कर दिया गया।

उनकी कई कृतियों का विश्व की अनेक भाषाओं में अनुवाद किया गया तथा उनके नाटक विश्व के कई भागों में खेले जाते हैं।

2000 में उन्हें साहित्य के नोबेल पुरस्कार से सम्मानित किया गया।

शान्ति

जुंग, किम देई
नागरिकता : कोरिया
जन्म : 3 दिसंबर, 1925; हेयूई देन, सिनान, दक्षिण कोरिया
निधन : 18 अगस्त, 2009; सिओल, दक्षिण कोरिया

किम देई जुंग का जन्म 6 जनवरी, 1924 को हेयूई आइसलैंड, कोरिया में हुआ, जो तत्कालीन जापानी औपनिवेशिक शासन के अधीन था (वर्तमान में दक्षिण कोरिया)। माना जाता है कि जापानी औपनिवेशक शासन के दौरान, अनिवार्य सैनिक सेवा से बचने के लिए, जुंग ने अपनी जन्मतिथि 3 दिसंबर, 1925 कर ली।

1943 में उन्होंने मोक-पो कॉमर्शियल हाई स्कूल से स्नातक की डिग्री प्राप्त की। उन्होंने एक जापानी शिपिंग कंपनी में क्लर्क के तौर पर कार्य किया और 1945 में उस कंपनी को अपने अधीन ले लिया जिससे एक धनवान व्यापारी बन गए। उनकी फर्म कोरिया के युद्ध में सामान सप्लाई करती थी। इसी दौरान वे कम्युनिस्टों की कैद से बचकर निकलने में सफल रहे।

किम ने 1954 में राजनीति में प्रवेश किया लेकिन वह राष्ट्रीय असेंबली में एक भी सीट पाने में भी असफल रहे। 1960 में वे असेंबली के लिए चुने गए।

1969 में नेशनल डेमोक्रेटिक पार्टी की ओर से वे राष्ट्रपति चुंग ही के विरुद्ध राष्ट्रपति पद के उम्मीदवार चुने गए। सरकारी चुनाव नियंत्रण और प्रताड़ना के बावजूद किम ने पार्क की सरकार को एक जोरदार झटका देते हुए कुल मतों का 43.6% हिस्सा झटक लिया था।

1987 के राष्ट्रपति पद के चुनावों में किम-देई चुंग को रो-तेइ-वू ने पराजित कर दिया। उन्हें 1992 के चुनावों में तीसरी बार तब असफलता का मुँह देखना पड़ा, जब किम यंग-सैम ने उन्हें हराकर राष्ट्रपति पद का चुनाव जीता। इन शुरुआती असफलताओं से निराश होकर किम ने थोड़े समय के लिए राजनीति से विश्राम ले लिया और इंग्लैंड चले गए, जहाँ उन्होंने कैंब्रिज विश्वविद्यालय में विजिटिंग स्कॉलर के रूप में अपनी सेवाएँ प्रदान कीं। किंतु 1995 में वे पुन: राजनीति में लौटे और राष्ट्रपति पद के लिए अपनी इच्छा जाहिर की। एशिया के आर्थिक संकट द्वारा देश को जकड़ लेने और अर्थव्यवस्था को तहस-नहस कर देने के बाद, चुनावों से ठीक कुछ सप्ताह पूर्व ही, यंग-सैम सरकार के विरुद्ध विद्रोह की आग सुलग उठी। इससे स्थिति किम के पक्ष में हो गई और दिसंबर, 1997 में उनके चुनाव जीतने की संभावनाएँ बढ़ गईं। किम ने बड़ी आसानी से यंग-सैम के पुत्र, ली-हाई-चैंग को हरा दिया।

इस विवादास्पद जीत के बाद किम को 25 फरवरी, 1998 को दक्षिण कोरिया का पंद्रहवाँ राष्ट्रपति चुना गया। किम ने अंतरराष्ट्रीय मुद्रा कोष के सुझावों के अनुसार धीरे-धीरे आर्थिक सुधार लाने शुरू किए और देश की गिरती हुई आर्थिक स्थिति को मजबूती प्रदान करने के उपाय अमल में लाने आरंभ कर दिए।

उनकी नीतियों से आर्थिक लेन-देन में पारदर्शिता आई तथा बड़े व्यापारिक घरानों को दी जाने वाली छूट कम कर दी गई। उनकी प्रशासनिक देख-रेख में देश एशिया के आर्थिक संकट से आश्चर्यजनक रूप से उबरकर सामने आया, हालाँकि कुछ लोग यह मानते थे कि इस संकट से देश का उबार स्वाभाविक था।

किम को उत्तर कोरिया के साथ सफल बातचीत करने का श्रेय दिया जाता है और उन्हें यह श्रेय उनकी उस नीति के कारण दिया जाता है जिसे 'सनशाइन पॉलिसी' का नाम दिया गया। हालाँकि, उत्तर कोरिया ने परमाणु हथियार बनाकर तथा अपनी सीमाओं से उत्तरी कोरियाई सेनाओं को न हटाकर इस सद्‌भाव नीति की शर्तों का उल्लंघन किया। किम द्वारा उत्तर कोरिया के राष्ट्रपति किम जोंग-इल के यहाँ सद्‌भाव यात्रा के लिए उन्हें 2000 का नोबेल शान्ति पुरस्कार दिया गया। किम देई-जुंग ने 2003 में राष्ट्रपति पद के अपने कार्यकाल के पाँच वर्ष पूरे किए। उन्हें उत्तरी कोरिया में शान्ति व सामंजस्य स्थापित करने, लोकतंत्र तथा मानव अधिकारों में सामंजस्य के लिए नोबेल पुरस्कार से सम्मानित किया गया।

अर्थशास्त्र

हैकमैन, जेम्स जे.
नागरिकता : संयुक्त राज्य अमरीका
जन्म : 19 अप्रैल, 1944; शिकागो, अमरीका

जॉन जैकब हैकमैन और बर्निस इरैने मैडले की संतान जेम्स जे. हैकमैन का जन्म शिकागो में हुआ। ये शिकागो विश्व-विद्यालय तथा यूनिवर्सिटी कॉलेज, डबलिन में प्रोफेसर हैं और अमरीकी बार फाउंडेशन में सीनियर रिसर्च फेलो हैं। हैकमैन को डेनियल मैकफेडन के साथ 2000 का अर्थशास्त्र में नोबेल पुरस्कार प्रदान किया गया। उन्हें यह सम्मान 'अर्थमिति (इकोनोमेट्रिक्स) तथा सूक्ष्म अर्थशास्त्र में उनके विशिष्ट योगदान के लिए' दिया गया। उन्हें दुनिया के दस सबसे प्रभावशाली अर्थशास्त्रियों में एक माना जाता है।

हैकमैन ने अमरीका के श्रम बाजारों में नस्लीय भेदभाव के मुद्दे पर भी जोर दिया। हैकमैन को चयन पूर्वग्रह तथा आत्म-चयन विश्लेषण के लिए भी जाना जाता है, जिन्हें 'हैकमैन सुधार' के नाम से पुकारा जाता है। उन्हें श्रम अर्थशास्त्र में अनुभवजन्य अनुसंधानों के लिए भी प्रसिद्धि प्राप्त हुई, विशेष रूप से बाल शिक्षा कार्यक्रम के संबंध में।

हैकमैन ने कोलोराडो कॉलेज से गणित में बी.ए. की डिग्री प्राप्त की तथा 1971 में प्रिंस्टन विश्वविद्यालय से अर्थशास्त्र में पीएच.डी. की डिग्री अर्जित की।

उनके शोध ने नीति-निर्माताओं को शिक्षा, नौकरी-प्रशिक्षण, श्रम बाजारों के विश्लेषण में सामान्य संतुलन के महत्त्व, भेदभाव विरोधी कानून तथा नागरिक अधिकारों के संबंध में अंतर्दृष्टि प्रदान की है। उन्होंने हाल ही में निष्कर्ष दिया कि अमरीका में हाई स्कूल छोड़ने वालों की दर बढ़ती जा रही है।

वर्तमान में, अमरीका और पश्चिम यूरोप में निम्न वर्ग के उद्भव का अध्ययन कर रहे हैं।

मैकफेडन, डेनियल एल.
नागरिकता : संयुक्त राज्य अमरीका
जन्म : 29 जुलाई, 1937; रैले, न्यू यॉर्क, अमरीका

डेनियल एल. मैकफेडन एक अमरीकी अर्थशास्त्री और 2000 के अर्थशास्त्र में नोबेल पुरस्कार प्राप्तकर्ता हैं। उन्हें यह पुरस्कार संयुक्त रूप से जेम्स जे. हैकमैन के साथ दिया गया। मैकफेडन को यह सम्मान इस सिद्धांत के विकास के लिए दिया गया कि लोग व्यक्तिगत या घरेलू व्यवहार के विश्लेषण में इस्तेमाल किए गए किस तरीके को अपनाते हैं, वे अपने कार्यस्थल, निवास स्थान और विवाह के समय का चुनाव कैसे करते हैं?

मिनेसोटा विश्वविद्यालय से भौतिक विज्ञान में बी.एस. (1957) तथा अर्थशास्त्र में पीएच.डी. (1962) करने के पश्चात उन्होंने कैलीफोर्निया विश्वविद्यालय, बर्कले (1963-70), येल विश्वविद्यालय (1977-78) तथा मेसाचुसेट्स प्रौद्योगिकी संस्थान (1978-91) सहित कई संस्थानों में अर्थशास्त्र में अध्यापन कार्य भी किया। 1990 में वे बर्कले लौट आए और उन्हें ई. मोरिस कॉक्स प्रोफेसर नियुक्त किया गया। वे विश्वविद्यालय की अर्थमिति प्रयोगशाला में (1991-95 तथा 1996) निदेशक के पद पर रहे।

मैकफेडन को 1975 में आर्थिक ज्ञान व विचार के लिए अमरीकी आर्थिक संस्था का जॉन बेट्स क्लॉर्क पदक दिया गया तथा वे 1981 में नेशनल एकेडमी ऑफ साइंसेज के लिए चुने गए।

भौतिक विज्ञान

रसायन विज्ञान

शरीर विज्ञान/चिकित्सा विज्ञान

साहित्य

शान्ति

अर्थशास्त्र

2001

भौतिक विज्ञान

कॉर्नेल, एरिक ए.

नागरिकता : संयुक्त राज्य अमरीका

जन्म : 19 दिसंबर, 1961; पालो आल्टो, कैलीफोर्निया, अमरीका

अमरीका, कैलीफोर्निया के पालो आल्टो नामक स्थान पर जन्मे, एरिक ए. कॉर्नेल को कॉर्ल ई. वाईमैन तथा वुल्फगैंग कैटर्ले के साथ संयुक्त रूप से 2001 का भौतिक विज्ञान में नोबेल पुरस्कार प्रदान किया गया। उन्हें यह पुरस्कार 'पदार्थ की एक नई अतिशीतल अवस्था, जिसे तथाकथित बोस–आइंस्टीन संघनन कहा जाता है' के लिए दिया गया।

स्टैनफोर्ड विश्वविद्यालय में बी.एस. (1985) की शिक्षा प्राप्त करने के पश्चात कार्नेल ने मेसाचुसेट्स प्रौद्योगिक संस्थान से 1990 में पीएच.डी. की डिग्री अर्जित की। 1992 में वे कोलोराडो विश्वविद्यालय में शिक्षक मंडल में शामिल हो गए। उसी वर्ष वे नेशनल इंस्टीट्यूट ऑफ स्टैंडर्स एंड टेक्नोलॉजी में भी वरिष्ठ वैज्ञानिक के पद पर नियुक्त किए गए।

1990 के प्रारंभिक सालों में, कॉर्नेल ने बोस–आइंस्टीन संघनन को ढूँढ़ने की कोशिश की, जिसे 70 वर्ष पहले अल्बर्ट आइंस्टीन तथा एक भारतीय वैज्ञानिक सत्येंद्र नाथ बोस ने खोजा था। इस स्थिति में परमाणु इतने ठंडे और धीमे होते हैं कि वे विलय हो जाते हैं और एक एकल क्वांटम इकाई के रूप में कार्य करते हैं, जो किसी भी व्यक्तिगत परमाणु से कहीं ज्यादा बड़ा होता है। कॉर्नेल ने अपने आविष्कार से भौतिक विज्ञान के नियमों को एक अंतर्दृष्टि दी तथा बी.ई.सी. (बोस–आइंस्टीन कंडेंसेट) के संभावित व्यावहारिक उपयोग पर अध्ययन करने का मार्ग प्रशस्त किया।

2000 में वे नेशनल एकेडमी ऑफ साइंटिस्ट्स के सदस्य बन गए तथा 2005 में उन्हें अमरीकी कला एवं विज्ञान अकादमी का फेलो चुना गया।

कैटर्ले, वुल्फगैंग

नागरिकता : जर्मनी

जन्म : 21 अक्टूबर, 1957; हीडलबर्ग, जर्मनी

जर्मनी के हीडलबर्ग में जन्मे वुल्फगैंग कैटर्ले एक जर्मन भौतिकविज्ञानी हैं, जिन्हें एरिक ए. कॉर्नेल तथा कार्ल वाईमैन के साथ संयुक्त रूप से 2001 का भौतिक विज्ञान का नोबेल पुरस्कार 'पदार्थ की एक नई अवस्था जिसे बोस-आइंस्टीन संघनन (कंडेंसेट) (बी.ई.सी.) कहा जाता है, का निर्माण करने के लिए' दिया गया। कैटर्ले ने सोडियम परमाणुओं से बी.ई.सी. के निर्माण के लिए एक ऐसी तकनीक का प्रयोग किया जिससे परमाणुओं को ठंडा करके वांछित तापमान को प्राप्त किया जा सकता है।

1976 में उन्होंने हीडलबर्ग विश्वविद्यालय में प्रवेश लिया और दो साल बाद वे म्यूनिख प्रौद्योगिक विश्वविद्यालय चले गए, जहाँ उन्होंने 1982 में मास्टर डिप्लोमा प्राप्त किया। 1986 में उन्होंने गार्शिंक के मैक्स प्लैंक इंस्टीट्यूट फॉर क्वांटम ऑप्टिकल में प्रयोगात्मक आणविक स्पेक्ट्रोस्कोपी में पीएच.डी. की डिग्री प्राप्त की।

1990 में वे एन.आई.टी. रिसर्च लेबोरेटरी ऑफ इलेक्ट्रॉनिक्स में डेविड ई. प्रीचर्ड समूह के यहाँ नियुक्त हुए। 1993 में वे एम.आई.टी. में भौतिक विज्ञान संकाय-सदस्य के रूप में नियुक्त किए गए। 1998 से वह भौतिक विज्ञान में जॉन डी-मैक अर्थर प्रोफेसर हैं। 2000 में आर.एल.ई. में सहायक निदेशक के पद पर नियुक्त हुए और एम.आई.टी. के सेंटर फॉर अल्ट्राकोल्ड एटम्स में निदेशक के रूप में अपनी सेवाएँ देने लगे।

वाईमैन, कार्ल ई.

नागरिकता : संयुक्त राज्य अमरीका

जन्म : 26 मार्च, 1951; कॉरवेलिस, अमरीका

अमरीका के ओरेगन, कॉरवेलिस में जन्मे कार्ल ई. वाईमैन, एक अमरीकी भौतिकशास्त्री हैं, जिन्हें 'क्षारीय अणुओं की हल्की गैसों के द्रवीकरण पर नवीन कार्य करने के लिए' 2001 का भौतिक विज्ञान में नोबेल पुरस्कार प्रदान किया गया।

कोरवेलिस हाई स्कूल से शिक्षा प्राप्त करने के पश्चात एम.आई.टी. चले गए जहाँ उन्होंने 1973 में बी.एस. की डिग्री प्राप्त की। 1977 में उन्होंने स्टैनफोर्ड विश्वविद्यालय से पीएच.डी. की तथा 1997 में उन्हें शिकागो विश्वविद्यालय से 'डॉक्टर ऑफ साइंस' की उपाधि से सम्मानित किया गया।

कार्ल वाईमैन पिछले कई वर्षों से विज्ञान की शिक्षा में सुधार लाने के प्रयासों में सम्मिलित रहे हैं और विज्ञान की पढ़ाई पर शैक्षिक अनुसंधानों का भी आयोजन किया है।

2007 में वाईमैन को ओर्स्टेड पदक से सम्मानित किया गया, जो अमरीकन एसोसिएशन ऑफ फिजिक्स टीचर्स द्वारा भौतिकी के शिक्षण में उल्लेखनीय योगदान के लिए प्रदान किया जाता है।

24 मार्च, 2010 को वाईमैन को व्हाइट हाउस के विज्ञान एवं प्रौद्योगिकी नीति कार्यालय में सहायक निदेशक के पद के लिए नामित किया गया और 16 सितंबर, 2010 को उन्हें सर्वसम्मति से इस पद पर नियुक्त किया गया। एरिक ए. कॉर्नेल, वुल्फगैंग व वाईमैन को पदार्थ की एक नई अतिशीतल अवस्था, जिसे तथाकथित बोस-आइस्टीन संघनन कहा जाता है, के लिए संयुक्त रूप से नोबेल पुरस्कार से सम्मानित किया गया।

रसायन विज्ञान

नोल्स, विलियम एस.

नागरिकता : संयुक्त राज्य अमरीका

जन्म : 1 जून, 1917; टोंटन; मेसाचुसेट्स, अमरीका

निधन : 13 जून, 2012; चेस्टरफील्ड, अमरीका

अमरीका के मेसाचुसेट्स में जन्मे विलियम एस. नोल्स, 2001 में रसायन विज्ञान में नोबेल पुरस्कार पाने वाले वैज्ञानिकों में से एक थे। उन्हें असंयमित संश्लेषण (एसिमैट्रिक सिंथेसिस) पर उनके कार्य के लिए पुरस्कार राशि का आधा भाग र्योजी नोयोरी (जापान) के साथ साझा किया तथा दूसरा आधा भाग के. बैरी शार्पलेस को प्रदान किया गया। उनका कार्य विशेष रूप से हाइड्रोजेनेशन प्रतिक्रियाओं से संबंधित है।

एक कपड़ा मिल के स्वामी जॉर्ज वॉर्न नोल्स तथा एलिस टिफनी के तीन बेटों में सबसे छोटे बेटे विलियम एस. नोल्स ने मेसाचुसेट्स के एक बोर्डिंग स्कूल, वर्कशायर स्कूल, से 17 वर्ष की आयु में स्नातक की डिग्री प्राप्त की और थोड़े से समय के लिए उन्हें हार्वर्ड में दाखिल कर दिया गया जहाँ उन्हें सलाह दी गई कि कॉलेज में प्रवेश पाने के लिए उनकी आयु बहुत कम है। इसलिए उन्हें एंडोवर के बोर्डिंग स्कूल, फिलिप्स अकादमी में एक वर्ष और पढ़ाई करनी पड़ी।

उन्होंने दुबारा हार्वर्ड में प्रवेश लेकर 1939 में स्नातक पूर्ण किया। 1942 में कोलंबिया विश्वविद्यालय से रसायन विज्ञान में डॉक्टरेट की उपाधि पाने के बाद उन्होंने ओहिया में, टामस एंड हॉकवाल्ट लेबोरेट्रीज में अपने कैरियर की शुरुआत की, जो हाल ही में मोन्सेंटो का एक हिस्सा बन गई है।

1986 में अपनी सेवानिवृत्ति के पश्चात नोल्स 100 एकड़ के अपने फार्म पर रहे, जो उनकी पत्नी नैंसी को विरासत में प्राप्त हुआ था।

नोयोरी, र्योजी

नागरिकता : जापान

जन्म : 3 सितंबर, 1938; कोबे, जापान

1938 में जापान के कोबे में जन्मे र्योजी नोयोरी इस कहावत में विश्वास करते हैं कि ''अनुसंधान राष्ट्रों और मानव जाति के लिए होते हैं, न कि स्वयं अनुसंधानकर्ताओं के लिए।'' उनके पिता स्वयं एक रसायन वैज्ञानिक थे।

र्योजी नोयोरी ने 1957 में क्योटो विश्वविद्यालय से इंजीनियरिंग मे डॉक्टरेट की उपाधि प्राप्त की और 1972 में नागोया विश्वविद्यालय में प्रोफेसर नियुक्त हो गए, जहाँ उन्होंने अपना अधिकांश शोधकार्य किया।

2003 में वह आर.आई.के.ई.एन., जो वैज्ञानिक अनुसंधान के लिए विश्व की सबसे प्रतिष्ठित संस्थाओं में से एक है, के अध्यक्ष बने। उन्होंने 'ग्रीन केमिस्ट्री' के साथ-साथ विज्ञान की शिक्षा को बढ़ावा देने के लिए एक प्रमुख कार्यक्रम आरंभ किया। उनका मानना है कि ''सरल और व्यावहारिक रसायन संश्लेषण (केमिकल सिंथेसिस) को हमारी अगली पीढ़ी तक पहुँचाने की हमारी क्षमता मानव जाति के अस्तित्व के लिए अपरिहार्य है।''

र्योजी नोयोरी को 2001 में रसायन विज्ञान में नोबेल पुरस्कार से सम्मानित किया गया। इस पुरस्कार की सम्मान-राशि का आधा हिस्सा उन्होंने अमरीका के विलियम एस. नोल्स के साथ साझा किया। आधी धनराशि के. बैरी शार्पलेस को प्रदान की गई। उन्हें यह सम्मान 'चिराली कैटालाइड्स ऑक्सीडेशन रिएक्शन', जिसे शॉर्पलेस ईपोक्सीडेशन' कहा जाता है, के लिए प्रदान किया गया।

शार्पलेस, के. बैरी

नागरिकता : संयुक्त राज्य अमरीका

जन्म : 28 अप्रैल, 1941; फिलाडेल्फिया, अमरीका

के. बैरी शार्पलेस का जन्म फिलाडेल्फिया, अमरीका में हुआ। उन्होंने 1959 में फ्रैंडस सेंट्रल स्कूल से स्नातक की शिक्षा प्राप्त की। उन्होंने डार्टमाउथ कॉलेज में अपनी शिक्षा जारी रखी (1963) और 1968 में स्टैनफोर्ड विश्वविद्यालय से पीएच.डी. की जहाँ उन्होंने 'पोस्ट-डॉक्टोरल' कार्य जारी रखा। उन्हें म्यूनिख प्रौद्योगिक विश्वविद्यालय की मानद डिग्री भी प्राप्त है।

शार्पलेस मेसाचुसेट्स इंस्टीट्यूट ऑफ टेक्नोलॉजी (एम.आई.टी) तथा स्टैनफोर्ड विश्वविद्यालय में प्रोफेसर के पद पर नियुक्त हैं। वर्तमान में वे द स्क्रिप्स रिसर्च इंस्टीट्यूट में रसायन विज्ञान में डब्ल्यू.एम. कैक प्रोफेसर के पद पर कार्यरत हैं।

2001 में उन्हें रसायन विज्ञान में संयुक्त रूप से विलियम एस. नोल्स तथा र्योजी नोयोरी के साथ नोबेल पुरस्कार से सम्मानित किया गया। उन्हें यह सम्मान 'स्टीरियो सलेक्टिव ऑक्सीडेशन रिएक्शन' पर उनके कार्यों के लिए दिया गया, जिसे 'शार्पलेस ईफेक्सीडेशन' भी कहा जाता है।

उन्हें कई अन्य पुरस्कारों से भी सम्मानित किया गया जो इस प्रकार हैं : रसायन विज्ञान में वुल्फ पुरस्कार (2001-कैगन तथा नोयोरी के साथ), विज्ञान के लिए किंग फैजल पुरस्कार (1995), टैट्राहैड्रोन पुरस्कार (नोयोरी के साथ-1993), अमरीका का राष्ट्रीय विज्ञान अकादमी पुरस्कार (2000) तथा कई अन्य पुरस्कार उनके नाम हैं। के.बैरी शार्पलेस ने 28 अप्रैल, 1965 को जेन डुएसर के साथ विवाह किया। शार्पलेस दंपती की तीन संतानें हैं। विलियम एस. नोल्स, र्योजी नोयोरी और के. बैरी शार्पलेस को संयुक्त रूप से असंयमित संश्लेषण पर उनके कार्य, जो विशेष रूप से हाइड्रोजन प्रतिक्रियाओं से संबंधित हैं, के लिए नोबेल पुरस्कार से सम्मानित किया गया।

हर्टवेल, लेलैंड एच.

नागरिकता : संयुक्त राज्य अमरीका

जन्म : 30 अक्टूबर, 1939; लॉस एंजिल्स, अमरीका

अमरीका के लॉस एंजिल्स में जन्मे लेलैंड एच. हर्टवेल, बायोडिजाइन इंस्टीट्यूट में मुख्य वैज्ञानिक, फ्रैड हचीसन कैंसर रिसर्च सेंटर, सीटल के भूतपूर्व अध्यक्ष और निदेशक हैं। डॉ. हर्टवेल को 2001 में 'कोशिका चक्र को नियंत्रित करनेवाले, एक विशेष 'जीन' का आविष्कार करने के लिए' संयुक्त रूप से आर. डिमोथी हंट तथा सर पाल एम. नर्स के साथ शरीर विज्ञान में नोबेल पुरस्कार से सम्मानित किया गया।

कोशिका चक्र कोशिका के विकास और विज्ञान के सभी पहलुओं को नियंत्रित करता है। इस तरह, हर्टवेल ने कैंसर के लिए महत्त्वपूर्ण सुराग उपलब्ध कराया जो असामान्य और अनियंत्रित कोशिका वृद्धि से उत्पन्न होता है।

हर्टवेल ने 1961 में कैलीफोर्निया प्रौद्योगिकी संस्थान से स्नातक की डिग्री प्राप्त की तथा 1964 में मेसाचुसेट्स इंस्टीट्यूट ऑफ टेक्नोलॉजी से जीव विज्ञान में पीएच.डी. की उपाधि अर्जित की। 1965 से 1968 तक उन्होंने कैलीफोर्निया विश्वविद्यालय में कार्य किया। 1968 में वे वाशिंगटन विश्वविद्यालय चले गए। 1970-71 में प्रयोगों की एक शृंखला के दौरान हर्टवेल ने 'कोशिका विभाजन चक्र' की खोज की।

नोबेल पुरस्कार के अलावा वे 1987 से 1996 तक, नेशनल एकेडमी ऑफ साइंसेज के सदस्य भी रहे। 1998 में उन्होंने मौलिक चिकित्सा अनुसंधान के लिए अल्बर्ट लैस्कर पुरस्कार प्राप्त किया। 9 जुलाई, 2003 को वाशिंगटन के गवर्नर, गैरी लोके ने राज्य के सर्वोच्च सम्मान 'मेडल ऑफ मेरिट' से सम्मानित किया।

हंट, आर. टिमोथी
नागरिकता : ब्रिटेन
जन्म : 19 फरवरी, 1943; नेस्टन, ब्रिटेन

इंग्लैंड के नेस्टन, चीशायर में जन्मे रिचर्ड टिमोथी हंट एक ब्रिटिश वैज्ञानिक हैं जिन्हें 2001 का शरीर विज्ञान या औषधि विज्ञान का नोबेल पुरस्कार संयुक्त रूप से लेलैंड एच. हर्टवेल तथा सर पॉल एस. नर्स के साथ 'कोशिका चक्र को नियंत्रित करने वाले एक विशेष 'जीन' का आविष्कार करने के लिए' प्रदान किया गया।

प्राचीन शिलालेखों (Palaeography) का अध्ययन करनेवाले एक व्याख्याता (lecturer) रिचर्ड विलियम हंट तथा एक टिंबर मर्चेंट की बेटी किट रोलैंड की संतान, टिमोथी हंट ने 1961 में प्राकृतिक विज्ञान का अध्ययन करने के लिए कैंब्रिज विश्वविद्यालय के क्लेअर महाविद्यालय में प्रवेश लिया। 1964 में स्नातक की डिग्री ली और विश्वविद्यालय के जैव रसायन विभाग में कार्य आरंभ कर दिया, जहाँ उन्हें लुई रीचहार्ड तथा टोनी हंटर जैसे वैज्ञानिकों के साथ कार्य करने का अवसर मिला। 1965 में वरनोन इंग्राम के साथ बातचीत के बाद उनकी रुचि हीमोग्लोबिन संश्लेषण (सिंथेसिस) की ओर हो गई। 1968 में वे अपनी पीएच.डी. पूरी करने के बाद न्यू यॉर्क लौट आए।

जब वे 1982 में वुडस होल, मेसाचुसेट्स में मैरीन बॉयोलॉजिकल लेबोरेटरी में काम कर रहे थे तो उन्होंने अपने मॉडल जीव 'समुद्री साही' के अंडे का उपयोग कर चक्रीय अणु की खोज की। हंट ने पाया कि ये चक्रीय अणु अंडों को निषेचित (फर्टिलाइजेशन) करने के बाद संश्लेषित होने लगते हैं और अंतरावस्था (इंटरफेस) के दौरान उनके स्तर में वृद्धि होने लगती है। तभी उन्होंने पाया कि ये चक्रीय अणु भी कोशिका चक्र को नियंत्रित करते हैं। यह एक महत्त्वपूर्ण खोज थी।

1991 में वे रॉयल सोसायटी के सदस्य बने और यू.एस. नेशनल एकेडमी ऑफ साइंसेज में 1999 में विदेशी एसोसिएट बनाए गए। 2006 में उन्हें 'कोशिका चक्र के नियंत्रण में एक महत्त्वपूर्ण पहलू की खोज करने के लिए' रॉयल पदक प्रदान किया गया। इसी वर्ष उन्हें ब्रिटेन की महारानी द्वारा 'नाइट' की उपाधि दी गई।

हंट के आविष्कार से कैंसर कोशिकाओं के विकास को समझने में सहायता मिली। हंट वर्तमान में कैंपेन फॉर साइंस एंड इंजीनियरिंग के सलाहकार परिषद के सदस्य हैं।

नर्स, सर पॉल एम.
नागरिकता : ब्रिटेन
जन्म : 25 जनवरी, 1949; नार्विच, ब्रिटेन

सर पॉल एम. नर्स एक ब्रिटिश वैज्ञानिक हैं, जिन्हें 2001 का शरीर विज्ञान या औषधि विज्ञान का नोबेल पुरस्कार, संयुक्त रूप से लेलैंड एच. हर्टवेल तथा आर. टिमोथी हंट के साथ कोशिका चक्र को नियंत्रित करने वाले एक विशेष 'जीन' का आविष्कार करने के लिए प्रदान किया गया।

सर पॉल एम. नर्स ने 1973 में ईस्ट एंगलिया विश्वविद्यालय से पीएच.डी. की डिग्री प्राप्त की तथा 1987 से 1993 तक ऑक्सफोर्ड विश्वविद्यालय में प्रोफेसर के रूप में नियुक्त थे। उन्होंने इंपीरियल कैंसर रिसर्च फंड (जिसे अब कैंसर रिसर्च यू.के. के नाम से जाना जाता है) की सेल साइकिल लेबोरेटरी में (1984-87) संगठन के अध्यक्ष के रूप में कार्य किया। 1993 में वे संस्थान के अनुसंधान निदेशक नियुक्त हुए तथा 1996 में वे आई.सी.आर.एफ. के महानिदेशक के पद पर आसीन हुए।

1970 के दशक के मध्य में उन्होंने यूकोरियोटिक सूक्ष्म जीवों का उपयोग करके सीडीसी^{2} (cdc^2) नामक जीन की खोज की। उनकी खोज ने बताया कि कोशिका चक्र में होने वाली घटनाओं के समय को नियंत्रित करने में यह जीन

प्रमुख भूमिका निभाता है। 1987 में उन्होंने मानव शरीर से इस जीन को अलग करने में सफलता पाई, जिसे साइक्लिन-डिमेंडेंट काइनेस[1] (cdk[1]) का नाम दिया गया। जीन एक प्रोटीन का निर्माण करता है, जो प्रमुख एंजाइम के एक परिवार साइक्लिन-डिमेंडेंट काइनेस (cdk) से संबंधित हैं, कई कोशिकाओं के कार्य करने में सहायता करती है।

नर्स को यू.के. सेंटर फॉर मेडिकल रिसर्च एंड इनोवेशन का प्रथम निदेशक एवं मुख्य कार्यकारी अधिकारी बनाया गया। 1 जनवरी, 2011 को उन्होंने यह पद सँभाल लिया।

30 नवंबर, 2011 को, मार्टिन रीस के बाद, सर पॉल रॉयल सोसायटी के अध्यक्ष बनाए गए। लेलैंड एच. हर्टवेल, आर. टिमोथी हंट और सर पॉल एम. नर्स को संयुक्त रूप से कोशिका चक्र को नियंत्रित करनेवाले एक विशेष 'जीन' की खोज करने के लिए नोबेल पुरस्कार से सम्मानित किया गया।

साहित्य

नायपॉल, वी. एस.
नागरिकता : त्रिनिदाद/ब्रिटेन
जन्म : 17 अगस्त, 1932; त्रिनिदाद

भारतीय मूल के अंग्रेजी लेखक सर विद्याधर सूरजप्रसाद नायपॉल का जन्म चैगुआनास, त्रिनिदाद में हुआ। उनकी शिक्षा त्रिनिदाद के क्वींस रॉयल कॉलेज में हुई और छात्रवृत्ति प्राप्त करने के पश्चात इंग्लैंड में ऑक्सफोर्ड विश्वविद्यालय के कॉलेज में पढ़े। उन्होंने बी.बी.सी. में 'बैरेबियन वॉयसिस' कार्यक्रम में एक लेखक व संपादक के रूप में कार्य किया।

अपने लेखन के साथ-साथ अपने बयानों से भी विवादों के घेरे में रहनेवाले नायपॉल के बारे में जे.एन. कोएत्जी ने 2001 में 'द न्यू यॉर्क रिव्यू ऑफ बुक्स' में उन्हें 'आधुनिक अंग्रेजी गद्य का मास्टर' कहा तथा 'द टाइम्स' ने उन्हें '1945 के बाद के 50 सबसे बड़े लेखकों में' शामिल किया।

उनकी प्रथम तीन पुस्तकें त्रिनिदाद के समाज की हँसोड़ प्रवृत्ति को प्रस्तुत करती हैं। द मिस्टिक मस्यूट (1957) पर एक फिल्म का निर्माण भी हुआ जिसकी पटकथा कैरिल फिलिप्स ने लिखी। उनका प्रसिद्ध उपन्यास 'ए हाउस फॉर मिस्टर विस्वास' (1961) त्रिनिदाद में रहते एक पिता के जीवन पर आधारित है। उनके उपन्यास 'मिस्टर स्टोन एंड द नाइट्'स कंपेनियम' (1963) को हॉर्थनडेज पुरस्कार प्रदान किया गया।

उनके बाद के उपन्यासों में राजनीतिक विषय और ब्रिटेन के उपनिवेशवादी और उत्तर-उपनिवेशवादी समाज का चित्रण अधिक मिलता है। 'द मिसिक मैन' (1967), 'इन ए फ्री स्टेट' (1971), जिसे बुकर पुरस्कार प्राप्त हुआ, आदि इसी प्रवृत्ति के उपन्यास हैं। 'गुरिल्लाज' (1975) और 'ए बेंड इन द रीवर' (1987) में अफ्रीकी जीवन का सशक्त चित्रण करते हैं। उनके अन्य उपन्यास हैं : 'द एनिग्मा ऑफ एराइवल' (1987) तथा 'ए वे इन द वर्ल्ड' (1994) जो एक प्रयोगवादी वर्णनात्मक उपन्यास है जिसमें कैरेबियन लोगों का ऐतिहासिक चित्रण है। 'हॉफ ए लाइफ' (2001), युद्धोपरांत ब्रिटेन में रहने वाले एक भारतीय के रोमांचकारी अनुभवों को प्रस्तुत करता है।

उन्होंने भारत पर भी कई पुस्तकें लिखी हैं, जिनमें अधिकांश गैर-कथा रचनाएँ हैं। 'एन एरिया ऑफ डार्कनेस' (1964), 'इंडिया : ए वूंडिड सिविलाइजेशन' (1977), 'इंडिया : ए मिलियन म्यूटनीज नाऊ' (1990)। इनके अतिरिक्त भी उनकी कई महत्त्वपूर्ण पुस्तकें प्रकाशित हुईं। उनकी नवीनतम पुस्तक थी 'ए राइटर'स पीपुल : वेज ऑफ लुकिंग एंड फीलिंग' (2007)।

वी.एस. नायपॉल को 1989 में 'नाइट' की पदवी से सम्मानित किया गया। कैंब्रिज विश्वविद्यालय तथा न्यू यॉर्क के कोलंबिया विश्वविद्यालय ने उन्हें 'डॉक्टरेट' की उपाधि प्रदान की।

2008 में लेखक पैट्रिक फ्रैंच ने उनकी पहली आधिकारिक जीवनी लिखी, जिसे 'द डेली टेलिग्राफ' में एक शृंखला के रूप में प्रस्तुत किया गया।

मई, 2011 में रॉयल ज्योग्राफिक सोसायटी के साथ एक साक्षात्कार में महिला लेखकों के संबंध में दिए गए उनके एक बयान ने उन्हें एक बड़े विवाद के केंद्र में ला खड़ा किया। उन्होंने

कहा, ''महिलाओं का लेखन पुरुषों की अपेक्षा बहुत कमजोर है और वह किसी भी महिला लेखक को अपने बराबर के स्तर का नहीं मानते।'' तथा ''महिलाओं का लेखन भावुकता और दुनिया के प्रति संकीर्ण दृष्टिकोण को दर्शाता है।''

उनके 'मिगुएल स्ट्रीट' (1959) नामक कहानी संग्रह को सोमरसैट मोम पुरस्कार से सम्मानित किया गया। लेकिन साहित्य का सबसे बड़ा पुरस्कार उन्हें 2001 में दिया गया जब उन्हें साहित्य के नोबेल पुरस्कार से सम्मानित किया गया। उन्हें उनकी रचनाओं में बोधगम्य कथाओं और ईमानदार जाँच-पड़ताल की विशेषता के लिए जो हमें रचे हुए इतिहास की उपस्थिति को देखने के लिए मजबूर कर देती है, नोबेल पुरस्कार से सम्मानित किया गया।

शान्ति

अन्नान, कोफी

नागरिकता : घाना

जन्म : 8 अप्रैल, 1938; कुमासी, घाना

विश्व के अधिकांश लोग कोफी अन्नान को संयुक्त राष्ट्र संघ के महासचिव के रूप में जानते हैं। उनके व्यक्तित्व तथा उनके द्वारा किए गए कार्यों का प्रभाव आज भी इस पद पर दिखाई देता है।

घाना के कुमासी क्षेत्र में जन्मे कोफी अन्नान की शिक्षा कुमासी के विज्ञान एवं तकनीकी विश्वविद्यालय में हुई। 1961 में मिनिसोटा के माकालेस्टर महाविद्यालय से उन्होंने अर्थशास्त्र में स्नातक की शिक्षा ग्रहण की। 1961-62 में उन्होंने जिनेवा के इंस्टीट्यूट ऑफ इंटरनेशनल अफेयर्स से स्नातक तथा 1972 में मेसाचुसेट्स इंस्टीट्यूट ऑफ टेक्नोलॉजी के स्लोअन स्कूल ऑफ मैनेजमेंट से विज्ञान में स्नातकोत्तर की डिग्री प्राप्त की।

अंग्रेजी, फ्रेंच तथा कई अफ्रीकी भाषाओं के जानकार कोफी अन्नान 1997 से 2006 तक संयुक्त राष्ट्र संघ का कार्यभार सँभालने वाले सातवें महासचिव तथा संयुक्त राष्ट्र संघ के कर्मचारीगण के पद से इस पद पर नियुक्त होने वाले वे प्रथम व्यक्ति थे।

अन्नान 1962 में विश्व स्वास्थ्य संगठन में बतौर प्रशासन एवं बजट अधिकारी, संयुक्त राष्ट्र संघ से जुड़े। महासचिव बनने से ठीक पहले, वे शान्ति स्थापना विभाग में उप-महासचिव रहे। अन्नान ने भूतपूर्व युगोस्लाविया के महासचिव के विशेष प्रतिनिधि के रूप में भी कार्य किया (1995-96) और इराक से नौ सौ से अधिक अंतरराष्ट्रीय कर्मचारियों तथा गैर-इराकी लोगों को वहाँ से सुरक्षित निकालने में सहायता की।

संयुक्त राष्ट्र महासचिव के रूप में अन्नान की मुख्य प्राथमिकता थी संयुक्त राष्ट्र संघ को और मजबूत बनाने के लिए सुधारों का विस्तृत कार्यक्रम बनाना और अंतरराष्ट्रीय प्रबंध व्यवस्था को अधिक प्रभावशाली बनाना।

2005 में, संयुक्त राष्ट्र संघ के सदस्य राष्ट्रों द्वारा दो नई इकाइयों, शान्ति स्थापना आयोग तथा मानवाधिकार परिषद, का गठन भी अन्नान के प्रयासों से ही संभव हो पाया। अन्नान ने एड्स, टी.बी. तथा मलेरिया जैसे भयानक रोगों से लड़ने व संयुक्त राष्ट्र संघ की सर्वप्रथम आतंकवाद-विरोधी नीति को लागू करने व लोगों को एक-दूसरे को तबाह करने की होड़ में शामिल होने, युद्ध अपराधों, नैतिक शुद्धीकरण तथा मानवता के विरुद्ध अपराधों से, सदस्य राष्ट्रों द्वारा 'लोगों को बचाने के दायित्व को स्वीकार करने के लिए' एक विश्व-कोश की स्थापना में भी केंद्रीय भूमिका निभाई।

अन्नान ने कई विस्तृत कूटनीतिक पहलों को भी अपने हाथ में लिया। 1998 में उन्होंने हथियारों के निरीक्षण तथा अन्य विस्फोटक मुद्दों पर पारित प्रस्तावों को लागू करवाने के उद्देश्य से तथा इराक व सुरक्षा परिषद में मतभेदों को दूर करने के लिए इराक की यात्रा की। जबकि उस समय स्थिति अत्यंत भयानक बन चुकी थी।

2000 में, लेबनान से इजराइल के हटने में भी वे प्रामाणिक रूप से जिम्मेदार थे। 2006 में, इजराइल व हिज्जबुला के बीच आए तनावपूर्ण ठहराव को तोड़ने में भी उनके प्रयासों का खासा योगदान रहा।

हालाँकि अन्नान के कार्यकाल में उनकी प्रकृति और कार्यप्रणाली पर तथा संयुक्त राष्ट्र संघ की भूमिका पर भी कई बार प्रश्नचिह्न खड़े किए गए लेकिन शान्ति के पक्षधर अन्नान ने विश्व शान्ति के अपने प्रयासों को कभी कम नहीं होने दिया। नेशनल प्रेस क्लब में एक वक्तव्य में उन्होंने समूचे विश्व से एक प्रश्न पूछा, ''आज समूचा विश्व युद्ध की तैयारी में करोड़ों-

अरबों डॉलर खर्च कर रहा है, क्या हम शान्ति की तैयारी के लिए करोड़ों-अरबों नहीं खर्च सकते ?''

2001 का नोबेल पुरस्कार, संयुक्त रूप से कोफी अन्नान तथा संयुक्त राष्ट्र संघ को दिया गया।

संयुक्त राष्ट्र संघ

स्थापना वर्ष : 1945

मुख्यालय : संयुक्त राज्य अमरीका

दूसरे विश्वयुद्ध के बाद ही एक ऐसे अंतरराष्ट्रीय संगठन की आवश्यकता महसूस होने लगी थी, जो विश्व स्तर पर शान्ति तथा सुरक्षा की पहल कर सके। इसी उद्देश्य से दूसरे विश्व-युद्ध के समाप्त होते ही, दुनिया के 51 देशों ने 1945 में एक अंतरराष्ट्रीय संगठन—संयुक्त राष्ट्र संघ की स्थापना की। इस संगठन के चार मुख्य उद्देश्य थे—(1) विश्व शान्ति एवं सुरक्षा की स्थापना करना, (2) दुनिया के सभी राष्ट्रों में मैत्री संबंधों की स्थापना करना, (3) गरीब लोगों के जीवन को बेहतर बनाने के लिए, सभी राष्ट्रों को एक साथ मिलकर काम करने में मदद देना, भूख, बीमारी और निरक्षरता पर विजय पाना और एक-दूसरे के अधिकारों तथा स्वतंत्रता को सम्मान देने के लिए सभी राष्ट्रों को प्रोत्साहित करना, तथा (4) उपरोक्त लक्ष्यों को प्राप्त करने के लिए सभी राष्ट्रों के कार्यों में तालमेल लाने के लिए एक केंद्र बनना।

वर्तमान में संयुक्त राष्ट्र संघ के 193 राष्ट्र सदस्य हैं। अपने विशेष अंतरराष्ट्रीय चरित्र के कारण और इसकी स्थापना के संविधानुसार इसकी शक्तियों के कारण, यह संगठन कई मामलों में कार्रवाई करने में सक्षम है। यह अपने सदस्य देशों को महासभा और सुरक्षा परिषद के माध्यम से अपने विचार प्रकट करने के लिए एक मंच प्रदान करता है।

आज संयुक्त राष्ट्र विश्व के हर कोने में पूरी प्रतिबद्धता से काम कर रहा है। शान्ति स्थापना, राष्ट्रों में संघर्ष की रोकथाम तथा मानवीय सहायता प्रदान करने के अतिरिक्त भी, संयुक्त राष्ट्र संघ कई अन्य तरीकों से भी हमारे जीवन को प्रभावित करता है। मानव जाति के लिए दुनिया को एक बेहतर स्थान बनाने के लिए इसका योगदान अतुल्य है यह संगठन निरस्त्री-करण, आतंकवाद का मुकाबला, मानव अधिकार, लोकतंत्र की स्थापना, नैतिक समानता, महिलाओं की उन्नति, पर्यावरण तथा शरणार्थी संरक्षण जैसे मौलिक मुद्दों पर व्यापक रूप से काम करता है। सामाजिक विकास और अंतरराष्ट्रीय स्वास्थ्य, सभी पीढ़ियों के लिए एक सुरक्षित दुनिया और सुरक्षित वातावरण के लिए किए जाने वाले प्रयासों में समन्वय बिठाना तथा अधिक खाद्य उत्पादन जैसे लक्ष्यों को प्राप्त करने के लिए यह सतत रूप से प्रयास करता है। कोफी अन्नान और संयुक्त राष्ट्र महासंघ को एक बेहतर ढंग से संगठत व शान्तिपूर्ण दुनिया के लिए उनके प्रयासों के लिए नोबेल पुरस्कार से सम्मानित किया गया।

अर्थशास्त्र

एकरलोफ, जॉर्ज ए.

नागरिकता : संयुक्त राज्य अमरीका

जन्म : 17 जून, 1940; न्यू हैवन, अमरीका

अमरीका के कनैक्टिकट में न्यू हैवन नामक स्थान पर जन्मे जॉर्ज ए. एकरलोफ एक अमरीकी अर्थशास्त्री हैं और कैलीफोर्निया विश्वविद्यालय बर्कले में अर्थशास्त्र के प्रोफेसर हैं। उन्हें 2001 का अर्थशास्त्र में संयुक्त रूप से माइकल स्पेंस तथा जोसेफ ई. स्टिगलिट्ज के साथ नोबेल पुरस्कार 'विषम सूचनाओं से भरे बाजारों के विश्लेषण के लिए' प्रदान किया गया।

उनके पिता स्वीडिश आप्रवासी, रसायनशास्त्री और आविष्कारक थे और उनकी माता यहूदी परिवार से जर्मन आप्रवासी थीं। एकरलोफ ने 1962 में येल विश्वविद्यालय से बी.ए. तथा 1966 में मेसाचुसेट्स इंस्टीट्यूट ऑफ टेक्नोलॉजी से पीएच.डी. की। उन्होंने 1980 में कैलीफोर्निया विश्व-विद्यालय में अर्थशास्त्र के गोल्डमैन प्रोफेसर के रूप में अध्यापन कार्य आरंभ किया। उनकी पत्नी जेनेट येलेन फेडरल रिजर्व

सिस्टम के अधिकारी मंडल की उपनिदेशक और यू.सी. बर्कले में अर्थशास्त्र की प्रोफेसर हैं।

उन्होंने अन्य विषयों, जैसे—मनोविज्ञान, मानव शास्त्र (एंथ्रोपोलॉजी), तथा समाजशास्त्र में भी शोध किए तथा व्यवहार संबंधित अर्थशास्त्र के विकास में महत्त्वपूर्ण भूमिका निभाई है। विषम जानकारी के साथ एकरलोफ का बाजारों का अध्ययन इस बात पर आधारित है कि जिसमें उत्पादों की गुणवत्ता के संबंध में खरीदारों की तुलना में विक्रेताओं के पास अधिक जानकारी होती है जिससे क्रेता खराब गुणवत्ता वाले उत्पादों का 'प्रतिकूल चयन' कर सकते हैं।

1970 के अपने मौलिक कार्य 'द मार्केट फॉर लैमंस : (बाजार में खराब गुणवत्ता वाले उत्पादों को 'लैमन' कहा जाता है) क्वालिटी अनसर्टेनिटी एंड द मार्केट मेकैनिज्म' में एकर-लोफ ने समझाया कि कैसे निजी व विषम जानकारी बाजार को कुशलतापूर्वक कार्य करने से रोकता है तथा उन्होंने इसके परिणामों की भी जानकारी दी।

प्रोफेसर एकरलोफ ने कई प्रतिष्ठित अवसरों तथा फरवरी 2012 में वारविक में अर्थशास्त्र के शिखर सम्मेलन पर बात की जिसका शीर्षक था—'फिशिंग फॉर फूल्स।'

स्पेंस, ए. माइकल

नागरिकता : संयुक्त राज्य अमरीका

जन्म : 7 नवंबर, 1943; न्यू जर्सी, अमरीका

अमरीका के मोंटक्लेअर, न्यू जर्सी में जन्मे एंड्र्यू माइकल स्पेंस एक अमरीकी अर्थशास्त्री हैं, जिन्हें 2001 का अर्थशास्त्र में नोबेल पुरस्कार संयुक्त रूप से जॉर्ज ए. एकरलोफ तथा जोसेफ ई. स्टिगलिट्ज के साथ दिया गया। उन्होंने सूचना प्रवाह और बाजार के विकास की गतिशीलता पर काफी कार्य किया।

स्पेंस ने मिडिल और हाई स्कूल की शिक्षा टोरंटो विश्व-विद्यालय के यूनिवर्सिटी ऑफ टोरंटो स्कूल से पाई। 1960 में उन्होंने प्रिंस्टन विश्वविद्यालय से दर्शनशास्त्र में स्नातक की डिग्री प्राप्त की, जिस पर उन्हें ऑक्सफोर्ड विश्वविद्यालय से रोड्स छात्रवृत्ति प्रदान की गई। 1968 में उन्होंने ऑक्सफोर्ड विश्वविद्यालय से एम.ए. तथा 1972 में हार्वर्ड विश्वविद्यालय से पीएच.डी. की उपाधि अर्जित की।

प्रोफेसर स्पेंस ने 1990 से 1999 तक स्टेनफोर्ड बिजनेस स्कूल में फिलिप एच. नाइट प्रोफेसर तथा डीन के रूप में अपनी सेवाएँ दीं। इससे पूर्व वे हार्वर्ड विश्वविद्यालय में अर्थशास्त्र और व्यवसाय प्रशासन के प्रोफेसर, अर्थशास्त्र विभाग के अध्यक्ष तथा कला एवं विज्ञान संकाय-मंडल के डीन रह चुके थे।

एक रोड्स स्कॉलर तथा कई सम्मान और पुरस्कार प्राप्त कर चुके स्पेंस ने तीन पुस्तकें और लगभग 50 लेख लिखे हैं। उन्हें 1981 में अमरीकी अर्थशास्त्र समिति ने जॉन बेट्स क्लार्क पदक से सम्मानित किया। वे इस समिति के सदस्य भी हैं। इसके पश्चात वे अमरीकन एकेडमी ऑफ आर्ट्स एंड साइंस तथा अर्थमिति सोसायटी के एक फेलो भी हैं।

उन्होंने अपने अधिकांश शोध हार्वर्ड विश्वविद्यालय में रहते हुए किए। वर्तमान प्रौद्योगिकीय वातावरण में बाजारों के विकास, कीमतों, मुनाफे, निवेश उपकरणों तथा लाभ प्राप्ति की दरों के संबंध में प्रचुर मात्रा में जानकारी उपलब्ध हैं जिससे उनका कार्य पहले से कहीं ज्यादा प्रासंगिक हो जाता है।

स्टिगलिट्ज, जोसेफ ई.

नागरिकता : संयुक्त राज्य अमरीका

जन्म : 9 फरवरी, 1943; गेरी, इंडियाना, अमरीका

अमरीका के इंडियाना में गेरी नामक स्थान पर जन्मे जोसेफ ई. स्टिगलिट्ज एक अमरीकी अर्थशास्त्री हैं। उन्हें संयुक्त रूप से जॉर्ज ए. एकरलोफ तथा ए. माइकल स्पेंस के साथ, 2001 के अर्थशास्त्र में नोबेल पुरस्कार से सम्मानित किया गया। उन्हें यह

सम्मान 'असममित सूचनाओं से भरे बाजारों के सिद्धांतों को आधार प्रदान करने के लिए' दिया गया।

यहूदी माता-पिता शार्लीट व नथानियल डी. स्टिगलिट्ज की संतान जोसेफ ने 1964 में मेसाचुसेट्स में एमहर्स्ट कॉलेज से बी.ए. तथा 1967 में मेसाचुसेट्स तकनीकी संस्थान से पीएच.डी. करने के बाद, येल, हार्वर्ड तथा स्टेनफोर्ड सहित कई विश्वविद्यालयों में अध्यापन कार्य किया। वे राष्ट्रपति बिल क्लिंटन की आर्थिक नीति इकाई, यू.एस. काउंसिल ऑफ इकोनॉमिक एडवाइजर (1993-94) के एक सदस्य रहे, जिसके वे 1995 में चेयरमैन भी बने। इसके अलावा, वे विश्व बैंक (1997-2000) के वरिष्ठ उपाध्यक्ष और मुख्य अर्थशास्त्री भी रहे। 2001 में वह न्यू यॉर्क की कोलंबिया विश्वविद्यालय में अर्थशास्त्र, व्यापार तथा अंतरराष्ट्रीय मामलों के प्रोफेसर भी रहे।

स्टिगलिट्ज का अनुसंधान इस बात पर केंद्रित रहा है कि गलत सूचनाएँ प्राप्त व्यक्तियों और असममित जानकारी के साथ अपनी स्थिति में सुधार करने के लिए ऑपरेटरों के साथ क्या किया जा सकता है। अर्थात उनका अनुसंधान व्यक्तियों और ऑपरेटरों के व्यवहार पर केंद्रित था। सूक्ष्म अर्थशास्त्र के लिए कई महत्त्वपूर्ण योगदान देने के अलावा, स्टिगलिट्ज ने कई बार नीति-निर्माण में भी भूमिका निभाई है। हालाँकि उन्होंने विश्व बैंक के साथ भी महत्त्वपूर्ण कार्य किए, लेकिन उन्हें अपनी नीतियों के साथ असंतोष व्यक्त करने के लिए विश्व बैंक से निकाल दिया गया था। वह जलवायु परिवर्तन पर अंतर-सरकारी पैनल के प्रमुख लेखक भी थे, जिसे 2007 का नोबेल शान्ति पुरस्कार प्रदान किया गया।

2011 में, 'फॉरेन पॉलिसी' पत्रिका ने उन्हें विश्व के शीर्ष विचारकों की अपनी सूची में शामिल किया था। उन्हें जॉर्ज ए. एकरलोफ, ए. माइकल स्पेंस के साथ संयुक्त रूप से विषम सूचनाओं के लिए नोबेल पुरस्कार से सम्मानित किया गया।

भौतिक विज्ञान

रसायन विज्ञान

शरीर विज्ञान/चिकित्सा विज्ञान

साहित्य

शान्ति

अर्थशास्त्र

2002

भौतिक विज्ञान

डेविस, रेमंड जूनियर

नागरिकता : संयुक्त राज्य अमरीका

जन्म : 14 अक्टूबर, 1914; वाशिंगटन, अमरीका

निधन : 31 मई, 2006; ब्लू पाइंट, न्यू यॉर्क, अमरीका

अमरीकी भौतिकविज्ञानी रेमंड डेविस जूनियर का जन्म वाशिंगटन डी.सी. में हुआ जहाँ उनके पिता नेशनल ब्यूरो ऑफ स्टैंडर्ड्स के फोटोग्राफर थे। रेमंड का खगोल भौतिकी में महत्त्वपूर्ण योगदान रहा है, विशेषकर कॉस्मिक न्यूट्रिनोज के लिए उन्हें' 2002 का भौतिक विज्ञान में नोबेल पुरस्कार प्रदान किया गया। उन्हें यह पुरस्कार संयुक्त रूप से मासाताशी कोशिबा तथा रिकॉर्डो जियाकोनी के साथ दिया गया।

रेमंड ने 1938 में मेरीलैंड विश्वविद्यालय से रसायन विज्ञान में स्नातक तथा मास्टर डिग्री प्राप्त की। 1942 में उन्होंने येल विश्वविद्यालय से पीएच.डी. की डिग्री अर्जित की। द्वितीय विश्वयुद्ध के दौरान सेना की नौकरी के बाद उन्होंने 1948 में, न्यू यॉर्क के अपटोन में ब्रुखावेन नेशनल लेबोरेटरी में नियुक्ति पा ली। अपनी सेवानिवृत्ति (1984) तक वह वहाँ रहे। 1985 में रेमंड पेंसिलवानिया विश्वविद्यालय में रिसर्च प्रोफेसर के पद पर रहे।

युद्धकाल के दौरान, रेमंड ने डगवे प्रोविंग ग्राउंड, ऊटा में रासायनिक हथियारों के परीक्षणों की कई वर्ष तक जाँच की लेकिन उनका प्रमुख अनुसंधान 'न्यूट्रिनोज' के संबंध में ही था, जिसको 1920 के बाद से ही वैज्ञानिक जान नहीं पाए क्योंकि वे यह तो जानते थे कि परमाणु संलयन प्रतिक्रियाओं (न्यूक्लियर फ्यूजन रिएक्शन) की वजह से सूरज चमकता है लेकिन इन प्रतिक्रियाओं से अनगिनत 'न्यूट्रिनोज' के संबंध में किसी को पता नहीं था। रेमंड ने 25 वर्षों के अनुसंधान के पश्चात इस बात की पुष्टि की कि सूरज में होने वाली परमाणु प्रतिक्रियाओं से 'न्यूट्रिनोज' उत्पन्न होते हैं। बाद में रेमंड के इस परिणाम की पुष्टि कोशिबा ने भी की।

महत्त्वपूर्ण योगदान के लिए संयुक्त रूप से नोबेल सम्मान से सम्मानित किया गया।

कोशिबा, मासातोशी

नागरिकता : जापान

जन्म : 19 सितंबर, 1926; तोयोहाशी, जापान

जापान के आइची, तोयोहाशी में जन्मे मासातोशी कोशिबा, को 2002 का भौतिकी में नोबेल पुरस्कार संयुक्त रूप से रेमंड डेविस जूनियर तथा रिकार्डो जियाकोनी के साथ प्रदान किया। उन्होंने भी कॉस्मिक न्यूट्रिनोज की खोज की और इस संबंध में रेमंड डेविस के परिणामों की पुष्टि की।

अपने नोबेल पुरस्कार प्राप्त अनुसंधान के लिए उन्होंने जापान में एक जस्ता खदान (जिंक माइन) में एक भूमिगत न्यूट्रिनो डिटेक्टर का निर्माण किया जिसके द्वारा उन्होंने पानी के अणुओं में परमाणु नाभिकों के साथ 'न्यूट्रिनोज' की अंत:क्रिया कराई तो इससे सूर्य के प्रकाश जैसी 'किरणों की चमक' पैदा हुई।

1987 में कैमियोकांडे (जापान की जस्ता खदान में लगे डिटेक्टर) ने एक सुपरनोवा विस्फोट से भी 'न्यूट्रिनोज' का पता लगाने में सफलता प्राप्त की।

कोशिबा ने 1951 में टोक्यो विश्वविद्यालय से स्नातक की शिक्षा पूर्ण की और 1955 में न्यू यॉर्क के रोशेस्टर विश्वविद्यालय से भौतिक विज्ञान में पीएच.डी. की डिग्री प्राप्त की। 1955 से 1958 तक वे शिकागो विश्वविद्यालय में भौतिकी विभाग के शोध सहायक रहे तथा 1958 से 1963 तक टोक्यो विश्वविद्यालय में, इंस्टीट्यूट ऑफ न्यूक्लियर स्टडी में, सहायक प्रोफेसर थे। 1987 से 1997 तक कोशिबा ने तोकाई विश्वविद्यालय में पढ़ाया तथा इससे पूर्व वे टोक्यो विश्वविद्यालय में भौतिकी विभाग में प्रोफेसर नियुक्त हुए।

वे टोक्यो विश्वविद्यालय के अवकाशप्राप्त प्रोफेसर हैं तथा वर्तमान में आई.सी.ई.पी.पी. के वरिष्ठ सलाहकार हैं। कोशिबा मासातोशी और रेमंड डेविस जूनियर को खगोल भौतिकी, विशेष रूप से कॉस्मिक न्यूट्रिनों, के क्षेत्र में उनके

जियाकोनी, रिकार्डो

नागरिकता : इटली / संयुक्त राज्य अमरीका

जन्म : 6 अक्टूबर, 1931; जेनोआ, इटली

इटली के जिनेवा में जन्मे और अमरीकी नागरिकता प्राप्त रिकार्डो जियाकोनी वर्तमान में जोंस हॉपकिंस विश्वविद्यालय में प्रोफेसर हैं। उन्होंने 'एक्स-रे' के अंतरिक्षीय स्रोतों की खोज की, जिससे एक्स-रे खगोल विज्ञान का आधार तैयार करने में सहायता मिली।

जियाकोनी ने अपने एक्स-रे खगोल विज्ञान के कार्य की शुरुआत 1959 में की, वैज्ञानिकों द्वारा सर्वप्रथम सूर्य से 'एक्स-रे' किरणों की खोज करने के लगभग दस वर्ष बाद। इससे पूर्व जियाकोनी ने ऐसी दूरबीन के निर्माण पर भी कार्य किया था, जिससे उच्च-आवृत्ति वाली अदृश्य, विद्युत चुंबकीय विकिरणों (एक्स-रे) को 'छवियों' में केंद्रित किया जा सके और 1970 में उन्होंने विश्व की प्रथम उच्च-परिभाषित एक्स-रे दूरबीन का निर्माण किया।

जियाकोनी ने 1954 में मिलान विश्वविद्यालय से पीएच.डी. की। 1959 में वे एक शोध-कंपनी 'अमरीकन साइंस एंड इंजीनियरिंग' से जुड़ गए और 1973 में खगोल भौतिकी के लिए हार्वर्ड-स्मिथसोनियन सेंटर चले गए। बाद में, वे स्पेस टेलिस्कोप साइंस इंस्टीट्यूट में निदेशक के तौर पर नियुक्त किए गए (1981-93)। 1999 में वे संबद्ध विश्वविद्यालय के अध्यक्ष बन गए जो नेशनल रेडियो एस्ट्रोनॉमी को संचालित करती है।

जियाकोनी को यह पुरस्कार खगोल भौतिकी में उनके अग्रणी योगदान, जिसके परिणामस्वरूप कॉस्मिक एक्स-रे के स्रोतों की खोज का मार्ग प्रशस्त हुआ के लिए प्राप्त हुआ।

जियाकोनी ने भौतिक विज्ञान में 2002 का नोबेल पुरस्कार

संयुक्त रूप से रेमंड डेविस जूनियर तथा मासातोशी कोशिबा के साथ प्राप्त किया। जियाकोनी को पुरस्कार की आधी राशि प्रदान की गई तथा आधी राशि रेमंड डेविस तथा मासातोशी कोशिबा ने साझा की।

रसायन विज्ञान

फेन, जॉन बी.
नागरिकता : संयुक्त राज्य अमरीका
जन्म : 15 जून, 1917; न्यू यॉर्क, अमरीका
निधन : 10 दिसंबर, 2010; रिचमन्ड, अमरीका

अमरीका के न्यू यॉर्क शहर में जन्मे और न्यू जर्सी में पले-बढ़े, विश्लेषणात्मक रसायन विज्ञान के अमरीकी शोध प्रोफेसर, जॉन बी. फेन के पिता को महामंदी के बाद बेरिया, केंटुकी जाना पड़ा। वहाँ जॉन फेन ने 15 वर्ष की आयु में बेरिया कॉलेज तथा अलाइड स्कूल में अपनी हाई स्कूल की विधिवत् शिक्षा प्राप्त की। उन्होंने अपने नए शहर में बेरिया कॉलेज से स्नातक की डिग्री प्राप्त की। 1940 में फेन ने येल विश्व-विद्यालय से रसायन विज्ञान में पीएच.डी. पूरी की। 1952 में प्रिंस्टन विश्वविद्यालय में नियुक्ति से पूर्व उन्होंने लगभग एक दशक से भी ज्यादा समय विभिन्न कंपनियों में कार्य करते हुए बिताया।

1967 में फेन, येल विश्वविद्यालय चले गए, जहाँ वे 1987 में प्रोफेसर नियुक्त हो गए। बाद में वे यहीं पर अवकाश-प्राप्त प्रोफेसर बने। येल में जबरदस्ती अवकाश-ग्रहण करने के लिए मजबूर करने तथा 'इलेक्ट्रोस्प्रे आयो-नाइजेशन' के आविष्कार के अधिकार को लेकर उपजे विवाद के कारण, वह वर्जीनिया कॉमनवेल्थ विश्वविद्यालय के रसायन विज्ञान विभाग में विश्लेषणात्मक रसायन विज्ञान के प्रोफेसर के तौर पर नियुक्त हो गए।

2002 में, उन्हें संयुक्त रूप से रसायन विज्ञान के नोबेल पुरस्कार से सम्मानित किया गया। उन्हें यह सम्मान संयुक्त रूप से कोइची तनाका तथा कर्ट वुत्रिख के साथ 'बृहद्-परमाणुओं की संरचना के अध्ययन और विश्लेषण की प्रणाली विकसित करने के लिए' दिया गया।

फेन ने अपने स्नातकीय अध्ययन के दूसरे वर्ष के अंत में मार्गरेट विल्सन से विवाह किया, जिनकी 1992 में एक कार एक्सीडेंट में मृत्यु हो गई।

तनाका, कोइची
नागरिकता : जापान
जन्म : 3 अगस्त, 1959; तोयामा, जापान

जापान के तोयामा में जन्मे और पले-बढ़े कोइची तनाका ने खोजा कि यदि प्रोटीनों को ग्लिसरॉल और बहुत बारीक धातु के पाउडर के मिश्रण में मिलाया जाए तो उसे लेजर के साथ आयनित (आयोनाइज्ड) किया जा सकता है और उनके ढाँचे को सुरक्षित रखा जा सकता है। इससे पूर्व इस्तेमाल की गई 'आयोनाइजेशन' तकनीक से प्रोटीनों का त्रि-आयामी ढाँचा टूट जाता था।

तनाका ने 1983 में तोहोकू विश्वविद्यालय से इंजीनियरिंग की डिग्री प्राप्त की। बाद में उन्होंने वैज्ञानिक और औद्योगिक उपकरणों की एक निर्माता कंपनी, शिमाद्ज़ू कॉर्पोरेशन में नौकरी कर ली तथा वहाँ विभिन्न शोध-पदों पर रहे। 2002 में, उन्हें कॉर्पोरेशन का एक 'फेलो' बना दिया गया, जो कार्यकारी निदेशक के समकक्ष माना जाता है। यहाँ उन्होंने 'मास स्पेक्ट्रोमीटर' के विकास कार्य किए।

कोइची तनाका ने अपनी खोज को पेटेंट करवाने के लिए किए गए आवेदन को सार्वजनिक करने के बाद, मई 1987 में क्योटो में आयोजित, जापान की 'मास स्पेक्ट्रोमीटर समिति' के वार्षिक सम्मेलन में इसकी व्याख्या की और इसे 'सॉफ्ट लेजर डेजोर्पशन' का नाम दिया गया।

उनकी इसी खोज पर उन्हें जॉन बी. फेन तथा कर्ट वुत्रिख के साथ संयुक्त रूप से 2002 का रसायन विज्ञान का

नोबेल पुरस्कार प्रदान किया गया। लेकिन इस पर एक विवाद उठ खड़ा हुआ क्योंकि इससे पूर्व 1985 में दो जर्मन वैज्ञानिक, फ्रैंज हिलेनकैंप तथा माइकल करास, उच्च संवेदनशीलता के साथ मैट्रिक्स के रूप में एक छोटे से कॉर्बन यौगिक (ऑर्गेनिक कंपाउंड) की एक पद्धति प्रस्तुत कर चुके थे। लेकिन चूँकि उनकी यह पद्धति प्रोटीन को आयनित करने (आयोनाइजेशन) में इस्तेमाल नहीं की जा सकती थी, अतः यह पुरस्कार तनाका को ही प्रदान किया गया।

तनाका के इस आविष्कार से मलेरिया और कैंसर की कुछ किस्मों का प्रारम्भिक अवस्था में ही पता लगाने में सहायता मिलती है।

वुत्रिख, कर्ट
नागरिकता : स्विट्जरलैंड
जन्म : 4 अक्टूबर, 1938; आरबर्ग, स्विट्जरलैंड

स्विट्जरलैंड के आरबर्ग नामक स्थान पर जन्मे कर्ट वुत्रिख को 2002 का रसायन विज्ञान में नोबेल पुरस्कार किसी मिश्रण में जैविक अणुओं की त्रि-आयामी संरचना का निर्धारण करने के लिए, परमाणु चुंबकीय अनुनाद स्पेक्ट्रोस्कोपी (न्यूक्लियर मैग्नेटिक रेजोनेंस स्पेक्ट्रोस्कोपी-एन.एम.आर.) के विकास के लिए दिया गया।

कर्ट वुत्रिख ने 1964 में बंसल विश्वविद्यालय से कार्बनिक रसायन विज्ञान में पीएच.डी. करने के पश्चात, स्विट्जरलैंड और संयुक्त राज्य अमरीका में 'उत्तर-डॉक्टरेट' प्रशिक्षण प्राप्त किया। 1969 में कर्ट वुत्रिख स्विस फेडरल इंस्टीट्यूट ऑफ टेक्नोलॉजी से जुड़ गए, जहाँ 1980 में जैव-भौतिक विज्ञान के प्रोफेसर बनाए गए। 2001 में उन्होंने एक विजिटिंग प्रोफेसर के रूप में कैलीफोर्निया के ला जोला में स्क्रिप्स रिसर्च इंस्टीट्यूट में कार्यभार सँभाला।

उन्होंने 2007 में हैडलर मेमोरियल लेक्चरर की हैसियत से, ड्यूक विश्वविद्यालय में अध्यापन कार्य किया।

अक्टूबर, 2010 में वुत्रिख ने अमरीका के विज्ञान एवं इंजीनियरिंग समारोह के लंच में भाग लिया, जहाँ मिडिल और हाई स्कूल के छात्र नोबेल पुरस्कार प्राप्त वैज्ञानिकों के साथ एक अनौपचारिक बातचीत में भाग लेते हैं। वुत्रिख इस समारोह के सलाहकार मंडल के सदस्य भी हैं। उन्हें किसी मिश्रण में जैविक अणुओं की त्रि-आयामी संरचना का निर्धारण करने के लिए परमाणु चुंबकीय अनुकंपन स्पेक्ट्रोस्कोपी के विकास के लिए नोबेल पुरस्कार से सम्मानित किया गया।

शरीर विज्ञान/चिकित्सा विज्ञान

ब्रेनर, सिडनी
नागरिकता : ब्रिटेन
जन्म : 13 जनवरी, 1927; जर्मिस्टन, दक्षिण अफ्रीका

साउथ अफ्रीका के एक छोटे-से कस्बे में जन्मे सिडनी ब्रेनर के माता-पिता यहूदी आप्रवासी थे। उनके पिता 1910 में लिथुआनिया से दक्षिण अफ्रीका आ गए और उनकी माँ 1922 में लैटविया से। उनके पिता एक मोची थे।

ब्रेनर ने 1941 में जर्मिस्टन हाई स्कूल से मैट्रिक की परीक्षा पास की और 1947 में जोहान्सबर्ग के विटवाटर्सरैंड विश्वविद्यालय से एम.एससी. और 1951 में एम.बी.-बी.सी.एच. किया। ब्रेनर ने जोएल मेडेलस्टैम के साथ भौतिक रसायन विज्ञान, अल्फ्रेड ओटल के साथ माइक्रोस्कोपी तथा हैरोल्ड डेत्ज के साथ स्नायु विज्ञान की शिक्षा प्राप्त की। 1952 में उन्होंने ऑक्सफोर्ड विश्वविद्यालय में भौतिक-रसायन विज्ञान प्रयोगशाला में डॉक्टरेट की पढ़ाई शुरू की। उनके शोध का विषय था—बैक्टीरिया में जीवाणुभोजी प्रतिरोध। 1954 में उन्हें डी.फिल की उपाधि से सम्मानित किया गया।

1979 से 1980 तक वे ग्लासगो विश्वविद्यालय में जिफोर्ड लेक्चरर थे। 1979 से 1987 तक उन्होंने एम.आर.सी.

लेबोरेटरी ऑफ मोलेक्यूलर बॉयोलाजी के निदेशक के रूप में अपनी सेवाएँ दीं। 1996 में उन्होंने एक निजी शोध संस्थान, मोलेक्यूलर साइंसेज इंस्टीट्यूट की स्थापना की। वे संस्थान के पहले निदेशक थे।

2002 में उन्हें शरीर विज्ञान या औषधि विज्ञान में नोबेल पुरस्कार से सम्मानित किया गया। उन्होंने यह पुरस्कार एच.रॉबर्ट हारवित्ज तथा जॉन ई. सुल्सटन के साथ साझा किया। उन्हें शारीरिक अंगों के विकास के आनुवंशिक विनियमन और बहुकोशकीय जीवों में कोशिकाओं के नष्ट होने के संबंधीं आविष्कार के फलस्वरूप सम्मानित किया गया।

वह 'एंसाइक्लोपीडिया ऑफ जेनेटिक्स' के सह-संपादक हैं।

हारवित्ज, एच. रॉबर्ट

नागरिकता : संयुक्त राज्य अमरीका

जन्म : 8 मई, 1947; शिकागो, अमरीका

अमरीका के शिकागो में जन्मे हॉवर्ड रॉबर्ट हॉरवित्ज ने 2002 का शरीर विज्ञान या औषधि विज्ञान का नोबेल पुरस्कार, सिडनी ब्रेनर तथा जॉन ई. सुल्सटन के साथ, संयुक्त रूप से प्राप्त किया। उन्हें यह पुरस्कार शारीरिक अंगों के विकास के आनुवंशिक विनियमन और बहुकोशकीय जीवों में कोशिकाओं के नष्ट होने संबंधी उनकी खोज के लिए सम्मानस्वरूप प्रदान किया गया। उन्होंने ऐसे 'जीन' की खोज की, जो सी. एलिगंस नामक कीड़े (इसे निमाटोड कीड़े के नाम से जाना जाता है,) की कोशिकाओं के नष्ट होने पर नियंत्रण रखता है। यह पारदर्शी कीड़ा 1000 से भी कम कोशिकाओं से बना होता है। (अन्य जानवरों तथा मनुष्यों में भी समान जीन की पहचान की गई है।)

हॉरवित्ज ने इस खोज का कार्य 1970 के दशक में ब्रिटेन की ब्रेनर प्रयोगशाला में 'पोस्ट डॉक्टोरल' फेलोशिप करने के दौरान आरंभ किया था। 1980 के दशक के मध्य में उन्होंने एक जीवविज्ञानी के रूप में मेसाचुसेट्स इंस्टीट्यूट ऑफ टेक्नोलॉजी में कार्य करते हुए सबसे पहले 'कोशिका नष्ट करनेवाले' जीन (Ced-3 और Ced-4) की पहचान की।

हॉरवित्ज ने पूर्व स्नातक की शिक्षा 1968 में मेसाचुसेट्स इंस्टीट्यूट ऑफ टेक्नोलॉजी से पूरी की तथा 1974 में हार्वर्ड विश्वविद्यालय से जीव विज्ञान में पीएच.डी. की।

वर्तमान में डॉ. हारवित्ज मेसाचुसेट्स इंस्टीट्यूट ऑफ टेक्नोलॉजी में जीव विज्ञान के डेविड एच. कोच प्रोफेसर हैं तथा बोस्टन के मेसाचुसेट्स जनरल हॉस्पिटल के स्नायु जीव-विज्ञानी तथा आनुवंशिकीविद् हैं।

हारवित्ज अमरीका के विज्ञान एवं इंजीनियरिंग समारोह के सलाहकार मंडल के सदस्य भी हैं। 2009 में उन्हें रॉयल सोसायटी में विदेशी सदस्य के रूप में नामित किया गया।

सुल्सटन, जॉन एडवर्ड

नागरिकता : ब्रिटेन

जन्म : 27 मार्च, 1942; कैंब्रिज, ब्रिटेन

जॉन ई. सुल्सटन का जन्म इंग्लैंड के कैंब्रिज शहर में हुआ। वे ब्रिटिश जीवविज्ञानी हैं, जिन्होंने सिडनी ब्रेनर और रॉबर्ट हॉरवित्ज के साथ संयुक्त रूप से शरीर विज्ञान या औषधि विज्ञान का नोबेल पुरस्कार प्राप्त किया। उन्हें यह पुरस्कार ऐसे 'जीन' की खोज करने के लिए मिला, जो सी. एलिगंस नामक कीड़े की कोशिकाओं के नष्ट होने पर नियंत्रण करता है। यह पारदर्शी कीड़ा 1000 से भी कम कोशिकाओं से बना होता है। (अन्य जानवरों तथा मनुष्यों में भी समान 'जीन' की पहचान की गई है।)

सुल्सटन ने कैंब्रिज विश्वविद्यालय से बी.ए. (1963) तथा पीएच.डी. (1966) की डिग्रियाँ प्राप्त कीं। 1969 में वह इंग्लैंड में ब्रेनर के समूह, मेडिकल रिसर्च काउंसिल से जुड़ गए। 1992 से 2000 तक वे कैंब्रिज में सेंगर इंस्टीट्यूट में निदेशक के पद पर रहे।

सुल्सटन ने सी. एलिगंस कीड़े और मानव जीनोम, दोनों में केंद्रीय भूमिका निभाई। 2000 में मानव-जीनोम श्रृंखला का 'प्रारूप' तैयार कर लेने के बाद, वे सेंगर इंस्टीट्यूट के निदेशक के पद से सेवानिवृत्त हो गए। 2000 में उन्हें डैन डेविड पुरस्कार प्राप्त हुआ। इसी वर्ष, उन्हें बर्न्स मानवतावादी पुरस्कार से भी सम्मानित किया गया।

ब्रिटिश मानवतावादी समिति के एक प्रतिष्ठित समर्थक हैं। उन्होंने विकिलीक्स के संस्थापक संपादक जूलियन असांज के वकील, मार्क स्टीफेंस के अनुसार, जूलियन असांज की जमानत भी दी।

साहित्य

करतेज, इमरे
नागरिकता : हंगरी
जन्म : 9 नवंबर, 1929; बुडापेस्ट, हंगरी

इमरे करतेज का जन्म बुडापेस्ट में, एक मध्यमवर्गीय, संयुक्त यहूदी परिवार में हुआ। उनके पिता एक टिंबर व्यापारी थे। उनकी रचनाएँ द्वितीय विश्वयुद्ध के विध्वंस की आत्म-कथात्मक लेखनी का नमूना हैं। उन्हें 2002 के साहित्य के नोबेल पुरस्कार से सम्मानित किया गया।

14 वर्ष की उम्र में करतेज को अन्य हंगेरियन यहूदियों के साथ, द्वितीय विश्वयुद्ध के दौरान, नाजी कब्जे वाले पोलैंड में ऑस्वित्ज यातना शिविर में निर्वासित कर दिया गया। बाद में उन्हें जर्मनी में ब्यूखेनवाल्ड शिविर में भेज दिया गया जहाँ से उन्हें 1945 में मुक्त किया गया। हंगरी वापस लौटने पर, उन्होंने एक समाचार-पत्र में पत्रकार के रूप में कार्य किया लेकिन कम्युनिस्टों के कब्जे के बाद, वे 1951 में बर्खास्त हो गए। उन्होंने नए शासन द्वारा लागू की गई सांस्कृतिक नीति को मानने से इनकार कर दिया। उन्होंने स्वयं को सहारा देने के लिए अनुवाद कार्य आरंभ किया। उनके अनुवाद-कार्य को बहुत सराहना मिली, विशेषकर जर्मन भाषा के लेखक फ्रेडरिक नित्शे, ह्यूगो वौन हॉफमैन स्थाल, सिग्मंड फ्रॉयड, आर्थर श्नित्जलर तथा लुडविग विटजेंस्टीन की रचनाओं के अनुवाद से।

उनका पहला और सबसे सफल उपन्यास था—'सॉर्स-तेलनसैग' (अभागा), जो 1965 के आस-पास पूरा हुआ लेकिन प्रकाशित हुआ 1975 में। इस उपन्यास ने करतेस को समकालीन हंगेरियन साहित्य में एक अद्वितीय और महत्त्वपूर्ण लेखक के रूप में स्थापित कर दिया। इसमें 15 वर्षीय बालक, जॉर्ज के नाजियों के मृत्यु-शिविरों, आश्वित्ज और ब्यूखेनवाल्ड में बिताए जीवन की लोमहर्षक कहानी है। 2005 में इस पर एक हंगेरियन फिल्म बनी, जिसकी पटकथा स्वयं लेखक ने लिखी।

साम्यवाद के पतन के बाद करतेज ने सक्रिय साहित्यिक भूमिका निभाई। 1990 में उपन्यास के प्रथम जर्मन-भाषा संस्करण के प्रकाशन के साथ ही उनकी साहित्यिक प्रतिष्ठा यूरोप में भी फैलने लगी और बाद में इस उपन्यास को 10 भाषाओं में प्रकाशित किया गया।

यह उपन्यास अर्द्ध-आत्मकथात्मक तीन उपन्यासों की कड़ी में पहली प्रस्तुति थी। उसके बाद उनके दो उपन्यास प्रकाशित हुए जो विश्वयुद्ध के विध्वंस की सच्ची तस्वीर प्रस्तुत करते थे—'कदार्क' (1988—असफलता) तथा 'कडीस ए मेग नेम स्यूलैटेट ज्येरमैकेर्ट' (1990—एक अजन्मे बच्चे के लिए प्रार्थना)।

करतेज का लगभग पूरा साहित्य ही उनके अपने जीवन की क्रूरतम घटनाओं और सख्त हालात में संघर्ष करते लोगों की जीवन कथाओं से भरा पड़ा है। उन्होंने बीसवीं सदी के सबसे लोमहर्षक अनुभवों की कहानी पूरी दुनिया के सामने रखी, जिसके लिए उन्हें नोबेल पुरस्कार से सम्मानित किया गया।

उनकी अन्य महत्त्वपूर्ण कृतियाँ हैं : 'अंज अंगोल लोबोगो (कहानी संग्रह—1991-अंग्रेजी झंडा), 'गल्यानापलो' (1992—गैली डायरी), 1961 से 1991 की काल अवधि की कथा-आधारित डायरी, जिसका दूसरा भाग 'बालाकी मास - अ वाल्टेग्रास क्रोनिकजा' (1997—कोई दूसरा : बदलाव का वृत्तांत)। उनके निबंधों और व्याख्याओं का संग्रह है : 'कलयरा' (1993—विध्वंस : एक संस्कृति), 'अ जामुजोत न्येलव' (2001—एक निर्वासित राजा)।

उन्होंने स्टीवन स्पीलबर्ग की फिल्म 'शिंडलर्स लिस्ट' में विध्वंस के चित्रण की आलोचना करते हुए कहा,

''विध्वंस या प्रलय की कोई भी प्रस्तुति, जो हमारे जीवन के विकृत रूप और प्रलय की संभावना के बीच के जैविक संबंध को समझने में सक्षम नहीं है या समझना नहीं चाहती, मैं उसे आडंबर से अधिक कुछ नहीं मानता।''

शान्ति

कार्टर, जिमी

नागरिकता : संयुक्त राज्य अमरीका

जन्म : 1 अक्टूबर, 1924; जार्जिया, अमरीका

जिमी कार्टर का जन्म अमरीका के एक छोटे-से शहर, जार्जिया में हुआ। उनका लालन-पालन लगभग तीरंदाजों के समुदाय में हुआ। उनके पिता जेम्स अर्ल कॉर्टर एक किसान और व्यापारी थे और उनकी माँ लिलियन गोर्डी एक नर्स। जिमी कार्टर पहले ऐसे अमरीकी राष्ट्रपति थे जिन्हें 'व्हाइट हाउस' छोड़ने के बाद नोबेल पुरस्कार से सम्मानित किया गया। जिमी कार्टर राष्ट्रपति बनने से पूर्व मूँगफली की खेती करनेवाले किसान, एक अमरीकी नौसेना अधिकारी तथा दो बार जार्जिया राज्य के सीनेटर तथा एक बार जार्जिया के गवर्नर (1971-75) रहे।

कार्टर ने 1974 में राष्ट्रपति पद के लिए अपनी उम्मीदवारी घोषित की। इससे पूर्व उन्हें 1973 में 1974 में होने वाले कांग्रेस के चुनावों के लिए डेमोक्रेटिक नेशनल कमेटी के चुनाव अभियान का अध्यक्ष बनाया गया था। 2 नवंबर, 1976 को वे अमरीका के राष्ट्रपति चुने गए।

कार्टर ने मुद्रास्फीति और बेरोजगारी जैसे आर्थिक मुद्दों के क्षेत्र में बहुत कठिन परिश्रम किया। घरेलू स्तर पर कार्टर की कई उपलब्धियाँ हैं। वे राष्ट्रीय ऊर्जा नीति बनाकर, ऊर्जा की कमी से निबटने में सफल रहे तथा पेट्रोलियम का उत्पादन बढ़ाने के लिए, पेट्रोलियम पदार्थों की कीमतों से नियंत्रण हटा लिया। मानवीय व सामाजिक सेवाओं में बढ़ोतरी के लिए उन्होंने शिक्षा विभाग बनाया तथा सरकारी नौकरियों में रिकॉर्डतोड़ संख्या में स्त्रियों, अश्वेतों तथा स्पेन के मूल निवासियों की भर्ती की।

विदेशी मामलों में कार्टर ने अपनी अलग शैली विकसित की। मध्य-पूर्व क्षेत्र में, 1978 में कैंप डेविड समझौते के माध्यम से, उन्होंने मिस्र व इजराइल में दोस्ताना संबंध स्थापित करने में भी सहायता की। वे पनामा नहर संधि की पुष्टि करवाने में सफल रहे। अपने से पूर्व राष्ट्रपतियों द्वारा किए गए कार्यों को आगे बढ़ाकर उन्होंने चीन के साथ कूटनीतिक संबंध बनाए और सोवियत संघ के साथ साल्ट-II परमाणु सीमा संधि पर बातचीत को पूर्णता प्रदान की।

उनके कार्यकाल के दौरान कई गंभीर किस्म की बाधाएँ भी उपस्थित रहीं। अफगानिस्तान पर सोवियत संघ के आक्रमण के कारण, साल्ट-II संधि को प्रमाणित करने का कार्यक्रम स्थगित करना पड़ा।

जिमी कार्टर के प्रशासन के अंतिम चौदह महीनों में ईरान में अमरीकी दूतावास के कर्मचारियों को बंधक बनाए रखने के परिणामस्वरूप तथा देश में मुद्रा-स्फीति के कारण, 1980 में कार्टर को पराजय का मुँह देखना पड़ा।

फिर भी उन्होंने बंधकों के मामले में लेन-देन संबंधी कठिन बातचीत को जारी रखा। जिस दिन कार्टर ने कार्यालय छोड़ा, ठीक उसी दिन ईरान ने भी 52 अमरीकी बंधकों को रिहा कर दिया।

2002 में, जिमी कार्टर को ''अंतरराष्ट्रीय विवादों को शान्तिपूर्ण ढंग से सुलझाने, लोकतंत्र तथा मानवाधिकार के कार्यों को आगे बढ़ाने तथा कॉर्टर केंद्र के माध्यम से आर्थिक व सामाजिक विकास को बढ़ावा देने संबंधी उनके कार्यों के लिए नोबेल शान्ति पुरस्कार से सम्मानित किया गया। थियोडोर रूजवेल्ट तथा वुड्रो विल्सन के बाद वे तीसरे अमरीकी राष्ट्रपति थे, जिन्हें इस पुरस्कार से सम्मानित किया गया।

राष्ट्रपति कार्टर की आत्मकथा 'व्हाई नॉट द बेस्ट?' (सर्वश्रेष्ठ क्यों नहीं?) 1975 में प्रकाशित हुई। 1982 में उनकी पुस्तक 'कीपिंग फेथ : मैगायर्स ऑफ ए प्रेजिडेंट' (विश्वास रखते हुए : एक राष्ट्रपति के संस्मरण) प्रकाशित हुई।

राष्ट्रपति भवन छोड़ने के बाद जिमी कार्टर और उनकी पत्नी रोजलिन ने 1982 में 'कार्टर सेंटर' की स्थापना की, जो गैर-सरकारी संगठन है और मानव अधिकारों की रक्षा के लिए कार्य करता है। कार्टर मानवता से संबंधित परियोजनाओं के क्षेत्र में भी महत्त्वपूर्ण व्यक्ति माने जाते हैं।

अर्थशास्त्र

कानेमन, डेनियल

नागरिकता : संयुक्त राज्य अमरीका / इजराइल

जन्म : 5 मार्च, 1934; तेल अवीव, ब्रिटिश शासकाधीन फिलिस्तीन (अब इजराइल)

तेल अवीव में जन्मे और द्वितीय विश्वयुद्ध के दौरान फ्रांस में रहने वाले डेनियल कानेमन तथा उनके परिवार को नाजियों के जुल्म का शिकार होना पड़ा और उनके पिता को नाजियों ने बंदी बना लिया जिनकी बाद में 1944 में, डायबिटीज के कारण मृत्यु हो गई। हालाँकि उनका परिवार नाजियों के चंगुल से मुक्त होने में सफल रहा।

कानेमन ने 1954 में येरूशलम के हिब्रू विश्वविद्यालय से मनोविज्ञान तथा गणित में बी.एससी. की पढ़ाई पूरी की। उसके पश्चात उन्होंने इजराइल के रक्षा बलों में एक मनोविज्ञानी के रूप में कार्य किया। वहाँ उन्होंने रंगरूटों की भर्ती के लिए एक साक्षात्कार-प्रणाली विकसित की। सेना में कार्य करने के बाद उन्होंने 1961 में बर्कले विश्वविद्यालय से पीएच.डी. की और उसके बाद बर्कले तथा कोलंबिया विश्वविद्यालय सहित कई विश्वविद्यालयों में अध्यापन कार्य किया।

'सजा की तुलना में इनाम को बेहतर' मानने वाले कानेमन का मुख्य कार्य मनोविज्ञान के क्षेत्र में है। उन्हें 2002 में, वर्नन एल. स्मिथ के साथ संयुक्त रूप से अर्थशास्त्र के नोबेल पुरस्कार से सम्मानित किया गया। उन्हें यह सम्मान 'मनौ-वैज्ञानिक अनुसंधान द्वारा इस बात का पता लगाने के प्रयास के लिए' दिया गया कि सामान्य उपभोक्ता अनिर्णय की स्थिति में क्रय की जाने वाली वस्तुओं का चुनाव किस आधार पर करते हैं।

उन्हें मानव-व्यवहार से संबंधित अर्थशास्त्र का पिता भी कहा जाता है। 2011 में, 'फारेन पॉलिसी' नामक पत्रिका ने उन्हें शीर्ष वैश्विक विचारकों की अपनी सूची में शामिल किया था। इसी वर्ष उनकी पुस्तक 'थिंकिंग, फास्ट एंड स्लो' प्रकाशित हुई, जो मुख्यत: उनके शोधकार्यों का एक संक्षिप्त सार है। यह पुस्तक प्रकाशित होते ही 'बेस्ट सेलर' सिद्ध हुई।

वर्तमान में कानेमन प्रिंस्टन विश्वविद्यालय के वुड्रो विल्सन स्कूल में मनोविज्ञान और सार्वजनिक मामलों के प्रोफेसर हैं और अपनी पत्नी एन. ट्रीसमन के साथ मैनहट्टन में रह रहे हैं।

स्मिथ, वर्नन एल.

नागरिकता : संयुक्त राज्य अमरीका

जन्म : 1 जनवरी, 1927; केन्सास, अमरीका

अमरीका के केन्सास में जन्मे वर्नन एल. स्मिथ ने प्रारंभिक शिक्षा विचिता नॉर्थ हाई स्कूल तथा फ्रैंड्स विश्वविद्यालय से प्राप्त की। उन्होंने 1949 में इलेक्ट्रिकल इंजीनियरिंग में कालटैक (जो कैलीफोर्निया इंस्टीट्यूट ऑफ टेक्नोलॉजी का एक प्रचलित नाम है) से स्नातक की डिग्री प्राप्त की। 1952 में केन्सास विश्वविद्यालय से अर्थशास्त्र में एम.ए. तथा 1955 में हार्वर्ड विश्वविद्यालय से पीएच.डी. की डिग्रियाँ प्राप्त कीं।

1961 के बाद से उन्होंने स्टैनफोर्ड विश्वविद्यालय (1961-62), ब्राउन विश्वविद्यालय (1967-68), मेसाचुसेट्स विश्वविद्यालय (1968-72), कालटैक (1973-75) आदि में अध्यापन कार्य किया। नोबेल मेमोरियल पुरस्कार दिलाने वाले अधिकांश शोध स्मिथ ने 1976 से 2002 के दौरान एरिजोना विश्वविद्यालय में किए।

2002 में उन्हें अर्थशास्त्र में नोबेल पुरस्कार से सम्मानित किया गया। उन्हें यह पुरस्कार, डेनियल कानेमन के साथ संयुक्त रूप से 'प्रयोगात्मक अर्थशास्त्र में अनुसंधानों के लिए' प्रदान किया गया। उन्होंने अपने अनुसंधान से पूँजी सिद्धांत, वित्त, प्राकृतिक संसाधनों के अर्थशास्त्र, औद्योगिक संगठन, संपत्ति अधिकारों से संबंधित अर्थशास्त्र और न्यूरोइकोनॉमिक्स आदि में भी खोज की।

स्मिथ पूँजी-सिद्धांत, वित्त और प्रयोगात्मक अर्थशास्त्र पर लगभग 200 लेखों के लेखक या सह-लेखक हैं। जनवरी, 2009 में उन्होंने 'अमरीकन रिकवरी एंड री इन्वेस्टमेंट एक्ट' के पारित होने के विरोध में एक सार्वजनिक याचिका पर हस्ताक्षर किए। 2010 में अर्थशास्त्र से संबंधित पत्रिका 'इकोम जर्नल वॉच' ने एक सर्वेक्षण में उन्हें 'अमरीकी अर्थशास्त्रियों में याचिका पर हस्ताक्षर करनेवालों में सबसे अधिक सक्रिय' पाया। उन्हें प्रयोगात्मक अर्थशास्त्र में उनके अनुसंधानों के लिए, जिससे उन्होंने पूँजी-सिद्धांत, वित्त, प्राकृतिक संसाधनों के अर्थशास्त्र, औद्योगिक संगठन और संपत्ति के अधिकारों से संबंधित अर्थशास्त्र व न्यूरोइकोनॉमिक्स में खोज की, नोबेल पुरस्कार से सम्मानित किया गया।

भौतिक विज्ञान

रसायन विज्ञान

शरीर विज्ञान/चिकित्सा विज्ञान

साहित्य

शान्ति

अर्थशास्त्र

2003

भौतिक विज्ञान

अब्रिकोसोव, अलेक्सेई ए.
नागरिकता : सोवियत संघ
जन्म : 25 जून, 1928; मॉस्को, रूस

अलेक्सेई अब्रिकोसोव का जन्म 25 जून, 1928 को मास्को, रूस में हुआ। उन्होंने 1948 में मास्को स्टेट विश्वविद्यालय से स्नातक की डिग्री प्राप्त की और 1951 में यू.एस.एस.आर. एकेडमी ऑफ साइंस से पीएच.डी. की डिग्री अर्जित की। 1955 में उन्हें भौतिकी तथा गणितीय विज्ञान में डॉक्टरेट की उपाधि से सम्मानित किया गया।

1949 से 1965 तक उन्होंने सोवियत संघ विज्ञान अकादमी में कार्य किया। यहाँ पर उन्होंने लैंडाओ इंस्टीट्यूट ऑफ थियरेटिकल फिजिक्स में (1965–88) कार्य किया। 1965 से मास्को विश्वविद्यालय के प्रोफेसर, 1987–91 के दौरान सोवियत संघ की एकेमी ऑफ साइंसेज के शिक्षा-विद् तथा 1991 के बाद से रूसी विज्ञान अकादमी के सदस्य रहे।

1952 में उन्होंने उस पद्धति की खोज की, जिससे चुंबकीय प्रवाह (मैग्नेटिक फलक्स) को एक अति चालक में प्रवेश कराया जा सकता है। पदार्थ की यह किस्म टाइप-II सुपर कंडक्टर कहलाती है। 2003 का भौतिक विज्ञान का नोबेल पुरस्कार प्राप्त करने वाले अब्रिकोसोव का अनुसंधान कार्य 'संघनित पदार्थ' (कंडेन्स्ड मैटर) की भौतिकी से संबंधित है। बहुत कम तापमानों पर 'क्वांटम' प्रक्रिया से संबंधित इस कार्य से व्यापक रूप से वस्तुओं की दृश्यता बहुत ज्यादा हो जाती है। उन्हें यह सम्मान रूसी वैज्ञानिक विताली एल. गिंजबर्ग तथा ब्रिटिश वैज्ञानिक एंथनी जे. लेगेट के साथ संयुक्त रूप से प्रदान किया गया।

उन्हें कई अन्य पुरस्कारों से भी सम्मानित किया गया, जिनमें प्रमुख हैं : रूस की विज्ञान अकादमी से प्राप्त लैंडाओ पुरस्कार (1989), जॉन बर्डिन पुरस्कार (1991), अमरीकन एकेडमी ऑफ आर्ट्स एंड साइंस की विदेशी मानद सदस्यता (1991), अमरीका की नेशनल एकेडमी ऑफ साइंसेज की सदस्यता (2000), रॉयल सोसायटी ऑफ लंदन के विदेशी सदस्य (2001)।

गिंजबर्ग, विताली एल.

नागरिकता : सोवियत संघ

जन्म : 4 अक्टूबर, 1916; मॉस्को, रूस

निधन : 8 नवंबर, 2009; मॉस्को, रूस

2003 के दूसरे पुरस्कार विजेता विताली एल. गिंजबर्ग का जन्म मॉस्को में हुआ। उन्हें 2003 का भौतिक विज्ञान का नोबेल पुरस्कार, रूस के ही एलेक्सेई ए. अब्रिकोसोव तथा ब्रिटेन के एंथनी जे. लेगेट के साथ संयुक्त रूप से प्रदान किया गया। इनका आविष्कार भी 'अति सुचालकता' से संबंधित था। पदार्थ की इस स्थिति में, जहाँ तापमान अत्यंत कम हो जाता है, उसके विद्युत कण अवरोध करना बंद कर देते हैं। गिंजबर्ग, रेडियो-तरंग प्रसार (रेडियो वेव प्रोपागेशन), रेडियो खगोल विज्ञान (रेडियो एस्ट्रोनॉमी) तथा कॉस्मिक किरणों (कॉस्मिक रेज) की उत्पत्ति के सिद्धांत पर किए गए अपने शोधकार्यों के लिए भी विख्यात हैं। वे सोवियत थर्मोन्यूक्लियर बम बनाने वाली टीम के भी सदस्य थे।

1938 में मास्को विश्वविद्यालय से स्नातक की डिग्री प्राप्त करने के बाद, वे 1940 में रूस के पी.एन. लेवेदेव भौतिकी संस्थान की विज्ञान अकादमी में नियुक्त हुए तथा 1971 से 1988 तक उन्होंने संस्थान के सैद्धांतिकी समूह का नेतृत्व किया। उन्होंने गोर्की विश्वविद्यालय (1945-68) तथा मास्को टेक्निकल इंस्टीट्यूट ऑफ फिजिक्स (1968) में भी अध्यापन कार्य किया।

उनकी दूसरी महत्त्वपूर्ण खोज से पता चला कि अंत:-तारकीय अंतरिक्ष (इंटरस्टैलर स्पेस) में कॉस्मिक विकिरण का उत्पादन थर्मल विकिरण द्वारा नहीं बल्कि चुंबकीय क्षेत्र में उच्च-ऊर्जा वाले अति सूक्ष्म परमाणुओं की गति में तीव्र वृद्धि से होता है।

कहा जाता है कि गिंजबर्ग तथा अब्रिकोसोव को नोबेल पुरस्कार लगभग पचास वर्ष पूर्व ही मिल जाना चाहिए था। एक यहूदी परिवार में जन्मे और एक इंजीनियर लाजर एफीमोपिम गिंजबर्ग तथा एक डॉक्टर ओगस्ता फैल्जेनोर की संतान विताली गिंजबर्ग राजनीतिक रूप से भी सक्रिय थे। नास्तिक थे। वैचारिक रूप से वे काफी प्रबुद्ध व्यक्ति थे, जिन्हें कई पुरस्कारों से सम्मानित किया गया।

8 नवंबर, 2009 को उनकी हृदयाघात से मास्को में मृत्यु हो गई और उन्हें 11 नवंबर, 2009 को नोवोदेविची कब्रिस्तान में दफना दिया गया, जहाँ रूस के कई प्रसिद्ध नेताओं, लेखकों और वैज्ञानिकों को दफनाया गया था।

लेगेट, एंथनी जे.

नागरिकता : ब्रिटेन

जन्म : 26 मार्च, 1938; लंदन, ब्रिटेन

साउथ लंदन के कैंबरवैल में जन्मे, एंथनी जे. लेगेट ने दिसंबर, 1954 में ऑक्सफोर्ड विश्वविद्यालय के बैलियोल कॉलेज से छात्रवृत्ति प्राप्त की और मर्टन कॉलेज से पूर्ण स्नातक की डिग्री प्राप्त की। 1983 से वे इलिनोइस विश्वविद्यालय में एक प्रोफेसर के तौर पर कार्यरत हैं।

प्रोफेसर लेगेट को कम तापमान भौतिकी के सिद्धांत में विश्व नेता का दर्जा प्राप्त है। उन्हें 'सुपरफ्लूडिटी' पर उनके महत्त्वपूर्ण कार्य के लिए 2003 का भौतिकी का नोबेल पुरस्कार प्रदान किया गया। उन्हें यह सम्मान रूसी वैज्ञानिक अलेक्सेई ए. अब्रिकोसोव तथा विताली एल. गिंजबर्ग के साथ संयुक्त रूप से प्रदान किया गया।

उन्होंने सामान्य एवं 'सुपरफ्लूड' हीलियम तरल पदार्थ तथा मजबूती से युग्मित 'सुपरफ्लूड' की सैद्धांतिक समझ को एक आकार देने का महत्त्वपूर्ण कार्य किया।

लेगेट राष्ट्रीय विज्ञान अकादमी, अमरीकन फिलोसोफिकल सोसायटी, अमरीकन एकेडमी ऑफ आर्ट्स एंड साइंसेज, रशियन एकेडमी ऑफ साइंसेज के सदस्य हैं तथा रॉयल सोसायटी (ब्रिटेन), अमरीकन फिजिकल सोसायटी तथा अमरीकन इंस्टीट्यूट ऑफ फिजिक्स के फेलो हैं। भौतिक विज्ञान में उनकी सेवाओं के लिए उन्हें 2004 में महारानी एलिजाबेथ द्वितीय द्वारा 'नाइट' की उपाधि से सम्मानित किया गया।

ससेक्स में स्नातक की शिक्षा ग्रहण करने के दौरान ही उन्होंने जून, 1972 में इलिनोइस विश्वविद्यालय से पीएच.डी. डिग्री प्राप्त हासको किनासे से शादी कर ली।

रसायन विज्ञान

एग्री, पीटर

नागरिकता : संयुक्त राज्य अमरीका

जन्म : 30 जनवरी, 1949; नार्थफील्ड, अमरीका

अमरीका के मिनेसोटा शहर में नार्थफील्ड में जन्मे पीटर एग्री ने 'शरीर की असंख्य कोशिका झिल्लियों में जल तथा सोडियम के अणुओं के प्रवाह' संबंधी अध्ययन किया, जिसके लिए उन्हें संयुक्त राज्य अमरीका के ही रॉड्रिक मैकिनॉन के साथ संयुक्त रूप से, 2003 का रसायन विज्ञान में नोबेल पुरस्कार से सम्मानित किया गया।

उनके पिता एक नॉर्वेजियन अमरीकी और उनकी माँ स्विस नॉर्वेजियन हैं। पीटर एग्री ने मिनोपोलिस के ऑग्सबर्ग महाविद्यालय से बी.ए. तथा मैरीलैंड में बाल्टीमोर के जोन्स हॉपकिन्स विश्वविद्यालय के मेडिसन स्कूल से एम.डी. की डिग्री प्राप्त की।

1975 से 1978 तक उन्होंने चॉर्ल्स सी.जे. कारपेंटर की देख-रेख में, केस वेस्टर्न रिजर्व विश्वविद्यालय के केस मेडिकल सेंटर से आंतरिक चिकित्सा में चिकित्सीय प्रशिक्षण प्राप्त किया। उन्होंने उत्तरी कैरोलिना के दरहाम क्षेत्र के ड्यूक यूनिवर्सिटी मेडिकल सेंटर के विज्ञान एवं तकनीकी विभाग के वाइस-चांसलर के रूप में अपनी सेवाएँ दीं। उन्होंने जोन्स हॉपकिंस मलेरिया रिसर्च इंस्टीट्यूट में भी कार्य किया तथा जे.एच.एम.आर.आई. में निदेशक के पद पर भी रहे। जनवरी, 2008 में वह जे.एच.एम.आर.आई. के सार्वजनिक स्वास्थ्य विभाग के संकाय-सदस्य के रूप में नियुक्त हुए।

2000 में वह राष्ट्रीय विज्ञान अकादमी तथा अमरीकन एकेडमी ऑफ आर्ट्स एंड साइंसेज (2003) के सदस्य भी चुने गए। वह साइंटिस्ट्स एंड इंजीनियर्स फॉर अमेरिका (सी-सी.ई.ए.) के संस्थापक सदस्य भी हैं।

वैज्ञानिक शोध कार्यों के अलावा, उन्होंने क्रॉस-कंट्री स्कीइंग में रुचि के चलते, वैसालोपेट स्की दौड़ में भी भाग लिया।

मैकिनान, रॉड्रिक

नागरिकता : संयुक्त राज्य अमरीका

जन्म : 19 फरवरी, 1956; बुर्लिंगटन, अमरीका

अमरीका के बुर्लिंगटन शहर में जन्मे, अमरीकी डॉक्टर, रॉड्रिक मैकिनान द्वारा किए गए अनुसंधान से वैज्ञानिकों के पोटेशियम चैनलों को देखने का तरीका ही बदल गया। उन्होंने 1998 में क्रिस्टैलोग्राफर एक्स-रे का निर्माण किया, जो पोटेशियम चैनल संरचना की पहली हाई-रिजोल्यूशन त्रि-आयामी तस्वीर थी, जिसे वैज्ञानिक कई दशकों से खोज पाने में असफल रहे थे।

इस आश्चर्यजनक उपलब्धि पर मैकिनान को 2003 के रसायन विज्ञान में प्रो. पीटर एग्री के साथ संयुक्त रूप से नोबेल पुरस्कार से सम्मानित किया गया।

मैकिनान ने आरंभिक शिक्षा मेसाचुसेट्स विश्वविद्यालय, बोस्टन से पाई। उसके बाद वे ब्रैंडिस विश्वविद्यालय चले गए, जहाँ उन्होंने 1978 में जीव रसायन विज्ञान में स्नातक की डिग्री प्राप्त की। 1982 में उन्होंने टफ्ट्स विश्वविद्यालय के स्कूल ऑफ मैडिसन से एम.डी. की डिग्री अर्जित की। कई वर्षों तक एक चिकित्सक के रूप में कार्य करने के बाद उन्होंने बुनियादी अनुसंधान की ओर रुख किया और 1986 में विद्युत-आवेशित (इलेक्ट्रिकली-चार्ज्ड) मरमाणु चैनलों के साथ शुरुआत की। 1989 में वे हार्वर्ड विश्वविद्यालय चले गए और उसके बाद रॉकफेलर विश्वविद्यालय में एक प्रोफेसर और प्रयोगशाला प्रमुख के रूप में कार्य किया।

मैकिनान ने पोटेशियम चैनलों की संचालन प्रक्रिया को समझने के बाद, जिस तरह से उस पर शोधकार्य किए, उससे

अंततः मधुमेह, हृदय रोग और अस्थमा जैसे कई दुःसाध्य रोगों के लिए दवाइयाँ बनाने में सहायता मिली, जो पोटेशियम चैनल की कार्य-प्रणाली में परिवर्तन से संबंधित हैं।

डॉ. मैकिनान रॉकफेलर विश्वविद्यालय में आणविक तंत्रिका जीव विज्ञान तथा जैव भौतिकी के प्रोफेसर भी हैं।

शरीर विज्ञान/चिकित्सा विज्ञान

लोटरबर, पॉल सी.

नागरिकता : संयुक्त राज्य अमरीका

जन्म : 6 मई, 1929; सिडनी, ओहियो, अमरीका

निधन : 27 मार्च, 2007; इलिनोइस, अमरीका

पॉल सी. लोटरबर का जन्म 6 मई, 1924 को सिडनी, ओहियो में हुआ। उनके पूर्वज लक्जमबर्ग से थे। लोटरबर ने एम.आर.आई. अर्थात चुंबकीय अनुकंपन चित्रण (मैग्नेटिक रेजोनेंस इमेजिंग) के अपने आविष्कार के लिए 2003 का शरीर विज्ञान का नोबेल पुरस्कार प्राप्त किया। उन्हें यह सम्मान संयुक्त रूप से सर पीटर मैंसफीड के साथ दिया गया। इस महत्त्वपूर्ण चिकित्सा प्रौद्योगिकी से मानव शरीर के सटीक और व्यापक चित्रण को संभव बनाया जा सका।

इस विधि से लोटरबर ने जो सबसे पहली तस्वीरें प्राप्त कीं, वे थीं, उनकी बेटी द्वारा लांग आईसलैंड साउंड के समुद्र तट पर ली गई हरी मिर्च और सामान्य पानी के भीतर उपलब्ध भारी पानी की दो टेस्ट-ट्यूबों की। इससे पूर्व किसी भी तकनीक से दो भिन्न-भिन्न पानी की किस्मों में अंतर नहीं किया जा सकता था। यह उपलब्धि विशेष रूप से महत्त्वपूर्ण थी, क्योंकि मानव शरीर में दो-तिहाई भाग पानी पाया जाता है।

'हैवी वॉटर' शब्द सामान्यतः उस पानी के लिए प्रयोग किया जाता है, जिसमें हाइड्रोजन का ड्यूटेरियम आइसोटोप ($2H_2O$ या D_2O) पाया जाता है। 'भारी पानी' में ड्यूटेरियम, सामान्य हाइड्रोजन के समान ही पाया जाता है।

लोटरबर की खोज बाद के सभी विकास कार्यों का आधार बनी। इससे रसायनों के अध्ययन के अलावा मानव शरीर के भीतर कार्य कर रहे अंगों की बनावट का भी अध्ययन संभव हुआ, जिसका कैंसर, मस्तिष्क के ऑपरेशन इत्यादि में बहुत उपयोग किया जाने लगा।

लोटरबर ने 1951 में केस इंस्टीट्यूट ऑफ टेक्नोलॉजी में रसायनशास्त्र में विज्ञान स्नातक की डिग्री प्राप्त की। 1951-53 के दौरान वे मैलन इंस्टीट्यूट की डो कॉर्निंग लैब्स में रिसर्च एसोसिएट बने, जहाँ उन्होंने 13-सी स्पेक्ट्रोस्कोपी का अध्ययन किया और 1962 में पिट्सबर्ग विश्वविद्यालय में पीएच.डी. की डिग्री प्राप्त की। उसके बाद वे स्टोन ब्रूक की स्टेट यूनिवर्सिटी ऑफ न्यू यॉर्क में संकाय मंडल (फैकल्टी) के सदस्य नियुक्त हुए। डॉ. लोटरबर ने डॉक्टरेट की आठ मानद डिग्रियाँ प्राप्त कीं, जिनमें लीज विश्वविद्यालय (1984), कॉर्नेगी मैलन विश्वविद्यालय (1987) तथा निकोलोस कॉपरनिक्स मेडिकल अकादमी (1988) शामिल हैं।

मैंसफील्ड, सर पीटर

नागरिकता : ब्रिटेन

जन्म : 9 अक्टूबर, 1933; लंदन, ब्रिटेन

पीटर मैंसफील्ड का जन्म लंदन के लैंबेथ नामक स्थान पर हुआ। सिडनी जॉर्ज (एक गैस फिटर) और रोज लिलियन मैंसफील्ड के सबसे छोटे बेटे पीटर मैंसफील्ड कैंबरवैल में पले-बढ़े। उन्होंने 15 वर्ष की आयु में स्कूल छोड़ दिया। तब उनके एक अध्यापक ने कहा था कि विज्ञान विषय उनके लिए नहीं बना। उसके बाद, वे एक प्रिंटर के सहायक बन गए। 18 वर्ष की आयु में रॉकेट में रुचि होने के कारण वे आपूर्ति मंत्रालय के रॉकेट प्रोपल्जन विभाग में कार्य करने लगे। तत्पश्चात, दो वर्ष सेना की नौकरी करने के बाद उन्होंने एक रात्रिकालीन विद्यालय में ए-स्तर की पढ़ाई के लिए प्रवेश ले लिया।

1959 में उन्होंने क्वींस मैरी से बी.एससी. में स्नातक की डिग्री ग्रहण की। 1962 में उन्होंने पीएच.डी. की डिग्री

प्राप्त की। 1964 में वे नाटिंघम विश्वविद्यालय में एक लेक्चरर नियुक्त हो गए। 1968 में वे सीनियर लेक्चरर तथा 1970 में रीडर बन गए। इस दौरान उन्होंने एन.एम.आर. शोध समूह के साथ अपने अध्ययन को जारी रखा। 1970 में उन्होंने लोटरबर के साथ मिलकर खोज की कि एन.एम.आर. को शरीर के भीतरी अंगों की बनावट का पता लगाने के लिए प्रयोग किया जा सकता है। उन्होंने पॉल लोटरबर के कार्य को आगे बढ़ाते हुए, स्वतंत्र रूप से ईको-प्लेनर इमेजिंग विधि का भी विकास किया।

मैंसफील्ड ने एम.आर.आई. (मैग्नेटिक रेजोनेंस इमेजिंग) के विकास में महत्त्वपूर्ण भूमिका निभाई। यह एक स्कैनिंग तकनीक है जिसमें शरीर के आंतरिक अंगों की तथा अन्य ऊतकों (टिश्यूज) की बनावट का पता करने के लिए, एक मजबूत चुंबकीय क्षेत्र का प्रयोग किया जाता है। उनकी इसी खोज के लिए उन्हें 2003 का शरीर विज्ञान या औषधि विज्ञान में नोबेल पुरस्कार प्रदान किया गया। उन्हें यह पुरस्कार संयुक्त रूप से पॉल सी. लोटरबर के साथ दिया गया।

उन्हें नोबेल पुरस्कार के अलावा कई अन्य पुरस्कारों से भी सम्मानित किया गया, जिनमें कुछ प्रमुख पुरस्कार इस प्रकार हैं : फेलो ऑफ रॉयल सोसायटी (1987), इंटरनेशनल सोसायटी ऑफ मैग्नेटिक रेजोनेंस (1992), यूरोपियन कांग्रेस ऑफ रेडियोलॉजी तथा यूरोपियन एसोसिएशन ऑफ रेडियोलॉजी का स्वर्ण पुरस्कार (1995), इंस्टीट्यूट ऑफ फिजिक्स की मानद फेलोशिप (1997) तथा 2009 में तत्कालीन प्रधानमंत्री गोर्डन ब्राउन द्वारा लाइफटाइम अचीवमेंट पुरस्कार।

1962 में उन्होंने जीन मारग्रेट किब्बल से विवाह किया। उनकी दो बेटियाँ हैं—सारा और गिलियन। उन्हें पॉल सी. लोटरबर के साथ संयुक्त रूप से चुंबकीय अनुकंपन चित्रण के आविष्कार के लिए नोबेल पुरस्कार से सम्मानित किया गया।

साहित्य

कोएट्ज़ी, जॉन मैक्सवेल

नागरिकता : दक्षिण अफ्रीका / ऑस्ट्रेलिया

जन्म : 9 फरवरी, 1940; केपटाउन, दक्षिण अफ्रीका

साउथ अफ्रीका के केपटाउन में जन्मे जॉन मैक्सवैल कोएट्ज़ी वर्तमान में ऑस्ट्रेलिया की नागरिकता प्राप्त उपन्यासकार, निबंधकार, भाषाविद् तथा अनुवादक हैं। एडिलेड में रहने वाले कोएट्ज़ी को 2003 के साहित्य के नोबेल पुरस्कार से सम्मानित किया गया। इसके अतिरिक्त उन्हें दो बार बुकर पुरस्कार से भी सम्मानित किया गया।

कूत्सी के पिता अंशकालिक वकील और सरकारी नौकर थे जिन्हें सरकार की रंगभेद-नीति से असहमति प्रकट करने के कारण अपनी सरकारी नौकरी से हाथ धोना पड़ा। उनकी माँ एक स्कूल शिक्षिका थीं।

जॉन मैक्सवेल ने अपनी प्रारंभिक शिक्षा केपटाऊन के एक कैथोलिक विद्यालय से प्राप्त की। 1960 में उन्होंने, केपटाउन विश्वविद्यालय से गणित तथा अंग्रेजी में कला-स्नातक की डिग्री प्राप्त की।

1962-63 में उन्होंने आई.बी.एम. में एप्लीकेशंस प्रोग्रामर, इंग्लैंड के वर्कशायर में इंटरनेशनल कंप्यूटर्स में सिस्टम प्रोग्राम (1964-65), न्यू यॉर्क की स्टेट यूनिवर्सिटी ऑफ न्यू यॉर्क में सहायक प्रोफेसर (1968-71), जॉन्स हॉपकिंस विश्वविद्यालय में (1986, 1989) अंग्रेजी के प्रोफेसर तथा हार्वर्ड विश्वविद्यालय (1991) में अंग्रेजी के विजिटिंग प्रोफेसर के रूप में कार्य किया।

उनके आठ उपन्यास प्रकाशित हो चुके हैं : 'डस्कलैंड्स' (1974) जिसमें दो उपन्यासिकाएँ सम्मिलित हैं—'द वियतनाम प्रोजेक्ट' तथा 'द नेरेटिव ऑफ गैलोबस कोएट्ज़ी'। हालाँकि उनका कथा-क्षेत्र दक्षिण अफ्रीका के इर्द-गिर्द का है लेकिन उनकी कथा सभी देशों में प्रासंगिक है।

उनके अन्य उपन्यास हैं : 'इन द हार्ट ऑफ द कन्ट्री' (1977), 'वेटिंग फॉर द बारबेरियंस' (1980), 'लाइफ एंड टाइम्स ऑफ माइकल के' (1983), 'फो' (1986), 'एज ऑफ आयटन' (1990), 'द मास्टर्स ऑफ पीटर्सबर्ग' (1994), 'डिस्ग्रेस' (1999)।

उपन्यासों के अलावा उन्होंने आलोचना तथा अनुवाद के क्षेत्र में भी काफी कार्य किया। उनके उपन्यास 'लाइफ एंड टाइम्स ऑफ माइकल के' तथा 'डिस्ग्रेस' को क्रमश: 1983 और 1999 के बुकर पुरस्कार से सम्मानित किया गया। वे ऐसे प्रथम लेखक थे जिन्हें दो बार बुकर पुरस्कार से सम्मानित किया गया। हालाँकि उनके उपन्यास 'लाइफ एंड टाइम्स ऑफ माइकल के' पर नस्लवाद के आरोप भी लगे और ताबो अबेकी ने 'डिस्ग्रेस' पर भी दक्षिण अफ्रीका की 'बलात्कारों की धरती' की छवि पर विरोध जताया।

जे.एम. कोएट्जी अधिकांशत: व्यक्तिगत पृष्ठभूमि से प्रभावित लेखक माने जाते हैं। वे अत्यंत एकांतप्रिय हैं और प्रचार से बिलकुल दूर रहना पसंद करते हैं इसीलिए वे अपने बुकर पुरस्कार प्राप्त करने भी नहीं पहुँचे। वह आतंकवाद व पशुओं के प्रति क्रूरता के भी विरोधी हैं जिसका जिक्र उन्होंने अपने उपन्यासों में भी किया है।

लेखक रियान मलान ने उन्हें 'लगभग साधुओं जैसे आत्म-अनुशासन और समर्पण' वाला व्यक्ति कहा है जो न धूम्रपान करता है, न मांसाहारी है। वह सुबह कम से कम एक घंटा प्रतिदिन अपने लेखन को देते हैं।

कोएट्जी स्थायी रूप से अमरीका में बसना चाहते थे लेकिन वियतनाम युद्ध-विरोधी प्रदर्शनों में हिस्सा लेने के कारण उन्हें अमरीका ने नागरिकता देने से इनकार कर दिया था। उन्हें उनके ऐसे लेखन के लिए, जो इतिहास की बर्बर मनमानी के खिलाफ मनुष्य के त्रासद अनुभवों की पुष्टि करता है, के लिए नोबेल पुरस्कार से सम्मानित किया गया।

शान्ति

एबादी, शिरीन
नागरिकता : ईरान
जन्म : 21 जून, 1947

अत्यंत शांत एवं मृदुभाषी शिरीन एबादी ईरान की प्रथम ऐसी नागरिक हैं, जिन्हें नोबेल शान्ति पुरस्कार से सम्मानित किया गया। मानवाधिकारों पर उनके कार्यों ने ईरान में उन्हें बहुत प्रतिष्ठा दिलाई तथा विश्वभर के मानवतावादी संगठनों से उन्हें आदर प्राप्त हुआ है। उन्हें मानवाधिकारों के लिए जोरदार ढंग से आवाज उठाने और अपने देश ईरान में लोकतंत्र की माँग करने के लिए, 2003 का नोबेल शान्ति पुरस्कार प्रदान किया गया।

वह एक मुस्लिम परिवार से हैं, जो 1948 में तेहरान चला गया था। शिरीन एबादी ने 1975 में तेहरान विश्वविद्यालय से स्नातक की शिक्षा प्राप्त की। 1979 की धार्मिक क्रांति से पूर्व शिरीन न्यायाधीश थीं लेकिन उन्हें इस्लामिक क्रांति के बाद त्यागपत्र देने को मजबूर कर दिया गया क्योंकि तब किसी भी महिला को न्यायाधीश के रूप में कार्य करने की अनुमति नहीं थी।

उनके पिता भी एक महत्त्वपूर्ण वकील और प्रोफेसर थे जिन्होंने ईरान के 'व्यापार कानूनों' के लिखने में महत्त्वपूर्ण योगदान दिया। शिरीन ने बाल-शोषण तथा कत्ल के कई पीड़ितों के पक्ष में मुकदमे लड़े क्योंकि 1992 में शिरीन एक वकील का प्रमाण-पत्र प्राप्त करने में सफल रही थीं, जिससे उन्हें अपनी वकालत जमाने में मदद मिली। उन्होंने ईरान में दो गैर-सरकारी संगठनों की भी स्थापना की। एक तो था 'बाल अधिकारों के संरक्षण हेतु ईरानी समाज' तथा दूसरा 'मानवाधिकार बचाव केंद्र।'

ईरान में मानवाधिकारों को बढ़ावा देने संबंधी मुद्दों और राजनीतिक रूप से संवेदनशील मुद्दों पर उनके तथा

रूढ़िवादी न्यायपालिका के बीच टकराव भी होते रहे हैं। 2000 में उन्हें समाज सुधार समर्थक नेताओं पर प्रमुख रूढ़िवादी नेताओं द्वारा हमलों के विरुद्ध गवाहों को बढ़ावा देने के आरोप में कैद की सजा सुनाई गई।

1975 में ईरान की प्रथम महिला न्यायाधीश बनी शिरीन एबादी का अक्टूबर, 2003 से पूर्व, ईरान के बाहर और ईरान में भी लोगों ने शायद ही उनका नाम सुना था।

2004 में, वर्ल्ड सोशल फोरम, मुंबई में आयोजित एक सम्मेलन के दौरान एक भारतीय एन.जी.ओ. 'सहयोग' के प्रस्ताव पर शिरीन एबादी ने 30 जनवरी (महात्मा गांधी की हत्या का दिन) को 'अंतरराष्ट्रीय अहिंसा दिवस' के रूप में मनाने की शिफारिश की लेकिन 2007 में आर्क बिशप डेसमंड टेटू ने 2 अक्टूबर को 'अंतरराष्ट्रीय अहिंसा दिवस' मनाने का प्रस्ताव रखा। 15 जून, 2007 को संयुक्त राष्ट्र महासभा ने 2 अक्टूबर को 'अंतरराष्ट्रीय अहिंसा दिवस' घोषित कर दिया।

2009 में, शिरीन एबादी का नोबेल पुरस्कार कथित तौर पर ईरानी अधिकारियों द्वारा जब्त कर लिया गया। लेकिन बाद में ईरान सरकार ने इसका खंडन किया।

एबादी तेहरान निवासी हैं लेकिन जून 2009 के बाद से वे ब्रिटेन में निर्वासित जीवन व्यतीत कर रही हैं क्योंकि तत्कालीन सरकार की आलोचना करने पर ईरानी नागरिकों का उत्पीड़न किया गया था।

2004 में फोर्ब्स पत्रिका ने उन्हें 'विश्व की 100 सबसे शक्तिशाली महिलाओं की सूची में' शामिल किया था।

उन्होंने 'बाल अधिकार' (1993), 'परंपरा और आधुनिकता' (1995) तथा 'महिला अधिकार' (2002) नामक पुस्तकें भी लिखीं। उन्हें मानवाधिकारों के लिए जोरदार ढंग से आवाज उठाने और अपने देश ईरान में लोकतंत्र की माँग करने के लिए नोबेल पुरस्कार से सम्मानित किया गया।

अर्थशास्त्र

ऐंगल, रॉबर्ट एफ.

नागरिकता : संयुक्त राज्य अमरीका

जन्म : 10 नवंबर, 1942; साइराक्युस, अमरीका

अमरीका में न्यू यॉर्क के साइराक्युस नामक स्थान पर जन्मे रॉबर्ट एफ. ऐंगल ने आर्थिक समय-शृंखला के आँकड़ों का विश्लेषण करने की पद्धति का विकास किया, जिसके लिए उन्हें 2003 का अर्थशास्त्र में नोबेल पुरस्कार प्रदान किया गया। उन्हें यह सम्मान संयुक्त रूप से क्लाइव डब्ल्यू.जे. ग्रेंजर के साथ दिया गया।

ऐंगल ने कार्नेल विश्वविद्यालय से एम.एस. (1966) तथा पीएच.डी. (1969) की डिग्री प्राप्त की। सैन डियागो में कैलीफोर्निया विश्वविद्यालय से जुड़ने से पूर्व, उन्होंने मेसाचुसेट्स इंस्टीट्यूट ऑफ टेक्नोलॉजी (1969-75) में अध्यापन कार्य किया। कैलीफोर्निया विश्वविद्यालय में वे 1977 में अर्थशास्त्र के प्रोफेसर नियुक्त हुए और 1990 से 1994 तक उन्होंने अर्थशास्त्र विभाग के चेयरमैन के रूप में कार्य किया। 1999 में उन्होंने न्यू यॉर्क विश्वविद्यालय के स्टर्न स्कूल ऑफ बिजनेस में वित्त प्रोफेसर के रूप में पढ़ाना शुरू किया। 2003 में वे सेन डियागो के कैलीफोर्निया विश्वविद्यालय से शोध प्रोफेसर के पद से सेवानिवृत्त हुए।

अध्ययन के साथ-साथ वे कई अकादमिक पत्रिकाओं के सहायक संपादक भी रहे, विशेष रूप से 'जर्नल ऑफ एप्लाइड इकोनॉमिक्स' (1985-89) के सह-संपादक के रूप में कार्य किया।

ऐंगल ने 1970 और 1980 के दशक में नोबेल पुरस्कार विजेता अनुसंधान का अधिकांश कार्य किया, जब उन्होंने जोखिम के मूल्यांकन और उसकी भविष्वाणी के लिए अधिक उन्नत गणितीय तकनीक विकसित की, जिससे शोधकर्ताओं को एक अवधि के उतार-चढ़ाव से दूसरी अवधि के उतार-

चढ़ाव के बीच संबंध स्थापित करने में सहायता मिली। यह कार्य वित्तीय बाजार विश्लेषण में विशेष रूप से प्रासंगिक था जिसमें किसी संपत्ति में जोखिम की अपेक्षा उसमें मिलनेवाली निवेश रिटर्न का मूल्यांकन किया जाता है।

वर्तमान में ऐंगल न्यू यॉर्क विश्वविद्यालय के स्टर्न बिजनेस स्कूल में वित्तीय सेवा प्रबंधन के प्रोफेसर हैं। उन्हें आर्थिक समय-शृंखला के आँकड़ों का विश्लेषण करने की पद्धति का विकास करने के लिए नोबेल पुरस्कार से सम्मानित किया गया।

ग्रेंजर, क्लाइव डब्ल्यू. जे.

नागरिकता : ब्रिटेन

जन्म : 4 सितंबर, 1934; स्वानसी, ब्रिटेन

निधन : 27 मई, 2004; सैन डियागो, अमरीका

एडवर्ड जॉन ग्रेंजर तथा एवेलिन ग्रेंजर के पुत्र क्लाइव ग्रेंजर का जन्म ब्रिटेन के दक्षिण वेल्स में स्वानसी में हुआ। द्वितीय विश्वयुद्ध के दौरान ग्रेंजर और उनकी माँ को कैंब्रिज जाना पड़ा लेकिन युद्ध समाप्ति के बाद वे नाटिंघम आ गए। 1955 में अपनी बी.ए. की पढ़ाई पूरी करने के बाद वे हेरी पिट के मार्गदर्शन में पीएच.डी. (सांख्यिकी) करने के लिए नाटिंघम विश्वविद्यालय चले गए। 1956 में, 21 वर्ष की आयु में वे विश्वविद्यालय में सांख्यिकी में वरिष्ठ लेक्चरर नियुक्त हुए। व्यावहारिक सांख्यिकी तथा अर्थशास्त्र में दिलचस्पी होने के कारण उन्होंने पीएच.डी. के शोध का विषय चुना—आर्थिक समय-शृंखला विश्लेषण। 1959 में उन्होंने पीएच.डी. की डिग्री अर्जित की।

1959-60 में उन्हें प्रिंस्टन विश्वविद्यालय के ऑस्कर मॉर्गनस्टेम द्वारा अर्थमितीय अनुसंधान परियोजना (इकोनोमैट्रिक रिसर्च प्रोजेक्ट) में भाग लेने के लिए आमंत्रित किया। उन्होंने 1973 तक नाटिंघम विश्वविद्यालय के संकाय में रहने के साथ-साथ अन्य विश्वविद्यालयों में विजिटिंग प्रोफेसर के रूप में भी कार्य किया। 1973 में वे सैन डियागो में कैलीफोर्निया विश्वविद्यालय में प्रोफेसर नियुक्त हुए और 2003 में सेवानिवृत्त हुए—नोबेल पुरस्कार प्राप्त करने से मात्र दो महीने पहले।

2003 में, इकोनोमैट्रिशियन रॉबर्ट ऐंगल के साथ, उन्हें अर्थशास्त्र में नोबेल पुरस्कार प्राप्त हुआ। उन्हें यह सम्मान 'आम रुझान के साथ, आर्थिक समय-शृंखला का विश्लेषण करने के तरीकों के लिए' दिया गया।

बाद के वर्षों में ग्रेंजर ने समय-शृंखला पद्धति का प्रयोग अर्थशास्त्र से हटकर भी किया। उन्होंने अमेजन के जंगलों से संबंधित एक परियोजना पर कार्य किया और वनों की कटाई की भविष्यवाणी के लिए एक आदर्श ढाँचा प्रस्तुत किया।

क्लाइव ग्रेंजर ने लगभग 22 वर्ष नाटिंघम विश्वविद्यालय में बिताए। 2005 में, विश्वविद्यालय की अर्थशास्त्र व भूगोल विभाग की इमारतों को नया नाम देकर उन्हें सर क्लाइव ग्रेंजर के नाम से पुकारा जाने लगा। उन्हें आम रुझान के साथ, आर्थिक समय-शृंखला विश्लेषण करने के तरीकों के लिए नोबेल पुरस्कार से सम्मानित किया गया।

भौतिक विज्ञान

रसायन विज्ञान

शरीर विज्ञान/चिकित्सा विज्ञान

साहित्य

शान्ति

अर्थशास्त्र

2004

भौतिक विज्ञान

ग्रॉस, डेविड जे.

नागरिकता : संयुक्त राज्य अमरीका

जन्म : 19 फरवरी, 1941; वाशिंगटन डी.सी., अमरीका

एक अमरीकी अणु भौतिकविज्ञानी और 'स्ट्रिंग' सिद्धांतकार, डेविड जे. ग्रॉस का जन्म अमरीका के वाशिंगटन डी.सी. में हुआ। उनके पिता का नाम बर्ट्रैम माइटन ग्रॉस (1912–97) था। डेविड ग्रॉस ने 1962 में इजराइल के येरूशलम हिब्रू विश्वविद्यालय से स्नातक की डिग्री तथा मास्टर्स डिग्री प्राप्त की। 1966 में ज्याफ्रेहिब्रू चिपू के मार्गदर्शन में उन्होंने बर्कले के कैलीफोर्निया विश्वविद्यालय से पीएच.डी. की डिग्री अर्जित की।

ग्रॉस हार्वर्ड विश्वविद्यालय में एक जूनियर फेलो तथा प्रिंस्टन विश्वविद्यालय में 1997 तक प्रोफेसर रहे। उन्होंने 1973 में अपने पहले स्नातक छात्र रहे फ्रैंक विल्कजैक तथा एक अन्य वैज्ञानिक एच. डेविड पोलित्जर के साथ मिलकर, 'एसिंटोरिक फ्रीडम' का आविष्कार किया, जो कि 'क्वांटम क्रोमोडायनामिक्स' के विकास के लिए महत्त्वपूर्ण था। आणविक ऊर्जा के क्षेत्र में इस महत्त्वपूर्ण आविष्कार के लिए उन्हें 2004 का नोबेल पुरस्कार एच. डेविड पुलित्जर तथा फ्रैंक विल्कजैक के साथ संयुक्त रूप से प्रदान किया गया।

1987 में उन्हें मैक आर्थर फाउंडेशन फेलोशिप प्रदान की गई। 1988 में उन्हें दिराक पदक तथा 2000 में हार्वे पुरस्कार से सम्मानित किया गया। इसी वर्ष उन्हें ऑस्कर क्लीन पदक भी प्रदान किया गया।

वे सांता बारबरा के कैलीफोर्निया विश्वविद्यालय के पूर्व निदेशक तथा सैद्धांतिक भौतिक विज्ञान के फ्रेडरिक डब्ल्यू. ग्लुक चेयरमैन हैं। वे यू.सी. सांता बारबरा भौतिक विज्ञान के संकाय सदस्य भी हैं।

पोलित्जर, एच. डेविड

नागरिकता : संयुक्त राज्य अमरीका

जन्म : 31 अगस्त, 1949; न्यू यॉर्क, अमरीका

डॉ. एलेन पोलित्जर तथा डॉ. वैलेरी पोलित्जर के पुत्र डेविड पोलित्जर, जो अमरीकी सैद्धांतिक भौतिक वैज्ञानिक हैं, ने आविष्कार किया कि जब मौलिक अणु (क्वार्क) अत्यंत निकट होते हैं तो उन दोनों के बीच परमाणु बल इतना कमजोर होता है कि लगभग स्वतंत्र अणुओं के समान व्यवहार करते हैं। इस दौरान उनके बीच की अंत:क्रियाएँ, जो सामान्यत: बहुत मजबूत होती हैं, बहुत कमजोर हो जाती हैं। उसी समय, यही परिणाम प्रिंस्टन विश्वविद्यालय में डेविड जे. ग्रॉस तथा उनके शिष्य फ्रैंक विल्कजैक ने भी प्राप्त किया। इन तीनों वैज्ञानिकों का यह आविष्कार 'क्वांटम डायनामिक्स' के विकास के लिए अत्यंत महत्त्वपूर्ण था।

अमरीका के न्यू यॉर्क शहर में जन्मे डेविड पोलित्जर का यह शोधकार्य सर्वप्रथम 1973 में प्रकाशित हुआ। डेविड ने थॉमस एप्पलक्विस्ट के साथ मिलकर 'चारमोनियम' के अस्तित्व का पता लगाने में भी केंद्रीय भूमिका निभाई, जो 'चार्म क्वार्क' तथा 'एंटी चार्म क्वार्क' से बना एक उप-आणिवक कण होता है।

डेविड ने 1969 में मिशिगन विश्वविद्यालय से स्नातक की डिग्री प्राप्त की तथा 1974 में हार्वर्ड विश्वविद्यालय से पीएच.डी. अर्जित की, जहाँ उनके सलाहकार थे, सिडनी कोलमैन। 1974 से 1977 तक वे हार्वर्ड सोसायटी ऑफ फेलोज में एक फेलो रहे और उसके पश्चात कैलीफोर्निया इंस्टीट्यूट ऑफ टेक्नोलॉजी में सैद्धांतिक भौतिक विज्ञान के प्रोफेसर नियुक्त किए गए।

1989 में उन्होंने हॉलीवुड की एक फिल्म 'फैटमैन एंड लिटल ब्वॉय' में मैनहट्टन प्रोजेक्ट के भौतिक वैज्ञानिक रॉबर्ट सर्बर की भूमिका निभाई जिसमें पॉल न्यूमैन ने जनरल लेस्ली ग्रोव्य की भूमिका की।

डेविड पोलित्जर को डेविड ग्रॉस तथा फ्रैंक विल्कजैक के साथ संयुक्त रूप 2004 का भौतिकी में नोबेल पुरस्कार प्रदान किया गया।

विल्कजैक, फ्रैंक

नागरिकता : संयुक्त राज्य अमरीका

जन्म : 15 मई, 1951; न्यू यॉर्क, अमरीका

पोलैंड और इटली मूल के माता-पिता की संतान फ्रैंक विल्क-जैक का जन्म अमरीका के न्यू यॉर्क शहर में मिनिपोला नामक स्थान पर हुआ। जब वे हाई स्कूल की शिक्षा ग्रहण कर रहे थे, तभी उनके माता-पिता ने उनकी विलक्षणता को पहचान लिया था।

अमरीका के सैद्धांतिक भौतिकविज्ञानी फ्रैंक विल्कजैक ने शिकागो विश्ववि द्यालय से स्नातक की शिक्षा (1970) ग्रहण करने के बाद, डेविड जे. ग्रॉस के मार्गदर्शन में, प्रिंस्टन विश्वविद्यालय से गणित में मास्टर ऑफ साइंस (1972) तथा भौतिक विज्ञान में पीएच.डी. (1974) की डिग्री प्राप्त की। बाद में उन्होंने प्रिंस्टन विश्वविद्यालय में संकाय सदस्यता प्राप्त की तथा कैलीफोर्निया विश्वविद्यालय में 1980 तक अध्यापन कार्य किया। 1989 में वे न्यू जर्सी के प्रिंस्टन विश्वविद्यालय के इंस्टीट्यूट ऑफ एडवांस्ड स्टडी में प्रोफेसर बन गए और 2000 तक इस पद पर बने रहे। तत्पश्चात, वह मेसाचुसेट्स इंस्टीट्यूट ऑफ टेक्नोलॉजी चले गए।

फ्रैंक ने डेविड जे. ग्रॉस के साथ मिलकर यह आविष्कार किया कि जब मौलिक अणु (क्वार्क) अत्यंत निकट होते हैं तो उन दोनों के बीच परमाणु बल इतना कमजोर होता है कि वे लगभग स्वतंत्र अणुओं की तरह व्यवहार करते हैं। इस दौरान उनके बीच की मजबूत अंत:क्रियाएँ बहुत कमजोर हो जाती हैं। यह आविष्कार 'क्वांटम डायनामिक्स' के विकास के लिए अत्यंत महत्त्वपूर्ण था।

फ्रैंक विल्कजैक को डेविड जे. ग्रॉस तथा एच. डेविड

पोलित्जर के साथ संयुक्त रूप से 2004 के भौतिक विज्ञान में नोबेल पुरस्कार से सम्मानित किया गया।

विल्कजैक ने ब्रह्मांड विज्ञान से संबंधित प्रश्नों, संघनित-पदार्थ भौतिकी (कंडेंस्ड मैटर फिजिक्स) तथा 'ब्लैक होल' के अध्ययन में भी महत्त्वपूर्ण योगदान दिया।

फ्रैंक विल्कजैक को कई अन्य पुरस्कारों से भी सम्मानित किया गया। वर्तमान में वे सोसायटी फॉर साइंस एंड द पब्लिक के संकाय-मंडल के सदस्य हैं।

उन्होंने 3 जुलाई, 1973 को बेट्सी डिवाइन से शादी की तथा उनकी दो बेटियाँ—एमिटी और मीरा हैं।

रसायन विज्ञान

सीचानोवर, आरोन

नागरिकता : इजराइल

जन्म : 1 अक्टूबर, 1947; हैफा, इजराइल

डॉ. आरोन सीचानोवर, एक इजराइली जीव वैज्ञानिक हैं जिनका जन्म इजराइल राज्य की स्थापना के एक वर्ष पूर्व फिलिस्तीन के हैफा में हुआ। उनका परिवार द्वितीय विश्वयुद्ध से पहले पोलैंड से आकर यहाँ बस गया था।

उन्होंने येरूशलम के हिब्रू विश्वविद्यालय के मेडिकल स्कूल से 1974 में औषधि विज्ञान में एम.डी. की डिग्री प्राप्त की। उन्होंने 1977 से 1981 तक इजराइल सुरक्षा बलों में अपनी सेवाएँ दीं। सीचानोवर ने 1981 में पीएच.डी. की डिग्री अर्जित की। उन्होंने 1982 से 1984 तक मेसाचुसेट्स इंस्टीट्यूट ऑफ टेक्नोलॉजी से जीव विज्ञान विभाग में, 'पोस्ट-डॉक्टोरल' फेलो की उपाधि प्राप्त की।

वर्तमान में वह टेक्नियोन में मेडिसन एंड रिसर्च इंस्टीट्यूट के रुथ एंड ब्रूस रैपापोर्ट फैकल्टी में एक विशिष्ट शोध प्रोफेसर हैं। वे इजराइल के विज्ञान एवं कला अकादमी तथा पोंटिफिकल विज्ञान अकादमी के सदस्य हैं।

2004 में उन्हें अवराम हर्शको तथा इरविन रोज के साथ संयुक्त रूप से रसायन विज्ञान में नोबेल पुरस्कार से सम्मानित किया गया था। उन्हें यह सम्मान 'रक्त कोशिकाओं द्वारा यूबिक्विटीन' का प्रयोग करके प्रोटीन का स्तर घटाने (नष्ट करने) और उनके पुनर्चक्रण (रीसाइकिल) करने के तरीके की खोज करने के लिए प्रदान किया गया। जब प्रोटीन का स्तर ठीक ढंग से नीचे नहीं होता तो हम बीमार हो जाते हैं। ग्रीवा से संबंधित कैंसर तथा सिस्टिक फाइब्रोसिस इसके उदाहरण हैं। उनके इस अनुसंधान से इन रोगों की दवाओं के विकास में महत्त्वपूर्ण मदद मिली है।

नोबेल पुरस्कार के अलावा उन्हें मौलिक चिकित्सा अनुसंधान के लिए अल्बर्ट लेस्कर पुरस्कार (2000), जीव विज्ञान में इजराइल (2003) पुरस्कार से भी सम्मानित किया गया।

2005 में उन्हें इजराइल की एक न्यूज वेबसाइट वाईनैट द्वारा इजराइल के सर्वकालीन 200 महान व्यक्तियों में 31वें स्थान पर चुना गया था।

हर्शको, अवराम

नागरिकता : इजराइल

जन्म : 31 दिसंबर, 1937; कैरकाग, हंगरी

डॉ. अवराम हर्शको का जन्म 31 दिसंबर, 1937 को कैरकाग, हंगरी में हुआ। 1950 में अवराम का परिवार हंगरी से इजराइल जाकर बस गया। हर्शको इजराइल के हैफा में, इजराइल इंस्टीट्यूट ऑफ टेक्नोलॉजी की जैव रसायन इकाई में, चिकित्सा विज्ञान के विशिष्ट प्रोफेसर हैं। 1980 में वे टेक्नियोन में प्रोफेसर नियुक्त हुए। वहाँ वे 1972 से 1980 तक सहायक प्रोफेसर थे।

हर्शको 1969-72 में सैन फ्रांसिस्को के कैलीफोर्निया विश्वविद्यालय में स्व. डॉ. गोर्डन टॉमकिंस के साथ 'पोस्ट-डॉक्टोरल' फेलो थे। उन्होंने हिब्रू विश्वविद्यालय के हदासा मेडिकल स्कूल से 1967-69 में स्नातक की डिग्री तथा

1969 में पीएच.डी. की डिग्री अर्जित की। हर्शको ने 1965 में एम.डी. की डिग्री भी हासिल की। उन्होंने 1965 से 1967 तक इजराइल सुरक्षा बल में भौतिक वैज्ञानिक के रूप में कार्य किया।

2004 में उन्होंने अपने ही देशवासी आरोन सीचानोवर तथा अमरीका के इरविन रोज के साथ संयुक्त रूप से रसायन विज्ञान में नोबेल पुरस्कार प्राप्त किया। उन्हें यह सम्मान रक्त कोशिकाओं द्वारा 'यूबिक्विटीन' का प्रयोग करके प्रोटीन का स्तर घटाने (डीग्रेडेशन) (या नष्ट करने) और उनके पुनर्चक्रण (री-साइकलिंग) करने के तरीकों की खोज करने के लिए दिया गया। 'यूबिक्विटीन' एक अणु का नाम है। उनके इस आविष्कार से कैंसर, मांसपेशियों और मस्तिष्क संबंधी रोगों, प्रतिरोध क्षमता में कमी जैसे रोगों के विकास पर रोक लगाने की दिशा में महत्त्वपूर्ण मदद मिली।

हर्शको को नोबेल पुरस्कार के अलावा विज्ञान में विजमैन पुरस्कार (इजराइल-1987), जैव रसायन विज्ञान और औषधि विज्ञान में इजराइल पुरस्कार (1994), कनाडा के गैर्डनर फाउंडेशन द्वारा गैर्डनर अंतरराष्ट्रीय पुरस्कार (1999), इजराइल के औषधि विज्ञान में वुल्फ पुरस्कार (2001)से पुरस्कृत किया गया। अमरीका की राष्ट्रीय विज्ञान अकादमी में विदेशी सहयोगी रहे। (2003) इत्यादि।

2005 में उन्हें इजराइल की एक न्यूज वेबसाइट द्वारा इजराइल के 200 सर्वकालीन महान व्यक्तियों में, आरोन सीचानोवर के साथ संयुक्त रूप से 31वें स्थान पर चुना गया।

रोज, इरविन

नागरिकता : संयुक्त राज्य अमरीका

जन्म : 16 जुलाई, 1926; ब्रुकलिन, अमरीका

अमरीका के न्यू यॉर्क में ब्रुकलिन नामक स्थान पर जन्मे अमरीकी जीव वैज्ञानिक इरविन रोज ने द्वितीय विश्वयुद्ध के दौरान अमरीकी नौसेना में भी नौकरी की। युद्ध समाप्ति के बाद उन्होंने 1948 में विज्ञान-स्नातक तथा 1952 में जीव-रसायनशास्त्र में पीएच.डी. की डिग्री प्राप्त की।

1954 से 1963 तक उन्होंने येल स्कूल ऑफ मेडिसन के जैव-रसायन विज्ञान विभाग में संकाय सदस्य के रूप में कार्य किया। 1963 में वे फिलाडेल्फिया में फॉक्स चेज कैंसर सेंटर में वरिष्ठ सदस्य नियुक्त हुए, जहाँ 1995 में सेवानिवृत्त होने तक बने रहे। फॉक्स चेज में रहते हुए वे राष्ट्रीय विज्ञान अकादमी के सदस्य भी चुने गए।

1970 और 1980 के दशक में आरोन सीचानोवर और अवराम हर्शको फॉक्स चेज में विजिटिंग वैज्ञानिक थे, जहाँ उन्होंने इरविन रोज के साथ अनुसंधान पर कार्य किया। इन तीनों वैज्ञानिकों द्वारा खोजी गई प्रक्रिया में अत्यंत सावधानी और योजनाबद्ध तरीके से उठाए गए काम शामिल हैं जिनसे अनुपयोगी हो चुके प्रोटीनों को रक्त कोशिकाओं द्वारा कम या नष्ट कर दिया जाता है। इस आविष्कार द्वारा कैंसर सिस्टिक फाइब्रोसिस अल्जाइमर और पार्किन्संस जैसी बीमारियों के लिए दवाओं का निर्माण करने और उनको बेहतर बनाने का मार्ग प्रशस्त हुआ।

उनकी इसी महत्त्वपूर्ण खोज पर उन्हें 2004 का रसायन विज्ञान में नोबेल पुरस्कार प्रदान किया गया।

इरविन रोज, वर्तमान में, कैलीफोर्निया में यू.सी. इर्विन कॉलेज ऑफ मेडिसिन के शरीर विज्ञान तथा जैव भौतिक विज्ञान विभाग में विशेषज्ञ वैज्ञानिक के रूप में कार्यरत हैं।

रोज तथा उनकी पत्नी ओरेंज काउंटी में लेशर वर्ल्ड में रहते हैं तथा सेवानिवृत्ति प्राप्त समुदाय से संबंधित 'सिटिजन ग्रुप' में सक्रिय हैं। उनका कहना है, "इजराइल के साथ संबंध होने के कारण ही उनकी यहूदी पहचान व्यक्त होती है।" उन्हें आरोन सीचानोवर, अवराम हर्शको के साथ संयुक्त रूप से रक्त कोशिकाओं द्वारा यूबिक्विटीन का प्रयोग करके अनुपयोगी प्रोटीन का स्तर घटाने या नष्ट करने और उसके पुनर्चक्रण करने के तरीकों की खोज के लिए नोबेल पुरस्कार से सम्मानित किया गया।

शरीर विज्ञान/चिकित्सा विज्ञान

एक्सल, रिचर्ड

नागरिकता : संयुक्त राज्य अमरीका

जन्म : 2 जुलाई, 1946; न्यू यॉर्क, अमरीका

मनुष्यों में गंध की समझ से विशद स्मृतियों को बटोरा जा सकता है लेकिन अधिकांश जानवरों में गंध की इस समझ से खाना खोजने, शिकारियों का पता लगाने और अपने साथियों का पता लगाने में सहायता मिलती है। मक्खियों से लेकर मनुष्यों तक शोधकर्ताओं को एक प्रश्न ने लंबे समय से परेशान कर रखा है कि मस्तिष्क को कैसे पता चलता है कि नाक किस चीज को सूँघ रही है?

रिचर्ड एक्सल ने एक विशेष अध्ययन के जरिए इस प्रश्न का उत्तर खोजने में सफलता पाई कि गंध की समझ कैसे कार्य करती है।

अमरीका के न्यू यॉर्क शहर में जन्मे और 2004 के लिंडा बी. बक के साथ संयुक्त रूप से, शरीर विज्ञान का नोबेल पुरस्कार प्राप्त करने वाले रिचर्ड एक्सल ने खोज की कि मनुष्य के विकास के दौरान गंध की समझ कैसे विकसित होती है, समय के साथ कैसे उसमें परिवर्तन होते हैं और अंत में कैसे कुछ गंध से किसी के उचित व्यवहार और विचार को सामने लाया जा सकता है। उनकी इस ऐतिहासिक खोज की व्याख्या करनेवाला लेख 1991 में प्रकाशित हुआ।

रिचर्ड एक्सल ने 1967 में कोलंबिया विश्वविद्यालय से बी.ए. तथा 1971 में जोन्स हॉपकिंस विश्वविद्यालय से एम.डी. की डिग्री हासिल की। इसी वर्ष वे कोलंबिया विश्वविद्यालय में नियुक्त हुए और 1978 में पूर्ण प्रोफेसर बन गए। 1980 के दशक में लिंडा बी. बक ने उनकी एक 'पोस्ट डॉक्टोरल' छात्रा के रूप में अध्ययन किया। 1984 में वे हार्वर्ड हयूज मेडिकल इंस्टीट्यूट में एक अन्वेषक (इन्वेस्टीगेटर) के रूप में नियुक्त हुए।

एक वैज्ञानिक के रूप में योगदान करने के अलावा एक्सल तंत्रिका जीव विज्ञान के क्षेत्र में अग्रणी कई वैज्ञानिकों के सलाहकार भी थे। उनके सात प्रशिक्षु नेशनल एकेडमी ऑफ साइंसेज के सदस्य बने।

एक्सल ने अपनी साथी वैज्ञानिक कार्नेलिया बर्गमैन के साथ शादी की।

बक, लिंडा बी.

नागरिकता : संयुक्त राज्य अमरीका

जन्म : 29 जनवरी, 1947; सिएटल, अमरीका

अमरीका में वाशिंगटन में सीयटल नामक स्थान पर जन्मी लिंडा ब्राउन बक को मुख्य रूप से घ्राण प्रणाली में उनके शोधकार्यों के लिए जाना जाता है। 1991 में बक और रिचर्ड एक्सल ने संयुक्त रूप से एक वैज्ञानिक लेख प्रकाशित किया जिसमें उन्होंने प्रयोगशाला में चूहों पर किए एक शोध के आधार पर 1000 'जीन' का पता लगाया जिन्हें घ्राण अभिग्राहकों (रिसेप्टर्स) की संख्या के बराबर, सांकेतिक शब्दों में बदला जा सकता है। ये रिसेप्टर ऐसे प्रोटीन होते हैं जिनसे हवा में मौजूद गंधों का पता लगाया जाता है और ये घ्राण अभिग्राहक कोशिकाओं (ओलफैक्ट्री रिसेप्टर सेल्स) पर स्थित होते हैं, जो नासिका के बिलकुल पिछले हिस्से में इकट्ठे होते हैं।

बक ने अपने अध्ययन के माध्यम से यह पता लगाया कि गंध को ग्रहण करने की समझ हमारे शरीर में कैसे कार्य करती है अर्थात प्राणी गंध का पता कैसे लगाते हैं।

उनके इसी आविष्कार पर उन्हें रिचर्ड एक्सल के साथ 2004 का शरीर विज्ञान या औषधि विज्ञान का नोबेल पुरस्कार प्रदान किया गया।

बक ने 1975 में वाशिंगटन विश्वविद्यालय से सूक्ष्म जीव विज्ञान तथा मनोविज्ञान में विज्ञान स्नातक तथा 1980 में प्रतिरक्षा विज्ञान (इम्यूनोलॉजी) में यूनिवर्सिटी ऑफ टेक्सास

साउथ वेस्टर्न मेडिकल सेंटर से पीएच.डी. की डिग्रियाँ प्राप्त कीं। 1980 के दशक में बक ने न्यू यॉर्क के कोलंबिया विश्वविद्यालय में रिचर्ड एक्सल के साथ कार्य किया। 1991 में वे हार्वर्ड विश्वविद्यालय में सूक्ष्म जीव विज्ञान की असिस्टेंट प्रोफेसर बन गईं। वे 1984 से 2002 तक हार्वर्ड में कार्यरत रहीं। उसके बाद उन्होंने फ्रैड हचिंसन कैंसर रिचर्स सेंटर में नियुक्ति पा ली। वर्तमान में वे यहीं पर अन्वेषक (इन्वेस्टीगेटर) के पद पर नियुक्त हैं। इसके अतिरिक्त वे वाशिंगटन विश्वविद्यालय में शरीर विज्ञान और जैव भौतिक विज्ञान की प्रोफेसर हैं।

2004 में वे नेशनल एकेडमी ऑफ साइंसेज में शामिल की गईं और 2008 में अमरीकन एकेडमी ऑफ आर्ट्स एंड साइंसेज में एक 'फेलो' चुनी गईं। रिचर्ड एक्सल और लिंडा बी. बक को संयुक्त रूप से घ्राण (गंध) अभिग्राहकों तथा घ्राण अभिग्राहक कोशिकाओं की खोज के लिए नोबेल पुरस्कार से सम्मानित किया गया।

साहित्य

जेलिनेक, एल्फ्रीदे
नागरिकता : ऑस्ट्रिया
जन्म : 20 अक्टूबर, 1946; स्टाइरिया, ऑस्ट्रिया

ऑस्ट्रिया के स्टाइरिया नामक स्थान पर जन्मीं नाटककार और उपन्यासकार एल्फ्रीदे जेलिनेक नोबेल पुरस्कार प्राप्त करने वाली दसवीं महिला साहित्यकार हैं। उन्हें 2004 का साहित्य में नोबेल पुरस्कार 'असाधारण भाषायी उत्साह, सामाजिक रूढ़ियों की विसंगतियों और उन्हें अपने वश में करने वाली ताकतों' को अपने उपन्यासों और नाटकों में आवाज उठाने के लिए दिया गया।

एक बड़ी फर्म में कार्मिक प्रबंधक माँ और एक डॉक्टर पिता की संतान एल्फ्रीदे जेलिनेक वियना में पली-बढ़ीं। उन्होंने वियना में स्कूली पढ़ाई के दौरान ही हारमोनियम और पियानो बनाने का प्रशिक्षण लिया। उन्होंने वियना विश्वविद्यालय से कला के इतिहास और थियेटर कला का अध्ययन किया।

1966 के बाद से उन्होंने बारी-बारी से वियना और म्यूनिख में रहकर एक साहित्यकार के रूप में कार्य किया। 1974 में जेलिनेक ने गोटफ्राइड हंगसबर्ग से शादी कर ली, जो एक फिल्मी संगीतकार थे किंतु बाद में सूचना प्रौद्योगिकी के क्षेत्र में कार्य करने लगे।

जेलिनेक का लेखन बहुआयामी और बेहद विवादास्पद रहा। साहित्यिक आलोचकों ने कभी तो उनकी प्रशंसा की और कभी आलोचना। उन पर ऑस्ट्रियन दुष्टता का उन्मादपूर्ण चेहरा दिखाने का भी आरोप लगा और राजनीतिक सक्रियता के कारण तीखी प्रतिक्रियाओं का भी सामना करना पड़ा।

महिला कामुकता, इसकी बुराइयाँ और सामान्यत: लिंग-भेद का संघर्ष उनके लेखन के प्रमुख विषय रहे हैं। 'वी आर डिकॉइस, बेबी' (1970), 'वूमेन एज लवर्स' (1975) तथा 'पियानो टीचर' (1983) मानवीय संबंधों में क्रूरता और शक्ति के प्रदर्शन को रेखांकित करती रचनाएँ हैं। जेलिनेक के अनुसार, शक्ति और आक्रामकता अक्सर रिश्तों के प्रमुख तत्त्व रहे हैं। उनके उत्तेजनापूर्ण उपन्यास 'लस्ट' (1989) में कामुकता, आक्रामकता और गालियों का चित्रण मिलता है। कई आलोचकों द्वारा इनकी समीक्षाओं में इन्हें खराब स्तर का कहा तो कुछेक ने इसे 'अश्लील साहित्य' से भी ऊपर माना। किंतु यह भी माना जाता है कि उन्हें गलत समझा गया था और उनका मूल्यांकन ठीक से नहीं किया गया।

उनके उपन्यास 'द पियानो टीचर' पर आधारित, इसी नाम से, 2001 में एक फिल्म का निर्माण भी हुआ, जिसे ऑस्ट्रियन निर्देशक माइकल हनेके ने निर्देशित किया।

उनके नाटकों में भी हिंसा और फासीवाद के मुद्दे दिखाई देते हैं। उन्हें 1998 में जॉर्ज बूचनर पुरस्कार तथा 2004 में फ्रेंज काफ्का पुरस्कार से भी सम्मानित किया गया। उन्हें असाधारण भाषायी उत्साह, सामाजिक रूढ़ियों की विसंगतियों और अपने वश में करनेवाली ताकतों के विरुद्ध अपने उपन्यासों और नाटकों में आवाज उठाने के लिए नोबेल पुरस्कार से सम्मानित किया गया।

शान्ति

माथाई, वंगारी

नागरिकता : केन्या

जन्म : 1 अप्रैल, 1940; इहिथे, केन्या

निधन : 25 सितंबर, 2011; नैरोबी, केन्या

पर्यावरण और राजनीतिक कार्यकर्ता वंगारी माथाई का जन्म 1 अप्रैल, 1940 को केन्या के न्येरी जिले के इहिथे गाँव में हुआ। वे अफ्रीका की पहली ऐसी महिला थीं, जिन्हें नोबेल पुरस्कार प्राप्त हुआ। उन्हें पीएच.डी. करने वाली प्रथम पूर्व अफ्रीकी महिला होने का गौरव भी प्राप्त है।

ग्यारह वर्ष की आयु में माथाई ने न्येरी में मथारी कैथोलिक मिशन के एक बोर्डिंग स्कूल सेंट सिसीलिया इंटरमीडिएट प्राइमरी स्कूल में प्रवेश किया और चार वर्ष तक सेंट सिसीलिया में रहीं। 1959 में लोरेटोलिमुख से स्नातक की शिक्षा प्राप्त करने के बाद उन्होंने युगांडा के कंपाला में ईस्ट अफ्रीका यूनिवर्सिटी से पढ़ाई करने का विचार बनाया। सितंबर, 1960 में उन्हें 300 केन्याई छात्रों के साथ अमरीका में पढ़ने के लिए चुना गया। इसका सारा खर्चा जोसेफ पी. कैनेडी जूनियर फाउंडेशन ने उठाया।

अमरीका में उन्होंने माउंट सेंट स्कोलास्टिका कॉलेज (1964) तथा पिट्सबर्ग विश्वविद्यालय (1966) से क्रमशः विज्ञान स्नातक तथा मास्टर की डिग्रियाँ प्राप्त कीं। पिट्सबर्ग में पढ़ाई के दौरान उन्होंने स्थानीय पर्यावरणविदों के साथ मिलकर वायु प्रदूषण से निजात पाने और पर्यावरण संरक्षण का अनुभव प्राप्त किया।

केन्या वापस लौटने पर उन्होंने नैरोबी विश्वविद्यालय से 1971 में पीएच.डी. की डिग्री प्राप्त की। बाद में उन्होंने नैरोबी विश्वविद्यालय के पशु-दवा विभाग में एक प्रोफेसर के रूप में नौकरी की।

माथाई ने अफ्रीका को जंगलविहीनता से बचाने के लिए पेड़ लगाने के अपने कार्यक्रम के अंतर्गत 'हरित-पट्टी' आंदोलन की शुरुआत की जिसमें उन्होंने लगभग 3 करोड़ नए पेड़ लगाए। इस आंदोलन की शुरुआत अपने घर के पिछवाड़े नौ पेड़ लगाकर विश्व पर्यावरण दिवस पर की थी। उनका लक्ष्य था—अफ्रीका को जंगलविहीन होने से बचाना तथा जंगलविहीनता के कारण उत्पन्न गरीबी को मिटाना अथवा बढ़ने से रोकना। जंगलविहीनता अफ्रीका में एक आवश्यक पर्यावरणीय मुद्दा था। संयुक्त राष्ट्र के अनुसार, 1989 में अफ्रीका में काट गिराए गए प्रति 100 पेड़ों के पीछे 9 वृक्ष ही दुबारा लगाए गए थे जिसके कारण भूमि-कटाव जैसी पर्यावरणीय समस्या पैदा हुई। इसके अतिरिक्त गाँवों के आस-पास वनों की कमी का अर्थ था, गाँव वालों को घर में जलाने के लिए लकड़ी लाने के लिए एक लंबी दूरी तय करना। गाँवों के पशु भी चारे की कमी से त्रस्त रहते थे।

अब तक वे अपने पति के साथ-साथ स्वयं भी केन्या की एक प्रमुख राजनीतिक हस्ती बन चुकी थीं। 1997 में उन्होंने राष्ट्रपति पद के लिए तथा संसद में एक सीट के लिए असफल चुनाव भी लड़ा। बाद में वे संसद-सदस्य चुन ली गईं और राष्ट्रपति मवाई किबाली के काल में पर्यावरण एवं प्राकृतिक संसाधनों के मंत्रालय में नियुक्त की गईं।

2004 में उन्हें 'प्रगति को बनाए रखने, लोकतंत्र तथा शान्ति स्थापना में उनके योगदान के लिए' नोबेल शान्ति पुरस्कार से सम्मानित किया गया। इसके अतिरिक्त वह 'वर्ल्ड फ्यूचर काउंसिल' की मानद पार्षद भी थीं। डिंबग्रंथि में कैंसर की जटिलताओं के कारण उनका देहांत हो गया।

अर्थशास्त्र

प्रेस्कॉट, एडवर्ड सी.

नागरिकता : संयुक्त राज्य अमरीका

जन्म : 26 दिसंबर, 1940; न्यू यॉर्क, अमरीका

एडवर्ड सी. प्रेस्कॉट का जन्म अमरीका के न्यू यॉर्क शहर में ग्लेंस फाटस नामक स्थान पर हुआ। उन्होंने 1962 में, स्वार्थमोर कॉलेज से बी.ए. (गणित) तथा 1963 में केस-वेस्टर्न रिजर्व

विश्वविद्यालय से 'विज्ञान परास्तानक' की डिग्री प्राप्त की। 1967 में उन्होंने कार्नेगी मैलन विश्वविद्यालय से पीएच.डी. की डिग्री अर्जित की।

उनका मुख्य शैक्षणिक काल रहा 1961 से 1971 तक, जब उन्होंने पेंसिलवानिया विश्वविद्यालय में अध्यापन कार्य किया। उन्होंने कार्नेगी मैलन विश्वविद्यालय (1971-80), मिनेसोटा विश्वविद्यालय (1980-98 और पुन: 1999-03) तथा 2003 से एरिजोना स्टेट यूनिवर्सिटी में भी पढ़ाया।

एडवर्ड प्रेस्कॉट ने संयुक्त रूप से फिन ई. किडलैंड के साथ, 2004 का अर्थशास्त्र में नोबेल पुरस्कार प्राप्त किया। उन्हें यह सम्मान बृहत्त 'गतिशील अर्थशास्त्र' के क्षेत्र में उल्लेखनीय कार्य के लिए दिया गया जो कि आर्थिक नीति की समय-अनुकूलता तथा व्यापार-चक्र के पीछे कार्यशील शक्तियों पर आधारित है।

प्रेस्कॉट के अकादमिक योगदान के आधार पर अर्थशास्त्र की शोध पत्रिकाओं ने उन्हें विश्व का '11वाँ सबसे प्रभावशाली अर्थशास्त्री' घोषित किया। वर्तमान में, मिनियापोलिस के फेडरल रिजर्व बैंक में एक अर्थशास्त्री के तौर पर तथा एरिजोना स्टेट यूनिवर्सिटी के डब्ल्यू.पी. केरी स्कूल ऑफ बिजनेस में एक प्रोफेसर के तौर पर, उन्हें बृहत्त अर्थशास्त्र में एक प्रमुख हस्ती माना जाता है।

जनवरी, 2009 में प्रेस्कॉट ने 250 से अधिक, दूसरे अर्थशास्त्रियों और प्रोफेसरों के साथ मिलकर, राष्ट्रपति बराक ओबामा को एक खुला पत्र लिखा जिसमें 'अमरीकन रिकवरी एंड री इन्वेस्टमेंट एक्ट' का विरोध किया गया था।

उनका हाल ही का लेखन, यूरोप में अर्थव्यवस्था पर करों के नकारात्मक प्रभाव पर केंद्रित है।

किडलैंड, फिन ई.

नागरिकता : नॉर्वे

जन्म : 1 दिसंबर, 1943; स्यावेंजर, नॉर्वे

फिन ई. किडलैंड (पूरा नाम फिन एर्लिंग किडलैंड) का जन्म नॉर्वे में स्टावेंजर के नजदीक अलगार्ड नामक स्थान पर हुआ। उन्हें एडवर्ड सी. प्रेस्कॉट के साथ संयुक्त रूप से 2004 का अर्थशास्त्र में नोबेल पुरस्कार प्रदान किया गया। उन्हें यह सम्मान 'बृहत्त अर्थशास्त्र विशेषतया आर्थिक-नीति की समय-अनुकूलता तथा व्यापार-चक्र के पीछे कार्य करने वाली शक्तियों के क्षेत्र में योगदान' के लिए दिया गया।

उनका लालन-पालन अत्यंत उदार परिवेश में हुआ। उनके माता-पिता ने बचपन में ज्यादा बंदिशें नहीं लगाईं। युवावस्था में ही उनकी रुचि गणित और अर्थशास्त्र में उत्पन्न हो गई थी।

सैद्धांतिक अर्थशास्त्र में रुचि होने के कारण ही उन्होंने 1968 में नॉर्वेजियन स्कूल ऑफ इकोनॉमिक्स एंड बिजनेस एडमिनिस्ट्रेशन में शिक्षा ग्रहण की और 1993 में कार्नेगी मैलन विश्वविद्यालय (पिट्सबर्ग) से पीएच.डी. की डिग्री प्राप्त की।

1973 से 1978 तक उन्होंने नॉर्वेजियन स्कूल ऑफ इकोनॉमिक्स एंड बिजनेस एडमिनिस्ट्रेशन में अर्थशास्त्र में सहायक प्रोफेसर के रूप में पढ़ाया तथा 1978 से 2004 तक कार्नेगी मैलन विश्वविद्यालय में अध्यापन कार्य किया। उसके बाद वे सांता बारबरा के कैलीफोर्निया विश्वविद्यालय में नियुक्त हुए। उन्होंने डलास एवं क्लीवलैंड के फेडरल रिजर्व बैंक में सलाहकार अनुसंधान सहयोगी के रूप में भी कार्य किया।

किडलैंड और प्रेस्कॉट ने अलग-अलग और इकट्ठे काम करते हुए, सरकारों की मौद्रिक और राजकोषीय नीतियों को प्रभावित किया। इसके अतिरिक्त उन्होंने कई केंद्रीय बैंकों (विशेषकर ब्रिटेन, स्वीडन और न्यूजीलैंड के बैंकों में) में नीतिगत स्वतंत्रता का आधार तैयार किया।

किडलैंड कई पुस्तकों के लेखक तथा सह-लेखक भी रहे हैं, जिनमें प्रमुख हैं : 'इन्फ्लेशन परसिसटेंस एंड फ्लैक्सिबल प्राइसेज' (2001), 'अर्जेंटीना'स रिकवरी एंड एक्सेस कैपिटल शैलोइंग ऑफद 1990' (2002) तथा 'मोनेट्री पॉलिसी, टैक्सिस एंड द बिजनेस साइकिल' (2004)। उन्हें एडवर्ड सी. प्रेस्कॉट के साथ संयुक्त रूप से गतिशील बृहत्त अर्थशास्त्र के क्षेत्र में उल्लेखनीय कार्य के लिए, जो कि आर्थिक नीति की समय-अनुकूलता तथा व्यापार-चक्र के पीछे कार्यशील शक्तियों पर आधारित है, के लिए उन्हें नोबेल पुरस्कार से सम्मानित किया गया।

भौतिक विज्ञान

रसायन विज्ञान

शरीर विज्ञान/चिकित्सा विज्ञान

साहित्य

शान्ति

अर्थशास्त्र

2005

भौतिक विज्ञान

ग्लोबर, रॉय जे.

नागरिकता : संयुक्त राज्य अमरीका

जन्म : 1 सितंबर, 1925; न्यू यॉर्क, अमरीका

हार्वर्ड विश्वविद्यालय में स्नातकीय डिग्री के दूसरे वर्ष में ही मेनहट्टन प्रोजेक्ट से जुड़ने वाले रॉय जे. ग्लोबर सबसे युवा वैज्ञानिक थे। उनका जन्म न्यू यॉर्क शहर में हुआ। लॉस एलामोस में मैनहट्टन प्रोजेक्ट पर कार्य करते हुए उनका सबसे महत्त्वपूर्ण काम था परमाणु बम के लिए महत्त्वपूर्ण द्रव्यमान की गणना करना।

ग्लोबर को 'ग्लोबर-सुदर्शन पूर्व-प्रस्तुति' का श्रेय भी दिया जाता है। हालाँकि उनसे पूर्व, भारतीय वैज्ञानिक, जॉर्ज सुदर्शन ने इसका विकास कर लिया था, ग्लोबर ने तो बाद में उसी को अपनाकर सुदर्शन के काम को आगे बढ़ाया और उसे 'ग्लोबर कोहेरंट स्टेटस' का नाम दिया गया, जबकि 'क्वांटम यांत्रिकी विवरण' (क्वांटम मकैनिकल डिस्क्रिप्शन) उनके समवर्ती सुदर्शन द्वारा प्रदान किया गया नाम था।

ग्लोबर ने प्रकाश से संबंधित क्वांटम सिद्धांत की खोज की। उनकी इस खोज के लिए उन्हें 2005 में भौतिक विज्ञान में संयुक्त रूप से जॉन एल. हॉल तथा थियोडोर डब्ल्यू. हांस के साथ नोबेल पुरस्कार प्रदान किया गया।

ग्लोबर ने 1946 में स्नातक तथा 1949 में पीएच.डी. की डिग्री हार्वर्ड विश्वविद्यालय से प्राप्त की।

1963 में प्रकाशित एक लेख में उन्होंने 'फोटो डिटेक्शन' के लिए एक मॉडल प्रस्तुत किया, जिसमें विभिन्न प्रकार के प्रकाशों की मूल विशेषताओं के बारे में विस्तार से वर्णन किया गया, जैसे—लेजर प्रकाश या बल्ब का प्रकाश। उनके सिद्धांत को 'क्वांटम प्रकाशिकी' के क्षेत्र में व्यापक रूप से प्रयोग किया जाता है।

वर्तमान में वह मेसाचुसेट्स के अर्लिंगटन में रहते हैं तथा हार्वर्ड विश्वविद्यालय में भौतिक विज्ञान के प्रोफेसर हैं।

उन्हें प्रकाश से संबंधित क्वांटम सिद्धांत की खोज के लिए नोबेल पुरस्कार से सम्मानित किया गया।

हॉल, जॉन एल.

नागरिकता : संयुक्त राज्य अमरीका

जन्म : 21 अगस्त, 1934; कोलोराडो, अमरीका

जॉन एल. हॉल एक अमरीकी भौतिक वैज्ञानिक हैं जिनका जन्म अमरीका के कोलोराडो में डेनवर नामक स्थान पर हुआ। उन्हें 2005 में 'लेजर आधारित सटीक स्पेक्ट्रोस्कोपी तथा आवृत्ति ऑप्टिकल तकनीक पर आधारित उनके महत्त्वपूर्ण कार्य के लिए' रॉय जे. ग्लोबर तथा थियोडोर डब्ल्यू. हांस के साथ संयुक्त रूप से भौतिक विज्ञान में नोबेल पुरस्कार से सम्मानित किया गया। इसके लिए उन्हें पुरस्कार राशि का आधा भाग प्रदान किया गया।

हॉल ने कार्नेगी इंस्टीट्यूट ऑफ टेक्नोलॉजी से 1956 में 'विज्ञान में स्नातक', 1958 में 'विज्ञान में स्नातकोत्तर' तथा 1961 में पीएच.डी. की डिग्री प्राप्त की। उन्होंने डॉक्टरेट की बाद की शिक्षा नेशनल इंस्टीट्यूट ऑफ स्टैंडर्ड्स एंड टेक्नोलॉजी (एन.आई.एस.टी.) से ग्रहण की, जहाँ वे 1962 से लेकर, 2004 में अपनी सेवानिवृत्ति तक रहे। यहाँ रहकर उन्होंने लेजर प्रौद्योगिकी के क्षेत्र में कई नई प्रक्रियाओं की खोज की।

उन्होंने विज्ञान से संबंधित संदर्भ-पत्रिकाओं में 230 से अधिक लेख भी लिखे हैं और दस अमरीकी पेटेंट उनके नाम हैं। वे नेशनल एकेडमी ऑफ साइंसेज के सदस्य हैं और अमरीका की 'आप्टिकल सोसायटी' तथा 'अमरीकन फिजिकल' सोसायटी के एक 'फेलो' हैं।

उनकी पत्नी लिंडी (पूर्व नाम मैरीलिन रॉबिंसन) भी कार्नेगी मैलन विश्वविद्यालय से स्नातक हैं तथा कार्नेगी लाइब्रेरी स्कूल (1959) से उन्होंने 'मास्टर्स' की डिग्री प्राप्त की।

कई लोग जॉन एल. हॉल को 'जेन' के नाम से भी पुकारते हैं। यह जानना दिलचस्प है कि 1980 के दशक में कोलोराडो में मकान बनाने के दौरान, उसमें बिजली तथा प्लंबिंग का सारा काम उन्होंने स्वयं किया।

हांस, थियोडोर डब्ल्यू.

नागरिकता : जर्मन

जन्म : 30 अक्टूबर, 1941; हीडलबर्ग, जर्मनी

जर्मनी के हीडलबर्ग में जन्मे और 2001 में भौतिक विज्ञान का नोबेल पुरस्कार प्राप्त करने वाले, कार्ल ई. वाईमैन के अध्यापक रहे थियोडोर डब्ल्यू. हांस (पूरा नाम थियोडोर वुल्फगैंग हांस) को 2005 में रॉय जे. ग्लोबर तथा जॉन एल. हॉल के साथ संयुक्त रूप से भौतिक विज्ञान में नोबेल पुरस्कार से सम्मानित किया गया। उन्हें यह सम्मान प्रकाशीय आवृत्ति संयोजन तकनीक तथा लेजर पर आधारित सटीक स्पेक्ट्रोस्कोपी के लिए दिया गया।

1975 से 1986 तक कैलीफोर्निया के स्टेनफोर्ड विश्वविद्यालय में एक प्रोफेसर बनने से पूर्व उन्होंने 1960 के दशक में हीडलबर्ग विश्वविद्यालय से डिप्लोमा और डॉक्टरेट की डिग्री प्राप्त की। 1986 में हांस मैक्स प्लैंक इंस्टीट्यूट के अध्यक्ष नियुक्त हुए। 1989 में उन्होंने शोधकार्यों के लिए जर्मनी का सर्वोच्च पुरस्कार गोटफ्राइड विल्हेम लीबनिज पुरस्कार प्राप्त किया।

इससे पूर्व उन्हें 1983 में नेशनल एकेडमी ऑफ साइंसेज की ओर से, भौतिकशास्त्र में कोमस्टॉक पुरस्कार से सम्मानित किया गया। 2005 में उन्होंने फ्रैंकफर्ट शहर का ओट्टो हॉन पुरस्कार प्राप्त किया। इसी वर्ष उन्हें अमरीका की 'ऑप्टिकल सोसायटी ऑफ अमरीका' की ओर से फ्रेडरिक ल्वेस पदक से भी सम्मानित किया गया।

हांस मैक्स प्लैंक इंस्टीट्यूट फॉर क्वांटम ऑप्टिकल के निदेशक और जर्मनी के म्यूनिख शहर के लुडविग-मैक्सी-मिलियंस विश्वविद्यालय में प्रायोगिक भौतिकी तथा लेजर स्पेक्ट्रोस्कोपी के प्रोफेसर हैं। उन्हें जॉन एल. हॉल तथा ग्लोबर के साथ संयुक्त रूप से लेजर आधारित सटीक स्पेक्ट्रोस्कोपी तथा आवृत्ति ऑप्टिकल तकनीक पर आधारित उनके महत्त्व-पूर्ण कार्य के लिए नोबेल पुरस्कार से सम्मानित किया गया।

रसायन विज्ञान

शॉविन, यवेस
नागरिकता : फ्रांस
जन्म : 10 अक्टूबर, 1930; मैनिन, फ्रांस

फ्रांस के मैनिन में जन्मे कार्बनिक रसायनविज्ञानी यवेस शॉविन को संयुक्त रूप से रिचर्ड आर. श्रोक तथा रॉबर्ट एच. ग्रब्स के साथ 2005 के रसायन विज्ञान के नोबेल पुरस्कार से सम्मानित किया गया। उन्हें यह सम्मान 'कार्बनिक संश्लेषण (ऑर्गेनिक सिंथेसिस) में वर्ण-विपर्यय विधि का विकास करने के लिए' प्रदान किया गया।

शॉविन ने बताया कि वर्ण-विपर्यय प्रतिक्रियाएँ कैसे कार्य करती हैं और उन प्रतिक्रियाओं में किस प्रकार के धात्वीय यौगिक उत्प्रेरक का कार्य करते हैं। इससे दवाइयों और पेट्रोलियम पोलिमर बनाने में सामग्री तथा उप-उत्पादों की बरबादी कम होती है। शॉविन ने 1971 में वर्ण-विपर्यय (मैटाथीसिस) की विस्तार से व्याख्या की। इससे ग्रब्स तथा श्रोक को उत्प्रेरक (कैटालिस्ट्स) का विकास करने में मदद मिली जिससे अधिक कुशलता से प्रतिक्रिया की जा सकती है।

शॉविन ने औद्योगिक रसायन विज्ञान के फ्रांस के अग्रणी स्कूल, ई.एस.सी.आई.एल. में प्रवेश लिया, जहाँ से वे रासायनिक इंजीनियर के रूप में उत्तीर्ण हुए और औद्योगिक क्षेत्र में नौकरी करने लगे। लेकिन उन्होंने जल्दी ही वह नौकरी त्याग दी।

1960 से 1995 तक उन्होंने फ्रांस के पेट्रोलियम संस्थान में कार्य किया। यहीं रहकर उन्होंने अपने सबसे महत्त्वपूर्ण अनुसंधान मैटाथीसिस पर कार्य किया। उन्होंने नए प्रकार की प्रतिक्रियाओं, डाइमरसोल और अल्फाब्यूटोल के विकास के लिए मैटाथीसिस का प्रयोग किया जिन्हें महत्त्वपूर्ण सामग्रियों के उत्पादन करने के लिए प्रयोग किया जाता है।

1995 में वे संस्थान के निदेशक के रूप में सेवानिवृत्त हुए। नोबेल पुरस्कार के अलावा उन्हें फ्रांस की विज्ञान अकादमी की सदस्यता भी प्रदान की गई। 2005 में फ्रांस के राष्ट्रपति ने उन्हें 'ऑर्डर ऑफ मेरिट' का अधिकारी नियुक्त किया।

श्रोक, रिचर्ड आर.
नागरिकता : संयुक्त राज्य अमरीका
जन्म : 4 जनवरी, 1945; वर्न इंडियाना, अमरीका

अमरीका के इंडियाना में वर्न नामक स्थान पर जन्मे रिचर्ड आर. श्रोक के लगभग 535 शोध लेख प्रकाशित हुए। 8 वर्ष तक 'आर्गेनोमेटालिक्स' नामक पत्रिका के सहायक संपादक रहे, श्रोक ने 1967 में कैलीफोर्निया विश्वविद्यालय (रीवरसाइड) से बी.ए. की डिग्री प्राप्त की और हार्वर्ड विश्वविद्यालय से 1971 में पीएच.डी. की, जहाँ उन्होंने जे.ए. ऑस्वार्न के मार्गदर्शन में शिक्षा प्राप्त की तथा 1971-72 में कैंब्रिज विश्वविद्यालय में लॉर्ड जैव लुइस की देख-रेख में 'पोस्ट डॉक्टोरल' का अध्ययन जारी रखा। तत्पश्चात उन्होंने तीन वर्ष, डयूपोंट के केंद्रीय अनुसंधान व विकास विभाग में कार्य किया। 1975 में वह एम.आई.टी. चले गए, जहाँ वह प्रोफेसर के रूप में नियुक्त हुए और 1989 में रसायनशास्त्र के फ्रेडरिक जी. थीस प्रोफेसर बनाए गए।

श्रोक को 2005 में यवेस शॉविन तथा रॉबर्ट ग्रब्स के साथ संयुक्त रूप से रसायन विज्ञान में नोबेल पुरस्कार से सम्मानित किया गया। उन्हें यह सम्मान वर्ण-विपर्यय के लिए एक सक्षम धात्वीय यौगिक उत्प्रेरक (कैटालिस्ट) की खोज करने के लिए दिया गया। इससे दवाइयों तथा पेट्रोलियम उत्पाद के क्षेत्रों में महत्त्वपूर्ण अध्ययन करने में सहायता मिली।

श्रोक एक स्विस कंपनी के सह-संस्थापक तथा निर्देशक मंडल के सदस्य हैं जो मुख्य रूप से वर्ण-विपर्यय उत्प्रेरक (मैटाथीसिस कैटालिस्ट) के विकास और उसके क्रियान्वयन पर कार्य करती है।

1989 से वे मेसाचुसेट्स इंस्टीट्यूट ऑफ टेक्नोलॉजी में रसायन विज्ञान के प्रोफेसर हैं। इसके अलावा वे अमरीका की कला एवं विज्ञान अकादमी, राष्ट्रीय विज्ञान अकादमी के सदस्य भी हैं। 2007 में उन्हें हार्वर्ड विश्वविद्यालय के निदेशक मंडल में चुना गया था।

ग्रब्स, रॉबर्ट एच.

नागरिकता : संयुक्त राज्य अमरीका

जन्म : 27 फरवरी, 1942; केंटुकी, अमरीका

यू.एस.ए. साइंस एंड इंजीनियरिंग फेस्टिवल के सलाहकार मंडल के सदस्य रॉबर्ट एच. ग्रब्स का जन्म अमरीका के शहर केंटुकी के पोस्सम ट्रॉट नामक स्थान पर हुआ। उन्होंने अपना बचपन काउॅली में व्यतीत किया और मैककिन्ले एलमेंट्री पब्लिक स्कूल, फ्रैंकलिन जूनियर हाई स्कूल तथा केंटुकी के पेडुके टिलमैन हाई स्कूल में शिक्षा पाई।

अमरीकी रसायनशास्त्री और नोबेल पुरस्कार विजेता ग्रब्स ने फ्लोरिडा विश्वविद्यालय से रसायन विज्ञान में (बी.एस. व एम.एस.) शिक्षा प्राप्त की, जहाँ उन्होंने मर्ले बतिस्त के साथ अध्ययन किया। 1968 में उन्होंने रोनाल्ड ब्रेस्लो के मार्ग निर्देशन में कोलंबिया विश्वविद्यालय से पीएच.डी. की डिग्री अर्जित की।

हाल ही के वर्षों में उनके अध्ययन का केंद्र वर्ण-विपर्यय प्रतिक्रियाओं की कार्य-प्रणाली रही है जिनसे पता चलता है कि किस प्रकार के धात्वीय यौगिक उत्प्रेरक का कार्य करते हैं। उनकी इस खोज से दवा तथा पेट्रोलियम के क्षेत्र में उत्पादन के समय कच्ची सामग्री तथा उप-उत्पादों में होनेवाली बरबादी को बेहद कम किया जा सकता है।

अपने काम के दौरान उन्होंने एक वर्ष स्टैनफोर्ड विश्व-विद्यालय में बिताया। उसके बाद वे मिशिगन स्टेट यूनिवर्सिटी चले गए। 1978 में वे कैलीफोर्निया विश्वविद्यालय चले गए, जहाँ वे रसायन विज्ञान के प्रोफेसर हैं।

नोबेल पुरस्कार के अतिरिक्त उन्हें कई अन्य पुरस्कारों से भी सम्मानित किया गया। जिनमें अमरीका कला व विज्ञान अकादमी में फेलोशिप (1994), रसायन विज्ञान में ए.सी.एस. बेंजामिन फ्रैंकलिन पदक (2000), पॉल कैर्टर स्वर्ण पदक (2005) तथा राष्ट्रीय इंजीनियरिंग अकादमी (2015) शामिल हैं। उन्होंने क्रियाशील 'पोलिमराइजेशन' के विकास में भी योगदान किया।

ग्रब्स ने हेलन ग्रब्स के साथ विवाह किया, जो एक सेवानिवृत्त विद्यालय शिक्षिका हैं। यवेस शॉविन, रिचर्ड आर. श्रोक और रॉबर्ट एच. ग्रब्स को संयुक्त रूप से कार्बनिक संश्लेषण में वर्ण-विपर्यय विधि का विकास करने के लिए 2005 के रसायन विज्ञान के नोबेल पुरस्कार से सम्मानित किया गया।

शरीर विज्ञान/चिकित्सा विज्ञान

वारेन, रॉबिन

नागरिकता : ऑस्ट्रेलिया

जन्म : 11 जून, 1937; एडिलेड, ऑस्ट्रेलिया

रॉबिन वारेन और बैरी मार्शल ने पश्चिमी ऑस्ट्रेलिया में पर्थ में अपनी प्रयोगशाला में उदर प्रदाह (गैस्ट्राइटिस) तथा पेप्टिक अल्सर जैसी दु:साध्य बीमारियों के कारणों की खोज की। वे उदर संबंधी अल्सर और छोटी आँतों के अल्सर (गैस्ट्रिक व ड्यूओडिनल अल्सर) से पीड़ित रोगियों में बैक्टीरिया को अलग करने में सफल रहे। वह जीवाणु, जिसे 'हेलिकोबेक्टर' के रूप में जाना गया, गैस्ट्रिक कोशिका की सतहों और उनके ऊपर बलगम की परतों के बीच अपना घर बनाता है और इससे जठर-शोथ (गैस्ट्राइटिस) भी उत्पन्न होता है। इन तीनों स्थितियों को केवल बैक्टीरिया के उन्मूलन से ही नष्ट किया जा सकता है। इन अध्ययनों ने 'गैस्ट्रोएंट्रोलॉजी' के क्षेत्र में क्रांति ला दी। 'हेलिकोबेक्टर' जीवाणु लगभग 90% उदर

संबंधी अल्सर तथा 80% छोटी आँतों के अल्सर का कारण बनता है।

रॉबिन वारेन की इस क्रांतिकारी खोज के लिए, उन्हें बैरी मार्शल के साथ, 2005 में शरीर विज्ञान के नोबेल पुरस्कार से सम्मानित किया गया।

वारेन ने एडिलेड विश्वविद्यालय से एम.बी.बी.एस. की डिग्री प्राप्त की। 1967 में रॉयल पर्थ अस्पताल में वे वरिष्ठ रोग-विज्ञानी की हैसियत से कार्य करने लगे, जहाँ उन्होंने अपने कैरियर का अधिकांश समय गुजारा।

2006 में, ऑस्ट्रेलिया में वारेन तथा मार्शल के जीवन पर एक वृत्तचित्र भी बनाया गया— 'द विनर'स गाइड टु द नोबेल प्राइज'। वारेन को 2007 में 'कंपेनियन ऑफ द ऑर्डर ऑफ ऑस्ट्रेलिया' नियुक्त किया गया।

मार्शल, बैरी
नागरिकता : ऑस्ट्रेलिया
जन्म : 30 दिसंबर, 1951; कालगूलौ, ऑस्ट्रेलिया

बैरी मार्शल (पूरा नाम बैरी जेम्म मार्शल) का जन्म पश्चिमी ऑस्ट्रेलिया में कालगूर्ली नामक स्थान पर हुआ। उनके पिता ने कई तरह के काम किए तथा उनकी माँ नर्स थीं।

मार्शल ने 1975 में ऑस्ट्रेलिया के वेस्टर्न विश्वविद्यालय से 'मेडिसिन और सर्जरी में स्नातक' की डिग्री प्राप्त की। 1979 में वे रॉयल पर्थ अस्पताल में चिकित्सा विज्ञान के रजिस्ट्रार नियुक्त हुए, जहाँ उनकी मुलाकात रॉबिन वारेन के साथ हुई, जो जठर-शोध (गैस्ट्राइटिस) पर शोध कर रहे थे।

पूर्ण स्थापित इस वैज्ञानिक दृष्टि के बावजूद कि अल्सर तनाव से उत्पन्न होता है, मार्शल ने पाया कि अल्सर का असली कारण 'हेलिकोबेक्टर पाइलोटी' होता है, जो एक नई प्रजाति का जीवाणु है। उन्होंने महँगे अनुसंधान के माध्यम से नहीं अपितु साधारण निरीक्षण से जीवाणुओं की भूमिका की खोज की। उन्होंने यह भी खोज की कि अल्सर को एक प्रतिरोधी के साथ ठीक किया जा सकता है।

तत्पश्चात उन्हें रॉबिन वारेन के साथ छह महीने के लिए अनुसंधान करने के लिए आमंत्रित किया गया। हालाँकि मार्शल के काम को शुरू में संदेह के साथ देखा जाता था लेकिन उनके दृढ़ निश्चय ने आश्चर्यजनक परिणाम दिखाए और आज अल्सर के लगभग सभी रोगियों का प्रतिरोधी दवाओं तथा अम्ल स्राव के एक संयोजन के साथ सफलतापूर्वक इलाज किया जा रहा है। आजकल पेट की सर्जरी एक अपवाद बन चुका है। मार्शल की खोज ने निश्चित किया कि मरीजों को अल्सर के लंबे इलाज से नहीं गुजरना पड़ेगा और अल्सर दुबारा नहीं होगा। इससे पेट के कैंसर का जोखिम भी कम हो गया।

मार्शल को 2005 में शरीर विज्ञान अथवा औषधि विज्ञान में, रॉबिन वारेन के साथ संयुक्त रूप से उदर प्रवाह तथा पेप्टिक अल्सर जैसी दुसाध्य बीमारियों के कारणों की खोज के लिए नोबेल पुरस्कार से सम्मानित किया गया। इसके अतिरिक्त उन्हें अल्सर पर महत्त्वपूर्ण अनुसंधान के लिए, चिकित्सा शास्त्र में, 1998 में डॉ. ए.एच. हीनेकेन पुरस्कार से भी सम्मानित किया गया।

साहित्य

पिंटर, हेरॉल्ड
नागरिकता : ब्रिटेन
जन्म : 10 अक्टूबर, 1930; लंदन, ब्रिटेन
निधन : 24 दिसंबर, 2008; लंदन, ब्रिटेन

यदि पूर्वी लंदन के हैकने में जन्मे हेरॉल्ड पिन्टर को आधुनिक ब्रिटिश नाटककारों में सबसे प्रभावशाली नाटककारों में से एक कहा जाए तो इसे अतिशयोक्ति नहीं कहा जाएगा। इसके अतिरिक्त ब्रिटेन का यह नाटककार, पटकथा लेखक, निर्देशक और अभिनेता, अपनी तीखी राजनीतिक टिप्पणियों और अपनी प्रतिक्रियाओं के लिए अक्सर विवादों में घिरा रहा।

वे एक अच्छे धावक और क्रिकेट खिलाड़ी थे। स्कूल में ही उन्होंने कविता लिखना और नाटकों में अभिनय करना शुरू कर दिया था। उन्होंने आयरलैंड तथा ब्रिटेन में कई नाटकों में भाग लिया। पिंटर का कैरियर पचास वर्षों से भी अधिक की समयावधि में फैला हुआ था। उनके प्रसिद्ध नाटक हैं : 'द बर्थ डे पार्टी' (1957), 'द होम कमिंग' (1964) तथा 'बिट्रैअल' (1978)। इन सभी पर फिल्में भी बनीं।

उनके आरंभिक नाटकों को समीक्षकों ने 'खतरनाक कॉमेडी' कहा। उनके नाटक 'बिट्रैअल' को कई लोगों ने ''नाटकीय संरचना में दृश्य जटिल हैं'' कहा तो कुछ ने टिप्पणी की कि ''यह नाटक एक साथ प्यार को गौरवान्वित भी करता है और उसे नीचा भी दिखाता है।'' इन्हीं कारणों से ही यह नाटक 'नो मैंस लैंड' (1975) के साथ यादगार नाटक बन गया।

उन्होंने अपने कई नाटकों में रेडियो, टेलीविजन तथा फिल्मों में अभिनय भी किया। उन्होंने लगभग 50 प्रस्तुतियों का मंच, थियेटर तथा स्क्रीन के लिए निर्देशन किया। साहित्य में 2005 में मिले नोबेल पुरस्कार के अलावा उन्हें लगभग 50 पुरस्कारों से सम्मानित किया गया।

उन्होंने दूसरे लेखकों की कृतियों पर भी फिल्में बनाईं, जिनमें प्रमुख हैं : 'द सर्वेंट' (1963), 'द गो-बीटविन' (1970), 'द फ्रेंच लेफ्टिनेंट वूमैन' (1981), 'द ट्रायल' (1993) तथा 'स्ल्यूथ' (2007)।

अपने जीवन में उन्होंने दो शादियाँ कीं। 1956 में उन्होंने अभिनेत्री विवियन मर्चेंट से शादी की, जिससे 1975 में उनका संबंध विच्छेद हो गया। उसके बाद उन्होंने लेखिका एंटोनिया फ्रेजर से विवाह किया। एन्टोनिया फ्रेजर ने एक पुस्तक भी लिखी 'मस्ट यू गो? —माई लाइफ विद हेरॉल्ड पिंटर'।

एक नाटककार के रूप में पिंटर के कैरियर का पहला नाटक था—'द रूम' (1957) और एक अभिनेता के रूप में उनका अंतिम नाटक था, सैमुइल बेकेट का 'क्रैप'स लास्ट टेप', जिसमें उनकी मुख्य भूमिका थी और जो रॉयल कोर्ट थिएटर की 50वीं वर्षगाँठ पर अक्टूबर, 2006 में खेला गया।

24 दिसंबर, 2008 को इस शानदार नाटककार का लीवर कैंसर से देहांत हो गया। उन्हें उनके नाटकों के लिए जो हर रोज की गपशप के साथ खतरनाक स्थितियों को उजागर करने और उत्पीड़न के बंद कमरों में प्रवेश करने को मजबूर कर देनेवाले उनके नाटक लेखन के लिए उन्हें नोबेल पुरस्कार से सम्मानित किया गया।

शान्ति

बरदेई, मोहम्मद अल
नागरिकता : मिस्र
जन्म : 17 जून, 1942; केरो, मिस्र

मिस्र के केरो में जन्मे एक वकील और मिस्र के बार एसोसिएशन के भूतपूर्व अध्यक्ष मोहम्मद अल बरदेई ने 1962 में केरो विश्वविद्यालय से कानून में स्नातक की डिग्री प्राप्त की तथा 1974 में 'न्यू यॉर्क यूनिवर्सिटी स्कूल ऑफ लॉ' से अंतरराष्ट्रीय कानून में डॉक्टरेट की डिग्री अर्जित की।

उन्होंने अपने कैरियर की शुरुआत 1964 में मिस्र कूटनीतिक सेवा से की। 1974 से 1978 तक वे मिस्र के विदेश मंत्री के विशेष सहायक रहे। 1980 में उन्होंने संयुक्त राष्ट्र से संबद्ध होने के लिए, मिस्र कूटनीतिक सेवा को त्याग दिया तथा संयुक्त राष्ट्र प्रशिक्षण एवं अनुसंधान में अंतरराष्ट्रीय कानून कार्यक्रम के वरिष्ठ प्रभारी बन गए।

1981 से 1987 तक वह न्यू यॉर्क विश्वविद्यालय में अंतरराष्ट्रीय कानून के सहायक प्राध्यापक भी रहे। उन्हें पहली बार संयुक्त राष्ट्र की अंतरराष्ट्रीय परमाणु ऊर्जा एजेंसी में, 1984 में कानूनी सलाहकार का कार्यभार सौंपा गया। बाद में वे विदेशी संबंधों में सहायक महानिदेशक के रूप में भी कार्यरत रहे।

सितंबर, 2005 में उन्हें तीसरे कार्यकाल के लिए पुन: महानिदेशक के पद पर नियुक्त किया गया। अल बरदेई ने परमाणु और रेडियोलॉजिकल सामग्री को अतिवादी समूहों के हाथों से दूर रखने तथा परमाणु सामग्री के उत्पादन पर नियंत्रण कड़ा करने का सुझाव दिया, जिनका इस्तेमाल हथियारों के निर्माण में हो सकता है। उन्होंने निरस्त्रीकरण के प्रयासों को तेज करने पर भी जोर दिया।

उन्होंने विश्व भर में पाँच वर्षों तक नए यूरेनियम संवर्धन कार्यक्रम तथा विखंडन सुविधाओं को रोकने का आह्वान किया और मौजूदा परमाणु-शक्तियों पर दबाव डाला कि वे

सत्कार्यों के लिए अपने हथियारों का निर्माण बंद कर दें। अल बरदेई की प्राथमिकता यह भी थी कि परमाणु ऊर्जा के शान्तिपूर्ण उद्देश्यों के लिए प्रयोग को प्रोत्साहन दिया जाए तथा विकिरण पद्धति को कम विकसित देशों में कैंसर तथा मलेरिया जैसे खतरनाक रोगों के लिए उपलब्ध कराया जाए।

इंटरनेशनल एटॉमिक एनर्जी एजेंसी

स्थापना वर्ष : 1957

मुख्यालय : वियना, ऑस्ट्रिया

2005 का नोबेल शान्ति पुरस्कार अंतरराष्ट्रीय परमाणु ऊर्जा एजेंसी तथा इसके पूर्व महानिदेशक मोहम्मद अल बरदेई को संयुक्त रूप से प्रदान किया गया।

अंतरराष्ट्रीय परमाणु ऊर्जा एजेंसी (आई.ए.ई.ए.) एक अंतरराष्ट्रीय संगठन है जो परमाणु ऊर्जा के शान्तिपूर्ण उपयोग को बढ़ावा देने की दिशा में काम कर रहा है। इसके अतिरिक्त इसके कार्यक्रम परमाणु ऊर्जा के दुरुपयोग को रोकने में प्रभावकारी अंतरराष्ट्रीय सुरक्षा उपाय उपलब्ध कराने व परमाणु सुरक्षा मानकों व उनके क्रियान्वयन को प्रोत्साहन देते हैं। 29 जुलाई, 1957 को अस्तित्व में आया यह स्वायत्त संगठन यद्यपि अंतरराष्ट्रीय संधि के माध्यम से संयुक्त राष्ट्र के एक स्वतंत्र संगठन के रूप में कार्य करता है। यह संगठन पूरे विश्व भर में वैज्ञानिक व तकनीकी सहयोग के लिए सभी देशों की सरकारों के एक साझा मंच के रूप में कार्य करता है।

अंतरराष्ट्रीय परमाणु ऊर्जा एजेंसी का मुख्यालय वियना, ऑस्ट्रिया में है और इसके दो 'क्षेत्रीय सुरक्षा कार्यालय' कनाडा के टोरोंटो तथा जापान के टोकियो में स्थित हैं। इसके वर्तमान निदेशक यूकिमा अमानो हैं। मोहम्मद अल बरदेई और इंटरनेशनल एटॉमिक एनर्जी एजेंसी को परमाणु तथा रेडियोलॉजिकल सामग्री को अतिवादी समूहों के हाथों से दूर रखने और परमाणु सामग्री के उत्पादन पर कड़ा नियंत्रण रखने व निरस्त्रीकरण के प्रयासों के लिए नोबेल पुरस्कार से सम्मानित किया गया।

अर्थशास्त्र

ओमान, रॉबर्ट जे.

नागरिकता : इजराइल/ संयुक्त राज्य अमरीका

जन्म : 8 जून, 1930; फ्रैंकफर्ट, जर्मनी

रॉबर्ट जे. ओमान का जन्म जर्मनी के फ्रैंकफर्ट शहर में हुआ। वे अपने परिवार के साथ 1938 में अमरीका भाग गए क्योंकि नाजी-जर्मनी और ऑस्ट्रिया के कुछ भागों में 9-10 नवंबर, 1938 को यहूदियों के खिलाफ सामूहिक हमले आरंभ हो चुके थे। अमरीका आकर उन्होंने 1950 में, न्यू यॉर्क के सिटी कॉलेज से, गणित में स्नातक की डिग्री प्राप्त की और मेसाचुसेट्स इंस्टीट्यूट ऑफ टेक्नोलॉजी से उन्होंने 1952 में स्नातकोत्तर तथा 1955 में गणित में पीएच.डी. की डिग्रियाँ अर्जित कीं। डॉक्टरेट में उनका शोध-प्रबंध 'समूह के सिद्धांत' से संबंधित था।

1956 में वे येरूशलम के हिब्रू विश्वविद्यालय के संकाय-मंडल के सदस्य नियुक्त किए गए। 1989 से वे स्टोनी ब्रूक विश्वविद्यालय में विजिटिंग प्रोफेसर के रूप में कार्यरत हैं।

उनका सबसे बड़ा योगदान था—पुनरावर्ती खेल सिद्धांत (थ्योरी ऑफ रिपीटिड गेम्स) जिसमें कुछ स्थितियों में खिलाड़ी बार-बार एक ही स्थिति का सामना करते हैं। उन्होंने इस सिद्धांत के माध्यम से यह व्याख्या की कि व्यक्तियों के कुछ समूह, संगठन अथवा देश सहयोग और लम्बी अवधि के संबंधों में विश्वास करते हैं और क्यों दूसरे समूह, संगठन या देश आपसी टकराव का मार्ग अपनाते हैं। मानव-स्वभाव और मानव व्यवहार के विश्लेषण के रूप में यह सिद्धांत एक महत्त्वपूर्ण उपलब्धि माना गया। पुनरावर्ती खेल दृष्टिकोण की सहायता से उन्होंने व्यापार संघों और संगठित अपराध से

लेकर मजदूरी के लिए मोल-भाव करने और अंतरराष्ट्रीय व्यापार समझौतों तक में इसके महत्त्व को स्पष्ट किया।

2005 में उन्होंने गाजा पट्टी से इजराइली सेनाओं को हटाए जाने का विरोध किया और इसे 'गुश कतीफ' (गाजा पट्टी पर बसी 17 इजराइली बस्तियों का एक गुट) के विरुद्ध एक अपराध का दावा करते हुए उसे इजराइल की सुरक्षा के लिए एक खतरा माना।

इसके परिणामस्वरूप उन्हें नोबेल पुरस्कार दिए जाने के निर्णय की यूरोपीय प्रेस में काफी आलोचना हुई और उनके पुरस्कार को रद्द करने संबंधी याचिका पर दुनिया भर के 1000 शिक्षाविदों ने हस्ताक्षर किए।

शेलिंग, थॉमस सी.

नागरिकता : संयुक्त राज्य अमरीका

जन्म : 14 अप्रैल, 1921; ऑकलैंड, अमरीका

डॉ. थॉमस सी. शेलिंग मैरीलैंड विश्वविद्यालय में अर्थशास्त्र के विशेष प्रोफेसर हैं। 2005 में उन्हें रॉबर्ट जे. ओमान के साथ अर्थशास्त्र में नोबेल पुरस्कार से सम्मानित किया गया। उन्हें यह सम्मान 'खेल सिद्धांत विश्लेषण के माध्यम से संघर्ष और सहयोग की समझ को बढ़ाने के लिए' प्रदान किया गया।

अमरीका के कैलीफोर्निया शहर में ऑकलैंड में जन्मे शेलिंग ने 1944 में, बर्कले के कैलीफोर्निया विश्वविद्यालय से अर्थशास्त्र में स्नातक डिग्री प्राप्त की। 1951 में उन्होंने हार्वर्ड विश्वविद्यालय से अर्थशास्त्र में पीएच.डी. की डिग्री अर्जित की।

उन्होंने 1948 से 1953 तक यूरोप में मार्शल योजना के साथ व्हाइट हाउस तथा राष्ट्रपति के कार्यकारी कार्यालय में सेवा की। उन्होंने येल विश्वविद्यालय में अर्थशास्त्र के संकाय-मंडल से जुड़ने के लिए सरकारी नौकरी त्याग दी। 1958 में वे हार्वर्ड विश्वविद्यालय में अर्थशास्त्र के प्रोफेसर नियुक्त किए गए। 1969 में वे हार्वर्ड विश्वविद्यालय के कैनेडी स्कूल में नियुक्त हो गए। शेलिंग ने इससे पूर्व 20 वर्ष तक हार्वर्ड विश्वविद्यालय के जॉन एफ. कैनेडी स्कूल ऑफ गवर्नमेंट में अध्यापन कार्य किया जहाँ वे राजनीतिक अर्थशास्त्र के प्रोफेसर थे।

जब वे हार्वर्ड में थे तो उन्होंने अंतरराष्ट्रीय व्यापार वार्ता के लिए खेल-सिद्धांत लागू किया। बाद में उन्होंने दो प्रभावशाली पुस्तकें भी लिखीं। ये दो प्रसिद्ध पुस्तकें थीं— 'द स्ट्रेटेजी ऑफ कॉन्फ्लिक्ट' तथा 'माइक्रोमॉटिव्स एंड मैक्रोबिहेवियर'।

शेलिंग ने कोरिन तिगे सापोस से विवाह किया और 1947 से 1991 तक उनके साथ रहे। बाद में उन्होंने ऐलिस एम. कोलमैन से दूसरी शादी की। उन्हें रॉबर्ट जे. ओमान के साथ संयुक्त रूप से खेल सिद्धांत के विश्लेषण के माध्यम से संघर्ष और सहयोग की समझ को बढ़ाने के लिए नोबेल पुरस्कार से सम्मानित किया गया।

भौतिक विज्ञान

रसायन विज्ञान

शरीर विज्ञान/चिकित्सा विज्ञान

साहित्य

शान्ति

अर्थशास्त्र

2006

भौतिक विज्ञान

माथर, जॉन सी.

नागरिकता : संयुक्त राज्य अमरीका

जन्म : 7 अगस्त, 1946; वर्जीनिया, अमरीका

2006 का भौतिक विज्ञान का नोबेल पुरस्कार संयुक्त रूप से दो अमरीकी वैज्ञानिकों जॉन सी. माथर और जॉर्ज एफ स्मूट को दिया गया। यह सम्मान 'ब्लैक बॉडी स्वरूप और बह्मांडीय सूक्ष्म तरंगीय पार्श्व विकिरण की एनीसोट्रॉपी' के लिए दिया गया।

यह 'ब्लैक बॉडी' एक आदर्श भौतिक शरीर है, जो सभी आकस्मिक विद्युत चुंबकीय विकिरण को आत्मसात् कर लेता है, बिना उस घटना की बारंबारता या कोण की परवाह किए। उनकी इस खोज ने ब्रह्मांड के 'बिग-बैंग' सिद्धांत को बल दिया। नोबेल पुरस्कार समिति के अनुसार, ''सी.ओ.बी.ई. (कॉस्मिक बैक ग्राउंड एक्सप्लोरर सेटेलाइट) परियोजना एक सटीक विज्ञान के रूप में ब्रह्मांड विज्ञान के लिए प्रस्थान बिंदु हो सकती है।''

माथर ने 1968 में स्वार्थ मोर कॉलेज से भौतिक विज्ञान में बी.एससी. तथा 1974 में बर्कले के कैलीफोर्निया विश्व-विद्यालय से (परफेक्ट 4.0 ग्रेड के साथ) भौतिक विज्ञान में पीएच.डी. की डिग्री प्राप्त की। माथर किशोरावस्था से पहले गैलीलियो और डार्विन की जीवनी पढ़ते रहते थे। जब वे डॉक्टरेट की उपाधि के बाद गोजर्ड संस्थान में अंतरिक्ष का अध्ययन कर रहे थे तो उन्होंने बह्मांडीय पृष्ठभूमि एक्सप्लोरर उपग्रह (कोबे) की टीम का नेतृत्व किया।

खगोलशास्त्री और ब्रह्मांडविज्ञानी, माथर 'वेब स्पेस टेलिस्कोप' के परियोजना वैज्ञानिक हैं, जिस पर स्मूट 1990 के दशक के मध्य से काम कर रहे हैं। ये दोनों वैज्ञानिक 2018 तक ऐसी अंतरिक्ष-दूरबीन ला रहे हैं जो पुरानी पड़ चुकी 'हब्बल दूरबीन' को बदल देगी।

माथर यू.एस.ए. साइंस एंड इंजीनियरिंग फेस्टिवल के सलाहकार मंडल के सदस्य भी हैं। माथर अमरीकी अंतरिक्ष एजेंसी (नासा) में वरिष्ठ खगोल-भौतिकविज्ञानी (एस्ट्रो-फिजिसिस्ट) तथा मैरीलैंड विश्वविद्यालय में भौतिक विज्ञान के सहायक-प्रोफेसर हैं।

स्मूट, जॉर्ज एफ.

नागरिकता : संयुक्त राज्य अमरीका

जन्म : 20 फरवरी, 1945; यूकोन, अमरीका

अमरीकी खगोलविज्ञानी और ब्रह्मांडविज्ञानी जॉर्ज एफ. स्मूट (पूरा नाम जॉर्ज फित्ज्गेराल्ड, तृतीय) 1 करोड़ डॉलर के टी.वी. क्विज शो 'आर यू स्मार्टर दैन ए फिफ्थ ग्रेडर' के पुरस्कार विजेता हैं। उन्हें जॉन सी. माथर के साथ, 2006 में भौतिक विज्ञान में नोबेल पुरस्कार से सम्मानित किया गया। उन्हें यह सम्मान 'कॉस्मिक बैक-ग्राउंड एक्सप्लोरर' पर उनके अनुसंधान कार्य के लिए दिया गया। उनकी इस खोज से ब्रह्मांड के 'बिग-बैंग' सिद्धांत को बल मिला। उन्होंने ब्रह्मांडीय सूक्ष्म तरंग पार्श्व विकिरण की एनीसोट्रॉपी तथा 'ब्लैक बॉडी' आकृति की खोज में महत्त्वपूर्ण भूमिका निभाई।

स्मूट ने मेसाचुसेट्स इंस्टीट्यूट ऑफ टेक्नोलॉजी से 1966 में गणित में स्नातक की डिग्री और 1970 में भौतिक विज्ञान में पीएच.डी. की डिग्री प्राप्त की। 1970 से स्मूट बर्कले के कैलीफोर्निया विश्वविद्यालय तथा लॉरेंस बर्कले राष्ट्रीय प्रयोगशाला में कार्यरत हैं।

वर्तमान में प्रो. स्मूट खगोल भौतिक विज्ञान और अवलोकन ब्रह्मांड विज्ञान (ऑब्जरवेशनल कॉस्मोलॉजी) में अनुसंधान आयोजित करते हैं। उनका सबसे प्रसिद्ध शोध ब्रह्मांडीय पृष्ठभूमि विकिरण पर है। यह विकिरण आरंभिक बिग-बैंग की तीव्र गर्मी का अवशेष माना जाता है।

जॉर्ज स्मूट ने लॉरेंस बर्कले राष्ट्रीय प्रयोगशाला में रहते हुए, लुइस वाल्टर अल्वारेज के साथ संयुक्त रूप से, एच.ए.पी.पी.ई. (हाई एट्टीट्यूड पार्टिकल्स फिजिक्स एक्सपेरीमेंट) पर भी अनुसंधान किया जिससे पृथ्वी के ऊपरी वायुमंडल में प्रतिकण (एंटीमैटर) का पता लगाया जा सकता है। उन्हें जॉन सी. माथर के साथ संयुक्त रूप से ब्लैक बॉडी स्वरूप और ब्रह्मांडीय माइक्रोवेव पृष्ठभूमि विकिरण की एनीसोट्रॉपी के लिए नोबेल पुरस्कार से सम्मानित किया गया।

रसायन विज्ञान

कॉर्नबर्ग, रोजर डी.

नागरिकता : संयुक्त राज्य अमरीका

जन्म : 24 अप्रैल, 1947; सेंट लुइस, अमरीका

अमरीका में सेंट लुइस नामक स्थान पर जन्मे अमरीकी जीव-रसायनविज्ञानी तथा संरचनात्मक जीव वैज्ञानिक रोजर डी. कॉर्नबर्ग के माता-पिता तथा उनका एक भाई भी जीव रसायन वैज्ञानिक हैं। रोजर ने एक इजराइली वैज्ञानिक याहलो लोर्च से शादी की, जो स्टैनफोर्ड विश्वविद्यालय में संरचनात्मक जीव विज्ञान की प्रोफेसर हैं। कॉर्नबर्ग ने पिछले बीस वर्ष तक येरूशलम के हिब्रू विश्वविद्यालय में एक विजिटिंग प्रोफेसर के रूप में अपनी सेवाएँ दी हैं।

रोजर डी. कॉर्नबर्ग (पूरा नाम—रोजर डेविड कॉर्नबर्ग) को 2006 में, रसायन विज्ञान में 'आनुवंशिक जानकारी (ट्रांसक्रिप्शन) डी.एन.ए. प्रतिकृति की एक प्रक्रिया पर महत्त्वपूर्ण कार्य के लिए' नोबेल पुरस्कार से सम्मानित किया गया।

आनुवंशिक ज्ञान की कार्यप्रणाली कैसे कार्य करती है, इसका चिकित्सा के क्षेत्र में बहुत ज्यादा महत्त्व है। आनुवंशिक प्रक्रिया में गड़बड़ी से कैंसर, हृदय रोग और सूजन जैसी कई असाध्य बीमारियाँ उत्पन्न हो सकती हैं।

अल्फ्रेड नोबेल ने अपनी वसीयत में इस प्रक्रिया को 'सबसे महत्त्वपूर्ण रासायनिक खोज' कहा था। आनुवंशिक जानकारी हर प्रकार के जीवन के लिए आवश्यक है। यदि डी.एन.ए. प्रतिकृति की यह प्रक्रिया बंद हो जाती है तो आनुवंशिक जानकारी शरीर के विभिन्न अंगों तक नहीं जा सकती।

इस महत्त्वपूर्ण खोज के आविष्कारक रोजर कॉर्नबर्ग ने 1967 में रसायन विज्ञान में स्नातक की डिग्री तथा 1972 में

स्टैनफोर्ड विश्वविद्यालय से रसायन भौतिक विज्ञान में पीएच.डी. की डिग्री प्राप्त की। तत्पश्चात, वे इंग्लैंड के कैंब्रिज विश्वविद्यालय में आणविक जीव विज्ञान की प्रयोगशाला में 'फेलो' नियुक्त किए गए। 1976 में उनकी नियुक्ति जैव रसायन विज्ञान के सहायक प्रोफेसर के रूप में हार्वर्ड मेडिकल स्कूल में हो गई।

नोबेल पुरस्कार के अतिरिक्त उन्हें लगभग बीस पुरस्कारों व पदवियों से सम्मानित किया गया। उन्हें आनुवंशिक जानकारी (ट्रांसक्रिप्शन) डी.एन.ए. प्रतिकृति की एक प्रक्रिया पर महत्त्व-पूर्ण कार्य के लिए नोबेल पुरस्कार से सम्मानित किया गया।

शरीर विज्ञान/चिकित्सा विज्ञान

फायर, एंड्रयू जेड.

नागरिकता : संयुक्त राज्य अमरीका

जन्म : 27 अप्रैल, 1959; पालो आल्टो, कैलीफोर्निया, अमरीका

एंड्रयू जेड. फायर का जन्म अमरीका के कैलीफोर्निया शहर में पालो आल्टो नामक स्थान पर हुआ। उन्होंने 1978 में गणित में कैलीफोर्निया विश्वविद्यालय बर्कले से केवल तीन वर्षों में स्नातक की डिग्री प्राप्त की। 19 वर्ष की आयु में वे एक नए क्षेत्र, कोशिका जीव विज्ञान पर काम करने के लिए प्रोफेसर फिलिप शार्प (एक नोबेल पुरस्कार प्राप्त वैज्ञानिक) के मार्गदर्शन में, कैंब्रिज विश्वविद्यालय के मेसाचुसेट्स इंस्टीट्यूट ऑफ टेक्नोलॉजी चले गए। उनका शोध-प्रबंध 1983 में पूर्ण हुआ, जिसका विषय था—वायरस की आनुवंशिकी।

उसके पश्चात एंड्रयू कैंब्रिज विश्वविद्यालय (ब्रिटेन) चले गए जहाँ उन्होंने आणविक जीव विज्ञान के पिता, नोबेल पुरस्कार विजेता प्रो. सिडनी ब्रेनर के साथ काम किया, जिन्होंने सी. एलिगंस कीड़े पर डी.एन.ए. पर महत्त्वपूर्ण आविष्कार किया था, जिसने बाद में एंड्रयू के अनुसंधान कार्य में बेहद महत्त्वपूर्ण भूमिका निभाई। एंड्रयू ने जीन तथा आर.एन.ए. (राइबो न्यूक्लीक एसिड) से संबंधित महत्त्वपूर्ण खोज में अपना अमूल्य योगदान दिया।

1986 से 2003 की समयावधि में, एंड्रयू फायर, वाशिंगटन में कार्नेगी संस्थान के भ्रूण-विज्ञान विभाग में संकाय-सदस्य के रूप में नियुक्त थे, जहाँ उन्होंने दर्जनों छात्रों तथा पीएच.डी. के शोधकर्ताओं का मार्गदर्शन किया।

इसके अतिरिक्त वह बाल्टीमोर में जोंस हॉपकिंस विश्वविद्यालय में एक सहायक प्रोफेसर हैं। उन्हें नोबेल पुरस्कार के अलावा अन्य कई पुरस्कारों व छात्रवृत्तियों से सम्मानित किया गया, जिनमें प्रमुख हैं : मैरीलैंड गण्यमान्य युवा वैज्ञानिक पुरस्कार (1997), आणविक जीव-विज्ञान में (डॉ. क्रैग मेलो के साथ) राष्ट्रीय विज्ञान अकादमी पुरस्कार (2003)।

उनके सहयोगी उनकी रचनात्मकता तथा मौलिकता की प्रशंसा करते हैं।

मेलो, क्रैग सी.

नागरिकता : संयुक्त राज्य अमरीका

जन्म : 19 अक्टूबर, 1960; न्यू हैवन, कोनेक्टिकट, अमरीका

क्रैग कैमेरोन मेलो का जन्म कोनेक्टिकट (अमरीका) के न्यू हैवन नामक स्थान पर हुआ। उनके पूर्वज, पुर्तगाली द्वीप के अजोरेस नामक क्षेत्र से जाकर अमरीका में बस गए थे। उनके पिता जोमन मेलो एक जीवाश्म वैज्ञानिक तथा माँ एक कलाकार थीं।

क्रैग ने 1982 में ब्राउन विश्वविद्यालय से बी.एससी. की। 1990 में उन्होंने हार्वर्ड से अपनी पीएच.डी. पूर्ण की। डॉक्टरेट करने के बाद वह फ्रैड हचिंसन कैंसर रिसर्च सेंटर में 'फेलो' नियुक्त हुए।

डायनासोर की हड्डियों की खुदाई से उनकी रुचि भी बचपन में विज्ञान की ओर हो गई थी। पृथ्वी के इतिहास और मानव-जीवन की उत्पत्ति की अवधारणा से मोहित क्रैग मेलो का आकर्षण एक छात्र के रूप में जेनेटिक इंजीनियरिंग की ओर हो गया।

जब मेलो ने मेसाचुसेट्स विश्वविद्यालय के मेडिकल स्कूल में अपनी प्रयोगशाला आरंभ की, तो सी.एलिगंस नामक कीड़े पर शोध करते हुए उन्होंने कीड़े के शरीर में आर.एन.ए. पहुँचाया और इसका प्रभाव उनकी उम्मीद से ज्यादा हुआ, जिससे वह आश्चर्यचकित थे। आर.एन.ए. एक कोशिका से दूसरी कोशिका में होता हुआ कीड़े के पूरे शरीर में फैल गया था, बिना इंजेक्शन के स्थान की परवाह किए। यह एक पीढ़ी से दूसरी पीढ़ी तक स्थानांतरित हो सकता था।

बाद में, एंड्रयू फायर के साथ इस अध्ययन पर आगे कार्य करते हुए उन्होंने 'जीन' तथा आर.एन.ए. से संबंधित आविष्कार में महत्त्वपूर्ण योगदान किया।

चिकित्सा अनुसंधान परिषद के मानव आनुवंशिकी विभाग (ह्यूमन जेनेटिक्स यूनिट) के निदेशक प्रो. निक हेस्टी ने टिप्पणी करते हुए कहा था, ''जैविक प्रक्रियाओं और विनियमन के संबंध में हम जैसा सोचते थे, इस कार्य ने उसमें पूरी तरह क्रांतिकारी बदलाव ला दिया है, जो बहुत असामान्य बात है लेकिन इससे जीव-विज्ञान के क्षेत्र में एक नया मार्ग खुल गया है।''

एंड्रयू जेड फायर और क्रैग सी. मेलो को संयुक्त रूप से जीव तथा आर.एन.ए. से संबंधित आविष्कार जिसमें उन्होंने आनुवंशिक जानकारी के प्रवाह को नियंत्रित करने के लिए एक बुनियादी तंत्र की खोज की, के लिए नोबेल पुरस्कार से सम्मानित किया गया।

साहित्य

पामुक, ओरहान

नागरिकता : तुर्की

जन्म : 7 जून, 1952; इस्तांबुल, तुर्की

फेरिट ओरहान पामुक, जिन्हें सामान्यत: ओरहान पामुक के नाम से ही जाना जाता है, तुर्की के पहले नोबेल पुरस्कार विजेता साहित्यकार हैं। पामुक बहुत ही समृद्ध परिवार में पले-बढ़े लेकिन उनके वयस्क होने तक उनका परिवार अधिकांश अचल-संपत्तियों से हाथ धो चुका था।

अपनी युवावस्था तक एक चित्रकार बनने का सपना देखने वाले पामुक ने तीन वर्ष तक आर्किटेक्ट की पढ़ाई की और 1976 में इस्तांबुल विश्वविद्यालय के पत्रकारिता संस्थान से स्नातक की डिग्री प्राप्त की। 22 से 30 वर्ष की आयु तक पामुक अपनी माँ के साथ रहे, अपना प्रथम उपन्यास लिखा और एक प्रकाशक की खोज करने का प्रयास करने लगे। वे स्वयं को एक सांस्कृतिक मुसलमान मानते हैं जो धर्म के साथ ऐतिहासिक और सांस्कृतिक पहचान को जोड़ता है, और जिसका भगवान के साथ किसी भी प्रकार के व्यक्तिगत संबंध में विश्वास नहीं है।

पामुक का पहला उपन्यास तुर्की में 1982 में प्रकाशित हुआ, जिसका अंग्रेजी में 'द व्हाइट कैसल' (1990) के नाम से अनुवाद हुआ। पामुक को महाकाव्य और बहुपक्षीय कहानियों के लिए जाना जाता है, जिनका नायक अक्सर दो दुनियों में फैलकर रह जाता है और अपनी तलाश करता है।

पामुक अपनी रचनाओं में अक्सर पश्चिम के उत्तर आधुनिक तत्त्वों की बुनावट करते हैं जबकि अरबी साहित्य की महान रचनाओं में यथार्थ तथा कल्पना का अद्भुत मिश्रण भी देखने को मिलता है। उनके लेखन के बारे में न्यू यॉर्कर के डेविड रेमनिक लिखते हैं, ''पामुक की पुस्तकों की वृत्तियाँ, इस्तांबुल की मूल वृत्तियों में प्रतिध्वनित होती हैं : पूर्व और पश्चिम के बीच पसरा तनाव, इस्लामिक अतीत और आधुनिक यूरोपीय शिष्टाचार और भौतिकवाद के आकर्षण के मध्य का खिंचाव।''

2006 का साहित्य में नोबेल पुरस्कार ओरहान पामुक को प्रदान करते हुए स्वीडिश अकादमी ने कहा, ''पामुक ने अपने गृहनगर इस्तांबुल की एकाकी आत्मा की खोज में संस्कृतियों के संघर्ष और समन्वय के नए-नए प्रतीकों का प्रयोग किया है।''

पामुक के अन्य उपन्यास हैं : 'द ब्लैक बुक' (1990), 'द साइलेंट हाउस' (1993), 'द न्यू लाइफ' (1995), 'माई नेम इज रैड' (1998), 'द म्यूजियम ऑफ इनोसेंस' (2008), 'द स्नो' (2002)।

उपन्यास के अलावा उन्होंने अन्य विधाओं में भी पुस्तकें लिखी हैं : 'सीक्रेट फेस' (पटकथा-1992), 'अदर कलर्स' (निबंध-1999), 'इस्तांबुल : मैमायर्स एंड द सिटी'

(संस्मरण–2003), 'पीसिस फ्रॉम द व्यू : लाइफ, स्ट्रीट्स, लिट्रेचर' (निबंध–2010), 'नेव एंड सेंटिमेंटल नॉवलिस्ट' (आलोचना–2011)। उन्हें उनके लेखन के लिए, जिसमें एक उदास व्यक्ति अपने पैतृक शहर की खोज मे संघर्ष के नए प्रतीकों की खोज की नोबेल पुरस्कार से सम्मानित किया गया।

शान्ति

यूनुस, प्रो. मुहम्मद
नागरिकता : बांग्लादेश
जन्म : 28 जून, 1940; चिट-गाँव, बांग्लादेश

प्रोफेसर मुहम्मद यूनुस का जन्म 28 जून, 1940 को बांग्लादेश में बंदरगाह के निकट बसे शहर चिटगाँव में, एक मुस्लिम परिवार में हुआ।

इस बांग्लादेशी बैंकर अर्थशास्त्री ने 1957 में उन्होंने ढाका विश्वविद्यालय में अर्थशास्त्र में प्रवेश लिया। उन्होंने 1960 में बी.ए. तथा 1961 में एम.ए. की शिक्षा पूर्ण की। इसके पश्चात, उन्हें वेंडरविल्ट विश्वविद्यालय से अर्थशास्त्र की पढ़ाई करने के लिए फुलब्राइट छात्रवृत्ति तथा पीएच.डी. की डिग्री प्राप्त हुई और अगले वर्ष ही वे मिडल टेनोरी स्टेट यूनिवर्सिटी में अर्थशास्त्र के सहायक प्रोफेसर नियुक्त किए गए। बांग्लादेश में वापस लौटने पर, यूनुस चिटगाँव विश्व-विद्यालय में अर्थशास्त्र विभाग के अध्यक्ष बनाए गए।

अर्थशास्त्र में उनके प्रशिक्षण और विशेषज्ञता ने उन्हें यह समझने में सहायता की कि भूख और कुपोषण कितनी गहराई से अर्थशास्त्री तत्त्वों से जुड़े हुए हैं। प्रोफेसर यूनुस तथा ग्रामीण बैंक ने मिलकर वहाँ के लोगों की उनकी बुनियादी जरूरतों को जुटाने में, लोगों की सहायता करने की दिशा में, 1976 से लेकर अब तक शानदार उपलब्धियाँ प्राप्त की हैं।

1993 से 1995 तक, प्रोफेसर यूनुस चतुर्थ विश्व महिला सम्मेलन के अंतरराष्ट्रीय सलाहकार मंडल के एक सदस्य रहे। इस पद पर उनकी नियुक्ति संयुक्त राष्ट्र महासचिव द्वारा की गई थी। उन्होंने विश्व महिला स्वास्थ्य आयोग, आर्थिक विकास सलाहकार परिषद तथा संयुक्त राष्ट्र महिला एवं वित्त विशेषज्ञ समूह में भी अपनी सेवाएँ प्रदान कीं।

प्रो. यूनुस ने माइक्रो क्रेडिट और माइक्रो फाइनेंस के सिद्धांत का निर्माण किया। उन्होंने इस विचार के साथ 1983 में बांग्लादेश में ग्रामीण बैंक की स्थापना की कि लोगों द्वारा उधार प्राप्त करना उनका मौलिक अधिकार है। उनका उद्देश्य था कि लोगों को उनकी आवश्यकतानुसार ऋण उपलब्ध करवाकर, उन्हें गरीबी से मुक्ति दिलाई जाए तथा उन्हें वित्तीय सिद्धांतों से संबंधित शिक्षा दी जाए ताकि वे अपनी सहायता स्वयं कर सकें।

प्रो. यूनुस को अपने विचारों व प्रयासों के लिए कई अंतरराष्ट्रीय पुरस्कारों से सम्मानित किया गया। उन्हें समाज के सबसे निम्न वर्ग के आर्थिक व सामाजिक विकास के क्षेत्र में किए गए उल्लेखनीय कार्यों के लिए 2006 का नोबेल शान्ति पुरस्कार प्रदान किया गया।

मार्च, 2011 में उन्हें विवादास्पद ढंग से ग्रामीण बैंक के उनके पद से हटा दिया। कारण था—उनके पद के लिए आयु सीमा तथा कानून का उल्लंघन। बांग्लादेश के उच्च न्यायालय ने 8 मार्च, 2011 को उन्हें हटाने की पुष्टि की।

Grameen Bank

ग्रामीण बैंक
(बांग्लादेश)
स्थापना वर्ष : 1983

2006 का नोबेल शान्ति पुरस्कार संयुक्त रूप से प्रो. यूनुस तथा बांग्लादेश के ग्रामीण बैंक को प्रदान किया गया। प्रो. यूनुस ने ही ग्रामीण बैंक की स्थापना की।

1976 में प्रो. यूनुस ने एक शोध परियोजना शुरू की ताकि गाँवों के गरीब लोगों को आसान शर्तों पर, उनकी सुविधानुसार ऋण तथा बैंक सेवाएँ उपलब्ध कराई जाएँ। अक्टूबर, 1983

में उनकी यह परियोजना एक स्वतंत्र ग्रामीण बैंक के रूप में परिवर्तित हो गई। इस बैंक की कार्यप्रणाली इस विचार पर आधारित थी कि गरीब ग्रामीण लोगों के पास भी ऐसी कार्य-कुशलता होती है जिसका उपयोग बहुत कम किया जाता है।

ग्रामीण बैंक डिपोजिट स्वीकार करने, अन्य बैंकिंग सेवाएँ प्रदान करने तथा कपड़ा, टेलीफोन और ऊर्जा क्षेत्र से संबंधित कंपनियों को चलाने का काम भी करता है। बैंक के ऋण कार्यक्रम की सबसे प्रमुख विशेषता यह है कि इसके 98% ऋण प्राप्तकर्ता, महिलाएँ हैं।

ग्रामीण बैंक एकमात्र ऐसा व्यापारिक संगठन है, जिसे नोबेल पुरस्कार दिया गया। मोहम्मद यूनुस और ग्रामीण बैंक को समाज के निम्न वर्ग के आर्थिक और सामाजिक विकास के क्षेत्र में किए गए उनके उल्लेखनीय कार्यों के लिए नोबेल पुरस्कार से सम्मानित किया गया।

अर्थशास्त्र

फेल्प्स, एडमंड एस.

नागरिकता : संयुक्त राज्य अमरीका

जन्म : 26 जुलाई, 1933; इवांस्टन, अमरीका

2006 का अर्थशास्त्र का नोबेल पुरस्कार अमरीकी अर्थशास्त्री एडमंड स्ट्रोथर फेल्प्स, जूनियर को अर्थशास्त्र में प्रदान किया गया। अपने कैरियर के आरंभ में, 1960 के दशक में, येल विश्वविद्यालय के काओल्स फाउंडेशन में आर्थिक विकास के स्रोतों पर अपने शोध के लिए प्रसिद्ध हो गए।

उनके स्वर्ण नियम बचत दर (गोल्डन रूल्स सेविंग रेट) ने अनुसंधानों की एक लहर पैदा कर दी, जिसमें बताया गया है कि एक राष्ट्र बचत और भविष्य की पीढ़ियों के लिए निवेश की अपेक्षा, वर्तमान उपभोग कर कितना हिस्सा खर्च करता है।

उनके अध्ययन की प्रमुख खोज थी—विश्व आर्थिक नीति में इंटरटेम्पोरल ट्रेड ऑफ गतिविधियों का विश्लेषण।

एडमंड जब छः वर्ष के थे, तभी उनका परिवार इलिनोइस से न्यू यॉर्क स्थानांतरित हो गया। 1951 में वह पूर्ण स्नातकीय शिक्षा के लिए एम्हर्स्ट कॉलेज में दाखिल हो गए, जहाँ उन्होंने 1955 में बी.ए. की डिग्री हासिल की। स्नातक की शिक्षा उन्होंने नोबेल पुरस्कार प्राप्त जेम्स टोबिन तथा थॉमस शेलिंग के मार्गदर्शन में, येल विश्वविद्यालय से प्राप्त की। यहीं से उन्होंने 1959 में पीएच.डी. की डिग्री प्राप्त की।

1960 में उन्होंने येल विश्वविद्यालय में अध्यापन कार्य के साथ-साथ कोल्स फाउंडेशन में 'नवशास्त्रीय विकास-सिद्धांत' (नियो-क्लासिकल ग्रोथ थियोरी) पर अपना अध्ययन भी जारी रखा। इस शोध के एक हिस्से के तौर पर 1961 में एडमंड का 'स्वर्ण नियम बचत दर' पर प्रसिद्ध लेख प्रकाशित हुआ, जो उनके आर्थिक विज्ञान के प्रमुख योगदानों में से एक है। उन्होंने आर्थिक सिद्धांतों के अन्य क्षेत्रों पर भी लेख लिखे, जैसे—मौद्रिक अर्थशास्त्र या रिकॉर्डियन तुल्यता और विकास के साथ उनका संबंध।

1966 में एडमंड येल को छोड़कर पेंसिलवानिया विश्व-विद्यालय चले गए, जहाँ उन्हें अर्थशास्त्र के प्रोफेसर का पद प्रदान किया गया। 1982 से वर्तमान तक वे कोलंबिया विश्वविद्यालय में राजनीतिक अर्थशास्त्र के मैकविकर प्रोफेसर हैं।

वे कोलंबिया विश्वविद्यालय के पूँजीवाद व समाज केंद्र के निदेशक भी हैं। उन्हें विश्व आर्थिक नीति में इंटरटेम्पोरल दुविधापूर्ण गतिविधियों के विश्लेषण के लिए नोबेल पुरस्कार से सम्मानित किया गया।

भौतिक विज्ञान

रसायन विज्ञान

शरीर विज्ञान/चिकित्सा विज्ञान

साहित्य

शान्ति

अर्थशास्त्र

2007

भौतिक विज्ञान

फर्ट, अल्बर्ट
नागरिकता : फ्रांस
जन्म : 7 मार्च, 1938; कार्केसोन, फ्रांस

फ्रांसीसी वैज्ञानिक अल्बर्ट फर्ट को पीटर ग्रुनबर्ग के साथ विशाल चुंबकीय प्रतिरोधक की स्वतंत्र रूप से साझा खोज के लिए, 2007 में भौतिक विज्ञान के नोबेल पुरस्कार से सम्मानित किया गया।

चुंबकीय प्रतिरोधक (मैग्नेटोरेसिस्टेंस) का सिद्धांत लॉर्ड केल्विन द्वारा 1857 में खोजा गया था, जब उन्होंने पाया कि एक निर्वाहक (कंडक्टर) को विद्युतीय प्रतिरोध को बाहरी चुंबकीय क्षेत्र में उजागर करके परिवर्तित किया जा सकता है। फर्ट ने पाया कि वह चुंबकीय और गैर-चुंबकीय सामग्री की नैनोमीटर जितनी मोटी परतों में परिवर्तन करके, बड़ी तेजी से एक प्रणाली के भीतर प्रतिरोध में वृद्धि कर सकते हैं।

हालाँकि यह तकनीक आरंभ में व्यावसायिक प्रयोग के लिए बहुत महँगी थी, यह चुंबकीय भंडारण उपकरणों जैसे— कंप्यूटर की हार्ड-ड्राइव व पोर्टेबल मीडिया प्लेयर के लिए मानक निर्माण प्रक्रिया बन गई।

फर्ट ने 1962 में पेरिस के 'इकोल नॉर्मल सुपैरियोर' से गणित व भौतिक विज्ञान में मास्टर डिग्री प्राप्त की। उन्होंने 1970 में पेरिस के 'सूद विश्वविद्यालय' से भौतिक विज्ञान में डॉक्टर की उपाधि अर्जित की और 1976 में वे एक प्रोफेसर बन गए। उन्होंने विश्वविद्यालय की संघनित-पदार्थ भौतिकी प्रयोगशाला (कांडेंस्ड-मैटर फिजिक्स लैबोरेटरी) के शोध निदेशक के रूप में 1970 से 1995 तक अपनी सेवाएँ दीं। उसके बाद वे 'यूनिट मिक्स्टे दे फिजीक' चले गए जहाँ वे वैज्ञानिक निदेशक के पद पर कार्यरत रहे। इसके अलावा वे मिशीगन स्टेट यूनिवर्सिटी में भौतिक विज्ञान के प्रोफेसर भी हैं।

नोबेल पुरस्कार के अतिरिक्त उन्हें कई अन्य पुरस्कारों व पदवियों से सम्मानित किया गया, जिनमें प्रमुख हैं : ह्यूलेट पैकर्ड यूरोफिजिक्स पुरस्कार (1997), भौतिक विज्ञान में वुल्फ पुरस्कार (2006), जापान पुरस्कार (2007), फ्रेंच विज्ञान अकादमी के सदस्य चुने गए (2004)।

ग्रुनबर्ग, पीटर आंद्रियाज

(उच्चारण पैटर आंद्रा-एज ग्रुनबर्क)

नागरिकता : जर्मनी

जन्म : 18 मई, 1939; प्लजेन, बोहेनिया, चेक रिपब्लिक

पीटर ग्रुनबर्ग का जन्म बोहेनिया के प्लजेन नामक स्थान पर हुआ, जो उस समय नाजियों के कब्जे वाले बोहेनिया और मोराविया संरक्षित क्षेत्र में था (वर्तमान में चेक गणराज्य)। उनके परिवार को भी नाजियों के अत्याचारों का सामना करना पड़ा और रूस में जन्मे उनके पिता का चेक कैद में देहान्त हो गया और उन्हें सामूहिक रूप से जला दिया गया।

ग्रुनबर्ग ने 1962 में फ्रैंकफुर्त के जोहान्स वुल्फगैंग गोएथे विश्वविद्यालय से इंटरमीडिएट डिप्लोमा प्राप्त किया। उसके बाद उन्होंने दारमस्तात यूनिवर्सिटी ऑफ टेक्नोलॉजी से 1966 में भौतिक विज्ञान में डिप्लोमा अर्जित किया और 1969 में पीएच.डी. की डिग्री प्राप्त की। वे ओटावा में कार्लटन विश्वविद्यालय के नेशनल रिसर्च काउंसिल के 'पोस्ट-डॉक्टोरल' फेलो नियुक्त हुए।

ग्रुनबर्ग 1972 में जर्मनी में ज्यूलिक के शोध केंद्र इंस्टीट्यूट ऑफ सॉलिड स्टेट रिसर्च में नियुक्त हो गए जहाँ वह बारीक-फिल्म और मर्टीलेयर मैग्नेटिज्म के क्षेत्र में अग्रणी बन गए। इसी से उन्हें 1988 में 'जीअंट मैग्नेटोरेसिस्टेंस (जी.एम.आर.) का आविष्कार करने की प्रेरणा मिली। क्योंकि विद्युतीय प्रतिरोध में चुंबकीय क्षेत्र में छोटे परिवर्तनों से ही, बड़े परिवर्तनों का उत्पादन होता है। इस आविष्कार से स्पिंट्रॉनिक्स के विकास का मार्ग प्रशस्त हुआ, जिसके लिए उन्हें अल्बर्ट फर्ट के साथ 2007 में भौतिक विज्ञान के नोबेल पुरस्कार से सम्मानित किया गया।

नोबेल पुरस्कार के अलावा ग्रुनबर्ग को नए पदार्थ की खोज के लिए ए.पी.एस. अंतरराष्ट्रीय पुरस्कार, इंटरनेशनल यूनियन ऑफ प्योर एंड एप्लाइड फिजिक्स मैग्नेटिज्म पुरस्कार, ह्यूलेट-पैकर्ड यूरोफिजिक्स पुरस्कार, भौतिक विज्ञान में वुल्फ पुरस्कार, 2007 में जापान पुरस्कार से भी सम्मानित किया गया। 1998 में उन्हें 'यूरोपियन इन्वेंटर ऑफ द ईयर' भी चुना गया। अल्बर्ट फर्ट और पीटर आंद्रियाज ग्रुनबर्ग को संयुक्त रूप से विशाल चुंबकीय प्रतिरोध की खोज के लिए नोबेल पुरस्कार से सम्मानित किया गया।

रसायन विज्ञान

एर्तल, जेरहार्ड

नागरिकता : जर्मनी

जन्म : 10 अक्टूबर, 1936; स्टुटगार्ट, जर्मनी

जेरहार्ड एर्तल का जन्म 10 अक्टूबर, 1936 को जर्मनी के स्टुटगार्ट शहर में हुआ जहाँ उन्होंने टेक्निकल यूनिवर्सिटी ऑफ स्टुटगार्ट से (1955-57), उसके बाद पेरिस विश्वविद्यालय से (1957-58) और म्यूनिख में लुडविग मैक्सि-मिलियन्स विश्वविद्यालय (1958-59) से भौतिक विज्ञान की शिक्षा ग्रहण की। उन्होंने 1961 में स्टुटगार्ट की टेक्निकल यूनिवर्सिटी से भौतिक विज्ञान में डिप्लोमा प्राप्त किया। पीएच.डी. की डिग्री उन्होंने 1965 में म्यूनिख के प्रौद्योगिक विश्वविद्यालय से अर्जित की।

पीएच.डी. पूर्ण करने के बाद, 1965 से 1968 तक वे म्यूनिख की टेक्निकल यूनिवर्सिटी में वैज्ञानिक सहायक और लेक्चरर रहे। 1968 से 1973 तक उन्होंने हैनोवर विश्वविद्यालय के इंस्टीट्यूट ऑफ फिजिकल केमिस्ट्री में एक प्रोफेसर और निदेशक के पद पर कार्य किया। इसके अतिरिक्त वे लुडविग-मैक्सिमिलियंस विश्वविद्यालय (1973-86) तथा मैक्स प्लैंक सोसायटी (बर्लिन-1986-2004) में भी कार्यरत रहे।

ठोस सतहों पर अपनी रासायनिक प्रक्रियाओं के अध्ययन के लिए उन्हें 2007 में रसायन विज्ञान के लिए नोबेल पुरस्कार से सम्मानित किया गया। नोबेल अकादमी ने कहा, ''एर्तल ने एक विस्तृत वर्णन प्रदान किया है कि सतहों पर रासायनिक प्रतिक्रियाएँ कैसे होती हैं। उनके निष्कर्षों को, अकादमिक

अध्ययन तथा औद्योगिक विकास, दोनों में लागू किया जा सकता है।'' अकादमी ने कहा, धरातल (किसी भी पदार्थ), ठोस या द्रव्य'' के संघनित चरण (कंडेंस्ड फेज) की भौतिक सीमा को धरातल कहा जाता है। रसायन विज्ञान ओजोन परत के नष्ट होने के कारणों को भी समझा सकता है।

इस प्रक्रिया को नोबेल पुरस्कार प्राप्त दो जर्मन रसायन वैज्ञानिकों फ्रित्ज हैबर (1868–1934) तथा कार्ल बोश (1874–1940) ने विकसित किया था। लेकिन, यह जेरहार्ड एर्तल ही थे, जिन्होंने सबसे पहले इस प्रक्रिया को पूर्ण रूप से समझने में सफलता प्राप्त की।

1986 में जेरहार्ड बर्लिन में फ्रित्ज–हैबर इंस्टीट्यूट ऑफ मैक्स प्लैंक सोसायटी के भौतिक रसायन विज्ञान विभाग के निदेशक बने। उन्होंने अंतरराष्ट्रीय स्तर पर प्रसिद्ध इस संस्थान को इस काम पर ध्यान केंद्रित करने में मदद की जिसमें रासायनिक प्रतिक्रियाएँ ठोस सतहों की संरचना से प्रभावित होती हैं।

एर्तल और उनकी पत्नी बारबरा की दो संतानें और कई पोते–पोतियाँ हैं। उन्हें पियानो बजाने का बहुत शौक है। जब वे किसी प्रकार के प्रयोग में व्यस्त नहीं होते तो अपनी बिल्लियों के साथ खेलते हैं। उन्हें ठोस सतहों पर अपनी रासायनिक प्रक्रियाओं के अध्ययन के लिए नोबेल पुरस्कार से सम्मानित किया गया।

शरीर विज्ञान/चिकित्सा विज्ञान

कापेची, मारियो आर.

नागरिकता : संयुक्त राज्य अमरीका

जन्म : 6 अक्टूबर, 1937; वैरोना, इटली

इटली के वैरोना में जन्मे आणविक आनुवंशिकीविद्, मारियो रिनैतो कापेची का बचपन अत्यंत संघर्षपूर्ण रहा। उनके शुरुआती कुछ साल अनाथालयों और इटली की सड़कों पर बीते, जहाँ वे खुले रेस्तराओं से खाना चुराते थे। उनकी माँ को भी फासीवादी–विरोधी संगठन से संबंध रखने के कारण सजा के रूप में कई वर्षों तक यातना–शिविरों में ठूँस दिया गया। मारियो को बचाने के लिए उनकी माँ ने अपनी सारी संपत्ति बेच देने का निर्णय लिया। तब मारियो भी कुपोषण के शिकार होकर मृत्यु की कगार पर थे, जब उनके अंकल ने उन्हें अमरीका बुला लिया।

द्वितीय विश्वयुद्ध के दौरान, अपने देश इटली में, बमों से ध्वस्त इमारतों में सोने वाले और बार–बार पुलिस द्वारा पकड़े जाने वाले मारियो को 1980 में तब एक अनिश्चित भविष्य का सामना करना पड़ा, जब उन्होंने अपने अनुसंधान का प्रस्ताव दुनिया के सर्वोच्च चिकित्सा अनुसंधान केंद्र, नेशनल इंस्टीट्यूट ऑफ हेल्थ (एन.आई.एच.) के पास भेजा और उन्होंने इसे वापस कर दिया, इस टिप्पणी के साथ कि 'यह ध्यान दिए जाने लायक नहीं है।'

उनके इसी अनुसंधान पर उन्हें मार्टिन इवांस तथा ओलिवर स्मिथीस के साथ 2007 के शरीर–विज्ञान या औषधि विज्ञान में नोबेल पुरस्कार से सम्मानित किया गया। उन्हें यह सम्मान चूहों की एक ऐसी प्रजाति पैदा करने के तरीके पर अनुसंधान करने के लिए दिया गया जिसके 'जीन' समाप्त हो चुके हैं। इसे 'नॉक–आउट माउस' का नाम दिया गया। इसमें आनुवंशिक रूप से पैदा किए गए चूहों में लक्षित उत्परिवर्तन की सहायता से एक या उससे अधिक 'जीन' को बंद कर दिया जाता है। इसके दौरान ऐसी प्रक्रिया अपनाई जाती है कि कोशिकाएँ स्वयं अपने डी.एन.ए. की मरम्मत का कार्य करती हैं।

इस तकनीक से शोधकर्ताओं को न केवल चूहों को पैदा करने के साथ–साथ मानव रोगों पर अध्ययन करने में सहायता मिलती है बल्कि इसे भविष्य में 'जीन–चिकित्सा' के लिए भी प्रयोग किया जा सकता है जिससे रोग पैदा करने वाले 'जींस' को सही करने में भी मदद मिलती है।

जब मारियो ने दुबारा इस शोधकार्य को एन.आई.एच. के सामने रखा (1984) तो उनकी समीक्षा करने वालों ने अपनी मूर्खता स्वीकार करते हुए टिप्पणी की, ''हमें खुशी है कि आपने हमारी सलाह को नहीं माना।''

मारियो ने 1961 में, ओहियो के एंटियोक कॉलेज से रसायन विज्ञान तथा भौतिकी में विज्ञान स्नातक की डिग्री प्राप्त की। बाद में वे जेम्स डी. वाटसन के साथ हार्वर्ड विश्वविद्यालय कार्य करने चले गए जो डी.एन.ए. के ढाँचे के सह–आविष्कारकर्ता हैं। वहीं से उन्होंने 1967 में जीव भौतिक विज्ञान में पीएच.डी. की डिग्री हासिल की।

नोबेल समिति द्वारा कापेची को नोबेल पुरस्कार दिए जाने की सार्वजनिक घोषणा करने के बाद एक ऑस्ट्रेलियाई महिला, मैरलिन बोनैली, ने दावा किया कि मारियो कापेची बहुत साल पहले खो गए उनके कजन-ब्रदर हैं। मई 2008 में जब मारियो बोनैली से मिले तो उन्होंने पुष्टि की कि वह उनकी बहन ही थीं।

इवांस, सर मार्टिन

नागरिकता : ब्रिटेन

जन्म : 1 जनवरी, 1941; स्ट्रेड, अमरीका

सर मार्टिन इवांस ने जीव रसायन विज्ञान में बी.ए. की डिग्री, कैंब्रिज विश्वविद्यालय के क्रिस्ट कॉलेज से, 1963 में प्राप्त की। 1966 में एम.ए. तथा 1969 में लंदन के विश्वविद्यालय कॉलेज से, पीएच.डी. की डिग्रियाँ अर्जित कीं।

कैंब्रिज से स्नातक की उपाधि प्राप्त करने के बाद उन्होंने धमनियों के विकास के आनुवंशिक नियंत्रण पर अध्ययन करने का फैसला किया। विश्वविद्यालय के कॉलेज में उनका लक्ष्य था—उन्नतिशील तरीके से नियंत्रित मैसेंजर आर.एन.ए. को अलग करना। 1980 में उन्होंने, कैंब्रिज विश्वविद्यालय के आनुवंशिक विज्ञान विभाग में मैथ्यू कॉफमैन के साथ मिलकर, भ्रूण स्टेन कोशिकाओं को अलग करने के लिए 'ब्लास्टोसिस्ट' का उपयोग करने का विचार किया। उन्होंने अपने अनुसंधान से 'नॉक आउट माउस' पद्धति का विकास किया और जीन लक्ष्यीकरण से संबंधित प्रौद्योगिकी विकसित की। इस पद्धति में चूहों में विशेष 'जीन' संबंधित संशोधन करने के लिए, भ्रूण स्टेन कोशिकाओं का उपयोग किया जाता है।

2007 में उन्हें 'मनुष्य में बीमारियों के नए उपचारों को विकसित करने के प्रयास के लिए' मारियो कापेची तथा ओलिवर स्मिथीस के साथ शरीर विज्ञान या औषधि विज्ञान के नोबेल पुरस्कार से सम्मानित किया गया।

आज आनुवंशिक रूप से परिवर्तित या संशोधित चूहों को चिकित्सा अनुसंधान के लिए अत्यंत महत्त्वपूर्ण माना जाता है।

सर मार्टिन ने 120 से अधिक वैज्ञानिक लेख प्रकाशित किए। वे 1993 में रॉयल सोसायटी के 'फेलो' चुने गए। वे एकेडमी ऑफ मेडिकल साइंसेज के संस्थापक 'फेलो' भी हैं। 2001 में उन्हें अमरीका के प्रतिष्ठित 'अल्बर्ट लस्कर पुरस्कार' से सम्मानित किया गया। 2002 में उन्हें न्यू यॉर्क के माउंट सिनाई स्कूल ऑफ मेडिसन की ओर से डॉक्टरेट की मानद उपाधि से सम्मानित किया गया जो चिकित्सा व वैज्ञानिक प्रशिक्षण के लिए, विश्व के अग्रणी केंद्रों में से एक माना जाता है।

चिकित्सा विज्ञान में उनकी सेवाओं के लिए 2004 में उन्हें 'सर' की उपाधि से विभूषित किया गया और 2009 में उन्हें रॉयल सोसायटी ऑफ मेडिसन द्वारा स्वर्ण पदक से सम्मानित किया गया।

स्मिथीस, ओलिवर

नागरिकता : ब्रिटेन/संयुक्त राज्य अमरीका

जन्म : 23 जून, 1925; यार्क-शायर, ब्रिटेन

हैलिफैक्स, यार्कशायर, इंग्लैंड में पैदा हुए ओलिवर स्मिथीस अपने आपको एक 'औजार बनानेवाला' कहते हैं क्योंकि उनकी प्रयोगशाला में प्रयोग होने वाले अधिकांश उपकरणों, जिनमें काफी साल पहले बनाई गई पोलिमेरास चेन रिएक्शन (पी.सी.आर.) मशीन का आरंभिक प्रारूप भी शामिल है, को उन्होंने स्वयं अपने हाथों से बनाया है। उनका कहना है कि वे आज भी मार्ग में मिलने वाली तारों या डोरियों को उठा लेते हैं।

अक्टूबर, 2007 में स्मिथीज को शरीर विज्ञान या चिकित्सा विज्ञान के नोबेल पुरस्कार से सम्मानित किया गया जो उन्होंने मारियो कापेची और मार्टिन इवांस के साथ साझा किया। इस पुरस्कार में आणविक आनुवंशिक वैज्ञानिकों के लिए एक बुनियादी उपकरण के रूप में 'नॉक आउट माउस' के विकास में स्मिथीस की भूमिका को स्वीकार किया।

उन्होंने एक साक्षात्कार में बताया था कि विज्ञान के लिए उनका प्यार रेडियो और दूरबीनों के प्रति प्रारंभिक आकर्षण से पैदा हुआ।

स्मिथीस ने द्वितीय विश्वयुद्ध के दौरान कॉलेज में प्रवेश लिया। उन्होंने शरीर विज्ञान में, प्रथम श्रेणी के साथ, बल्लीयोल कॉलेज, ऑक्सफोर्ड से स्नातक की उपाधि प्राप्त की और फिर मास्टर डिग्री और 1952 में ऑक्सफोर्ड से जीव रसायन विज्ञान में डी.फिल की उपाधि अर्जित की।

1960 से 1988 तक उन्होंने विस्कोंसिन मेडिसन विश्वविद्यालय में कार्य किया। टोरोंटो की कनॉट प्रयोगशाला में उन्होंने 'स्टार्च जैल इलेक्ट्रोफोरेसिस' की खोज की, जो 1960 के दशक में मानव आनुवंशिकी का सबसे महत्त्वपूर्ण उपकरण था। इसकी सहायता से प्रोटीन घटकों को बेहतर तरीके से अलग किया जा सकता था।

नोबेल के अलावा उन्हें लैस्कर फाउंडेशन पुरस्कार (2001), अमरीकन सोसायटी फॉर ह्यूमन जेनेटिक्स का विलियम एलन पुरस्कार (1964), राष्ट्रीय विज्ञान अकादमी की सदस्यता (1971), अमरीकन एसोसिएन ऑफ आर्ट्स एंड साइंसेज की सदस्यता (1978) जैसे पुरस्कारों व पदवियों से सम्मानित किया गया।

2002 में उन्होंने अपनी पत्नी डॉ. जोवूयो माएदा के साथ आनुवंशिक रूप से संशोधित चूहों का उपयोग करके उच्च रक्तचाप का अध्ययन किया। 2008 से अभी तक अपनी प्रयोगशाला में वे सप्ताह के सातों दिन काम करते हैं।

साहित्य

लेसिंग, डोरिस

नागरिकता : ब्रिटेन

जन्म : 22 अक्टूबर, 1919; कर्मन शाह, फारस (अब ईरान)

ब्रिटिश लेखिका डोरिस लेसिंग को साहित्य के लिए, 2007 का नोबेल पुरस्कार प्राप्त हुआ। लेसिंग, जो नोबेल पुरस्कार के 110 वर्ष के इतिहास में साहित्य के क्षेत्र में पुरस्कार जीतनेवाली केवल 11वीं महिला हैं, को उत्तर आधुनिक नारीवादी कृति 'द गोल्डन बुक' के लिए जाना जाता है। स्वीडिश समिति ने इस पुस्तक को 'स्त्री-पुरुष संबंधों पर 20वीं सदी के विचारों को रेखांकित करने वाली एक अग्रणी पुस्तक' कहा।

ईरान (तत्कालीन पर्शिया) में जन्मी, जिंबाब्वे के रोडेशिया में पली-बढ़ी, ब्रिटेन की नागरिकता प्राप्त उपन्यास-कार, नाटककार, जीवनी लेखक, कहानीकार डोरिस लेसिंग के उपन्यासों में शामिल हैं : 'द ग्लास इज सिंगिंग' (1950), जो पाँच उपन्यासों की एक कड़ी है जिसे 'चिल्ड्रन ऑफ वॉयलेंस' (1952-69) कहा जाता है, 'द गोल्डन नोट बुक' (1962), 'द गुड टेरोरिस्ट' (1985) और पाँच उपन्यासों की सामूहिक शृंखला 'आर्काइत्ज' (1979-83)।

लेसिंग ने सेलिबरी (अब हरारे) में डोमिनिकन कॉन्वेंट हाई स्कूल, एक रोमन कैथोलिक कन्या विद्यालय, में शिक्षा प्राप्त की। 14 वर्ष की आयु में स्कूल छोड़ देने के बाद उन्होंने खुद ही पढ़ाई की। 15 वर्ष की आयु में उन्होंने घर छोड़ दिया और एक नर्स के रूप में काम करने लगीं। 1937 के आस-पास उन्होंने लेखन कार्य आरंभ किया। उन्होंने एक टेलीफोन ऑपरेटर के रूप में भी काम किया।

उन्होंने दो शादियाँ कीं। पहली बार फ्रैंक विज्डम से, जिससे उन्हें दो बच्चे हुए। 1943 में संबंध-विच्छेद के बाद उन्होंने गॉटफ्रीड लेसिंग से शादी की लेकिन 1949 में उनका तलाक हो गया। बाद में गॉटफ्रीड युगांडा में पूर्वी जर्मनी के राजदूत बन गए और 1979 में इदी-अमीन के खिलाफ विद्रोह में उनका कत्ल हो गया।

डोरिस लेसिंग की आत्मकथा दो खंडों में प्रकाशित हुई और विवादित रही। पहला खंड था : 'अंडर मॉय स्किन' (1994), तथा 'वाकिंग इन द रोड' (1999)।

डोरिस ने 1984 में अपने दो उपन्यास छद्म नाम, जेन सोमर्स के नाम, से प्रकाशित करवाने का प्रयास किया, जो लेसिंग के ब्रिटिश प्रकाशक द्वारा वापस लौटा दिए गए। बाद में उन्हें एक अन्य ब्रिटिश प्रकाशक ने प्रकाशित किया। उन्हें महिला अनुभवों की कथाकार के रूप में संदेह, भावावेश और दूरदर्शिता के साथ एक विभाजित सभ्यता की जाँच-पड़ताल के लिए नोबेल पुरस्कार से सम्मानित किया गया।

शान्ति

अल-गोर, जूनियर

नागरिकता : संयुक्त राज्य अमरीका

जन्म : 31 मार्च, 1948; वाशिंगटन, अमरीका

अल्बर्ट आर्नोल्ड गोर, जूनियर के रूप में वाशिंगटन में जन्मे अल-गोर अमरीका के 45वें उप-राष्ट्रपति बने (1993-2001)। 2000 में वे डेमोक्रेटिक पार्टी की ओर से राष्ट्रपति पद के लिए नामित हुए लेकिन जॉर्ज डब्ल्यू. बुश से पराजित हो गए। जब अमरीका के सर्वोच्च न्यायालय ने फ्लोरिडा मतगणना पर एक कानूनी विवाद में 5-4 के मतों से जॉर्ज डब्ल्यू. बुश के पक्ष में फैसला सुनाया तो यह पहला ऐसा अवसर था, जब अमरीका के राष्ट्रपति के चुनाव में सर्वोच्च न्यायालय के निर्णय का सहारा लेना पड़ा हो।

उनके पिता अल्बर्ट गोर सीनियर, टेनेसी से निर्वाचित होकर, एक डेमोक्रेट के रूप में अमरीकी सदन की सेवा कर रहे थे।

भूतपूर्व उप-राष्ट्रपति अल-गोर, नोबेल पुरस्कार विजेता, 'अलाइंस फॉर क्लाइमेट प्रोटेक्शन' के संस्थापक तथा वर्तमान चेयरमैन, गैर-साहित्यिक टेलीविजन नेटवर्क, 'करंट टी.वी.' के सह-संपादक तथा चेयरमैन 'एप्पल' के निदेशक मंडल के सदस्य और 'गूगल' के वरिष्ठ सलाहकार हैं।

अल-गोर 1976, 1978, 1980 व 1982 में अमरीकी प्रतिनिधि सदन में तथा 1984 व 1990 में अमरीकी संसद में चुने गए। वे 20 जनवरी, 1993 को अमरीका के 45वें उप-राष्ट्रपति चुने गए। इस पद पर उन्होंने आठ वर्ष तक कार्य किया। तत्कालीन प्रशासन में अल-गोर राष्ट्रपति बिल क्लिंटन की आर्थिक टीम के एक केंद्रीय सदस्य थे। उन्होंने सीनेट के प्रमुख के रूप में, एक केबिनेट सदस्य के रूप में, राष्ट्रीय सुरक्षा परिषद के एक सदस्य के रूप में तथा विभिन्न प्रशासनिक इकाइयों के एक नेता के रूप में कार्य किया।

अल-गोर ने 'ग्लोबल वार्मिंग' पर किए गए अपने कार्यों के लिए 2007 का नोबेल पुरस्कार संयुक्त रूप से आई.पी.सी.सी. के साथ प्राप्त किया।

नोबेल शान्ति पुरस्कार प्राप्त करते हुए अल-गोर ने कार्बन छोड़ने वाले विश्व के सबसे बड़े देशों, चीन तथा अमरीका, से निवेदन किया कि वे जलवायु परिवर्तन पर कोई साहसिक कदम उठाएँ तथा इस दिशा में अपने कार्यों की असफलता के लिए इतिहास के सामने स्वयं को जिम्मेदार ठहराएँ।

अल-गोर एक लेखक भी हैं। वे बेस्ट-सेलर पुस्तकों 'अर्थ इन द बैलेंस' तथा 'इन इन्कॉन्वीनिएंट ट्रूथ' के लेखक हैं। वे एक ऑस्कर पुरस्कार विजेता वृत्तचित्र के भी पात्र रहे हैं।

IPCC
INTERGOVERNMENTAL PANEL ON CLIMATE CHANGE
WMO UNEP

इंटरगवर्नमेंटल पैनल ऑन क्लाइमेट चेंज (आई.पी.सी.सी.)

स्थापना वर्ष : 1988

मुख्यालय : जिनेवा, स्विट्ज़रलैंड

आई.पी.सी.सी. जलवायु परिवर्तन पर अंतरराष्ट्रीय स्तर पर स्वीकृत एक प्राधिकरण है तथा एक वैज्ञानिक अंतर-सरकारी संगठन है जो सदस्य-सरकारों के अनुरोध पर आरंभ किया गया है। यह पहली बार दो संयुक्त राष्ट्र संगठनों, विश्व मौसम विज्ञान संगठन तथा संयुक्त राष्ट्र पर्यावरण कार्यक्रम द्वारा 1988 में स्थापित किया गया था।

इसका लक्ष्य है, मानवीय गतिविधियों के कारण होने वाले जलवायु परिवर्तन के जोखिम के संबंध में, दुनिया भर में, वर्तमान में वैज्ञानिक तकनीकी और सामाजिक आर्थिक जानकारी का व्यापक वैज्ञानिक आकलन उपलब्ध कराना तथा इसके संभावित पर्यावरणीय और सामाजिक-आर्थिक परिणामों और इन परिणामों को अनुकूल या इसके प्रभावों को कम करने की दिशा में संभव विकल्प उपलब्ध कराना।

हजारों वैज्ञानिक और अन्य विशेषज्ञ रिपोर्ट लिखकर या उनकी समीक्षा करके (अवैतनिक) अपना सहयोग प्रदान करते हैं। हालाँकि आई.पी.सी.सी. स्वयं कोई अनुसंधान कार्य नहीं करता, किंतु वह विभिन्न अनुसंधानों की समीक्षा अवश्य करता है।

आई.पी.सी.सी. की सदस्यता, विश्व मौसम विज्ञान

संगठन (वर्ल्ड मीटिऑरोलॉजिकल ऑर्गेनाइजेशन डब्ल्यू. एम. ओ.) तथा संयुक्त राष्ट्र पर्यावरण कार्यक्रम (यूनाइटेड नेशंस एन्वायरमेंट प्रोग्राम—यू.एन.ई.पी.) के सभी सदस्यों के लिए खुली है।

वर्तमान में, आई.पी.सी.सी. के अध्यक्ष भारत के डॉ. राजेन्द्र कुमार पचौरी हैं। उन्हें पैनल ऑफ क्लाइमेट चेंज को ग्लोबल वार्मिंग पर किए गए उनके कार्यों के लिए नोबेल पुरस्कार से सम्मानित किया गया।

अर्थशास्त्र

हर्विक्ज, लियोनिद

नागरिकता : पोलैंड / संयुक्त राज्य अमरीका

जन्म : 21 अगस्त, 1917; मॉस्को, रूस

निधन : 24 जून, 2008; मिनियेपोलिस, अमरीका

लियोनिद 'लियो' हर्विक्ज पोलिश मूल के अमरीकी अर्थशास्त्री थे, जिनका जन्म मास्को में 21 अगस्त, 1917 को अक्टूबर क्रांति से कुछ महीने पहले हुआ। हर्विक्ज और उनके परिवार, दोनों को ही बॉल्शेविक और नाजियों द्वारा उत्पीड़न का सामना करना पड़ा, जब हिटलर ने 1939 में पोलैंड पर आक्रमण किया और हर्विक्ज दुबारा से शरणार्थी बन गए। हर्विक्ज ने 1938 में वारसा विश्वविद्यालय से स्नातक की शिक्षा ग्रहण की। पोलैंड पर नाजियों के हमले के समय वे इंग्लैंड में थे। वहाँ से वह स्विट्जरलैंड गए, फिर पुर्तगाल और अंतत: 1940 में अमरीका। बाद में उनका परिवार भी वहीं आ गया।

वे पहले ऐसे अर्थशास्त्रियों में से थे, जिन्होंने खेल सिद्धांत के मूल्य को समझा और उसे व्यावहारिक रूप से लागू किया। उन्होंने प्रोत्साहन संगतता तथा तंग डिजाइन की उत्पत्ति की, जो बताते हैं कि अर्थशास्त्र, सामाजिक विज्ञान और राजनीति विज्ञान में वांछित परिणाम कैसे प्राप्त किए जा सकते हैं। उनके द्वारा विकसित मॉडल का उपयोग करके व्यक्तियों और संस्थाओं, बाजार और व्यापार की सहभागिता को आज विश्लेषित किया और समझा जा सकता है।

उनके इसी अनुसंधान कार्य के लिए ही उन्हें एरिक मस्किन तथा रोजर मायरसन के साथ 2007 के अर्थशास्त्र के नोबेल पुरस्कार से सम्मानित किया गया।

हर्विक्ज ने अपने पिता से प्रोत्साहन पाकर 1938 में वारसा विश्वविद्यालय से एल.एल.एम. की डिग्री प्राप्त की। तत्पश्चात, उन्होंने निकोलस काल्डोर तथा फ्रीडरिक हायेक के साथ लंदन स्कूल ऑफ इकोनॉमिक्स से शिक्षा प्राप्त की। अमरीका जाने के बाद उन्होंने हार्वर्ड विश्वविद्यालय तथा शिकागो विश्वविद्यालय में अपनी शिक्षा जारी रखी। हर्विक्ज के पास अर्थशास्त्र की कोई भी डिग्री नहीं है। 2007 में उन्होंने कहा, ''मैंने जितना भी अर्थशास्त्र सीखा, वह सुनकर और अनुभव से ही सीखा।''

1941 में वे एम.आई.टी. में तथा शिकागो विश्वविद्यालय में शोध सहायक थे। 1942 से 1944 तक वे शिकागो विश्वविद्यालय के मौसम विज्ञान संस्थान के संकाय-मंडल (स्टाफ) के सदस्य थे, जहाँ उन्होंने अर्थशास्त्र विभाग में सांख्यिकी पढ़ाई। 1945 के बाद उन्होंने इलिनोइस विश्वविद्यालय, मिनेसोटा विश्वविद्यालय, स्टेनफोर्ड विश्वविद्यालय, बंगलौर विश्वविद्यालय, टोक्यो विश्वविद्यालय, कैलीफोर्निया विश्वविद्यालय, मिशिगन विश्वविद्यालय आदि में विभिन्न पदों पर कार्य किया।

उन्हें गुर्दे की बीमारी के कारण, 2008 के मध्य जून में अस्पताल में भर्ती किया गया, जहाँ 90 वर्ष की आयु में उनका देहांत हो गया।

मस्किन, एरिक एस.

नागरिकता : संयुक्त राज्य अमरीका

जन्म : 12 दिसंबर, 1950; न्यू यॉर्क, अमरीका

एरिक स्टार्क मस्किन, हार्वर्ड विश्वविद्यालय में, एडम्स विश्वविद्यालय प्रोफेसर हैं। इससे पूर्व वे इंस्टीट्यूट ऑफ एडवांस्ड स्टडी सामाजिक विज्ञान के प्रोफेसर तथा प्रिंस्टन विश्वविद्यालय में विजिटिंग लेक्चरर व प्रोफेसर थे।

एक यहूदी और बाद में 'गैर-धार्मिक' घोषित परिवार में जन्मे एरिक ने 1968 में न्यू जर्सी के टेनाफ्लाई हाई स्कूल से स्नातक की शिक्षा प्राप्त की। बाद में उन्होंने हार्वर्ड विश्वविद्यालय में प्रवेश ले लिया जहाँ से उन्होंने बी.ए. (बैचलर ऑफ आर्ट्स) की डिग्री प्राप्त की। यहीं से उन्होंने एप्लायड मैथेमेटिक्स में पीएच.डी. की। 1976 में वे कैंब्रिज विश्वविद्यालय में 'रिसर्च फेलो' नियुक्त हुए। 1985 से 2000 तक वह मेसाचुसेट्स विश्वविद्यालय में संकाय-मंडल के सदस्य रहे।

मस्किन ने आर्थिक सिद्धांत के विभिन्न क्षेत्रों में काम किया, यथा—खेल सिद्धांत, प्रोत्साहन का अर्थशास्त्र तथा अनुबंध सिद्धांत। उन्हें विशेष रूप से तंत्र सिद्धांत/डिजाइन, क्रियान्वयन और गतिशील खेल पर लिखे महत्त्वपूर्ण लेखों के लिए जाना जाता है।

उनकी वर्तमान अनुसंधान परियोजनाओं में विभिन्न चुनावी नियमों की तुलना, असमानता के कारणों की जाँच करना तथा गठबंधन के निर्माण का अध्ययन शामिल हैं।

मस्किन को 'तंत्र-डिजाइन सिद्धांत' (मेकैनिज्म-डिजाइन थ्योरी) के लिए लियोनिद हर्विक्ज तथा रोजर मायरसन के साथ, 2007 के अर्थशास्त्र के नोबेल पुरस्कार से सम्मानित किया गया।

वे अमरीकन एकेडमी ऑफ आर्ट्स एंड साइंसेज, इकोनोमैट्रिक सोसायटी तथा यूरोपियन इकोनॉमिक एसोसिएशन के 'फेलो' हैं।

मस्किन का विवाह इतिहास की एक शिक्षिका मेल साटेक से हुआ।

मायरसन, रोजर बी.

नागरिकता : संयुक्त राज्य अमरीका

जन्म : 29 मार्च, 1951; बोस्टन, अमरीका

रोजर ब्रूस मायरसन ने अर्थशास्त्र और राजनीति विज्ञान के क्षेत्र में महत्त्वपूर्ण योगदान दिया है। खेल सिद्धांत में उन्होंने नैश की 'संतुलन अवधारणा' (इक्विलीब्रियम कॉन्सेप्ट) में सुधार किया और उन्होंने एक तकनीक विकसित की, जिससे पता चलता है कि जब किसी व्यक्ति के पास अलग-अलग जानकारी मौजूद हों तो उनमें आपसी संचार का प्रभाव क्या होता है। प्रोफेसर मायरसन ने राजनीति विज्ञान में भी खेल-थ्योरी को लागू किया जिसमें उन्होंने विश्लेषण किया कि अलग चुनावी व्यवस्था और संवैधानिक ढाँचे में राजनीतिक प्रोत्साहन (Political incentive) कैसे प्रभावित हो सकता है।

बोस्टन में एक यहूदी परिवार में जन्मे मायरसन ने हार्वर्ड विश्वविद्यालय से कला-स्नातक तथा 1973 में व्यावहारिक गणित में एस.एम. की डिग्री प्राप्त की। उन्होंने 1976 में व्यावहारिक गणित में अपनी पीएच.डी. की डिग्री प्राप्त की। उनके शोध-प्रबंध का विषय था—'ए थ्योरी ऑफ कोऑपरेटिव गेम्स'।

2001 में शिकागो विश्वविद्यालय आने से पूर्व प्रोफेसर मायरसन ने नॉर्थ-वेस्टर्न विश्वविद्यालय कैलोग प्रबंधन विद्यालय में 25 वर्ष तक अध्यापन कार्य किया। वे अमरीका की कला एवं विज्ञान अकादमी तथा राष्ट्रीय विज्ञान अकादमी के सदस्य हैं।

मायरसन ने गेम थ्योरी पर दो सामान्य संदर्भ पुस्तकें लिखीं : जिनके नाम हैं : 'गेम थ्योरी : एनालिसिस ऑफ कॉन्फ्लिक्ट' (1991) तथा 'प्रोबेबिलिटी मॉडल्स फॉर इकोनॉमिक डिसीजंस' (2005)।

2007 में उन्हें लियोनिद हर्विक्ज तथा एरिक एस. मस्किन के साथ संयुक्त रूप से अर्थशास्त्र के नोबेल पुरस्कार से सम्मानित किया गया।

1980 में मायरसन ने जिना वेबर से शादी की तथा उनकी दो संतानें हैं—डेनियल और रेबेका। लिओनिद हर्विक्ज, एरिक एस. मस्किन और रोजर बी. मायरसन को संयुक्त रूप से तंत्र डिजाइन सिद्धांत का आधार प्रदान करने के लिए नोबेल पुरस्कार से सम्मानित किया।

भौतिक विज्ञान

रसायन विज्ञान

शरीर विज्ञान/चिकित्सा विज्ञान

साहित्य

शान्ति

अर्थशास्त्र

2008

भौतिक विज्ञान

नांबू, योइचिरो
नागरिकता : संयुक्त राज्य अमरीका
जन्म : 18 जनवरी, 1921; टोक्यो, जापान

टोक्यो, जापान में जन्मे योइचिरो नांबू को सैद्धांतिक भौतिक विज्ञान के क्षेत्र में उनके योगदान के लिए जाना जाता है। जिस अनुसंधान कार्य के लिए उन्हें नोबेल पुरस्कार प्राप्त हुआ, वह था—स्पोंटेनियस सिमट्री ब्रेकिंग (एस.एस.बी.)। उनका यह अनुसंधान कार्य 1959 में आरंभ हुआ। उनके अपने कथनानुसार, "यह संघनित पदार्थ (कंडेंस्ड मैटर) तथा अणु-भौतिकी, दोनों में मेरे अनुभव का परिणाम है।"

योइचिरो नांबू ने 1949 में बी.एस. तथा 1952 में डी.एस. की डिग्री टोक्यो इंपीरियल विश्वविद्यालय से प्राप्त की। 1949 में उन्होंने ओसावा विश्वविद्यालय में सहायक प्रोफेसर के रूप में पदभार सँभाला जहाँ वह पदोन्नति पाकर एक वर्ष पश्चात प्रोफेसर बन गए। 1954 में वे शिकागो विश्वविद्यालय चले गए, जहाँ उन्हें 1958 में प्रोफेसर के रूप में नियुक्त किया गया।

1970 में उन्हें अमरीकी नागरिकता प्रदान की गई। 2008 में उन्हें दो जापानी वैज्ञानिकों मकोतो कोबायाशी तथा तोशिहिदे मस्कावा के साथ भौतिक विज्ञान में नोबेल पुरस्कार से सम्मानित किया गया।

नांबू पहले ऐसे वैज्ञानिक थे, जिन्होंने देखा कि जब शारीरिक प्रणाली, जैसे—सुपरकंडक्टर या क्वार्क की बहुलता शारीरिक समरूपता को खारिज कर देता है तो एक नया कण या अणु पैदा होता है। उन्होंने यह भी महसूस किया कि यदि क्वार्क तारों से जुड़ते हैं तो गतिमान हो उठते हैं, इसी से 'स्ट्रिंग सिद्धांत' की नींव पड़ी।

नांबू की इस खोज से कैंसर के फैलाव, मस्तिष्क की कोशिकाओं के विकास, जीवाणुओं (बैक्टीरिया) के विकास, अल्जाइमर रोग से कोशिकाओं को नुकसान और अग्न्याशय (पैंक्रियास) में इंसुलिन बनाने वाली कोशिकाओं के विकास की महत्त्वपूर्ण प्रक्रियाओं पर प्रकाश डालने में सहायता मिली।

50 वर्षों तक एक प्रोफेसर के रूप में अपनी सेवाएँ प्रदान करने के उपरांत, योइचिरो नांबू, अब एनरिको फर्मी

संस्थान तथा शिकागो विश्वविद्यालय में भौतिक विज्ञान विभाग के अवकाशप्राप्त प्रोफेसर हैं।

कोबायाशी, मकोतो
नागरिकता : जापान
जन्म : 7 अप्रैल, 1944; नागोया, जापान

जापान के नागोया नामक स्थान पर जन्मे मकोतो कोबायाशी के पिता हिसाथी, जो एक चिकित्सक थे, का देहांत तभी हो गया था जब मकोतो मात्र 2 वर्ष के थे। द्वितीय विश्वयुद्ध के दौरान नागोया पर भयंकर बम वर्षा के चलते, उन्हें कावागोए गाँव जाना पड़ा। पिता की मृत्यु के पश्चात वे पुनः नागोया लौट आए।

अल्बर्ट आइंस्टीन और लियोपोल्ड इनफेल्ड द्वारा लिखी पुस्तक 'द इवोल्यूशन ऑफ फिजिक्स' पढ़ने के बाद उनकी रुचि भौतिक विज्ञान में बढ़ गई।

अपनी युवावस्था तक टेनिस खेलने वाले मकोतो ने नागोया विश्वविद्यालय से 1972 में पीएच.डी. पूरी करने के बाद क्योटो विश्वविद्यालय में प्रो. शोईची सकाता की देख-रेख में उनकी प्रयोगशाला में अणु-भौतिकी में शोध सहायक के रूप में अनुसंधान कार्य किया। उन्होंने तोशिहिदे मस्कावा के साथ मिलकर अणु-भौतिकी के इलेक्ट्रो-मैग्नेटिक, कमजोर व मजबूत परमाणु अंत:क्रियाओं से संबंधित स्टैंडर्ड मॉडल में 'सी.पी. वॉयलेशन' की व्याख्या पर कार्य किया।

1976 में उनके इस शोधकार्य से संबंधित लेख, प्रकाशित हुआ। यह 2008 तक के सर्वकालीन महत्त्वपूर्ण लेखों में चौथा सबसे अधिक उद्धृत किया जाने वाला लेख बना। उनके इसी आविष्कार पर उन्हें योइचिरो नांबू तथा तोशिहिदे मस्कावा के साथ 2008 में भौतिक विज्ञान के नोबेल पुरस्कार से सम्मानित किया गया। उन्हें सम्मानस्वरूप पुरस्कार राशि का एक-चौथाई भाग प्राप्त हुआ।

अपने व्यावसायिक-जीवन के दौरान उन्होंने एक लंबा अरसा के.ई.के. (अंतर-विश्वविद्यालय शोध संस्थान निगम) में बिताया, जहाँ उन्होंने 1997 (अप्रैल) में अणु एवं परमाणु विज्ञान संस्थान के प्रोफेसर के रूप में कार्यभार सँभाला और 2003 में वे इसके निदेशक बनाए गए। जून 2006 से वे इस संस्था के अवकाश प्राप्त प्रोफेसर हैं।

अक्टूबर, 2008 में उन्हें जापान के 'ऑर्डर ऑफ कल्चर' से सम्मानित किया गया।

कोबायाशी ने 1975 में सचिको एनोमोतो से शादी की। उनकी मृत्यु के बाद उन्होंने एमिको नाकायामा से विवाह किया।

मस्कावा, तोशिहिदे
नागरिकता : जापान
जन्म : 7 फरवरी, 1940; नागोया, जापान

जापान के नागोया स्थान पर अपने परिवार में दूसरी संतान के रूप में जन्मे और हाई स्कूल में अपनी पढ़ाई पर ध्यान केंद्रित न करने वाले तोशिहिदे मस्कावा बचपन में कभी भी अपने हमउम्र बच्चों के साथ नहीं खेले। उनका लालन-पालन भी वयस्क बच्चों के बीच हुआ।

उन्होंने 1962 में नागोया विश्वविद्यालय से स्नातक की डिग्री प्राप्त की तथा 1967 में अणु-भौतिकी में पीएच.डी. की उपाधि अर्जित की।

1970 के दशक में क्योटो विश्वविद्यालय में तोशिहिदे ने मकोतो कोबायाशी के साथ मिलकर अणु भौतिकी के स्टैंडर्ड मॉडल (इलेक्ट्रोमैग्नेटिक, कमजोर व मजबूत परमाणु अंत:क्रियाओं से संबंधित एक सिद्धांत) में सी.पी. वॉयलेशन (टूटी समरूपता) की व्याख्या प्रस्तुत की, जिसे एक लेख के रूप में 1973 में प्रकाशित किया गया। इस लेख को सबसे ज्यादा उद्धृत किए जाने वाले लेखों में एक माना गया।

मस्कावा तथा कोबायाशी के इस सिद्धांत को, क्वार्क की

तीन पीढ़ियों की आवश्यकता थी। यह एक अनुमान था जिसकी चार वर्ष बाद क्वार्क की खोज के बाद प्रयोगात्मक रूप से पुष्टि की जा सकी।

मस्कावा 1997 से 2003 तक युकावा इंस्टीट्यूट में सैद्धांतिक भौतिक विज्ञान के निदेशक थे। वर्तमान में वे कोबायाशी-मस्कावा संस्थान में विशेष प्रोफेसर तथा महा-निदेशक तथा क्योटो सैच्यो विश्वविद्यालय के मस्कावा इंस्टीट्यूट ऑफ साइंस एंड कल्चर के निदेशक तथा क्योटो विश्वविद्यालय के अवकाशप्राप्त प्रोफेसर हैं।

इसके अतिरिक्त उन्हें जापान के 'ऑर्डर ऑफ कल्चर' (2008), जापान अकादमी पुरस्कार (1989) तथा सकुराई पुरस्कार (1985) से भी सम्मानित किया गया। उन्हें मकोतो कोबायाशी के साथ अणु भौतिकी के सी.पी. वॉयलेशन की व्याख्या पर कार्य करने के लिए नोबेल पुरस्कार से सम्मानित किया गया।

रसायन विज्ञान

शिमोमूरा, ओसामू

नागरिकता : जापान

जन्म : 27 अगस्त, 1928; क्योटो, जापान

जापान में क्योटो के फूकूचियामा नामक स्थान पर जन्मे ओसामू शिमोमूरा, चीन के मंचूरिया और जापान के ओसाका में पले-बढ़े। उनके पिता शाही जापानी सेना में एक अधिकारी थे। जब नागासाकी पर अमरीकी हवाई जहाजों ने परमाणु बम गिराया, तब ओसामू और उनका परिवार नागासाकी में ही था। इस विध्वंसक हमले में कुछ क्षणों के लिए शिमोमूरा अंधे से हो गए थे।

1955 में शिमोमूरा नागोया विश्वविद्यालय में शोध सहायक बने, जहाँ उन्होंने 1960 में कार्बनिक रसायन विज्ञान में पीएच.डी. की डिग्री प्राप्त की। तत्पश्चात अमरीका के प्रिंस्टन विश्वविद्यालय से पढ़ाई के लिए निमंत्रण मिलने पर वे अमरीका चले गए। वहाँ उन्होंने एक शोधकर्ता के रूप में सफलता अर्जित की, जिससे उन्हें नोबेल पुरस्कार से सम्मानित किया गया। 1982 में वे लुइस होल विश्वविद्यालय, मेसाचुसेट्स की मैरीन बॉयोलॉजिकल लेबोरेटरी में अध्ययन के लिए चले गए।

शिमोमूरा ने हरे फ्लोरोसेंट प्रोटीन (जी.एफ.पी.) की पहचान की, जो जैलिफिश एकुओरिया विक्टोरिया में पाया जाने वाला एक प्राकृतिक पदार्थ है जिसे कुछ विशेष कोशिकाओं के कार्यों को दिखाने वाले एक उपकरण के रूप में प्रयोग किया जाता है।

उनकी इसी उपलब्धि के लिए उन्हें संयुक्त रूप से मार्टिन चैल्फी तथा रोजर वाई. शियेन के साथ 2008 के रसायन-विज्ञान के नोबेल पुरस्कार से विभूषित किया गया।

उनकी पत्नी आकेमी भी एक कार्बनिक रसायनशास्त्री हैं।

चैल्फी, मार्टिन

नागरिकता : संयुक्त राज्य अमरीका

जन्म : 15 जनवरी, 1947; शिकागो, अमरीका

अमरीका के शिकागो शहर में जन्मे मार्टिन चैल्फी ने हार्वर्ड विश्वविद्यालय में अपनी स्नातक तथा स्नातकोत्तर डिग्रियों के बावजूद, एक पोशाक विक्रेता तथा उच्च विद्यालय के एक शिक्षक के रूप में भी कार्य किया क्योंकि वे विज्ञान के क्षेत्र में स्वयं को अनुकूल नहीं पाते थे। लेकिन उन्होंने येल में एक प्रयोगशाला में मेढकों के कॉर्निया (आँख की पुतली का सफेद हिस्सा) में क्लोराइड ट्रांसपोर्ट को मापने के लिए एक वैकल्पिक साधन का उपयोग करके उल्लेखनीय परिणाम हासिल किया।

मार्टिन चैल्फी को विशेष रूप से हरे फ्लोरोसेंट प्रोटीन (जी.एफ.पी.) के लिए जाना जाता है, जिससे वैज्ञानिकों को यह बात समझने में बहुत सहायता मिली कि अंग कैसे कार्य

करते हैं, रोग कैसे फैलता है और संक्रमित कोशिकाएँ उपचार के प्रति कैसी प्रतिक्रिया दिखाती हैं।

मार्टिन ने 1977 में रॉबर्ट पर्लमैन के मार्गदर्शन में हार्वर्ड विश्वविद्यालय से पीएच.डी. की डिग्री हासिल की। उन्होंने अपने 'पोस्ट-डॉक्टोरल' अनुसंधान एल.एम.बी. (द एम. आर. सी. लेबोरेटरी ऑफ मोलेक्यूलर बॉयोलॉजी) में सिडनी ब्रेनर तथा जॉन संसटन के साथ किए। 1982 में वे कोलंबिया विश्वविद्यालय के साथ संकाय-सदस्य के रूप में जुड़ गए जहाँ उन्होंने सी-एलिगंस पर अपना शोध-कार्य जारी रखा।

2008 में उन्हें ओसामू शियोमूरा तथा रोजर वाई. शियेन के साथ रसायनशास्त्र के नोबेल पुरस्कार से सम्मानित किया गया। उन्हें यह सम्मान हरे फ्लोरोसेंट प्रोटीन जी.एफ.पी. के आविष्कार तथा विकास के लिए दिया गया।

2004 में उन्हें राष्ट्रीय विज्ञान अकादमी का सदस्य चुना गया।

शियेन, रोजर वाई.

नागरिकता : संयुक्त राज्य अमरीका

जन्म : 1 फरवरी, 1952; न्यू यॉर्क, अमरीका

रोजर शियेन के रंगों के प्रति आकर्षण ने कोशिका जीव विज्ञान तथा तंत्रिका जीव विज्ञान के क्षेत्र में क्रांतिकारी परिवर्तन ला दिया है जिसके परिणामस्वरूप अब वैज्ञानिक जीवित कोशिकाओं के अन्दर देख सकते हैं और वास्तविक समय में ही अणुओं के व्यवहार को जाँच सकते हैं।

रोजन शियेन को कोशिकाओं के भीतर कैल्सियम की गतिविधियों का पता लगाने के लिए रंगीन 'डाई' विकसित करने, जैलिफिश तथा मूँगिया रंग की चमक बनाने वाले आनुवंशिक रूप से संशोधित अणुओं के विकास के लिए जाना जाता है। इस बहुरंगी फ्लोरोसेंट प्रोटीन को दुनिया भर के वैज्ञानिकों द्वारा इस्तेमाल किया जाता है।

अपनी स्नातक की शिक्षा पूर्ण करने के बाद, वे 'मार्शल स्कॉलरशिप' की सहायता से इंग्लैंड के कैंब्रिज विश्व-विद्यालय में शरीर विज्ञान की प्रयोगशाला से संबद्ध हो गए। उन्होंने चर्चिल विश्वविद्यालय से शरीर विज्ञान में पीएच.डी. की डिग्री प्राप्त की। उनके शोध-ग्रंथ का विषय था : 'द डिजाइन एंड यूज ऑफ ऑर्गेनिक केमिकल टूल्स इन सेल्यूलर फिजियोलॉजी।' 1982 से 1989 तक वह बर्कले के कैलि-फोर्निया विश्वविद्यालय में संकाय-सदस्य नियुक्त हुए। 1989 के बाद से वह सैन डियागो में, कैलीफोर्निया विश्वविद्यालय में कार्यरत हैं।

इधर हाल ही में उन्होंने कैंसर की प्रतिकृति बनाने और इसके इलाज पर अपना सारा ध्यान केंद्रित किया है।

शियेन कहते हैं, ''मैं हमेशा ही अपने व्यावसायिक जीवन में, नैदानिक क्रियाओं से संबंधित कुछ कार्य करना चाहता था और यदि संभव हुआ तो कैंसर मेरे लिए सबसे बड़ी चुनौती है।''

ओसामू शिमोमूरा, मार्टिन चैल्फी और रोजर वाई. शियेन को संयुक्त रूप से हरे फ्लोरोसेंट (जी.एफ.पी.) प्रोटीन की पहचान करने के लिए नोबेल पुरस्कार से सम्मानित किया गया। जिससे वैज्ञानिकों को पता चला कि अंग कैसे कार्य करते हैं, रोग कैसे फैलता है और संक्रमित कोशिकाएँ उपचार के प्रति कैसी प्रतिक्रिया दिखाती है।

शरीर विज्ञान/चिकित्सा विज्ञान

होसेन, हेराल्ड जर

नागरिकता : जर्मनी

जन्म : 12 मार्च, 1936; गैल्जेंकियेकैन, जर्मनी

1936 में गैल्जेंकियेकैन, जर्मनी में जन्मे हेराल्ड ने एक बालक के रूप में अपने जन्म-स्थान पर द्वितीय विश्वयुद्ध के दौरान भारी बम-वर्षा होते देखी। लेकिन भाग्य से उनके परिवार के

सभी सदस्य इस भयानक विध्वंस से बच निकलने में सफल हो गए।

'इन्फेक्शंस कॉजिंग ह्यूमन कैंसर' (2006) के लेखक हेराल्ड की एक बालक के रूप में जीव विज्ञान, पक्षियों व अन्य जानवरों तथा फूलों में गहन रुचि थी। उन्होंने अल्प आयु में ही एक वैज्ञानिक बनने का निश्चय कर लिया था। जीव विज्ञान अथवा शरीर विज्ञान में चुनाव को लेकर असमंजस में पड़े हेराल्ड ने अंततः शरीर विज्ञान को ही चुना।

उन्होंने हैंबर्ग के बौन विश्वविद्यालय से शरीर विज्ञान या औषधि विज्ञान की शिक्षा ग्रहण की तथा 1960 में ड्यूसेलडोर्व विश्वविद्यालय से 'डॉक्टर ऑफ मेडिसिन' की डिग्री प्राप्त की। उसके बाद वे एक चिकित्सा-सहायक बन गए। कुछ समय बाद वे फिलोडेल्फिया चले गए, जहाँ उन्हें बच्चों के एक अस्पताल की विषाणु प्रयोगशाला में एक अध्ययन में पहली बार एक कैंसर के विषाणु (वायरस) एप्सटिनबर्ट वॉयरस की खोज में सहयोग दिया जो स्वस्थ कोशिकाओं (लिंफो-साइट्स) को कैंसर पीड़ित कोशिकाओं में परिवर्तित कर सकता है। इससे स्पष्ट तौर पर पता चला कि विषाणु कैंसर कोशिकाओं को पैदा कर सकता है।

हेराल्ड, 1969 में, पेंसिलवानिया विश्वविद्यालय में सहायक प्रोफेसर के रूप में नियुक्त हो गए और फिर वजबर्ग विश्वविद्यालय में शोध प्रोफेसर बन गए जहाँ उन्होंने विषाणु विज्ञान से संबंधित संस्थान में कार्य किया। वर्ष 1977 में वे फ्रीबर्ग विश्वविद्यालय चले गए जहाँ उन्होंने विषाणु विज्ञान तथा स्वास्थ्य विज्ञान विभाग की अध्यक्षता की। 1983 से 2003 तक वे (जर्मन कैंसर रिसर्च सेंटर) जर्मन कैंसर अनुसंधान केंद्र के चेयरमैन रहे और वैज्ञानिक सलाहकार मंडल के एक सदस्य के रूप में अपनी सेवाएँ प्रदान कीं।

1 जनवरी, 2001 को वे, जर्मनी की 'प्रथम महिला' डॉ. मिल्ड्रेड शील द्वारा स्थापित की गई 'जर्मन कैंसर सहायता' के अध्यक्ष नियुक्त हुए।

उन्हें 2008 के औषधि विज्ञान या शरीर विज्ञान के नोबेल पुरस्कार से सम्मानित किया गया। उन्हें यह पुरस्कार ल्यूक मोंटेग्नियर तथा फ्रांस्वाज बैर्रे सिनौसी के साथ संयुक्त रूप से, मानव शरीर में पैलिमोमा वायरस की खोज के लिए प्रदान किया गया, जो गर्दन के कैंसर का कारण बनता है।

मोंटेग्नियर, ल्यूक

नागरिकता : फ्रांस

जन्म : 18 अगस्त, 1932; चैब्रिस, फ्रांस

चीन के शंघाई जियाओ तोंग विश्वविद्यालय के पॉश्चर संस्थान में पूर्णकालिक प्रोफेसर के रूप में कार्यरत, ल्यूक एंटोइने मोंटेग्नियर को 2008 के शरीर विज्ञान के नोबेल पुरस्कार से सम्मानित किया गया। उन्हें यह सम्मान जर्मनी के हेराल्ड जर होसेन तथा फ्रांस के फ्रांस्वाज बैर्रे सिनौसी के साथ संयुक्त रूप से 'मानव शरीर में प्रतिरोधक क्षमता में कमी के कारण उत्पन्न विषाणुओं पर महत्त्वपूर्ण खोज के लिए' प्रदान किया गया।

शरीर विज्ञान में नोबेल पुरस्कारों के इतिहास में ल्यूक मोंटेग्नियर को दिया गया यह पुरस्कार शायद सबसे विवादित पुरस्कारों में से एक था क्योंकि मोंटेग्नियर के समूह द्वारा खोजे गए एच.आई.वी. विषाणुओं को खोजने का दावा अमरीका के रॉबर्ट गैलो तथा उनके समूह द्वारा भी किया गया। रॉबर्ट गैलो के समूह ने विज्ञान पत्रिका 'साइंस' में प्रकाशित अपने शोधकार्य का विवरण देते हुए बाद में एच.आई.वी. विषाणुओं की खोज की पुष्टि की और एड्स के पैदा होने के कारणों के प्रमाण प्रस्तुत किए। गैलो ने अपनी इस खोज को 'मानवीय टी-लिम्फोट्रॉपिक विषाणु टाइप-3 (एच.टी.एल.वी.-III)' नाम दिया।

अंततः अमरीकी सरकार तथा फ्रांसीसी सरकार ने प्रतिष्ठा का प्रश्न बनी इस खोज के पेटेंट को 50 : 50 के अनुपात में बाँट दिया और इसे 'मोंटेग्नियर-गैलो का आविष्कार' का नाम दिया। किंतु दोनों वैज्ञानिकों के बीच विवाद जारी रहा और बाद में फ्रांस के राष्ट्रपति फ्रांस्वा मितरों तथा अमरीकी राष्ट्रपति रोनाल्ड रीगन ने इसे एक नया नाम दिया— 'ह्यूमन इम्यूनोडे-फिशियेंसी वायरस'। इस तरह यह विवाद सुलझ पाया।

विज्ञान के अलावा उनकी रुचि आधुनिक चिकित्सा तथा रोग-निरोधी दवाओं में विकासशील देशों को शिक्षा व

जानकारी देकर उनकी सहायता करने में भी है। विश्व एड्स अनुसंधान तथा निवारण के विश्व फाउंडेशन के अध्यक्ष के रूप में मोंटेग्नियर ने आइवरी कोस्ट तथा कैमरून में एड्स पीड़ित रोगियों के उपचार, अनुसंधान, निदान तथा रोकथाम के लिए दो केंद्रों की स्थापना की।

नोबेल पुरस्कार के अतिरिक्त कई अन्य पुरस्कारों से सम्मानित मोंटेग्नियर 350 से अधिक वैज्ञानिक लेखों के लेखक तथा सह-लेखक हैं तथा 750 से अधिक पेटेंट उनके नाम दर्ज हैं।

सिनौसी, फ्रांस्वाज बैर्र

नागरिकता : फ्रांस

जन्म : 30 जुलाई, 1947; पेरिस, फ्रांस

फ्रांस्वाज बैर्र सिनौसी, पीएच.डी. पेरिस में, पॉश्चर संस्थान में विषाणु विज्ञान विभाग में 'पूर्वव्यापी जीवाणु संक्रमण विनियमन' (रेगुलेशन ऑफ रेक्ट्रोवायरल इन्फेक्शंस) विभाग में कार्यवाहक निदेशिका हैं। वे 1970 के दशक से इस विभाग में हैं। वे एच.आई.वी./ एड्स के अनुसंधान के लिए अपने महत्त्वपूर्ण योगदान के लिए जानी जाती हैं, विशेषकर एड्स के कारणों की खोज से संबंधित, 1983 में प्रकाशित लेख की प्रथम लेखिका के रूप मे। एड्स को बाद में एच.आई.वी. के नाम से जाना गया। उन्होंने 1988 में पॉश्चर संस्थान में अपनी एक प्रयोगशाला खोली और एच.आई.वी./एड्स के रोग पैदा करने वाले विषाणु पर अपने अनुसंधान शुरू किए।

उन्हें 2008 में शरीर विज्ञान में, जर्मनी के हेराल्ड जर होसेन तथा फ्रांस के ल्यूक मोंटेग्नियर के साथ संयुक्त रूप से 'मानव शरीर में प्रतिरोधक क्षमता में कमी के कारण पैदा होने वाले विषाणुओं पर उनके बुनियादी अनुसंधानों के लिए' नोबेल पुरस्कार से सम्मानित किया गया। ल्यूक मोंटेग्नियर उनके सलाहकार रहे हैं।

पेरिस में जन्मी फ्रांस्वाज, 1970 के दशक में, पेरिस में पॉश्चर संस्थान से जुड़ीं। पॉश्चर संस्थान में वापस लौटने से पूर्व, उन्होंने 1975 में अमरीका के राष्ट्रीय स्वास्थ्य संस्थान में इंटर्नशिप की। फ्रांस्वाज का अनुसंधान कार्य बहुत तेजी से, पूर्वव्यापी जीवाणु संक्रमणों के एक विशेष समूह की ओर मुड़ गया। इस क्षेत्र में उनके ज्ञान से 1983 में एच.आई.वी. की खोज का मार्ग प्रशस्त हुआ।

फरवरी, 2009 में वे फ्रांस की विज्ञान अकादमी की सदस्य चुनी गईं। वे अंतरराष्ट्रीय एड्स संस्था (इंटरनेशनल एड्स सोसायटी) की अध्यक्ष हैं जिनका कार्यकाल जुलाई, 2012 में आरंभ हुआ। ल्यूक मोंटेग्नियर और फ्रांस्वाज बैर्र सिनौसी को संयुक्त रूप से मानव शरीर में प्रतिरोधक क्षमता में कमी के कारण उत्पन्न विषाणुओं पर महत्त्वपूर्ण आविष्कार करने के लिए नोबेल पुरस्कार से सम्मानित किया गया।

साहित्य

ले क्लेजियो, ज्याँ मेरी गुस्ताव

नागरिकता : फ्रांस/मॉरिशस

जन्म : 13 अप्रैल, 1940; नाईस, फ्रांस

ले क्लेजियो नाइस के फ्रैंच रिविएरा शहर में पैदा हुए। ले क्लेजियो को आठ वर्ष की उम्र में ही अपने परिवार के साथ नाइजीरिया जाना पड़ा। 1958 से 1959 तक ब्रिस्टल विश्व-विद्यालय में पढ़ने के बाद उन्होंने नाइस के 'एस्लीत्यूत देत्यूद लित्रैया' (फ्रेंच उच्चारण) से स्नातक की डिग्री पूरी की। 1964 में उन्होंने मास्टर की डिग्री अर्जित की। लंदन और ब्रिस्टल में कई वर्ष गुजारने के बाद, वे अध्यापन कार्य के लिए अमरीका चले गए। 1967 में उन्हें सैनिक कार्यभार सौंपा गया लेकिन शीघ्र ही उन्हें बाल-वेश्यावृत्ति का विरोध करने के कारण पद से हटा दिया गया।

1990 के दशक से उन्हें अपना निवास लगातार अलबुकारक, न्यू मैक्सिको, मॉरीशस तथा नाइस में बदलते रहना पड़ा। ले क्लेजियो मॉरीशस में कभी भी कुछ महीनों से ज्यादा नहीं रहे लेकिन वह मॉरीशस को 'छोटा पितृगृह' कहकर पुकारते

हैं। उन्हें मॉरीशस व फ्रांस, दोनों देशों की नागरिकता प्राप्त है। उन्होंने विश्व के कई विश्वविद्यालयों में अध्यापन कार्य किया।

वह सात वर्ष की आयु से ही लिखने लगे थे। फ्रांसीसी साहित्य में महारत हासिल करने के पश्चात वह 23 वर्ष की आयु से ही अपने प्रथम उपन्यास 'ले प्रोसेस वर्बेल' (पूछताछ, 1963) के प्रकाशन के साथ ही जाना-पहचाना नाम बन गए। इस उपन्यास को 1963 का प्री रैनाडॉट पुरस्कार प्रदान किया गया।

तब से लेकर अब तक उनकी लगभग 40 कृतियाँ प्रकाशित हो चुकी हैं। जिनमें कहानियाँ, उपन्यास, निबंध, अमरीकी पौराणिक कथाओं पर आधारित दो पुस्तकों के अनुवाद भी शामिल हैं। इसके अतिरिक्त, उन्होंने बच्चों के लिए भी कई पुस्तकें लिखी हैं।

लोगों में उनकी छवि नव-प्रवर्तक तथा विद्रोही लेखक की रही है। 1970 के दशक के बाद के वर्षों में उनकी शैली में बहुत तेजी से बदलाव आया। उन्होंने प्रयोगों को छोड़कर बचपन, किशोरावस्था तथा यात्राओं जैसे विषयों पर लिखना आरंभ किया जिससे अधिकाधिक पाठक उनकी ओर आकर्षित हुए। 1980 में क्लेजियो फ्रांसीसी अकादमी द्वारा स्थापित ग्रां-प्री पॉल मोरांड पुरस्कार के प्रथम विजेता बने।

2008 में उन्हें साहित्य के नोबेल पुरस्कार के लिए चुना गया। नोबेल पुरस्कार की घोषणा करते हुए, स्वीडिश अकादमी ने ले क्लेजियो के संबंध में कहा, "वे नए प्रस्थान बिंदुओं, काव्यात्मक साहित्यिक अनुभवों व संवेद-नात्मक भावबोध के लेखक हैं और वर्तमान सभ्यता से हटकर, मानवीयता के अन्वेषक हैं।"

1997 में एक भारतीय पत्रकार को अपने एक साक्षात्कार में उन्होंने नोबेल पुरस्कार प्राप्त करने की संभावनाओं के बारे में बात करते हुए कहा कि—"मैं नोबेल पुरस्कार (जीतने) के बारे में नहीं जानता लेकिन मैं अपने नोबेल पुरस्कार वक्तव्य में यह कह सकता हूँ कि मैं युद्ध के बारे में बात करूँगा जिसमें बच्चों की हत्याएँ होती हैं। यह मेरे लिए हमारे युद्ध की बहुत बड़ी विभीषिका है। साहित्य ऐसी त्रासदी को याद कराने का एक माध्यम है। अफगानिस्तान में महिलाओं की स्वतंत्रता को कुचलने के विरोध में पेरिस में औरतों की मूर्तियों का अनावरण किया जाना। यह बहुत अच्छी बात है। इसी तरह, हमें बच्चों की मूर्तियाँ भी लगानी चाहिए, जिनमें उनके सीने पर एक लाल निशान बना हो, जो लोगों को याद दिलाए कि वह इस दुनिया में हर क्षण, फिलिस्तीन में किसी जगह, दक्षिण अफ्रीका या अफ्रीका में, एक बच्चे को गोलियों से भून दिया जाता है। लोग इस बारे में कोई बात नहीं करते।" उन्हें नए प्रस्थान बिंदुओं, काव्यात्मक साहित्यिक अनुभवों और संवेदनात्मक भावबोध के लेखक और वर्तमान सभ्यता से हटकर मानवीयता के अन्वेषक होने के लिए नोबेल पुरस्कार से सम्मानित किया गया।

शान्ति

अहतिसारी, मार्तई
नागरिकता : फिनलैंड
जन्म : 23 जून, 1937; वाईपूरी, फिनलैंड (अब रूस)

मार्तई अहतिसारी फिनलैंड के 10वें राष्ट्रपति और कोसोवो में संयुक्त राष्ट्र संघ के विशेष दूत थे। वहाँ उनका प्रमुख लक्ष्य था—कोसोवो में लंबे समय से चले आ रहे विवाद और अशान्ति को दूर करना। कोसोवो ने 2008 में सर्बिया से अपनी स्वतंत्रता घोषित की। मार्तई अहतिसारी ने नॉमीबिया आसेह, इंडोनेशिया, इराक तथा अन्य कई क्षेत्रों में भी मतभेदों को सुलझाने में सफलता पाई।

मार्तई का जन्म वाईपूरी में हुआ। उनके पिता नॉर्वे मूल के थे। द्वितीय विश्वयुद्ध के दौरान उनके परिवार को कुओपियो स्थानांतरित होना पड़ा, जहाँ उन्होंने अपना बचपन बिताया। 1952 में वे ओऊलू चले गए। 1959 में उन्होंने दूरस्थ शिक्षा पाठ्यक्रम (डिस्टेंस-लर्निंग कोर्स) से स्नातक की शिक्षा पूर्ण की।

1960 में वे कराची (पाकिस्तान) चले गए जहाँ उन्होंने वाई.एम.सी.ए. के शारीरिक शिक्षा प्रशिक्षण संस्थान में शिक्षा की सेवाएँ प्रदान कीं। यहाँ रहकर उन्होंने अंतरराष्ट्रीय पर्यावरण के लिए अधिक कार्य किया। 1963 में वापस लौटकर वह हेलसिंकी पोलिटेक्निक चले गए जहाँ उन्होंने विकासशील देशों में सहायता-कार्य में लगे संगठनों के साथ भी कार्य किया। 1965 में वह फिनलैंड के विदेश मंत्रालय में नियुक्त हो गए। 1973 में राष्ट्रपति उरहाँ लैकोनेन ने उन्हें तंजानिया, जांबिया,

सोमालिया और मोजांबिक में फिनिश राजदूत नियुक्त किया। अपने इस कार्यकाल के दौरान, उन्होंने नॉमीबिया की राजनीतिक पार्टी स्वापो (एस.डब्ल्यू.ए.पी.ओ.—साउथ-वेस्ट अफ्रीका पीपुल ऑर्गेनाइजेशन) से संबंध बनाए। बाद में वह अफ्रीकन समर्थन से संयुक्त राष्ट्र आयुक्त नियुक्त हुए।

वे 1987 से 1991 तक संयुक्त राष्ट्र के 'अंडर सेक्रेटरी जनरल' रहे। उन्होंने 1994 से 2000 तक फिनलैंड के राष्ट्रपति के रूप में अपनी सेवाएँ प्रस्तुत कीं। उन्होंने सार्वजनिक रूप से बहुलवाद और धार्मिक सहिष्णुता का समर्थन किया। उन्होंने एक राष्ट्रपति के रूप में फिनलैंड के यूरोपीय संघ में प्रवेश का भी समर्थन किया। अहतिसारी के कार्यकाल के दौरान ही बोरिस येल्तसिन और बिल क्लिंटन हेलसिंकी में मिले। 1999 में, कोसोवो के युगोस्लाव प्रांत में लड़ाई खत्म करने के लिए उन्होंने विक्टर चर्मोमिर्दिन के साथ स्लोबोदान मिलोसेविक के साथ बातचीत की।

उन्हें 2008 में 'कई महाद्वीपों पर और अंतरराष्ट्रीय संघर्षों व मतभेदों को समाप्त करने के लिए तीन दशकों से भी अधिक उनके प्रयासों के लिए' शान्ति के नोबेल पुरस्कार से सम्मानित किया गया।

अगस्त, 2012 में अहतिसारी ने सीरिया में साम्प्रदायिक हिंसा पर अपना मत प्रकट किया और अहतिसारी को संयुक्त राष्ट्र संघ के पूर्व महासचिव कोफी अन्नान के संभावित प्रतिस्थापन के रूप में प्रस्तुत किया गया।

अर्थशास्त्र

क्रुगमैन, पॉल रॉबिन

नागरिकता : संयुक्त राज्य अमरीका

जन्म : 28 फरवरी, 1953; न्यू यॉर्क, अमरीका

पॉल रॉबिन क्रुगमैन विश्व के सबसे अग्रणी अर्थशास्त्रियों में से एक हैं। वे प्रिंस्टन विश्वविद्यालय में अर्थशास्त्र के प्रोफेसर हैं। उन्होंने 20 पुस्तकें लिखी हैं। व्यावसायिक पत्रिकाओं में उनके 200 से अधिक लेख प्रकाशित हुए हैं तथा 'न्यू यॉर्क टाइम्स' के लिए उन्होंने 750 से अधिक कॉलम लिखे। प्रोफेसर क्रुगमैन की नवीनतम पुस्तक है—'एंड दिस डिप्रेशन नाऊ' जिसमें उन्होंने स्पष्ट किया है कि ''एक तीव्र, मजबूत बहाली एक कदम की दूरी पर है, अगर हमारे नेता मंदी को खत्म करने के लिए 'बौद्धिक स्पष्टता और राजनीतिक इच्छा' दिखाएँ।''

पॉल क्रुगमैन को 'अंतरराष्ट्रीय व्यापार और आर्थिक भूगोल पर अभूतपूर्व कार्य के लिए' 2008 में अर्थशास्त्र में, नोबेल मेमोरियल पुरस्कार से सम्मानित किया गया।

अपने आपको 'एक अकेले और लज्जालु व्यक्ति और कई व्यक्तियों के बीच अकेला' माननेवाले क्रुगमैन के मुताबिक, ''अर्थशास्त्र में उनकी रुचि इसहाक आसीमोव के उपन्यासों के साथ शुरू हुई, जिनमें भविष्य के सामाजिक वैज्ञानिक सभ्यता को बचाने के लिए 'मनोइतिहास' (साइकोहिस्ट्री) का उपयोग करते हैं।''

क्रुगमैन ने 1974 में येल विश्वविद्यालय से अर्थशास्त्र में बी.ए. की डिग्री प्राप्त की और 1977 में मेसाचुसेट्स इंस्टीट्यूट ऑफ टेक्नोलॉजी से पीएच.डी. की डिग्री ली।

क्रुगमैन 1979 में एम.आई.टी. से जुड़ गए। उन्होंने एक वर्ष (1982-83), रोनाल्ड रीगल के कार्यकाल में आर्थिक सलाहकार परिषद के सदस्य के रूप में 'व्हाइट हाउस' में काम किया। 1984 में वे एक पूर्ण प्रोफेसर के रूप में दुबारा एम.आई.टी. में नियुक्त हो गए। उन्होंने स्टैनफोर्ड, बर्कले, येल और लंदन स्कूल ऑफ इकोनोमिक्स में भी अध्यापन कार्य किया।

2000 में वे एक प्रोफेसर (अर्थशास्त्र एवं अंतरराष्ट्रीय मामले) के रूप में प्रिंस्टन विश्वविद्यालय में काम करने लगे। क्रुगमैन 2010 में, 'पूर्वी आर्थिक संघ' (इस्टर्न इकोनॉमिकल एसोसिएशन) के अध्यक्ष थे।

पॉल क्रुगमैन ने बड़े पैमाने पर अंतरराष्ट्रीय व्यापार, आर्थिक भूगोल और अंतरराष्ट्रीय वित्त सहित अंतरराष्ट्रीय अर्थशास्त्र पर भी लिखा। आर्थिक परियोजना में शोधपत्रों ने उन्हें उनके अकादमिक योगदान को देखते हुए, विश्व के सबसे प्रभावशाली अर्थशास्त्री के रूप में 14वें स्थान पर रखा है। उन्हें अंतरराष्ट्रीय व्यापार और आर्थिक भूगोल पर किए गए उनके काम के लिए नोबेल पुरस्कार से सम्मानित किया गया।

भौतिक विज्ञान

रसायन विज्ञान

शरीर विज्ञान/चिकित्सा विज्ञान

साहित्य

शान्ति

अर्थशास्त्र

2009

भौतिक विज्ञान

काओ, चार्ल्स कुएन
नागरिकता : संयुक्त राज्य अमरीका/ब्रिटेन
जन्म : 4 नवंबर, 1933; शंघाई, चीन

शंघाई में जन्मे और अमरीका व ब्रिटेन की दोहरी नागरिकता प्राप्त डॉ. चार्ल्स कुएन काओ, फाइबर ऑप्टिक संचार के क्षेत्र में योग देने वाले सबसे महत्त्वपूर्ण वैज्ञानिकों में से एक हैं। आई.टी.टी. कॉर्पोरेशन में रहते हुए उनके अग्रणी अनुसंधान के परिणाम के रूप में उन्हें यह गौरव प्राप्त हुआ है। डॉ. काओ ने सैन्य और नागरिक ऑप्टिकल संचार में उपयोग के लिए कुछ उपकरणों के डिजाइन पर महत्त्वपूर्ण कार्य किया।

1948 में उनके परिवार के हांगकांग चले जाने के बाद उन्होंने बूलविच पोलिटेक्निक (अब ग्रीनविच विश्वविद्यालय) से इलेक्ट्रिकल इंजीनियरिंग में विज्ञान स्नातक की डिग्री प्राप्त की और 1965 में, प्रोफेसर हैरॉल्ड बालों के नेतृत्व में, यूनिवर्सिटी कॉलेज, लंदन से पीएच.डी. की डिग्री अर्जित की।

1970 में वे हांगकांग के चीनी विश्वविद्यालय (सी.यू.एच.के.) के इलेक्ट्रॉनिक्स विभाग से जुड़ गए। 1974 में वे वापस आई.टी.टी. चले गए, जहाँ उन्होंने पहले मुख्य वैज्ञानिक और बाद में इंजीनियरिंग के निर्देशक के रूप में कार्य किया। 1982 में वे प्रथम कार्यकारी वैज्ञानिक तथा 1986 में काओ अनुसंधान के संस्थागत निर्देशक नियुक्त किए गए। उन्होंने हांगकांग के चीनी विश्वविद्यालय में उप-निदेशक (1987-96) इंपीरियल कॉलेज, लंदन से इलेक्ट्रिकल व इलेक्ट्रॉनिक इंजीनियरिंग विभाग में (1997-2002) विजिटिंग प्रोफेसर के पद पर भी अपनी सेवाएँ प्रस्तुत कीं। 2009 तक उन्होंने विभिन्न कंपनियों में विभिन्न पदों पर कार्य किया।

6 अक्टूबर, 2009 को उन्हें ऑप्टिकल फाइबर में प्रकाश के संचरण (ट्रांसमिशन) का अध्ययन करने के लिए तथा संचार के लिए फाइबर में उनके महत्त्वपूर्ण योगदान के लिए भौतिक विज्ञान के नोबेल पुरस्कार से सम्मानित किया गया।' उन्हें यह सम्मान, विलार्ड एस. बॉयल तथा जॉर्ज ई. स्मिथ के साथ संयुक्त रूप से प्रदान किया गया।

उन्हें दूरसंचार में फाइबर ऑप्टिक्स के विकास और उपयोग के क्षेत्र में क्रांतिकारी योगदान के लिए 'ब्रॉडबैंड का

गॉडफादर', 'फाइबर ऑप्टिक्स के पिता' या 'फाइबर ऑप्टिक्स संचार का पिता' भी कहा जाता है।

2004 से, वे अल्जाइमर की बीमारी से पीड़ित हैं। पारम्परिक चीनी बर्तन बनाना उनका शौक है।

बॉयल, विलार्ड एस.

नागरिकता : कनाडा / संयुक्त राज्य अमरीका

जन्म : 19 अगस्त, 1924; एम्हर्स्ट, कनाडा

निधन : 7 मई, 2011; ट्सरो, कनाडा

विलार्ड स्टर्लिंग बॉयल को 6 अक्टूबर, 2009 को, 'चित्रण करने-वाले अर्ध चालक सर्किट—सी.सी.डी.सेंसर' के आविष्कार के लिए, 2009 का भौतिक विज्ञान का नोबेल पुरस्कार प्रदान किया गया। उन्होंने यह आविष्कार जॉर्ज ई. स्मिथ के साथ मिलकर किया, जिसके लिए उन्हें संयुक्त रूप से फ्रैंकलिन इंस्टीट्यूट का स्टुअर्ट वैलेंटाइन पदक (1973) चार्ल्स स्टार्क ड्रेयर पुरस्कार (2006) भी प्रदान किया गया। हालाँकि बेल प्रयोगशाला के उनके सहकर्मियों यूजेन गॉर्डन तथा माइक टोंपसैट ने दावा किया कि फोटोग्राफी में सी.सी.डी. के क्रियान्वन का आविष्कार बॉयल द्वारा नहीं किया गया था।

बॉयल के आविष्कार सी.सी.डी. की सहायता से ही, अंतरिक्ष से धरती पर स्पष्ट तस्वीरें भेजने में नासा सफल हो सका। सी.सी.डी. डिजिटल इमेजिंग के लिए एक प्रमुख तकनीक है। हालाँकि सी.सी.डी. (चार्ज्ड कपल्ड डिवाइस) प्रकाश का पता लगाने के लिए कोई अकेली तकनीक नहीं है। सी.सी.डी. इमेज सेंसर का पेशेवर, चिकित्सा और वैज्ञानिक, क्षेत्रों में बहुत अधिक प्रयोग होता है, जहाँ उच्च-गुणवत्ता वाली तसवीरों की आवश्यकता होती है। इस तकनीक का डिजिटल कैमरों, स्कैनर और उपग्रह-निगरानी के लिए प्रयोग किया जाता है।

एम्हर्स्ट, नोवा स्कॉटिया में जन्मे विलार्ड को द्वितीय विश्वयुद्ध में, 1943 में रॉयल कनैडियन नेवी की नौकरी के लिए, मैकग्रिल विश्वविद्यालय की अपनी पढ़ाई बीच में ही छोड़नी पड़ी। युद्ध समाप्ति के बाद, उन्होंने इसी विश्वविद्यालय से बी.एससी. (1947), एम.एससी. (1948) तथा पीएच.डी. (1950) की डिग्रियाँ प्राप्त कीं। दो वर्ष कनाडा के रॉयल मिलिटरी कॉलेज में भौतिक विज्ञान पढ़ाने के बाद, 1953 में वे बेल प्रयोगशाला से जुड़ गए, जहाँ उन्होंने पहली बार 'रूबी लेजर' की खोज की, जो 694.3 एन एम की वेवलैंथ (तरंग दैर्घ्य) पर दिखाई देने वाला प्रकाश पैदा करता है।

30 जून, 2010 को उन्हें कनाडा के सर्वोच्च पुरस्कार 'ऑर्डर ऑफ कनाडा' से सम्मानित किया गया।

गुर्दे की बीमारी से उत्पन्न जटिलताओं के कारण, वालेस के एक अस्पताल में, बॉयल का निधन हो गया।

स्मिथ, जॉर्ज ई.

नागरिकता : संयुक्त राज्य अमरीका

जन्म : 10 मई, 1930; न्यू यॉर्क, अमरीका

जॉर्ज ई.स्मिथ ने डॉ. विलार्ड एस. बॉयल के साथ मिलकर चार्ज्ड कपल्ड डिवाइस (सी.सी.डी.) की महत्त्वपूर्ण खोज की, जिसके लिए उन्हें 2009 के भौतिक विज्ञान के नोबेल पुरस्कार से सम्मानित किया गया।

इसके बाद उन्होंने, सी.सी.डी. के संशोधित संस्करण ल्यूटिड चैनल चार्ज्ड कपल्ड डिवाइस का आविष्कार भी किया।

न्यू यॉर्क में जन्मे स्मिथ 1948 में वह अमरीका की नौसेना में चले गए, जहाँ उन्होंने चार वर्ष नौकरी की। कोरियाई युद्ध के दौरान भी वे नौसेना में थे। उन्होंने 1955 में पेंसिल-वानिया विश्वविद्यालय से स्नातक की डिग्री प्राप्त की और 1959 में शिकागो विश्वविद्यालय से 'केवल तीन पृष्ठों के शोध-प्रबंध के साथ' उन्होंने पीएच.डी. की डिग्री अर्जित की।

1959 से, 1986 में अपनी सेवानिवृत्ति तक उन्होंने न्यू जर्सी के मुर्रे हिल की बेल प्रयोगशाला में कार्य किया, जहाँ उन्होंने लेजर और अर्ध चालक यंत्र के अनुसंधान कार्यों में नेतृत्व किया। 1989 में, स्मिथ तथा विलार्ड बॉयल ने चार्ज्ड-कपल्ड डिवायस की खोज की, जिसके लिए उन्हें संयुक्त रूप से

फ्रैंकलिन इंस्टीट्यूट का स्टुअर्ट वैलेंटाइन पदक (1973), आई.ई.ई.ई. मौरिस एन. लीबमैन स्मारक पुरस्कार (1974) तथा चार्ल्स स्टार्क ड्रैयर पुरस्कार (2006) प्रदान किया गया।

स्मिथ के नाम लगभग 31 अमरीकी पेटेन्ट दर्ज हैं और उन्होंने लगभग 40 लेख लिखे। उन्हें चार्ल्स कुएन काओ, विलार्ड एस बॉयल के साथ संयुक्त रूप से डिजिटल चित्रण के लिए अर्ध चालक सर्किट अर्थात सी.सी.डी. सेंसर तकनीक की खोज करने के लिए नोबेल पुरस्कार से सम्मानित किया गया। इसकी सहायता से ही अंतरिक्ष से धरती पर स्पष्ट तस्वीरें भेजने में सफलता मिली।

रसायन विज्ञान

रामाकृष्णन, वेंकटरमन

नागरिकता : संयुक्त राज्य अमरीका

जन्म : 1952; चिदम्बरम, भारत

भारतीय मूल के संरचनात्मक जीवविज्ञानी, रामाकृष्णन। उन्होंने 1971 में भौतिक विज्ञान में बड़ोदा के महाराजा सयाजीराव विश्वविद्यालय से बी.एससी. की डिग्री प्राप्त की। स्नातक की डिग्री प्राप्त करने के तुरंत बाद, वे अमरीका चले गए जहाँ, उन्होंने ओहियो विश्वविद्यालय से, 1976 में, भौतिक विज्ञान में पीएच.डी. की डिग्री अर्जित की।

वैज्ञानिक और शिक्षक माता-पिता की संतान रामाकृष्णन डॉक्टरेट की उपाधि प्राप्त करने के बावजूद शुरुआत में किसी भी संस्थान में संकाय मंडल के सदस्य नहीं बन पाए, जबकि उन्होंने अमरीका के लगभग 50 विश्वविद्यालयों में आवेदन किया था।

1983 से 1995 की समयावधि में ब्रूकशेवन राष्ट्रीय प्रयोगशाला में उन्होंने राइबोसोम पर अनुसंधान कार्य जारी रखा। 1995 में वे इंग्लैंड के ऊटा विश्वविद्यालय में जीव-रसायन विज्ञान में एक प्रोफेसर के तौर पर नियुक्त हो गए।

उन्होंने 'राइबोसोम की संरचना तथा कार्यों के अध्ययन के लिए' 2009 का रसायन विज्ञान में नोबेल पुरस्कार प्राप्त किया। उन्हें यह सम्मान, संयुक्त रूप से टॉमस ए. स्टीत्ज तथा अदा ई. योनाथ के साथ प्रदान किया गया। रामाकृष्णन को हिस्टॉन (Histon) तथा क्रोमाटिन (Chromatin) पर पूर्व में किए गए उनके कार्यों के लिए भी जाना जाता है।

नोबेल पुरस्कार के अतिरिक्त उन्हें अमरीका की राष्ट्रीय विज्ञान अकादमी की सदस्यता तथा कैंब्रिज विश्वविद्यालय के ट्रिनिटी कॉलेज की फेलोशिप से भी सम्मानित किया गया। रामाकृष्णन को आणविक जीव विज्ञान में उनकी सेवाओं के लिए 2012 के नववर्ष के सम्मान में 'नाइट' (Knight) की उपाधि प्रदान की गई।

रामाकृष्णन ने, एक लेखिका और चित्रकार, वेरा रोज़ेनबेरी से विवाह रचाया।

स्टीत्ज, थॉमस ए.

नागरिकता : संयुक्त राज्य अमरीका

जन्म : 23 अगस्त, 1940; विस्कान्सन, अमरीका

डॉ. स्टीत्ज येल विश्वविद्यालय में रसायन विज्ञान के प्रोफेसर हैं तथा आणविक जैव भौतिक विज्ञान और जैव रसायन विज्ञान के एक उत्कृष्ट प्रोफेसर हैं।

अमरीका के राज्य विस्कान्सन के सबसे बड़े शहर मिल्वाओकी में जन्मे डॉ. थॉमस आर्चर स्टीत्ज ने एप्पलटन विश्वविद्यालय के लॉरेंस महाविद्यालय से 1962 में बी.ए. की डिग्री प्राप्त की और हार्वर्ड विश्वविद्यालय से 1966 में आणविक जीव विज्ञान तथा जैव रसायन विज्ञान में पीएच.डी. की डिग्री अर्जित की। इसके एक वर्ष पश्चात ही वे इंग्लैंड के कैंब्रिज विश्वविद्यालय में आणविक जीव विज्ञान की मेडिकल रिसर्च काउंसिल लैबोरेटरी चले गए। उसके बाद उन्होंने 1970 में येल विश्वविद्यालय के संकाय-मंडल की सदस्यता प्राप्त की।

डॉ. स्टीत्ज को वेंकटरमन रामाकृष्णन तथा अदा ई. योनाथ के साथ संयुक्त रूप से, 2009 के रसायन विज्ञान के नोबेल पुरस्कार से सम्मानित किया गया। उन्हें यह सम्मान 'राइबोसोम की संरचना तथा राइबोसोम के कार्यों के अध्ययन के लिए' प्राप्त हुआ।

इसके अतिरिक्त उन्हें अमरीकन केमिकल सोसायटी के फाइजर पुरस्कार, बुनियादी चिकित्सा विज्ञान में महत्त्वपूर्ण कार्य करने के लिए लुइस एस. रोसेनशिएल पुरस्कार, विज्ञान को आगे बढ़ाने के लिए 2001 के अमरीकी संस्था द्वारा न्यूकॉम्ब क्लीवलैंड पुरस्कार, 2006 का कीयो चिकित्सा विज्ञान पुरस्कार, 2007 का गेर्यडनर अंतरराष्ट्रीय पुरस्कार भी प्रदान किया गया। 2011 में उन्हें रॉयल सोसायटी ऑफ लंदन का सदस्य चुना गया।

उनका विवाह जोआन ए. स्टीत्ज से हुआ, जो येल विश्वविद्यालय में आणविक जैव भौतिक विज्ञान और जैव रसायन विज्ञान की प्रोफेसर हैं।

योनाथ, अदा ई.
नागरिकता : इजराइल
जन्म : 22 जून, 1939; येरूशलम, इजराइल

येरूशलम के यहूदी परिवार में जन्मी अदा ई. योनाथ इजराइल के दस नोबेल पुरस्कारप्राप्त वैज्ञानिकों में प्रथम महिला नोबेल पुरस्कार विजेता थीं और 45 वर्षों में रसायन विज्ञान में नोबेल पुरस्कार प्राप्त करने वाली पहली महिला भी थीं।

डॉ. योनाथ ने येरूशलम के हिब्रू विश्वविद्यालय से 1962 में बी.एससी. तथा 1964 में एम.एससी. की डिग्री प्राप्त की। 1968 में उन्होंने विजमैन इंस्टीट्यूट ऑफ साइंस से पीएच.डी. पूर्ण की। डॉक्टरेट के बाद उन्होंने कार्नेगी विश्वविद्यालय तथा मेसाचुसेट्स इंस्टीट्यूट ऑफ टेक्नोलॉजी में अपना अध्ययन जारी रखा जहाँ उन्होंने प्रोटीन क्रिस्टल विज्ञान (क्रिस्टलोग्राफी) के संबंध में ज्ञान प्राप्त किया। 1970 में विजमैन वापस लौटने पर उन्होंने प्रोटीन क्रिस्टलाग्राफी प्रयोगशाला आरंभ की, जो इजराइल की पहली ऐसी प्रयोगशाला थी।

अपनी युवावस्था में पोलिश-फ्रांसीसी वैज्ञानिक मैरी क्यूरी से प्रभावित थी, लेकिन उन्हें अपना 'आदर्श' न मानने वाली अदा को राइबोसोम की संरचना से संबंधित महत्त्वपूर्ण आविष्कार के लिए जाना जाता है। 1979 से 1984 तक उन्होंने बर्लिन में आणविक आनुवंशिकी (मोलेक्यूलर जेनेटिक्स) के मैक्स प्लैंक संस्थान में हेंज-गुंथर विट्मैन समूह का नेतृत्व किया। 1986 से 2004 तक वह जर्मनी के हैम्बर्ग में जर्मन इलेक्ट्रोनेन सिंक्रोट्रोन (डी.ई.एस.वाई.) मैक्स प्लैंक संस्थान के अनुसंधान विभाग की प्रमुख थीं।

2009 में उन्हें 'राइबोसोम की संरचना पर उनके महत्त्वपूर्ण कार्य के लिए' रसायन विज्ञान का नोबेल पुरस्कार प्राप्त हुआ, जो संयुक्त रूप से वेंकटरमन रामाकृष्णन तथा थॉमस ए. स्टीत्ज के साथ प्रदान किया गया।

डॉ. योनाथ को हाल ही में इजराइल की विज्ञान एवं मानविकी अकादमी के लिए चुना गया है, जो अमरीका की राष्ट्रीय विज्ञान अकादमी के समान है। वे यूरोपियन क्रिस्टलोग्राफर्स पुरस्कार प्राप्त करने वाली प्रथम वैज्ञानिक हैं जिसकी स्थापना, पिछले पाँच से दस वर्षों के दौरान, यूरोप के क्रिस्टल वैज्ञानिकों द्वारा प्राप्त उल्लेखनीय उपलब्धियों को पहचान देने के लिए की गई।

शरीर विज्ञान/चिकित्सा विज्ञान

ब्लैकबर्न, एलिजाबेथ एच.
नागरिकता : ऑस्ट्रेलिया / संयुक्त राज्य अमरीका
जन्म : 26 नवंबर, 1948; होबार्ट, तस्मानिया, ऑस्ट्रेलिया

एलिजाबेथ हेलेन ब्लैकबर्न एक आणविक जीवविज्ञानी तथा जैव रसायन वैज्ञानिक हैं, जिन्होंने डी.एन.ए. (डिऑक्सीरिबो न्यूक्लिक एसिड) और कोशिका मंडल पर महत्त्वपूर्ण

अनुसंधान कार्य किया है। उन्होंने एक महत्त्वपूर्ण एंजाइम टेलोमिरेज की खोज की जिसे फंगल संक्रमण और कैंसर जैसे कुछ रोगों के व्यवहार का अध्ययन करने में उपयोग किया जाता है। अपने क्षेत्र के शीर्ष शोधकर्ताओं में से एक के रूप में व्यापक रूप से मान्यता प्राप्त, पहली महिला हैं जो सैन फ्रांसिस्को के कैलीफोर्निया विश्वविद्यालय के सूक्ष्म जीव विज्ञान तथा इम्यूनोलॉजी विभाग की प्रमुख बनीं।

एलिजाबेथ ब्लैकबर्न ऑस्ट्रेलिया के होबार्ट, तस्मानिया में पैदा हुईं। अपने चिकित्सक माता-पिता के कारण उनका रुझान चिकित्सा और जीव विज्ञान की ओर हुआ। ब्लैकबर्न ने मेलबोर्न विश्वविद्यालय से जैव रसायन में स्नातक की डिग्री (1970) और एम.एससी. (1972) की डिग्री प्राप्त की। उन्होंने आणविक जीव विज्ञान में कैंब्रिज विश्वविद्यालय, इंग्लैंड से (1975) पीएच.डी. पूर्ण की। वे बर्कले के कैलीफोर्निया विश्वविद्यालय में 1978 से 1990 तक आणविक जीव विज्ञान की प्रोफेसर रहीं।

ब्लैकबर्न ने पिछले 35 वर्षों में लगभग 55 प्रतिष्ठित सम्मान प्राप्त किए। उनमें सबसे महत्त्वपूर्ण था, 2009 का शरीर विज्ञान या औषधि विज्ञान में संयुक्त रूप से कैरोल डब्ल्यू. ग्रीडर तथा जैक डब्ल्यू. स्जोस्तक के साथ प्राप्त नोबेल पुरस्कार।

ब्लैकबर्न 2001 में जैव नैतिकता पर राष्ट्रपति परिषद की एक सदस्य नियुक्त की गईं। उन्होंने बुश प्रशासन के विरुद्ध मानव भ्रूण कोशिका अनुसंधान का परीक्षण किया, जिसके लिए उन्हें 27 फरवरी, 2004 को राष्ट्रपति परिषद से विवादास्पद ढंग से हटा दिया गया।

ब्लैकबर्न अपने पति जॉन सैवात, पीएच.डी., जैव रसायन-विज्ञानी व जैव भौतिक विज्ञान के प्रोफेसर तथा पुत्र बेंजामिन के साथ सैन फ्रांसिस्को में रहती हैं।

ग्रीडर, कैरोल डब्ल्यू.

नागरिकता : संयुक्त राज्य अमरीका

जन्म : 15 अप्रैल, 1961; सैन दिएगो, अमरीका

जीव रसायनविज्ञानी और आणविक जीवविज्ञानी कैरोल ग्रीडर अभी बर्कले के कैलीफोर्निया विश्वविद्यालय की प्रथम वर्ष की स्नातक छात्रा थीं, उन्होंने थोड़ा लीक से हटकर एक विषय का अध्ययन करना आरंभ किया। उन्होंने अपनी सलाहकार एलिजाबेथ ब्लैकबर्न के साथ विशेष संरचना, टेलोमियर्स का अध्ययन किया जिसे डी.एन.ए. में होनेवाली क्षति के खिलाफ एक रक्षा के रूप में जाना जाता है। टेलोमियर क्रोमोसोम के दोनों किनारे होते हैं।

कैलीफोर्निया के सैन दिएगो में जन्मी, भौतिक विज्ञान के एक प्रोफेसर कैनेथ ग्रीडर की संतान कैरोल ने 1983 में सांता बारबरा के कैलीफोर्निया विश्वविद्यालय से जीव-विज्ञान में बी.ए. पूर्ण की। इसी समयावधि में उन्होंने गोटिंगेन विश्व-विद्यालय से भी अध्ययन किया और महत्त्वपूर्ण खोजें कीं। 1987 में उन्होंने बर्कले कैलीफोर्निया विश्वविद्यालय से आणविक जीव विज्ञान में पीएच.डी. पूर्ण की।

कैरोल न्यू यॉर्क के कोटड स्प्रिंग हार्बर लेबोरेटरी के संकाय-मंडल की सदस्य नियुक्त हो गईं और उसके बाद वे 1997 में, जोंस हॉपकिंस विश्वविद्यालय चली गईं। वर्तमान में वे इसी विश्वविद्यालय में डेनियल नैथंस प्रोफेसर तथा आणविक जीव विज्ञान तथा आनुवंशिकी की निदेशक हैं।

उन्हें शरीर विज्ञान या औषधि विज्ञान के लिए, 2009 में एलिजाबेथ एच. ब्लैकबर्न तथा जैक डब्ल्यू. स्जोस्तक के साथ टेलोमिरेज पर उनकी महत्त्वपूर्ण खोज के लिए, नोबेल पुरस्कार से सम्मानित किया गया।

कैरोल डब्ल्यू. ग्रीडर की दो संतानें हैं—चार्ल्स (13) और ग्लैंडोलिन (11)।

स्जोस्तक, जैक डब्ल्यू.

नागरिकता : कनाडा

जन्म : 9 नवंबर, 1952; लंदन, ब्रिटेन

जैक विलियम स्जोस्तक ने अपने कैरियर की शुरुआत में ही आनुवंशिकी के क्षेत्र में अग्रणी योगदान दिया। उनकी खोजों ने वैज्ञानिकों को क्रोमोसोम के पुनर्संयोजन से संबंधित अनुसंधान कार्यों का मार्ग प्रशस्त किया। उन्हें दुनिया के सबसे पहले कृत्रिम क्रोमोसोम के निर्माण का श्रेय भी प्राप्त है।

उन्होंने 15 वर्ष की आयु में, छात्रवृत्ति के साथ, रीवरडेल हाई स्कूल से पूर्व स्नातक की शिक्षा प्राप्त की तथा 19 वर्ष की आयु में मैकग्रिल विश्वविद्यालय से कोशिका जीव विज्ञान में बी.एससी. की डिग्री प्राप्त की तथा प्रोफेसर रे वू (Ray Wu) के मार्ग-दर्शन में कोर्नेल विश्वविद्यालय से जीव रसायन विज्ञान में पीएच.डी. पूर्ण की। उसके बाद उन्होंने सिडनी फर्बर कैंसर संस्थान में अपनी प्रयोगशाला आरंभ करने के लिए हार्वर्ड मेडिकल स्कूल का रुख किया। 1988 में वे यहाँ पूर्ण प्रोफेसर के रूप में नियुक्त हो गए।

कृत्रिम क्रोमोसोम के निर्माण की उनकी उपलब्धि ने वैज्ञानिकों को स्तनधारियों में 'जीन' की स्थिति को ढूँढ़ने और 'जीन' के उपयोग के लिए तकनीक विकसित करने में सहायता की।

अब स्जोस्तक का पूरा ध्यान एक सरल, कृत्रिम कोशिका का निर्माण करने में है, जिसे डार्विन सिद्धांत के अनुरूप ढालकर उसे विकसित और विभाजित किया जा सके ताकि धरती पर जीवन की उत्पत्ति को समझने की चुनौतियों का सामना किया जाए। उन्हें एलिजाबेथ एच. ब्लैकबर्न, कैरोल डब्ल्यू ग्रीडर के साथ संयुक्त रूप से एक महत्त्वपूर्ण एंजाइम, टेलोमिरेज की खोज के लिए, जिसे फंगल संक्रमण और कैंसर जैसे कुछ रोगों के व्यवहार का अध्ययन करने में उपयोग किया जाता है, नोबेल पुरस्कार से सम्मानित किया गया।

साहित्य

मुल्लर, हर्टा

नागरिकता : जर्मनी

जन्म : 17 अगस्त, 1953; बनात, रोमानिया

रोमानिया में जन्मी जर्मन उपन्यासकार, कवयित्री, निबंधकार और साहित्य में 2009 के नोबेल पुरस्कार से सम्मानित हर्टा मुल्लर का साहित्य रोमानियाई तानाशाही द्वारा मानव विनाश और राजनीतिक निर्वासन की जड़हीनता को प्रदर्शित करता है। उनकी कई रचनाएँ रोमानिया में जर्मन अल्पसंख्यकों के दृष्टिकोण को प्रकट करती हैं और बैनेट तथा ट्रांसिल्वानिया में जर्मन वासियों के आधुनिक इतिहास को चित्रित करती हैं। उनका बहुप्रशंसित उपन्यास 'हंगर एंजेल' (2009) रोमानिया में सोवियत कब्जे के दौरान, स्टालिनवादी सोवियत रूस द्वारा रोमानिया के जर्मन वासियों को बेगार के रूप में उपयोग करने के लिए, जर्मन अल्पसंख्यकों के निर्वासन का अत्यंत सजीव चित्रण करता है।

उनके पिता द्वितीय विश्वयुद्ध के दौरान कम्युनिस्ट रोमानिया में सेना की सशस्त्र टुकड़ी में ट्रक ड्राइवर थे और उनकी माता को एक लाख अन्य जर्मन अल्पसंख्यकों के साथ, सोवियत संघ में श्रम शिविरों के लिए मजबूर किया गया जिन्हें 1950 में मुक्त कर दिया गया।

1976 में हर्टा ने अपने कैरियर की शुरुआत एक इंजीनियरिंग कंपनी में अनुवादक के रूप में की लेकिन 1979 में उन्हें कम्युनिस्ट शासकों की गुप्त पुलिस से सहयोग न करने के कारण वहाँ से निकाल दिया गया। उन्होंने अपनी आजीविका जर्मन भाषा की शिक्षा देकर तथा छोटे बच्चों को पढ़ाकर प्राप्त की।

वे 'एक्शन ग्रुप बैनेट' की सदस्य थीं, जो जर्मन भाषा बोलने वाले लेखकों का एक ग्रुप था, और अभिव्यक्ति की स्वतंत्रता का समर्थक था। 'द लैंड ऑफ ग्रीन प्लम्स' (1996)

इसी विषय पर लिखा गया उनका उपन्यास है। इस समूह ने उन्हें साहस के साथ लिखने की प्रेरणा दी, हालाँकि उन्हें रोमानिया की सीक्रेट पुलिस से धमकियाँ भी मिलती रहीं।

हालाँकि उनकी पुस्तकें अधिकांशत: काल्पनिक हैं लेकिन वे वास्तविक चरित्रों और अनुभवों पर आधारित हैं। उनकी पहली पुस्तक, जो एक कहानी संग्रह थी, 'नापिर' के नाम से, सेंसर-संस्करण के रूप में 1982 में प्रकाशित हुई।

उनकी अन्य महत्त्वपूर्ण कृतियाँ हैं : 'आप्रेसिव टैंगो' (कहानी-संग्रह-1984), 'द डेविल इज सिटिंग इन द मिरर' (1991), 'द गार्ड टेक्स हिज कॉम्ब' (1993), 'हंगर एंड सिल्क' (1995) तथा अन्य कई। उन्हें कविता की एकाग्रता और गद्य की स्पष्टवादिता के साथ समाज के वंचित लोगों की स्थिति को दर्शानें के लिए नोबेल पुरस्कार से सम्मानित किया गया।

शान्ति

ओबामा, बराक एच.

नागरिकता : संयुक्त राज्य अमरीका

जन्म : 4 अगस्त, 1961; होनोलूलू, अमरीका

बराक हुसैन ओबामा संयुक्त राज्य अमरीका के 44वें राष्ट्रपति हैं और अमरीका के पहले अफ्रीकी राष्ट्रपति। उनकी कहानी एक अमरीकी कहानी है—एक मजबूत परिवार में, मध्यवर्गीय परवरिश, कड़ी मेहनत और आगे बढ़ने के साधन के रूप में शिक्षा और यह दृढ़ विश्वास कि यह धन्य जीवन दूसरों की सेवा के लिए समर्पित होना चाहिए।

उनके पिता केन्या के निवासी थे और माँ केंसास की। उनका लालन-पालन उनके नाना ने किया। छात्रवृत्ति और छात्र-ऋण की सहायता से अपनी शिक्षा पूर्ण करने वाले ओबामा शिकागो चले गए, जहाँ उन्होंने स्थानीय इस्पात संयंत्रों के बंद होने से तबाह समुदायों को पुनर्निर्माण में मदद के लिए एक चर्च के साथ कार्य किया।

होनोलूलू, हवाई में जन्मे ओबामा ने कोलंबिया विश्व-विद्यालय हार्वर्ड लॉ स्कूल से स्नातक की शिक्षा प्राप्त की जहाँ वे 'हार्वर्ड लॉ रिव्यू' (हार्वर्ड लॉ स्कूल के विद्यार्थियों द्वारा स्वतंत्र रूप से प्रकाशित कानून-पत्रिका) के प्रमुख थे। उन्होंने शिकागो में नागरिक अधिकारों के वकील के रूप में कार्य किया और शिकागो लॉ स्कूल के विश्वविद्यालय में संवैधानिक कानून की शिक्षा प्रदान की (1992-2004)। 1997 से 2004 तक उन्होंने अमरीकी सीनेट में इलिनाइस राज्य का तीन बार प्रतिनिधित्व किया।

उन्होंने नवंबर 2004 में सीनेट चुनाव जीता और 2008 में राष्ट्रपति का चुनाव जीतने तक इस पद पर सेवा की। 20 जनवरी, 2009 को उन्होंने व्हाइट हाउस में अमरीका के 44वें राष्ट्रपति के रूप में कार्यभार सँभाला। उनके राष्ट्रपति बनने के कुछ महीनों बाद ही उन्हें 'शान्ति के नोबेल पुरस्कार' से सम्मानित किया गया।

बहुत कम लोग जानते हैं कि 1995 में प्रकाशित उनकी पुस्तक 'ड्रीम्स फ्रॉम माई फादर : ए स्टोरी ऑफ रेस एंड इन्हेरिटेंस' के 'आडियो वर्जन' के लिए ओबामा को ग्रैमी अवार्ड से भी सम्मानित किया गया।

ओबामा के नाम राष्ट्रपति के रूप में कई शानदार उपलब्धियाँ दर्ज हैं। उन्होंने 2009 में आर्थिक प्रोत्साहन कानून 'अमरीकन रिकवरी एंड री-इन्वेस्टमेंट एक्ट', अमरीका में 2007-09 के दौरान भयंकर मंदी के प्रत्युत्तर में टैक्स रिलीफ, अनएम्प्लायमेंट इंश्योरेंस री-आथोराइजेशन एंड जॉब क्रिएशन एक्ट (2010) पर हस्ताक्षर किए। विदेश नीति में ओबामा ने इराक युद्ध में अमरीका की सैन्य भागीदारी समाप्त की, अफगानिस्तान में अमरीकी सैनिकों की संख्या में वृद्धि की गई, रूस के साथ हथियार नियंत्रण संधि पर हस्ताक्षर किए, लीबिया में अमरीका की सैन्य भागीदारी के आदेश दिए, दुनिया के सबसे खूँखार आतंकवादी ओसामा-बिन-लादेन के विरुद्ध सैन्य अभियान के आदेश दिए, जिसके बाद अमरीका की खुफिया एजेंसियों ने पाकिस्तान के एटबाबाद में स्थित लादेन के ठिकाने पर हमला कर उसे मार गिराया। ओबामा मई, 2012 में पहले ऐसे पदासीन अमरीकी राष्ट्रपति बने, जिन्होंने सार्वजनिक रूप से समलैंगिक विवाह को कानूनी समर्थन दिया। नैतिकता के संबंध में उनके रुख, सरकारी पारदर्शिता, शिक्षा, सस्ती एवं सुलभ स्वास्थ्य सेवाओं के क्षेत्र में उनकी प्राथमिकता ने उनको अमरीका के लोगों का पसंदीदा व्यक्ति बना दिया। लोगों को उनसे बहुत ज्यादा उम्मीदें हैं।

4 अप्रैल, 2011 को ओबामा ने 2012 के लिए फिर से चुनाव अभियान की घोषणा की तथा 6 नवंबर, 2012 का चुनाव जीतकर दोबारा अमरीका के राष्ट्रपति बने।

अंतरराष्ट्रीय राजनीति में उनके अभूतपूर्व योगदान तथा शान्ति की स्थापना के लिए उनकी साहसिक पहलों के लिए उन्हें 2009 के नोबेल शान्ति पुरस्कार से सम्मानित किया गया।

केवल अमरीका के राष्ट्रपति के रूप में ही नहीं बल्कि अपने परिवार, समाज और विश्व के प्रति एक समर्पित व्यक्ति के रूप में भी वे पूरी दुनिया के चहेते हैं। उन्हें अंतरराष्ट्रीय राजनीति में उनके अभूतपूर्व योगदान तथा साहसिक पहल के लिए नोबेल पुरस्कार से सम्मानित किया गया।

अर्थशास्त्र

ओस्ट्रॉम, एलिनोर

नागरिकता : संयुक्त राज्य अमरीका

जन्म : 7 अगस्त, 1933; लॉस एंजिल्स, अमरीका

निधन : 12 जून, 2012; ब्लूमिंगटन, अमरीका

1933 में लॉस एंजिल्स में जन्मी एलिनोर ओस्टॉम ने कम उम्र में ही 'स्थिरता के मूल्य' का अनुभव प्राप्त कर लिया था। वे आर्थिक मंदी के एक ऐसे युग में पली-बढ़ीं, जिसने संसाधनों के उपभोग में एक युद्ध की सी स्थिति पैदा कर दी थी और वे ऐसे शहर में रहती थीं जहाँ ताजा पानी एक बेशकीमती वस्तु बन चुका था।

बचपन में एलिनोर क्लेयर अवान के नाम से पुकारी जाने वाली एलिनोर के पिता यहूदी थे और माँ एक प्रोटेस्टेंट। उनके माता-पिता बहुत गरीब थे। एलिनोर ने 1951 में बैवरली हिल्स हाई स्कूल से शिक्षा प्राप्त की और 1954 में कैलीफोर्निया विश्वविद्यालय, लॉस एंजिल्स से राजनीति विज्ञान में बी.ए. की डिग्री प्राप्त की। 1962 में एम.ए. की डिग्री प्राप्त करने के बाद उन्होंने राजनीति विज्ञान में 1965 में पीएच.डी. की डिग्री अर्जित की।

एलिनोर ओस्ट्रॉम इंडियाना विश्वविद्यालय में राजनीति विज्ञान की प्रोफेसर थीं। उन्होंने पारंपरिक विश्वासों से इतर कई ऐसे सिद्धांतों का खुलासा किया है जिससे सफल स्थिरता सुनिश्चित की गई। ओस्ट्रॉम के कार्य इस बात पर बल देते हैं कि लंबे समय तक टिकाऊ संसाधनों की उत्पत्ति को बनाए रखने के लिए मानव पारिस्थितिकी प्रणालियों के साथ कैसे सामंजस्य स्थापित करता है। इन साझा संसाधनों में वन, मत्स्य पालन, तेल-क्षेत्र, चराई की भूमि और संचार प्रणालियाँ शामिल हैं।

उन्होंने 2009 में, ओलिवर ई. विलियम्सन के साथ, साझा रूप से, अर्थशास्त्र में नोबेल पुरस्कार प्राप्त किया। उन्हें यह पुरस्कार 'आर्थिक प्रशासन के उनके विश्लेषण के लिए' प्रदान किया गया।

इस श्रेणी में पुरस्कार प्राप्त करने वाली वे पहली तथा अब तक की एकमात्र महिला थीं। उन्होंने 1963 में राजनीतिक-विज्ञानी विंसेंट ओस्ट्रॉम से शादी की। उन्हें आर्थिक प्रशासन के उनके विश्लेषण के लिए नोबेल पुरस्कार से सम्मानित किया गया।

विलियम्सन, ओलिवर ई.

नागरिकता : संयुक्त राज्य अमरीका

जन्म : 27 सितंबर, 1932; विस्कोंसिन, अमरीका

विभिन्न पत्रिकाओं में 100 से भी अधिक लेखों और पाँच अत्यधिक प्रभावशाली पुस्तकों के लेखक ओलिवर विलियम्सन को 'नए संस्थागत अर्थशास्त्र का पिता' भी कहा जाता है।

युवावस्था में एक अच्छे छात्र और औसत दर्जे के खिलाड़ी शनिवार की रात नृत्य में भाग लेने, बास्केटबॉल और पूल खेलने, विशेष रूप से, शुक्रवार रात 'पोकर' खेलने के शौकीन विलियम्सन एक वकील बनना चाहते थे। उन्होंने 1955 में एम.आई.टी. से प्रबंधन में बी.एससी. की डिग्री प्राप्त की, 1960 में

स्टेनफोर्ड विश्वविद्यालय से एम.बी.ए. तथा 1963 में कार्नेगी मैलन विश्वविद्यालय से पीएच.डी. की डिग्री हासिल की।

1965 से 1983 तक वह पेंसिलवानिया विश्वविद्यालय में प्रोफेसर रहे और 1983 से 1988 तक उन्होंने येल विश्वविद्यालय में एक प्रोफेसर के रूप में अपनी सेवाएँ दीं। 1988 से वर्तमान तक वह बर्कले कैलीफोर्निया विश्वविद्यालय, में व्यवसाय प्रशासन, अर्थशास्त्र और कानून के प्रोफेसर हैं।

2009 में विलियम्सन को 'आर्थिक शासन के उनके विश्लेषण के लिए' एलिनोर ओस्ट्रॉम के साथ अर्थशास्त्र में नोबेल मेमोरियल पुरस्कार से सम्मानित किया गया।

वे अमरीका की राष्ट्रीय विज्ञान अकादमी के सदस्य, अमरीका की राजनीतिक और सामाजिक विज्ञान अकादमी के 'फेलो' हैं तथा अमरीका की कला एवं विज्ञान अकादमी व अर्थमीति सोसायटी (इकोनोमैट्रिक्स सोसायटी) के सदस्य हैं। उन्होंने आठ विश्वविद्यालयों से मानद डॉक्टरेट की उपाधि तथा कई अन्य संस्थानों से प्रतिष्ठित पुरस्कार प्राप्त किए। वे अमरीका के कानून और अर्थशास्त्र एसोसिएशन, अमरीकी अर्थशास्त्र एसोसिएशन के अध्यक्ष तथा अमरीकी आर्थिक एसोसिएशन के उपाध्यक्ष हैं।

वे लेन-देन लागत अर्थशास्त्र (ट्रांजेक्शन कॉस्ट इकोनॉमिक्स) तथा इससे संबंधित विषयों के एक प्रमुख विशेषज्ञ व लेखक हैं। उन्हें आर्थिक प्रशासन के उनके विश्लेषण के लिए विशेष रूप से धर्म की सीमाओं के संबंध में नोबेल पुरस्कार से सम्मानित किया गया।

भौतिक विज्ञान

रसायन विज्ञान

शरीर विज्ञान/चिकित्सा विज्ञान

साहित्य

शान्ति

अर्थशास्त्र

2010

भौतिक विज्ञान

जीम, आंद्रे

नागरिकता : ब्रिटेन/नीदरलैंड्स

जन्म : 21 अक्टूबर, 1958; सॉची, रूस

प्रोफेसर आंद्रे जीम और प्रो. कोंसटेंटाइन नोवोसेलोव को विज्ञान की दुनिया में सबसे बड़े सम्मान अर्थात 2010 के भौतिक विज्ञान में नोबेल पुरस्कार से सम्मानित किया गया। उन्हें यह सम्मान दुनिया के सबसे पहले पदार्थ, ग्राफिन की खोज करने के लिए प्राप्त हुआ। ग्राफिन कार्बन का एक बिगड़ा हुआ रूप है जो सामग्री विज्ञान और ठोस अवस्था से संबंधित भौतिक विज्ञान में बहुत तेजी से एक चर्चित विषय बन गया है। आंद्रे जीम ने यह खोज 2004 में की।

हाल ही में मैनचेस्टर के सामग्री वैज्ञानिकों तथा भौतिकविदों की एक टीम ने बताया कि ग्राफिन में कार्बन फाइबर की जगह उपयोग किए जाने की क्षमता है, जिसका उपयोग विमानों का निर्माण करने में किया जाता है।

प्रो. जीम अक्टूबर, 1958 में रूस में पैदा हुए। उनके माता-पिता जर्मनी के निवासी हैं। प्रो. जीम को उप-नागरिकता प्राप्त है। उन्होंने रूस के चर्नोगोलोव्का में एशियन एकेडमी ऑफ साइंसेज (आर.ए.एस.) के इंस्टीट्यूट ऑफ सोलिड-स्टेट फिजिक्स (आई.एस.एस.पी.) से 1982 में एम.एससी. तथा 1987 में धातु भौतिक विज्ञान में पीएच.डी. की डिग्री प्राप्त की। वहाँ तीन वर्ष तक कार्य करने के बाद उन्होंने इंग्लैंड और डेनमार्क में अनुसंधान किए। 1994 में वे नीदरलैंड में निजमेजेन विश्वविद्यालय में प्रोफेसर नियुक्त किए गए।

2001 में उन्होंने भौतिक विज्ञान के प्रोफेसर के रूप में मैनचेस्टर विश्वविद्यालय में अपनी सेवाएँ प्रदान कीं। अपने कैरियर के दौरान उन्होंने 150 से भी अधिक शोधपत्र प्रकाशित किए।

2010 में, रैडबौड विश्वविद्यालय, निजमेजेन ने उन्हें नवीन सामग्री और अति सूक्ष्म विज्ञान (नैनो साइंस) का प्रोफेसर नियुक्त किया।

प्रो. जीम 'बॉयोमिमेटिक एडहेसिव' के विकास में भी शामिल हैं, जिसे 'छिपकली टेप' (geoko tape) के नाम से जाना जाता है। यह प्रयोग अभी अपने शुरुआती चरण में है।

उम्मीद की जाती है कि इसके विकसित होने पर मानव 'स्पाइडरमैन' की तरह ही छत पर चल सकेगा।

नोवोसेलोव, कोंसटेंटाइन
नागरिकता : सोवियन संघ/ब्रिटेन
जन्म : 23 अगस्त, 1974; निज्नी तागिल, रूस

प्रो. नोवोसेलोव अगस्त, 1974 में रूस में पैदा हुए। उन्हें भी ब्रिटेन की नागरिकता प्राप्त है। उन्होंने नीदरलैंड के निजमेजेन विश्वविद्यालय की हाई मैग्नेटिक फील्ड प्रयोगशाला से पीएच.डी. (2004) की डिग्री प्राप्त की और 2005 में मैनचेस्टर विश्वविद्यालय में रिसर्च फेलो नियुक्त हो गए। 2008 में उन्हें मैनचेस्टर विश्वविद्यालय के 'वर्ष के सर्वश्रेष्ठ शोधकर्ताओं में से एक' चुना गया।

प्रो. आंद्रे जीम के साथ उनके अग्रणी शोधकार्य से दो-आयामी कार्बन परमाणुओं से बने क्रिस्टल की खोज का मार्ग प्रशस्त हुआ, विशेष रूप से 'ग्राफिन' की खोज का।

उनकी इस खोज के लिए उन्हें संयुक्त रूप से आंद्रे जीम के साथ, 2010 के भौतिक विज्ञान के नोबेल पुरस्कार से सम्मानित किया गया। 2008 में 'टेक्नोलॉजी रिव्यू' पत्रिका के संपादक मंडल और विशेषज्ञ निर्णायक मंडल ने उन्हें 35 वर्ष से कम आयु के 300 वैज्ञानिकों में से चयनित किया।

अप्रैल, 2008 में प्रो. जीम, प्रो. नोवोसेलोव और डॉ. लियोनिद पोनोमरेंको ने अग्रणी विज्ञान पत्रिका 'साइंस' में एक लेख प्रकाशित किया, जिसके अनुसार उन्होंने ग्राफिन का उपयोग करके विश्व का सबसे छोटा ट्रांजिस्टर बनाया-एक परमाणु मोटा और दस परमाणु चौड़ा।

विज्ञान के क्षेत्र में उनकी सेवाओं के लिए उन्हें नववर्ष सम्मान स्वरूप 'अविवाहित सर' (Knight Bachelor) की उपाधि से सम्मानित किया गया। उन्हें आंद्रे जीम के साथ संयुक्त रूप से दुनिया के सबसे पहले द्विआयामी पदार्थ ग्राफिन की खोज के लिए नोबेल पुरस्कार से सम्मानित किया गया।

रसायन विज्ञान

हेक, रिचर्ड एफ.
नागरिकता : संयुक्त राज्य अमरीका
जन्म : 15 अगस्त, 1931; मेसाचुसेट्स, अमरीका

रिचर्ड एफ. हेक का जन्म स्प्रिंगफील्ड, मेसाचुसेट्स में हुआ। उन्होंने कैलीफोर्निया विश्वविद्यालय से 1952 में बी.एससी. तथा 1954 में पीएच.डी. की डिग्री प्राप्त की। उन्होंने ज्यूरिख स्विट्जरलैंड के ई.टी.एल. से अपना 'पोस्ट-डॉक्टोरल' अध्ययन जारी रखा। 1957 में वे हरक्यूलिस कंपनी में कार्य करने हेतु विल्मिंगटन चले गए। जहाँ उन्होंने संक्रमण धातुओं के साथ कार्बनिक अणुओं की प्रतिक्रियाओं के अध्ययन का कार्य आरंभ किया (जिसे संक्रमण धातु कार्बनिक धातु रसायनशास्त्र के नाम से जाना जाता है)। 1971 में वह डेलावेयर विश्वविद्यालय चले गए, जहाँ उन्होंने रसायन विज्ञान और जीव रसायन विज्ञान के शिक्षक-मंडल में एक पद ग्रहण किया और कार्बनिक धातु रसायन विज्ञान में अपना अध्ययन जारी रखा। 1989 में सेवानिवृत्त होने तक वे यहीं कार्यरत थे।

6 अक्टूबर, 2010 को जापानी रसायन वैज्ञानिक ऐई इची नेगिशी तथा अकीरा सुजुकी के साथ, 2010 के रसायन विज्ञान के नोबेल पुरस्कार से उन्हें सम्मानित किया गया। उन्हें यह सम्मान कार्बनिक संश्लेषण (आर्गेनिक सिंथेसिस) में पैलेडियम-उत्प्रेरित युग्मन प्रतिक्रियाओं (Palladium-Catalyzed Coupling Reactions) में उनके अनुसंधान कार्य के लिए प्रदान किया गया। यही वह प्रतिक्रिया है जिसे डी.एन.ए. के मूल रंग में फ्लोरोसेंट रंग में मिलाने के लिए उपयोग में लाया जाता है, जिससे डी.एन.ए. अनुक्रमण (डी.एन.ए. सीक्वेसिंग) तथा मानव जीन-समूह की जाँच संभव हो पाती है।

रिचर्ड हेक अब फिलिपींस में रहते हैं और यहीं पर रिटायर होने का इरादा रखते हैं।

नेगिशी, ऐई इची
नागरिकता : जापान
जन्म : 14 जुलाई, 1935; चेंगचुन, चीन

प्रोफेसर ऐई इची नेगिशी को 1970 के दशक के मध्य में 'पैलेडियम उत्प्रेरित युग्मन प्रतिक्रियाओं' के विकास के लिए 2010 के रसायन विज्ञान के नोबेल पुरस्कार से सम्मानित किया गया। मंचुकुओ की राजधानी हसिंकिंग (वर्तमान में चीन में 'चेंगचुन') में जन्मे और उनका पालन-पोषण जापानी शासन के अधीन कोरिया के सिओल में हुआ। 1958 में टोक्यो विश्वविद्यालय से स्नातक की शिक्षा पूर्ण करने के बाद वे 1960 में संयुक्त राज्य अमरीका चले गए।

1963 में उन्होंने प्रोफेसर ऐलन आर.डे की देख-रेख में पेंसिलवेनिया विश्वविद्यालय से पीएच.डी. की उपाधि प्राप्त की। 1966 में वे पर्दयू विश्वविद्यालय में 'पोस्ट-डॉक्टोरल' शोधकर्ता बने और 1968 में नोबेल पुरस्कार विजेता हर्बर्ट सी. ब्राउन के साथ कार्य करते हुए सहायक-प्रोफेसर के पद पर नियुक्त हुए। 1979 में साइराक्यूज विश्वविद्यालय में प्रोफेसर के रूप में कार्य करने के बाद वह उसी वर्ष पर्दयू विश्वविद्यालय लौट आए।

2000 में वे रसायनशास्त्र की रॉयल सोसायटी के 'सर एडवर्ड फ्रैंकलैंड प्राइज लेक्चरशिप' के पुरस्कार से सम्मानित हुए।

2011 में उन्हें, पेंसिलवेनिया विश्वविद्यालय की ओर से 'विज्ञान के मानद डॉक्टर' की उपाधि से विभूषित किया गया।

इन पुरस्कारों के अतिरिक्त भी उन्हें कई अन्य पुरस्कारों से सम्मानित किया गया। उन्होंने कई पुस्तकें भी लिखीं और लगभग 400 से अधिक शोधपत्र भी उन्होंने लिखे।

सुजुकी, अकीरा
नागरिकता : जापान
जन्म : 12 सितंबर, 1930; मुकावा, होक्काइदो, जापान

जब प्रोफेसर अकीरा सुजुकी ने 2010 का, रसायन विज्ञान में ऐई इची नेगिशी तथा रिचर्ड एफ. हेक के साथ, संयुक्त रूप से नोबेल पुरस्कार प्राप्त किया, तो यह क्षण होक्काइदो विश्वविद्यालय के लिए बहुत गौरवान्वित महसूस करने का क्षण था क्योंकि प्रो. अकीरा सुजुकी के रूप में उन्हें (होक्काइदो विश्वविद्यालय को) पहला नोबेल पुरस्कार प्राप्त हुआ था। प्रो. अकीरा को यह सम्मान 'कार्बनिक संश्लेषण (ऑर्गेनिक सिंथेसिस) में पैलेडियम-उत्प्रेरित युग्मन प्रतिक्रियाओं' के लिए दिया गया।

अकीरा सुजुकी का जन्म मुकावा, होक्काइदो में हुआ। उन्होंने होक्काइदो विश्वविद्यालय से रसायन विज्ञान में बी.एससी. तथा पीएच.डी. की डिग्री, क्रमशः 1954 व 1959 में प्राप्त की। डॉक्टरेट की डिग्री प्राप्त करने के बाद उन्होंने होक्काइदो विश्वविद्यालय में ही सहायक प्रोफेसर के रूप में कार्य किया। उसके बाद वे डॉक्टरेट के बाद की फेलोशिप के लिए 1963 और 1965 के बीच, पर्दयू विश्वविद्यालय, अमरीका चले गए।

82 वर्षीय अकीरा सुजुकी होक्काइदो विश्वविद्यालय (1973-94), ओकायामा यूनिवर्सिटी ऑफ साइंस (1994-95), कुराशिकी यूनिवर्सिटी ऑफ साइंस एंड आर्ट्स (1995-02) में एक प्रोफेसर थे। प्रो. सुजुकी वेल्स विश्वविद्यालय, ब्रिटेन (1998), पर्दयू विश्वविद्यालय, अमरीका (2001), राष्ट्रीय ताइवान विश्वविद्यालय तथा एकेडमिया सिनिका, ताईवान (2002-03) में आमंत्रित प्रोफेसर भी रह चुके हैं।

अप्रैल, 2008 तक प्रो. सुजुकी के रसायन विज्ञान में 341 शोध लेख विभिन्न राष्ट्रीय व अंतरराष्ट्रीय पत्रिकाओं में प्रकाशित हो चुके हैं। रिचर्ड एफ. हेक, ऐई इची नेगिशी और

अकीरा सुजुकी को संयुक्त रूप से कार्बनिक संश्लेषण में पैलेडियम-उत्प्रेरित युग्मन प्रतिक्रियाओं के विकास में उनके असाधारण योगदान के लिए नोबेल पुरस्कार से सम्मानित किया गया।

शरीर विज्ञान/चिकित्सा विज्ञान

एडवर्ड्स, रॉबर्ट जी.
नागरिकता : ब्रिटेन
जन्म : 27 सितंबर, 1925; बेटले

ब्रिटेन के शरीर विज्ञानी सर रॉबर्ट ज्यांफे एडवर्ड्स, जिनके अनुसंधान कार्यों से 'प्रथम परखनली शिशु' के विकास का मार्ग प्रशस्त हुआ, 'इन-विट्रो फर्टिलाइजेशन' (आई.वी.एफ.) का विकास किया।

मैनचेस्टर सेंट्रल हाई स्कूल में अपनी प्राथमिक शिक्षा समाप्त करने के बाद, उन्होंने विश्वविद्यालय कॉलेज, नॉर्थ वेल्स में प्रवेश पाया लेकिन शीघ्र ही उन्हें एहसास हो गया कि उनकी रुचि पेड़-पौधों में नहीं, बल्कि पशुओं के प्रजनन में थी। इसलिए उन्होंने अपना स्थानांतरण प्राणि विज्ञान विभाग में करवा लिया और 1951 में बी.एससी. तथा 1962 में डी.एस.सी. की डिग्री प्राप्त की। इससे पूर्व वे 1955 में पीएच.डी. की डिग्री एडिनबर्ग विश्वविद्यालय से प्राप्त कर चुके थे।

1963 में वे कैंब्रिज विश्वविद्यालय में नियुक्त हुए जहाँ वह चर्चिल महाविद्यालय में एक 'फेलो' के पद पर हैं।

1960 के आस-पास एडवर्ड्स ने मानव उर्वरण (ह्यूमन फर्टिलाइजेशन) पर अपना अध्ययन आरंभ किया और कैंब्रिज में अपने अध्ययन को जारी रखा। 1968 में उन्होंने स्त्री-रोग शल्य-चिकित्सक पैट्रिक स्टेप्टो के साथ मिलकर मानव-अंडे का निषेचन (फर्टिलाइजेशन) प्राप्त करने में सफल रहे। उनके प्रयासों को कई विरोधों का भी सामना करना पड़ा। ब्रिटिश सरकार ने उनके शोधकार्यों को आर्थिक सहायता देने से इनकार कर दिया। उन्हें कानूनी मुकद्दमों का भी सामना करना पड़ा। लेकिन अंततः 25 मार्च, 1978 को, प्रथम परखनली शिशु, लुइस ब्राउन के जन्म के साथ ही औषधि विज्ञान के क्षेत्र में एक महत्त्वपूर्ण व ऐतिहासिक शुरुआत हुई।

'इन विट्रो फर्टिलाइजेशन' का अर्थ है, बाँझ दंपतियों, जो बच्चा पैदा करने में सक्षम नहीं थे, की इस नए तरीके से सहायता करना। प्रौद्योगिकी के क्षेत्र में सुधार से गर्भावस्था की दर में आश्चर्यजनक वृद्धि हुई है। एक अनुमान के अनुसार 2010 में लगभग 4 लाख बच्चे आई.वी.एफ. प्रणाली से पैदा हुए हैं।

पैट्रिक स्टेप्टो की 1988 में मृत्यु हो गई लेकिन एडवर्ड्स ने एक वैज्ञानिक और चिकित्सा पत्रिकाओं के संपादक के रूप में अपने कैरियर को जारी रखा। उन्हें कृत्रिम गर्भधारण (इन-विट्रो फर्टिलाइजेशन) के आविष्कार के लिए, 'जिससे दुनिया भर के लाखों-करोड़ों निःसंतान दंपतियों को संतान प्राप्ति में सहायता मिली', नोबेल पुरस्कार से सम्मानित किया गया।

साहित्य

लोसा, मारियो वर्गास
नागरिकता : पेरू/स्पेन
जन्म : 28 मार्च, 1936; एरेक्विपा, पेरू

मारियो वर्गास लोसा सबसे सफल लैटिन अमरीकी लेखकों में से एक हैं। उनके उपन्यासों को पेरू समाज का लघु रूप माना जा सकता है। वर्गास लोसा इस देश के सामाजिक, राजनीतिक या सांस्कृतिक यथार्थ को दर्शाने के लिए अपनी रचनाओं में पौराणिक लोकप्रिय और वीर तत्त्वों का इस्तेमाल करते हैं।

उनकी कृतियों के मुख्य विषय हिंसा, मर्दानगी भरा व्यवहार, सामाजिक और राजनीतिक मठाधीशता का गठन, भ्रष्टाचार, आधिकारिक सरकारों और धार्मिक कट्टरता के खिलाफ संघर्ष कर रहे हैं। उनके उपन्यासों को 'राष्ट्रीय रूपक' के रूप में देखा जा सकता है।

उन्हें 2010 के लिए साहित्य के नोबेल पुरस्कार से सम्मानित किया गया। इसकी घोषणा करते हुए स्वीडिश अकादमी ने कहा कि यह वर्गास लोसा को 'सत्ता के ढाँचे के बारे में उनका चित्र खींचने और एक मनुष्य के प्रतिरोध, विद्रोह और पराजय के बारे में उनकी तल्ख छवियों के लिए' दिया जा रहा है।

पेरू के उपन्यासकार, निबंधकार, पत्रकार और साहित्यिक समीक्षक मारियो वर्गास लोसा का जन्म एरेक्विपा, पेरू में हुआ। 1950 से 1952 तक वे लियोशियो प्रैसे सैन्य अकादमी में रहे। 1955 से 1957 तक उन्होंने सैन मार्कोस विश्वविद्यालय में साहित्य और कानून की शिक्षा प्राप्त की। गेब्रिएल गार्सिया मारक्वेज पर डॉक्टरेट निबंध लेखन से उन्होंने 1959 में मैड्रिड विश्वविद्यालय से पीएच.डी. पूर्ण की।

वर्गास लोसा का पहला प्रसिद्ध उपन्यास था—'द टाइम ऑफ द हीरो' (1963), जो लियोन्शियो प्रैदो सैन्य अकादमी पर लिखा गया था। इस उपन्यास का कई भाषाओं में अनुवाद हुआ और पूरे विश्व में इसे सराहा गया। 1960 के दशक में मारियो वर्गास लोसा प्रयोगात्मक शैली के तीन उपन्यासों के प्रकाशन के साथ ही, अपनी नई कथा-शैली के लिए जाना-पहचाना नाम बन गए।

1960 के दशक के अन्तिम हिस्से में लोसा ने कई उत्तरी अमरीकी और यूरोपीय विश्वविद्यालयों में प्रोफेसर के रूप में अध्यापन कार्य किया। 1977 में वे पेन क्लब इंटरनेशनल के अध्यक्ष चुने गए। 1990 में उन्होंने पेरू में राष्ट्रपति के चुनाव में डेमोक्रेटिक फ्रंट के एक रूढ़िवादी उम्मीदवार के रूप में भाग लिया लेकिन वे अल्बर्टो फूजीमोरी से पराजित हो गए।

उनके द्वारा लिखे गए प्रसिद्ध उपन्यासों में 'द टाइम ऑफ द हीरो' के अतिरिक्त हैं : 'द सिटी एंड द डॉग्स' (1963) तथा 'द ग्रीन हाउस' (1965)। उनके उपन्यासों में हास्य, हत्या के रहस्य, ऐतिहासिकता और राजनीतिक रोमांच का मिश्रण मिलता है।

कुछ समीक्षक उनके उपन्यास 'द ग्रीन हाउस' को वर्गास लोसा की सबसे बेहतरीन और सबसे महत्त्वपूर्ण उपलब्धि मानते हैं। वे इसे लैटिन अमरीका के सबसे महान उपन्यासों में से एक मानते हैं।

उनका तीसरा उपन्यास 'कांवर्सेशन इन द कैथेड्रल' (1969) जब प्रकाशित हुआ तो वे 33 वर्ष के थे।

वर्गास लोसा की अन्य महत्त्वपूर्ण कृतियाँ हैं : 'द वार ऑफ द एंड ऑफ द वर्ल्ड' (उपन्यास-1981), 'द रियल लाइफ ऑफ एलेजांद्रो मेयता' (उपन्यास-1984), 'हू किल्ड पालोमीनो मोलेरो' (उपन्यास-1986), 'डेथ इन द आन्देस', 'द पीस्ट ऑफ द गोट (2009)। उनके उपन्यास (1993), 'द बैड गर्ल' (2006) को कई लोगों ने गुस्ताव फ्लाबर्ट के मशहूर उपन्यास 'मैडम बॉवेरी' का पुनर्लेखन (बल्कि पुनरावर्तन) माना। उनकी कुछ कृतियों पर फिल्में भी बनीं।

शान्ति

जियाओबो, लियू
नागरिकता : चीन
जन्म : 28 दिसंबर, 1955; चेंगचुन, चीन

लियू चीन के चेंगचुन, जिलिन में एक बौद्धिक परिवार में पैदा हुए। उन्होंने अपनी किशोरावस्था मंगोलिया में व्यतीत की। लियू ने कुछ वर्ष एक अकुशल मजदूर के रूप काम करते हुए बिताए।

1977 में लियू वापस जिलिन लौट आए और चीनी साहित्य का अध्ययन करने के लिए विश्वविद्यालय (जिलिन विश्वविद्यालय) में प्रवेश लिया। 1982 में उन्होंने साहित्य में बी.ए. और 1984 में एम.ए. की डिग्री प्राप्त की। उसके बाद वे बीजिंग नॉर्मल विश्वविद्यालय के चीनी साहित्य विभाग में अध्यापक नियुक्त हो गए। चार वर्ष पश्चात उन्होंने पीएच.डी. की डिग्री हासिल की।

एक कवि और लेखक के रूप में उनकी मुलाकात अपनी भावी पत्नी लियू जिया से हुई, जो स्वयं भी एक

कवयित्री हैं। 1996 में उन्होंने विवाह कर लिया। इससे पूर्व भी वे एक बार शादी कर चुके थे और उनका एक पुत्र है, लियू हाओ।

1980 के दशक के बीमार वातावरण में जब चीन के शासक इस बात पर बहस कर रहे थे कि देश में कितना खुलापन स्वीकार किया जाए, लियू के कुछ भड़काऊ और उत्तेजक बयान सामने आए। चीन सरकार ने उन्हें पश्चिमी देशों का एक 'उपकरण' कहा, जिसे चीन को समाप्त करने के लिए इस्तेमाल किया जा रहा है।

लियू ने 1988 में कई विदेशी विश्वविद्यालयों का विजिटिंग फेलो के रूप में दौरा किया लेकिन जब उन्हें पता लगा कि छात्रों का एक बहुत बड़ा समूह चीनी शासकों के विरुद्ध थियानमेव चौक पर एकत्र हो रहा है तो वे तुरंत चीन लौट आए। जब उन्हें लगा कि उनके शब्द उनके देश का भाग्य तय कर सकते हैं तो वह छात्रों के साथ भूख-हड़ताल पर बैठ गए। आंदोलन को आपदा की ओर बढ़ते देख उन्होंने छात्रों से कड़े स्वर को शांत करने की कोशिश की और चीनी सेना के साथ बातचीत कर शान्तिपूर्ण ढंग-से प्रदर्शन की अनुमति माँगी। बाद में उन्हें गिरफ्तार कर लिया गया और जनवरी, 1991 तक जेल में रखा गया। चीन सरकार द्वारा आंदोलन को बुरी तरह कुचल दिया गया और कई छात्रों की गोलियों से मौत हो गई।

वे चीन के आधिकारिक सिद्धांतों और प्रतिष्ठानों पर अपने कट्टरपंथी विचारों और तीखी टिप्पणियों के लिए मशहूर हो चुके थे, जिससे साहित्यिक और वैचारिक वर्ग के लोगों को झटका लगा। उन्होंने चीनी सत्ता की आलोचना करती दो पुस्तकें लिखीं। जल्द ही उनकी समस्त रचनाओं के प्रकाशन और पठन पर प्रतिबंध लगा दिया गया। पश्चिमी संस्कृति के समर्थक लियू चीन और पश्चिम की शासन व्यवस्था के अंतर को 'मानवीय और अमानवीय' के बीच का अंतर मानते हैं।

2009 में उन पर बीजिंग की सर्वोच्च अदालत इंटरमीडिएट पीपुल्स कोर्ट में मुकद्दमा चला, लेकिन उन्हें 'राज्य सत्ता को उकसाने' के आरोप से मुक्त करने की उनकी अपील को अस्वीकार कर दिया गया और 2009 से 2020 तक ग्यारह वर्ष की कैद की सजा सुनाई गई। वर्तमान में वह लियाओनिंग राज्य की जिनजोऊ जेल में हैं।

उन्हें 2010 के शान्ति नोबेल पुरस्कार से सम्मानित किया गया। जब उन्हें नोबेल पुरस्कार दिए जाने की खबरें आईं तो जेल के सुरक्षा गार्डों ने उन्हें 'विशेष डिनर' दिया। उन्हें पुरस्कार दिए जाने के बाद से ही उनकी पत्नी अपने घर में नजरबंद हैं। उन्हें चीन में मौलिक अधिकारों के लिए उनके लंबे और अहिंसक संघर्ष के लिए नोबेल पुरस्कार से सम्मानित किया गया।

अर्थशास्त्र

डायमंड, पीटर ए.

नागरिकता : संयुक्त राज्य अमरीका

जन्म : 29 अप्रैल, 1940; न्यू यॉर्क, अमरीका

डॉ. पीटर आर्थर डायमंड को सर्वोत्कृष्ट कर-निर्धारण के क्षेत्र में उनके बेहतरीन काम के लिए जाना जाता है। सर्वोत्कृष्ट कराधान सार्वजनिक उपयोगिताओं के मूल्य निर्धारण के लिए व्यापक रूप से उपयोग में लाया जाता है। 1980 और 1990 के दशक में उन्होंने अमरीका की सामाजिक सुरक्षा नीति और सामाजिक सुरक्षा की सलाहकार परिषद के एक सलाहकार के रूप में उल्लेखनीय कार्य किए हैं।

उन्होंने 1960 में येल विश्वविद्यालय से गणित में बी.ए. की डिग्री प्राप्त की तथा 1963 में अर्थशास्त्र में एम.आई.टी. से पीएच.डी. पूर्ण की। इसी वर्ष (1963) उन्होंने बर्कले के कैलीफोर्निया विश्वविद्यालय में अध्यापक कार्य से अपने कैरियर की शुरुआत की। 1966 में वे सहायक प्रोफेसर बने और 1970 में प्रोफेसर के पद पर पदोन्नति पा ली। 1985-86 में वे अर्थशास्त्र विभाग के अध्यक्ष रहे। 1991 में उन्हें अर्थशास्त्र के प्रथम पॉल सैमुएल्सन प्रोफेसरशिप के लिए चुना गया।

2010 में उन्हें अर्थशास्त्र के नोबेल स्मृति पुरस्कार से सम्मानित किया गया। उन्हें यह सम्मान डेल टी. मोर्टेंसेन तथा क्रिस्टोफर ए. पिस्सारिदे के साथ प्रदान किया गया।

उन्होंने विभिन्न क्षेत्रों में अपना मौलिक योगदान दिया है, जिनमें शामिल हैं : सरकारी ऋण और पूँजी संचय, पूँजी बाजार और जोखिम में साझेदारी, सर्वोत्कृष्ट कर-निर्धारण, श्रम बाजार और सामाजिक बीमा में मिलान।

प्रो. डायमंड अपनी पत्नी और दो बेटों के साथ लेक्सिंगटन में रहते हैं।

मोर्टेंसन, डेल टी.

नागरिकता : संयुक्त राज्य अमरीका

जन्म : 2 फरवरी, 1939; ओरेगन, अमरीका

डेल टी. मोर्टेंसन नॉर्थ वेस्टर्न विश्वविद्यालय में अर्थशास्त्र के प्रोफेसर और सामाजिक विज्ञान कार्यक्रम में गणितीय पद्धतियों के निदेशक हैं। उनके शिक्षण एवं शोध के विषय हैं : श्रम अर्थशास्त्र, बृहत्त अर्थशास्त्र और आर्थिक सिद्धांत।

उन्होंने विलामेंट विश्वविद्यालय, अमरीका से अर्थशास्त्र में बी.ए. की शिक्षा प्राप्त की तथा कार्नेगी मैलन विश्वविद्यालय से अर्थशास्त्र में पीएच.डी. की डिग्री प्राप्त की। वे बीटाथीटा पाई समूह के सदस्य हैं।

1965 के बाद से वे नॉर्थ वेस्टर्न विश्वविद्यालय के संकाय मंडल (फैकल्टी) के सदस्य हैं और 1980 के बाद से कैलॉग स्कूल ऑफ मैनेजमेंट में प्रबंधकीय अर्थशास्त्र और वित्तीय विज्ञान के प्रोफेसर हैं। 2006 से 2010 तक वे आट्हूस विश्वविद्यालय में अर्थशास्त्र एवं प्रबंधन विद्यालय के नील्स बोर विजिटिंग प्रोफेसर भी रहे।

उन्हें 2010 में अर्थशास्त्र में 'बाजारों के विश्लेषण के लिए' संयुक्त रूप से क्रिस्टोफर ए. पिस्सारिदे तथा पीटर ए. डायमंड के साथ नोबेल स्मृति पुरस्कार से सम्मानित किया गया।

उन्होंने 50 से अधिक वैज्ञानिक लेख लिखे। उनकी पुस्तक, 'वेज डिस्पर्शन : वाइ आर सिमिलर वर्कर्स पेड डिफिरेंटली' 2003 में एम.आई.टी. प्रेस से प्रकाशित हुई।

मोर्टेंसन अमरीकन एकेडमी ऑफ आर्ट्स एंड साइंसेज के 'फेलो' भी हैं।

उन्होंने बैवरली मोर्टेंसन से शादी की। वह भी नॉर्थ वेस्टर्न विश्वविद्यालय में एक प्रोफेसर हैं।

पिस्सारिदे, क्रिस्टोफर ए.

नागरिकता : साइप्रस / ब्रिटेन

जन्म : 20 फरवरी, 1948; निकोशिया, साइप्रस

क्रिस्टोफर पिस्सारिदे को अधिकतर श्रम बाजार और बृहत्त अर्थव्यवस्था के बीच आपसी बातचीत के अध्ययन के लिए, 'खोज एवं मिलान सिद्धांत' में उनके योगदान के लिए जाना जाता है।

हाल ही में उन्होंने संरचनात्मक परिवर्तन और विकास पर शोध किया है। उनके शोध एवं रुचि के विषय हैं—बृहत्त अर्थशास्त्र, श्रम बाजार के सिद्धांत, बेरोजगारी, वेतन में असमानता तथा श्रम बाजार में संयोजन।

क्रिस्टोफर ब्रिटिश अकादमी व अर्थमितीय सोसायटी के 'फेलो' हैं, रॉयल इकोनॉमिक एसोशिएशन के एक सदस्य, साइप्रस के सेंट्रल बैंक की मौद्रिक-नीति समिति के सदस्य और ब्रिटिश कोषागार समिति के विशेषज्ञ सलाहकार हैं। इसके अतिरिक्त वे विश्व बैंक, यूरोपीय आयोग तथा ओ.ई.सी.डी. के सलाहकार भी हैं।

एसेक्स विश्वविद्यालय से उन्होंने 1970 में अर्थशास्त्र में बी.ए. तथा 1971 में अर्थशास्त्र में एम.ए. की डिग्री प्राप्त की। बाद में उन्होंने लंदन स्कूल ऑफ इकोनॉमिक्स में दाखिला लिया, जहाँ उन्होंने गणितीय अर्थशास्त्री मिचियो मोरिगिमा के मार्ग-निर्देशन में 1973 में अर्थशास्त्र में पीएच.डी. की डिग्री हासिल की।

उनके द्वारा लिखी पुस्तक 'इक्लिब्रीयम अनएम्प्लायमेंट थ्योरी' बेरोजगारी के मैक्रोइकोनोमिक्स के क्षेत्र में एक आदर्श संदर्भ-पुस्तक मानी जाती है।

पिस्सारिदे द्वारा (डेल मोर्टेंसन के साथ) लिखा सबसे प्रभावशाली लेख है—'जॉब क्रिएशन एंड जॉब डिस्ट्रक्शन इन द थ्योरी ऑफ अनएम्प्लॉयमेंट', जो 1999 में 'रिव्यू ऑफ इकोनोमिक स्टडीज' नामक पत्रिका में प्रकाशित हुआ, जो दोनों वैज्ञानिकों के दो दशक में किए गए उनके कार्यों पर आधारित है।

उन्हें 2010 में अर्थशास्त्र के नोबेल स्मृति पुरस्कार से सम्मानित किया गया। उन्हें यह सम्मान पीटर ए. डायमंड तथा डेल टी. मोर्टेंसेन के साथ संयुक्त रूप से प्राप्त हुआ।

भौतिक विज्ञान

रसायन विज्ञान

शरीर विज्ञान/चिकित्सा विज्ञान

साहित्य

शान्ति

अर्थशास्त्र

2011

भौतिक विज्ञान

पर्लमुट्टर, सोल

नागरिकता : संयुक्त राज्य अमरीका

जन्म : 22 सितंबर, 1959; एलिनाइस, अमरीका

कैलीफोर्निया विश्वविद्यालय, बर्कले के प्रोफेसर सोल पर्लमुट्टर ने ब्रायन पी. श्मित तथा एडम रीस के साथ मिलकर यह खोज की कि ब्रह्मांड का अत्यंत तीव्र गति से विस्तार हो रहा है, जबकि पूर्व धारणा यह थी कि ब्रह्मांड सिकुड़ या घट रहा है। पर्लमुट्टर ने ब्रह्मांड के विस्तार की दर को मापने के लिए सुपरनोवा का उपयोग करने पर अपना ध्यान केंद्रित किया।

वे सुपरनोवा ब्रह्मांड विज्ञान परियोजना के प्रमुख भी हैं जो सात देशों के अंतरराष्ट्रीय सहयोग से बनी एक शोध टीम है, जिसका उद्देश्य है ब्रह्मांड के विस्तार के इतिहास को मापना।

उनकी इस खोज के लिए उन्हें ब्रायन पी. श्मित तथा एडम रीस के साथ संयुक्त रूप से 2011 के भौतिक विज्ञान के नोबेल पुरस्कार से सम्मानित किया गया।

उन्होंने 1981 में हार्वर्ड विश्वविद्यालय से ए.बी. की डिग्री तथा 1986 में कैलीफोर्निया विश्वविद्यालय, बर्कले से भौतिक विज्ञान में पीएच.डी. की डिग्री प्राप्त की। वर्तमान में वे इसी विश्वविद्यालय में प्रोफेसर हैं।

वे सुपरनोवा/त्वरण जाँच परियोजना में एक प्रमुख अन्वेषक हैं, जिसका उद्देश्य है एक ऐसे उपग्रह का निर्माण करना, जो दूर ब्रह्मांड में और अधिक सुपरनोवा को ढूँढ़ने और उनका अध्ययन करने में सक्षम हो। इससे ब्रह्मांड में विस्तार की दर को बेहतर ढंग से मापने में मदद मिलेगी।

वह बर्कले 'अर्थ सरफेस टैम्प्रेचर प्रोजेक्ट' में भी भाग ले रहे हैं, जो जलवायु से संबंधित आँकड़ों में उन्नत विश्लेषण के माध्यम से, ग्लोबल वार्मिंग की हमारी समझ को बेहतर बनाने में मदद करेगा।

सोल पर्लमुट्टर ने लोरा नेल्सन से विवाह किया, जो एक मानवविज्ञानी हैं। उनकी एक बेटी है—नोआ।

सी.बी.एस. टेलीविजन के कॉमेडी सीरियल 'द बिग बैंग थ्योरी' के दो एपिसोड में सोल पर्लमुट्टर का भी जिक्र है।

शिमत, ब्रायन पी.

नागरिकता : ऑस्ट्रेलिया / संयुक्त राज्य अमरीका

जन्म : 24 फरवरी, 1967; मिस्सोला, अमरीका

ब्रायन पी. शिमत एक विशिष्ट प्रोफेसर, ऑस्ट्रेलियाई अनुसंधान परिषद के पुरस्कार विजेता फेलो, ऑस्ट्रेलिया के राष्ट्रीय विश्वविद्यालय, माउंट स्ट्रोमलो वेधशाला तथा खगोल भौतिक शोध विद्यालय के खगोल वैज्ञानिक हैं, जिन्हें खगोल ब्रह्मांड संबंधी जाँच के लिए सुपरनोवा का उपयोग करने के लिए जाना जाता है। सुपरनोवा एक तारकीय विस्फोट है जो अचानक प्रकाशमान हो जानेवाले नक्षत्र, नोवा से भी अधिक ऊर्जा-वान है।

खगोलशास्त्री शिमत को 2011 में भौतिक विज्ञान के लिए नोबेल पुरस्कार से सम्मानित किया गया। उन्हें यह सम्मान 'डार्क एनर्जी' के आविष्कार के लिए प्राप्त हुआ जो एक प्रतिकारक शक्ति है (रिपल्सिव फोर्स) जो कि ब्रह्मांड का सबसे बड़ा घटक है (73 प्रतिशत)।

ब्रायन शिमत ने एरिजोना विश्वविद्यालय से भौतिक विज्ञान एवं खगोलशास्त्र में स्नातक की डिग्री प्राप्त की तथा 1992 में हार्वर्ड विश्वविद्यालय से एम.ए. (खगोल विज्ञान) तथा 1993 में पीएच.डी.(खगोल विज्ञान) की डिग्री हासिल की।

1993 से 1994 तक वे कैंब्रिज, मेसाचुसेट्स के हार्वर्ड स्मिथसोवियन सेंटर में 'फेलो' के पद पर रहे। 1995 में उन्होंने कैनबरा के राष्ट्रीय विश्वविद्यालय में पोस्ट-डॉक्टोरल फेलोशिप प्राप्त की, जहाँ वे विभिन्न पदों पर रहे। बाद में, 2010 में वे एक प्रोफेसर बन गए। इसी वर्ष उन्हें ऑस्ट्रेलिया की नागरिकता भी प्रदान की गई।

हार्वर्ड में उनकी मुलाकात अपनी भावी पत्नी से हुई। ऑस्ट्रेलिया की निवासी जैनिफर एम. गोर्डन वहाँ अर्थशास्त्र में पीएच.डी. छात्रा थीं। 1994 में शिमत ऑस्ट्रेलिया चले गए थे।

वर्तमान में ब्रायन शिमत स्काईमैपर दूरबीन परियोजना तथा संबद्ध दक्षिणी आकाश सर्वेक्षण का नेतृत्व कर रहे हैं।

रीस, एडम जी.

नागरिकता : संयुक्त राज्य अमरीका

जन्म : 16 दिसंबर, 1969; वाशिंगटन डी.सी., अमरीका

एक यहूदी परिवार में वाशिंगटन डी.सी. में जन्मे एडम जी. रीस ने मेसाचुसेट्स इंस्टीट्यूट ऑफ टेक्नोलॉजी से 1992 में स्नातक की शिक्षा प्राप्त की, जहाँ वे फाई डेल्टा थीटा बिरादरी के सदस्य थे। हार्वर्ड विश्वविद्यालय से उन्होंने 1994 में मास्टर्स की डिग्री तथा 1996 में पीएच.डी. की डिग्री (खगोल भौतिक विज्ञान) प्राप्त की।

रीस 1996 में कैलीफोर्निया विश्वविद्यालय, बर्कले में 'पोस्ट-डॉक्टोरल फेलो' बन गए और उसके बाद, 1999 में बाल्टीमोर के स्पेस टेलिस्कोप साइंस इंस्टीट्यूट में खगोल विद्या विशारद के रूप में कार्य करने लगे। 2006 में वे जोंस हॉपकिंस विश्वविद्यालय, बाल्टीमोर में भौतिक विज्ञान और खगोल विभाग में प्रोफेसर के पद पर अपनी सेवाएँ देने लगे।

रीस ने ब्रह्मांड के विस्तार की दर को मापने के लिए सुपरनोवा-1ए का उपयोग किया। उन्होंने पता लगाया कि ब्रह्मांड के विस्तार की गति पूर्व में उसकी गति से कहीं अधिक थी। पर्लमुट्टर के मार्गदर्शन में एक स्वतंत्र टीम द्वारा भी यही परिणाम निकाला गया।

ब्रह्मांड का विस्तार एक बेहद चौंकाने वाला परिणाम था, जिसने ब्रह्मांड विज्ञान की अवधारणा को ही पूरी तरह बदलकर रख दिया। इससे पूर्व, पारंपरिक धारणा यही थी कि ब्रह्मांड धीरे-धीरे सिमटता जा रहा है। ब्रह्मांड में बड़े पैमाने पर ऊर्जा की बहुलता पूरी तरह से एक अनजान प्रकृति थी।

ब्रह्मांड के त्वरित गति से विस्तार की खोज को, 1998 में एक विज्ञान पत्रिका ने 'वर्ष की निर्णायक खोज' घोषित किया और ब्रायन शिमत व सोल पर्लमुट्टर के साथ, इस

निर्णायक कार्य के लिए, उन्हें 2011 के भौतिक विज्ञान के नोबेल पुरस्कार से सम्मानित किया गया।

रीस, अभी मानव जाति के द्वारा देखे गए, सबसे दूर स्थित सुपरनोवाओं की खोज के लिए नियुक्त, हायर जैड एस.एन. खोज कार्यक्रम का नेतृत्व कर रहे हैं जिसमें इस कार्य के लिए हस्बल उपग्रह दूरबीन का उपयोग किया जा रहा है। उनकी टीम ने 10 अरब प्रकाशवर्ष से भी अधिक पहले के ब्रह्मांड विस्तार का पता लगाया है।

अन्य कई पुरस्कारों के अतिरिक्त उन्हें 2006 में सोल पर्लमुट्टर व ब्रायन शिमत के साथ संयुक्त रूप से खगोल विज्ञान में शॉ पुरस्कार (1 मिलियन डॉलर) तथा 2007 में शिमत तथा हाई जेड टीम के समस्त सदस्यों के साथ ग्रुबर कॉस्मोलॉजी पुरस्कार (5 लाख डॉलर) से सम्मानित किया गया।

रसायन विज्ञान

शेख्तमन, डेनियल
नागरिकता : इजराइल
जन्म : 24 जनवरी, 1941; तेल अवीव, इजराइल

2011 का रसायन विज्ञान में नोबेल पुरस्कार इजराइल के वैज्ञानिक डेनियल शेख्तमन को परमाणुओं में आकारों के आविष्कार के लिए प्रदान किया गया। इन आकारों को 'अर्ध-स्फटिक' (क्वासी क्रिस्टल) का नाम दिया गया। यह एक रसायनिक संरचना है जिसे वैज्ञानिक एक असंभव-सी बात मानते थे।

स्वीडिश विज्ञान अकादमी ने कहा कि शेख्तमन ने क्वासी क्रिस्टल का आविष्कार किया है जो अरबी दुनिया के आकर्षक मोजाइक के समान है जिसे परमाणुओं के स्तर पर पुनः उत्पन्न किया गया है। जिन्हें अपने आपको दोहराना नहीं पड़ता। 1982 में शेख्तमन द्वारा की गई इस खोज ने ठोस पदार्थों के प्रति रसायन वैज्ञानिकों के दृष्टिकोण को पूरी तरह से बदल दिया। अभी तक वैज्ञानिक यही सोचते थे कि क्रिस्टल के अंदर मौजूद परमाणु पैटर्न को अपने आपको दोहराना पड़ता है।

शेख्तमन की इस खोज ने डीजल इंजन से लेकर फ्राइंग पैन तक हर चीज में क्वासी क्रिस्टल के उपयोग के दरवाजे खोल दिए।

डेनियल शेख्तमन का जन्म तेल अवीव में हुआ। उन्होंने 1966 में टेक्नियोन (इजराइल इंस्टीट्यूट ऑफ टेक्नोलॉजी) से मेकैनिकल इंजीनियरिंग में बी.एससी., 1968 में मैटीरियल इंजीनियरिंग में एम.एससी. तथा 1972 में मैटीरियल इंजीनियरिंग में पीएच.डी. की डिग्रियाँ प्राप्त कीं। 1975 में वे टेक्नियोन में मैटीरियल इंजीनियरिंग विभाग में नियुक्त हो गए।

वर्तमान में वे टेक्नियोन में सामग्री विज्ञान के फिलिप तोबियास प्रोफेसर हैं और तोवा स्टेट यूनिवर्सिटी में सामग्री विज्ञान के प्रोफेसर हैं।

डेनियल शेख्तमन को नोबेल पुरस्कार के अतिरिक्त कई अन्य पुरस्कारों से सम्मानित किया गया, जिनमें प्रमुख हैं : यूरोपियन मैटीरियल रिसर्च सोसायटी का 25वीं वर्षगाँठ पुरस्कार (2008), रॉयल स्वीडिश एकेडमी ऑफ साइंस का ग्रेगोरी एमिनोव पुरस्कार (2000), भौतिक विज्ञान का वुल्फ पुरस्कार (1999), भौतिक विज्ञान का इजराइल पुरस्कार (1999)। उन्हें परमाणुओं में आकारों के आविष्कार के लिए जिसे अर्ध-स्फटिक (क्वासी क्रिस्टल) का नाम दिया, नोबेल पुरस्कार से सम्मानित किया गया।

शरीर विज्ञान/चिकित्सा विज्ञान

ब्यूटलर, ब्रूस ए.
नागरिकता : संयुक्त राज्य अमरीका
जन्म : 29 दिसंबर, 1957; शिकागो, अमरीका

ब्रूस ब्यूटलर ने अभिग्राहकों (रिसेप्टर) के ऐसे महत्त्वपूर्ण परिवार की खोज की, जिससे स्तनधारी जीव संक्रमण का पता

लगाने में सक्षम हो जाते हैं। जब ये संक्रमण पैदा होते हैं तो एक शक्तिशाली ज्वलनशील प्रतिक्रिया होती है। ब्यूटलर के इस महत्त्वपूर्ण आविष्कार के लिए उन्हें ज्यूल्स ए. हॉफमैन और राल्फ एम. स्टीनमैन के साथ, 2011 के शरीर विज्ञान या औषधि विज्ञान में नोबेल पुरस्कार से विभूषित किया गया।

उन्होंने 1976 में कैलीफोर्निया विश्वविद्यालय, सैन डियागो से पूर्व स्नातक की डिग्री तथा 1981 में शिकागो विश्वविद्यालय से एम.डी. की डिग्री प्राप्त की। टेक्सास विश्व-विद्यालय के साउथ वेस्टर्न मेडिकल सेंटर में दो वर्ष बिताने के बाद, वे 'पोस्ट-डॉक्टोरल' फेलो बन गए और बाद में रॉकफेलर विश्वविद्यालय (1983-86) में सहायक प्रोफेसर नियुक्त हो गए।

1986 में वे डालास लौट आए, जहाँ वे टेक्सास विश्वविद्यालय के साउथ वेस्टर्न मेडिकल सेंटर के आंतरिक चिकित्सा विभाग में बतौर सहायक प्रोफेसर नियुक्त हुए और उन्होंने हार्वर्ड ह्यूज मेडिकल इंस्टीट्यूट में सहायक अन्वेषक का पद ग्रहण किया, जहाँ 14 वर्ष तक इस पद पर बने रहे। 4 अगस्त, 2011 को उन्हें टेक्सास विश्वविद्यालय ने 'प्रतिनिधि प्रोफेसर' का नाम दिया।

ब्यूटलर एक यहूदी परिवार से हैं। उनके पिता अर्नेस्ट ब्यूटलर एक आनुवंशिकी वैज्ञानिक थे और माँ ब्लौंडेल मे फ्लेशर एक पत्रकार। ब्रूस ब्यूटलर ने 1980 में बारबरा ब्यूटलर (पूर्व नाम-बारबरा लेंजल) से शादी की और 1988 में उनका तलाक हो गया। उनकी तीन संतानें हैं : डेनियल (1983), इलियट (1984) और जोनेथन (1987)।

हॉफमैन, ज्यूल्स ए.
नागरिकता : फ्रांस
जन्म : 2 अगस्त, 1941; लक्जमबर्ग

ज्यूल्स हॉफमैन और ब्रूस ब्यूटलर को 2011 के शरीर विज्ञान के नोबेल पुरस्कार से सम्मानित किया गया। उन्हें यह सम्मान उनके 'सहज रोगप्रतिरक्षा सक्रियण' से संबंधी खोजों के लिए प्रदान किया गया। वे पुरस्कार राशि का आधा हिस्सा (1.1 मिलियन यूरो के बराबर) प्राप्त करेंगे। जबकि रॉल्फ स्टीनमैन को एक नए प्रकार की कोशिका 'द्रुमाकृतिक कोशिका' और अनुकूली प्रतिरक्षा में उसकी भूमिका की खोज के लिए सम्मानित किया गया।

नोबेल समिति ने इस वर्ष के पुरस्कारों की घोषणा करते हुए कहा कि चूँकि स्टीनमैन का कुछ दिन पूर्व ही देहांत हो गया था, इसलिए उन्हें मरणोपरांत पुरस्कार नहीं दिया जाएगा। बाद में इस निर्णय को बदल दिया गया।

ज्यूल्स हॉफमैन का जन्म 1941 में लक्जमबर्ग में हुआ। उन्होंने स्ट्रासबोर्ग विश्वविद्यालय से जीव विज्ञान और रसायन विज्ञान में स्नातक की डिग्री प्राप्त की। उन्होंने इसी विश्व-विद्यालय से जीव विज्ञान में 1969 में पीएच.डी. की डिग्री हासिल की।

हॉफमैन 1964 से 1968 तक नेशनल सेंटर ऑफ साइंटिफिक रिसर्च (सी.एन.आर.एस.) में शोध सहायक रहे और 1969 में रिसर्च एसोसिएट बन गए। 1974 के बाद से वे सी.एन.आर.एस. के शोध निदेशक हैं। 2007 में वे फ्रांसीसी विज्ञान अकादमी के अध्यक्ष पद पर आसीन हुए।

हॉफमैन जर्मन एकेडमी ऑफ साइंसेज लियोपोल्डिना, फ्रांसीसी विज्ञान अकादमी, अमरीका की राष्ट्रीय विज्ञान अकादमी, अमरीकी कला एवं विज्ञान अकादमी, रूस की विज्ञान अकादमी के सदस्य हैं।

स्टीनमैन, राल्फ एम.
नागरिकता : कनाडा
जन्म : 14 जनवरी, 1943; मांट्रियल, कनाडा
निधन : 30 सितंबर, 2011; न्यू यॉर्क, अमरीका

रॉल्फ स्टीनमैन कनाडा के प्रतिरक्षाविज्ञानी और कोशिका जीवविज्ञानी थे। उनका जन्म मांट्रियल में एक यहूदी परिवार में हुआ। उन्होंने मैकग्रिल विश्वविद्यालय से विज्ञान स्नातक तथा 1968 में हार्वर्ड मेडिकल स्कूल से एम.डी. की डिग्री प्राप्त

की। उन्होंने अपनी इंटर्नशिप मेसाचुसेट्स जनरल हॉस्पिटल से पूरी की।

3 अक्टूबर, 2011 को शरीर विज्ञान या औषधि विज्ञान की नोबेल समिति ने उन्हें नोबेल पुरस्कार से सम्मानित किए जाने की घोषणा की। उन्हें एक नई कोशिका 'डेंड्राइटिक कोशिका की खोज करने और अनुकूली प्रतिरक्षा' के क्रिया-न्वयन में उसकी भूमिका के लिए पुरस्कृत किया जाना था। किंतु दुर्भाग्य से तीन दिन पहले ही, 30 सितंबर, 2011 को अग्न्याशय (पेनक्रिएटिक) के कैंसर से उनका देहांत हो गया।

इस आकस्मिक स्थिति ने नोबेल समिति के लिए बड़ी दुविधा उत्पन्न कर दी। लेकिन नोबेल फाउंडेशन के सिद्धांत में यह निर्धारित किया गया था कि पुरस्कार के लिए मरणोपरांत सम्मान नहीं दिया जाएगा और यह फैसला 'अच्छे विश्वास में' बनाया गया था।

लेकिन इसमें एक और नियम जुड़ा हुआ था कि यदि किसी की मृत्यु पुरस्कारों की घोषणा के बाद होती है तो पुरस्कार दिया जाएगा।

इस अपवाद का हवाला देते हुए पुरस्कार समिति ने घोषणा की, ''इस नियम के उद्देश्य की व्याख्या से यह निष्कर्ष निकला है कि राल्फ स्टीनमैन को 2011 के शरीर विज्ञान के नोबेल पुरस्कार से सम्मानित किया जाएगा।''

नोबेल पुरस्कारों के इतिहास में यह एक बहुत कठिन और ऐतिहासिक लेकिन तर्कसंगत निर्णय था।

साहित्य

ट्रांसट्रोमर, टॉमस
नागरिकता : स्वीडन
जन्म : 15 अप्रैल, 1931; स्टॉकहोम, स्वीडन

टॉमस जोस्ता ट्रांसट्रोमर एक स्वीडिश लेखक, कवि, अनुवादक और मनोविज्ञानी हैं। उनकी कविताओं का 60 से भी अधिक भाषाओं में अनुवाद हो चुका है। ट्रांसट्रोमर को द्वितीय विश्वयुद्ध के बाद सबसे महत्त्वपूर्ण यूरोपीय और स्वैडिनेवियाई लेखकों में से एक माना जाता है। आलोचकों ने उनकी कविताओं की सुगमता के लिए उनकी प्रशंसा की है। अनुवाद से भी उनकी कविताओं में स्वीडिश सर्दियों, मौसमों की लय और प्रकृति की वायुमंडलीय सुंदरता का एहसास होता है। उन्हें 2011 में साहित्य के नोबेल पुरस्कार से सम्मानित किया गया।

ट्रांसट्रोमर की रचनाओं में रोजमर्रा के जीवन की दिनचर्या के मध्य रहस्यात्मकता तथा आश्चर्य की भावना अंतर्निहित होती है। इसी विशेषता के कारण उनकी कविताओं को धार्मिक आयाम मिलता है।

टॉमस ट्रांसट्रोमर ने स्टॉकहोम विश्वविद्यालय में कविता एवं मनोविज्ञान का अध्ययन किया। उनके पूरे कैरियर के दौरान, लगभग 15 संग्रह प्रकाशित हो चुके हैं, जिनमें प्रमुख हैं : 'विंडोज एंड स्टोंस' (1972), 'द ग्रेट एनिग्मा : न्यू कॉलेक्टिड पोएम्स' (2004, 2011) और ट्रांसट्रोमर का रॉबिन फुल्टन द्वारा अनूदित 'रचना-समग्र'।

कवि रॉबर्ट ब्लाई के साथ उनकी गहरी मित्रता के दौरान उनके महज 25 वर्षों के पत्राचार को 'एयरमेल' (2001) में एक संग्रह का रूप दिया गया है। रॉबर्ट ब्लाई ने उनकी कुछ रचनाओं का अनुवाद व संपादन किया है। ट्रांसट्रोमर का एक उल्लेखनीय संस्मरण-संग्रह भी प्रकाशित हुआ है—'मेमोरीज लुक एट मी' (1993)।

उनके समकालीन कई कवियों ने 1970 के दशक में उन पर अपने समय से न जुड़ने का आरोप लगाया क्योंकि वे अपनी कविताओं और उपन्यासों में खुलकर सामाजिक और राजनीतिक मुद्दों को नहीं उठाते।

ट्रांसट्रोमर भारत की भोपाल त्रासदी (1984) के एकदम बाद भोपाल आए और उन्होंने के. सच्चिदानंद जैसे कई भारतीय कवियों के साथ एक काव्य-राग में अपनी कविताएँ पढ़ीं। इससे उनकी संवेदना और अंतरराष्ट्रीय जन-समाज से जुड़े होने की उनकी प्रतिबद्धता का पता चलता है।

ट्रांसट्रोमर को 1990 में आंशिक पक्षाघात हो गया जिसके कारण वे बोल पाने में असमर्थ हो गए। छह वर्ष की लंबी खामोशी के बाद उनका एक संग्रह प्रकाशित हुआ 'ग्रीफ-गोंडोला' (1996)। पक्षाघात से पूर्व उन्होंने एक मनो-चिकित्सक के रूप में जेलों में बंद किशोरों, विकलांगों, स्ट्रोक के शिकार लोगों, अपराधियों और नशा करने वाले लोगों के साथ काम किया।

ट्रांसट्रोमर नोबेल पुरस्कार से सम्मानित 108वें व्यक्ति हैं और 1974 के बाद पहले स्वीडिश।

उन्हें अपनी सघन, स्वच्छ छवियों के माध्यम से वास्तविकता तक हमारी पहुँच बनाने के लिए नोबेल पुरस्कार से सम्मानित किया गया।

शान्ति

सर्लीफ, एलेन जॉनसन
नागरिकता : लाइबेरिया
जन्म : 29 अक्टूबर, 1938; मोनरोविया, लाइबेरिया

अफ्रीका में पहली महिला राज्य-प्रमुख और लाइबेरिया की 24वीं राष्ट्रपति सर्लीफ ने पश्चिम अफ्रीका के देश लाइबेरिया की राजधानी मोनरोविया के प्रतिष्ठित कॉलेज से माध्यमिक शिक्षा प्राप्त की। इसके तुरंत बाद 17 वर्ष की आयु में उनका विवाह विस्कॉन्सिन विश्वविद्यालय से डिग्री प्राप्त एक युवा कृषि वैज्ञानिक जेम्स सर्लीफ से हो गया।

बाद में जब उनके पति से उनका संबंध-विच्छेद हो गया तो उन्होंने अमरीका में अपनी पढ़ाई जारी रखी और कोलोराडो विश्वविद्यालय से अर्थशास्त्र में डिग्री प्राप्त की। 1971 में उन्होंने हार्वर्ड विश्वविद्यालय से लोक प्रशासन में स्नातकोत्तर डिग्री अर्जित की। अगले वर्ष वे लाइबेरियाई राष्ट्रपति विलियम टोल्बर्ट के मंत्रिमंडल में सहायक वित्त मंत्री नियुक्त की गईं। 1979 में चावलों की कमी से फैले दंगों में हिंसा के चलते, राष्ट्रपति ने वित्त मंत्री को हटाकर सर्लीफ को वित्त मंत्री नियुक्त किया। इस पद पर नियुक्त होने वाली वे पहली महिला थीं। 12 अप्रैल, 1980 को मास्टर सर्जेंट सैमुरल डी के नेतृत्व में विद्रोह के दौरान राष्ट्रपति व अन्य 26 मंत्रियों को मौत के घाट उतार दिया गया। लेकिन एलेन सर्लीफ और तीन अन्य मंत्रियों को बख्श दिया गया। बाद में वे अमरीका में विश्व बैंक में वरिष्ठ ऋण अधिकारी, वाशिंगटन में एच.एस.बी.सी. इक्वेटर बैंक में उपाध्यक्ष नियुक्त हुईं।

सर्लीफ ने लाइबेरिया से बाहर की दुनिया में अपने लिए नई जिंदगी तलाश ली थी लेकिन अपनी मातृभूमि में होने वाली घटनाओं पर उन्होंने नजदीकी निगाह रखी। 2003 में वे वापस लाइबेरिया लौटीं और 2005 में उन्होंने लाइबेरिया के राष्ट्रपति के पद के लिए नामांकन दाखिल किया। 16 जनवरी, 2006 को 59% वोटों के साथ वे लाइबेरिया की 24वीं राष्ट्रपति बनीं। सर्लीफ ने अगले पाँच वर्षों में अशिक्षा, बेरोजगारी, भुखमरी, विदेशी ऋण, हिंसा, देश पर लगे आर्थिक प्रतिबंधों और अन्य कई मोर्चों पर उल्लेखनीय सफलता प्राप्त की। विदेशी निवेश, खनन, कृषि तथा उद्योगों के क्षेत्र में भी उनकी भूमिका प्रशंसनीय रही।

लाइबेरिया में शान्ति सुनिश्चित करने, आर्थिक और सामाजिक विकास को बढ़ावा देने तथा महिलाओं की स्थिति को मजबूत बनाने के लिए सर्लीफ के योगदान को देखते हुए उन्हें 2011 के नोबेल पुरस्कार से सम्मानित किया गया।

नोबेल पुरस्कार की घोषणा के चार दिन बाद राष्ट्रपति सर्लीफ को दूसरे कार्यकाल के लिए चुना गया।

ग्बोवी, लेमाह
नागरिकता : लाइबेरिया
जन्म : 1 फरवरी, 1972; सेंट्रल लाइबेरिया

लाइबेरिया की शान्ति कार्यकर्ता और 2011 के नोबेल शान्ति पुरस्कार की संयुक्त विजेता लेमाह रॉबर्टा ग्बोवी ने खूँखार सरदारों को धता बताने के लिए महिलाओं का नेतृत्व किया तथा अफ्रीका के सबसे खूनी युद्ध के दौरान पुरुषों को शान्ति की ओर बढ़ने के लिए प्रेरित किया।

लेमाह ग्बोवी के साथ एलेन सर्लीफ तथा तवक्कुल कारमान को महिलाओं की सुरक्षा के लिए उनके अहिंसक

संघर्ष के लिए तथा शान्ति निर्माण कार्य में पूर्ण भागीदारी हेतु महिलाओं के अधिकारों के लिए नोबेल पुरस्कार से पुरस्कृत किया गया।

1997 में चार्ल्स टेलर के लाइबेरिया का राष्ट्रपति बनने के बाद देश में खूनी संघर्ष शुरू हो गया। तब ग्बोवी ने देश की महिलाओं को शान्ति स्थापना के लिए तैयार करना शुरू किया। इसके लिए वे देश की ईसाई व मुस्लिम महिलाओं को शान्ति की प्रार्थना करने के लिए एकजुट करने में सफल रहीं।

उसके बाद उन्होंने शान्ति स्थापना के लिए अलग और गैर-पारंपरिक तरीका निकाला। उन्हीं के शब्दों में, ''हमने सेक्स हड़ताल का शुभारंभ किया। 2002 में लाइबेरिया की ईसाई और मुस्लिम महिलाएँ एकजुट हो गईं और दृढ़ निश्चय कर लिया कि जब तक हिंसा और नागरिक संघर्ष समाप्त नहीं हो जाता, वे अपने पतियों को यौन संबंध नहीं बनाने देंगी।''

उनके इस अभियान से तत्काल युद्ध विराम हो गया और सरकार ने विद्रोहियों को वार्ता के लिए बुला लिया।

1998 में 'मदर पैटर्न कॉलेज ऑफ हेल्थ साइंस' से समाज सेवा में डिग्री लेकर वे एक सामाजिक कार्यकर्ता बन गईं और मोनरोविया में सेंट पीटर्स लुथेरन चर्च के ट्रॉमा हीलिंग एंड री-कोंसिलिएशन प्रोग्राम (टी.एच.आर.पी.) के साथ जुड़कर शान्ति कार्यकर्ता की अपनी यात्रा शुरू की और युद्ध के कारण देशवासियों को हुई मानसिक और सामाजिक क्षति की भरपाई करने की कोशिश की।

लाइबेरिया में शान्ति कायम करने के लिए उन्हें कई तरकीबें प्रयोग करनी पड़ीं। जिस जगह शान्ति वार्ता चल रही थी, लगभग 200 महिलाओं ने युद्धरत गुटों का रास्ता रोक लिया और उन्हें कमरे से बाहर नहीं जाने दिया। सुरक्षा बलों ने न्याय में बाधा डालने के लिए जब उन्हें गिरफ्तार करने की कोशिश की तो ग्बोवी ने सार्वजनिक रूप से निर्वस्त्र होने की धमकी दे डाली जिसे पश्चिम अफ्रीका में एक अभिशाप माना जाता है।

इस तरह हथियारों और खून-खराबे के बगैर शान्ति की स्थापना हुई। बाद में, ग्बोवी ने महिलाओं को वोट डालने के लिए प्रेरित किया। परिणामस्वरूप, 2003 में एलेन सर्लीफ राष्ट्रपति बनीं।

2011 में उन्होंने लाइबेरिया के इस भयंकर खूनी संघर्ष पर एक संस्मरणात्मक पुस्तक लिखी—'माइटी बी ऑवर पॉवर्स'।

कारमान, तवक्कुल

नागरिकता : यमन

जन्म : 7 फरवरी, 1979; तेईज यमन

तवक्कुल अब्देल-सलाम-कारमान, अंतरराष्ट्रीय स्तर पर यमन विद्रोह 2011 का जाना-माना चेहरा बन चुकी हैं। उन्हें यमनवासी 'लौह महिला' और 'क्रांति की माँ' के नाम से बुलाते हैं। वे पहली यमनी महिला, पहली अरबी महिला, दूसरी मुस्लिम महिला और सबसे युवा नोबेल शान्ति पुरस्कार प्राप्तकर्ता हैं।

वे एक यमनी पत्रकार, सामाजिक कार्यकर्ता, राजनेता और अल-इस्लाह राजनीतिक पार्टी की वरिष्ठ सदस्य हैं। वे केवल 32 वर्ष की हैं और उन्होंने अपने छोटे से जीवन में शान्ति और स्वतंत्रता के लिए इतने बड़े कार्य किए हैं। वे एक महिला-समूह 'शृंखलाविहीन महिला पत्रकार' की प्रमुख हैं। वे प्रेस की स्वतंत्रता की कट्टर समर्थक हैं। उन्होंने ट्यूमिशिया की 'स्प्रिंग क्रांति' को अपना पूरा समर्थन प्रदान किया और जिने अल अबीदीन बेन अली की सरकार को उखाड़ फेंका और यमन के राष्ट्रपति अली अब्दुल्ला सोलोह को सत्ता से बाहर करने का उन्होंने आह्वान किया।

वे यमन के तीसरे बड़े शहर तेज में पैदा हुईं, जिसे रूढ़िवादी देश में शिक्षा का केंद्र कहा जाता है। वे तारिक कारमान, जो एक कवि हैं तथा सफा कारमान जो अल-जजीरा के लिए काम करते हैं, की बहन हैं। उन्होंने मुहम्मद अल-नहमी से निकाह किया तथा तीन बच्चों की माँ हैं।

उन्होंने यमन की महिलाओं के लिए बहुत कार्य किया। उन्होंने 17 वर्ष से कम आयु की लड़कियों की शादी के विरोध में कानून बनाए जाने की वकालत की और लड़कों को अच्छा खाना देने के लिए, यमनी लड़कियों को कुपोषण की स्थिति में धकेलने की रूढ़िवादी सोच पर भी प्रश्न उठाया।

2011 में उन्होंने भ्रष्ट सालेह सरकार के विरुद्ध छात्र रैलियाँ निकालीं। वे इन विरोध प्रदर्शनों को 'तानाशाही,

भ्रष्टाचार, गरीबी और बेरोजगारी' के कारण उत्पन्न हुई क्रांति मानती हैं। इन अभिशापों से अपने देश को मुक्त कराने के लिए उन्हें दमन, प्रताड़ना, धमकियों और हमलों का भी सामना करना पड़ा। उनके इस आंदोलन को कई विदेशी सरकारों, संगठनों तथा प्रभावशाली व्यक्तियों का भी समर्थन प्राप्त हुआ जिसके फलस्वरूप सालेह ने सऊदी अरब के रियाद में, 'खाड़ी सहयोग परिषद योजना 23 नवंबर, 2011' पर अपने हस्ताक्षर किए, जिसके अनुसार वे अपनी सत्ता उप-राष्ट्रपति अब्द अल-रब मंसूर अल-हादी को हस्तांरित कर देंगे।

तवक्कुल कारमान को 2011 के नोबेल शान्ति पुरस्कार से सम्मानित किया गया। एलेन जॉनसन, लेमाह ग्बोवी और तवक्कुल कारमान को महिलाओं की सुरक्षा और उनके अधिकारों के लिए और सामाजिक विकास को बढ़ावा देने के लिए नोबेल पुरस्कार से सम्मानित किया गया।

अर्थशास्त्र

सार्जेंट, थॉमस जे.

नागरिकता : संयुक्त राज्य अमरीका

जन्म : 19 जुलाई, 1943; पेसाडेना, अमरीका

थॉमस जॉन 'टॉय' सार्जेंट को क्रिस्टोफर ए. सिम्स के साथ संयुक्त रूप से 2011 में अर्थशास्त्र के नोबेल स्मृति पुरस्कार से विभूषित किया गया। उन्हें यह पुरस्कार पिछले चालीस वर्षों में 'बृहत्त अर्थव्यवस्था में सरकार की नीतियों के कारण और प्रभाव पर उनके अनुभवजन्य अनुसंधान के लिए' प्रदान किया गया।

'तर्कसंगत उम्मीदों के आदर्श रूप' (रैशनल एक्स-पेक्टेशंस मॉडल) तथा 'ताजा पानी अर्थशास्त्र आंदोलन' (फ्रेश वाटर इकोनॉमिक्स मूवमेंट) के संस्थापकों में से एक थॉमस आज के सबसे प्रभावशाली अर्थशास्त्रियों में से एक हैं।

उन्होंने 1964 में कैलीफोर्निया विश्वविद्यालय, बर्कले से बी.ए. तथा 1968 में हार्वर्ड विश्वविद्यालय से पीएच.डी. की डिग्री प्राप्त की। उन्होंने पेंसिलवानिया विश्वविद्यालय (1970-71), मिनेसोटा विश्वविद्यालय (1971-87), शिकागो विश्वविद्यालय (1991-98), स्टेनफोर्ड विश्व-विद्यालय (1998-2002), और प्रिंस्टन विश्वविद्यालय (2009) में अध्यापन कार्य किया तथा 2002 से न्यू यॉर्क विश्वविद्यालय में अर्थशास्त्र तथा व्यापार के प्रोफेसर हैं। उम्मीद है कि वे सियोल राष्ट्रीय विश्वविद्यालय में चेयर-प्रोफेसर के तौर पर पूर्णकालिक 2 वर्ष के अनुबंध पर 2013 में पदभार सँभालेंगे।

सार्जेंट राष्ट्रीय विज्ञान अकादमी, अमरीकी कला एवं विज्ञान अकादमी के सदस्य चुने गए। 1987 से वे स्टेनफोर्ड विश्वविद्यालय के हूवर संस्थान में वरिष्ठ फेलो नियुक्त हैं तथा पेंसिलवानिया विश्वविद्यालय में आर्थिक अनुसंधान के सदस्य हैं। वे कई पुस्तकों व लेखों के लेखक हैं जिनमें 'मैक्रोइकोनॉमिक थ्योरी' तथा 'डाइनेमिक इकोनॉमिक थ्योरी' जैसी उल्लेखनीय पुस्तकें शामिल हैं।

सिम्स, क्रिस्टोफर ए.

नागरिकता : संयुक्त राज्य अमरीका

जन्म : 21 अक्टूबर, 1942; वाशिंगटन डी.सी., अमरीका

क्रिस्टोफर एल्बर्ट 'क्रिस' सिम्स को थॉमस जे. सार्जेंट के साथ, 2011 में अर्थशास्त्र के नोबेल स्मृति पुरस्कार से सम्मानित किया गया। इन दोनों अर्थशास्त्रियों को यह सम्मान 'व्यापक अर्थव्यवस्था पर सरकार की नीतियों के कारण और उसके प्रभाव पर उनके अनुसंधान के लिए' दिया गया।

डॉ. सार्जेंट और डॉ. सिम्स ने ऐतिहासिक आँकड़ों को व्यवस्थित करने के लिए सांख्यिकीय तरीकों को विकसित किया। उनके इन तरीकों ने पता लगा कि सरकारी नीतियाँ लोगों की उम्मीदें, उनके व्यवहार को कैसे प्रभावित कर

सकती हैं, जैसे—करों में कटौती और ब्याज दरों में बढ़ोतरी अर्थव्यवस्था को प्रभावित कर सकती हैं।

डॉ. सिम्स ने 1963 में हार्वर्ड विश्वविद्यालय से गणित में ए.बी. तथा 1968 में अर्थशास्त्र में पीएच.डी. की डिग्री प्राप्त की। हार्वर्ड मिनेसोटा तथा येल विश्वविद्यालय में और 1999 से अब तक प्रिंस्टन विश्वविद्यालय में अध्यापन कार्य किया। वे 1974 से इकोनोमैट्रिक सोसायटी के 'फेलो' तथा अमरीकी कला व विज्ञान अकादमी में 1988 से तथा 1989 से राष्ट्रीय विज्ञान अकादमी के सदस्य हैं। 1995 में वे इकोनोमैट्रिक सोसायटी के अध्यक्ष थे।

उन्होंने अपने अनुसंधान के क्षेत्र में कई महत्त्वपूर्ण लेख लिखे, यथा—'इकोनॉमैट्रिक्स' तथा 'मैक्रोइकोनॉमिक थ्योरी एंड पॉलिसी'।

उन्होंने मूल्य-स्तर के वित्तीय सिद्धांत तथा तर्कसंगत असावधानी सिद्धांत (रैशनल इन-अटेंशन थ्योरी) विकसित करने में भी सहायता की।

यह एक संयोग है कि क्रिस्टोफर सिम्स तथा थॉमस सार्जेंट, दोनों ने संयुक्त रूप से प्रिंस्टन विश्वविद्यालय में, स्नातक पाठ्यक्रम में बृहत्त-अर्थशास्त्र (मैक्रोइकोनॉमिक्स) विषय पढ़ाया। थॉमस जे. सार्जेंट और क्रिस्टोफर ए. सिम्स को समष्टि अर्थशास्त्र में कारण और प्रभाव पर अनुभवजन्य शोध के लिए नोबेल पुरस्कार से सम्मानित किया गया।

भौतिक विज्ञान

रसायन विज्ञान

शरीर विज्ञान/चिकित्सा विज्ञान

साहित्य

शान्ति

अर्थशास्त्र

2012

भौतिक विज्ञान

हैरोश, सेर्ज

नागरिकता : फ्रांस

जन्म : 11 सितंबर, 1968; कैसाब्लैंका, मोरक्को (तब फ्रांसीसी संरक्षण में)

एक यहूदी परिवार में जन्मे अल्बर्ट हैरोश तथा वेलेंताइन हैरोश (पूर्व नाम : रूबलेवा) के पुत्र सेर्ज हैरोश मोरक्को छोड़कर फ्रांसीसी संरक्षण संधि की समाप्ति पर 1956 में फ्रांस में जाकर बस गए।

हैरोश ने उच्च शिक्षा के लिए फ्रांस के सबसे प्रतिष्ठित संस्थान, इकोल नोर्माल सुपैरियर में शिक्षा प्राप्त की। उन्होंने पेरिस के पियरे एंड मेरी क्यूरी विश्वविद्यालय से पीएच.डी. की उपाधि प्राप्त की।

हैरोश ने 1967 से 1975 तक सेंटर नेशनल डी ला रिशोश इन सिंतीफिक (सी.एन.आर.एस.) में एक शोध वैज्ञानिक के रूप में कार्य किया तथा एक वर्ष (1972-73) तक स्टेनफोर्ड विश्वविद्यालय में रहे। उसके बाद वे 1975 में पियरे एंड मेरी क्यूरी विश्वविद्यालय (पेरिस छह विश्वविद्यालय) चले गए। इसके साथ-साथ उन्होंने विभिन्न संस्थाओं में भी अध्यापन कार्य किया, विशेष रूप से इकोले पॉलिटेक्निक (1973-84), हार्वर्ड विश्वविद्यालय (1981) तथा येल विश्वविद्यालय (1984-93) में। वे 1994 से 2000 तक इकोल नोरमाल सुरैरियर में भौतिकी विभाग के प्रमुख भी रहे।

2001 से, वे कॉलेज डी फ्रांस में एक प्रोफेसर के रूप में कार्य कर रहे हैं तथा क्वांटम भौतिकी विभाग के प्रमुख हैं। सितंबर 2012 में सेर्ज हैरोश को उनके साथियों द्वारा कॉलेज डी फ्रांस के प्रशासक के पद पर निर्वाचित किया गया।

9 अक्टूबर, 2012 को हैरोश को अमरीकी भौतिक-विज्ञानी डेविड वाइनलैंड के साथ संयुक्त रूप से भौतिक विज्ञान के नोबेल पुरस्कार के लिए चुना गया। उन्हें यह पुरस्कार वैयक्तिक क्वांटम प्रणालियों के मापन तथा प्रयोग संबंधी उनके महत्त्वपूर्ण कार्यों के लिए प्रदान किया गया। उनके महत्त्वपूर्ण सिद्धांतों के जरिए नए तरह के सुपरफास्ट कंप्यूटर के निर्माण की दिशा में अनुसंधान का रास्ता खुला।

वाइनलैंड, डेविड जे.

नागरिकता : संयुक्त राज्य अमरीका

जन्म : 24 फरवरी, 1944; विस्कांसिन, अमरीका

अपने पूर्व स्नातक छात्रों द्वारा 'विलक्षण प्रतिभा वाले और अत्यंत विनम्र' माने जानेवाले डेविड जे. वाइनलैंड (पूरा नाम डेविड जेफ्री वाइनलैंड) कोलोराडो विश्वविद्यालय के भौतिकी विभाग में लेक्चरर रहे, जिन्हें 2012 का भौतिक विज्ञान में नोबेल पुरस्कार प्रदान किया गया। वर्तमान में वे नेशनल इंस्टीट्यूट ऑफ स्टैंडड्र्स एन टेक्नोलॉजी (एन.आई. एस.टी.) में भौतिकविज्ञानी हैं।

उन्हें लेजर का प्रयोग करके शून्य डिग्री तक आयनों को ठंडा करने की तकनीक का विकास करने के लिए अंतरराष्ट्रीय स्तर पर मान्यता प्राप्त है। उनके प्रयोगों को क्वांटम भौतिकी के सिद्धांतों का परीक्षण करने में इस्तेमाल किया जाता है तथा उन्हें क्वांटम कंप्यूटर का विकास करने में भी प्रयोग किया जा सकता है।

वाइनलैंड ने 1961 कैलीफोर्निया के एनसाइना हाई स्कूल से स्नातकीय शिक्षा प्राप्त की तथा 1965 में बर्कले के कैलीफोर्निया विश्वविद्यालय से बैचलर की डिग्री तथा 1970 में हार्वर्ड विश्वविद्यालय से नॉर्मन फोस्टर रैम्से, जूनियर के मार्गदर्शन में पीएच.डी. की डिग्री प्राप्त की।

1973 में वे नेशनल ब्यूरो ऑफ स्टैंडड्र्स से जुड़ गए (अब उसे एन.आई.एस.टी. कहा जाता है)। वाइनलैंड बोल्डर में कोलोराडो विश्वविद्यालय के भौतिकी संकाय में भी कार्यरत हैं।

वाइनलैंड ने सेडना क्विंबी से शादी की और उनके दो पुत्र हैं। हैरोश सेर्ज तथा डेविड जे. वाइनलैंड को संयुक्त रूप से वैयक्तिक क्वांटम प्रणालियों के मापन और प्रयोग संबंधी उनके महत्त्वपूर्ण योगदान के लिए नोबेल पुरस्कार से सम्मानित किया गया।

रसायन विज्ञान

लेफ्कोवित्ज, रॉबर्ट जे.

नागरिकता : संयुक्त राज्य अमरीका

जन्म : 15 अप्रैल, 1943; न्यू यॉर्क, अमरीका

रॉबर्ट जोसेफ लेफ्कोवित्ज एक अमरीकी चिकित्सक वैज्ञानिक हैं और जिन्हें मुख्यत: बी-प्रोटीन युग्मित (कपल्ड) ग्राहक पर उनके महत्त्वपूर्ण शोध के लिए जाना जाता है जिसके लिए उन्हें ब्रॉयन कोबिल्का के साथ 2012 के रसायन विज्ञान के नोबेल पुरस्कार से सम्मानित किया गया।

हैरानी की बात है कि लेफ्कोवित्ज ने कभी भी अनुसंधान के क्षेत्र को अपना कैरियर चुनने पर ध्यान नहीं दिया। बचपन में उन्हें मेडिकल फिक्शन और जासूसी कहानियाँ पढ़ने का बहुत शौक था। तीसरी कक्षा में उन्होंने एक चिकित्सक बनने का फैसला किया। उन्होंने 1962 में कोलंबिया कॉलेज से रसायन विज्ञान में ए.बी. की डिग्री प्राप्त की तथा 1966 में कोलंबिया यूनिवर्सिटी कॉलेज ऑफ फिजीशियन एंड सर्जियंस से एम.डी. की डिग्री हासिल की।

1973 में वे ड्यूक यूनिवर्सिटी मेडिकल सेंटर में चिकित्साशास्त्र में एसोसिएट प्रोफेसर तथा जैव रसायन विज्ञान में सहायक प्रोफेसर नियुक्त हो गए। 1977 में पदोन्नति पाकर चिकित्सा शास्त्र के प्रोफेसर बन गए। उस समय अन्य प्रयोगशालाओं में कवेल कोशिका रिसेप्टर्स की उपस्थिति का सुझाव दिया गया था लेकिन किसी ने भी उनके अस्तित्व को साबित नहीं किया था। लेफ्कोवित्ज ने आश्वस्त किया कि वास्तव में उनका अस्तित्व था और उन्होंने उन्हें अलग करके दिखाया।

प्रयोगशालाओं में विभिन्न खोजों में व्यतीत किए गए तीन दशकों के अलावा लेफ्कोवित्ज को अपने छात्रों के प्रति एकानिष्ठ समर्पण तथा उनके मार्गदर्शन के लिए भी व्यापक रूप से जाना जाता है।

लेफ्कोवित्ज ने लिन के साथ निकाह किया तथा उनके पाँच बच्चे हैं।

कोबिल्का, ब्रायन के.

नागरिकता : संयुक्त राज्य अमरीका

जन्म : 30 मई, 1955; मिनी-सोटा, अमरीका

ब्रायन केंट कोबिल्का एक अमरीकी चिकित्सक और आणविक जीवविज्ञानी हैं जिनके कोशिका-सतह के अणुओं, जिन्हें जी-प्रोटीन युग्मित ग्राहक कहा जाता है, की संरचना और कार्यप्रणाली ने कोशिका जीन विज्ञान तथा चिकित्सा विज्ञान में गहरा योगदान किया। इन खोजों के कारण कोबिल्का ने अमरीकी चिकित्सक और आणविक जीवविज्ञानी रॉबर्ट जे. लेफ्कोवित्ज के साथ 2012 का रसायन विज्ञान का नोबेल पुरस्कार साझा किया।

कोबिल्का ने 1977 में जीव-विज्ञान तथा रसायनशास्त्र में मिनीसोटा ड्युलुथ विश्वविद्यालय से स्नातक की उपाधि प्राप्त की तथा उसके बाद चिकित्सा विज्ञान के अध्ययन के लिए उन्होंने कनेक्टिकट के येल विश्वविद्यालय में प्रवेश ले लिया, जहाँ से उन्होंने 1981 में एम.डी. की डिग्री प्राप्त की।

सेंट लुइस में बार्न्स-जियूइश हॉस्पिटल में इंटरनल मेडिसिन में अपना कार्यकाल पूरा करने के बाद कोबिल्का ने ड्यूक विश्वविद्यालय में रॉबर्ट लेफ्कोवित्ज के मार्गदर्शन में पोस्टडॉक्टोरल फेलो के रूप में अनुसंधान कार्य किया, जहाँ उन्होंने बी^{2} एड्रनिर्जिक रिसेप्टर क्लोनिंग पर अपना कार्य शुरू कर दिया। 1987 से 2003 तक वे हार्वर्ड ह्यूज मेडिकल इंस्टीट्यूट में अन्वेषक भी रहे।

कोबिल्का एक बायोटेक कंपनी कन्फोमेट आर.एक्स. के संस्थापक भी थे, जिसने जी-प्रोटीन कपल्ड रिसेप्टर्स पर आधारित दवाओं की खोज की प्रौद्योगिकी के विकास में अपना ध्यान केंद्रित किया।

2011 में वे नेशनल एकेडमी ऑफ साइंसेज के सदस्य चुने गए।

शरीर विज्ञान/चिकित्सा विज्ञान

गर्डन, सर जॉन बी,

नागरिकता : ब्रिटेन

जन्म : 2 अक्टूबर, 1933; डिप्पनहाल, हैंपशायर, ब्रिटेन

स्टेम सेल के शोधकार्य में पथ-प्रदर्शक समझे जानेवाले दो वैज्ञानिकों, ब्रिटेन के सर जॉन बर्ट्रेंट गर्डन तथा जापान के शिन्या यामानाका, को 2012 के शरीर विज्ञान या औषध विज्ञान के नोबेल पुरस्कार से सम्मानित किया गया। उन्हें यह पुरस्कार शरीर की परिपक्व कोशिकाओं को पुनः स्टेम सैल अथवा प्राथमिक कोशिकाओं में बदलने की तकनीक विकसित करने के लिए दिया गया।

गर्डन ने अपनी शुरुआती शिक्षा के लिए पहले एजबोरो और बाद में ऐटन कॉलेज में प्रवेश किया जहाँ 15 वर्ष की आयु में उन्हें बायोलॉजी में 250 बच्चों में आखिरी स्थान मिला। इस पर उनके एक अध्यापक ने रिपोर्ट में लिखा, "मुझे लगता है कि गर्डन एक वैज्ञानिक बनना चाहते हैं लेकिन उनकी मौजूदा स्थिति को देखते हुए ऐसा हो पाना बहुत हास्यास्पद है। विज्ञान की पढ़ाई न केवल गर्डन के लिए समय की बर्बादी है बल्कि यह उन्हें पढ़ानेवालों के समय की भी बर्बादी है।"

गर्डन को क्लोनिंग तकनीक का जनक भी कहा जाता है। क्लोनिंग की उनकी तकनीक कई दशकों तक गुमनामी में रही लेकिन एक स्कॉटिश वैज्ञानिक विलियम इयन विल्मट ने 1997 में गर्डन की रिसर्च को पहली बार स्तनपायी जानवरों पर अपनाया और 'डॉली' नामक भेड़ का क्लोन तैयार करके पूरी दुनिया में तहलका मचा दिया। इसके एक वर्ष बाद ही वैज्ञानिकों ने पहले मानव भ्रूण स्टेम सेल उत्पन्न किए।

गर्डन की खोज से वैज्ञानिकों ने माना कि स्टेम सेल से

नए टिश्यू बनाकर पार्किंसन जैसी गम्भीर बीमारियों का इलाज संभव है। इस खोज ने दुनिया को क्षतिग्रस्त टिश्युओं के पुनर्निर्माण का रास्ता दिखा दिया।

उन्होंने अपने अनुसंधान कैरियर का अधिकांश समय इंग्लैंड के कैंब्रिज विश्वविद्यालय में बिताया, जहाँ वे पहले एम.आर.सी. लेबोरेटरी ऑफ मोलेक्यूनर बॉयोलॉजी में रहे (1971-83) और उसके बाद जंतु विज्ञान विभाग में (1963 से वर्तमान तक)।

गर्डन ने 1962 में ही यह खोज कर ली थी। उनकी खोज ने कई पुरानी अवधारणाओं को बदलकर रख दिया। हालाँकि इस खोज से चिकित्सा उपचार की दिशा में अभी तक कोई ठोस परिणाम दिखाई नहीं दिए हैं किंतु वैज्ञानिकों ने हृदय रोगों, डायबिटीज तथा अल्जाइमर्स जैसे रोगों के अध्ययन के लिए रोग-प्रधान स्टेम सेल तथा व्यक्ति-प्रधान स्टेम सेल पर अपने अध्ययन आरंभ कर दिए हैं।

यामानाका, शिन्या

नागरिकता : जापान

जन्म : 4 सितंबर, 1962; ओसाका, जापान

शरीर विज्ञान अथवा औषध विज्ञान का 2012 का नोबेल पुरस्कार सर जॉन बी. गर्डन के साथ साझा करनेवाले जापान के वैज्ञानिक शिन्या यामानाका ने 1962 में स्टेम सेल पर की गई गर्डन की खोज को ही आगे बढ़ाया। जानवरों और मानव भ्रूण स्टेम सेल उत्पन्न करने के बाद चिकित्सकीय क्लोनिंग के विचार को बल मिला। वैज्ञानिकों का विचार था कि मरीज के स्किन सेल को अनिषेचित अंडाणु में प्रविष्ट किया जाए ताकि उसे प्राथमिक अवस्था में वापस लाया जा सके। लेकिन इसके लिए समस्या थी कि मानव अंडाणु कहाँ से लाए जाएँ? इसके लिए वैज्ञानिक परिपक्व सेल को फिर से स्टेम सेल में बदलने का तरीका खोजने लगे।

गर्डन की खोज के 40 वर्ष बाद जापान के वैज्ञानिक शिन्या यामानाका ने वयस्क कोशिकाओं को वापस स्टेम सेल में बदलने का आश्चर्यजनक रूप से एक आसान तरीका खोज निकाला। उन्होंने 2006 में चूहों की स्किन कोशिकाओं में कुछ जीन प्रवेश कराकर उन्हें स्टेम सैल में बदल दिया। इस प्रकार उन्होंने दुनिया को दिखा दिया कि वयस्क कोशिकाओं में जो विकास होता है, उसे पलटा जा सकता है।

यामानाका ने ओसाका क्योइकू विश्वविद्यालय से संबद्ध तेन्नोजी ताई स्कूल से स्नातक की डिग्री प्राप्त की। उन्होंने एम.डी. की डिग्री कोबे विश्वविद्यालय से 1987 में हासिल की। 1993 में ओसाका सिटी ग्रेजुएट स्कूल से पीएच.डी. की डिग्री प्राप्त करने के बाद उन्होंने नेशनल ओसाका हॉस्पिटल में ऑर्थोपेडिक सर्जरी में अपना कार्यकाल पूरा किया। उन्होंने ओसाका विश्वविद्यालय, नाश इंस्टीट्यूट ऑफ साइंस एंड टेक्नोलॉजी, क्योटो विश्वविद्यालय के इंस्टीट्यूट फॉर फ्रंटियर मेडिकल साइंसेज में भी कार्य किया। 2007 में यामानाका ग्लैडस्टोन इंस्टीट्यूट ऑफ कार्डियोवेस्क्यूलर डिसीज में वरिष्ठ अन्वेषक नियुक्त किए गए।

हालाँकि पश्चिम जगत के अनेक नीति-निर्धारकों का कहना है कि यामानाका के शोध के बाद मानव भ्रूण स्टेम सेल पर शोध की कोई आवश्यकता नहीं है किंतु स्वयं यामानाका का मानना है कि भ्रूण स्टेम सेल अब भी शोधकार्यों के लिए बहुत जरूरी है। उनका प्रयोग बंद नहीं होना चाहिए।

अपने वैज्ञानिक जीवन से इतर यामानाका जूडो भी खेले (श्डैन ब्लैक बैल्ट) तथा विश्वविद्यालय में रहते हुए रग्बी टीम में भी थे। बीस वर्ष के अंतराल के बाद उन्होंने 2011 में ओसाका मैराथन दौड़ भी पूरी की तथा नवंबर 2012 में दूसरी ओसाका मैराथन में भाग लिया। सर जॉन बी. गर्डन और शिन्या यामानाका को संयुक्त रूप से शरीर की परिपक्व कोशिकाओं को पुनः प्राथमिक कोशिकाओं में बदलने की तकनीक विकसित करने के लिए नोबेल पुरस्कार से सम्मानित किया गया।

साहित्य

यान, मो
नागरिकता : चीन
जन्म : 17 फरवरी, 1955; गाओमी, शेंडोंग, चीन

मो यान, जिनका मूल नाम गुआन मोये है। अपनी कल्पनाशीलता तथा मानवीय सरोकारों के लिए जाने जाते हैं। ऐसा साहित्य 1980 के दशक में अत्यंत लोकप्रिय बन गया था। मो यान को 2012 के नोबेल पुरस्कार से सम्मानित किया गया।

मो तब ग्यारह वर्ष के ही थे, जब साहित्यिक क्रांति के लिए उन्हें अपना स्कूल छोड़कर एक किसान के रूप में खेतों में काम करना पड़ा। उसके बाद वे 1973 में एक कारखाने में कार्य करने लगे। 1976 में वे पीपुल्स लिबरेशन आर्मी (पी.एल.ए.) में शामिल हो गए। 1981 से उन्होंने मो यान के छद्म नाम से कहानियाँ लिखनी आरंभ की।

पी.एल.ए. कला अकादमी में साहित्य का अध्ययन करते हुए (1984-86) उन्होंने 'टौमिंग डे होंग्लुओबो' (पारदर्शी लाल मूली) तथा 'बाओजा' (अंग्रेजी अनुवाद : एक्सप्लेजन्स एंड अदर स्टोरीज) नामक कहानी-संग्रह प्रकशित किया। पश्चिमी दुनिया के पाठक उन्हें 1987 में प्रकाशित उनके उपन्यास 'रेड सोरधुम क्लान' के लिए जानते हैं, जिसके दो खंडों 'रेड सोरधुम' तथा 'सोरधुम वाइन' पर 2012 में 'रेड सोरधुम' नामक फिल्म भी बनाई गई। नोबेल समिति ने उन्हें ऐसे लेखक के रूप में माना है जो लोककथाओं, इतिहास और समकालीनता में भ्रमात्मक यथार्थ का चित्रण करते हैं।

मो यान की रचनाएँ मूख्य रूप से सामाजिक स्थितियों पर टिप्पणी करती हैं। वे लू शुन के सामाजिक यथार्थवाद तथा गैब्रिएल गार्सिया मार्केज के जादुई यथार्थवाद से बहुत प्रभावित हैं। उनका उपन्यास 'दे गार्लिक बैलड' एक सच्ची कहानी पर आधारित है जिसमें गाओमी बस्ती के लोग उस सरकार के खिलाफ संघर्ष पर उतर आते हैं, जो उनकी फसलों को नहीं खरीदते।

उपहास और व्यंग्य का प्रयोग करके मो यान इतिहास और उसके मिथ्याकरण पर हमला करते हैं तथा अभाव और राजनीतिक पाखंड पर चोट करते हैं।

कई चीनी लेखकों के साथ-साथ अन्य कई लेखकों ने भी उन्हें नोबेल पुरस्कार दिए जाने की कटु आलोचना की है। चीनी लेखक मा जियान ने अभिव्यक्ति की स्वतंत्रता के संवैधानिक अधिकारों के उल्लंघन के विरोध के लिए हिरासत में लिये गए लेखकों तथा बुद्धिजीवियों के प्रति मो यान द्वारा एकजुटता न दिखाने और प्रतिबद्धता की कमी की कटु आलोचना की है।

मो यान के उपन्यास 'बिग ब्रेस्ट्स एंड वाइडहिप्स' पर चीन में बहुत विवाद छिड़ गया था क्योंकि कुछ वामपंथी आलोचकों ने 'बिग ब्रेस्ट्स' प्रतीक को कम्युनिस्ट सैनिकों की कथित नकारात्मक छवि का चित्रण करनेवाला माना था। उनकी अन्य कृतियाँ हैं : 'द रिपब्लिक ऑफ वाइन' (उपन्यास 1992), 'सैंडलवुड डैथ' (उपन्यास), 'लाइफ एंड डैथ आर वियरिंग मी आउट' (उपन्यास-2000), 'चेंज' (2010), 'फ्रॉग' (2009), 'शिफु युए लाइ युए' (1999—शिफु, यू विल डू एनीमिंग फॉर ए लॉफ, कहानी-संग्रह)। उन्हें उनके लेखन में जादुई यथार्थवाद के साथ लोककथाओं, इतिहास और समकालीनता के मिश्रण के लिए साहित्य में नोबेल पुरस्कार से सम्मानित किया गया।

शान्ति

यूरोपीय संघ, बेल्जियम

यूरोपीय संघ यूरोपीय देशों और अन्य संगठनों (एक ही सदस्य देशों के साथ) का एक संघ है, जिसकी एक सामान विदेश तथा सुरक्षा नीति है और जो न्याय एवं घरेलू मामलों पर सहयोग के लिए जिम्मेदार हैं। 27 सदस्यों राष्ट्रें का समान आर्थिक व राजनीतिक

हितों के उद्देश्य से बना यह संघ प्रमुख रूप से यूरोपीय देशों से मिलकर बना है। इसे यूरोपीय समुदाय भी कहा जाता है। बेल्जियम के शहर ब्रुसेल्स को इसकी राजधानी माना जाता है।

यूरोपीय संघ का उद्गम यूरोपीय कोयला और इस्पात समुदाय (ई.सी.एस.सी.) तथा यूरोपीय आर्थिक समुदाय (ई.ई.सी.) के गठन में माना जाता है जिसे मुख्य रूप से छह यूरोपीय देशों ने क्रमश: 1951 और 1958 में गठित किया।

बीच के वर्षों में नए सदस्य राष्ट्रों के प्रवेश से समुदाय और उसके उत्तराधिकारियों के आकार में बढ़ोतरी होती गई। मास्ट्रिच संधि ने अपने वर्तमान नाम अर्थात यूरोपीय संघ के तहत 1997 में इसकी स्थापना की। यूरोपीय संघ के संवैधानिक आधार पर नवीनतम संशोधन लिस्बन संधि के रूप में 2009 में लागू हुआ।

यूरोपीय संघ ने नियमों व कानूनों को एक मानकीकृत प्रणाली के माध्यम से सभी सदस्य राष्ट्रों में एक एकल बाजार विकसित किया गया। यूरोपीय संघ की नीतियाँ इसके नागरिकों, माल सेवाओं तक पूँजी की आसान और मुक्त आवाजाही सुनिश्चित करने के उद्देश्य से, न्याय एवं गृह मामलों में कानून बनाने के लिए, व्यापार पर आम नीतियों को बनाए रखने के लिए तथा कृषि, मत्स्य पालन और क्षेत्रीय विकास को सुनिश्चित करती हैं।

यूरोपीय संघ को 2012 के नोबेल शान्ति पुरस्कार से सम्मानित किया गया। यह पुरस्कार छह दशकों से भी अधिक समय से यूरोप में शान्ति और सुलह, लोकतंत्र और यूरोप में मानव अधिकारों की प्रगति में उसके सहयोग के लिए दिया गया।

अर्थशास्त्र

रॉथ, एल्विन ई.

नागरिकता : संयुक्त राज्य अमरीका

जन्म : 18 दिसंबर, 1951; न्यू यॉर्क सिटी, अमरीका

एल्विन इलियट रॉथ एक अमरीकी अर्थशास्त्री हैं, जो बाजार प्रणाली के एक अग्रणी विशेषज्ञ हैं। एक ऐसा क्षेत्र जिसमें माँग व आपूर्ति में मिलान करने के लिए एक योजना-प्रणाली बनाई जाती है, जब तक कि बाजार में स्थायित्व नहीं आ जाता। अमरीकी अर्थशास्त्री लॉयड शेप्ले के साथ उन्हें 2012 के अर्थशास्त्र के लिए नोबेल पुरस्कार से सम्मानित किया गया।

एक अमरीकी यहूदी परिवार में जन्मे रॉथ न्यू यॉर्क में पले-बढ़े। रॉथ ने 1971 में कोलंबिया विश्वविद्यालय से क्रियात्मक शोध में स्नातक की डिग्री प्राप्त की। उन्होंने 1973 में स्टेनफोर्ड विश्वविद्यालय से एम.एस. तथा 1974 में पीएच.डी. की डिग्री प्राप्त की। ये सभी डिग्रियाँ क्रियात्मक शोध में थीं। यह इंजीनियरिंग का ऐसा क्षेत्र है जिसमें प्रशासनिक समस्याओं के समाधान के लिए वैज्ञानिक सिद्धांतों को लागू किया जाता है। उन्होंने व्यापार और अर्थशास्त्र के क्षेत्रों में विज्ञान को लागू किया। उन्होंने इलिनोइस विश्वविद्यालय (1974-82) तथा पिट्सबर्ग विश्वविद्यालय (1982-98), हार्वर्ड विश्वविद्यालय (1998-2012) तक स्टेनफोर्ड विश्व-विद्यालय (2012 से वर्तमान तक) में इसी विषय पर अध्ययन कार्य किया। 2013 में वे स्टेनफोर्ड संकाय के पूर्ण सदस्य बन जाएँगे।

रॉथ ने खेल सिद्धांत, बाजार के ढाँचे और प्रयोगात्मक अर्थशास्त्र के क्षेत्र में कार्य किया, विशेष रूप से उन्होंने न्यू यॉर्क सिटी हाई स्कूल तथा बोस्टन प्राइमरी स्कूलों और मेडिकल रेजिडेंट्स के चयन के लिए बने तंत्र को नया स्वरूप दिया।

शेप्ले, लॉयड स्टोवेल

नागरिकता : संयुक्त राज्य अमरीका

जन्म : 2 जून, 1923; मेसा-चुसेट्स, अमरीका

लॉयड स्टोवेल शेप्ले एक प्रतिष्ठित अमरीकी गणितज्ञ तथा अर्थशास्त्री हैं। उन्हें 'खेल सिद्धांत' पर उनके महत्त्वपूर्ण कार्यों के लिए 2012 के अर्थशास्त्र के नोबेल पुरस्कार से, एल्विन ए. रॉथ के साथ संयुक्त रूप से सम्मानित किया गया।

लॉयड शेप्ले के पिता हार्लो शेप्ले एक खगोल विज्ञानी थे। लॉयड ने हार्वर्ड विश्वविद्यालय में गणित का अध्ययन शुरू किया किंतु द्वितीय विश्वयुद्ध के दौरान उन्हें अनिवार्य सैन्य सेवा में भर्ती होना पड़ा। उन्हें अमरीकी वायुसेना के अंतर्गत चीन के चेंगदू नामक क्षेत्र में नियुक्त किया गया। 1944 में उन्हें जापान के मौसम संबंधी गुप्त कोड को तोड़ने के लिए कांस्य पदक से सम्मानित किया गया। कई विशेषज्ञ उन्हें 'खेल सिद्धांत' के एक अवतार के रूप में मानते हैं।

युद्ध से वापस लौटकर उन्होंने 1948 में हार्वर्ड विश्व-विद्यालय से गणित विषय में स्नातक की शिक्षा पूर्ण की। तत्पश्चात उन्हें 1953 में प्रिंस्टन विश्वविद्यालय से पीएच.डी. की डिग्री हासिल हुई।

उन्होंने रैंड कॉरपोरेशन (सांता मोनिका, कैलीफोर्निया) में 1948-49 तथा 1954 से 1981 तक एक शोध गणितज्ञ के रूप में कार्य किया। 1981 में वे लॉस एंजिल्स के कैलीफोर्निया विश्वविद्यालय में अर्थशास्त्र तथा गणित के प्रोफेसर नियुक्त किए गए। तब से वे यहीं कार्यरत हैं।

'खेल सिद्धांत' पर उनके किए गए कार्य इतने महत्त्वपूर्ण थे कि उनके बाद इस पर बहुत ही कम काम देखने को मिला है। उन्होंने 'उपयोगिता सिद्धांत' के विकास में भी महत्त्वपूर्ण भूमिका निभाई। एम. मिशलेट तथा बी. पेलेग के साथ उनके 'तत्त्वों तथा नाभिकीय' पर किए गए कार्यों, रॉबर्ट ओमान्न के साथ गैर-परमाणु गेम्स पर उनके कार्यों तथा लंबे समय की प्रतिस्पर्धा पर उनके शोधकार्यों व अध्ययनों ने सभी आर्थिक सिद्धांतों पर एक जबर्दस्त प्रभाव छोड़ा है।

हालाँकि कैलीफोर्निया विश्वविद्यालय, लॉस एंजिल्स के उनके सहकर्मी प्रोफेसर रोजर फार्मर का कहना है, ''नोबेल समिति ने उनके जिस कार्य पर उन्हें सम्मानित किया, वह लॉयड का सर्वश्रेष्ठ कार्य नहीं था।'' वह भी उन्हें 'खेल सिद्धांत के भौतिक दिग्गजों में से एक' मानते हैं। एल्विन ई. रॉथ और लॉयड स्टोवेल सेप्ले को संयुक्त रूप से बाजार में स्थिर आवंटन के सिद्धांत तथा 'खेल सिद्धांत' पर उनके महत्त्वपूर्ण कार्यों के लिए नोबेल पुरस्कार से सम्मानित किया गया।

भौतिक विज्ञान

रसायन विज्ञान

शरीर विज्ञान/चिकित्सा विज्ञान

साहित्य

शान्ति

अर्थशास्त्र

2013

भौतिक विज्ञान

आंग्लेर, फ्रांस्वा
नागरिकता : बेल्जियम
जन्म : 6 नवंबर, 1932; ब्रुसेल्स, बेल्जियम

2013 का भौतिक विज्ञान के क्षेत्र में नोबेल पुरस्कार बेल्जियम के वैज्ञानिक फ्रांस्वा आंग्लेर तथा ब्रिटिश वैज्ञानिक पीटर डब्ल्यू. हिग्स को दिया गया। उन्हें यह पुरस्कार हिग्स बोसॉन या 'गॉड पार्टिकल' की खोज के लिए प्रदान किया गया। फ्रांस्वा आंग्लेर बेल्जियम के प्रथम नागरिक हैं, जिन्हें नोबेल पुरस्कार प्राप्त हुआ।

इनका जन्म एक यहूदी परिवार में हुआ। द्वितीय विश्वयुद्ध में बेल्जियम पर जर्मनी द्वारा कब्जे के दौरान उन्हें अपनी पहचान छिपाकर अनाथालयों में रहने को मजबूर होना पड़ा।

युद्ध के दौरान जीवित बच गए फ्रांस्वा आंग्लेर ने 1955 में एक इलेक्ट्रो मेकैनिकल इंजीनियर के रूप में यूनिवर्सिते लीब्र द ब्रसेल्स से स्नातक की तथा 1959 में भौतिक विज्ञान में पीएच.डी. की डिग्री हासिल की। उन्होंने 1959 से 1961 तक कार्नेल विश्वविद्यालय में रॉबर्ट ब्राउट के शोध सहायक के रूप में कार्य किया। इसके पश्चात वे यूनिवर्सिते लीब्र द ब्रसेल्स (यू.एल.बी.) लौट आए और एक विश्वविद्यालय प्रोफेसर बन गए। 1989 में प्रोफेसर आंग्लेर पहले तेल-अवीव विश्वविद्यालय में स्कूल ऑफ फिजिक्स तथा एस्ट्रोनॉमी में विशेष नियुक्ति द्वारा सैक्लर प्रोफेसर नियुक्त किए गए। 2011 में वे चैपमैन विश्वविद्यालय के इंस्टीट्यूट फॉर क्वांटम स्टडीज के साथ जुड़ गए।

फ्रांस्वा आंग्लेर तथा पीटर डब्ल्यू. हिग्स के एक विशेष किस्म के पार्टिकल, हिग्स बोसॉन की खोज के लिए नोबेल पुरस्कार दिया गया। इन कणों के व्यावहारिक तौर पर मौजूदगी की पुष्टि 2012 में सर्न में हुए लार्ज हैलोजन कोलाइडर परीक्षण के दौरान हुई। 1964 में इस पार्टिकल का नाम हिग्स के नाम पर रखा गया था, जो उन छह वैज्ञानिकों के समूह में शामिल थे, जिन्होंने इस कण के होने की सैद्धांतिक रूप से जानकारी दी थी।

हिग्स बोसॉन थ्योरी हमें यह बताती है कि किसी भी वस्तु में मास अथवा द्रव्यमान वास्तव में क्यों होता है? यह भौतिक विज्ञान की उस थ्योरी का एक आधार है, जो बिग बैंग के

पश्चात तत्त्व के अस्तित्व में आने और ब्रह्मांड की उत्पत्ति को समझाती है।

हिग्स, पीटर डब्ल्यू.
नागरिकता : ब्रिटेन
जन्म : 29 मई, 1929; न्यू कैसल, ब्रिटेन

पीटर डब्ल्यू. हिग्स ब्रिटेन की यूनिवर्सिटी ऑफ एडिनबर्ग में सैद्धांतिक भौतिक विज्ञान के प्रोफेसर हैं। उन्हें बेल्जियम के प्रोफेसर फ्रांस्वा आंग्लेर के साथ संयुक्त रूप से 2013 के 'भौतिक विज्ञान' के नोबेल पुरस्कार से सम्मानित किया गया। 1964 में एक विशेष प्रकार के पार्टिकल, हिग्स बोसॉन, की खोज के लिए इस कण का नाम हिग्स के नाम पर रखा गया। हिग्स बोसॉन कण को 'गॉड पार्टिकल' के नाम से भी जाना जाता है, क्योंकि हिग्स बोसॉन थ्योरी अत्यंत सूक्ष्मता से बिग बैंग अर्थात महाविस्फोट के बाद तत्त्व के अस्तित्व में आने और ब्रह्मांड की उत्पत्ति के रहस्य को समझने में मदद करती है।

जिस हिग्स बोसॉन कण की आज पूरे विश्व भर में चर्चा हो रही है, उसका सिद्धांत 1964 में प्रतिपादित किया गया था। कुछ वर्ष पूर्व, जब यूरोपियन ऑर्गनाइजेशन फॉर न्यूक्लियर रिसर्च ने लार्ज हेड्रॉन कोलाइडर नामक परियोजना की मशीन को चलाया था, तो इससे पहले शायद ही किसी ने पीटर हिग्स का नाम सुना होगा। किंतु उनके नाम पर 'ईश्वर कण' का नाम रखे जाने के बाद समूचा विश्व उनके नाम और उनकी उपलब्धियों से परिचित हो गया।

यह बात बहुत दिलचस्प है कि एक ब्रिटिश पिता और एक स्कॉटिश माँ के यहाँ जन्मे पीटर हिग्स ईश्वर के अस्तित्व में विश्वास नहीं करते, इसलिए वह अपने नाम पर रखे गए इस कण का नाम 'ईश्वर कण' रखे जाने का विरोध करते हैं।

द्वितीय विश्वयुद्ध के दौरान हालाँकि उनकी शिक्षा में व्यवधान आया लेकिन शीघ्र ही उन्होंने फिर से पढ़ाई शुरू की और कोटहेम ग्रामर स्कूल में स्वयं को बेहद प्रतिभाशाली छात्र के रूप में सिद्ध किया। यहाँ वे स्कूल के एक शिक्षक और क्वांटम सिद्धांत के क्षेत्र के एक संस्थापक पॉल डिरॉक से अत्यंत प्रभावित हुए।

17 वर्ष की आयु में, 1946 में, सिटी ऑफ लंदन स्कूल में गणित में विशेषज्ञता प्राप्त करने के बाद 1947 में वे किंग्स कॉलेज, लंदन चले गए और 1950 में भौतिक विज्ञान में डिग्री प्राप्त की। 1954 में उनके शोधग्रंथ पर उन्हें पीएच.डी. की डिग्री प्रदान की गई। यूनिवर्सिटी ऑफ एडिनबर्ग में वरिष्ठ शोधकर्ता रहने के बाद, वे इंपीरियल कॉलेज, लंदन तथा यूनि-वर्सिटी कॉलेज, लंदन में कई पदों पर रहे। 1983 में वे रॉयल सोसायटी ऑफ एडिनबर्ग में फेलो नियुक्त किए गए। 1984 में उन्हें रदरफोर्ड पदक व पुरस्कार से सम्मानित किया गया तथा वे 1991 में इंस्टीट्यूट ऑफ फिजिक्स में एक फेलो बन गए। 1997 में उन्हें सैद्धांतिक भौतिकी के क्षेत्र में शानदार योगदान के लिए डिरॉक पदक प्रदान किया गया। इसी वर्ष यूरोपीय भौतिकी समिति द्वारा उच्च ऊर्जा व कणीय ऊर्जा के लिए उन्हें सम्मानित किया गया।

2004 में वोल्फ फाउंडेशन ने हिग्स को भौतिकशास्त्र के वोल्फ पुरस्कार से सम्मानित किया। 2006 में हिग्स एडिनबर्ग विश्वविद्यालय से रिटायर हो गए।

रसायन विज्ञान

लेविट, माइकल
नागरिकता : अमरीका, ब्रिटेन व इजराइल
जन्म : 9 मई, 1947; प्रीटोरिया, दक्षिण अफ्रीका

स्टेनफोर्ड यूनिवर्सिटी स्कूल ऑफ मेडिसन में 1987 से संरचनात्मक जीव विज्ञान के प्रोफेसर तथा जैव भौतिकविज्ञानी, माइकल लेविट को मार्टिन कारप्लस तथा एरिह वॉर्शेल के साथ 'जटिल रासायनिक प्रणालियों के बहुस्तरीय मॉडल का

विकास करने के लिए 2013 का रसायन विज्ञान में नोबेल पुरस्कार प्रदान किया गया।

माइकल लेविट का जन्म प्रीटोरिया, दक्षिण अफ्रीका के एक यहूदी परिवार में हुआ। उनके पिता लिथुआनिया तथा माँ चेक मूल की थीं। जब वे 15 वर्ष के थे, तो उनका परिवार इंग्लैंड आकर बस गया। उन्होंने संनीसाइड प्राइमरी स्कूल तथा उसके बाद 1960 से 1962 तक प्रीटोरिया ब्वॉयज हाई स्कूल से प्रारंभिक शिक्षा ग्रहण की। 1963 में उन्होंने प्रीटोरिया विश्वविद्यालय में व्यावहारिक गणित का अध्ययन किया तथा 1967 में किंग्स कॉलेज, लंदन से भौतिक विज्ञान में विज्ञान स्नातक की डिग्री प्राप्त की। 1967 में वे पहली बार इजराइल गए। 1980 में उन्होंने इजराइली नागरिकता प्राप्त की। 1985 में इजराइली रक्षा बल में छह सप्ताह तक अपनी सेवाएँ देने के बाद स्टेनफोर्ड में अध्यापन कार्य करने लगे। तभी से उनका समय इजराइल तथा कैलीफोर्निया के बीच व्यतीत होता रहा।

लेविट को अमरीकी, ब्रिटिश तथा इजराइली नागरिकता प्राप्त है। वे एक दशक के दौरान रसायन विज्ञान में नोबेल पुरस्कार प्राप्त करनेवाले छठे इजराइली हैं। इसके अतिरिक्त 2013 में नोबेल पुरस्कार पाने वाले स्टेनफोर्ड विश्वविद्यालय के मेडिकल स्कूल के शिक्षक-मंडल के दूसरे सदस्य थे।

लेविट का कार्य प्रोटीन, डी.एन.ए. तथा सबसे बुनियादी स्तर पर जीवन के लिए जिम्मेदार आर.एन.ए. अणुओं का कंप्यूटरीकृत विश्लेषण करने पर केंद्रित है।

1980 से 1987 तक वे इजराइल के विजमान विज्ञान संस्थान में रसायन भौतिकी के प्रोफेसर रहे। तत्पश्चात, उन्होंने कैलीफोर्निया की स्टेनफोर्ड यूनिवर्सिटी में संरचनात्मक जीव विज्ञान के प्रोफेसर के रूप में अपनी सेवाएँ दीं। लेविट डी.एन.ए. तथा प्रोटीन की आणविक गतिशीलता की बनावट पर शोध करनेवाले सबसे पहले शोधकर्ताओं में से एक थे।

कारप्लस, मार्टिन

नागरिकता : संयुक्त राज्य अमरीका/ऑस्ट्रिया

जन्म : 15 मार्च, 1930; वियना, ऑस्ट्रिया

ऑस्ट्रियाई मूल के अमरीकी सैद्धांतिक रसायनविज्ञानी मार्टिन कारप्लस को एरिह वॉर्शेल तथा माइकल लेविट के साथ 'जटिल रासायनिक प्रणालियों के लिए बहुस्तरीय मॉडल का विकास करने के लिए' रसायन विज्ञान में 2013 के नोबेल पुरस्कार से सम्मानित किया गया।

ऑस्ट्रिया के वियना में जन्मे मार्टिन कारप्लस को बचपन में ही ऑस्ट्रिया पर नाजियों के कब्जे के कारण अपने परिवार के साथ 1938 में अमरीका जाकर बसना पड़ा। वियना में उनके परिवार को 'एक बौद्धिक और सफल धर्मनिरपेक्ष यहूदी परिवार' के रूप में जाना जाता था। उनके दादा जोहान पॉल कारप्लस (1866-1936) वियना विश्वविद्यालय में मनोरोग विज्ञान के एक अत्यंत सम्मानित प्रोफेसर थे।

1950 में हार्वर्ड कॉलेज से बी.ए. की डिग्री प्राप्त करने के बाद उन्होंने 1953 में कैलीफोर्निया इंस्टीट्यूट ऑफ टेक्नोलॉजी से नोबेल पुरस्कार प्राप्त लाइनस पॉउलिंग के मार्गदर्शन में अपनी पीएच.डी. पूर्ण की। उन्होंने ऑक्सफोर्ड विश्वविद्यालय में (1953-55) नेशनल साइंस फाउंडेशन के फेलो के रूप में कार्य किया। 1967 में हार्वी जाने से पूर्व उन्होंने इलिनोइस विश्वविद्यालय तथा कोलंबिया विश्वविद्यालय में अध्यापन कार्य भी किया।

कारप्लस ने भौतिक रसायन विज्ञान, परमाणु चुंबकीय अनुनाद स्पेक्ट्रोस्कोपी, रासायनिक गतिशीलता, क्वांटम रसायन विज्ञान और जैविक अणुओं सहित कई क्षेत्रों में अपना योगदान दिया। कारप्लस समीकरण को उन्हीं के नाम से जाना जाता है।

उनका वर्तमान अनुसंधान मुख्य रूप से जैविक हितों के अणुओं के गुणों से संबंधित है। वे क्वांटम आणविक विज्ञान की अंतरराष्ट्रीय अकादमी के सदस्य हैं—इलिनोइस विश्व-

विद्यालय, कोलंबिया विश्वविद्यालय तथा हार्वर्ड विश्व-विद्यालय में अपने लंबे कार्यकाल के दौरान उनके मार्गदर्शन में लगभग 200 स्नातक व स्नातकोत्तर छात्रों ने अपना शोधकार्य पूर्ण किया।

वॉर्शेल, एरिह

नागरिकता : इजराइल/संयुक्त राज्य अमरीका

जन्म : 20 नवंबर, 1940; किबूत, फिलिस्तीन

इजराइली व अमरीकी नागरिकता प्राप्त एरिह वॉर्शेल दक्षिणी कैलीफोर्निया विश्वविद्यालय में रसायन विज्ञान व जैव रसायन के एक प्रतिष्ठित प्रोफेसर हैं, जिन्हें 2013 में मार्टिन कारप्लस तथा माइकल लेविट के साथ रसायन विज्ञान के क्षेत्र में उनके महत्त्वपूर्ण योगदान के लिए नोबेल पुरस्कार से सम्मानित किया गया। उन्हें यह सम्मान 'जटिल रासायनिक प्रणालियों के बहुस्तरीय मॉडल का विकास करने के लिए' दिया गया।

1940 में फिलिस्तीन के किबूत (अब इजराइल में) में जन्मे वॉर्शेल ने इजराइली सेना में कैप्टन के रूप में भी कार्य किया। उन्होंने हाइफा के टेकनियन (इजराइल इंस्टीट्यूट ऑफ टेक्नोलॉजी) से 1966 में रसायन विज्ञान में स्नातक की डिग्री हासिल की। उसके पश्चात उन्होंने क्रमश: 1967 व 1969 में स्नातकोत्तर तथा रसायन भौतिकी में पीएच.डी. की डिग्री प्राप्त की। पीएच.डी. पूर्ण करने के बाद उन्होंने 1972 तक हार्वर्ड विश्वविद्यालय में कार्य किया। फिर विजमान संस्थान में चले गए, जहाँ उन्होंने 1972 से 1976 तक ब्रिटेन के कैंब्रिज शहर में लेबोरेटरी ऑफ मोलेक्यूलर बायोलॉजी में कार्य किया। 1976 में वे दक्षिणी कैलीफोर्निया विश्वविद्यालय के रसायन विज्ञान विभाग में शिक्षक नियुक्त किए गए।

एक सैनिक के रूप में उन्होंने 1967 में छह दिनों के युद्ध में तथा 1973 में थॉम किप्पुर युद्ध में भाग लिया और कैप्टन के पद तक पहुँचे। वे विज्ञान से संबंधित कई संस्थाओं व संगठनों से जुड़े रहे। वे अमरीका के राष्ट्रीय विज्ञान अकादमी के निर्वाचित सदस्य, रॉयल सोसायटी ऑफ केमिस्ट्री के फेलो तथा बायोफिजिकल सोसायटी के फेलो हैं।

शरीर विज्ञान/चिकित्सा विज्ञान

रोथमैन, जेम्स ई.

नागरिकता : संयुक्त राज्य अमरीका

जन्म : 3 नवंबर, 1950; मेसाचुसेट्स, अमरीका

जेम्स एडवर्ड रोथमैन और रैंडी शेकमैन की अमरीकी जोड़ी तथा जर्मनी में जन्मे वैज्ञानिक थॉमस सुडॉफ को औषधि विज्ञान के क्षेत्र में 2013 के नोबेल पुरस्कार से सम्मानित किया गया। मानव कोशिकाओं की वाहक व्यवस्था के संबंध में किए गए उल्लेखनीय अनुसंधान के लिए इन तीनों वैज्ञानिकों को यह प्रतिष्ठित सम्मान प्राप्त हुआ।

1967 में पॉम्फ्रेट विद्यालय से शिक्षा ग्रहण करने के पश्चात रोथमैन ने 1971 में येल विश्वविद्यालय से भौतिक विज्ञान में बी.ए. की डिग्री प्राप्त की तथा 1976 में हार्वर्ड में यूजीन पैट्रिक कैनेडी के साथ कार्य करते हुए जैविक रसायन विज्ञान में अपनी पीएच.डी. पूर्ण की। उसके बाद उन्होंने मेसाचुसेट्स इंस्टीट्यूट ऑफ टेक्नोलॉजी में हार्वे लॉडिश के साथ प्रशिक्षण प्राप्त किया।

1978 में रोथमैन स्टेनफोर्ड विश्वविद्यालय के जैव रसायन विभाग से अपने कैरियर की शुरुआत की। 1988 से 1991 तक वे प्रिंस्टन विश्वविद्यालय में रहे और उसके बाद मेमोरियल स्लोअन कैटेरिंग कैंसर सेंटर के कोशिकीय जैव रसायन तथा जैव भौतिक विभाग में वाइस चेयरमैन के रूप में कार्यरत रहे। 2003 में वे इस संस्थान को छोड़कर कोलंबिया विश्वविद्यालय में शरीर विज्ञान के प्रोफेसर नियुक्त हो गए। 2008 में कोलंबिया से येल

विश्वविद्यालय चले गए लेकिन कोलंबिया में अंशकालिक कार्य करते रहे।

रोथमैन नेशनल एकेडमी ऑफ साइंस तथा इंस्टीट्यूट ऑफ मेडिसन के सदस्य हैं। 2010 में उन्हें थॉमस सी. सुडॉफ के साथ कैवली पुरस्कार से सम्मानित किया गया।

सुडॉफ, थॉमस सी.

नागरिकता : जर्मनी/संयुक्त राज्य अमरीका

जन्म : 22 दिसंबर, 1955; गोटिंगेन, पश्चिम जर्मनी

स्टेनफोर्ड विश्वविद्यालय के स्कूल ऑफ मेडिसन एंड न्यूरोलॉजी में मनोविज्ञान तथा व्यवहार विज्ञान के प्रोफेसर थॉमस क्रिश्चियन सुडॉफ एक जर्मन-अमरीकी जीव रसायन-विज्ञानी हैं, जिन्हें अंतर्ग्रथनी संचरण (साइनैस्टिक ट्रांसमिशन) के अध्ययन में उनके कार्य के लिए जाना जाता है। उन्हें मानव कोशिकाओं के ट्रांसपोर्ट सिस्टम के बारे में किए गए उल्लेखनीय शोधकार्य के लिए जेम्स रोथमैन तथा रैंडी शेकमैन के साथ संयुक्त रूप से 2013 के चिकित्सा विज्ञान के नोबेल पुरस्कार से नवाजा गया।

इन वैज्ञानिकों की इस महत्त्वपूर्ण खोज से कई तंत्रिका संबंधी बीमारियों के अतिरिक्त डायबिटीज जैसी बीमारियों के विरुद्ध चल रहे शोधकार्यों में भी सहायता प्राप्त हुई। इन वैज्ञानिकों के इस कार्य से कोशिकाओं के प्रमुख ट्रांसपोर्ट सिस्टम, वेसिकल ट्रैफिक की कार्यपद्धति को समझने में मदद मिली है। प्रत्येक कोशिका अणु उत्पन्न करती है। कोशिकाओं द्वारा तैयार अणु छोटे-छोटे समूहों में शरीर में प्रवेश करते हैं, जिन्हें वेसिकल्स कहा जाता है। ये समूह सही स्थान व सही समय पर किस प्रकार पहुँचते हैं, इसी तंत्र का पता इन वैज्ञानिकों ने लगाया है।

जर्मन मूल के सुडॉफ ने अपना बचपन गोटिंगेन में व्यतीत किया। सुडॉफ ने आर.डब्ल्यू.टी.एच. आचेन विश्वविद्यालय, हार्वर्ड विश्वविद्यालय तथा गोटिंगेन विश्वविद्यालय में चिकित्सा विज्ञान का अध्ययन किया तथा 1982 में एम.डी. की डिग्री प्राप्त की। इसी वर्ष उन्होंने डॉक्टरेट का शोधग्रंथ पूर्ण किया, जिसमें उन्होंने क्रोमाफिन कोशिकाओं की संरचना तथा उसके कार्य का वर्णन किया।

1986 में उन्होंने डॉक्टरेट के बाद का अपना प्रशिक्षण पूरा किया और वे हार्वर्ड ह्यूज मेडिकल इंस्टीट्यूट में निरीक्षक बना दिए गए।

2008 में सुडॉफ स्टेनफोर्ड विश्वविद्यालय चले गए। वर्तमान में वे स्कूल ऑफ मेडिसन में अवराम गोल्डस्टेन प्रोफेसर होने के साथ-साथ शरीर विज्ञान, मनोरोग चिकित्सा तथा तंत्रिका विज्ञान के प्रोफेसर भी हैं।

शेकमैन, रैंडी डब्ल्यू.

नागरिकता : संयुक्त राज्य अमरीका

जन्म : 30 दिसंबर, 1948; मिनीसोटा, अमरीका

कैलीफोर्निया विश्वविद्यालय, बर्कले में कोशिका जीवविज्ञानी रैंडी वेन शेकमैन को जेम्स रोथमैन और थॉमस सुडॉफ के साथ चिकित्सा के क्षेत्र में 2013 के नोबेल पुरस्कार से सम्मानित किया गया।

उन्होंने 1971 में लॉस एंजेल्स के कैलीफोर्निया विश्वविद्यालय से बी.ए. की शिक्षा ग्रहण की। उन्होंने एक विनिमय छात्र के रूप में अपना तीसरा वर्ष स्कॉटलैंड में एडिनबर्ग विश्वविद्यालय में व्यतीत किया। उन्होंने 1975 में आर्थर कार्नबर्ग के साथ कार्य करते हुए डी.एन.ए. की प्रतिकृति पर अपने शोध के लिए स्टेनफोर्ड विश्वविद्यालय से पीएच.डी. की डिग्री हासिल की। 1984 में वे सहायक प्रोफेसर तथा 1994 में प्रोफेसर बने।

1991 से शेकमैन हार्वर्ड ह्यूज मेडिकल इंस्टीट्यूट में एक इन्वेस्टीगेटर के रूप में कार्यरत हैं। मानव कोशिकाओं के ट्रांसपोर्ट सिस्टम के बारे में किए गए उनके उल्लेखनीय शोध के लिए उन्हें नोबेल पुरस्कार से सम्मानित किया गया।

कोशिकाओं द्वारा इंसुलिन तैयार करने के बाद जब इसे खून में छोड़ दिया जाता है तो एक नर्व सेल से दूसरे नर्व सेल को रासायनिक संकेत भेजे जाते हैं। इस प्रकार सेल ट्रांसपोर्टेशन की पूरी प्रक्रिया को समझने में इन तीनों वैज्ञानिकों ने मदद की।

2010 में शेकमैन को दक्षिणी कैलीफोर्निया विश्वविद्यालय के कैक स्कूल ऑफ मेडिसिन की ओर से मैसरी पुरस्कार प्रदान किया गया। 2013 में वे रॉयल सोसायटी के विदेशी सदस्य चुने गए।

शेकमैन पहले ही कह चुके थे कि वे 400,000 डॉलर की अपनी पुरस्कार राशि कैंसर निवारण केंद्र की स्थापना हेतु दान कर देंगे जिसका नाम उनकी माँ और बहन के नाम पर रखा गया है, जिनकी कैंसर के कारण मृत्यु हो गई थी। जेम्स ई. रोथमैन, थॉमस सी. सुडॉफ और रैंडी डब्ल्यू. शेकमैन को संयुक्त रूप से मानव कोशिकाओं की वाहक व्यवस्था के संबंध में किए गए उल्लेखनीय अनुसंधान के लिए नोबेल पुरस्कार से सम्मानित किया गया।

साहित्य

मुनरो, एलिस

नागरिकता : कनाडा

जन्म : 10 जुलाई, 1931; ओंटारियो, कनाडा

2013 के साहित्य के नोबेल पुरस्कार के लिए एलिस मुनरो के नाम की घोषणा करते हुए नोबेल समिति ने यह संकेत दिया था कि किसी भी साहित्यकार की रचनाओं का मूल्यांकन करते हुए विधा या शिल्प मायने नहीं रखते, बल्कि महत्त्वपूर्ण होती है रचनाकार की दृष्टि। छोटी-छोटी कहानियाँ भी मानवीय संबंधों की परतों के बीच धँसकर कोई बड़ा सच पाठकों के सामने प्रस्तुत करती हैं, तो वे अमूल्य बन जाती हैं।

एलिस मुनरो नोबेल के इतिहास की प्रथम ऐसी लेखिका हैं, जिन्हें शुद्ध रूप से उनकी कहानियों अथवा लघु-कथाओं के लिए इस पुरस्कार से सम्मानित किया गया है। कनाडा में उन्हें लोग 'हमारी चेखव' के नाम से पुकारते हैं। उनकी कहानियाँ अक्सर ओंटारियो नामक कस्बे की पृष्ठभूमि में जन्म लेती हैं। उनकी रचनाओं में आनेवाले उनके चरित्र भी लेखिका के जाने-पहचाने चेहरे हैं। उनका लेखन उन्हें समकालीन कथा लेखन के सर्वश्रेष्ठ हस्ताक्षरों में स्थापित करता है।

किशोरावस्था से ही अपना लेखन प्रारंभ करनेवाली एलिस मुनरो (जन्म नाम : एलिस अन लैडलॉ) के पिता रॉबर्ट एरिक लैडलॉ एक किसान थे और उनकी माँ एनी क्लार्क लैडलॉ (जन्म नाम : चमनी) एक अध्यापिका। यूनिवर्सिटी ऑफ वेस्टर्न ओंटारियो की छात्रा के रूप में उनकी प्रथम कहानी 'छाया के आयाम' (द डाइमेंशन्स ऑफ ए शैडो) प्रकाशित हुई। 1968 में उनका पहला कहानी संग्रह 'डांस ऑफ द हैप्पी शेड्स' प्रकाशित हुआ जिसे कनाडा का सर्वोच्च साहित्य सम्मान 'गवर्नर जनरल अवार्ड' प्रदान किया गया। इसके बाद, 1971 में उनका परस्पर संबंध कहानियों वाला दूसरा कहानी संग्रह 'लाइफ ऑफ गर्ल्स एंड वुमैन' प्रकाशित हुआ। 1978 में एक और कहानी संग्रह 'हू डू यू थिंक यू आर' प्रकाशित हुआ। 1980 और 1990 के दशक में लगभग प्रत्येक चार वर्ष के अंतराल पर उनकी कहानियों के संग्रह प्रकाशित होते रहे। 2006 में उनका प्रसिद्ध संग्रह 'द व्यू फ्रॉम द कैसाल रॉक', 2009 में 'टू मच हैप्पीनेस' और उनका सबसे ताजा संग्रह 'डियर लाइफ' (2012) प्रकाशित हुआ। 2009 में उन्हें मैनबुकर पुरस्कार से नवाजा गया।

एलिस मुनरो ने अपने जीवन में एक वेट्रेस, तंबाकू चुननेवाली और लाइब्रेरी क्लर्क का काम भी किया। 1951 में उन्होंने जेम्स मुनरो से विवाह किया। 1963 में मुनरो परिवार विक्टोरिया चला गया। वहाँ उन्होंने मुनरोज बुक्स नामक प्रसिद्ध किताबों की दुकान खोली।

मुनरो की कहानियों में आनेवाली महिलाएँ अपनी इच्छाओं को खुलकर अभिव्यक्ति करती हैं, यहाँ तक कि कामेच्छा की भी। नोबेल समिति ने उन्हें पुरस्कृत करके एक प्रकार से विश्व की स्त्री रचनाशीलता के प्रति भी सम्मान व्यक्त किया है। उन्हें समकालीन लघु-कथाओं के क्षेत्र में उनकी महारत के लिए नोबेल पुरस्कार से सम्मानित किया गया है।

शान्ति

रासायनिक हथियार निषेध संगठन
अर्थात्
ऑर्गेनाइजेशन फॉर प्रोहिबिशन ऑफ
केमिकल वेपन्स

ऑर्गेनाइजेशन फॉर प्रोहिबिशन ऑफ केमिकल वेपंस

स्थापना वर्ष : 29 अप्रैल, 1997

मुख्यालय : हेग, नीदरलैंड्स

रासायनिक हथियार निषेध संगठन अर्थात ऑर्गेनाइजेशन फॉर प्रोहिबिशन ऑफ केमिकल वेपंस संयुक्त राष्ट्र संघ द्वारा समर्थित एक संस्था है, जो दुनिया भर में रासायनिक हथियारों को नष्ट करने और उनकी रोकथाम के लिए काम करती है।

2013 का नोबेल शान्ति पुरस्कार प्राप्त करनेवाला यह संगठन हाल ही में सीरिया संकट के दौरान चर्चा में आया था, जहाँ यह हथियारों को समाप्त करने का कार्य देख रहा है। संयुक्त राष्ट्र सुरक्षा परिषद के संकल्प के तहत, वहाँ रासायनिक हथियारों को 2014 के मध्य तक खत्म करने का लक्ष्य रखा गया है। 17 वर्ष पूर्व गठित यह संगठन लगभग 57 हजार टन रासायनिक हथियार समाप्त कर चुका है। इनमें सबसे अधिक हथियार अमरीका व सोवियत संघ के बीच चले शीत युद्ध के समय के हैं।

इस संगठन में 190 सदस्य राष्ट्र हैं, जो प्रतिवर्ष होनेवाले इसके सम्मेलनों में भाग ले सकते हैं और समान मताधिकार रखते हैं। आमतौर पर सम्मेलन में सभी देशों का प्रतिनिधित्व संगठन के एक स्थायी प्रतिनिधि द्वारा किया जाता है, जो अधिकांशत: (नीदरलैंड्स के लिए) एक राजदूत भी होता है।

इस वर्ष के नोबेल शान्ति पुरस्कार के लिए पाकिस्तान की 16 वर्ष की सामाजिक कार्यकर्ता मलाला यूसुफजई का नाम पहली पसंद माना जा रहा था। हालाँकि अमरीकी इंटेलिजेंस लीकर एडवर्ड स्नोडेन का नाम भी इसके लिए चर्चा में था, जबकि पुरस्कार की घोषणा से पूर्व ओ.पी.सी. डब्ल्यू. दौड़ में आगे नहीं था, किंतु रासायनिक हथियारों के खात्मे के लिए पुरजोर कोशिश करने पर उसे नोबेल शान्ति पुरस्कार के लिए चुना गया।

संगठन का नेतृत्व एक महानिदेशक करते हैं, जिनकी नियुक्ति सीधे सम्मेलन में की जाती है। इसके प्रथम महानिदेशक का द्वितीय कार्यकाल केवल एक वर्ष का था। उसके बाद सदस्य देशों के अविश्वास के आधार पर उन्हें (जोर मोरिसियो बुसटानी, ब्राजील) पदमुक्त कर दिया गया। संगठन के वर्तमान महानिदेशक (25 जुलाई, 2010 के बाद से) तुर्की के अहमत उजियुमजू हैं।

अर्थशास्त्र

फामा, यूजीन फ्रांसिस

नागरिकता : संयुक्त राज्य अमरीका

जन्म : 14 फरवरी, 1939; मेसाचुसेट्स, अमरीका

यूजीन फामा एक अमरीकी अर्थशास्त्री हैं, जिन्हें 'पूँजी के मूल्यों के लिए आनुभाविक विश्लेषण' पर शोध के लिए पीटर हान्सेन तथा रॉबर्ट शिलर के साथ संयुक्त रूप से 2013 के अर्थशास्त्र में नोबेल पुरस्कार से सम्मानित किया गया।

वर्तमान में शिकागो विश्वविद्यालय के बूथ स्कूल ऑफ बिजनेस में वित्त के प्रोफेसर यूजीन फामा का जन्म बोस्टन, मेसाचुसेट्स में एंजेलीना (जन्म नाम : सारासेनो) तथा फ्रांसिस फामा के यहाँ हुआ। उनके सभी पूर्वज इटली से आए आप्रवासी थे। उन्होंने 1960 में तुजत्स विश्वविद्यालय से स्नातक की डिग्री प्राप्त की तथा इसके साथ-साथ उन्हें स्कूल का एक उत्कृष्ट छात्र-एथलीट भी चुना गया।

उन्होंने बूथ स्कूल ऑफ बिजनेस से अर्थशास्त्र व वित्त में क्रमश: एम.बी.ए. तथा पीएच.डी. की डिग्रियाँ हासिल कीं। उन्होंने अपना अध्यापन जीवन शिकागो विश्वविद्यालय में व्यतीत किया। अपनी पीएच.डी. उन्होंने नोबेल पुरस्कार प्राप्त मर्टन मिलर तथा हैरी रॉबर्ट्स की देखरेख में पूरी की, लेकिन बेनोइत मैन्डलब्रो का भी उन पर महत्त्वपूर्ण प्रभाव था। पीएच.डी. का उनका शोध लेख जनवरी 1955

में जर्नल ऑफ बिजनेस में प्रकाशित हुआ था, जिसका निष्कर्ष था कि शेयरों की कीमतों की चाल अप्रत्याशित होती है। यह लेख 'द बिहेवियर ऑफ स्टॉक मार्केट प्राइसिज' शीर्षक से प्रकाशित हुआ था।

फामा को सफल-बाजार की परिकल्पना का जनक भी कहा जाता है।

हान्सेन, लार्स पीटर

नागरिकता : संयुक्त राज्य अमरीका

जन्म : 26 अक्टूबर, 1952; इलिनोइस, अमरीका

लार्स पीटर हान्सेन एक अमरीकी अर्थशास्त्री हैं, जिन्हें 'पूँजी के मूल्यों के लिए आनुभाविक विश्लेषण' पर शोध के लिए यूजीन फामा और रॉबर्ट शिलर के साथ संयुक्त रूप से 2013 के अर्थशास्त्र के नोबेल पुरस्कार से सम्मानित किया गया। नोबेल पुरस्कार समिति का कहना है कि इन तीनों अर्थशास्त्रियों के अलग-अलग किए गए काम ने 'पूँजी के मूल्य पर वर्तमान समझ का एक आधार तैयार किया है।' हान्सेन ने एक ऐसी सांख्यिकीय प्रणाली को विकसित किया, जिससे पूँजी की कीमत के सिद्धांतों को परखा जा सकता है।

हान्सेन एक प्रतिष्ठित मैक्रोइकोनॉमिस्ट भी हैं, जिन्होंने अर्थव्यवस्था के वित्तीय व वास्तविक क्षेत्रों के बीच के संबंधों को विस्तार से परिभाषित किया है।

1974 में ऊटाह विश्वविद्यालय से गणित व राजनीति-विज्ञान में स्नातक की डिग्री तथा 1978 में मिनीसोटा विश्वविद्यालय से अर्थशास्त्र में पीएच.डी. की डिग्री हासिल करने के बाद उन्होंने 1981 में शिकागो विश्वविद्यालय जाने से पूर्व कार्नेगी मैलन विश्वविद्यालय में एक सहायक तथा सहायक प्रोफेसर के रूप में कार्य किया। वर्तमान में वे शिकागो विश्वविद्यालय में अर्थशास्त्र व सांख्यिकी के प्रोफेसर नियुक्त हैं।

हान्सेन ने ग्रेस जियांग से विवाह किया, जो प्रसिद्ध अर्थशास्त्री शो-चिएह-जियांग की सुपुत्री हैं। हान्सेन के पिता ने ऊटाह विश्वविद्यालय में एक प्रधान पदाधिकारी के रूप में अपनी सेवाएँ दीं, जो एक जैव रसायनविज्ञानी थे।

शिलर, रॉबर्ट जेम्स

नागरिकता : संयुक्त राज्य अमरीका

जन्म : 29 मार्च, 1946; मिशिगन, अमरीका

डेट्रायट, मिशिगन में रूथ रॉड्सविले तथा बेंजामिन पीटर शिलर के यहाँ जन्मे रॉबर्ट जेम्स शिलर एक अर्थशास्त्री हैं, जिन्हें यूजीन फामा तथा लार्स पीटर हान्सेन के साथ संयुक्त रूप से 2013 के अर्थशास्त्र के नोबेल पुरस्कार से अलंकृत किया गया। उन्हें यह पुरस्कार 'पूँजी के मूल्यों के लिए आनुभाविक विश्लेषण पर शोध' के लिए प्रदान किया गया। वर्तमान में वे येल विश्वविद्यालय में अर्थशास्त्र के प्रोफेसर के रूप में कार्यरत हैं तथा येल प्रबंधन के अंतरराष्ट्रीय वित्त केंद्र में एक फेलो के रूप में कार्य कर रहे हैं। शिलर 1980 से राष्ट्रीय अर्थशास्त्र शोध ब्यूरो में शोध सहायक हैं। 2005 में वे अमरीकन इकोनॉमिक एसोसिएशन के उपाध्यक्ष तथा 2006-07 के लिए ईस्टर्न इकोनॉमिक एसोसिएशन के अध्यक्ष थे। वे निवेश प्रबंधन कंपनी मैक्रो मार्केट्स एल.एल.सी. के सह-संस्थापक तथा मुख्य अर्थशास्त्री भी हैं।

शिलर ने कलामाजू कॉलेज तथा मिशिगन विश्वविद्यालय से शिक्षा ग्रहण की, जहाँ उन्होंने 1967 में बी.ए. की डिग्री प्राप्त की। उन्होंने 1972 में मेसाचुसेट्स इंस्टीट्यूट ऑफ टेक्नोलॉजी से पीएच.डी. की डिग्री हासिल की। उन्होंने 1982 से येल विश्वविद्यालय में अध्यापन कार्य किया और पेंसिलवानिया विश्वविद्यालय के व्हार्टन स्कूल व मिनीसोटा विश्वविद्यालय में विभिन्न पदों पर कार्य किया। उन्होंने व्यावहारिक वित्त को लेकर जोखिम प्रबंधन तथा रियल एस्टेट जैसे आर्थिक विषयों पर भी लेख लिखे। उनकी पुस्तक

'मैक्रो मार्केट्स' (Macro Markets) को प्रथम 'वार्षिक पॉल ए. सैमुएल्सन' पुरस्कार प्रदान किया गया।

2000 में प्रकाशित उनकी पुस्तक 'अतार्किक उत्साह' (Irrational Excuberance) में उन्होंने चेतावनी दी थी कि मार्च, 2000 में शेयर बाजार में आई तूफानी तेजी मात्र एक बुलबुला है जो एक बड़ी गिरावट का कारण बन सकती है। यह पुस्तक न्यू यॉर्क टाइम्स की एक बेस्ट सेलर पुस्तक रही है, जिसका दूसरा संस्करण 2005 में प्रकाशित हुआ।

शिलर की गिनती विश्व के 100 सबसे प्रभावशाली अर्थशास्त्रियों में की जाती है। 2010 में उन्होंने वित्तीय तथा बैंकिंग प्रणालियों में सुधार करने के विचार का समर्थन किया। 2011 में उन्हें वैश्विक वित्त के क्षेत्र में 'ब्लूमवर्ग 50 सबसे प्रभावशाली व्यक्तियों' की सूची में स्थान दिया गया। यूजीन फ्रांसिस फामा, लार्स पीटर हान्सेन और रॉबर्ट जेम्स शिलर को संयुक्त रूप से पूँजी के मूल्यों के लिए अनुभवजन्य विश्लेषण के लिए नोबेल पुरस्कार से सम्मानित किया गया।

भौतिक विज्ञान

रसायन विज्ञान

शरीर विज्ञान/चिकित्सा विज्ञान

साहित्य

शान्ति

अर्थशास्त्र

2014

भौतिक विज्ञान

अकासाकी, इसामु
नागरिकता : जापान
जन्म : 30 जनवरी, 1929; कागोशिमा, जापान

2014 का भौतिकी में नोबेल पुरस्कार इसामु अकासाकी को दो अन्य वैज्ञानिकों शुजी नाकामूरा और हिरोशी अमानो के साथ संयुक्त रूप से दिया गया। इन्हें यह सम्मान गैलियन नाट्राइड (GaN)p-n जंक्शन नीली एल.ई.डी. और इससे ही ज्यादा रोशनी वाली एल.ई.डी. बनाने के लिए प्रदान किया गया।

कागोशिमा प्रांत में जन्मे अकासाकी ने 1952 में क्योटो विश्वविद्यालय से स्नातक की शिक्षा पूरी की और 1964 में नागोया विश्वविद्यालय से इलेक्ट्रॉनिक्स में डॉक्टर ऑफ इंजीनियरिंग की डिग्री हासिल की। उन्होंने 1960 के दशक के अंतिम वर्षों में नीली एल.ई.डी. पर काम करना शुरू किया। धीरे-धीरे उन्होंने मत्सुशिता रिसर्च इंस्टीट्यूट में GaN क्रिस्टल की गुणवत्ता में सुधार किया।

लेकिन उनके लिए सबसे बड़ी समस्या थी नीले डायोड की कमी जिसकी वजह से सफेद रोशनी पैदा नहीं हो पा रही थी। पिछले कई वर्षों से वैज्ञानिक नीले लेड की खोज कर रहे थे लेकिन सफल नहीं हो पा रहे थे। हालाँकि लाल और हरे लेड की खोज बहुत पहले ही हो चुकी थी लेकिन सफेद प्रकाश में सहयोग देने वाले नीले लेड की खोज नहीं हो पा रही थी। वास्तव में, इस रोशनी की गुणवत्ता बहुत अच्छी होती है और इससे बिजली की खपत भी बहुत कम होती है। इससे न तो पर्यावरण को नुकसान पहुँचता है और न ही स्वास्थ्य को।

इन तीनों वैज्ञानिकों की इस खोज से सस्ती और बेहतर रोशनी का सपना साकार हो गया है। अब तीनों रंगों की एल.ई.डी. को मिलाकर सफेद एल.ई.डी. रोशनी को बनाना और टी.वी. स्क्रीन तथा कंप्यूटरों के लिए इसका इस्तेमाल करना मुमकिन हो गया है।

अमानो, हिरोशी

नागरिकता : जापान

जन्म : 11 सितंबर, 1960; हमाम्त्सु

हिरोशी अमानो नीले प्रकाश के उत्सर्जक डायोड का आविष्कार करने के लिए जाने जाते हैं। उन्हें प्रो. इसामु अकासाकी और शुजी नाकामूरा के साथ संयुक्त रूप से 2014 के भौतिक विज्ञान के नोबेल पुरस्कार से सम्मानित किया गया।

हिरोशी अमानो ने नागोया विश्वविद्यालय से बैचलर ऑफ इंजीनियरिंग, मास्टर ऑफ इंजीनियरिंग और डॉक्टर ऑफ इंजीनियरिंग की डिग्रियाँ क्रमश: 1983, 1985 और 1989 में प्राप्त कीं। उसके बाद वे मेइजो विश्वविद्यालय में एक सहायक प्रोफेसर के रूप में नियुक्त हो गए। 1998 से 2002 तक उन्होंने एसोसिएट प्रोफेसर के रूप में कार्य किया। 2010 के बाद से वे नागोया विश्वविद्यालय के ग्रेजुएट स्कूल ऑफ इंजीनियरिंग में एक प्रोफेसर के रूप में कार्यरत हैं।

1982 में पूर्व स्नातक छात्र के रूप में वे इसामु अकासाकी के साथ जुड़ गए। 1989 में पहली बार पी-टाइप GaN तथा पी-एन-जंक्शन टाइप GaN आधारित अल्ट्रावायलेट / नीली रोशनी फैलाने वाले डायोड खोजने में सफल रहे।

प्रो. अकासाकी और शुजी नाकामूरा के साथ मिलकर कई वर्षों की कड़ी मेहनत के बाद नीली रोशनी वाले डायोड को हरी तथा लाल रोशनी के साथ मिलाकर सफेद रोशनी पैदा करने में सफल हो गए। एक अरसे बाद जनसाधारण के योग्य एक तकनीकी खोज के लिए उन्हें यह पुरस्कार प्राप्त हुआ है।

यहाँ महत्त्वपूर्ण बात यह है कि सबसे पहले लाल रोशनी देनेवाला डायोड खोजा गया, जो पचास के दशक से ही अपनी मद्धिम रोशनी बिखेर रहा है। इसके दस वर्ष बाद हरी रोशनी वाले डायोड को बनाया गया लेकिन सफेद रोशनी पाने के लिए नीली रोशनी का आना बहुत आवश्यक था, जो किसी भी प्रकार मिल नहीं पा रही थी। अंतत: तीनों वैज्ञानिक 2014 में इसे खोजने में सफल रहे। अधिक रोशनी देनेवाले और बिजली की बेहद कम खपत करनेवाले नीले एल.ई.डी. की सहायता से सस्ती दूधिया रोशनी को घर-घर पहुँचाने का सपना आखिरकार अब साकार हुआ।

नाकामूरा, शुजी

नागरिकता : संयुक्त राज्य अमरीका

जन्म : 22 मई, 1954; इकाता, एहिमे, जापान

शुजी नाकामूरा को प्रो. इसामु अकासाकी और हिरोशी अमानो के साथ संयुक्त रूप से 2014 के भौतिक विज्ञान के नोबेल पुरस्कार से नवाजा गया।

जापानी मूल के अमरीकी नागरिक शुजी नाकामूरा ने 1977 में तोकुशिमा विश्वविद्यालय से इलेक्ट्रॉनिक इंजीनियरिंग में बी.ई. की डिग्री हासिल की और दो वर्ष बाद इसी विषय में मास्टर ऑफ इंजीनियरिंग की डिग्री प्राप्त की। बाद में, वे तोकुशिमा की निचिया कॉर्पोरेशन से जुड़ गए।

इससे पूर्व, जे.आई. पानकोव 1960 के दशक में अपने साथियों के साथ बहुत प्रयास कर चुके थे, लेकिन वह GaN एल.ई.डी. को बनाने में सफल नहीं हो पाए थे। उनके प्रयासों में सबसे बड़ी समस्या थी पी-टाइप GaN की। बाद में प्रो. इसामु अकासाकी के नेतृत्व में पता चला कि इसमें मुख्य अड़चन थी हाइड्रोजन, जो GaN में एक निष्क्रिय एक्सेप्टर होता है।

लेकिन जी-तोड़ मेहनत के बाद भी GaN एल.ई.डी. बनाना बहुत कठिन सिद्ध हो रहा था और तभी निचिया कॉर्पोरेशन ने उन्हें यह काम बंद कर देने का आदेश दिया क्योंकि इस पर बहुत सारा समय और धन खर्च करने के बाद भी कोई परिणाम हासिल नहीं हो रहा था। इसके बावजूद, नाकामूरा हतोत्साहित नहीं हुए और उन्होंने अपने बल पर नीले एल.ई.डी. पर काम करना जारी रखा और 1993 में वे एक उपकरण बनाने में सफल रहे।

नीली एल.ई.डी. रोशनी ने सफेद एल.ई.डी. प्रकाश को एक नई दिशा दी। लाल, हरे और नीले रंग के एल.ई.डी. के संयोजन से सफेद एल.ई.डी. रोशनी के प्राप्त होने से ऐसे इलाकों में सौर ऊर्जा के माध्यम से एल.ई.डी. रोशनी का इस्तेमाल किया जा सकता है, जहाँ अब भी रोशनी नहीं पहुँच रही है। आँकड़ों के अनुसार, दुनिया की डेढ़ अरब आबादी अभी भी बिजली की सुविधा से वंचित है।

शुजी नाकामूरा के नाम लगभग 100 से भी अधिक पेटेंट दर्ज हैं।

रसायन विज्ञान

बिट्‌जिग, एरिक

नागरिकता : संयुक्त राज्य अमरीका

जन्म : 30 जनवरी, 1960; ऐन ऑर्बन, मिशिगन

एरिक बिट्‌जिग (पूरा नाम रॉबर्ट एरिक बिट्‌जिग)एक अमरीकी भौतिकविज्ञानी हैं। उन्हें फ्लूरेंस माइक्रोस्कोप के क्षेत्र में विकास के लिए स्टीफन हेल और विलियम एस्को मोइर्नर के साथ संयुक्त रूप से 2014 के रसायनशास्त्र के नोबेल पुरस्कार से सम्मानित किया गया।

रॉबर्ट बिट्‌जिग के सुपुत्र एरिक बिट्‌जिग का जन्म ऐन ऑर्बर, मिशिगन में हुआ था। उन्होंने कैलीफोर्निया इंस्टीट्यूट ऑफ टेक्नोलॉजी से भौतिक विज्ञान में 1983 में स्नातक की डिग्री प्राप्त की। उसके बाद वे अध्ययन के लिए कॉर्नेल विश्वविद्यालय चले गए, जहाँ उन्होंने 1985 में एम.एस. तथा 1988 में एप्लाइड एंड इंजीनियरिंग फिजिक्स में पीएच-डी. की डिग्री ग्रहण की।

डॉक्टरेट की डिग्री पाने के बाद उन्होंने ए.टी. एंड टी. बेल लेबोरेटरीज में सेमी कंडक्टर भौतिकी अनुसंधान विभाग में कार्य किया। 1996 में, वे ऐन ऑर्बर मशीन कंपनी में अनुसंधान व विकास विभाग के उपाध्यक्ष नियुक्त हुए। इस कंपनी का स्वामित्व उनके पिता के पास था। यहाँ उन्होंने फ्लैक्सिबल एडाप्टिव सर्वोहाइड्रोलिक टेक्नो-लॉजी विकसित की लेकिन इसे व्यावसायिक रूप से सफलता नहीं मिल पाई।

तत्पश्चात वे माइक्रोस्कोप के क्षेत्र की ओर लौट गए और उन्होंने फोटोएक्टिवेटेड लोकलाइजेशन माइक्रोस्कोप का विकास किया। 2006 में वे हॉवर्ड ह्यूज मेडिकल इंस्टीट्यूट के जेनेलिया फार्म रिसर्च कैंपस के साथ जुड़ गए। वहाँ उन्होंने सुपर-हाई रेजोल्यूशन फ्लूरोसेंस माइक्रोस्कोप तकनीक का विकास किया।

एरिक बिट्‌जिग, स्टीफन हेल तथा विलियम एस्को इन तीनों वैज्ञानिकों ने माइक्रोस्कोप को नैनोस्कोप में बदल दिया, जिससे अब जीवित कोशिका के अंदर के प्रत्येक अणु को भी स्पष्ट रूप से देखा जा सकता है। नोबेल समिति के अनुसार, इन वैज्ञानिकों ने माइक्रोस्कोप की दर्शिता की सीमाओं को तोड़कर विज्ञान का एक नया मार्ग खोल दिया है।

हेल, स्टीफन

नागरिकता : जर्मनी

जन्म : 23 दिसंबर, 1962; आरद, रोमानिया

स्टीफन (वाल्टर) हेल को एरिक बिट्‌जिग और विलियम एस्को मोइर्नर के साथ संयुक्त रूप से 2014 के रसायन विज्ञान के नोबेल पुरस्कार से सम्मानित किया गया। उन्हें यह पुरस्कार प्रतिदीप्ति (फ्लूरेंस) सूक्ष्मदर्शिकी के क्षेत्र में उनके असाधारण कार्य के लिए दिया गया।

रोमानिया में जन्मे जर्मन भौतिकविज्ञानी स्टीफन हेल जर्मनी के गोटिंगेन में स्थित मैक्स प्लैंक इंस्टीट्यूट फॉर बायोफिजिकल केमेस्ट्री के निदेशकों में से एक हैं। उनके पिता एक इंजीनियर और उनकी माता एक अध्यापिका थीं।

हेल ने 1981 में हीडेलबर्ग विश्वविद्यालय से अपनी उच्च शिक्षा की शुरुआत की और 1990 में भौतिक विज्ञान में डॉक्टरेट की डिग्री ग्रहण की। उन्होंने स्वतंत्र रूप से कॉन्फोकल माइक्रोस्कोपी में सुधार करने की दिशा में कार्य किया, जिसे बाद में 4pi माइक्रोस्कोप के नाम से जाना गया।

1991 से 1993 तक हेल ने हीडेलबर्ग में यूरोपियन मोलेक्यूलर बायोलॉजी लेबोरेटरी में कार्य किया। 5 अक्टूबर, 2002 को, वे मैक्स प्लैंक इंस्टीट्यूट फॉर बायोफिजिक्स केमिस्ट्री के निदेशक बन गए और उन्होंने नैनोबायोफोटोनिक्स विभाग की स्थापना की। 2003 से वे हीडेलबर्ग में जर्मन कैंसर रिसर्च सेंटर में 'ऑप्टिकल नैनोस्कोपी डिवीजन' के प्रमुख भी हैं।

उन्होंने स्टिम्यूलेटेड एमिशन डिप्लीशन माइक्रोस्कोपी के आविष्कार व विकास के साथ दिखाया कि फ्लूरेंस माइक्रोस्कोप की देखने की क्षमता को सुधारा जा सकता है। अब तक वैज्ञानिकों की धारणा थी कि केवल 0.2 माइक्रोमीटर के अणुओं को माइक्रोस्कोप की सहायता से देखा जा सकता है लेकिन उनके नए शोध ने इस सीमा को पार कर लिया है। उनकी इस खोज से भौतिक विज्ञान तथा जीव विज्ञान दोनों ही संपन्न हुए हैं।

मोइर्नर, विलियम एस्को

नागरिकता : संयुक्त राज्य अमरीका

जन्म : 24 जून, 1953; कैलीफोर्निया

विलियम एस्को मोइर्नर एक अमरीकी भौतिक रसायनज्ञ और रसायन भौतिकविद् हैं, जिनका वर्तमान कार्य जैव-भौतिकी के क्षेत्र में है। उन्हें एरिक बिट्जिग और स्टीफन हेल के साथ संयुक्त रूप से 'फ्लूरेंस माइक्रोस्कोप के क्षेत्र में विकास' कार्य के लिए 2014 के रसायन विज्ञान के नोबेल पुरस्कार से विभूषित किया गया।

मोइर्नर का जन्म बेर्था फ्रांसिस (रॉबिन्सन) और विलियम एल्फ्रेड मोइर्नर के घर हुआ। उन्होंने सेंट लुइस में वाशिंगटन विश्वविद्यालय से विज्ञान में स्नातक की डिग्री प्राप्त की और कार्नेल विश्वविद्यालय से 1978 में एम.एस. तथा 1982 में भौतिक विज्ञान में पीएच.डी. की डिग्री हासिल की।

मोइर्नर ने 1981 से 1988 तक कैलीफोर्निया के आई.बी.एम. अल्माडेन रिसर्च सेंटर में रिसर्च स्टाफ सदस्य के रूप में, 1988 से 1989 तक प्रबंधक के रूप में और 1989 से 1995 तक प्रोजेक्ट लीडर के रूप में काम किया। 1995 से 1998 तक वे सैन डियागो, कैलीफोर्निया विश्व-विद्यालय में रसायनशास्त्र व जैव रसायनशास्त्र विभाग में भौतिक रसायनशास्त्र के विशिष्ट चेयरमैन थे।

1986 में वे स्टेनफोर्ड विश्वविद्यालय में चले गए, जहाँ रसायनशास्त्र के प्रोफेसर बने; 2003 में हैरी एस. मोशेर प्रोफेसर और 2005 में व्यावहारिक भौतिकी के प्रोफेसर नियुक्त किए गए। उनके वर्तमान शोध के क्षेत्र हैं : सिंगल-मोलेक्यूल स्पेक्ट्रोस्कोपी और सुपर रेजोल्यूशन माइक्रोस्कोपी, भौतिक रसायनशास्त्र, रासायनिक भौतिक विज्ञान, जैव भौतिकी, नैनोफोटोनिक्स तथा फोटोरिफ्रेक्टिव पॉलिमर्स।

मोइर्नर ने ह्यूटिंग्टन नामक बीमारी से संबंधित प्रोटीन का अध्ययन किया। यह मस्तिष्क से संबंधित एक बीमारी है जिसमें मांसपेशियों के बीच सामंजस्य नहीं हो पाता है।

उन्होंने एरिक बिट्जिग तथा स्टीफन हेल के साथ मिलकर फ्लूरेंस माइक्रोस्कोप की खोज की, जिससे अब जीवित कोशिका के अंदर के प्रत्येक अणु को साफ तौर पर देखा जा सकता है। अब तक वैज्ञानिक 0.2 माइक्रोमीटर के आकार के अणुओं को ही किसी अच्छे माइक्रोस्कोप से देख सकते थे किंतु इस खोज से 1000 गुणा छोटी चीजों को भी साफ-साफ देखा जा सकता है। इस खोज ने नैनो टेक्नोलॉजी को एक नया आयाम दिया है। (1 मीटर = 10,00,000 माइक्रोमीटर = 100,00,00,000 नैनो मीटर)।

शरीर विज्ञान / चिकित्सा विज्ञान

कीफ, जॉन ओ'
नागरिकता : ब्रिटेन
जन्म : 18 नवंबर, 1939; न्यू यॉर्क सिटी, अमरीका

जॉन ओ' कीफ एक अमरीकी तंत्रिका विज्ञानी और इंस्टीट्यूट ऑफ कॉग्निटिव न्यूरोसाइंस तथा यूनिवर्सिटी कॉलेज, लंदन में डिपार्टमेंट ऑफ एनाटॉमी के प्रोफेसर हैं। उन्हें 2014 में 'दिमाग के जी.पी.एस. सिस्टम की खोज करने के लिए शरीर विज्ञान/चिकित्सा विज्ञान के नोबेल पुरस्कार से सम्मानित किया गया। उन्हें यह पुरस्कार मोजर दंपती, एडवर्ड आई. मोजर और मे-ब्रिट मोजर के साथ संयुक्त रूप से प्रदान किया गया।

आइरिश आप्रवासी माता-पिता के घर न्यू यॉर्क में जन्मे ओ' कीफ ने मैनहट्टन के रेगीस से हाई स्कूल उत्तीर्ण करने के बाद न्यू यॉर्क के सिटी कॉलेज से बी.ए. की डिग्री प्राप्त की। उसके बाद वे अध्ययन के लिए मांट्रियल में मैकग्रिल विश्वविद्यालय चले गए, जहाँ उन्होंने 1964 में एम.ए. की डिग्री तथा 1967 में डोनाल्ड हैब के मनोविज्ञान विभाग में पीएच.डी. की डिग्री हासिल की। इसी वर्ष वे यूनिवर्सिटी कॉलेज, लंदन में पोस्ट डॉक्टोरल फेलो के रूप में कार्य करने लगे। 1987 में उन्हें प्रोफेसर का पद दिया गया।

उन्होंने अपने छात्र जोनाथन दोस्त्रोवस्की के साथ मिलकर व्यवस्थित ढंग से पर्यावरणीय कारकों का विश्लेषण करने के बाद, विशेष स्थान पर पहुँचने पर दिमाग में सक्रिय होनेवाली कोशिकाओं की खोज की। प्रयोग के दौरान उन्होंने देखा कि जब कोई जानवर (चूहा) एक खास स्थान पर आता था तो उसके दिमाग में विशेष कोशिकाएँ सक्रिय हो जाती थीं। जब जानवर दूसरी जगह होता, तब दूसरी कोशिकाएँ सक्रिय हो उठती थीं। इससे उन्होंने निष्कर्ष निकाला कि हमारा दिमाग अपने इर्द-गिर्द का पूरा नक्शा तैयार कर लेता है।

1971 में उनकी इस खोज के तीन दशक बाद 2005 में नॉर्वे के एडवर्ड मोजर और मे-ब्रिट मोजर ने मस्तिष्क के इस अदृश्य पोजीशनिंग प्रणाली के दूसरे भाग, ग्रिड कोशिकाओं, का पता लगाया। ये तंत्रिका कोशिकाएँ मस्तिष्क को स्थान और रास्ते याद रखने में सहायता देती हैं।

ओ' कीफ को 2001 में फेल्डबर्ग फाउंडेशन पुरस्कार, 2008 में (लिन नाडेल के साथ) मनोविज्ञान में ग्रावेमेयर पुरस्कार, 2008 में तंत्रिका विज्ञान के क्षेत्र में ग्रूबर पुरस्कार तथा 2013 में लुइसा ग्रॉस हॉरवित्ज पुरस्कार से सम्मानित किया गया।

उन्हें अमरीका तथा ब्रिटेन, दोनों देशों की नागरिकता प्राप्त है।

मोजर, एडवर्ड आई.
नागरिकता : नॉर्वे
जन्म : 27 अप्रैल, 1962; ऑलसंड, नॉर्वे

एडवर्ड आई मोजर नॉर्वे के मनोविज्ञानी तंत्रिकाविज्ञानी हैं, जिन्हें उनकी पत्नी मे-ब्रिट मोजर तथा जॉन ओ' कीफ के साथ संयुक्त रूप से 2014 के चिकित्सा विज्ञान के नोबेल पुरस्कार से सम्मानित किया गया। उन्हें यह पुरस्कार 'दिमाग के जी.पी.एस. सिस्टम' का पता लगाने के लिए दिया गया।

एडवर्ड मोजर ट्रॉन हैम, नॉर्वे स्थित नॉर्वेजियन यूनिवर्सिटी ऑफ साइंस एंड टेक्नोलॉजी (एन.टी.एन.यू.) के कवली इंस्टीट्यूट फॉर सिस्टम्स न्यूरोसाइंस एंड सेंटर फॉर द बायोलॉजी ऑफ मेमोरी में संस्थान निदेशक हैं।

ऑलसंड में एडवर्ड मोजर के जन्म से पूर्व ही उनके माता-पिता जर्मनी से नॉर्वे चले गए थे। एडवर्ड ने 1990 में ओस्लो विश्वविद्यालय से मनोविज्ञान में कैंडिडेट ऑफ साइकोलॉजी की डिग्री प्राप्त की। 1995 में उन्होंने तंत्रिका

शरीर विज्ञान (न्यूरोफिजियोलॉजी) के क्षेत्र में डॉक्टरेट शोध की डिग्री प्राप्त की। इसके अलावा उन्होंने गणित तथा सांख्यिकी का अध्ययन भी किया।

1994 से 1996 तक डॉक्टरेट के बाद उन्होंने एडिनबर्ग विश्वविद्यालय में तंत्रिका विज्ञान केंद्र में प्रशिक्षण प्राप्त किया। 1996 में वे एन.टी.एन.यू. में जैविक मनोविज्ञान विषय के एसोसिएट प्रोफेसर नियुक्त किए गए, जहाँ वे 1998 तक रहे। उसी वर्ष उन्हें तत्रिका विज्ञान के प्रोफेसर के रूप में पदोन्नत किया गया। इसके अलावा मोजर एन.टी.एन.यू. के बायोलॉजी ऑफ मेमोरी (2002) तथा कवली इंस्टीट्यूट फॉर सिस्टम्स न्यूरोसाइंस (2007) के संस्थापक निदेशक भी हैं।

वे यूनिवर्सिटी ऑफ एडिनबर्ग मेडिकल स्कूल में सेंटर फॉर कोग्निटिव एंड न्यूटल सिस्टम्स में मानद प्रोफेसर के रूप में भी अपनी सेवाएँ दे रहे हैं। नोबेल पुरस्कार के अतिरिक्त उन्होंने अपनी पत्नी के साथ विभिन्न पुरस्कार प्राप्त किए।

उन्होंने जॉन ओ' कीफ तथा मे-ब्रिट मोजर के साथ मिलकर पता लगाया कि दिमाग के एक खास हिस्से में सक्रिय 'प्लेस सेल्स' आसपास के क्षेत्र का एक चित्र तैयार कर लेते हैं, जिससे आसपास की स्थितियों के साथ ताल-मेल बिठाकर हमारा इधर-उधर आना-जाना आसान हो जाता है।

हालाँकि ओ' कीफ और मोजर दंपती के निकाले गए ये नतीजे चूहों पर किए गए प्रयोगों पर आधारित हैं, इसलिए वैज्ञानिकों के सामने यह बहुत बड़ी चुनौती है कि क्या इनसानी दिमाग भी चूहों के दिमाग की तरह काम करता है या नहीं। यह बहुत महत्त्वपूर्ण है क्योंकि यह खोज अल्जाइमर और दिमाग की अन्य बीमारियों का इलाज तलाशने में मदद करेगी।

मोजर, मे-ब्रिट
नागरिकता : नॉर्वे
जन्म : 4 जनवरी, 1963; फोसनावाग, नॉर्वे

मे-ब्रिट मोजर को, जो नॉर्वे की मनोविज्ञानी और तंत्रिकाविज्ञानी हैं, जॉन ओ' कीफ तथा अपने पति एडवर्ड आई मोजर के साथ संयुक्त रूप से 2014 के शरीर विज्ञान/चिकित्सा विज्ञान के नोबेल पुरस्कार से सम्मानित किया गया। उन्हें यह पुरस्कार 'शरीर के सबसे जटिल हिस्से दिमाग के जी.पी.एस.' की खोज करने के लिए प्राप्त हुआ।

इन तीनों वैज्ञानिकों की उपलब्धियों के बारे में नोबेल समिति ने टिप्पणी करते हुए कहा, ''यह खोज हमारे लिए उस समस्या का समाधान लेकर आई है, जिससे हमारे वैज्ञानिक और दार्शनिक सदियों से जूझते रहे हैं।''

हालाँकि, यूनिवर्सिटी कॉलेज, लंदन के प्रोफेसर ओ' कीफ ने 1971 में मस्तिष्क के भीतरी 'पोजीशनिंग सिस्टम' के पहले हिस्से का पता लगा लिया था। किंतु 2005 में मे-ब्रिट मोजर व एडवर्ड मोजर की टीम ने मस्तिष्क के एक अलग हिस्से का पता लगाया, जो नाविकों द्वारा बनाए चार्ट की तरह काम करता है।

मे-ब्रिट ने 1990 में ओस्लो विश्वविद्यालय से मनोविज्ञान में डिग्री प्राप्त की। उसके बाद उन्होंने 1995 में इसी विश्वविद्यालय से तंत्रिका शरीर विज्ञान (न्यूरोफिजियोलॉजी) में पीएच.डी. की डिग्री हासिल की। तत्पश्चात उन्होंने 1994 से 1996 तक एडिनबर्ग विश्वविद्यालय में सेंटर फॉर न्यूरो-साइंस में प्रशिक्षण प्राप्त किया। वे यूनिवर्सिटी कॉलेज लंदन में जॉन ओ' कीफ की प्रयोगशाला में विजिटिंग फेलो के पद पर रहीं।

मे-ब्रिट 1996 में नॉर्वे लौट आईं, वहाँ वे नॉर्वेजियन यूनिवर्सिटी ऑफ साइंस एंड टेक्नोलॉजी (एन.टी.एन.यू.) में जैविक मनोविज्ञान की सह-प्रोफेसर नियुक्त हुईं। 2000 में उन्हें पदोन्नत किया गया और वे तंत्रिका विज्ञान की प्रोफेसर

बन गईं। मे-ब्रिट एन.टी.एन.यू. सेंटर फॉर द बायोलॉजी ऑफ मेमोरी (2002) तथा कविल इंस्टीट्यूट फॉर सिस्टम्स न्यूरो-साइंस (2007) की संस्थापक सह-निदेशक भी हैं।

अन्य कई पुरस्कारों के अलावा उन्हें 2014 में अपने शानदार नेतृत्व गुणों के कारण मैडम बेयर 'सर्वश्रेष्ठ महिला बॉस' के पुरस्कार से भी सम्मानित किया गया।

साहित्य

मोदियानो, पैट्रिक
नागरिकता : फ्रांस
जन्म : 30 जुलाई, 1945; बोलोन-बिलांकोर्ट, फ्रांस

2014 के साहित्य के लिए पैट्रिक मोदियानो (पूरा नाम ज्याँ पैट्रिक मोदियानो) को नोबेल पुरस्कार से सम्मानित करते हुए नोबेल समिति के प्रतिनिधि ने कहा, "मोदियानो लघु उपन्यास लिखते हैं, लगभग 120 या 130 पृष्ठों के उपन्यास। ये उपन्यास यादों पीछे छूट गई बातों और समय जैसे विषयों से जुड़े होते हैं। उन्होंने बच्चों के लिए भी लिखा है लेकिन उन्हें नोबेल पुरस्कार उनके उपन्यासों के लिए दिया गया है।"

उनके पिता अल्बर्ट मोदियानो यहूदी मूल के थे और उनकी माता लुइसा कोल्पिन एक बेल्जियम अभिनेत्री थीं। सत्रह वर्ष के होते-होते पैट्रिक मोदियानो का संबंध औपचारिक शिक्षा से टूट चुका था। उनकी शिक्षा जे.एन. जोसेस में इकोल टु मोंत्सेल प्राइमरी स्कूल और हाउते-सेवोए में सेंट जोसेफ डे थोनेस कॉलेज में हुई थी।

जब उन्होंने फ्रांसीसी भाषा में अपना पहला उपन्यास लिखा तो उनकी आयु केवल 23 वर्ष थी। इस उपन्यास 'ला प्लेस दे लेतोइले' ने ही उन्हें फ्रांसीसी भाषा के उपन्यासकार के रूप में स्थापित कर दिया था। पढ़ाई छोड़ने के बाद के पाँच वर्ष ऐसी आवारगी में व्यतीत हुए जो एक लेखक के रूप में उनके व्यक्तित्व को गढ़ने में महत्त्वपूर्ण सिद्ध हुए। वे अपने परिवार से अलग हो गए थे और पेरिस में आवारा घूमा करते थे। इस संघर्ष में पैसे कमाने के लिए उन्होंने पुस्तकें भी बेचीं।

तीस वर्ष की आयु तक उन्होंने चार चर्चित उपन्यास लिख दिए थे। उन्होंने फिल्मकार लुईसमाले के साथ एक फिल्म 'लाकोमे लूसियाँ' की पटकथा भी लिखी। यूरोप की कई भाषाओं समेत विश्व की लगभग तीस भाषाओं में उनकी पुस्तकों के अनुवाद हो चुके थे।

मोदियानो की तुलना अक्सर मार्शल प्रूस्त से की जाती है क्योंकि स्मृतियाँ, खोया हुआ समय और अपने आपकी तलाश उनके उपन्यासों का मूलाधार हैं। लेकिन हैरानगी की बात है कि तीस भाषाओं में अनुवाद होने के बावजूद उनके नाम से बहुत कम लोग परिचित हैं। शायद इसीलिए उन्हें नोबेल पुरस्कार मिलने पर ज्यादातर लेखकों और पाठकों ने उनके बारे में अनभिज्ञता जताई थी।

उनका बचपन वर्तमान और भविष्य के प्रति आशंकाओं में व्यतीत हुआ था। शायद यही कारण है कि उनकी रचनाओं में अतीत बड़ी प्रमुखता के साथ खड़ा दिखाई देता है। बेशक, अतीत में उनका चेहरा पाठकों, लेखकों, प्रकाशकों के लिए अनजाना रहा हो लेकिन अब वे एक विख्यात नाम बन चुके हैं। उनकी कुछ चर्चित पुस्तकें हैं : *'मिसिंग पर्सन'* (फ्रेंच 1978, अंग्रेजी 1980), *'द सर्च वारंट'* (फ्रैंच 1966, अंग्रेजी 2000) तथा *'आउट ऑफ द डार्क'* (फ्रैंच 1995, अंग्रेजी 1998)।

शान्ति

यूसुफजई, मलाला
नागरिकता : पाकिस्तान
जन्म : 12 जुलाई, 1997; मिंगोरा, पाकिस्तान

मलाला यूसुफजई को बाल अधिकारों की लड़ाई लड़नेवाली एक कार्यकर्ता होने के लिए जाना जाता है। वे पाकिस्तान के

खैबर-पख्तूनख्वा प्रांत के स्वात जिले में स्थित मिंगोरा शहर की छात्रा हैं। 13 वर्ष की छोटी-सी आयु में ही वे तहरीक-ए-तालिबान शासन के अत्याचारों के संबंध में 'गुल मकई' के छद्म नाम से बी.बी.सी. के लिए डायरी लिखती थीं। उन्हें 'बच्चों के शोषण और उनकी शिक्षा संबंधित उनके कार्यों के लिए' भारत के कैलाश सत्यार्थी के साथ 2014 के नोबेल शान्ति पुरस्कार से सम्मानित किया गया।

17 वर्ष की मलाला सबसे कम आयु वाली नोबेल पुरस्कार विजेता हैं। मलाला स्वात जिले के पुख्त शहर मिंगोरा में रहती हैं, जहाँ तालिबान ने मार्च, 2009 से मई, 2009 तक कब्जा कर रखा था। उसके बाद पाकिस्तानी सेना ने क्षेत्र का नियंत्रण हासिल करने के लिए एक अभियान चलाया। स्वात घाटी में तालिबान ने स्कूल में पढ़नेवाली लड़कियों पर हमले शुरू कर दिए तो मलाला ने उनका जोरदार ढंग से विरोध किया। मलाला उन पीड़ित लड़कियों में से एक हैं, जो तालिबान के अत्याचारी फरमान के कारण लंबे समय तक स्कूल जाने से वंचित रहीं।

दो वर्ष पहले स्कूल जाते समय तालिबान के आतंकवादियों ने उनके सिर में गोली मार दी। ब्रिटेन में इलाज के बाद ही मलाला की जान बचाई जा सकी। इसी दौरान स्वात घाटी में तालिबान ने लड़कियों के स्कूल जाने और टी.वी. देखने पर पाबंदी लगा दी थी। उन्होंने लड़कियों के स्कूल भी बंद कर दिए थे। मलाला ने अपनी डायरी के जरिए उस क्षेत्र के लोगों को न सिर्फ जागरूक किया बल्कि उन्हें तालिबान के अत्याचारों के खिलाफ भी खड़ा किया। अक्टूबर, 2012 में सिर्फ 14 वर्ष की आयु में जब वे अपने उदारवादी प्रयासों के कारण आतंकवादियों के हमले की शिकार बनीं, तो अंतरराष्ट्रीय मीडिया की सुर्खियों में आ गईं।

अत्यंत प्रतिकूल परिस्थितियों में शान्ति को बढ़ावा देने के लिए पाकिस्तान द्वारा युवाओं से लिए पहला 'राष्ट्रीय शान्ति पुरस्कार' मलाला को दिया गया। इसके अलावा उन्हें 2013 में यूरोपीय संसद द्वारा वैचारिक स्वतंत्रता के लिए सखारोव पुरस्कार, मैक्सिको का समानता पुरस्कार, संयुक्त राष्ट्र संघ का 2013 का मानवाधिकार सम्मान, अंतरराष्ट्रीय बाल शान्ति पुरस्कार भी प्रदान किया गया।

सत्यार्थी, कैलाश

नागरिकता : भारत

जन्म : 10 जनवरी, 1954; विदिशा, मध्य प्रदेश

भारतीय बाल अधिकार कार्यकर्ता और बालश्रम के खिलाफ सक्रिय कैलाश सत्यार्थी को 2014 के नोबेल शान्ति पुरस्कार के लिए चुना गया। उन्हें यह सम्मान पाकिस्तान की मलाला यूसुफजई के साथ संयुक्त रूप से बच्चों के शोषण के विरुद्ध, बच्चों के अधिकारों और उनकी शिक्षा के लिए उनके प्रयासों के फलस्वरूप दिया गया।

वे पेशे से एक इलेक्ट्रिकल इंजीनियर हैं लेकिन उन्होंने 26 वर्ष की आयु में ही अपने कैरियर को त्यागकर बच्चों के अधिकारों के लिए काम करना आरंभ कर दिया।

उन्होंने 1980 में 'बचपन बचाओ आंदोलन' की शुरुआत की और बाल मजदूरों को आजाद कराने की एक मुहिम छेड़ दी। इस समय वे बालश्रम के विरुद्ध वैश्विक अभियान (ग्लोबल मार्च अगेंस्ट चाइल्ड लेबर)के अध्यक्ष भी हैं।

अपने शुरुआती दिनों में कैलाश सत्यार्थी ने जब बड़े ही आक्रामक ढंग से बाल मजदूरों को मुक्त कराने का अभियान छेड़ा तो उन्हें इस दुस्साहस का खामियाजा भी भुगतना पड़ा और उनकी आलोचना भी हुई। उन्होंने पूर्वी उत्तर प्रदेश में कालीन उद्योग में काम करनेवाले बाल मजदूरों को आजाद कराने के लिए कड़ा संघर्ष किया। उन्होंने कई देशों में भारतीय कालीनों पर प्रतिबंध लगवाया क्योंकि इन्हें बाल मजदूरों द्वारा बनवाया जाता था।

भारत के 11 राज्यों में काम करनेवाली उनकी संस्था ने 365 गाँवों को 'चाइल्ड फ्रेंडली विलेज' में बदला है। उनकी संस्था ने 'बाल मित्र ग्राम' नाम से एक कार्यक्रम की शुरुआत की। इसके अंतर्गत बाल मजदूरी समाप्त करने, बच्चों के अधिकारों की रक्षा करने और उन्हें अच्छी शिक्षा दिलाने के लिए कदम उठाए। इसके साथ ही यह संस्था बच्चों के लिए कानूनी लड़ाई भी लड़ती है।

कैलाश सत्यार्थी को कई अंतरराष्ट्रीय पुरस्कार मिल चुके हैं लेकिन यह विडम्बना ही है कि उन्हें उनके अपने देश भारत में कोई बड़ा पुरस्कार या सम्मान नहीं मिला।

अर्थशास्त्र

तिरोल, ज्याँ

नागरिकता : फ्रांस

जन्म : 9 अगस्त, 1953; ट्रायेस, फ्रांस

ज्याँ तिरोल (पूरा नाम ज्याँ मार्सेल तिरोल) को 2014 के अर्थशास्त्र के नोबेल पुरस्कार से सम्मानित किया गया। उन्हें यह सम्मान 'बाजार की शक्ति एवं नियमन' विषय पर उनके शोध के लिए दिया गया।

तिरोल ने 1976 में पेरिस में इकोल पोलिटेक्निक से इंजीनियरिंग की डिग्री प्राप्त की। उन्होंने पेरिस डोफिन विश्व-विद्यालय से स्नातक की शिक्षा ग्रहण की और 1976 में उन्हें डी.ई.ए. की डिग्री प्रदान की गई। 1981 में, उन्होंने मेसाचुसेट्स इंस्टीट्यूट ऑफ टेक्नोलॉजी से अपने शोधग्रंथ 'एसेस इन इकोनॉमिक थ्योरी' पर पीएच.डी. की डिग्री हासिल की।

1981 में डॉक्टरेट की डिग्री प्राप्त करने के बाद उन्होंने 1984 तक इकोल नेशनल देस पोंज एट चौसिस में एक अनुसंधानकर्ता के रूप में कार्य किया। 1984 से 1991 तक उन्होंने एन.आई.टी. में भी अर्थशास्त्र के प्रोफेसर के रूप में अपनी सेवाएँ दीं।

1994 से 1996 तक वे इकोल पोलिटेक्निक में अर्थशास्त्र के प्रोफेसर थे। 1998 में वे इकॉनोमीट्रिक सोसायटी के अध्यक्ष तथा 2001 में यूरोपियन इकोनॉमिक एसोसिएशन के अध्यक्ष थे। उन्होंने 1980 के मध्य और उसके बाद अपने शोध के माध्यम से फिसल रहे बाजार में एक नई जान फूँक दी। उन्होंने अपने शोध के जरिए इन प्रश्नों की पहेली को सुलझाने की कोशिश की कि प्रतिस्पर्द्धा के इस युग में जब छोटी कंपनियाँ बड़ी बनना चाहती हैं और बड़ी कंपनियाँ अपने फायदे के लिए कोई समझौता नहीं करना चाहती हैं, तो ऐसे में बड़ी और शक्तिशाली कंपनियों के लिए किस तरह की प्रतिस्पर्द्धा की नीति और किस तरह के नियम बनाए जाएँ जो समाज के हित में हों।

ज्याँ तिरोल ने अर्थशास्त्र से संबंधित 100 से अधिक लेख और छह पुस्तकें लिखीं। उनकी प्रमुख पुस्तकें हैं—'*थ्योरी ऑफ इंडस्ट्रियल ऑर्गेनाइजेशन*', '*गेम थ्योरी* और *ए थ्योरी ऑफ इंसेंटिव्स इन प्रोक्योरमेंट एंड रेगुलेशन*' आदि।

भौतिक विज्ञान

रसायन विज्ञान

शरीर विज्ञान/चिकित्सा विज्ञान

साहित्य

शान्ति

अर्थशास्त्र

2015

भौतिक विज्ञान

काजिता, तकाकी
नागरिकता : जापान
जन्म : 9 मार्च, 1959; साइतामा, जापान

2015 का भौतिक विज्ञान का नोबेल पुरस्कार जापान के तकाकी काजिता और कनाडा के आर्थर बी. मैकडॉनल्ड को संयुक्त रूप से प्रदान किया गया। उन्हें यह प्रतिष्ठित पुरस्कार इस खोज के लिए दिया गया कि न्यूट्रिनो नामक कण अपनी पहचान बदलने में सक्षम होते हैं। इन दोनों वैज्ञानिकों ने ब्रह्मांड की कार्य-प्रणाली के संबंध में हमारी जानकारी और हमारी समझ को एक गहराई दी और उसे एक चुनौती प्रदान की।

प्रकाश-कण फोटॉन के बाद न्यूट्रिनो दूसरे ऐसे कण हैं, जो ब्रह्मांड में सबसे अधिक मात्रा में पाए जाते हैं। न्यूट्रिनो कणों का निरंतर परमाणु प्रतिक्रियाओं से रेडियोधर्मी विघटनों में और परमाणु बिजलीघरों में निर्माण होता रहता है। लेकिन इन्हें खोज पाना बहुत ही कठिन होता है किसी एक विशेष क्षण में। न्यूट्रिनो के करोड़ों-अरबों कण बिना कोई नुकसान पहुँचाए, एक व्यक्ति के शरीर से होकर गुजरते हैं। कई दशकों से भौतिकविज्ञानी न्यूट्रिनो के बारे में हैरतअंगेज रहस्यों को सुलझाने का प्रयास कर रहे थे। कई वैज्ञानिकों ने अपनी गणनाओं के अनुसार यह बताने की कोशिश की थी कि वास्तव में परमाणु प्रतिक्रियाओं में कितने न्यूट्रिनो होने चाहिए, जो सूर्य को प्रकाश दें। लेकिन जब धरती पर इन्हें मापा गया, तो पाया गया कि उनमें से लगभग दो-तिहाई न्यूट्रिनो गायब थे।

इन दोनों वैज्ञानिकों ने अपने अथक प्रयासों से सुपर केमियोकांडे डिटेक्टर की खोज की जिससे धरती की सतह से 1000 मीटर नीचे वायुमंडलीय न्यूट्रिनो का पता लगाया जा सकता है। इन दोनों वैज्ञानिकों की खोज से यह भी

पता चला कि न्यूट्रिनो कणों में द्रव्यमान अर्थात् मास भी होता है।

तकाकी काजिता का जन्म 9 मार्च, 1959 को जापान के साइतामा शहर में हुआ। उन्होंने 1981 में साइतामा विश्व-विद्यालय से स्नातक की डिग्री प्राप्त करने के बाद 1986 में टोक्यो विश्वविद्यालय से डॉक्टर की उपाधि प्राप्त की। 1988 के बाद से वे टोक्यो विश्वविद्यालय के कॉस्मिक रेडिएशन रिसर्च इंस्टीट्यूट में कार्यरत हैं, जहाँ 1992 में वे सहायक प्रोफेसर बने और फिर 1999 में प्रोफेसर।

1999 में वे सेंटर फॉर कॉस्मिक न्यूट्रिनो के निदेशक बनाए गए। इसके अलावा, वह वर्तमान में टोक्यो विश्व-विद्यालय के भौतिकी व गणित संस्थान के भी निदेशक हैं।

मैकडॉनल्ड, आर्थर बी.
नागरिकता : कनाडा
जन्म : 29 अगस्त, 1943; सिडनी, कनाडा

तकाकी काजिता के साथ संयुक्त रूप से 2015 के भौतिक विज्ञान के नोबेल पुरस्कार से सम्मानित कनाडा के ऑर्थर बी. मैकडॉनल्ड एक खगोल भौतिकविज्ञानी हैं, जिन्होंने कई दशकों से वैज्ञानिकों के लिए पहेली बने न्यूट्रिनो के रहस्यों को सुलझाने में सफलता प्राप्त की। उनकी इस खोज पर नोबेल समिति ने टिप्पणी करते हुए कहा, ''भौतिकविदों के लिए कई दशकों से एक पहेली बन चुके न्यूट्रिनो के रहस्यों को अंततः सुलझा लिया गया।'' कण-भौतिकी के क्षेत्र में यह एक ऐतिहासिक खोज है। इस खोज से हम इस निष्कर्ष पर पहुँचे कि न्यूट्रिनो, जिन्हें लंबे समय से द्रव्यमान-रहित माना जाता था, में अवश्य ही द्रव्यमान होना चाहिए, बेशक उसकी मात्रा कितनी भी कम क्यों न हो। मैकडॉनल्ड के लिए यूरेका क्षण वह था, जब पूरी सटीकता के साथ उनके प्रयोगों से यह सिद्ध हो गया कि सूर्य से धरती तक की यात्रा के दौरान न्यूट्रिनो अपना रूप परिवर्तित करते हैं। स्वयं मैकडॉनल्ड के शब्दों में, ''यह कहने की आवश्यकता नहीं कि यह एक बेहद चुनौतीपूर्ण अनुभव था।''

अपनी इस असाधारण खोज से पूरे विश्व का ध्यान अपनी ओर खींचनेवाले आर्थर ब्रूस मैकडॉनल्ड का जन्म 29 अगस्त, 1943 को नोवा स्कॉटिया, सिडनी, कनाडा में हुआ था। उन्होंने 1984 में भौतिक विज्ञान में बी.एससी. की पढ़ाई पूरी की और 1965 में नोवा स्कॉटिया के डलहौजी विश्वविद्यालय से एम.एससी. की। 1969 में उन्होंने कैली-फोर्नियाा इंस्टीट्यूट ऑफ टेक्नोलॉजी से पीएच.डी. की उपाधि हासिल की।

अपने पेशेवर जीवन के दौरान उन्होंने 1970 से 1982 तक ओटावा की चाक रीवर न्यूक्लियर लेबोरेटरीज में एक अनुसंधान अधिकारी के रूप में कार्य किया। 1982 से 1989 तक उन्होंने प्रिंस्टन विश्वविद्यालय में भौतिक विज्ञान के प्रोफेसर के पद पर कार्य किया। उसके बाद वे क्वींस विश्व-विद्यालय चले गए। वर्तमान में, वे क्वींस विश्वविद्यालय में अनुसंधान प्रमुख के रूप में कार्यरत हैं। इसके अतिरिक्त, वे पैरीमीटर इंस्टीट्यूट फॉर थ्योरेटिकल फिजिक्स में बोर्ड के सदस्य हैं।

रसायन विज्ञान

लिंडाल, टॉमस रॉबर्ट
नागरिकता : स्वीडन
जन्म : 28 जनवरी, 1938; स्टॉकहोम, स्वीडन

टॉमस रॉबर्ट लिंडाल कैंसर अनुसंधान में विशेषता प्राप्त एक स्वीडिश वैज्ञानिक हैं जिन्हें पॉल एल. मॉडरिक (अमरीका) और अजीज सैंकर (तुर्की) के साथ संयुक्त रूप से रसायन विज्ञान का 2015 का नोबेल पुरस्कार प्रदान किया गया। उन्हें

यह पुरस्कार डी.एन.ए. की मरम्मत पर अध्ययन के लिए प्राप्त हुआ। इन तीनों वैज्ञानिकों ने दुनिया को बताया कि किस तरह मोलेक्यूलर स्तर पर कोशिकाएँ एक डैमेज डी.एन.ए. को ठीक करने के साथ ही आनुवंशिक जानकारी को सुरक्षित करती हैं। इनकी खोज से यह भी जानकारी मिली कि किस तरह जीवित कोशिकाएँ काम करती हैं जिनसे कैंसर जैसे भयानक रोग के इलाज में मदद ली जाती है।

फॉल्क रॉबर्ट लिंडाल और ईथेल हल्डा हुत्बर्ग के परिवार में स्वीडन के स्टॉकहोम में जन्मे टॉमस लिंडाल ने 1967 में अपनी पीएच.डी. की उपाधि हासिल की और 1970 में स्टॉकहोम के कैरोलिंस्का इंस्टीट्यूट से एम.डी. की डिग्री प्राप्त की। शोध डॉक्टरेट की उपाधि प्राप्त करने के बाद लिंडाल ने प्रिंस्टन विश्वविद्यालय और रॉकफेलर विश्वविद्यालय से पोस्ट-डॉक्टरेट शोध पूर्ण किया। 1978 से 1982 तक वे गोथेनबर्ग विश्वविद्यालय में चिकित्सा रसायनशास्त्र के प्रोफेसर थे। ब्रिटेन स्थानांतरित होने के बाद वे 1981 में एक शोधकर्ता के रूप में इम्पीरियल कैंसर रिसर्च फंड (जिसे अब कैंसर रिसर्च यू.के. के नाम से जाना जाता है) के साथ जुड़ गए। 1986 से 2005 तक वे कैंसर रिसर्च यू.के. के क्लेयर हॉल लेबोरेटरीज (हर्टफोर्डशायर) के पहले निदेशक नियुक्त किए गए। 2005 के पश्चात वे फ्रांसिक क्रीक इंस्टीट्यूट का हिस्सा बन गए जहाँ उन्होंने 2009 तक अपने शोधकार्यों को जारी रखा।

इसके अतिरिक्त उन्होंने डी.एन.ए. की मरम्मत और कैंसर की आनुवंशिकी पर कई शोधपत्रों में भी अपना महत्त्वपूर्ण योगदान दिया।

नोबेल पुरस्कार के अलावा उन्हें 2007 में रॉयल सोसायटी के रॉयल पदक से भी सम्मानित किया गया। वे नॉर्वेजियन एकेडमी ऑफ साइंस एंड लैटर्स के भी सदस्य हैं। उन्हें 1998 में एकेडमी ऑफ मेडिकल साइंसेज का संस्थापक फेलो भी चुना गया था।

मॉडरिक, पॉल लॉरेंस

नागरिकता : संयुक्त राज्य अमरीका

जन्म : 13 जून, 1946; न्यू मैक्सिको

अमरीका के जीव रसायनविज्ञानी पॉल लॉरेंस मॉडरिक को जब टॉमस रॉबर्ट लिंडाल और अजीज सैंकर के साथ संयुक्त रूप से 2015 के रसायन विज्ञान के नोबेल पुरस्कार से सम्मानित किए जाने की सूचना मिली तो उन्हें एक सुखद झटका भी लगा और हैरानी भी हुई।

13 जून, 1946 को रटॉन, न्यू मैक्सिको में जन्मे मॉडरिक क्रोएशियाई मूल के हैं। कई वर्ष पूर्व उनके दादा और दादी जो मौंटेनिग्रिन मूल के थे, क्रोएशिया से आकर अमरीका में बस गए थे, जहाँ पॉल मॉडरिक का जन्म हुआ था। उन्हें बचपन से ही प्रकृति से बहुत प्रेम था। ''मेरे चारों ओर का वातावरण जैविक विविधता से भरा पड़ा था।'' वह कहते हैं। प्रकृति के रहस्यों ने ही उनके भीतर एक वैज्ञानिक के निर्माण में महत्त्वपूर्ण भूमिका निभाई।

उन्होंने 1968 में मेसाचुसेट्स इंस्टीट्यूट ऑफ टेक्नोलॉजी से बी.एससी. और 1973 में स्टेनफोर्ड विश्वविद्यालय से पीएच.डी. की डिग्री हासिल की। 1976 में वे ड्यूक विश्व-विद्यालय के शिक्षक-मंडल में शामिल हो गए और 1995 से वह हॉवर्ड ह्यूज मेडिकल इंस्टीट्यूट में एक अन्वेषक के रूप में कार्यरत हैं।

1970 के दशक तक वैज्ञानिकों का विश्वास था कि डी.एन.ए. एक बहुत ही स्थिर कण है लेकिन पॉल मॉडरिक ने अन्य दोनों वैज्ञानिकों के साथ यह सिद्ध कर दिया कि प्रतिदिन हमारे डी.एन.ए. में पराबैंगनी विकिरणों के कारण क्षय होता रहता है। तीनों वैज्ञानिकों ने इन विकारों को फिर से सुधारने में सफलता हासिल की। इसे उन्होंने 'मिसमैच रिपेयर' का नाम दिया जो डी.एन.ए. की प्रतिकृति के निर्माण के दौरान पैदा होनेवाली त्रुटियों को कम करने में सहायता करती है। उदाहरण के लिए, मिसमैच रिपेयर में जन्मजात

दोष वंशानुगत पेट के कैंसर का कारण बनते हैं। उनकी इस अद्‍भुत खोज से इन दोषों को सुधारने में आसानी हो गई जिसके लिए उन्हें रसायन विज्ञान के नोबेल पुरस्कार से सम्मानित होने का अवसर मिला।

सैंकर, अजीज
नागरिकता : तुर्की
जन्म : 8 सितंबर, 1946; मरडीन, तुर्की

तुर्की विज्ञान अकादमी और अमरीकी कला एवं विज्ञान अकादमी के एक मानद सदस्य अजीज सैंकर उन तीन रसायन वैज्ञानिकों में से एक हैं जिन्हें 2015 के रसायन विज्ञान के नोबेल पुरस्कार से नवाजा गया। वे डी.एन.ए. मरम्मत और कोशिका चक्र के निरीक्षण के विशेषज्ञ माने जाते हैं।

अजीज सैंकर का जन्म दक्षिण-पूर्वी तुर्की के मरडीन प्रांत के सवुर जिले में अरबीभाषी निम्न-मध्यम वर्ग परिवार में हुआ था। उनके माता-पिता दोनों ही पढ़े-लिखे नहीं थे लेकिन वे शिक्षा के महत्त्व को बखूबी समझते थे इसीलिए उन्होंने अपने बच्चों की शिक्षा पर बहुत जोर दिया।

अजीज सैंकर की प्राथमिक शिक्षा उनके गृहनगर सवुर के पास ही हुई। उन्होंने 1969 में तुर्की के इस्तांबुल विश्वविद्यालय से एम.डी. की डिग्री प्राप्त की और 1977 में डालास के टेक्सास विश्वविद्यालय से पीएच.डी. की उपाधि प्राप्त की। उन्होंने डॉ. सी. स्टैन की प्रयोगशाला में अपनी पीएच.डी. पूर्ण की।

डी.एन.ए. का बाहरी भौतिकी व रासायनिक घटकों से निरंतर क्षय होता रहता है जो कैंसर का सबसे प्रमुख कारण है। इसके विपरीत, सबसे अधिक इस्तेमाल की जानेवाली कुछ कैंसररोधी दवाएँ कोशिकाओं के डी.एन.ए. को नुकसान पहुँचाकर घातक कोशिकाओं को नष्ट कर डालती हैं। डी.एन.ए. रिपेयर एक ऐसा तंत्र है जो जीनोम से डी.एन.ए. को होनेवाली क्षति को रोकता है और कैंसर की उत्पत्ति और उसके उपचार में एक महत्त्वपूर्ण भूमिका निभाता है।

अजीज सैंकर एक गैर-लाभकारी संगठन, अजीज एंड वेन सैंकर फाउंडेशन, के सह-संस्थापक हैं जो तुर्की संस्कृति को बढ़ावा देने और अमरीका में तुर्की छात्रों की सहायता करने के उद्‍देश्य से कार्य कर रहा है। इस फाउंडेशन में उनकी पत्नी वेन बोल्स सैंकर भी सहयोग देती हैं, जो स्वयं भी चैपल हिल में स्थित नॉर्थ कैरोलाइना विश्वविद्यालय में जैव रसायन और बायोफिजिक्स की प्रोफेसर हैं।

अजीज सैंकर पहले ऐसे तुर्की मूल के अमरीकी सदस्य थे जिन्हें 2005 में नेशनल एकेडमी ऑफ साइंसेज के लिए चुना गया था।

शरीर विज्ञान/चिकित्सा विज्ञान

कैंपबेल, विलियम सी.
नागरिकता : आयरलैंड
जन्म : 28 जून, 1930; काउंटी लंदन डेरी, नॉर्दन आयरलैंड

आयरिश बायोकेमिस्ट विलियम सी. कैपबेल ने राउंडवॉर्म पैरासाइट्स से होनेवाले संक्रमणों के इलाज की एक नई पद्धति विकसित की। उन्होंने अपनी इस दवा के बारे में बताते हुए कहा, ''हमारी यह खोज, विशेष रूप से एवरमेक्टिन नामक दवा रिवर ब्लाइंडनेस को रोकने में बेहद प्रभावशाली रही है। अंधापन कहीं भी, विशेष रूप से विश्व के कुछ खास क्षेत्रों में बहुत ही नुकसानदेह और घातक हो सकता है क्योंकि लोगों के लिए इस बीमारी में जीवित रहना और अपने रोजमर्रा के काम करना बहुत मुश्किल हो जाता है।''

रिवर ब्लाइंडनेस दरअसल नदियों में उत्पन्न होनेवाली काली मक्खियों के कारण फैलती है। चूँकि इसका प्रकोप उष्णकटिबंधीय देशों में ज्यादा था, इसलिए दवा निर्माताओं ने इसकी कोई बेहतर दवा ढूँढ़ने में कोई दिलचस्पी नहीं दिखाई। इसके अलावा पहले की दवा में कई दुष्प्रभाव भी देखने में आते थे, जैसे—शरीर पर बेहद खुजली होना, त्वचा का बदरंग हो जाना और सबसे घातक था अंधापन।

कैंपबेल की इस खोज ने निश्चित रूप से लोगों के जीवन को बदलकर रख दिया है। अब लोग कुछ विशेष उपजाऊ क्षेत्रों में रहकर अपना जीवनयापन कर सकते हैं, जबकि पहले उन्हें इस बीमारी के कारण अपना घर-बार छोड़कर वहाँ से जाना पड़ता था। इस प्रकार वे फिर से उन क्षेत्रों को आबाद करने में सक्षम हो गए थे, जिसे बेहद उपजाऊ होने के बावजूद वे छोड़ चुके थे। इस दृष्टि से यह दवा उनके लिए एक वरदान से कम नहीं है।

कैंपबेल का जन्म उत्तरी आयरलैंड के डेरी नामक स्थान पर हुआ और उनका लालन-पालन आयरलैंड की डोनेगल काउंटी के रमेल्टन नामक छोटे से शहर में हुआ था। उन्होंने 1952 में डब्लिन के ट्रिनिटी कॉलेज से अपनी स्नातक की शिक्षा ग्रहण की। उन्होंने परजीवी कीड़ों से संक्रमित भेड़ों पर कार्य करने के लिए 1957 में विस्कोंसिन मेडिसन विश्वविद्यालय से पीएच.डी. की उपाधि हासिल की। दरअसल, ट्रिनिटी कॉलेज में उनके प्रोफेसर डेसमंड स्मिथ ने उनका जीवन पूरी तरह बदलकर रख दिया था जिनके कारण उनकी एक विशेष क्षेत्र के परजीवी कीड़ों के संबंध में दिलचस्पी पैदा हुई। उन्होंने 1957 से 1990 तक मर्क इंस्टीट्यूट फॉर थेरप्यूटिक रिसर्च में एक वरिष्ठ वैज्ञानिक के रूप में और असे रिसर्च एंड डिवेलपमेंट में 1974 से 1990 तक निदेशक के रूप में कार्य किया।

2002 में उन्हें अमरीका की राष्ट्रीय विज्ञान अकादमी का सदस्य चुना गया। उन्होंने एक कवयित्री और चित्रकार मेरी मस्टिन कैंपबेल से विवाह किया। वे टेबल टेनिस और क्याकिंग खेलने के बहुत शौकीन हैं।

ओमुरा, सातोशी

नागरिकता : जापान

जन्म : 12 जुलाई, 1935; निरासाकी, यामानाशी, जापान

ऐसा अनुमान है कि विश्व की लगभग एक-तिहाई आबादी परजीवी कीड़ों के संक्रमण से पीड़ित है। विशेष रूप से यह उप-सहारा अफ्रीका, दक्षिण एशिया और मध्य व दक्षिण अमरीका में बहुत ज्यादा फैली हुई है। सातोशी ओमुरा ने विलियम सी. कैंपबेल के साथ मिलकर रिवर ब्लाइंडनेस की दवा, एवरमेक्टिन, की खोज की, जिससे विश्व की एक बड़ी आबादी को इस रोग से मुक्ति मिली और उनके इसी अद्वितीय योगदान को देखते हुए उन्हें 2015 के शरीर विज्ञान के नोबेल पुरस्कार से सम्मानित किया गया।

रिवर ब्लाइंडनेस (River Blindness) नामक यह बीमारी नदियों में पनपने वाली काली मक्खियों के कारण फैलती है। इस बीमारी में व्यक्ति के कॉर्निया में सूजन आ जाती है जिसके कारण आँखों की रोशनी भी जा सकती है। लिंफेरिक फाइलेरिया आँखों की दीर्घकालिक, यहाँ तक कि स्थायी रूप से, सूजन का कारण बनता है; जो मनुष्य को जीवन-भर के लिए अंधा बना देता है। प्रोफेसर ओमुरा ने स्ट्रेप्टो-माइसिस नामक बैक्टीरिया समूह की नई प्रजातियों पर अपना शोध किया, जो मिट्टी में रहता है।

सातोशी ओमुरा और विलियम कैंपबेल ने जिस नई दवा, एवरमेक्टिन की खोज की, बाद में परजीवियों के संक्रमण से ग्रस्त मनुष्यों पर इसका परीक्षण किया गया जिससे परजीवी कीड़ों के लार्वा को नष्ट करने में मदद मिली। उनका यह प्रयोग इतना सफल रहा कि यह बीमारी अब खत्म होने की कगार पर है।

जैव-कार्बनिक रसायन विज्ञान के क्षेत्र में एक विशेषज्ञ के रूप में प्रसिद्ध प्रोफेसर सातोशी ओमुरा का जन्म 1935 में जापान के यामानाशी शहर में हुआ था। उन्होंने 1963 में टोक्यो विज्ञान विश्वविद्यालय से एम.एससी. की डिग्री प्राप्त की और 1968 में टोक्यो विश्वविद्यालय से औषधि विज्ञान में पीएच.डी. की उपाधि हासिल की। उन्होंने सबसे पहले यामानाशी विश्वविद्यालय (1963-65) में एसोसिएट के रूप में कार्य किया। उसके बाद, वे 1965 में लंबे समय के लिए कितासातो इंस्टीट्यूट के साथ जुड़ गए। वे 2008 से 2012 तक कितासातो संस्थान के अवकाशप्राप्त प्रोफेसर थे। वर्तमान में वे कितासातो विश्वविद्यालय के समान, कितासातो इंस्टीट्यूट फॉर लाइफ साइंसेज में एक विशिष्ट अवकाशप्राप्त प्रोफेसर हैं और प्राकृतिक उत्पादों से दवाओं की खोज करनेवाली अनुसंधान परियोजना के विशेष कोऑर्डिनेटर हैं। 2005 में उन्हें वेस्लेयन विश्वविद्यालय (अमरीका) में रसायन विज्ञान के पहले मैक्स टिश्लर प्रोफेसर के साथ में नियुक्त किया गया था, जहाँ वे आज भी अपनी सेवाएँ दे रहे हैं।

यूयू, तू
नागरिकता : चीन
जन्म : 30 दिसंबर, 1930; लिंग्बो, झेजियांग, चीन

एक चीनी चिकित्सा वैज्ञानिक, औषधि रसायनज्ञ और शिक्षिका तू यूयू को जब 21 जनवरी, 1969 को माओ त्से तुंग ने मलेरिया की एक दवा खोजने की जिम्मेदारी दी, तो यह उनके जीवन की सबसे बड़ी चुनौती थी। इसके कई वर्ष बाद मच्छरों में क्लोरोक्विन ओक्विनॉइन जैसी दवाइयों के लिए प्रतिरोधक क्षमता विकसित हो चुकी थी, जिसके कारण उन पर इनका कोई असर नहीं होता था।

उन दिनों चीन सांस्कृतिक क्रांति की चपेट में आकर एक बदलाव की आग में झुलस रहा था। उस समय यूयू मात्र 39 वर्ष की थीं और बीजिंग में पारम्परिक चीनी चिकित्सा अकादमी में एक शोधकर्ता के रूप में कार्य कर रही थीं। उनके लिए यह एक चुनौतीपूर्ण मिशन था, जिसे उन्होंने अपने कड़े परिश्रम से साकार कर दिखाया। उन्होंने चीन की पारंपरिक प्राकृतिक दवाओं के आधार पर आर्टिमिसाइनिन नामक एक नई दवा की खोज की जो मलेरिया के खिलाफ सबसे कारगर दवा सिद्ध हुई। अफ्रीका जैसे देश में एक महामारी का रूप धारण कर चुके मलेरिया के उपचार में आर्टिमिसाइनिन का एक बहुत बड़ा योगदान है। इस नई दवा की मदद से अफ्रीका और एशिया में मलेरिया के कारण होनेवाली मौतों में भारी कमी देखने में आई है। 2000 से 2013 के दौरान समूचे विश्व में मलेरिया के कारण होने वाली मौतों में 47% की कमी आई जबकि अकेले अफ्रीका में ही यह दर 54% थी। तू यूयू के इसी उत्कृष्ट योगदान के लिए उन्हें 2015 के शरीर विज्ञान के नोबेल पुरस्कार से सम्मानित किया गया। वे शरीर विज्ञान या चिकित्सा विज्ञान के क्षेत्र में पहले चीनी नोबेल पुरस्कार विजेता हैं। उन्हें प्राकृतिक विज्ञान में चीनी गणराज्य की पहली नोबेल पुरस्कार विजेता नागरिक होने का भी सौभाग्य प्राप्त है।

तू यूयू 1930 में शंघाई से 140 मील दक्षिण में स्थित एक बंदरगाह शहर, लिंग्बो में पैदा हुई थीं। अपनी पढ़ाई पूरी करने के लिए वे 1951 में झेजियांग से चीन की राजधानी पीकिंग चली गईं, जहाँ उन्होंने पीकिंग यूनिवर्सिटी स्कूल ऑफ मेडिसन में प्रवेश लिया और चार वर्ष बाद अपनी स्नातक की शिक्षा पूर्ण की। उसके बाद, वे पारंपरिक चीनी चिकित्सा अकादमी चली गईं जहाँ उन्होंने ढाई वर्ष तक पारंपरिक चीनी दवाओं का प्रशिक्षण प्राप्त किया। 1980 में उन्हें एक शोधकर्ता के रूप में पदोन्नत किया गया। 2001 में उन्हें डॉक्टरेट करनेवाले छात्रों की शैक्षणिक सलाहकार नियुक्त किया गया। वर्तमान मे अकादमी में मुख्य वैज्ञानिक के रूप में कार्य कर रही हैं।

उनका नाम तू यूयू एक प्राचीन चीनी कविता संग्रह की एक कविता की पंक्ति के आधार पर रखा गया था। माना जाता है कि वह कविता कन्फ्यूशियस द्वारा लिखी गई थी।

साहित्य

अलेक्सेविच, स्वेतलाना
नागरिकता : बेलारूस
जन्म : 31 मई, 1948; स्टेनि-स्लेव, यूक्रेन

स्वेतलाना अलेक्सांद्रोवना अलेक्सेविच बेलारूस की एक खोजी पत्रकार और रूसी भाषा की कथेतर साहित्य लेखिका हैं जिन्हें 2015 के साहित्य के नोबेल पुरस्कार से नवाजा गया। यह एक विडंबना है कि कुछ समय सोवियत संघ (जिसका अब विघटन हो चुका है) का एक अटूट हिस्से रहे किसी भी प्रदेश के व्यक्ति को जब नोबेल पुरस्कार से सम्मानित किया जाता है तो लोग उसमें एक शासन-विरोधी व्यक्ति की छवि ढूँढ़ने का प्रयास करते हैं और अगर वह कोई महिला है, तो विवाद और भी गहरा जाता है। इस दृष्टि से उनकी पुस्तक 'चर्नोबिल की आवाजें : एक परमाणु दुर्घटना का मौलिक इतिहास' अपने आपमें एक अद्‌भुत मिसाल है।

स्वेतलाना ने पत्रकारिता और साहित्य में अपनी एक अलग विधा विकसित की है—मानवीय कष्टों को स्वयं मानव की ज़ुबान में कहने की एक अनोखी विधा।

यूक्रेन के शहर स्टेनिस्लेव में 1948 में जन्मी स्वेतलाना के बेलारूसी पिता और यूक्रेनी माता इसके पश्चात बेलारूस चले गए। स्वेतलाना ने अपना बचपन बेलारूस में ही व्यतीत किया। स्कूली शिक्षा पूर्ण करने के बाद उन्होंने अपना कैरियर पत्रकारिता में तलाश किया। 1972 में बेलारूसी स्टेट यूनिवर्सिटी से स्नातक की डिग्री लेने के बाद वे 1976 में मिंस्क में एक साहित्यिक पत्रिका 'नेमान' के लिए पत्रकारिता करने लगीं।

उन्होंने पत्रकारिता को अपना पेशा बना लिया। उन्होंने विभिन्न समकालीन व ऐतिहासिक राष्ट्रीय घटनाओं, जैसे—द्वितीय विश्वयुद्ध, सोवियत संघ का विघटन और चेर्नोबिल दुर्घटना इत्यादि पर कई लेख लिखे और साक्षात्कार किए। अलेक्जेंडर लुकाशेंको की सरकार के द्वारा राजनीतिक उत्पीड़न के बाद उन्होंने बेलारूस छोड़ दिया, जिस पर इंटरनेशनल सिटीज ऑफ रिफ्यूजी नेटवर्क ने उन्हें शरण देने का प्रस्ताव रखा। यह संगठन स्वतंत्र रूप से अभिव्यक्ति की स्वतंत्रता को आगे बढ़ाने और विभिन्न सरकारों द्वारा उत्पीड़न के खतरों से लेखकों और कलाकारों को अपने यहाँ आश्रय देता है। अगले कुछ वर्ष उन्होंने पेरिस, गोथेनबर्ग और बर्लिन में बिताए और फिर 2011 में मिंस्क लौट आईं।

राष्ट्रीय व अंतरराष्ट्रीय दुर्घटनाओं का चश्मदीदों के हवाले से भावनात्मक पक्ष प्रस्तुत करके अंतरराष्ट्रीय पहचान बनानेवाली स्वेतलाना की कृतियों का कई भाषाओं में अनुवाद हुआ। हालाँकि उनकी कई विवादित पुस्तकों को उनके अपने ही देश में तत्कालीन राष्ट्रपति अलेक्जेंडर के कार्यकाल में प्रकाशित नहीं होने दिया गया। लेखिका ने इसका विरोध करते हुए इसे 'धीरे-धीरे बढ़ता हुआ सेंसरशिप' करार दिया।

'द वार ऑफ अफगानिस्तान', 'वॉयसिस फ्रॉम चेर्नोबिल' तथा 'द अनवूमैनली फेस ऑफ वॉर' उनकी चर्चित और प्रशंसित पुस्तकों में हैं।

शान्ति

नेशनल डॉयलॉग क्वार्टेट
स्थापना वर्ष : 2013,
मुख्यालय : ट्यूनीशिया

2015 का नोबेल शान्ति पुरस्कार किसी व्यक्ति को न देकर ट्यूनीशिया के नेशनल डॉयलॉग क्वार्टेट को प्रदान किया गया। उसे यह पुरस्कार देने का निर्णय उस समय किया गया जब ट्यूनीशिया में लोकतंत्र के लुप्त हो जाने का खतरा मँडरा रहा था। 2011 में हुई जैसमिन क्रांति के पश्चात वहाँ लोकतंत्र की स्थापना हुई थी। लेकिन क्रांति के बाद ही ट्यूनीशिया में सामाजिक अशान्ति और राजनीतिक हत्याओं का एक भीषण दौर शुरू हो गया था। हर तरफ विद्रोह की लहरें उठ रही थीं और राजनीति के विकल्प बिल्कुल पंगु होकर रह गए थे। इन कारणों से समूचे ट्यूनीशिया में गृहयुद्ध जैसे हालात पैदा हो गए थे। ऐसे भयानक वातावरण में इस समूह ने एक वैकल्पिक शान्तिपूर्ण राजनीतिक प्रक्रिया की शुरुआत की। इसके लिए देश के चार महत्त्वपूर्ण संगठनों को मिलाकर 'नेशनल डॉयलॉग क्वार्टेट' की स्थापना की गई। 2013 में स्थापित इस संगठन में मुख्यत: चार सामाजिक संगठन शामिल हैं—'द ट्यूनीशियन जनरल लेबर यूनियन', 'द ट्यूनीशियन कंफेडरेशन ऑफ इंडस्ट्री', 'ट्रेड एंड हैंडीक्रॉफ्ट्स', 'द ट्यूनीशियन ह्यूमन राइट्स लीग' तथा 'द ट्यूनीशियन ऑर्डर ऑफ लॉयर्स।'

क्वार्टेट ने ट्यूनीशिया में शान्तिपूर्ण लोकतांत्रिक विकास की प्रक्रिया में एक महत्त्वपूर्ण मध्यस्थ की भूमिका निभाई। ट्यूनीशिया में लोकतंत्र में विश्वास रखनेवाली शक्तियों द्वारा विद्रोह कर देने के बाद वहाँ के शासक जिने-अल अबेदीन बेन अली को विवश होकर हथियार डालने पड़े और 2011 में उसे सत्ता से हटना पड़ा था। क्वार्टेट के अथक प्रयासों से ट्यूनीशिया में एक ऐसे लोकतांत्रिक संविधान की स्थापना हुई, जिसमें बिना किसी भेदभाव के वहाँ के नागरिकों को

मौलिक अधिकार दिए जा सकें। देश के अलग-अलग वर्गों का प्रतिनिधित्व करनेवाले ये चारों संगठन लोकतंत्र, कानून और मानवाधिकारों के लिए कार्य करते हैं। शान्ति स्थापना की पहल करने में द ट्यूनीशिया जनरल लेबर यूनियन की भूमिका सबसे महत्त्वपूर्ण रही। क्वार्टेट ने शान्ति वार्ता में भाग लेनेवाले, शासक वर्ग व विद्रोही गुटों की, इक्कीस पार्टियों को शान्ति का रोडमैप स्वीकार करने के लिए राजी कर लिया और इस तरह ट्यूनीशिया में शान्ति की स्थापना हो गई।

पुरस्कार की घोषणा करते हुए नोबेल समिति ने कहा कि यह पुरस्कार ट्यूनीशिया में लोकतंत्र की रक्षा करने में मददगार साबित होगा और दूसरे देशों को प्रोत्साहित करेगा कि वे भी युद्ध और तनाव का रास्ता छोड़कर ट्यूनीशिया के नक्शे-कदम पर चलें।

अर्थशास्त्र

डीटन, एंगस स्टीवर्ट
नागरिकता : ब्रिटेन
जन्म : 19 अक्टूबर, 1945; एडिनबर्ग, स्कॉटलैंड

समाज में विकास के पैमाने के बँधे-बँधाए ढाँचे को तोड़कर एक नई व व्यावहारिक अवधारणा प्रस्तुत करनेवाले ब्रिटिश अर्थशास्त्री एंगस डीटन को गरीब और संपन्न देशों में स्वास्थ्य के कारकों के साथ-साथ भारत व दुनियाभर में गरीबी के आकलन के लिए अर्थशास्त्र का नोबेल पुरस्कार दिया गया। यहाँ यह बात बहुत महत्त्वपूर्ण है कि उन्होंने अपने अध्ययन के लिए मुख्य रूप से भारत को चुना जहाँ आज भी विकास का पैमाना 'रोटी, कपड़ा और मकान' ही माना जाता है।

भारत में हर सत्तारूढ़ दल देश की जी.डी.पी. को ही विकास का आधार बनाता है और उसी के अनुसार अपनी उपलब्धियाँ गिनाता है, जबकि आर्थिक विकास को लेकर जिस दृष्टिकोण का प्रतिनिधित्व एंगस करते हैं, उसमें जी.डी.पी. की हैसियत एक भ्रामक आँकड़े से ज्यादा कुछ भी नहीं है। उनके मुताबिक अंत में किसी व्यक्ति का व्यक्तिगत हित ही अहम होता है। उनका मानना है कि जी.डी.पी. के माध्यम से किसी देश के सुपर रिच लोगों के बारे में एक अनुमान बेशक मिल जाए, लेकिन घोर गरीबी में अपना जीवन बितानेवाले आम लोगों के विकास को लेकर कोई राय बनाना नामुमकिन है। वे कहते हैं कि जब हम भारत की गरीबी दर और अमरीका की मृत्यु दर को मापते हैं तो उसमें जिन चीजों का आकलन किया जाता है वे समुच्चय होती हैं, ज़बकि किसी की मृत्यु होने पर वह एक व्यक्ति की होती है। इसलिए इसे व्यक्तिगत तौर पर नजरअंदाज नहीं किया जा सकता। इस दृष्टि से विकास को मापने के लिए एंगस डीटन लोगों की व्यक्तिगत जरूरतों और उनसे उत्पन्न राष्ट्रीय माँग को जोड़ने पर जोर देते हैं, जी.डी.पी. को नहीं।

स्कॉटलैंड के एडिनबर्ग में जन्मे एंगल डीटन ने अपनी बी.ए., एम.ए. तथा डी. फिल की डिग्रियाँ कैंब्रिज विश्वविद्यालय से ग्रहण कीं। उन्होंने 1975 में 'मॉडल्स ऑफ कंज्यूमर डिमांड एंड देयर एप्लीकेशन टु द युनाइटेड किंगडम' विषय पर अपना शोधग्रंथ लिखा। वे ब्रिटेन के फिट्ज- विलियम कॉलेज के छात्र थे और उन्होंने व्यावहारिक अर्थशास्त्र विभाग में रहकर रिचर्ड स्टोन और टेरी बार्कर के साथ अपना शोधकार्य किया। 1983 में प्रिंस्टन विश्वविद्यालय जाने से पूर्व डीटन ब्रिस्टल विश्वविद्यालय में अर्थशास्त्र के प्रोफेसर रहे। वर्तमान में वे प्रिंस्टन के अर्थशास्त्र विभाग में और बुड्रो विल्सन स्कूल में अंतरराष्ट्रीय मामलों और अर्थ-शास्त्र के प्रोफेसर हैं।

डीटन के पास ब्रिटिश व अमरीकी, दोनों नागरिकता हैं।

भौतिक विज्ञान

रसायन विज्ञान

शरीर विज्ञान/चिकित्सा विज्ञान

साहित्य

शान्ति

अर्थशास्त्र

2016

भौतिक विज्ञान

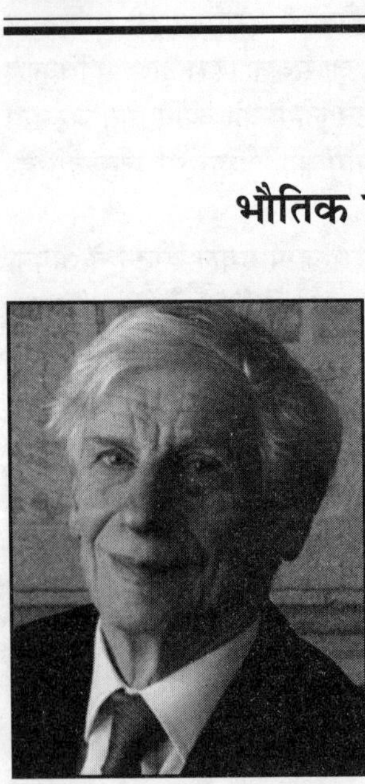

थुलेस, डेविड जे.
नागरिकता : ब्रिटेन
जन्म : 21 सितम्बर, 1934; बियर्सडेन, स्कॉटलैंड

ब्रिटेन के संघमित-पदार्थ (कन्डेन्स्ड-मैटर) भौतिक शास्त्री डेविड जे. थुलेस को संयुक्त रूप से डंकन एम. हाल्डेन और जे. माइकल कोस्टरलिट्ज़ के साथ वर्ष 2016 के भौतिक विज्ञान नोबेल पुरस्कार से सम्मानित किया गया। पुरस्कार की आधी सम्मान राशि डेविड को प्राप्त होगी और शेष आधी राशि प्रिंसटन विश्वविद्यालय के प्रोफेसर डंकन एम. हॉल्डेन और ब्राउन विश्वविद्यालय के प्रोफेसर जे. माइकल कोस्टर-लिट्ज़ में विभाजित होगी।

डेविड थुलेस ने 1955 में स्नातक की डिग्री कैम्ब्रिज विश्वविद्यालय से और डॉक्टरेट की डिग्री 1958 में कॉर्नेल विश्वविद्यालय से प्राप्त की जहाँ उन्होंने भौतिक विज्ञानी और नोबेल पुरस्कार प्राप्तकर्ता हांस बेथे के मार्गदर्शन में विद्या ग्रहण की। थुलेस ब्रिटेन आने से पहले कैलिफोर्निया विश्वविद्यालय, बर्कले में एक शोधकर्ता थे। ब्रिटेन लौटने पर उन्होंने पियेरल्स के साथ बर्मिंघम विश्वविद्यालय में विश्व प्रसिद्ध भौतिक विज्ञानी रुडोल्फ पियेरल्स के साथ काम किया।

बर्मिंघम में, जहाँ वे 1965 से 1978 तक गणितीय भौतिकी के प्रोफेसर थे, उन्होंने जे. माइकल कोस्टरलिट्ज़ के साथ मिलकर पदार्थ के व्यवहार पर पहले से प्रचलित सिद्धान्तों को पलटकर रख दिया। इससे पूर्व वे 1961 से 1965 तक चर्चिल कॉलेज, कैम्ब्रिज में भौतिक विज्ञान के प्रथम निदेशक थे। इसके अतिरिक्त, वे 1979-80 में येल विश्वविद्यालय में व्यावहारिक विज्ञान (अप्लाइड साइंस) के प्रोफेसर थे। बाद में, वे वाशिंगटन विश्वविद्यालय, सीटल में भौतिक विज्ञान के प्रोफेसर नियुक्त किए गए।

पदार्थ के विभिन्न रूपों से जुड़ी अपनी महत्त्वपूर्ण खोज के लिए नोबेल पुरस्कार प्राप्त करने वाले इन तीन वैज्ञानिकों ने सिद्ध कर दिया कि रहस्यमयी स्थिति में पदार्थ कई रूपों में मौजूद रह सकता है। पदार्थ की अनूठी अवस्थाओं सम्बन्धी उनके अध्ययन से नए पदार्थों की डिज़ाइनिंग में और सुपरफास्ट व छोटे कम्प्यूटर बनाने में असाधारण मदद मिलेगी।

हाल्डेन, डंकन एम.

नागरिकता : संयुक्त राज्य अमरीका

जन्म : 14 सितम्बर, 1951; लन्दन, ब्रिटेन

डंकन एम. हाल्डेन, जिनका पूरा नाम फ्रेडरिक डंकन माइकल हाल्डेन है, ब्रिटेन में जन्मे एक अमरीकी भौतिक विज्ञानी हैं, जिन्हें उनके कार्य, परमाणु चुम्बकों की एक आयामी श्रृंखलाओं तथा द्वी-आयामी सेमीकंडक्टरों के गुणों की व्याख्या करने पर 2016 के भौतिक विज्ञान के नोबेल पुरस्कार से सम्मानित किया गया। उन्हें यह सम्मान ब्रिटिश मूल के भौतिक-विदों डेविड थुलेस और माइकल कोस्टरलिट्ज़ के साथ संयुक्त रूप से प्रदान किया गया। नोबेल समिति ने इन भौतिकविदों की इस असाधारण उपलब्धि पर टिप्पणी करते हुए कहा कि इस बार के विजेताओं ने अबूझ दुनिया को समझने के लिए अद्‌भुत द्वार खोल दिए हैं।

हाल्डेन की प्रारम्भिक शिक्षा-दीक्षा सेंट पॉल स्कूल, लन्दन और क्राइस्ट्स कॉलेज, कैम्ब्रिज में हुई। उन्होंने वर्ष 1973 में कैम्ब्रिज विश्वविद्यालय से स्नातक की डिग्री और 1978 में इसी विश्वविद्यालय से भौतिकी में डॉक्टरेट की डिग्री हासिल की।

हाल्डेन ने 1977 से 1981 तक फ्रांस के ग्रेनोबल में इंस्टीट्यूट लोआ-लांजेविन में एक भौतिक विज्ञानी के रूप में काम किया। 1981 से 1985 तक वे सदर्न कैलिफोर्निया विश्वविद्यालय, लॉस एंजिल्स में सहायक प्रोफेसर के पद पर रहे और उन्होंने 1985 से 1997 तक मर्रे हिल, न्यू जर्सी की बेल लेबोरेट्रीज में कार्य किया। 1987 से 1990 तक कैलिफोर्निया विश्वविद्यालय में भौतिकी के प्रोफेसर के रूप में अपनी सेवाएँ देने के पश्चात वे प्रिंसटन विश्वविद्यालय के साथ जुड़ गए।

हाल्डेन को संघमित पदार्थ (कंडेन्स्ड मैटर) से सम्बन्धित भौतिकी के क्षेत्र में उनके विविध मौलिक योगदानों के लिए जाना जाता है।

हाल्डेन को फैलो ऑफ द रॉयल सोसायटी (1996), फैलो ऑफ द अमेरिका एकेडमी ऑफ आर्ट्स एंड साइंसेज और फैलो ऑफ द इंस्टीट्यूट ऑफ फिज़िक्स के अतिरिक्त कई अन्य पुरस्कारों से भी सम्मानित किया जा चुका है।

कोस्टरलिट्ज़, जे. माइकल

नागरिकता : संयुक्त राज्य अमरीका

जन्म : 22 जून, 1943; एबरडीन, स्कॉटलैंड

वर्ष 2016 का भौतिक विज्ञान का नोबेल पुरस्कार तीन वैज्ञानिकों, डेविड थुलेस, डंकन हाल्डेन और जे. माइकल कोस्टरलिट्ज़ को पदार्थ की असामान्य स्थिति पर उनके अध्ययन के लिए प्रदान किया गया, जिससे इलेक्ट्रॉनिक्स के क्षेत्र में नए प्रयोगों का रास्ता खुल सकता है।

उन्नत श्रेणी के गणित का प्रयोग करते हुए उनकी खोजों ने संघमित पदार्थ भौतिकी के क्षेत्र में अनुसन्धानों को बढ़ावा दिया और इलेक्ट्रॉनिक और सुपर कंडक्टर या भविष्य के छोटे कम्प्यूटरों के प्रयोग के लिए नई उम्मीदें जगाईं।

जर्मन यहूदी प्रवासी परिवार में एबरडीन, स्कॉटलैंड में जन्मे जॉन माइकल कोस्टरलिट्ज़ 1982 से ही ब्राउन विश्वविद्यालय में भौतिकी के प्रोफेसर हैं। एक अग्रणी बॉयोकैमिस्ट हाँस वाल्टर कोस्टरलिट्ज़ की सन्तान जे. माइकल कोस्टरलिट्ज़ की शिक्षा इंग्लैंड में कैम्ब्रिज तथा ऑक्सफोर्ड विश्वविद्यालयों में हुई। उन्होंने ऑक्सफोर्ड के ब्रेसनोज़ कॉलेज के एक स्नातकोत्तर छात्र के रूप में 1969 में

डॉक्टर ऑफ फिलॉसफी की डिग्री प्राप्त की। वर्तमान में कोस्टरलिट्ज़ फिनलैंड में ऑल्टो विश्वविद्यालय में एक विज़िटिंग रिसर्च फैलो हैं।

अपने व्यावसायिक जीवन में उन्होंने विभिन्न संस्थानों में कई पदों पर काम किया जिनमें बर्मिंघम विश्वविद्यालय भी एक था, जहाँ उन्होंने डेविड थुलेस के साथ काम किया।

इन वैज्ञानिकों की इस खोज पर टिप्पणी करते हुए नोबेल समिति के भौतिकी के क्षेत्र में कार्यवाहक अध्यक्ष निल्स मार्टेंसन ने कहा, ''इन वैज्ञानिकों की इस खोज ने नवीन गुण स्वभाव के साथ नए पदार्थों की डिज़ाइन के लिए एक मार्ग प्रशस्त कर दिया है और हमें आशा है कि यह भविष्य की कई प्रौद्योगिकियों के लिए अत्यन्त महत्त्वपूर्ण खोज सिद्ध होगी।''

रसायन विज्ञान

सॉवेज, ज्याँ-पियर

नागरिकता : फ्रांस

जन्म : 21 अक्टूबर, 1944; पेरिस, फ्रांस

फ्रांसीसी रसायन शास्त्री ज्याँ-पियर सॉवेज को ब्रिटिश मूल के जे. फ्रैज़र स्टॉडर्ट और डच वैज्ञानिक बर्नार्ड एल. फेरिंगा के साथ संयुक्त रूप से वर्ष 2016 के रसायन विज्ञान के नोबेल पुरस्कार से सम्मानित किया गया। इन वैज्ञानिकों ने मानव बाल के एक अंश के आकार के बराबर की मोटरें और उपकरण बनाकर एक नए प्रकार के उद्योग के लिए मंच तैयार कर दिया है।

सॉवेज ने लुई पाश्चर विश्वविद्यालय से (जो अब स्ट्रासबर्ग विश्वविद्यालय का एक भाग है) डॉक्टरेट की डिग्री हासिल की और फिर स्ट्रासबर्ग में एक रिसर्च फैलो के रूप में नेशनल सेंटर फॉर साइंटिफ़िक रिसर्च (सीएनएसआर) के साथ जुड़ गए। 1973 से 1974 तक उन्होंने ऑक्सफोर्ड विश्वविद्यालय में फ़ैलोशिप हासिल की। उसके बाद वे पुनः सीएनएसआर लौट गए और 1981 से 1984 तक स्ट्रासबर्ग में एक प्रोफेसर के पद पर रहे। 1979 से 2009 तक वे सीएनएसआर में अनुसन्धान निदेशक के पद पर रहे।

उन्होंने डॉक्टरेट के लिए अपना शोधकार्य ज्याँ मारी लेहन के मार्गदर्शन में पूर्ण किया, जो स्वयं भी 1987 में रसायन विज्ञान में नोबेल पुरस्कार प्राप्तकर्ता हैं। सॉवेज के शोधकार्य का मुख्य विषय था आणविक टोपोलॉजी। वर्ष 1983 में सॉवेज और उनके साथी वैज्ञानिकों ने एक मॉलिक्यूलर चेन, कैटेनेन की रचना की। सॉवेज ने महसूस किया कि कैटेनेन के विकास से अणुओं को छोटी मशीनों में परिवर्तित किया जा सकता है। यहीं से उनके नोबेल पुरस्कार प्राप्त कार्य की नींव पड़ी। इनकी बनाई गई मॉलि-क्युलर मशीनें ऊर्जा की ज़रूरत के समय काम कर सकती हैं। ये मशीनें नई सामग्रियों, सेंसर और ऊर्जा भंडारण प्रणाली जैसी चीज़ों के विकास में सबसे अधिक इस्तेमाल की जा सकती हैं।

उन्हें 24 नवम्बर 1997 को फ्रैंच एकेडमी ऑफ साइंसेज का सदस्य चुना गया। वर्तमान में वे स्ट्रासबर्ग विश्व-विद्यालय के साथ एक अवकाश-प्राप्त प्रोफेसर के रूप में जुड़े हुए हैं।

स्टॉडर्ट, जेम्स फ्रेज़र

नागरिकता : संयुक्त राज्य अमरीका

जन्म : 24 मई, 1942; एडिन-बर्ग, स्कॉटलैंड

जब सर फ्रेज़र स्टॉडर्ट को फ्रांसीसी रसायन शास्त्री ज्याँ पियर सॉवेज और डच वैज्ञानिक बर्नार्ड एल. फेरिंगा के साथ संयुक्त रूप से 2016 के रसायन शास्त्र के नोबेल पुरस्कार से सम्मानित किया गया तो उन्होंने पूरे विश्व को यह झलक दिखा दी थी कि रसायन शास्त्र किस प्रकार व्यावहारिक होने के अलावा रचनात्मक और कलात्मक भी हो सकता है। नोबेल समिति ने ''आणविक प्रणालियों (मॉलिक्युलर सिस्टम्स) को

सन्तुलन के गतिरोध से बाहर लाकर उन्हें ऊर्जा से भरी स्थितियों में लाने के लिए सराहना की जिनमें उनकी गतिविधियों को नियंत्रित किया जा सकता है। उन्हें मॉलि-क्युलर के डिजाइन और सिंथिसिस के लिए इस पुरस्कार से नवाज़ा गया। इन तीनों वैज्ञानिकों ने अपनी इस महत्त्वपूर्ण खोज से दिखाया कि टोपोलॉजी को मॉलिक्युलर स्विचों के रूप में भी प्रयोग में लाया जा सकता है। उन्होंने इन संरचनाओं को नैनो-इलेक्ट्रॉनिक उपकरणों और नैनो-इलेक्ट्रो मैकेनिकल प्रणालियों के निर्माण में भी लागू किया। स्टॉडर्ट को मॉलि-क्युलर इलेक्ट्रानिक्स और कृत्रिम मॉलिक्युलर मशीनों के क्षेत्र में विशेषज्ञता प्राप्त है। इन मशीनों को सूक्ष्म स्तर पर कम्प्यूटरों तथा अन्य इलेक्ट्रॉनिक उपकरणों के स्विचों के रूप में प्रयोग किया जाता है।''

उनकी प्रारम्भिक स्कूली शिक्षा कैरिंगटन, मिडलोथियन के एक स्थानीय गाँव के स्कूल में हुई और बाद में उन्होंने एडिनबर्ग में मेल्विल कॉलेज में शिक्षा प्राप्त की। उन्होंने 1964 में विज्ञान-स्नातक की डिग्री हासिल की और उसके बाद एडिनबर्ग विश्वविद्यालय से वर्ष 1967 में डॉक्टर ऑफ फिलॉसफी की डिग्री ग्रहण की।

वे 1967 में क्वीन्स विश्वविद्यालय (कनाडा) में नेशनल रिसर्च कौंसिल पोस्ट डॉक्टोरल फैलो के रूप में, 1970 में शैफील्ड विश्वविद्यालय में इम्पीरियल कैमिकल इंडस्ट्री रिसर्च फैलो के रूप में और बाद में रसायन शास्त्र के लेक्चरर के रूप में नियुक्त हुए। 1978 में वे कैलि-फोर्निया विश्वविद्यालय, लॉस एंजिल्स में सीनियर विज़िटिंग फैलो के रूप में भी रहे। बाद में वे पुनः शैफील्ड में लौट आए जहाँ उन्हें 1982 में पदोन्नत करके रीडर के रूप में नियुक्त किया गया। 1997 से 2008 तक वे कैलिफोर्निया विश्वविद्यालय, लॉस एंजिल्स में रसायन शास्त्र तथा बायोकैमिस्ट्री के प्रोफेसर के रूप में रहे। वर्तमान में वे नार्थ वेस्टर्न विश्वविद्यालय में बोर्ड ऑफ ट्रस्टीज प्रोफेसर हैं जहाँ उन्होंने मैकेनोस्टीरियोकैमिस्ट्री समूह की स्थापना की।

नोबेल पुरस्कार के अतिरिक्त, उन्हें मौलिक्युलर की पहचान तथा सेल्फ-असेम्बली में उत्कृष्ट व अग्रणी कार्य के लिए अल्बर्ट आइंस्टीन वर्ल्ड अवॉर्ड ऑफ साइंस (2007) भी प्राप्त हुआ।

फेरिंगा, बर्नार्ड एल.

नागरिकता : नीदरलैंड्स
जन्म : 18 मई, 1951; बार्जर-कम्पास्क्यूम, नीदरलैंड्स

बर्नार्ड फेरिंगा, जिनका पूरा नाम बर्नार्ड लूकास फेरिंगा है, एक डच रसायन शास्त्री हैं जिन्हें मॉलिक्युलर मशीनों के क्षेत्र में उनके अग्रणी कार्य के लिए फ्रांसीसी रसायन शास्त्री ज्याँ-पियरे सॉवेज तथा स्कॉटिश-अमरीकी रसायन शास्त्री सर जे. फ्रेजर स्टॉडर्ट के साथ वर्ष 2016 के रसायन शास्त्र के नोबेल पुरस्कार से सम्मानित किया गया।

कृषक दम्पत्ति के कैथोलिक परिवार में जन्मे बर्नार्ड फेरिंगा ने अपना बचपन और युवाकाल पारिवारिक फॉर्म पर ही बिताया, जो ठीक जर्मनी की सीमा पर स्थित था।

फेरिंगा ने वर्ष 1979 में एम.एस.सी. की डिग्री ग्रोनिंगन विश्वविद्यालय से प्राप्त की और इसी विश्वविद्यालय से उन्होंने 1978 में पी-एच.डी. की डिग्री भी प्राप्त की। इसी वर्ष वह एम्सटर्डम की एक तेल कम्पनी रॉयल डच शेल में एक रिसर्च कैमिस्ट के रूप में नियुक्त हो गए। वर्ष 1982 से 1983 तक वह इंग्लैंड के सिटिंगवॉर्न में शेल बायोसाइंसेज लेबोरेट्रीज में काम करने के बाद पुनः एम्सटर्डम में शेल तेल कम्पनी में वापस लौट आए। 1984 में वह ग्रोनिंगन विश्वविद्यालय में एक लेक्चरार के रूप में और फिर 1988 में एक प्रोफेसर के पद पर नियुक्त किए गए।

उनका शुरुआती करियर समान प्रकृति वाले उत्प्रेरकों और ऑक्सीडेशन उत्प्रेरकों पर केन्द्रित था। 1990 के दशक में, फेरिंगा के स्टीरियोकैमिस्ट्री के क्षेत्र में किए गए कार्य ने फोटोकैमिस्ट्री के क्षेत्र में महत्त्वपूर्ण योगदान दिया। इसी के परिणामस्वरूप, वर्ष 1999 में फेरिंगा तथा उनके साथी वैज्ञानिकों ने पहली मॉलिक्युलर मोटर के निर्माण में सफलता अर्जित की। यही एक ऐसा मौलिक्युल है जिसे एक ही दिशा में घुमाया जा सकता है। आमतौर पर, जब मॉलिक्युल को घुमाया जाता है तो वह दोनों ओर घूमता है। 2011 में उन्होंने

एक मॉलिक्युलर कार की भी रचना की, जिसे कथित तौर पर नैनो कार का नाम दिया गया जो विद्युतीय आवेगों से चलती है। इस खोज से पूर्व फेरिंगा और उनके साथी वैज्ञानिकों ने मॉलिक्युलर मोटरों का कई अन्य महत्त्वाकांक्षी परियोजनाओं में इस्तेमाल किया। 2005 में उन्होंने मॉलिक्युलर मोटरों की सहायता से शीशे के एक सिलेंडर को भी घुमाने में सहायता पाई जो 28 माइक्रोमीटर लम्बा था अर्थात मॉलिक्युलर मोटरों से लगभग 10,000 गुणा लम्बा।

फेरिंगा को वर्ष 2008 में, नीदरलैंड्स की महारानी बियेट्रिक्स के ऑर्डर ऑफ नीदरलैंड्स लॉयन को नाइटहुड की उपाधि से सम्मानित किया गया।

शरीर विज्ञान/चिकित्सा विज्ञान

ओहसुमी, योशीनोरी

नागरिकता : जापान

जन्म : 9 फरवरी, 1945; फुकुओका, जापान

वर्ष 2016 का शरीर विज्ञान/चिकित्सा शास्त्र के क्षेत्र में दिया गया नोबेल पुरस्कार पूरे एशिया क्षेत्र के लिए गौरव लेकर आया क्योंकि इस वर्ष यह प्रतिष्ठित पुरस्कार जापान के कोशिका जीव विज्ञानी (Cell Biologist) योशीनोरी ओहसुमी को प्रदान किया गया, जिन्हें ऑटोफैगी में विशेषज्ञता प्राप्त है। ऑटोफैगी एक ऐसी प्रक्रिया है जिसके माध्यम से शरीर अपने पुराने कोशिकीय अवयवों को नष्ट करके उनकी पुनर्रचना करता है और इस प्रकार निरन्तर स्वयं को नया करता है।

जापान के फुकुओका में जन्मे डॉ. योशीनोरी ने इसका समूचा जेनेटिक और मेटाबोलिक मेकेनिज्म खोज निकाला है, जिसका उपयोग भविष्य में कई असाध्य बीमारियों के इलाज के लिए किया जा सकता है, विशेष रूप से पार्किंसंस और कैंसर इत्यादि में।

डॉ. योशीनोरी ने टोकियो विश्वविद्यालय से 1967 में बैचलर ऑफ साइंस और 1974 में डॉक्टर ऑफ साइंस की डिग्रियाँ हासिल कीं। 1974-1977 के दौरान उन्होंने न्यू यॉर्क के रॉकफेलर विश्वविद्यालय में पोस्ट डॉक्टोरल फैलोशिप पूर्ण की। 1977 में एक रिसर्च एसोसिएट के रूप में वापस टोकियो विश्वविद्यालय में आने के बाद उन्हें 1986 में लेक्चरार और 1988 में एसोसिएट प्रोफेसर के रूप में नियुक्त किया गया। इस बीच, विभिन्न संस्थानों में विभिन्न पदों पर कार्य करते हुए उन्होंने वर्ष 2014 में अपनी सेवानिवृत्ति के बाद, प्रोफेसर के रूप में इंस्टीट्यूट ऑफ इनोवेटिव रिसर्च, टोकियो इंस्टीट्यूट ऑफ टेक्नोलॉजी में अपनी सेवाएँ देना जारी रखा, जहाँ वे वर्तमान में मानद प्रोफेसर के रूप में कार्यरत हैं। इसके अलावा, वह ग्रेजुएट यूनिवर्सिटी फॉर एडवांस्ड स्टडीज, जापान के नेशनल इंस्टीट्यूट फॉर बेसिक बायोलॉजी में प्रोफेसर इमेरिट्स के रूप में अपनी सेवाएँ दे रहे हैं।

डॉ. योशीनोरी को उनके महत्त्वपूर्ण कार्यों और ऑटोफैगी के क्षेत्र में उनकी बेहद नई खोजों के लिए कई पुरस्कार प्राप्त हुए जिनमें फूजीहारा पुरस्कार, जापान एकेडमी प्राइज, असाही पुरस्कार, कियो मेडिकल साइंस पुरस्कार, गैर्डनर इंटरनेशनल पुरस्कार और विले पुरस्कार प्रमुख हैं।

साहित्य

डिलन, बॉब

नागरिकता : संयुक्त राज्य अमरीका

जन्म : 24 मई , 1941; डुलुथ, मिनेसोटा

जब बॉब डिलन को वर्ष 2016 के साहित्य के नोबेल पुरस्कार से सम्मानित किए जाने की घोषणा हुई तो इससे कई लोग अचरज में थे। हालाँकि डिलन का नाम लगभग 20 वर्षों से साहित्य के नोबेल पुरस्कार के लिए चल रहा था। लेकिन इसके बावजूद पूरे विश्व में डिलन और उनके गीतों और

उनके व्यक्तित्व से प्रेम करने वाले करोड़ों प्रशंसक मौजूद हैं। डिलन को यह पुरस्कार केवल एक गायक, गीतकार या कवि होने के कारण नहीं दिया गया बल्कि उन्हें 'गीतों में कविता को स्थापित करने के लिए' दिया गया, जैसा कि नोबेल समिति ने अपनी अधिकारिक घोषणा में कहा।

बॉब डिलन की साधारणजनों में लोकप्रियता और स्वीकार्यता ने आम लोगों और साहित्य के बीच एक पुल बनाने का कार्य किया है। न सिर्फ यही बल्कि उन्होंने साहित्य के एक बँधे-बँधाए और अभिजात्य वर्ग के लिए निर्मित ढाँचों को नोबेल पुरस्कार से सम्मानित किए जाने की परम्परा को भी तोड़ दिखाया है। यही चीज उन्हें एक आम आदमी का कलाकार भी सिद्ध करती है। शायद यह वर्ष 2016 के नोबेल पुरस्कारों की विशेषता रही है कि बेशक सभी लोगों में, जिन्हें पुरस्कृत किया गया है, कोई बिलकुल नई या पारम्परिक विज्ञान को झकझोर देनेवाली चीज न हो लेकिन साधारण स्तर की ही सही, वे महत्त्वपूर्ण क्षेत्रों के महत्त्वपूर्ण उत्पादों के विकास और निर्माण को सामने लाती हैं।

20वीं शताब्दी के सबसे प्रभावशाली गायक और गीतकार बॉब डिलन का शुरुआती करियर 1960 के दशक में आरम्भ हुआ जिन्होंने अपने गीतों में सामाजिक मुद्दों जैसे युद्ध और नागरिक अधिकारों को प्रस्तुत किया।

24 मई, 1941 को अमरीका के मिनेसोटा स्टेट में जन्मे बॉब डिलन का असली नाम रॉबर्ट एलन जिमरमैन था। तुर्की से लेकर रूस तक उनके पुरखे फैले हुए थे। बचपन से ही वे 'रॉक एंड रोल' की ओर आकर्षित थे। उन्होंने हिस्बिंग हाई स्कूल में पढ़ते हुए ही कई बैंडों की स्थापना कर डाली थी। हिस्बिंग उनकी माता का गृहनगर था, जहाँ बॉब के पिता को पोलियो होने के बाद पूरे परिवार को स्थानान्तरित होना पड़ा था। तब बॉब केवल छह वर्ष के थे। उन्होंने 1965 में, छह मिनट का अपना एकल गीत 'लाइक ए रोलिंग स्टोन' रिकॉर्ड किया। उनके शुरुआती गीत 'ब्लोइंग इन द विंड' और 'द टाइम्स दे आर ए चेंजइन' अमरीकी नागरिकों, अधिकारों और युद्ध विरोधी आन्दोलन की आवाज बन गए।

उनका करियर 50 वर्षों का विस्तार लिये हुए है। वर्ष 1994 के बाद, उनकी कई पुस्तकें प्रकाशित हो चुकी हैं और उनके सौ मिलियन से भी अधिक रिकॉर्ड बिक चुके हैं। उन्हें 2008 में पुलित्जर पुरस्कार भी प्राप्त हो चुका है। हाल ही के वर्षों तक भी उनकी सक्रियता में कोई कमी नहीं आई है। उनके कई स्टूडियो एलबम भी निकल चुके हैं जिनमें प्रमुख हैं : 'टुगैदर थ्रू लाइफ (2009), टेम्पेस्ट (2012), शैडोज इन द नाइट (2015) और 'फालेन एंजेल्स' 2016। इस महान गायक, गीतकार को प्रेजिडंट मैडल ऑफ फ्रीडम पुरस्कार (2012) के अलावा ग्रैमी, एकेडमी और गोल्डन ग्लोबल पुरस्कारों से भी सम्मानित किया जा चुका है।

शान्ति

सांतोस, जुआन मैनुएल

नागरिकता : कोलंबिया

जन्म : 10 अगस्त, 1951; बोगोटा, कोलंबिया

वर्ष 2016 का नोबेल शान्ति पुरस्कार कोलंबिया के राष्ट्रपति जुआन मैनुएल सांतोस को प्रदान किया गया। उन्हें यह पुरस्कार कोलंबिया में वर्ष 1964 से मार्क्सवादी गुरिल्ला संगठन 'कोलंबिया रिवोल्यूशनरी आर्म्ड फोर्सेज' के साथ चली आ रही लम्बी लड़ाई को समाप्त करके देश में शान्ति स्थापना के उनके अथक प्रयासों के लिए दिया गया। लेकिन दिलचस्प बात यह है कि जिस शान्ति समझौते पर सांतोस को नोबेल पुरस्कार से सम्मानित किया गया, उस शान्ति समझौते को कोलंबिया की जनता ने ही नकार दिया था। कोलंबिया के इस गृहयुद्ध को विश्व के सबसे लम्बे चले और सबसे जानलेवा संघर्षों में गिना जाता है जिसमें अब तक लगभग 2,20,000 लोग अपनी जान गँवा चुके हैं। इसके अलावा, लगभग 80,000 लोग विस्थापित हो चुके हैं।

सांतोस का जन्म एक अत्यन्त प्रभावशाली राजनीतिक परिवार में हुआ था। उनके एक अंकल एडुआर्डो सांतोस मोंटेजो 1938 से 1942 तक कोलंबिया के राष्ट्रपति थे और उनके चचेरे भाई फ्रांसिस्को सांतोस काल्डेरोन 2002-2010 के रोमन अल्वारो उरीबे वेलेज के कार्यकाल में उप-राष्ट्रपति थे।

जुआन सांतोस ने केन्सास विश्वविद्यालय से (1973) अर्थशास्त्र और व्यापार में बी.ए. की डिग्री ग्रहण करने से पूर्व कार्टाजेना की नौसेना अकादमी में भी प्रशिक्षण प्राप्त किया। स्नातक की शिक्षा पूर्ण करने के बाद, उन्होंने लन्दन स्थित अन्तरराष्ट्रीय कॉफी संगठन में कोलंबियाई प्रतिनिधिमंडल का नेतृत्व किया। उन्होंने 1981 में हार्वर्ड विश्वविद्यालय से नागरिक प्रशासन में मास्टर डिग्री प्राप्त की। इसके अतिरिक्त उन्होंने लन्दन स्कूल ऑफ इकोनॉमिक्स से अर्थशास्त्र, आर्थिक विकास में मास्टर डिग्री हासिल की। बाद में उन्होंने अपने परिवार द्वारा स्थापित एल टियेम्पो नामक कोलंबिया के सबसे बड़े समाचार-पत्र में सम्पादक के रूप में काम किया।

1991 में सांतोस राष्ट्रपति सीज़र गैबिरिया टूनिलो के कार्यकाल में विदेश व्यापार मंत्री बने। बाद में वह उप-राष्ट्रपति कार्यालय में नियुक्त किए गए। 1994 में वे वार्ताकारों की उस टीम के सदस्य थे, जिन्होंने फार्क (कोलंबियन रिवोल्यूशनरी आर्म्ड फोर्सेज़) के साथ शान्ति समझौते का प्रयास किया। 1990 के दशक के अन्तिम वर्षों में वे कोलंबियन लिबरल पार्टी के नेता थे और 2000 से 2002 तक वह राष्ट्रपति आन्द्रेस पेस्तराना के मंत्रिमंडल में खजाना मंत्री और सार्वजनिक ऋण मंत्री थे। सांतोस ने 2009 में राष्ट्रपति पद के लिए अपने मंत्रिमंडल पद से इस्तीफा दे दिया और 2010 में 69 प्रतिशत वोट प्राप्त करके भारी जीत के साथ राष्ट्रपति पद पर आसीन हुए। उन्होंने वेनेजुएला में ह्यूगो शावेज सरकार से भी रिश्ते सामान्य किए। चार वर्ष तक चली औपचारिक और उससे पूर्व 2 वर्ष तक चली गुप्त वार्ता के बाद 2016 में कोलंबिया सरकार और विद्रोहियों ने शान्ति समझौते पर हस्ताक्षर करने का ऐलान किया।

अपने नोबेल शान्ति पुरस्कार को उन्होंने कोलंबिया संघर्ष के पीड़ितों को समर्पित करते हुए अपनी पुरस्कार राशि दान कर देने का फैसला किया। शान्ति समझौते को कोलंबिया के निवासियों ने बेशक नकार दिया हो किन्तु नोबेल समिति ने सांतोस के शान्ति प्रयासों को अपना पूरा समर्थन दिया।

अर्थशास्त्र

हार्ट, आलिवर

नागरिकता : संयुक्त राज्य अमरीका

जन्म : 9 अक्टूबर, 1948; लन्दन, इंग्लैंड

वर्ष 2016 का अर्थशास्त्र में नोबेल पुरस्कार ब्रिटिश मूल के अर्थशास्त्री ओलिवर हार्ट तथा फिनलैंड मूल के अर्थशास्त्री बेंग्ट होम स्ट्रॉम को प्रदान किया गया। उन्हें यह प्रतिष्ठित पुरस्कार कांट्रेक्ट थियरी के क्षेत्र में उनके महत्त्वपूर्ण योगदान को देखते हुए दिया गया। कांट्रेक्ट थियरी में उनका कार्य विशेष रूप से टॉप एग्ज़िक्यूटिव्स को परफार्मेंस आधारित भुगतान और सार्वजनिक क्षेत्र की गतिविधियों के निजीकरण पर आधारित है।

चिकित्सीय शोधकर्ता फिलिप हार्ट और एक स्त्री रोग विशेषज्ञ रूथ मेयर नामक यहूदी दम्पत्ति की सन्तान ओलिवर हार्ट ने कैम्ब्रिज के किंग्स कॉलेज से गणित में बी.ए. (1969) की डिग्री और 1972 में वारविक विश्वविद्यालय से अर्थशास्त्र में एम.ए. की डिग्री प्राप्त की। 1974 में जब उन्होंने प्रिंसटन विश्वविद्यालय से पी-एच.डी. की डिग्री प्राप्त की तो उसके बाद वे अमरीका में ही बस गए। कैम्ब्रिज के चर्चिल कॉलेज में फैलो रहने और 1984 में लन्दन स्कूल ऑफ इकोनॉमिक्स में प्रोफेसर के रूप में पढ़ाने के बाद वे मैसाचुसेट्स इंस्टीट्यूट ऑफ टेक्नोलॉजी में पढ़ाने के लिए वापस अमरीका लौट गए। 2000 से 2003 तक वह हॉर्वर्ड अर्थशास्त्र विभाग के अध्यक्ष पद पर भी रहे।

हार्ट ने निजी और सरकारी स्कूलों के अनुपात पर भी काम किया। कांट्रेक्ट थियरी, फर्म की थियरी, कॉर्पोरेट फाइनेंस और कानून व अर्थशास्त्र के विशेषज्ञ हार्ट ने ऐसे सिद्धान्त विकसित किए जो कम्पनियों को बताते हैं कि किसके साथ विलय करना लाभकारी होगा।

होमस्ट्रॉम, बेंग्ट
नागरिकता : फिनलैंड
जन्म : 18 अप्रैल, 1949; हेल-सिंकी, फिनलैंड

मैसाचुसेट्स इंस्टीट्यूट ऑफ टेक्नोलॉजी में अर्थशास्त्र के प्रोफेसर और फिनलैंड के अर्थशास्त्री बेंग्ट होमस्ट्रॉम ने संयुक्त रूप से अमरीकी अर्थशास्त्री ओलिवर हार्ट के साथ वर्ष 2016 का अर्थशास्त्र का नोबेल पुरस्कार प्राप्त किया। इन्हें 'कांट्रेक्ट थियरी' के लिए यह पुरस्कार प्रदान किया गया। उन्होंने कर्मचारी और नियोक्ता के बीच होने वाले कांट्रेक्ट से जुड़े तमाम पहलुओं की जटिलता का बारीकी से अध्ययन करके इसे एक सम्पूर्ण सिद्धान्त के रूप में विकसित किया। अपने अध्ययन से इन दोनों अर्थशास्त्रियों ने बताया कि सीईओ या अन्य उच्च पदस्थ अधिकारियों का वेतन तय करते समय केवल कम्पनी के तात्कालिक लाभों को ही नहीं, बल्कि दूरगामी लाभ-हानि को भी ध्यान में रखा जाना चाहिए। होमस्ट्रॉम के कार्य ने पुराने कर्मचारियों की तुलना में नए कर्मचारियों को और उन कर्मचारियों (जैसे अध्यापकों) के वेतन पैकेज के उचित डिज़ाइन के बारे में भी एक बहस को जन्म दिया जो अपनी संस्था में रहते हुए कई प्रकार के कार्य करते हैं जिनका मूल्यांकन करना इतना आसान नहीं है।

होमस्ट्रॉम ने हेलसिंकी विश्वविद्यालय में गणित और अर्थशास्त्र में बी.एस. की डिग्री (1972) और स्टेनफोर्ड विश्वविद्यालय से एम.एस. (1975) और पी-एच.डी. (1978) की डिग्रियाँ हासिल कीं। कम्पनी योजनाकार (1972-74) के रूप में कार्य करने के पश्चात उन्होंने कुछ वर्ष विभिन्न संस्थानों में सहायक प्रोफेसर तथा एसोसिएट प्रोफेसर के पद पर कार्य किया। तत्पश्चात् वे येल विश्व-विद्यालय के साथ अर्थशास्त्र तथा प्रबन्धन के प्रोफेसर के रूप में जुड़ गए। 1994 से 1997 तक उन्हें मैसाचुसेट्स इंस्टीट्यूट ऑफ टेक्नोलॉजी में अर्थशास्त्र व प्रबन्धन के प्रोफेसर नियुक्त किया गया। होमस्ट्रॉम वर्ष 2010 में हेलसिंकी एल्म्नाई एसोसिएशन 'एलम्नस ऑफ द ईयर' चुने गए।

होमस्ट्रॉम अमेरिकन एकेडमी ऑफ आर्ट्स एंड साइंसेज़, रॉयल स्वीडिश एकेडमी ऑफ साइंसेज के विदेशी सदस्य और फिनिश एकेडमी ऑफ साइंस एंड लैटर्स के सदस्य हैं। वह 1999 से 2012 तक नोकिया निदेशक मंडल के सदस्य भी रह चुके हैं और ऑल्टो विश्वविद्यालय के बोर्ड के सदस्य हैं।

नोबेल पुरस्कार

भौतिक विज्ञान

1901 : विल्हेम कोनराड रोंटजेन—"असाधारण किरणों अर्थात एक्स किरणों की खोज में उनके अद्वितीय योगदान के मान्यता स्वरूप।"

1902 : हेंड्रिक आंतून लोरेंज—"विद्युत चुंबकीय विकिरण संबंधी घटनाओं का गणितीय समाधान प्रस्तुत करने के लिए।"

1902 : पीटर जीमैन—"हेंड्रिक आंतून लोरेंज के साथ संयुक्त रूप से विद्युत चुंबकीय विकिरण संबंधी घटनाओं का गणितीय समाधान प्रस्तुत करने के लिए।"

1903 : (i) आंतोइन हेनरी बेक्यूरेल—"सहज रेडियोधर्मिता की खोज में असाधारण सेवाओं की मान्यतास्वरूप।"
(ii) मेरी क्यूरी
(iii) पिअरे क्यूरी : "रेडियोधर्मिता की खोज में अभूतपूर्व योगदान के लिए।"

1904 : लॉर्ड रेले—"विभिन्न गैसों के घनत्व और उन्हें पृथक् करने की खोज के कारण।"

1905 : फिलिप एडुअर्ड ऐंटोन वॉन लेनार्ड—"इलेक्ट्रॉन तथा कैथोड किरणों के संबंध में अध्ययन और उनकी विवेचनाओं तथा गुण-धर्म के विवेचन पर महत्त्वपूर्ण कार्य के लिए।"

1906 : सर जोसेफ जॉन थॉमसन—"विद्युत कणों अर्थात इलेक्ट्रॉन की कार्य-पद्धति के संबंध में उनकी खोज के लिए।"

1907 : अल्बर्ट अब्राहम माइकेल्सन—"प्रकाश की गति के सही-सही मापन की दिशा में उपयुक्त उपकरणों की परिकल्पना के लिए।"

1908 : गैब्रिएल लिप्पमैन—"व्यतिकरण पर आधारित रंगीन फोटोग्राफी की पद्धति के विकास में असाधारण भूमिका निभाने के लिए।"

1909 : (i) कार्ल फर्डिनांड ब्राउन
(ii) गुग्लियेल्मो मारकोनी : "बेतार टेलिग्राफी के विकास में महत्त्वपूर्ण योगदान के लिए।"

1910 : जोहानिस डाइड्रिक वान डेर वाल्स—"पदार्थों की तरल तथा गैसीय स्थिति के गणितीय समीकरणों पर उनके असाधारण कार्यों के लिए।"

1911 : विल्हेम वीन—"ताप के विकिरण से संबंधित महत्त्वपूर्ण खोजों के लिए।"

1912 : निल्स गुस्ताफ डेलन—"प्रकाश स्तंभों के प्रकाश को सही स्थिति में रखने के लिए आटोमेटिक सन वाल्व (Sun Valve) अथवा सालवेंडिल के आविष्कार के लिए।"

1913 : कैमरलिंग ओनेस हाइक—"कम तापमान पर पदार्थ की गुणधर्मिता की खोज और हीलियम को तरल रूप में प्रस्तुत करने के लिए।"

1914 : मैक्स वॉन लॉ—''क्रिस्टलों के जरिए एक्स किरणों के विवर्तन की युगांतकारी खोज के लिए।''

1915 : (i) सर विलियम हेनरी ब्रैग
(ii) सर विलियम लारेंस ब्रैग : ''एक्स किरणों द्वारा क्रिस्टल के निर्माण के विश्लेषण में उनकी महत्त्वपूर्ण सेवाओं के लिए।''

1916 : पुरस्कार नहीं दिए गए।

1917 : चार्ल्स ग्लोवर बार्कला—''रोंटजेन विकिरण का पता लगाकर पारमाणविक संरचनाओं के अध्ययन के लिए।''

1918 : मैक्स कार्ल अर्न्स्ट लुडविग प्लैंक—''भौतिकी के क्षेत्र में क्वांटम सिद्धांत की खोज करने के लिए।''

1919 : जोहानिस स्टार्क—''विद्युत क्षेत्र में 'डॉपलर' प्रभाव की खोज के लिए।''

1920 : चार्ल्ड एडुअर्ड गुइलॉमे—भौतिकी के क्षेत्र में माप-तौल की परिशुद्धता और निकिल तथा इस्पात के मिश्रण में असंगतियों की खोज के लिए।''

1921 : अल्बर्ट आइंस्टीन—''सापेक्षता के सिद्धांत और फोटो विद्युत के प्रभाव की खोज के लिए।''

1922 : नील्स हेनरिक डेविड बोर—''अणुओं की आंतरिक संरचना और उनके द्वारा विकिरण के अध्ययन संबंधी उनकी सेवाओं के लिए।''

1923 : रॉबर्ट एंड्रयूज मिलिकन—''प्राथमिक विद्युत आवेशों और फोटो-इलेक्ट्रिक प्रभाव पर शोध करने के लिए।''

1924 : कार्ल मैन्ने जॉर्ज सिएग्बान—''एक्स-रे स्पेक्ट्रोस्कोपी के क्षेत्र में शोध तथा उनकी खोजों के लिए।''

1925 : (i) जेम्स फ्रैंक
(ii) लुडविग गुस्ताव हर्त्ज : ''अणु पर किसी इलेक्ट्रॉन के प्रभाव से संबंधित नियमों की खोज करने के लिए।'

1926 : ज्याँ बैप्तिस्त पेरिन—''पदार्थ की निरंतरताविहीन संरचना पर उनके कार्यों के लिए और विशेष रूप से अवसादन (सेडिमेंटेशन) संतुलन पर उनकी खोजों के लिए।''

1927 : (i) ऑर्थर हॉली कॉम्पटन : ''कॉम्पटन प्रभाव की उनकी खोज के लिए।''
(ii) चार्ल्स थॉमसन रीस विल्सन : ''रेडियोधर्मिता, एक्स किरणों तथा अंतरिक्ष से प्रसारित होनेवाली किरणों तथा परमाणु के नाभिकीय विषयों केअध्ययन हेतु 'विल्सन क्लाउड चैंबर' नामक उपकरण के निर्माण के लिए।''

1928 : सर ओवेन विल्लांस रिचर्ड्सन—''यह सिद्ध करने के लिए कि इलेक्ट्रॉन की चमक गर्म धातु से होती है, न कि आसपास के वातावरण से और 'रिचर्ड्सन प्रभाव' की खोज करने के लिए।''

1929 : प्रिंस लुइस विक्टर डि ब्रोग्ली—''इलेक्ट्रॉन के तरंग स्वभाव का पता लगाने के लिए।''

1930 : चंद्रशेखर वेंकट रमन—''प्रकाश के विवर्तन और 'रमन प्रभाव' की खोज करने के लिए।''

1931 : पुरस्कार नहीं दिया गया।

1932 : वेरनर कार्ल हेजनबर्ग—''क्वांटम प्रक्रियाओं का विकास करने के लिए, जिसकी सहायता से हाइड्रोजन के एलोट्रॉनिक स्वरूप की खोज संभव हो सकी।''

1933 : (i) पॉल एड्रिएन मौरिस डिरान
(ii) अर्विन श्रोडिंगर : ''परमाणु सिद्धांतों के नए उत्पादक रूपों की खोज करने के लिए।''

1934 : पुरस्कार नहीं दिया गया।

1935 : सर जेम्स चैडविक—''न्यूट्रॉन की खोज करने के लिए।''

1936 : (i) कार्ल डेविड एंडर्सन
(ii) विक्टर फ्रांसिस हेस : ''कॉस्मिक किरणों की खोज के लिए।''

1937 : (i) क्लिंटन जोसेफ डेविसन
(ii) सर जॉर्ज पैगेट थॉमसन : ''क्रिस्टल के माध्यम से इलेक्ट्रॉन के विवर्तन (डिफ्रेक्शन) की प्रयोगात्मक खोज करने के लिए।''

1938 : एनरिको फेर्मि—''न्यूट्रॉन विकिरण द्वारा उत्पादित नए रेडियोधर्मी तत्त्वों के अस्तित्व पर उनके द्वारा किए गए कार्यों तथा परमाणु प्रतिक्रियाओं से संबंधित उनकी खोजों के लिए।''

1939 : अर्नेस्ट आरलैंडो लॉरेंस—''साइक्लोट्रोन की खोज तथा उसके विकास और उससे प्राप्त परिणामों के लिए, विशेष रूप से कृत्रिम रेडियोधर्मी तत्त्वों से संबंधित परिणामों के लिए।''

1940–42 : पुरस्कार नहीं दिए गए।

1943 : आट्टो स्टर्न—''आणविक किरण के विकास तथा उसके द्वारा प्रोटॉन के चुंबकीय काल को मापने और उसकी प्रवृत्ति का अध्ययन करने हेतु।''

1944 : इसोडोर इजाक राबी—''परमाणु के नाभिक के चुंबकीय तत्त्वों के तरीकों की खोज करने के लिए।''

1945 : वोल्फगैंग पाउली—''अपवर्जन सिद्धांत (एक्सक्लूजन सिद्धांत) की खोज के लिए, जिसे पाउली सिद्धांत भी कहा जाता है।''

1946 : पर्सी विलियम्स ब्रिजमैन—''अत्यंत उच्च दाब उत्पन्न करने के लिए एक तंत्र की खोज करने के लिए और उच्च दाब वाली भौतिकी के क्षेत्र में आविष्कार करने के लिए।''

1947 : सर एडवर्ड विक्टर एपल्टन—''पृथ्वी के ऊपरी वायुमंडल, जिसे 'आयन मंडल' भी कहा जाता है, की खोज करने के लिए, विशेषकर जिसे 'एपल्टन परत' कहा जाता है, उसकी खोज करने के लिए।''

1948 : पैट्रिक स्टुअर्ड ब्लैकेट—''विल्सन क्लाउड चैंबर की पद्धति के अपने विकास के लिए और कॉस्मिक विकिरण तथा परमाणु भौतिकी के क्षेत्र में किए गए आविष्कारों के लिए।''

1949 : हिदेकी यूकावा—''परमाणु शक्तियों के सैद्धांतिक कार्यों के आकार पर मेसान कणों के अस्तित्व की भविष्यवाणी करने के लिए।''

1950 : सेसिल, फ्रैंक पॉवेल—''नाभिकीय प्रक्रियाओं का अध्ययन करने के लिए फोटोग्रॉफिक पद्धति का विकास करने तथा इस पद्धति से बनाए गए मेसान कणों से संबंधित आविष्कार करने के लिए।''

1951 : (i) जॉन डगलस कॉकक्राफ्ट (ii) अर्नेस्ट थॉमस वाल्टन : ''कृत्रिम रूप से निर्मित परमाणु कणों से परमाणु नाभिकों के रूपांतरण पर उनके असाधारण कार्यों के लिए।''

1952 : (i) एडवर्ड मिल्स पुर्सेल (ii) फेलिक्स ब्लोच : ''स्वतंत्र रूप से अणु नाभिक के चुंबकीय अनुकंपन का पता लगाने के लिए।''

1953 : फ्रिट्ज जेरनाइके—''कोशिका कणों को नष्ट किए बिना कोशिका के आंतरिक ढाँचे का अध्ययन करने हेतु एक सूक्ष्मदर्शी का आविष्कार करने के लिए।''

1954 : (i) मैक्स बोर्न : ''क्वांटम यांत्रिकी में अपने मौलिक शोध के लिए, विशेष रूप से तरंग प्रक्रिया (वेव फंक्शन) का सांख्यिकीय ढंग से अध्ययन के लिए।''
(ii) वाल्थर विल्हेम बोथे : ''उप-परमाणु कणों का पता लगाने के लिए एक नया तरीका खोजने तथा इससे संबंधित अन्य स्रोतों के लिए।''

1955 : (i) पोलिकार्प कूश : ''इलेक्ट्रॉन पर चुंबकीय प्रभाव के वास्तविक क्षणों के निर्धारण के लिए।''
(ii) विलिस यूजीन लैंब, जूनियर : ''विद्युत चुंबकीय संबंधी क्वांटम सिद्धांतों को और अधिक परिष्कृत करने के लिए।''

1956 : जॉन बार्डीन, वाल्टर हाउजर ब्रेटेन तथा विलियम ब्रेडफोर्ड शॉक्ले—''सेमीकंडक्टर पर उनके शोधों तथा ट्रांजिस्टर प्रभाव की उनकी खोज के लिए।''

1957 : शुंग दाओ ली तथा चेन निंग यांग—''अनुरूपता नियमों के संबंध में उनके गहन अन्वेषण के लिए, जिससे मूल कणों के संबंध में महत्त्वपूर्ण शोधकार्य संभव हो सके।''

1958 : पावेल अलेक्सेइविच चेरेंकोव, इल्या मिखाइलोविच फ्रैंक तथा इगोर येवनेजेनविच ताम—''चेरेंकोव प्रभाव की व्याख्या करने तथा उससे संबंधित अनुसंधानों में असाधारण प्रयत्नों के लिए।''

1959 : ओवेन चैंबरलेन तथा सेग्रे एमिलियो गिनो—''एंटी-प्रोटॉन की खोज करने के लिए।''

1960 : डोनाल्ड आर्थर ग्लासर—''तरल हाइड्रोजन का प्रयोग करके एक नए बब्बल चैम्बर की खोज के लिए।''

1961 : (i) रॉबर्ट हॉफ्स्टाटर : ''न्यूट्रॉनों और प्रोटॉनों की अभी तक अज्ञात संरचना के तत्त्वों की खोज करने के लिए, जिससे न्यूक्लियर की शक्तियों और प्रतिक्रियाओं को समझने में मदद मिली।''

(ii) रूडोल्फ लुडविग मौसबोएर : ''मौसबोएर प्रभाव की खोज करने के लिए, जिससे एटॉमिक न्यूकलेई फील्ड के चुंबकीय क्षेत्र का परिमापन संभव हुआ।''

1962 : लेव डेविडोविच लैंडाउ—''द्रव्यों की घनीभूत स्थिति, विशेष रूप से तरल हीलियम के स्वरूप का विस्तार से अध्ययन करने के लिए।''

1963 : यूजीन पी. विग्नर, मारिया गोएपर्ट मेयर तथा जे. हैंस डी. जेनसेन—''परमाणु आवरण से संबंधित उनकी महत्त्वपूर्ण खोजों के लिए।''

1964 : चार्ल्स हार्ड टाउनेस, निकोलाइ गेनादियेविच बासोव तथा अलेक्जेंडर मिखाइलोविच प्रोखोरोव—''क्वांटम इलेक्ट्रॉनिक्स के संबंध में उनके मौलिक अनुसंधानों के लिए, जिसके फलस्वरूप मेसर लेजर सिद्धांत पर आधारित एम्प्लीफायर्स तथा ओसिलेटर्स का विकास संभव हो पाया।''

1965 : रिसर्च फिलिप्स फेनमैन, जूलियन श्विंगर तथा सिन एटिरो तोमोनागा—''क्वांटम इलेक्ट्रो-डायनामिक्स के संबंध में सिद्धांतों के प्रतिपादन से इस क्षेत्र में पहले से चली आ रही अपर्याप्तता को ठीक करने के लिए।''

1966 : अल्फ्रेड कैस्लर—''परमाणु के अनुकंपन को मापने की विधि खोजने के लिए, जिसके परिणामस्वरूप अणु की संरचना के संबंध में नवीन जानकारियाँ प्राप्त करने में सहायता मिली।''

1967 : हैंस अलब्रेख्त बेथे—''अपने अध्ययनों द्वारा यह सिद्ध करने के लिए कि न्यूक्लियर तंत्र ही सितारों की ऊर्जा के उत्पादन के लिए जिम्मेदार है।''

1968 : लुइस वाल्टर अलवारेज—''प्राथमिक कणों की प्रकृति के संबंध में उनके निर्णायक योगदान के लिए, जिससे सब-एटॉमिक कणों तथा उनकी प्रतिक्रियाओं का अध्ययन करना संभव हो सका।''

1969 : जेल-मान मर्रे—''मूल कणों के वर्गीकरण तथा उनकी अंत:क्रियाओं के विषय में उनके महत्त्वपूर्ण योगदान व खोजों के लिए।''

1970 : (i) हेन्नेस ओलोफ गोस्ता आल्फवेन : ''प्लाज्मा भौतिकी के विभिन्न अंगों में मैग्नेटो-हाइड्रोडायनामिक्स का सफलतापूर्वक उपयोग करने के विषय में उनके मौलिक कार्य तथा आविष्कारों के लिए।''

(ii) लुइस यूजेन नील : ''ठोस तत्त्वों के चुंबकीय गुण-धर्मों का पता लगाने के लिए उनके मौलिक कार्यों व खोजों के लिए।''

1971 : डेनिस गैबोर—''होलोग्राफी के आविष्कार के लिए, जिसके कारण लेंस के बिना प्रकाश व्यवस्था से त्रिआयामी फोटो लेना संभव हो सका।''

1972 : जॉन बार्डीन, लियोन एन. कूपर तथा जॉन रॉबर्ट श्रियेफर—''सुपरकंडक्टिविटी के सिद्धांत के विकास के लिए, जिसे आमतौर पर बीसीएस सिद्धांत भी कहा जाता है।''

1973 : (i) लियो एसाकी तथा इवार गिएवर : ''सेमीकंडक्टर तथा सुपरकंडक्टर इलेक्ट्रॉनिक्स की मार्ग निर्धारण प्रक्रिया पर किए गए अपने असाधारण अनुसंधानों के लिए।''

(ii) ब्रायन डी. जोसेफ्सन : ''एक रूल बैरियर के जरिए सुपरकंडक्टर के गुणधर्मों के संबंधों में उनकी सैद्धांतिक भविष्यवाणी करने के लिए।''

1974 : सर मार्टिन रायले तथा एंटोनी हेविश—''रेडियो खगोल भौतिकी के क्षेत्र में उनके अग्रणी अनुसंधान के लिए; रॉयले को विशेष रूप से छिद्र संश्लेषण तकनीक के लिए और हेविश को पल्सर की खोज में उनकी निर्णायक भूमिका के लिए।''

1975 : ऐगे नील्स बोर, बेन रॉय मोटेल्सन तथा लियो जेम्स रेनवाटर—''परमाणु में सामूहिक गति व कण-गति के बीच आपसी संबंध की खोज करने के लिए तथा इस संबंध पर आधारित परमाणु नाभिक की संरचना के सिद्धांत का विकास करने के लिए।''

1976 : बर्टन रिक्टर तथा सैमुएल चाओ चुंग तिंग—''एक नए प्रकार के भारी प्राथमिक कणों की खोज में उनके अग्रणी कार्यों के लिए।''

1977 : फिलिप वारेन एंडर्सन, सर नेविल फ्रांसिस मॉट्ट तथा जॉन एच. वॉन व्लेक—''चुंबकीय तथा अव्यवस्थित प्रणालियों की इलेक्ट्रॉनिक संरचना की उनकी मूलभूत सैद्धांतिक जाँच के लिए।''

1978 : (i) लियोनिदोविच प्योत्र कापित्सा : ''अल्प तापमान के चुंबकीय क्षेत्र में उनके बुनियादी आविष्कारों व खोजों के लिए।''

(ii) आर्नो ऐलन पैंजिआस तथा रॉबर्ट वुड्रो विल्सन : ''अंतरिक्षीय पृष्ठभूमि में कॉस्मिक माइक्रोवेव की उनकी खोज के लिए।''

1979 : शेल्डन एल. ग्लासहो, अब्दुस सलाम तथा स्टीवेन वीनबर्ग—''प्राथमिक कणों (एलिमेंट्री पार्टिकल्स) के बीच एकीकृत कमजोर और विद्युत चुंबकीय अंत:प्रक्रियाओं के सिद्धांत के विकास में उनके महत्त्वपूर्ण योगदान के लिए।''

1980 : जेम्स वाटसन क्रोनिन और वाल लॉग्सडन फिच—''तटस्थ के-मेसोन के क्षय में मौलिक समरूपता सिद्धांतों के संबंध में उनकी खोज के लिए।''

1981 : काई एम. सिएगबॉन, निकोलास ब्लोएम्बरगेन तथा आर्थर लियोनार्द शावलोव—''लेजर स्पेक्ट्रोस्कोपी के विकास में उनके महत्त्वपूर्ण योगदान के लिए।''

1982 : केनेथ जी. विल्सन—''फेज ट्रांजिशन पर उनके महत्त्वपूर्ण कार्यों के लिए।''

1983 : (i) सुब्रह्मण्यन चंद्रशेखर : ''तारों के निर्माण, उनके विकास तथा उनकी समाप्ति तथा खगोल विज्ञान के क्षेत्र में तारों के वायुमंडल को समझने में उनके महत्त्पूर्ण योगदान के लिए।''

(ii) विलियम अल्फ्रेड फाउलर : ''ब्रह्मांड में रासायनिक तत्त्वों के निर्माण में परमाणु प्रतिक्रियाओं के क्षेत्र में उनके सैद्धांतिक व प्रयोगात्मक अध्ययन के लिए।''

1984 : कार्लो रूबिया तथा साइमन वॉन डे मीर—''एक बड़ी परियोजना में उनके निर्णायक योगदान के लिए, जिसके फलस्वरूप फील्ड पार्टिकल्स डब्ल्यू तथा जेड की जोन का रास्ता खुला।''

1985 : क्लाउस वॉन क्लिटजिंग—''सेमीकंडक्टरों के डिजाइन में असाधारण परिवर्तन करने के लिए जिसे अमरीकी भौतिकविज्ञानी एडविन हॉल के नाम पर 'हॉल प्रभाव' भी कहा जाता है।''

1986 : (i) अर्न्स्ट रूस्का : ''इलेक्ट्रॉन प्रकाश विज्ञान में उनके मौलिक कार्यों के लिए और प्रथम इलेक्ट्रॉन सूक्ष्मदर्शी के डिजाइन के विकास के लिए।''

(ii) गर्ड बिन्निंग तथा हेनरिक रोहरेर : ''स्केनिंग टनलिंग सूक्ष्मदर्शी यंत्र के उनके डिजाइन के लिए।''

1987 : जोहानेस जॉर्ज बेडनोर्ज तथा कार्ल अलेक्जेंडर मुल्लर—''सेरामिक पदार्थों में सुपरकंडक्टविटी की खोज में महत्त्वपूर्ण सफलता पाने के लिए।''

1988 : लियोन मैक्स लेडरमैन, मेलविन श्वाट्र्ज तथा जैक स्टेनबर्गर—''न्यूऑन न्यूट्रॉनों की खोज के जरिए लेप्टन की प्रतिरूपी संरचना के प्रमाणीकरण तथा न्यूट्रीनों बीम पद्धति के विकास के लिए।''

1989 : (i) नॉर्मन फॉस्टर रैम्से तथा हैंस जॉर्ज डेह्मेल्ट : ''हाइड्रोजन मेसर और अन्य परमाणु घड़ियों में प्रयोग होनेवाली ओसीलेट्री फील्ड्स पद्धति की खोज के लिए।''

(ii) पॉल वोल्फगैंग : ''आयन ट्रैप तकनीक के विकास के लिए।''

1990 : हेनरी वे कैंडल, रिचर्ड एडवर्ड टेलर तथा जेरोम आइजाक फ्रीडमैन—''क्वार्क नामक अत्यंत सूक्ष्म कणों की उपस्थिति का पता लगाने के लिए।''

1991 : पियरे जाइल्स द यैन—''पदार्थों, विशेष रूप से तरल क्रिस्टल और पोलिमर जैसे पदार्थों के जटिल स्वरूप को सरल प्रणालियों में रूपांतरित करने की पद्धतियों के विकास के लिए।''

1992 : ज्योर्जेज चार्पाक—''कण डिटेक्टर, विशेष रूप से मल्टीवायर आनुपातिक चैंबरों की खोज तथा उनके विकास के लिए।''

1993 : जोसेफ हूटन टेलर, जूनि. तथा रसेल ए. ह्यूल्स—''नए पुच्छल तारे की खोज करने के लिए, जिससे गुरुत्वाकर्षण के अध्ययन के लिए नई संभावनाओं का मार्ग खुल गया।''

1994 : क्लिफोर्ड जी. शुल्ल तथा बेरट्राम एन. ब्रोकहाउस—''न्यूट्रॉन विवर्तन (डिफ्रेक्शन) तकनीक के विकास के लिए 'अर्रे' संघनित पदार्थों के अध्ययन हेतु न्यूट्रॉन प्रकीर्णन (स्कैट्रिंग) तकनीकों के विकास के लिए।''

1995 : (i) मार्टिन एल. पर्ल : ''ताउन (कण) लेप्टॉन के आविष्कार के लिए और लेप्टॉन भौतिक विज्ञान के क्षेत्र में अग्रणी प्रयोगात्मक योगदान के लिए।''

(ii) फ्रेड्रिक रींस : ''न्यूट्रीनो का पता लगाने के लिए और लेप्टॉन भौतिकी के क्षेत्रों में अग्रणी योगदान के लिए।''

1996 : डेविड मोरिस ली, रॉबर्ट कोलमैन रिचड्र्सन तथा डगलस डीन ओशेराफ—''हीलियम-3 में अति-तरलता का पता लगाने के लिए।''

1997 : स्टीवेन चू, क्लाउड कोहेन तन्नोजी और विलियम डी. फिलिप्स—''लेजर प्रकाश की सहायता से अणुओं को शांत करने के लिए।''

1998 : रॉबर्ट बैट्स लॉलिन, डेनियल सी. शुई व हार्स्ट एल. स्टॉर्मर—''आंशिक रूप से आवेशित उद्दीपन (एक्साइटेशन) के साथ क्वांटम द्रव, जिसे आंशिक क्वांटम हॉल प्रभाव भी कहा जाता है, के एक नए रूप की खोज के लिए।''

1999 : जेरार्ड हूफ्ट तथा मार्टिनस जे.जी. वेल्टमैन—''भौतिक विज्ञान के क्षेत्र में गणितीय गणना के आधार पर अणु के गुणों की पहचान का पूर्वानुमान लगाने के लिए।''

2000 : (i) जोरेस आई. एल्फेरोव व हरबर्ट क्रोमर : ''आधुनिक हेटरोस्ट्रक्चर भौतिक विज्ञान और हेटरो ट्रांजिस्टर के क्षेत्र में अपने महत्त्वपूर्ण योगदान के लिए।''

(ii) जैक एस. किल्बी : ''कंप्यूटर में प्रयुक्त होनेवाले एकीकृत सर्कट की खोज में उनकी असाधारण भूमिका के लिए।''

2001 : ऐरिक ए. कॉर्नेल, वोल्फगैंग केटर्ले व कार्ल ई. वाईमैन—''पदार्थ की एक नई अतिशीतल अवस्था, जिसे तथाकथित बोस-आइंस्टीन संघनन कहा जाता है, के लिए।''

2002 : (i) रेमंड डेविस जूनियर और मासातोशी कोशिबा : ''खगोल भौतिकी, विशेष रूप से कॉस्मिक न्यूट्रीनो के क्षेत्र में उनके महत्त्वपूर्ण योगदान के लिए।''

(ii) रिकॉर्डो जियाकोनी : ''खगोल भौतिकी में उनके अग्रणी योगदान के लिए जिसके परिणामस्वरूप कॉस्मिक एक्स-रे के स्रोतों की खोज का मार्ग प्रशस्त हुआ।''

2003 : अलेक्सेई ए. अब्रिकोसोव, विताली एल. गिंजबर्ग व एंथनी जे. लेगेट ''सुपर कंडक्टर तथा सुपर फ्लूड के सिद्धांत में महत्त्वपूर्ण योगदान के लिए।''

2004 : डेविड जे. ग्रास, एच. डेविड पोलित्जर और फ्रैंक विल्कजैक—''क्वांटम क्रोमोडायनॉमिक्स के विकास के लिए महत्त्वपूर्ण 'एसिम्टोटिक फ्रीडम' के आविष्कार के लिए।''

2005 : (i) रॉय जे. ग्लोबर : ''प्रकाश से संबंधित क्वांटम सिद्धांत की खोज के लिए।''

(ii) जॉन एल. हॉल और थियोडोर डब्ल्यू. हांस : ''लेजर आधारित सटीक स्पेक्ट्रोस्कोपी तथा आवृत्ति ऑप्टिकल तकनीक पर आधारित उनके महत्त्वपूर्ण कार्य के लिए।''

2006 : जॉन सी. माथर और जॉर्ज एफ. स्मूट—''ब्लैकबॉडी स्वरूप और ब्रह्मांडीय माइक्रोवेव पृष्ठभूमि विकिरण की एनीसोट्रॉपी के लिए।''

2007 : अल्बर्ट फर्ट और पीटर आंद्रियाज ग्रुनबर्ग—''विशाल चुंबकीय प्रतिरोधक की खोज के लिए।''

2008 : (i) योइचिरो नांबू : ''सब-एटॉमिक भौतिकी में टूटी समरूपता (सी.पी. वायलेशन) की खोज के लिए।''

(ii) मकोतो कोबायाशी और टोशिहिदे मस्कावन : ''अणु-भौतिकी के इलेक्ट्रोमैग्नेटिक, कमजोर व मजबूत परमाणु अंत:क्रियाओं से संबंधित स्टैंडर्ड मॉडल में सी.पी. वायलेशन की व्याख्या पर कार्य करने के लिए।''

2009 : चार्ल्स कुएन काओ, विलार्ड एस. बॉयल और जॉर्ज ई. स्मिथ—''डिजिटल इमेजिंग के लिए सेमीकंडक्टर सर्किट अर्थात सी.सी.डी. सेंसर तकनीक की खोज करने के लिए। इसकी सहायता से ही अंतरिक्ष से धरती पर स्पष्ट तस्वीरें भेजने में सफलता मिल पाई।''

2010 : आंद्रे जीम और कोंसटेंटाइन नोवोसेलोव—''दुनिया के सबसे पहले द्विआयामी पदार्थ, ग्राफिन, की खोज करने के लिए।''

2011 : सोल पर्लमुट्टर, ब्रायन पी. शिमत और एडम जी. रीस—''सुपरनोवा का उपयोग करके ब्रह्मांड के विस्तार की दर को मापने के लिए।''

2012 : हैरोश सेर्ज तथा डेविड जे. वाइनलैंड ''वैयक्तिक क्वांटम प्रणालियों के मापन और प्रयोग संबंधी उनके महत्त्वपूर्ण कार्यों के लिए।''

2013 : फ्रांस्वा आंग्लेर और पीटर डब्ल्यू. हिग्स—''हिग्स बोसान या 'गॉड पार्टिकल' की खोज के लिए।''

2014 : इसामु अकासाकी, हिरोशी अमानो और शुजी नाकामूरा—''नीले रंग के एमिटिंग डायोड (एल.ई.डी.) की खोज के लिए, जिसके कारण ज्यादा प्रकाश देनेवाली और ऊर्जा की बचत करनेवाली सफेद रंग की रोशनी संभव हो सकी।''

2015 : तकाकी काजिता व ऑर्थर बी मैकडॉनल्ड : ''न्यूट्रिनो के रहस्यों को सुलझाकर ब्रह्मांड की कार्य-प्रणाली के संबंध में हमारी जानकारी व समझ को गहराई देने के लिए।''

2016 : डेविड जे. थुलेस, डंकन एम. हाल्डेन, जे. माइकल कोस्टरलिट्ज़—''पदार्थ के विभिन्न रूपों से जुड़ी महत्त्वपूर्ण खोज के लिए।''

रसायन विज्ञान

1901 : जेकोबस हेनरिकस वॉन्ट हॉफ—''रासायनिक संतुलन, प्रतिक्रिया और द्रव के क्रमण दबाव (ओस्टोमोटिव प्रेशर) की खोज के लिए।''

1902 : हरमान एमिल फिशर—''प्यूरिन और शर्करा के रासायनिक तत्त्वों के विश्लेषण की दिशा में किए गए उनके असाधारण कार्यों के लिए।''

1903 : स्वांते ऑगस्ट एरेनियस—''विद्युत अपघटन (इलेक्ट्रोलाइट डिसोसिएशन) के संबंध में किए गए कार्यों के लिए।''

1904 : सर विलियम रैम्से—''हीलियम, नियोन, ऑर्गन, क्रिप्टन, जेनॉन जैसे तत्त्वों व गैसों का पता लगाने और आवर्त सारणी में उनके स्थान के निर्धारण के संबंध में की गई महत्त्वपूर्ण खोज के लिए।''

1905 : जोहान फ्रीड्रिख विल्हेम एडोल्फ वॉन बेयर—''जैव रंगों और हाइड्रोमैटिक यौगिकों और नील पर अपने महत्त्वपूर्ण कार्यों द्वारा जैव रासायनिकी और रसायन उद्योग के विकास में महत्त्वपूर्ण योगदान के लिए।''

1906 : फर्डिनांड फ्रेडेरिक हेनरी मोइसाँ—''विषैली गैस फ्लोरीन के अन्वेषण तथा पृथक्करण के लिए तथा विद्युत भट्ठी (इलेक्ट्रिक फर्नेस) के निर्माण के लिए। इस भट्ठी को उन्हीं के नाम पर मोइसाँ फर्नेस कहा जाता है।''

1907 : एडुअर्ड बुकनर—''खमीर के कोशिकाविहीन किण्वन (फर्मेंटेशन) की खोज के लिए।''

1908 : लॉर्ड अर्नेस्ट रदरफोर्ड—''तत्त्वों के विखंडन और रेडियोधर्मी पदार्थों की रासायनिकी पर खोजपूर्ण उपलब्धियों के लिए।''

1909 : विल्हेम ओसवाल्ड—''उत्प्रेरक (कैटालाइसिस), रासायनिक संतुलन और प्रतिक्रियाओं की मात्रा उनकी खोजों व असाधारण कार्यों के लिए।''

1910 : ओट्टो वालेख—''प्राकृतिक सुगंध वाले तेलों के संघटक तत्त्वों का विश्लेषण करने तथा जैव रसायन व रासायनिक उद्योगों के क्षेत्र में उनके उल्लेखनीय योगदान के लिए।''

1911 : मेरी स्क्लोदोवस्का क्यूरी—''रेडियम तथा पोलोनियम की खोज करने और अयस्कों को परिष्कृत करके रेडियम को सफलतापूर्वक अलग करने के लिए।''

1912 : (i) विक्टर ग्रिनार्ड : ''ऑर्गेनोमैग्नेसियम यौगिकों की अभिक्रियाओं के निर्माण के लिए, जिन्हें उन्हीं के नाम पर ग्रिनार्ड अभिक्रियाएँ कहा जाता है।''

(ii) पॉल सेबाटिए : ''निकिल, ताँबा, कोबाल्ट, लोहा और इलेटिनम जैसे पहले से विभाजित धातुओं पर उत्प्रेरक हाइड्रोजनीकरण (कैटालिरिक हाइड्रोजनेशन) के एक सिद्धांत की खोज करने के लिए।''

1913 : अल्फ्रेड वेर्नर—''ऑक्सिम अणुओं को नाइट्रोजन परमाणु से जोड़ने के अपने महत्त्वपूर्ण कार्यों के लिए, विशेष रूप से अकार्बनिक रसायन विज्ञान के क्षेत्र में समन्वय सिद्धांत के प्रतिपादन के लिए।''

1914 : थियोडोर विलियम रिचड्र्स—''बड़ी मात्रा में रासायनिक तत्त्वों के पारमाणविक भार का सही-सही निर्धारण करने के लिए।''

1915 : रिचर्ड मार्टिन विल्सटैटर—''पौधों के रंजकों (पिग्मेंट्स) पर, विशेष रूप से क्लोरोफिल पर उनके उल्लेखनीय शोधों के लिए।''

1916-17 : पुरस्कार नहीं दिए गए।

1918 : फ्रित्ज हैबर—''अमोनिया की संश्लेषण प्रक्रिया के विकास के लिए।''

1919 : पुरस्कार नहीं दिया गया।

1920 : वाल्टर हर्मान नर्स्ट—''ऊष्मा रसायन के क्षेत्र में ऊष्मागतिकी से संबंधित उनके महत्त्वपूर्ण शोधों के लिए।''

1921 : फ्रेड्रिक सोडी—''रेडियोधर्मी क्षय के रसायन के अपने ज्ञान का महत्त्वपूर्ण योगदान देने के लिए आइसोटोप्स के उद्गम तथा उसकी प्रकृति में उनके अन्वेषण के लिए।''

1922 : फ्रांसिस विलियम एस्टन—''गैर-रेडियोधर्मी तत्त्वों के बड़ी संख्या में 'आइसोटोप्स' का पता लगाने के लिए।''

1923 : फ्रित्ज प्रेग्ल—''जैव तत्त्वों के सूक्ष्म विवेचन के तरीकों की खोज करने के लिए जिससे विश्व भर के अनेक केमिस्टों को ग्राज के मेडिको-केमिकल संस्थान में तकनीशियनों का ज्ञान प्राप्त करने की प्रेरणा मिली।''

1924 : पुरस्कार नहीं दिया गया।

1925 : रिचर्ड एडोल्फ जिगमोंडी—''पदार्थ के अत्यंत सूक्ष्म व विषम कणों के स्वभाव व उनसे उत्पन्न प्रतिक्रियाओं पर उनके कार्यों के लिए।''

1926 : दि (थियोडोर) स्वीडबर्ग—''मोलेक्यूलर डिस्पर्स पद्धति पर केंद्रित उनके महत्त्वपूर्ण आविष्कार के लिए।''

1927 : हेनरिक ओट्टो वीलैंड—''पित्तीय अम्लों तथा उनसे संबंधित पदार्थों के स्वरूप के संबंध में अग्रणी अनुसंधान के लिए।''

1928 : एडोल्फ ओट्टो राइनहोल्ड विंडौस—''कोलेस्टेरॉल और उससे संबद्ध स्ट्रोल तथा विभिन्न विटामिनों के साथ उनके संबंधों पर क्रमिक रूप से महत्त्वपूर्ण खोजों के लिए।''

1929 : सर आर्थर हार्डेन तथा हैंस कार्ल ऑगस्ट सायमन वॉन यूलर—''शर्करा में खमीर के लिए जिम्मेदार एंजाइम्स पर उनके शोधकार्यों के लिए।''

1930 : हैंस फिशर—''हिमिन और क्लोरोफिल के बीच गहरे संबंधों पर उनके शोधों के लिए, विशेष रूप से हिमिन के संश्लेषण के लिए।''

1931 : कार्ल बोश तथा फ्रेड्रिक बर्गिअस—''रासायनिक उच्च दाब के तरीकों की खोज व उनके विकास के लिए।''

1932 : इर्विंग लैंगमुइर—''ठोस व तरल पदार्थों की ऊपरी सतह के संबंध में उनकी महत्त्वपूर्ण खोजों व अनुसंधानों के लिए। इन्होंने कृत्रिम वर्षा के लिए कृत्रिम बादलों का सृजन भी किया।''

1933 : इस वर्ष पुरस्कार नहीं दिया गया।

1934 : हेरॉल्ड क्लेटन यूरे—''आइसोटोप्स के संबंध में उनके अनुसंधान कार्यों के लिए।''

1935 : (i) फ्रेड्रिक जोलियो
(ii) क्यूरी आइरेन जोलियो : ''नए रेडियोधर्मी तत्त्वों के उनके संश्लेषण (सिंथेसिस) के लिए।''

1936 : पेट्रस जोसेफस विलहेल्मस डिब्ये—''एक्स-रे के विवर्तन तथा गैसों में—'इलेक्ट्रॉनों पर अपनी खोजों के माध्यम से आण्विक संरचना पर उनके कार्यों के लिए।''

1937 : (i) सर वाल्टर नॉर्मन हॉवर्थ : ''कार्बोहाइड्रेट्स तत्त्वों के उनके संश्लेषण (सिंथेसिस) के लिए।''
(ii) पॉल केरर : ''पौधों के विभिन्न भागों के रंग द्रव्यों (Carotenoids), पीले रंगों (फ्लेविंस) तथा विटामिन 'ए' और विटामिन 'बी$_2$' पर की गई उनकी खोजों के लिए।''

1938 : रिचर्ड कुह्न—''पौधों के रंग द्रव्यों तथा विटामिनों पर किए गए उनके महत्त्वपूर्ण कार्यों के लिए।''

1939 : (i) एडोल्फ फ्रीड्रिक जोहान बुटेनेंड्ट : ''सैक्स हार्मोंस पर उनके अग्रणी कार्यों के लिए।''
(ii) लियोपोल्ड रूजिका : ''पोलिमैथीलीन और पौधों से प्राप्त होनेवाले असंतृप्त (अनसेचुरेटिड) हाइड्रोकार्बन पर किए गए उनके महत्त्वपूर्ण कार्यों के लिए।''

1940-42: इन वर्षों में पुरस्कार नहीं दिए गए।

1943 : जॉर्ज डि हेवेसी—''रासायनिक प्रक्रियाओं के अध्ययन में अन्वेषक के रूप में आइसोटोप्स के उपयोग पर उनके कार्यों के लिए।''

1944 : ओट्टो हॉन—''परमाणु विखंडन के सिद्धांत की खोज के लिए, जिससे न्यूक्लियर रिएक्टर का निर्माण संभव हुआ।''

1945 : आर्टुरी इल्मारी वर्टानेन—''कृषि तथा पोषण विज्ञान, विशेष रूप से पशुओं के चारे के संरक्षण की विधियों पर उनके अनुसंधान और आविष्कार के लिए।''

1946 : (i) जेम्स बैचलर सुमनेर : ''पहली बार एंजाइम को क्रिस्टल रूप में परिवर्तित करने के उनके आविष्कार के लिए।''
(ii) जॉन हॉवर्ड नोरथ्रॉप
(iii) वेंडेल मेरेडिथ स्टेनली : ''एंजाइमों तथा शुद्ध रूप से वायरस प्रोटीनों के स्रोत पर उनके असाधारण कार्यों के लिए।''

1947 : सर रॉबर्ट रॉबिंसन—''पौधों से संबंधित जैविक महत्त्व के उत्पादों, विशेष रूप से पौधों में पाए जानेवाले नाइट्रोजन वाले प्राकृतिक आधारों पर उनकी खोजों के लिए।''

1948 : आर्ने विल्हेम काउरिन टिसेलियस—''इलेक्ट्रोफोरेसिस और अवशोषण (एब्जॉर्प्शन) विश्लेषणों, विशेष रूप से सीरम प्रोटीनों की जटिल प्रकृति के विषय में उनके शोध के लिए।''

1949 : विलियम फ्रांसिस जियॉक—''रासायनिक थर्मोडायनामिक्स, विशेष रूप से बेहद कम तापमान पर पदार्थ के व्यवहार के विषय में उनके असाधारण कार्य के लिए।''

1950 : (i) कुर्ट एल्डर
(ii) ओट्टो पॉल हरमान डिएल्स : ''डाएनेस संश्लेषण के विकास तथा उनकी खोज के लिए।''

1951 : (i) एडविन मैटिसन मैकमिलन
(ii) ग्लेन थियोडोर सीबोर्ग : ''ट्रांस यूरेनियम तत्त्वों के गुण-धर्मों पर उनकी खोजों के लिए।''

1952 : (i) ऑर्चर जॉन पोर्टर मार्टिन
(ii) रिचर्ड लॉरेंस मिलिंग्टन सिंजे : ''पार्टीशन क्रोमेटोग्राफी के संबंध में उनके अविस्मरणीय आविष्कार के लिए।''

1953 : स्टौडिंगर हर्मान—''बृहद् अणुओं (मैक्रोमॉलेक्यूल) के क्षेत्र में उनकी खोजों के लिए।''

1954 : लाइनस कार्ल पाउलिंग—''जटिल पदार्थों की संरचना की व्याख्या करने के लिए रासायनिक संबंधों तथा उनके उपयोग की प्रकृति में उनके शोधकार्यों के लिए।''

1955 : विनसेंट डु विग्नेउड—''जैव रासायनिक दृष्टि से महत्त्वपूर्ण सल्फर यौगिकों, विशेष रूप से पॉलीपेप्टाइड हार्मोन के पहले संश्लेषण पर उनके महत्त्वपूर्ण कार्य के लिए।''

1956 : (i) सर साइरिल नॉर्मन हिंशेलवुड
(ii) निकोलेई निकोलेविच सेमेनोव : ''रासायनिक प्रक्रियाओं की कार्य विधि पर उनके शोधों के लिए।''

1957 : लॉर्ड अलेक्जेंडर आर. टॉड—''न्यूक्लियोटाइड्स और न्यूक्लियोटाइड के सहयोगी एंजाइमों की संरचना का अध्ययन तथा विश्लेषण करने के लिए।''

1958 : फ्रेड्रिक सैंगर—''प्रोटीन की संरचना, विशेष रूप से इंसुलिन की संरचना पर उनके महत्त्वपूर्ण कार्यों के लिए।''

1959 : जेरोस्लाव हेरोवस्की—''विश्लेषण करने की पोलेरोग्राफिक विधियों के विकास और खोज के लिए।''

1960 : विलार्ड फ्रैंक लिब्ब—''पुरातत्त्व, भूविज्ञान, भौगोलिकी और विज्ञान की अन्य भाषाओं में उम्र निर्धारण के लिए कार्बन-14 का उपयोग करने के लिए उनकी महत्त्वपूर्ण विधियों की खोज के लिए।''

1961 : मेलविन कालविन—''पौधों में कार्बन डाइऑक्साइड के समावेश पर उनके असाधारण शोधकार्यों के लिए।''

1962 : (i) सर जॉन कॉउड्री केंड्रियू
(ii) मैक्स फर्डीनांड पेरुज : ''गोलाकार प्रोटीनों की संरचनाओं पर उनके अध्ययनों के लिए।''

1963 : (i) कार्ल जीग्लर
(ii) गियूलियो नाट्टा : ''उत्तम पॉलिमर प्रौद्योगिकी और रसायन विज्ञान के क्षेत्र में विशेष रूप से सिंथेटिक प्लास्टिक, फाइबर्स और रबड़ आदि के क्षेत्र में उनकी खोजों के लिए।''

1964 : डोरोथी क्रोफुट हॉजकिन—''महत्त्वपूर्ण जैव रासायनिक पदार्थों की संरचना की एक्स-रे तकनीक द्वारा उनकी व्याख्याओं के लिए।''

1965 : रॉबर्ट बर्न्स वुडवर्थ—''कार्बनिक संश्लेषण (सिंथेटिक) के क्षेत्र में उनकी उत्कृष्ट उपलब्धियों के लिए।''

1966 : रॉबर्ट एस. मुल्लिकेन—''आणविक कक्षीय विधि (मोलेक्यूलर आर्बिटल मेथड) द्वारा अणुओं की इलेक्ट्रॉनिक संरचना और रासायनिक बंधों से संबंधित उनके मौलिक कार्यों के लिए।''

1967 : (i) मैनफ्रेड एइजेन
(ii) रोनाल्ड जॉर्ज रेफोर्ड नारिश
(iii) सर जॉर्ज पोर्टर : ''प्रकाश की गति से प्रभावित होनेवाली रासायनिक प्रतिक्रियाओं पर अपने अध्यापन के लिए।''

1968 : लार्स ओंसेगर—''अपरिवर्तनीय प्रक्रियाओं में पारस्परिक संबंधों की खोज के लिए।''

1969 : (i) सर डेरेक एच.आर. बार्टन
(ii) हैसेल आड्ड : ''रसायन विज्ञान में कुछ जटिल जैव अणुओं के ज्यामितीय तीन आयामों वाले स्वरूप की सुनिश्चित करने के लिए।''

1970 : लुइस एफ. लेलोइर—''शुगर न्यूक्लियोटाइड तथा कार्बोहाइड्रेट के जैव संश्लेषण में उनकी भूमिका पर उनकी खोज के लिए।''

1971 : गेरहार्ड हेर्जबर्ग—''इलेक्ट्रॉनिक संरचना और अणुओं की ज्यामिति, विशेष रूप से मुक्त कणों की ज्यामिति की जानकारी के लिए उनके असाधारण योगदान के लिए।''

1972 : (i) क्रिश्चियन बी. ऐनफिंसेन : ''अणुओं की संरचना और प्रोटीनों की जैव प्रक्रिया के संबंधों पर महत्त्वपूर्ण शोधों के लिए।''

(ii) स्टैंफोर्ड मूर : ''रासायनिक संरचना और राइबोन्यूक्लीज अणुओं के सक्रिय केंद्र की उत्प्रेरक गतिविधि
(iii) विलियम एच. स्टेन : के बीच संबंधों की समझ के बारे में अपने महत्त्वपूर्ण योगदान के लिए।''

1973 : (i) एर्न्स्ट ओट्टो फिशर : ''ऑर्गेनोमेटलिक रसायन विज्ञान अर्थात तथाकथित 'सैंडविच' यौगिकों पर
(ii) सर ज्यॉफ्री विल्किंसन : रूप से उनके अग्रणी कार्यों के लिए।''

1974 : पॉल जॉन फ्लोरी—''बृहद् अणुओं के भौतिक रसायन विज्ञान में अपने भौतिक सैद्धांतिक और प्रायोगिक कार्यों के लिए।''

1975 : (i) सर जॉन वार्कप कॉर्नफोर्थ : ''एंजाइम की उत्प्रेरक प्रतिक्रियाओं की त्रिविम रसायन (स्टीरियो केमिस्ट्री) पर उनके असाधारण कार्य के लिए।''

(ii) व्लादिमिर प्रेलोग : ''जैविक अणुओं और प्रतिक्रियाओं का त्रिविम रसायन (स्टीरियो केमिस्ट्री) पर उनकी खोज के लिए।''

1976 : विलियम नन लिप्सकॉम्ब—''प्रोटीन, एंजाइम तथा अन्य तत्त्वों की संरचनाओं की खोज के लिए।''

1977 : इल्या प्रिगोजीन—''ऊष्मागतिकी (थर्मोडायनामिक्स) विशेष रूप से नष्ट होने योग्य संरचनाओं के सिद्धांत पर उनके योगदान के लिए।''

1978 : पीटर डी. मिचेल—''जीवित प्राणी में कोशिकाओं द्वारा ऑक्सीजन और सूर्य के प्रकाश को स्थानांतरित करने के सिद्धांत को समझने में उनके योगदान के लिए।''

1979 : (i) हर्बर्ट सी. ब्राउन : ''कार्बनिक संश्लेषण में महत्त्वपूर्ण प्रतिक्रियाशील द्रव्यों अथवा शक्तियों में बोरोन
(ii) जॉर्ज विटिग : तथा फॉस्फोरस के उपयोग के विकास के लिए।''

1980 : (i) पॉल बर्ग : ''डी.एन.ए. से संबंधित न्यूक्लिक एसिड के जैव रसायन पर उनके मौलिक अध्ययन के लिए।''
(ii) वॉल्टर गिल्बर्ट
(iii) फ्रेड्रिक सैंगर : ''एक नए डी.एन.ए. के अनुक्रमण की विधि विकसित करने के लिए।''

1981 : (i) केनिची फुकुई : ''रासायनिक प्रतिक्रियाओं की व्याख्या से संबंधित, स्वतंत्र रूप से विकसित उनके
(ii) रोआल्ड हॉफमान : सिद्धांतों के लिए।''

1982 : आरोन क्लुग—''क्रिस्टल के स्वरूप व ढांचे के निर्धारण के लिए इलेक्ट्रॉन माइक्रोस्कोपी तथा जैविक रूप से महत्त्वपूर्ण न्यूक्लिन एसिड-प्रोटीनों के मिश्रणों की संरचनात्मक व्याख्या करने के लिए।''

1983 : हेनरी टाउबे—''इलेक्ट्रॉन को स्थानांतरित करने पर होनेवाली प्रतिक्रियाओं, विशेष रूप से धातुओं में होनेवाली प्रतिक्रियाओं पर उनके किए गए कार्यों के लिए।''

1984 : रॉबर्ट ब्रूस मेरीफील्ड—''ठोस मैट्रिक्स पर रासायनिक विश्लेषण के लिए एक कार्यविधि के विकास के लिए।''

1985 : हर्बर्ट ए. हॉप्टमैन तथा जेरोम कार्ले—''क्रिस्टल संरचनाओं के निर्धारण के लिए प्रत्यक्ष विधियाँ विकसित करने में उनकी अत्कृष्ट उपलब्धियों के लिए।''

1986 : डुड्ले हर्शबैक, यूआन टी. ली और जॉन चार्ल्स पोलान्यी—''रसायन विज्ञान की नवीनतम खोज के लिए 'रिएक्शन डायनोमिक्स' के विकास में उनके योगदान के लिए।''

1987 : डोनाल्ड जे. क्रैम, ज्याँ मैरी लेह्न और चार्ल्स जे. पेडर्सन—''कृत्रिम अणुओं की संरचना तथा विकास के लिए, जिससे त्रिआमी एंजाइमों की सक्रियता का अध्ययन संभव हो सका।''

1988 : जोहान्न डीजेनहोवर, रॉबर्ट ह्यूबर और हार्टमुट मिचेल—''प्रकाश संश्लेषण की क्रिया के वक्त अणु की पारमाणविक संरचना द्वारा परमाणु को प्रदर्शित करने के लिए। प्रकाश संश्लेषण की इस क्रिया में सूर्य का प्रकाश रासायनिक ऊर्जा में बदल जाता है जो पादप और पशु जीवन में ईंधन का कार्य करता है।''

1989 : थॉमस रॉबर्ट केच तथा सिडनी आल्टमान— रूप से आर.एन. ए. (Ribonucleic Acid) के कार्यों का पता लगाने के लिए, जिसे अब तक केवल आनुवंशिक गुण ही माना जाता था।''

1990 : इलियास जेम्स कोरे—''कार्बनिक संश्लेषण (ऑर्गेनिक सिंथेसिस) का सिद्धांत तथा पद्धति विकसित करने के लिए।''

1991 : रिचर्ड आर. अर्न्स्ट—''तीव्र गति से नाभिकीय चुंबकीय अनुकंपन (न्यूक्लियर मैग्नेटिक रेजोनेंस) स्पेक्ट्रोस्कोपी की कार्यप्रणाली के विकास में उनके महत्त्वपूर्ण योगदान के लिए।''

1992 : रूडोल्फ आर्थर मारकस—''रासायनिक प्रणालियों में इलेक्ट्रॉन हस्तांतरण प्रतिक्रियाओं के सिद्धांत में उनके योगदान के लिए।''

1993 : (i) कैरी बी. म्यूलिस : ''डी.एन.ए. की प्रक्रिया से संबंधित एक नई पद्धति विकसित करने के लिए जिसकी सहायता से कुछ ही घंटों में लाखों की संख्या में डी.एन.ए. का निर्माण किया जा सकता है, इसे पोलिमर्स चेन रिएक्शन कहते हैं।''

(ii) माइकल स्मिथ : ''उस अनुसंधान के लिए जिससे आनुवंशिक नियम डी.एन.ए. रेशे से फिर से निर्धारित किया जा सकता है। इसकी सहायता से ऐसे प्रतिरक्षी प्रोटीनों का निर्माण संभव हो सका, जो कैंसर की कोशिकाओं को समाप्त करते हैं और रोग को बढ़ाने वाले प्रोटीनों में परिवर्तन करते हैं।

1994 : जॉर्ज एंड्रयू ओलाह—''हाइड्रोकार्बनों को एक प्रमुख तैलीय पदार्थ का प्राकृतिक अंश सिद्ध करने के लिए।''

1995 : पॉल जे. क्रुत्जन, एफ. शेरवुड रोलैंड और मारियो जे. मोलीना—''यह सिद्ध करने के लिए कि वायुमंडल में मौजूद रसायन नाइट्रोजन ऑक्साइड ओजोन गैस की परत को बहुत ज्यादा हानि पहुँचाते हैं, जो पृथ्वी के वायुमंडलीय क्षेत्र में और उसकी झिल्ली पर तैरते रहते हैं।''

1996 : रिचर्ड्स स्माले, सर हैरोल्ड डब्ल्यू. क्रोटो और रॉबर्ट फ्लोयड कार्ल, जूनियर—''कार्बन के तीसरे बहुरूपी प्रकार 'फुलेरीन' की खोज करने के लिए।''

1997 : (i) पॉल डी. बॉयर
(ii) जॉन ई. वॉकर : ''एंजाइम की त्रिआयामी संरचना को स्पष्ट करने के लिए। इनके निष्कर्ष ऊर्जा उत्पादनों में एक अंतर्दृष्टि प्रदान करते हैं।''

(iii) जेंस सी. स्कू : ''प्रथम आणविक पंप (Nat+k+AtPase)की खोज करने के लिए, जो जीवित कोशिकाओं में पंप के समान कार्य करके सोडियम आयनों (Nat)तथा पोटेशियम आयनों (K+) में संतुलन बनाए रखता है।''

1998 : (i) वॉल्टर कॉन : ''क्वांटम भौतिकी में कम विनाशकारी अनुप्रयोगों को खोजने में उनके प्रयासों के लिए जिससे विश्व में क्रांतिकारी बदलाव लाने में सहायता मिली।''

(ii) जॉन.ए. पोपल : ''क्वांटम रसायनशास्त्र में संगणनात्मक विधियों के विकास के लिए।''

1999 : अहमद एच. जवैल—''एक तीव्र लेजर तकनीक के विकास के लिए, जिससे रासायनिक प्रतिक्रियाओं के दौरान परमाणुओं की गतिविधि का अध्ययन करना और उनके परिणामों पर नियंत्रण पाना संभव हुआ।''

2000 : एलन जे. हीगर, एलन जी. मैकडियार्मिड और हिदेकी शिराकावा—''ऐसे प्लास्टिक की खोज के लिए, जिन्हें रासायनिक प्रक्रिया से संशोधित करके धातु के समान ही आसानी से बिजली प्राप्त की जा सकती है।''

2001 : विलियम एस. नोल्स, र्‍योजी नोयोरी और के. बैरी शार्पलेस—''असंयमित संश्लेषण (एसिमैट्रिक सिंथेसिस) पर उनके कार्यों के लिए, जो विशेष रूप से हाइड्रोजन प्रतिक्रियाओं से संबंधित हैं।''

2002 : (i) जॉन बी. फेन और कोइची तनाका : बृहद् परमाणुओं की संरचना के अध्ययन और विश्लेषण की प्रणाली विकसित करने के लिए।''

(ii) कर्ट वुत्रिख : निर्धारण करने के लिए, परमाणु चुंबकीय अनुकंपन स्पेक्ट्रोस्कोपी के विकास के लिए।''

2003 : (i) पीटर एग्री : ''शरीर की असंख्य कोशिका झिल्लियों में जल तथा सोडियम के अणुओं के प्रवाह संबंधी अध्ययन के लिए।''

(ii) रॉड्रिक मैकिनान : ''क्रिस्टैलोग्राफर एक्स-किरणों का निर्माण करने के लिए, जो पोटेशियम चैनल संरचना की पहली हाई-रिजोल्यूशन त्रिआयामी तस्वीर थी।''

2004 : आरोन सीचानोवर, अवराम हर्शको और इरविन रोज—''रक्त कोशिकाओं द्वारा यूविक्विटीन का प्रयोग करके प्रोटीन का स्तर घटाने (या नष्ट करने) और उनके पुनर्चक्रण (रीसाइकिल) करने के तरीकों की खोज करने के लिए।''

2005 : यवेस शॉविन, रिचर्ड आर. श्रोक और रॉबर्ट एच. ग्राब्स—''कार्बनिक संश्लेषण (ऑर्गेनिक सिंथेसिस) में वर्ण-विपर्यय विधि का विकास करने के लिए।''

2006 : रोजर डी. कॉर्नबर्ग—''आनुवंशिक जानकारी (ट्रैनिस्क्रप्शन) डी.एन.ए. प्रतिकृति की एक प्रकिया पर महत्त्वपूर्ण कार्य के लिए।''

2007 : जेरहार्ड एर्तल—''ठोस सतहों पर अपनी रासायनिक प्रक्रियाओं के अध्ययन के लिए।''

2008 : ओसामू शिमोमूरा, मार्टिन चैल्फी और रोजर वाई. शियेन—''हरे फ़्लोरोसेंट (जी.एफ.पी.) प्रोटीन की पहचान करने के लिए, जिससे वैज्ञानिकों को पता चला कि अंग कैसे कार्य करते हैं, रोग कैसे फैलता है और संक्रमित कोशिकाएँ उपचार के प्रति कैसी प्रतिक्रिया दिखाती हैं।''

2009 : वेंकटरमन रामाकृष्णन, थॉमस ए. स्टीत्ज और अदा ई-योनाथ—''राइबोसोम की संरचना तथा राइबोसोम के कार्यों के अध्ययन के लिए।''

2010 : रिचर्ड एफ. हेक, ऐई इची नेगिशी और अकीरा सुजुकी—''कार्बनिक संश्लेषण (ऑर्गेनिक सिंथेसिस) में पैलेडियम-उत्प्रेरित युग्मन प्रतिक्रियाओं (Paladium-Catalyzed Coupling Reactions) में उनके असाधारण कार्य के लिए।''

2011 : डेनियल शेख्तमन—''परमाणुओं में आकारों के आविष्कार के लिए। इन आकारों को अर्ध-स्फटिक (क्वासी-क्रिस्टल) का नाम दिया गया।''

2012 : रॉबर्ट जे. लेफ्कोविट्ज और ब्रायन के. कोबिल्का—''कोशिका सतह के अणुओं, जिन्हें जी-प्रोटीन युग्मित ग्राहक कहा जाता है, की संरचना और कार्यप्रणाली द्वारा कोशिका जीन विज्ञान और चिकित्सा विज्ञान में उनके गहरे योगदान के लिए।''

2013 : माइकल लेविट, मार्टिन कारप्लस और एरिह वॉर्शेल—''जटिल रासायनिक प्रणालियों के लिए बहुस्तरीय मॉडल का विकास करने के लिए।''

2014 : एरिक बिट्जिग, विलियम एस्क्रो मोइर्नर और स्टीफन हेल—''फ्लूरेंस माइक्रोस्कोप पर अपने बेहतर कार्यों से नैनोस्कोप में परिवर्तित करने के लिए।''

2015 : टॉमस रॉबर्ट लिंडाल, पॉल लॉरेंस मॉडरिक तथा अजीज सैंकर—''डी.एन.ए. की मरम्मत पर उनके अध्ययन के लिए।''

2016 : ज्याँ-पियर सॉवेज, जेम्स फ्रेज़र स्टॉडर्ट, बर्नार्ड एल. फेरिंगा—''मॉलिक्युलर मशीनों के क्षेत्र में उनके अग्रणी कार्यों के लिए।''

शरीर विज्ञान/चिकित्सा विज्ञान

1901 : एमिल एडोल्फ वॉन बेरिंग—''सीरम थेरैपी के द्वारा विशेष रूप से डिफ्थीरिया के लिए चिकित्सा विज्ञान के क्षेत्र में एक नया मार्ग प्रशस्त करने के लिए।''

1902 : सर रोनाल्ड रॉस—''मलेरिया के कारण और उसके निदान पर उनके शोधकार्य के लिए, जिसमें उन्होंने दिखाया कि यह रोग मनुष्यों में कैसे फैलता है और इसे कैसे रोका जा सकता है।''

1903 : नील्स रिबर्ग फिंसन—''चर्म-यक्ष्मा जैसे घातक चर्म-रोगों के उपचार में संकेंद्रित प्रकाश-किरणों का प्रयोग करके एक युगांतरकारी उपलब्धि हासिल करने के लिए।''

1904 : इवान पेत्रोविच पावलोव—''रक्त-प्रणाली और पाचन शक्ति की तीन स्थितियों (तंत्रिकीय, जठर-निर्गम और आंत्र) का विस्तार से विश्लेषण करने के लिए।''

1905 : रॉबर्ट कॉच—''टी.बी. (ट्यूबरक्यूलोसिस) से संबंधित उनके अध्ययन व खोजों के लिए।''

1906 : कैमिलो गॉल्गी और सेंतियागो रेमन वाई. केजाल ''स्नायु-तंत्र से संबंधित उनके शोधों के लिए।''

1907 : चार्ल्स लुइस अल्फोंसे लेवेराँ—''परजीवियों से होनेवाले रोगों पर उनके असाधारण कार्यों के लिए।''

1908 : एर्लिच पॉल और इल्या इल्यीय मेकनिकोव—''रोग प्रतिरक्षा विज्ञान के क्षेत्र में उनके असाधारण कार्य के लिए।''

1909 : एमिल थियोडोर कोचेर—''थाइरॉइड ग्रंथि के शल्योपचार के क्षेत्र में उनके महत्त्वपूर्ण कार्यों के लिए।''

1910 : अल्ब्रेख्त कोसेल—''न्यूक्लिक पदार्थों सहित प्रोटीनों पर अपने कार्यों के माध्यम से कोशिकाओं से संबंधित हमारे ज्ञान में उनके योगदान को मान्यता प्रदान करने के लिए।''

1911 : आल्वर गुलस्ट्रैंड—''नेत्र रोगों से संबंधित उनके महत्त्वपूर्ण शोधकार्यों के लिए दोष-निवारक लेंसों के विकास के लिए।''

1912 : एलेक्सिस कैरेल—''रक्तवाहिकाओं (ब्लडवेसल्स) पर टांके लगाने की विधि विकसित करने तथा अंगों के प्रत्यारोपण पर उनके असाधारण कार्यों के लिए।''

1913 : चार्ल्स रॉबर्ट रिशे—''तीव्रग्राहिता (ऐनाफिलेक्सिस) पर उनके महत्त्वपूर्ण अध्ययन के लिए।''

1914 : रॉबर्ट बेरेनी—''भीतरी कान के संतुलन-तंत्र की आंगिक क्रियात्मकता और रोगात्मकता पर उनके अध्ययन व अनुसंधान के लिए।''

1915-18 : पुरस्कार नहीं दिए गए।

1919 : जूल्स बोर्डेट—''रक्त सीरम में प्रतिरक्षा कारकों की खोज के लिए।''

1920 : शैक ऑगस्ट स्टीनबर्ग क्रोग—''कोशिकाओं की यौगिक क्रियाविधि की महत्त्वपूर्ण खोज के लिए।''

1921 : इस वर्ष पुरस्कार नहीं दिया गया।

1922 : (i) सर आर्चीवाल्ड विवियन हिल : ''मांसपेशियों में संकुचन की प्रकृति तथा लैक्टिक एसिड की समस्या पर उनके महत्त्वपूर्ण कार्यों के लिए।''

(ii) ओट्टो फ्रित्ज मेयरहॉफ : ''मांसपेशियों में बननेवाले लैक्टिक एसिड तथा ऑक्सीजन की मौजूदगी में कार्बोहाइड्रेट में परिवर्तित होने की प्रक्रिया पर उनकी खोज के लिए।''

1923 : फ्रेड्रिक ग्रांट बैंटिंग तथा जॉन जेम्स रिकर्ड मैक्लियोड—''इंसुलिन की खोज के लिए।''

1924 : विलेम आइनथोवेन—''इलेक्ट्रोकार्डियोग्राम की महत्त्वपूर्ण खोज के लिए।''

1925 : इस वर्ष पुरस्कार नहीं दिया गया।

1926 : जोहानिस आंद्रियाज गिब फिबिगर—''स्पाइरोप्टेरा कार्सिनोमा (Spiroptera Carcinoma) की उनकी खोज के लिए।''

1927 : जूलियस वाग्नर जाउरेग—''नर्वस डिसऑर्डर के मनोरोगियों की मलेरिया के ज्वर द्वारा चिकित्सा की उनकी खोज के लिए।''

1928 : चार्ल्स जूल्स हेनरी निकोल—''टाइफस पर उनके असाधारण कार्यों व निष्कर्षों के लिए।''

1929 : (i) क्रिश्चियान आइजकमैन : ''विषैले तत्त्वों से रहित विटामिनों की खोज के लिए।''

(ii) सर फ्रेड्रिक गॉलैंड हॉपकिंस : ''शारीरिक विकास को तेज करने के लिए जिम्मेदार विटामिनों की खोज करने के लिए।''

1930 : कार्ल लैंडस्टीनर—''मनुष्यों में रक्त-समूहों की खोज के लिए।''

1931 : ओट्टो हेनरिक वारबर्ग—''श्वसन एंजाइम की प्रकृति तथा उसकी कार्य-प्रणाली की खोज के लिए।''

1932 : एडगर डगलस एड्रियन और सर चार्ल्स स्कॉट शेरिंगटन—''न्यूरोन के कार्यों की खोजों पर किए गए उनके शोधों के लिए।''

1933 : टॉमस हंट मॉर्गन—''आनुवंशिकता में क्रोमोसोम की भूमिका से संबंधित सिद्धांत की स्थापना के लिए।''

1934 : जॉर्ज रिचर्ड्स मिनोट, विलियम पैरी मर्फी और जॉर्ज होयट व्हिपल—''शरीर में रक्त की कमी से सम्बन्धित लीवर थेरैपी के क्षेत्र में उनकी खोजों के लिए।''

1935 : हैंस स्पेमान—''भ्रूणिक विकास के संबंध में उनकी खोज के लिए।''

1936 : सर हेनरी हेलेट डेल और ओट्टो लोएवी—''शरीर में तंत्रिका-आवेगों के रासायनिक प्रसारण की कार्य पद्धति से संबंधित उनकी महत्त्वपूर्ण खोज के लिए।''

1937 : अल्बर्ट जेंत ग्योर्जी नागिरापोल्ट—''विटामिन 'सी' और फ्यूमेरिक के विशेष सन्दर्भ के साथ बॉयोलॉजिकल प्रक्रिया की खोज पर उनके शोध के लिए।''

1938 : कार्नील जीन फ्रांस्वा हेमांस—''साँस लेने की प्रक्रिया और उसमें ऑक्सीजन की अपरिहार्य आवश्यकता का विस्तार से विश्लेषण करने के लिए।''

1939 : जेरार्ड डोमाक—''सल्फोनोमाइड दवाइयों में प्रोंटोसिल नामक दवा के जीवाणुरोधी प्रभाव का पता लगाने के लिए।''

1940-42 : पुरस्कार नहीं दिए गए।

1943 : हेनरिक कार्ल पीटर डैम और एडवर्ड एडेलबर्ट डोइजी—''विटामिन 'के' तथा उसकी रासायनिक प्रकृति की खोज के लिए।''

1944 : जोसेफ एर्लेंगर और हर्बर्ट स्पेंसर गैसर—''एकल तंत्रिका फाइबर के भिन्न-भिन्न प्रकार के कार्यों से सम्बन्धित उनकी खोजों के लिए।''

1945 : सर अर्न्स्ट बोरिस चैन, सर एलेक्जेंडर फ्लेमिंग और हॉवर्ड वाल्टर फ्लोरी—''पेंसिलिन की खोज तथा विभिन्न संक्रामक रोगों पर उसके उपचारात्मक प्रभाव के लिए।''

1946 : हरमान जोसेफ म्यूलर—''एक्स-किरण विकिरण के माध्यम से 'जीन म्यूटेशन' की उनकी खोज के लिए।''

1947 : कार्ल फर्डिनैंड कोरी, गर्टी थेरेसा कोरी और बेरनार्डो अल्बर्टो हाउसे—''ग्लाइकोजिन में उत्प्रेरकीय परिवर्तन का पता लगाने के लिए।''

1948 : पॉल हरमान म्यूलर—''डी.डी.टी. का कीटाणुओं पर मारक प्रभाव का पता लगाने के लिए।''

1949 : (i) वाल्टर रूडोल्फ हेस : ''मानव मस्तिष्क की विभिन्न कोशिकाओं के कार्यों से सम्बन्धित उनकी खोज के लिए।''

(ii) एंटोनिओ केटानो मोनिज : ''परफ्रेंटल ल्यूकटोमी (लोबोटोमी) की रेडिकल थैरेपी की खोज के लिए।''

1950 : फिलिप शोवाल्टर हेंच, एडवर्ड काल्विन केंडाल और टेड्यूज रीचस्टीन—''एड्रिनल ग्रंथि के हार्मोस, उनकी संरचना तथा बायोलॉजिक प्रभावों से संबंधित उनकी खोजों के लिए।''

1951 : मैक्स थीलर—''पीले ज्वर तथा उसके निवारण के लिए 17-डी नामक वैक्सीन की खोज करने के लिए।''

1952 : सेल्मान अब्राहम वाक्समान—''तपेदिक (टी.बी.) की अचूक औषधि स्ट्रेरटोमा की खोज के लिए।''

1953 : सर हैंस एडॉल्फ क्रेब्स तथा फ्रित्ज अल्बर्ट लिपमैन—''ऐसे एंजाइम का पता लगाने के लिए जो कार्बोहाइड्रेट के उपपाचन में सहायक होता है।''

1954 : जॉन फ्रैंकलिन एंडर्स, फ्रेडेरिक चैपमैन रॉबिंस और थॉमस हकल वेलर—''टिश्यू कल्चर द्वारा पोलियो रोग के वायरस उत्पन्न करके पोलियो के टीके का विकास करने के लिए।''

1955 : ऐक्सेल ह्यूगो थियोडोर थियोरेल—''उपापचय करनेवाले एंजाइमों के स्वभाव तथा उनकी कार्यविधि का पता लगाने के लिए।''

1956 : आंद्रे फ्रेडेरिक कोरनांद, बेरनर थियोडोर फोर्समान और डिकिंसन डब्ल्यू. रिचर्ड्स जूनियर—''हृदय रोगों की बेहतर समझ के लिए किए गए उनके शोधों के लिए।''

1957 : डैनियल बोवेट—''निश्चित केमोथेराप्युटिक तत्त्वों की खोज के लिए, जिससे गम्भीर सर्जरी में भी मांसपेशियों को तनावमुक्त और पीड़ारहित रखने में सहायता मिली।''

1958 : जॉर्ज वेल्स बीडल, एडवर्ड लाउरी टैटम और जोशुआ लेडरबर्ग—''इस अवधारणा का पता लगाने के लिए कि किसी विशिष्ट एंजाइम की संरचना जींस द्वारा ही प्रभावित होती है।''

1959 : आर्थर कॉर्नबर्ग और सेवेरो ओचोआ—''जीवाणु कोशिकाओं में डी.एन.ए. के दुगुने होने की प्रक्रिया तथा कृत्रिम न्यूक्लिक एसिडों के निर्माण पर उनके महत्त्वपूर्ण कार्यों के लिए।''

1960 : सर फ्रैंक मैकफार्लेन बर्नेट और सर पीटर ब्रॉयन मेडावर—''प्रतिरोधात्मक सहिष्णुता की खोज के लिए जो ऊतकों (टिश्युओं) और अंगों के प्रत्यारोपण के कार्यों में आवश्यक हो।''

1961 : जॉर्ज वॉन बेकेसी—''एक नए किस्म के ऑडियोमीटर को विकसित करने के लिए, जिससे इस प्रक्रिया का पता चला कि किस प्रकार मनुष्यों के कान ध्वनि का विश्लेषण करके उसे अंदरूनी भाग काकलिया (Cochlia) तक पहुँचाते हैं।''

1962 : क्रिक फ्रांसिस हैरी, जेम्स डेवी वाटसन और मौरिस ह्यू फ्रेड्रिक विल्किंस—''डी.एन.ए. के अणुओं की संरचना का पता लगाने के लिए।''

1963 : सर जॉन कैरेयू एक्लेस, सर एलन लॉयड हाजकिन और सर एंड्रयू फील्डिंग हैक्सले—''उन रासायनिक साधनों का पता लगाने के लिए जिनके द्वारा धमनियों की कोशिकाएँ आवेगों को सूचित अथवा प्रसारित करती हैं।''

1964 : कोनराड ब्लोच और फियोडोर लिनेन ''कोलेस्टेरॉल और फैटी एसिड मैटाबोलिज्म की कार्यविधि और विनियमन से संबंधित उनकी खोजों के लिए।''

1965 : फ्रांस्वा जैकब, आंद्रे लोफ और जैकस मोनोड—''बैक्टीरिया द्वारा एंजाइम तथा वायरस के संश्लेषण के आनुवंशिक नियंत्रण से संबंधित उनकी खोजों के लिए।''

1966 : चॉर्ल्स ब्रेंटन हगिंस और रॉस पेटन—''ट्यूमर पैदा करनेवाले वायरसों की खोज करने के लिए।''

1967 : रैग्नर ग्रैनिट, हाल्डैन केफर हार्टलाइन और जॉर्ज वाल्ड—''आँखों में दृष्टि से संबंधित होनेवाली क्रियात्मक व रासायनिक प्रक्रियाओं के संबंध में उनकी महत्त्वपूर्ण खोजों के लिए।''

1968 : रॉबर्ट डब्ल्यू. हॉले, हरगोबिंद खुराना और मार्शल डब्ल्यू. नीरेनबर्ग—''आनुवंशिक कोडों तथा प्रोटीन संश्लेषणों में उनके कार्यों से संबंधित व्याख्याओं के लिए।''

1969 : मैक्स डेलब्रुक, अल्फ्रेड डी. हेर्शे और साल्वाडोर ई. लूरिया—''वायरस की आनुवंशिक संरचना और उनकी प्रतिकृति के निर्माण संबंधी।''

1970 : जूलियस एक्सेलरॉड, सर बर्नार्ड काट्ज और उल्फ वॉन यूलर—''तंत्रिकाओं और मांसपेशियों के क्रियाकलापों से संबंधित उनकी खोजों के लिए, जिसमें उन्होंने बताया कि तंत्रिका कोशिका से आवेग मांसपेशी की कोशिका तक कैसे पहुँचता है।''

1971 : अर्ल डब्ल्यू. जूनियर सूथरलैंड—''हार्मोंस की कार्य-प्रणाली से सम्बन्धित उनकी महत्त्वपूर्ण खोजों के लिए।''

1972 : जेराल्ड एन. एडेल्मान और रॉड्नी आर. पोर्टर—''रोग-प्रतिकारक रासायनिक संरचना से सम्बन्धित उनकी असाधारण खोज के लिए।''

1973 : कोनराड लोरेंज, निकोलास टिनबर्जेन और कार्ल वॉन फ्रिश—''पशुओं के व्यक्तिगत तथा सामाजिक व्यवहार से संबंधित, विशेष रूप से उनके उन्मुक्त आचरण और यौन-क्रियाओं से सम्बन्धित उनकी खोजों के लिए।''

1974 : अल्बर्ट क्लाउडे, क्रिश्चियन डे डुवे और जॉर्ज ई. पैलेड—''कोशिकाओं की बनावट और उनके कार्य करने के तरीकों के सम्बन्ध में उनकी खोजों के लिए।''

1975 : डेविड बाल्टीमोर, रेनाटो डल्बेक्को और हॉवर्ड मार्टिन टेमिन—''ट्यूमर के वायरस और कोशिकाओं के आनुवंशिक पदार्थों के बीच आपसी सम्बन्धों पर उनकी खोजों के लिए।''

1976 : बारुच एस. ब्लूमबर्ग, डी. कार्लटन गज्दुसक—''संक्रामक रोगों के खतरनाक वायरसों और जीवाणुओं का अध्ययन करने और उनके उपचार का पता लगाने की दिशा में उनकी विलक्षण खोजों के लिए।''

1977 : रोजर गुइलेमिन, एंड्र्यू स्कैली और रोजेलिन येलो—''मस्तिष्क के अलग-अलग अंशों के अध्ययन के क्रम में 'सोमैटोस्टेटी' नामक हार्मोन के निर्माण की खोज करने के लिए, जिससे डायबिटीज और पेप्टिक अल्सर की चिकित्सा संभव हो सकी।''

1978 : वेर्नर आर्बर, डैनिएल नाथंस और हैमिल्टन ओथानेल स्मिथ—''एंजाइमों और वायरसों तथा आणविक आनुवंशिकी (मोलेक्यूलर जेनेटिक्स) की समस्याओं में उनके उपयोग से संबंधित महत्त्वपूर्ण खोज के लिए।''

1979 : एलन एम. कोर्माक और सर गॉडफ्रे एन. हाउंसफील्ड—''कम्प्यूटर की सहायता से शरीर के भीतरी अंगों के चित्र लेने (टोमोग्राफी) वाले उपकरण के विकास के लिए।''

1980 : बारुज बेनासेराफ, डाउसेट जीन और जॉर्ज डी. स्नेल ''कोशिका सतह पर आनुवंशिक रूप से निर्धारित संरचनाओं से संबंधित उनकी खोजों के लिए, जो प्रतिरक्षात्मक प्रतिक्रियाओं को नियंत्रित करती हैं।''

1981 : (i) रोजर डब्ल्यू. स्पेरी : ''मस्तिष्क के आधे-आधे, दोनों भागों की कार्य करने से संबंधित विशेषता के बारे में की गई उनकी खोजों के लिए।''

(ii) डेविड एच. हुबेल और टार्स्टेन एन. वीजेल : ''सभी सूचनाएँ मस्तिष्क की दृश्य-प्रणाली या स्मृतियों में संचित होने से संबंधित उनकी खोजों के लिए।''

1982 : स्यून के. बर्गस्ट्रोन, बेंग्ट सैमुएल्सन और सर जॉन आर. वेन—''प्रोस्टोग्लैंडिन और उससे संबंधित जैविक रूप से सक्रिय पदार्थों के विषय में खोज करने के लिए।''

1983 : बार्बरा मैकक्लिंटॉक—''अपने युग में आनुवंशिक तत्त्वों पर दो में से एक महान खोज करने के लिए।''

1984 : नील्स के. जेर्ने, जॉर्ज जे.एफ. कोह्लर और सीजर मिल्सटेन—''शरीर में प्रतिरक्षा प्रणाली के विकास तथा नियंत्रण में विशिष्टता से संबंधित सिद्धांतों और कोशिकाओं के प्रतिरूपण संबंधी रोग-प्रतिकारकों के उत्पादन के सिद्धांतों की खोज के लिए।''

1985 : माइकल एस. ब्राउन और जोसेफ गोल्डस्टीन—''मानव शरीर में कोलेस्टेरॉल के चयापचय (मेटाबोलिज्म) के विनियमन से संबंधी उनकी महत्त्वपूर्ण खोजों के लिए।''

1986 : स्टेनली कोहेन और रीता लेवी-मोंटालसिनी—''तंत्रिकाओं के विकास से संबंधित तत्त्वों (नर्व ग्रोथ फैक्टर—एन.जी.एल.) की उनकी खोजों के लिए।''

1987 : सुसुम तोनेगावा—''रक्त कोशिकाओं द्वारा निर्मित रोग-प्रतिकारक विविधता के आनुवंशिक सिद्धांत की खोज के लिए।''

1988 : गर्ट्रुड बेल्ले इलियन, जॉर्ज हर्बर्ट हिचिंग्स और सर जेम्स ब्लैक—''विभिन्न घातक रोगों की चिकित्सा के लिए विभिन्न प्रकार की दवाइयों का आविष्कार करने के लिए।''

1989 : हेराल्ड इलियट वर्मुस और जे. माइकल बिशप—''पहले से चली आ रही धारणाओं को गलत साबित करने के लिए, जिसमें उन्होंने सिद्ध किया कि कैंसर का कारण कोई जीन या एंजाइम नहीं होते बल्कि मनुष्य के अपने शरीर में कैंसर के बीज क्रियाशील होते हैं।''

1990 : जोसेफ ई. मुर्रे और एडवर्ड डोनाल थॉमस—''मानव रोगों के उपचार में अंगों तथा कोशिकाओं के प्रत्यारोपण से संबंधित उनकी खोजों के लिए।''

1991 : एर्विन नेहेर और बर्ट सैकमान—''कोशिकाओं में एकल आयन वाले चैनलों के कार्य से संबंधित उनकी खोजों के लिए।''

1992 : एडविन जी. क्रेब्स और एडमंड एच. फिशर—''इस प्रक्रिया का पता लगाने के लिए कि किस प्रकार प्रोटीनों को जैविक विनियामक तंत्र के रूप में किसी विशेष कार्य के लिए परिवर्तित किया जा सकता है।''

1993 : रिचर्ड जॉन रॉबर्ट्स और फिलिप ए. शॉर्प—''विखंडित जींस की उनकी खोज के लिए।''

1994 : अल्फ्रेड जी. गिलमान और मार्टिन रॉडबेल—''जी-प्रोटीनों की खोज करने और कोशिकाओं में शारीरिक ऊर्जा को तंत्रिका ऊर्जा में परिवर्तित करनेवाले संकेतों में इन प्रोटीनों की भूमिका से संबंधित उनकी खोज के लिए।''

1995 : एडवर्ड बी. लेविस, क्रिश्चयने नुसलेन वॉलहार्ड और एरिक एफ. वाइखॉस—''प्रारंभिक भ्रूण के विकास में आनुवंशिक नियंत्रण से संबंधित उनकी खोजों के लिए।''

1996 : पीटर चार्ल्स डोहर्टी तथा रोल्फ मार्टिन जिकरनागेल—''विषाणुओं की पहचान करके उन्हें नष्ट करने के लिए शरीर में प्रतिरक्षा प्रणाली के काम करने के तरीकों का पता लगाने के लिए।''

1997 : स्टेनले बी.प्रूजिनर—''संक्रमण के एक नए सिद्धांत, प्रायंस (Prions) नामक प्रोटीन की खोज के लिए, जो शरीर में बीमारी का कारण बनता है।''

1998 : रॉबर्ट फ्रांसिस फर्चगोट, लुइस जे. इग्नारो और फरीद मुराद—''हृदय प्रणाली में संकेतक अणु के रूप में नाइट्रस ऑक्साइड से संबंधित खोज के लिए।''

1999 : गुंटर ब्लोबेल— ''उनकी इस खोज के लिए कि प्रोटीनों में आंतरिक संकेत पाए जाते हैं जो कोशिकाओं की प्रोटीन वितरण प्रणाली को संचालित करते हैं।''

2000 : आर्विड कार्लसन, पॉल ग्रीनगार्ड और एरिक आर. केंडल—''तंत्रिका प्रणाली में डोपामाइन और अन्य न्यूरोट्रांसमीटर की कार्य प्रणाली की खोज करने के लिए।''

2001 : लेलैंड एच. हर्टवेल, आर. टिमोथी हंट और सर पॉल एम. नर्स—''कोशिका चक्र को नियंत्रित करनेवाले एक विशेष 'जीन' का आविष्कार करने के लिए।''

2002 : सिडनी ब्रेनर, एच. रॉबर्ट हॉरवित्ज और जॉन एडवर्ड सुल्स्टन—''शारीरिक अंगों के विकास के आनुवंशिक विनिमयन और बहुकोशकीय जीवों में कोशिकाओं के नष्ट होने के संबंध में आविष्कार की मान्यतास्वरूप।''

2003 : पॉल सी. लौटरबर और सर पीटर मैंसफील्ड—''चुंबकीय अनुकंपन चित्रण (मैग्नेटिक रेजोनेंस इमेजिंग) के आविष्कार के लिए।''

2004 : रिचर्ड एक्सल और लिंडा बी. बक—''घ्राण (गंध) अभिग्राहकों (ओडोरेंट रिसेप्टर्स) तथा घ्राण अभिग्राहक कोशिकाओं (ओलफैक्ट्री रिसेप्टर सेल्स) की खोज के लिए।''

2005 : रॉबिन वारेन और बैरी मार्शल—''उदर प्रदाह (गैस्ट्राइटिस) तथा पेप्टिक अल्सर जैसी दु:साध्य बीमारियों के कारणों की खोज करने के लिए।''

2006 : एंड्रयू जेड फायर और क्रैग सी. मेलो—''जीन तथा आर.एन.ए. से संबंधित आविष्कार करने के लिए, जिसमें उन्होंने आनुवंशिक जानकारी के प्रवाह को नियंत्रित करने के लिए एक बुनियादी तंत्र की खोज की।''

2007 : मारियो आर. कापेची, सर मार्टिन इवांस और ओलिवर स्मिथीस—''भ्रूण नली कोशिकाओं के प्रयोग से चूहों की एक ऐसी प्रजाति पैदा करने के तरीकों पर अनुसंधान के लिए, जिसके 'जीन' समाप्त हो चुके थे।''

2008 : (i) हेराल्ड जर होसेन : ''मानव शरीर में पैमिलोमा वायरस की खोज के लिए जो गर्दन के कैंसर का कारण बनता है।''

(ii) ल्यूक मोंटेग्नियर और फ्रांस्वाज बैरें सिनौसी : ''मानव शरीर में प्रतिरोधक क्षमता में कमी (इम्यूनोडेफिशिएंसी) के कारण उत्पन्न विषाणुओं पर महत्त्वपूर्ण आविष्कार करने के लिए।''

2009 : एलिजाबेथ एच. ब्लैकबर्न, कैरोल डब्ल्यू. ग्रीडर और जैक डब्ल्यू. स्जोस्तक—''एक महत्त्वपूर्ण एंजाइम टेलोमिरेज की खोज के लिए, जिसे फंगल संक्रमण और कैंसर जैसे कुछ रोगों के व्यवहार का अध्ययन करने में उपयोग किया जाता है।''

2010 : रॉबर्ट जी. एडवर्ड्स—''इन-विट्रो-फर्टिलाइजेशन (आई.वी.एफ.) के आविष्कार के लिए, जिससे दुनिया भर के लाखों-करोड़ों नि:संतान दंपतियों को संतान प्राप्ति में सहायता मिली।''

2011 : (i) ब्रूस ए. ब्यूटलर और ज्यूल्स ए. हॉफमैन : ''स्वाभाविक रूप से रोग-प्रतिरक्षा क्षमता के सक्रिय होने से संबंधित खोजों के लिए।''

(ii) रॉल्फ एम. स्टीनमैन : ''एक नई कोशिका 'डेंड्राइटिक कोशिका' की खोज करने और अनुकूली प्रतिरक्षा के क्रियान्वयन में उनकी महत्त्वपूर्ण भूमिका के लिए।''

2012 : सर जॉन बी. गर्डन और शिन्या यामानाका—''शरीर की परिपक्व कोशिकाओं को पुनः स्टेम सेल अथवा प्राथमिक कोशिकाओं में बदलने की तकनीक विकसित करने के लिए।''

2013 : जेम्स ई. रोथमैन, थॉमस सी. सुडॉफ और रैंडी डब्ल्यू. शेकमैन—''मानव कोशिकाओं के ट्रांसपोर्ट सिस्टम के संबंध में किए गए उल्लेखनीय अनुसंधान के लिए।''

2014 : प्रो. जॉन ओ'कीफ, मे-ब्रिट मोजर और एडवर्ड आई. मोजर—''इनसानी दिमाग के जी.पी.एस. सिस्टम की खोज के लिए।''

2015 : विलियम सी. कैंपबेल और सातोशी ओमुरा—''राउंडवार्म पैरासाइट्स से होने वाले संक्रमणों के इलाज की एक नई पद्धति के विकास के लिए।''

तू यूयू—''मलेरिया के लिए आर्टमिसाइनिन नामक एक नई दवा के खोज के लिए।''

2016 : योशीनोरी ओहसुमी—''ऑटोफ़ैगी के क्षेत्र में उनकी बेहद नई खोजों के लिए।''

साहित्य

1901 : सूली प्रुधों—''काव्य रचना को विशेष पहचान देने के लिए, जो उदात्त आदर्शवाद, भावना और बुद्धि, दोनों के गुणों में एक दुर्लभ संयोजन और कलात्मक पूर्णता का सबूत देती है।''

1902 : क्रिश्चियन मैथायस थियोडोर मामसेन—''इतिहासलेखन की कला में उनकी असाधारण दक्षता के लिए, विशेष रूप से उनकी अद्‌भुत रचना 'ए हिस्टरी ऑफ रोम' के लिए।''

1903 : ब्योन्सर्न मार्टिनस—''उनकी श्रेष्ठ, शानदार और बहुमुखी काव्य रचनाओं के लिए एक श्रद्धांजलि के रूप में, जिसने अपनी प्रेरणा की ताजगी और अपनी आत्मा की दुर्लभ पवित्रता द्वारा हमेशा इन्हें प्रतिष्ठित किया है।''

1904 : (i) फ्रेड्रिक मिस्त्राल : ''उनकी कलात्मक रचनाओं की मौलिकता और सच्ची प्रेरणा की मान्यता के लिए जो पूरी सच्चाई के साथ अपने लोगों की मूल भावना और प्राकृतिक दृश्यावली को दर्शाती है। इसके अतिरिक्त एक सांस्कृतिक भाषाविज्ञानी के रूप में अनेक महत्त्वपूर्ण कार्यों के लिए।''

(ii) जोस इचेगारे वाई. ईजाग्विरे : ''उनकी अनगिनत और शानदार रचनाओं को मान्यतास्वरूप, जिन्होंने एक व्यक्तिगत व मौलिक तरीके से, स्पेनी नाटकों की महान परंपरा को पुनर्जीवित किया।''

1905 : हेनरिक सीएंकीविज—''एक महाकाव्य के लेखक के रूप में उनकी असाधारण लेखन-क्षमता के लिए।''

1906 : गिओस्यू कार्डूसी—''न केवल उनकी गहरी समझ और महत्त्वपूर्ण खोजों के संबंध में, बल्कि उनकी रचनात्मक ऊर्जा, रचना शैली की ताजगी और काव्यात्मक शक्ति के लिए भी, जो उनकी उत्कृष्ट काव्यकृतियों को एक विशेषता प्रदान करती हैं।''

1907 : रूडयार्ड किपलिंग—''चीजों का अवलोकन करने की शक्ति, कल्पना की मौलिकता, वैचारिक शक्ति और उल्लेखनीय वर्णनात्मक प्रतिभा के लिए, जो इस विश्वप्रसिद्ध लेखक की रचनाओं की विशेषताएँ हैं।''

1908 : रूडोल्फ क्रिस्टॉफ यूकेन—''सत्य की खोज में उनकी व्यापक दृष्टि के लिए और आदर्शवादी जीवन-दर्शन के विकास में अपनी लेखन-प्रतिभा द्वारा उनके विशिष्ट योगदान के लिए।''

1909 : सेल्मा ऑटिलिआ लोविसा लैगरलोफ—''उच्च आदर्शवादिता, जीवंत कल्पनाशक्ति और आत्मिकबोध के लिए,

जिसकी सहायता से उन्होंने अपनी अनगिनत रचनाओं में एक आदर्शवादी दर्शन विकसित किया और उसकी पुष्टि की।''

1910 : पॉल जोहानन लुडविग हेस—''आदर्शवाद से सराबोर उनकी कलात्मक उत्कृष्टता को सम्मानस्वरूप, जिसे उन्होंने एक कवि, नाटककार, उपन्यासकार और विश्वप्रसिद्ध कहानियों के लेखक के रूप में अपने लंबे रचनात्मक जीवन के दौरान प्रदर्शित किया है।''

1911 : मॉरिस मेटरलिंक—''उनकी बहुमुखी लेखन प्रतिभा, गहरी कल्पना शक्ति और कवित्वपूर्ण शक्ति जाग्रत् करने की विलक्षण क्षमता की प्रशस्ति में।''

1912 : गेर्हार्ट योहानन रॉबर्ट हॉप्टमान—''अपनी कलात्मक अभिव्यक्ति के द्वारा अपने सफल, जीवंत और उत्कृष्ट नाटकों के माध्यम से नाट्य-कला को एक नई ऊँचाई देने के लिए।''

1913 : रवींद्रनाथ टैगोर—''गहराई से भरी संवेदनशील, ताजा और सुंदर कविताओं के लिए, जिनके माध्यम से उन्होंने अपने काव्यात्मक विचारों को, पश्चिमी साहित्य के एक भाग, अंग्रेजी शब्दों को अभिव्यक्ति दी है, विशेषत: उनकी उत्कृष्ट काव्य-रचना 'गीतांजलि' में।''

1914 : इस वर्ष पुरस्कार नहीं दिया गया।

1915 : रोम्याँ रोलाँ—''अपनी साहित्यिक रचनाओं में ऊँचे आदर्शों की स्थापना करने, मानवीय सहानुभूति और सत्य के प्रति अटूट निष्ठा दिखाने के फलस्वरूप।''

1916 : कार्ल मुस्ताफ वेर्नर वॉन हेइदेंस्ताम—''हमारे साहित्य में एक नए युग को प्रमुख प्रतिनिधि के रूप में उनके महत्त्व को मान्यता प्रदान करने के लिए।''

1917 : (i) कार्ल एडोल्फ जेलेरूप : ''ऊँचे आदर्शों से प्रेरित उनकी रचनाओं की उत्कृष्टता के लिए, जिसमें उन्होंने डेनमार्क के समकालीन जनजीवन को कलात्मक ढंग से चित्रित किया है।''

(ii) हेनरिक पोंटोपिदान : ''अपनी रचनाओं में डेनमार्क के समकालीन जीवन का विश्वसनीय और उत्कृष्ट चित्रण करने के लिए।''

1918 : इस वर्ष पुरस्कार नहीं दिया गया।

1919 : कार्ल फेड्रिक जॉर्ज स्पिटलर—''उनके महाकाव्य 'ओलंपिशर फर्हलिंग' (ओलंपियन स्प्रिंग) की विशेष प्रशंसा-स्वरूप।''

1920 : नुत पेडर्सन हैम्सन—'' 'ग्रोथ ऑफ द सॉइल' को विशिष्ट कृति घोषित करते हुए।''

1921 : अनातोले फ्रांस—''उनकी प्रतिभाशाली साहित्यिक उपलब्धियों की मान्यता में, जो अपनी शैली की उत्कृष्टता, एक गहन मानवीय सहानुभूति, दया और एक सच्चे फ्रांसीसी देश के स्वभाव का चित्रण करती हैं।''

1922 : जाकिंतो बेनावेंते—''उनकी सुखदायक शैली के लिए जिसमें उन्होंने स्पेनिश नाटकों की शानदार परंपरा को जारी रखा।''

1923 : विलियम बटलर यीट्स—''प्रेरणाप्रद उच्च स्तरीय कविताओं और संपूर्ण राष्ट्र की चेतना को स्पंदित करनेवाली ऊर्जस्वित करनेवाली प्रतिभा को सम्मानित करने के लिए।''

1924 : व्लादिस्लाव स्तेनीस्लाव रेमोंट—''उनके महान राष्ट्रीय रूपक 'द पीजेंट्स' के लिए।''

1925 : जॉर्ज बर्नार्ड शॉ—''आदर्शवाद तथा मानवता से भरपूर उनकी रचनाओं के लिए तथा उनके उत्तेजनापूर्ण व्यंग्य के लिए जो अक्सर एक विलक्षण काव्य-सौंदर्य से भरी होती हैं।''

1926 : ग्राजिया डेलेड्डा—''आदर्शवादिता से प्रेरित उनकी रचनाओं के लिए, जो अपने देश के जीवन की स्पष्ट तसवीर उकेरती हैं जो मानवीय समस्याओं को बड़ी गहराई और सहानुभूति से प्रकट करती हैं।''

1927 : हेनरी बर्गसन—''उनके सुस्पष्ट और जीवनदायक विचारों और शानदार कौशल के मान्यतास्वरूप जिसके साथ उनकी रचनाएँ प्रस्तुत की गई हैं।''

1928 : सिग्रिड उंडसेट—''मध्य युग के दौरान, मुख्य रूप से उत्तरी क्षेत्रों के जीवन का शक्तिशाली वर्णन करने के लिए।''

1929 : थॉमस मान—''मुख्य रूप से उनके महान उपन्यास 'बडिंन-डेनब्रुक्स' के लिए जिसे धीरे-धीरे समकालीन साहित्य की एक शास्त्रीय रचना के रूप में मान्यता मिली।''

1930 : सिंक्लेयर लेविस—''विवरण देने की उनकी सशक्त और सजीव कला के लिए और हाजिरजवाबी और हास्य के साथ, नए प्रकार के चरित्रों का निर्माण करने की उनकी असाधारण क्षमता के लिए।''

1931 : एरिक एक्सेल कार्लफेल्ट—''मानवीय चरित्र को एक अंदाज और ईमानदारी के साथ प्रस्तुत करने के लिए।''

1932 : जॉन गाल्सवर्दी—''घटनाक्रम को बयान करने की उनकी असाधारण कला के लिए, जो 'फोर्सायट सागा' में अपने चरम पर दिखाई देती है।''

1933 : इवान अलेक्सेविच बुनिन—''अपनी रचनाओं में विशुद्ध कलात्मकता दर्शाने के लिए, जिसके साथ उन्होंने अपने गद्य लेखन में शास्त्रीय रूसी परंपरा को जीवित रखा।''

1934 : लुइगी पिरांडेलो—''नाटकीय और नैसर्गिक कला के अपने साहसी और सरल प्रदर्शन के लिए।''

1935 : इस वर्ष पुरस्कार नहीं दिया गया।

1936 : यूजेन ग्लैडस्टोन ओ'नील—''अपनी नाट्य-रचनाओं की शक्ति, ईमानदारी और गहराई से महूसस की गई भावनाओं के लिए जो त्रासदी की एक मूल अवधारणा का साकार रूप ले लेती है।''

1937 : रोजर मार्टिन दु गार्ड—''उनकी कलात्मक शक्ति और सच्चाई के लिए, जिसके साथ उन्होंने मनुष्य के संघर्ष को दिखाने के साथ-साथ अपने उपन्यास 'लेस थिबाउल्ट' में समकालीन जीवन के कुछ मूलभूत पहलुओं को भी दर्शाया है।''

1938 : पर्ल एस. बक—''चीन के किसान जीवन के उनके उत्कृष्ट और सही मायनों में प्रभावपूर्ण विवरणों और उनकी शाहकार जीवनी के लिए।''

1939 : फ्रैंस ईमिल सिलान्पा—''अपने देश के किसानों के जीवन की गहरी समझ और कलात्मकता के लिए, जिसके माध्यम से उन्होंने उनकी जीवन शैली और प्रकृति के साथ उनके संबंधों को चित्रित किया है।''

1940-43 : पुरस्कार नहीं दिए गए।

1944 : जोहानिस विल्हेम जेनसेन—''उनकी काव्यात्मक कल्पना की दुर्लभ ताकत और उर्वरता के लिए; जिसके साथ वह बौद्धिक जिज्ञासा की व्यापक गुंजाइश और अपनी साहसिक व ताजगी से भरपूर रचनात्मक शैली का मिश्रण करते हैं।''

1945 : गैब्रिएला मिस्त्राल—''शक्तिशाली भावनाओं से प्रेरित उनकी ललित कला के लिए, जिसने उनके नाम को पूरे लैटिन अमरीकी दुनिया की आदर्शवादी आकांक्षाओं का एक प्रतीक बना दिया है।''

1946 : हरमान हेस—''उनके प्रेरणादायक लेखन के लिए, जो साहस और अर्थबोध के कारण शास्त्रीय मानवीय आदर्शों और उच्च गुणवत्ता वाली शैली का उदाहरण प्रस्तुत करता है।''

1947 : आंद्रे पॉल गिलामे जीद—''उनके व्यापक और कलात्मक दृष्टि से महत्त्वपूर्ण लेखन के लिए जिसमें गहरी मनोवैज्ञानिक अंतर्दृष्टि और सच्चाई के निडर प्रेम के साथ मानवीय समस्याओं और परिस्थितियों को चित्रित किया गया है।''

1948 : थॉमस स्टियर्रस इलियट—''वर्तमान कविता में उनके उत्कृष्ट व पथ-प्रदर्शक योगदान के लिए।''

1949 : विलियम फॉकनर—''आधुनिक अमरीकी उपन्यास को उनके शक्तिशाली, कलात्मक व अनूठे योगदान के लिए।''

1950 : बर्ट्रेंड रसेल—''उनके विविधतापूर्ण और महत्त्वपूर्ण लेखन के मान्यतास्वरूप, जिसमें वह मानवीय आदर्शों और वैचारिक स्वतंत्रता का समर्थन करते हैं।''

1951 : पार फेबियन लैगर्कविष्ट—''उनकी कलात्मक शक्ति और मन की वास्तविक स्वतंत्रता के लिए, जिनके साथ वह अपनी कविता में मानव जाति के सामने खड़े शाश्वत प्रश्नों के उत्तर तलाशने की कोशिश करते हैं।''

1952 : फ्रांस्वा मोरियक—''उनकी गहरी आध्यात्मिक अंतर्दृष्टि और कलात्मक प्रबलता के लिए, जिनके माध्यम से वह अपने उपन्यासों में मानव जीवन के नाटक में प्रवेश करने का प्रयास करते हैं।''

1953 : सर विंस्टन लियोनार्ड स्पेंसर चर्चिल—''ऐतिहासिक और जीवन-वृत्तांत संबंधी व्याख्याओं में उनकी महारत के लिए और इसके अतिरिक्त, ऊँचे मानवीय मूल्यों के बचाव में उनकी उत्कृष्ट वक्तृत्व कला के लिए।''

1954 : अर्नेस्ट मिलर हेमिंग्वे—''कथा कहने की कला में उनकी महारत के लिए जिसे उन्होंने अपने महान उपन्यास 'द ओल्ड मैन एंड द सी' में प्रदर्शित किया है और साहित्य की समकालीन शैली पर उनके गहरे प्रभाव के लिए।''

1955 : हाल्डोर किल्जान लाक्सनेस—''आइसलैंड की सांस्कृतिक गरिमा को नए सिरे से जीवित करने और उसे सामने लाने के लिए।''

1956 : जुआँ रैमन जिमेनेज—''उनकी कलात्मक कविताओं के लिए, जो स्पेनिश भाषा में उच्च भावनाओं और कलात्मक पवित्रता का एक उदाहरण प्रस्तुत करती हैं।''

1957 : अल्बेयर कामू—''उनकी महत्त्वपूर्ण साहित्यिक कृतियों के लिए, जो स्पष्ट दृष्टि और ईमानदारी के साथ समकालीन मानवीय अंत:करण की समस्याओं को उजागर करती हैं।''

1958 : बोरिस लियोनीदोविच पास्तरनाक—''समकालीन कविता और महान रूसी महागाथाओं की परंपरा में उनकी महत्त्वपूर्ण उपलब्धियों के लिए।''

1959 : साल्वाटोर क्वासिमोडो—''उनकी गीतात्मक कविताओं के लिए, जो शास्त्रीय आग लिये अपने समय के जीवन के त्रासद अनुभवों को व्यक्त करती हैं।''

1960 : सेंट जॉन पर्से—''ऊँची उड़ान और विचारोत्तेजक कल्पना से भरपूर उनकी कविताओं के लिए, जो एक दूरदर्शी ढंग से अपने समय की परिस्थितियों को दर्शाती हैं।''

1961 : इवो आंद्रिच—''उनकी महाकाव्य रचने की शक्ति के लिए, जिसकी सहायता से वह अपनी कविताओं के विषयों का पता लगाते हैं और उन्होंने अपने देश के इतिहास से मानव नियति का खाका खींचा है।''

1962 : जॉन स्टेनबेक—''उनके यथार्थवादी और कल्पनाशील लेखन के लिए, जिनके संयोजन से वह सहानुभूतिपूर्ण हास्य भरे, पैने सामाजिक बोध को पैदा करने में सफल रहते हैं।''

1963 : जिओरगॉस सेफेरिस—''संस्कृति की यूनानी भाषा की दुनिया के लिए एक गहरी भावना से प्रेरित उनके प्रख्यात काव्यात्मक लेखन के लिए।''

1964 : ज्याँ-पॉल सार्त्र—''वैचारिकता से सराबोर और स्वतंत्रता व सत्य की तलाश की भावना से भरपूर उनके लेखन के लिए जिसने हमारे युग के लेखकों पर अपनी गहरी छाप छोड़ी।''

1965 : मिख़ाइल अलेक्जेंद्रोविच शोलोखोव—''उनकी कलात्मक और ईमानदारी की शक्ति के लिए, जिसके माध्यम से उन्होंने, दोन महागाथा में, रूसी लोगों के जीवन के ऐतिहासिक चरण को अभिव्यक्ति प्रदान की है।''

1966 : (i) शमुएल योसेफ ऐग्नॉन : ''यहूदी लोगों के जीवन के रूपांकन के साथ गहराई से कथा कहने की कला के लिए।''
(ii) नेल्ली साख्स : ''उनके विलक्षण काव्यात्मक व नाटकीय लेखन के लिए जो मार्मिकता के साथ इजराइल के भाग्य की व्याख्या करता है।''

1967 : मिगुएल ऐंजल एस्टुरियस—''उनकी विशद साहित्यिक उपलब्धियों के लिए, जो लैटिन अमरीका के मूल निवासियों के अन्याय के सामाजिक प्रतिरोध को स्वर देती हैं।''

1968 : यासुनारी कावाबाता—''कथा कहने की उनकी महारत के लिए जिसकी सहायता से वे जापानी लोगों के हृदय को अत्यंत संवेदनशीलता के साथ व्यक्त करते हैं।''

1969 : सैमुएल बैकेट—''उनके लेखन के लिए, जो उपन्यास और नाटक के नए रूप में आधुनिक युग के मनुष्य को अभावों में ऊँचाई प्राप्त कराता है।''

1970 : अलेक्जेंडर सोल्जेनित्सिन—''उनके नैतिक बल के लिए जिससे उन्होंने रूसी साहित्य की अपरिहार्य परंपरा को निभाने का प्रयास किया है।''

1971 : पाब्लो नेरुदा—''ऐसी कविताओं के लिए, जो मौलिक शक्ति के साथ एक महाद्वीप की नियति और सपनों को जीवित कर देती हैं।''

1972 : हेनरिख बोल—''उनके ऐसे लेखन के लिए, जिसने अपने युग पर एक व्यापक परिप्रेक्ष्य तथा चरित्र-चित्रण में एक संवेदनशील कौशल के संयोजन से जर्मन साहित्य को पुनर्जीवित करने में सहयोग दिया।''

1973 : पैट्रिक व्हाइट—''उनकी प्रभावशाली और मनोवैज्ञानिक रूप से कथा कहने की कला के लिए, जिसने साहित्य में एक नए युग की शुरुआत की।''

1974 : (i) ऐइविंड जॉनसन : ''उनकी कथा कहने की विशिष्ट कला के लिए और अपने युग में दूरदर्शिता का प्रदर्शन करने के लिए।''

(ii) हैरी मार्टिन्सन : ''ओस की बूँदों को पकड़ने और ब्रह्मांड को प्रतिबिंबित करनेवाले उनके लेखन के लिए।''

1975 : यूजेनियो मोंटेल—''उनकी विशिष्ट काव्य रचनाओं के लिए, जिनमें गहरी काव्यात्मक संवेदना पाई जाती है और जिन्होंने बिना किसी भ्रम के जीवन पर एक दृष्टिकोण के प्रतीक के तहत मानव मूल्यों की व्याख्या की है।''

1976 : सॉल बैलो—''मानवीय समझ और समकालीन संस्कृति के सूक्ष्म विश्लेषण के लिए जो उनकी रचनाओं में रचे-बसे हैं।''

1977 : विसेंते अलेक्जांद्रे—''उनकी रचनात्मक कविताओं के लिए, जो ब्रह्मांड और वर्तमान समाज में मनुष्य की स्थिति पर रोशनी डालती हैं।''

1978 : आइजाक बाशेविस सिंगर—''उनकी भावपूर्ण कथा-कला के लिए, जो पोलिश-यहूदी सांस्कृतिक परम्परा के साथ जीवन में सार्वभौमिक मानवीय स्थितियों को समझने में योगदान देती है।''

1979 : ओडिसियस एलिटिस—''उनकी कविताओं के लिए, जो ग्रीक परम्परा की पृष्ठभूमि के सहारे, भावपूर्ण शक्ति और बौद्धिक दृष्टि के साथ, स्वतंत्रता और रचनात्मकता के लिए जूझते आधुनिक मानव के संघर्ष को दर्शाती हैं।''

1980 : चेस्लाव मिलोश—''उनकी महत्त्वपूर्ण रचनाओं के लिए, जो बिना किसी समझौते के स्पष्ट दृष्टि के साथ गंभीर टकरावों से भरी इस दुनिया में आदमी की हालत को एक आवाज प्रदान करती हैं।''

1981 : एलियास कैनेट्टि—''एक व्यापक दृष्टिकोण, विचारों और कलात्मक शक्ति से भरपूर उनके लेखन के लिए, विशेष रूप से उनके उपन्यास 'डिए ब्लेंडग' के लिए, जिसमें सामूहिक मानसिकता का विवरण है।''

1982 : गैब्रिएल गार्सिया मार्केज—''उनके उपन्यासों और कहानियों के लिए, जिनमें फंतासी और यथार्थवाद का मिश्रण है और जो महाद्वीप के जीवन और संघर्षों को परिलक्षित करते हैं।''

1983 : विलियम गोल्डिंग—''उनके उपन्यासों के लिए, जो यथार्थवादी कहानी की कला और विविधता तथा मिथक की सार्वभौमिकता की स्पष्टता के साथ वर्तमान दुनिया में मानवीय स्थितियों को उजागर करते हैं।''

1984 : जारोस्लाव सेइफर्ट—''उनकी कविताओं के लिए, जो ताजगी, उत्कृष्ट कल्पनाशीलता और मनुष्य की बहुमुखी प्रतिभा से भरपूर हैं।''

1985 : क्लाउडे साइमन—''जो अपने उपन्यासों में मानव स्थिति के चित्रण में समय की एक गहरी जागरूकता के साथ एक कवि और एक चित्रकार की रचनात्मकता का मिश्रण करते हैं।''

1986 : वोल सोयिंका—''जो, एक व्यापक सांस्कृति का परिप्रेक्ष्य में और काव्यात्मक प्रयोजन के साथ मानव अस्तित्व के नाटक की रचना करते हैं।''

1987 : जोसेफ ब्रॉड्स्की—''सभी के लिए प्रेम दर्शानेवाले उनके साहित्यिक कार्यों के लिए, जो वैचारिक स्पष्टता और काव्यात्मक गहनता से भरपूर हैं।''

1988 : नगीब महफूज—''जिन्होंने अपनी रचनाओं के माध्यम से कहानी कहने की अरबी कला को विकसित किया है जो पूरी मानव जाति के लिए लागू होती है। उनकी रचनाओं में बहुत सूक्ष्म अंतर दिखाई देता है।''

1989 : केमिलो जोस सेला—''उनके उत्कृष्ट और गहन गद्य के लिए, जो संयमित करुणा के साथ आदमी की अतिसंवेदनशीलता की चुनौतीपूर्ण दृष्टि का निर्माण करता है।''

1990 : ओक्तावियो पॉज—"व्यापक क्षितिज के साथ उनके भावपूर्ण लेखन के लिए, जो भावमयी समझ और मानवतावादी सत्यनिष्ठा का चित्रण करता है।"

1991 : नादिन गोर्डिमर—"जिन्होंने अपने शानदार लेखन के माध्यम से, अल्फ्रेड नोबेल के शब्दों में, मानवता के लिए बहुत ही लाभदायक कार्य किया है।"

1992 : डेरेक (एंटन) वालकॉट—"महान दीप्ति वाली उनकी कलात्मक कृति के लिए, जो ऐतिहासिक दृष्टि से निरंतर एक बहुसांस्कृतिक प्रतिबद्धता का परिणाम है।"

1993 : टोनी मॉरिसन—"उनकी औपन्यासिक कृतियों में मानवता, संवेदना और श्वेतों व अश्वेतों के बीच की टकराहटों की मर्मस्पशी अनुगूँजों के लिए, जो स्पष्ट रूप से सुनाई देती हैं।"

1994 : केंजाबुरो ओए—"जो अपनी काव्यात्मक शक्ति से एक काल्पनिक दुनिया की रचना करते हैं, जहाँ जीवन और मिथक आज मानव दुर्दशा की चिंताजनक तस्वीर के रूप में दिखाई देते हैं।"

1995 : सीमस हीनी—"गीतात्मक सौंदर्य और नैतिक गहराई वाली उनकी रचनाओं के लिए, जिनमें मौलिकता, भाषा की प्रामाणिकता और विषयों के प्रति उनकी ईमानदारी स्पष्ट झलकती है।"

1996 : विस्लावा सिंबोर्स्का—"उनकी कविताओं के लिए, जो विडंबनायुक्त यथार्थता के साथ मानवीय वास्तविकताओं और ऐतिहासिक संदर्भों के लिए भी जानी जाती हैं।"

1997 : दारियो फो—"ऐसे लेखन के सम्मानस्वरूप जो मध्य युग के हास्य-व्यंग्य को सामने लाता है और पूरे अधिकार के साथ दलितों के उत्थान और गरिमा को प्रकट करता है।"

1998 : जोस सारामागो—"जो कल्पना, करुणा और विडंबनापूर्ण दृष्टांतों के साथ हमें एक बार फिर भ्रामक वास्तविकता का अनुभव कराता है।"

1999 : गुंटर ग्रास—"जो मानव जीवन के यथार्थ त्रासदियों और इतिहास के विस्मृत चेहरे को बहुत हल्के-फुल्के लेकिन प्रभावशाली ढंग से प्रस्तुत करने में माहिर हैं।"

2000 : गाओ जिंगजिआन—"उनकी सार्वभौमिक स्वीकार्यता, कठोर अंतर्दृष्टि और भाषायी प्रतिभा से भरपूर कृतियों के लिए, जिन्होंने चीनी उपन्यासों और नाटकों के लिए एक नया रास्ता खोल दिया है।"

2001 : वी.एस. नायपॉल—"उनकी रचनाओं में बोधगम्य कथाओं और ईमानदार जाँच-पड़ताल की विशेषताओं के लिए जो हमें रचे हुए इतिहास की उपस्थिति को देखने के लिए मजबूर कर देती हैं।"

2002 : इमरे करतेज—"उनके ऐसे लेखन के लिए जिसने बीसवीं सदी के सबसे लोमहर्षक अनुभवों की कहानी पूरी दुनिया के सामने रखी।"

2003 : जॉन मैक्सवेल कोएट्जी—"उनके लेखन के लिए, जो इतिहास की बर्बर मनमानी के खिलाफ मनुष्य के त्रासद अनुभवों की पुष्टि करता है।"

2004 : एल्फ्रीदे जेलिनेक—"असाधारण भाषायी उत्साह, सामाजिक रूढ़ियों की विसंगतियों और उन्हें अपने वश में करनेवाली ताकतों के विरुद्ध अपने उपन्यासों और नाटकों में आवाज उठाने के लिए।"

2005 : हेरॉल्ड पिंटर—"उनके नाटकों के लिए, जो हर रोज की गपशप के साथ ख़तरनाक स्थितियों को उजागर करते हैं और उत्पीड़न के बंद कमरों में प्रवेश करने को मजबूर कर देते हैं।"

2006 : ओरहान पामुक—"जिन्होंने एक उदास व्यक्ति की अपने पैतृक शहर की खोज में, संघर्ष के नए प्रतीकों की खोज की।"

2007 : डोरिस लेसिंग—"महिला अनुभवों की कथाकार के रूप में, जिन्होंने संदेह, भावावेश और दूरदर्शिता के साथ एक विभाजित सभ्यता की जाँच-पड़ताल की।"

2008 : ज्याँ मेरी गुस्ताव ले क्लेजियो—"नए प्रस्थान बिंदुओं, काव्यात्मक साहित्यिक अनुभवों और संवेदनात्मक भावबोध के लेखक और वर्तमान सभ्यता से हटकर, मानवीयता के अन्वेषक होने के लिए।"

2009 : हर्टा मुल्लर—"जिन्होंने कविता की एकाग्रता और गद्य की स्पष्टवादिता के साथ समाज के वंचित लोगों की स्थिति को दर्शाया।"

2010 : मारियो वर्गास लोसा—''देश के राजनीतिक ढाँचे के चित्रण के लिए और व्यक्ति के प्रतिरोध, विद्रोह और हार की उनकी कटु छवियों के लिए।''

2011 : टॉमस ट्रांसट्रोमर—''अपनी सघन, स्वच्छ छवियों के माध्यम से वास्तविकता तक हमारी पहुँच बनाने के लिए।''

2012 : मो यान—''जो जादुई यथार्थवाद के साथ लोककथाओं, इतिहास और समकालीनता का मिश्रण करते हैं।''

2013 : एलिस मुनरो—''समकालीन लघु कथाओं के क्षेत्र में उनकी महारत के लिए।''

2014 : पैट्रिक मोदियानो—''स्मृतियों को सहेजने और पूरी बारीकी से उन्हें अपने साहित्य में उकेरने के लिए।''

2015 : स्वेतलाना अलेक्सेविच—''उनके बहुआयामी लेखन, मानवीय कष्टों के इतिहास और समकालीन समय में दिखाए गए उनके साहस के लिए।''

2016 : बॉब डिलन—''गीतों में कविता को स्थापित करने के लिए।''

शान्ति

1901 : (i) ज्याँ हेनरी दुनांत : ''अंतरराष्ट्रीय रेडक्रॉस समिति की स्थापना में उनकी महत्त्वपूर्ण भूमिका के लिए।''
(ii) फ्रेड्रिक पैसी : ''अंतर-संसदीय संघ के मुख्य संस्थापकों और प्रथम यूनिवर्सल पीस कांग्रेस के मुख्य आयोजकों में से एक होने के लिए।''

1902 : (i) एली डुकोमन : ''अंतरराष्ट्रीय शान्ति ब्यूरो के प्रथम मानव सचिव के रूप में उनकी भूमिका के लिए।''
(ii) चार्ल्स अल्बर्ट गोबाट : ''अंतर-संसदीय संघ के प्रथम महासचिव के रूप में उनकी भूमिका के लिए।''

1903 : सर विलियम रैंडल क्रेमर—''अंतर-संसदीय संघ के प्रथम जनक के रूप में उनकी भूमिका के लिए।''

1904 : इंस्टीट्यूट ऑफ इंटरनेशनल लॉ—''अंतरराष्ट्रीय न्यायिक कार्यविधियों के सामान्य सिद्धांत निर्धारित करने के इसके प्रयासों के लिए।''

1905 : बैरोनस बर्था वॉन सट्टनर—'' 'ले डाउन योर आर्म्स' का लेखन करने के लिए और नोबेल पुरस्कारों की शुरुआत करने में उनके योगदान के लिए।''

1906 : थियोडोर रूजवेल्ट—''रूस और जापान में युद्ध को समाप्त करने के लिए उनकी सफल मध्यस्थता में उनकी रुचि के लिए।''

1907 : (i) अर्नेस्तो तिओदारो मोनेता : ''इटली में शान्ति आंदोलन के प्रमुख नेता के रूप में उनके कार्यों के लिए।''
(ii) लुइस रेनो : ''फ्रांस के अग्रणी अंतरराष्ट्रीय न्यायविद् और हेग में स्थायी पंचाट अदालत के एक सदस्य के रूप में उनके कार्यों के लिए।''

1908 : (i) क्लैस पोंटस आर्नोल्डसन : '' 'स्वीडिश शान्ति और मध्यस्थता लीग' के संस्थापक के रूप में उनके कार्यों के लिए।''
(ii) फ्रेडरिक बेजर : ''स्कैंडिनेविया में शान्ति के पक्षधर के रूप में और अंतरराष्ट्रीय शान्ति ब्यूरो के प्रथम अध्यक्ष होने के नाते अंतर-संसदीय संघ के साथ काम करने के लिए।''

1909 : (i) देस्तोर्नेलेस द कांस्तेंत : ''अंतरराष्ट्रीय मध्यस्थता में एक प्रतिष्ठित कैरियर के साथ फ्रैंको-जर्मन और फ्रैंको-ब्रिटिश समझ के लिए संयुक्त कूटनीतिक कार्यों के लिए।''
(ii) ऑगस्ट बीर्नेर्ट : ''हेग में दो शान्ति सम्मेलनों में प्रतिनिधित्व करने के लिए और अंतर-संसदीय संघ में एक प्रमुख व्यक्ति के रूप में उनके कार्यों के लिए।''

1910 : पर्मानेंट इंटरनेशनल पीस ब्यूरो—''विभिन्न देशों में शान्ति के लिए कार्य करनेवाली संस्थाओं में एक कड़ी के रूप में काम करने के लिए।''

1911 : (i) अल्फ्रेड हरमन फ्रायड : ''जर्मनी के शान्ति आंदोलन में केन्द्रीय भूमिका निभानेवाली 'जर्मनी पीस सोसायटी' के संस्थापक के रूप में उनके कार्यों के लिए।''

(ii) टोबिअस एसर : '''कोर्ट ऑफ आर्बिट्रेशन' और 'कॉन्फ्रेंस ऑन इंटरनेशनल प्राइवेट लॉ' के संस्थापक सदस्य के रूप में उनकी भूमिका के लिए।''

1912 : एलिहू रूट—''विश्व न्यायालय के लिए उनकी योजना और अंतरराष्ट्रीय मध्यस्थता में उनकी गहरी रुचि के लिए।''

1913 : हेनरी ला फौंतेन—''अंतरराष्ट्रीय शान्ति ब्यूरो के प्रमुख के रूप में उनके कार्यों के लिए।''

1914-16 : पुरस्कार नहीं दिए गए।

1917 : इंटरनेशनल कमेटी ऑफ द रेडक्रॉस—''सभी पक्षों के युद्ध-बंदियों के अधिकारों की रक्षा करने के प्रयासों की दिशा में उनके जबरदस्त कार्यों के लिए और अपने परिवारों के साथ उनके संपर्क स्थापित करने के उनके अधिकारों के लिए।''

1918 : पुरस्कार नहीं दिया गया।

1919 : थॉसम वुड्रो विल्सन—'' 'लीग ऑफ नेशंस' की स्थापना में उनके महत्त्वपूर्ण योगदान के लिए।''

1920 : लियों विक्टर ऑगस्त बोर्जियोइस—''हेग कॉन्फ्रेंस 1899 और 1907 में उनकी भागीदारी के लिए और लीग के 'आध्यात्मिक पिता' की भूमिका में किए गए उनके कार्यों के लिए।''

1921 : (i) कार्ल याल्मर ब्रांटिंग : '' 'लीग ऑफ नेशंस' में उनके कार्यों के लिए।''

(ii) क्रिश्चियन लोस लांगे : ''नॉर्वे की नोबेल समिति के प्रथम सचिव और अंतर-संसदीय संघ के महासचिव के रूप में उनके कार्यों के लिए।''

1922 : फ्रिट्जोफ नानसेन—''रूस में अकाल के खिलाफ संघर्ष करते करोड़ों लोगों की सहायता करने और 'एशिया माइनर एंड थ्रेस' में शरणार्थियों के लिए किए गए उनके कार्यों के लिए।''

1923-24 : पुरस्कार नहीं दिए गए।

1925 : सर जोसेफ ऑस्टिन चैंबरलैन और चार्ल्स गेट्स डॉवेस—''1925 की लोकार्नो संधि को एक अंतिम रूप देने में उनके प्रयासों के लिए।''

1926 : अरिस्टाइड ब्रियांड और गुस्ताव स्ट्रेसमान—''लोकार्नो संधि में किए गए उनके कार्यों के लिए।''

1927 : फर्डिनैंड ब्युइसन और लुडविग क्यूइड—''फ्रांस युद्ध में उनके अथक प्रयासों के लिए, जिनके फलस्वरूप फ्रैंको-जर्मन सन्धि संभव हो पाई।''

1928 : पुरस्कार नहीं दिया गया।

1929 : फ्रैंक बिलिग्स केलॉग—''कैलॉग-ब्रियांड समझौते के लिए जो शान्तिपूर्ण ढंग से सभी टकरावों को समाप्त करने और राष्ट्रीय नीति के एक साधन के रूप में युद्ध का त्याग करने का आधार बना।''

1930 : नाथन सोडरब्लोम—''चर्चों की एकता के जरिए अंतरराष्ट्रीय शान्ति के लिए प्रयास करने के लिए।''

1931 : जेन एडम्स और निकोल्स मरे बटलर—''उनके सामाजिक सुधार के कार्यों तथा महिलाओं की 'इंटरनेशनल लीग फॉर एंड फ्रीडम' की स्थापना के लिए।''

1932 : इस वर्ष पुरस्कार नहीं दिया गया।

1933 : सर नॉर्मन एंजेल—''पुस्तक 'द ग्रेट इल्यूजन' की रचना के लिए और विश्व शान्ति के पक्ष में जनमत को जाग्रत् करने के लिए।''

1934 : आर्थर हेंडर्सन—''लीग ऑफ नेशंस के लिए उनके कार्यों के लिए और निरस्त्रीकरण की दिशा में किए गए उनके प्रयासों के लिए।''

1935 : कार्ल वॉन ओसीट्ज्की—''जर्मनी का शस्त्रीकरण किए जाने का कड़ा विरोध करने के फलस्वरूप।''

1936 : कार्लोस सावेद्रा लामास—''पेराग्वे और बोलीविया के बीच 'चाको युद्ध' को समाप्त करने में उनकी मध्यस्थता के लिए।''

1937 : रॉबर्ट सेसिल—''लीग ऑफ नेशंस के साथ किए गए उनके कार्यों के लिए।''

1938 : नानसेन इंटरनेशनल ऑफिस फॉर रिफ्यूजीज—''राजनीतिक उथल-पुथल और प्रथम विश्वयुद्ध के बाद के परिणाम भुगत रहे शरणार्थियों के पुनर्वास के लिए किए गए उनके कार्यों के लिए।''

1939-43 : पुरस्कार नहीं दिए गए।

1944 : इंटरनेशनल कमेटी ऑफ द रेडक्रॉस—''द्वितीय विश्वयुद्ध के बाद राष्ट्रों के आपसी तनाव में कमी लाने के लिए।''

1945 : कॉर्डेल हल्ल—''संयुक्त राष्ट्र संगठन के लिए किए गए उनके कार्यों के लिए और अमरीकी महाद्वीपों पर राष्ट्रों के एक शान्ति समूह की स्थापना के लिए किए गए उनके प्रयासों के लिए।''

1946 : (i) एमिली ग्रीन बाल्च—''महिलाओं की 'इंटरनेशनल लीग फॉर पीस एंड फ्रीडम' की मानद अंतरराष्ट्रीय अध्यक्ष के रूप में उनकी भूमिका के लिए।''

(ii) जॉन रैले मॉट—''अंतरराष्ट्रीय मिशनरी परिषद के चेयरमैन और वर्ल्ड एलायंस ऑफ यंग मैन ए क्रिश्चियन एसोसिएशन के अध्यक्ष के रूप में किए गए उनके कार्यों के लिए।''

1947 : अमरीकन फ्रेंड्स सर्विस कमेटी और द फ्रेंड्स सर्विस काउंसिल—''दूसरे के लिए करुणा दिखाने और उनकी मदद करने के लिए।''

1948 : पुरस्कार नहीं दिया गया।

1949 : लॉर्ड बॉयड ऑर्र—''पोषण की दिशा में उनके वैज्ञानिक अनुसंधान के लिए और संयुक्त राष्ट्र खाद्य एवं कृषि संगठन के महानिदेशक के रूप में उनके कार्यों के लिए।''

1950 : राल्फ बुंचे—''संयुक्त राष्ट्र चार्टर के ट्रस्टीशिप डिपार्टमेंट के लिए गाइड लाइन निर्धारित करने और फिलिस्तीनी, अरबों और यहूदियों के संघर्ष को समाप्त करने में मध्यस्थता करने के लिए।''

1951 : लियोन जोहॉक्स—''अंतरराष्ट्रीय श्रम संगठन की स्थापना करने और युद्ध के खिलाफ आंदोलनों का नेतृत्व करने के लिए।''

1952 : अल्बर्ट श्वेइत्जर—''विभिन्न राष्ट्रों के बीच भाईचारे की भावना के विकास के लिए और 'जीवन के लिए श्रद्धा' के अपने दर्शन के लिए।''

1953 : जॉर्ज कैटलेट मार्शल—''द्वितीय विश्वयुद्ध के दौरान मध्यस्थता के फलस्वरूप।''

1954 : यूनाइटेड नेशंस हाई कमिश्नर फॉर रिफ्यूजीज—''विस्थापित शरणार्थियों की सहायता करने और राज्यविहीन लोगों की उत्कृष्ट सेवाओं के लिए।''

1955-56 : पुरस्कार नहीं दिए गए।

1957 : लेस्टर बाउल्स पियर्सन—''अंतरराष्ट्रीय विवादों जैसे 1956 में स्वेज नहर के संकट के समय एक मध्यस्थ की सफल भूमिका निभाने के लिए।''

1958 : ज्यार्जेस पाइरे—''द्वितीय विश्वयुद्ध के बाद शरणार्थियों की सहायता करने और समाज सेवा के अन्य कार्यों के लिए।''

1959 : फिलिप जे. नोएल बेकर—''कई वर्षों तक निरस्त्रीकरण द्वारा विश्व शान्ति के पक्ष में अपना अभियान जारी रखने और युद्ध के शरणार्थियों के सहायतास्वरूप।''

1960 : अल्बर्ट जॉन लुटुली—''दक्षिण अफ्रीका में रंगभेद के खिलाफ अहिंसक संघर्ष में उनकी भूमिका के लिए।''

1961 : दाग हैमर्सजोल्ड—''संयुक्त राष्ट्र के दूसरे महासचिव के रूप में उनके कार्यों व विभिन्न युद्धों में राष्ट्रों के बीच जारी संघर्षों में हस्तक्षेप के फलस्वरूप।''

1962 : लाइनस कार्ल पाउलिंग—''परमाणु हथियारों के परीक्षण पर रोक लगाने के उनके प्रयासों के लिए।''

1963 : इंटरनेशनल कमेटी ऑफ द रेडक्रॉस और लीग ऑफ रेडक्रॉस सोसायटी—''आई.सी.आर.सी. के 100 वर्षों के इतिहास में मानव अधिकारों के संरक्षण में उनके कार्यों के लिए।''

1964 : जूनियर मार्टिन लूथर किंग—''अपने ईसाई विश्वासों पर आधारित अहिंसक नागरिक अवज्ञा का उपयोग करके नागरिक अधिकारों के क्षेत्र में उनकी भूमिका के लिए।''

1965 : यूनाइटेड नेशंस इंटरनेशनल चिल्ड्रन एमरजेंसी फंड (यूनीसेफ)—''विकासशील देशों में बच्चों और माताओं के लिए दीर्घकालिक मानवीय और विकासात्मक सहायता प्रदान करने के लिए।''

1966–67 : पुरस्कार नहीं दिए गए।

1968 : रेने कैसिन—''मानव अधिकारों व सामाजिक समस्याओं के क्षेत्र में उनकी सक्रिय भूमिका के लिए।''

1969 : अंतरराष्ट्रीय श्रम संगठन—''मानवतावादी गतिविधियों और विश्व शान्ति के लिए सदा सक्रिय रहने के लिए।''

1970 : नॉर्मन बोरलाग—''हरित क्रांति के लिए उनके असाधारण योगदान के लिए।''

1971 : विली ब्रांट—''पूर्वी तथा पश्चिमी जर्मनी के बीच संबंधों में सुधार के लिए किए गए उनके कार्यों के लिए।''

1972 : पुरस्कार नहीं दिया गया।

1973 : हेनरी ए किसिंगर और ले डक थो—''1993 में वियतनाम में युद्ध विराम के लिए और अमरीकी फौजों की वापसी के संबंध में हुए पेरिस समझौते के लिए।''

1974 : (i) एइसाकु सैतो : ''जापान के लिए परमाणु विकल्प को छोड़ने और क्षेत्रीय सुलहों के अपने प्रयासों को आगे बढ़ाने के लिए।''

(ii) सियाँ मैकब्राइड : ''मानव अधिकारों में उनकी रुचि, यूरोपीय परिषद के माध्यम से मानव अधिकारों पर यूरोपीय संधि की शुरुआत करने और एमनेस्टी इंटरनेशनल की स्थापना करने व बाद में उसका नेतृत्व करने के लिए।''

1975 : आंद्रेई दमितिएविच सखारोव—''मानव अधिकारों, निरस्त्रीकरण और सभी राष्ट्रों के बीच आपसी सहयोग के क्षेत्र में उनकी शान्तिवादी भूमिका के लिए।''

1976 : बेट्टी विलियम्स और कोरिगन मैरियड—''हिंसक कार्यों की प्रतिक्रिया में शान्ति आंदोलन के जन्म देने और उनके महत्त्वपूर्ण प्रयासों से आयरलैंड में शान्ति स्थापना में सहयोग देने के लिए।''

1977 : एमनेस्टी इंटरनेशनल—''युद्ध बंदियों के मानव अधिकारों की रक्षा के लिए।''

1978 : मेनाकेम बेगिन और मोहम्मद अनवर अल सादात—''कैम्प-डेविड समझौते के लिए जिससे मिस्र और इजराइल के बीच शान्ति वार्ता संभव हो सकी।''

1979 : मदर टेरेसा—''अपंगों और असहायों की सेवा करने और निर्धनों और पिछड़े लोगों की निःस्वार्थ सहायता के लिए।''

1980 : एडोल्फो पेरेज एस्क्वीवेल—''दक्षिण अफ्रीका के अहिंसक आंदोलन को अपना समर्थन देने और सामाजिक परिवर्तनों के कार्य करने के लिए।''

1981 : यूनाइटेड हाई कमिश्नर फॉर रिफ्यूजीज—''युद्धोत्तर काल में यूरोपीय शरणार्थियों की सहायता के लिए।''

1982 : आल्वा मिर्डाल और रोबल्स अल्फांसो गार्सिया—''संयुक्त राष्ट्र की निरस्त्रीकरण वार्ताओं में उनकी महत्त्वपूर्ण भूमिका के लिए।''

1983 : लेक वालेसा—''सॉलिडैरिटी नामक ट्रेड यूनियन के सह-संस्थापक के रूप में कम वेतन पानेवाले और पर्याप्त भोजन न पानेवाले श्रमिकों के कल्याण व उनकी एकता के लिए उनके प्रयासों के लिए।''

1984 : डेसमंड टुटु—''रंगभेद के खिलाफ उनके कार्यों के लिए।''

1985 : दि इंटरनेशनल फिजिशियंस फॉर दि प्रिवेंशन ऑफ न्यूक्लियर वॉर—''परमाणु युद्ध के भयावह परिणामों के बारे में आधिकारिक जानकारी प्रदान करने और उसके प्रति जागरूकता पैदा करने के लिए।''

1986 : एली वीजेल—''शान्ति स्थापना की दिशा में उनके व्यावहारिक कार्यों के लिए और मानवता के लिए दमनकारी शक्ति के खिलाफ आवाज उठाने के लिए।''

1987 : ऑस्कर ऐरियाज सॉँचेज—''मध्य अमरीका में शान्ति स्थापना के लिए किए गए उनके कार्यों के लिए, जिसके कारण 7 अगस्त, 1987 को ग्वाटेमाला में शान्ति समझौते पर हस्ताक्षर संभव हो सके।''

1988 : यूनाइटेड नेशंस पीस-कीपिंग फोर्सेज—''स्थायी शक्ति पैदा करने के लिए संघर्षों से जूझते देशों की मदद करने के लिए।''

1989 : तेनजिन ग्यात्सो (14वें दलाईलामा)—''तिब्बत के अंदर और बाहर आजीवन तिब्बतियों की वकालत करने और तिब्बत की स्वायत्तता की शान्तिपूर्ण, अहिंसक आवाज को बल प्रदान करने के लिए।''

1990 : मिखाइल सर्गेइविच गोर्बाचेव—''शान्ति प्रक्रिया में उनकी अग्रणी भूमिका के लिए, जो भाव अंतरराष्ट्रीय समुदाय में महत्त्वपूर्ण भागों की एक विशेषता बन चुकी हो।''

1991 : आंग सान सू क्यी—''लोकतंत्र की स्थापना के लिए अहिंसक संघर्ष और मानव अधिकारों के लिए।''

1992 : रिगोबर्टा मेंचु तुम—''स्वदेशी लोगों के अधिकारों के लिए सम्मान के आधार पर सामाजिक न्याय और नैतिक-सांस्कृतिक तालमेल के लिए किए गए उनके कार्यों के लिए।''

1993 : नेल्सन मंडेला और फ्रेडेरिक विलोम डि क्लेर्क—''रंगभेद करनेवाले शासन की शान्तिपूर्ण विदाई तथा एक नए लोकतांत्रिक दक्षिण अफ्रीका के लिए नींव बिछाने का कार्य करने के लिए।''

1994 : यासेर अराफात, यित्जाक रॉबिन और शिमोन पेरेस—''एक राजनीतिक कार्य को सम्मान देने के लिए जिसने मध्य पूर्व में भाईचारे के नए अवसरों के लिए मार्ग प्रशस्त किया।''

1995 : सर जोसेफ रोटब्लाट और पागवाश कॉन्फ्रेंस—''अंतरराष्ट्रीय राजनीति में परमाणु शस्त्रों द्वारा निभाई गई भूमिका को कम करने और दीर्घकाल में इन हथियारों को समाप्त करने के लिए किए गए उनके प्रयासों के लिए।''

1996 : बिशप कार्लोस फिलिप जिमेंस बेलो और जॉस रामोस होर्ता—''उत्तरी तिमोर में होनेवाले संघर्ष को एक न्यायपूर्ण व शान्तिपूर्ण समाधान के उनके प्रयासों के लिए।''

1997 : जोडी विलियम्स और द इंटरनेशनल काम्पेन टु बैन लैंड माइंस—''सैनिक-विरोधी बारूदी सुरंगों को समाप्त करने और उन पर प्रतिबंध लगाने के लिए किए गए उनके कार्यों के लिए।''

1998 : जॉन ह्यूम और डेविड ट्रिंबल को—''उत्तरी आयरलैंड में संघर्षों का शान्तिपूर्ण समाधान तलाशने की दिशा में किए गए उनके प्रयासों के लिए।''

1999 : मेडिसिस सैंस फ्रंटियर्स—''कई महाद्वीपों पर संगठन के अग्रणी मानवीय कार्यों के मान्यतास्वरूप।''

2000 : किम देई जुंग—''दक्षिणी कोरिया और पूर्वी एशिया में लोकतंत्र तथा मानव अधिकारों तथा विशेष रूप से उत्तरी कोरिया में शान्ति व सामंजस्य के लिए।''

2001 : कोफी अन्नान और संयुक्त राष्ट्र संघ—''एक बेहतर ढंग से संगठित व शान्तिपूर्ण दुनिया के लिए उनके प्रयासों के लिए।''

2002 : जिम्मी कार्टर—''अंतरराष्ट्रीय विवादों को शान्तिपूर्ण ढंग से सुलझाने, लोकतंत्र व मानव अधिकारों के कार्यों को आगे बढ़ाने और आर्थिक व सामाजिक विकास को बढ़ावा देने संबंधी उनके अथक प्रयासों के लिए।''

2003 : शिरीन एबादी—''मानवाधिकारों के लिए जोरदार ढंग से आवाज उठाने और अपने देश ईरान में लोकतंत्र की माँग करने के लिए।''

2004 : वंगारी माथाई—''प्रगति को बनाए रखने, लोकतंत्र तथा शान्ति की स्थापना में उनके योगदान के लिए।''

2005 : मोहम्मद अल बरदेई और इंटरनेशनल एटॉमिक एनर्जी एजेंसी—''परमाणु तथा रेडियोलॉजिकल सामग्री को अतिवादी समूहों के हाथों से दूर रखने और परमाणु सामग्री के उत्पादन पर कड़ा नियंत्रण रखने व निरस्त्रीकरण के प्रयासों के लिए।''

2006 : मोहम्मद यूनुस और ग्रामीण बैंक—''समाज के सबसे निम्न वर्ग के आर्थिक और सामाजिक विकास के क्षेत्र में किए गए उनके उल्लेखनीय कार्यों के लिए।''

2007 : अल-गोर जूनियर और इंटरगवर्नमेंटल पैनल ऑन क्लाइमेट चेंज—''ग्लोबल वर्मिंग पर किए गए उनके कार्यों के लिए।''

2008 : मार्तई अहतिसारी—''कई महाद्वीपों पर और अंतरराष्ट्रीय संघर्षों व मतभेदों को समाप्त करने के लिए तीन दशकों से भी अधिक समय तक किए गए उनके प्रयासों के लिए।''

2009 : बराक एच. ओबामा—''अंतरराष्ट्रीय राजनीति में उनके अभूतपूर्व योगदान और शान्ति की स्थापना के लिए उनकी साहसिक पहलों के लिए।''

2010 : लियू जियाओबो—''चीन में मौलिक मानव अधिकारों के लिए उनके लंबे और अहिंसक संघर्ष के लिए।''

2011 : एलेन जॉनसन सलीफ, लेमाह ग्बोवी और तवक्कुल कारमान—''महिलाओं की सुरक्षा और उनके अधिकारों के लिए और सामाजिक विकास को बढ़ावा देने के लिए।''

2012 : यूरोपीय संघ—''छह दशकों से भी अधिक समय से यूरोप में शान्ति और सुलह, लोकतंत्र और मानव अधिकारों की प्रगति में उसके सहयोग के लिए।''

2013 : ऑर्गेनाइजेशन फॉर प्रोहिबिशन ऑफ केमिकल वेपंस को ''दुनिया-भर में रासायनिक हथियारों की रोकथाम और उन्हें नष्ट करने की दिशा में किए गए उसके प्रयासों के लिए।''

2014 : (i) कैलाश सत्यार्थी : '' 'बचपन बचाओ आंदोलन' के लिए बच्चों के अधिकारों की रक्षा करने और बंधुआ बच्चों की मुक्ति के लिए उनके असाधारण कार्यों के लिए।''

(ii) मलाला यूसुफजई : ''बच्चों व युवा लोगों के उत्पीड़न के विरुद्ध उनके संघर्ष और बच्चों के लिए शिक्षा के अधिकार के लिए आवाज उठाने के लिए।''

2015 : ट्यूनीशियन नेशनल डॉयलॉग क्वार्टेट—''ट्यूनीशिया में 2011 में हुई जैसमिन क्रांति के मद्देनजर एक बहुलवादी लोकतंत्र की स्थापना में निर्णायक योगदान के लिए।''

2016 : जुआन मैनुएल सांतोस—'' 'कोलंबिया रिवोल्यूशनरी आर्म्ड फोर्सेज़' के साथ चली आ रही लम्बी लड़ाई को समाप्त करके देश में शान्ति स्थापना के उनके अथक प्रयासों के लिए।''

अर्थशास्त्र

1969 : रैग्नर फ्रिश और जॉन टिन्बर्गेन को—''आर्थिक प्रक्रियाओं के विश्लेषण के लिए कुछ सक्रिय सिद्धांतों का विकास करने और उन्हें व्यावहारिक रूप से लागू करने के लिए।''

1970 : पॉल सैमुएल्सन—''उनके वैज्ञानिक कार्यों के लिए जिनके माध्यम से उन्होंने स्थिर व गतिशील आर्थिक सिद्धांत विकसित किए और आर्थिक विज्ञान में विश्लेषण करने का स्तर ऊँचा उठाने के उनके सक्रिय योगदान के लिए।''

1971 : साइमन कुज्नेत्स—''आर्थिक विकास की उनकी अनुभवजन्य व्याख्याओं के लिए, जिनसे अर्थशास्त्र और सामाजिक ढाँचे व विकास की प्रक्रिया में एक नई और गहन अंतर्दृष्टि का मार्ग प्रशस्त हुआ।''

1972 : केनेथे जे. ऐरो और सर जॉन आर. हिक्स—''सामान्य आर्थिक संतुलन और कल्याण के सिद्धांत में उनके अग्रणी योगदान के लिए।''

1973 : वेस्सिली लियोनटीफ—''इनपुट-आउटपुट विधि के विकास और महत्त्वपूर्ण आर्थिक समस्याओं में उन्हें लागू करने के लिए।''

1974 : गुन्नार मिर्डाल और फ्रीडरिक ऑगस्त वॉन हायेक—''पैसे तथा आर्थिक उतार-चढ़ाव के सिद्धांत और आर्थिक, सामाजिक व राजनीतिक घटनाओं के अंतर्सम्बंधों का गहन विश्लेषण करने के लिए।''

1975 : वितालियेविच लियोनिद केंतोरोविच और जालिंग सी. कूपमांस—''संसाधनों के सर्वोत्कृष्ट आवंटन से संबंधित सिद्धांतों में उनके योगदान के लिए।''

1976 : मिल्टन फ्रीडमैन—''उपभोग के विश्लेषण, मौद्रिक इतिहास और सिद्धांत तथा स्थिरता की नीति की जटिलता में उनकी उपलब्धियों के लिए।''

1977 : बर्टिल ओहलिन और सर जेम्स मीड ''अंतरराष्ट्रीय व्यापार के सिद्धांत और अंतरराष्ट्रीय पूँजी की गतिविधियों एवं उनके मौलिक योगदान के लिए।''

1978 : हर्बर्ट ए. साइमन—''आर्थिक संगठनों में निर्णय लेने की प्रक्रिया में उनके अग्रणी अनुसंधानों के लिए।''

1979 : थियोडोर डब्ल्यू. शुल्ट्ज और सर ऑर्थर लेविस—''विकास के अर्थशास्त्र और कृषि के अर्थशास्त्र पर अपना ध्यान केंद्रित के लिए।''

1980 : लॉरेंस आर. क्लेइन—''अर्थमितीय प्रतिरूपों (इकोनॉमिट्रिक मॉडल) के सृजन करने और आर्थिक उतार-चढ़ाव तथा आर्थिक नीतियों के विश्लेषण में उन्हें लागू करने के लिए।''

1981 : जेम्स टोबिन—''वित्तीय बाजारों का विश्लेषण करने और खर्च करने के निर्णयों, रोजगार, उत्पादन तथा कीमतों के साथ उनके संबंधों के विश्लेषण के लिए।''

1982 : जॉर्ज जे. स्टिग्लर—''औद्योगिक ढाँचों, बाजारों की कार्य-प्रणालियों और सरकारी विनिमय के कारणों के प्रभावों पर उनके अत्यंत प्रभावशाली अध्ययन के लिए।''

1983 : गेरार्ड डेब्रू—''आर्थिक सिद्धांतों में विश्लेषण के नए तरीकों को शामिल करने और सामान्य संतुलन के सिद्धांत का पुनर्विन्यास करने के लिए।''

1984 : सर रिचर्ड स्टोन—''राष्ट्रीय मूल्यों की व्यवस्था का विकास करने और अनुभवजन्य आर्थिक विश्लेषणों के लिए आधार को सुधारने में उनके मौलिक योगदान के लिए।''

1985 : फ्रैंको मोडिग्लियानी—''बचत और वित्तीय बाजारों के उनके अग्रणी विश्लेषण के लिए।''

1986 : जेम्स मैकगिल बुकानन—''आर्थिक व राजनीतिक निर्णय लेने के सिद्धांत के लिए संवैधानिक आधारों के विकास के लिए।''

1987 : रॉबर्ट सोलो—''आर्थिक विकास के सिद्धांत में उनके असाधारण योगदान के लिए।''

1988 : मॉरिस अलाइस—''बाजारों के सिद्धांत तथा संसाधनों के कुशल उपयोग से संबंधित उनके महत्त्वपूर्ण योगदान के लिए।''

1989 : ट्रिग्वे मैग्नस हावेल्मो—''अर्थमिति (इकोनॉमिट्रिक) के संभाव्यता सिद्धांत की बुनियादों के उनके स्पष्टीकरण और समकालीन आर्थिक ढाँचों के उनके विश्लेषण के लिए।''

1990 : मर्टन एच. मिलर, हैरी मैक्स मार्कोवित्ज तथा विलियम एफ. शार्प—''वित्तीय अर्थशास्त्र के सिद्धांतों में उनके मार्गदर्शक योगदान के लिए।''

1991 : रोनॉल्ड एच. कोज—''संस्थागत ढाँचों और अर्थव्यवस्था के कामकाज के लिए लेन-देन की लागतों के महत्त्व की खोज करने और उनके स्पष्टीकरण के लिए।''

1992 : गैरी स्टेनली बेकर—''सूक्ष्म आर्थिक विश्लेषण को मानव व्यवहार, आपसी बातचीत और बाजार के स्तर पर व्यवहार में लागू करने के लिए।''

1993 : रॉबर्ट डब्ल्यू. फोगेल और डगलस सेसिल नॉर्थ—''आर्थिक व संस्थागत बदलाव की व्याख्या के लिए आर्थिक सिद्धांत और मात्रात्मक पद्धतियों को लागू करके आर्थिक इतिहास में नए सिरे से अनुसंधान करने के लिए।''

1994 : जॉन एफ. नैश, जॉन सी. हर्सान्यी और रेइनहार्ड सेल्टन—''गैर-सहकारी गेम थ्योरी में संतुलन के उनके मौलिक विश्लेषण के लिए।''

1995 : रॉबर्ट एमर्सन लुकास जूनियर—''तर्कसंगत आशाओं की धारणा के संबंध में उनकी खोज के लिए।''

1996 : विलियम स्पैंसर विकरे और जेम्स एलेक्जेंडर मिरलीस—''कंजेशन प्राइसिंग और कर-सुधार की दिशा में किए गए उनके महत्त्वपूर्ण कार्यों के लिए।''

1997 : मॉयरान एस. शोल्स और रॉबर्ट सी. मर्टन—''डेरिवेटिव का मूल्य निर्धारित करने के लिए एक नई विधि की खोज के लिए।''

1998 : अमर्त्य सेन—''कल्याणकारी अर्थशास्त्र और समाज के सबसे गरीब वर्ग की समस्याओं में रुचि प्रदर्शित करने के लिए।''

1999 : रॉबर्ट मंडेल—''मौद्रिक गतिशीलता और आदर्श मुद्रा के क्षेत्र में महत्त्वपूर्ण कार्य करने के लिए।''

2000 : (i) जेम्स जे. हैकमैन : ''अर्थमिति (इकोनोमिट्रिक्स) तथा सूक्ष्म-अर्थशास्त्र में उनके विशिष्ट योगदान के लिए।''

(ii) डेनियन एल. मैकफेडन : ''इस सिद्धांत के विकास के लिए कि लोग व्यक्तिगत या घरेलू व्यवहार के कारण विश्लेषण में इस्तेमाल किए गए किस तरीके को अपनाते हैं, वे अपने कार्यस्थल, निवास स्थान और विवाह के समय का चुनाव कैसे करते हैं?

2001 : जॉर्ज ए. एकरलोफ, ए. माइकल स्पेंस और जोसेफ ई. स्टिगलिट्ज—''विषम सूचनाओं से भरे बाजारों के विश्लेषण के लिए।''

2002 : (i) डेनियल कानेमन : ''मनोवैज्ञानिक अनुसंधान द्वारा इस बात का पता लगाने के लिए कि सामान्य उपभोक्ता अनिर्णय की स्थिति में क्रय की जानेवाली वस्तुओं का चुनाव किस आधार पर करते हैं।''

(ii) वर्नन एल. स्मिथ : ''प्रयोगात्मक अर्थशास्त्र में उनके अनुसंधानों के लिए जिससे उन्होंने पूँजी सिद्धांत, वित्त, प्राकृतिक संसाधनों के अर्थशास्त्र, औद्योगिक संगठन और सम्पत्ति के अधिकारों से संबंधित अर्थशास्त्र व न्यूरोइकोनॉमिक्स में खोज की।''

2003 : (i) रॉबर्ट एफ. ऐंगल : ''आर्थिक समय-शृंखला के आँकड़ों का विश्लेषण करने की पद्धति का विकास करने के लिए।''

(ii) क्लाइव डब्ल्यू. जे. ग्रेंजर : ''आम रुझान के साथ आर्थिक समय-शृंखला का विश्लेषण करने के तरीकों के लिए।''

2004 : एडवर्ड सी. प्रेस्कॉट और फिन ई. किडलैंड—''गतिशील बृहत्त अर्थशास्त्र के क्षेत्र में उल्लेखनीय कार्य के लिए, जो कि आर्थिक नीति की समय-अनुकूलता तथा समाचार-चक्र के पीछे कार्यशील शक्तियों पर आधारित है।''

2005 : रॉबर्ट जे. ओमान तथा थॉमस सी. शेलिंग—''खेल-सिद्धांत के विश्लेषण के माध्यम से संघर्ष और सहयोग की समझ को बढ़ाने के लिए।''

2006 : एडमंड एस. फेल्प्स—''विश्व आर्थिक नीति में इंटरटेंपोरल दुविधापूर्ण गतिविधियों के विश्लेषण के लिए।''

2007 : लियोनिद हर्विक्ज, एरिक एस. मस्किन और रोजर बी. मायरसन—'' 'तंत्र-डिजाइन सिद्धांत' (मैकेनिज्म डिजाइन थ्योरी) का आधार प्रदान करने के लिए।''

2008 : पॉल क्रुगमैन—''अंतरराष्ट्रीय व्यापार और आर्थिक भूगोल पर उनके अभूतपूर्व कार्य के लिए।''

2009 : (i) एलिनोर ओस्ट्रॉम : ''आर्थिक प्रशासन के उनके विश्लेषण के लिए।''

(ii) ओलिवर ई. विलियम्सन : ''आर्थिक प्रशासन के उनके विश्लेषण के लिए, विशेष रूप से धर्म की सीमाओं के संबंध में।''

2010 : पीटर ए. डायमंड, डेल टी. मोर्टेंसन और क्रिस्टोफर ए. पिस्सारिदे—''बाजारों के विश्लेषण तथा 'खोज एवं मिलान' सिद्धांत के लिए।''

2011 : थॉमस जे. सार्जेंट और क्रिस्टोफर ए. सिम्स—''समष्टि अर्थशास्त्र में कारण और प्रभाव पर अनुभवजन्य शोध के लिए।''

2012 : एल्विन ई. रॉथ और लॉयड स्टोवेल शेप्ले—''बाजार में स्थिर आवंटन के सिद्धांत तथा 'गेम थ्योरी' पर उनके महत्त्वपूर्ण कार्यों के लिए।''

2013 : यूजीन फ्रांसिस फामा, लार्स पीटर हान्सेन और रॉबर्ट जेम्स शिलर—''पूँजी के मूल्यों के अनुभवजन्य विश्लेषण के लिए।''

2014 : ज्याँ मार्सेल तिरोल—''बाजार शक्ति और नियमन विषय पर उनके शोध के लिए, जिसमें उन्होंने बाजार में टिके रहने के तरीकों को तलाशा है।''

2015 : एंगस स्टीवर्ट डीटन—''उपभोग, दरिद्रता और कल्याण पर एक नया व व्यावहारिक विश्लेषण प्रस्तुत करने के लिए।''

2016 : आलिवर हार्ट और बेंग्ट होमस्ट्रॉम—''कांट्रेक्ट थियरी'' के क्षेत्र में उनके महत्त्वपूर्ण योगदान के लिए।''

परिशिष्ट–1

नोबेल पुरस्कारों का विषयानुसार वर्गीकरण

1901 से 2016 के बीच अर्थशास्त्र सहित सभी वर्गों में 578 बार नोबेल पुरस्कार प्रदान किए गए तथा कुल पुरस्कारों की संख्या 897 है, जिनका विवरण इस प्रकार है :

पुरस्कार–विषय	*कुल पुरस्कारों की की संख्या*	*कुल पुरस्कार प्राप्तकर्ताओं की संख्या*	*एकल पुरस्कार प्राप्तकर्ताओं की संख्या*	*दो व्यक्तियों द्वारा साझा पुरस्कारों की संख्या*	*तीन व्यक्तियों द्वारा साझा पुरस्कारों की संख्या*
भौतिक विज्ञान	110	204	55	40	23
रसायन विज्ञान	108	175	63	23	22
शरीर विज्ञान या चिकित्सा विज्ञान	106	208	39	32	35
साहित्य	109	113	105	04	—
शान्ति	97	104+26	56	21	02
अर्थशास्त्र	48	78	24	18	06
कुल संख्या	**578**	**908**	**342**	**138**	**88**

परिशिष्ट-2

नोबेल पुरस्कार प्राप्त संस्थाएँ

1. इंस्टीट्यट ऑफ इंटरनेशनल लॉ, घेंट बेल्जियम—1904
2. परमानेंट इंटरनेशनल पीस ब्यूरो, बर्न, स्विट्ज़रलैंड
3. रेडक्रॉस अंतरराष्ट्रीय समिति, जिनेवा—1917, 1944 और 1963
4. नॉनसेन इंटरनेशनल ऑफिस फॉर रिफ्यूजीस, जिनेवा—1938
5. अमरीकन फ्रेंड्स सर्विस कमेटी, अमरीका—1947
6. फ्रेंड्स सर्विस काउंसिल, ब्रिटेन—1947
7. संयुक्त राष्ट्रसंघ शरणार्थी उच्चायोग, जिनेवा—1954 व 1981
8. यूनीसेफ, न्यू यॉर्क—1965
9. अंतरराष्ट्रीय मजदूर संगठन (आई.एल.ओ.), जिनेवा—1969
10. एमनेस्टी इंटरनेशनल, लंदन—1977
11. इंटरनेशनल फिजीशियंस प्रिवेंशन ऑफ न्यूक्लियर वार, बोस्टन—1985
12. संयुक्त राष्ट्र संघ शान्ति सेना, न्यू यॉर्क—1988
13. पगवाश कॉन्फ्रेंसिस ऑन साइंसेज एंड वर्ल्ड अफेयर्स, कनाडा—1999
14. इंटरनेशनल कैंपेन टु बैन लैंड माइंस, अमरीका—1997
15. मेडेसिंस सैस फ्रंटियर्स, फ्रांस—1999
16. संयुक्त राष्ट्र संघ, न्यू यॉर्क—2001
17. इंटरनेशनल एटॉमिक एनर्जी एजेंसी, आस्ट्रिया—2005
18. ग्रामीण बैंक, बांग्लादेश—2006
19. इंटरगवर्नमेंट पैनल ऑन क्लाइमेट चेंज, न्यू यॉर्क—2007
20. यूरोपीय संघ—2012
21. ऑर्गेनाइजेशन फॉर प्रोहिबिशन ऑफ केमिकल वेपंस—2013
22. नेशनल डॉयलॉग क्वार्टेट—2015

परिशिष्ट-3

नोबेल पुरस्कार से सम्मानित महिलाएँ

1901 से 2016 के बीच 49 बार 48 महिलाओं को नोबेल पुरस्कार से सम्मानित किया गया। इनमें मेरी क्यूरी एकमात्र ऐसी महिला हैं, जिन्हें दो बार सम्मानित किया गया—1903 में भौतिक विज्ञान में तथा 1911 में रसायन विज्ञान में उनके महत्त्वपूर्ण योगदान के लिए।

नोबेल पुरस्कार :

भौतिक विज्ञान

1. मारिया गोएपर्ट मेयर, जर्मनी/अमरीका 1963
2. मेरी क्यूरी, फ्रांस 1903

रसायन विज्ञान

1. मेरी क्यूरी, फ्रांस 1911
2. इरेने जोलियट क्यूरी, फ्रांस 1935
3. डोरोथी क्रोफुट हॉजकिन, ब्रिटेन 1964
4. अदा ई. योनेथ, इजराइल 2009

शरीर विज्ञान अथवा चिकित्सा विज्ञान

1. गेरटी थेरेसा कोरी, चेकोस्लोवाकिया/अमरीका 1947
2. रोजलिन यालो, अमरीका 1977
3. बारबरा मैक्सिटॉक, अमरीका 1983
4. रीटा लेवी-मोंतालसिनी, इटली/अमरीका 1986
5. गर्टुड बी. इलियन, अमरीका 1988
6. क्रिस्ट्रीन न्यूस्लीन वोल्हार्ड, जर्मनी 1995
7. लिंडा बी. बक, अमरीका 2004
8. फ्रांस्वा बेर्रे-सिनौसी, फ्रांस 2008
9. कैरोल डब्ल्यू ग्रीडर, अमरीका 2009
10. एलिजाबेथ एच. ब्लैकबर्न, ऑस्ट्रेलिया 2009
11. मोजर मे-ब्रिट, नॉर्वे 2014
12. यूयू, तू चीन 2015

साहित्य

1.	सेल्मा लागरलोफ, स्वीडन	1909
2.	ग्रेजिया, डेलेडा, इटली	1926
3.	सिग्रिड उन्डसेत, नॉर्वे	1928
4.	पर्ल एस. बक, अमरीका	1938
5.	गैब्रिएला मिस्त्राल, चिली	1945
6.	नेल्ली साख्त, स्वीडन, जर्मनी	1966
7.	नॉदिन गार्डिमर, दक्षिण अफ्रीका	1991
8.	टोनी मॉरिसन, अमरीका	1993
9.	विस्लावा सिम्बोर्स्का, पोलैंड	1996
10.	एल्फ्रिड जेलिनेक, ऑस्ट्रेलिया	2004
11.	डोरिस लेसिंग, ब्रिटेन	2007
12.	हर्टा मुल्लर, जर्मनी	2009
13.	एलिस मुनरो, कनाडा	2013
14.	अलेक्सेविच, स्वेतलाना	2015

शान्ति

1.	बार्था वॉन सटनर, ऑस्ट्रिया	1905
2.	जेन एडम्स, अमरीका	1931
3.	एमिली ग्रीन वाल्च, अमरीका	1946
4.	मैरिएड कोरिगन, ब्रिटेन	1976
5.	बैटी विलियम्स, ब्रिटेन	1976
6.	मदर टेरेसा, भारत	1979
7.	अल्वा मिर्डाल, स्वीडन	1982
8.	आंग सान सू ची, म्याँमार/ब्रिटेन	1991
9.	रिगोबेरटा मेन्चू, ग्वाटेमाला	1992
10.	जोडी विलियम्स, अमरीका	1997
11.	शिरीन एबादी, ईरान	2003
12.	वंगारी माथाई, केन्या	2004
13.	तवाक्कोल कारमान, यमन	2011
14.	लीमाह ग्बोवी, लाइबेरिया	2011
15.	एलेन जॉनसन सिरलीफ, लाइबेरिया	2011
16.	मलाला यूसुफजई, पाकिस्तान	2014

अर्थशास्त्र

1.	एलिनोर ओस्ट्रॉम, अमरीका	2009

परिशिष्ट-4

दो बार नोबेल पुरस्कार से सम्मानित व्यक्ति

रेडक्रॉस अंतरराष्ट्रीय समिति ने अपने कार्यों से तीन बार नोबेल शान्ति पुरस्कार प्राप्त किया। वे वर्ष हैं—1917, 1944 तथा 1963। इसके अतिरिक्त राष्ट्र संघ शरणार्थी उच्चायोग को दो बार नोबेल शान्ति पुरस्कार से सम्मानित किया गया—1954 तथा 1981 में।

व्यक्तिगत रूप से दो बार पुरस्कार प्राप्त करनेवाले व्यक्ति हैं :

1. जॉन बार्डीन	भौतिक विज्ञान	1956 व 1972
2. मेरी क्यूरी	भौतिक विज्ञान	1903
	रसायन विज्ञान	1911
3. लाइनस पाउलिंग	रसायन विज्ञान	1954
	शान्ति	1962
4. फ्रेड्रिक सेंगर	रसायन विज्ञान	1958 व 1980

लाइनस पाउलिंग एकमात्र ऐसे व्यक्ति हैं, जिन्होंने बिना साझा किए अकेले ही दो बार नोबेल पुरस्कार प्राप्त किया। 1954 में रसायन विज्ञान में तथा 1962 में शान्ति के लिए।

मेरी क्यूरी एकमात्र ऐसी महिला हैं जिन्हें दो भिन्न-भिन्न वर्गों में नोबेल पुरस्कार से सम्मानित किया गया—1903 में भौतिक विज्ञान में तथा 1911 में रसायन विज्ञान में।

एक ही परिवार के नोबेल पुरस्कार प्राप्तकर्ता

नोबेल पुरस्कारों के इतिहास में 'क्यूरी परिवार' सबसे सफल 'नोबेल पुरस्कार प्राप्त परिवार' रहा है। एक ही परिवार के सभी पुरस्कार प्राप्त व्यक्तियों का ब्योरा इस प्रकार है :

विवाहित दम्पति

1. मेरी क्यूरी	भौतिक विज्ञान	1903
पियरे क्यूरी	भौतिक विज्ञान	1903
2. इरेन जोलियोट क्यूरी	रसायन विज्ञान	1935
फ्रेडरिक जोलियोट	रसायन विज्ञान	1935

3. गेर्टी कोरी	शरीर विज्ञान/चिकित्सा विज्ञान	1947
कार्ल एफ. कोरी	शरीर विज्ञान/चिकित्सा विज्ञान	1947
4. अल्वा मिर्डाल	शान्ति	1982
गुन्नार मिर्डाल	अर्थशास्त्र	1979

माँ एवं पुत्री

1. मेरी क्यूरी	रसायनविज्ञान	1911
इरेन जोलियोट क्यूरी	रसायनविज्ञान	1935

पिता एवं पुत्री

1. पियरे क्यूरी	भौतिक विज्ञान	1903
इरेन जोलियोट क्यूरी	रसायन विज्ञान	1935

पिता एवं पुत्र

1. सर विलियम ब्रैग	भौतिक विज्ञान	1915
सर लॉरेंस ब्रैग	भौतिक विज्ञान	1915
2. नील्स बोर	भौतिक विज्ञान	1922
आगे एन. बोर	भौतिक विज्ञान	1975
3. हांस वान यूलर चेल्पिन	रसायन विज्ञान	1929
उल्फ वॉन यूलर	शरीर विज्ञान/चिकित्सा विज्ञान	1970
4. ऑर्थर कॉर्नबर्ग	शरीर विज्ञान/चिकित्सा विज्ञान	1959
रोजर डी. कॉर्नबर्ग	रसायन विज्ञान	2006
5. कॉर्ल मैन्ने सिएगबॉन	भौतिक विज्ञान	1924
कार्ल सिएगबॉन	भौतिक विज्ञान	1981
6. सर जोसेफ थॉमसन	भौतिक विज्ञान	1906
सर जॉर्ज थॉमसन	भौतिक विज्ञान	1937

भाई

1. जॉन टिंबरजेन	अर्थशास्त्र	1969
निकोलस टिंबरजेन	शरीर विज्ञान/चिकित्सा विज्ञान	1973

चाचा-भतीजा

1. सर सी. वी. रमण	भौतिक विज्ञान	1930
एस. चंद्रशेखर	भौतिक विज्ञान	1983

मरणोपरान्त नोबेल पुरस्कार से सम्मानित व्यक्ति

1974 में नोबेल फाउंडेशन ने यह प्रतिबंध लगा दिया कि किसी भी व्यक्ति को मरणोपरांत नोबेल पुरस्कार नहीं प्रदान किया जाएगा। लेकिन यदि व्यक्ति की मृत्यु पुरस्कारों की घोषणा होने के बाद हुई हो तो मरणोपरान्त भी नोबेल पुरस्कार प्राप्त करने का अधिकारी होगा। हालाँकि इससे पूर्व मरणोपरान्त पुरस्कार नहीं दिया जा सकता था।

1974 से पहले केवल दो बार ही मरणोपरान्त नोबेल पुरस्कार प्रदान किया गया। 1931 में एरिक एक्सल कॉर्लफेल्ट (साहित्य) तथा 1961 में डाग हैमरशल्ड (शान्ति) को।

2011 में शरीर विज्ञान अथवा चिकित्सा विज्ञान में नोबेल पुरस्कारों की घोषणा होते ही, यह जानकारी में आया कि चिकित्सा विज्ञान के एक पुरस्कार प्राप्तकर्ता राल्फ स्टीनमेन का पुरस्कार प्राप्त करने से तीन दिन पूर्व ही निधन हो चुका था। नोबेल फाउंडेशन के निर्णायक मंडल ने सारी स्थिति का जायजा लेकर यह निर्णय किया कि चूँकि पुरस्कारों की घोषणा होने के बाद उनकी मृत्यु हुई थी, इसलिए उन्हें नोबेल पुरस्कार से सम्मानित किया जाना चाहिए।

परिशिष्ट–5

जिन वर्षों में नोबेल पुरस्कार प्रदान नहीं किए गए

आरंभ 1901 से लेकर 2016 तक पचास ऐसे अवसर थे जब नोबेल पुरस्कार प्रदान नहीं किए गए। इनमें से अधिकांश प्रथम विश्वयुद्ध (1914–18) तथा द्वितीय विश्वयुद्ध (1939–45) के समयावधि के हैं। यदि किसी वर्ष कोई कार्य पुरस्कार के योग्य नहीं समझा जाता, तो पुरस्कार राशि अगले वर्ष के लिए संरक्षित रखी जाती है। यदि फिर भी पुरस्कार नहीं दिए जाते तो यह राशि फाउंडेशन की विशेष निधि में रख दी जाती है।

पुरस्कार वर्ग	*वर्ष*
भौतिक विज्ञान	1916, 1931, 1934, 1940, 1941, 1942
रसायन विज्ञान	1916, 1917, 1919, 1924, 1933, 1940, 1941, 1942
शरीर विज्ञान या चिकित्सा विज्ञान	1915, 1916, 1917, 1918, 1921, 1925, 1940, 1941, 1942
साहित्य	1914, 1918, 1935, 1940, 1941, 1942, 1943
शान्ति	1914, 1915, 1916, 1918,1923, 1924, 1928, 1932, 1939, 1940, 1941, 1942, 1943, 1948, 1955, 1956, 1966, 1967, 1972
अर्थशास्त्र (1969 से आरंभ)	—

परिशिष्ट-6

नोबेल पुरस्कार से सम्मानित सबसे युवा व्यक्ति

	नाम	*पुरस्कार वर्ग/वर्ष*	*जन्मतिथि*	*पुरस्कार के समय आयु*
1.	मलाला यूसुफजई	शान्ति—2014	12 जुलाई, 1997	17
2.	विलियम लॉरेंस ब्रैग	भौतिक विज्ञान—1915	31 मार्च, 1890	25
3.	वेरनर हिजेनबर्ग	भौतिक विज्ञान—1932	5 दिसंबर, 1901	31
4.	शुंग दाओ ली	भौतिक विज्ञान—1957	24 नवंबर, 1926	31
5.	कॉर्ल डी. एंडरसन	भौतिक विज्ञान—1936	3 सितंबर, 1905	31
6.	पॉल ए. एम. डिराक	भौतिक विज्ञान—1933	8 अगस्त, 1902	31
7.	फ्रेड्रिक जी. बेंटिंग	शरीर विज्ञान—1923	14 नवंबर, 1891	32
8.	तवक्कोल कारमान	शान्ति—2011	7 फरवरी, 1979	32
9.	रूडोल्फ एल. मॉसबौर	भौतिक विज्ञान—1961	31 जनवरी, 1929	32
10.	मैरियड कोरिगन	शान्ति—1976	27 जनवरी, 1944	32

विभिन्न श्रेणियों में नोबेल पुरस्कार से सम्मानित सबसे युवा व्यक्ति

पुरस्कार वर्ग	*नाम*	*पुरस्कार वर्ष*	*आयु*
1. भौतिक विज्ञान	विलियम लॉरेंस ब्रैग	1915	25
2. रसायन विज्ञान	फ्रेड्रिक जोलियोट	1935	35
3. शरीर विज्ञान या चिकित्सा विज्ञान	फ्रेड्रिक जी. बेंटिंग	1923	32
4. साहित्य	रूडयार्ड किपलिंग	1907	42
5. शान्ति	मलाला यूसुफजई	2014	17
6. शान्ति	तवक्कोल कारमान	2011	32
7. अर्थशास्त्र	कैनेथ जे. ऐरो	1972	51

नोबेल पुरस्कार से सम्मानित सबसे वृद्ध व्यक्ति

	नाम	*पुरस्कार वर्ग/वर्ष*	*जन्म तिथि*	*आयु*
1.	लियोनिद हरविक्ज	अर्थशास्त्र—2007	21 अगस्त, 1917	90
2.	लॉयड शेप्ले	अर्थशास्त्र—2007	2 जून, 1923	89
3.	रेमंड डेविस, जूनियर	भौतिक विज्ञान—2002	14 अक्टूबर, 1914	88
4.	डोरिस लेसिंग	साहित्य—2007	22 अक्टूबर, 1919	88
5.	योइचीरो नांबू	भौतिक विज्ञान—2008	18 जनवरी, 1921	87
6.	विताली एल. गिंजबर्ग	भौतिक विज्ञान—2003	4 अक्टूबर, 1916	87
7.	फ्रांसिस पेटन रॉस	शरीर विज्ञान—1966	5 अक्टूबर, 1879	87
8.	जोसेफ रोटब्लाट	शान्ति—1995	4 नवंबर, 1908	87
9.	कार्ल वान फ्रिश	शरीर विज्ञान—1973	20 नवंबर, 1886	87
10.	विलियम सी. कैंपबेल	शरीर विज्ञान—2015	20 जून, 1930	85
11.	तू यूयू	शरीर विज्ञान—2015	30 दिसंबर, 1930	85

विभिन्न श्रेणियों में नोबेल पुरस्कार से सम्मानित सबसे वृद्ध व्यक्ति

	पुरस्कार वर्ग	*नाम*	*पुरस्कार वर्ष*	*आयु*
1.	भौतिक विज्ञान	रेमंड डेविस जूनियर	2002	88
2.	रसायन विज्ञान	जॉन बी. फेन	2002	85
3.	शरीर विज्ञान या चिकित्सा विज्ञान	फ्रांसिस पेटन रॉस	1966	87
4.	शरीर विज्ञान या चिकित्सा विज्ञान	विलियम सी. कैंपबेल	2015	85
5.	शरीर विज्ञान या चिकित्सा विज्ञान	तू यूयू	2015	85
6.	साहित्य	डोरिस लेसिंग	2007	88
7.	शान्ति	जोसेफ रोटब्लाट	1995	87
8.	अर्थशास्त्र	लियोनिद हरविक्ज	2007	90

परिशिष्ट-7

वे व्यक्ति जिन्होंने नोबेल पुरस्कार स्वीकार करने से मना कर दिया

नोबेल पुरस्कारों के इतिहास में दो ही ऐसे व्यक्ति हुए हैं, जिन्होंने नोबेल पुरस्कार लेने से मना कर दिया था।

1. ज्याँ पॉल सार्त्र (फ्रांस)—इन्हें 1964 में साहित्य के नोबेल पुरस्कार से सम्मानित किया गया किंतु उन्होंने यह पुरस्कार स्वीकार करने से मना कर दिया क्योंकि उन्होंने सभी सरकारी सम्मान स्वीकार न करने का निर्णय किया था।
2. ले डक थो (वियतनाम)—ले डक थो को अमरीकी राज्य सचिव हेनरी किसिंजर के साथ 1973 के नोबेल शान्ति पुरस्कार से सम्मानित किया गया। उन्हें वियतनाम शान्ति समझौते के लिए यह सम्मान प्रदान किया गया था किंतु ले डक थो ने यह पुरस्कार स्वीकार नहीं किया क्योंकि वियतनाम में युद्ध विराम के बावजूद शान्ति की स्थापना नहीं हो पाई थी।

वे व्यक्ति जिन पर उनके ही देश के अधिकारियों ने पुरस्कार अस्वीकार करने के लिए दबाव डाला

एडोल्फ हिटलर ने तीन जर्मन नोबेल पुरस्कार विजेताओं को पुरस्कार स्वीकार करने से रोक दिया। ये थे : रिचर्ड कुह्न (रसायन विज्ञान, 1938), एडोल्फ फ्रेड्रिक बटनांट (रसायन विज्ञान, 1939) तथा गेरहार्ड डोमाक (शरीर विज्ञान या चिकित्सा विज्ञान, 1939)।

हालाँकि जर्मनी के तीनों विद्वानों को बाद में नोबेल पुरस्कार प्रशस्ति पत्र तथा पदक स्वीकार करने की अनुमति मिल गई किंतु उन्हें पुरस्कार राशि से वंचित रखा गया।

इनके अतिरिक्त, बोरिस पास्तरनेक ने 1958 में साहित्य के नोबेल पुरस्कार को शुरू में स्वीकार कर लिया था किंतु अपने देश सोवियत संघ के अधिकारियों द्वारा दबाव डालने के कारण उन्होंने इसे स्वीकार करने से मना कर दिया।

नोबेल पुरस्कार प्राप्त करनेवाले भारतीय

1.	रोनॉल्ड रॉस	शरीर विज्ञान/चिकित्सा विज्ञान	1902
2.	रूडयार्ड किपलिंग	साहित्य	1907
3.	रविंद्रनाथ टैगोर	साहित्य	1913
4.	सर सी. वी. रमण	भौतिक विज्ञान	1930

5.	हरगोबिंद खुराना	शरीर विज्ञान/चिकित्सा विज्ञान	1968
6.	मदर टेरेसा	शान्ति	1979
7.	सुब्रह्मण्यम चंद्रशेखर	भौतिक विज्ञान	1983
8.	अमर्त्य सेन	अर्थशास्त्र	1998
9.	वेंकटरमन रामकृष्णन	रसायन विज्ञान	2009

अन्य व्यक्ति, जिनका किसी न किसी प्रकार भारत से सम्बन्ध रहा तथा जिन्हें नोबेल पुरस्कार से सम्मानित किया गया, वे हैं :

- अब्दुस सलाम, जो 1926 में अंग्रेजी शासन केअधीन भारत में पैदा हुए तथा जिन्हें 1979 में भौतिक विज्ञान में पाकिस्तान के एक नागरिक के रूप में नोबेल पुरस्कार प्रदान किया गया।
- 14वें दलाई लामा, तिब्बत में 1935 में जन्मे और उन्हें 1989 में तिब्बत के लोगों के धार्मिक एवं राजनीतिक नेता के रूप में नोबेल शान्ति पुरस्कार से सम्मानित किया गया। वे 1959 से भारत में एक शरणार्थी के रूप में रह रहे हैं। वर्तमान में उनका निवास स्थान हिमाचल प्रदेश के धर्मशाला नामक स्थान पर है।
- वी.एस. नायपॉल, त्रिनिडाड में जन्मे ब्रिटिश नागरिक और भारतीय मूल के विख्यात लेखक जिन्हें 2001 के साहित्य के नोबेल पुरस्कार से सम्मानित किया गया।
- मुहम्मद यूनुस, 1940 में भारत में जन्मे, बांग्लादेश के निवासी, को 2006 के नोबेल शान्ति पुरस्कार से सम्मानित किया गया।

परिशिष्ट-8

नागरिकता राष्ट्रीयतानुसार नोबेल पुरस्कार प्राप्त व्यक्तियों की संख्या (1901–2016)

भौतिक विज्ञान

देश	संख्या
ऑस्ट्रेलिया	1
अमरीका	90
ब्रिटेन	22
जर्मनी	24
फ्रांस	13
रूस	11
नीदरलैंड्स	8
स्वीडन	4
डेनमार्क	3
जापान	7
ऑस्ट्रिया	3
इटली	2
स्विट्ज़रलैंड	3
भारत	10
आयरलैंड	1
पाकिस्तान	1
पोलैंड	1
दक्षिण अफ्रीका	1
चीन	3
कनाडा	3
बेल्जियम	1

रसायन विज्ञान

देश	संख्या
अमरीका	66
जर्मनी	28
ब्रिटेन	25
फ्रांस	9
स्विट्ज़रलैंड	6
स्वीडन	5
कनाडा	5
नीदरलैंड्स	4
रूस	1
ऑस्ट्रिया	1
इटली	1
बेल्जियम	1
जापान	6
फिनलैंड	1
चेकोस्लोवाकिया	1
नॉर्वे	1
अर्जेंटीना	1
हंगरी	1
दक्षिण अफ्रीका	1
हॉलैंड	1
मैक्सिको	1
इजराइल	5
ऑस्ट्रेलिया	1
मिस्र	1
डेनमार्क	1
न्यूजीलैंड	1
तुर्की	1

शरीर विज्ञान/चिकित्सा विज्ञान

अमरीका	95
ब्रिटेन	29
जर्मनी	17
फ्रांस	10
स्वीडन	8
स्विट्जरलैंड	7
डेनमार्क	5
बेल्जियम	4
कनाडा	3
ऑस्ट्रिया	5
ऑस्ट्रेलिया	6
अर्जेंटीना	1
नीदरलैंड्स	2
इटली	3
स्पेन	1
पुर्तगाल	1
स्कॉटलैंड	1
जापान	3
रूस	3
लक्जेमबर्ग	1
दक्षिण अफ्रीका	1
हंगरी	1
आयरलैंड	1
चीन	1

साहित्य

फ्रांस	14
अमरीका	12
ब्रिटेन	11
स्वीडन	8
जर्मनी	8
इटली	6
स्पेन	5
डेनमार्क	3
रूस	4
आयरलैंड	3
चिली	2
स्विट्जरलैंड	2
ग्रीस	2
नॉर्वे	3
पोलैंड	3
बेल्जियम	1
भारत	1
आइसलैंड	1
युगोस्लाविया	1
इजराइल	1
जापान	2
मैक्सिको	2
दक्षिण अफ्रीका	2
चेकोस्लोवाकिया	1
फिनलैंड	1
चीन	1
पेरू	1
नाइजीरिया	1
ग्वाटेमाला	1
कनाडा	1
बेलारूस	1

शान्ति

अमरीका	20
फ्रांस	9
ब्रिटेन	8
स्वीडन	5
स्विट्जरलैंड	3
बेल्जियम	3
आयरलैंड	5
ऑस्ट्रिया	2
अर्जेंटीना	2
पूर्वी तिमोर	2
नॉर्वे	2
डेनमार्क	1
इटली	1
कोस्टा रीका	1
वियतनाम	1
जापान	1
रूस	2

ईरान	1
इजराइल	3
मिस्त्र	2
भारत	1
मैक्सिको	1
पोलैंड	1
दक्षिण अफ्रीका	4
नीदरलैंड्स	1
म्यॉमार (बर्मा)	1
तिब्बत	1
फिलिस्तीन	1
ग्वाटेमाला	1
दक्षिण कोरिया	1
केन्या	1
बांग्लादेश	1
फिनलैंड	1
लाइबीरिया	2
यमन	1
रोमानिया	1
चीन	1
घाना	1
पाकिस्तान	1
कोलंबिया	1

नोट : इस सूची में संस्थाओं को शामिल नहीं किया गया है।

अर्थशास्त्र

अमरीका	53
ब्रिटेन	10
स्वीडन	2
नीदरलैंड्स	1
नॉर्वे	3
रूस	1
ऑस्ट्रिया	1
फ्रांस	1
पोलैंड	1
ऑस्ट्रेलिया	1
जर्मनी	1
भारत	1
इजराइल	1
कनाडा	1

अनुक्रमणिका

नोबेल पुरस्कार सूची—वर्णानुसार

नोबेल पुरस्कार सूची—विषयानुसार

भौतिक विज्ञान

रसायन विज्ञान

शरीर विज्ञान/चिकित्सा विज्ञान

साहित्य

शान्ति

अर्थशास्त्र

नोबेल पुरस्कार सूची—नागरिकता/राष्ट्रीयता अनुसार

अर्जेंटीना

आइसलैंड

आयरलैंड

ऑस्ट्रिया

ऑस्ट्रेलिया

इंडोनेशिया

इजराइल

इटली

ईरान

कनाडा

केन्या

कोरिया

कोलंबिया

कोस्टा रिका

ग्रीस

ग्वाटेमाला

घाना

चिली

चीन

चेकोस्लोवाकिया

जर्मनी

जापान

ट्यूनीशिया

डेनमार्क

तुर्की

त्रिनिदाद

दक्षिण अफ्रीका

नाइजीरिया

नॉर्वे

नीदरलैंड्स

न्यूजीलैंड

पाकिस्तान

पुर्तगाल

पेरू

पोलैंड

फिनलैंड

फ्रांस

भारत

मिस्त्र

मैक्सिको

यमन

युगोस्लाविया

रोमानिया

लाइबेरिया

वियतनाम

वेस्टइंडीज

संयुक्त राज्य अमरीका